HANDBOOK OF PERSONALITY

パーソナリティ心理学
ハンドブック

企画　日本パーソナリティ心理学会

編集　二宮克美
　　　浮谷秀一
　　　堀毛一也
　　　安藤寿康
　　　藤田主一
　　　小塩真司
　　　渡邊芳之

福村出版

巻 頭 言

　本書の前身として，1998年に刊行された『性格心理学ハンドブック』がある。それは詫摩武俊先生が監修し，編集企画を青木孝悦，杉山憲司，二宮克美，越川房子，佐藤達哉の5名が担当した，当時としては性格心理学を取り巻く分野を網羅した画期的な書籍であった。その「まえがき」において，詫摩先生が性格という言葉とパーソナリティという言葉のニュアンスの違いを，戦前のドイツの心理学，精神医学ではCharakterという概念が用いられ，英語圏ではcharacterよりもpersonalityが多く用いられていたことに言及している。そして，性格がどちらかというと固定的，静態的な面があるのに対して，パーソナリティには適応過程にみられるダイナミックな面が含まれると指摘している。

　その後，会員の意見を聞きながら議論を重ね，「日本性格心理学会」という学会名称を2003年10月に「日本パーソナリティ心理学会」へ，そして学会編集の機関誌名称も『性格心理学研究』から『パーソナリティ研究』へと変更した。この名称変更は，詫摩先生の指摘をあたかも具現化したかのように思われる。

　2012年は本学会が1992年6月に設立されてから20周年にあたる年であった。2011年には京都光華女子大学において開催された第20回大会（荘厳舜哉大会委員長）を，日本感情心理学会との合同開催にするという試みも実行した。また，その数年前から『性格心理学ハンドブック』改訂の話も進行していた。しかし，『性格心理学ハンドブック』は刊行してから10余年の月日が経過していることから，改訂ではなく学会企画の新名称『パーソナリティ心理学ハンドブック』として刊行することになった。その構成は，前書を参考にしながら二宮先生が中心になり作り上げられていった。編者は，二宮克美，浮谷秀一，堀毛一也，安藤寿康，藤田主一，小塩真司，渡邊芳之の7名が担当し，執筆者として多くの新進気鋭の若手研究者を登用した。前書とは違った意味でいろいろな点で画期的なものになったと考えている。

　今回の刊行のために，本書全体をくまなくチェックをしていただいた安藤典明氏に深く感謝します。また，多くの世話をおかけしたのにもかかわらず，細やかな点まで配慮していただいた福村出版の宮下基幸氏にも感謝します。

　　2013年1月

　　　　　　　　　　　　　　　　　　　日本パーソナリティ心理学会理事長　浮谷秀一

刊行にあたって

　ここに『パーソナリティ心理学ハンドブック』を刊行することができた。とてもうれしい限りである。このハンドブックの前身ともいうべき『性格心理学ハンドブック』は，Ⅳ部立ての枠組みから構成されていた。Ⅰ部「性格心理学の基礎」は総論であり，Ⅱ部「ライフステージと性格」は発達を中心とした性格論であった。Ⅲ部「ヒューマン・ワーカーにとっての対象者理解」，Ⅳ部「生活場面と性格」では，職種・立場，家庭・学校・職場・地域のなかの問題，異文化との接触，マスメディアとの関連などが論じられた。195名が執筆にあたり，A5判1,064ページからなる大著が刊行された。その宣伝文には，「21世紀に向けて放つ個性・個人差の新しいとらえ方，性格研究の集大成とこれからの研究の展望，異文化共生と生涯発達の視点の導入，状況・場面・関係のなかでゆらぐ性格をとらえるために」となっていた。

　時十数年が経過し，学会設立20周年を記念する事業の一つとして，新たなハンドブック作成の機運が高まった。今回は，学会企画の出版物とし，その時期の常任理事会を中心メンバーとする編集委員会が立ち上がった。たまたま2度にわたるハンドブックの編集に携わったのは二宮であり，その関係もあって，この文章を書いている。

　今回の枠組みの原案は，二宮と小塩で作成し，その後編集委員の合議を経てⅥ部立てとした。Ⅰ部「パーソナリティ心理学の概観」は，歴史や諸理論，自己や個人差といった問題を論じている総論である。Ⅱ部「パーソナリティをライフステージからとらえる」では，前著に引き続き，人間の一生涯を6つの時期に分け，その時期でのパーソナリティの特徴，個性化，社会化，各時期のパーソナリティの諸問題を論じている。Ⅲ部「パーソナリティと精神的不健康」は，パーソナリティの障害や問題行動をとりあげている。Ⅳ部「パーソナリティのポジティビティ」は，パーソナリティと健康やポジティブ感情・特性を記述している。Ⅴ部「パーソナリティと社会・文化」では，パーソナリティと対人関係，社会環境，文化といった問題を扱っている。Ⅵ部「パーソナリティの把握」では，パーソナリティの測定法や統計的な分析方法について概説している。全22章を総勢108名の学会員が執筆にあたった。前書よりも大きいB5判となり，総ページ770に及ぶものとなった。

　本書では，パーソナリティと性格，人格などの用語は，原則として執筆者の考えや慣習に従うこととしたが，どちらでもさしつかえない場合は，本書のタイトルにあわせて「パーソナリティ」の表記を優先した。章や節によって，記述の内容に重複がある場合もあるが，重要であるから重複するという考えからあえて調整はしなかった。

　ハンドブックという本の特質の一つに，引用文献の充実があげられるだろう。執筆者にできる限り最新の文献を引用してもらった結果，膨大な数に達した。本文中での引用の際，

各節の初出では文献の著者名を全員あげることで，人名索引に多くの研究者を掲載することができた。その結果，人名索引を利用して文献検索も可能になった。引用文献は誤りのないよう細心の注意を払ったが，完全ではない可能性は残っている。

　このハンドブックの編集にあたって，学会員でもあるフリーエディターの安藤典明氏には，細部にわたる校正や文献欄の整理，および索引作成など多大なる作業をしていただいた。安藤氏の献身的な努力と能力なくして，この大書は完成しえなかったといえる。記して感謝申し上げたい。

　また，福村出版常務取締役　宮下基幸氏の粘り強い編集作業にも頭の下がる思いでいる。執筆者諸子のわがままに近い要求を包み込み，原稿の遅れに辛抱強くお待ちいただいた。この大書が福村出版によって出版していただいたこと，学会員の一人としてこの上なく感謝申し上げる次第である。

　　2012年初冬

　　　　　　　　　　　　　　　　　　　　　　　　編者を代表して　二　宮　克　美

執筆者一覧

編集委員

二宮 克美　愛知学院大学	藤田 主一　日本体育大学
浮谷 秀一　東京富士大学	小塩 真司　早稲田大学
堀毛 一也　東洋大学	渡邊 芳之　帯広畜産大学
安藤 寿康　慶應義塾大学	

執筆者（執筆順）

浮谷 秀一　東京富士大学	本城 秀次　名古屋大学
サトウタツヤ　立命館大学	二宮 克美　愛知学院大学
杉山 憲司　東洋大学	天谷 祐子　名古屋市立大学
安藤 寿康　慶應義塾大学	大久保 智生　香川大学
平石 界　安田女子大学	髙木 秀明　横浜国立大学
渡邊 芳之　帯広畜産大学	臼井 博　札幌学院大学
伊坂 裕子　日本大学	伊田 勝憲　北海道教育大学
村上 宣寛　富山大学	長谷川 真里　横浜市立大学
谷 伊織　東海学園大学	鈴木 乙史　聖心女子大学
安井 知己　甲南女子大学	荘厳 舜哉　京都光華女子大学
辻 平治郎　前甲南女子大学	髙山 緑　慶應義塾大学
山形 伸二　大学入試センター	青柳 肇　早稲田大学
髙橋 雄介　京都大学	瀧本 孝雄　獨協大学
国里 愛彦　早稲田大学	川野 健治　国立精神神経センター
原島 雅之　千葉大学	長田 由紀子　聖徳大学
青林 唯　株式会社エイジス	川島 大輔　北海道教育大学
安藤 清志　東洋大学	中里 克治　東京福祉大学
榎本 博明　MR人間科学研究所	佐々木 淳　大阪大学
木村 登紀子　淑徳大学	大隅 尚広　慶應義塾大学
佐藤 德　富山大学	小堀 修　千葉大学
向田 久美子　駒沢女子短期大学	福森 崇貴　徳島大学
神谷 俊次　名城大学	川崎 直樹　北翔大学
森 津太子　放送大学	小塩 真司　早稲田大学
岸本 陽一　近畿大学	杉浦 義典　広島大学
有光 興記　駒澤大学	長谷川 晃　東海学院大学
岡田 涼　香川大学	髙坂 康雅　和光大学
岡本 依子　湘北短期大学	舛田 亮太　久留米大学
矢藤 優子　立命館大学	松田 英子　江戸川大学
伊藤 順子　宮城教育大学	中村 真　江戸川大学
上村 佳世子　文京学院大学	澤田 匡人　宇都宮大学
首藤 敏元　埼玉大学	椙本 知子　東亜大学
中谷 素之　名古屋大学	寺島 瞳　筑波大学
越中 康治　宮城教育大学	清水 健司　信州大学

執筆者一覧

村井　潤一郎	文京学院大学	日向野　智子	立正大学
吉澤　寛之	岐阜聖徳学園大学	原田　知佳	名城大学
荒木　剛	東北大学	荒川　歩	武蔵野美術大学
鈴木　公啓	東京未来大学	高比良　美詠子	中部大学
樋口　匡貴	広島大学	山﨑　晴美	日本大学
堀毛　裕子	東北学院大学	堀　正	群馬大学
石原　俊一	文教大学	吉田　綾乃	東北福祉大学
藤里　紘子	筑波大学	小林　知博	神戸女学院大学
井隼　経子	九州大学	毛　新華	神戸学院大学
加藤　司	東洋大学	尾崎　由佳	東海大学
堀毛　一也	東洋大学	井上　裕光	千葉県立保健医療大学
上出　寛子	大阪大学	松田　浩平	東北文教大学
外山　美樹	筑波大学	服部　環	筑波大学
藤原　健	大阪大学	清水　和秋	関西大学
大竹　恵子	関西学院大学	森尾　博昭	関西大学
大坊　郁夫	東京未来大学	友野　隆成	宮城学院女子大学
林　智幸	静岡英和学院大学	藤田　主一	日本体育大学
酒井　厚	山梨大学	堀内　孝	岡山大学
金政　祐司	追手門学院大学	尾見　康博	山梨大学
岡田　努	金沢大学	文野　洋	文京学院大学
出口　拓彦	奈良教育大学	大野木　裕明	仁愛大学

目　次

巻頭言（i）
刊行にあたって（ii）
執筆者一覧（iv）

Ⅰ部　パーソナリティ心理学の概観

1章　パーソナリティ研究の歴史的変遷 …………………………………………… 2

- 1節　パーソナリティ心理学の背景 …………………………… 浮谷　秀一　　2
- 2節　パーソナリティ心理学の歴史的変遷 …………………… サトウタツヤ　　8
- 3節　パーソナリティ心理学の展開・応用 …………………… 杉山　憲司　 15
- 4節　パーソナリティの遺伝的基礎 …………………………… 安藤　寿康　 22
- 5節　パーソナリティと進化心理学 …………………………… 平石　　界　 29

2章　パーソナリティ特性論 ……………………………………………………… 36

- 1節　パーソナリティ概念と人か状況か論争 ………………… 渡邊　芳之　 36
- 2節　類型論と特性論 …………………………………………… 伊坂　裕子　 43
- 3節　ビッグファイブ（語彙アプローチ） …………………… 村上　宣寛　 50
- 4節　5因子モデルの周辺 ……………………………………… 谷　　伊織　 57
- 5節　日本における5因子モデルの展開 ……………… 安井　知己・辻　平治郎　 64

3章　パーソナリティの諸理論 …………………………………………………… 71

- 1節　行動遺伝学的アプローチ ………………………………… 山形　伸二　 71
- 2節　気質とパーソナリティ …………………………………… 髙橋　雄介　 78
- 3節　脳神経科学とパーソナリティ …………………………… 国里　愛彦　 85
- 4節　パーソナリティの社会的認知論 ………………………… 原島　雅之　 92
- 5節　状況論・相互作用論アプローチ ………………………… 青林　　唯　 98

4章　パーソナリティと自己 ……………………………………………………… 105

- 1節　パーソナリティと自己 …………………………………… 安藤　清志　105
- 2節　自己概念の諸相 …………………………………………… 榎本　博明　112
- 3節　人間心理学的アプローチ ………………………………… 木村　登紀子　119
- 4節　潜在的・非意識的なプロセスとパーソナリティ ……… 佐藤　　德　126
- 5節　ナラティブ・アプローチ ………………………………… 向田　久美子　133

5章　多様な個人差 …………………………………………………………… 139

　1節　認知スタイルの個人差 …………………………………… 神谷　俊次　139
　2節　社会的認知の個人差 ……………………………………… 森　津太子　146
　3節　知的能力の個人差 ………………………………………… 岸本　陽一　152
　4節　感情・情動の個人差 ……………………………………… 有光　興記　159
　5節　動機づけの個人差 ………………………………………… 岡田　　涼　166

Ⅱ部　パーソナリティをライフステージからとらえる

6章　乳幼児期 ………………………………………………………………… 174

　1節　乳幼児期の気質・パーソナリティの特徴 ……………… 岡本　依子　174
　2節　自己意識の形成 …………………………………………… 矢藤　優子　182
　3節　社会性の形成 ……………………………………………… 伊藤　順子　188
　4節　乳幼児期のパーソナリティの諸問題 …………………… 上村　佳世子　195

7章　児童期 …………………………………………………………………… 201

　1節　児童期のパーソナリティの特徴 ………………………… 首藤　敏元　201
　2節　自己意識の発達 …………………………………………… 中谷　素之　209
　3節　社会性の発達 ……………………………………………… 越中　康治　215
　4節　児童期のパーソナリティの諸問題 ……………………… 本城　秀次　221

8章　青年期 …………………………………………………………………… 226

　1節　青年期のパーソナリティの特徴 ………………………… 二宮　克美　226
　2節　自己意識・自我の発達 …………………………………… 天谷　祐子　232
　3節　社会性の発達 ……………………………………………… 大久保　智生　239
　4節　青年期のパーソナリティの諸問題 ……………………… 高木　秀明　246

9章　成人期 …………………………………………………………………… 253

　1節　成人期のパーソナリティの特徴 ………………………… 臼井　　博　253
　2節　自己・自我の諸問題 ……………………………………… 伊田　勝憲　260
　3節　社会性の諸問題 …………………………………………… 長谷川　真里　267
　4節　成人期のパーソナリティの諸問題 ……………………… 鈴木　乙史　274

10章　中年期 ………………………………………………………………… 281

　1節　中年期のパーソナリティの特徴 ………………………… 荘厳　舜哉　281

2節	自己・自我の再形成……………………………高 山　　緑	288
3節	社会性の再構成………………………………………青 柳　　肇	294
4節	中年期のパーソナリティの諸問題……………瀧 本　孝 雄	301

11章　高齢期 …………………………………………………………… 307

1節	高齢期のパーソナリティの特徴………………川 野　健 治	307
2節	高齢期の自己概念……………………………長 田　由紀子	315
3節	高齢期の社会性………………………………川 島　大 輔	322
4節	高齢期のパーソナリティの諸問題……………中 里　克 治	328

Ⅲ部　パーソナリティと精神的不健康

12章　パーソナリティ障害 ……………………………………………… 336

1節	妄想性・統合失調型・統合失調質パーソナリティ……佐々木　　淳	336
2節	反社会的パーソナリティ……………………………大 隅　尚 広	343
3節	強迫性パーソナリティ………………………………小 堀　　修	348
4節	境界性パーソナリティ………………………………福 森　崇 貴	355
5節	自己愛的パーソナリティ……………………………川 崎　直 樹	362

13章　パーソナリティと不健康 ………………………………………… 369

1節	不健康状態にかかわるパーソナリティ………小 塩　真 司	369
2節	不安・心配……………………………………杉 浦　義 典	374
3節	抑うつ…………………………………………長谷川　　晃	380
4節	劣等感…………………………………………髙 坂　康 雅	386
5節	解離体験………………………………………舛 田　亮 太	392
6節	不眠・悪夢……………………………………松 田　英 子	399

14章　パーソナリティと対人関係上の問題 …………………………… 406

1節	偏見・差別……………………………………中 村　　真	406
2節	妬み……………………………………………澤 田　匡 人	413
3節	怒り・攻撃性…………………………………椙 本　知 子	420
4節	他者の利用と他者の操作……………………寺 島　　瞳	427
5節	対人恐怖・対人不安・社会不安……………清 水　健 司	433
6節	欺瞞・嘘………………………………………村 井　潤一郎	439

15章　パーソナリティと問題行動 …… 445

- 1節　非行・犯罪 …… 吉澤寛之　445
- 2節　いじめ・不登校 …… 荒木剛　452
- 3節　過度なダイエット …… 鈴木公啓　458
- 4節　性感染症感染リスク …… 樋口匡貴　465

Ⅳ部　パーソナリティのポジティビティ

16章　パーソナリティと健康 …… 472

- 1節　パーソナリティと健康 …… 堀毛裕子　472
- 2節　健康と生理学的個人差 …… 石原俊一　480
- 3節　健康生成論とセンス・オブ・コヒアランス …… 藤里紘子　487
- 4節　レジリエンス …… 井隼経子　494
- 5節　ストレスコーピング …… 加藤司　501

17章　ポジティブ感情とポジティブ特性 …… 508

- 1節　ポジティブ心理学の発展——パーソナリティ領域を中心に …… 堀毛一也　508
- 2節　主観的well-being …… 上出寛子　515
- 3節　ポジティブ・イリュージョン …… 外山美樹　521
- 4節　ポジティブ感情の機能 …… 藤原健　527
- 5節　ヒューマン・ストレングス …… 大竹恵子　533

Ⅴ部　パーソナリティと社会・文化

18章　パーソナリティと対人関係 …… 540

- 1節　パーソナリティと対人関係 …… 大坊郁夫　540
- 2節　特性理解の発達 …… 林智幸　547
- 3節　養育の影響 …… 酒井厚　553
- 4節　愛着スタイルの個人差 …… 金政祐司　560
- 5節　友人関係の個人差 …… 岡田努　567

19章　パーソナリティと社会環境 …… 573

- 1節　学校・教育の影響 …… 出口拓彦　573
- 2節　組織内の対人関係とパーソナリティ …… 日向野智子　580
- 3節　社会的環境と自己制御 …… 原田知佳　586

目次

　4節　法と性格 …………………………………………… 荒川　　歩　593
　5節　情報メディアの影響 ……………………………… 高比良美詠子　600
　6節　医療とパーソナリティ …………………………… 山﨑　晴美　607

20章　パーソナリティと文化 …………………………………………… 614

　1節　パーソナリティと文化 …………………………… 堀　　　正　614
　2節　文化的自己観 ……………………………………… 吉田　綾乃　622
　3節　自己高揚の個人差・文化差と社会的適応 ……… 小林　知博　628
　4節　社会的スキルの個人差・文化差 ………………… 毛　　新華　635
　5節　自己制御の個人差・文化差 ……………………… 尾崎　由佳　642

Ⅵ部　パーソナリティの把握

21章　パーソナリティ測定の基礎 ……………………………………… 650

　1節　信頼性 ……………………………………………… 井上　裕光　650
　2節　妥当性 ……………………………………………… 松田　浩平　657
　3節　多変量解析 ………………………………………… 服部　　環　662
　4節　構造方程式モデリング …………………………… 清水　和秋　669
　5節　潜在的な個人差の測定 …………………………… 森尾　博昭　676

22章　パーソナリティの把握方法 ……………………………………… 682

　1節　質問紙法 …………………………………………… 友野　隆成　682
　2節　投影法 ……………………………………………… 藤田　主一　689
　3節　実験的手法 ………………………………………… 堀内　　孝　695
　4節　観察・フィールドワーク ………………………… 尾見　康博　702
　5節　面接法・物語法 …………………………………… 文野　　洋　708
　6節　研究倫理 …………………………………………… 大野木裕明　715

索　引

　人名索引 ………………………………………………………………………… 724
　事項索引 ………………………………………………………………………… 752

I 部
パーソナリティ心理学の概観

I部では,パーソナリティ心理学の歴史,理論を最新の研究をふまえて概観する。

1章では,パーソナリティ研究を歴史的観点からみていく。パーソナリティ研究は,パーソナリティ心理学という分野が確立される以前,あまりまとまりがない多彩な考え方が多く存在していたが,時代が進むにしたがって,体系的なまとまりをもった考え方へと変わっていく。さらに,遺伝的な観点(4節)から,そして進化論的な観点(5節)からのアプローチがパーソナリティ研究を推進させていった経緯を概観する。

2章では,「人か状況か」論争をふまえた類型論的見方と特性論的見方からパーソナリティ研究を概観する。パーソナリティ関連行動に一貫性があるのかという「人か状況か」論争(パーソナリティの一貫性論争),「ビッグファイブ」あるいは「5因子モデル」という考え方を中心に概観する。とくに,5因子モデルの展開(5節)では,日本でどのように評価され,使われているかが示される。

3章では,パーソナリティの理論を多彩な観点からみていく。とくに,行動遺伝学(1節)および脳神経科学(3節)とのかかわりについての研究は目を見張るものがあり,そのあたりを中心に多彩な理論的背景を概観する。

4章では,パーソナリティが自己とどのようにかかわるかをみていく。パーソナリティを考えていくうえで自己とのかかわりを理解することは不可欠であるが,そのかかわりをいろいろな角度から概観する。とくに,ナラティブ・アプローチ(5節)では,自己や人生について語られた物語を分析することで,個人の日常経験の組織化や意味づけについて考えていこうというユニークな考え方についてとりあげる。

5章では,パーソナリティ研究には欠かすことができない個人差の問題を多彩な観点からみていく。パーソナリティ研究は個人差の研究から始まったといっても過言ではない。そこでその個人差を5つの観点(認知スタイル,社会的認知,知的能力,感情・情動,動機づけ)から概観する。 (浮谷秀一)

1章　パーソナリティ研究の歴史的変遷

1節　パーソナリティ心理学の背景

浮谷秀一

1 ■ 「パーソナリティ」という用語の背景

　慣習として，characterを「性格」，personalityを「人格」と翻訳して使っている。しかし，本来の意味を適切に反映しているかは疑問である。characterは，おもにヨーロッパで使われていた価値を含む用語であり，characterという用語そのもののなかに「素晴らしい，良い，望ましい」といった価値を含めて使っていた。それに対して，personalityは，おもにアメリカで使われていた価値中立的な用語であり，personalityという用語そのもののなかに価値を含めて使ってはいなかった。それぞれに対応した翻訳語の「性格」と「人格」の使われ方をみてみると，日本では，「性格」は価値中立的な，「人格」は価値を含めた使い方をしているという現状がある。このことが日本でのこの分野の研究をいろいろな点で複雑にしているところがある。characterを「人格」，personalityを「性格」と翻訳したほうが本来の言葉の意味を反映させておりわかりやすかったのかもしれない。この用語の煩雑さが学会名称にも影響している。

　「日本性格心理学会」は1992年6月に創設されたが，2003年10月に「日本パーソナリティ心理学会」と名称変更し，機関誌『性格心理学研究』も『パーソナリティ研究』と名称変更している。本章3節の執筆者，当時の理事長であった杉山自身も引用しているが，『パーソナリティ研究』第12巻第1号の巻頭言で，名称変更を機に以下の4点について，これまで以上に発展していくよう期待を込めて述べている（杉山, 2003）。①人類学，社会学，生命科学，進化学などの近接領域との交流を深める。②性格に限らず，知性や創造性，測定論などを含めた複合的で多様な個人差にかかわる諸領域の研究を結集する。③気質研究などで考慮される生物・進化的要因に加えて，文化・社会・文脈的なパーソナリティ形成過程を含めた総合的な研究視点の活性化を目指

す。④ナラティブ分析やライフヒストリーなどの質的分析を含めた新たな研究法の可能性を探る。

　名称変更は，ただ単なる看板の掛け替えではなく，personalityという原語を「パーソナリティ」とカタカナ読みをすることによってより広い領域を巻き込んだ研究成果を期待するというメッセージを読み取ることができる。

　学会名称変更後，「性格」にかわって「パーソナリティ」という語を用いた書籍が増えてきたのも事実である（二宮・子安，2006；榎本・安藤・堀毛，2009；鈴木，2012など）。本書の旧版『性格心理学ハンドブック』（詫摩監修，1998）も，このたび『パーソナリティ心理学ハンドブック』として出版することになった。また，多くの大学の講義名称に，パーソナリティの心理学，パーソナリティ特殊講義などパーソナリティという用語が使われている。このように日本ではパーソナリティという用語が定着しつつある。

　日本でのこうした動向は，アメリカでオルポート（Allport, G. W.）が1920年代以降価値中立的なpersonalityという語を用いるよう主張し，その傾向が定着したからにほかならない。

2 ■ パーソナリティ心理学のはじまり

　パーソナリティ研究の基盤は差異心理学的な方法論である。理論的には古くからの性格学，精神病理学的な性格理論，精神分析学，行動主義的心理学などの知見を幅広く取り入れたいわゆる折衷的な心理学であった。差異心理学は，イギリスの人類学者ゴールトン（Galton, F.）らが提唱したもので，個人を知能や反応速度など要素の集合として扱い，その各要素における「個人差」を測定し統計的に分析することで法則定立の学にすることを目指したのである。

a. パーソナリティ心理学までの足跡（表1.1参照）

　パーソナリティ心理学を理解するために，それ以前の「性格学」あるいは「性格心理学」について概観しておくことにする。

　（1）　性格のさまざまな見方

　古くは紀元前3世紀古代ギリシアの哲学者テオフラストスの『エチコイ・カラクテレス』があり，吉田（1938）が『人さまざま』と訳して出版している。この本のなかで，人間のタイプを，粗野・愛想・無恥・おせっかい・身勝手・虚栄・臆病などと描写している。

　その後，多くの性格描写がなされてきたが，最も代表的なものとして1688年のラ・ブリュイェールによる『性格論』がある（関根訳，1952・1953, 邦訳名『カラクテール』）。

　性格学という名称がはじめて使われたのが，1867年のドイツの哲学者バーンゼンによる『性格学への寄与』であったといわれている。

　（2）　相貌学

　相貌学（physiognomy）とは，人の外部に現れたすがた，とくに顔面の形状，特徴，表情などから人の性格を読み取ろうとする一種の術である。アリストテレスの『フィジオグノモニカ』が最も古い本であり，人の身体運動，体つき，顔面表情，皮膚，声など相貌的特徴から性格を判断する方法が記述されている。最も有名なのが，スイスのラファーターによる『相貌学断片』（1783

表1.1 パーソナリティ心理学までの足跡

年	人 名	書 名
	アリストテレス（Aristotle）古代ギリシアの哲学者	フィジオグノモニカ
	テオフラストス（Theophrastus）古代ギリシアの哲学者	エチコイ・カラクテレス（人さまざま）
1688	ラ・ブリュイェール（Jean de La Bruyère）	カラクテール
1783	ラファーター（Lavater, J. K.）	相貌学断片
1867	バーンゼン（Bahnsen, J.）	性格学への寄与
1875	ミション（Michon, J. H.）	筆跡学体系
1879	クレピュー－ジャマン（Crépieux-Jamin, J.）	筆跡と性格
1822	ガル（Gall, F. J.）	脳の機能について
1894	プライヤー（Preyer, W.）	筆跡と性格
1910	クラーゲス（Klages, L.）	筆跡学の諸問題

表1.2 日本におけるパーソナリティ心理学の流れ

著者・編者	発行年	書 名	発行所
高良武久	1931	性格学	三省堂
坂田徳男	1935	性格学	建設社
小野島右左雄	1937	現代性格心理学	中文館
正木正・依田新	1937	性格心理学	刀江書院
関計夫	1939	教育的性格学	巌松堂
戸川行男	1949	性格の類型	金子書房
佐藤幸治	1951	人格心理学	創元社
霜田静志	1957	性格形成と性格分析	誠信書房
宮城音弥	1960	性格	岩波書店
戸川行男ほか編	1960-1961	性格心理学講座（全5巻）	金子書房
クレッチマー, E./相場均訳	1961	体格と性格	文光堂
増永篤彦	1961	性格の発見	誠信書房
マァレー, H. A.編/外林大作訳編	1961-1962	パーソナリティ（I・II）	誠信書房
正木正	1962	性格の心理	金子書房
増永篤彦	1963	性格入門	誠信書房
相場均	1963	性格	中央公論社
詫摩武俊編著	1967	性格の理論	誠信書房
詫摩武俊	1967	性格はいかにつくられるか	岩波書店
オルポート, G. W./今田恵監訳	1968	人格心理学（上・下）	誠信書房
依田新	1968	性格心理学	金子書房
片口安史	1969	性格のはなし	誠信書房
佐治守夫編	1970	人格（講座心理学10）	東京大学出版会
詫摩武俊	1971	性格	講談社
ダラード, J., ミラー, N. E./河合伊六・稲田準子訳	1972	人格と心理療法	誠信書房
オルポート, G. W./星野命・原一雄訳	1972	人格と社会との出会い	誠信書房
依田新ほか編	1973	青年の性格形成（現代青年心理学講座4）	金子書房
リン, R./岩脇三良ほか訳	1973	性格と国民性	誠信書房
詫摩武俊編	1974	性格心理学	大日本図書
星野命・河合隼雄編	1975	人格（心理学4）	有斐閣
藤永保・高野清純編	1975	パーソナリティの発達（幼児心理学講座3）	日本文化科学社
アーノルト, W./詫摩武俊訳著	1976	性格学入門	東京大学出版会
祖父江孝男	1976	文化とパーソナリティ	弘文堂
宮城音弥	1977	日本人の性格：県民性と歴史的人物	東京書籍
詫摩武俊編著	1978	性格の理論（第2版）	誠信書房
藤永保ほか編	1979	性格心理学（テキストブック心理学6）	有斐閣
水島恵一	1980	パーソナリティ	有斐閣
キャッテル, R. B./齋藤耕二ほか訳	1981	パーソナリティの心理学	金子書房

篠置昭男・中西信男編著	1982	人格の心理と病理	福村出版
長島貞夫監修	1983	性格心理学ハンドブック	金子書房
飯田真ほか編	1983	パーソナリティ（岩波講座精神の科学2）	岩波書店
瀧本孝雄・鈴木乙史・清水弘司編著	1985	性格の心理	福村出版
詫摩武俊監修	1985-1986	パッケージ性格の心理（全6巻）	ブレーン出版
倉智佐一	1986	人格形成の心理学	北大路書房
大貫敬一・佐々木正宏編著	1987	パーソナリティの心理学	福村出版
本明寛ほか編	1989-1992	性格心理学新講座（全6巻）	金子書房
詫摩武俊ほか	1990	性格心理学への招待	サイエンス社
デーモン，W./山本多喜司編訳	1990	社会性と人格の発達心理学	北大路書房
大村政男	1990	血液型と性格	福村出版
小川捷之・詫摩武俊・三好暁光編	1990	パーソナリティ（臨床心理学大系2）	金子書房
藤永保	1991	思想と人格：人格心理学への途	筑摩書房
バス，A. H./大渕憲一監訳	1991	対人行動とパーソナリティ	北大路書房
ミッシェル，W./詫摩武俊監訳	1992	パーソナリティの理論	誠信書房
西川隆蔵ほか	1992	自己理解のための心理学：性格心理学入門	福村出版
大貫敬一・佐々木正宏編著	1992	心の健康と適応：パーソナリティの心理	福村出版
柏木惠子編	1992	パーソナリティの発達（新・児童心理学講座10）	金子書房
白佐俊憲・井口拓自	1993	血液型性格研究入門	川島書店
岡村一成・若林明雄編	1994	性格の科学（こころの科学2）	福村出版
半田智久	1994	パースナリティ：性格の正体	新曜社
クラーエ，B./堀毛一也編訳	1996	社会的状況とパーソナリティ	北大路書房
大渕憲一・堀毛一也編	1996	パーソナリティと対人行動	誠信書房
青柳肇・杉山憲司編著	1996	パーソナリティ形成の心理学	福村出版
柏木繁男	1997	性格の評価と表現：特性5因子論からのアプローチ	有斐閣
スナイダー，M./齊藤勇監訳	1998	カメレオン人間の性格：セルフ・モニタリングの心理学	川島書店
清水弘司	1998	はじめてふれる性格心理学	サイエンス社
大村政男	1998	新訂 血液型と性格	福村出版
詫摩武俊監修	1998	性格心理学ハンドブック	福村出版
西川隆蔵ほか	1998	新 自己理解のための心理学：性格心理学入門	福村出版
佐藤達哉編	1998	性格のための心理学（現代のエスプリ372）	至文堂
杉山憲司・堀毛一也編著	1999	性格研究の技法	福村出版
村上宣寛・村上千恵子	1999	性格は五次元だった：性格心理学入門	培風館
堀野緑・濱口佳和・宮下一博編著	2000	子どものパーソナリティと社会性の発達・測定尺度つき	北大路書房
荒木正見	2002	人格発達と癒し：昔話解釈・夢解釈	ナカニシヤ出版
詫摩武俊ほか	2003	性格心理学への招待（改訂版）	サイエンス社
西川隆蔵・大石史博編	2004	人格発達心理学	ナカニシヤ出版
戸田まり・サトウタツヤ・伊藤美奈子	2005	グラフィック性格心理学	サイエンス社
二宮克美・子安増生編	2006	キーワードコレクション パーソナリティ心理学	新曜社
谷冬彦	2008	自我同一性の人格発達心理学	ナカニシヤ出版
杉浦義典・丹野義彦	2008	パーソナリティと臨床の心理学：次元モデルによる統合	培風館
榎本博明・安藤寿康・堀毛一也	2009	パーソナリティ心理学：人間科学，自然科学，社会科学のクロスロード	有斐閣
若林明雄	2009	パーソナリティとは何か：その概念と理論	培風館
小塩真司	2010	はじめて学ぶパーソナリティ心理学：個性をめぐる冒険	ミネルヴァ書房
渡邊芳之	2010	性格とはなんだったのか	新曜社
ミシェル，W.，ショウダ，Y.，アイダック，O./黒沢香ほか監訳	2010	パーソナリティ心理学：全体としての人間の理解	培風館
小塩真司	2011	性格を科学する心理学のはなし	新曜社
坂元章編著	2011	メディアとパーソナリティ	ナカニシヤ出版
鈴木公啓編	2012	パーソナリティ心理学概論：性格理解への扉	ナカニシヤ出版
高田利武	2012	日本文化での人格形成	ナカニシヤ出版
大村政男	2012	新編 血液型と性格	福村出版

年）である。身体のいろいろな特徴はすべて相互に関連し合い，一貫しているということを記述している。

(3) 筆跡学

筆跡学（graphology）とは，筆跡における特徴から筆者の性格を診断しようとする一種の技術である。フランスのミションは『筆跡学体系』（1875年）で注目され，筆跡学の父ともよばれている。その後，クレピュー－ジャマンの『筆跡と性格』（1879年）により理論的発展がみられ，プライヤーの『筆跡と性格』（1894年）やクラーゲスの『筆跡学の諸問題』（1910年）が出版された。オルポートは，個人の示す表現的行動は，その個人に一貫した特徴を表しているという考えから，筆跡学に興味を示し実験的研究も行っている。ただ，ビネー（Binet, A.）の電気ペンを使った筆跡の研究では，筆跡が知能の示標として役立たないことを見出している。

(4) 骨相学

オーストリアの医師ガルが『脳の機能について』（1822年）を出版している。彼は，脳を精神の座としてみることによって，精神と身体の統一的把握を試みた。個人差を説明するためにいくつかの基本的能力を考え，脳における位置づけを経験的に探求したことは，性格心理学の前史として意味深い。

b. 日本におけるパーソナリティ心理学の流れ（表1.2参照）

(1) 1945年（第二次世界大戦）以前

高良の『性格学』（1931年）は，当時のヨーロッパの性格学を紹介している。坂田は『性格学』（1935年）という本のなかで，性格は精神病学や心理学の問題であるばかりでなく，哲学の問題であるとし，性格学の哲学的基礎を探求しようとした。

正木・依田の『性格心理学』（1937年）は，雑誌などに発表した論文などを編集して出版した本であり，類型学および人間学を中心とした性格学への序論といえる。小野島の『現代性格心理学』（1937年）はゲシュタルト心理学の立場から書かれた斬新な性格心理学であった。

『教育的性格学』（1939年）を書いた関もゲシュタルト心理学の影響を受け，社会的存在としての人間形成の統一原理を，ゲシュタルト心理学でいう要求水準に求めている。

(2) 日本の1945年以降

1945年以降，アメリカ心理学の影響が大きくなり，性格検査法や性格診断法に関する研究が盛んになり，概論的な本が数多く出版された。たとえば，戸川の『性格の類型』（1949年），佐藤の『人格心理学』（1951年），宮城の『性格』（1960年），詫摩編の『性格の理論』（1967年），依田の『性格心理学』（1968年）などである。

表1.2に，戦前から今日までの，書名に「性格」「人格」「パーソナリティ」が冠せられているおもな書籍を，代表的な翻訳書も含めて示した。1990年代に刊行されたものが多いのは，「日本性格心理学会」が創設され，この領域に関心が高まったことと連動していると思われる。

3 ■ パーソナリティ研究の歴史

堀毛（2009）は，パーソナリティ研究の流れを，カプララとヴァン・ヘック（Caprara & Van Heck, 1992）を引用し，5つの時期に分けて考えることができると述べている。その5つの時期を紹介して，次につづく2節，3節への橋渡しとしたい。

第1期（成立期：1930年代初めの頃まで）は，パーソナリティ心理学が固有の領域的関心をもち，学問として承認されていった時期である。この時期の終期には，パーソナリティ研究の主要な研究誌の一つである"*Journal of Personality*"の前身である"*Character and Personality*"が創刊されている。

第2期（理論構築期：1930年～1950年頃）は，さまざまな理論的立場が整備され「パーソナリティ」をとらえるための包括的で概念的なシステムが提唱された時期といえる。特性論，動機論，認知論，現象学・人間学的理論，行動主義など現代にいたる主要なパーソナリティ理論の多くはこの時期に理論体系の構築が行われている。

第3期（概念整備期：1950年～1970年頃）は，それぞれの理論的立場の相違が顕在化し独創性が主張されたなかで，理論の中核となる特性，欲求，動機などの概念についての研究が進められ，測定道具が開発され定着していった時期といえる。

第4期（論争期：1970年～1990年）は，ミシェル（Mischel, 1968/1992）によるパーソナリティ研究批判がなされ，それに関する論争が活発に行われていた時期である。

第5期（再生期：1990年代以降）は，これまでの経過をふまえて生じてきた新たな研究動向や成果が期待されている時期といえるであろう。

◆ 引用文献

Allport, G. W. (1982). パーソナリティ：心理学的解釈（詫摩武俊・青木孝悦・近藤由紀子・堀 正訳）．新曜社．(Allport, G. W. (1937). *Personality : A psychological interpretation*. New York : Holt, Rinehart, & Winston.)
Caprara, G. V., & Van Heck, G. L. (Eds.). (1992). *Modern personality psychology : Critical reviews and new directions*. New York : Harvester Wheatsheaf.
榎本博明・安藤寿康・堀毛一也．(2009)．パーソナリティ心理学：人間科学，自然科学，社会科学のクロスロード．有斐閣．
堀毛一也．(2009)．パーソナリティ研究の歴史．榎本博明・安藤寿康・堀毛一也（著），パーソナリティ心理学：人間科学，自然科学，社会科学のクロスロード（pp.6-9）．有斐閣．
ラ・ブリュイエール, J. de (1952・1953)．カラクテール：当世風俗誌（上・中・下）（関根秀雄，訳）．岩波書店（岩波文庫）．
Mischel, W. (1992). パーソナリティの理論：状況主義的アプローチ（詫摩武俊，監訳）．誠信書房．(Mischel, W. (1968). *Personality and assessment*. New York : Wiley.)
二宮克美・子安増生（編）．(2006)．キーワードコレクション パーソナリティ心理学．新曜社．
杉山憲司．(2003)．巻頭言 機関誌新名称「パーソナリティ研究」に託して．パーソナリティ研究，**12**, 1.
鈴木公啓（編）．(2012)．パーソナリティ心理学概論：性格理解への扉．ナカニシヤ出版．
詫摩武俊（監修），青木孝悦・杉山憲司・二宮克美・越川房子・佐藤達哉（編集企画）．(1998)．性格心理学ハンドブック．福村出版．
テオプラストス．(1938)．人さまざま（吉田正通，訳）．岩波書店（岩波文庫）．(のちに，テオプラストス．(1982)．人さまざま（森 進一，訳）．岩波文庫で刊行）

2節 パーソナリティ心理学の歴史的変遷

サトウタツヤ

1 ■ 個性，個人差，差異の心理学

　パーソナリティ心理学の歴史を考えるにあたって，用語の問題について最初にみてみよう。
　キャラクターはギリシア語のcharaktèrに由来し，掘り刻むという意味である。パーソナリティはラテン語のpersonaに由来し，その意味は仮面である。パーソナリティという意味で使われる場合，前者は固定的で基礎的な構造という意味であり生得性をも含意するし，後者は見た目であり表面的な行動という意味をもつものである。また，前者はドイツなどヨーロッパ大陸で好まれる概念であり，後者は新大陸とよばれたアメリカで好まれる考え方である。
　このようにパーソナリティ概念には長い歴史がある。人間の個人差が心理学の関心をひくようになったのは19世紀の初頭であったが，当初は「反応時間」の個人差が関心事となり「個人方程式」が作られるようになった。
　進化論を唱えたダーウィン（Darwin, C. R.）をいとこにもつイギリスのゴールトン（Galton, F.）は，個人の能力に関心をもち数量化を試みた。能力の数量化は優劣の差異を明確にした。ゴールトンはその差異の源泉を遺伝によるものと考え（『遺伝的天才』1869年），後には優生劣廃学（eugenicsの機能的な訳）を唱えて劣った人間を排除しようとした。ゴールトンは親子など世代間の身体や能力の関連をみるために，二変数の関連の指標として知られる相関係数を創案した（1888年）。相関係数は因子分析や共分散構造分析の基礎となっており，その意味でゴールトンの貢献は非常に大きなものがある。同じイギリスでスピアマン（Spearman, C. E.）は，彼が知的と考えるさまざまな検査の結果や作業の成績などの相関係数を用いて，すべてに共通する一般因子（g）と，それぞれの作業に固有の特殊因子（s）があると考え（1904年），それを統計的に支えるために因子分析法の基礎を築いた。
　フランスのビネー（Binet, A.）は，近代化した心理学が感覚・知覚などを対象とすることに不満をもち，思考や判断，推理など高次精神機能を扱うべきだと考えていた。また，こうした高次精神機能を誤らせる暗示・被暗示性の問題にも関心をもった。ビネーは教育や法の現場で現れる子どもたちの精神機能に関心をもっていたのである。さてフランスでは18世紀以降，知的障害児に対する教育に関心がもたれていた。ビネーは知的障害児に特別な教育を受けさせるための選別検査を作り，1905年に知的水準を測定するための尺度を発表し知能検査の先駆となった。
　ドイツのシュテルン（Stern,W.）は心理学がその対象を感覚や知覚などに細分化することから距離をとり，むしろ心理学を人格学の一部として考えようとした。そして，人間を多様性の統一（unitas multiplex）としてとらえる視点を重視し，個々人の全体性が差異をもっていることをとらえようと考えたのである。シュテルンはビネーの影響を受け1900年に『個人差の心理学』，

1911年に『差異の心理学』を出版した。その方法としては，変異研究，相関研究，心理誌，比較研究があり，これらのうちいくつかはオルポートにも引き継がれていった。

2 ■ 精神分析のパーソナリティ理論

フロイト（Freud, S.）はヒステリーの治療を通じて神経症の治療法の開発を行ったのだが，その背景としてパーソナリティ理論が重要な位置を占めていた。まず，リビドーの発達段階のなかに，固着した性格という形でパーソナリティ理論を見出すこともできる。また，フロイトの心的構造論はそれ自体をパーソナリティ理論とみなすことができる。

最初の点についてフロイトは，1905年に『性理論に関する三論文』と題する書を公刊している。心的エネルギーとしてのリビドーの発達過程を重視し，成人のパーソナリティ形成に幼少期が影響するとした。このような考え方は今では違和感なく受けとめられるが，当時としては珍しいものであった。人間は生まれたときから性的な欲動をもつが，その充足器官が時間とともに変化する。口唇期，肛門期，エディプス期，潜伏期，性器期は，それぞれ欲動を充足させる器官の名称からとった発達段階である。そして，各発達段階において，欲動が満たされなかったり，過剰に刺激されると，リビドーが固着して，特有のパーソナリティをもつようになるとした。

また，心的構造について，フロイトは1923年に『自我とエス』を出版し，自我をその中心に据え，無意識的で意志によって統制できないイド（エスともよばれる），社会の道徳が取り入れられている超自我の3つの領域からなるものとした。詫摩（1974）による車の比喩によれば，イドがエンジン，自我が運転手，超自我が交通法規にあたるという。心的構造論によればパーソナリティの個人差は，イド，自我，超自我のどの領域が強いのかによって説明されうる。

フロイトのもとには多くの学者が集まった。劣等感の補償を重視したアドラー（Adler, A.），リビドーが自身のなかに向かうか外に向かうかによってパーソナリティを類型化する「心理学的類型論」を唱えたユング（Jung, C. G.）が，初期の代表的な学者である。また，フロイトの影響を受けつつも，その理論が幼少期を重視するとはいえ生物学的観点が強いことを嫌った学者たちは，パーソナリティに対する文化的社会的要因を強調するようになり，新フロイト派とよばれるようになった。ここにはサリヴァン（Sullivan, H. S.）やホーナイ（Horney, K.）がいる。

精神分析の影響はきわめて大きく，エリクソン（Erikson, E. H.）の自我同一性理論やボウルビィ（Bowlby, J.）のアタッチメント（愛着）理論もその影響を大きく受けている。

3 ■ 類型論と特性論

パーソナリティの理論が重視されるようになったのは21世紀になってからである。類型論は，パーソナリティをいくつかの類型によって理解するものである。類型は，個の理解と普遍の理解をつなぐための方法概念にほかならず，1920年代のドイツで発展した。クレッチマー（Kretschmer, E.）は多くの患者を診るなかで体格と精神病の関係に目をつけ "*Körperbau und*

Charakter"（『体格と性格』1921年）を出版した。フロイトのもとで精神分析を学んだユングは，フロイトから離反した後に，リビドーが内界・外界どちらに向くのか，ということを重視した内向・外向というパーソナリティ類型を提唱した。これらの考え方からわかるように，精神科医が問診を通じて個人を理解することが類型論の根本にある。つまり見る人がいることが前提になり，対象者をよりよく理解し，あわよくばその未来をも予測的に描写しようとするのが類型論である。

1932年 "*Character and Personality*" という学術雑誌（現在の "*Journal of Personality*"）が創刊されたのは，ドイツ型のキャラクター志向とアメリカ型のペルソナ志向が統合したかたちで研究されることになるという意味で秀逸な名称であったといえるだろう。ただし，このような融合は簡単には行われなかった。

ドイツのシュテルンの影響を受けたオルポート（Allport, 1937/1982）は，personalityの語源であるラテン語のpersonaの意味を多面的に検討し，最終的に以下のような定義を用いることが心理学にとって有用であると述べている（Allport, 1937/1982）。

「パーソナリティは，個人の内部で，環境への彼特有な適応を決定するような，精神物理学的体系の力動的機構である」（Allport, 1937/1982, p.40）。

彼は類型論の意義を認めながらも，特性，ことに共通特性によって人の性格を記述することが有用だと主張した。彼によって，特性概念が心理学のなかで明確に位置づけられることになると，イギリスで発展していた因子分析の研究と歩調をあわせる基盤ができた。つまり彼は因子分析という統計上のテクニックを用いることで，共通特性の推定がより適切になると主張した。ただし，危惧も表明した。

「しかし，いくつかの因子分析の結果は心理学的には意味がないので，分析後が分析前よりも悪くならないように注意しなければならない。心理学的な明確さという基本的条件を低めてしまうような技術的援助は許されないのである」（Allport, 1937/1982, p.259）。

サーストン（Thurstone, L. L.）が開発した多重因子法（1938年）は，性格の多様性を示すことができるものとして尊重されるようになった。さまざまな尺度を用いた性格研究の結果やさまざまな形容詞を用いた結果を数の少ない因子によって表現し，それが性格の特性として考えられるようになり，場合によっては他の特性との相関を検討されるようになったのである。

4 ■ パーソナリティ検査と尺度の系譜

心理学に限らず実践や応用は理論よりも先行することが多い。パーソナリティの測定についても同様である。第一次世界大戦（1914〜1918年）は，新しい兵器（戦車や戦闘機）が使用されたり大量の兵員が動員されるなど，これまでの戦争と異なる様相をみせた。アメリカでは徴発された人員の振り分けに心理学的検査が用いられた。知能検査は集団式が開発され，下士官の選抜に用いられた。また，機関銃の使用が塹壕戦（塹壕を掘りながら戦いを進める方式）を余儀なくしたためもあってシェルショックとよばれる戦争神経症が頻発した。この戦争神経症になりやすい兵士を見分けるために，アメリカではウッドワース（Woodworth, R. S.）により「個人データ」

(Personal Data）という名の集団式アンケート（スクリーニング検査）が開発され，戦後に概要が発表された（1919年）。自己記入式パーソナリティ検査の一種として初めてのものである。

スイスでは医師のロールシャッハ（Rorschach, H.）がインクのしみで偶然できた形を用いた心理検査を公刊した（1921年）。アメリカのマレー（Murray, H. A.）は，1人か2人の登場人物が意味深長な状況で描かれている図版を用いて物語を作らせる形式のTAT（Thematic Apperception Test：主題統覚検査）に関する論文を発表した（1935年）。投影法という語は1939年にフランク（Frank, L. K.）の論文によって使われるようになり，わかりやすい用語として浸透していった。投影法が開発され受け入れられた理由としては，精神分析が治療に用いた自由連想法との相性がよいということに加えて，言語によらない方法であるということがあげられる。

類型論や特性論などのパーソナリティ理論に対応するパーソナリティ検査も開発された。特性論的なものの代表にMMPIやMPIがある。MMPI（ミネソタ多面人格目録：Minnesota Multiphasic Personality Inventory）はミネソタ大学病院の精神神経科の心理学者ハサウェイ（Hathaway, S. R.）らによって開発されたもので（1943年），550の項目を利用して多面的にパーソナリティを理解しようとする尺度であった。MPI（Maudsley Personality Inventory：モーズレイ人格目録）はイギリスのアイゼンク（Eysenck, H. J.）によるもので（1959年），パーソナリティを「外向性－内向性」次元（Extraversion尺度）と，「神経症傾向」次元（Neuroticism尺度）によって理解することを目指したものであるが，同時に類型論と特性論を統合することを目指したものでもあった。

5 ■ 学習理論からみたパーソナリティ

フロイトの精神分析理論に刺激を受けた学習心理学者たちは，パーソナリティを媒介変数にした研究を行い，介入を行い変化を引きだす研究を行動療法として行おうとした。1950年にはダラードとミラー（Dollard, J. & Miller, N. E.）の『パーソナリティと心理療法』，マウラー（Mowrer, O. H.）の『学習理論とパーソナリティ力動』が出版された。

学習理論家のなかでパーソナリティの問題に対して精力的だった人の一人がアイゼンクである。アイゼンクは自身のパーソナリティ研究を実験的に基礎づけようとする志向が強かった。先に紹介したMPIにしても，パーソナリティと行動の関連を常に重視していた。彼は，外向者と内向者に実験を行い（たとえば回転追跡盤による感覚－運動学習の作業成績），両者の違いを検討している。その前提には大脳皮質における生理学的な興奮－抑制バランスが向性（外向－内向）によって異なるという理論があった。

6 ■ 対人認知・関係性としてのパーソナリティ

1940年代後半以降，知覚研究の領域において，人の要求（欲求）や期待，態度，過去の経験などの人格的・社会的要因が客観的な事物の見え方に影響を与えると認識されるようになった。硬

貨の見えが本人の属する階層（経済状態）の影響を受けるというブルーナー（Bruner, J. S.）の研究が有名である。こうした動向をニュールック心理学と称するが，これにより，知覚が個人属性の影響を受けることが広く共有されるようになり，個人の環境や意味世界を重要視する構成主義的な考え方の萌芽がみられるようになった。

　早い時期に，意味や認識をパーソナリティと関連づけて構成主義的な展開を試みたのがケリー（Kelly, G. A.）である。彼は人間は科学者であるとし，1955年にパーソナル・コンストラクト理論を発表した。個人個人がもつ概念を知ることがその人のパーソナリティを知ることだと考えたのである。

7 ■ 人か状況か論争とパーソナリティ心理学の停滞とネオ特性論

　ミシェル（Mischel, W.）が1968年に出版した"*Personality and assessment*"（邦訳『パーソナリティの理論：状況主義的アプローチ』）はそれまでのパーソナリティ心理学の常識に対して疑問を呈した本である。ミシェルが主張したことは，「人間行動には通状況的な一貫性がない，つまり，さまざまな状況で状況に応じた行動をしている」というものであり，この主張は当時のパーソナリティ概念に対する挑戦だと受けとめられたのである。

　ミシェルの著書によってパーソナリティ心理学は論争の時代に入るが，新しい理論を生み出すことができずにいた。勝ち負けのつかない論争が終わりを告げる頃，パーソナリティを5つの因子で説明しようとする5因子理論が台頭した。こうした発想は，知能やパーソナリティの因子分析を行っていたキャッテル（Cattell, R. B.）が，因子を整理するための理論的実際的手法として開発した二次因子の発想にもとづくものである。

8 ■ パーソナリティ障害

　パーソナリティ障害という概念には4つの源流がある（小谷，2002）。まず，精神病ではないにもかかわらず行動異常を現す人々とその行為に注目したピネル（Pinel, P.）やプリチャード（Prichard, J. C.）の取り組みであり，彼らは「道徳性狂気」（moralinsanity）という概念を用いた。この考えはクレペリン（Kraepelin, E.）の精神病質の分類に取り入れられた。次に，フロイトによるパーソナリティの精神分析的研究である。精神分析は治療論の基礎として人間のパーソナリティ論を整備しており，ライヒ（Reich, W.）によるパーソナリティ障害の治療論などを生み，現在ではカーンバーグ（Kernberg, O. F.）によるパーソナリティ障害理論へと連なっている。3つ目として，第二次世界大戦時における兵隊の行動障害への取り組みがあった。いわゆる戦争神経症において，表に現れた症状を行動レベルで把握してその除去を行うという考え方は——精神分析に連なる理論が深層構造を仮定したうえでその深層レベルでの改善を図ろうと長い時間をかけようとするのとは異なっており——症状の早期解消には一定の効果が認められていた。最後に，特性論などの心理学的パーソナリティ理論である。多変量解析の技法を用いてパーソナリティを

いくつかの特性に分ける技術は，心理学のみならず精神医学のパーソナリティ論にも多大な影響を及ぼしている。

9 ■ 日本のパーソナリティ心理学

　日本の戦国時代には『人国記』(1701年) があった。その土地の風土との関連でそこに住む人々の価値観や気風などを解説したものである。同じく戦国時代には，武士のタイプを6種類に分けて解説した書『甲陽軍鑑末書結要本』が著されている。甲斐の国（今の山梨県）で勢力を誇った武田軍団の軍学者・小幡景憲が著者だと推定されている。

　日本に近代心理学を導入した元良勇次郎の弟子のうち，日本大学心理学研究室の開祖となった渡邊徹が『人格論』(1911年) などを著したのが日本のパーソナリティ研究の揺籃である。岸本 (1935) の『我国に於ける応用心理学書』によれば，「個性・個人差の心理」に分類される心理学書が大正期中頃以降から昭和初期にかけて爆発的に増加している。この時期は世界の心理学史において類型論が盛んになっていた1920年代に時期的に重なっている。

　戦前期の日本における性格心理学において注目すべきものをいくつかあげるなら，森田神経質学説，内田クレペリン精神検査の作成，血液型気質相関説論争であろう。

　森田神経質学説は，精神医学者・森田正馬によって唱えられたもので，日本独特の精神療法として知られる森田療法の開発の途上で進展してきた性格理論である。森田は神経衰弱とよばれる現象の治療に取り組み，大正時代中頃から神経質という概念を定義することで彼自身の学説と療法を推進させた。森田神経質の人格特性の特徴としては，「ヒポコンドリー的自己観察」「完全主義・最大限主義」「不安との直面を避ける」があげられる。なお，ヒポコンドリー的自己観察とは，森田神経質の基盤ともいうべき内向的性格のことをいい，自分の能力や身体条件によってのみ物事の解決を図ろうとする傾向のことである。

　内田クレペリン精神検査は，クレペリンの作業曲線の研究にヒントを得て内田勇三郎が自らデータ収集を行って検査のかたちに作り上げたものである。受検者は，簡単な一桁の足し算を行うだけであり，検査結果は1分ごとにまとめられ，作業量のムラや，疲労度や習熟度から作業能力をみるものである。

　血液型気質相関説とは，古川竹二が1927（昭和2）年に『心理学研究』誌上に発表したもので，ABO式血液型と気質との間に一定の関係を認めたとする学説である。彼の学説は，しだいに関心をもたれるようになり，多くの追試が行われた。その範囲は教育，医学，産業，軍事などにも及んでいた。しかし，300以上の研究が行われた結果，多くの研究を総合的にみれば，結果がバラバラであることが明らかとなり，1933（昭和8）年ぐらいを境にして，古川学説の研究は下火になった。現在の日本で流行っている血液型占いのようなもののルーツはここにあるが，学説としては否定された理論でしかない。

　1927年に個性尊重の文部省訓令が出されると個性に関する著書が多く出版されるようになった。クレッチマーの性格理論は1930年代に高良武久『性格学』などによって紹介されていた。さらに

レヴィン（Lewin, K.）の理論が子どもの性格理解の文脈で紹介された。第二次世界大戦が終わると，アメリカを中心とする占領軍によってさまざまな改革がなされたが，そのなかに教育の改革も含まれていた。戦前の国家主義的な教育を改めるために，教育の中心として心理学が重視されるようになり，発達，学習，人格（適応），評価，という「教育心理学の四本柱」が成立し，性格に関する領域は適応とともに大きな一角を占めることになった。

1992年に日本性格心理学会（初代理事長＝詫摩武俊；副理事長＝大村政男）が設立され，2003年に日本パーソナリティ心理学会と改名され，日本における研究交流の基盤が作られ今日に至っている。

◆ 引用文献

Allport, G.W.（1982）.パーソナリティ：心理学的解釈（詫摩武俊・青木孝悦・近藤由紀子・堀　正，訳）．新曜社．
　　（Allport, G. W.（1937）. *Personality : A psychological interpretation.* New York : Holt, Rinehart, & Winston.）
岸本惣吉.（1935）．我国に於ける応用心理学書．応用心理研究, **3**, 328-366.
小谷英文.（2002）．人格障害と人格理論．下山晴彦・丹野義彦（編），講座臨床心理学：4　異常心理学Ⅱ（pp.27-48）．東京大学出版会．
詫摩武俊.（1974）．精神分析学におけるパーソナリティ理論．詫摩武俊（編），性格心理学（pp.99-116）．大日本図書．

3節 パーソナリティ心理学の展開・応用

杉山憲司

1 ■ 現代におけるパーソナリティ心理学の課題

　パーソナリティ研究の目的は,「性格理解という観点から, 各人の違いを認めたうえで, 1人ひとりの幸福に資するような研究の手助けができればと願っている」(杉山・堀毛, 1999) と, かつて書いた。また, パーソナリティ研究が,「人間の多様性や個人差を扱う関係上, 心理学系学会のcrossroadに位置し (中略), 近接領域との共同研究と情報交換を通じてこそ成果を上げられる」(杉山, 2003) と記し, そこでは, 日本性格心理学会の「機関誌名称変更を機に, これまで以上に, 1) 人類学, 社会学, 生命科学, 進化学などの近接領域との交流を深められたら, 2) 性格に限らず, 知性や創造性, 測定論などを含めた複合的で多様な個人差に関わる諸領域の研究を結集できたら, 3) 気質研究などで考慮される生物・進化的要因に加えて, 文化・社会・文脈的なパーソナリティの形成過程を含めた, 総合的な研究視点が活性化できたら, 4) ナラティブ分析やライフヒストリーなどの質的分析を含めた, 新たな研究法の可能性を探ることができたら」との期待を込めた。

　あれから約10年を経過して, 現在, 上記のスタンスから,「クロスロード・パーソナリティ・シリーズ」[1] が刊行されはじめている。また, 現時点で, 上記の課題を振り返ってみよう。①一人ひとりの幸福に資するような研究としては, well-being, 援助行動・利他行動, ポジティブ心理学として, 他方, 犯罪非行などの反社会的行動や対人不安や病理行動などの非社会的行動の研究については, アナログ研究などを通じて, それぞれ着実な成果を上げつつあるように思う。しかし, ②個人一人ひとりを理解して欲しいとの欲求は相変わらずだが, 相手を理解することとの相補性が求められ, 日本人同士でKY（空気が読めないこと）と笑いものにするが, もともと空気が読めるのは等質な社会が前提であり, グローバル化を背景として, 文化差を超えられる論理的思考と異質な人とのコミュニケーション (Rychen & Salganik, 2003/2006) がますます求められる等, この点に関してはハードルが上がったように思う。③性格把握の枠組みやパーソナリティの統合的理解については, 後述するように活発な諸提案があるが, それに比べて, 社会的状況の枠組み, 体系化, それに構造化の提案は遅れているように思う。行動遺伝学の研究から非共有環境というパーソナリティの形成要因が明らかになったように, 文脈とか状況と記述されている要因の整理と体系化を願わずにはいられない。④質的研究法の再評価をはじめ, テキスト文の統計解析などの方法論の提案と成果は着実に上がっていて, これからも成果が期待される。⑤人か状況か論争の成果として, 相互作用論が再登場してきた。しかし, ここでの相互作用の要因としては, 進化と文化なのか, 性格と家庭・学校・地域社会なのかは, 議論が始まったばかりである。また, 学習し知識を集積し, 変化するのは人（個人）であるが, 求められているのは人の相

互作用を前提とするシナジー効果，すなわち，何らかの組織・集団としての変化であるような課題が多く突きつけられているように思う。ここでもハードルが上がっているのではないだろうか。諸研究の引用をせずに，勝手なことを書いた。しかし，改めて，最近の『心理学評論』，『教育心理学年報』，『児童心理学の進歩』（金子書房）等の該当章，およびデータベース等でのpersonality reviewのtitleキーワードを検索するだけでも，実に，多様な視点が認められる。その意味では，本稿の課題把握は公平な視点とはいいがたいが，筆者の力量もあり，2，3のテーマに絞って，パーソナリティ心理学の諸課題について論じ，パーソナリティ心理学の展開と応用に替えたい。

2 ■ 人間の統一的理解とその方法の提供

パーヴィンとサーヴォーン（Pervin & Cervone, 2010）は，パーソナリティ研究が取り扱っている問題領域として，①人間に共通する普遍性とは何か，②個人差に関するカテゴリーや次元は何か，③他者とは違う独自な人としての個人の独自性は何か，という3つの課題があるという。マクアダムズとパルズ（McAdams & Pals, 2007）は同様に，性格心理学者に共通する特徴として，①人々が相互に異なる一貫した個人差，②人間の行動や経験の内的なエンジンとしての動機づけ，③一個人の複雑な生活全般が扱え，統合的な概念としての全体論があり，これらを問題にするという共通の特徴があるとしている。

マクアダムズとパルズ（McAdams & Pals, 2006）は，先に，全人的人間（whole person）の統合科学のための5大原則を示している。原則1：進化と人間性は，人としての種に特有な特性は進化の産物であり，遺伝子の複製と自然淘汰による。原則2：特性次元は，オルポート以来の特性次元として，行動・思考・感情の通状況的時間的アウトラインを示し，ビッグファイブ（Big Five）パーソナリティ特性はここに位置づけられる。原則3：特有な適応は，時代・状況・役割に関連づけられた動機や認知，目標，戦略，自己イメージなどの違いを意味する。原則4：生活物語と現代のアイデンティティへの挑戦は，自身の生活を物語として解釈し，個性的で文化に根ざした意味を与える。原則5：文化特異的な役割は，文化はパーソナリティの異なるレベルに対して異なる効果を及ぼし，物語の選択をとおして文化と人の関係を説明するとしている。5つの原則は心理学や行動科学のディシプリンを整え，パーソナリティ心理学の歴史的な任務を復活させるという。また，オルポート（Allport, G.W.）とマレー（Murray, H.A.）は，性格心理学が生物心理学から臨床的な実践に至るまでを統合するかもしれないといっていたが，これらの原則は，ちょうどそれをしようとすると主張している。

他方，ミシェルほか（Mischel, Shoda, & Ayduk, 2007/2010）は，パーソナリティ理論と分析レベルには，一貫した個人差ないしタイプを特徴づける特性・性質レベル，生物的存在としての人間の特徴と適応にかかわる生物学・生理レベル，情動や恐れと葛藤や無意識にかかわる精神力動的・動機づけレベル，個人を特徴づける行動パターンの形成や変化にかかわる行動・条件づけレベル，自己理解や主観的経験にかかわる現象学的・人間性レベル，個人の特徴的な考え方や情報処理の仕方にかかわる社会認知的レベルの6つから構成されていると考え，各レベルを学ぶ

ことによってパーソナリティの豊かさと複雑さを理解できるとした。ミシェルらは，発見や原則を統合する枠組みとして，認知-感情パーソナリティシステム（cognitive-affective personality system：CAPS）を提唱しているが，これはパーソナリティシステムの包括的モデルを目指し，すべての分析レベルの発見や原則を統合するための枠組みとしての提案であるとしている。

マクアダムズらの提案は，生物・進化と対応した特性レベル，人か状況か論争が取り組んだ歴史・文化を背景とした個人差（多様性）変数レベル，客観に対する解釈と意味レベルという，いわば自然・社会・人文の3つの分析レベルが相互に比較的独立した人間観に立っているといえるであろう。他方，ミシェルらは，6レベルそれぞれの成果を取り入れているが，CAPSそのものは神経生理システムであり，遂行行動をその礎になっている生理的システムで説明しているわけで，還元主義的である。幸福の構成要素には明確な意見の一致がみられるとしてあげている5項目（自己理解・受容，有能感，行動・選択責任，他者・社会との結びつき，自己制御）をCAPSとの関係で説明することは概念的ないし事後説明的であるように思う。人の統合的生活物語や個性的な適応に直接影響するのは，存在脅威管理理論をあげるまでもなく，原則5の文化であり，マクアダムズとパルズ（McAdams & Pals, 2006）の5原則の相互関係の略図で，文化から原則4の統合的生活物語と原則3の特有な適応様式に太いパスが引かれていることが象徴している。しかし両者に共通して，生涯を通じて発展・構成し続けるのは人であり，人の自己システムであるとしている。その意味で，今後の課題としては，パーソナリティと自己という2領域の研究のわかりやすい見取り図を示すことが急務であろう。

3 ■ 心理学の理論構成におけるパーソナリティ概念の位置づけ

マクアダムズとパルズ（McAdams & Pals, 2007）は，20世紀前半のフロイト（Freud, S.），ユング（Jung, C. G.），アドラー（Adler, A.），オルポート，マレー，エリクソン（Erikson, E. H.），サリヴァン（Sullivan, H. S.），ロジャーズ（Rogers, C. R.），マズロー（Maslow, A. H.），ケリー（Kelly, G. A.）らの性格理論は，ミラー（Miller, N. E.）とダラード（Dollard, J.），ロッター（Rotter, J. B.），キャッテル（Cattell, R. B.），アイゼンク（Eysenck, H. J.）らの行動理論ないし測定論に依拠した研究者の理論を含めて，その実証性において，あまりに一般的であるか抽象的であるという。たとえば，フロイトのエディプスコンプレックスは測定できるのか？　人間が集合的無意識を共有するというユングの理論は何らかの方法で評価できるのか？　これら壮大な理論（the grand theories）に代わって，パーソナリティ研究に影響力のある中位の理論には，アタッチメント（愛着）理論，自己決定理論，自己調整理論，認知感情システム理論，自我発達のレヴィンジャー（Loevinger, J.）理論，スクリプト理論，ビッグファイブ特性理論等の多くの理論があり，それらは人間の個性についての比較的広い観点を提供し，影響力を持続しているという。パーソナリティ理論の中心的機能は，個人差の測定可能な特徴について提案することにあり，これらの特徴は構成概念とよばれ，このような概念についての適切な指標を発達させて，その指標の意味を検討する過程は，構成概念妥当性の研究に位置づけられるという。しかし，妥当性の意味は，

近年変化してきており (Hogan, 2007/2010), 妥当性というよりは尺度ないし概念特性といったほうがよいと考えている（この点については，ここではこれ以上，深入りしない）。この問題を最初にとりあげたクロンバックとメール (Cronbach & Meehl, 1955) は，構成概念自体の全体的有用性と妥当性は，法則論的ネットワークの豊かさと適応範囲の広さの関数であり，研究発見の法則定立的ネットワークシステムに埋め込むことによって精緻化され，研究は進展するといっている。

パーソナリティ理論家や研究者によって作成された有効なパーソナリティ構成概念全体を体系的に集積する，広い理論ないし概念の体系化の試みとして，マクアダムズとパルズ (McAdams & Pals, 2007) は，①気質的特性 (dispositional traits), ②特徴的な適応様式 (characteristic adaptations), ③統合的な生活物語 (integrative life stories) からなるパーソナリティ構成概念の3レベルないし領域について論じている（表1.3）。

パーソナリティ心理学者は概念的には，①レベル1は，通状況的で，かつ，通時間的な行動の幅広い個人差を説明し，ビックファイブのようなパーソナリティの基本次元の，安定して，一貫した個人差は，重要な行動結果と関係する。したがってその理解や形成プロセスには進化心理学的な視点からの理解が必要である。②レベル2は，特定の時間や場所，または役割などの状況において，または，特定の発達期に特有な適応様式として，動機，目標，興味，価値，戦略そして発達課題などの諸概念を含んでいる。ここではとくに，人間の行動と経験における内的な駆動因としての動機づけに関心を示してきた。そして，③レベル3は，個体の統合的な生活物語への関心を示している。ここでは多くの他の心理学研究者と違って，全人的人間に注意を向け，全体論を強調してきた。これは，第一に，一個人の生活の複雑さを正当に取り扱うには，異なるレベルで働いている要因を幅広く扱う必要があり，第二に，オルポートのプロプリアム (proprium) や

表1.3 パーソナリティ構成概念の3レベル (McAdams & Pals, 2007)

レベル	定義	例
気質的特性	行動，思考と感情でたぶんに内的で，安定して，包括的な個人差を記述する心理学的個性の広い次元 異なる状況と時間を超えて個体に一貫して機能する特性 人の内部で安定している包括的な個人差	ビックファイブ キャッテルの15パーソナリティ特性 ゴフのフォーク概念（カリフォルニア人格目録） 自己回復力と自己制御
特徴的な適応様式	動機，社会的認知，発達上の挑戦と課題への個人的適応を記述する心理学的個性の特定の特徴 特徴的適応は，一般的に，時間，場所，状況または社会的役割によって文脈を説明される	動機，目標と計画 価値と信念 認知スキーマーとスタイル 自我と心理・社会的段階 関係のモードとスタイル アイデンティティ・ステイタス 対処戦略，防衛機制
統合的な生活物語	現在・過去・未来を統合して，生活にあるまとまり，目的と意味をもたらすために，人々が作る内在化されて展開する物語 生活物語は，パーソナリティ——とくに，現代の成人期に特有な問題——アイデンティティと統合の問題に対応する	自己定義記憶 中心的スクリプト 繰り返される生活物語テーマ エージェンシーと交わり 救いの自己

エリクソンの自我アイデンティティのような，生活そのものの統一，目的そして統合を示すことへの好みを示している。

　方法的には，レベル1と2は法則定立的な研究で象徴されるが，マクアダムズがとくに重視するレベル3の自己物語は事例研究法であり，パーソナリティのホリスティックで統合的な性質が把握できる個性定立的研究であるとしている。そして，レベル1の研究として外向性特性を，レベル2はレヴィンジャーの自我発達段階論を，レベル3は生活物語における救いの自己（The Redemptive Self）を例に，詳細に論じたうえで，結論として，パーソナリティにかかわる概念間の関係について，とくに，ミシェルらのレベル1に対する批判を例にあげて，理論が競合する場合について論じている。マクアダムズらは結びにおいて，アリストテレス（Aristotle）に戻って，パーソナリティ心理学で見出される異なる原因の議論が4つのグループに分類されるが，各々のアプローチはそれらの1つないし2つに特権を与えようとすると述べている。すなわち，ライクラック（Rychlak, J. F.）を引用して，パーソナリティ心理学の説明に使われる原因論は，アリストテレスの4原因説にさかのぼることができるとしているが，これら4原因とは，質料因，作用（動力）因，形相因，目的因を指すとされている。

　3つのレベルないし領域（domains）に対する問いは，それぞれ自然科学，社会科学，人文科学に対応していて，依然として相互に異なっている。しかもこれら3レベルないし領域は，ライクラックの原因論でいえば，精神生物学的な基礎，行動の原因もしくは構造ないし機能の設計図，そして現象の目的ないし理由に対応すると思われ，研究者ないし生活者コミュニティはいずれの領域にも興味を重ねもっている。並木（2006）は，この30年間に心理学全般の動向は情報処理的アプローチへと変貌したととらえ，心理測定学と認知心理学的モデリングの相補作用に期待を示している。しかし，ここには質的変数やミシェルらのいうif...then...モデルは当然ながら視野に入っていないように思う。今後の課題としては，アプローチの変貌は今後も起こるとして，アプローチの変貌を3つのレベルへの重心のおき方の違いととらえるのか，クロンバックのいうように構成概念による解釈の容認は本来コミュニティ過程の問題なのか，それとも方法論への直接的な結びつきないし統合を示せるかであろう。構成概念としての中核的自己ないしコントロールセンターの構成概念の体系を示せるかも重要な課題であろう。

4 ■ 最近のトピックスとしての進化心理学からのパーソナリティと個人差の説明

　バス（Buss, 2009）は，「進化心理学はパーソナリティと個人差をうまく説明することができるのか」という論文のなかで，進化心理学は，生き残り，異性への関心や性的葛藤など種典型性や性差の分野での適応の説明で成功を収めてきたが，パーソナリティと個人差の分野は無視し続けてきたという。その理由の一つは，強力な理論の不足にあるという。個人差はなにゆえ，進化的に重要かについて，①個人差は上手に文章化されていて，それはパーソナリティ特性（たとえば，支配対服従，調和性対攻撃性），知能，信仰心，身体型などがある，②大部分の個体差は遺伝性

の構成要素をもち，かつ，時間経過にともなって安定度を増す，③これらの安定した個人差は生存，婚姻，子孫の出生と育児のような，進化に関連する重要な結果をもたらしている，④研究論文で裏づけられている性差の記述は，たとえば婚姻戦略において個人は違いが認められ，経験的な観察からも，個人差が無視されてはならないという。端的に表現するなら，「ワァー，この人は本当に魅力的だわ，他の指と向き合った親指と二足歩行で，言葉を話す」とは決して言わない。人は特徴的な個性，すなわち，魅力，知性，信頼性，健康，調和性，野心，共感などの個性に惚れるのである。引き続いて，パーソナリティと個人差の有望な理論として，生活史理論（life-history theory），高コスト信号理論（costly signaling theory），最適適合条件の環境異質性（environmental variability in fitness optima）と頻度依存的選択（frequency-dependent selection）からなるバランス選択（balancing selection），突然変異負荷（mutation load），それに環境条件に従う戦略の柔軟な随伴的変動（flexibly contingent shifts in strategy according to environmental conditions）の諸理論を紹介し，結論として個人差は，①戦略的な差としてパーソナリティを概念化するか，②社会的な適応の特徴として，異なる環境を概念化することを通じて，進化心理学的視点からパーソナリティと個人差が位置づけられるとしている。

また，ネトルとペンケ（Nettle & Penke, 2010）は，「パーソナリティ：人間心理学と行動生態学に架橋する」という論文のなかで，所与の環境での行動の個人差の重要性がますます認められるようになってきたという。そのうえで，パーソナリティ心理学の未解決の論点として，①パーソナリティ特性とは何か，②行動生態学からみた，言語による評価の有効性，③パーソナリティ差の重要性について論じパーソナリティ心理学者の100年にわたる研究蓄積が行動生態学者にとっても役立つであろうと結んでいる。

以上のパーソナリティないし個人差の把握視点は，文化差や性差への言及にとどまりがちな心理学研究が，種に内在する個人差にもとづいて現象をとらえる研究視点へと変化することの影響力は大きいのではないか。それには，指摘されているようなビッグファイブの生物的な対応メカニズム，辞書的・因子分析的研究と行動生態学的研究との整合性，if...then...モデルの導入など，多くの理論的実証的課題が控えている。しかし，それ以上に，パーソナリティ研究がものの見方や，人との関連性に影響を及ぼすような次元での研究可能性が広がっているように思う。

本節では，最近のトピックスとしては社会的認知の二過程モデル等にもふれたいところであるが，それは5章2節を参照してもらうことにし，ここでは，パーソナリティ心理学の発展にとって，領域内の相互交流にとどまらず，学問的トレーニング過程の他領域との真の対話こそが，学問の独立と進歩の源であり，展開・応用の端緒であることを再確認したい。

◆注

1) 現在，ナカニシヤ出版より，河野哲也（著）『エコロジカル・セルフ』（2011年），坂元章（編著）『メディアとパーソナリティ』（2011年）が刊行されている。

◆ 引用文献

Buss, D. M.（2009）. How can evolutionary psychology successfully explain personality and individual differences? *Perspectives on Psychological Science*, **4**, 359-366.

Cronbach, L. J., & Meehl, P. E.（1955）. Construct validity in psychological tests. *Psychological Bulletin*, **52**, 281-302.

Hogan, T. P.（2010）. 心理テスト：理論と実践の架け橋（繁桝算男・椎名久美子・石垣琢磨, 共訳）. 培風館.（Hogan, T. P.（2007）. *Psychological testing : A practical introduction*（2nd ed.）. Hoboken, NJ : John Wiley & Sons.）

McAdams, D. P., & Pals, J. L.（2006）. A new Big Five : Fundamental principles for an integrative science of personality. *American Psychologist*, **61**, 204-217.

McAdams, D. P., & Pals, J. L.（2007）. The role of theory in personality research. In R. W. Robins, R. C. Fraley, & R. F. Krueger（Eds.）, *Handbook of research methods in personality psychology*（pp.3-20）. New York : Guilford Press.

Mischel, W., Shoda, Y., & Ayduk, O.（2010）. パーソナリティ心理学：全体としての人間の理解（黒沢 香・原島雅之, 監訳）. 培風館.（Mischel, W., Shoda, Y., & Ayduk, O.（2007）. *Introduction to personality : Toward and integrative science of the person*（8th ed.）. New York : John Wiley & Sons.）

並木 博.（2006）. 展望 概念的妥当性の検証：心理測定学的構成概念と認知心理学的構成概念の場合. 教育心理学年報, **45**, 134-144.

Nettle, D., & Penke, L.（2010）. Personality : Bridging the literatures from human psychology and behavioural ecology. *Philosophical of The Royal Society Biological Sciences*, **365**, 4043-4050.

Pervin, L. A., & Cervone, D.（2010）. *Personality : Theory and research*（11th ed.）. New York : John Wiley & Sons.

Rychen, D. S., & Salganik, L. H.（Eds.）.（2006）. キー・コンピテンシー：国際標準の学力をめざして（立田慶裕, 監訳）. 明石書店.（Rychen, D.S., & Salganik, L. H.（Eds.）.（2003）. *Key competencies for a successful life and a well-functioning society*. Cambridge, MA : Hogrefe & Huber.）

杉山憲司.（2003）. 巻頭言 機関誌名称「パーソナリティ研究」に託して. パーソナリティ研究, **12**, 1.

杉山憲司・堀毛一也（編著）.（1999）. 性格研究の技法. 福村出版.

4節　パーソナリティの遺伝的基礎

安藤寿康

1 ■ 遺伝子のなりたち

a. 遺伝的変異とパーソナリティ

　地球上のあらゆる生物は40億年前に誕生した自己複製する物質DNA（デオキシリボ核酸）の産物であり，ヒトもまた例外ではない。この気の遠くなるような長い年月をかけ，地球上には百数十万種といわれる生物の多様性が生み出された。これらはDNAの遺伝情報が突然変異（mutation）などによって変化したものが積み重ねられた結果と考えられている。この過程を進化（evolution）という。

　突然変異による遺伝情報の変化は，同種内の個体差（個人差）をも作り出している。この同種内の遺伝的変異（genetic variation）が心理行動上の特性として表れたとき，それを私たちは「パーソナリティ」として認識する。パーソナリティはこのような遺伝的変異を基礎に，個体が適応しなければならないさまざまな成育環境や状況要因の諸条件を受けて発現したものと考えることができる。

b. DNAと遺伝子

　ヒトを含め，あらゆる生命は，細胞の集合体からなる諸器官の物質的な構造，細胞内，細胞間での多様な化学的反応をつかさどる酵素，神経系をもつ動物であれば神経伝達物質など，基本的にそのすべてが多様な種類のタンパク質（ヒトの場合はおよそ10万種類と想定されている）によって成り立っている。生命がDNAの産物であるとは，それが生命を作り上げる素材であるタンパク質をコードしているからである。1953年にワトソン（Watson, J. D.）とクリック（Crick, F. H. C.）によって明らかにされたDNAの分子構造は，アデニン（A），チミン（T），グアニン（G），シトシン（C）の4種類の塩基の連なりが二重らせんをなしたものであることはよく知られている。これらの塩基は3つの連なり（トリプレット：triplet）を単位として特定のアミノ酸（amino acid）をコードしており，これをコドン（codon）という（たとえばリシンというアミノ酸はAAAとAAGの2種類のコドンが，またスレオニンというアミノ酸はACA, ACC, ACG, ACTの4種類のコドンがコードしている）。多数のアミノ酸が特定の配列で立体構造をなしたものがタンパク質である。生物の一個体を作り上げる遺伝情報の総体（これをゲノム〔genome〕という）は，そのDNAの塩基配列のなかに分散してコードされている。

　あるタンパク質をコードするDNA情報の単位を遺伝子（gene）とよぶ。それはともすれば一つずつのまとまった粒のようにイメージされるが，実際は長大な塩基配列に点在するエクソンとよばれる有意味な配列のセットが，それを発現させるための調節機能が働いたときに，イントロンとよばれるエクソン間をつなぐ意味をもたない配列から切り出されて（スプライシングとい

う）働くように再構成された動的で機能的な単位である。ヒトの場合，約30億塩基対のなかに約2万数千個の遺伝子があると考えられているが，その一つの遺伝子からもスプライシングの仕方によって複数のタンパク質が合成されうる。ヒトゲノムの全塩基配列を読み解くヒトゲノム計画の完了が宣言されたのは，DNAの分子構造が特定されてからちょうど50年後の2003年であった。ここからタンパク質がどのように合成され，どのように働いてヒトのパーソナリティを作り出すかの解明は，いまやっとその入り口の扉を開いた段階である。

DNAはヒストンに巻き取られて染色体（chromosome）をなし，あらゆる細胞の核のなかに収められている。ヒトの場合，22対の常染色体とXとYの組み合わせからなる1対の性染色体，合わせて23対46本の染色体からなり，原則として性染色体の組み合わせがXXなら女性，XYなら男性となる。

2 ■ 遺伝的多型

a. DNAの普遍性と個別性

ヒトの塩基配列のうち，実に98.7％はチンパンジーのそれと同じ，また同じヒト同士の個人差はわずか0.1％である。つまり塩基配列からみれば生物間にはひじょうに大きな共通性と類似性がある。そのわずか0.1％の塩基配列の差がヒトのパーソナリティのような心理行動的な特性の差にかかわるのだろうか。

ここで，ヒトゲノムを構成する塩基が30億という巨数であることに注意されたい。すると0.1％といっても300万カ所の塩基の違いが個人間にはある。DNAの塩基配列の多くの部分は遺伝子をコードしないジャンクな部分と考えられているが，仮に遺伝子として働く部分が5％としても15万カ所の塩基について個人間の差異が2万数千の遺伝子のなかに点在している。そして仮にリシンをコードするコドンAAAの二番目の塩基AがCに置き換わっただけで，それはACAとなりスレオニンという別の種類のアミノ酸に変わり，別の性質をもったタンパク質を作ることになる。ABO式血液型をつかさどる遺伝子は9番染色体上にある1,060個からなる塩基配列によるが，A型とO型の違いはそのうち261番目のGが欠失し，その後ろの塩基がすべて一つずつずれたことによる（Yamamoto, McNeill, Yamamoto, Hakomori, Bromilow, & Duguid, 1993）。生命の普遍性と個別性という一見あい矛盾する特徴の橋渡しは，このようなDNAの塩基配列の特徴に象徴的なかたちで見出すことができる。ヒトのパーソナリティの遺伝的基礎とは，塩基配列の圧倒的な共通性を「地」として浮かび上がる「図」のようなものである。

b. 遺伝的多型とは

このように染色体上の同じところにある同じ働きをもつ遺伝子（たとえば血液を作るための遺伝子）に異なる型（たとえばAとBとO）があるとき，それを遺伝的多型（genetic polymorphism）という。一般に集団中にふつうとは異なる遺伝子が1％以上ある場合に遺伝的多型とみなされる。遺伝的多型には，先にあげたような一塩基の違いによる一塩基多型（single nucleotide polymorphisms, SNPs, スニップ〔ス〕とよぶ）のほかに，数塩基から数十塩基の配列の繰り返し

回数の多型であるVNTR（variable number of tandem repeat），2～7塩基の配列の繰り返し回数の多型であるSTRP（short tandem repeat polymorphism），細胞あたりの遺伝子のコピー数の違いであるコピー数多型CNV（copy number variation）がある。

1996年にパーソナリティ特性の一つである新奇性追求（novelty seeking）との関連が報告され（Ebstein, Novick, Umansky, Priel, Osher, Blaine, Bennett, Nemanov, Katz, & Belmaker, 1996；Benjamin, Greenberg, & Murphy, 1996），パーソナリティ研究における遺伝子への注目の火を一気につけた脳内神経伝達物質ドーパミンの受容体遺伝子DRD4の遺伝子多型は，その第3エクソンにある48個の塩基配列の繰り返し数（2回から7回）からなる多型（VNTR）として存在する。そこでは7回繰り返しのある場合がそれ以外よりも新奇性追求が高い傾向にあることが示された。その後の研究（Okuyama, Ishiguro, Nankai, Shibuya, Watanabe, & Arinami, 2000）では，新奇性追求はこのVNTRではなく，むしろこの遺伝子のなかの521C/TとよばれるSNP，すなわち521番目の塩基がCかTかの違いと関連のあることを見出した。この結果に対するその後の検証にはネガティブなものもあるが，メタ分析によればおよそ2％程度の効果量が算出されている（Munafò, Yalcin, Willis-Owen, & Flint, 2008）。

3 ■ 遺伝の伝達

a．ポリジーン・モデル

単一の遺伝子多型とパーソナリティとの関係をつきとめようとする研究は，このようにまだ安定した知見に至っていないものが多い。それはなぜか。

その一つの，そしておそらく最大の理由は，パーソナリティが血液型のように単一の遺伝子によって支配されてはおらず，複数の遺伝子（これをポリジーン〔polygene〕という）の影響を受けるからである。とくにパーソナリティを特性論的にとらえ，外向性や神経質，勤勉性などといった次元上に連続変量として把握されるものとすれば，その背後には複数の遺伝子の量的な効果が相互に相加的（一つひとつの遺伝子の効果がそれぞれ独立に働き全体としては個々の効果の足し算になる）ならびに非相加的（複数の遺伝子間の組み合わせが交互作用して独自の効果をもたらす）にかかわるという，いわゆる量的遺伝学（quantitative genetics）のモデルに従うと考えられるからである。ポリジーン・モデルでは，個々の遺伝子の効果量は小さいものが，ある量的形質に対して同義的にかかわり，さらにその発現には環境の効果も関与することが想定されている。実際これまでにパーソナリティや認知能力，精神疾患の原因遺伝子として報告されたものの多型による説明率は全分散のうちせいぜい2～3％程度，疾患の有無に対するオッズ比も1.2を上回ることは少ない。血液型とパーソナリティを結びつけようとする俗説が荒唐無稽なのは，もちろんその生物学的因果関係の希薄さもさることながら，もともと膨大な数の遺伝子の効果の総体からなる現象を，単一の遺伝子に還元して説明しようとすることの無謀さによるといえ，それは血液型だけでなく，あらゆる単一遺伝子還元論にあてはまるものである。とはいえ，やはり関連する遺伝子を一つひとつ探し出す作業は，研究史上，避けて通ることのできない道であるこ

b. メンデルの法則

　分子遺伝学の誕生に先立って，今日の遺伝学の基礎を作ったのはメンデル（Mendel, G. J.）である。メンデルの3法則は現代でも有効な遺伝学の基礎である。すなわち，ある形質の表現型（たとえばエンドウの豆の色）の背後に，両親から一つずつ受け継いだ遺伝子が対として組み合わさった遺伝子型（genotype）があり，その対立遺伝子同士には一方が他方に対して優勢に働くという「優性の法則」，異なる形質をつかさどる遺伝子はそれぞれ独立に遺伝するという「独立の法則」，そして対立遺伝子が親から子に受け継がれるとき2つに分かれてその一方のみが伝わり，子世代で新たな組み合わせに分離するという「分離の法則」である。

　ただしその後，これらはより一般的な現象の特殊例であることが示された。すなわち，優性の法則は，対立遺伝子の関係が必ずしも一方が他方に対して優勢に働くだけではなく，一般にその対立遺伝子のセットの効果が，両遺伝子の相加的効果では説明されない交互作用的な効果量をもつこととして理解される。これが非相加的遺伝効果である。また独立の法則に対しては，それが異なる形質をつかさどる遺伝子が同じ染色体上にある場合は，相ともなって伝達されることがあることがわかった。これが連鎖（linkage）である。しかし父親由来の染色体と母親由来の染色体が分離するとき，両染色体には相互に乗り換えが起こり，そこで遺伝子に組み換えが起こるので，この連鎖は完全ではない。染色体上の近いところに位置する遺伝子同士が連鎖する確率は，遠くにある遺伝子同士よりも高くなる。この染色体の乗り換えによる遺伝子の組み換えは染色体上のどの部分にも起こりうるので，原則としてどの対立遺伝子も染色体の分離に際しては同じ染色体上の他の遺伝子に対して独立に分離しうると考えてよい。

　こうした次世代に伝わる遺伝子は，すでに受精後3週間ほどで体細胞と始原生殖細胞が分かれるときに生殖細胞のなかに含まれており，そこから配偶子，すなわち精子や卵子が作られる。だから生物が経験や学習によって後天的に生じた体細胞側の変化は，原則として配偶子を介して次世代に伝えられることはない。このことから獲得形質が遺伝することはないといえる。

c. ポリジーンの遺伝

　単一遺伝子について見出されたこの法則は，パーソナリティのような心理学的な量的形質をつかさどるポリジーンの個々の遺伝子の場合にもあてはまる。ただしそれが多数の遺伝子の相加的効果と非相加的効果の総体として考えられねばならない点で注意が必要である。とくに親から子に伝達される場合，父親の生殖細胞と母親の生殖細胞が作られる際に，分離の法則ならびに独立の法則にしたがって，多数の対立遺伝子が分離し独立に伝達されて，これまでとは異なる新たな遺伝子の組み合わせが生ずる。

　図1.1では遺伝子の相加的効果の伝達の様子を模式的に表している。一つひとつの硬貨の額面が個々の遺伝子の効果量を意味し，それが大きいほどその分，量的形質の値が大きい（背が高い，IQが高いなど）ことを意味する。父親と母親の財布のなかに2つ1組の硬貨がそれぞれ5組あるのがポリジーンの対立遺伝子を，その合計金額（父親692円，母親が1,726円）が「相加的効果」を表す。硬貨，すなわち遺伝子が親から子に伝わるとき，それぞれの組のどちらか一方の硬貨が

ランダムに選択されるので，もしたまたまどの組についても額面の小さいほうだけが伝われば98円と，両親のいずれよりも少ない額に，また逆に額面の大きいほうだけが伝われば合計は2,320円と，両親のいずれよりも多い額になる。そしてこの両親から生まれる子どもの「遺伝的素質」の確率分布は，両親の値の平均を平均とする正規分布となる。

非相加的遺伝効果の比喩的な説明は図1.2で表されるだろう。子どもの顔は，両親の顔がそれぞれもつ部位の特徴のランダムな組み合わせから成り立っている。顔全体の雰囲気や美しさは個々の部位の相加的効果では説明できず，全体的な組み合わせから生まれる非相加的な効果であり，親子間でもきょうだい間でも必ずしも類似しないことが理解されよう。このように1組の両親からも多様な遺伝子型をもった子どもが生まれ，血縁者間では遺伝による類似性とともに遺伝による差異をも生み出すのである。

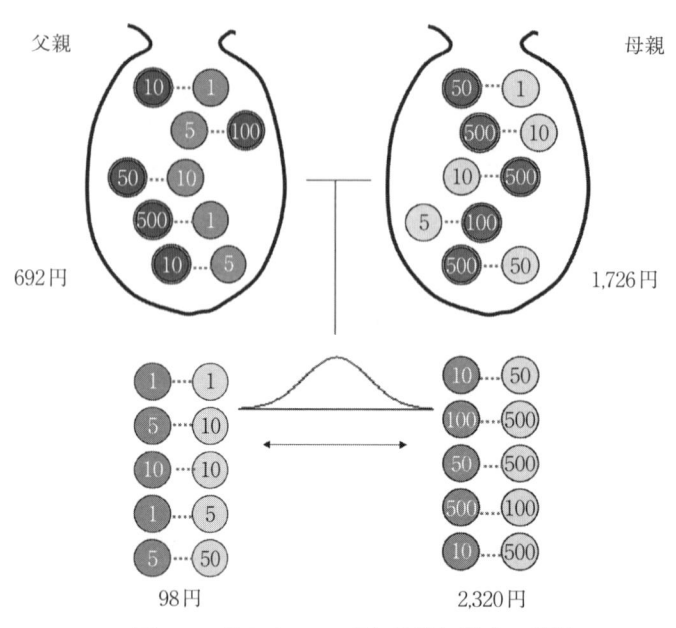

図1.1 ポリジーンの相加的遺伝様式の説明

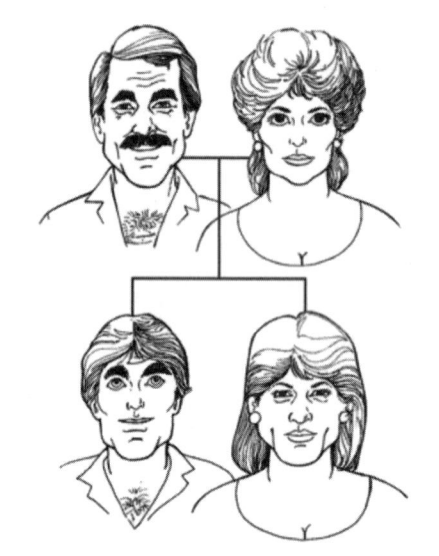

図1.2 ポリジーンの非相加的遺伝様式の説明
（Lykken, McGue, Tellegen, & Bouchard, 1992）

4 ■ 遺伝子発現のダイナミズム

a. 遺伝子発現

遺伝子はただそこにあるだけでは意味をもたず，それが「発現」しタンパク質を合成して，生体のなかで適切に機能してはじめてその効果を発揮する。核内のDNAは，一度メッセンジャーRNAに転写され，核の外の細胞質にあるリボソームでアミノ酸に翻訳される。ここで転写の合

図をだすのが転写調節とよばれるもので，DNAのなかにある遺伝子を作る配列の上流に位置するプロモータとよばれる部位が働くことにより，特定の遺伝子が発現する。あらゆる細胞の核のなかには同じ遺伝情報がありながら，きわめて多様な性質をもった器官に分化し，たとえば目の細胞が肝臓の細胞にならないのは，この転写調節の複雑なメカニズムが，あらかじめかなり頑健にプログラムされているからと考えられる。

b. エピジェネティクス

遺伝子発現過程には，さらに生後に起こる転写過程そのものへの変更がある。それがエピジェネティクス（epigenetics）とよばれるものであり，DNAの塩基にメチル基をつけるメチル化，あるいはヒストン修飾とよばれるDNAへの化学的修飾によってなされることが知られている。エピジェネティクスの有無によって，同じ1組の遺伝子の発現の有無や発現量が調整される。この現象は，先天的に与えられた遺伝子が後天的な環境に対してダイナミックにその発現を変化させながら適応していくプロセスを説明し，従来の「遺伝と環境」の関係に関する問題を分子レベルで解決する鍵になるものとして注目を集めている。エピジェネティクスは，まったく同じ遺伝子をもつ一卵性双生児にも差異があり，年齢によってその差異が大きくなることが報告されている（Fraga, Ballestar, Paz, Ropero, Setien, Ballestar, Heine-Suñer, Cigudosa, Urioste, Benitez, Boix-Chornet, Sanchez-Aguilera, Ling, Carlsson, Poulsen, Vaag, Stephan, Spector, Wu, Plass, & Esteller, 2005）。エピジェネティクスがヒトのパーソナリティとどのように関連するかはまだまったく明らかにされていないが，これが同じ人間が，ある特定の遺伝子のセットを発現させながらも，ある範囲のなかで環境に適応したパーソナリティを柔軟に形成する過程を説明する可能性が期待されるであろう。

c. 遺伝子×環境交互作用

パーソナリティと特定の遺伝子との関連を見出すのが困難である理由は，先にあげたポリジーン性に加えて，このような複雑な発現過程があるために，一つの遺伝子がある特定の表現型を必ず発現させるわけではないからであると考えられる。そのことを示す興味深い事例として，MAOAという神経伝達物質にかかわる遺伝子のプロモータ領域の多型（MAOA遺伝子の発現の活性度が高いタイプと低いタイプの2種類がある）と虐待経験が反社会性の高さにかかわる関係について報告された研究がある（Caspi, McClay, Moffitt, Mill, Martin, Craig, Taylor, & Poulton, 2002）。図1.3が示すように，活性度の高いタイプでは虐待経験が反社会性を発現させる程度に大きな違いはないが，低いタイプでは虐待経験があった場合に高い程度で反社会性という表現型を発現する。このような現象は一般に遺伝子×環境交互作用（gene × environment（G×E）interaction）とよばれる。3章1節で紹介される行動遺伝学の研究からも，近年さまざまな種類の遺伝子×環境交互作用が報告されている。

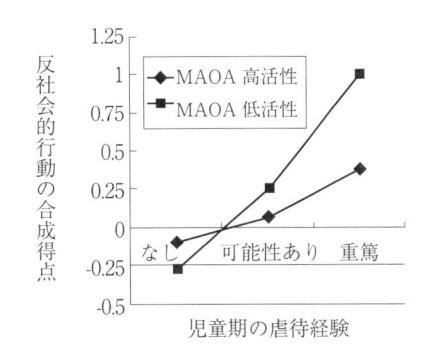

図1.3 反社会的行動におけるMAOA遺伝子と虐待経験の交互作用（Caspi et al., 2002）

時代はまさに文字通り「遺伝と環境の相互作用」の詳細を解明するようになりつつあるのである。

◆ 引用文献

Benjamin, J., Greenberg, B., & Murphy, D. L. (1996). Mapping personality traits related to genes : Population and family association between the D4 dopamine receptor and measures of novelty seeking. *Nature Genetics*, **12**, 81-84.

Caspi, A., McClay, J., Moffitt, T. E., Mill, J., Martin, J., Craig, I.W., Taylor, A., & Poulton, R. (2002). Role of genotype in the cycle of violence in maltreated children. *Science*, **297**, 851-854.

Ebstein, R.P., Novick, O., Umansky, R., Priel, B., Osher, Y., Blaine, D., Bennett, E. R., Nemanov, L., Katz, M., & Belmaker, R. H. (1996). Dopamine D4 receptor (D4DR) exon III polymorphism associated with the human personality trait of Novelty Seeking. *Nature Genetics*, **12**, 78-80.

Fraga, M. F., Ballestar, E., Paz, M. F., Ropero, S., Setien, F., Ballestar, M. L., Heine-Suñer, D., Cigudosa, J. C., Urioste, M., Benitez, J., Boix-Chornet, M, Sanchez-Aguilera, A., Ling, C., Carlsson, E., Poulsen, P., Vaag, A., Stephan, Z., Spector, T. D., Wu, Y. Z., Plass, C., & Esteller, M. (2005). Epigenetic differences arise during the lifetime of monozygotic twins. *Proceedings of the National Academy of Sciences (PNAS) of the U S A*. 2005 Jul 26 ; 102(30) : 10604-9.

Lykken, D. T., McGue, M., Tellegen, A., & Bouchard, T. J., Jr. (1992). Emergenesis : Genetic traits that may not run in families. *American Psychologist*, **47**, 1565-1577.

Munafò, M. R., Yalcin, B., Willis-Owen, S. A., & Flint, J. (2008). Association of the dopamine D4 receptor (DRD4) gene and approach-related personality traits : Meta-analysis and new data. *Biological Psychiatry*, **63**, 197-206.

Okuyama, Y., Ishiguro, H., Nankai, M., Shibuya, H., Watanabe, A., & Arinami, T. (2000). Identification of a polymorphism in the promoter region of DRD4 associated with the human novelty seeking personality trait. *Molecular Psychiatry*, **5**, 64-69.

Yamamoto, F., McNeill, P. D., Yamamoto, M., Hakomori, S., Bromilow, I. M., & Duguid., J. K. (1993). Molecular genetic analysis of the ABO blood group system : 4. 1993 Another type of O allele. *Vox Sanguinis*, **64**, 175-178.

5節　パーソナリティと進化心理学

平石　界

1 ■ なぜパーソナリティが存在するのか

　世の中には実にいろいろな人がいる。外向的な人もいれば，内向的な人もいる。好奇心旺盛な人，保守的な人，整理整頓が得意な人もいれば，何事にもルーズな人もいる。なぜ世の中には，かくもさまざまな人がいるのだろうか。「なぜ」にはさまざまなレベルがありうる。たとえば「外向的な人と内向的な人では，遺伝的な違い（生まれつきの違い）があるのだろうか？」「どういう育ち方をしたら，あんなに外向的（内向的）になるんだろう？」と「生まれか育ちか」を問うことができる。これは本章の前節のテーマである。「外向的な人と内向的な人では，脳など神経系の活動に違いがあるのではないか」と問うこともできる（3章3節）。以上3つの問いは，外向性や内向性を生み出す仕組みにかんするHowの問いといえる。一方で「なぜ」にはWhyという側面もある。たとえば，外向的な人，内向的な人というのは「何のために」存在するのだろうか。進化心理学からのパーソナリティ研究は，この点を扱う。

　自動車を例に考えてみよう。自家用車には大人が悠々7人乗れるようなミニバンから，4人がやっと乗れる小型車まである。さて，自動車の大きさにはなぜさまざまな違い（バリエーション）があるのだろうか。「どうやって，あんなに大きな（小さな）自動車を作っているのか」というのは一つの問いの仕方である。ミニバンの大きなスペースを有効に使うことにも，小型車の限られたスペースを効率的に使うことにも，どちらにもノウハウが必要であり，それ（How）を知ることには大きな意味がある。しかし同時に「なぜミニバンと小型車が必要なのか（Why）」と問うこともできる。なぜ，世の中はミニバンだけ，小型車だけになっていないのだろうか。大は小を兼ねるなら，みんながミニバンに乗ってもよいではないか。この問いには，たとえばミニバンは大きい分，高価で維持費もかかるので，大人数を乗せる必要がないなら非効率的だと回答できる。それでは，はたして人間のバリエーション（パーソナリティ）についても，同じような説明が可能だろうか。世の中にさまざまなパーソナリティの人がいることに，何か意味はあるのだろうか。それが本節で考えてみたい点である。

　なお「なぜ」についてはもう一つ歴史に関する問いも可能である。どのような歴史的変遷をへてミニバンや軽自動車などさまざまなバリエーションが生まれたのか問うアプローチである。パーソナリティ研究についていえば，現生人類に至る進化の歴史で，どのようにパーソナリティが生じてきたのか問うアプローチである。ここではヒト以外の動物におけるパーソナリティを知ることが手がかりとなる。

　さて，本節で扱うWhyに関する問いであるが，ここにもさまざまなレベルが考えられる。たとえばある特定の人間集団（例：企業）に外向的な人が多く，別の人間集団には内向的な人が

多いといったパターンがみられたとして，それがどのような理由（企業の経営上の利得）につながっているのかといった問いも可能である。進化心理学でパーソナリティを扱う際には，より広く，人間一般の問題として，なぜパーソナリティの個人差が自然淘汰によって進化してきたのかを問うことになる。そこでまず，ダーウィン流の自然淘汰理論について確認しておこう。

2 ■ 自然淘汰理論

自然淘汰理論について，血液型を例に簡単な思考実験を用いて説明してみよう。現生人類にはABO型血液型で，A型，B型，AB型，O型という4つのタイプがある。仮に今，A型の人だけが感染する致死性の病気（仮にA型病とよぶ）が新たに発生したとしよう。この病気によってA型人口が減少すると，A型遺伝子の供給が減るので，AB型人口も減ることになる。結果，B型とO型の人だけが残ることになるだろう。これが自然淘汰による進化のプロセスである。

B型遺伝子やO型遺伝子は，A型病が存在する環境では，生存率のより高い，より適応度（fitness）の高い遺伝子である。逆にA型遺伝子は適応度の低い遺伝子といえる。すなわち自然淘汰による進化とは，ある環境において，より適応度の高い遺伝子が残り，適応度の低い遺伝子が消えるプロセスである。この思考実験からわかるように，進化は「進歩」や「改善」とは異なる。A型病の出現に対応して人間集団がB型とO型だけに変化したことは「適応」（adaptation）ではあるが，A型やAB型の人々にとって進歩や改善とよべるものではないだろう。また進化は世代をまたいで生じる現象であり，一世代内における変化（成長）を指すものではない。加えて，進化は目的をもって進むプロセスではない。A型病の発生を予見してB型やO型といった遺伝子が準備されるのではなく，たまたま存在したバリエーションのなかからB型とO型が残ることを進化とよぶのである。

3 ■ 進化心理学からのパーソナリティ研究への視座

先にパーソナリティの個人差を，自動車のサイズのバリエーションになぞらえて論じた。それではミニバンと軽自動車がどちらも経済的価値をもつのと同じように，異なるパーソナリティをもつ人々が，それぞれ進化上の価値（適応度）をもつと論じることは可能だろうか。そのことを論じる前にまず，本節でいう「パーソナリティ」の定義を明確にしておく必要がある。

本節での「パーソナリティ」は，個人のなかである程度に安定してみられる，領域一般的な行動特性を指す。「外向的なパーソナリティ」とは，同性に対してだけとか，異性に対してだけといった領域限定性をもたず，相手が誰であれ積極的にかかわる傾向をもつことを意味する。こうした領域一般的（domain general）な行動特性に個人差・個体差がみられるのは人間に限らない（Sih, Bell, & Johnson, 2004 ; Sih, Bell, Johnson, & Ziemba, 2004）。それでは，異なるパーソナリティはそれぞれに適応的だろうか。

a．可塑性とパーソナリティ

再び自動車の例に戻って考えてみたい。たとえば小人数で移動したいときには燃費のよい小型車に，大人数で移動したいときにはミニバンに変形するような自動車が開発されたら理想的ではないだろうか。目的に応じて形質を自由に変化することができる高い可塑性（plasticity）がもてるならば，きわめて効率的のように思える。なぜそのような車が存在しないのか。小型車とミニバンに変形する自動車を作るコストを考えれば回答は容易に得られる。変形という大げさなことをいわずとも，小型車とミニバンを両方とも所有するのでもよい。可塑性を得ることのコストに見合った利得（benefit）が得られなければ適応的とはいえない。パーソナリティについても同じことがいえるだろう。人づきあいが大事な場面では外向的に，自省が必要とされる場面では内向的になるなど，完全な可塑性（変幻自在のパーソナリティ）を実現するコストが大きいため，次善策としてパーソナリティが進化したと考えられる（Sih, Bell, & Johnson, 2004；Sih, Bell, Johnson, & Ziemba, 2004；平石, 2011）。

b．それぞれのパーソナリティは適応的か

次に問題となるのが，それぞれのパーソナリティは適応的か，という問題である。たとえば小型車とミニバンはそれぞれの使用目的に照らし合わせて考えれば，合理的に作られている。対して「外向的なパーソナリティ」「協調性の低いパーソナリティ」といったパーソナリティは，それぞれ適応的といえるのだろうか。ここでパーソナリティが遺伝するという事実が大きな問題となる。血液型を用いた進化の思考実験に立ち戻って考えてみよう。

A型病の発生後の進化によって得られた子孫集団に残ったB型かO型をみると，両者の間には適応度上の差はない。正しくいえば，適応度上の差が存在しなかったがゆえに，B型とO型という個人差が進化したのである。このように進化は一般的に，適応度の低い遺伝形質を淘汰（除外）し，適応度において均質な集団を作り出す。進化した個体群にみられる個人差は，適応度には大きく影響することはないと考えられる（Fisher, 1930）。

パーソナリティが遺伝するということは，パーソナリティの個人差に影響するような遺伝的分散（バリエーション）が人間集団に存在することを意味する。上述の議論から考えると，こうした遺伝的分散は，適応度上の影響力は小さいと推測される。つまりパーソナリティの個人差は，適応度に関する限り，B型とO型の違いのように，無意味なものと考えられる。しかし他方で，パーソナリティが人間社会で重要なものと考えられていることは，本書の存在がいみじくも証明しているところである。加えて，特定のパーソナリティ（例：誠実性）が社会経済上の成功や身体的健康と関連することを示す研究も存在する（髙橋・山形・星野, 2011）。進化理論から適応上は無意味と推測されるパーソナリティが，人間の日々の生活ではきわめて重視されているというパラドクスが存在する。このパラドクスへの決定的な回答は未だ得られていない。いくつか提唱されている仮説を紹介しよう。

4 ■ パーソナリティの個人差の進化仮説

　第一に，パーソナリティの個人差は適応度にまったく影響していないとする中立仮説をあげることができる。コスミデスとトゥービーはこのことを，エンジンの性能に影響しない，配線ケーブルの色の違いにたとえている（Tooby & Cosmides, 1990）。しかしこの仮説は，パーソナリティが社会経済上の成功などと関連しているとするデータと矛盾する。回答の一つは，未だ自然淘汰が働くだけの時間がたっていないので「不適応な」遺伝子が集団内に残っているというものだろう。配線ケーブルの色に関する法規制ができたが，旧規制下の車がまだ路上に残っているだけなのかもしれない。

　第二の頻度依存淘汰仮説では，ある種のパーソナリティが少数派である限り適応的であるため，多様なパーソナリティが進化すると論じる。さまざまなメーカーから発売されている車種のなかに「他人と違ったものが欲しい」という消費者心理に支えられているものがあったとしよう。そうした車は，希少である限りにおいてのみ販売上の価値をもつことになる。パーソナリティでも同様のことが生じているのかもしれない。多数派が協力的に振る舞う社会では，非協力的な行動が，少数派である限りにおいて適応的となる可能性などが指摘されている（Kurzban & Houser, 2005）。

　第三に，異なるパーソナリティのもち主は，異なったニッチで同程度の適応度を得ることができるとする環境多様性仮説がある（Penke, Denissen, & Miller, 2007）。これはミニバンと小型車の違いに相当するものである。外向的であることが有利な職種と，内向的であることが有利に働く職種が社会のなかに存在すれば，両者は同程度の適応度を得ることができるだろう。第二，第三の仮説はあわせて平衡淘汰仮説とよばれる。平衡淘汰仮説への批判として，有性生殖によって適応的な両親の遺伝子が混合されることで，子どもが中途半端な形質をもってしまう可能性が指摘されている（Tooby & Cosmides, 1990）。ミニバンと小型車のパーツから，大きなボディに小さいエンジンの車を作ってしまうようなことである。批判に対しては，同類婚（assortative mating）によってこの問題はクリアできるし，実際に人間社会では同類婚が生じていることが指摘されている（Mascie-Taylor & Vandenberg, 1988）。

　第四に，自然淘汰によって不適応な遺伝子型が淘汰される速度と，新たな突然変異によって不適応な遺伝型が生み出される速度のバランスがとれているという淘汰－変異バランス仮説がある。たとえば統合失調症の発症率が通文化的に維持されていることは，この仮説で説明できるかもしれない（Keller & Miller, 2006）。

　第五の反応性遺伝仮説では，パーソナリティは，他の遺伝する形質の影響のために，みかけ上遺伝しているにすぎないと論じる（Tooby & Cosmides, 1990）。たとえば他者との敵対場面で，身体が大きい者にとっては攻撃が，身体の小さい者にとっては逃避が，よりよい行動だろう。結果，身体の大きい者ほど攻撃に訴えることが多くなる（Sell, Tooby, & Cosmides, 2009）。もし身体サイズが遺伝の影響を受けるなら，攻撃性も遺伝するようにみえるだろう。

　第六の内的環境仮説は，人々が自らのパーソナリティに応じた行動をとることで，結果として

パーソナリティの違いによる適応度の差が弱められると論じる。たとえば外向的な人は，見知らぬ人ともとりあえずつきあってみることで人間関係を広め，そこから利益を得るだろう。しかしこうしたやり方は，悪意ある他者から搾取される危険性も高める（山岸，1998）。そこで内向的な人にとっては，固定した人間関係を維持するほうが適応的だろう。結果として，両者の適応度は同程度になるかもしれない（Hiraishi, Yamagata, Shikishima, & Ando, 2008）。第五，第六の仮説はいずれも，人間のもつ可塑性を考慮に入れたものとなっている。人間は成長する点で，自動車と大きく異なる。個々人が，遺伝的素質と外部環境からの要求とを勘案し，自らにとって最適となるパーソナリティを発達させると，これらの仮説は主張する。

　以上の6つの仮説は，必ずしもすべてが相互排他的なわけではない。変異－淘汰バランスによって生じた個人差に，個人が発達過程で対応し，その対応の仕方が頻度依存的に決まっていることも考えられる。パーソナリティの進化心理学は発達心理学やゲーム理論，行動遺伝学など多領域にまたがる知見を統合するものとなるだろう。

5 ■ 文化と遺伝子の共進化とパーソナリティ

　ここまでの議論は，ある集団内におけるパーソナリティ分散を扱ったものであった。一方で近年，パーソナリティの集団間分散を，進化の枠組みを含めて議論しようとする研究がいくつか行われている。たとえばシャラーとムレイ（Schaller & Murray, 2008）は，感染症が多い地域の人々は他者との接触を避けるようなパーソナリティがみられると予測し，実際，さまざまな感染症の流行度と外向性の間に負の相関がみられることを報告している。シャラーとムレイは，感染症の流行地域では低い外向性が進化する，とまでは述べていない。しかし，そのような強い仮説を提示しているのがチャオとブリジンスキー（Chiao & Blizinsky, 2009）である。彼女らはセロトニン・トランスポータ遺伝子の多型（5-HTTLPR）にみられる地域差と，個人主義・集団主義の関係について論じている。5-HTTLPRにはS型（short）とL型（long）の2種があり，S型遺伝子はストレス経験への脆弱性を高めるといわれる。しかしS型遺伝子頻度の高い地域が必ずしも不安障害の頻度の高い地域でないことから，集団主義の文化がS型遺伝子の脆弱性への緩衝装置として働いているのではないかと論じている。またクラーク（Clark, 2007/2009）は直接にパーソナリティを研究したものではないが，経済史データの分析から，イギリスにおけるある種のパーソナリティの「進化」が産業革命の背後にあったとする，挑戦的な仮説を提案している（ただしクラークの著作にはアレン〔Allen, 2008〕などによる反論もある）。こうした文化と遺伝子の共進化に関する議論は，ボイドとリチャーソン（Boyd & Richerson, 1982）によって以前より理論的に指摘されてきた。個々の仮説の正しさは未だ検証を必要とするが，パーソナリティ研究に文化進化の理論が適用されつつあることは注目に値する。

6 ■ 進化心理学はパーソナリティの構造を明らかにするか？

　ここまで読めばわかるように，パーソナリティの進化心理学は端緒についたばかりである。進化心理学自体は行動学（ethology）と行動生態学（behavioral ecology）による，分厚い理論研究および実証研究を受けて出てきたものである。しかしこれら進化理論の果実の多くは，特定の文脈（採餌，捕食回避，集団生活，配偶，子育てなど）における適応的な行動を扱うものであり，個体差に関する強力な進化理論は決して多くない（ほぼ唯一の例外が平衡淘汰の理論である）。ヒト以外の動物における「パーソナリティ」研究が，近年ようやく注目を浴びはじめてきたのが現状である。パーソナリティの進化心理学を進めるための理論が弱かったことが，この分野の進展を妨げてきた（Buss, 2009a, 2009b）。

　しかしパーソナリティの進化心理学は，パーソナリティという現象の全体像を知ろうとするのならば不可欠である。冒頭に論じた4種類の「なぜ」は，行動学の始祖の一人であるニコ・ティンバーゲンによって提唱されたものである。ティンバーゲンは動物の行動を理解するには4つの「なぜ」（メカニズム，発達過程，進化的歴史，進化的機能）への回答が必要であると説いた（Tinbergen, 1963）。パーソナリティの進化心理学は，その一つに答えようとするものである。

　ティンバーゲンの視点に立てば，パーソナリティをどう記述するのか，パーソナリティの構造を明らかにするといった問題は，パーソナリティの「なぜ」に迫るためのスタートラインであることになる。それでは逆に，そうしたスタートラインの設定に進化心理学が貢献することは可能だろうか。つまりビッグファイブ理論やクロニンジャー（Cloninger, C. R.）の理論，特性論から類型論のなかで，どれが最もよいパーソナリティの記述法であるか，進化理論から演繹的に論じることは可能だろうか。そうした試みはあるものの（Bouchard & Loehlin, 2001），筆者の答えは悲観的である。なぜなら進化理論は基本的に，特定の状況における最適解を予測するものであり，一方，パーソナリティなどの領域一般にまたがる形質は，何らかの制約のために生じた次善策と考えられるからである。「最適な次善策は何なのか」という問いに答えるためには，最適解を妨げる制約——ヒトが進化の過程で直面してきた系統的，生理的，物理的，社会的，生態学的な制約——についての詳細な知識が必要であり，その多くを私たちはもっていない。おそらくは，現生人類のパーソナリティ構造から，それが成立した原因（制約）を逆行的に推測するのが，当面可能な「最適な次善策」だろう。

　こうした難しさはあるが，「なんで世の中にはいろいろな人がいるんだろう？」という素朴な疑問に，進化の視点から答えられる日がくることを願っている。

◆ 引用文献

Allen, R. C. (2008). A review of Gregory Clark's A farewell to alms : A brief economic history of the world. *Journal of Economic Literature*, **46**, 946-973.
Bouchard, T. J., Jr. & Loehlin, J. C. (2001). Genes, evolution, and personality. *Behavior Genetics*, **31**, 243-273.
Boyd, R., & Richerson, P. (1982). Cultural transmission and the evolution of cooperative behavior. *Human Ecol-*

ogy, **10**, 325-351.

Buss, D. M. (2009a). How can evolutionary psychology successfully explain personality and individual differences? *Perspectives on Phychological Science*, **4**, 359-366.

Buss, D. M. (2009b). An evolutionary formulation of person-situation interactions. *Journal of Research in Personality*, **43**, 241-242.

Chiao, J. Y., & Blizinsky, K. D. (2009). Culture-gene coevolution of individualism-collectivism and the serotonin transporter gene. *Proceedings of the Royal Society B: Biological Sciences*, **277**, 529-537.

Clark, G. (2009). 10万年の世界経済史（上・下）（久保恵美子，訳）．日経BP社．(Clark, G. (2007). *A farewell to alms : A brief economic history of the world*. Princeton, NJ : Princeton University Press.)

Fisher, S. R. A. (1930). *The genetical theory of natural selection*. UK, Oxford : Oxford University Press.

平石　界．(2011)．認知の個人差の進化心理学的意味．箱田裕司（編著），現代の認知心理学：7　認知の個人差 (pp.76-102)．北大路書房．

Hiraishi, K., Yamagata, S., Shikishima, C., & Ando, J. (2008). Maintenance of genetic variation in personality through control of mental mechanisms : A test of trust, extraversion, and agreeableness. *Evolution and Human Behavior*, **29**, 79-85.

Keller, M. C., & Miller, G. (2006). Resolving the paradox of common, harmful, heritable mental disorders : Which evolutionary genetic models work best? *Behavioral and Brain Sciences*, **29**, 385-404.

Kurzban, R., & Houser, D. (2005). Experiments investigating cooperative types in humans : A complement to evolutionary theory and simulations. *Proceedings of the National Academy of Sciences of the United States of America*, **102**, 1803-1807.

Mascie-Taylor, C. G. N., & Vandenberg, S. G. (1988). Assortative mating for IQ and personality due to propinquity and personal preference. *Behavior Genetics*, **18**, 339-345.

Penke, L., Denissen, J. J. A., & Miller, G. F. (2007). The evolutionary genetics of personality. *European Journal of Personality*, **21**, 549-587.

Schaller, M., & Murray, D. R. (2008). Pathogens, personality, and culture : Disease prevalence predicts worldwide variability in sociosexuality, extraversion, and openness to experience. *Journal of Personality and Social Psychology*, **95**, 212-221.

Sell, A., Tooby, J., & Cosmides, L. (2009). Formidability and the logic of human anger. *Proceedings of the National Academy of Sciences*, **106**, 15073-15078.

Sih, A., Bell, A., & Johnson, J. C. (2004). Behavioral syndromes : An ecological and evolutionary overview. *Trends in Ecology and Evolution*, **19**, 372-378.

Sih, A., Bell, A. M., Johnson, J. C., & Ziemba, R. E. (2004). Behavioral syndromes : An integrative overview. *The Quarterly Review of Biology*, **79**, 241-277.

髙橋雄介・山形伸二・星野崇弘．(2011)．パーソナリティ特性研究の新展開と経済学・疫学など他領域への貢献の可能性．心理学研究，**82**，63-76．

Tinbergen, N. (1963) On the aims and methods of ethology. *Zeitschrift fur Tierpsychologie*, **20**, 410-463.

Tooby, J., & Cosmides, L. (1990). On the universality of human nature and the uniqueness of theindividual : The role of genetics and adaptation. *Journal of Personality*, **58**, 17-67.

山岸俊男．(1998)．信頼の構造：こころと社会の進化ゲーム．東京大学出版会．

2章　パーソナリティ特性論

1節　パーソナリティ概念と人か状況か論争

渡邊芳之

1 ■ パーソナリティ概念と「人格」「性格」

　パーソナリティ（personality, 独：Persönlichkeit）という語の起源がperson（独：Person, 人）であることはいうまでもない。personalityとはpersonがpersonであることであり，この言葉の最初の日本語訳が「為人（人となり）」であったこともそれをよく示している（鵜殿, 2011）。

a. 人格，性格という日本語

　personalityの訳語である「人格」は漢語にはない和製漢語である（佐古, 1995）。personalityには明治の前半に「人品」「有心者」「霊知有覚」などの訳語が充てられたあと，明治20年代になって「人格」が充てられることになる。佐古（1995）によるとこの訳語が本格的に用いられた最初の用例の一つは明治26（1893）年に『哲学時報』に掲載された「心理学に於ける無意識作用論の発達」という「二重人格」を主題としたイギリスの論文の抄訳であったという。人格という訳語は心理学および隣接分野から現れ，その後哲学や倫理学，法学，教育学などに定着していったのである（鵜殿, 2011；古田, 2004）。

　なぜ「人となり」ではなく人格という語が考案されねばならなかったかには，その当時の欧米思想のなかでpersonalityに高い価値がおかれていたことが反映されている。「すべての人がもっている人としての価値や重要性」という意味が人格という訳語，とくに「格」という漢字に込められているのだ（佐古, 1995）。

　一方，類似した意味のcharacterには長い間「品格」「品性」などのやはり価値的な訳語が充てられ，道徳教育などの文脈で用いられていた。オルポート（Allport, 1961/1968）が強調したようにcharacterも価値評価的な言葉なのである。この語に「性格」という訳語が充てられ定着する

のは人格より遅く明治も後半になってからである（鵜殿, 2011）。

このようにpersonalityもcharacterも，その訳語である人格も性格も本来価値判断的・道徳的な意味の強い言葉であった。しかし性格が人以外の特徴を示す日常語としても定着したのに対し，人格は本来の価値的な意味が強く残ったために，心理学では性格という訳語に比べて人格という訳語が使われることが減り，「パーソナリティ」とカタカナで書かれることがほとんどになった。

b. パーソナリティの外面的定義と内面的定義

さてパーソナリティの定義には外面的な定義と内面的な定義がある。外面的定義とは「他者の目に見えるもの」としてのパーソナリティからの定義で，後にも述べるようにパーソナリティという概念の心理学的用法はこうした外面的定義を基礎にしている。一方，内面的定義とは「人の内部にある精神的・心理的な構造」としてのパーソナリティからの定義であり，哲学・倫理学や法学でいう人格はこちらを指すことがふつうである。

人格という訳語を確立したひとりである井上哲次郎は『人格と修養』（1915）のなかで「人格とは人が人たる所以の特性を謂う」と述べたうえで人格を「自覚」と「統一」の2つの特性からなるとしている。これは「意識や記憶の連続性」と「自己同一性」といいかえることができ，現在にも通じるパーソナリティの内面的定義をよく表している。

2 ■ 心理学におけるパーソナリティ概念

次に，パーソナリティ心理学やその他の心理学で用いられるパーソナリティ概念について考えよう。心理学で用いられるパーソナリティ概念には，パーソナリティについての心理学（以下，パーソナリティ心理学とする）の「対象となる現象そのものやそれが発生する構造を指す概念」と「対象となる現象のありさまを指す概念」の2種類がある。

a. 対象となる現象そのものやそれが発生する構造を指す概念

「対象となる現象そのものやそれが発生する構造を指す概念」とは，パーソナリティ心理学が研究によってとらえて分析しようとする「現象」や，そうした現象が発生するシステムを記述するために用いられる概念である。パーソナリティ心理学が研究対象としているのは，私たちが観察する「人がそれぞれ独自で，かつ時間的・状況的にある程度一貫した行動を示す現象」（渡邊, 2010）と，人の行動にそのような時間的・状況的一貫性を生み出している生物学的・心理学的なシステムである。よりシンプルにいえば「行動に現れる個性とそれがつくられる仕組み」がパーソナリティ心理学の研究対象であるともいえる。そうした現象や構造に名前を与え，それについて記述し（言葉で表し）たり思考したりすることを可能にするのがパーソナリティ概念であり，この節の冒頭からとりあげている「パーソナリティ（人格）」と「性格」がまさにそれにあたる。

それぞれの語の歴史的経緯の違いにもかかわらず，「パーソナリティ」と「性格」の意味の違いは，とくにそれが日本語の心理学用語として用いられる場合には大きくはない。同じような現象や構造が研究者によってパーソナリティとよばれたり性格とよばれたりするし，「パーソナリティ心理学」と「性格心理学」の意味もおよそ同じである。私たちの学会が当初は「日本性格心

理学会」と名乗り，その後「日本パーソナリティ心理学会」と改称したこともそのよい例である。

実際の用法を俯瞰したうえで「パーソナリティ」と「性格」とをあえて使い分けるとすれば「性格は現象として表れる個性的な行動パターンそのものを指すのに対し，パーソナリティはそうした行動パターンと，それを生み出す心理学的構造全体を指す概念」（渡邊, 2005) であり，パーソナリティのほうが観察できる現象そのものにとどまらない幅広い意味を含んだ概念であるということができる。オルポート (Allport, 1937/1982) はパーソナリティを「個人の内部で，環境への彼特有な適応を決定するような，精神物理学的体系の力動的機構である」と定義したが，これはパーソナリティの心理学的構造としての性質を重視した定義であるといえる。

研究の対象となる現象やその構造を指すパーソナリティ概念にはパーソナリティや性格以外のものもある。代表的なのが「気質」(temperament) である。「気質」も「行動に現れる個性」を指し示す概念であるが，パーソナリティや性格が生得的なものと後天的なものをとくに区別せずに用いられるのに対し，気質は「行動に現れる個性のうち生得的なもの」だけを指して用いられる傾向がある。とくに最近のパーソナリティ心理学では気質という概念は「新生児に見られる行動の個性」だけを指す語として用いられる場合が多いようである（菅原・上村, 1992）。

また「不安」などの感情や欲求に関する概念がパーソナリティ概念として用いられることもある。感情や欲求は状況や環境からの刺激によって強まったり弱まったりするが，それが時間的・状況的に一貫して強い人と弱い人がいるなら，その概念を「行動の個性を記述する概念」として用いることができる。「不安傾向」「刺激欲求」など，尺度によって測定されて個人間で比較される感情や欲求の概念は，パーソナリティ概念の一種とよんでもよい。

b. 対象となる現象のありさまを指す概念

対象となる現象をパーソナリティや性格などの概念でとらえたうえで，「その人のパーソナリティはどのようなありさまか」「その人の性格はどうなっているか」を示すことには，また違った種類のパーソナリティ概念が用いられる。そうしたパーソナリティ概念の代表的なものが「パーソナリティ類型」と「パーソナリティ特性」である。

前述のように「行動に現れる個性とそれがつくられる仕組み」をパーソナリティとよんだうえで，一人ひとりの個人のもつパーソナリティやその個人差を言葉で示すために用いられる概念の一つが「パーソナリティ類型（タイプ）」である。類型とは，個人のもちうるパーソナリティの姿をいくつかの種類に分類したもので，一人ひとりのパーソナリティはその人が「その類型にあてはまるか」によって記述される。たとえば人のパーソナリティを「内向型」と「外向型」の2つに分類して，個人がどちらにあてはまるかを判断することでその人のパーソナリティをとらえようとするのが類型によるパーソナリティ記述であり，それを基盤にしたパーソナリティ理論が「類型論」である（本章2節を参照）。

一方，一人ひとりのパーソナリティを類型に分類するのでなく，パーソナリティを構成する細かい要素の組み合わせや，それぞれの要素を個人がどのくらいもつかからとらえようとするのが「特性論」のパーソナリティ理論であり，そこでそれらの「細かい要素」を示すために用いるパーソナリティ概念が「パーソナリティ特性」である。Aさんは「外向的」で「明るく」「楽天的」

なパーソナリティであり，Bさんは「内向的」かつ「繊細」で「おとなしい」パーソナリティだというとき，外向的，明るい，楽天的，内向的，繊細，おとなしいなどの概念一つひとつが「パーソナリティ特性」にあたる。

パーソナリティをどのような類型の枠組みでとらえ分類するか，またパーソナリティをどのような特性の組み合わせでとらえ記述するかには，研究者によってさまざまな立場がある。特定の類型の分類法を提唱したり，特定の特性によるパーソナリティ記述の方法を提唱したりする枠組みを狭い意味での「パーソナリティ理論」とよぶとすれば，これまで多くの研究者がさまざまなパーソナリティ理論を提唱している，ということができる。

3 ■ パーソナリティ概念とパーソナリティ関連行動

個人が特定のパーソナリティ類型にあてはまるか，あるいは個人が特定のパーソナリティ特性をもっているかどうかを知るためには，その人の行動を観察して，行動に現れる個性的なパターンを発見することが基礎になる（パーソナリティ・アセスメントの多くもそのための系統的な手段である）。このとき，個人のもつパーソナリティを明らかにするような特徴的な行動やそのパターンのことを「パーソナリティ関連行動」とよぶことができる（渡邊，2010）。

類型や特性のようなパーソナリティ概念は，必ずそれと対応するパーソナリティ関連行動をもっている。「内向型」という類型概念は「人見知りをしやすい」「人前で話すのが苦手」「一人でいるのが好き」「集中力がある」などのパーソナリティ関連行動と結びついていて，ある人にそうした行動が繰り返し観察されれば「内向型のパーソナリティ類型にあてはまる」と判断される。また「楽天的」という特性概念は「くよくよしない」「明るく考える」「のんきである」などといったパーソナリティ関連行動と結びついているだろう。日常的にそうした行動特性が観察されるような人に「内向型」の類型や「楽天的」の特性が帰属されるわけである。

ひとたび類型や特性がその人に帰属されると，こんどはその人のパーソナリティ関連行動が類型や特性のパーソナリティ概念から予測されたり，説明されたりするようになる。内向型の人はさまざまな状況で「人見知りをしやすい」「一人でいるのが好き」といったパーソナリティ関連行動を示すと予測されるし，楽天的な特性をもった人はこれからも「明るく考える」「くよくよしない」といった行動を示すだろう。また内向型の人が「人見知りをしやすい」のは「内向型の性格だから」である，という説明も行われるようになる。

パーソナリティ心理学におけるパーソナリティ概念の最大の存在意義は，それらの概念によるパーソナリティ関連行動の予測や説明にあるといえる。あるパーソナリティ概念を誰かにあてはめることによって，その人がその概念と関係した行動を示すことが予測できたり，その人が示すパーソナリティ関連行動の理由を説明することができるようになるのである。たとえば「性格検査（パーソナリティ検査）」というものの存在意義が，テスト結果によってその人にあるパーソナリティ概念を帰属することによって，その人のパーソナリティ関連行動を予測したり説明したりできることにあることはいうまでもないだろう。

4 ■ 人か状況か論争

さて、パーソナリティ概念によるパーソナリティ関連行動の予測や説明が成立するためには、大きな前提条件がある。それはパーソナリティ関連行動にある程度の継時的安定性と通状況的一貫性が存在することである。

a. パーソナリティ関連行動の継時的安定性と通状況的一貫性

「楽天的」という特性概念からその人が「くよくよしない」ことを予測するためには、楽天的な人は時間が経過しても安定して「くよくよしない」という行動を示している必要がある。時間の経過によってくよくよしなかったりくよくよしたり変化するのでは、パーソナリティ概念からの行動の予測はできないからである。これが「継時的安定性」（temporal stability）である。また、「内向型」の人が「人見知りをしやすい」ことは、自宅、職場や学校、宴会の場などさまざまな状況においてある程度一貫していなければならない。そうでなければパーソナリティ概念からの行動の予測は成り立たなくなってしまう。これが「通状況的一貫性」（cross-situational consistency）である。

これがより重要なのはパーソナリティ概念によるパーソナリティ関連行動の説明においてである。パーソナリティ関連行動が時間の経過によってどんどん変化するものであるなら、それをパーソナリティ概念から説明することは難しいし、行動が状況の変化によって大きく変わるものであるなら、行動の原因は個人のパーソナリティではなく状況に大きく依存すると考えざるをえなくなる。

パーソナリティ関連行動に継時的安定性が存在することは、そもそもそれがなければ個人にパーソナリティ概念を帰属すること自体が不可能であることから自明である。しかしパーソナリティ関連行動の通状況的一貫性はそれほど自明ではなく、パーソナリティ関連行動がどの程度状況を超えて一貫しているのか、いいかえればパーソナリティ概念による行動の予測や説明がどれだけ妥当なのかという問題は古くから議論になっていた。

この議論は、パーソナリティ概念が指し示すのは「人間の内部にある何らかの実体」なのかどうか、というより本質的な問題に結びつく。パーソナリティ概念がそうした実体を指し示すなら、それとパーソナリティ関連行動とは因果の関係にあるし、内的な実体がパーソナリティ関連行動を引き起こしているのなら、それは通状況的一貫性をもつからである。

b. 人か状況か論争（パーソナリティの一貫性論争）

この議論に油を注いだのがミシェル（Mischel, 1968/1992）である。ミシェルは多くの実証データのメタ分析から、パーソナリティ関連行動の通状況的一貫性はそれまで仮定されていたより相当に低いことを示すとともに、パーソナリティ概念による行動の予測や説明の妥当性に強い疑問を投げかけた。このときから1980年代にかけてパーソナリティ心理学を揺るがした大論争を、パーソナリティ関連行動の通状況的一貫性に関する論争という意味で「一貫性論争」とよんだり、人の行動に人（パーソナリティ）と状況のどちらが大きく影響を与えるかに関する論争という意味で「人か状況か論争」（人間－状況論争）とよぶ（若林, 1993；渡邊, 2010）。

長く続いた論争の結果は曖昧なものだった。ミシェルに反発して仮定されたとおりの通状況的一貫性の実在を主張しようとした論者はそれに成功することはできなかったが，その一方で限定された条件のもとで人の行動が通状況的一貫性を示す例はそれなりに示された。結果として1980年代には，パーソナリティ関連行動にはそれまで仮定されていたほどの通状況的一貫性はないが，だからといって人の行動が状況だけで決定されるわけではなく，個人的な規則性や統一（つまりパーソナリティ）は確かに存在する，という折衷的な見方が共有されるようになる。

こうしたパーソナリティ観は私たちの素朴なパーソナリティ観には大きく反するものだ。とくにパーソナリティ関連行動の通状況的一貫性が事実よりもずっと強く認知されることは「一貫性のパラドックス」ともいわれる（Krahé, 1992/1996）。一貫性のパラドックスが生じる大きな理由には人の行動を観察する視点と時間の問題があり（渡邊・佐藤, 1993），とくに他者の行動は限られた状況でしか観察されないことが大きく影響している。

5 ■ パーソナリティ概念が指し示すものは何か

人か状況か論争が明らかにしたのは，私たちが日常観察しているパーソナリティという現象が，個人の内部にある「パーソナリティという実体」によってつくられているのではなく，人のもっているさまざまな力や要因と，その人を取り巻く環境や状況との複雑で持続的な相互作用の結果として生じている，ということである。人の行動に現れる個性は，その人の独自性とその人を取り巻く状況の独自性とが絡み合って生じるものなのである。

その意味で，パーソナリティ概念が指し示すものは「人」ではなく，人と状況との相互作用の結果であり，パーソナリティ概念による行動の予測や説明を行う際に，その人を取り巻いている環境や状況の力を無視することはできない。ミシェルらのその後の研究に代表されるように（Mischel, 2007），新しいパーソナリティ心理学は人と状況との相互作用の結果としてのパーソナリティとその形成や変化をどのようにとらえるか，という問題を中核として発展している。人か状況か論争はパーソナリティ心理学の射程を大きく拡げたということができるだろう。

◆ 引用文献

Allport, G. W. (1982). パーソナリティ：心理学的解釈（詫摩武俊・青木孝悦・近藤由紀子・堀 正, 訳）. 新曜社. (Allport, G.W. (1937). *Personality : A psychological interpretation*. New York : Holt, Rinehart, & Winston.)

Allport, G. W. (1968). 人格心理学（上・下）（今田 恵, 監訳）. 誠信書房. (Allport, G.W. (1961) *Pattern and growth in personality*. New York : Holt, Rinehart, & Winston.)

古田裕清. (2004). 翻訳語としての日本の法律用語：言語の背景と欧州的人間観の探求. 中央大学出版部.

井上哲次郎. (1915). 人格と修養. 広文堂書店（国立国会図書館近代デジタルライブラリーで閲覧）.

Krahé, B. (1996). 社会的状況とパーソナリティ（堀毛一也, 監訳）. 北大路書房. (Krahé, B. (1992). *Personality and social psychology : Toward a synthesis*. London : Sage.)

Mischel, W. (1992). パーソナリティの理論：状況主義的アプローチ（詫摩武俊, 監訳）. 誠信書房. (Mischel, W. (1968). *Personality and assessment*. New York : Wiley.)

Mischel, W. (2007). Toward a science of the individual : Past, present, future? In Y. Shoda, D. Cervone, & G.

Downey (Eds.), *Persons in context : Building a science of the individual* (pp. 263-277). New York : Guilford.

佐古純一郎．(1995)．近代日本思想史における人格観念の成立．朝文社．

菅原ますみ・上村佳世子．(1992)．気質．東　洋・繁多　進・田島信元（編），発達心理学ハンドブック（pp.723-742）．福村出版．

鵜殿　篤．(2011)．日本の教育学説における人格概念の検討．文京学院大学教職研究論集，2，1-10．

若林明雄．(1993)．パーソナリティ研究における"人間－状況論争"の動向．心理学研究，64，296-312．

渡邊芳之．(2005)．パーソナリティの定義とパーソナリティ研究の意義．中島義明・繁桝算男・箱田裕司（編），新・心理学の基礎知識（pp. 278-279）．有斐閣．

渡邊芳之．(2010)．性格とはなんだったのか：心理学と日常概念．新曜社．

渡邊芳之・佐藤達哉．(1993)．パーソナリティの一貫性をめぐる「視点」と「時間」の問題．心理学評論，36，226-243．

2 節　類型論と特性論

伊坂裕子

1 ■ 類型論

　パーソナリティの類型論（typology）とは，一定の観点から典型的なパーソナリティ像を設定し，それによって多様なパーソナリティを分類し，パーソナリティの理解を容易にしようとするものである。

　類型論的立場の研究は，主にヨーロッパ大陸で発展し，ヨーロッパ的性格学を背景としている。しかし，アメリカ的パーソナリティ論のなかで，特性論が発展してきた以降は，類型論の新たな展開はみられない。

　類型は，元来，動植物の分類に用いられた概念である。類型とは概念を具体的に表現した理想型であって，現実に存在するものでもなく，多数者の平均値でも最頻値でもない。「鳥」といわれて各自が思い浮かべる典型的な「鳥」は，現実に存在する鳥ではない。しかし，その典型的な鳥によって，「鳥」の概念が具体的に表現されている。

　同様に，パーソナリティの類型論では，一定の観点から典型的なパーソナリティ像を設定し，それによって多様なパーソナリティを分類し，パーソナリティの理解を容易にしようとするものである。類型論というと，「分類」というイメージが強いが，分類することを目的としているのではない。パーソナリティの構造や本質への認識や理解を深める手段の一つとしてパーソナリティを類型化していると理解すべきであろう。

a．類型論の歴史的背景

　類型論的な構想は古くからあり，パーソナリティ研究は類型の研究から始まったということができる。古代ギリシア時代に，「現代医学の父」とよばれるヒポクラテス（Hippocrates）は4体液説（体液学説）を主張した。4種の体液を仮定し，そのバランスが健康を保つとしたが，同時に各体液の多少による体質と気質の独自性を仮定した。

　ガレノス（Galenus）の4気質説は，ヒポクラテスの体液説に従って，パーソナリティのタイプを考えたもので，これ以後，19世紀に至るまで性格学の基礎となった。ただし，こうした分類法は，科学的根拠のない思弁的な解釈によっており，理念的で，実証的裏づけがない。

b．クレッチマーの気質類型

　20世紀に入ると臨床経験や実証的資料にもとづく，類型論が生まれた。ドイツの精神医学者クレッチマー（Kretschmer, 1921・1955/1960）は，多くの精神病患者に接した臨床経験から，体格と精神病に密接な関連があることを示し，1921年に『体格と性格』を著した。彼は体格を肥満型・細長型・筋骨型に分類し，多くの患者の体格を測定した結果，躁うつ病は肥満型に，統合失調症（クレッチマーの時代は精神分裂病）は細長型に多いことを示した。さらに，これらの精神

	躁うつ気質	分裂（統合失調症）気質	粘着気質
体型	肥満型 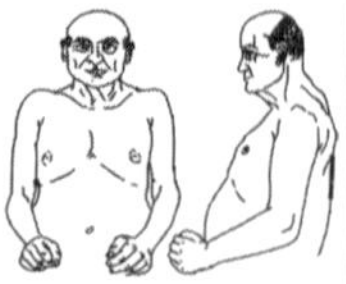	細長型 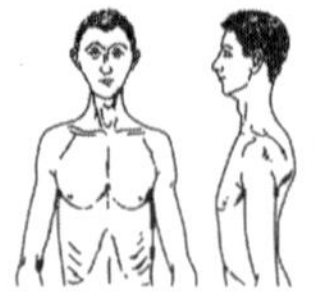	筋骨型 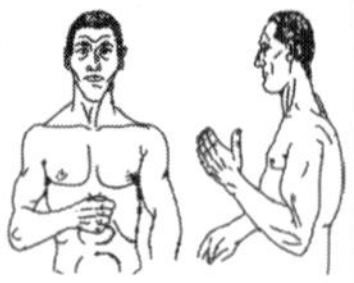
基本的特徴	対人関係に重点。社交的。その時その時の周囲の雰囲気にとけ込むことができる。現実の環境に融合し、適応する。	非社交的。自分だけの世界に逃避し、閉じこもろうとする傾向。書物や自然のなかに親しみを見出そうとする。	熱中しやすく、几帳面で凝り性。習慣や義理を重んじ、現在の自分が存在している状況から心理的距離が取れない。
	旺盛な活動力、活発さ、社交性、雄弁さ、面倒見のよさなど。反面、無思慮、気まぐれ、自分の過大評価など。	現実の世界からの刺激は自分を脅かすように感じられ、外界からの刺激を避け、ひっそりと自分の世界にこもろうとする。	忍耐強く、礼儀をわきまえている。粘り強いが、頑固で自分の考えを変えようとしない。話が回りくどくて、要領が悪い。
	慎重で思慮深いが、気が弱い面も。物事を重大に受けとめる傾向。	周囲に対する情緒の共鳴が欠けている。興味をもたず、心を動かされない。	時々、爆発的に怒りだして、まわりの者をびっくりさせる。

図2.1 クレッチマーの類型（Kretschmer, 1921・1955/1960より作成）

病の病前性格の研究から、健常者もその心理的特徴をもっていることを認め、それらを、それぞれ躁うつ気質、分裂（統合失調症）気質と名づけた。その後、ミンコフスカ（Minkowska, F.）によって提唱されていた粘着気質を加えて3類型とした。粘着気質は、てんかんの病前性格とされた。

躁うつ気質は、対人関係に重点をおき、周囲と共鳴する傾向をもち、肥満型に関連が深いとされる。同様に、分裂気質は、自分の世界を大切にし、閉鎖的な傾向をもち、細長型に、粘着気質は、一つの状態に固着する傾向をもち、筋骨型に関連が深いとした。それぞれの気質の特徴を図2.1に示す。気質と体格の間の関連は、体格が気質を決定するわけでも、気質が体格を決定するわけでもなく、気質的特徴の生理的基盤としての体質が、同時に体格を形成する基盤ともなっていると考えている。

クレッチマーの理論は臨床的観察から出発したが、体格と性格の関係は健常な大学生を対象に研究したシェルドンほか（Sheldon, Stevens, & Tucker, 1940）によっても大筋で確認されている。シェルドンは、約4,000人の男子大学生の体格を測定した結果、体格を3つに分類した。①消化器系がよく発達している内胚葉型、②骨、筋肉がよく発達している中胚葉型、③神経系統や、感覚器官、皮膚組織がよく発達している外胚葉型である。また、気質についても、3種の気質類型を考え、体格との対応を検討した。その結果、①くつろぎや、安楽を好み、人の愛情を求める内臓緊張型は、内胚葉型の体格と、②大胆で活動的、自己主張をし、精力的に活動する身体緊張型は、中胚葉型と、③控えめで過敏、人の注意を引くことを避ける頭脳緊張型は、外胚葉型と対応することを示した。

体格と人のパーソナリティが関連するというのは、日常的にも経験することであるが、クレッチマーは、それを経験的な資料によって裏づけ、理論的に扱った。しかし、健常なパーソナリティと精神病との間に質的な相違を認めない病前性格という考え方に関しては批判がある。とくに、てんかんについては、WHOがてんかんの病前性格という考えに強く警告を発している。

c. ユングの類型

ユングは，フロイト（Freud, S.）とともに深層心理学の研究を行っていたが，しだいにフロイトとの見解に相違が生じて，独自に分析心理学を創設した。フロイトと決別して初めて著した本が，『心理学的タイプ』（Jung, 1921）で，人間のタイプについて考察している。

ユングは精神活動を支える心的エネルギーを想定し，そのエネルギーが向かう方向により，外向型と内向型の基本類型を設定した。心的エネルギーが外界に向いているのが外向型で，好奇心旺盛で外界の事物に興味をもち，社交的で広範囲の人と交際する。決断が早く行動的であるが，自分自身を内省することがない。逆に心的エネルギーが自分自身の内界に向くのが内向型で，自分自身の内面に興味をもち，交友範囲は狭く，内気で気むずかしい。思慮深く，実行力には乏しい。これらの基本類型に，4つの心的機能（思考，感情，感覚，直観）を組み合わせ，8つの類型を設定した。

一般に，一人の人が外向，内向の両方の態度をもち合わせているが，大体が，どちらかの態度が習慣的に表れ，片方はその陰に隠れることになる。ユングはこのような意識と無意識の相補的な関係を重視し，人間の発達は，劣等機能も含めて自我の全体的な統合性を高めることであると考えている。

d. 類型論の特徴と批判

人のパーソナリティをいくつかのタイプに分類して考えるというのは，人間の情報処理の認知的経済性にもあっており，古来から多くの立場に立つ類型論が提唱されてきた。パーソナリティの研究は類型から始まったといっても過言ではない。多くの哲学者や文学者が，一定の理論的背景からさまざまな類型を提唱している。類型論では，人間のパーソナリティを全体としてとらえ，個人を理解するうえでの枠組みを提供する。

一方，類型論の問題点も指摘されている。第一に，多種多様な人間のパーソナリティを一定の少数の型に押し込めることに対する疑問が呈されている。第二に，現実の人間はある類型の典型的なパーソナリティをもっているとは限らない。ある類型と別の類型の中間型のような場合も考えられる。そこで，ある個人のパーソナリティを特定の類型にあてはめて考える場合，その人のパーソナリティのうちでその類型に合致する側面が注目され，その人のもつ他の側面が見失われてしまう危険がある。ある個人のパーソナリティを型に押し込め，決めつけてしまう危険である。第三の問題点は，類型論ではパーソナリティを静態的にとらえているため，パーソナリティの形成に関与する社会・文化的要因が軽視されがちであるという点である。たとえば，娘から妻，母親と社会的な役割が変化するとともに，微妙に変化する個人のパーソナリティをとらえることが難しい。

類型論は，最近の心理学では，あまり関心をもたれず，理論的な発展もみられない。しかし，日常生活のなかでは，個人のパーソナリティを全体としてとらえ，理解するということは，人を理解するうえで有用である。新たな理論的展開が望まれる。

2 ■ 特性論

パーソナリティの特性論（trait theory）とは，パーソナリティをいくつかの要素（パーソナリティ特性）から成り立っているものと考え，その要素の量的な差異を測定することでパーソナリティを理解しようとする立場である。

パーソナリティ特性は状況や時を超えて比較的一貫してみられる行動傾向を記述するためにオルポート（Allport, 1937/1982）によって提唱された概念である。たとえば，「親切」「活発」「神経質」など，行動から導き出された反応の単位で，パーソナリティの骨組みを構成する基本的な単位である。「A君はあまり活発ではないが，親切」などと表現する。

これらのパーソナリティ特性は測定できるものであり，一人ひとりのパーソナリティは個々の特性の測定値の総和として表現される。多くの特性論では，パーソナリティ特性の個人差は程度の問題であり，質の問題ではないと考える。すべての人にパーソナリティ特性のそれぞれがある程度共通しており，個人によってそれらに量的な差異があるにすぎないという共通特性論が展開されている。したがって，それぞれの特性について，たとえば，ある人の積極的傾向や支配性はどのくらいあるかを，テストや行動観察によって測定し，一定の尺度に記入して分析することができる。

そこで，特性論における重要な問題は，パーソナリティを構成している単位としての特性にどのようなものがあるか，人間行動の多様性を説明しうるような必要最小限の基本的特性は何かということになる。この問題に対して因子分析などの統計的手法を使った研究が進められている。因子分析では多数の対象者にさまざまなテストや行動観察で得られた反応を収集し，各反応の間の関連性を探ることによって，構成単位としての特性を見出していく。最近では，ビッグファイブにまとまりを見せつつあるが，同じ特性論の立場に立つ研究者でも，パーソナリティの構成単位である特性としてどのようなものを考えるかという点では，それぞれ意見を異にするところがある。

a. オルポートの特性論

オルポートは，1929年，第9回国際心理学会議のなかで，パーソナリティ特性論を提唱した。彼は，真の特性は個人に固有のものであり，2人以上の人間に類似したパーソナリティ特性は存在しても，まったく同一のパーソナリティ特性は存在しないと考え，これを個別特性とよんだ。一方，単一の社会では個人のパーソナリティ形成に影響する社会文化的要因は共通するので，おおざっぱな相互比較が可能である。そこで，レベルの差はあっても多くの人が共通にもっている共通特性を考えた。オルポートは個別特性の研究の重要性を強調した。しかし，その後の特性論は，共通特性の研究が主流となっていった。オルポートの考える共通特性は，性格をつくりだす7つの心理生物学的要因と14の共通のパーソナリティ特性に分けることができ，共通パーソナリティ特性はさらに目標を追求するときの行動の特徴である表出特性，態度に関する特性に分かれる。彼は図2.2のような心誌（サイコグラフ）を用いてプロフィールを描くことで個人の共通特性を表現した。

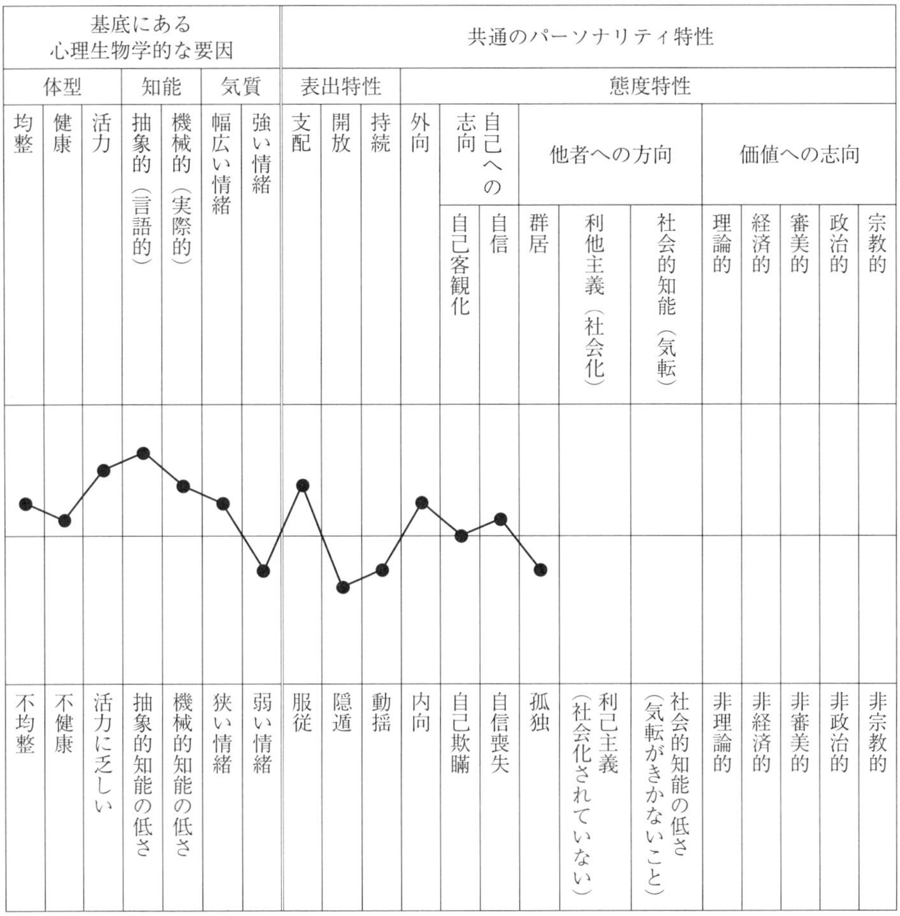

基底にある心理生物学的な要因							共通のパーソナリティ特性													
体型		知能			気質		表出特性			態度特性										
										外向	自己への志向			他者への方向		価値への志向				
均整	健康	活力	抽象的（言語的）	機械的（実際的）	幅広い情緒	強い情緒	支配	開放	持続		自己客観化	自信	群居	利他主義（社会化）	社会的知能（気転）	理論的	経済的	審美的	政治的	宗教的
不均整	不健康	活力に乏しい	抽象的知能の低さ	機械的知能の低さ	狭い情緒	弱い情緒	服従	隠遁	動揺	内向	自己欺瞞	自信喪失	孤独	利己主義（社会化されていない）	社会的知能の低さ（気転がきかないこと）	非理論的	非経済的	非審美的	非政治的	非宗教的

図2.2 オルポートの心誌（Allport, 1937/1982）

b. キャッテルの特性論

キャッテル（Cattell, 1946）はパーソナリティを研究することにより，個人の行動を予測することができるようになることを目標としている．オルポートのパーソナリティ特性の定義を受け継いだが，パーソナリティ特性の機能的関連性を重視し，独自のパーソナリティ構造を考えた．パーソナリティ特性は，多くの人が共有する共通特性と，その個人に特有の独自特性から成り立ち，また，すべてのパーソナリティ特性は行動的に観察できる表出特性とその背後にある根源特性に分けられる．たとえば，社交的であったり，他人に対してていねいであったりするなどは表情や行動により観察可能な表出特性である．そして，これらは「温厚性」という一つの根源特性から表出されていると考える．彼はオルポートが辞書から抽出した約18,000語の表出特性を出発点に，最終的には171語の表出特性を用いた．さまざまなデータにより表出特性の相互の関連を因子分析を用いて分析し，表2.1のような16対の根源特性を抽出した．これにもとづいて16 PF（パーソナリティ因子）質問紙が作成されている．

表2.1 キャッテルの16根源特性と表出特性 (Conn & Rieke, 1994より作成)

根源特性	高得点の表出特性	低得点の表出特性
温厚性	温かい，社交的な，他人に対してていねい	控えめな，打ち解けない，よそよそしい
知性	抽象的な	具体的な
情緒安定性	感情的に安定している，適応的，成熟した	反応しやすい，感情的に変化しやすい
支配性	支配的，強引な，独断的	うやうやしい，協調的，葛藤を避ける
快活さ	快活な，生き生きとした，のびのびとした	まじめな，自制的な，慎重な
ルール意識	ルールを守る，義務に忠実な	臨機応変の，慣例に従わない
社会的大胆さ	社会的に大胆な，冒険的な，鉄面皮の	恥ずかしがりの，びくびくした，気が小さい
感受性	感受性豊かな，審美的な，感傷的な	実利的な，客観的な，感傷的でない
用心深さ	用心深い，疑い深い，懐疑的な，油断のない	信じやすい，疑わない，人を受け入れる
想像性	ぼんやりした，想像力に富む，理念的な	地に足が着く，実用的な，解決志向的
秘密主義	秘密をもつ，用心深い，オープンでない	率直な，純真な，飾らない
不安	心配する，自信喪失した，くよくよした	自信のある，くよくよしない，満足した
変化への開放性	変化に開放的な，何でも試してみる	伝統的な，変化に抵抗する
自己信頼	自己信頼的な，独立的な，個人主義的な	集団志向の，仲間と連携する
完璧主義	完璧主義的な，きちんとした，自分に厳しい	無秩序に寛容な，厳しくない，融通の利く
緊張性	緊張した，エネルギーの高い，いらいらした，追い詰められた	リラックスした，穏やかな，辛抱強い

c. アイゼンクの理論

行動療法の推進者であるアイゼンク（Eysenck, 1960）は，神経系の機能の個人差が人間の社会化の過程にも影響すると考え，生物学的色彩の濃い理論を展開している．彼は図2.3のようにパーソナリティを4つのレベルをもつ階層構造として考えている．第1のレベルは日常場面で観察される具体的な行動で，特定的反応のレベルである．これらの行動は状況に規定される要因が多く含まれており，必ずしも個人の特徴を示しているわけではない．そのような行動が類似した場面で繰り返し観察されると，第2のレベルの習慣的反応となる．第3のレベルが特性で，異なったいくつかの習慣のまとまりと考えられる．さらに，それらの特性が相互に高い相関をもって集合すると第4の類型のレベルとなる．この類型のレベルとして，アイゼンクは3つの基本的次元を考えている．外向性－内向性，神経症傾向－安定性の2次元に精神病質傾向の次元を加えた3次元である．とくに外向性次元と神経症的傾向の次元はひじょうに安定した次元で，このまと

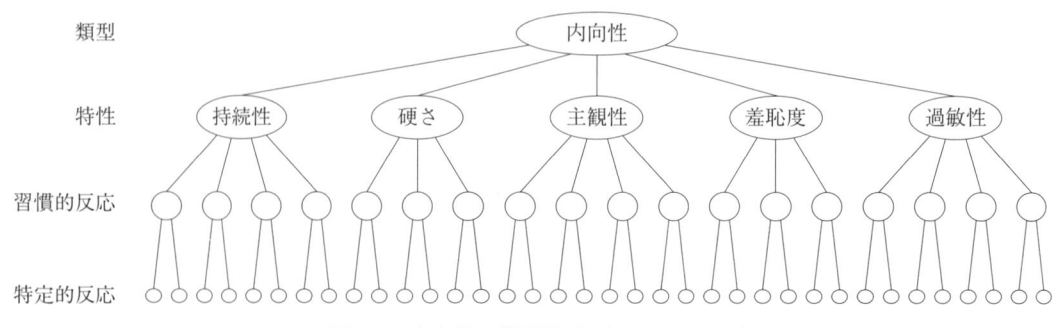

図2.3 内向性の階層構造（Eysenck, 1960）

まりを類型とよんでいる。アイゼンクの考え方は基本的には特性論の立場であるが，特性の上位概念として類型を考えている。

d. 特性論の特徴と批判

これまで，多くの特性論が展開されてきたが，現在は，パーソナリティの5因子モデル（ビッグファイブ）が多くの注目を集めている。特性論は，パーソナリティ検査などによって客観的にパーソナリティを把握することを可能にした。それによって，さまざまな社会的行動の個人差を説明する要因としてパーソナリティ特性を考慮に入れる研究や，パーソナリティの形成における社会・文化的要因の影響を探求する研究などがすすんだ。しかし，一方で，特性論で描かれるパーソナリティのプロフィールでは，個人のパーソナリティの全体像を把握しきれないという問題も指摘されている。パーソナリティを全体的にとらえ，質的な理解を目指す類型論と，分析的にとらえ，量的な把握を目指す特性論が，相互に補完しあうことにより，パーソナリティ研究の発展が期待できよう。

◆ 引用文献

Allport, G. W. (1982). パーソナリティ：心理学的解釈（詫摩武俊・青木孝悦・近藤由紀子・堀　正，訳）．新曜社．(Allport, G. W. (1937). *Personality : A psychological interpretation.* New York : Holt, Rinehart, & Winston.)

Cattell, R. B. (1946). *The description and measurement of personality.* New York : World Book.

Conn, S. R., & Rieke, M.L. (1994). *The 16PF fifth edition technical manual.* Illinois : Institute for Personality and Ability Testing.

Eysenck, H. J. (1960). *The structure of human personality.* Methuen : Wiley.

Jung, C. G. (1921). *Psychologische typen.* Zürich : Rascher.

Kretschmer, E. (1960). 体格と性格（相場　均，訳）．文光堂．(Kretschmer, E. (1955, 初版1921). *Körperbau und Character.* Berlin : Springer-Verlag.)

Sheldon, W. H., Stevens, S. S., & Tucker, W. B. (1940). *The varieties of human physique.* New York : Harper.

3節　ビッグファイブ（語彙アプローチ）

村上宣寛

1 ■ 語彙アプローチの思想的起源

　語彙アプローチの思想的起源は，2,500年ほど前，古代ギリシアまで遡れる。物の名前に関して本性説と規約説という相対立する学説があった。本性説は事物とその名前の間には本質的な関係があるという仮説である。規約説は，事物と名前の間には任意的な対応関係しかないという仮説である。

　本性説の支持者としては，ピタゴラス（Pythagoras, 580～500 B.C.），エピキュロス（Epicurus, 341～270 B.C.），プロタゴラス（Protagoras, 485～411 B.C.）らがいる。一方，規約説の支持者はデモクリトス（Democritus, 470/460頃～370頃B.C.），アリストテレス（Aristotle, 384～322 B.C.）であった。プラトン（Platon, 427～347 B.C.）は「クラチュロス」のなかでソクラテスとヘルモゲネスの対話を通じて規約説と本性説を吟味した。

　近代言語学のソシュール学派は，規約説の影響下にあるが，心理言語学分野の音象徴や，パーソナリティの特性論は，本性説の影響下にある。

2 ■ 先駆的研究

　イギリスの法律家・哲学者のジェレミー・ベンサム（Bentham, J., 1748～1832）は，名前が何らかの実体を指すが，実体とは関係のない，仮説的なものを指すこともあると考えた。そして，批判的な言葉を排除し，価値から中立的な言葉を残せば，自動的に実体を表現する言葉が集まるはずだと考えた。言葉は辞書に集積されているので，辞書を用いて言葉を整理すれば実体を表す言葉が取り出せるはずである。

　性格用語を収集し，整理する研究を年代順に整理してみる。

・1884年，イギリスの科学者・遺伝学者フランシス・ゴールトン（Galton, F., 1822～1911）は，ロジェーの『類語辞典』に約1,000語の性格用語があることを見出した。

・1910年，パートリッジ（Partridge, G.E.）は精神に関係する形容詞750語のリストを提供した。

・1926年，パーキンス（Perkins, M.L.）は『ウェブスターの新国際辞典』の4万語を検討し，性格や行為の概念に関する言葉は3,000語と推定した。

・1926年，発達心理学者のゲゼル（Gesell, A.L.）は人間の行動を記述する形容詞を，①知的，②エネルギー状態，③社会的関係，④独立と責任，⑤気分や情緒の統制，⑥モラル，のカテゴリーに分類しようとしたが，未完に終わった。

・1932年，ドイツでは，性格学の創始者ルードビッヒ・クラーゲス（Krages, L.）が内的状態

の言葉を4,000語収集した。
・1933年，ドイツのバウムガルテン（Baumgarten, F.）は初めて心理学的な原理で性格用語の分類を試み，形容詞941語，名詞688語を抽出した。重複単語を整理すると1,093語であった。彼女は批判的用語と中立的用語を分類しようとしたが，失敗に終わった。
・1936年，心理学者のオルポートとオドバートは，『ウェブスターの新国際辞典』の4万語を検討し，まず17,953語を抽出し，4種類に分類した。内訳は，①本当の性格特性と思われる用語——「攻撃的」「内向的」「社交的」など，②現在の活動，一時的な心的状態，気分を記述する用語——「当惑して」「喜んで」「半狂乱の」など，③評価的な性格用語——「つまらない」「けっこうな」「ふさわしい」など，④その他の性格用語——比喩的用語や判断しにくい用語を含む，であった。3名の心理学者が用語の分類を行い，平均の一致率は47%であった。

オルポートとオドバード（Allport & Odbert, 1936）の語彙研究は大きな影響を与えた。論文中にすべての性格用語が掲載されていたことも関係しただろう。彼は特性論の提案者でもあり，この研究を契機にパーソナリティ特性の研究が開始された。

a. サーストンの5因子

1930年代にサーストンはスピアマン（Spearman, C. E.）の2因子モデルを数学的に多因子に拡張し，因子分析が誕生した。彼の分析例（Thurstone, 1934）によると，性格を表現する形容詞60（同意語60を含めると120）語は5因子で説明できた。パーソナリティ特性のクラスターをあげておこう。

(1) 友好的な，気性が合う，心が広い，寛大な，朗らかな
(2) 忍耐強い，穏やかな，誠実な，熱心な
(3) 根気の良い，勤勉な，几帳面な
(4) 有能な，率直な，独立した，勇敢な
(5) 尊大な，皮肉な，傲慢な，冷笑的な，短気な

詳しいデータは掲載されていないが，内容は現在のビッグファイブ（Big Five）とかなり類似している。

b. キャッテルの12因子

キャッテル（Cattell, 1943, 1945a, 1945b, 1947）はオルポートとオドバートの4,504語を手作業で整理縮小した後，因子分析を適用した。手順の概略を示しておく。

(1) 4,504語から出発し，意味が曖昧な単語等を除き，一時的な心的状態や気分を記述する用語を数百加えた。
(2) 2人の研究者が討議しながら，パーソナリティ特性用語171対に整理した。
(3) 171対の評定尺度を作成し，成人100名に知人1名か2名を評価させた。評価尺度間の相関係数を計算し，この結果をもとに60の経験的クラスターに縮小した。
(4) 1945年，この60個のクラスターのなかから重要でないと思われるものを除き，35個にまとめた。
(5) 1946年，2人で13グループの参加者を35変数で評価し，因子分析を適用し，12個の斜交

因子を取り出した。

キャッテルは，サーストンの「因子数が多すぎても害はない」という主張に従い，斜交因子解を採用し，因子を抽出しすぎた。キャッテルの影響力は強く，長い間，サーストンの5因子解は忘れられていた。

3 ■ ビッグファイブの再発見

キャッテルは12個の因子に質問紙固有の4つの因子を加え，16PFという性格検査を作成した。ところが，キャッテルが選択した性格特性用語で対人印象の研究を行った研究は，いずれも直交5因子解となっていた。キャッテルの影響が大きかったため，注目されなかったが，後に注目を集めることになった。

・フィスク（Fiske, 1949）は性格評価のトレーニングメンバー男性128名にキャッテルの35対の特性用語から22対を抜粋し，スタッフの評価，参加者の自己評価，参加者による仲間評価という3つの方法で，対人評価を行った。因子分析の結果，類似の5因子が得られ，社会的適応性，情緒的統制，協調性，探求的知的好奇心，自信に満ちた自己表出と命名した。

・テュペスとクリスタル（Tupes & Christal, 1961）は性格評価の信頼性を高めるため，多数の評価者が参加者の毎日の行動を長期間観察し，参加者数人について一つの特性の評価を一度に行うという方法で，大規模な8つの評価研究を行った。評価尺度は，キャッテルの形容詞30～35対である。各データを別々に因子分析したところ，ひじょうによく似た5因子が取り出された。彼らは，激情性，協調性，信頼性，情緒的安定性，文化と名づけた。

・ノーマン（Norman, 1963）は，特性用語20項目を用い，4つの集団で仲間評定を行った。バリマックス回転後の因子は高度に一致し，外向性，協調性，良識性，情緒的安定性，文化と名づけた。日本では，中里ほか（中里・Bond・白石, 1976）の追試がある。

・ディグマンとタケモトーチョック（Digman & Takemoto-Chock, 1981）は，キャッテル，フィスク，ノーマン，テュペスとクリスタル，ディグマンのデータを再検討し，キャッテル（Cattell, 1947）の計算エラーを見つけた。6つの分析結果の平均の一致度は0.87～0.93の間で，各分析の5因子構造は高度に一致していた。

4 ■ 語彙研究の再出発

オルポートとオドバードの語彙研究を再検討する形でノーマンは語彙研究を行い，ゴールドバーグが他者評定，自己評定データで因子分析を繰り返し，ビッグファイブが確定された。

・ノーマン（Norman, 1967）はパーソナリティ特性用語は，『ウェブスターの新国際辞典』（第3版，1961年）を調べ，オルポートとオドバートのリストに171語を付け加え，18,125語とした。そして，評価的な言葉，比喩的な言葉，難しい言葉，解剖学的・肉体的な状態についての言葉を除外した。残った8,081語は，①安定したパーソナリティ特性，②一時的な状態や活動，③社会

的役割や人間関係，に分類された。ノーマンは大学生100名（男性50名，女性50名）に，安定したパーソナリティ特性は2,800語の言葉の意味を示し，どの程度社会的に望ましいと思われるかを評価させ，難しい言葉，俗語などを省き，1,631語のリストを作った。続いて，5因子の両端，10の意味次元で言葉を分類し，75個のカテゴリー，類義語571セットとし，最終的に形容詞1,431語，名詞175語，未分類25語とした。

・ゴールドバーグ（Goldberg, 1982）はノーマンの形容詞1,431語を，①曖昧さ，②難しさ，③俗語の程度，④性への関連性，⑤評価的すぎるか，⑥比喩的すぎるか，⑦他の同じ意味の言葉と比べて扱いにくいか，の基準で評価し，566語を選択した。そして，辞書を使って類義語をまとめ，大学生にどの程度正確に自己評価できるかを評定させた。最終的に形容詞339語を選択し，100のクラスターに分類した。

・ゴールドバーグ（Goldberg, 1990）は形容詞1,710語，75のクラスターから出発し，大学生187名に，自己評定の正確さを9段階で評価させた。第2研究では一般的な形容詞479語を類義語のクラスター133に分類し，自己評定と仲間評定の因子分析を行うと，いずれの場合も5因子になった。第3研究では，形容詞339語を類義語のクラスター100に分類した。3～4語を一つにまとめたもので，代表語が一つ選ばれている。自己評価と仲間評定のデータを別々に因子分析すると，ほとんど同一の5因子が得られた。

・ゴールドバーグ（Goldberg, 1992）は，第1研究から第3研究では形容詞を選び直し，第4研究では選抜した形容詞100語を用いた。データは自己評定（大学生320名）と仲間評定（大学生316名）と好きな人の評定（大学生205名）の3種類で，それぞれ二通りの分析を行って，合計6つの分析を行った。因子分析の結果は，いずれもほとんど同一の5因子が得られた。

ゴールドバーグは5因子を激情性または内向性－外向性，協調性，良識性，情緒的安定性，知性と名づけた。その後もゴールドバーグ（Goldberg, 1997）は語彙研究を進め，269のIPIP尺度を作成している（http://ipip.ori.org/ipip/）。

5 ■ 日本の語彙研究

日本の語彙研究をまとめておこう。

・青木（1971a, 1971b）は，『明解国語辞典』（1988年版，三省堂）から出発した予備的研究であるが，青木（1972）では，580語を主観的に11のグループに分け，成人男性109名が580語の意味の類似性を評価した。因子分析結果から各4～6因子が得られ，計57語の代表語のリストを作成した。そして，青木（1974）の『個性表現辞典』で，代表語を見直し，14カテゴリーに整理した。礼儀正しさ，身勝手，おだやかさ，激し易さ，社交性，内気，親切，冷たさ，活動性，根気のなさ，手堅さ，軽率，頭の良さ，頭の悪さ，であった。つまり，青木は7因子説に到達した。

・和田（1998）は，ゴフ（Gough, H. G.）とハイルブラン（Heilbrun, A. B.）の形容詞チェックリスト（ACL）から198語を選び，583名（男性348名，女性235名）に7段階で評価させた。因子分析を行って不適切な形容詞を取り除き，78語を選んだ。和田（1996）では60項目の因子分

析とプロマックス回転の結果，外向性，調和性，協調性，安定性，開放性の因子を抽出した。ただ，外向性（E）と開放性（O）の間に0.46もの相関があった。

・1998年頃，辻平治郎を中心として甲南女子大学グループが語彙研究を始めた。辻（2001）は『広辞苑（第5版）』から用語を収集し，心理学専攻の大学院生と研究者18名が「意味がわかるかどうか」「自分が個性を表す言葉として使うかどうか」の3段階評定を行い，これら3種類の評定結果がすべて3.0の400語を大学生524名（男性54名，女性470名）で自己評定を行い，5因子解を調べたが，ビッグファイブとの対応はみられなかった。

・同時期に，村上も『広辞苑（第5版）』のCD-ROMを元に語彙研究を始めた。心理学専攻の大学生4名が性格表現用語950語を収集し，次に心理学専攻生3名ですべての用語を見直し，936語の理解度の調査を大学生341名で行った。また，辻（2001）の174語と青木（1971a）の25語を対象に，同様の調査を大学生125名で行い，性格表現用語は934語となった（村上，2002）。

次に，村上（2003）は，評定値の分散と社会的に望ましさが関係することに注目し，大学生370名で自己評価のデータを収集し，熟知度や使用頻度が高く，分散が大きい317語を因子分析し，因子パーシモニー回転を行った。その結果，外向性，協調性，良識性，情緒安定性，知的好奇心の因子が抽出された。

・柏木ほか（柏木・辻・藤島・山田，2005）は，ビッグファイブの性格用語をマーカーとして導入し，確認的因子分析で，辻（2001）の400語をビッグファイブ構造への割り当てを行った。

探索的因子分析結果に直交回転を漫然と適用すると，単純構造が得られないのがふつうである。300変数を超える相関行列からビッグファイブを導いた先行研究はなく，村上（2003）は例外である。欧米の語彙研究の歴史をみても，単純に性格表現用語を抽出したのではないことがわかるだろう。

表2.2 ビッグファイブ性格表現用語（村上，2003より作成）

外向性	
活動性	活発な，活動的な，活気がある，快活な，にぎやかな，明るい，外向的な
閉鎖性	閉鎖的な，引っ込み思案の，内向的な，よそよそしい，つまらない，消極的な，内気な，口べたな
自制	控えめの，大人しい，おしゃべりの，物静かな，話好きな
協調性	
妬み	ねたむ，ひがむ，未練がましい，ひねくれ者の，嫉妬深い，しつこい，執念深い，むかつく，張り合う
怒り	怒りっぽい，頭に血がのぼる，気が短い，腹が立つ，口が悪い，反抗的な
身勝手	自分勝手な，自己中心的な，わがままの，生意気な，得意げな
良識性	
親切さ	親切な，優しい，誠実な，温かい，善意がある，人情がある，良心的な，情け深い，献身的な，責任感がある
ねばり強さ	粘り強い，熱心な，ひたむきな，念入りな
従順さ	従順な，謙虚な，忠実な，堅実な，律儀な，健気な
情緒安定性	
活動力	行動的な，開放的な，エネルギッシュな，オープンな，楽しい，軽快な，愉快な，陽気な，前向きの，気さくな，幸せな，大胆な，平気な
楽観性	気楽な，楽観的な，能天気な，快楽主義の，気ままな，突発的な，平然とした
知的好奇心	
小心さ	小心者の，おじけづく，意気地なしの，うろたえる，めげる，へこたれる
愚かさ	軽率な，不注意な，まぬけな，軽はずみな，浅はかな，幼稚な，忘れっぽい
意志薄弱	諦める，投げ出す，中途半端な，意志が強い，なまけものの，だらしない，頼りない

6 ■ 100語版ビッグファイブ

村上（2003）の100語版ビッグファイブを紹介する。全317語の因子分析結果をもとに，各因子から代表的な用語20を選択し，それぞれを主因子法と斜交回転（オブリミン法，バイコーティミン基準）によって分析した。情緒安定性の活動力と楽観性の間に0.41の相関があるが，他の側面因子間の相関は小さい。スペースの関係で，性格表現用語（表2.2）のみを掲載しておく。

一見してわかるように，欧米のビッグファイブと異なり，協調性や知的好奇心は否定的な単語が集まっている。分散の大きさで機械的に用語選択を行った結果であるが，日本語では個性記述用語として否定的な単語が効果的に用いられていることを意味する。

7 ■ 語彙研究の方法論

語彙研究の方法論上の特徴は，評価的な言葉，比喩的な言葉，難しい言葉，曖昧な言葉等が除去されることである。当初は研究者が行ったが，時代とともに実験参加者自身に除去させるようになった。主な分析方法は，探索的な因子分析法と直交解である。

語彙研究の目的は，性格という実体を解明することである。つまり，語彙研究の方法論は，性格測定の方法論とも共通である。つまり，性格検査では，質問項目を妥当性を考慮しながら，項目分析という手法で選択するが，語彙研究でも，項目分析の手法を意図的に適用する必要があるだろう。

◆ 引用文献

Allport, G. W., & Odbert, H. S. (1936). Trait-names : A psycholexical study. *Psychological Monographs*, **47**(1, Whole, No.211).
青木孝悦．(1971a)．性格表現用語の心理：辞典的研究455語の選択，分類および望ましさの評定．心理学研究，**42**, 1-13.
青木孝悦．(1971b)．性格表現用語における個人的望ましさの因子分析的研究．心理学研究，**42**, 87-91.
青木孝悦．(1972)．性格表現用語580語の意味類似による多因子解析から作られた性格の側面．心理学研究，**43**, 125-136.
青木孝悦．(1974)．個性表現辞典．ダイヤモンド社．
Cattell, R. B. (1943). The description of personality : Basic traits resolved into clusters. *Journal of Abnormal and Social Psychology*, **38**, 476-508.
Cattell, R. B. (1945a). The description of personality : Principles and findings in a factor analysis. *American Journal of Psychology*, **58**, 69-90.
Cattell, R. B. (1945b). The principal trait clusters for describing personality. *Psychological Bulletin*, **42**, 129-161.
Cattell, R. B. (1947). Confirmation, and clarification of primary personality factors. *Psychometrika*, **12**, 197-220.
Digman, J. M., & Takemoto-Chock, N. K. (1981). Factors in the natural language of personality : Re-analysis, comparison and interpretation of six majour studies. *Multivariate Behavioral Research*, **16**, 149-170.
Fiske, D. W. (1949). Consistency of the factorial structures of personality ratings from different sources. *Journal of Abnormal and Social Psychology*, **44**, 329-344.
Goldberg, L. (1982). From Ace to Zombie : Some explorations in the language of personality. In C.D. Spielberger & J.N. Butcher (Eds.), *Advances in personality assessment* : Vol.1 (pp.203-234). Hillsdale, NJ : Lawrence Er-

baum Associates.

Goldberg, L. (1990). An alternative "Description of Personality" : The big-five factor structure. *Journal of Personaliry and Social Psychology*, **59**, 1216-1229.

Goldberg, L. (1992). The development of markers for the big-five factor structure. *Psychological Assessment*, **4**, 26-42.

Goldberg, L. (1997). A broad-bandwidth, public-domain, personality inventory measuring the lower-level facets of several five-factor models. In I. Mervielde, I. J. Deary, F. De Fruyt, & F. Ostendorf (Eds.), *Personality psychology in Europe* : Vol. 7(pp.7-28). Tilburg, The Netherlands : Tilburg Univesity Press.

柏木繁男・辻平治郎・藤島　寛・山田尚子. (2005). 性格特性の語彙的研究LEX400のビッグファイブ的評価. 心理学研究, **76**, 368-374.

村上宣寛. (2002). 基本的な性格表現用語の収集. 性格心理学研究, **11**, 35-49.

村上宣寛. (2003). 日本語におけるビッグファイブとその心理測定的条件. 性格心理学研究, **11**, 70-85.

中里浩明・Bond, M. H.・白石大介. (1976). 人格認知の次元性に関する研究：Norman仮説の検討. 心理学研究, **47**, 139-148.

Norman, W. T. (1963). Toward and adequate taxonomy of personality attributes : Replicated facter structure in peer nomination personaliry ratings. *Journal of Abnormal and Social Psychology*, **66**, 574-583.

Norman, W. T. (1967). *2,800 personality trait descripters: Normative operating characteristics for a university population*. Unpublished manuscript, Department of Psychology, University of Michigan (Briggs, S. R. (1992). Assessing the five-factor model of personality description. *Journal of Personality*, **60**, 253-293 より引用)

Thurstone, L. L. (1934). The vectors of mind. *Psychological Reviews*, **41**, 1-32.

辻平治郎. (2001). 日本語での語彙アプローチによるパーソナリティ特性次元の分析. 平成10, 11, 12年度科学研究費補助金（基盤C）研究成果報告書.

Tupes, E. C., & Christal, R. E. (1961). *Recurrent personality factors based on trait ratings* (USAF ASD Technical Report No.61-97). Lackland Air Force Base, TX : US Air Force. (reprinted in *Journal of Personality*, 1992, **60**, 225-251.)

和田さゆり. (1996). 性格特性用語を用いたBig Five尺度の作成. 心理学研究, **67**, 61-67.

和田さゆり. (1998). 特性語（adjective）の5因子尺度. 辻平治郎（編），5因子性格検査の理論と実際：こころをはかる5つのものさし（pp.31-46）. 北大路書房.

4節　5因子モデルの周辺

谷　伊織

　ビッグファイブとよばれるパーソナリティの5因子モデルは，現在では特性論的アプローチのなかで最もよく知られるものとなったが，これ以外にも次元数の異なるいくつかのパーソナリティ特性の理論モデルが提唱されている。なかでもアイゼンクの3因子モデルが代表的なものであり，これを継承したグレイ，クロニンジャー，ツッカーマンも有力である。また，ビッグファイブの上位因子として2因子や1因子の構造も想定されている。さらに，5よりも多くの因子数を想定するものとして，HEXACOとよばれる6因子モデルや，7因子モデルがある。以下では，これらのモデルを紹介する。ただし，ここで注意すべきことは，これらのモデルはたんに5因子に追加したり，あるいはまとめて減らしたという類のものでなく，因子の内容が同じということもあれば，まったく違うこともあるという点である。したがって，パーソナリティを構成する基本次元の数やその内容については，引き続き検討すべき課題が残っている可能性も示している。多くのモデルはいずれもビッグファイブとの対応が言及されており，このこと自体がビッグファイブの役割であるともいえる。

1 ■ アイゼンクの3因子モデル

　ビッグファイブはオルポートとオドバート（Allport & Odbert, 1936）による語彙アプローチから始まり，パーソナリティ特性の記述語の因子分析的研究をもとにして作られている。一方，アイゼンクはパーソナリティの基盤として，何らかの生物学的な要因と対応した因子構造を想定し，仮説演繹的に因子分析を行い，3因子モデルを構成している。アイゼンク（Eysenk, 1967）によると，パーソナリティ特性は階層的な構造をもち（48ページ図2.3参照），その最上位にあるとされるのが，外向性（extraversion：E），神経症傾向（neuroticism：N），精神病質傾向（psychoticism：P）という3つの特性である。

　アイゼンクは一番上のレベルを類型水準としたが，現在では特性の上位に類型の水準があるという考え方は受け入れられておらず，この3つを特性として扱うことが一般的であり，「超特性」とよばれることが多い。超特性はそれぞれがいくつかの「特性」から構成され，さらに特性はそれぞれが「習慣的反応」より構成され，習慣的反応もそれぞれが「特定的反応」から成り立つとされている。アイゼンクが重視しているのは超特性の次元であり，これらは固有の生理的基盤をもつと考えられている。パーソナリティの基本的な特性次元として，どのようなものをいくつ考えるかは研究者によって異なるが，特性が階層構造をもつことは多くの研究者が共有するところである。

　アイゼンクの3次元モデルにおける「外向性」「神経症傾向」「精神病質傾向」について説明す

る。

「外向性」は，社交性，衝動性，活動性などの特性で構成されており，これが高い人は社交的で話好きであり，多くの人と活動することを好み，衝動的なところがあるとされている。外向性における個人差は，大脳皮質の網様体賦活系の覚醒レベルの個人差によって決まる。すなわち，内向的か外向的であるかは網様体賦活系によって引き起こされる大脳皮質の興奮と制止のいずれが優勢かによって決定され，内向的な人は制止より興奮レベルが高く，外向的な人は興奮より制止レベルが高いと考えられている。内向的な人のほうが刺激に対して敏感であり，大脳皮質が少しの刺激でも興奮しやすいため，過剰な興奮を避けるために刺激を回避する傾向がある。外向的な人は刺激に対して鈍感なため，強い刺激を求めて活動的になるのである。

次に，「神経症傾向」はストレス状況下や問題に直面した際の不安，抑うつ，動揺などと関係する特性であるとされている。神経症傾向の高い人は情緒不安定で，ストレスを経験したときに過剰な反応をしやすく，その興奮はストレスがなくなった後も持続する傾向がある。そのため，さまざまな不適応の原因にもなりうる。一方，神経症傾向の低い人は，ストレスを経験しても情緒が安定していると考えられている。この神経症傾向における個人差は，自律神経系の覚醒レベルにおける個人差に関係し，神経症傾向が高い人は自律神経系の興奮がなされやすく，神経症傾向の低い人は興奮しにくいと考えられている。すなわち，ストレス状況下における自律神経系の興奮によって，神経症傾向の特徴である情緒不安定さや身体的な反応が引き起こされるのである。

最後に，「精神病質傾向」は敵対的で，被害念慮が強く，社会的規範意識や義務観念が低く，規則や秩序を無視あるいは否定するといった傾向であるとされている。したがって，精神病質傾向が高い場合には精神病や精神病質が疑われることになるが，この概念は多くの特徴がまとまりなく示されており，外向性と神経症傾向ほど明確に定義されていない。また，その本質はアンドロゲンであるといわれているが，生理学的な基盤も外向性や神経症傾向に比べて曖昧である。この精神病質傾向は定義が不十分なため批判も多く，あまり研究が進んでいない次元である。

アイゼンクの3次元は，EPQ（Eysenck Personality Questionnaire；Eysenck & Eysenck, 1975）によって測定される。外向性と神経症傾向は上述のとおり，概念が明確であるため尺度にも問題が少なく，外向性と神経症傾向の2次元を組み合わせてパーソナリティについて検討されることが多い。外向性が低く，神経症傾向が高い人は，不安神経症，強迫神経症，心身症などを生じやすく，外向性が高く，神経症傾向が高い人は非行や犯罪的行動に結びつきやすいとされている。一方，精神病質傾向については曖昧であり，尺度においても1次元性に問題があるとされており，これを外向性や神経症傾向と組み合わせて検討した研究は少ない。また，マックレーとコスタ（McCrae & Costa, 1985）はEPQを因子分析してもこれらの因子が表現されないことを報告しており，精神病質傾向はビッグファイブの誠実性と同調性を合わせた特性であるという指摘もある（Watson, Clark, & Harkness, 1994）。アイゼンクの生物学的な理論を引き継いだのが，以下に述べるグレイの2因子モデルやクロニンジャーの7因子モデル，ツッカーマンの4因子モデルである。なお日本においては，EPQの前身にあたるMPIが翻訳されたMPI日本語版が作成されている（MPI研究会, 1969）。

2 ■ グレイの2因子モデル

アイゼンクの理論を継承したのがグレイの理論であり，外向性と神経症傾向の2次元モデルを45度回転したBISとBASの2次元に置き換えている（Gray, 1981）。アイゼンクのモデルとグレイのモデルの関連性は図2.4のように示される。

グレイによると，人間の行動はbehavioral inhibition system（行動抑制系：BIS）とbehavioral activation system（行動賦活系：BAS）という2つの動機づけシステムによって制御されている。BISは不安（anxiety），BASは衝動性（impulsivity）と称されることもある。グレイのモデルでは，アイゼンクの理論で問題とされてきた2つの精神病理学的状態，すなわち「内向的かつ高い神経症傾向」と「外向的かつ高い神経症傾向」が，それぞれBISとBASに対応しており，この2次元のほうがアイゼンクの2次元よりもパーソナリティの基礎となる生物学的理論に対応しているため，これを基本次元とするほうが妥当であると考えられている。BIS（不安）は罰への敏感さを示しており，活性化にともなってネガティブな感情が喚起され，行動を抑制するように作用する。また，セロトニン神経系との関連があると考えられている。一方，BAS（衝動性）は，報酬への敏感さを示しており，報酬に向かって行動を促進するように作用し，ドーパミン神経系との対応関係が想定されている。

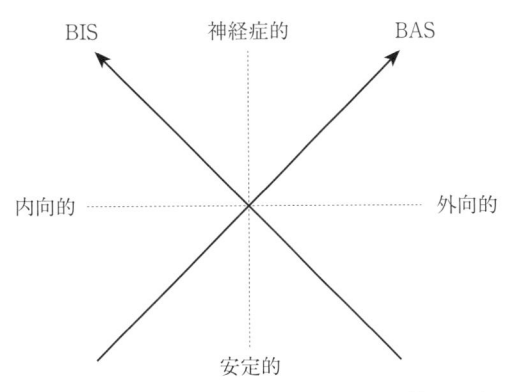

図2.4　アイゼンクの2軸とグレイの2軸の関連

グレイの2次元モデルを反映させようとした質問紙はいくつか作成されているが，そのなかでもカーヴァーとホワイト（Carver & White, 1994）によるBIS/BAS尺度が国際的によく用いられており，日本においては翻訳版にあたるBIS/BAS尺度日本語版（髙橋・山形・木島・繁桝・大野・安藤, 2007）が存在する。

3 ■ クロニンジャーの7因子モデル

クロニンジャーの理論は，アイゼンクと同様にさまざまな精神疾患とパーソナリティの関連を神経学的・生理学的・遺伝学的な観点から説明するなかで構築された（Cloninger, 1987）。当初作成された理論は3因子からなるものであり，先述のアイゼンクのモデルに対応するものであった。クロニンジャーはこれを測定する尺度として，Tridimensional Personality Questionnaire（TPQ）を作成したが，後にこれを修正し，Temperament and Character Inventory（TCI）を開発している（Cloninger, Przybeck, & Svrakic, 1994）。わが国においては木島らによって翻訳されたTCI日本版が存在する（木島・斎藤・竹内・吉野・大野・加藤・北村, 1996）。TPQからTCIにかけては，気質に加えて性格次元が追加され，因子数が変更されている。ここでは，TCIにおける7因子モデルを説明する。

クロニンジャーは，パーソナリティが「気質」と「性格」から構成されているという考え方に立っている。気質は刺激に対する自動的な情緒反応にみられる傾向であり，遺伝要因に強く影響され，文化や社会的経験にかかわらず安定しているとされている。一方，性格は社会的経験をとおして表れる個人差であり，気質と家族環境や経験の相互作用の結果として発達する。TCIでは気質の4次元と性格の3次元を合わせた7次元によってパーソナリティを測定する。

気質は「新奇性追求」(novelty seeking)，「損害回避」(harm avoidance)，「報酬依存」(reward dependence)，「固執」(persistence) とよばれる4次元から構成されている。新奇性追求は，刺激の探索，衝動性，報酬への接近といった行動の活性化に関する傾向である。これにかかわる神経伝達物質としてはドーパミンが想定されている。損害回避は，悲観的な思考，不確かさへの恐れ，疲れやすいといった行動の抑制に関する傾向である。損害回避にかかわる神経伝達物質としてセロトニンが想定されている。報酬依存は，社会的愛着，賞賛欲求のような，進行中の行動の維持にかかわる傾向である。報酬依存については，神経伝達物質のノルアドレナリンが想定されている。固執は，忍耐強さ，一つのことをやりとおすといったような行動の固着に関する傾向である。固執については，神経伝達物質としてはグルタミンとの関連が想定されている。ただし，各次元とドーパミン・セロトニンとの関係についてはクロニンジャーの理論を支持する研究結果が複数得られているが，ノルアドレナリン・グルタミンについては根拠が十分に示されていない。

一方，性格は「自己志向」(self directedness)，「協調」(cooperativeness)，「自己超越」(self transcendence) とよばれる3次元から構成されている。まず，自己志向は，自己決定や目的に応じて行動を制御するといった傾向であり，これが高い人は責任感があり，目標に向けて行動できるとされている。次に，協調は他者を受容する傾向であり，これが高い人は社会的に寛容で，共感的であると考えられている。そして，自己超越はスピリチュアリティに関する性格であり，すべてのものは全体の一部である，という統一意識の状態であるという。

4 ■ ツッカーマンの4因子モデル

ツッカーマンの理論は（Zuckerman, 1994），もともとは感覚遮断実験において実験耐久時間や窓を覗く回数などで人が求める刺激の量に個人差があることが見出され，その個人差の次元として想定された刺激希求（sensation seeking：SS）に関する研究から始まっている。この刺激希求の定義は，新奇で強い刺激や体験を求め，それらを体験するために危険を冒すことをいとわないことであり，この特性は刺激希求尺度（sensation seeking scale：SSS）で測定ができる。SSSは，危険な活動などを求める「スリルと冒険」（thrill and adventure：TAS），芸術や一般的でない生活スタイルなどを求める「新規な経験」（experience seeking：ES），飲酒やドラッグ，多数の相手との性的関係等などを求める「抑制の解放」（disinhibitiom：Dis），同じ活動の回避などを求める「繰り返しの嫌悪」（borden susceptibility：BS）という4つの下位尺度から構成されている。わが国では，寺崎らが翻訳した日本語版 Sensation-Seeking Scale がある（寺崎・塩見・岸本・平岡，1987）。

ツッカーマンの理論では，SS以外のパーソナリティの側面についても検討がされており，さまざまな質問紙の項目のデータを用いた因子分析を行い，ビッグファイブとは異なるパーソナリティの5因子モデルを示している。これは，「衝動性・刺激希求」「神経症傾向・不安」「攻撃性・敵意」「活動性」「社交性」から構成されており，衝動性・刺激希求と神経症傾向・不安の次元は，アイゼンクやグレイのモデルに対応しているとされている。また，アイゼンクやグレイと同様に神経系の個人差をパーソナリティの基礎として想定しているが，ツッカーマンの独自性は個々のパーソナリティ次元が神経伝達物質と単純に対応していないと考えていることである。ツッカーマンは，ドーパミン系は刺激希求にかかわり，セロトニン系は非社会的刺激希求に影響しつつも攻撃性により強く影響し，神経症傾向・不安はノルアドレナリン系とGABAの相互作用を想定している。パーソナリティの次元を単純に生物学的・遺伝学的に還元していない点が特徴的であろう。

5 ■ ビッグファイブの高次2因子モデルと1因子モデル

ビッグファイブの5因子にはさらに高次の因子があるとも考えられており，2因子構造が複数の研究で示されている。この場合，神経症傾向と調和性，誠実性が第1因子，外向性と経験への開放性が第2因子とされている。この第1因子の名称は，ディグマン（Digman, 1997）によるとα因子，デヤングほか（DeYoung, Peterson, & Higgins, 2002）によると安定性因子（stability）であり，第2因子の名称は，ディグマンによるとβ因子，デヤングらによると柔軟性因子（plasticity）である。デヤングらは，安定性因子はセロトニン神経系，柔軟性因子はドーパミン神経系と関係があると推測している。このモデルは，先述のアイゼンクのようにパーソナリティの階層構造を想定したものであり，ビッグファイブにさらなる上位階層を設定しているといえる。さらに，2因子に上位の階層を想定したモデルも提唱されており（図2.5），この場合はα因子とβ因子をまとめてパーソナリティの一般因子（a general factor of personality：GFP）とよばれている（Philippe & Paul, 2008）。

6 ■ HEXACOモデル（6因子モデル）

ビッグファイブと同じく，語彙アプローチによってさまざまな言語圏で見出されたパーソナリティの6次元モデルが提唱されている（Lee & Ashton, 2004）。これは，ビッグファイブに「誠実性」（honesty）の次元を加えたものであり，各因子の名称から「HEXACOモデル」とよばれている。

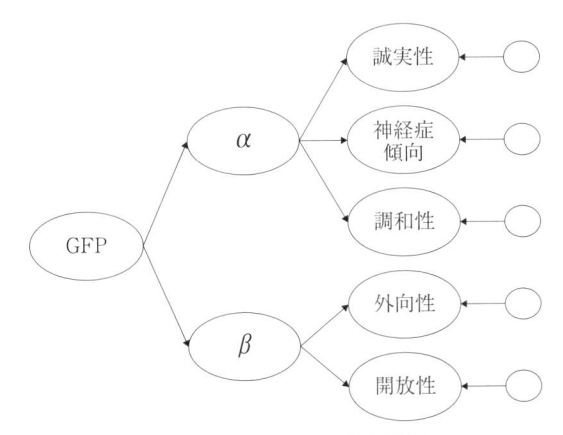

図2.5　ビッグファイブの高次因子モデル
（Philippe & Paul, 2008）

語彙アプローチでは，パーソナリティを表現する自然言語を包括的に収集，分類することによって基本的なパーソナリティ次元を導くことができるという仮定にもとづき，自己評定や他者評定などのデータを因子分析することで基本次元を探索し，さまざまな言語圏においてビッグファイブを見出してきた。しかし，英語圏以外の複数の辞書的研究において，誠実性とよばれる第6の因子が見出され，さらにビッグファイブを見出した英語圏での自己評定データの再分析の結果においても誠実性が示されている（Ashton, Lee, & Goldberg, 2004）。

7 ■ 7因子モデル

HEXACOモデルのように，語彙アプローチにもとづく研究において，ビッグファイブとは異なる因子数と内容が示されたモデルはほかにも存在する。なかでも7因子モデル（Almagor, Tellegen, & Waller, 1995）はビッグファイブやHEXACOモデルと同じく複数の言語圏での結果が報告されている。因子の内容は，ビッグファイブの外向性と対応する「ポジティブ情動性」（positive emotionality），神経症傾向に対応する「ネガティブ情動性」（negative emotionality），調和性に対応する「調和性」（agreeablity），誠実性に対応する「信頼性」（dependability），経験への開放性に対応する「伝統性」（conventionality），追加の因子にあたる「ポジティブ誘発性」（positive valence），「ネガティブ誘発性」（negative valence）である。追加の因子にあたるポジティブ誘発性は，特別な，優れた，といった特性語で構成され，ネガティブ誘発性は不道徳，嘘つきといった特性語で構成される。内容的に，ネガティブ誘発性はHEXACOモデルの誠実性に近いと考えられるが，ポジティブ誘発性もネガティブ誘発性もいずれもパーソナリティの評価次元を表すものであろう。ビッグファイブ研究において，ノーマン（Norman, 1963）はオルポートとオドバートが，語彙アプローチによって見出した特性語群を①安定的な特性，②一時的な状態および所作，③社会的役割および関係に分類し，このうち①安定的な特性こそがパーソナリティ研究において重要であるとしており，パーソナリティ研究においては特性次元から評価的次元が切り離されてきたが，7因子モデルでは評価的次元が加わっていることになる。実際，私たちの生活においては，評価的な対人認知が重要な位置づけを占めるため，テリゲン（Tellegen, 1993）は条件を限定しない語彙アプローチでは7因子モデルのほうが妥当であると述べており，7因子モデルは5因子モデルよりも人々の日常のパーソナリティ認知を表現すると考えられている。

◆ 引用文献

Allport, G. W., & Odbert, H. S. (1936). Trait-names : A psycholexical study. *Psychological Monographs*, **47** (1, Whole, No. 211).

Almagor, M., Tellegen, A., & Waller, N. (1995). The big seven model : A cross-cultural replication and further exploration of the basic dimension of natural language of trait descriptions. *Journal of Personality and Social Psychology*, **69**, 300-307.

Ashton, M. C., Lee, K., & Goldberg, L. R. (2004). A hierarchial analysis of 1,710 English-descriptive adjectives. *Journal of Personality and Social Psychology*, **87**, 707-721.

Carver, C. S., & White, T. L. (1994). Behavioral inhibition, behavioral activation, and affective responses to impending reward and punishment : The BIS/BAS scales. *Journal of Personality and Social Psychology*, **67**, 319-333.

Cloninger, C. R. (1987). A systematic method for clinical description and classification on personality variants : A proposal. *Archives of General Psychology*, **44**, 573-588.

Cloninger, C. R., Przybeck, T. R., & Svrakic, D. M. (1994). *The Temperament and Character Inventory (TCI) : A guide to its development and use*. St. Louis : Center for Psychobiology of Personality.

DeYoung, C. G., Peterson, J. B., & Higgins, D. M. (2002). Higher-order factors of the Big Five predict conformity : Are there neuroses of health? *Personality and Individual Differences*, **33**, 533-552.

Digman, J. M. (1997). Higher-order factors of the Big Five. *Journal of Personality and Social Psychology*, **73**, 1246-1256.

Eysenck, H. J. (1967). *The biological basis of personality*. Springfield, IL : Charles C. Thomas Publisher.

Eysenk, H. J., & Eysenck, S. B. G. (1975). *Manual of the Eysenck Personality Questionnaire*. London : Hodder & Stroughton.

Gray, J. A. (1981). A critique of Eysenck's theory of personality. In H. J. Eysenck (Ed.), *A model for personality* (pp.246-277). Berlin : Springer-Verlag.

木島伸彦・斎藤令衣・竹内美香・吉野相英・大野 裕・加藤元一郎・北村俊則. (1996). Cloningerの気質と性格の7次元モデルおよび日本語版Temperament and Character Inventory (TCI). 季刊精神科診断学, **7**, 379-399.

Lee, K., & Ashton, M. C. (2004). Psychometric properties of the HEXACO Personality Inventry. *Maltivariate Behavioral Research*, **39**, 329-358.

McCrae, R. R., & Costa, P. T., Jr. (1985). Comparison of EPI and psychoticism scale with measures of five factor theory of personality. *Personality and Individual Differences*, **6**, 587-597.

MPI研究会 (編). (1969). 新・性格検査法:モーズレイ性格検査. 誠信書房.

Norman, W. T. (1963). Toward an adequate taxonomy of personality attributes : Replicated factor structure in peer nomination personality ratings. *Journal of Abnormal and Social Psychology*, **66**, 574-583.

Philippe, J. R., & Paul, I. (2008). A General Factor of Personality (GFP) from two meta-analyses of the Big Five : Digman (1997) and Mount, Barrick, Scullen, and Rounds (2005). *Personality and Individual Differences*, **45**, 679-683.

髙橋雄介・山形伸二・木島伸彦・繁桝算男・大野 裕・安藤寿康. (2007). Grayの気質モデル:BIS/BAS尺度日本語版の作成と双生児法による行動遺伝学的検討. パーソナリティ研究, **15**, 276-289.

Tellegen, A. (1993). Folk concepts and psychological concepts of personality and personality disorder. *Psychological Inquiry*, **4**, 122-130.

寺崎正治・塩見邦雄・岸本陽一・平岡清志. (1987). 日本語版Sensation-Seeking Scaleの作成. 心理学研究, **58**, 42-48.

Watson, D., Clark, L. A., & Harkness, A. R. (1994). Structures of personality and their relevance to psychopathology. *Journal of Abnormal Psychology*, **103**, 18-31.

Zuckerman, M. (1994). *Behavioral expressions and biosocial bases of sensation seeking*. New York : Cambridge University Press.

5節　日本における5因子モデルの展開

安井知己・辻　平治郎

「ビッグファイブ」(Big Five) あるいは「5因子モデル」(Five-Factor Model：FFM)——これらの用語は互換的に使用する——は、パーソナリティが、外向性（以下E），協調性（以下A）勤勉誠実性（以下C），神経症傾向（以下N），および知性（以下I）あるいは開放性（以下O）の5つの基本特性（因子）からなるとする特性モデルである。FFMは、語彙アプローチ（本章3節参照）を通じて抽出された因子が、上記の5因子へと収束したことから、1980年頃にアメリカで体系化された。その後、FFMは英語圏以外の語彙研究でも支持され、かなりの普遍性をもつと考えられるようになった。現在ではその進化論的・生物学的基礎までが研究され、頑健なモデルとして認知されている。しかし語彙アプローチをとる研究者のなかには、6因子（Ashton & Lee, 2001）や3因子（De Raad, Barelds, Levert, Ostendorf, Mlacic, Blas, Hřebíčková, Szirmak, Szarota, Perugini, Church, & Katigbak, 2010）を唱えるものもいて、論争が続いている。本節では、FFMが日本に導入され、受容されてきたプロセスを概観し、日本語の語彙アプローチを通じてみえてきた新たな展開について検討する。

1 ■ FFMの日本への導入：尺度構成

日本では1990年頃から、FFMに準拠した尺度構成が試みられるようになった。最初の試みは辻（1991）にみられる。ただし、試作版はOを除いた4因子しか抽出できず、5因子構造にはならなかった。そこで、あらためてFFM関連文献をレビューし、5因子の頑健性を再確認したうえで、文章形式の項目でファセット（下位尺度）を設定した尺度構成をトップダウンに行った。この尺度は、因子分析するとFFMによく合致する5因子構造になり、日本でもFFMの成立することが確認できた。

ほぼ同時期に、和田（1992, 1996）も「ビッグファイブ尺度」（BFS）の構成を試みている。彼女も最初は5因子構造を得られず、Oの抽出に失敗している。その後、Oに相当する項目を増強し、また多すぎるAの項目を削減することによって、5因子の抽出に成功している。BFSは項目が特性語で構成されており、項目数も60あるいは36項目なので、比較的短時間で実施でき、使いやすい。それゆえ、その後のパーソナリティ研究に不可欠のツールとなった。

また、これらの研究をふまえて、子どものパーソナリティをFFMの視点からとらえようとする研究も出てきた。たとえば曽我・森田（1998）は「小学生用5因子性格検査」を作成し、ほぼ想定どおりの5因子を抽出している。村上らも成人用の「主要5因子性格検査」（村上・村上, 1997）だけでなく、「小学生用主要5因子性格検査」（村上・畑山, 2010）を作成し、その5因子構造を確認している。

2 ■ 尺度構成の2つの方向

その後，日本の尺度構成の研究は，①国際性を重視し，定評のある尺度の翻訳版を作成しようとする立場と，②因子に独自解釈を加えて日本人に適した尺度構成へと向かう立場に分かれてくる。

前者の立場に立つ下仲ほか（下仲・中里・権藤・髙山，1998）は，世界標準ともいうべき地位を獲得しているNEO-PI-R（Costa & McCrae, 1992）を翻訳し，その日本版を標準化している。この尺度はファセットのレベルまで測定でき，パーソナリティの詳細な理解ができるようになっている。国際比較や国際誌に投稿する場合には，通常この日本版NEO-PI-Rが第1に選択される。

一方，日本人の特性理解を重視する辻ほか（辻・藤島・辻・夏野・向山・山田・森田・秦，1997）は5因子の概念内容を再吟味した。たとえば「開放性」を自由奔放な遊び心に通じる「遊戯性」，「勤勉誠実性」の本質を目的合理的な意志的統制とその対極にあるがままを尊ぶ自然性ととらえなおしている（表2.3参照）。したがって因子名も，外向性，愛着性，統制性，情動性，遊戯性とし，日本人の言語感覚に合わせようとした。この解釈にもとづいて作成されたのが「5因子性格検査」（FFPQ）である。これは想定どおりの5因子構造を示し，日本型のFFMが成立する可能性を明らかにした。

3 ■ 日本におけるFFMの現状

日本においてFFMとその尺度は，渡邊・佐藤（1995）らによる特性論批判の洗礼を受けたが，それ以外にはたいした議論もなく受け入れられた。その信頼性や妥当性は，各尺度の作成者やその他多くの研究者によって確かめられ，今日に至っている。なお，これらの尺度の測定する5因子は互換性のあることも認められている。FFMの尺度は，現在では個人差要因をみる研究だけでなく，個別的な特性尺度の妥当性の検討や，個別特性を位置づけるタキソノミーとしてもよく使われる。もちろん心理臨床の場でもよく利用されている。

ただし日本のFFM研究は，その存立基盤となる語彙アプローチをスキップして，ほとんどがアメリカでつくられたFFMを無批判に受け入れ，尺度作成やその利用に精力を傾けてきた。辻ほか（1997）にしても，日本人の特徴がみやすいようFFMの再考をしているが，語彙アプローチを欠いているので，特性次元の包括性を担保した議論ができていない。したがって，FFMを

表2.3　5因子の概念化（辻ほか，1997）

名称	本質	一般的特徴	病理的特徴
Ex（Extraversion）外向性－内向性	活動	積極的な－控えめな	無謀・躁－臆病・気おくれ
A（Attachment）愛着性－分離性	関係	親和的－自主独立的	集団埋没・敵意・自閉
C（Controlling）統制性－自然性	意志	目的合理的－あるがまま	仕事中毒－無為怠惰
Em（Emotionality）情動性－非情動性	情動	敏感な－情緒の安定した	神経症－感情鈍麻
P（Playfulness）遊戯性－現実性	遊び	遊び心のある－堅実な	逸脱・妄想－権威主義

根源的に問い直し，新たな局面を切り拓くために，どうしても語彙アプローチが必要であった。

4 ■ 日本語での語彙アプローチ

　FFMを意識しながら最初に語彙アプローチに取り組んだのは伊坂（Isaka, 1990）であろう。彼女は日本ではまだFFMがほとんど知られていない時期に，対人認知次元の明確化を目的として，研究に着手している。彼女は日常使っている特性語を699名の大学生から合計2,427語を集めている。このなかから使用頻度の高い約100語，あるいは70語を選出し，47～216名の調査参加者に自己評定を求め，因子分析を行っている。因子分析で見出された因子をまとめたのが，表2.4である。彼女自身はこの10因子から5因子抽出に至るまでの記述をしていないが，ビッグファイブとの関係は表の最右列のようになると考えられる。この研究は日本語の語彙アプローチでFFMを支持した最初の研究として重要である。しかしFFMに適合させるため，語や因子をやや作為的に選んでいるようにみえるのが難点である。

　日本語の語彙アプローチには，いま一つ辻（2001）らの研究がある。彼らは『広辞苑（第4版）』から「個人差」を表す合計17,185語を収集している。これを18名の研究者が，①一般に流通し，②意味がわかり，③自分も使うという3基準で評定し，全員がこのすべての基準を満たすと評定した語を選び出したところ，400語となった。そこで，この400語を「個性表現語尺度」（以下LEX400）として，524名の大学生に自己評定を求め，そのイプサタイズしたデータを主因子法・エカマックス回転によって因子分析してみた。その結果，5因子解は以下に示す6因子解の第6因子を除いたものとほとんど同じであり，FFMにあまりよく合致するものではなかった。すなわち，I（Oではない）とCはFFMと似ていたが，他の3因子はFFMのA・E・Nに近いところがあるものの，異なる特徴をもっていた（山田・藤島，2001）。

　その後，安井ほか（安井・藤島・山田・菅原・辻，未発表）は，アシュットンとリー（Ashton & Lee, 2001）がFFMに対抗して提案した6因子（HEXACO）モデル（表2.5参照）に触発されて，

表2.4　Isaka（1990）の10因子とこれに対応するであろうFFMの5因子

	因子名	具体例	FFM対応
(a)	支配・勤勉（dominance, industrious）	責任感のある，意志の強い	C＋
(b)	知的能力（intellectual ability）	知的な，賢い，論理的な	I＋
(c)	親切・思いやり（kindness, consideration）	やさしい，思いやりがある，あたたかい	A＋
(d)	情緒安定（emotional stability）	冷静な，おだやかな	N－
(e)	外向性・活動性（extraversion, activity）	社交的な，外向的な，活動的な	E＋
(f)	内向性（introversion）	内気な，物静かな，無口な，ひかえめな	E－
(g)	情緒不安定（emotional instability）	気難しい，怒りっぽい	N＋
(h)	自己中心性（self-centeredness）	自己中心的，利己的な，わがままな，	A－
(i)	不機嫌（petulance）	ひねくれた，うそつき，とげとげしい	N＋
(j)	おせっかい（meddlesomeness）	おせっかい，面倒見のよい	E＋

注．Isaka（1990）を筆者が訳出した。

表2.5 アシュットンとリー（Lee & Ashton, 2004）のHEXACOモデル

因子名	ファセット			
H（Honesty-Humility；正直・謙虚）	誠実	公正	貪欲回避	慎み深さ
E（Emotionality；情動性）	恐怖	不安	依存	感傷
X（Extraversion；外向性）	表出性	社会的果敢	社交性	活気
A（Agreeableness；調和性）	許容	寛大	柔軟	忍耐
C（Conscientiousness；勤勉誠実性）	整頓	勤勉	完全主義	慎重
O（Openness；開放性）	美の鑑賞	探求心	創造性	非因襲性

表2.6 LEX400の6因子解（主因子法・エカマックス回転）において高い負荷を示した語（安井ほか，未発表）

因子名	高く負荷する項目例
1. 陽気－陰気	明るい，愛嬌のある，陽気な，おしゃべり－暗い，気むずかしい，扱いにくい
2. 親和－敵対	おだやかな，気が長い，穏和な－怒りっぽい，気が短い，かりかりする
3. 知性－非知性	頭の回転が速い，利口な，注意深い－どんくさい，どじな，ぼんやりした
4. 強靱－脆弱	強い，決断力のある，勇ましい－弱気な，気が小さい，びくびくする，心配性の
5. 執着的統制－放任	根気のある，ねばり強い，几帳面－適当にする，ふまじめな，大ざっぱな
6. 正直－不実	正直な，素直な，誠実な－インチキ臭い，あくどい，いじわるな，出しゃばりな

LEX400のデータ数を1,059名（女性736名，男性323名）に増やして再分析し，HEXACOと類似した因子を得ている。なおこのHEXACOモデルは，因子の命名がFFMに準じているために，FFMにHを加えただけのようにもみられるが，A，Nの内容はFFMとかなり異なるので，注意を促しておきたい。

さて，安井らの6因子解をみていくと，第1因子は社交性や陽気，その逆の陰気や暗さなどに関する「陽気－陰気因子」で，FFMのEやHEXACOモデルのeXに対応する。第2因子は，他者に対して穏やかにやさしく接するのか，怒りっぽく好戦的に対するのかの「親和－敵対因子」である。これは，HEXACOモデルのAと一致するが，FFMでは穏和なところはAに，敵意に関する部分はNに含まれる。第3因子は機転，注意力，常識，あるいは鈍さなどに関する「知性－非知性因子」である。FFMやHEXACOのIに相当するが，注意深さなどを含むところに違いがある。第4因子は強さや断行性あるいは弱気や心配などに関係する「強靱－脆弱因子」である。HEXACOモデルではEmに相当するが，FFMでは断行性や強さはEに，弱気や心配はNに含まれている。第5因子は忍耐，几帳面，勤勉など，課題や物事に統制的にかかわろうとする「執着的統制－放任因子」である。FFMやHEXACOモデルのCに相当する。第6因子は他者に対して正直・誠実，あるいは狡猾に立ち回り他者を利用しようとする「正直－不実因子」であり，HEXACOのHに相当する。FFMではAとCに関係する因子といえよう（表2.6参照）。このように日本語の語彙アプローチでは，FFMにはうまく合致しなかったが，HEXACOモデルとは内容的にかなり近い因子構造となった。なお，これらの関係は図2.6のように表せるだろう。

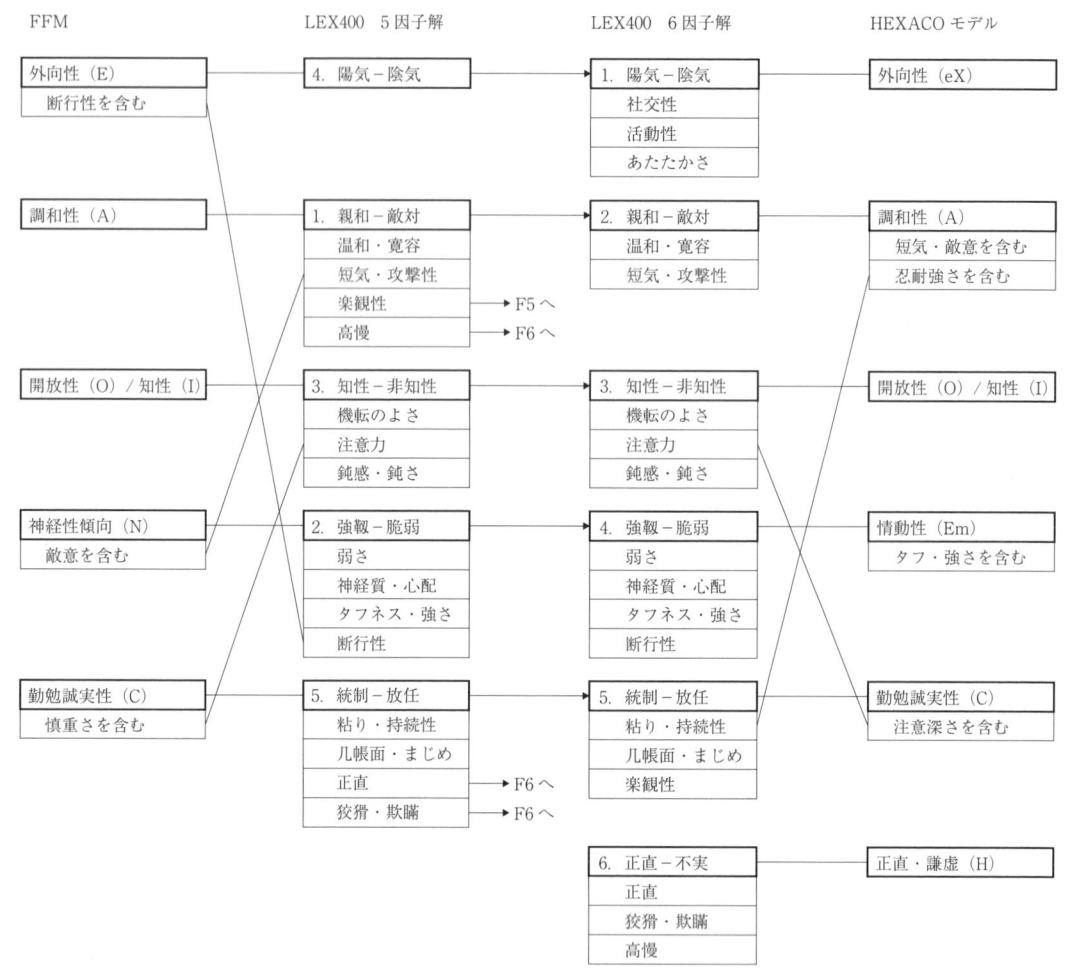

図2.6 FFM, HEXACOモデル, LEX400（5因子解・6因子解との対応）

5 ■ 日本語の語彙アプローチの展開

伊坂も辻らも，FFMへのとらわれから脱しえないまま，語彙アプローチを進めてきた。しかし今，FFMにとらわれずに，日本語の語彙アプローチで得られた因子分析結果を眺めてみると，新たなパーソナリティ・モデルのかたちがみえてくるのではないだろうか。

まず，ネガティブ感情についてみると，不安や心配，怒りや敵意，抑うつなどはすべてネガティブ感情にかかわる特性であり，FFMではNに入るものとされてきた。しかし安井らの研究では，Nに相当する因子は抽出されず，不安や心配は「強靱－脆弱因子」に，怒りや敵意は「親和－敵対因子」に属するものとして分離した。これにより，外界の脅威に対する弱さに関するネガティブ感情と，他者に対するネガティブな感情が明瞭に区別されるようになっている。また，抑うつも「陽気－陰気因子」の陰うつ気分の極に傾いたものとして，これらと区別できるだろう。もちろん，ポジティブな気分や感情は他の因子ではなくこの因子の陽気の極に属する。近年これらの

感情を区別する議論が増えてきていることを鑑みると，この結果はネガティブ感情を考え直すための重要な手がかりになるだろう。

また，強さや断行性はFFMではEに含まれてきたが，日本語の語彙研究では不安や小心などとともに「強靱－脆弱因子」にまとまっていた。このことは，日本人にとっては強力か弱力かということのほうが理解しやすいということを意味する。実際，森田療法の創始者，森田（1928）は，神経質患者にみられる内向的で，弱気で，気に病みやすい「弱力」性格を，外向的で，押しが強く，負けず嫌いな「強力」性格と対比させている。このような特性次元のとらえ方の違いは，言語や文化による特性「認知」の差異を反映するものであり，特性そのものの違いを示すものではなかろう。しかし，この日本語の語彙アプローチの結果は，新たな特性「理論」の構築を予感させるものではある。

最後に，日本語の語彙リストでは対人的特性に関する語彙が多いことが，FFMが同定されにくい原因の一つとして考えられてきた。逆にいえば，対人的特性に関する語彙が多いこと自体が日本語の特徴であり，このことを加味したモデルの構成が必要なのではないか。安井らの因子分析では，第2因子として「親和－敵対因子」，第6因子として「正直－不実因子」が得られている。前者は他者とかかわる際の対人感情あるいは他者に対する感情反応に関する特性，後者は他者と誠実にあるいは狡猾にかかわろうとするのかという他者とのかかわりにおける構えに関する特性と考えられる。このように，6因子モデルであれば，2つの異なる対人的特性を組み込んだモデルを構築できる可能性がある。

さて，デ・ラードほか（De Raad et al., 2010）は多様な言語の語彙アプローチにもとづいて，どの言語でも共通に抽出されているのはE，A，Cの3因子だと述べている。しかし，多くの研究者がFFMに引きずられながら因子を抽出・解釈してきたことを思うと，通言語性や通文化性にこだわらずに，日本語に特有の因子構造を見出していく作業も必要であり，実り多いものへと展開する可能性が期待される。このような検討をへて，より普遍的なモデルもみえてくるのではなかろうか。

◆ 引用文献

Ashton, M. C., & Lee, K. (2001). A theoretical basis for the major dimensions of personality. *European Journal of Personality*, **15**, 327-353.

Costa, P. T., Jr., & McCrae, R. R. (1992). *The NEO-PI-R professional manual : Revised NEO Personality Inventory (NEO-PI-R) and NEO Five-Factor Inventory (NEO-FFI)*. Odessa, FL : Psychological Assessment Resources.

De Raad, B., Barelds, D. P. H., Levert, E., Ostendorf, F., Mlacic, B., Blas, L. D., Hřebičková, M., Szirmak, Z., Szarota, P., Perugini, M., Church, A. T., & Katigbak, M. S. (2010). Only three factors of personality description are fully replicable across languages : A comparison of 14 trait taxonomies. *Journal of Personality and Social Psychology*, **98**, 160-173.

Isaka, H. (1990). Factor analysis of trait terms in everyday Japanese language. *Personality and Individual Differences*, **11**, 115-124.

Lee, K., & Ashton, M. C. (2004). Psychometric properties of the HEXACO Personality Inventory. *Multivariate Behavioral Research*, **39**, 329-358.

森田正馬．(1928・1974)．神経質の本態及び療法．高良武久（編集代表），森田正馬全集：1(pp. 179-227)．　白揚社．
村上宣寛・畑山奈津子．(2010)．小学生用主要5因子性格検査の作成．行動計量学，**37**，93-104.
村上宣寛・村上千恵子．(1997)．主要5因子性格検査の尺度構成．性格心理学研究，**6**，29-39.
下仲順子・中里克治・権藤恭之・髙山　緑．(1998)．日本版NEO-PI-Rの作成とその因子的妥当性の検討．性格心理学研究，**6**，138-147.
曽我祥子・森田義宏．(1998)．小学生用5因子性格検査（FFPC）の標準化．日本教育心理学会第40回総会発表論文集，152.
辻平治郎．(1991)．パーソナリティの5因子説をめぐって．甲南女子大学人間科学年報，**16**，59-84.
辻平治郎．(2001)．日本語での語彙アプローチによるパーソナリティ特性次元の分析．平成10，11，12年度科学研究費補助金（基盤C）研究成果報告書．
辻平治郎・藤島　寛・辻　斉・夏野良司・向山泰代・山田尚子・森田義宏・秦　一士．(1997)．パーソナリティの特性論と5因子モデル：特性の概念，構造，および測定．心理学評論，**40**，239-259.
和田さゆり．(1992)．Big Fiveの因子論的研究：日本語版ACLの構造．千葉大学文学研究科修士論文（未公刊）．
和田さゆり．(1996)．性格特性用語を用いたBig Five尺度の作成．心理学研究，**67**，61－67.
渡邊芳之・佐藤達哉．(1995)．ビッグ・ファイブは何の構造か．日本心理学会第59回大会発表論文集，135.
山田尚子・藤島　寛．(2001)．よく使われる性格記述語による特性次元の検討．辻平治郎（研究代表），日本語での語彙アプローチによるパーソナリティ特性次元の分析（pp.43-58）．平成10，11，12年度科学研究費補助金（基盤C）研究成果報告書．
安井知己・藤島　寛・山田尚子・菅原康二・辻平治郎．(未発表)．　語彙アプローチによる特性の5因子・6因子モデルの検討．

3章 パーソナリティの諸理論

1節 行動遺伝学的アプローチ

山形伸二

　人間のパーソナリティの個人差は，どの程度が遺伝の影響により，どの程度が環境の影響により生じているのだろうか。パーソナリティの継時的安定性と変化は，どの程度が遺伝の影響により，どの程度が環境の影響によるものだろうか。また，これらの遺伝と環境の影響は，すべての人に対して同じように働くのだろうか。それとも，特定の遺伝的特徴や環境条件の有無によって異なるのだろうか。

　通常，これらの問いに答えることはひじょうに難しい。なぜなら，遺伝と環境の要因は多くの場合相関しており，分離することができないからである。たとえば，親子のパーソナリティが似ている場合，親子が同じ遺伝子を共有していることによって類似したのか，同じ家庭環境を共有していることによって類似したのかわからない。

　この困難を乗り越える方法を提供するのが，ヒトについての行動遺伝学，人間行動遺伝学である。人間行動遺伝学は，双生児や養子といった特殊な人々のデータを得ることにより，遺伝と環境の影響を分離することを可能にする。本節では，人間行動遺伝学の方法のなかでも最もよく用いられる，双生児法について主に解説する。

1 ■ 双生児法の基礎

　人間行動遺伝学では，パーソナリティなどの通常観察される形質を表現型とよぶ。そして，表現型の個人差は遺伝の効果と環境の効果の両方により説明されると考える。具体的には，表現型の個人差は，相加的遺伝，非相加的遺伝，共有環境，非共有環境の4つの効果によって生じてい

ると考える。以下，これら4つの効果とその推定方法について説明する。

a. 相加的遺伝と非相加的遺伝

　パーソナリティのような複雑な形質には一つひとつは効果の小さい多数の遺伝子が影響を与えている。それら一つひとつの遺伝子の加算的効果の総体を，相加的遺伝効果とよぶ。たとえば，外向性を高める対立遺伝子を多くもてばもつほど，その人は外向的になるという場合である。一方，相加的遺伝効果では説明できない遺伝の効果もある。これは，主に同一遺伝子座における1組の対立遺伝子の交互作用（たとえば，エンドウマメの丸・しわの形状の優性遺伝等）または異なる遺伝子座における2つの対立遺伝子の交互作用による効果である。このような一つひとつの交互作用効果を加算した総体を，非相加的遺伝効果とよぶ。

b. 共有環境と非共有環境

　パーソナリティの個人差は，発達の過程で接するさまざまな環境の差異によっても生じる。この環境の差異には，家庭間では異なるが，同一家庭内のきょうだいでは共有されているものがある。たとえば，居住地域や家庭の雰囲気などの差異である。これらの環境の差異が表現型に影響を与えている場合，これを共有環境効果とよぶ。共有環境効果は，同一家庭内のきょうだいには共有されているため，この効果が大きいほど，同一家庭に育ったきょうだいは類似することになる。一方，同一家庭のきょうだいであっても共有していない環境もある。たとえば，どのような友人をもち，どのような職業をもつかは，同一家庭に育ったきょうだいであっても異なりうる。このような環境の差異が表現型に影響を与えている場合，これを非共有環境効果とよぶ。非共有環境効果は，同一家庭内のきょうだいにも共有されていないため，この効果が大きいほど，同一家庭に育ったきょうだいも類似しないことになる。

c. 双生児法による遺伝と環境の効果の推定

　集団内におけるある一つの形質の表現型分散V_pは，以上の4つの効果の分散を用いて，

$$V_p = V_a + V_d + V_c + V_e \tag{1}$$

と表される。ただし，V_aは相加的遺伝分散，V_dは非相加的遺伝分散，V_cは共有環境分散，V_eは非共有環境分散を指す。表現型の分散に占める遺伝分散の割合（$V_a + V_d / V_p$）はとくに遺伝率とよばれ[1]，この値が大きいほどその形質の個人差は遺伝に影響されていることになる。

　通常，私たちが観察可能なのは表現型分散のみであり，それを生み出している4つの効果の分散を知ることはできない。しかし，一卵性双生児のきょうだいと二卵性双生児のきょうだいの類似性を比較すれば，この4つの効果についての情報を得ることができる。

　一卵性双生児は，一つの卵が受精後，およそ5日間のうちに何らかの理由で2つに分かれ，別々の個体に成長したものであり，きょうだいは原則として遺伝的に同一である。したがって，同じ家庭で育った一卵性のきょうだいの類似性は，遺伝的に同一であることと生育環境を共有していることに帰属することができる。一方，二卵性双生児は，2つの卵が別個に受精したために生じるもので，遺伝的な類似度はふつうの異年齢きょうだいと同程度（確率的に50%）である。したがって，同じ家庭で育った二卵性のきょうだいの類似性は，生育環境を共有していること[2]と相加的遺伝効果の半分，非相加的遺伝効果の1/4を共有していること[3]に帰属することができる。

まとめると,

$$Cov(MZ) = V_a + V_d + V_c \quad (2)$$
$$Cov(DZ) = 1/2V_a + 1/4V_d + V_c \quad (3)$$

となる。ただし,$Cov(MZ)$ は一卵性のきょうだいの共分散,$Cov(DZ)$ は二卵性のきょうだいの共分散である。

実際の4つの効果の推定においては,共分散構造分析の多母集団モデル（豊田,1998）を用いる。図3.1にパス図を示す。a_{11},d_{11},c_{11},e_{11} はそれぞれ相加的遺伝,非相加的遺伝,共有環境,非共有環境の効果を表すパラメタで,二乗したものがそれぞれの効果の分散を意味する。

方程式が上記 (1) ～ (3) の3つしかないのに対し,未知のパラメタは4つ存在する。したがって,これら4つのパラ

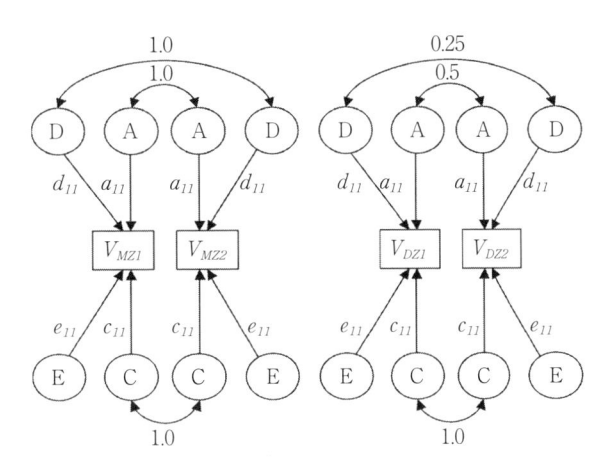

図3.1 単変量遺伝分析のパス図表現

注. V_{MZ1} = 一卵性のきょうだいの一人目の観測変数
V_{MZ2} = 一卵性のきょうだいの二人目の観測変数
V_{DZ1} = 二卵性のきょうだいの一人目の観測変数
V_{DZ2} = 二卵性のきょうだいの二人目の観測変数
A = 相加的遺伝要因；D = 非相加的遺伝要因；
C = 共有環境要因；E = 非共有環境要因

メタを同時に推定することはできない。実際の分析では,非相加的遺伝の効果がないと考えるACEモデル,共有環境の効果がないと考えるADEモデル,相加的遺伝と非共有環境の効果しかないと考えるAEモデル,共有環境と非共有環境の影響しかないと考えるCEモデル,非共有環境の効果しかないと考えるEモデルについて,種々の適合度指標や情報量基準を用いて当てはまりの良さを比較することになる[4]。

2 ■ 多変量遺伝分析

以上は,一つの形質の分散を遺伝由来と環境由来に分解する「単変量遺伝分析」という方法についての説明である。これに対し,2つ以上の形質について分析を行うと,各形質の分散を遺伝由来と環境由来に分解するのに加えて,各形質間の共分散を遺伝由来と環境由来に分解することができる。この方法を多変量遺伝分析とよぶ。多変量遺伝分析において,観察された複数の変数の分散共分散行列 Σ_p は,

$$\Sigma_p = \Sigma_a + \Sigma_d + \Sigma_c + \Sigma_e \quad (4)$$

と表せる。ただし,Σ_a,Σ_d,Σ_c,Σ_e はそれぞれ相加的遺伝,非相加的遺伝,共有環境,非共有環境効果の分散共分散行列である。

多変量遺伝分析の重要性は,以下のような例を考えれば明らかである。仮に,外向性と神経症傾向の間に正の表現型相関が観察された場合,その相関は両方の形質に影響を与える共通の遺伝子が存在することに由来するのかもしれないし,何らかの環境が両方の形質に影響を与えることに由来しているかもしれないし,あるいはその両方に由来するかもしれない。また,両形質の

表現型相関がゼロであった場合，それは，共通の遺伝子は2つの特性を正に相関させるように働いているのに対し，何らかの環境が一方の特性を高め一方の特性を低めるように（両者を負に相関させるように）働いているために，遺伝と環境の効果が相殺されている結果であるかもしれない。同様の議論は，たとえば縦断研究におけるある特性の一時点目の得点と二時点目の得点など，さまざまな相関関係についても当てはめることができる。

多変量遺伝分析における最も基本的な方法は，コレスキー分解とよばれる方法である。これは，

$$\Sigma_a = C_a \times C_a' \tag{5}$$
$$\Sigma_d = C_d \times C_d' \tag{6}$$
$$\Sigma_c = C_c \times C_c' \tag{7}$$
$$\Sigma_e = C_e \times C_e' \tag{8}$$

のように各効果の分散共分散行列を下三角行列(C_a, C_d, C_c, C_e)とその転置した行列(C_a', C_d', C_c', C_e')の積として表現する方法である。いったんこのようにして各効果の分散共分散行列が推定されれば，遺伝／環境相関行列を計算することができる。たとえば2つの変数XとYの相加的遺伝相関係数$Corr_a(X, Y)$は，

$$Corr_a(X, Y) = \frac{Cov_a(X, Y)}{\sqrt{V_a(X) \times V_a(Y)}} \tag{9}$$

である。ただし，$V_a(X)$, $V_a(Y)$はそれぞれ変数X, Yの相加的遺伝分散，$Cov_a(X, Y)$は変数X, Yの相加的遺伝共分散である。相加的遺伝相関係数は，相加的遺伝の効果が2つの変数間で共有される程度を表し，通常の相関係数同様−1.0〜1.0の値をとる。たとえば，相加的遺伝相関係数が1の場合，2つの変数に相加的影響を与える遺伝子は完全に同一であり，その影響は同方向であることを意味する。このような解釈は，他の各効果の相関係数（たとえば，共有環境相関係数）についても同様である。

コレスキー分解のパス図による表現（AEモデル）を図3.2に示す。通常，コレスキー分解はパス図およびパス係数をそのまま解釈することはできない（たとえば，変数の順番を入れ替えても適合度は等しくなる）。しかし，変数間に階層的な意味のある場合にはパス係数を解釈することも可能である。たとえばV_1が縦断調査における外向性の一時点目の得点，V_2が外向性の二時点目の得点である場合，a_{11}は一時点目における外向性への相加的遺伝効果であり，標準化解であればその二乗が遺伝率となる。a_{21}は一時点目にすでに影響を与えている相加的遺伝効果の二時点目への影響であり，二時点間の外向性の安定性に寄与する相加的遺伝の効果を意味する。a_{22}は二時点目において新たに

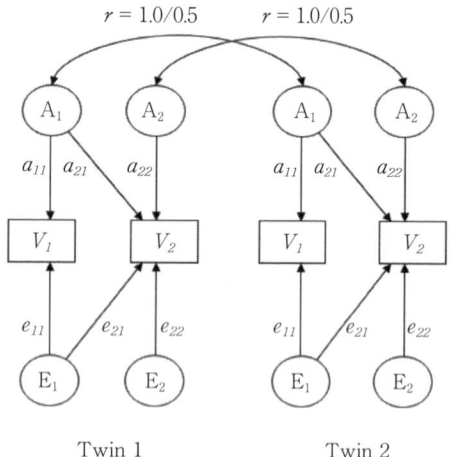

図3.2 コレスキー分解のパス図表現

注．一方のきょうだいのみについてのパス図。
A_1, A_2：相加的遺伝要因。きょうだい間の相関は一卵性=1.0；二卵性=0.5。
E_1, E_2：非共有環境要因。きょうだい間の相関は一卵性，二卵性ともに0。

顕れた相加的遺伝効果であり，外向性の変化に寄与する相加的遺伝の効果を意味することになる。

コレスキー分解は，各効果の分散共分散行列を推定するための最低限の制約を課しているにすぎず，変数間の関係に何らモデルを仮定していない。しかし，多変量遺伝分析には研究者の仮説を反映した種々のモデルを適用することができる。代表的なものとしては，遺伝因子分析モデルおよび共通経路モデル（Shikishima, Hiraishi, Yamagata, Sugimoto, Takemura, Ozaki, Okada, Toda, & Ando, 2009），因果の方向性モデル（山形・髙橋・木島・大野・安藤，2011），遺伝的潜在成長曲線モデル（Fujisawa, Ozaki, Suzuki, Yamagata, Kawahashi, & Ando, 2012）等がある。

3 ■ 遺伝×環境交互作用

上で説明した単変量，多変量遺伝分析はいずれも，遺伝と環境の効果は相互に独立に作用し，それらが加算された結果，表現型の分散・共分散が生じることを仮定している。しかし，遺伝子の効果は，常に一定の効果をもつのではなく，環境条件によって効果のあり方が異なる場合がある。同様に，環境の効果も，遺伝的特徴の異なる個人の間では異なる場合がある。このような現象を，遺伝×環境交互作用とよぶ。

遺伝×環境交互作用を検討する最も単純な方法は，集団を環境条件ごとにわけて，それぞれの集団ごとに単変量遺伝分析を行うことである。もし，2つの集団において遺伝の影響の大きさが異なるのであれば，それは（2つの集団で遺伝子プールに違いがない限り）遺伝の影響の大きさが環境条件によって異なるという遺伝×環境交互作用の存在を示すことになる。たとえば，ローズらの研究（Rose, Dick, Viken, & Kaprio, 2001）では，都会か田舎かという居住地域の違いによって，青年期の飲酒量への遺伝の影響の強さが異なることを報告している。具体的には，都会では相対的に遺伝の影響が強いのに対して，田舎では共有環境の影響が強い。都会という環境がヒトの行動への制約の弱い状況であり，田舎よりも本人が元からもっている遺伝的な違いを発揮しやすいからだと考えられる。また，日本とドイツ，カナダのパーソナリティについてのデータを比較した研究では，パーソナリティの共分散構造は文化間で等しい一方，遺伝率は日本において最も低いことが明らかになった（Yamagata, Ando, Ostendorf, Angleitner, Riemann, Spinath, Livesley, & Jang, 2006; Yamagata, Suzuki, Ando, Ono, Kijima, Yoshimura, Ostendorf, Angleitner, Riemann, Spinath, Livesley, & Jang, 2006）。日本における集団主義的な文化が，本人のもつ遺伝的な行動傾向を抑制しやすいためだと考えられる。

最近では，田舎と都市部のようなカテゴリカルな変数ではなく，連続変数を用いた遺伝×環境交互作用の分析がよく行われている（Purcell, 2002）。このモデルは，調節変数となる連続的環境変数をMとすると，

$$V_{pj} = (a + \beta_a M_j)^2 + (d + \beta_d M_j)^2 + (c + \beta_c M_j)^2 + (e + \beta_e M_j)^2 \tag{10}$$

$$\mu_j = a + \beta_\mu M_j \tag{11}$$

と表される。ただし，V_{pj}は環境変数Mの値がjである場合の表現型の分散，a, d, c, eはそれぞれ相加的遺伝，非相加的遺伝，共有環境，非共有環境要因の主効果，$\beta_a, \beta_d, \beta_c, \beta_e$はそれ

ぞれの要因における環境変数Mの調節効果を表す。μ_jは環境変数Mの値がjである場合の表現型の平均値，a，β_μは，それぞれ表現型の平均値を環境変数Mで回帰した場合の切片と傾きである。このモデルでは，β_a，β_dの他にβ_c，β_eというパラメタも置かれていることから，遺伝×環境交互作用のみならず環境×環境交互作用も扱うことができる。また，このモデルにおける調節変数Mは必ずしも環境変数である必要はない。たとえば何らかのリスクとなる対立遺伝子をもっている数（調節変数が遺伝要因）でもよいし，何らかのパーソナリティ（表現型）でもよい[5]。

実際にタークハイマーほか（Turkheimer, Haley, D'Onofrio, Waldron, & Gottesman, 2003）は，このモデルをアメリカの双生児の知能についてのデータに適用し，知能への遺伝の影響が出身家庭の社会経済的地位の高い層で大きく，低い層で小さいことを見出した。出身家庭の社会経済的地位は純粋な環境要因とはいえないものの，社会経済的地位の低い層では貧困により生来もっている遺伝的な個人差が発揮されにくい状況にあると考えられる。

以上，人間行動遺伝学の主要な方法である古典的双生児法について，①ある一つの形質の分散を遺伝と環境由来に分解する単変量遺伝分析，②複数の形質間の共分散を遺伝と環境由来に分解する多変量遺伝分析，③遺伝と環境の影響が調節変数の値によって異なる遺伝×環境交互作用モデル，について解説した。人間行動遺伝学で得られた知見全体のレビューとしてはプロミンほか（Plomin, DeFries, McClearn, & McGuffin, 2008）を，パーソナリティについてはジャンと山形（Jang & Yamagata, 2009）を，双生児法に関するより詳細な解説はニールとマエズ（Neale & Maes, 2002）を参照されたい。

◆ 注

1) 正確には，これを広義の遺伝率とよぶ。狭義の遺伝率は（V_a / V_p）。
2) 双生児法は，一卵性双生児の育つ環境がきょうだいを類似させる程度と，二卵性双生児の育つ環境がきょうだいを類似させる程度が等しい，という前提をおく。これを等環境仮説とよぶ。等環境仮説の妥当性は，卵性を間違って育てられたきょうだいの類似度や（たとえば，Kendler, Neale, Kessler, Heath, & Eaves, 1993；Scarr & Carter-Saltzman, 1979），一卵性双生児の一部が母胎内環境をより共有していることの効果（たとえば，Hur, 2007；Jacobs, Van Gestel, Derom, Thiery, Vernon, Derom, & Vlietinck, 2001；Wichers, Danckaerts, Van Gestel, Derom, Vlietink, & van Os, 2002）などを調べることで検討されてきた。前者のタイプの研究は等環境仮説の妥当性を支持しているが，後者のタイプの研究では一貫した結果は得られていない。しかし，後者のタイプで母胎内環境の有意な効果を見出した研究においても，その効果量は小さい。したがって，一卵性のきょうだいが二卵性のきょうだいよりも類似していることの理由を，卵性による環境の違いのみに帰属することは妥当でない。
3) 数学的証明については，ニールとマエズ（Neale & Maes, 2002）を参照。
4) 非共有環境の効果には測定誤差が含まれるので，通常Eを含まないモデルは考えない。また，非相加的遺伝効果は相加的遺伝効果からの偏差であるので，Aを含まずにDを含むモデル（DEモデル，CDEモデル）も実質的な意味をもたない。非相加的遺伝と共有環境の効果の一方しか扱えないことにともなう推定値のバイアスについては，ケラーとコヴェントリー（Keller & Coventry, 2005）を参照。また，4つのパラメタは双生児のほかに双生児の家族や養子などのデータを加えることにより同時に推定することができる（たとえば，Eaves, Martin, Meyer, & Corey, 1999）。
5) このほか，たとえば$(a + \beta_a M_j + \beta_{a'} M_j^2)^2$などとすることにより，より複雑な交互作用を表現することも可能である。

◆ 引用文献

Eaves, L. J., Martin, N.G., Meyer, J. M., & Corey, L. A. (1999) Biological and cultural inheritance of stature and attitudes. In C. R. Cloninger (Ed.), *Personality and psychopathology* (pp. 269-308). Washington, DC : American Psychiatric Press.

Fujisawa, K. K., Ozaki, K., Suzuki, K., Yamagata, S., Kawahashi, I., & Ando, J. (2012). The genetic and environmental relationships between head circumference growth in the first year of life and sociocognitive development in the second year : A longitudinal twin study. *Developmental Science*, 15, 99-112.

Hur, Y. M. (2007). Effects of the chorion type on prosocial behavior in young South Korean twins. *Twin Research and Human Genetics*, 10, 773-777.

Jacobs, N., Van Gestel, S., Derom, C., Thiery, E., Vernon, P., Derom, R., & Vlietinck, R. (2001). Heritability estimates of intelligence in twins : Effect of chorion type. *Behavior Genetics*, 31, 209-217.

Jang, K. L., & Yamagata, S. (2009). Personality. In Y. K. Kim (Ed.), *Handbook of behavior genetics* (pp.223-238). New York : Springer.

Keller, M. C., & Coventry, W. L. (2005). Quantifying and addressing parameter indeterminacy in the classical twin design. *Twin Research and Human Genetics*, 8, 201-213.

Kendler, K. S., Neale, M. C., Kessler, R. C., Heath, A. C., & Eaves, L. J. (1993). A test of the equal-environment assumption in twin studies of psychiatric illness. *Behavior Genetics*, 23, 21-27.

Neale, M. C., & Maes, H. H. M. (2002). *Methodology for genetic studies of twins and families*. Dordrecht : Kluwer Academic Publishers.

Plomin, R., DeFries, J. C., McClearn, G. E., & McGuffin, P. (2008). *Behavioral genetics* (5th ed.). New York : Worth Publishers.

Purcell, S. (2002). Variance components models for gene- environment interaction in twin analysis. *Twin Research and Human Genetics*, 5, 554–571.

Rose, R. J., Dick, D. M., Viken, R. J., & Kaprio, J. (2001) Gene-environment interaction in patterns of adolescent drinking : Regional residency moderates longitudinal influences on alcohol use. *Alcoholism-Clinical and Experimental Research*, 25, 637-643.

Scarr, S., & Carter-Saltzman, L. (1979). Twin method : Defense of a critical assumption. *Behavior Genetics*, 9, 527-542.

Shikishima, S., Hiraishi, K., Yamagata, S., Sugimoto, Y., Takemura, R., Ozaki, K., Okada, M., Toda, T., & Ando, J. (2009). Is g an entity? A Japanese twin study using syllogisms and intelligence tests. *Intelligence*, 37, 256-267.

豊田秀樹. (1998). 共分散構造分析：入門編. 朝倉書店.

Turkheimer, E., Haley, A., D'Onofrio, B., Waldron, M., & Gottesman, I. (2003). Socioeconomic status modifies heritability of IQ in young children. *Psychological Science*, 14, 623-628.

Wichers, M. C., Danckaerts, M., Van Gestel, S., Derom, C., Vlietinck, R., & van Os, J. (2002). Chorion type and twin similarity for child psychiatric symptoms. *Archives of General Psychiatry*, 59, 562-564.

Yamagata, S., Ando, J., Ostendorf, F., Angleitner, A., Riemann, R., Spinath, F. M., Livesley, W. J., & Jang, K. L. (2006). Cross-cultural differences in heritability of personality traits : Using behavioral genetics to study culture. *A paper presented at the 4th CEFOM/21 International Symposium "Cultural and Adaptive Bases of Human Sociality"*. Tokyo, Japan, September 9-10.

Yamagata, S., Suzuki, A., Ando, J., Ono, Y., Kijima, N., Yoshimura, K., Ostendorf, F., Angleitner, A., Riemann, R., Spinath, F. M., Livesley, W. J., & Jang, K. L. (2006). Is the genetic structure of human personality universal? A cross-cultural twin study from North America, Europe, and Asia. *Journal of Personality and Social Psychology*, 90, 987-998.

山形伸二・髙橋雄介・木島伸彦・大野　裕・安藤寿康. (2011). Grayの行動抑制系と不安・抑うつ：双生児法による4つの因果モデルの検討. パーソナリティ研究, 20, 110-117.

2節　気質とパーソナリティ

髙橋雄介

1 ■ 気質とは何か

　気質（temperament）とパーソナリティはまったくの別物というわけではない。これまで気質とパーソナリティの両者を明確に区別するような知見が蓄積されてきたわけではなく（たとえば，気質とパーソナリティを比較すると気質のほうが遺伝率が高いという根拠はない），この両者に決定的かつ実質的な相違があるというよりも，歴史的に異なった研究の道筋があったというのが正しい。すなわち，気質もパーソナリティもお互いに密接に関連し合った概念であり，オルポート（Allport, 1937/1982）の言葉を借りれば，「気質はパーソナリティをつくっている一種の原料で，パーソナリティを離れて気質はありえないし，気質の欠けたパーソナリティもない」。

　上述のとおり，現在までのパーソナリティ研究には，2つの大きな「潮流」，研究史がある。その一つは，オルポートとオドバート（Allport & Odbert, 1936）以来の性格記述語の因子分析的研究をもとにしている系譜で，マックレーとコスタ（McCrae & Costa, 1987）にほぼ完成をみた性格の5因子モデル，通称ビッグファイブである。パーソナリティ特性として，神経症傾向，外向性，経験への開放性，協調性，誠実性という5つの次元が仮定され，NEO-PI-R（Costa & McCrae, 1992）の各国語版によってその因子構造の妥当性が世界的に確認されており，日本もその例外ではない。もう一つの流れが生物学的パーソナリティ研究，いわゆる気質研究である。気質は，パーソナリティの個人差とその基礎にある神経機能の個人差と関連があるとされ，パーソナリティの基盤と何らかの生物学的要因との対応に，人間のパーソナリティの構造的な妥当性を見出そうとするものである。気質は，これまで多くの研究者によって定義されてきたが（Thomas & Chess, 1977；Zuckerman, 2005），それらを総じてその特徴を描き出してみると，気質とは，①比較的安定的で，パーソナリティ特性の根幹を成す，②幼少期の早い段階から現れる，③動物研究において，対応関係をもつ行動特性がある，④自律神経系や内分泌系といった生理学的反応もしくは大脳生理学的，遺伝的な諸要因と関連している，⑤人生経験などの環境刺激と遺伝子型の相互作用によって変化する，と考えられる。

2 ■ 子どもの気質研究

　生まれたばかりの赤ちゃんや乳児においても，すでに行動のいくつかに個人差が見受けられることがわかっている。こうした生育後の環境にほとんどさらされていない段階における行動の特徴は，生得的で生物学的な基礎にもとづくものであるという考え方のもとに，子どもの気質研究は行われている。この気質的な特徴は，幼児期以降も継続してみられることがあるので，人間の

パーソナリティ発達を理解するうえで重要な情報となる。子どもの気質モデルは、これまで数多くの理論家によって研究されてきた。本節ではそのいくつかを紹介する（さらなる詳細は、ロスバートとベイツ（Rothbart & Bates, 2006）やツッカーマン（Zuckerman, 2005）を参照されたい）。

トマスとチェス（Thomas & Chess, 1977）は、気質をパーソナリティ・能力・動機などと明確に区分したうえで、9つのカテゴリーと3つのタイプを明らかにした。これらの気質次元と分類はその後ひじょうに多くの研究で用いられた。気質の9つのカテゴリーは、具体的には、活動水準・周期性・接近と回避・順応性・反応強度・気分・気の散りやすさ・持続性と注意の範囲・感受性で、これらの組み合わせによって、扱いやすい（全体の約40％）・扱いにくい（全体の約10％）・ウォームアップが遅い（全体の約15％）という3つのタイプに分類された（残りの約35％はこの分類ではいずれにも該当しない）。

バスとプロミン（Buss & Plomin, 1975）は、気質は2歳までに観測される特性で強く遺伝に規定されるものとして一連の研究を行った。当初は、感情性（emotionality）・活動性（activity）・社会性（sociability）・衝動性（impulsivity）の4つの次元を仮定し、それらの頭文字をとったEASIという質問紙が用いられていたが、その後衝動性については気質次元の一つとして確立しにくいことがわかり、EASの3次元となった。

カスピとシルヴァ（Caspi & Silva, 1995）は、ニュージーランドで行われたダニーディン研究にもとづいて、子どもの気質を、コントロールのきかない・抑制的・控えめ・自信のある・順応の5つに類型化した。その後、後者の3つはいずれも適応的なもので重なりが大きいとして、コントロールのきかない・抑制的・順応の3類型が使用されるようになる。これらの類型化はその後の年齢層のパーソナリティ発達においても一貫性が高く、さらにその後の問題行動をよく予測できることが示されている。

ロスバートとデリーベリー（Rothbart & Derryberry, 1981）は、先ほどのトマスとチェスの研究を心理統計学や実験・観察方法の観点からさらに洗練させ、気質の発達理論を打ち出した。彼女らは、気質は反応性と自己制御の生得的な個人差で、それは遺伝的な要因や成熟・経験によって時間をへて影響を受けるとした。反応性とは環境刺激を受けて反応する行動生理学的な覚醒度で、感情の側面で考えればポジティブ・ネガティブな反応を示す。自己制御とは反応性を調整するプロセスで、接近や回避などがこれにあたる。ロスバートの気質の発達理論によれば、ネガティブ感情性の個人差は生まれた直後から存在し、生後2カ月後くらいからフラストレーション・怒り・接近、半年後から恐怖、10カ月以降にエフォートフル・コントロールや親和性の個人差が発達してくるとされる。さらなる詳細は、ロスバートほか（Rothbart, Derryberry, & Posner, 1994）を参照されたい。

3 ■ 大人の気質研究

大人の気質研究は、生物学的な基盤についての理論的な背景がより強いものが多い。

アイゼンク（Eysenck, 1963, 1967）は、人間行動を説明するためのパーソナリティ次元に生物

学的な基盤を求め，神経症傾向（neuroticism：N）と外向性（extraversion：E）という独立した2次元から成り立つパーソナリティの生物社会モデルを提唱した。アイゼンクは，自身が提唱したモデルのなかで，具体的な生物学的基盤として，神経症傾向には大脳辺縁系の活性化の個人差が関連し，外向性の生物学的基盤は脳幹網様体と大脳皮質の覚醒水準の個人差であろうと，上行性網様体賦活系説にもとづいた説明をしている。アイゼンクのモデルは，脳機能を基盤とした「生物学的パーソナリティ理論」という研究領域を確立し，生物学・生理学と心理学を架橋する実証可能な仮説を数多く生み出し，この分野の研究と議論を活性化させた。アイゼンクはその後，精神病質傾向（psychoticism：P）をモデルに追加し，3因子モデル（PENモデル）へと拡張したが，精神病質傾向次元の妥当性については議論の余地がある。アイゼンクのモデルについては，若林（2009）にさらに詳しい解説がある。

　このアイゼンクのモデルと競合するようなかたちで生まれ，より神経生理学的な基盤に沿うような形に修正を行ったのが，グレイ（Gray, 1970, 1982, 1987）による気質モデルであり，彼自身はこのモデルを強化感受性理論（reinforcement sensitivity theory：RST）とよんでいる。具体的には，グレイは，「神経症傾向と外向性は，より基礎的な次元である罰の回避の感受性と報酬への接近の感受性の2つの組み合わせによって表出する派生的な次元である」として，人間の行動は2つの大きな動機づけシステム，behavioral inhibition system（BIS：行動抑制系）とbehavioral activation system（BAS：行動賦活系）の2つを定義している。グレイのモデルにおけるBIS・BASの2次元とアイゼンクのモデルにおける神経症傾向・外向性の2次元との関係は異なっていて両者は一対一対応の関係にはない。BISの高さは神経症傾向の高さと外向性の低さによって，BASの高さは神経症傾向の高さと外向性の高さによってそれぞれ規定される。すなわち，グレイのモデルは，概念的にはアイゼンクのモデルの二軸を30度回転させたものといえる（Pickering, Corr, & Gray, 1999）。BISを不安，BASを衝動性とそれぞれ称することもある。グレイのモデルは，理論的には，モノアミン系の神経伝達物質の調整に関連する気質要因として比較的安定的であるとされる。また，この2つの動機づけシステムの神経生物学的基盤は，動物の学習と動機づけについての豊かな知見をもとにして，薬理学の分野などでも研究が行われており，理論的基盤に合致するような知見が得られている（Fowles, 1988；Depue & Iacono, 1989）。グレイのモデルは，モデルに沿って予想される質問紙同士の相関関係だけではなく，認知課題や心理実験課題のパフォーマンス，脳波などの生理学的な指標，大脳生理学的な指標，遺伝子多型などの生物学的な指標などさまざまな指標とも相関関係を見出している。

　また，グレイもアイゼンクと同様に第3の次元を打ち出している。それは闘争－逃走系（fight-flight system：FFS）とよばれ，罰や無報酬の刺激に反応し，活動性を上げるシステムである。これによって解発される典型的な行動は，防衛的な攻撃行動（fight）もしくは緊急的な退避行動（flight）であり，実行器官として，扁桃体，視床下部の腹内側核，中脳の中心灰白質が中心的な役割を果たすとされている（Gray, 1994）。そして，その後の改変において（Gray & McNaughton, 2000），FFSは闘争－逃走－凍結系（fight-flight-freeze system：FFFS）となり，このFFFSが従来のBISとほぼ同じ概念として扱われるようになった。改変後のBISは，呈示された刺激に

対してFFFSとBASの間で行動選択に葛藤が生じた場合に活性化する脳内システムであり，進行中の行動は抑制され，潜在的な脅威に対して注意が喚起され，不安が生じる。この葛藤が大きくBISの活性度が高いと，FFFSを媒介する行動は促進され，BASを媒介する行動は抑制される。BISは不安，FFFSは恐怖と関連するという区別が想定されているものの，不安と恐怖はこれまで類似の構成概念として扱われてきたため明確な区分は困難であるが，近年の研究ではカーヴァーとホワイト（Carver & White, 1994）のBIS/BAS尺度を用いてBISとFFFSを分けて測定可能であることが示されている（Heym, Ferguson, & Lawrence, 2008）。

　ジェームズ（James, W.）は，人間のパーソナリティは30歳までに「石膏のように固まる」（set like "plaster"）と述べた（Costa & McCrae, 1994）。しかし，スリヴァスタヴァほか（Srivastava, John, Gosling, & Potter, 2003）は30歳以降のパーソナリティにも展性があることを示し，ロバーツとデルヴェッキオ（Roberts & DelVecchio, 2000）も，30歳以降は安定性が上昇するものの，50歳以降にその安定性のピークを迎えることを示した。こういった気質やパーソナリティの安定性や展性について考える際，遺伝要因と環境要因はどのように影響を与えているだろうか。新しい遺伝要因が解発されることによって新しい反応や行動を特徴づけることもありえるし，環境の変化が気質・パーソナリティの変化を促進することもありえる。ここでは，「気質の安定性と展性は遺伝要因と環境要因のどちらに由来するのか」という点に着目した双生児法による行動遺伝学の研究を2つ紹介する。気質やパーソナリティに遺伝的な影響があることはすでに疑いようのない知見と言って間違いではないが（Bouchard & Loehlin, 2001），「遺伝的な影響があること」と「安定的な特性であること」は必ずしも同値ではない。発達にともなって新たな異なる遺伝要因が影響をもち，遺伝率そのものが変化する可能性があるからである。幼少期の気質は，測定年齢時点ごとに新たな遺伝要因から影響を受けていることが示されているが，幼児期以降ではどうであろうか。ガニバンほか（Ganiban, Saudino, Ulbricht, Neiderhiser, & Reiss, 2008）は12〜16歳の子どもの気質について2時点の縦断データを分析し，この時期の気質の安定性は遺伝由来，変容性は非共有環境由来であることを示している。また，髙橋ほか（Takahashi, Yamagata, Kijima, Shigemasu, Ono, & Ando, 2007）は，18〜35歳の成人期のBIS・BASについて2時点の縦断データ解析を行った。その結果，成人期の気質の安定性は遺伝由来，展性は非共有環境由来であり，この時期には新たな遺伝要因の解発はなく，遺伝率は一定であることが示された。

4 ■ 気質とパーソナリティの構造

　気質・パーソナリティの構造は結局のところいくつの次元にまとめることができるのか。最終的な答えは今後さらなる研究を待たねばならないが，緩やかなコンセンサスとしては，「2つ」もしくは「3つ」といえそうである。以下に述べるとおり，パーソナリティの5因子モデルからたどっても高次の2因子にまとまり，気質理論からたどっても2因子にまとまることは興味深い。

　マーコンほか（Markon, Krueger, & Watson, 2005）は，高次因子分析を行って，パーソナリティは切り口しだいで，2次元から5次元までいかようにも表現することのできる構造をもって

いることを示した。この2つの高次因子は，ディグマン（Digman, 1997）によって示されたアルファ（α）とベータ（β）である。デヤングほか（DeYoung, Peterson, & Higgins, 2002）は，ディグマンの2因子を追試し，先のアルファとベータの代わりに，この両者を安定性（stability）と柔軟性（plasticity）とよび，安定性にはセロトニン神経系，柔軟性にはドーパミン作動系がそれぞれ関与している可能性についてまとめている。さらに，エリオットとスラッシュ（Elliot & Thrash, 2010）は，接近－回避に相当する項目を用いて，これらの気質次元は神経症傾向・外向性，BIS・BAS，ネガティブ感情性・ポジティブ感情性のいずれとも異なることやヒギンズ（Higgins, 1997）の制御焦点理論の2つの方略傾向（促進焦点と予防焦点）やさまざまな達成目標とも区別されることを詳細に示した。

また，気質は3因子にまとまるとする研究は，これら2つの基本的な次元を調整するための次元がもう一つ仮定されることが多い。たとえば，アイゼンクの精神病質傾向，グレイの（モデル改変後の）BIS，ロスバートのエフォートフル・コントロールがそれに該当する。

さらに，ムゼク（Musek, 2007）は，アルファとベータや安定性と柔軟性などの高次2因子の間には中程度の相関が仮定されることを根拠として，それらは一般知能Gのようなパーソナリティの一般因子（general factor of personality：GFP）として一つにまとめることができると考えた。実際，ラシュトンとアーウィング（Rushton & Irwing, 2009）はさまざまな尺度を用いてGFPを支持する結果を示している。GFP肯定派は，GFPはパーソナリティの最も一般的なものが統合してできた基本的な傾性で，社会的に望ましく進化的に選択圧がかかったものであると主張するが，否定派は，統計的に得られる最高次の1因子は，特性間で共通する分散にもとづいて因子数を減らしただけのアーティファクトで解釈上有用ではないとして，議論が続いている。

5 ■ 気質とパーソナリティ研究の今後

気質とパーソナリティ研究の今後として大きく2つの方向性が考えられる。まず一つ目は，昨今の分子生物学および認知神経科学分野の著しい発展にともない，気質の定義の一つにもあるとおり，気質・パーソナリティの生物学的・神経科学的基盤についてより詳細に検討を行い，パーソナリティ神経科学（personality neuroscience）という研究領域を確立することである。ホイットルほか（Whittle, Allen, Lubman, & Yucel, 2006）は，成人期の気質の主要な3次元の神経生物学的な基盤について，主に海馬・扁桃体・背外側前頭前野・前部帯状回・眼窩前頭皮質に着目しながら概説を行い，同じくホイットルほか（Whittle, Yucel, Fornito, Barrett, Wood, Lubman, Simmons, Pantelis, & Allen, 2008）は小学生の気質次元と各脳部位の容量との関連について報告を行っている。また，デヤングほか（DeYoung, Hirsh, Shane, Papademetris, Rajeevan, & Gray, 2010）は，先にあげたホイットルほか（Whittle et al., 2008）と同様に，ビッグファイブの各次元と各脳部位の容量との関連について検討を行い，同じくデヤング（DeYoung, 2010）は，パーソナリティ神経科学とパーソナリティ特性の生物学的基盤について詳細な概説を行っているのでそちらも参照されたい。また，2つ目の今後の可能性は，文化差に着目する研究である。仮に気質・

パーソナリティの構造が同一（もしくは類似）であったとしても，後のパーソナリティ発達や問題行動の発生への影響の仕方は文化によって異なるかもしれない。上記 2 つの方向性，すなわち気質・パーソナリティに関連する神経科学と文化差の検討を同時に行う，文化差の認知脳科学の可能性についてはパークとホワン（Park & Huang, 2010）を参照されたい。

◆ 引用文献

Allport, G. W.（1982）．パーソナリティ：心理学的解釈（詫摩武俊・青木孝悦・近藤由紀子・堀　正，訳）．新曜社．(Allport, G. W.（1937）. *Personality : A psychological interpretation*. New York : Holt, Rinehart, & Winston.)
Allport, G. W., & Odbert, H. S.（1936）. Trait-names : A psycholexical study. *Psychological Monographs*, **47**（1, Whole, No. 211）.
Bouchard, T. J., Jr., & Loehlin, J. C.（2001）. Genes, evolution, and personality. *Behavior Genetics*, **31**, 243-273.
Buss, A. H., & Plomin, R.（1975）. *A temperament theory of personality development*. New York : Wiley.
Carver, C. S., & White, T. L.（1994）. Behavioral inhibition, behavioral activation, and affective responses to impending reward and punishment : The BIS/BAS scales. *Journal of Personality and Social Psychology*, **67**, 319-333.
Caspi, A., & Silva, P. A.（1995）. Temperamental qualities at age three predict personality traits in young adulthood : Longitudinal evidence from a birth cohort. *Child Development*, **66**, 486-498.
Costa, P. T., Jr., & McCrae, R. R.（1992）. *The NEO-PI-R professional manual : Revised NEO Personality Inventory（NEO-PI-R）and NEO Five-Factor Inventory（NEO-FFI）*. Odessa, FL : Psychological Assessment Resources.
Costa, P. T., Jr., & McCrae, R. R.（1994）. Set like plaster : Evidence for the stability of adult personality. In T. F. Heatherton & J. L. Weinberger（Eds.）, *Can personality change?*（pp.21-40）. Washington, DC : American Psychological Association.
Depue, R. A., & Iacono, W. G.（1989）. Neuro-behavioral aspects of affective-disorders. *Annual Review of Psychology*, **40**, 457-492.
DeYoung, C. G.（2010）. Personality neuroscience and the biology of traits. *Social and Personality Psychology Compass*, **4**, 1165-1180.
DeYoung, C. G., Hirsh, J. B., Shane, M. S., Papademetris, X., Rajeevan, N., & Gray, J. R.（2010）. Testing predictions from personality neuroscience : Brain structure and the Big Five. *Psychological Science*, **21**, 820-828.
DeYoung, C. G., Peterson, J. B., & Higgins, D. M.（2002）. Higher-order factors of the Big Five predict conformity : Are there neuroses of health? *Personality and Individual Differences*, **33**, 533-552.
Digman, J. M.（1997）. Higher-order factors of the Big Five. *Journal of Personality and Social Psychology*, **73**, 1246-1256.
Elliot, A. J., & Thrash, T. M.（2010）. Approach and avoidance temperament as basic dimensions of personality. *Journal of Personality*, **78**, 865-906.
Evans, D. E., & Rothbart, M. K.（2007）. Developing a model for adult temperament. *Journal of Research in Personality*, **41**, 868-888.
Eysenck, H. J.（1963）. The biological basis of personality. *Nature*, **199**, 1031-1034.
Eysenck, H. J.（1967）. *The biological basis of personality*. Springfield, IL : Charles. C. Thomas Publisher.
Fowles, D. C.（1988）. Psychophysiology and psychopathology : A motivational approach. *Psychophysiology*, **25**, 373-391.
Ganiban, J. M., Saudino, K. J., Ulbricht, J., Neiderhiser, J. M., & Reiss, D.（2008）. Stability and change in temperament across adolescence. *Journal of Personality and Social Psychology*, **95**, 222-236.
Gray, J. A.（1970）. The psychophysiological basis of introversion-extraversion. *Behavioral Research and Therapy*, **8**, 249-266.
Gray, J. A.（1982）. *Neuropsychological theory of anxiety*. New York : Oxford University Press.
Gray, J. A.（1987）. *The psychology of fear and stress*. Cambridge : Cambridge University Press.

Gray, J. A. (1994). Framework for a taxonomy of psychiatric disorder. In S. H. M. van Goozen, N. E. van de Poll, & J. A. Sergeant (Eds.), *Emotions : Essays on emotion theory* (pp.29-59). Hillsdale, NJ : Lawrence Erlbaum Associates.

Gray, J. A., & McNaughton, N. (2000). *The neuropsychology of anxiety* (2nd ed.). New York : Oxford University Press.

Heym, N., Ferguson, E., & Lawrence, C. (2008). An evaluation of the relationship between Gray's revised RST and Eysenck's PEN : Distinguishing BIS and FFFS in Carver and White's BIS/BAS scales. *Personality and Individual Differences*, **45**, 709-715.

Higgins, E. T. (1997). Beyond pleasure and pain. *American Psychologist*, **52**, 1280-1300.

Markon, K. E., Krueger, R. F., & Watson, D. (2005). Delineating the structure of normal and abnormal personality : An integrative hierarchical approach. *Journal of Personality and Social Psychology*, **88**, 139-157.

McCrae, R. R., & Costa, P. T., Jr. (1987). Validation of the five-factor model of personality across instruments and observers. *Journal of Personality and Social Psychology*, **52**, 81-90.

Musek, J. (2007). A general factor of personality : Evidence for the Big One in the five-factor model. *Journal of Research in Personality*, **41**, 1213-1233.

Park, D. C., & Huang, C. (2010). Culture wires the brain : A cognitive neuroscience perspective. *Perspectives on Psychological Science*, **9**, 391-400.

Pickering, A. D., Corr, P. J., & Gray, J. A. (1999). Interactions and reinforcement sensitivity theory : A theoretical analysis of Rusting and Larsen (1997). *Personality and Individual Differences*, **26**, 357-365.

Roberts, B. W., & DelVecchio, W. F. (2000). The rank-order consistency of personality from childhood to old age : A quantitative review of longitudinal studies. *Psychological Bulletin*, **126**, 3-25.

Rothbart, M. K., & Bates, J. E. (2006). Temperament. In N. Eisenberg (Ed.), W. Damon & R. M. Lerner, (Series Eds.) *Handbook of child psychology : Vol. 3. Social, emotional, and personality development* (6th ed., pp. 99-106). New York : Wiley.

Rothbart, M.K., & Derryberry, D. (1981). Development of individual differences in temperament. In M.E. Lamb & A.L. Brown (Eds.), *Advances in developmental psychology* : Vol. 1 (pp.37-86). Hillsdale, NJ : Lawrence Erlbaum Associates.

Rothbart, M. K., Derryberry, D., & Posner, M. I. (1994). A psychobiological approach to the development of temperament. In J. E. Bates & T. D. Wachs (Eds.), *Temperament : Individual differences at the interface of biology and behavior* (pp.83-116). Washington, DC : American Psychological Association.

Rushton, J. P., & Irwing, P. (2009). A general factor of personality in 16 sets of the Big Five, the Guilford-Zimmerman Temperament Survey, the California Psychological Inventory, and the Temperament and Character Inventory. *Personality and Individual Differences*, **47**, 558-564.

Srivastava, S., John, O. P., Gosling, S. D., & Potter, J. (2003). Development of personality in early and middle adulthood : Set like plaster or persistent change? *Journal of Personality and Social Psychology*, **84**, 1041-1053.

Takahashi, Y., Yamagata, S., Kijima, N., Shigemasu. K., Ono, Y., & Ando, J. (2007). Continuity and change in Behavioral Inhibition and Activation Systems : A longitudinal behavioral genetic study. *Personality and Individual Differences*, **43**, 1616-1625.

Thomas, A., & Chess, S. (1977). *Temperament and development*. New York : Brunner/Mazel.

若林明雄. (2009). パーソナリティとは何か：その概念と理論. 培風館.

Whittle, S., Allen, N. B., Lubman, D. I., & Yucel, M. (2006). Neurobiological basis of temperament : Towards a better understanding of psychopathology. *Neuroscience and Biobehavioral Reviews*, **30**, 511-525.

Whittle, S., Yucel, M., Fornito, A., Barrett, A., Wood, S. J., Lubman, D. I., Simmons, J., Pantelis, C., & Allen, N. B. (2008). Neuroanatomical correlates of temperament in early adolescents. *Journal of the American Academy of Child & Adolescent Psychiatry*, **47**, 682-693.

Zuckerman, M. (2005). *Psychobiology of personality* (2nd ed.). Cambridge : Cambridge University Press.

3節 脳神経科学とパーソナリティ

国里愛彦

1 ■ 脳神経科学とパーソナリティ

近年，機能的核磁気共鳴画像（functional magnetic resonance imaging：fMRI）やpositron emission tomography（PET）などを用いた脳機能画像研究の発展によって，心的過程と脳機能との関連を検討する研究が盛んに行われてきている。それにともない，脳機能画像研究の手法を用いて，パーソナリティの神経基盤を検討する研究も行われるようになってきた。一方で，脳神経科学においてもこれまで誤差として扱われていた認知機能などの個人差について，脳の機能や構造の個人差から説明する試みも行われてきている（Kanai & Rees, 2011）。

パーソナリティの生物学的基盤を検討する試みはガレノス（Galenus）の体液説やガル（Gall, F. J.）の骨相学にまで遡るが，現在につながるパーソナリティ理論の発展のなかにおいても論じられてきた。以下では，パーソナリティの生物学的な基盤を検討する際に用いられる脳神経科学の研究手法を紹介し，パヴロフの古典的条件づけにおける個人差研究からクロニンジャーの気質・性格理論まで，パーソナリティと脳神経科学との関連について検討した理論を概観する。最後に，近年提唱されてきているビッグファイブ（Big Five）の生物学的モデルについて紹介する。

2 ■ パーソナリティ研究における脳神経科学的研究手法

ヒトを対象としたパーソナリティの生物学的基盤を検討する脳神経科学の研究手法については，脳画像を用いた脳の機能的・構造的側面を検討する手法とゲノム科学で用いられる遺伝子多型から検討する手法の2つに大きく分けることができる。

a. 脳画像研究の手法

ヒトを対象とした脳機能画像研究の手法としては，fMRI，PET，近赤外線分光法（near infrared spectroscopy：NIRS），脳波，脳磁図などがある。fMRI，PETそしてNIRSは脳の血流動態を測定しており，脳波や脳磁図は神経細胞の電気活動を測定している。それぞれの手法は，空間解像度，時間分解能，実施の容易さなどに違いがあり，目的によって使い分ける必要がある（表3.1参照）。パーソナリティ研究においては，古くは脳波を用いた検討がなされてきたが，近年はPETやfMRIを用いた検討もなされるようになってきている。これらの研究の初期には，刺激に対する脳賦活を媒介する変数としてパーソナリティが用いられていたが，現在は安静時PETや安静時fMRIを用いてパーソナリティ自体の神経基盤を探索する研究がなされつつある。さらに，脳の機能的な側面だけでなく，脳の構造体積からパーソナリティの神経基盤を探索する試みもなされている。機能的な指標よりも構造体積のほうが特性を反映していることと，測定値が一意に

表 3.1 脳機能測定手法の比較

方法	測定対象	空間分解能	時間分解能	脳深部計測	測定の容易さ
PET	脳血流	中	低い	可能	難
fMRI	脳血流	高い	中	可能	中
NIRS	脳血流	低い	高い	不可能	易
脳波	神経活動	低い	高い	一部可能	易
脳磁図	神経活動	高い	高い	一部可能	中

定まることから，個人差研究において利用されてきている。具体的な方法としては，voxel-based morphometry（VBM）解析を用いて脳の構造体積を検討する方法や白質における神経繊維経路を調べることができる拡散テンソル画像を用いた方法などがある。

b. ゲノム科学による遺伝子多型研究の手法

2003年にヒトゲノムの全塩基配列の解析が終了し，現在では個人レベルにおいても自分の遺伝子情報にふれることが可能なパーソナルゲノム時代になってきている（宮川，2011）。現在までに遺伝子多型から個人のパーソナリティ特性の個人差を説明する試みがなされてきている。とくに，1個の塩基配列が違っている1塩基多型（single nucleotide polymorphisms：SNP）や特定の塩基配列の繰り返し回数が異なる多型の観点から，パーソナリティとゲノムとの関連を検討する試みがなされてきている。遺伝子情報は，脳画像から得られる情報よりもさらに特性的なマーカーになると考えられる。また，脳画像研究による脳の機能や構造情報と脳神経の設計図にあたる遺伝子情報を統合することで，パーソナリティに関して階層性をもった生物学的基盤を検討することも可能である。

3 ■ パヴロフの興奮・制止と気質

現代のパーソナリティ理論につながる，パーソナリティの神経基盤の検討については，パヴロフがその始まりとなる。パヴロフの古典的条件づけ実験は，後の行動主義心理学に大きな影響を与えたが，彼の著書の『大脳半球の働きについて』（Pavlov, 1927/1975）にあるように，パヴロフの関心は条件づけの基盤となる大脳皮質の環境適応にあった。パヴロフの古典的条件づけ実験では，犬が実験動物として用いられていた。これらの実験動物にはヒトと同様に個人差があり，実験者にすぐなつく犬もいれば，びくびくと臆病な犬もいた。パヴロフはこのような犬の個人差に関心をもち，犬の気質について記述し，さらに大脳皮質の興奮・制止の観点から説明を行った。パヴロフによると，大脳皮質の興奮は条件づけを促進し，制止は条件づけの消去を促進するとされる。そして，これらの興奮と制止の程度には個人差があり，興奮の高低および制止の高低から4つのタイプに分けた。なお，これらの4つのタイプは，古代ギリシアのガレノスの体液説（多血質，黒胆汁質，黄胆汁質，粘液質）に対応している。

4 ■ アイゼンクのパーソナリティモデル

アイゼンクもパーソナリティと大脳皮質の覚醒や条件づけとの関連を考慮したパーソナリティモデルを作成したが,特性論の立場からモデル構成をした点がそれまでの理論とは異なる。アイゼンクは,外向性,神経症傾向,精神病質傾向の3因子を仮定しており,これらの3因子モデルは後の気質のビッグスリー(Big Three)モデルとして展開していった。アイゼンクの外向性は,衝動性,活動性,社交性,興奮のしやすさから特徴づけられる。脳波を用いた初期の研究により,外向性の高い者は,外的な刺激に対して鈍感であり,大脳皮質の覚醒が遅かったり,覚醒状態になってもすぐに収まりやすかったりするとされる(Eysenck, 1967)。一方で,神経症傾向はストレス状況下における不安,抑うつ,動揺の高さによって特徴づけられる。神経症傾向の高い者は,海馬,扁桃体,帯状回,中隔,視床下部といった部位の覚醒が高く,これらの領域は自律神経系に関与するため,神経症傾向の高い者に認められる身体的な症状が生じると仮定された。アイゼンクの貢献により,パーソナリティを客観的に個人差として測定することが可能となり,脳波などを用いたパーソナリティの神経基盤を探索する試みが可能となった。

5 ■ グレイの気質モデル

グレイは,アイゼンクのパーソナリティモデルを再解釈し,批判的に発展させ,強化感受性理論(reinforcement sensitivity theory:RST)を構成した(Gray, 1987;Gray & McNaughton, 2000)。グレイは,行動的なデータからモデル神経系を推測し,それを生理学的に明らかにされた中枢神経系の知見と照らし合わせる研究スタイルをとった。グレイは,動物実験から得られた知見をもとに,行動賦活系(behavioral activation system:BAS)と行動抑制系(behavioral inhibition system:BIS),そして闘争−逃走−凍結系(fight-flight-freeze system:FFFS)の3つのシステムからなる気質モデルを構成した。行動賦活系は報酬刺激が呈示されたときに行動が活性化するのにかかわるシステムであり,腹側被蓋野や側坐核などの脳内報酬系がかかわるとされる。闘争−逃走−凍結系は,罰刺激の呈示に対して防御的な攻撃,逃避行動,もしくは固まって動けなくなる状態を形成するのにかかわるシステムであり,扁桃体や中心灰白質がかかわるとされる。行動抑制系は,行動賦活系や闘争−逃走−凍結系が活性化した際に活性化して現在の行動を抑制するシステムであり,中隔・海馬系が関与するとされる。強化感受性理論は,動物実験から得られた知見をもとに構成されたが,近年はヒトを対象とした知見の蓄積もなされてきている。グレイの気質モデルを測定するBIS/BAS尺度(Carver & White, 1994)を用いたfMRI研究では,金銭的な報酬が呈示されたときの脳活動とBASとの関連が検討された(Hahn, Dresler, Ehlis, Plichta, Heinzel, Polak, Lesch, Breuer, Jakob, & Fallgatter, 2009)。その結果,BASは報酬処理にかかわる線条体や眼窩前頭前野の活動と関連することが明らかとなった。また,海馬の構造体積とBISとの関連を検討した研究ではBISが高いほど海馬体積が大きいことが示された(Cherbuin, Windsor, Anstey, Maller, Meslin, & Sachdev, 2008)。強化感受性理論の一部は脳画像研究におい

て確認されてきている。

6 ■ クロニンジャーの気質と性格モデル

クロニンジャーは，グレイと同様に，神経生理学的・遺伝学的な視点から独自の気質理論を構成した（Cloninger, Svrakic, & Przybeck, 1993）。クロニンジャーの理論は，気質4因子（新奇性追求，損害回避，報酬依存，固執）と性格3因子（自己志向，協調，自己超越）からなるモデルである。新奇性追求はアイゼンクの外向性やグレイのBASと，損害回避はアイゼンクの神経症傾向やグレイのBISと概念的に近いものであるが，各気質にかかわる神経伝達物質を新たに仮定した点が特徴といえる。クロニンジャーは，新奇性追求はドーパミン，損害回避はセロトニン，報酬依存はノルアドレナリンと，気質と神経伝達物質との対応関係を仮説化した。

クロニンジャーの気質と性格モデルは，神経伝達物質との関連をモデルに組み込んでいることから脳画像研究よりは遺伝子多型との関連を調べた研究がなされている。これらの研究により，新奇性追求がドーパミンD4レセプターのエクソン3の繰り返し回数と関連することや損害回避がセロトニントランスポーター多型と関連することが報告された（Ebstein, Novick, Umansky, Priel, Osher, Blaine, Bennett, Nemanov, Katz, & Belmaker, 1996；Katsuragi, Kunugi, Sano, Tsutsumi, Isogawa, Nanko, & Akiyoshi, 1999）。こうした結果は，クロニンジャーの理論と一致するものであったが，複数の研究をまとめたメタ分析では，報告されたサンプルの偏りや出版バイアスの可能性が指摘されており，新奇性追求とドーパミンD4レセプター多型，損害回避とセロトニントランスポーター多型との関連は，あったとしても小さいものとされている（Munafò, Clark, & Flint, 2005；Munafò, Yalcin, Willis-Owen, & Flint, 2008）。パーソナリティは量的形質であり，単一の遺伝子によって決定される可能性は低いと考えられることから，1塩基多型の検討だけではなく，複数の遺伝子間の相互作用を含めた検討を行う必要がある。今後，複数の遺伝子情報を用いたデータマイニングによるバイオインフォマティクスな研究アプローチが必要とされる。

7 ■ ビッグファイブの生物学的モデル

これまで神経科学的な知見をベースに構成された気質モデルと脳神経科学との関連について概観してきたが，特定の神経科学的な知見を仮定していないビッグファイブモデルに関しても，その生物学的な基盤を想定するモデルが提唱されてきている（DeYoung & Gray, 2009；DeYoung, Hirsh, Shane, Papademetris, Rajeevan, & Gray, 2010）。表3.2に示すように，デヤングらは，ビッグファイブモデルの各因子の特徴に対応した脳画像研究の知見をもとにして，各因子の脳内システムを仮定している。外向性と神経症傾向に関しては，アイゼンクとグレイに関する研究知見を利用して，報酬と罰にかかわる脳内システムを仮定している。調和性は，他者に対する共感性や利他的行動に関与する脳内システムとして，心の理論にかかわる上側頭溝などが関与すると仮定

3節　脳神経科学とパーソナリティ

表 3.2　ビッグファイブの生物学的モデル（DeYoung & Gray, 2009 と DeYoung et al., 2010 をもとに作成）

ビッグファイブ因子	関連する脳内システム	関連する脳部位
神経症傾向	脅威や罰に対する感受性	扁桃体，前−中帯状皮質，内側前頭前皮質，海馬
外向性	報酬への感受性	側坐核，扁桃体，眼窩前頭皮質
開放性	知能や認知機能	背外側前頭前皮質，前頭極，前頭頂皮質
調和性	共感性	上側頭溝，側頭−頭頂結合部，後帯状皮質
誠実性	衝動性の制御	背／腹外側前頭前皮質

されている。誠実性は，衝動性を抑制し，ルールを守りつつ，即時的ではない目標を求める傾向であるため，衝動性の抑制にかかわる脳内システムの外側前頭前皮質が関与すると仮定されている。最後に，開放性は，ビッグファイブモデル研究においても議論のある特性であり，パーソナリティの知性の側面を測定している面と遊戯性や好奇心等の創造性を測定している面がある。デヤングらは，開放性は知性や認知機能を測定しているとし，認知機能にかかわる背外側前頭前皮質，前頭極，側頭−頭頂結合部などの脳内システムが関与すると仮定している。

　また，デヤングらは，ビッグファイブの生物学的モデルを検討するために，脳構造画像からVBM法を用いて体積を測定し，各ビッグファイブ因子と相関する脳部位を検討した。その結果，外向性，神経症傾向，誠実性，調和性に関して，ビッグファイブの生物学的モデルを支持する結果が得られた。また，特定の課題によらない安静時の脳機能も有効な生物学的マーカーとして使える可能性がある。これまで安静時の脳機能は脳波やPETなど空間分解能の低い方法が用いられてきたが，近年になって安静時fMRIが実施できるようになり，安静時の脳活動を高い解像度でなおかつ脳深部まで検討することが可能になった。この安静時fMRIを用いて，ビッグファイブの生物学的モデルについて検討する試みも行われている（Kunisato, Okamoto, Okada, Aoyama, Nishiyama, Onda, & Yamawaki, 2011）。その結果，神経症傾向と情動制御にかかわる中前頭回との負の相関が認められ，外向性と報酬処理にかかわる線条体との正の相関が認められた（図3.3参照）。線条体が報酬処理にかかわることは，これまでの多くの脳機能画像研究や電気生理実験から明らかにされている。これらの結果から，デヤングのビッグファイブの生物学的モデルにおいて，外向性に線条体も関与すること，神経症傾向には情動そのものよりもその制御にかかわる脳内システムもかかわることを追加する必要性が示唆された。このように，今後も異なる研究手法を使用しながら研究知見を蓄積することによって，ビッグファイブの生物学的モデ

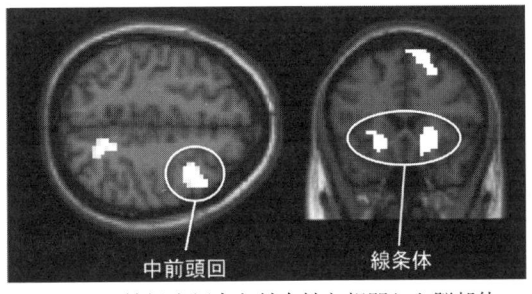

図 3.3　神経症傾向と外向性と相関した脳部位
（Kunisato et al., 2011）

ルを精緻化していくことが期待できる。

8 ■ 脳神経科学とパーソナリティ研究の今後

　当初は気質モデルを中心に発展してきたパーソナリティの生物学的研究であるが，現在ではビッグファイブモデルの神経基盤を検討する試みも行われてきている。脳神経科学的な研究は，質問紙調査に比べてコストや拘束性が高く，どうしてもサンプルが偏ったり，サンプルサイズが小さくなったりする傾向がある。今後は，より大規模なサンプルを用いて，研究知見の確認と精緻化が必要となってくる。現在は，因子分析から得られたパーソナリティ特性と脳に関する情報とのすりあわせを行っているが，これまで蓄積されてきている神経科学の知見を用いて，グレイやクロニンジャーが行ったように生物学的な側面からパーソナリティモデルを再構成する可能性もでてくる。そのような取り組みは，Affective Neuroscience Personality Scales（ANPS）の作成においてもなされてきている（Davis, Panksepp, & Normansell, 2003）。今後も脳の機能や構造とパーソナリティとの関連に関する知見を蓄積するとともに，それらの知見からパーソナリティモデルを再構成することが今後のさらなるパーソナリティ研究の発展に寄与すると期待される。

◆ 引用文献

Carver, C. S., & White, T. L. (1994). Behavioral inhibition, behavioral activation, and affective responses to impending reward and punishment : The BIS/BAS scales. *Journal of Personality and Social Psychology*, **67**, 319-333.

Cherbuin, N., Windsor, T. D., Anstey, K. J., Maller, J. J., Meslin, C., & Sachdev, P. S. (2008). Hippocampal volume is positively associated with behavioural inhibition (BIS) in a large community-based sample of mid-life adults : The PATH through life study. *Social Cognitive and Affective Neuroscience*, **3**, 262-269.

Cloninger, C. R., Svrakic, D. M., & Przybeck, T. R. (1993). A psychobiological model of temperament and character. *Archives of General Psychiatry*, **50**, 975-990.

Davis, K., Panksepp, J., & Normansell, L. (2003). The Affective Neuroscience Personality Scales : Normative data and implications. *Neuropsychoanalysis*, **5**, 57-69.

DeYoung, C. G., & Gray, J. R. (2009). Personality neuroscience : Explaining individual differences in affect, behavior, and cognition. In P. J. Corr & G. Matthews (Eds.), *The Cambridge handbook of personality psychology* (pp. 323-346). New York : Cambridge University Press.

DeYoung, C. G., Hirsh, J. B., Shane, M. S., Papademetris, X., Rajeevan, N., & Gray, J. R. (2010). Testing predictions from personality neuroscience : Brain structure and the big five. *Psychological Science*, **21**, 820-828.

Ebstein, R. P., Novick, O., Umansky, R., Priel, B., Osher, Y., Blaine, D., Bennett, E. R., Nemanov, L., Katz, M., & Belmaker, R. H. (1996). Dopamine D4 receptor (D4DR) exon III polymorphism associated with the human personality trait of Novelty Seeking. *Nature Genetics*, **12**, 78-80.

Eysenck, H. J. (1967). *The biological basis of personality*. Springfield : Charles C. Thomas Publisher.

Gray, J. A. (1987). *The psychology of fear and stress*. Cambridge : Cambridge University Press.

Gray, J. A., & McNaughton, N. (2000). *The neuropsychology of anxiety* (2nd ed.). New York : Oxford University Press.

Hahn, T., Dresler, T., Ehlis, A. C., Plichta, M. M., Heinzel, S., Polak, T., Lesch, K. P., Breuer, F., Jakob, P. M., & Fallgatter, A. J. (2009). Neural response to reward anticipation is modulated by Gray's impulsivity. *Neuroimage*, **46**, 1148-1153.

Kanai, R., & Rees, G. (2011). The structural basis of inter-individual differences in human behaviour and cognition. *Nature Review Neuroscience*, **12**, 231-242.

Katsuragi, S., Kunugi, H., Sano, A., Tsutsumi, T., Isogawa, K., Nanko, S., & Akiyoshi, J. (1999). Association between serotonin transporter gene polymorphism and anxiety-related traits. *Biological Psychiatry*, **45**, 368-370.

Kunisato, Y., Okamoto, Y., Okada, G., Aoyama, S., Nishiyama, Y., Onoda, K., &Yamawaki, S. (2011). Personality traits and the amplitude of spontaneous low-frequency oscillations during resting state. *Neuroscience Letters*, **492**, 109-113.

宮川　剛．(2011)．「こころ」は遺伝子でどこまで決まるのか：パーソナルゲノム時代の脳科学．NHK出版．

Munafò, M. R., Clark, T., & Flint, J. (2005). Does measurement instrument moderate the association between the serotonin transporter gene and anxiety-related personality traits? A meta-analysis. *Molecular Psychiatry*, **10**, 415-419.

Munafò, M. R., Yalcin, B., Willis-Owen, S. A., & Flint, J. (2008). Association of the dopamine D4 receptor (DRD4) gene and approach-related personality traits : Meta-analysis and new data. *Biological Psychiatry*, **63**, 197-206.

Pavlov, I. P. (1975). 大脳半球の働きについて：条件反射学（川村　浩，訳）．岩波書店．(Pavlov, I. P. (1927). *Lectures on the activity of the cerebral hemisphere*. Leningrad.)

4節　パーソナリティの社会的認知論

原島雅之

　私たちは自分自身や自分を取り巻く世界についてさまざまな知識を有している。その知識は私たちがどのように世界を知覚し解釈するかによって構成されるが，それと同時にどのような知識を有するかは世界の知覚や解釈の仕方に影響を及ぼしている。つまり，私たちは外界からのさまざまな刺激に対してたんに受動的に反応するだけでなく，積極的に自ら意味を見出し対応する存在であるといえる。

　したがって，まったく同じ人物に会ったり，同じ出来事に遭遇したとしても，人によってその印象や記憶は異なることがありうる。たとえば，まわりの意見に左右されずに自分の主張を通そうとする人を見て，「自己主張ができる人だ」と好意的にとらえる人もいれば，「自己中心的な人だ」と否定的にとらえる人もいるかもしれない。また，1カ月後の締切に対して時間的に余裕があると感じる人もいれば，もうすぐそこに迫っているように感じる人もいるだろう。そして，それはたんにとらえ方が異なることもあるというだけでなく，行動にも影響を及ぼしうる。他者への評価の違いや締切までの時間の感じ方の違いは，それぞれ行為者に異なった行動を生じさせると考えられる。

　このように，人々の自己や外界についてのとらえ方を知ることは，行動の説明や予測に役立ち，ひいてはそのパーソナリティの理解につながるといえる。ここでは，社会的認知の視点にもとづくパーソナリティ理論のいくつかについて紹介する。

1 ■ ケリーのパーソナル・コンストラクト

　パーソナリティに対する社会的認知アプローチの先駆けとしては，ケリー（Kelly, 1955）によるパーソナル・コンストラクト（個人的構成概念）理論をあげることができる。ケリーは人々が皆それぞれ一人の科学者であると考えた。私たちは日常において生じるさまざまな事象に対して観察を行い，仮説を立ててそれらの解釈や予測を行い，統制しようと試みる存在であり，それはまさに科学者の営みにほかならないと考えたのである。つまり，科学者と一般の人々の違いは用いる手段（収集するデータ，研究法や分析ツールなど）においてみられるものであり，本質的な目標である適切な事象の説明や予測の探索という点では共通しているのである。

　先ほど述べたように，私たちは仮にまったく同じ事象を観察したとしても，その解釈は異なることがある。ケリーはそれを個人がそれぞれもつコンストラクトの違いによって説明しようとした。コンストラクトとは，私たちが自己や外界をとらえようとする際に用いる認知的枠組みであり，たとえば「強い－弱い」といった双極的な性質をもつ概念からなっている。コンストラクトは辞書的な意味で正反対な概念から構成されるとは限らず，その個人の心理的意味において対極

であることが重要であり，人によっては「強い－従順な」というコンストラクトをもつこともありうる。私たちはこのような固有のコンストラクトを複数もっており，なかにはさまざまな事象に対して用いられるものもあれば，ある特定の事象に対して用いられるものもある。それらは個人のなかで体系化され，コンストラクト・システムとして構築される。したがって，ある個人がどのようなコンストラクトをもち，それらがどのように体系化されているのかによって，その人独自の事象のとらえ方がもたらされるのである。

ある個人がどのようなコンストラクト・システムを有しているのかを探索するためのツールとして，役割構成レパートリーテスト（あるいはRepテスト）とよばれる測定手法が開発されている。Repテストでは，まず個人にとって重要な人物や対象（例：自分，母親，友人，恋人など）をあげさせ，それらをリストにする。そしてそのリストのなかから3つを選び，その3つを一つの組として考えるよう教示される。その際，ある組における2つの対象がどのような点で類似し，他の一つとは異なるのかについて記述することが求められる。このときたとえば，自分と恋人は楽観的であるという点で共通しているが，それに対して母親は悲観的であるというような記述がなされたとすれば，この個人は「楽観的－悲観的」というコンストラクトをもっているとされる。このようにして，さまざまな組み合わせの人物に対する記述から，ある個人が用いたコンストラクトの数や種類，コンストラクト同士の関連などについて分析がなされる。そして，その個人のコンストラクト・システムの独自性がその人のパーソナリティを表していると考えるのである。

2 ■ ロッターの期待－価値理論

パーソナル・コンストラクト理論では用いる構成概念の違いや，体系化されたシステムの違いからパーソナリティをとらえようとしていたのに対して，ロッター（Rotter, 1954）は行動に対して個人がもつ期待や価値といった観点から個人差を考えようとした。ロッターは行動主義における学習理論にもとづき，ある行動を起こしたときにどのような結果が得られるか（期待），そしてその結果がもつ価値について学習を通じて獲得するとした。またこの学習は従来の学習理論とは異なり，他者との相互作用のような社会的文脈において生じると考えていた。そして，その主観的な期待と価値に応じて行動が強化されると想定した。たとえば，初対面の人に対して積極的に話しかけるという行動によって，その人と仲よくなれそうだという期待がその行動を強化することになる。このとき，その人と仲よくなることに価値をおかない人や，その行動が仲よくなるという結果をもたらさないという期待をもつ人などについては，積極的に話しかけるという行動は強化されないことになる。

このように，初対面の人に対して積極的に話しかけようとする人と，そうでない人の行動の違いは，それぞれの人がもつ期待と価値の違いによって説明される。つまり，ある行動が生じる可能性は，期待と価値にもとづいた強化値との関数によって示されることとなる（Rotter, 1966）。そしてこれらの関係は，過去における同様の経験や類似した状況での経験から学習し構成され

る。基本的には期待と強化値は状況ごとに定められることから，初対面の人に積極的に話しかける人がどのような状況であっても同じように行動するわけではない。しかしながら，ロッターは多くの状況を通じてもつ一般化された期待があることも想定しており，そのような一般的な期待について統制の所在（ローカス・オブ・コントロール：locus of control）とよばれる概念を提唱し，その測定尺度としてI-E尺度（Internal-External Scale）を開発した（Rotter, 1966）。統制の所在とは，自らの行動とその結果によって生じる強化が結びつくか，そしてその強化の生起を自分自身がコントロール（統制）できるかに関する信念である。このとき，強化が自分の能力や努力といった内的要因によってコントロールされると考える傾向を内的統制，運や偶然といった外的要因によってコントロールされると考える傾向を外的統制としてそれぞれ区別される。つまり，内的統制の傾向をもつ人は，自分の行動やその結果は自分に原因があると考えるのに対して，外的統制の傾向をもつ人は自分以外に原因があると考えるのである。

3 ■ ミシェルの社会認知的個人変数

ミシェル（Mischel, 1973）はパーソナリティの社会認知的な再概念化を提唱し，個人のパーソナリティをいくつかの社会認知的個人変数によってとらえることを提案した。ミシェルは大学院時代に先ほどあげたケリーとロッターの2人のもとで学んでおり，彼の理論にはこの2人の考え方が大きな影響を及ぼしている（Mischel, Shoda, & Ayduk, 2007/2010）。これら社会認知的個人変数は，それぞれ「符号化」「予期と信念」「感情」「目標と価値」「コンピテンスや自己制御計画」などからなっており，パーソナリティを構成する基礎的な単位として先に述べた理論よりも，さらに幅広い認知的・感情的プロセスを想定したものであるといえる。これらの変数は独立してそれぞれ機能するのではなく，相互に関連しながら機能するものとされている。

それぞれについてみていくと，まず符号化についてはケリーのパーソナル・コンストラクトと同様に，人々が自己や他者，さまざまな出来事などをどのように解釈し，評価し，表象するかといった点に関連した変数である。そして予期と信念に関しては，ロッターの理論において想定されていたように，ある状況における行動がどのような結果をもたらすかについての期待と関連している。さらに，私たちがもつ行動に対する期待は結果に関するものだけというわけではなく，そもそもその結果をもたらす行動を自分が遂行することができるかどうかについての予期も含まれる。もしその行動がどれだけ自分が望む結果を引き出すものであったとしても，その行動をとることができないと思うのであれば，あえてその行動をとろうとは考えないであろう。この後者の期待はバンデューラ（Bandura, A.）の自己効力期待に相当する。

次に，感情とは私たちが感じる気分や情動，さまざまな感情的反応に関連する変数である。恐怖感情と逃走行動，怒り感情と攻撃行動といったように，感情は行動に大きな影響を及ぼすが，それはまた情報処理の仕方のような認知的プロセスにも影響することが知られている（たとえば，Schwarz, 1990）。多くの場合，感情は状況や何らかの刺激に対応して自動的に生じるが，そこにはさまざまな個人差もあることが示されている（詳しくは5章2節）。

そして，どのような目標をもっているかによって，行動の結果に対する価値づけは変わる。たとえば，ある人に親切にすることでその人からの評価が高まるとしても，全員が同じように親切な行動をとるとは限らない。なぜならば人それぞれの目標に応じて結果の価値が異なるためである。同様に，目標によっては，その人に対して親切にしたとしても他の人にはまったく親切にしないということもありうる。このように，目標それ自体は認知的な表象であると考えられるが，動機づけのプロセスとも大きくかかわっている。

しかしもしまったく同じ目標をもち，結果に対する価値づけが同程度であったとしても，同じように行動するわけではない。私たちは目標を単に設定するというだけではなく，その目標を充足するためのさまざまな方略や行動を選択し，目標達成への計画を立てる。そして目標（望ましい結果状態）への進展具合は常にモニターされ，遂行に問題があるようであれば，方略や目標自体の見直しや再選択が行われることとなる。私たちは状況に対して受動的に反応するだけでなく，主体能動的に目標やその達成手段を自ら選択し，自己を制御しているのである。

その後，ミシェルはこれら社会認知的個人変数をもとにした，パーソナリティのより包括的なモデルである認知−感情パーソナリティシステム（cognitive-affective personality system：CAPS）を考案している（Mischel & Shoda, 1995；Mischel, 2004）。このモデルでは各変数は認知−感情ユニット（cognitive-affective unit：CAU）とよばれ，ある状況に応じて特定のユニット群が活性化し，その結果ある行動が生じる。このユニットの活性化のパターンは個人内で安定しており，これがパーソナリティの構造としてとらえられるとしている。これによって，ある個人にとっての状況と行動との関係における安定した特有のパターン（もし〜なら〜する）がもたらされることとなる（Shoda, Mischel, & Wright, 1994）。

4 ■ パーソナリティの社会認知的アプローチの展開

先に述べた，ケリーやロッターの先駆的な主張の後，認知心理学が誕生し，そしてその発展にともなって，ミシェルの理論に代表されるように，パーソナリティの社会認知的アプローチが広く普及していくこととなる。そして，現在では多くの理論や研究において，多かれ少なかれ何らかの認知的なプロセスを想定することが一般的となり，ある特定の行動や反応をもたらす具体的な認知的プロセスにおける探究が数多く行われている。

たとえば，自分や他者の能力やパーソナリティに関する信念として，私たちは成長論と固定論という2通りの理論を用いることが知られている（Dweck & Leggett, 1988）。前者については，私たちの能力や特性は変動しうるものであり，努力やスキルの獲得などによって発展させたり成長させたりすることが可能であるという信念である。一方，後者は私たちの能力や特性は固定的なものであり，変化させたりはできないため，行動や課題遂行の結果はもともとの能力などによって決まるという考えにもとづく。人々は大まかにどちらかのタイプの信念をもっており，それに応じて目標選択や他者に対する認知，社会的判断などさまざまな行動に影響がみられることが示されている（たとえば，Chiu, Dweck, Tong, & Fu, 1997）。

他にもさまざまな認知プロセスに関する個人差についての研究がなされており（詳しくは5章を参照），私たちがどのようにして外界や自己の内面といった多様な情報を処理し，そしてそれらのプロセスがどのように私たちのパーソナリティに結びついているのかについて，多くのことが明らかになりつつある。また，近年では本人にとって自覚のない非意識的な認知プロセスについてもさまざまな検討が行われるようになり，今後のさらなる研究の進展が見込まれる。

5 ■ 認知される対象としてのパーソナリティ

ここまで認知プロセスをとおしたパーソナリティの理解について述べてきたが，認知される対象としてのパーソナリティについても，語彙アプローチ（2章を参照）やパーソナリティ認知の正確さ（たとえば，Funder, 1995）などに関して古くから研究者の関心を集めてきた。

私たちは一般的に，他者の行動の原因を状況のような外的要因ではなく，行為者のパーソナリティといった内的要因に帰属しがちであることが知られている（基本的な帰属の誤り；Jones & Harris, 1967）。しかしながら，たとえば行動観察とパーソナリティ判断との関連を扱った研究（Borkenau, Mauer, Riemann, Spinath, & Angleitner, 2004）では，ビデオで撮影されたいくつかの簡単な行動をもとにパーソナリティ評定を行わせたところ，行為者自身による評定やその人物の知人による評定と関連がみられていた。また，直接的な行動の観察だけでなく，顔の特徴（Berry & Finch-Wero, 1993），ベッドルームやオフィスの様子（Gosling, Ko, Mannarelli, & Morris, 2002），音楽の好み（Rentfrow & Gosling, 2006）といったさまざまな手がかりにおいても，それらを用いて比較的正確なパーソナリティ判断が行えることが示唆されている。

もちろんどのような場合であっても私たちのパーソナリティ判断が正確であるというわけではなく，そこにはさまざまな要因がかかわっている。ファンダー（Funder, 1995）はパーソナリティ判断を行うにあたって，特性に関する情報がもたらされているか，それらを検出し活用できるかどうかなどといった4つの段階を想定し，それらすべての段階がクリアされることによって正確な判断がなされると主張している。また，ケニー（Kenny, 1994, 2004）はパーソナリティ判断をいくつかの構成要素に分解するモデルを考案し，それぞれの構成要素がどのくらい判断に寄与しているかを分析する統計的手法を開発している。

日常において，私たちが自分自身や他者のパーソナリティをどのようにとらえているかを知ることは，語彙アプローチなどにおいても示されてきたように，私たちのパーソナリティの構造について重要な手がかりを与えてくれる（たとえば，荒川・原島，2010）。どのようなときにどういったパーソナリティが認知されるのか，またその際にどのようなプロセスが働いているのかなどについて，より多くの知見の積み重ねやそれらを統合する理論的枠組みの発展が期待される。

◆ 引用文献

荒川　歩・原島雅之．(2010)．人はいつ「性格」概念を使うのか：ブログにおける「性格」への言及の分類．パー

ソナリティ研究, **19**, 1-14.
Berry, D. S., & Finch-Wero, J. L. (1993). Accuracy in face perception : A view from ecological psychology. *Journal of Personality*, **61**, 497-520.
Borkenau, P., Mauer, N., Riemann, R., Spinath, F., & Angleitner, A. (2004). Thin slices of behavior as cues of personality and intelligence. *Journal of Personality and Social Psychology*, **86**, 599-614.
Chiu, C., Dweck, C. S., Tong, J. Y., & Fu, J. H. (1997). Implicit theories and conceptions of morality. *Journal of Personality and Social Psychology*, **73**, 923-940.
Dweck, C. S., & Leggett, E. L. (1988). A social cognitive approach to personality and motivation. *Psychological Review*, **95**, 256-273.
Funder, D. C. (1995). On the accuracy of personality judgment : A realistic approach. *Psychological Review*, **102**, 652-670.
Gosling, S. D., Ko, S. J., Mannarelli, T., & Morris, M. E. (2002). A room with a cue : Judgments of personality based on offices and bedrooms. *Journal of Personality and Social Psychology*, **64**, 479-490.
Jones, E. E., & Harris, V. A. (1967). The attribution of attitudes. *Journal of Experimental Social Psychology*, **3**, 1-24.
Kelly, G. A. (1955). Consistency of the adult personality. *American Psychologist*, **10**, 659-681.
Kenny, D. A. (1994). *Interpersonal perception : A social relations analysis*. New York : Guilford Press.
Kenny, D. A. (2004). Person : A general model of interpersonal perception. *Personality and Social Psychology Review*, **8**, 265-280.
Mischel, W. (1973). Toward a cognitive social learning reconceptualization of personality. *Psychological Review*, **80**, 252-283.
Mischel, W. (2004). Toward an integrative science of the person. *Annual Review of Psychology*, **55**, 1-22.
Mischel, W., & Shoda, Y. (1995). A cognitive-affective system theory of personality : Reconceptualizing situation, disposition, dynamics, and invariance in personality structure. *Psychological Review*, **102**, 246-268.
Mischel, W., Shoda, Y., & Ayduk, O. (2010). パーソナリティ心理学：全体としての人間の理解（黒沢　香・原島　雅之，監訳）．培風館．(Mischel, W., Shoda, Y., & Ayduk, O. (2007). *Introduction to personality : Toward an integrative science of the person* (8th ed.). New York : John Wiley & Sons.)
Rentfrow, P. J., & Gosling, S. D. (2006). Message in ballad : The role of music preferences in interpersonal perception. *Psychological Science*, **17**, 236-242.
Rotter, J. B. (1954). *Social learning and clinical psychology*. Englewood Cliffs, NJ : Prentice-Hall.
Rotter, J. B. (1966). Generalized expectancies for internal versus external control of reinforcement. *Psychological Monographs*, **80**, 1-28.
Schwarz, N. (1990). Feelings as information : Informational and motivational functions of affective states. In E. T. Higgins & R. M. Sorrentino (Eds.), *Handbook of motivation and cognition* : Vol. 2 (pp.527-561). New York : Guilford Press.
Shoda, Y., Mischel, W., & Wright, J. C. (1994). Intraindividual stability in the organization of patterning behavior : Incorporating psychological situations into the idiographic analysis of personality. *Journal of Personality and Social Psychology*, **67**, 674-687.

5節 状況論・相互作用論アプローチ

青林 唯

1 ■ 背景：特性論とミシェルの批判

　ある人は他の人よりも暴力的な行動が多くみられ，またある人はいつも穏やかな口調や振る舞いである。このようなその人を特徴づける，個性的な行動は何から生じているのだろうか。こうした問いを投げかけられた際，私たちは「あの人は怒りっぽくて短気だから」とか「あの人は温厚な性格だから」というふうに表現するだろう。「短気」「温厚」といったパーソナリティを構成する個々の要素のことを特性もしくはパーソナリティ特性といい，パーソナリティ特性を個別的な行動の決定因と考える立場をパーソナリティの特性論という。

　特性論では根本的な前提として，パーソナリティ特性を一種の傾性（disposition）であるとみなしている。「短気」「外向的」といったパーソナリティ特性はたんなるラベルではなく，その人のなかにあってそれに対応した行動を生じさせる変動しない実体とされる。そしてこのことから，特性論ではパーソナリティ特性には，①時間的（継時的）安定性（temporal stability），②通状況的一貫性（cross-situational consistency）があると仮定した。たとえば，「外向的」という特性が他の人より高い人は，いつも（時間的安定性），どのような場面でも（通状況的一貫性），外向的な行動をとる，ということである（Allport, 1937/1982）。

　ミシェル（Mischel, 1968/1992）は，さまざまな研究をレビューし上述した特性論の仮定を検討した。まず，時間的安定性は特性論の仮定を支持する研究が多く，後述する人間－状況論争のなかでもあまり検討の対象とならなかった（Krahé, 1992/1996）。一方で通状況的一貫性の仮定を支持する結果はほとんどなく，ミシェルは，人間の個別的な行動に状況を超えた安定性は認められない，と結論した。また，ミシェルは質問紙によるパーソナリティ特性の自己報告は実際の行動を予測しないと主張した。ミシェルのレビューによればパーソナリティ特性と実際の行動との相関係数は総じて.20〜.30程度しかなく，この数値を「パーソナリティ係数」（personality coefficient）と称した。このように特性論の前提に疑問を呈したミシェルの主張から状況論と人間－状況論争が展開した。

2 ■ 状況論と人間－状況論争

　状況論とは，人間の行動の決定因について，パーソナリティ特性のような個人の要因よりも状況の要因の影響力を重視する考え方のことで，状況主義（situationism）ともよばれる（Endler & Magnusson, 1976）。状況論の主張は複数あるが（レビューとして，Bowers, 1973；Kenrick & Funder, 1988；若林, 1993），代表的なものは行動の状況特定性（situational specificity）である。

状況論は，基本的に行動の決定因はその状況内にある何らかの刺激であり，これに誘発されて行動が生起すると考える立場である。したがってある行動にはその原因となる刺激が状況内に存在するはずであり，ゆえにその行動はそのときの状況に限定されるはずである。そのため刺激が異なる状況間で行動が一貫するとは仮定しない。この仮定に関する状況論の実証には，すでにふれたミシェルの検討のほか，ラシュトン（Rushton, 1976）の研究やレイほか（Lay, Ziegler, Hershfield, & Miller, 1974）の研究などがあげられる（Endler & Magnusson, 1976）。たとえば，ラシュトンは子どもの利他的行動に関する複数の研究をレビューし，状況間の相関係数の平均を算出した。その結果ミシェルの検討と同じく.30程度であり，利他的行動に通状況的な一貫性は認められなかった。ほかにもエンドラー（Endler, 1966, 1975）は実験的な検討で状況要因の行動に対する影響力を示した。

状況論および特性論の双方から種々の主張や知見が報告され，行動の決定因が個人にあるのか状況にあるのかについての議論が展開された。この論争は人間－状況（人か状況か）論争（person-situation debate）といわれる。詳しい経過は他に譲るが（本書2章1節；堀毛，1989；若林，1993），この論争は2つの成果を残した（Fleeson & Noftle, 2009）。

1つは個人の要因および状況の要因の影響力についての実証的知見が集積されたことである。個人の要因についてはミシェル（Mischel, 1968/1992）が示したように相関係数にして.30程度という見方が一般的であり，高くても.40と考えられている（Ross & Nisbett, 1991）。そして状況要因についての検討もすすみ，その効果は個人要因とほぼ変わらず.40を超えない程度ということが明らかとなった（Funder & Ozer, 1983；Richard, Bond, Stokes-Zoota, 2003；Sarason, Smith, & Diener, 1975）。そして2つ目の成果は1つ目の知見から，個人の要因と状況の要因のどちらが重要という議論から離れ，この両者の相互作用を重視する見解が普及したことにある。この考えを相互作用論または相互作用主義（interactionism）という（Endler & Magnusson, 1976；Mischel, 1973；Reynolds, Turner, Branscombe, Mavor, Bizumic, & Subašic, 2010）。

3 ■ 相互作用論アプローチ

相互作用論では，行動は個人と個人が出会う状況との相互作用によって変動するものとする。このような相互作用論であるが，「相互作用」という概念が何を指すかは研究の進展とともに変わってきた。

まず，初期の研究において人間－状況相互作用とは，現象としては行動や反応が状況間で変動し，かつその変動が個人の要因によって予測可能であることを指していた。手法としては，状況として物理的かつ具体的なもの（場面想定法にしろ実験操作または観察にしろ）を設定し，その状況での特定の反応や行動が個人の要因によって変動するかを検討する。データ解析の観点からみると独立変数として個人要因と状況要因を設定し，従属変数として反応・行動を測定し，分散分析によって交互作用および主効果を検出する。こうした相互作用論アプローチは機械論的（mechanistic）相互作用といわれる（Endler & Magnusson, 1976；Endler & Parker, 1992）。

機械論的相互作用論アプローチで典型的なものは，個人要因として統制の所在の個人差，状況要因としてフィードバック操作を設定し，課題成績に相互作用を見出したバロンほか（Baron, Cowan, Ganz, & McDonald, 1974）の研究や，不安特性とビデオによる実験場面設定で不安感情状態に相互作用を見出したケンドール（Kendall, 1978）の研究などがあげられる。また，エンドラーら（たとえば，Endler & Hunt, 1968）は一連の研究で一種の場面想定法を用いて相互作用を検討した。この方法では実験参加者に複数の状況（「バイクで旅行に出かけようとしている」など）を呈示し，それぞれの状況での反応（「心臓がドキドキする」など）がどの程度生じるかを評定させた。このデータについて個人，状況，反応種類とこれらの交互作用項を投入した3要因分散分析を行った。一連の研究結果をまとめると，全体の分散に対する個人要因の説明率は総じて4～5％，状況要因の説明率は4～8％であり両者を合わせても10％強であった。これに対し，個人，状況，反応の交互作用項の説明率は合わせると約30％程度であり，相互作用論アプローチの重要性を示すものであった（レビューとして，Bowers, 1973；Endler & Magnusson, 1976；Reynolds et al., 2010）。

　機械論的相互作用論アプローチによる研究は，相互作用による説明力を示したものの，なぜそのような相互作用が起こるのか，なぜある人はその状況に影響され行動が変わるのかといった点を説明できない。この点についてミシェル（Mischel, 1968/1992, 1973）は，状況の特徴に対して，個人がどのように注意を向け，符号化したり，どのような期待や評価をしているかといった個人内の認知的過程の重要性を主張した。同時期にバウアーズ（Bowers, 1973）は個人は受動的に状況を観察しその特徴に影響されて行動するだけではなく，むしろ能動的かつ主体的に状況を解釈しているということ，そしてその個人の選択や行動によって状況自体が変容することなどを主張した。

　こうした点をまとめて，エンドラーとマグヌセン（Endler & Magnusson, 1976）は，①個人は意図的かつ能動的に状況に働きかけること，②個人内の認知的要因（Mischel, 1973）によって個人の行動が変わりうること，③その状況が各個人にどのようにとらえられるか，状況の心理的意義が人によって異なること，④これらから個人と状況の間には双方向的かつ連続的に影響しあう関係があると仮定した，力動的（dynamic）相互作用の概念を提案した。そして従来の機械論的相互作用と対比して力動的相互作用にもとづく相互作用論を新相互作用論（modern interactionism）とよんだ。

　力動的相互作用および新相互作用論の考え方は広く受け入れられ，とくに個人内の認知的要因および状況の心理学的意義に着目した研究がすすんだ。代表的なものではエンドラーらによる不安の相互作用モデルの研究があげられる。このモデルによれば，まず不安特性は学業場面，身体危機，社会評価など複数の次元に分かれる。そしてそれぞれの不安特性と対応した状況を認知したときに相互作用が生起し状態不安が高くなる。たとえば社会評価についての不安特性が高い人は，社会評価状況と自らが認知したときに不安状態が高くなる。一方で社会評価状況と認知しなかった場合は不安状態は高くならない，といったことが示された（Endler & Parker, 1992）。ほかにも，ライトとミシェル（Wright & Mischel, 1987）は状況における認知的な要求の高低によっ

て行動が変動することを示した。認知的な要求（論理的思考を必要とするかどうかなど）の高い状況では子どもの行動に個人差が現れ，攻撃的な子どもはその特性に従いより攻撃的な行動をとったのに対し，要求の低い状況では個人差の表出が少なかった。

4 ■ 1990年代半ばからの相互作用論アプローチ

1990年前後から社会心理学において社会的認知アプローチが隆盛し（Higgins & Bargh, 1987），パーソナリティ心理学でもより具体的に内的過程を重視し，認知心理学的な検討を行うようになった。こうした流れを反映し，ミシェルとショウダ（Mischel & Shoda, 1995）は新たなパーソナリティの概念化を試みた。彼らは力動的相互作用論の考えを推し進めて認知−感情パーソナリティシステム（cognitive-affective personality system：CAPS）モデルというパーソナリティ理論を提案した。

CAPSモデルによれば，人間−状況相互作用で個人間の差が生まれる背景には，個人内過程の働きの違いがある。たとえば，同じ学校という状況にあってもある人は学校の否定的な側面（難しい試験，厳しい教師など）に注意が向き，寡黙になったりあるいは反抗的な態度をとるかもしれない。一方で別の人は学校の肯定的な側面（仲のよい友人，楽しい授業など）に注意が向き，積極的かつ友好的な行動をとるかもしれない。このようにその状況で働く内的処理過程が個人間で異なるために行動の個人差が生じるとした。さらに，ミシェルらはその処理過程が個人内でも状況ごとに変動すると考えた。学校を肯定的に処理する人は家庭状況でもスポーツ状況でも同様に処理するわけではなく，むしろ他の人よりも否定的な側面に着目するかもしれない。このように状況ごとに個人内で働く処理過程が異なるため個人のなかで通状況的な一貫性がみられないとした。

以上のように個人間の差と個人内の変動を定義づけたうえで，それぞれの状況に限定すればそこで働く処理過程は安定し，一貫したものであると主張した。ある人は学校を肯定的に，家庭を否定的に処理するとしよう。状況間での処理過程の働きは変動するが，その人は学校という状況では一貫して肯定的な処理が働きやすく常に友好的な行動を示すということである。したがって，個人ごとや状況ごとに処理過程の働きが異なるといっても，個人内での状況間の変動のパターンは一貫しており，この一貫性を首尾一貫性（coherence）とよんだ。そしてこの首尾一貫性がその人特有のもので個人を特徴づけるもの，すなわちパーソナリティであると主張し，その測定として状況ごとの行動の頻度（たとえば，〜という状況なら〜という行動）を用いることを提案した。これを行動指紋（behavior signature）とかif...then...プロフィールとよぶ。

ミシェルらの主張どおりであれば，行動指紋は①個人内で状況ごとに異なる行動で構成され，②その変動のパターンは個人内で安定しており，③他の人とは異なる個人特有のものであるはずである。ショウダほか（Shoda, Mischel, & Wright, 1994）はサマーキャンプでの子どもの行動を観察して行動指紋を測定し，この仮定を裏づけた。この研究では，5つの状況（仲間の接近，仲間からの攻撃，大人からの賞賛，大人からの警告，大人からの懲罰）での子どもの攻撃行動の生

起頻度を記録した。この結果，CAPSモデルの主張に一致して，行動指紋の個人内変動性・一貫性が示された。すなわち，まず子どもの攻撃行動の生起頻度は状況ごとに異なっており，どのような状況でも攻撃的といった傾向は認められなかった。そして，ある状況，たとえば大人と一緒にいるときに攻撃的な子どもは類似した状況であれば一貫して攻撃的であった。そしてこの状況別の攻撃行動の生起は個人ごとに異なるものであり個人を特徴づけるものであった。類似したアプローチとして，サーヴォーンら（Cervone, 2004；Cervone, Orom, Artistico, & Shadel, 2007）は自己効力感評価の個人間差および個人内変動性・一貫性を見出し，さらにこのパターンが自己知識と状況的知識で予測可能であることを見出した。

　上述のように，ミシェルらの理論では人間−状況相互作用は内的処理過程の働きの違いだとし，これを行動指紋によって測定している。ロビンソン（Robinson, 2007）は，相互作用についての考え方はミシェルの理論を下じきにしつつも，この内的処理過程を潜在的測定法によって直接測定することを提案した。この背景には社会的認知アプローチの発展にともない，潜在的認知過程のさまざまな測定法が開発されたことがある（Bargh, 2007/2009）。メラーほか（Moeller, Robinson, & Bresin, 2010）はこの考えにもとづき，反応時間課題を用いてストレス状況−攻撃行動の連合強度を測定した。具体的には，連続する2つの試行で，先行する試行ではストレスに関連する語を呈示し，後続の試行では攻撃性に関連する語を呈示し，後続試行での反応時間を記録した（実験参加者の課題は単語の攻撃性を評価すること）。こうした課題設定で，先行してストレス関連語が呈示されたあと，攻撃性関連語への反応時間が短ければストレス−攻撃性の連合強度が強いと仮定した。いいかえれば，if ストレス状況 then 攻撃行動という行動指紋は，内的なストレスと攻撃性の連合によるものとし，その連合の強度が反応時間に現れるとしたものである。メラーらの研究の結果では，ストレス関連語呈示後の攻撃性関連語への反応時間が短く（＝連合強度が高く活性化しやすく），かつ神経症傾向の高い人はより高い身体的怒りを感じていた。この結果は反応時間課題成績の個人差で感情状態を予測したということであり，潜在的手法による内的処理過程測定の有効性を示すものであった。

　CAPSモデルの提案を受け，1990年代半ばから2000年代までの相互作用論アプローチはより内的過程に着目したものが多いといえる。状況と行動をつなぐ媒介過程，あるいは調整変数としての内的過程には従来注目されつつも（Bem & Allen, 1974；Mischel, 1968/1992），具体的な検証に至らなかった。1990年以降，測定法の発展によりこれらの実際的な検証が可能になったことは大きな進歩であり，さまざまな行動や感情あるいは生物学的変数などとの関連性を検討していくことが望まれる。

（※本稿の内容は筆者の現職とは関係ありません。）

◆ 引用文献

Allport, G. W.（1982）. パーソナリティ：心理学的解釈（詫摩武俊・青木孝悦・近藤由紀子・堀　正, 訳）. 新曜社.
　（Allport, G. W.（1937）. *Personality : A psychological interpretation*. New York : Holt, Rinehart, & Winston.）
Bargh, J. A.（編）.（2009）. 無意識と社会心理学：高次心理過程の自動性（及川昌典・木村　晴・北村英哉, 監訳）.

ナカニシヤ出版．(Bargh, J. A. (Ed.). (2007). *Social psychology and the unconscious : The automaticity of higher mental processes.* New York : Psychology Press.)

Baron, R. M., Cowan, G., Ganz, R. L., & McDonald, M. (1974). Interaction of locus of control and type of performance feedback : Considerations of external validity. *Journal of Personality and Social Psychology*, **30**, 285-292.

Bem, D. J., & Allen, A. (1974). On predicting some of the people some of the time : The search for cross-situational consistencies in behavior. *Psychological Review*, **81**, 506-520.

Bowers, K. S. (1973). Situationism in psychology : An analysis and a critique. *Psychological Review*, **80**, 307-336.

Cervone, D. (2004). The architecture of personality. *Psychological Review*, **111**, 183-204.

Cervone, D., Orom, H., Artistico, D., & Shadel, W. G. (2007). Using a knowledge-and-appraisal model of personality architecture to understand consistency and variability in smokers' self-efficacy appraisals in high-risk situations. *Psychology of Addictive Behaviors*, **21**, 44-54.

Endler, N. S. (1966). Conformity as a function of different reinforcement schedules. *Journal of Personality and Social Psychology*, **4**, 175-80.

Endler, N. S. (1975). The case for person-situation interactions. *Canadian Psychological Review*, **16**, 12-21.

Endler, N. S., & Hunt, J. M. (1968). S-R inventories of hostility and comparisons of the proportions of variance from persons, behaviors, and situations for hostility and anxiousness. *Journal of Personality and Social Psychology*, **9**, 309-315.

Endler, N. S., & Magnusson, D. (1976). Toward an interactional psychology of personality. *Psychological Bulletin*, **83**, 956-974.

Endler, N. S., & Parker, J. D. A. (1992). Interactionism revisited : Reflections on the continuing crisis in the personality area. *European Journal of Personality*, **6**, 177-198.

Fleeson, W., & Noftle, E. E. (2009). In favor of the synthetic resolution to the person-situation debate. *Journal of Research in Personality*, **43**, 150-154.

Funder, D. C., & Ozer, D. J. (1983). Behavior as a function of the situation. *Journal of Personality and Social Psychology*, **44**, 107-112.

Higgins, E. T., & Bargh, J. A. (1987). Social cognition and social perception. *Annual Review of Psychology*, **38**, 369-425.

堀毛一也.(1989). 社会的行動とパーソナリティ．大坊郁夫・安藤清志・池田謙一（編），社会心理学パースペクティヴ：I（pp. 207-232）．誠信書房．

Kendall, P. C. (1978). Anxiety : States, traits-situations? *Journal of Consulting and Clinical Psychology*, **46**, 280-287.

Kenrick, D. T., & Funder, D. C. (1988). Profiting from controversy : Lessons from the person-situation debate. *American Psychologist*, **43**, 23-34.

Krahé, B. (1996). 社会的状況とパーソナリティ（堀毛一也，監訳）．北大路書房．(Krahé, B. (1992). *Personality and social psychology : Towards a synthesis.* London : Sage.)

Lay, C., Ziegler, M., Hershfield, L., & Miller, D. (1974). The perception of situational consistency in behaviour : Assessing the actor-observer bias. *Canadian Journal of Behavioural Science*, **6**, 376.

Mischel, W. (1992). パーソナリティの理論：状況主義的アプローチ（詫摩武俊，監訳）．誠信書房．(Mischel, W. (1968). *Personality and assessment.* New York : Wiley.)

Mischel, W. (1973). Toward a cognitive social learning reconceptualization of personality. *Psychological Review*, **80**, 252-83.

Mischel, W., & Shoda, Y. (1995). A cognitive-affective system theory of personality : Reconceptualizing situations, dispositions, dynamics, and invariance in personality structure. *Psychological Review*, **10**, 246-268.

Moeller, S. K., Robinson, M. D., & Bresin, K. (2010). Integrating trait and social cognitive views of personality : Neuroticism, implicit stress-priming, and neuroticism-outcome relationships. *Personality and Social Psychology Bulletin*, **36**, 677-689.

Reynolds, K. J., Turner, J. C., Branscombe, N. R., Mavor, K. I., Bizumic, B., & Subašic, E. (2010). Interactionism in personality and social psychology : An integrated approach to understanding the mind and behaviour. *European Journal of Personality*, **24**, 458-482.

Richard, F., Bond, C. F., & Stokes-Zoota, J. J. (2003). One hundred years of social psychology quantitatively described. *Review of General Psychology*, **7**, 331-363.

Robinson, M. D. (2007). Lives lived in milliseconds : Using cognitive methods in personality research. In R. W. Robins, R. C. Fraley, & R. Krueger (Eds.), *Handbook of research methods in personality psychology* (pp. 345-359). New York : Guilford Press.

Ross, L., & Nisbett, R. E. (1991). *The person and the situation : Perspectives of social psychology*. New York : McGraw-Hill.

Rushton, J. P. (1976). Socialization and the altruistic behavior of children. *Psychological Bulletin*, **83**, 898-913.

Sarason, I. G., Smith, R. E., & Diener, E. (1975). Personality research : Components of variance attributable to the person and the situation. *Journal of Personality and Social Psychology*, **32**, 199-204.

Shoda, Y., Mischel, W., & Wright, J. C. (1994). Intraindividual stability in the organization and patterning of behavior : Incorporating psychological situations into the idiographic analysis of personality. *Journal of Personality and Social Psychology*, **67**, 674-687.

若林明雄．(1993)．パーソナリティ研究における"人間-状況論争"の動向．心理学研究, **64**, 296-312.

Wright, J. C., & Mischel, W. (1987). A conditional approach to dispositional constructs : The local predictability of social behavior. *Journal of Personality and Social Psychology*, **53**, 1159-1177.

4章　パーソナリティと自己

1節　パーソナリティと自己

安藤清志

　たとえばAさんが，さまざまな状況において物事をよい方向に考え，臆せずに行動する傾向があるとすると，Aさんは「楽観的」と判断されることになるだろう。Aさんの感情，認知，行動に，楽観性という側面で規則性ないし一貫性が認められるからである。同じように，親和性や攻撃性など他の側面に関してもこのような個人差があるとすれば，一人ひとりの人間は，同じ状況にあっても対応の仕方は千差万別であり，他者とは異なる独自のパターンを示すはずである。これまでのパーソナリティ研究は，人々が示すこのような独自性を記述したり，なぜそのような違いが生じるのかを明らかにしようとしてきた。本書の各章で紹介されているように，パーソナリティの理解を目指すアプローチは多様であるが，ミシェルほか（Mischel, Shoda, & Ayduk, 2007/2010）は，これらを6つのレベルに分類している。①特性－性質（disposition）レベル，②生物学－生理レベル，③精神力動的－動機づけレベル，④行動－条件づけレベル，⑤現象学的－人間性レベル，⑥社会認知的レベルである。

　一方，社会心理学における「自己」の実証的研究は，1970年前後にデュバルとウイックランド（Duval & Wicklund, 1972）の客体的自覚理論やベム（Bem, 1967）の自己知覚理論などが登場して研究者の関心を集め，帰属過程や社会的認知研究の隆盛の影響を受けてしだいに大きな流れとなり，現在に至っている。これまでの研究で扱われてきた自己の側面は多岐にわたるが，これらを総合的に理解しようとする枠組みも提案されている。

　かつてジェームズ（James, 1890）が『心理学原理』のなかで自我の二重性を指摘し，認識や思考の主体としての自己（主我）と，内省の対象としての自己（客我）に分けたことはよく知られているが，中村（1983, 1990）はさらに精緻なかたちでこうした枠組みを検討し，「自分が自分

に注目し，自分の特徴を自分で描くことができるようになり，その描いた姿についての評価（良い－悪い，満足－不満足，誇らしい－恥ずかしい，など）を行ない，さらに，そのような自分の姿を他人にさらけだしたり，具合の悪いところは隠したり修飾したりする一連の現象的過程」（中村, 1990, p.13）を自己過程（self-process）としてとらえることを提唱した。この自己過程は4つの「位相」をなしている。具体的には，第1位相「自己の姿への注目」では自己意識や自己注目が，また，第2位相「自己の姿の把握」では自己概念，自己帰属，セルフ・スキーマなどが問題とされる。第3位相「自己の姿への評価」では自己評価，自己高揚，自己感情などが中心となり，第4位相「自己の姿の表出」においては自己呈示や自己開示などが問題とされる。一方，欧米ではリアリーとタグニー（Leary & Tangney, 2003）が，自己の諸側面を，注意過程，認知過程，実行過程（executive process）の3つに分けている。また，バウマイスター（Baumeister, 1998, 2010）は，自己（selfhood）にかかわる経験を，内省意識（reflexive consiousness），対人的存在（interpersonal being），実行機能（executive function）という3つの基本的カテゴリーに分類した。これら2つの枠組みが中村（1983, 1990）の枠組みと異なるのは，自己の実行過程（機能）が含められていることである。これは，後述のように，1990年代になって，バウマイスターらに代表される実行機能の研究が盛んに行われるようになった事情を反映したものと理解できる。また，バウマイスター（Baumeister, 1998, 2010）の枠組みでとりあげられている「対人的存在」は，中村の枠組みでは「自己の姿の表出」に重なるものである。以下では，バウマイスター（Baumeister, 1998, 2010）の枠組みに沿って，「自己」研究を3つの側面から概観する。

1 ■ 「自己」の3側面

a. 内省意識

　内省意識は，「自分自身の存在を意識することができる」という人間の能力を意味するが，ここでは，こうした能力にもとづいて自己に関する知識を獲得しそれを評価するという側面も含まれる。中村の分類では，第1位相から第3位相までが含まれることになる。

　人間は，主体としての「私」が，客体としての「私（自己）」に注意を向けることができる。進化の過程で獲得したこの能力にもとづいて，人は自己のさまざまな側面について知識を得ることができる。たとえば，Aさんの例では，さまざまな場面で自分と他者を比較し，その結果にもとづいて「自分は陽気な人間だ」という新たな知識を得ることもあるだろう。また，「あなたは思いやりがある人だ」と友人に言われた場合のように，他者からの評価（あるいはその推測）によっても，自己知識を得ることができる。さらに，自己知覚理論によれば，人が自身の行動やそれが生起する状況を観察することによって，自分の内的状態（性格特性など）を知るようになる。つまり，自分が楽観的に振る舞ったことを観察することによって，「私は楽観的だ」と推測するのである。ただし，その行動に状況的要因が強く影響したと考えられる場合（好意を寄せている異性が「物事を楽観的に考える人が好き」と言っている）には，そのような推測は生じない。

　このようにして得られた自己知識（または自己概念）は，構造をもって記憶に蓄えられている

と考えられている。その一つに，セルフ・スキーマがある（Markus, 1977）。たとえば，Aさんの自己知識は，「楽観的」「男性的」「正義感」など数多くの「セルフ・スキーマ」のネットワークとしてとらえることができる。「楽観的」であることが自分にとって重要である場合，その人は明確なセルフ・スキーマをもっていることになり，楽観的かどうかは重要なものと考えていない（明確なセルフ・スキーマをもっていない）人とは，自己に関する情報処理の仕方が異なってくる。

　自己に対する評価は自尊感情（self-esteem）とよばれる。自分が「楽観的」で「陽気」だと考えているAさんが，そうした自己の特性を肯定的に評価していれば，Aさんは自尊感情が高く，逆に否定的に評価していれば自尊感情は低いということになる。一般に，人は自尊感情を高揚・維持したいという動機をもっており，これが他者とのかかわりのなかで，弁解や正当化，セルフ・ハンディキャッピング，自己奉仕的帰属など，さまざまな行動となって現れる。また，近年，自尊感情の「起源」を説明しようとする理論が提出され，多くの実証的研究を生み出している。一つは，ソロモンほか（Solomon, Greenberg, & Pyszczynski, 1991）によって提唱された恐怖管理理論（存在脅威管理理論）であり，この立場からは，自尊感情には自分が死すべき運命にあることに対する恐怖（存在論的恐怖）を和らげる働きがあることが仮定されている。一方，リアリーほか（Leary, Tambor, Terdal, & Downs, 1995）が提唱したソシオメータ（sociometer）理論では，自尊感情は進化の過程で人に備わってきた心のメカニズムであるとみなされる。すなわち，個体の生存や繁殖にとって，他個体と良好な関係を維持することがきわめて重要であるので，自分が他者から受容されているか拒絶されているかを監視するための計器（ソシオメータ）として自尊感情が進化してきたと考えるのである。

b. 対人的存在

　第2の側面である「対人的存在」は，他者とのかかわりが，自己過程のあらゆる側面で重要であることを意味している。内省意識の説明でも示唆されているように，自己は他者との相互作用のなかで形成される。そして，自己過程は，他者との関係を維持したり集団への所属が持続するように機能する。たとえば，前述のように，ソシオメータ理論では，自尊感情は他者が自分との関係を評価しているかどうかを示す計器であることが仮定されている。自尊感情が高いことは他者から評価されていることを示し，自尊感情が低いことは他者からの評価が低いことを示しているのである。こうした計器の「針の動き」が，まさにどのような行動をとるべきかの指針になるのである。

　対人的存在として自己を検討する場合に中心になるのは，自己開示（self-disclosure）と自己呈示（self-presentation）である。自己開示は，自己の内面を主として言語を介して他者に伝達することを指す。特定の他者との相互的な自己開示は親密な関係進展の重要な要素である。また，自身の経験を書き記すことも含めて，適切な自己開示は精神的，身体的健康を促進・維持する機能をもつことが指摘されている。一方，自己呈示は印象管理（impression management）ともよばれ，自分にとって望ましい印象で他者から見られるように働きかけることをいう。自己過程のなかで最も対人的側面が強い過程である。他者から受容されたいという欲求は人間の最も基本的

な欲求と考えられているが（Baumeister, 2010；Baumeister & Leary, 1995），自己呈示はその手段となる。たとえば，「楽観的な人が好き」と言っているBさんとの親しい関係を維持するには，Aさんは自分が楽観的であることを示す言動を適切な機会に行えばよいことになる。自己呈示は，このように他者から好かれることを目的とするもの（取り入り）のほかにも，能力が高いことを示したり（自己宣伝），道徳的に優れているという印象を与えようとするもの（示範）がある。さらに，相手から危険な人間だと思われるように振る舞ったり（威嚇），自分が力のない人間だと見せる（哀願）場合もある。威嚇と哀願は社会的には好ましい印象ではないが，他者に影響力を行使したり，自分という存在を他者に印象づけることができるという点では望ましい行動である。自己呈示には，社会的な苦境場面において自己の印象を守るために行われるものもある。たとえば，弁解や正当化などは釈明（account）と総称され，自分の失敗などによって他者から否定的印象で見られる危険がある場合に示される防衛的自己呈示と考えられる。

　人が他者に対して示す行動が，その人の内面に影響を及ぼすことが知られている。たとえば，実際にはどちらかというと悲観的な人が人前で楽観的に振る舞った後，自己評価が楽観的な方向にシフトする可能性がある。これは自己呈示の内面化とよばれる。カウンセリング場面においても，クライエントが自己のよい側面を選択的にカウンセラーに呈示することによって，自己概念がポジティブな方向に変容する可能性も指摘されている（Kelley, 2000）。こうした自己呈示の内面化には，いくつかの要因がかかわっていることが知られている。なかでも，タイス（Tice, 1992）の研究は，内面化の過程には他者の存在が重要な意味をもつことを示している。この研究では，実験参加者は，実験室で外向的あるいは内向的に振る舞うように求められたが，こうした行動によって自己評定が行動に沿った方向に変化したのは，隣の部屋から実験参加者を観察する人がいて，その人に自分の名前や年齢を告げるように求められた公的条件の実験参加者だけだった。同じ行動を行っても，観察者が自分の顔を見ることができず，名前も告げない私的条件では，自己評定は変化しなかったのである。このように，自己呈示の内面化の研究は，人の内的過程と対人過程が密接に関連していることを示している。バウマイスター（Baumeister, 2010）は，「内的過程が対人的機能を果たす」ということを，社会心理学における一般的原理のなかで最も重要なものの一つと位置づけている（p.155）。

c. 実行過程

　第3の実行過程は，前述のように比較的最近になって研究の対象とされるようになった側面である。主体としての「私」は，悲観的な考えに陥ってしまうような状況でも，「もっと楽観的にいこう」と考え直すことができるし，3キロ減量という目標を達成するために目の前にある好物に箸を付けないこともできる。また，携帯電話を買うときには，多くの機種のなかから「自由に」一つを選択することができる。このように，実行過程には，「私」が自分自身や環境に働きかける担い手として機能する側面が含まれる。自己制御（self-regulation）はその一つであり，環境に適応するために人間に備わってきた能力と考えることができる。社会心理学においては，カーヴァーとシェイヤー（Carver & Sheier, 1981）が自己意識の働きの一つとして自己制御の重要性を指摘してそのモデルを提案して以来，多くの研究が行われるようになった。

一般に，効果的に自己制御が行われるためには，3つの要素が必要とされる。①基準（目標や理想など），②監視（モニタリング），③現状を基準に合致させるための能力あるいは動機づけである。たとえば，「楽観的であるべきだ」という基準をもっている人は，自己の内面に注意が向くことで監視を行い，やや悲観的になっている現状と基準との間にズレがあることが認識されるかもしれない。このとき，基準に合致させようとする能力あるいは動機づけがあれば，基準と合致させるより楽観的な行動が生じ，変化した状態が基準に達していなければさらに基準に近づける行動をとって再び比較するということが繰り返される。一方，自己制御に必要なだけの力を使用できなかったり基準や監視が適切でない場合には自己制御は失敗する。これは，制御不足（underregulation）とよばれる。また，自己制御に対して十分な努力が払われているにもかかわらず，目標達成に不適切な方法が採用された場合には制御ミス（misregulation）による失敗が生じる。

　バウマイスターとボウス（Baumeister & Vohs, 2003）によれば，自己制御に必要な力は「体力」や「エネルギー」になぞらえて理解することができる。すなわち，これらと同様に，自己制御過程を持続させるための力も有限なものであり，①自己制御を実行すると蓄積された資源は一時的に低減する，②資源を使い果たすと他の自己制御課題の実行が効果的に行えなくなる，③同じ資源を，さまざまな種類の自己制御活動に使用することができる，④体力と同様，資源は休息や他のメカニズムによって回復可能である，⑤体力と同様，規則的な練習によって，長期的には体力を増強することができる，などの特徴をもつと考えられるのである（Muraven & Baumeister, 2000）。たとえば，ボウスほか（Vohs, Baumeister, Schmeichel, Twenge, Nelson, & Tice, 2008, 実験3）の研究では，定められた履修単位を満たすように授業科目を選択するように求められた選択あり条件の大学生は，たんに授業内容を読むように求められた選択なし条件の大学生に比べて，その後に実施するといわれた数学のテストでよい成績をとるための練習課題にあまり手をつけないことが明らかにされている。これは，自由に科目を選択するという行為が資源を枯渇させ，よい成績をとるために練習課題に取り組むという判断が困難になったものと解釈できる。

2 ■ パーソナリティと自己の重なり

　「パーソナリティ」や「自己」に関する問題は，これまでパーソナリティ心理学，臨床心理学，社会心理学，発達心理学などの分野を中心に研究が行われてきたが，概念的に両者は大きく重なりあっている。冒頭にあげたパーソナリティ研究のレベルのうち，③精神力動的－動機づけレベル，⑤現象学的－人間性レベル，および⑥社会認知的レベルは，研究方法は異なる場合はあっても「自己」の研究に密接にかかわっている。また，リアリーとタグニー（Leary & Tangney, 2003）は，これまで研究者が使用してきた自己（self）という語の意味を5つに分類している。すなわち，①個人（person），②性格（personality），③経験する主体（experiencing subject），④実行する主体（executive agent），⑤自身に対する信念（beliefs about oneself）である。ここでも，「パーソナリティ」やそれに関連する問題が「自己」という用語を用いて扱われていることが理解できる。逆の方向から眺めても，同様の傾向があることがわかる。たとえば，マクアダ

ムスとパルズ（McAdams & Pals, 2006）が提唱した「パーソナリティの統合的ビッグファイブモデル」では，パーソナリティ全体を，①全般的な進化的設計における変異，②文化的・社会的文脈，およびこれらを背景として発現する③性格特性，④特徴的な適応，⑤セルフ・ナラティブ（自己物語）としてとらえることが試みられている。最後にあげられた自己物語は，人が過去の経験や将来の目標なども含めた自己経験から意味あるアイデンティティを作り上げるために構成されるものであり，これは，まさに内省意識から始まる自己過程の「集大成」とみなすこともできる。

さらに，研究者のなかには，自己とパーソナリティをほとんど同義語として使う人もいる。たとえば，テッサー（Tesser, 2002）は，自己を「他者と異なる能力，気質，目標，価値，好みの総体」（p.185）と考えた。私たちは，さまざまな文化的・社会的環境が提供する条件のなかで幾多の選択を意識的，無意識的に繰り返す。そして，生物にはその種が適応した特有の生息場所（ニッチ）があるように，人間も環境との相互作用のなかで，各人に固有の自己を表現しながら生活できる「場所」を見出すのである。このような大きなレベルで人間の個人差をとらえようとする場合，「自己」を「パーソナリティ」と置き換えてもとくに問題は生じない。

具体的な研究においても同様の「重なり」が認められる。たとえば，自己の研究は以上3つの側面にまとめられるが，こうした研究のなかでは，「特性」要因としての個人差変数にも関心が向けられ，自己意識尺度やセルフ・モニタリング尺度など，さまざまな尺度が頻繁に使用されてきた。一方，パーソナリティの研究においても，「認知」的なアプローチは，定義上，認知の主体としての「自己」の機能を扱うものであり，その意味では「自己」の研究でもある。特性論にもとづくパーソナリティ研究のなかでも，参加者が「あなたは陽気なほうだと思いますか」というような尺度項目で「自己」評定することは，ある意味で自己注目の過程を扱っていることになる。たとえば，プライアほか（Pryor, Gibbons, Wicklund, Fazio, & Hood, 1977）は，性格検査を受ける人の前に鏡を置くことによって自己意識を高めると，鏡がない場合に比べて検査得点がその人の行動をよく予測することを示している。

少なくとも自己意識をもつ年齢に達した人間を対象にする限り，「自己」も「パーソナリティ」も，一人ひとりの人間が自分に与えられた環境に適応しようとするなかで形成されるものである。研究の目的とアプローチによって焦点が当てられる側面は異なるが，人間行動の一般的な理解とその個人差の理解のために，これからも心理学の重要な研究領域とされることは確かである。

◆ 引用文献

Baumeister, R. F. (1998). The self. In D. T. Gilbert, S. T. Fiske, & G. Lindzey (Eds.), *Handbook of social psychology*. (4th ed., pp. 680-740). New York : McGraw-Hill.

Baumeister, R. F. (2010). The self. In R. F. Baumeister & E. J. Finkel (Eds.), *Advanced social psychology* (pp.139-175). Oxford : Oxford University Press.

Baumeister, R. F., & Leary, M. R. (1995). The need to belong : Desire for interpersonal attachments as a fundamental human motivation. *Psychological Bulletin*, **117**, 497-529.

Baumeister, R. F., & Vohs, K. D. (2003). Self-regulation and the executive function of the self. In M. R. Leary & J.

P. Tangney (Eds.), *Handbook of self and identity* (pp.197-217). New York : Guilford Press.
Bem, D. J. (1967). Self-perception : An alternative interpretation of cognitive dissonance phenomena. *Psychological Review*, **74**, 183-200.
Carver, C. S., & Scheier, M. F. (1981). *Attention and self-regulation : A control-theory approach to human behavior*. New York : Springer-Verlag.
Duval, S., & Wicklund, R. A. (1972). *A theory of objective self-awareness*. New York : Academic Press.
James, W. (1890). *The principles of psychology*. New York : Henry Holt and Company.
Kelley, A. E. (2000). Helping construct desirable identities : A self-presentational view of psychotherapy. *Psychological Bulletin*, **126**, 475-494.
Leary, M. R., Tambor, E. S., Terdal, S. T., & Downs, D. L. (1995). Self-esteem as an interpersonal monitor : The sociometer hypothesis. *Journal of Personality and Social Psychology*, **68**, 518-530.
Leary, M. R., & Tangney, J. P. (Eds.). (2003). *Handbook of self and identity*. New York : Guilford Press.
Markus, H. R. (1977). Self-schemata and processing information about the self. *Journal of Personality and Social Psychology*, **35**, 63-78.
McAdams, D. P., & Pals, J. L. (2006). A new Big Five : Fundamental principles for an integrative science of personality. *American Psychologist*, **61**, 204-217.
Mischel, W., Shoda, Y., & Ayduk, O. (2010). パーソナリティ心理学：全体としての人間の理解（黒沢 香・原島雅之，監訳）．培風館．（Mischel, W., Shoda, Y., & Ayduk, O. (2007). *Introduction to personality : Toward an integrative science of the person* (8th ed.). New York : John Wiley & Sons.）
Muraven, M., & Baumeister, R. F. (2000). Self-regulation and depletion of limited resources : Does self-control resemble a muscle? *Psychological Bulletin*, **126**, 247-259.
中村陽吉．(1983)．実験社会心理学における自己：導入．日本グループダイナミックス学会第31回大会発表論文集，S-1．
中村陽吉．(1990)．「自己過程」の4段階．中村陽吉（編），「自己過程」の社会心理学（pp.3-20）．東京大学出版会．
Pryor, J. B., Gibbons, F. X., Wicklund, R. A., Fazio, R. H., & Hood, R. (1977). Self-focused attention and self-report validity. *Journal of Personality*, **45**, 513-527.
Solomon, S., Greenberg, J., & Pyszczynski, T. (1991). A terror management theory of social behavior : The psychological functions of self-esteem and cultural worldviews. In M. Zanna (Ed.), *Advances in experimental social psychology* : Vol.24 (pp.93-159). San Diego, CA : Academic Press.
Tesser, A. (2002). Constructing a niche for the self : A biosocial, PDP approach to understanding lives. *Self and Identity*, **1**, 185-190.
Tice, D. M. (1992). Self-concept change and self-presentation : The looking glass self is also magnifying glass. *Journal of Personality and Social Psychology*, **63**, 435-451.
Vohs, K. D., Baumeister, R. F., Schmeichel, B. J., Twenge, J. M., Nelson, N. M., & Tice, D. M. (2008). Making choices impairs subsequent selfcontrol : A limited resource account of decision making, selfregulation, and active initiative. *Journal of Personality and Social Psychology*, **94**, 883-898.

2節 自己概念の諸相

榎本博明

1 ■ 自己の二重構造により措定される客体としての自己

　私たちは，主体として外界の事象や他者を観察するのみならず，自分自身と向き合う存在である。そのとき，私たちの自己は主体であると同時に客体でもある。ジェームズ（James, 1892/1993）は，そのような自己のあり方に関して，自己は知者であると同時に被知者であり，主体であると同時に客体であるとし，自己を知る主体としての自己と知られる客体としての自己の2つの側面に分けている。

　それ以来，心理学の世界では，自己を主体としての自己と客体としての自己に分ける考え方が当然のことのように受け入れられている。だが，かつてサービン（Sarbin, 1952）も指摘したように，主体としての自己と客体としての自己との区別は，じつはそれほど明確なものとはいえない。なぜなら，客体としての自己の統合された体系である自己概念には，たんに知られる客体であるにとどまらず，知る主体としての自己の動きに反作用を及ぼし，その行動の強力な規定因として機能するといった側面があるからである（榎本, 1998）。

2 ■ 客体としての自己概念

　私たちが自分自身と向き合うときに意識に浮上する自己像が客体としての自己である。ときに自分の知的能力やコミュニケーション能力を意識したり，容姿容貌を意識したり，パーソナリティ的特徴を意識するなど，その時々に意識されるのは自己像のごく一部の側面にすぎない。それらの部分的自己像が体系的に統合されたものが自己概念である。

　適応や心理的健康における自己概念の重要性を強調するロジャーズ（Rogers, 1951）は，自己概念とは意識にのぼることを許容できる自己についての知覚の体制化されたゲシュタルトであり，自分の特性や能力についての知覚，他人や環境との関係における自己についての知覚や概念，いろいろな経験や対象に結びついていると知覚される価値の特質，積極的あるいは消極的な誘意性をもっていると知覚される目標や理想といった諸要素から構成されるとしている。

　シャヴェルソンほか（Shavelson, Hubner, & Stanton, 1976）は，最も包括的な定義をすれば，自己概念とは自分自身についての知覚であるとしつつ，自己概念のさらなる定義は組織的，多面的，階層的，安定的，発達的，評価的，そして弁別的でなければならないとしている。

　自己概念とは自分自身についての知覚の体制化されたものであると定義づけるのが一般的といってよいであろう。そのような意味での自己概念は，パーソナリティ的特徴，能力的特徴，外見的特徴，価値観・信念，趣味・習慣，評判，心理状態，身体の健康状態などの諸側面が構造化

されたものとみなすことができる。自己概念は，パーソナリティと同様，特性論的にとらえられることが多い（4「自己概念の多面性と階層性」参照）。だが，特性論だけではとらえきれない部分がある。

　特性論的な心理学は伝記的，社会的，歴史的な文脈において人間を全体として理解するための包括的な枠組みを提供することができなかったとするマクアダムズ（McAdams, 2006）は，自己をとらえるのにナラティブの次元を導入し，ライフストーリー（life story）によって個人の自己に迫ろうと試みている。人々の人生経験は，過度に単純化された測定尺度や人工的な実験条件をもとに中心傾向や統計的に有意な集団差を追求する試みのなかで見失われてしまったと指摘するジョッセルソン（Josselson, 2006）は，ナラティブ・アプローチこそ心理学が人々の人生を生きられているものとして観察し分析することを可能にするものであるとしている。榎本（2000, 2002a, 2002b, 2008a, 2008b）も，自己物語（self-narrative）として自己をとらえることを試みている。

　マクアダムズ（McAdams, 1988）によれば，ライフストーリーとは，個人の人生に統一性と目的を提供する個人的神話（personal myth）である。個人的神話とは，私たち自身や私たちの人生のさまざまな断片を，有意味な，そしてもっともらしい統一体へとまとめあげるために構築する特別なストーリーのことである。榎本（2000, 2002b, 2008b）は，自分の行動や自分の身に降りかかった出来事に首尾一貫した意味づけを与え，諸経験の間に因果の連鎖をつくることで，現在の自己の成り立ちを説明する，自分を主人公とした物語を自己物語と定義し，自己物語の形成と変容について論じている。

3 ■ 自己概念の多次元性

　シャヴェルソンほか（Shavelson et al., 1976）による自己概念の構成的妥当性に関する研究の必要性の提唱以来，多くの研究が積み重ねられてきた。そこで明らかになってきたのは，自己概念は多次元的かつ多面的な構成概念だということである。

　自己概念の次元として，最も多くの研究者があげているのが記述的次元と評価的次元である。自分自身の様相をそのまま記述したものが記述的次元，その記述に対して何らかの評価を加えたものが評価的次元である。たとえば，マラソンランナーであるというのは記述的次元，全国区のトップランナーであるというのは評価的次元である。

　このほかに，感情的次元，重要視次元，可能性次元などを想定することができる（榎本, 1998）。

　たとえば，書店を経営している自分（記述的次元）が好きであるとか，勉強の成績がよい自分（評価的次元）を誇りに思っているとか，太っていること（記述的次元）に劣等感をもっているというのが感情的次元である。本人が重要視する側面における評価が低いと否定的感情を生んだり，ときに劣等感を形成したりすることがあるが，重要視していない側面における低い評価はとくに感情反応を引き起こさない。そこに重要視次元がからんでくる。

　現実の自分に対して，将来こうなりたい，こうなっていたいという理想像を誰もが抱くもの

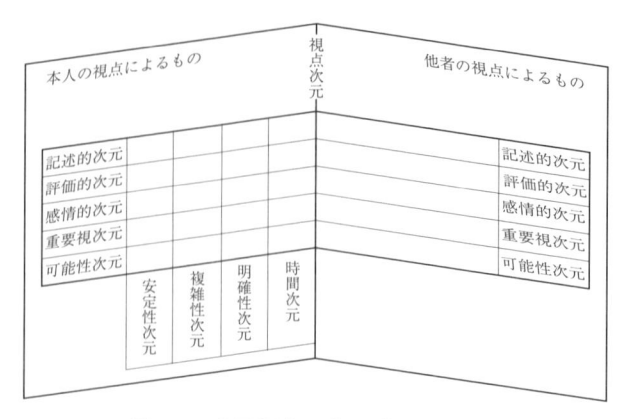

図4.1　自己概念の次元（榎本，2009）

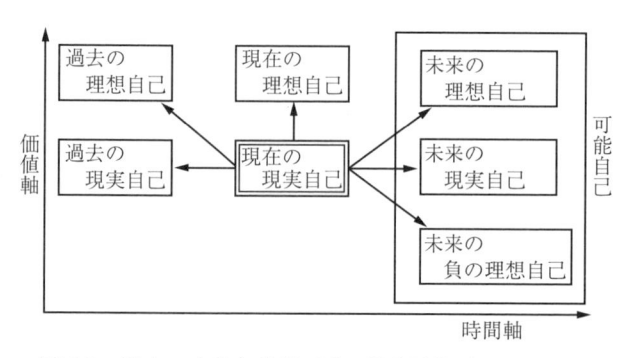

図4.2　現在の自分を動機づける諸自己像（榎本，2009）

である。それは可能性次元の問題となる。マーカスとニューリアス（Markus & Nurius, 1986）は，今ここにある現実自己に対して，なるだろう自己，なりたい自己，なることを恐れている自己などを指すものとして，可能自己（possible selves）という概念を提唱した。可能自己は，自己についての希望，目標，野心，空想，心配，脅威などの認知的表明であると同時に，動機づけられた自己概念であるということができる。自己不一致理論を唱えたヒギンズ（Higgins, 1987）は，現実自己（real selves）と理想自己（ideal selves）のズレや現実自己と義務自己（ought selves）のズレを問題にする。

以上の5つの基本的な次元と交差する次元として，安定性次元，複雑性（分化度）次元，明確性次元，時間次元を想定することができる（図4.1）。上述の5つの基本的な自己概念のいずれにしても，それが安定しているか変動しやすいかが安定性次元，多面的にとらえられているかどうかが複雑性次元，はっきりと確信をもってとらえられているかどうかが明確性次元，過去の自分についてのものか現在の自分についてのものか未来の自分についてのものかが時間次元である。図4.2は，可能性次元と時間次元を交差させたものである。

さらに，5つの基本的次元のいずれにしても，本人の視点によるものか他者の視点（本人の想像する）によるものかという区別がある。それが視点の次元である。他者の視点による自己概念とは，両親，教師，親しい友だち，恋人など，身近で影響力をもつ他者の視点によって構成される自己概念のことである。ジェームズ（James, 1892/1993）が人は知っている人の数だけ社会的自己をもつといい，クーリー（Cooley, 1902）が自己とは他者の目に映ったものという意味において鏡映自己（looking-glass self）とよぶことができるというように，私たち自身の視点による自己概念も他者の視点に大きく規定されているとみなすべきであろう。

4 ■ 自己概念の多面性と階層性

自己概念の多面性について最初に指摘しているのはジェームズ（James, 1892/1993）である。

2節 自己概念の諸相

ジェームズは，客体としての自己とは本人が自分のものとよびうるすべてのものの総和であり，それは物質的自己，社会的自己，精神的自己の3つの要素からなるとしている。そして，身体的自己を底辺とし，精神的自己を頂点として，身体的自己以外の物質的自己と社会的自己を中間におく階層構造を想定した。このような自己のとらえ方は，まさに自己概念の多面的かつ階層的なとらえ方といえる。しかし，その後の実証的研究においては，自己概念は包括的にとらえられることが多かった。たとえば，クーパースミス（Coopersmith, 1967）もローゼンバーグ（Rosenberg, 1965, 1979）も，自己概念（その包括的評価としての自尊感情〔self-esteem〕）の測定において，評価すべき自己をいくつかの側面に分けるということをせずに，ただ一つの包括的な評価値でとらえるのみであった。

しかし，このような包括的な自己概念のとらえ方は，個人のさまざまな生活領域における自己のあり方の変動を敏感に反映することができない。そのため，自己概念の多次元性や多面性を支持する立場から激しい批判にさらされることとなった。そこに登場したのが，自己概念を多面的にとらえようというアプローチである。

マレナーとレアード（Mullener & Laired, 1971）は，自己概念を知的技能，学力特性，身体的技能，人間関係的技能，社会的責任の5領域に分けて測定している。ハーター（Harter, 1982）は，子どもの自己概念を学校での能力，運動能力，社会的承認，身体的外見，行動の5領域に分けている。榎本（1987）は，自己開示の測定において，自己を精神的自己の知的側面，情緒的側面，志向的側面，身体的自己の外見的側面，機能・体質的側面，性的側面，社会的自己の私的人間関係の側面，公的役割関係の側面，物質的自己，血縁的自己，実存的自己の11側面に分けている。オファーほか（Offer, Howard, Schonert, & Ostrov, 1991）は，自己イメージの測定にあたって，自己を心理学的自己，性的自己，社会的自己，家族的自己，対処能力的自己の5つに分類している。ブラッケン（Bracken, 1992）は，自己概念を社会的自己概念，能力的自己概念，感情的自己概念，学業的自己概念，家族的自己概念，身体的自己概念の6つに分けている。

多面性に階層構造を想定したとらえ方の代表が，シャヴェルソンほか（Shavelson et al., 1976）による多面的階層モデルである（図4.3）。このシャヴェルソン・モデルは多次元階層モデルとよばれることが多いが，多次元性と多面性を区別する視点からすれば，これは多面的階層モデルということになる。そこでは，自己概念は学業的自己概念，社会的自己概念，情動的自己概念，身体的自己概念の4つの下位領域に分けられている。そして，これら4つの側面別自己概念の上位に包括的自己概念をおき，それぞれの側面別自己概念の下位にも自己概念のさらなる下位領域をおいて，自己概念を階層構造でとらえようとしている。このモデルを提起した時点では，それを支持する実証的データはほとんどなかったが，その後多くの研究により支持が得られている。ソンとハッティ（Song & Hattie, 1984）やマーシュとシャヴェルソン（Marsh & Shavelson, 1985）は，シャヴェルソン・モデルを改訂したものを提起している。ブラッケン（Bracken, 1992）は，上述の6つの側面別自己概念の重なりの中心部に包括的自己概念をおく，ベン図式の多面的階層モデルを提起している。

自己概念を多面的にとらえようというさまざまなモデルが提起されているが，多くのモデルで

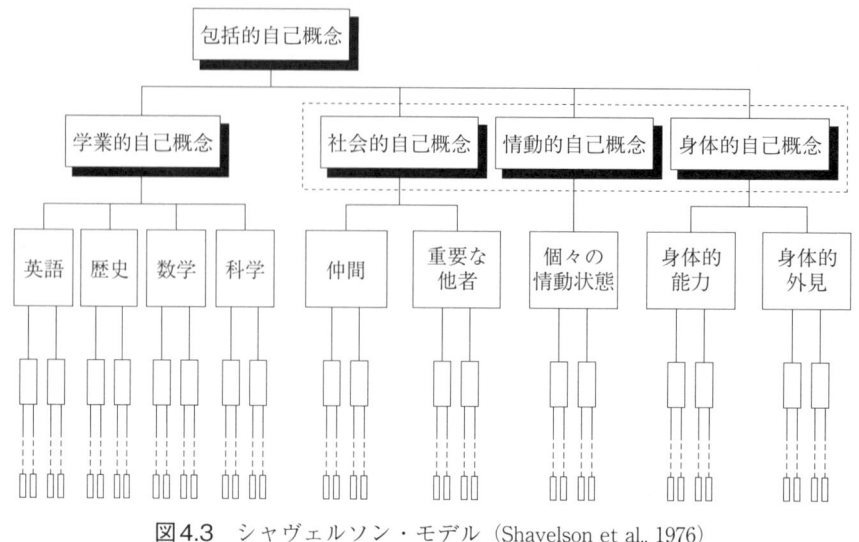

図4.3 シャヴェルソン・モデル (Shavelson et al., 1976)

ほぼ共通なのが，学業的自己概念，社会的自己概念，身体的自己概念の3つであり，これらが自己概念の最も基本的な側面と考えることができる。

以上のような自己概念の多面的・階層的なとらえ方に対して，領域固有の自己概念の存在は認めながらも，包括的自己概念の主導性を強調し，階層性を前提としない立場もある。たとえばブラウン (Brown, 1993) は，領域固有の自己概念が包括的自己概念を規定するのではなく，包括的自己概念が自己の個々の属性についての信念を調整するのだとする。各側面別自己概念が積算されて包括的自己概念が形成されるとするシャベルソンたちの階層モデルに対して，まず先に包括的自己概念があり，それに沿って，あるいはその安定のための必要に応じて各側面別の自己概念が決まるとみるのである。

これは，ボトムアップに対するトップダウンの方向性を強調する立場といえる。人はまず第一に包括的な自己価値感や適応感の保持を目指すのであり，この目的のために自己についての個々の信念を修正していく，すなわち個々の自己概念を調整するとみなすのである。マルクスとワイン (Marx & Winne, 1980) の補償モデルもトップダウン・モデルの一種といえる。これは，人は自己価値感あるいは満足感の維持のために，無意識のうちに特定の領域の否定的な自己知覚を他の領域における肯定的な自己知覚によって補償しようとするというものである。身体的自己概念や社会的自己概念の評価が学業的自己概念の評価と負の関係にあることから発想されたモデルである。

さらに，自己概念が階層的に統合されているとする見方に対して，統合ということに懐疑的な立場もある。その代表が作動自己概念 (working self-concept) という見方である。これは，自己概念を構成するすべての要素がいつでも接近可能なわけではないとの発想にもとづいている。固定的，静的な自己概念があるのではなく，そのときどきの社会的文脈に応じて，その都度自己概念が構成されるとする見方である。つまり，作動自己概念とは，そのときどきに活性化し，時と

ともにかたちを変える自己概念といえる。

5 ■ 自己概念が担う能動的機能

冒頭でも指摘したように，自己概念はたんに見られる客体としての地位にとどまることなく，主体としての自己の動きを規定する能動的機能を担う側面をもつ。

ロジャーズ（Rogers, 1951）は，自己概念と経験のズレが不適応をもたらしていると考え，自己概念が変わることによる行動の変容をカウンセリングの基本原理としている。これはまさに，自己概念の能動的機能を前提とするものといえる。エプスタイン（Epstein, 1973）は，自己概念の基本的機能として，個人の快と苦のバランスを生涯にわたって好ましい水準に維持し続けること，自尊感情を維持すること，経験についてのデータを効果的に対処できるようなかたちに組織化することという3つをあげている。このような自己概念のとらえ方も，自己概念の能動的機能に迫るものといえる。

現在の現実自己は，過去の理想自己や現実自己，現在の理想自己，未来の理想自己や現実自己，負の理想自己などによって方向づけられる（図4.2：榎本，2009）。これも，自己概念の能動的機能に言及するものである。過去から現在，さらに未来への流れをもつライフストーリーや自己物語など，物語形式をもつ自己概念も，主体の動きを規定する能動的機能を担うものといってよい。

ヒギンズ（Higgins, 1987）の自己不一致理論やリンヴィル（Linville, 1985, 1987）の自己複雑性モデル，キャンベル（Campbell, 1990）による自己概念の明確性と適応の関係についての知見，キャルシンとケニー（Calsyn & Kenny, 1977）による自己概念と学業成績の関係についての自己高揚モデルなども，自己概念の能動的機能に言及するものといえる。

◆ 引用文献

Bracken, B. A. (1992). *Multidimensional Self Concept Scale*. Austin, TX : Pro-Ed（Bracken, 1996より）.
Bracken, B. A. (1996). Clinical applications of a context-dependent, multidimensional model of self-concept. In B. A. Bracken (Ed.), *Handbook of self-concept* (pp.463-503). New York : John Wiley.
Brown, J. D. (1993). Self-esteem and self-evaluation : Feeling is beliebing. In J. Suls (Ed.), *Psychological perspectives on the self* : Vol.4 (pp.27-58). Hillsdale, NJ : Lawrence Erlbaum Assciates.
Calsyn, R. J., & Kenny, D. A. (1977). Self-concept of ability and perceived evaluation of others : Cause or effect of academic achievement? *Journal of Educational Psychology*, **69**, 136-145.
Campbell, J. D. (1990). Self-esteem and clarity of the self-concept. *Journal of Personality and Social Psychology*, **59**, 538-549.
Cooley, C. H. (1902). *Human nature and the social order*. New York : Charles Scribner's Sons.
Coopersmith, S. (1967). *The antecedents of self-esteem*. San Francisco : Freeman.
榎本博明．(1998)．「自己」の心理学．サイエンス社．
榎本博明．(2000)．語りの中で変容していく〈わたし〉．発達，No.89, 38-47.
榎本博明．(2002a)．〈ほんとうの自分〉のつくり方：自己物語の心理学．講談社．
榎本博明．(2002b)．物語ることで生成する自己物語：自己物語法の実践より．発達，91号，58-65.
榎本博明．(2008a)．語りを素材に自己をとらえる．榎本博明・岡田　努（編），自己心理学：1　自己心理学研究の歴史と方法（pp.104-128）．金子書房．

榎本博明．(2008b)．自己物語から自己の発達をとらえる．榎本博明（編），自己心理学：2 生涯発達心理学へのアプローチ（pp.62-81）．金子書房．

榎本博明．(2009)．自己概念と適応．榎本博明・安藤寿康・堀毛一也（著），パーソナリティ心理学（pp.35-58）．有斐閣．

Epstein, S. (1973). The self-concept revisited or a theory of a theory. *American Psychologist*, **28**, 405-416.

Harter, S. (1982). The perceived competence scale for children. *Child Development*, **53**, 87-97.

Higgins, E. T. (1987). Self-discrepancy : A theory relating self and affect. *Psychological Review*, **94**, 319-340.

James, W. (1992・1993)．心理学（上・下）（今田 寛，訳）．岩波書店．（James, W. (1892). *Psychology : Briefer course.*）

Josselson, R. (2006). Narrative research and the challenge of accumulating knowledge. *Narrative Inquiry*, **16**, 3-10.

Linville, P. W. (1985). Self-complexity and affective extremity : Don't put all of your eggs in one cognitive basket. *Social Cognition*, **3**, 94-120.

Linville, P. W. (1987). Self-complexity as a cognitive buffer against stress-related illness and depression. *Journal of Personality and Social Psychology*, **52**, 663-676.

Markus, H., & Nurius, P. (1986). Possible selves. *American Psychologist*, **41**, 954-969.

Marsh, H. W., & Shavelson, R. J. (1985). Self-concept : Its multifaceted, hierarchical structure. *Educational Psychologist*, **20**, 107-123.

Marx, R. W., & Winne, P. H. (1980) Self-concept validation research : Some current complexities. *Measurement and Evaluation in Guidance*, **13**, 72-82.

McAdams, D. P. (1988). *Power, intimacy, and the life story : Personological inquiries into identity.* New York : Guilford Press.

McAdams, D. P. (2006). The role of narrative in personality psychology today. *Narrative Inquiry*, **16**, 11-18.

Mullener, N., & Laired, J. D. (1971). Some development changes in the organization of self-evaluations. *Developmental Psychology*, **5**, 233-236.

Offer, D., Howard, K. I., Schonert, K. A., & Ostrov, E. (1991). To whom do adolescents turn for help? *Journal of American Academy of Child and Adolescent Psychiatry*, **30**, 623-630.

Rogers, C. R. (1951). *Client-centered therapy.* Boston : Houghton Mifflin.

Rosenberg, M. (1965). *Society and the adolescent self-image.* Princeton, NJ : Princeton University Press.

Rosenberg, M. (1979). *Conceiving the self.* New York : Basic Books.

Sarbin, T. R. (1952). A preface to a psychological analysis of the self. *Psychological Review*, **59**, 11-22.

Shavelson, R. J., Hubner, J. J., & Stanton, G. C. (1976). Self-concept : Validation of construct interpretations. *Review of Educational Research*, **46**, 407-441.

Song, I. S., & Hattie, J. (1984). Home environment, self-concept, and academic achievement : A causal modeling approach. *Journal of Educational Psychology*, **76**, 1269-1281.

3節　人間心理学的アプローチ

木村登紀子

　古来，哲学では「自己」は存在するのかについて議論がなされている。最近の認知科学と哲学においては，我ありとする自己の存在をめぐって，実在か仮想物かの議論となっている。そして，ギャラガーとザハヴィは，このことについて「自己が経験的実在性を有するのかどうか，あるいはそれは理論的虚構にすぎないのかどうかについて，今のところコンセンサスはない」ということを認識するのが，議論を進めるための第一歩であるという（Gallagher & Zahavi, 2008/2011）。そして，著書の「自己と人格」の章において，さまざまな自己概念を整理するために，「非－自我論による批判の主な標的である自己の古典的な理解（純粋な同一性の極としての自己）と，より現代的な自己理解の2つの異なる方法（語りによる構築としての自己と，経験的次元としての自己）との違いを浮き立たせること」を目指している。以下の項では，本節の主題である「パーソナリティと自己」への「人間心理学的アプローチ」について，これら3つに識別される「自己」，すなわち，第1の「自己の古典的な理解」，第2の「語りによる構築としての自己」，第3の「経験的次元としての自己」と照合させながら，筆者なりに論を進めることにする。なお，さまざまな理論や学派の流れを整理する際，当然のことながら，論ずる者の立場によってそれぞれ異なる様相が把握されることになる。そしてこうした，とらえられる物事ととらえようとする者との関係性そのものを吟味の対象とするのが，人間心理学的アプローチの中心的課題でもあるといえる。

1 ■ 人間心理学的アプローチに共通する基本的な主張

　最初に，主として，アメリカで発展した「ヒューマニスティック心理学」（humanistic psychology），ヨーロッパで展開された「人間学的心理学」（anthropological psychology），そして，それらの両者を包括しつつ東洋思想などにも開かれたものとして設立された「日本人間性心理学会」のおおよその系譜をあげながら，考察を試みる。

　心理学のこの立場の人々が関心を寄せるのは，心理学が自然科学的方法に則って発展する過程で置き去りにされた人間を統合的な存在として，いわば生きている姿をできるだけ「まるごと」とらえようとすることである。すなわち，たんなる過去の産物や部分の寄せ集めではなく，主体性と志向性をもった独自な存在として理解しようとする。たとえば，アメリカ・ヒューマニスティック心理学会の創立総会（1962年）で，初代会長のマズロー（Maslow, A. H.）は，従来の心理学の二大勢力である精神分析と行動主義を批判して，自らの動きを「第三勢力」の心理学と称した。その創立総会には，ロジャーズ，オルポート，ロロ・メイ，ゴールドシュタイン（Goldstein, K.），フロム，シャーロッテ・ビューラー（Bühler, C.），なども参加していたとされる（畠瀬，1996）。ヨーロッパにおける動向とそれらの主張の源流については，次項において述べるが，上

記のアメリカの影響を受けつつ独自な発展を遂げようと意図した日本人間性心理学会では，機関誌の「創刊のことば」に，「人間を分節化しえない統一体として見，主体的に意志し，自己実現を求め，価値を追求する，意識と感情をもった人間として見なければならない」（畠瀬，1983）と謳われている。その編集規定には「本誌は，ヒューマニスティック，人間学的，現象学的，実存的，人間主義的，人間中心などと呼ばれる，人間の人間らしさを追求し，人間の理解と成長・幸福に貢献する人間科学としての心理学およびその学際的研究の発展を志向しており，これに関する内容のものであれば，専門分野や記述形態にはとくに制限を設けない」と記されている（日本人間性心理学会，1983）。

ところで，心理学におけるこうした動きの背景には，1940年代初頭に，オルポート（Allport, 1943）が，「自我または自己というものが存在することは，あらゆる人が（心理学者も含めて）確信して疑わないことであるのに，それが，今日の科学的心理学において，ほとんど心理学の問題にされなかったのは，大変奇妙なことである」と述べて，当時主流をなしていた，心理学の対象は外から観察可能な行動のみであるとしたワトソン（Watson, J. B.）の行動主義心理学を批判したことに端を発している。

2 ■ 「自我」と「自己」をめぐる人間心理学的アプローチの萌芽とその流れ

ここで，ギャラガーとザハヴィのいう「自己の古典的な理解」すなわち暗黙の前提としての自分自身（我）があり，その存在を認識する自分と認識される自分に識別されうるという見解にもとづいて，基本的流れをとらえてみる。

まず，具体的な心理学における系譜としては，19世紀にすでに，ディルタイ（Dilthey, 1894）は，人間の精神生活は全体を対象とし，個人の心的生活の具体的な意味ある姿をとらえるべきであること，要するに自我性（Selbigkait）の意識による統一が重要である，としている。それは，シュプランガーに受け継がれ，たとえば，「特殊の新しいものとして眼を内界に向けること」，「主観をそれ自身一個の世界として見出すこと」を，青年期の「自我の発見」とし，「……従ってこれには大きな孤独の体験が伴う」（Spranger, 1924/1957, p.8）と述べている。また，フロムは，「……精神統一が出来るようになることは，自分ひとりになれることを意味する。……ひとりでいられる能力は，愛する能力を持つことへの条件である」（Fromm, 1956/1959）と指摘している。

心理療法への影響としては，フランクルによって創設されたロゴセラピー（Logotherapie）にも，ビンスワンガー（Binswanger, 1947/1967）による現存在分析（Dasein Analyse）にも受け継がれている。フランクルは，人間は，意識性存在であると同時に責任性存在であると考え，人間の価値の領域を，創造的価値，体験価値，態度価値の3つをあげている（Frankl, 1952/1957）。そのなかで，どんな状況にあっても，人が責任をもって選択できる価値は，態度価値であり，それは所与の状況におかれた自分自身について，それを認識したうえで選択し自己の責任でそれを引き受けるという生き方である。そして，ロロ・メイは，現代の病根の一つとして，「自我感の喪失」をあげ，自我になりきる勇気を呼びかけている。「内的自由を保持し，新しい領域への内なるた

びを続けることは，外的自由を求めて，挑戦的に立ち向かうよりも，はるかに大きな勇気の必要な仕事である……」(May, 1953/1970) という。

他方では，ヴント (Wundt, W.) とほぼ同時代に活躍したブレンターノ (Brentano, F.) は，後に，現象学の創始者となったフッサール (Husserl, E.) の師匠でもあるが，当時の心理学が，心的内容のみを対象としていることに反対して，心的作用または心的機能のみが心的現象であると考え，それが心理学の真の対象であり，心的現象の指標の特徴は，対象の志向的内在性あるいは客体への志向を有する点にあることなどを指摘した。そうした意識の特徴に賛同するジェームズ (James, W.) は，当時の自我論が抽象的な要素の構成から人の心的現象を説明しようとする風潮に反対して，「意識の流れ」を強調し，できるだけ，私たちに生ずるままの全意識状態に注意することによって，より生きたまま心を理解しうると考えた。ジェームズの考えを受けて，クーリー (Cooley, 1902) は，「鏡映自己」(looking-glass self) という概念で，自我の形成における他者との関係を強調する。ミード (Mead, 1934/1973) は，クーリーの考えにそって自我とは私 (me) のなかに取り入れられた一般化された他者であると述べ，行為の主体としての「自我」(I) と主体によって見られる対象としての「自己」(me) とに分けて考察を加え，主体によって自己と認められる範囲は，その時々により状況により変化することを例示している。その他，多種多様な人間心理学的萌芽とみなされる自我と自己のとらえ方があるが，北村 (1977) は整理を試みた結果，これらの論議に深入りしてみてもパーソナリティと自我，自己との関係が必ずしも明確にみえてはこないと述べている。そして，この見解は，現代に至っても，先に述べたギャラガーらの，自己の実在性と虚構性についてコンセンサスは得られていないという指摘と同様の事情にあることを示している。

3 ■ 知覚の場における「自己」：相手の内側に沿っての理解

次に，相手の内的世界をいわばその人の内側に沿って，把握する人間理解の方法について検討する。オルポート (Allport, 1961/1968) は，パーソナリティを，「個人のなかにあって，その人の特徴的な行動と考えとを決定するところの，精神身体的体系の動的組織である」と定義している。また，パーソナリティとは，いわば，自分自身をも含めた自己の環境に対するその人の独自な知覚様式である (Stagner, 1961) ともいわれる。

この知覚の場ないしは現象の場への注目は，1940年代に，スニッグとコムズによって提唱され，その後，ロジャーズによってカウンセリングの主要な観点として定着していくことになった。そして，スニッグとコムズにおいては，比較的，主体によって知覚され意識されている側面が強調され，たとえば，「知覚の場が行動を決定する」ことについて，「もしも，ひとりの人が，自分はナポレオンである，と信ずるならば，その人は，ナポレオンのように，さもなければ少なくとも，ナポレオンについてのその人の概念のように，行動するであろう」そして，「人の知覚の場におけるいろいろな分化のうちでもっとも重要な合成物 (complex) は，その人の現象の自己 (phenomenal self)」であり，「その人がするあらゆることのための照合点 (point of reference) なの

である」(Combs & Snygg, 1959/1970, p.196) と主張する。この現象の場における自己の重視は，ある人を理解するには「その人自身によって見られるままの」その人の世界を，とくに，その世界の中核的存在としての，その人の見た彼自身の像を把握することが大切であるというロジャーズ（Rogers, 1963/1967）の見解へ引き継がれていく。

4 ■ パーソナリティの変容における「自己」

人間の本性の中に，「自己実現」の欲求があることを最初に主張したのは，ゴールドシュタインとマズローとされる。マズローは，5段階の欲求の階層を想定しており，基本となる生理的欲求から，安定と安全，所属と愛情，自尊と承認の欲求の4つの段階を欠乏欲求とよび，これが欠乏するとそれを満たすために行動し，それが満たされれば当面それを求めることはない。しかしながら5番目の自己実現の欲求は，成長動機によって導かれており，充足されればされるだけ自分を成長させようとしてより高度な達成を求めるというのである（Maslow, 1968/1998）。これらは，ロジャーズのいう成長動機，ロロ・メイのいう「自我感の獲得」などとも共通するものである（畠瀬, 1972）。

a. ロジャーズの理論

ロジャーズのカウンセリング論においては，カウンセラーの傾聴によって，クライエントの，感情を含む有機体のより深いレベルでの体験が引き出されて，言語化が可能になるとされる。また，その人が自分自身に対して抱いている自己概念ないし自己構造が，その人の有機体として体験しているものと，より一致していれば（自己一致），内部的な体験によって脅かされることが少なく，十分に機能している人として，より健全に生きられるというものであり，これが治療理論の根底ともなっている。ロジャーズは「建設的なパーソナリティ変化が起こるための，必要にして十分な条件」（Rogers, 1957/1966）として，6つの条件をあげている。そのなかで，カウンセラーに求められる3つの態度条件として，上記の「自己一致」（真実性，純粋性として扱われる場合もある），「無条件の肯定的な配慮」（クライエントに対する受容），「感情移入的（共感的）理解」（クライエントの内部的照合枠に感情移入的理解を経験していること）を重視し，これらセラピストの無条件の肯定的な配慮と感情移入的理解をクライエントに伝達するということが，最低限に達成され，ある期間継続するならば，建設的なパーソナリティ変化の過程が，そこに現れる，というものである。ロジャーズは，非指示療法，クライエント（来談者）中心療法，パーソンセンタードアプローチ（person-centered approach）などの実践的変遷をたどるが，晩年にかけては，集団のもつ創造的な力に注目して，さまざまなエンカウンター・グループによる試みを行っている。

b. ジェンドリンのフォーカシング

ジェンドリンは，哲学を専門としていたが，経験的に，人のパーソナリティの変容にとって，その人の体験過程のあり方が重要であることを知り，それを「フォーカシング」（Focusing）と名づけて深め，心理療法でもあり哲学でもあり生きることでもある実践活動として定着させた

(Gendlin, 1964)。フォーカシングでは，有機体（フォーカサー〔Focuser〕）の深い内奥で体験されている暗々裏の感情や内部感覚にも関心が寄せられ，それは，さまざまな表象や感覚などの手がかりを通して，聴き手（リスナー〔Listener〕）と，いわば体験過程を協働することによって把握が可能になるとされている。また，ロジャーズの心理療法と自分の発見が同質のものであるとの認識にもとづき，連携して取り組むことになった。彼らにあっては，パーソナリティは，静的・固定的なものではなく，人は絶え間なく変化しつつしかしある一貫性を保ちながら，いわば，有機体としての現実を感知しながら生きているというような人間観のもとに，人間理解と心理療法を進めていった（たとえば，Gendlin, 1978/1982）。

c. 相互関係による語りの生成

こうした対人的関係によって，自己の内面が把握され理解が深まり，パーソナリティの変容が生ずるという観点は，聴き手との相互作用によって語り手の自己の物語りが創出される一連の過程とみることもでき，それらが必然的にそれぞれの社会・文化的文脈を背景に展開されること，一連の時間性を担いながら相互に絡み合う関係性の反映として語りが生成されることなどから，冒頭に述べたギャラガーらの「語りによる構築としての自己」という流れへと位置づけることも可能であろう。

5 ■ 日本における人間心理学的アプローチの多様性

日本における人間心理学的アプローチの業績を位置づけるには，多くの先人たちが多様な努力を重ねており，現状の整理が困難である。ここでは，さまざまな取り組みについて，恣意的な羅列を試みるにとどめる。アメリカのヒューマニスティック心理学の日本への伝播は，ロジャーズのクライエント中心療法とその思想にもとづくアメリカの教育が，終戦後の日本に持ち込まれた影響が大きい。ロジャーズのエンカウンター・グループや，ジェンドリンのフォーカシング，マズローらの自己実現概念やアメリカの現象学的心理学の紹介と浸透などによって，アメリカのヒューマニスティック心理学の日本への導入が図られた。それ以前のジェームズやオルポートの紹介や学説の整理，ヨーロッパの人間学的心理学の流れを汲む学者もあげられるし，東洋・日本で展開してきた人間主義的心理学をふまえての著作に取り組んだ先人たちの業績も大きい。その他，自己論の整理と教育分野，倫理学，文化人類学などとの接点を模索している人々もいる。カウンセリングに仏教の知恵を導入する努力もあり，これらの労苦とその成果を後世へ継承することも意識しなければなるまい。また，トランスパーソナル医学・心理学の方向への発展のかたちもある。そして，人間の本性を成長する存在とみるのがアメリカのヒューマニスティック心理学成立の主要テーマであったが，人間の性としての「悪」の問題に取り組む動きもあり重要に思われる（星野, 2010）。なお，最近の日本心理学会の年次大会においては，日本パーソナリティ心理学会のメンバーによる「自己」をめぐる諸問題についての議論が続けられており，本稿に記載した課題も含めて，現代的な展望が開けることが期待される。

6 ■ 人間が「生きること」と「自己」

　ギャラガーとザハヴィ（Gallagher & Zahavi, 2008/2011）は，第3の分類「経験的次元としての自己」について，ダマシオ（Damasio, 1999/2003）を引用しながら，2つのあり方に分ける。すなわち，一つは，有機体の一生を通じて安定している自分についての原初的で単純な経験的実在性としての「コア自己」であり，もう一つは，「自伝的自己」とよばれる有機体の一生を通じて発展し，通常の記憶とワーキングメモリの両方に依存する「拡張された意識」によって与えられる「精巧な自己の感覚」である。前項までにとりあげた人間性（自己）の理解のいくつかについて，これらを照合枠にして位置づけてみよう。先に述べた，オルポートの，誰もが自我または自己というものの存在を確信しているという記載は，少なくとも，コア自己の自明性を指摘している。フランクルの，限界状況における態度価値の実現や，フロムの主張する孤独でいられる能力が愛の前提条件であること，ロロ・メイの「自我感の喪失」などは，1人称として言語的に表現できる経験的次元の「自伝的自己」を必要としている。さらに，ギャラガーとザハヴィは，経験的自己を扱うときには「自己（self）」という用語を当て，物語的自己には「物語的構築としての人格（person）」という用語を使用して区別するのが適当であろうと述べている。傾聴されつつ語ることによるパーソナリティの変容などを重視する心理療法の基盤にあるのは，第3の「経験的次元としての自伝的自己」と第2の「語りによる構築としての自己」であり，その過程で扱われるのは，「物語的構築としての人格」であろう。

　そして，他方では，私たちの素朴な感覚のなかには，西洋流の我と汝の人格的出会いやその関係性における語りの創出の重要性だけではなく，いわば，日本的伝統に暗々裏に受け継がれている心性とでもいえるような「自己感覚」が潜んでいるのではないだろうか。たとえば，2011年の東日本大震災による危機的状況にあって，自己を忘れたかのように主張せず相手を支える姿や，無言のうちに察しつつ状況のなかに自己を定位しその場をケアするという行動様式が，日常的に広範囲にみられたように思われる。これらの現象は，今までみてきた枠組み，すなわち，認識の主体としての自我と客体としての自己（自己の古典的理解），対人相互の関係性に根ざして生成する「語りによる構築としての自己」，「素朴な経験的次元としての自己（コア自己）」，そして，「より精巧な経験的次元としての自己（自伝的自己）」にどのように位置づけられるのであろうか。あえて表現すれば，経験的次元の深まりに根ざした世界内存在としての相互疎通的自己とでも記載しておこう。それは，「無我」とか「集合的無意識」あるいは「アイデンティティの確立」とはどのような関係にあるのだろうか。そして，もしかして，私たちの経験的実感においては，個別性を有しつつ何らかの真実性に開かれているような一連の価値の体験としての自己もあるといえるのではないだろうか。こうした方向への探究も，人間の「生」をまるごと理解し支えようとする場合の人間心理学的アプローチにとっては，重要なテーマであるように思われる。

◆ 引用文献

Allport, G. W. (1943). The ego in contemporary psychology. *Psychological Review*, **50**, 451.

Allport, G. W. (1968). 人格心理学（上・下）（今田 恵，監訳）．誠信書房．(Allport, G. W. (1961). *Pattern and growth in personality*. New York : Holt, Rinehart, & Winston.)

Binswanger, L. (1967). 現象学的人間学（荻野恒一・宮本忠雄・木村 敏，訳）．みすず書房．(Binswanger, L. (1947). *Zur phänomenologischen Anthropologie. Ausgewählte Vorträge und Aufsätze*, Bd. 1. Bern : Francke Vertag.)

Combs, A. W., & Snygg, D. (1970). 人間の行動：行動への知覚的なアプローチ（友田不二男，編・手塚郁恵，訳）．岩崎学術出版社．(Combs, A. W., & Snygg, D. (1959). *Individual behavior : A perceptual approach to behavior*. New York : Harper & Row.)

Cooley, C. H. (1902). *Human nature and the social order*. (Dilthey, W. (1894). Ideen über eine beschreibende und zergliedernde Psychologie.) New York : Charles Scribner's Sons.

Damasio, A. R. (2003). 無意識の脳 自己意識の脳（田中三彦，訳）．講談社．(Damasio, A. R. (1999). *The feeling of what happens*. San Diego : Harcourt.)

Dilthey, W. (2003). 記述的分析的心理学（丸山高司，訳）．大野篤一郎・丸山高司（編集・校閲），ディルタイ全集：3 論理学・心理学論集（pp.637-756）．法政大学出版局．(Dilthey, W. (1894). Ideen über eine beschreibende und zergliedernde Psychologie.)

Gallagher, S., & Zahavi, D. (2011). 現象学的な心：心の哲学と認知科学入門（石原孝二・宮原克典・池田 喬・朴 嵩哲，訳）．勁草書房．(Gallagher, S., & Zahavi, D. (2008). *The phenomenological mind : An introduction to philosophy of mind and cognitive science*. London and New York : Routledge, Taylr & Francis Group.)

Gendlin, E. T. (1964). A theory of personality change. In P. Worchel & D. Byrne (Eds.), *Personality change* (pp. 100-148). New York : John Wiley & Sons.

Gendlin, E. T. (1982). フォーカシング（村山正治・都留春夫・村瀬孝雄，訳）．福村出版．(Gendlin, E. T. (1978). *Focusing*. New York : Bantam Books.)

Frankl, V. E. (1957). 死と愛：実存分析入門（霜山徳爾，訳）．みすず書房．(Frankl, V. E. (1952). *Aerztliche Seelsorge*. Wien : Franz Deuticke.)

Fromm, E. (1959). 愛するということ（懸田克躬，訳）．紀伊國屋書店．(Fromm, E. (1956). *The art of loving*. New York : Harper & Brothers Publishers.)

畠瀬 稔．(1983)．創刊のことば．人間性心理学研究，創刊号．

畠瀬 稔．(1996)．人間性心理学とは何か．大日本図書．

畠瀬直子．(1972)．ヒューマニスティック心理学の系譜．心理学評論，**15**，62-77．

星野 命．(2010)．星野命著作集：I 人間性・人格の心理学．北樹出版．

北村晴朗．(1977)．新版 自我の心理．誠信書房．

Maslow, A. H. (1998). 完全なる人間：魂のめざすもの（上田吉一，訳）．誠信書房．(Maslow, A. H. (1968). *Toward a psychology of being* (2nd ed.). New York : Van Nostrand Reinhold.)

May, R. (1970). 失われし自我を求めて（小野泰博，訳）．誠信書房．(May, R. (1953). *Man's search for himself*. New York W. W. Norton.)

Mead, G. H. (1973). 精神・自我・社会（稲葉三千男・滝沢正樹・中野 収，訳）．青木書店．(Mead, G. H. (1934). *Mind, self and society*. Chicago : University of Chicago Press.)

日本人間性心理学会．(1983)．人間性心理学研究，創刊号．

Rogers, C. R. (1966). ロージァズ全集：4 サイコセラピイの過程（伊東 博，編訳）．岩崎学術出版社．(Rogers, C. R. (1957). The necessary and sufficient condition of therapeutic personality change. *Journal of Consulting Psychology*, **21**, 95-103.)

Rogers, C. R. (1967). ロージァズ全集：12 人間論（村山正治，編訳）．岩崎学術出版社．(Rogers, C. R. (1963). The concept of fully functioning person. *Psychoherapy : Theory, Resezrchi and Practice*, **1**(1),17-26.)

Spranger, E. (1957). 青年の心理（土井竹治，訳）．刀江書院．(Spranger, E. (1924). *Psychologie des Jugendalters*. Heiderberg : Quelle & Meyer Verlag.)

Stagner, R. (1961). *Psychology of personality*. New York : McGraw-Hill.

4節　潜在的・非意識的なプロセスとパーソナリティ

佐藤　徳

　かつては意識的な決定にもとづいて私たちの行動の多くが方向づけられると考えられていた。しかし，現在では，対人認知から，目標追求，感情調整に至るまできわめて多くのことが潜在的・非意識的になされていると考えられるようになった。たとえば，対人認知研究では，どのように情報が解釈されるか，人がどのように判断されるかは，その時どのような情報がアクセス可能かに左右されると考えられている。したがって，もし先に敵意に関連する言葉に接し，敵意語のアクセス可能性が高まっていれば，後の人物判断においてその特性が利用される可能性は高まる。敵意語を閾下で呈示しても同じである。しかし，実験参加者はこのプロセスに気づかない。環境内の刺激により記憶内の知識構造が自動的に活性化され，それらは自覚なしに判断に利用される。身体動作の操作も同様な効果をもたらす。たとえば，中指を立てると相手に敵意を見出しやすくなるし，男性では拳をつくると自分を力強いと判断するようになる。こうした研究では，関連する概念は記憶のネットワーク内でリンクで結ばれており，環境の刺激によりある概念が活性化されれば，リンクを通じて関連する概念にも自動的に活性化が拡散すると考えられている。感情も自己も身体状態もノードの一つである。リンクには興奮性と抑制性があり，抑制性の場合，一方の概念が活性化されれば他方のアクセス可能性は低下する。ネットワークの構造には個人差があり，どのようなネットワークが形成されるかは過去経験に依存する。個人差があるため，必ずしも同じ刺激がすべての人に同じような効果をもたらすわけではない。本節では，パーソナリティ研究においてとくに重要な潜在的・非意識的なプロセスについて紹介する。

1 ■ 態度形成における潜在的・非意識的なプロセス

　対象に対する評価的な態度も潜在的・非意識的に形成することが可能である。繰り返し顔写真を見せられるだけで相手への好意度が上昇するという単純接触効果はその典型例である。単純接触効果は刺激を閾下呈示した際でも生じる。つまり，呈示された刺激を見たという意識がともなわなくても単純接触効果は生じるのである。単純接触効果は，呈示された刺激に対してのみ生じるわけではない。それは，呈示された刺激と同一のカテゴリーに属す対象にまで般化される。白人に黒人数人の顔写真を繰り返し閾下呈示すれば，呈示されていない黒人の顔に対する好意度も上昇する（Zebrowitz, White, & Wieneke, 2008）。もう一つの典型例は，ある対象（条件刺激）をポジティブまたはネガティブな価値をもつ刺激（無条件刺激）と繰り返し対にして呈示すれば，その対象もポジティブまたはネガティブな価値をもつようになるという，評価的条件づけである。この評価的条件づけも意識をともなわず可能である。たとえば，ある人物の写真の前にミッキーマウスの人形で遊ぶ子どもの写真を閾下呈示すると，その人物はよりポジティブに評価され，性

格がいい人だとまで評価されるようになる（Krosnick, Betz, Jussim, & Lynn, 1992）。また，「私」という単語を閾下呈示した後に「賢い」とか「美しい」といったポジティブな形容詞を呈示すると，それだけで潜在的な自尊心が上昇する（Dijksterhuis, 2004）。条件刺激のみならず，無条件刺激を閾下呈示しても同じである。こうして潜在的な自尊心が高められた群では，自己に関するネガティブなフィードバックを与えられても気分の低下が少ないという。「私は愛されるに値する人間だ」といった自己教示を意識的に繰り返すと，自尊心低群ではかえって自尊心が低下することが報告されているが（Wood, Perunovic, & Lee, 2009），ネガティブなフィードバックを与えられて一時的に自尊心が低下させられた者でもこの手続きによって潜在的自尊心を高めることができる。

2 ■ プライミング

プライミング（priming）効果とは，先行する刺激の処理が後続する刺激の処理に影響を及ぼすことであり，近年では，行動もまた先行する刺激によって必ずしも意識的な決定を必要とせずに非意識的に引き起こされることが示されている。たとえば，バージほか（Bargh, Chen, & Burrows, 1996）の有名な研究では，実験参加者は白髪や杖など高齢者に関連する言葉にふれることで高齢者ステレオタイプをプライミングされている。その後，実験参加者は実験の終了を告げられ，帰りのエレベーターの位置を教えられる。従属変数は実験室を出てからエレベーターに歩くまでの時間である。高齢者ステレオタイプをプライミングされた実験参加者ではプライミングされていない実験参加者に比べて歩く速度が遅くなったのである。逆に，ビジネスマンカテゴリーをプライミングすると歩くのが速くなるし（Spears, Gordijn, Dijksterhuis, & Stapel, 2004），F1チャンピオンのミハエル・シューマッハをプライミングすると音読速度が速くなるという（Macrae, Bodenhausen, Milne, Castelli, Schloerscheidt, & Greco, 1998）。ステレオタイプや特性の活性化は課題成績にも影響を与える。大学教授ステレオタイプをプライミングすると，その後のクイズ成績が上がり，フーリガンをプライミングすると成績が下がる（Dijksterhuis & van Knippenberg, 1998）。また，アジア人女性に，アジア人ステレオタイプをプライミングすると数学の成績が上昇するが，ジェンダーステレオタイプをプライミングすると今度は数学の成績が下がる（Shih, Pittinsky, & Ambady, 1999）。もちろん，同じ刺激がすべての人に同じ効果を与えるわけではない。高齢者ステレオタイプをプライミングすると記憶成績が下がるが，それは高齢者と物忘れが連合している実験参加者に限られる（Dijksterhuis, Aarts, Bargh, & van Knippenberg, 2000）。以上のように，多くの研究で活性化された概念と一致する方向での行動変化が観察されているが，その逆の効果がみられる場合もある。その多くはそれぞれのカテゴリーの事例をプライミングした場合である。たとえば，スーパーヒーローカテゴリーがプライミングされた場合は援助行動が起こりやすくなるが，その具体例であるスーパーマンをプライミングすると逆に援助行動が起こりにくくなる（Nelson & Norton, 2005）。事例をプライミングする場合，その事例との比較が生じやすいため，逆の対比効果が起こりやすくなるのではないかと考えられている。先

のシューマッハの例では，単語リストを音読させていたため，速さ概念のレベルでプライミングが生じたが，もし運転課題であれば，「自分はシューマッハのように速くは運転できない」と対比効果が生じた可能性もある。

3 ■ 目標追求における潜在的・非意識的なプロセス

一般的に，目標を達成するには，目標を設定し，具体的な行動プランを立てて実行し，その結果を目標と比較する必要があると考えられている。現状と目標を比較して両者が一致していれば目標は達成されたことになる。しかし，一致しない場合，やれる自信があれば，このプロセスが繰り返されるが，そうでない場合は，別の目標があれば目標を変えなければ目標追求が完全にあきらめられることになる。これまでは目標追求を成功させるには目標を意識していることが必要だと考えられていたが，近年では，そもそも何を目標として採用するかも目標の活性化も手段の選択も結果のモニタリングも意識を必要とせずになされることが明らかとなっている。たとえば，努力や成功などの単語に接し達成動機がプライミングされた実験参加者は，後の課題の成績がよくなるばかりか，終了を告げられてもその課題をやり続けたり，中断されても課題を再開したりすることが報告されている（Bargh, Gollwitzer, Lee-Chai, Barndollar, & Troetschel, 2001）。また，18カ月の幼児でも2つの人形がすぐ近くで向かい合っている写真を見ると，非意識的に親和動機がプライミングされ，求められなくても援助行動を行うようになる（Over & Carpenter, 2009）。もちろん，こうした効果はその目標を望ましいと思っている実験参加者で起こり，その目標がポジティブ感情や報酬と結びついているほど効果が大きい。重要他者について考えることも同様の効果をもたらす。親友について考えれば援助目標が，母親について考えれば達成動機がプライミングされる（Fitzsimons & Bargh, 2003）。つまり，重要他者のそれぞれの期待に応じた目標が非意識的に活性化されて行動が方向づけられる。また，移動手段として自転車を頻繁に用いる者では，移動目標がプライミングされると自転車への反応が速くなるなど，手段の選択も非意識的になされることが報告されている（Aarts & Dijksterhuis, 2000）。

4 ■ 非意識的感情調整

偏見やステレオタイプを意識的に抑制しようとすればかえってリバウンドが生じてしまう（Macrae, Bodenhausen, Milne, & Jetten, 1994）のと同様に，幸せになろうと努力すると，認知的負荷が高い場合は，かえって幸福度が下がることはよく知られたことである（Wegner, Erber, & Zanakos, 1993）。衝動や悪癖に抵抗するには意識的な制御が必要だとはよくいわれるが，必ずしも意識的な感情制御はいつもうまくいくとは限らない。ステレオタイプの抑制に関しては，平等主義関連語をプライミングすることで，意識的な抑制にともなう逆説的効果を生じさせずに，非意識的に，ステレオタイプを抑制できることが示されている（及川，2005）。感情調整においても，非意識的に感情調整目標を活性化させることで，その効果が検討され始めている。たとえば，「抑

える」「安定した」「考える」などの言葉にふれさせ，感情制御目標を非意識的に活性化させた研究では，感情表出目標を活性化させるときに比べ，怒り導入時の，怒りやネガティブ感情が低いことが報告されている（Mauss, Cook, & Gross, 2007）。また，「視点」「再評価した」「注意深く分析した」などの再評価関連語にふれさせて非意識的に再評価目標を活性化させた研究では，意識的に再評価する場合と同様に，統制条件に比べて，不安導入時の心拍数の上昇が抑えられていた（Williams, Bargh, Nocera, & Gray, 2009）。この研究では，意識的に再評価する場合よりも非意識的な再評価のほうがやや有効との結果も得られている。とくに，ふだん自らは再評価方略を用いない者で非意識的な感情調整が効果的だという。

5 ■ 主体感の錯覚

すでにみたように，必ずしも何かをしようと意識的に意図したことで行動が引き起こされているわけではない。多くの場合，環境内の刺激に接しただけでとくに意識せず行動が引き起こされている。不思議なのは，それでもなお，私たちは，意図的にその行動を引き起こしたと感じるということである。ウェグナー（Wegner, 2002）は，実際の因果関係はともかく，思考が行動の原因となっていると解釈されれば，こうした主体感の錯覚が生じるとしている。それでは，どのようなときに思考が行動の原因となったと解釈されるのか？　それは，先行する思考と引き続く行動や結果が一致し，他にはっきりした原因が見当たらないときである。たとえば，「青」という漢字が閾下で呈示された後に青い丸が出れば，その丸が自身の行動とはまったく無関連に出ているのだとしても自分がその丸を出したと感じられる（Sato, 2009）。つまり，何が呈示されたか意識されなくてもたまたまそれが後の行動や結果と一致すれば，自分が結果をコントロールしていると感じられるのである。逆に，自分の他にも行動の原因となりうる人間がいると信じるだけでも，その人間は実際には何の行動も行っていないにもかかわらず，主体感が低下する。ここでも，意識は必ずしも必要はない。神を信じている人は「神」という単語が行動の前に閾下呈示されただけでも主体感が低下する（Dijksterhuis, Preston, Wegner, & Aarts, 2008）。自分が結果を引き起こしているという自己感覚の根幹にある感覚さえ必ずしも意識を必要とせずにつくられるのである。

6 ■ 潜在的態度ならびに動機の測定法

質問紙などで報告された態度が現実の行動とは対応しないことが多いことはすでに多くの研究で指摘されている。質問紙への回答は社会的に望ましい方向に歪みがちであるし，要求特性の影響も受けやすい。さらに，報告バイアス以前に，人の内省能力にも限界がある。人は，多くの場合，自分の行動についてさえ，どうしてやっているのかも，どのようにやっているのかも意識できずに適当なお話をつくりあげてしまうものであり，それゆえ，吊り橋を渡った先にいる女性を魅力的だと思い込んでしまうのである。だからこそ，内省を必要とせずに，「構成概念によって

生じる反応をもたらす過去経験の痕跡」（Greenwald & Banaji, 1995）を測定する手法が必要とされる。ここではその代表的な手法として評価プライミング法と潜在連合テストを紹介する。

　従来から，意味プライミングの研究では，ターゲット刺激と意味的に関連する刺激を先行呈示すると，無関連な刺激を先行呈示したときに比べて，ターゲット刺激の処理（たとえば，呈示された刺激が単語かどうかの判断など）が促進されることが報告されていた。この効果は，ある刺激の知覚がそれと意味的に関連する知識を自動的に活性化させるからだとされた。評価情報の場合も同じである。ポジティブなプライムが呈示された後にはポジティブなターゲットへの反応が，ネガティブなプライムが呈示された後にはネガティブなターゲットへの反応が，両者の感情価が一致しないときよりも，速くなる（Fazio, Sanbonmatsu, Powell, & Kardes, 1986）。この結果は，プライムの評価情報もまた自動的に活性化され，後の類似した評価ターゲットの処理を促進することを示しており，評価プライミング効果とよばれる。これを利用すれば，潜在的態度の測定が可能である。つまり，ある特定のプライムの後に呈示されるポジティブな形容詞への反応が統制プライム語より速ければ，そのプライムに対しポジティブな評価をしていると考えられる。逆に，ネガティブな形容詞への反応が速ければ，そのプライムに対しネガティブな評価をしていると考えられるわけである。プライムを，黒人，自己など，さまざまなものに換えれば，それらに対する潜在的な評価を調べることができる。

　最もよく使用されているのは，潜在連合テスト（Implicit Association Test：IAT）である（Greenwald, Nosek, & Banaji, 2003）。このテストもまたプライミング効果を利用している。潜在連合テストの重要なブロックでは，1組の対象概念（たとえば，「男性」と「女性」）と1組の属性概念（たとえば，「理系」と「文系」）が組み合わされ，パソコンモニター上の左右の位置に呈示される（たとえば，左に「男性」+「理系」，右に「女性」+「文系」）。そして，その間にそれぞれの概念に属する刺激（たとえば，「兄」や「数学」）が一つずつ呈示され，それらの刺激が4つの概念のいずれに属するかについての分類が求められる。次に，対象概念と属性概念の組み合わせが換えられ，同様に分類課題が行われる。それぞれの組み合わせの刺激呈示から分類までに要する反応時間が測定され，「男性」と「理系」（かつ「女性」と「文系」）の組み合わせのときのほうが，逆の組み合わせのときよりも，エラー数が少なく，反応時間が速ければ，その人にとって，「男性」という概念は「文系」よりも「理系」という概念と密接に関係しているとされる。ここで，「理系」や「文系」を，「よい」や「悪い」というカテゴリーに換えれば，潜在的態度の測定が可能となる。以上のように，潜在連合テストは，概念間の連合強度の相対的な違いを指標とした潜在的ステレオタイプや態度の測定法である。最近では，潜在連合テストにより，その後6カ月間の自殺企図の有無を，自殺企図歴，患者自身の顕在的な自殺念慮，臨床家による予測などの他の指標以上に予測できることが示されている（Nock, Park, Finn, Deliberto, Dour, & Banaji, 2010）。

　概して，潜在的態度は対象に対する非言語的な行動や生理反応を，顕在的態度は意識的な判断を予測する（Fazio, Jackson, Dunton, & Williams, 1995）。しかし，米軍基地の拡張に賛成か反対かといった，一見意識的な判断が必要と思えるような場合でも，態度をまだ決めていない人では，

顕在的な態度よりも潜在的な態度がその後の意思決定に大きな影響を与えるようである（Galdi, Arcuri, & Gawronski, 2008）。

◆ 引用文献

Aarts, H., & Dijksterhuis, A. (2000). Habits as knowledge structures : Automaticity in goal-directed behavior. *Journal of Personality and Social Psychology*, **78**, 53-63.

Bargh, J. A., Chen, M., & Burrows, L. (1996). Automaticity of social behavior : Direct effects of trait construct and stereotype activation on action. *Journal of Personality and Social Psychology*, **71**, 230-244.

Bargh, J. A., Gollwitzer, P. M., Lee-Chai, A. Y., Barndollar, K., & Troetschel, R. (2001). The automated will : Nonconscious activation and pursuit of behavioral goals. *Journal of Personality and Social Psychology*, **81**, 1014-1027.

Dijksterhuis, A. (2004). I like myself but I don't know why : Enhancing implicit self-esteem by subliminal evaluative conditioning. *Journal of Personality and Social Psychology*, **86**, 345-355.

Dijksterhuis, A., Aarts, H., Bargh, J. A., & van Knippenberg, A. (2000). On the relation between associative strength and automatic behavior. *Journal of Experimental Social Psychology*, **36**, 531-544.

Dijksterhuis, A., Preston, J., Wegner, D. M., & Aarts, H. (2008). Effects of subliminal priming of self and God on self-attribution of authorship for events. *Journal of Experimental Social Psychology*, **44**, 2-9.

Dijksterhuis, A., & van Knippenberg, A. (1998). The relation between perception and behavior or how to win a game of Trivial Pursuit. *Journal of Personality and Social Psychology*, **74**, 865-877.

Fazio, R. H., Jackson, J. R., Dunton, B. C., & Williams, C. J. (1995). Variability in automatic activation as an unobstrusive measure of racial attitudes : A bona fide pipeline? *Journal of Personality and Social Psychology*, **69**, 1013-1027.

Fazio, R. H., Sanbonmatsu, D. M., Powell, M. C., & Kardes, F. R. (1986). On the automatic activation of attitudes. *Journal of Personality and Social Psychology*, **50**, 229-238.

Fitzsimons, G. M., & Bargh, J. A. (2003). Thinking of you : Nonconscious pursuit of interpersonal goals associated with relationship partners. *Journal of Personality and Social Psychology*, **84**, 148-164.

Galdi, S., Arcuri, L., & Gawronski, B. (2008). Automatic mental associations predict future choices of undecided decision-makers. *Science*, **321**, 1100-1102.

Greenwald, A. G., & Banaji, M. R. (1995). Implicit social cognition : Attitudes, self-esteem, and stereotypes. *Psychological Review*, **102**, 4-27.

Greenwald, A. G., Nosek, B. A., & Banaji, M. R. (2003). Understanding and using the Implicit Association Test : I. An improved scoring algorithm. *Journal of Personality and Social Psychology*, **85**, 197-216.

Krosnick, J. A., Betz, A. L., Jussim, L. J., & Lynn, A. R. (1992). Subliminal conditioning of attitudes. *Personality and Social Psychology Bulletin*, **18**, 152-162.

Macrae, C. N., Bodenhausen, G. V., Milne, A. B., Castelli, L., Schloerscheidt, A. M., & Greco, S. (1998). On activating exemplars. *Journal of Experimental Social Psychology*, **34**, 330-354.

Macrae, C. N., Bodenhausen, G. V., Milne, A. B., & Jetten, J. (1994). Out of mind but back in sight : Stereotypes on the rebound. *Journal of Personality and Social Psychology*, **67**, 808-817.

Mauss, I. B., Cook, C. L., & Gross, J. J. (2007). Automatic emotion regulation during anger provocation. *Journal of Experimental Social Psychology*, **43**, 698-711.

Nelson, L. D., & Norton, M. I. (2005). From student to superhero : Situational primes shape helping behavior. *Journal of Experimental Social Psychology*, **41**, 423-430.

Nock, M. K., Park, J. L., Finn, C. T., Deliberto, T. L., Dour, H. J., & Banaji, M. R. (2010). Measuring the suicidal mind : Implicit cognition predicts suicidal behavior. *Psychological Science*, **21**, 511-517.

及川昌典. (2005). 意識的目標と非意識的目標はどのように異なるのか？ 教示またはプライミングによるステレオタイプ抑制の効果. 教育心理学研究, **53**, 504-515.

Over, H., & Carpenter, M. (2009). Eighteen-month-old infants show increased helping following priming with affiliation. *Psychological Science*, **20**, 1189-1193.

Sato, A. (2009). Both motor prediction and conceptual congruency between preview and action-effect contribute to explicit judgment of agency. *Cognition*, **110**, 74-83.

Shih, M., Pittinsky, T. L., & Ambady, N. (1999). Stereotype susceptibility : Identity salience and shifts in quantitative performance. *Psychological Science*, **10**, 80-83.

Spears, R., Gordijn, E., Dijksterhuis, A., & Stapel, D.A. (2004). Reaction in action : Intergroup contrast in automatic behavior. *Personality and Social Psychology Bulletin*, **30**, 605-616.

Wegner, D. M. (2002). *The illusion of conscious will.* Cambridge, MA : MIT Press.

Wegner, D. M., Erber, R., & Zanakos, S. (1993). Ironic processes in the mental control of mood and mood-related thought. *Journal of Personality and Social Psychology*, **65**, 1093-1104.

Williams, L. E., Bargh, J. A., Nocera, C. C., & Gray, J. R. (2009). The unconscious regulation of emotion : Nonconscious reappraisal goals modulate emotional reactivity. *Emotion*, **9**, 847-854.

Wood, J. V., Perunovic, W. Q. E., & Lee, J. W. (2009). Positive self-statements : Power for some, peril for others. *Psychological Science*, **20**, 860-866.

Zebrowitz, L. A., White, B., & Wieneke, K. (2008). Mere exposure and racial prejudice : Exposure to other-race faces increases liking for strangers of that race. *Social Cognition*, **26**, 259-275.

5節　ナラティブ・アプローチ

向田久美子

1 ■ ナラティブ・アプローチの歩み

　伝統的な心理学においては，標準化された指標や尺度を用いて統計的な解析を行い，人間行動の一般原則を見出すことを主な目的としてきた。しかし，近年では文化的文脈を重視した研究や質的な研究の意義が見直され，さまざまなアプローチによる研究が展開されるようになってきている（Cole, 1996/2002；Gergen, 1999/2004；McAdams, 1996）。

　その一つであるナラティブ・アプローチ（narrative approach）は，自己や人生について語られた物語（以下，ライフストーリーとよぶ）を分析することにより，個人が日常の経験をどのように組織化し，意味づけているかを明らかにしようとする（浅野, 2001；Bruner, 1990/1999；榎本, 1999；Hermans & Kempen, 1993/2006；やまだ, 2000）。物語の重要性にいち早く注目した心理学者は，ブルーナー（Bruner, 1986/1998, 1990/1999）である。ブルーナーによれば，人の認識モードには論理－科学モード（パラダイムモード）と物語モード（ナラティブモード）があり，前者は因果関係や真実を探求するうえで，後者は自他の行為や人生の意味を理解するうえで，それぞれ重要な役割を果たしているという。現在では，発達心理学や臨床心理学，認知心理学，社会心理学，社会学，医学，看護学など幅広い領域においてナラティブ・アプローチが取り入れられている。

　パーソナリティ心理学の分野では，このような学問的転回が起きるはるか前，オルポート（Allport, 1942/1970, 1965/1982）によってナラティブ・アプローチを用いた優れた論考が生み出されている。その後，数量的・統計的手法が優勢となり顧みられなくなってしまったが（渡邊, 2008），やがてトムキンズ（Tomkins, 1979）をへて，マクアダムズ（McAdams, 1995, 2009）が大きく発展させた。マクアダムズはパーソナリティを3つのレベルでとらえることを提唱し，レベル1をビッグファイブ（Big Five）のような特性，レベル2を動機や目標といった個人に特有の適応様式，レベル3をアイデンティティとライフストーリーとして区分している。レベル3の物語的観点からパーソナリティをみることによって，人を静的な実体としてではなく，時間の流れのなかで動的に生成・変化する存在としてとらえることが可能になる（Polkinghorne, 1991；Scheibe, 1986）。

　これまでの研究では，ライフストーリーの構造や内容的特徴，それらの発達的変化と一貫性，パーソナリティ特性や動機づけ，心理的適応等との関連が検討されている。1988年の *"Jounrnal of Personality"* 第56巻では早くも "Psychobiography and life narratives" という特集が組まれ，2004年の第72巻では "Narrative identity and meaning making across the adult lifespan" という特集が組まれている。日本でも，2008年の『パーソナリティ研究』第16巻の特集テーマと

して「『語り』からみるパーソナリティの発達・変容」がとりあげられている。これらのことも，ナラティブ・アプローチによるパーソナリティ研究の広まりを示すものといえるだろう。

2 ■ ライフストーリーを語る力

ライフストーリー（life story）の研究は，青年期や成人期の人を対象としたものが多い。これは，一貫性のあるライフストーリー（ナラティブ・アイデンティティ）を語る力が青年期になって現れることによる（Habermas & Bluck, 2000）。しかし，実際にはそれ以前から，人はライフストーリーの語り手になるべく準備を整えている。

物語を理解し，産み出す力は 2 歳から 10 歳にかけて発達するが（Kemper, 1984），それが自己と結びつくのは 4 歳前後のことになる。この頃になると，身近な他者とのやりとりのなかで，ライフストーリーの萌芽といえる自伝的記憶を語り始める（Nelson & Fivush, 2004）。自伝的記憶とは，「エピソード記憶の中でも，自己のライフストーリーにとって意味のある，自己の物語を形成しうる記憶」（Nelson, 1992）であり，自己意識，記憶，時間認識，心の理論，言語能力，語りといった内的諸能力の発達に支えられつつ，養育者との共同作業によって成立する。

児童期半ば（9〜10 歳）をすぎると，複数のエピソードを組み合わせた，時間的一貫性のある，より長いストーリーを語ることができるようになるが（Bohn & Berntsen, 2008），まだ人生を統合するような視点はみられない。その一方で，語りの内容や順序が文化規範に沿ったものになってくる（Habermas, Ehlert-Lerche, & de Silveira, 2009）。

青年期に入ると，認知能力の発達とともに，自らの過去と現在，将来を結びつけ，人生に意味と一貫性を見出そうとする動機づけが高まり，ライフストーリーを構築しはじめる（Habermas & Bluck, 2000）。10 代後半になると，過去の体験に意味を見出す傾向が強くなり（McLean & Breen, 2009），語りの相手として親よりも友人の比重が増してくる（McLean, 2005；Pasupathi & Hoyt, 2009）。

青年期から成人期にかけて，語りの内容が精緻化する一方，語り口の個人差（情緒的トーンや複雑さ）に安定性も現れてくる（McAdams, Bauer, Sakaeda, Anyidoho, Machado, Magrino-Failla, White, & Pals, 2006）。また，過去の経験によって自分がどう変化したか（どのような教訓を得たか）に焦点を当てることが増え（McCabe, Capron, & Peterson, 1991），この傾向は老年期に至るまで続く（Bluck & Gluck, 2004；Pratt, Norris, Arnold, & Filyer, 1999）。成人を対象とした研究からは，数年にわたる縦断研究への参加を通して，自らの人生経験をより意義深く，肯定的にとらえるようになるケースもみられ（やまだ, 2007；山口, 2002），注意深い聴き手の存在，安心して語り，語り直せる場の存在が，成人期以降のライフストーリー構築においても大きな役割を果たすことが示唆されている。

3 ■ ナラティブ・アプローチによる自己／パーソナリティ

ナラティブ・アプローチを用いた自己／パーソナリティをめぐる研究は，しばしば生涯発達的観点からなされており，ライフストーリーと種々の心理尺度を組み合わせた研究も少なくない。

これまでの研究によれば，困難な人生体験を精緻に語ることのできる成人には，パーソナリティの成熟が認められるほか（King, Scollon, Ramsey, & Williams, 2000；King & Raspin, 2004），悪い出来事があってもそれにポジティブな意味を見出す成人には，高いジェネラティビティ（generativity：次世代育成性／世代性）や主観的幸福感が認められるという（McAdams, 2006；McAdams, Reynolds, Lewis, Patten, & Bowman, 2001）。ほかにも，語りをとおして経験を意味づけるプロセスが，洞察や知恵，成熟をもたらすことを示した研究は少なくない（Singer, 2004）。

日本では，能智（2000）が頭部外傷者の語りを分析し，「他よりもましな自己」「成長した自己」「回復途上の自己」などの5つの自己像が，現状に対処していく力となっていることを見出している。性同一性障害者（荘島, 2008）や不妊治療をやめた女性（安田・やまだ, 2008）を対象とした研究からは，対象者が現状に向き合い，受け入れるまでの固有の心理プロセスが浮き彫りにされている。

ライフストーリー研究の多くは，対象者に過去を振り返ってもらう回顧的アプローチをとっているが，縦断研究により，語りとパーソナリティ発達との因果関係を明らかにした研究もある（たとえば，King & Raspin, 2004）。成人女性を対象にした長期縦断研究では，21歳時点でのパーソナリティ特性（コーピング・オープンネス：困難な出来事がもたらす考えや感情に対する開放性と耐性）が52歳時点での出来事の語りに影響し，さらにその語りの個人差が61歳時点でのパーソナリティの成熟を左右することが確認されている（Pals, 2006）。この結果は，語りとパーソナリティが，生涯にわたって双方向的に作用し合うことを示している。

これまでの研究を総合すると，人生の転機ともいえる出来事，とりわけ困難な出来事に出会ったとき，人はそれまでの物語の書き換えを迫られ，ライフストーリーを語り直すことによって新たな事態への適応をはかり，その過程においてパーソナリティが発達する可能性があるということであろう。成人期から老年期にかけて，子どもの巣立ち，自分や家族の病気，仕事からの引退，近親者の死など，転機となる喪失体験も増えてくる。それゆえ，ナラティブ・アイデンティティの発達は生涯にわたって続くと考えられる。

4 ■ ライフストーリーと文化

最後に文化との関連についてふれておきたい。個人の語る物語は，それぞれの体験や考えを反映した個人特有のものである一方，聞き手に，広くは社会に対して受け入れられるかたちで語られる（浅野, 2001；Habermas & Bluck, 2000；Plummer, 1995/1998）。それゆえ，語りの形式や順序，強調される内容等には，特定の社会・文化集団内において共通性がみられる（Bruner, 1990/1999；McAdams, 1996；Singer, 2004）。

自己をめぐる語りの文化差は，すでに幼児期からみられることが示されている。自伝的記憶の比較文化研究によれば，韓国の子どもに比べて，中国とアメリカの子どもの語りがひじょうに具体的である一方（Han, Leichtman, & Wang, 1998），その内容には違いがみられ，中国の子どもが社会的役割や状況を中心に語るのに対し，アメリカの子どもは自らの内的属性を肯定的に語る傾向があるという（Wang, 2004）。日中米の大学生の将来展望を比較した向田ほか（Mukaida, Azuma, Crane, & Crystal, 2010）においても，日本では状況や内面を中心とした曖昧な語り，中国では上昇を目指す具体的かつ野心的な語り，アメリカでは否定要素の少ない，ハッピーエンドの語りが優勢であることが見出されている。

これらの文化固有の語り口の元になっているのは，絵本や教科書，小説や伝記，ドラマやニュースといった，種々の文化的テキストとそこに描かれる物語であり（Polkinghorne, 1991），身近な人々の語りやマスメディア，学校教育等を通して獲得されると考えられる。

社会学者のプラマー（Plummer, 1995/1998）は，米英の同性愛者や性犯罪被害者の語りのなかに，西欧近代小説の5大要素（安住の地の確保，争いへの参加／戦いにおける勝利，旅への出発，苦難の忍耐，目標達成の追求）が含まれていることを見出している。マクアダムズ（McAdams, 2006；McAdams & Pals, 2006）も，ジェネラティビティの高いアメリカの成人の語りにみられるテーマ（redemption〔補償〕，恵まれた幼少期，他者の苦しみへの気づき，明快な道徳，力と愛の葛藤，将来の成長）がピューリタン神話やアメリカ文学，大衆的な自己啓発本などにもみられると述べている。

上述した向田ほか（Mukaida et al., 2010）における大学生の作文にも，既存の物語との類似性を指摘することができる。昔話に関していえば，アメリカ人大学生の肯定的結末の強調は「人生の上向きの履歴書」として描かれる西欧の昔話と類似しており，日本人大学生の曖昧な語りは「偽終止」という不鮮明な終結部分をもつ日本の昔話と類似している（小澤, 1999）。これらのことからすると，意識的にせよ，無意識的にせよ，人は自分を取り巻く文化的環境から既存の物語を選び，組み合わせ，修正し，時に反発するなどして，ナラティブ・アイデンティティを構築しているといえるだろう。

◆ 引用文献

Allport, G. W. (1970). 心理科学における個人的記録の利用法（大場安則，訳）. 培風館.（Allport, G. W. (1942). *The use of personal documents in psychological science*. New York : Social Science Research Council.）
Allport, G. W. (1982). ジェニーからの手紙：心理学は彼女をどう解釈するか（青木孝悦・萩原 滋，訳）. 新曜社.（Allport, G. W. (1965). *Letters from Jenny*. New York : Harcourt Brace Jovanovich.）
浅野智彦. (2001). 自己への物語論的接近：家族療法から社会学へ. 勁草書房.
Bluck, S., & Gluck, J. (2004). Making things better and learning a lesson : Experiencing wisdom across the lifespan. *Journal of Personality*, **72**, 573–602.
Bohn, A., & Berntsen, D. (2008). Life story development in childhood : The development of life story abilities and the acquisition of cultural life scripts from late middle childhood to adolescence. *Developmental Psychology*, **44**, 1135–1147.
Bruner, J. S. (1998). 可能世界の心理（田中一彦，訳）. みすず書房.（Bruner, J. S. (1986). *Actual minds, pos-*

sible worlds. Cambridge, MA : Harvard University Press.）
Bruner, J. S.（1999）．意味の復権：フォークサイコロジーに向けて（岡本夏木・仲渡一美・吉村啓子，訳）．ミネルヴァ書房．（Bruner, J. S.（1990）. Acts of meaning. Cambridge, MA : Harvard University Press.）
Cole, M.（2002）．文化心理学：発達・認知・活動への文化歴史的アプローチ（天野　清，訳）．新曜社．（Cole, M.（1996）. Cultural psychology : A once and future discipline. Cambridge, MA : Harvard University Press.）
榎本博明．（1999）．〈私〉の心理学的探求：物語としての自己の視点から．有斐閣．
Gergen, K. J.（2004）．あなたへの社会構成主義（東村知子，訳）．ナカニシヤ出版．（Gergen, K. J.（1999）. An invitation to social construction. London : Sage Publications.）
Habermas, T., & Bluck, S.（2000）. Getting a life : The emergence of the life story in adolescence. *Psychological Bulletin*, **126**, 748-769.
Habermas, T., Ehlert-Lerche, S., & de Silveira, C.（2009）. The development of the temporal macrostructure of life narratives across adolescence : Beginnings, linear narrative form, and endings. *Journal of Personality*, **77**, 527-559.
Han, J. J., Leichtman, M. D., & Wang, Q.（1998）. Autobiographical memory in Korean, Chinese, and American children. *Developmental Psychology*, **34**, 701-713.
Hermans, H. J. M., & Kempen, H. J. G.（2006）．対話的自己：デカルト／ジェームス／ミードを超えて（溝上慎一・水間玲子・森岡正芳，訳）．新曜社．（Hermans, H., & Kempen, H.（1993）. The dialogical self. San Diego, CA : Elsevier.）
Kemper, S.（1984）. The development of narrative skills : Explanations and entertainments. In S. A. Kuczaj（Ed.）, *Discourse development : Progress in cognitive developemtal research*（pp.99-124）. New York : Springer-Verlag.
King, L. A., & Raspin, C.（2004）. Lost and found possible selves, subjective well-being, and ego development in divorced women. *Journal of Personality*, **72**, 603-632.
King, L. A., Scollon, C. K., Ramsey, C., & Williams, T.（2000）. Stories of life transition : Subjective well-being and ego development in parents of children with Down Syndrome. *Journal of Research in Personality*, **34**, 509-536.
McAdams, D. P.（1995）. What do we know when we know a person? *Journal of Personality*, **63**, 365-396.
McAdams, D. P.（1996）. Personality, modernity, and the storied self : A contemporary framework for studying persons. *Psychological Inquiry*, **7**, 295-321.
McAdams, D. P.（2006）. *The redemptive self : Stories Americans live by*. New York : Oxford University Press.
McAdams, D. P.（2009）. The problem of meaning in personality psychology from the standpoint of dispositional traits, characteristic adaptations, and life stories. パーソナリティ研究, **18**, 173-186.
McAdams, D. P., Bauer, J. J., Sakaeda, A. R., Anyidoho, N. A., Machado, M. A., Magrino-Failla, K., White, K. W., & Pals, J. L.（2006）. Continuity and change in the life story : A longitudinal study of autobiographical memories in emerging adulthood. *Journal of Personality*, **74**, 1371-1400.
McAdams, D. P., & Pals, J. L.（2006）. A new big five : Fundamental principles for an integrative science of personality. *American Psychologist*, **61**, 204-217.
McAdams, D. P., Reynolds, J., Lewis, M., Patten, A. H., & Bowman, P. J.（2001）. When bad things turn good and good things turn bad : Sequences of redemption and contamination in life narrative and their relation to psychosocial adaptation in midlife adults and in students. *Personality and Social Psychology Bulletin*, **27**, 474-485.
McCabe, A., Capron, E., & Peterson, C.（1991）. The voice of experience : The recall of early childhood and adolescent memories by young adults. In A. McCabe & C. Peterson（Eds.）, *Developing narrative structure*（pp.137-174）. Hillsdale, NJ : Lawrence Erlbaum Associates.
McLean, K. C.（2005）. Late adolescent identity development : Narrative meaning and memory telling. *Developmental Psychology*, **41**, 683-691.
McLean, K. C., & Breen, A. V.（2009）. Processes and content of narrative identitiy development in adolescence : Gender and well-being. *Developmental Psychology*, **45**, 702-710.
Mukaida, K., Azuma, H., Crane, S. L., & Crystal, D.（2010）. Cultural scripts in narratives about future life : Comparisons among Japanese, Chinese, and American students. パーソナリティ研究, **19**, 107-121.

Nelson, K. (1992). Emergence of autobiographical memory at age 4. *Human Development*, **35**, 172-177.
Nelson, K., & Fivush, R. (2004). The emergence of autobiographical memory : A social cultural developmental theory. *Psyhological Review*, **111**, 486-511.
能智正博. (2000). 頭部外傷者の〈物語〉／頭部外傷者という〈物語〉. やまだようこ（編著），人生を物語る：生成のライフストーリー (pp.185-214). ミネルヴァ書房.
小澤俊夫. (1999). 昔話の語法. 福音館書店.
Pals, J. L. (2006). Narrative identity processing of difficult life experiences : Pathways of personality development and positive self-transformation in adulthood. *Journal of Personality*, **74**, 1079-1109.
Pasupathi, M., & Hoyt, T. (2009). The development of narrative identity in late adolescence and emergent adulthood : The continued importance of listners. *Developmental Psychology*, **45**, 558-574.
Plummer, K. (1998). セクシュアル・ストーリーの時代：語りのポリティクス（桜井　厚・小林多寿子・好井裕明，訳）. 新曜社. (Plummer, K. (1995). *Telling sexual stories : Power, change and social worlds*. New York : Routledge.)
Polkinghorne, D. E. (1991). Narrative and self-concept. *Journal of Narrative and Life History*, **1**, 135-153.
Pratt, M. W., Norris, J. E., Arnold, M. L., & Filyer, R. (1999). Generativity and moral development as predictors of value-socialization narratives for young persons across the adult lifespan : From lessons learned to stories shared. *Psychology and Aging*, **14**, 414-426.
Scheibe, K. E. (1986). Self-narratives and adventure. In T. R. Sarbin (Ed.), *Narrative psychology : The storied nature of human conduct* (pp.129-151). New York : Praeger.
荘島幸子. (2008). 「私は性同一性障害者である」という自己物語の再組織化過程：自らを「性同一性障害者」と語らなくなったAの事例の質的検討. パーソナリティ研究, **16**, 265-278.
Singer, J. A. (2004). Narrative identitiy and meaning making across the adult lifespan : An introduction. *Journal of Personality*, **72**, 437-459.
Tomkins, S. S. (1979). Script theory. In J. Aronoff, A. I. Rabin, & R. A. Zucker (Eds.), *The emergence of personality* (pp.147-216). New York : Springer.
Wang, Q. (2004). The emergence of cultural self-constructs : Autobiographical memory and self-description in European American and Chinese children. *Developmental Psychology*, **40**, 3-15.
渡邊芳之. (2008). 特集：「語り」からみるパーソナリティの発達・変容（巻頭言）. パーソナリティ研究, **16**, 263-264.
やまだようこ. (2000). 人生を物語ることの意味：ライフストーリーの心理学. やまだようこ（編著），人生を物語る：生成のライフストーリー (pp.1-38). ミネルヴァ書房.
やまだようこ. (2007). 喪失の語り：生成のライフストーリー. 新曜社.
山口智子. (2002). 人生の語りにおける語りの変容について：高齢者の回想の基礎的研究として. 心理臨床学研究, **20**, 275-286.
安田裕子・やまだようこ. (2008). 不妊治療をやめる選択プロセスの語り：女性の生涯発達の観点から. パーソナリティ研究, **16**, 279-294.

5章　多様な個人差

1節　認知スタイルの個人差

神谷俊次

1 ■ 情報処理アプローチ

　人間の知的活動を対象として，その内的過程を解明しようとする認知心理学では，人をコンピュータの一種とみなしている。コンピュータは，データの加工・蓄積・検索といった情報処理を高速で行う機械である。「お昼ご飯に何を食べようか」「この人はどんな人だろうか」「どの大学に進学しようか」，こういった判断や意思決定の背後で，人間も，コンピュータと同じようにさまざまな情報処理を行っている。このような情報処理がどのようにすすんでいくのかを明らかにすることによって心やその働きを理解しようするのが情報処理アプローチである。

　認知心理学から始まった，人間の内的過程への注目は，その後，社会心理学やパーソナリティ心理学へと広がっていった。人間の行動は，周囲の人々や社会からの影響を受ける。こういった社会的場面で生じる行動に対して情報処理アプローチが採用され，社会的認知とよばれる「人が，他者や自己，あるいはそれらを含む社会をどのように認識，理解，思考するかについて検討する」（森, 2010）分野において人間の行動の基礎にある内的過程の解明がすすめられている。

2 ■ 認知とパーソナリティの接点

　心理学は，人間の行動ないし心に関する法則を確立しようとする。「A」という刺激を見たとき，人は，それが「アルファベットの最初の文字」で「エイ」と読み，通常「優れていることを意味している」といった処理をする。このような単純な刺激の知覚や記憶では，人や状況を超えて同じような情報処理が進行すると考えられる。つまり，人間に共通する認知過程に関する法則を見

出すことができる。しかし、社会的認知に関しては、同じ状況でも、人によって反応が異なることがある。たとえば、同じ人物に対する第一印象でも、「頑固で怖そうな人」と認知する人もいれば、「誠実で筋を通そうとする人」と認知する人もいる。同じ刺激人物に対して異なった印象が形成されるのは、人によって情報処理が異なるためと考えることができる。

ミシェル（Mischel, 1973）は、人々の行動は、状況を超えて必ずしも一貫しているわけではなく、状況に強く依存しており、個人の要因と状況に関する要因の相互作用によって行動パターンが規定されると主張している。そして、個人の要因として、社会認知的個人差変数とよばれる5種類の変数をあげている（5章2節参照）。そのうちの一つである「符号化」の仕方は、自己や他者、出来事や経験をどのように符号化（表象、解釈、評価、説明）するかというものであり、どのような情報に注意を向けてどのように情報を認知するかによって個人差を説明しようとする。

a. 情報処理の様式への着目

個人によって刺激を処理する際の符号化の仕方が異なると考えた場合、情報処理過程にどのような差異を仮定したらよいだろうか。符号化の仕方そのものは、直接、パーソナリティや情報処理能力の違いを反映するものではない。むしろ、刺激を処理する際の、処理の仕方、あるいは、処理に関する構えといったものを想定することが必要であろう。つまり、情報処理の様式が個人によって異なるとみなすのである。

様式（スタイル）は、『日本大百科全書』（小学館, 2004）によれば「一般に個々の人間や社会あるいは民族の行動・生活の仕方や、形成の方式」である。情報処理という文脈では、ある個人に特有の安定した情報処理の仕方ということになる（Messick, 2001）。

近年、この情報処理の様式に注目が集まっている。その契機となった著作が、スタンバーグ（Sternberg, 1997/2000）の『思考スタイル』であろう。スタンバーグは、種々の課題における遂行には、能力やパーソナリティだけでなく、情報処理に関する様式がかかわっていると論じている。たとえば、計算テストを例にとると、その成績を規定する要因として、計算能力の高さが考えられる。また、計算能力があっても、集中していられないといったようにパーソナリティに問題があれば、成績はふるわないであろう。さらに、計算能力やパーソナリティに問題がなくても、「計算間違いをしないようにていねいにやりたい」といったような考え方をもっていれば、限られた試験時間での成績は芳しくないであろう。

情報処理の様式を考えることが重要であるというスタンバーグの主張は、ミシェルが指摘した符号化の仕方の違いとも合致する考え方である。情報処理の様式に関する研究は、認知とパーソナリティの接点に焦点を合わせるものであり、認知心理学とパーソナリティ心理学の橋渡し的な役割を果たすといえる。さらに、認知過程に着目することで人間の行動のさまざまな個人差を生み出しているメカニズムの解明にもつながると考えられる。

b. 認知スタイルとは

愛着スタイル、原因帰属スタイル、コーピングスタイルなど、心理学のさまざまな分野でスタイルないし様式という用語が用いられている。しかし、認知スタイルほど混乱している概念はない。認知スタイルの定義としては、「個人が情報を知覚する際に用いる安定した特性」（Jonassen

& Grabowski, 1993），「個人の情報処理の仕方」（Sternberg, 1997/2000），「情報をまとめたり表象したりする際に個人が好む習慣的な取り組み方」（Riding & Rayner, 1998），「知覚，思考，記憶，判断における特徴的な様式」（Messick, 2001）などがある。どの定義も，刺激と反応の間を媒介する認知構造とみる点では一致しているが，認知の範囲をどのように考えるのか，また，認知のどの側面を重視するのかによって認知スタイルの定義が異なっているといえる。より一般的には，「何らかの判断や意思決定を必要とする課題に直面したときに，個人がとる比較的一貫した課題解決の仕方や情報処理の仕方」（多鹿，2010）と定義しておくのが妥当であろう。

認知スタイルの定義の多様性に加えて，その理解を混乱させている原因として，認知スタイルと類似した，学習スタイルや思考スタイルという用語が使われていることを指摘することができる。スタンバーグ（Sternberg, 1997/2000）によれば，思考スタイルとは，考え方の好みであり，それは能力ではなく，能力の使い方の好みを意味している。また，学習スタイルは，人々がどのように学習することを好むかということを意味する。しかし，学習スタイルが「知覚，記憶，思考，判断における刺激条件を超えての個人の一貫性」（Curry, 2000）と定義されることもあるように，認知スタイルと同じような意味で用いられることも多い。アメリカ心理学会の『心理学辞典』（*APA dictionary of psychology*；VandenBos, 2007）でも，「認知スタイルは，学習スタイル，思考スタイルともいう」と解説されている。そこで，本稿では，学習スタイルや思考スタイルを包摂する概念として認知スタイルという用語を使用することにする。

3 ■ 認知スタイル研究の展開

1940年代から始まった認知スタイルの研究は，一時期，研究者の関心がうすらいだが，先に述べたように，現在，再び注目されている。とくに，近年では，学習者の認知スタイルをふまえた教授法や教材開発に関心が向けられている（市原・上之園・森山，2010）。

これまでに多種多様な認知スタイルが提唱されているが，すべての認知スタイルをとりあげることは不可能なので，以下では，初期の代表的な認知スタイル研究，パーソナリティの観点からの認知スタイル研究について述べ，近年の認知スタイル研究に影響を与えたスタンバーグの理論にふれたのち，認知スタイルの統合化の動きについて述べていく。なお，社会的認知とかかわりの深い認知スタイルに関する諸概念（例：認知的複雑性など）については5章2節でふれられる。

a. 初期の認知スタイル研究

当初，認知スタイルの研究は，モノの知覚や分類といった比較的単純な課題における遂行成績をもとにして行われていた。ウィトキンらの場依存型－場独立型という認知スタイルは，その代表的なものである。この認知スタイルは，ロッド・アンド・フレーム・テスト（Rod and Frame Test：RFT）とよばれる課題で調べられる。実験参加者は，暗室のなかで光る四角い枠（frame）と棒（rod）を呈示され，傾いた枠のなかにある棒を地面に対して垂直にすることを求められる。実験参加者が棒を調整するために利用できる手がかりは，自分の身体と自分を取り巻く周囲の場（枠）である。実験参加者がどちらの手がかりを利用して棒を定位しがちであるかが査定される。

視覚的な場に影響される人が場依存型とされ，視覚的な場に依存せず自分の身体を基準として定位できる人が場独立型とされる。この課題の遂行は，枠と棒を分離して操作できるかどうかにかかわっている。同様の論理から，複雑な図形パターンのなかからその一部として組み込まれた単純な図形を分離する埋没図形検査（Embedded Figures Test：EFT）が考案されている。EFTで単純図形を探し出すことが困難な実験参加者はRFTで場依存的であり，一方EFT課題の遂行が容易な実験参加者はRFTで場独立的であった（Witkin & Goodenough, 1981/1985）。

もう一つのよく知られた認知スタイルとして，ケイガンらが提唱した熟慮型−衝動型がある（Kagan, Rosman, Day, Albert, & Phillips, 1964）。この認知スタイルを調べる検査は，熟知図形一致判断検査（Matching Familiar Figure Test：MFFT）とよばれる。この検査では，日常的な事物を描いた標準刺激とその絵をわずかに変化させた複数の絵が呈示され，標準刺激と一致する絵を選ぶことが求められる。MFFTでは，反応の速さと正確さが指標とされ，判断は遅いが誤りの少ない熟慮型と判断は速いが誤りの多い衝動型に関心が向けられる。

上述の2つの認知スタイル以外にも，さまざまな認知課題を用いていろいろな認知スタイルが提唱されている。また，種々の認知スタイルとパーソナリティや知的能力，性差などとの関係が精力的に検討されてきた（Coffield, Moseley, Hall, & Ecclestone, 2004；Goldstein & Blackman, 1978/1982に詳しい）。

b. パーソナリティを基礎とする認知スタイル

曖昧な状況を気にするかどうかという「曖昧さに対する耐性」，物事を楽観的にとらえるかどうかという「楽観主義」，自分の行動の結果が自身の力か外的な力のいずれによって統制されているとみなすかという「ローカス・オブ・コントロール」，自分で統制できないような出来事の原因を肯定的に説明するか否定的に説明するかという「説明スタイル」といった個人差は，一般にパーソナリティ特性として理解されることが多い。しかし，こういった特性を個人に特有な外界を認識するスタイルと考えれば，認知スタイルとみなすこともできる（Kozhevnikov, 2007）。

しかし，パーソナリティを基礎とする認知スタイルとして最もよくとりあげられるのは，マイヤーズ−ブリッグス・タイプ指標（Myers-Briggs Type Indicator：MBTI）である。この認知スタイルは，ユング（Jung, C. G.）のパーソナリティ理論を基礎としている。エネルギーの方向として「外向−内向」，ものの見方として「感覚−直観」，判断の仕方として「思考−感情」，外界への接し方として「判断的態度−知覚的態度」の4つの軸が仮定されている。これらの軸における選好の組み合わせにより16タイプに類型化される（Myers & McCaulley, 1985；Pearman & Albritton, 1997/2002）。

c. スタンバーグの認知スタイル理論

スタンバーグ（Sternberg, 1997/2000）は，複数の次元からなる新たな認知スタイル理論を提案している。国家の統治機構として，行政，立法，司法の3つの機能があるのと同じように，個人も，このような機能を働かせて心的自己統治をする必要があるとした。立法的な人は，何をするにも自分のやり方を望み，何をどのようにするかを自分で決めることを好む。行政的な人は，規則に従うことを望み，すでに構造化されている問題を好む。司法的な人は，評論することが好

きで，分析や評価を必要とするような問題を好む。これらの3タイプは，心的自己統治の機能に関するものであるが，そのほかに，心的自己統治の形態として4タイプ，さらに，心的自己統治の水準，範囲，傾向にそれぞれ2タイプ，合計13タイプの認知スタイルが提案されている。

d. 認知スタイルの統合化

イギリスの学習スキル研究センターのレビューでは，2003年までに71種類の認知スタイルが確認されている（Coffield et al., 2004）。膨大な種類の認知スタイルが提唱され，その概念が混乱を極めるなか，概念を整理しようとする動きがある。

カリー（Curry, 1983）は，「学習環境の選好」「情報処理の仕方」「認知的なパーソナリティ要素」という区分を提唱し，それまでの認知スタイルを分類している。そのほかにも，「認知中心のスタイル」「パーソナリティ中心のスタイル」「活動中心のスタイル」といった区分（Rayner & Riding, 1997；Sternberg, 1997/2000），「遺伝や気質にもとづくスタイル」「認知構造にもとづくスタイル」「パーソナリティにもとづくスタイル」「学習の選好にもとづくスタイル」「学習態度や学習方略にもとづくスタイル」という区分（Coffield et al., 2004）などが提案されている。

なお，ライディングらは，より統合的な次元を想定することで，多くの認知スタイルを整理できると考え，情報を処理する観点として「全体的－分析的」，また，処理される情報の表象として「言語的－画像的」の2次元を提唱している。さらに，これらの2次元で個人の認知スタイルをとらえる認知スタイル分析（cognitive style analysis）とよばれるコンピュータ診断が考案されている（Ridding, 1997；Ridding & Cheema, 1991）。

パーソナリティ特性に関する研究において，パーソナリティの特徴を記述するために必要とされる特性次元数がしだいに収束していったのと同様に，認知スタイルに関しても，一定数の認知スタイルに収束していくことが期待される。

4 ■ 認知スタイル研究の検討課題

認知スタイルは，知能などの認知能力とは異なるものであるが，パーソナリティと明確に異なるものであるかについては意見が分かれる。たとえば，既述した人々の関心の方向やものの見方を調べるMBTIは，日常生活における行動を二者択一の強制選択で問い，対人的態度の特徴がとらえられる。しかし，この方法で測定される認知スタイルは，パーソナリティとの区別が困難であることが指摘されている（Sternberg, 1997/2000）。

認知スタイルを刺激と反応を媒介する認知構造と位置づけるならば，スキーマ（schema）も認知スタイルの一種とみなすことができる。スキーマは，「経験によって獲得される，事物，人，状況，出来事に関する心的表象であり，それらの対象についての構造化された知識のまとまり」（神谷，2011）である。とくに，自己をとらえる認識の枠組みである自己スキーマは，他者をとらえる枠組みとしても機能する（Higgins, 1987）。他者を理解しようとするとき，どのような特性を重視するかは，その人が自分自身をとらえる観点や大切にしている観点に依存するのだろう。結局，認知スタイルの個人差は，自己スキーマの個人差とみることもできる。このように考える

と，パーソナリティとの関係だけでなく，スキーマと認知スタイルとの関係も検討に値する。

各個人のもつ認知スタイルが学校現場や産業界で考慮されることは，人々のその環境への適応を促すうえでも意味があろう。しかし，現状では，認知スタイルの定義や用語の使い方に関する混乱がみられる（Coffield et al., 2004；Kozhevnikov, 2007）。認知スタイルの概念の明確化や統合，認知スタイルの測定における信頼性・妥当性の検証が喫緊の課題であろう（Peterson, Rayner, & Armstrong, 2009）。

なお，本稿では，認知スタイルと学習スタイルをほぼ同義とみなした。しかし，認知スタイル研究者の多くは，将来，認知スタイルと学習スタイルが概念的に区別され，それぞれのスタイルが適切に測定されるようになると考えている（Peterson et al., 2009）。今後，認知スタイルの概念が整理され，区別されて用いられる可能性もある。

◆ 引用文献

Coffield, F., Moseley, D., Hall, E., & Ecclestone, K. (2004). *Learning styles and pedagogy in post-16 learning : A systematic and critical review*. London : Learning and Skills Research Centre (http://www.LSRC.ac.uk).
Curry, L. (1983). *An organization of learning styles theory and constructs*. ERIC document no. ED235185. (Paper presented at the annual meeting of the American Educational Research Association 67th, Montreal, Quebec.)
Curry, L. (2000). Review of learning style, studying approach, and instructional preference research in medical education. In R. J. Riding & S. G. Rayner (Eds.), *International perspectives on individual differences* (pp.239-276). Stamford, CT : Ablex.
Goldstein, K. M., & Blackman, S. (1982). 認知スタイル（島津一夫・水口禮治，訳）．誠信書房．(Goldstein, K. M., & Blackman, S. (1978). *Cognitive style : Five approaches and relevant research*. New York : Wiley.)
Higgins, E. T. (1987). Self-discrepancy : A theory relating self and affect. *Psychological Review*, **94**, 319-340.
市原靖士・上之園哲也・森山 潤．(2010)．技術科教育における学習者の認知的実態に即したディジタルコンテンツの教材利用に関する研究課題の展望．学校教育学研究，**22**，93-101．
Jonassen, D. H., & Grabowski, B. L. (1993). *Handbook of individual differences, learning and instruction*. Hillsdale, NJ : Lawrence Erlbaum Associates.
Kagan, J., Rosman, B. L., Day, D., Albert, J., & Phillips, W. (1964). Information processing in the child : Significance of analytic and reflective attitudes. *Psychological Monographs*, **78**(1, Whole, No. 578).
神谷俊次．(2011)．スキーマ．子安増生・二宮克美（編），キーワードコレクション 認知心理学 (pp.126-129)．新曜社．
Kozhevnikov, M. (2007). Cognitive styles in the context of modern psychology : Toward an integrated framework of cognitive style. *Psychological Bulletin*, **133**, 464-481.
Messick, S. (2001). Style in the organization and defense of cognition. In J. M. Collis & S. Messick (Eds.), *Intelligence and personality : Bridging the gap in theory and measurement* (pp.259-272). Mahwah, NJ : Lawrence Erlbaum Associates.
Mischel, W. (1973). Toward a cognitive social learning reconceptualization of personality. *Psychological Review*, **80**, 252-283.
森 津太子．(2010)．社会的認知過程のモデル．村田光二（編），現代の認知心理学：6 社会と感情 (pp.2-22)．北大路書房．
Myers, I. B., & McCaulley, M. H. (1985). *Manual : A guide to the development and use of the Myers-Briggs Type Indicator*. Palo Alto : Consulting Psychologists Press.
Pearman, R. R., & Albritton, S. C. (2002)．MBTIへの招待：C. G. ユングの「タイプ論」の応用と展開（園田由紀，訳）．金子書房．(Pearman, R. R., & Albritton, S. C. (1997). *I'm not crazy, I'm just not you : The real meaning of the 16 personality types*. Palo Alto, CA : Davies-Black Publishing.)

Peterson, E. R., Rayner, S. G., & Armstrong, S. J. (2009). Researching the psychology of cognitive style and learning style : Is there really a future? *Learning and Individual Differences*, **19**, 518-523.

Rayner, S., & Riding, R. (1997). Towards a categorisation of cognitive styles and learning styles. *Educational Psychology*, **17**, 5-27.

Riding, R. J. (1997). On the nature of cognitive style. *Educational Psychology*, **17**, 29-49.

Riding, R., & Cheema, I. (1991). Cognitive styles : An overview and integration. *Educational Psychology*, **11**, 193-215.

Riding, R., & Rayner, S. (1998). *Cognitive styles and learning strategies : Understanding style differences in learning and behaviour*. London : Fulton.

小学館. (2004). スーパー・ニッポニカ Professional (日本大百科全書) DVD-ROM版. 小学館.

Sternberg, R. J. (2000). 思考スタイル:能力を生かすもの (松村暢隆・比留間太白, 訳). 新曜社. (Sternberg, R. J. (1997). *Thinking styles*. New York : Cambridge University Press.)

多鹿秀継. (2010). 教育心理学 (第2版):より充実した学びのために. サイエンス社.

VandenBos, G. R. (Ed.). (2007). *APA dictionart of psychology*. Washington, DC : American Psychological Association.

Witkin, H. A., & Goodenough, D. R. (1985). 認知スタイル:本質と起源 (島津一夫, 監訳). ブレーン出版. (Witkin, H. A., & Goodenough, D. R. (1981). *Cognitive styles : Essence and origins*. New York : International Universities Press.)

2節　社会的認知の個人差

森　津太子

1 ■ 社会心理学と個人差

　社会的認知とは社会に関する認知であり，すなわち「人が，他者や自己，あるいはそれらを含む社会をどのように認識，理解，思考するか」について検討するのが社会的認知の研究と考えられている（Fiske & Taylor, 2007）。狭義では認知革命にともなって生まれた情報処理アプローチにもとづいて，社会心理学的な現象を解明する研究を社会的認知研究とよんでおり，社会心理学の一分野として発展をしている。

　社会心理学は伝統的に人間行動に及ぼす「状況の力」に着目をしてきた。たとえば，善良な人であっても権威者に命令されればそれに服従し，何の瑕疵もない人に高圧の電流を流してしまうことを示したミルグラム（Milgram, S.）の服従実験に象徴的なように，初期の社会心理学では，人間の行動を強力に規定するのは外的な力，つまりその人物を取り囲む環境であって，それは個人の特性や能力よりもずっと大きな影響力をもつものだと考えられた。権威に服従するのは，もともと服従しやすい特性をもっているからではなく，そのような状況におかれれば，誰もが服従をしてしまうと考えたのである。すなわち初期の社会心理学においては，特定の状況下で観察される人間の普遍的な行動を解明することが主たる関心であり，そこでみられる個人間の行動の差異にはあまり関心が示されてこなかった。

　その後，認知革命をきっかけに，心理学のあらゆる分野で人間の認知的な側面に注目が集まりはじめると，社会心理学においても同様の機運が高まった。こうして生まれたのが社会的認知研究である。社会的認知研究においては，人間の行動を左右するのは周辺環境（状況の力）そのものではなく，それをいかに個人が認識し，判断するかであるとし，同じ環境にあってもその認識の違いによっては，生み出される行動が相違する可能性が強調されている。しかしやはりここでも探求されるのは，人間一般に共通する普遍的な認知構造や認知プロセスであり，認識の誤りや判断の失敗が論じられるときも，それは人間が普遍的にもつ認知構造や認知プロセスの特徴ゆえと考えられた。

　このように，社会心理学の文脈のなかで個人差の問題が表立ってとりあげられることは，現在に至るまでほとんどなかった。このことは，社会心理学のテキストや社会的認知を扱った書籍のなかに，個人差にまつわる章を独立して設けたものがほとんど見当たらないことからも明らかである（例外として，工藤，2004）。またミシェル（Mischel, 1968/1992）が，1968年に出版した『パーソナリティの理論：状況主義的アプローチ』（*Personality and assessment*）のなかで，パーソナリティに関するそれまでの常識を覆し，行動の通状況的な一貫性の低さを指摘した際に，社会心理学者がこれを大いに歓迎したことからも，個人差という概念が社会心理学の一般的な理念とは

相入れないということがよくわかる。社会心理学者がミシェルの主張を歓迎したのは，彼が個人差をノイズとして扱っていたからであり，これが，状況の力を強調することのお墨付きとなると考えられたからである（Mischel, Shoda, & Ayduk, 2007/2010）。

このように社会心理学と個人差の問題とは，表面的には接点がほとんど見当たらない。しかしその一方で，（いささか奇妙なことに）「社会心理学」と，個人差を主たる研究の関心とする「パーソナリティ心理学」とは，隣接領域として，古くから研究発表の場を共有してきた（例：アメリカ心理学会（APA）が発行する学術誌"Journal of Personality and Social Psychology"）。また社会心理学の研究者も，実際に行う実験においては，さまざまな個人差変数をあらかじめ測定し，それにもとづく結果の解釈を試みてきた。ただしこの場合，個人差変数の測定は，結果の説明率を上げる（状況変数によって説明しきれない結果を個人差によって説明する）など，どちらかといえば消極的な理由によるものであった。これに対し上述のミシェルは，社会的認知研究こそ，社会心理学とパーソナリティ心理学を結びつけるものと位置づけ，社会的認知の個人差を積極的に扱う意義を主張している（Mischel, 1973；Mischel et al., 2007/2010）。そこで，まずはミシェルの理論をもとに，パーソナリティ心理学の立場から社会的認知の個人差を考えてみる。

2 ■ ミシェルの認知－感情パーソナリティシステム理論と認知変数

既述のように，ミシェルは行動の通状況的な一貫性の低さを指摘し，状況に依存しない固定化したパーソナリティが実在することを否定した。しかしこれは，当時の社会心理学者が期待したように，「一貫した個人差はもとより存在しない」ということをいっているわけではない。彼は，行動の一貫性は行為者の状況の解釈のもとに成立するものであり，パーソナリティの個人差とは，社会や自分自身をどのような枠組みでとらえ，それがどのような心理的意味をもつかの違いにもとづくと考えた。すなわちミシェルによれば，パーソナリティの一貫性は，個人の（状況を超えた）平均的行動傾向のみならず，より文脈依存的な行動パターンとして見出すことができ，そこには，社会を認識するうえでの個人差が関与しているのである。彼は「認知－感情パーソナリティシステム理論」において，この個人差として，①符号化（解釈・評価），②予期と信念，③感情，④目標や価値，⑤能力や自己制御計画をあげている（Mischel & Shoda, 1995；表5.1）。これら5つの個人差変数のうち，符号化に関する研究は現代の社会的認知研究の観点から最も重要で，最も多くの研究が行われているものである。これは，人が他者や自

表5.1　社会認知的個人差変数の種類
（Mischel & Shoda, 1995；Mischel et al., 2007/2010）

①	符号化（解釈・評価） 自己や出来事，状況（外的・内的）に関するカテゴリー（コンストラクト）
②	予期と信念 社会に関するもの，特定の状況における行動についての結果に関するもの，自己効力や自己に関するもの
③	感情 気持ち，情動や感情的反応
④	目標や価値 望ましい感情状態や結果，不快な感情状態や結果，目標，価値，人生の計画
⑤	能力や自己制御計画 潜在的な行動や行いうるスクリプト，行動を組織化する方略や計画，結果や自らの行動や内的状態に影響を及ぼす方略や計画

分，あるいはそれを含む社会を認識する際の認知構造および認知プロセスにおける個人差としてとらえることができる。

3 ■ 認知構造における個人差

　人が他者や自分自身，出来事や経験をどのように解釈するかは，その個人によって大きく異なる。ある人にとっては不快極まりない他者の行動が，別の人にとっては取るに足らない行動とみなされることもある。このように，人が社会を符号化する仕方は個人によって安定して異なっており，それをパーソナリティとみなすことができるとミシェルは考えた。ミシェルのこうした考えは，ケリーによって提唱された「パーソナル・コンストラクト理論」(Kelly, 1955) が基盤となっている。ケリーは，人が自らを取り巻く世界を解釈する際の個別性を重視し，それを個々人がもっているコンストラクトに起因すると考えた。コンストラクトとは世界を理解したり，意味づけをしたりするための心的構成物の最小単位であり，それが体系化されたものはコンストラクト・システムとよばれる。人は世界を理解したり，予測したりする際にこのコンストラクト・システムを利用するが，コンストラクト・システムは，人が自らの経験を通じて作り上げたものであるため，その内容や数，相互の関連性や分化度は各人に固有のもの（パーソナル・コンストラクト・システム）となる。

　ケリーのパーソナル・コンストラクト理論は，認知構造の個人差を扱ったものとして，その後，各方面の研究に影響を与えている。たとえば，ビエリ (Bieri, 1955) は，認知構造の分化度を示す認知的複雑性に着目し，これを社会的認知における重要な個人差としてとらえている。一般に認知的複雑性の高い人は，環境（とくに他者）を多元的にとらえることができるのに対し，認知的複雑性の低い人はよい−悪いなど，単一の次元からしかとらえることができず，独善主義的になりやすいと考えられている。

　パーソナル・コンストラクト理論の考えは，情報処理アプローチをとる現代の社会的認知研究にも継承されている。しかしながら，人間の周辺世界の解釈は，同一個人においても状況によって異なる。すなわち，世界の解釈に利用可能な認知構造が同じでも，状況によって同じように利用されるとは限らないということである。これは，アクセスビリティという概念によって説明されている。アクセスビリティとは，長期記憶内の知識へのアクセスのしやすさのことで，とくにコンストラクトへのアクセスビリティをコンストラクト・アクセスビリティと呼ぶこともある。知覚者が最近接触した知識や繰り返し利用した知識はその活性化のポテンシャルが上がり，アクセスビリティが高くなる（アクセスしやすくなる）。アクセスビリティの高いコンストラクトは容易に心に浮かぶため，周辺世界を解釈する手がかりとして使われやすい。したがって，同一の情報であっても，どのようなコンストラクトへのアクセスビリティが高いかによって，解釈が変わってくるのである。アクセスビリティは状況的な要因によって一時的な変化をする一方で，個人差があることも知られている。個人がその生育歴のなかで繰り返し利用してきたコンストラクトは，頻繁にアクセスビリティが高められることによって慢性化し，個人差として定着する。状

況によって一時的に高められるコンストラクトへのアクセスビリティを一時的なコンストラクト・アクセスビリティ（temporary construct accessibility）とよぶのに対し，個人差として定着しているアクセスビリティは慢性的なコンストラクト・アクセスビリティ（chronic construct accessibility）とよばれる。たとえば，ヒギンズほかの研究（Higgins, King, & Marvin, 1982）では，あらかじめ実験参加者に，自分が好きな人，嫌いな人などさまざまな人物の特性を列挙させ，頻繁に使用された特性や，最初にあげられた特性を，その実験参加者がふだん利用しやすいコンストラクト（慢性的にアクセスビリティの高いコンストラクト）とした。そして，それが1週間後の対人認知とどう関係しているかを調べている。その結果，架空の人物に対して形成された印象は，ふだん利用しやすいコンストラクトにもとづくことが多く，反対にアクセスビリティの低い特性に関連した情報は軽視される傾向があった。

認知構造およびその認知構造へのアクセスビリティの個人差は，他者認知だけでなく，自己の認知にも存在する。マーカス（Markus, 1977）は，組織化された自己知識のことを自己スキーマとよび，それは過去の経験から作り出された自己についての認知的一般化であるとしている。したがって，自己スキーマの内容や構造は人によって異なると考えられる。自己スキーマの中核をなす情報は効率的な情報処理がなされるため，自己スキーマに一致する情報はより容易に記銘される一方，自己スキーマと一致しない情報は無視されやすい。このように，自己スキーマは自己の認知にかかわる認知構造だが，時に他者認知にも利用されることが明らかにされている（Fong & Markus, 1982）。自己スキーマは，慢性的にアクセスビリティが高いコンストラクトであるために，あらゆる社会的認知に利用されるのだと考えられる。

4 ■ 認知プロセスにおける個人差

符号化の個人差は，認知構造の相違やその認知構造へのアクセスビリティの相違だけでなく，どのような認知プロセスを利用して情報を処理するかにも依存している。近年の社会的認知のプロセスモデルは，その多くが情報処理の「二過程モデル」（dual-process model）と総称できるようなモデルにもとづいている（Chaiken & Trope, 1999）。二過程モデルによれば，認知プロセスには大きく分けて2つの種類がある。一つは意識をともなわず，無意図的で，それゆえに処理効率がよいものの，統制が難しい自動的プロセス（automatic process）であり，いま一つは意識をともない，意図的であるために，処理効率は悪いが，統制がしやすい統制的プロセス（controlled process）である。人は状況によってこれら2つのプロセスを使い分けていると考えられている。このような2つの情報処理プロセスの使い分けには動機づけにおける個人差も関係している。たとえば，努力を要する認知活動に従事したり，それを楽しむ内発的傾向が高い人，すなわち認知欲求（need for cognition；Cacioppo & Petty, 1982）が高い人は，より認知的努力を要する認知プロセス（先の2つの分類では統制的プロセス）を利用しやすいことが知られている。また，二過程モデルをパーソナリティ理論に展開した「認知−経験的自己理論」（cognitive-experiential self theory；CEST；Epstein & Pacini, 1999）では，自動的プロセスに相当するものとして経験

的システム，統制的プロセスに相当するものとして合理的システムが想定されているが，この理論においてもいずれのシステムにもとづく思考スタイルが用いられやすいかには個人差があるとしている（Epstein, Pacini, Denes-Raj, & Heier, 1996；内藤・鈴木・坂元, 2004）。

5 ■ 社会的認知研究の今後の展望

　本節では，人が，他者や自己，あるいはそれらを含む社会をどのように認識するかという社会的認知の個人差について，とくに符号化の個人差に着目し，認知構造と認知プロセスという観点から概観した。冒頭で述べたように，社会心理学においては，人間行動における状況の力が強調される一方，個人差の問題はあまり考慮に入れられてこなかった。このようなスタンスは，社会的認知研究が発展して以降も大きく変わることはなかったが，人間の行動が状況の力によって一方的に規定されるのではなく，それをどう認識するかによって変わるという考えが主流になるなかで，現実的には，社会心理学はほぼ必然的に個人差の問題に注目せざるをえなくなったといえる。社会的情報を処理する基盤となる認知構造やそこで採用される認知プロセスは，個人の経験によって異なると考えられるためである。

　さらに最近の社会的認知研究は，主に2つの方向で，新たな社会的認知の個人差を模索する試みに寄与している。一つは，当人の意識的な関与がない社会的認知に関するものである。従来の個人差研究は，もっぱら自己報告式の尺度にもとづく顕在レベルでの個人差を扱ったものだったが，現在の社会的認知研究では，潜在連合テスト（Implicit Association Test：IAT；Greenwald, McGhee, & Schwartz, 1998）などを用いた潜在レベルでの個人差に着目をしており，それと顕在レベルでの個人差との関係性や，行動との関係性を検討している。もう一つは，社会的認知の文化差にかかわる問題である。ケリーは，コンストラクト・システムを個人の経験にもとづく固有のものと考えたが，その一方で，同じ社会に住む人間は多くの経験を共有するため，同一の社会のなかではコンストラクト・システムのなかにも類似性や共通性があると考えた。そのような考えは，現代の社会的認知研究に受け継がれており，たとえば，東洋人のものの見方や考え方は「包括的」（holistic）であるのに対して，西洋人のそれは「分析的」（analytic）である（Nisbett, 2003/2004）など，集団レベルでの社会的認知の差異が検討されている。

◆ 引用文献

Bieri, J.（1955）. Cognitive complexity-simplicity and predictive behavior. *Journal of Abnormal and Social Psychology*, **51**, 263-268.

Cacioppo, J. T., & Petty, R. E.（1982）. The need for cognition. *Journal of Personality and Social Psychology*, **42**, 116-131.

Chaiken, S., & Trope, Y.（1999）. *Dual-process theories in social psychology*. New York：Guilford Press.

Epstein, S., & Pacini, R.（1999）. Some basic issues regarding dual-process theories from the perspective of cognitive-experiential self-theory. In S. Chaiken & Y. Trope（Eds.）, *Dual-process theories in social psychology*（pp. 462-482）. New York：Guilford Press.

Epstein, S., Pacini, R., Denes-Raj, V., & Heier, H. (1996). Individual differences in intuitive-experiential and analytical-rational thinking styles. *Journal of Personality and Social Psychology*, **71**, 390-405.

Fiske, S. T., & Taylor, S. E. (2007). *Social cognition : From brains to culture*. New York : McGraw-Hill.

Fong, G. T., & Markus, H. (1982). Self-schemas and judgments about others. *Social Cognition*, **1**, 191-204.

Greenwald, A. G., McGhee, D. E., & Schwartz, J. L. K. (1998). Measuring individual differences in implicit cognition : The Implicit Association Test. *Journal of Personality and Social Psychology*, **74**, 1464-1480.

Higgins, E. T., King, G. A., & Marvin, G. H. (1982). Individual construct accessibility and subjective impressions and recall. *Journal of Personality and Social Psychology*, **43**, 35-47.

Kelly, G. A. (1955). *The psychology of personal constructs* : Vol. 1, 2. New York : Norton.

工藤恵理子. (2004). 社会的認知と個人差. 岡 隆 (編), 社会的認知研究のパースペクティブ: 心と社会のインターフェイス (pp.149-164). 培風館.

Markus, H. R. (1977). Self-schemata and processing information about the self. *Journal of Personality and Social Psychology*, **35**, 63-78.

Mischel, W. (1992). パーソナリティの理論: 状況主義的アプローチ (詫摩武俊, 監訳). 誠信書房. (Mischel, W. (1968). *Personality and assessment*. New York : Wiley.)

Mischel, W. (1973). Toward a cognitive social learning reconceptualization of personality. *Psychological Review*, **80**, 252-283.

Mischel, W., & Shoda, Y. (1995). A cognitive-affective system theory of personality : Reconceptualizing situations, dispositions, dynamics, and invariance in personality structure. *Psychological Review*, **102**, 246-268.

Mischel, W., Shoda, Y., & Ayduk, O. (2010). パーソナリティ心理学: 全体としての人間の理解 (黒沢 香・原島雅之, 監訳). 培風館. (Mischel, W., Shoda, Y., & Ayduk, O. (2007). *Introduction to personality : Toward an integrative science of the person* (8th ed.). New York : John Wiley & Sons.)

内藤まゆみ・鈴木佳苗・坂元 章. (2004). 情報処理スタイル (合理性-直観性) 尺度の作成. パーソナリティ研究, **13**, 67-78.

Nisbett, R. E. (2004). 木を見る西洋人 森を見る東洋人: 思考の違いはいかにして生まれるか (村本由紀子, 訳). ダイヤモンド社. (Nisbett, R. E. (2003). *The geography of thought : How Asians and Westerners think differently...and why*. New York : The Free Press.)

3節　知的能力の個人差

岸本陽一

1 ■ 知能の概念

「知能」は，知的能力の個人差を説明するための「概念」である。知能という概念はすでに，ギリシア時代にみられる。ローマの政治家・哲学者のキケロ（Cicero, M. T.）が知能（intelligence）という言葉をつくったとされるが，今日でも人間の認識力や知的な能力に言及する際にはこの言葉が使われる（Eysenck & Kamin, 1981/1985）。

知能の定義は，知的適応能力，社会的適応能力，情報処理能力の3つの考え方にまとめることができる。

(1) 知的適応能力

抽象的思考能力：ターマンらは，知能を抽象的思考をする能力と考える。

学習する能力：ディアボーン（Dearbone, W. F.）やゲーツ（Gates, A. I.）らは，知能を学習する能力または経験によって新しい行動を獲得していく能力と考える。

環境に適応する能力：シュテルンやピントナー（Pintner, R.）らは，知能を比較的新しい場面に適応する能力とか，環境への適応力または行動場面への順応力とする。

(2) 社会的適応能力

ビネー（Binet, A.）が知的障害児の鑑別の方法として1905年に知能検査を開発したが，知能を実際に社会生活への適応を含めて拡大する試みもなされた。ソーンダイクほか（Thorndike, Bregman, Cobb, & Woodyard, 1926）は，知能は抽象的知能，具体的知能，社会的知能からなると述べている。また，スタンバーグほか（Sternberg, Conway, Kerton, & Bernstein, 1981）は，実際的問題解決能力，社会的能力，あるいは実際的知能などの実際的な知能の側面を認めている，ことを見出した。

(3) 情報処理能力

ギルフォード（Guilford, 1967）やハント（Hunt, 1978），スタンバーグ（Sternberg, 1985）らは，認知心理学の発展にともない，知能を認知過程や学習過程と結びつけ，認知処理能力あるいは情報処理能力とみなしている。

2 ■ 知能の種類・構造

私たちは，人を全般的に見て「頭がよい」というように一般的に述べることもあれば，「計算が得意だが，文章を書くのが苦手で言葉の使い方もよく知らない」というように，特定の能力に関して表現することもある。つまり，知能を一般的な知的能力とみなしたり，いくつかの知的能

力からなるものとみなしたりしている。

　この一般的な知的能力は一般知能（general intelligence）とよばれるもので，人間の知能全般を表している。知能は知能検査の結果から測定されるが，知能検査の得点を決定するいくつかの能力について正確な情報を得る方法が因子分析である。因子分析の創始者であるスピアマン（Spearman, 1904）は，人は理性を働かせ，問題をよく解決し，ものを知るという認知の場において秀でることを可能にさせる能力（すべてを包括しすべてを統合する認知能力）をもっていると仮定した。このような能力を測定していると考えられるいろいろな精神検査や学業成績の間にはいずれもかなり高い相関が認められ，どの問題を解くのにも必要とされる一つの共通した能力の存在が推論された。彼は，因子分析によってこれらの相関行列がただ一つの共通因子によってほとんど説明できることを見出すとともに，それぞれの検査に共通因子と区別される特殊因子が存在することを明らかにした。共通因子は，知能検査の項目（各検査）のパフォーマンスの主要な決定因であり，特殊因子は特殊な能力あるいは個々の検査に特有のものである。したがって，個人の測定された知能は，一般知能の量に，種々の特殊能力の量が加算されたものである。つまり，数学的なテストのパフォーマンスは個人の一般知能と数学的能力の関数である。1990年代になってジェンセン（Jensen, 1998）やキャロル（Carroll, 1993）によっても一般因子は追認されている。キャロルは，彼が一定の水準を満たしていると考えた400以上の研究のデータを再分析し，人間の認知的能力の3層モデルを提案した。知能検査で測定される個別的な知的能力（第1層），さまざまな知的タイプの知的能力（第2層），一番上の一般的知能（第3層）からなる。

　他方，サーストン（Thurstone, 1938）は，知能の一般因子という概念に疑問をもち，群因子だけでも知能の説明が可能であるという立場をとる。サーストンは自分自身が考案し，作成した知能検査を含め，多くの種類の異なる知的能力検査の結果に関して因子分析を実施し，知能検査によって示される基本的知能（primary mental abilities）として，空間的能力，知覚的能力，数的能力，言語理解能力，記憶的能力，語の流暢さ能力，推理的能力の7つの能力を見出した。キャッテル（Cattell, 1971）は，サーストンの7因子から構成される知能を2つの独立した高次の共通因子，流動性知能と結晶性知能に区別した。流動性知能は新しい場面に適応する際に働くもので，遺伝的規定を強く受けている。結晶性知能は，以前の学習経験や一般的経験によって形成された（結晶化した）能力で，文化的な影響を強く受けるとしている。

　一般因子の問題については現在でも議論が完全に決着したとはいえないが，一般知能は一般的な集団における知的能力の個人差のうち，約半分を説明しており（Deary, 2001/2004），現在では知能研究の専門家のほとんどが一般知能を知能の定義として実際に使っている（Gottfredson, 1998/1999）。一般知能は知能指数（IQ：intelligence quotient）と同じものとして扱われることがある。ハーンスタインとマレー（Herrnstein & Murray）は著書『ベル・カーブ』（1994）のなかで，IQの問題をその社会的影響や社会の政策という文脈においてとらえ，知能研究を激しく非難した。この本の出版によってIQについてのあらゆる種類の論争が新聞や雑誌に掲載されるようになり，激しい論争が起こった（Deary, 2001/2004）。この論争のなかでゴットフレッドソン（Gottfredson, 1998/1999）は，1994年12月13日付けの"*Wall Street Journal*"に知能研究に関する声明を発表

した。そこには，知能に関して研究者間で大勢を占めている内容を要約した25の文章が示されており，著名な研究者100名中52名がその内容に同意・署名している。最初の文章は，下記の知能の定義である。

「知能とは，推論し，計画を立て，問題を解決し，抽象的に考え，複雑な考えを理解し，すばやく学習する，あるいは経験から学習するための能力を含む一般的な知的能力である。単に本からの学習だったり，狭い学習的な技能だったり，テストでよい点をとるためのものではない。むしろ我々の環境を理解するための，すなわち，ものごとを『理解し』，それに『意味を与え』，何をするべきか『見抜く』ための，より広く深い能力を表している」(Deary, 2001/2004, p.29)。また，アメリカ心理学会は特別委員会レポートとして，雑誌"*American Psychologist*" 1996年2月号に「知能：わかっていることとわかっていないこと」を掲載した (Neisser, Boodoo, Bouchard, Brody, Halpern, Loehlin, Perloff, Sternberg, & Urbina, 1996)。

3 ■ 知能の測定

これまでみてきたように，知能についてはその本質はまだ曖昧な部分が多い。しかしながら，多くの知能検査で暗黙のうちになされている知能の定義は操作的なものであり，知能とは知能検査が測定するもののこと (Eysenck & Kamin, 1981/1985, p.39) である。

a. 知能検査の発展

知的能力の個人差についての関心は古くからあったが，現在の知能検査の原型ともいうべきものは，1905年にフランスのビネーが同僚の医師シモン (Simon, T.) と協力して発表した30の課題からなる知能検査である。この検査では，課題は容易な問題からしだいに困難度の高い問題へと配列されており，どの課題まで解けたかによって検査成績が決定する。平均すると，年齢の高い子どものほうが年齢の低い子どもよりも難しい問題に答えられる，というのがこの検査の基本的な考え方であった。そして，どの問題まで解けたかによってその子どもの「精神年齢」(mental age) が決定される。たとえば，ある子どもが，大多数の8歳の子どもが答えられる問題には答えることができ，大多数の9歳の子どもたちが答える問題につまずいたとすると，その子どもの精神年齢は8歳とされる。ビネーは，この精神年齢と実際の年齢つまり「生活年齢」(chronological age : CA) との差によって，知的障害児を識別しようとした。しかしながら，ドイツの心理学者シュテルン (Stern, 1914) は精神年齢と生活年齢の差ではなく，両者の比を使用することを示唆した (Eysenck, 1979/1981, p.88)。

ビネー自身もその知能検査を改訂しているが，各国でそれぞれの文化，社会の状況に応じた改訂が試みられた。ターマン (Terman, 1916) は，ビネーの考えに従ったアメリカ版の作成を試み，スタンフォード・ビネー検査を発表した。スタンフォード・ビネー検査の特徴は，大規模な集団を用いて基準を作成していること，また改訂を重ね，アメリカを中心に各国で知能検査の基準のような役割を果たしたことにある。日本においても鈴木治太郎や田中寛一らによってビネー式の知能検査が作成されている。

1908年のビネーの検査の改訂版は，課題の種類にはとらわれず，年齢段階で分類されており，その主たる対象は子どもであった。これに対して，アメリカのウェクスラー（Wechsler, 1955）は，成人の知能測定のためのウェクスラー・ベルヴュー尺度を発表し，後にこれを改訂してWAIS（Wechsler Adult Intelligence Scale）と名づけた。彼は，これら成人用知能検査のほか，5歳から15歳のためのWISC（Wechsler Intelligence Scale for Children）とよばれる児童用知能尺度，就学前後の子ども用の知能尺度，WPPSI（Wechsler Preschool and Primary Scale of Intelligence）を考案している。これらの検査の特徴として，いくつかの下位検査からなる，新しい知能指数の使用，プロフィールによる診断が可能である点などがあげられる。ウェクスラーの検査は，課題の種類によって検査が分類されており，それぞれ下位検査を構成している。WAISの下位検査は，大きく「言語性検査」と「動作性検査」に分かれ，前者には知識，理解力，数唱，類似性，算数，語彙が，後者には，絵の配列，絵の完成，積み木，組み立て，符号置換の下位検査が含まれている。受検者は，すべての下位検査を受け，それぞれ得点が求められ，それらはプロフィールとして表されるとともに，各下位検査の得点は加算され，言語性得点と動作性得点としても表現される（WISCでもほとんど同じである）。

　これまでの検査は，「個別式知能検査」であり，検査実施中の受検者の行動や態度を観察したり，努力を促したり，その他の質的な資料を得ることができるなどのすぐれた点はあるが，検査に時間を要し，大量の受検者を検査することができない。このような要求に応える，短時間に多数の受検者に同時に実施できる「集団式知能検査」も考案されている。第一次世界大戦中，兵員の選抜や配属のために「アメリカ陸軍式（U. S. Army）知能検査」が考案され，後の集団式知能検査に大きな影響を与えた。この検査には，課題中に言語が用いられているα式（A式ともよばれる）と非言語的なもの（記号，図形，数字など）だけで構成されているβ式（B式ともよばれる）の2形式がある。わが国で広く利用されている集団式知能検査には，「田中B式知能検査」や「京大NX知能検査」などがある。

b. 知能検査結果の表示法

　知能の発達水準は，知能検査で得られた点数を集団や年齢の基準と比較してはじめてわかる。ビネー式の知能検査のように，年齢に相当した課題が段階的に配列されている検査では，知能の発達水準は，受検者が解決した課題の程度をそれに相当する年齢で表したもの，精神年齢（mental age：MA）で表される。精神年齢を生活年齢（chronological age：CA）で割り，100倍したものを知能指数（IQ：intelligence quotient）という。

$$知能指数（IQ）= \frac{精神年齢（MA）}{生活年齢（CA）} \times 100$$

　したがって，生活年齢と等しい精神年齢を示していれば，知能指数は100となり，年齢相当の知能の発達を意味している。しかしながら，このような知能の表示方法には次のような欠点が指摘されている。まず，この知能指数は，年齢によって指数の分布が異なり，異なる年齢間では，

それぞれの年齢内における指数の意味する知能の高低の意味が変わってしまう。また、知能検査の課題への解答は、ある年齢（15，6歳頃）以後は直線的な上昇を示さず、やがて頭打ちになってしまい、やがて衰退していくので、年齢を基準にすることが無意味になる。この欠点を補うために、ウェクスラーは、同一年齢集団内での個人の相対的位置を示す偏差値で知能指数を表す方法を示している。これは、偏差知能指数（deviation IQ：dIQ）とよばれ、次の式で求められる。

$$偏差知能指数（dIQ）=\frac{個人の得点-当該年齢段階の平均得点}{当該年齢段階の標準偏差}\times 15 + 100$$

各年齢の得点分布の平均をIQ100，標準偏差を15として、その集団内での相対的位置を表している。

4 ■ 最近の知能研究

1960年代までは、知能の研究では因子分析的な方法が中心であったが、その後因子分析から離れて、知能の本質あるいは知的行動の背景にある認知過程を明らかにすることに大きく関心が移ってきた。因子分析的アプローチから情報処理的アプローチへの橋渡しともなる、過程を重視する研究としてはギルフォード（Guilford, 1967）の研究があげられる。因子では、知能の発現である思考過程や認知過程を表現することができないが、彼は、知的能力を情報を処理する能力とみなし、ある内容をもった対象に知的な操作を行った結果、ある所産が得られるという過程としてとらえようとした。このような研究は存在するものの、この頃までは、知能の構造研究や知能検査などを中心とする知能研究と、問題解決、推理、概念学習などの学習過程や認知過程の研究などはそれぞれ独立して進められていた（Estes, 1981）。

1970年代後半になると、認知心理学の発展と情報処理モデルが強調されるようになり、従来の知能研究と認知心理学研究が結びついて、人間の知的行動についての総合的な研究が展開されるようになってきた。このアプローチでは、私たちが知的活動に従事しているときの認知過程によって知能を理解しようとする。つまり、情報処理的方法では、種々の知能検査にはどのような情報処理が含まれているのか、その処理はどれほど速く、正確に行われるのか、情報処理の個人差をもたらすものは何か、などの問題が研究されている。

a. 鼎立理論

スタンバーグ（Sternberg, 1985）は、構成要素的下位理論、経験的下位理論、文脈的下位理論の3つの下位理論からなる知能に関する鼎立理論（triarchic theory）を提唱した。思考に含まれる心的過程を構成要素とよぶが、人が考えるとき頭のなかで何が起こっているかという側面である。構成要素的下位理論は、問題解決のために計画を立て、解決を監視し、評価する、これらの問題解決の方略を実行する、問題解決を学習するなどの要素からなり、分析的知能が対応している。

経験的下位理論は，知能に及ぼす経験の影響を扱う理論である。私たちがこれまで経験のない（あるいは経験のある）課題・状況に遭遇した場合，内的な構成要素が適応されるが，個人の経験によって用いられる構成要素が異なる。個人が課題や状況に慣れていく側面を扱う，新奇性に対処する能力と，それに慣れてからの処理を自動化する能力を説明している。この経験的下位理論に対応するのは，創造的知能とよばれる。

知能を環境の文脈に適合するのに必要な認知的活動ととらえる文脈的下位理論は，経験に応じて内的な心的過程（知能）を働かせ，環境（現実の社会文化的な文脈）に対応する能力に関する理論である。社会的知能や応用的知能を含んでおり，実際的知能に対応している。

b. 多重知能理論

ガードナー（Gardner, 1983, 1999/2001）は，一人の人間が優れた能力をもちながら，別の分野ではそれほどでもない，そして，誰もある面での能力の高さと別の面での能力の低さをもちうることを見出した。そして，進化，脳の機能，発達生物学，その他の学問分野からのデータにもとづき，人間はいわゆるIQとして表される知的能力をもつと考えるよりも，独立した多くの能力をもつと考え想像したりするほうが適切であると考え，次の7つのお互いに独立した知能が存在するとする多重知能（multiple intelligence：MI）理論を提出している。

言語的知能：話し言葉と書き言葉への感受性，言語を学ぶ能力，およびある目標を成就するために言語を用いる能力

論理数学的知能：問題を論理的に分析したり，数学的な操作を実行したり，問題を科学的に究明する能力

音楽的知能：音楽の演奏や作曲，鑑賞のスキルをともなう能力

身体運動的知能：問題を解決したり何かを作り出すために，体全体や身体部位（手や口など）を使う能力

空間的知能：広い空間のパターンを認識して操作する能力や，もっと限定された範囲のパターンについての能力

対人的知能：他人の気持ちや動機づけ，欲求を理解して，その結果に対応する能力

内省的知能：自分自身の感情を認知し，行動をコントロールする能力

c. 感情知能理論

ゴールマン（Goleman, 1995/1996）による"*Emotional intelligence*"（『感情知能』，邦訳名『EQ：こころの知能指数』）という本の出版以来，感情知能が一般的，専門的科学的領域において注目されるようになった。メイヤーとサロヴェイ（Mayer & Salovey, 1997）は，感情知能（EI）を「感情を扱う個人の能力」と定義し，知能指数（IQ）に代表される知的な能力だけではなく，自分の感情やその感情に対する対処や適応などの感情能力が，対人間あるいはさまざまな社会状況において生じる複雑な問題において大きな役割を果たすと述べている。EIは，4つの能力，①感情を正確に評価したり，表現する能力（感情の認知），②思考を促進するための感情に接近したり，その感情を生成する能力（感情の表出），③情緒や情緒に関する知識を理解する能力（感情の理解），④情緒的，知的な成長を促すために情緒を調整する能力（感情の制御），の集合体である。

◆ 引用文献

Carroll, J. B. (1993). *Human cognitive abilities : A survey of factor analytic studies.* Cambridge : Cambridge University Press.
Cattell, R. B. (1971). *Abilities : Their structure, growth and action.* Boston : Houghton Miffin.
Deary, I. J. (2004). 1冊でわかる知能（繁桝算男，訳）．岩波書店．（Deary, I. J. (2001). *Intelligence : A very short introduction.* Oxford : Oxford University Press.）
Estes, W. K. (1981). Intelligence and learning. In M. P. Friedman, J. P. Das, & N. O'Connor (Eds.), *Intelligence and learning* (pp.13-23). New York : Plenum Press.
Eysenck, H. J. (1981). 知能の構造と測定（大原健士郎，監訳）．星和書店．（Eysenck, H. J. (1979). *The Structure and measurment of intelligence.* Belin Heindelberg : Springer-Verlag.）
Eysenck, H. J., & Kamin, L. (1985). 知能は測れるのか：IQ討論（斉藤和明ほか，訳），筑摩書房．（Eysenck, H. J., & Kamin, L. (1981). *Intelligence : The battle for the mind.* London : Pan Books.）
Gardner, H. (1983). *Frames of mind : The theory of multiple intelligences.* New York : Basic Books.
Gardner, H. (2001). MI：個性を生かす多重知能の理論（松村暢隆，訳）．新曜社．（Gardner, H. (1999). *Intelligence reframed : Multiple intelligences for the 21th century.* New York : Basic Books.）
Goleman, D. P. (1996). こころの知能指数（土屋京子，訳）．講談社．（Goleman, D. P. (1995). *Emotional intelligence : Why it can matter more than IQ.* New York : Bantam Books.）
Gottfredson, L. S. (1999). 人の知能の度合いをあらわす「g因子」 知能のミステリー．別冊日経サイエンス，128号，18-24．（Gottfredson, L. S. (1998). The general intelligence factor. In Exploring intelligence. In *Scientific American.*）
Guilford, J. P. (1967). *The nature of human intelligence.* New York : McGraw-Hill.
Herrnstein, L. R., & Murray, C. (1994). *The Bell curve : Intelligence and class structure in American life.* New York : Free Press.
Hunt, E. D. (1978). Mechanics of verbal ability. *Psychological Review,* **85**, 109-130.
Jensen, A. R. (1998). *The G factor : The science of mental ability.* London : Praeger.
Mayer, J. D., & Salovey, P. (1997). What is emotional intelligence? In J. D. Mayer & P. Salovey (Eds.), *Emotional development and emotional intelligence* (pp.3-31). New York : Basic Books.
Neisser, U., Boodoo, G., Bouchard, T., Brody, N., Halpern, D. F., Loehlin, J. C., Perloff, R., Sternberg, R., & Urbina, S. (1996). Intelligence : Knowns and unknowns. *American Psychologist,* **51**, 77-101.
Spearman, C. E. (1904). "General intelligence", objectively determined and measured. *American Journal of Psychology,* **15**, 201-229.
Stern, W. (1914). *The psychological methods of testing intelligence* (Translated from the German by Guy Montrose Wipple). Baltimore : Warwick & York.
Sternberg, R. J. (1985). *Beyond IQ : A triarchic theory of human intelligence.* Cambridge : Cambridge University Press.
Sternberg, R. J., Conway, B. E., Kerton, J. L., & Bernstein, M. (1981). People's conceptions of intelligence. *Journal of Personality and Social Psychology,* **41**, 37-58.
Terman, L. M. (1916). *The measurement of intelligence.* Houghton : Mifflin.
Thorndike, E. L., Bregman, E. O., Cobb, M. V., & Woodyard, E. (1926). *The measurement of intelligence.* New York : Columbia University, Teachers College, Bureau of Publications.
Thurstone, L. L. (1938). *Primary mental abilities.* Chicago : University of Chicago Press.
Wechsler, D. (1955). *Manual for the Wechsler Adult Intelligence Scale.* Oxford, England : Psychological Corpolation.

4節　感情・情動の個人差

有光興記

1 ■ 感情・情動とは

　私たちは，日常生活のなかで，さまざまな感情（emotion）を経験している。たとえば，「人にものを盗まれたとき」には怒りを経験し，「人前で笑われたとき」には恥ずかしさを経験する。このほかにも，否定的な感情には不安や罪悪感などがあり，肯定的な感情には愛や喜び，誇りなどがある。感情は，「恥ずかしい」「胸がドキドキする」などの主観的な経験のほかにも，心拍数の増加や体温の上昇，震えなどの身体的な変化を引き起こすことが知られている。また，感情を経験すると，自分の意図とは別に表情が変化したり，衝動的な行動が喚起される。たとえば，怒りを経験したときには，とくに意識することなしに相手をにらみつけたり，手が出たり，どなったりすることがある。こうした行動は，一見不適応であるが，環境に適応するための合理的意味があると考えられている。怒りの表出行動の場合は，相手に社会的，個人的規範を破ったことを知らせ，補償を求めるという機能がある。これらのことから，感情は，環境の変化にともなう思考や身体状態の一時的な変化であり，環境に適応するための行動を喚起する現象だといえる。また，感情の主観的経験，生理的反応，行動には個人差があり，多くの研究が行われている。

　感情は，一時的な状態であり，時間とともに薄れていくものを指すことが多い。「リラックスした感じ」「悩んでいる」など長時間持続する比較的穏やかな感情は気分（mood）と区別される。また，心理学では，行動を引き起こすような「熱い」感情を情動とよび，感情は気分，情動の総称とする考えもあるが，本節では感情と情動とは区別にせず，感情と表記する。

2 ■ 感情状態と感情特性

　感情は誰しも経験する一時的な状態であるが，「イライラしやすい」「落ち込みやすい」など特定の感情を経験しやすい個人差がある。ある特定の感情を経験しやすい傾向のことを，感情特性（emotional trait）といい，感情状態（emotional state）と区別される。たとえば，テストを受けるときの一時的な不安は状態不安（state anxiety）であり，テストで何度も不安になりやすい場合は，特性不安（trait anxiety）が高いと考えられる。

　感情状態や感情特性は，主に質問紙法によって測定されてきた。最初期のノウリスとノウリス（Nowlis & Nowlis, 1956）の研究では，日常的に経験する感情や気分を表現する形容詞を集め，それぞれの形容詞について「現在，どの程度経験しているか」を質問し，12因子（攻撃性，不安，疲労，悲しみ，活力など）を得ている。この結果から，感情状態にいくつかの種類があることがわかる。さらに，ワトソンとテリゲン（Watson & Tellegen, 1985）は，感情状態を調べる質

問紙による研究結果を再分析し、肯定的感情と否定的感情という2因子を得ている。また、肯定的感情と否定的感情は独立しており、ともに覚醒－低覚醒という別個の次元をもつことが明らかにされた。すなわち、肯定的感情の次元には、「元気いっぱい」「活気のある」という覚醒水準が高いものから、「ぼんやりした」「リラックスした」という覚醒水準が低いものがあり、否定的感情の次元でも同様であった（高覚醒「怖い」－低覚醒「だるい」）。この結果から、ワトソンほか（Watson, Clark, & Tellegen, 1988）は、肯定的感情・否定的感情尺度（Positive Affect and Negative Affect Scale：PANAS）を開発し、状態ならびに特性評価でも2因子を得ることに成功し、2つの感情特性のことを肯定的感情特性（positive affectivity）、否定的感情特性（negative affectivity）とよんだ。わが国でも、寺崎ほか（寺崎・岸本・古賀, 1992）が多面的感情状態尺度を作成し、8つの因子を得ている。多面的感情状態尺度には、抑うつ・不安、敵意、活動的快、親和といった高覚醒の肯定的、否定的感情のほかに、驚愕や集中という中性的感情、倦怠や非活動的快といった低覚醒の感情、気分に該当する因子が含まれている。また、寺崎ほか（寺崎・古賀・岸本, 1994）は、多面的感情状態尺度と同じ項目を特性評価させ、同様に8因子を得ている。以上のことから、感情状態、特性ともに、肯定的感情、否定的感情という2次元が想定され、その次元に欧米や日本で大きな違いがないことが示唆される。

感情特性が高い人は、特性にともなった感情を経験しやすい。シャーラーほか（Scherer, Wranik, Sangsue, Tran, & Scherer, 2004）は、日常生活における感情経験の頻度とさまざまな感情特性の関係を検討し、特性不安が高い人は低い人の1.5倍不安を経験しやすく、喜び、驚き、誇りの特性が高い人は低い人に比べると、喜びや幸福感を1.5倍経験しやすいことを明らかにしている。さらに、肯定的感情特性が高いと否定的な感情を経験しにくく、否定的感情の特性が高いと肯定的感情を経験しにくくなるという結果も得ている。

3 ■ 個別の感情・情動の個人差

感情特性は、個別の感情で扱われることが多い。感情は、それぞれが別個の機能をもっており、感情特性全体で特定の行動を予測することができないのが一つの理由である。肯定的、否定的感情特性などひとくくりにする場合は、神経症傾向、外向性など関連するパーソナリティ特性として扱われることが多い。ここでは、個別の感情特性の研究を紹介する。

a. 特性不安

スピルバーガーほか（Spielberger, Gorsuch, Luchene, Vagg, & Jacobs, 1983；肥田野・福原・岩脇・曽我・Spielberger, 2000）は、不安の状態－特性モデルを提唱し、状態不安と特性不安を区別した。そのモデルでは、私たちはストレッサーに遭遇したとき、認定的評価を行い、状態不安が高まり、防衛・対処を行うが、特性不安が高いとストレッサーを脅威だと評価しやすいと考えられている。たとえば、手術前には誰でも状態不安が高まるが、特性不安が高ければ、より状態不安が高まりやすいと予測される。状態不安と特性不安については、ひじょうに多くの研究が行われてきた。不安を喚起する実験場面、実際のテスト場面などにおいて、特性不安が高い人

ほど，状態不安を感じやすいことが確かめられている。特性不安が高いと，テストやスピーチなどのパフォーマンスのレベルが悪化することを示す結果もある。ほかにも，恐怖症やパニックなど不安障害（anxiety disorder）を中心として，特性不安とさまざまな精神疾患との強い関係が認められている。精神疾患の指標となることから，治療の前後で特性不安が減少することを確かめ，ある治療の効果を実証する研究も存在する。また，特性不安は，感情の問題だけでなく，認知機能にもかかわっている。たとえば，特性不安の高い人は，自分にとって脅威的な言葉を記憶しやすく，そのことが不安障害の原因の一つであることが明らかにされている。また，特性不安は，状況ごとに程度が異なることから，テスト不安，対人不安やコンピュータ不安，算数不安など，構成概念が細分化されている。それぞれについて，尺度が開発され，研究が行われている。

b. 特性怒り

不安と同様に，怒りにも状態怒りと特性怒りの区分が可能である。スピルバーガー（Spielberger, 1988）は，怒りやすさを表す特性怒りと怒りの表出尺度からなる尺度を作成した。特性不安と同様に，特性怒りが高い人ほど状態怒りが高まりやすい。また，特性怒りも特性不安や抑うつなど他の否定的な感情との関連性が認められている。怒りの表出尺度は3つの下位尺度からなり，怒りを人や物にぶつける傾向である怒りの表出尺度，冷静さを保って行動をコントロールする傾向を測る怒りの制御尺度，怒りを心のなかに抱き表出しないようにする怒りの抑制尺度が含まれる。怒りの表出の仕方は，心臓疾患と関係があることが指摘されている。何度も怒りを表出すると，それだけ心臓血管反応が高まるため，心臓疾患になりやすく，怒りを抑制すると血圧が高い状態で持続するため，怒りを抑制する人は本態性高血圧や冠状動脈性心疾患（coronary heart disease：CHD）になりやすいと考えられる。この関係性は多くの研究で実証されたが，関係がないという研究もあり，必ずしも明確にはなっていない（西, 2002）。

攻撃行動は，怒りをともなう反応的な攻撃と，ある目的をもって意図的に行う道具的攻撃がある。いずれの場合も攻撃をしやすい人ほど，仲間に拒絶されやすいなど社会的適応は悪くなり（前田, 2002），将来の非行や犯罪の可能性を高めることがわかっている。また，いじめにおける「無視」や「悪口」のように人間関係に影響を与えるかたちで攻撃する場合を関係性攻撃というが，関係性攻撃の場合も，抑うつ感情を高め，学校適応感を低める要因となる（坂井・山崎, 2003）。

c. 自己意識的感情の特性

近年，不安や怒りの他にも，恥や罪悪感といった自己意識的感情に関する研究が行われている。恥は，失敗をしたときに人からみた自分のだめな部分を意識することで経験し，罪悪感は自分が失敗したことを自分自身で意識することで経験する。このように，恥と罪悪感はともに評価的な自己意識がかかわっているため，自己意識的感情とよばれる。ポジティブな自己意識的感情には，自分のよいところに注目するときに経験する誇りなどがある。

恥は，自分のだめなところに注目する経験であるため，恥を経験しやすい人ほど自尊心が低くなり，抑うつが高くなる（有光, 2009）。また，恥特性が高いと，自分に恥をかかせた他者への怒りが高まりやすく，摂食障害や社交不安障害など他の精神疾患の症状をもちやすい。しかし，迷惑行為など社会的な規範を破ることに恥を感じると，そうした問題行動は抑制されるため，状

態としての恥には適応的な機能がある。一方、罪悪感は自分のよくなかった行動に注目したときに生じ、補償行動や謝罪を行うなど、何とか自己評価を元に戻すことを動機づける。その結果、自尊心は維持され、抑うつにはつながらず、むしろ社会的適応につながると考えられる。有光（2009）は、罪悪感特性と自尊心や抑うつが無相関であり、社会的適応と正の相関があることを示している。しかし、うつ病などの精神疾患の診断基準では罪悪感は病理的な症状であるとされている。完璧であろうとして失敗し、自分の責任を過大に評価して「自分は罪深い人間である」などと考えたり、性的虐待の被害を受けて「自分がやましい存在である」と考えると、慢性的な罪悪感で苦しむことになる。慢性的な罪悪感の傾向は、「やましい」「罪深い」などの形容詞について「日頃どの程度経験していますか」という特性評価を行うと測定することができ、抑うつなどの精神疾患との関係が明らかにされている（有光, 2009）。

4 ■ パーソナリティ次元における感情

　パーソナリティ特性が5次元であるとするビッグファイブ理論（Costa & McCrae, 1992）では、外向性と神経症傾向の2次元が感情特性に強くかかわっている。外向性は、人や集団が好きで、活動的であり、好奇心が旺盛で、楽観的なパーソナリティ特性である。外向性の下位次元には、肯定的感情があり、ビッグファイブの質問紙であるNEO-PI-R（Costa & McCrae, 1992）に取り入れられている。また、神経症傾向は、恐怖、悲しみ、怒り、困惑などの否定的な感情を経験しやすく、衝動的で非現実的思考を行う傾向がある特性である。神経症傾向の下位次元には、不安、敵意、抑うつ、自意識（恥ずかしさ、困惑）といった否定的な感情特性が含まれている。

　ビッグファイブ理論以外にも、グレイとマクノウトン（Gray & McNaughton, 2000）の強化感受性理論（reinforcement sensitivity theory：RST）は、感情特性にかかわっている。グレイによれば、人間の脳内動機づけのシステムには、報酬への感受性が高い行動賦活系（behavioral activation system：BAS）と罰への感受性が高い行動抑制系（behavioral inhibition system：BIS）と外敵に遭遇したときの闘争－逃走－凍結系（fight-flight-freeze system：FFFS）がある。BASは、報酬が与えられたときや罰がなくなったときに、肯定的な感情を経験させ、目標に接近する行動を喚起させる。FFFSは、罰が与えられたり、報酬がなくなったりすると活性化され、回避行動や否定的な感情を経験させる。BISは、BASによる接近欲求とFFFSによる回避欲求が葛藤を起こしたときに働くため、不安などの否定的感情を喚起し、行動を抑制させる。BASは、肯定的な出来事の経験と将来に肯定的な出来事が起こることの予測につながり、抑うつ症状を低減する（Beevers & Meyer, 2002）。BISは、特性不安や否定的な思考の反芻、心配傾向と関連し、FFFSは恐怖傾向や回避行動と関連する（Corr & McNaughton, 2008）。

　以上のように、パーソナリティ理論からいくつかの感情特性を説明することが可能である。しかし、不安、恐怖、怒りなどの否定的感情特性と比べて、肯定的感情特性については研究例は少ない。また、パーソナリティ特性の研究と同様に、神経科学的な裏づけや発達過程の研究が課題となっている。

5 ■ 感情の個人差に影響を及ぼす要因

a. 原因帰属

ある状況の原因をどう考えるか（どう原因帰属するか）によって，経験する感情は変わってくる。たとえば，共同で取り組んでいたプロジェクトで，ミスがあったときに，「人のせいだ」と考えれば怒り，「自分のチェックがまずかった」と考えれば罪悪感，「自分がだめな人間だからミスをした」と考えれば恥を経験する。ワイナー（Weiner, 1986）によれば，原因帰属には内的－外的（原因が自分にあるか，環境にあるか），安定－不安定（時間経過のなかで安定しているか），統制可能－不能（自分で統制できるかどうか）という3次元があり，それぞれの組み合わせで経験する感情が異なってくる。「性格」や「能力」は，内的，安定で統制不可能な原因，「努力」は内的で不安定で統制可能な原因となる。もし，成功を「能力」のためだと考えれば希望を経験するし，失敗を「性格」のためだと考えれば恥や絶望を経験する。ワイナーの理論は，さまざまな調査研究で実証されており，恥，罪悪感，誇りなどの自己意識的感情との原因帰属の関係も明らかにされている（有光, 2009）。誇りであれば，成功した原因を「自分自身の努力」という内的，不安定，統制可能な原因に帰属したときに経験することがわかっている。

b. 感情制御

人前で話をするときに不安や緊張を感じるかは，どのようにその状況を評価するか以外に，どのように感情状態をコントロールするかによっても変わってくる。感情制御の方略には，状況の再評価や抑制がある（Gross & John, 2003）。ストレス事態に対して，感情の抑制を行おうとすると，感情表出は抑制されるが，主観的で否定的な感情は減少せず，生理的な反応はむしろ増大する。抑制よりは，「自分が今考えていることとは違うことを考える」といった状況の再評価を行ったほうが，否定的な感情の主観的体験と表出の両方を減じることができる。以上の仮説は，実験的に確かめられたが，質問紙が作成され，特性レベルでの関係性も明らかにされている。状況の再評価傾向は，肯定的感情の経験と表出，幸福感と正の相関を示し，否定的感情の経験と表出，抑うつ症状とは負の相関を示した。しかし，感情表出の抑制傾向は再評価傾向とはまったく逆の関係性をもつという結果となった。この結果から，感情制御方略により，感情経験の肯定－否定が変化すること，さらには制御方略の個人差によって感情特性の強さが変化することがわかる。

c. 感情知能

感情知能（emotional intelligence：EI）とは，自分と他者の感情に気づき，感情を的確に表現し，感情を理解し，考えを導くために感情を喚起させたり，感情的，知的成長のために感情を制御する能力のことである（Mayer & Salovey, 1997）。知能指数（intelligence quotient：IQ）が言語性，動作性など知的な側面を重視しているのに対して，EIは日常生活のなかで感情を利用したり制御できるかどうかや，他者とのやりとりのなかで感情を認識したり適切に伝えるという社会適応能力の側面に焦点を当てている点で異なっている。メイヤーほか（Mayer, Salovey, & Caruso, 2004）のレビューによれば，IQとEIの相関はあまり高くなく（$r=.14 \sim .36$），異なる構成概念である。EIは，感情制御のほかに共感性という感情の個人差に影響を与える変数を組み合わせた概

念とも考えられるが，新しい構成概念として扱われ，多くの研究が行われた。EIが高い人は，学校の成績がよく，対人関係がより円滑で，仕事ではリーダーシップを発揮する人が多くなるなど社会的適応が優れ，いじめや喫煙，ドラッグの使用などの問題行動の頻度が低く，主観的な幸福感が高くなることがわかっている（Mayer et al., 2004）。

d．その他の要因

原因帰属，感情制御，感情知能の他にも，遺伝や生まれてから経験したこと，親の養育態度，文化などの要因が感情の個人差を生み出すと考えられている（Caspi, Roberts, & Shiner, 2005）。これまでの研究では，たとえば罰を与える厳しい親のもとで育つと否定的感情を経験しやすいなど，肯定的感情，否定的感情という枠組みで研究が行われることが多かった。感情が発達的にいつから表出されるかは個々の感情で異なっているため，どのように発達していくのか，また発達の個人差を生み出す要因については今後の研究課題となっている。

◆ 引用文献

有光興記．(2009)．パーソナリティ心理学の立場から．有光興記・菊池章夫（編），自己意識的感情の心理学（pp.210-230）．北大路書房．

Beevers, C. G., & Meyer, B. (2002). Lack of positive experiences and positive expectancies mediate the relationship between BAS responsiveness and depression. *Cognition and Emotion*, 16, 549-564.

Caspi, A., Roberts, B. W., & Shiner, R. L. (2005). Personality development: Stability and change. *Annual Review of Psychology*, 56, 453-484.

Corr, P. J., & McNaughton, N. (2008). Reinforcement sensitivity theory and personality. In P. J. Corr (Ed.), *The reinforcement sensitivity theory of personality* (pp.155-187). Cambridge: Cambridge University Press.

Costa, P. T., Jr., & McCrae, R. R. (1992). *The NEO-PI-R professional manual: Revised NEO Personality Inventory (NEO-PI-R) and NEO Five-Factor Inventory (NEO-FFI)*. Odessa, FL: Psychological Assessment Resources.

Gray, J. A., & McNaughton, N. (2000). *The neuropsychology of anxiety: An enquiry into the functions of the septo-hippocampal system* (2nd ed.). Oxford: Oxford University Press.

Gross, J. J., & John, O. P. (2003). Individual differences in two emotion regulation processes: Implications for affect, relationships, and well-being. *Journal of Personality and Social Psychology*, 85, 348-362.

肥田野直・福原眞知子・岩脇三良・曽我祥子・Spielberger, C. D. (2000)．新版STAIマニュアル．実務教育出版．

前田健一．(2002)．攻撃性と仲間関係．山崎勝之・島井哲志（編），攻撃性の行動科学　発達・教育編（pp.122-134）．ナカニシヤ出版．

Mayer, J. D., & Salovey, P. (1997). What is emotional intelligence? In D. J. Sluyter (Ed.), *Emotional development and emotional intelligence: Educational implications* (pp.3-31). New York: Basic Books.

Mayer, J. D., Salovey, P., & Caruso, D. R. (2004). Emotional intelligence: Theory, findings, and implications. *Psychological Inquiry*, 15, 197-215.

西　信雄．(2002)．攻撃性と循環器疾患．島井哲志・山崎勝之（編），攻撃性の行動科学　健康編（pp.114-132）．ナカニシヤ出版．

Nowlis, V. H., & Nowlis, H. H. (1956). The description and analyses of mood. *Annual of the New York Academy of Sciences*, 65, 345-353.

坂井明子・山崎勝之．(2003)．小学生における3タイプの攻撃性が抑うつと学校生活享受感情に及ぼす影響．学校保健研究，45, 65-75.

Scherer, K. R., Wranik, T., Sangsue, J., Tran, V., & Scherer, U. (2004). Emotions in everyday life: Probability of occurrence, risk factors, appraisal and reaction pattern. *Social Science Information*, 43, 499-570.

Spielberger, C. D. (1988). *Manual for the State-Trait Anger Expression Inventory*. Odessa, FL: Psychological

Assessment Resources.

Spielberger, C. D., Gorsuch, R. L., Luchene, R. E., Vagg, P. R., & Jacobs, G. A. (1983). *Manual for the State-Trait Anxiety Inventory (Form Y)*. California : Consulting Psychologists Press, Palo Alto.

寺崎正治・岸本陽一・古賀愛人. (1992). 多面的感情状態尺度の作成. 心理学研究, **62**, 350-356.

寺崎正治・古賀愛人・岸本陽一. (1994). 感情状態尺度による特性評価. 日本心理学会第58回大会発表論文集, 939.

Watson, D., Clark, L. A., & Tellegen, A. (1988). Development and validation of brief measures of positive and negative affect : The PANAS Scales. *Journal of Personality and Social Psychology*, **54**, 1063-1070.

Watson, D., & Tellegen, A. (1985). Toward a consensual structure of mood. *Psychological Bulletin*, **98**, 219-235.

Weiner, B. (1986). *An attributional theory of motivation and emotion*. New York : Springer-Verlag.

5節　動機づけの個人差

岡田　涼

1 ■ 達成動機

　動機づけに関する研究が最も行われてきた領域の一つは達成領域である。マレー（Murray, 1938）の欲求リストにおいても達成欲求は含まれており，動機研究の初期から達成領域における動機には関心が向けられていた。マクレランドほか（McClelland, Clark, Roby, & Atkinson, 1949）は，主題統覚検査（TAT）に対する反応のコーディングを通して達成動機を測定する方法を開発している。ここでは実験場面での成功や失敗の操作によって達成動機を喚起することを試みており，状態的な変数として達成動機をとらえていた。その後，TATによる測定方法は，達成動機の個人差を測定する方法としても用いられるようになり（McClelland, Atkinson, Clark, & Lowell, 1953），しだいに個人差変数としての達成動機にも焦点が当てられるようになっていった。

　達成行動における動機づけの個人差の役割を明確に打ち出したのはアトキンソン（Atkinson, 1964）である。アトキンソンは，達成傾向の強さは成功接近傾向と失敗回避傾向によって規定され，いずれの傾向も動機×期待×価値の乗算的関係によって決まるとした。成功接近傾向における動機は達成動機であり，「達成したときに誇りを体験できる能力」と定義される。一方，失敗回避傾向における動機は失敗回避動機であり，「目標が達成できなかったときに恥を体験できる能力」と定義される。達成動機はマクレランドほか（McClelland et al., 1953）と同じくTATによって，失敗回避動機はテスト不安尺度（Mandler & Sarason, 1952）によって測定されることが多い。それぞれの傾向における動機，期待，価値という3つの要素のなかで，期待と価値は課題の性質や実験状況によって変化しうる状態的な変数であるが，達成動機と失敗回避動機は比較的安定した個人差を示す変数である。実際の研究においては，達成動機と失敗回避動機が困難度の異なる課題選択に及ぼす影響や，期待を操作した際にそれぞれの動機が行動の持続性に及ぼす影響などが明らかにされている（Atkinson & Litwin, 1960；Feather, 1961）。達成動機に関する有名な実験として，フェザー（Feather, 1961）は，成功確率が50%であるときに，達成動機の高い者は持続性が最大になる一方で，失敗回避動機が高い者は持続性が最小になることを明らかにしている。

2 ■ 親和動機

　マレーが提示した欲求リストのなかで，達成動機とともに多くの研究が行われてきたものとして親和動機がある。達成動機は達成領域における行動を説明するための概念であったが，親和動

機は社会的場面や対人場面における行動や他者との関係を説明するための概念である。初期の研究では，親和動機もまた達成動機と同様にTATを用いて測定され，実験状況によって喚起される状態的な変数として想定されていた（Atkinson, Heyns, & Veroff, 1954 ; Shipley & Veroff, 1952）。シプレイとヴェロフ（Shipley & Veroff, 1952）の実験では，ソシオメトリックテストによって実験参加者にお互いを評定させることによって親和動機を喚起している。TATを用いた親和動機の研究では，肯定的な関係を築きたいという親和動機（Atkinson et al., 1954）と他者からの拒絶に対する不安にもとづく親和動機（Shipley & Veroff, 1952）という2つのタイプの親和動機が検討されている。前者は，「他者と肯定的な感情にもとづく関係を形成し，維持し，修復しようとする動機」であり，達成動機の概念に照らし合わせると成功接近傾向における達成動機に対応する。一方，後者は「拒絶に対する恐れから生じる動機」であり，達成動機研究での失敗回避動機に対応する。これらの親和動機については，測定尺度の開発とともにその個人差をとらえようとする研究がみられるようになった。メーラビアン（Mehrabian, 1976）は，親和傾向（affiliative tendency）と拒絶過敏性（sensitivity to rejection）の2下位尺度からなる自己報告式の尺度を開発し，これらの動機の個人差が対人場面における不安や自信などに影響することを明らかにしている。

親和動機とは異なる観点から対人関係における動機をとらえる概念として，マクアダムズ（McAdams, 1980）は親密動機（intimacy motive）を提唱した。親密動機は，「親密で温かく，コミュニケーションが豊富な関係を経験することに対する選好やレディネス」である。親密動機もまた親和動機と同様にTATを用いて測定されるが，そのコーディングシステムにおいては，親和動機よりも他者との親密で双方向的な関係を反映するカテゴリーが想定されている。

3 ■ 接近−回避動機づけの階層モデル

達成動機研究では，成功に対する接近傾向と失敗に対する回避との区別が重視されていた。この接近−回避の軸をもとに，達成動機づけの個人差を包括的にとらえた理論として接近−回避達成動機づけの階層モデル（hierarchical model of approach and avoidance achievement motivation ; Elliot & Church, 1997）がある。このモデルでは，個人の特性としての動機が認知表象としての達成目標を介して達成行動に影響することが想定されている。特性としての動機は，個人を達成行動に向かわせ，成功もしくは失敗に方向づける役割を果たしており，従来研究されてきた達成動機と失敗回避動機がこれにあたる。達成目標（achievement goal）は，達成場面において個人が接近もしくは回避しようとする対象の認知的な表象である。達成目標については，熟達目標（mastery goals）と遂行目標（performance goals）の2つが想定され，さらに遂行目標を接近−回避の軸から区分することで，熟達目標，遂行−接近目標，遂行−回避目標の3つの目標が用いられる。熟達目標は課題に熟達することによってコンピテンスを発達させようとする目標である。遂行−接近目標は他者と比較した場合のコンピテンスを獲得しようとする目標である。遂行−回避目標は他者と比較したコンピテンスの低さを避けようとする目標である。また，達成行

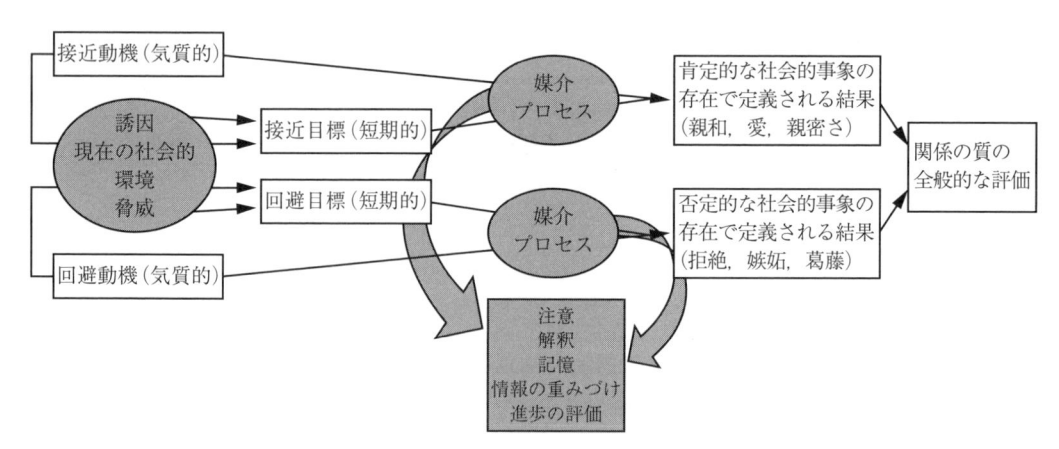

図5.1 社会的動機づけと社会的目標の接近－回避モデル（Gable & Berkman, 2008をもとに作成）

動の指標としては，内発的動機づけや成績が用いられる。このモデルは，もともともっている特性的な動機の個人差によって，達成場面で設定する目標が異なり，結果的に成績や内発的動機づけなどで示される達成行動が影響を受けるという達成動機づけのプロセスをとらえたものである。特性レベルの動機，認知表象としての目標，行動レベルでの結果変数という階層的に異なるレベルの概念を統合して動機づけの個人差をとらえたところにこのモデルの特徴があり，いくつかの実証研究でモデルを支持する結果が得られている（Elliot & Church, 1997；Thrash & Elliot, 2002）。

　階層モデルは親和動機研究の流れにも適用されている。ゲイブルとバークマン（Gable & Berkman, 2008）は，達成動機づけに関する階層モデルをもとに，社会的動機づけと社会的目標の接近－回避モデル（approach-avoidance model of social motivation and social goals）を提唱している（図5.1）。接近動機と回避動機は，親和動機研究で検討されてきた親和傾向と拒絶に対する恐れである。社会的目標は，友人関係や恋愛関係などの社会的関係において個人が設定する目標であり，親密な関係を築こうとする接近目標と葛藤や不和を避けようとする回避目標がある。達成動機づけの階層モデルと同様に，接近動機と回避動機は，具体的な社会的関係における目標の設定を介して，社会的関係の質やウェルビーイング（well-being）に影響することが想定されており，友人関係（Elliot, Gable, & Mapes, 2006）や恋愛関係（Impett, Peplau, & Gable, 2005）を対象とした研究で支持されている。

4 ■ 自己決定理論

　接近－回避動機づけ研究とは異なる視点から動機づけの個人差に関する研究知見を提出している理論として自己決定理論（self-determination theory；Ryan & Deci, 2000）がある。自己決定理論は，内発的動機づけに関する実験社会心理学的な研究から発展したものである。初期の研究では，内発的動機づけを状態的なものとしてとらえ，内発的動機づけに影響する要因を解明する

5節 動機づけの個人差

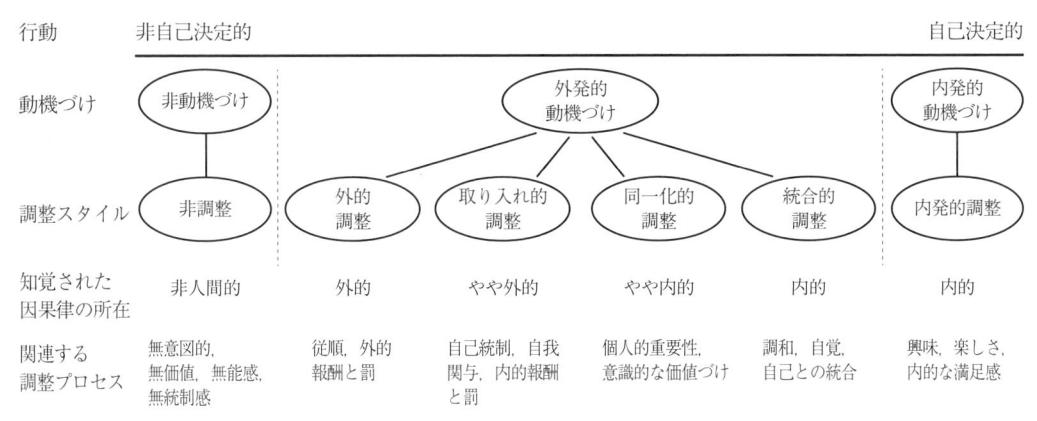

図5.2 自己決定理論における動機づけ概念（Ryan & Deci, 2000をもとに作成）

行動	非自己決定的					自己決定的
動機づけ	非動機づけ	外発的動機づけ				内発的動機づけ
調整スタイル	非調整	外的調整	取り入れ的調整	同一化的調整	統合的調整	内発的調整
知覚された因果律の所在	非人間的	外的	やや外的	やや内的	内的	内的
関連する調整プロセス	無意図的，無価値，無能感，無統制感	従順，外的報酬と罰	自己統制，自我関与，内的報酬と罰	個人的重要性，意識的な価値づけ	調和，自覚，自己との統合	興味，楽しさ，内的な満足感

ことが主要な研究テーマであった。報酬や他者からの働きかけなどによって行動する外発的動機づけと，活動それ自体を目的として行動する内発的動機づけが区別され，外発的動機づけを生じる要因が内発的動機づけを抑制するとされてきた。

その後，デシとライアン（Deci & Ryan, 1985）は，自己決定性という観点から外発的動機づけにはいくつかのレベルがあるとし，外発的動機づけがしだいに自己決定的なものになっていく過程を想定している（図5.2）。ここでは，非動機づけ（amotivation），外発的動機づけ，内発的動機づけという3つの動機づけ状態を想定する。非動機づけは，行動と結果との随伴性を認知しておらず，活動に対してまったく動機づけられていない状態である。外発的動機づけは，自己の外部にある価値や調整を自己に取り込み統合することである内在化の程度によって4つに区分される。1つ目の外的調整（external regulation）は，外的な報酬や罰によって行動する動機づけであり，典型的な外発的動機づけである。2つ目の取り入れ的調整（introjected regulation）では，明らかな外的統制がなくても行動が開始されるが，行動の目的は不安や恥などの感情を低減したり，自己価値を守ることであり，内面での統制されている感覚によって動機づけられる。3つ目の同一化的調整（identified regulation）では，行動の価値を自己と同一化し，個人的な重要性を感じて肯定的な態度で自発的に動機づけられる。4つ目の統合的調整（integrated regulation）では，ある活動に対する同一化的調整が，個人がかかわる他の活動に対する価値や欲求との間で矛盾なく統合されている状態であり，まったく葛藤を感じずに従事するような動機づけである。そして，最も自己決定性の程度が高い動機づけとして，活動それ自体を目的として興味や楽しさから自律的に行動する内発的動機づけが布置される。

自己決定性にもとづく動機づけ概念については，比較的安定した動機づけのスタイルとして扱われることが多い。ライアンとコネル（Ryan & Connell, 1989）は，学習と向社会的行動という2つの領域における動機づけをとらえるSRQ（Self-Regulation Questionnaire）を作成している。学習領域でのSRQには，外的調整，取り入れ的調整，同一化的調整，内発的動機づけの4下位尺度があり，向社会的行動領域でのSRQには，外的調整，取り入れ的調整，同一化的調整の3

下位尺度がある。いずれの領域でも,「なぜその行動をするのか」という理由の観点からそれぞれの動機づけを尋ねる形式を採っている。たとえば,学習に対する動機づけであれば,学習する理由について,「勉強しないと困るから(外的調整)」「先生によい生徒だと思われたいから(取り入れ的調整)」「内容を理解したいから(同一化的調整)」「楽しいから(内発的動機づけ)」などの項目が提示され,各項目をリッカート式の尺度で評定する。SQRをもとに,スポーツ,レジャー,友人関係,恋愛関係,仕事,政治参加,宗教,ギャンブルなど,さまざまな領域での動機づけを測定する尺度が作成されている(Vallerand & Ratelle, 2002)。

5 ■ 自己効力感理論

　先に紹介した達成目標理論における目標概念や自己決定理論における動機づけ概念は,「なぜ行動するのか」という動機づけの理由の側面に注目したものであった。一方で,「うまく行動できそうか」という期待(expectancy)の側面も動機づけでは重要となる。この側面をとらえる代表的な概念は自己効力感(self-efficacy)である。自己効力感は,バンデューラ(Bandura, 1986)の社会的認知理論(social cognitive theory)で提唱された概念である。社会的認知理論では,個人要因,環境要因,行動の相互作用によって人が機能することを想定しており,環境要因が行動に影響する背景に個人要因としての認知的な要素を重視している。個人要因としての認知にあたるのが,結果期待(outcome expectancy)と効力期待(efficacy expectancy)という2つの期待である。結果期待は,ある行動がどのような結果を生み出すかについての期待である。効力期待は,ある結果を生み出すために必要な行動をどの程度うまくできるかについての期待であり,この期待の認知が自己効力感である。

　自己効力感は,行動変容の先行要因として提出された概念であり,初期の研究では状態的なものとして扱われることが多かった。多くの実験研究で,自己効力感の変動に影響する要因が検討されている(Schunk & Pajares, 2009)。その後,自己効力感を測定する尺度が作成され,自己効力感の個人差が注目されるようになった。学習(Pintrich & De Groot, 1990)や対人関係(Wheeler & Ladd, 1982)など特定の領域における自己効力感を測定する尺度に加えて,領域を超えた全般的な自己効力感を測定する尺度が開発されている(Judge, Erez, Bono, & Thoresen, 2002)。

　動機づけにおける期待概念を精緻化したものとして,スキナーほか(Skinner, Chapman, & Baltes, 1988)の活動理論(action theory)がある。この理論では,行為者,目的,目的に至るための手段という三者をつなぐ3つの信念を想定している。手段と目的の間の信念は手段-目的信念(means-ends beliefs)であり,さまざまな手段(努力,能力,運など)が望ましい結果につながるという信念である。行為者と手段の間の信念は行為者信念(agency beliefs)であり,望ましい結果に至るための手段を自身が保有しているという信念である。行為者と目的の間の信念は統制信念(control beliefs)であり,手段とは別に自分が望ましい結果に到達できるという信念である。バンデューラ(Bandura, 1986)による期待概念に照らすと,行為者信念は効力期待と,手段-目的信念は結果期待と対応しており,統制信念が新たに加えられた期待の成分である。ま

た，この理論では，努力や運などの目的に至る手段を具体化してとらえる点に特徴がある。スキナーほか（Skinner et al., 1988）は，学習領域における3つの信念を測定する尺度としてCAMI（Control, Agency, Means-Ends Interview）を作成しており，CAMIは成績や学習行動を予測することが明らかにされている（Skinner et al., 1988；Walls & Little, 2005）。

◆ 引用文献

Atkinson, J. W. (1964). *An introduction to motivation.* Princeton, NJ : Van Nostrand.

Atkinson, J. W., Heyns, R. W., & Veroff, J. (1954). The effect of experimental arousal of the affiliation motive on thematic apperception. *Journal of Abnormal and Social Psychology,* **49**, 405-410.

Atkinson, J. W., & Litwin, G. H. (1960). Achievement motive and test anxiety conceived as motive to approach success and motive to avoid failure. *Journal of Abnormal and Social Psychology,* **60**, 52-63.

Bandura, A. (1986). *Social foundations of thought and action : A social cognitive theory.* Englewood Clifts, NJ : Prentice Hall.

Deci, E. L., & Ryan, R. M. (1985). *Intrinsic motivation and self-determination.* New York : Plenum Press.

Elliot, A. J., & Church, M. A. (1997). A hierarchical model of approach and avoidance achieement motivation. *Journal of Personality and Social Psychology,* **72**, 218-232.

Elliot, A. J., Gable, S. L., & Mapes, R. R. (2006). Approach and avoidance motivation in the social domain. *Personality and Social Psychology Bulletin,* **32**, 378-391.

Feather, N. T. (1961). The relationship of persistence at a task to expectation of success and achievement related motives. *Journal of Abnormal and Social Psychology,* **63**, 552-561.

Gable, S. L., & Berkman, E. T. (2008). Making connections and avoiding loneliness : Approach and avoidance social motives and goals. In A. J. Elliot (Ed.), *Handbook of approach and avoidance motivation* (pp.203-216). New York : Psychology Press.

Impett, E., Peplau, L. A., & Gable, S. L. (2005). Approach and avoidance sexual motives : Implications for personal and interpersonal well-being. *Personal Relationships,* **12**, 465-482.

Judge, T. A., Erez, A., Bono, J. E., & Thoresen, C. J. (2002). Are measures of self-esteem, neuroticism, locus of control, and generalized self-efficacy indicators of a common core construct? *Journal of Personality and Social Psychology,* **83**, 693-710.

Mandler, G., & Sarason, S. B. (1952). A study of anxiety and learning. *Journal of Abnormal and Social Psychology,* **47**, 166-173.

McAdams, D. P. (1980). A thematic coding system for intimacy motive. *Journal of Research in Personality,* **14**, 413-432.

McClelland, D. C., Atkinson, J. W., Clark, R. A., & Lowell, E. L. (1953). *The achievement motive.* New York : Appleton-Century-Crofts.

McClelland, D. C., Clark, R. A., Roby, T. B., & Atkinson, J. W. (1949). The effect of the need for achievement on thematic apperception. *Journal of Experimental Psychology,* **37**, 242-255.

Mehrabian, A. (1976). Questionnaire measures of affiliative tendency and sensitivity to rejection. *Psychological Reports,* **38**, 199-209.

Murray, H. A. (1938). *Explorations in personality.* New York : Oxford University Press.

Pintrich, P. R., & De Groot, E. V. (1990). Motivational and self-regulated learning components of classroom academic performance. *Journal of Educational Psychology,* **82**, 33-40.

Ryan, R. M., & Connell, J. P. (1989). Perceived locus of causality and internalization : Examining reasons for acting in two domains. *Journal of Personality and Social Psychology,* **57**, 749-761.

Ryan, R. M., & Deci, E. L. (2000). Self-determination theory and the facilitation of intrinsic motivation, social development, and well-being. *American Psychologist,* **55**, 68-78.

Schunk, D. H., & Pajares, F. (2009). Self-efficacy theory. In K. R. Wentzel & A. Wigfield (Eds.), *Handbook of motivation at school* (pp.35-53). New York : Routledge.

Shipley, T. E., & Veroff, J. (1952). A projective measure of need for affiliation. *Journal of Experimental Psychology*, **43**, 349-356.

Skinner, E. A., Chapman, M., & Baltes, P. B. (1988). Beliefs about control, means-ends, and agency : A new conceptualization and its measurement during childhood. *Journal of Personality and Social Psychology*, **54**, 117-133.

Thrash, T. M., & Elliot, A. J. (2002). Implicit and self-attributed achievement motives : Concordance and predictive validity. *Journal of Personality*, **70**, 729-755.

Vallerand, R. J., & Ratelle, C. F. (2002). Intrinsic and extrinsic motivation : A hierarchical model. In E. L. Deci & R. M. Ryan (Eds.), *Handbook of self-determination research* (pp.37-63). Rochester, NY : University of Rochester.

Walls, T. A., & Little, T. D. (2005). Relations among personal agency, motivation, and school adjustment in early adolescence. *Journal of Educational Psychology*, **97**, 23-31.

Wheeler, V. A., & Ladd, G. W. (1982). Assessment of children's self-efficacy for social interaction with peers. *Developmental Psychology*, **18**, 795-805.

II 部
パーソナリティを
ライフステージからとらえる

　II 部では，一生涯を次の6つのライフステージに分けた。(1) 乳幼児期（胎児・乳児期〜6歳：いわゆる保育園児・幼稚園児の時期），(2) 児童期（6〜12歳：いわゆる小学生の時期），(3) 青年期（12〜25歳頃，中学生・高校生・大学生・有職青年の時期），(4) 成人期（25〜40歳頃），(5) 中年期（40〜65歳頃），(6) 高齢期（65歳以上）。

　私たちはこの世の誰とも置き換えられない独自な存在であり，きわめて個性的である。と同時に，さまざまなかたちで他者と結びついており，社会的な存在でもある。発達とともに，他者との関係を築きながら，他者との違いを認識するようになる。個性的で独自性をもちながら，一回限りの人生を後戻りすることなく，対人関係を円滑に営む社会性を身につけていく。この結合性（connectedness）と分離性（separateness）という逆説的な関係は，生涯を通じて続く。結合性は社会化（socialization）と，分離性は個性化（individuation）と深くかかわっている。パーソナリティの形成や変化について，個性化と社会化の2つの側面から通覧した。

　各ライフステージの1節では，その時期の特徴的なパーソナリティの形成や変化の様子を概観した。2節は個性化の節で，個人が社会的世界において他者から心理的に分離する過程や個人内の心理的変化に焦点を当てた。3節は社会化にかかわり，発達の流れのなかで，個人が他者と結びつく方法や関係性，相互作用のタイプや社会的理解などを中心に記述した。4節はパーソナリティの形成や変化を考えるうえで，それぞれの時期で特徴的な諸問題や障害などを記述し，それらに対する対応や対処についてふれた。

　縦糸としての年齢軸（ライフステージ）と横糸としての社会化・個性化というテーマが織り成す試みが，これまでの研究を概観し，今後の研究を引き出す力となることを願っている。

（二宮克美）

6章 乳幼児期

1節 乳幼児期の気質・パーソナリティの特徴

岡本依子

　乳幼児のパーソナリティがいつからあるか，それがどのくらい恒常的であるかについては議論のあるところである。しかし，ヒトの赤ちゃんは決して白紙で生まれるわけではなく，個性をもって生まれてくるということはいえるだろう。

1 ■ 気　質

　赤ちゃんは，生後まもなく明確な個性を示す。ある赤ちゃんは寝ている時間が多く，泣いてもなだまりやすかったり，ある赤ちゃんは少しの物音で目を覚まし，激しく泣き，なかなか気持ちがなだまらないこともある。このような個性を気質（temperament）といい，生まれつき備わった情緒性，運動性，かつ，注意性の反応と自己調整における個人差と定義されている（Rothbart & Bates, 2006）。また，乳児における気質は，その後の発達において環境的な影響を受けて変化しつつも，のちのパーソナリティを築くものとしてとらえられている。

　このような個性や気質のとらえ方については，研究者間でいくぶん異なるとらえ方がある。たとえば，ブラゼルトンは，以下の6つの指標にもとづいた，生後1カ月以内の新生児にも実施できる尺度を開発している（ブラゼルトン新生児行動評価尺度；Brazelton, 1984/1988）。

(1) ハビチュエーション（habituation）：睡眠中に不快刺激を与え，睡眠の維持能力をみることで，不快刺激への慣れやすさを評価するもの。

(2) オリエンテーション（orientation）：外界刺激に対する反応性をみることで，刺激への興味のもち方を評価するもの。

(3) 運動のコントロール性（motor）：全体的な活動性，自発運動の習熟度，頭部のコントロールなどから，運動性や成熟性を評価するもの。
(4) 興奮性（state range）：泣きやすさなどをとおして，全体的な覚醒状態の幅と変化を評価するもの。
(5) 鎮静性（state regulation）：泣いた状態からのなだまりやすさをみることで，自己の状態調節能力を評価するもの。
(6) 自律系の安定性（autonomic stability）：皮膚の色，驚愕，ふるえの頻度をみることで，生理的な恒常性とストレスの兆候を評価するもの。

また，トマスとチェス（Thomas & Chess, 1986）は，ニューヨークの141家族について縦断調査を行い，乳児の気質を総合的にとらえ，気質のプロファイルを3つに分類した。
(1) 扱いやすい気質（easy temperament）：扱いやすい気質の子どもは，ものごとにあまり動じず，機嫌がよく，新しい事象に遭遇しても順応的に受け入れることができる。ニューヨークの調査では，40%の子どもがこの気質と判定された。
(2) 扱いにくい気質（difficult temperament）：扱いにくい子どもとは，活動性が高く，興奮しやすく，生理的リズムが不規則である。変化に過敏に反応し，新しい状況に適応するのに時間がかかる。ニューヨークの調査では10%の子どもがこの気質と判定された。
(3) ウォームアップの遅い気質（slow-to-warm-up temperament）：ウォームアップが遅い子どもは，活動性が非常に低く，やや不機嫌であり，新しい状況に適応するのに時間がかかる。しかし，扱いにくい子が新しい状況に過剰に反応するのとは異なり，穏やかに消極的に反応する。同調査では15%の子どもがこの気質と判定された。

それ以外の子どもたちは，この3つに当てはまらない独自の気質を有していた。

これらの気質は，時間を経て維持され，発達にともなういろいろな場面で影響してくることもあるかもしれない。たとえば，扱いにくい気質の子どもが，のちに学校活動において問題をかかえたり，きょうだいや友だち関係でいらだちやすかったり，攻撃的であったりもする（Thomas, Chess, & Korn, 1982）。

2 ■ 気質の連続性

生後まもない時期の気質とその後の気質の連続性については，どのように考えればいいのだろうか。

縦断研究がさまざまに試みられ，いくつかの気質の要素（活動水準，いらだちやすさ，社会性，恐れなど）について，ある程度の連続性が見出されている（Jaffari-Bimmel, Juffer, Van Ijzedoorn, Bakersmans-Kranburg, & Mooijart, 2006；Lemery, Goldsmith, Klinnert, & Mrazek, 1999）。たとえば，ケイガンほか（Kagan, Snidman, Zentner, & Peterson, 1999）は，気質要素の一つである，新奇なものに対する極端な恐れや社会的な不安といった行動抑制性について，乳児期から児童期においてある程度の連続性を見出している。また，胎児期の活動性の高さと乳児

期における活動性の高さと扱いづらさの連続性（DiPietro, Hodgson, Costigan, & Johnson, 1996），生後6カ月，12および18カ月における，人見知りの連続性（菅原・佐藤・島・戸田・北村，1992）などが見出されている。

　しかし，気質とその後のパーソナリティにある一定の連続性がみられたからといって，人のパーソナリティが遺伝的に決まるというわけではない。抑制傾向のある乳児に対して，養育者が過保護で自律を促さなかったり，あるいは，「そんな赤ちゃんみたいなことはやめてちょうだい」というような言い方をすることで，抑制的な傾向を維持してしまうという環境的な要因も考慮する必要がある（Rubin, Burgess, & Hastings, 2002）。

　トマスとチェスの気質の3分類において，ウォームアップの遅い子と分類された子の半分がある種の適応の問題を示している。しかしこれは，残りの半分の子どもたちについては，気質やそこから予測される行動の特徴が変化したということも意味する。とくに，気質と環境要因との組み合わせによって，ある特定の気質が維持されることもあれば，変化することもある（Thomas & Chess, 1986；Chess & Thomas, 1984）。子どものもつ気質と，環境からの要求や期待の適合のよさ・わるさ（goodness/poorness-of-fit）が問題となるのである。菅原ほか（菅原・北村・戸田・島・佐藤・向井, 1999）も，子どもの集中力のなさや行動の激しさなどを養育者が否定的にとらえることで，子どもは他者に対して攻撃的で反抗的な行動をとるようになり，一方，家族内の良好な養育態度や関係によって，子どもの問題行動が防御されるということを見出している。また，親がどのように子どもの気質をとらえるかについては，文化差があることもわかっている。さらに，乳児の活動性の高さを，アメリカでは元気がいいなどと評価される一方で，日本では機嫌の悪さと否定的にとらえられていた（中川・鋤柄, 2005）ように，養育者は育児文化の影響も受けている。

　このように，乳児の気質は，多層的な環境の影響を受けながら，それぞれの子どもの個性として発達するのである。

3 ■ 自己意識の形成

　乳児には，他の子どもとは異なるそれぞれの個性がある。では，子ども自身は，その個性をどのように自分として受けとめるようになるのだろうか。いつから，自分を他者と異なる自分として理解しはじめるのだろうか。目の前にいる他児と鏡のなかにいる"誰か"は一見よく似ている。しかし，ある時期から，鏡のなかにいる"誰か"が自分であると気づくようになる。ここでは，乳幼児の自己意識の発達について述べる。

a. 乳児期の自己意識

　生まれたばかりの乳児は，どのように自分という存在を受けとめているのだろうか。生後まもない頃は，自他が融合した未分化な状態で自分と他者をはっきり概念化して区別していないといわれている。しかし，だからといって，自己に対する感覚がないわけではない。環境のなかから自分自身を独立したものとしてとらえること，つまり，自分を環境のなかの他のものと区別す

ることができるのである。たとえば，生後24時間以内の乳児についての実験がある（Rochat & Hespos, 1997）。乳児の頬に他者が触れたとき（外部からの刺激）と，偶然乳児自身の手が頬に触れるとき（自己刺激）とで，口唇探索反応の頻度に差があり，外部刺激は自己刺激のほぼ3倍の頻度が観察された。つまり，乳児は外部刺激と自己刺激を区別しており，外部刺激に対してより敏感であることがわかったのである。

もちろん，この時期，自他がある程度分化しているとしても，その関係性はひじょうに同型的で融合的なやりとりに支えられている。乳児は，他者の口の開閉や舌出し，表情などを模倣することが示されているが（Condon & Sander, 1974；Meltzoff & Moore, 1977），これらは口の動きに対する口の動き，微笑みに対する微笑みといった同型的なやりとりといえるだろう（岡本, 1982）。

一方，乳児は自分自身の存在についての探索もはじめる。たとえば，生後2カ月をすぎると，乳児が自分の手を自分の顔の前にかざし，その手を珍しいものを調べているかのように，じっと見つめるということをする。これをハンドリガードというが，手を動かすのを目で見るということを通して，自分自身の身体の一部を探索していると考えられている。この時期，指しゃぶりも盛んになり，手を口に入れて，触れられる指の感覚と触れる口の感覚が同時に生じるというダブルタッチの感覚をとおして，自己を探索しているのである。

さらに，生後9カ月頃ともなると，「ちょうだい」「どうぞ」といった物を介したやりとりが盛んになり，他者と異なる役割を担ったやりとりができるようになる。自律した自己への兆しがみられ，1歳頃になると「どうぞ」に対して「ほしいのは，ソレじゃなくて，アレだよ」というかのように，拒否行動もみられるようになる。ちょうどこの時期，乳児にとって危険がないかどうかなど不明瞭な状況において，他者の表情を観察して，他者の情報を利用する社会的参照（social referencing）がみられるようになる。これも，自分とは独立した他者の存在に気づいていることの証といえるだろう。

b. 乳児期の自己と他者

鏡をのぞき込んだとき，そこに映る姿を「自分だ」と理解できるのは，1歳半頃といわれており，この鏡像理解については，自己意識の指標ととらえられている。マークテストといわれる実験がある（Amsterdam, 1972）。子どもに気づかれないように，こっそり顔の一部に口紅などで印をつける。その後，鏡を見た子どもがどう反応するかを観察するのである。1歳半より幼い子どもは，その印に気づいたとき，鏡に手を伸ばすが（他者の顔につけられた印であるかのように），1歳半〜2歳以降になると，自分の顔に手を伸ばして，その印をぬぐったというのである。

また，2〜3歳頃には反抗期を迎える子どもは少なくないが，これも自己の主張を他者に対して試すという反抗の現れであり，自己の発達と深い関係にあるといえるだろう。さらに，この時期，自称にも変化がみられるようになる。2歳頃にはほとんどの子どもが「〇〇ちゃん」といった自分が呼ばれるときの愛称や名前をそのまま自称に使用していたが，3歳頃になると男児は「ぼく」や「オレ」を状況によって使い分けはじめる（西川, 2003）。他者との関係で自己をどのように位置づけるかを状況によって調整しているものと考えられる。

さらに，4歳頃になると，他者の知っていることや知らないこと（信念）と，自分が知っていることを区別できるようになり，他者の心を推論することができるようになる（Astington, 1993/1995）。自己とは別の心をもつ他者を理解できるようになった証と考えられている。

4 ■ 社会性の形成

a. 人指向性

発達のごく初期においても，乳児は人とのやりとりが可能である。乳児は生後数日のうちに，人の顔のような図柄への選好性を示したり（Fantz, 1961 ; Simion, Macchi, Turati, & Valenza, 2003），人の話しかけの声に敏感に反応したり（これを相互同期性という），口の開閉などを模倣したり（新生児模倣）する。乳児は，明確な人指向性を示すが，それはその後の社会性の発達を支えるものとなる。

たとえば，顔のような図柄への選好性は，いいかえると，顔を他の視覚刺激とは異なった特別なものとして認識していることの証であり，顔認識の生得性といわれる。乳児は，生後数日以内に，母親など主たる養育者の顔を他の女性の顔と区別しはじめる（Bushnell, Sai, & Mullin, 1989）。もちろん，この時期は髪型など目立つものの影響を受けやすいが，生後4カ月頃になると，眉や目，鼻，口などの特徴を利用して顔が認識できるようになる（山口, 2005）。そして，生後半年以降には，横顔や正面以外の角度からでも，顔を認識できようになる。ちょうど生後半年から8カ月頃くらいから，乳児は人見知りを示すようになる。よく親しんだ養育者の顔とはじめて見る見知らぬ顔を明確に区別し，見知らぬ人に対して不安を抱くようになるのである。

b. 愛着の発達

一方，人見知りは顔認識の発達も影響しているだろうが，もちろんそれだけではない。養育者の顔にともなう声やにおい，働きかけ方など全体をとらえて，安心感を得られる相手とそうでない相手という区別ができるようになったためといえるだろう。人見知りは，養育者など特定の他者に対する情緒的絆，すなわち，愛着の発達と関連している。ボウルビィ（Bowlby, 1951/1967）は，特定の他者との相互に愛着を形成することによって，人全般に対する信頼感や自分への自信などが得られるとしている。愛着対象である養育者を，いざというときはいつでも自分を守ってくれる「安全基地」としてとらえるようになり，安全基地を拠点として探索行動が活性化され，外の世界に向けて好奇心を満たすようになる。

c. 仲間関係

乳児期には，主に家庭内で展開していた社会性の発達が，幼児期になると家庭の外の世界にも広がりをみせるようになる。遊びを通して仲間関係を発達させるようになる。2歳頃になると，仲間の存在を意識し，直接的な子ども同士のかかわりはみられなくとも，遊びの伝染といわれるような相互の影響はみられるようになる（山本, 2001）。3～5歳頃には，連合遊びや協同遊びがみられ（Parten, 1932），仲間同士かかわりあい，協力しあって，遊びが成立するようになる。

遊びをとおした仲間関係は，2歳頃にはそれほど明確ではなかった子ども同士のやりとりだが，

3歳頃になると子ども同士のやりとりを活発化し，離合集散を繰り返す一次的な関係を積み重ねるなかで「いつものなかよし」という関係へと移行しはじめる。4～6歳頃には，仲間の一部を「なかよしの友だち」と意識するようになり，「一緒に遊ぶから友だち」という関係から「友だちだから一緒に遊びたい」という関係へと移行する（岡本, 2003）。

5 ■ 乳幼児期におけるパーソナリティの諸問題

乳幼児の個性やパーソナリティは，その子らしさであって，そのよしあしは時代や社会によって異なるものである。したがって，よいパーソナリティや悪いパーソナリティ，あるいは，優れたパーソナリティや劣ったパーソナリティが普遍的にあるわけではない。ここでは，ある時代やある社会においては適応の問題が生じることもある乳幼児のパーソナリティの問題について述べることにする。

a. 愛着の問題

愛着とは，特定の他者との愛情にもとづいた情緒的絆であるが，この愛着が安定的に形成されなかった場合はどうなるのだろうか。幼児期以降，安全基地としての愛着対象はイメージとして取り込まれるようになり，内的ワーキングモデルとして内化するといわれている。虐待やネグレクトなどの理由で愛着が適切に形成されない愛着障害の場合，否定的な自己評価や自己侮辱を含む内的ワーキングモデルを形成し（繁多, 2009），攻撃性など非社会的なパーソナリティを形成しうるとされている（Revy & Orlans, 2000）。

ボウルビィ自身は，発達初期の不適切な愛着の影響を決定的と位置づけていたが，近年では，子どもの可塑性を示す症例が見出され，愛着理論を応用した心理的介入も行われている（Revy & Orlans, 2000）。

b. 問題行動と養育者要因

菅原（2003）は，15年にわたる縦断研究から，子どもの統制不全型の問題行動（攻撃的反社会的行動や注意の統制不良など）について，母親が抱く子どもへの否定的感情との関係で興味深い知見を提出している。母親がもともと子どもに否定的感情を抱いていたために，子どもの行動が問題化したというより，子どもの問題行動傾向にひきずられるかたちで深化したというのである。子どもの特定の気質（扱いにくい気質など）を養育者が育てにくいと感じるという指摘もあり，子どもの問題行動は養育者だけの責任とはいいきれないのである。

さらに，菅原（2003）はこれらの問題行動に対して，父親の養育態度や，母親から父親への信頼感が良好であれば，これらの問題行動が避けられる可能性があることを示している。

◆ 引用文献

Amsterdam, B. (1972). Mirror self-image reactions before age two. *Developmental Psychology*, **5**, 297-305.
Astington, J. W. (1995). 子供はどのように心を発見するか（松村暢隆，訳）．新曜社．(Astington, J. W. (1993). *The child's discovery of the mind.* Cambridge, MA : Harvard University Press.)

Bowlby, J. (1967). 乳幼児の精神衛生（黒田実郎，訳）．岩崎学術出版社．(Bowlby, J. (1951). *Maternal care and mental health*. Geneva : WHO.)

Brazelton, T. B. (1988). ブラゼルトン新生児行動評価（第2版）（穐山富太郎，監訳）．医歯薬出版．(Brazelton, T. B. (1984). *Neonatal Behavioral Assessment Scale*. Philadelphia : Lippincott.)

Bushnell, I. W. R., Sai, F., & Mullin, J. T., (1989). Neonatal recognition of the mother's face. *British Journal of Developmental Psychology*, **7**, 3-14.

Chess, S., & Thomas, A. (1984). *Origins and evolution of behavior disorders*. Cambridge, MA : Harvard University Press.

Condon, W., & Sander, L. (1974). Synchrony demonstrated between movements of the neonate and adults speech. *Child Development*, **45**, 456-462.

DiPietro, J. A., Hodgson, D. M., Costigan, K. A., & Johnson, T. R. B. (1996). Fetal antecedents of infant temperament. *Child Development*, **67**, 2568-2583.

Fantz, R. L. (1961). The origin of form perception. *Scientific American*, **204**, 66-72.

繁多 進．(2009)．愛着理論と子育て支援．繁多 進（編著），子育て支援に活きる心理学：実践のための基礎知識（pp.85-96）．新曜社．

Jaffari-Bimmel, N., Juffer, F., Van Ijzedoorn, M. H., Bakersmans-Kranburg, M. J., & Mooijart, A. (2006). Social development from infancy to adolescence : Longitudinal and concurrent factors in an adoption sample. *Developmental Psychology*, **42**, 1143-1153.

Kagan, J., Snidman, N., Zentner, M., & Peterson, E. (1999). Infant temperament and anxious symptoms in school age children. *Development and Psychopathology*, **11**, 209-224.

Lemery, K. S., Goldsmith, H. H., Klinnert, M. D., & Mrazek, D. A. (1999). Developmental models of infant and childhood temperament. *Developmental Psychology*, **35**, 189-204.

Meltzoff, A. N., & Moore, M. K. (1977). Imitation of facial and manual gestures by human neonates. *Science*, **198**, 75-78.

中川敦子・鋤柄増根．(2005)．乳児の行動の解釈における文化差はIBQ-R日本版にどのように反映されるか．教育心理学研究，**53**，491-503．

西川由紀子．(2003)．子どもの自称詞の使い分け：「オレ」という自称詞に着目して．発達心理学研究，**14**，25-38．

岡本夏木．(1982)．子どもとことば．岩波書店．

岡本依子．(2003)．発達段階にみる友だちづくりの変化：幼児期・小学校下学年．児童心理，臨時増刊4月号，41-44．金子書房．

Parten, M. B. (1932). Social participation among preschool children. *Journal of Abnormal and Social Psychology*, **27**, 243-269.

Revy, T. M., & Orlans, M. (2000). Attachment disorder as an antecedent to violence and antisocial patterns in children. In T. Revy (Ed.), *Handbook of attachment interventions* (pp.1-26). New York : Academic Press.

Rochat, P., & Hespos, S. J. (1997). Differential rooting responses by neonates : Evidence for an early sense of self. *Early Development and Parenting*, **6**, 105-112.

Rothbart, M. K., & Bates, J. E. (2006). Temperament. In N. Eisenberg (Vol. Ed.), W. Damon & R. M. Lerner (Series Eds.), *Handbook of child psychology : Vol.3. Social, emotion, and personality development* (6th ed., pp.99-106). New York : Wiley.

Rubin, K. H., Burgess, K. B., & Hastings, P. D. (2002). Stability and social-behavioral consequences of toddler's inhibited temperament and parenting behaviors. *Child development*, **73**, 483-495.

Simion, F., Macchi, C. V., Turati, C., & Valenza, E. (2003). Non-specific perceptual biases at the origins of face processing. In O. Pascalis & A. Slater (Eds.), *The development of face processing in infancy and early childhood : Current perspectives* (pp.13-25). New York : Nova Science Publishers.

菅原ますみ．(2003)．個性はどう育つか．大修館書店．

菅原ますみ・北村俊則・戸田まり・島 悟・佐藤達哉・向井隆代．(1999)．子どもの問題行動の発達：Externalizingな問題傾向に関する生後11年間の縦断研究から．発達心理学研究，**10**，32-45．

菅原ますみ・佐藤達哉・島 悟・戸田まり・北村俊則．(1992)．乳児期の見知らぬ他者への恐れ：生後6・12・18ケ月の縦断的関連．発達心理学研究，**3**，65-72．

Thomas, A., & Chess, S. (1986). The New York Longitudinal Study : From infancy to early adult life. In R. Plomin & J. Dunn (Eds.), *The study of temperament : Changes, continuities, and challenges* (pp.39-52). Hillsdale, NJ : Lawrence Erlbaum Associates.

Thomas, A., Chess, S., & Korn, S. J. (1982). The reality of difficult temperament. *Merrill-Palmer Quarterly*, **28**, 1-20.

山口真美. (2005). 顔の認識発達学：赤ちゃんが示す驚きの能力. 科学, **75**, 1284-1289.

山本登志哉. (2001). 群れはじめる子どもたち. 岡本夏木（編）, 年齢の心理学：0歳から6歳まで（pp.103-142）. ミネルヴァ書房.

2節　自己意識の形成

矢藤優子

1 ■ 自己意識とは

　およそ1世紀前のアメリカの哲学者・心理学者であるウィリアム・ジェームズ（James, 1890）は，自己を"I-self"と"me-self"という，2つの側面からとらえることを提唱した。自己に関する彼の分析的論考は，現代の心理学における自己意識研究の基盤となるものである。I-self（主我）とは，経験する主体としての自己，知者（knower）としての自己であり，me-self（客我）は，自己に関する概念，対象化・意識化された自己を指す。また，ギブソン（Gibson, J. J.）の生態学的アプローチの流れをくむナイサー（Neisser, 1988）が，自分自身がアクセスできる自己知識のレベルにもとづいて次に示す5つの分類を行っている。①生態学的自己（ecological self）：物理的環境との関連で知覚される自己。②対人的自己（interpersonal self）：社会的やりとり（アイコンタクト，タッチ，音声など）のなかで形成される自己。③概念的自己（conceptual self）：自分自身の特性に関する心的表象。自己概念。④時間的拡張自己（temporally extended self）：過去から未来にかけての自己。自伝的記憶や将来の自己イメージなど。⑤私的自己（private self）：他人とは共有できない主観的な意識経験をもつものとしての自己。①②はI-self，③④⑤はme-selfに相当すると考えられ，それぞれ「知覚の対象としての自己」・「認知の対象としての自己」といいかえることができるだろう。自己意識といえば言語獲得期以降の自己概念に関する研究が注目されがちであるが，生態学的自己，対人的自己のような知覚の対象としての自己の段階も，自己意識の基盤をなすものとして重要である。スターンも，自己に関するI-selfの側面を新生自己感（the sense of an emergent self）・中核自己感（the sense of a core self）・主観的自己感（the sense of a subjective self）として分類し，それ以降に形成される言語的自己感（the sense of a verbal self）とともに一生涯にわたって永続的に機能し続ける自己として重視している（Stern, 1985）。

　一方，言葉を話せない乳幼児や動物の自己意識研究は，その方法論的困難さが問題となる。しかし近年では乳幼児やヒト以外の霊長類等を対象に，概念化，記憶，推論などの認知能力に依存しない自己意識にいっそうの関心が寄せられ，興味深い研究が多くなされている。そこで，次の2, 3では自己意識に関する諸研究についてその実験方法とともに紹介し，4ではそれらの研究成果から導かれた自己意識形成のプロセスについて述べることとする。

2 ■ 乳児期の自己

　かつて，乳児は自己と周囲の環境との区別をしていない存在として考えられてきた。先に紹介

したジェームズ（James, 1890）は，乳児はあらゆる感覚器官からの情報に埋もれて混乱した状態にある（'the baby, assailed by eyes, ears, nose, skin, and entrails at once, feels it as one great blooming, buzzing confusion', p.488）という有名なフレーズを残している。古くは心理学の教科書においても「乳児は自他が未分化な状態で……」という記述がなされているものがあった。

しかし現代の発達心理学は，それが誤りであることを数多くのデータによって実証している。なかでも次に紹介するロシャとその共同研究者たちは，言葉を話すことができず，行動レパートリーも限られた新生児に対して数々の工夫された実験を行い，発達初期における自己とはどのようなものであるかについて明らかにしている。

ロシャとヘスポス（Rochat & Hespos, 1997）は，新生児の原始反射の一つであるルーティン反射（頰や口のまわりに刺激を与えるとそちら側に顔を向けたり，口を開けたりする反射）を利用した実験を行い，大人の指のような外的刺激が顔に触れた場合（自分の頰だけが触覚刺激を受けるのでシングルタッチという）のほうが，自分自身の指が触れた場合（自分の頰と指がともに触覚刺激を受けるのでダブルタッチという）よりも多くのルーティン反射を引き出すことを明らかにした。つまり，新生児は自分と自分以外のものによる刺激を物理的に別個のものとして知覚しているのである。さらにロシャ（Rochat, 1998）は乳児に，自分の視点からみた脚の部分のリアルタイム映像と，他者の視点からみたリアルタイム映像の2つを同時に提示し，選好注視法（Fantz, 1958）による実験を行った。その結果，3カ月齢児でも，自分の視点からみた映像よりも新奇刺激である他者の視点からみた映像を選好することが明らかとなった。乳児は生後数カ月のうちからふだん見慣れている自己の身体像と他のものを区別して見ていることがわかる。

乳児は，目の前にある自分の手が動くのを見ながら自己受容感覚として自分の手の動きを感じる，自分の泣き声を耳にしながらそれと同期する自分の口や腹部の動きを感じるなど，ごく初期のうちから自己に関してマルチモーダルな知覚を経験しており，このことが新生児期の自己への気づきを促していると考えられている（Rochat, 2003）。バーリックとワトソンの実験でも，生後5カ月の乳児が自分の脚の動きよりも（自己受容感覚と一致しない）他児の脚の動きを選好することを見出している（Bahrick & Watson, 1985）。モダリティ間の情報に完全な随伴性がみられるのは自己に関する知覚においてのみであり，そのような随伴性がみられない周囲の環境とは異なったものとしての「自己」を意識することにつながるのである。これは出生直後もしくは母胎内にいるうちから経験されていると考えてよいだろう。さらにロシャとストリアーノ（Rochat & Striano, 2002）は，4カ月齢の乳児が自分のライブ映像よりも乳児の行動をまねている実験者の映像を選好し，より多く笑いかけたり声をかけたりすることを見出している。乳児は早いうちから完全な随伴性をもつ自己とそうでない他者を区別してみており，しかも自分の動きに対して不完全な随伴性をもつ他者を，コミュニケーションの意図をもった社会的パートナーとみなしているのである。

ただし，これらの研究結果は，乳児が「自分と，自分とは異なるものを区別することができる」ということを示しているものであり，次で紹介するような「自己像を認知している」ことを示すものではない，という点には注意が必要である。しかし，これらは自己意識の発達における重要

な知覚的基盤であると考えられる。

3 ■ 自己像の認知

　自己意識の発達における一つの段階として，自己像の認知があげられる。自己像を認知しているかどうかの指標として代表的なものは，自分の姿が映った鏡像の認知であろう。鏡映像認知に関する実験の歴史は古く，19世紀のダーウィン（Darwin, 1877）によるわが子の観察日誌にもとづく研究にまで遡ることができる。またウイルヘルム・プライヤー（Preyer, 1889）はその著書 "*The mind of the child*" のなかで，子どもの自己鏡映像認知を言語以上に有力な自己意識の指標として位置づけて考察している。その後も，ヘイズ夫妻（Hayes & Hayes, 1954）やゲゼルら（Gesell & Ilg, 1943 ; Gesell & Ames, 1947）のように，チンパンジーなどの霊長類やヒト乳児における鏡像への反応についての研究は散見されるが，それらは逸話的な報告であったり，系統だった方向性をもたないまま単発的に行われたものであった。

　自己意識を検証する目的で鏡を用いた研究のなかで，初めて客観的に観察可能な測定方法を考案したのがギャラップ（Gallup, 1970）であった。彼は，チンパンジーを対象として「マークテスト」とよばれるテストを行い，彼らが鏡映像による自己認知能力を有することを実証した。マークテストとは，顔や耳など自分で直接見ることのできない部位に，実験参加者に気づかれないように染料などのマークをつけてから鏡を提示し，その反応をみるものである。ヒトを対象とする場合，口紅をマークとして使うことが多いのでその場合はルージュテストともよばれる。このテストは，客観的な指標化が困難であるとされてきた自己意識について新たな方法論を展開し，その後の自己意識研究を大きく進展させるものであった。マークテストは言語によらないため，さまざまな動物に対して実施しその結果を比較できることも魅力の一つである。実際，このギャラップの研究をきっかけに，鏡映像を用いた自己認知研究はヒトおよびその他の動物で盛んに行われるようになった。これまでの霊長類に関する研究によると，ニホンザルなどのサルは鏡による自己認知ができず，大型類人猿ではチンパンジーをはじめオランウータンもマークテストを通過することが知られている（レビューとして，Tomasello & Call, 1997）。

　ヒト乳幼児に初めてマークテストを実施したのはアムスターダム（Amsterdam, 1972）である。この研究では，ヒトの子どもがマークテストに通過するのはおよそ1歳半から2歳頃であるとしており，この結果は他の研究者の実験によっても確認されている（Lewis & Brooks-Gunn, 1979 ; Bullock & Lütkenhaus, 1990）。これまでの研究から，自己鏡映像に対する子どもの反応は，①鏡像に笑いかける，声をかけるなど，自己鏡映像を他者として扱う段階，②鏡を避ける，鏡像を探索する段階，③それまでのような社会的な反応が消え，鏡を見て照れる，おどけるなどの行動が出現し，マークテストを通過する「自己認知」の段階，の3つに分けることができる。

　一方，マークテストに通過することが自己意識の指標として妥当であるかどうかについては論点の一つである（たとえば，Loveland, 1986 ; 板倉，1988）。そのため自己意識が関与していると考えられるその他の事象との関連についても盛んに研究がなされるようになった。

たとえば自尊心・恥・困惑・罪悪感などの「自己意識的情動」は，他者の視点を内在化させ，自らを客観的に意識することによって生じる情動である。自尊心を抱くには「自分の行為に対する他者の評価」を内在化させることが必要であるし，罪悪感を抱くには「何らかの要求や期待に応えることができなかった自己」というものについてモニターする必要がある。つまり，自分が他者の視点からどのようにみえ，自分がどのように他者の心のなかにあるかという自己意識が発達することによってはじめてこれらの情動も観察されるようになるのである。そこでルイスらはマークテストによって測定された自己認知と自己意識的情動の関連性について実験的研究を行い，その仮説を検証している（Lewis, Sullivan, Stanger, & Weiss, 1989）。さらに，I・me といった人称代名詞を使えるなどの自己認知を示すとされる行動もマークテスト通過の時期に現れることが示されており（Imbens-Bailey & Pan, 1998），マークテストは自己意識を測定する頑健な指標であると考えてよいだろう。

4 ■ 自己意識の形成プロセス

これまでに紹介したロシャらによる新生児の実験や，自己鏡映像認知に関する知見などをふまえつつ，ロシャ（Rochat, 2003）は乳幼児期の自己意識の形成を次に示す 5 つのレベルに整理している（原著では，鳥類など多くの動物にあてはまる，自己意識のないレベル 0〔confusion〕を含めて 6 段階が想定されている）。

レベル 1（自－他の区別：differentiation）：自己と環境を区別する最初のレベル。鏡のなかで知覚される，完全な随伴性をもつ自己像と，現実の環境との違いを知覚できる。先に紹介したロシャとヘスポス（Rochat & Hespos, 1997）のルーティン反射の実験から，ヒト乳児は生後すぐからこのレベルにあると考えられる。

レベル 2（環境の中での自己の位置づけ：situation）：鏡像の動きと身体の動きの自己受容感覚が結びつき，鏡像と自分の動きの関係を探索しようとするレベル。生後 2 カ月頃からこのレベルに達する。

舌出し模倣で有名なメルツォフとムーア（Meltzoff & Moore, 1992）は，生後 6 週目の乳児が実験者の舌出しをまねるばかりでなく，実験者が舌を左や右に出すと，その方向までまねようとすることを見出した。つまりこの時期には，自己と環境を区別しているだけでなく，自己と環境の関係を考慮しながら環境に働きかけるようになるのである。そのような環境への働きかけに関する質的な変化のみられるこの時期をロシャは「2 カ月革命」とよんでいる。

レベル 3（自己の認知：identification）：概念的，表象的に自己をとらえる段階。鏡に映った自分が，自分をみつめたり動きをまねたりする「他者」ではなく「自分」であると認識できる。マークテストに通過する時期にあたる。この頃，子どもは急速に言葉を発達させ，それにともなって自分の年齢や性別，身体的特徴，善悪などによって自己を概念的に表象できるようになる（Stipek, Gralinski, & Kopp, 1990）。

レベル 4（自己の永続性：permanence）：鏡像だけでなく，過去に撮影された写真や再生ビデ

オ映像の自分を自分であると認識できる。周囲の状況や時期，外見が変わっても自分であることに変わりはないという自己の永続性を備える段階。

ポヴィネリほか（Povinelli, Landau, & Perilloux, 1996；Povinelli, 2001）はヒト幼児を対象に，ライブ映像および遅延提示されたビデオ映像を用いたマークテストを行った。その結果，2～3歳児はライブ映像を見ている場合にのみ，頭の上に付けられた付箋紙に気づき，手を伸ばして取ることができた。しかし遅延ビデオ映像（数分前の再生映像）を見て同じことができるようになるのは4歳以降であり，映像のなかの人物が「私（"me"）」だと言うことができたのもこの時期であったという。鏡像やライブ映像によるマークテストで測られるものは，自己と他者の違いを知覚のレベルで区別し自己を客観的にみる，という自己意識の一側面にすぎない。過去の自分の映像を見て現在の自分に付けられたマークに気づくということは，自己を過去・現在・未来をとおして連続性をもった存在であるとみなし，過去の自分に起こった出来事が現在の自分の状態に関連していることを理解していることを意味するのである。これにはメタ表象能力の発達が関連していると考えられる。

レベル5（メタ認知的自己意識：self-consciousness/'meta' self-awareness）：一人称の視点からのみならず，第三者の視点からも自己をみることができる。自分がどのようであるのか（what they are）だけでなく，他者の心のなかに自分がどのようにあるのか（how they are）を推測できる。このメタ認知的な自己意識によって他者から自分がどのようにみえているかを意識することが，本当の意味での恥や困惑などの自己意識的情動を生じさせる。この能力は，地図や写真，ミニチュアモデルなど象徴された対象の理解，他者の誤信念の理解とも関連している（Challaghan & Rochat, 2003；DeLoache, 1991；Olson & Cambell, 1993；Perner, 1991）。

これら5つのレベルによる分類は，ヒトが生後すぐから4～5歳になるまでに発達する自己意識について，他者意識とも関連づけながら論じた点が興味深い。自己への気づきには，探索行動や他者とのかかわりなどの環境への働きかけと，そこから得られる反応への気づきが重要な役割を果たしている。そのような観点から，養育者の応答性や愛着タイプと子どもの自己意識の発達など，社会性にかかわる領域との関連も多く検討されている（Lewis, Brooks-Gunn, & Jaskir, 1985；Pipp, Easterbrooks & Harmon, 1992）。最近では脳機能画像法による研究から自己意識の神経学的基盤が明らかにされつつあり（Keenan, Gallup, & Falk, 2003/2006），新たな方法論によって今後さらなる展開が期待できるだろう。

◆ 引用文献

Amsterdam, B.（1972）. Mirror self-image reactions before age two. *Developmental Psychology*, **5**, 297-305.
Bahrick, L. E., & Watson, J. S.（1985）. Detection of intermodal proprioceptive-visual contingency as a potential basis of self-perception in infancy. *Developmental Psychology*, **21**, 963-973.
Bullock, M., & Lütkenhaus, P.（1990）. Who am I? Self-understanding in toddlers. *Merrill-Palmer Quarterly：Journal of Developmental Psychology*, **36**, 217-238.
Callaghan, T. C., & Rochat, P.（2003）. Traces of the artist：Links between children's understanding of visual symbols and theories of mind. *British Journal of Developmental Psychology*, **21**, 415-445.

Darwin, C. R. (1877). A biographical sketch of an infant. *Mind*, **2**, 285-294.
DeLoache, J. S. (1991). Symbolic functioning in very young children : Understanding of pictures and models. *Child Development*, **62**, 736-752.
Fantz, R. L. (1958). Pattern vision in young infants. *The Psychological Record*, **8**, 43-47.
Gallup, G. G., Jr. (1970). Chimpanzees : Self-recognition. *Science*, **167**, 86-87.
Gesell, A. L., & Ames, L. B. (1947). The infant's reaction to his mirror-image. *Journal of Genetic Psychology*, **70**, 141-154.
Gesell, A. L., & Ilg, F. (1943). *Infant and child in culture today*. New York : Harper & Brothers.
Hayes, K., & Hayes, C. (1954). The cultural capacity of chimpanzees. *Human Biology*, **26**, 288-303.
Imbens-Bailey, A., & Pan, B. A. (1998). Pragmatics of self- and other-reference in young children. *Social Development*, **7**, 219-233.
板倉昭二. (1988). サルと鏡：自己鏡像認知の検討. 心理学評論, **31**, 538-550.
James, W. (1890). *The principles of psychology*. New York : Henry Holt.
Keenan, J. P., Gallup, G. G., Jr., & Falk, D. (2006). うぬぼれる脳：「鏡の中の顔」と自己意識（山下篤子, 訳）. 日本放送出版協会. (Keenan, J. P., Gallup, G. G., Jr., & Falk, D. (2003). *The face in the mirror*. New York : The Ecco Press.)
Lewis, M., & Brooks-Gunn, J. (1979). *Social cognition and the acquisition of self*. New York : Plenum Press.
Lewis, M., Brooks-Gunn, J., & Jaskir, J. (1985). Individual differences in visual self-recognition as a function of mother-infant attachment relationship. *Developmental Psychology*, **21**, 1181-1187.
Lewis, M., Sullivan, M. W., Stanger, C., & Weiss, M. (1989). Self development and self-conscious emotions. *Child Development*, **60**, 146-156.
Loveland, K. A. (1986). Discovering the affordances of a reflecting surface. *Developmental Review*, **6**, 1-24.
Meltzoff, A. N., & Moore, M. K. (1992). Early imitation within a functional framework : The importance of person identity, movement, and development. *Infant Behavior and Development*, **15**, 479-505.
Neisser, U. (1988). Five kinds of self-knowledge. *Philosophical Psychology*, **1**, 35-59.
Olson, D., & Cambell, R. (1993). Constructing representations. In C. Pratt & A. F. Garton (Eds.), *Systems of representation in children : Development and use*(pp.11-26). New York : Wiley.
Perner, J. (1991). *Understanding the representational mind*. Cambridge, MA : MIT Press.
Pipp, S., Easterbrooks, M. A., & Harmon, R. J. (1992). The relation between attachment and knowledge of self and mother in one-to three-year-old Infants. *Child Development*, **63**, 738-750.
Povinelli, D. J. (2001). The self : Elevated in consciousness and extended in time. In C. Moore & K. Lemmon (Eds.), *The self in time : Developmental perspectives* (pp.75-95). Mahwah, NJ : Lawrence Erlbaum.
Povinelli, D. J., Landau, K. R., & Perilloux, H. K. (1996). Self-recognition in young children using delayed versus live feedback : Evidence of a developmental asynchrony. *Child Development*, **67**, 1540-1554.
Preyer, W. (1889). *The mind of the child, Part 2 : The development of the intellect*. New York : Appleton.
Rochat, P. (1998). Self-perception and action in infancy. *Experimental Brain Research*, **123**, 102-109.
Rochat, P. (2003). Five levels of self-awareness as they unfold early in life. *Consciousness and Cognition*, **12**, 717-731.
Rochat, P., & Hespos, S. J. (1997). Differential rooting responses by neonates : Evidence for an early sense of self. *Early Development and Parenting*, **6**, 105-112.
Rochat, P., & Striano, T. (2002). Who's in the mirror? Self-other discrimination in specular images by four- and nine-month-old infants. *Child Development*, **73**, 35-46.
Stern, D. (1985). *The interpersonal world of the infant*. New York : Basic Books.
Stipek, D. J., Gralinski, J. H., & Kopp, C. B. (1990). Self-concept development in the toddler years. *Developmental Psychology*, **26**, 972-977.
Tomasello, M., & Call, J. (1997). *Primate cognition*. New York : Oxford University Press.

3節　社会性の形成

伊藤順子

　社会性は，胎児期から成熟期まで生涯にわたって自己が成長するプロセスであり，2つの側面から考えることができる（Damon, 1983/1990）。一つの側面は，個人の独自性が明確になり自律していく「個性化」であり，もう一つの側面は他者と共存し社会に適応していく「社会化」である（図6.1）。「社会化」と「個性化」は，相反する性質をもつが，一方で，互いに深く結びついている（渡辺・伊藤・杉村, 2008）。自己と他者との相互作用は，自己へのフィードバックをもたらす。また，他者は自らの属する社会や文化に影響を受けていることから，他者との相互作用を通して，自己もまた社会や文化から影響を受けながら，社会的発達をとげる。乳児期は，主に養育者，幼児期は，さらに，仲間，保育者・教師との相互作用を通して，社会や文化に適応するために必要な知識，態度，価値観などを学んでいく。そこで，他者とのかかわり，社会的関係という視点から，乳幼児がいかに「自己」を基盤に社会性を獲得していくかを考察する。

1 ■ 家庭での人間関係

　生まれたばかりの新生児にとっての環境は，家庭であり，養育者との相互作用である。新生児は，自らの原始的な行動レパートリーのなかに，相互作用（社会的接触）を始めるための有効な手段をもっている。その一つが「新生児微笑」である。この微笑は，脳神経の活動リズムによる原始的な自発的反応である。また，生後1カ月頃になると，メリーゴーランドの音や，人の微笑みなど，聴覚的・視覚的な刺激に対して反射的に微笑むようになる。こうした微笑みを見た養育者はこれを社会的なメッセージとして受けとめ，積極的に応答する。微笑みから，乳児がこのような状態ではないかと感じ取り，感じ取った内容に応じて乳児にかかわっていく。このような応答を繰り返すなかで，生後3カ月頃になると，乳児は人の声と顔によく微笑むようになる。また，相手が微笑めば自分も微笑み返すというような関係性を意識した，社会的微笑が出現する。さらに，生後6カ月頃になると，見慣れた養育者や家族に対してのみ親しみのある選択的な微笑みをするようになる。1歳頃になると，幼児は，養育者の情動状態を読み取ることによってそ

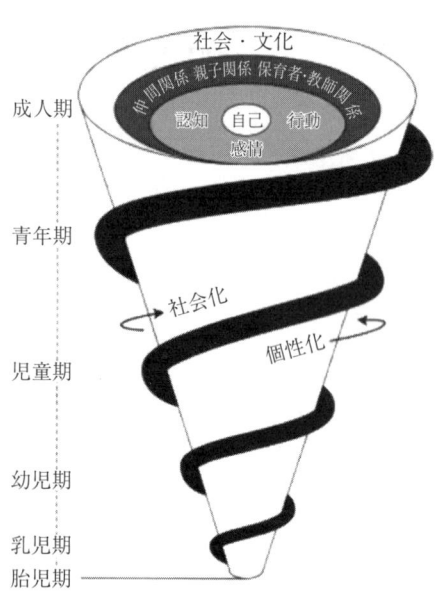

図6.1　社会性の形成モデル
（渡辺ほか, 2008）

の場の状況を判断し，自分の行動を変化させることができるようになり，乳児は積極的に社会的関係に参加していくようになる（Thompson, 1990）。

乳幼児の社会化を規定する人間関係については，従来，愛着理論をもとに，母子関係についての研究が多くなされてきた。愛着とは「きずな」であり，その本質的要素とは，「守ってもらえるということに対する信頼感」である（Goldberg, Grusec, & Jenkins, 1999）。乳幼児は，信頼感をベースとして，親子関係やその他の対人関係で社会性を発達させていく。つまり，自己や他者について理解を深め，他者との対人交渉を含めた外界への探索行動を行う。ボウルビィは，乳幼児期に母親的な人物（母親，母親代わりの人）から世話や養育を十分に施されないと，身体的，知的・社会的発達において悪影響があり，それは子どもの人生において長期的に続くことを示し（Bowlby, 1969/1991），比較行動学等の視点をもとに愛着理論を提唱した（Bowlby, 1980/1991）。さらに，エインズワースほか（Ainsworth, Blehar, Waters, & Wall, 1978）は，ボウルビィの愛着理論を理論的に整理・拡張し，「安全基地」という概念を導入した，ストレンジ・シチュエーション法（Strange Situation Procedure）を考案した。この方法により，乳幼児の愛着の個人差の測定が可能となり，愛着の個人差を個々の愛着行動からではなく，さまざまな文脈で現れた愛着行動全体からとらえる見方が定着した。また，子どもの安定型愛着の形成には日常の養育者の子どもへのかかわり方，とくに欲求やシグナルに対する感受性（sensitivitiy）が関連していることも示された。その後，ストレンジ・シチュエーション法のビデオが再検討され（Main & Solomon, 1990），現在では，乳幼児の愛着の個人差は，安定型・アンビバレント型・回避型・無秩序（無方向）型の4つに分類されることが多い。上記のような，愛着理論を応用した治療介入では，養育者の感受性が子どもの愛着の安定化に効果があることを示している（van den Boom, 1994）。いらだちやすいと査定された乳幼児の母親を対象に，①乳幼児からのシグナルの感じ取り，②シグナルの解釈，③反応選択，④効果的な反応実行に関する介入を行った結果，母子の相互作用の質が向上し，乳幼児の探索行動および愛着の質が向上し，介入効果の持続性が確認されている。

愛着研究は，当初母子関係についての研究がほとんどであった。しかしながら，近年，「家族はシステムであり母親の心理・行動は他の家族成員とりわけ夫（父親）のありようと密接な相互作用を持つ」（柏木・若松，1994）という家族システムの視点から愛着が検討されている。

2 ■ 仲間関係

a. 遊びと仲間との相互作用

私たちは，「遊び」という言葉を日常的に使う。しかしながら，その意味は多岐にわたっている。そのなかで，「遊び」が最も注目され，社会性の形成における意義が議論されているのが乳幼児期である。そこで，遊びを，社会性，認知活動といった2つの側面から検討した理論を展望する。

パーテン（Parten, 1932）は，遊びを社会的行動としてとらえ，他者といかにかかわっているかという社会性の観点から，仲間遊びの発達段階を示している。遊びを，「何もしていない行動」「一人遊び」「傍観的行動」「並行遊び」「連合遊び」「協同・組織的遊び」の6種類に分類し，年

少では「一人遊び」や「並行遊び」が多く，年長になると「連合遊び」や「協同・組織的遊び」が多くなるという観察結果から，加齢とともに6種類のカテゴリーの順に段階を追って遊びが高度になっていくことを示した。

一方で，ピアジェ（Piaget, 1962/1967）や彼の理論を展開した研究者（Smilansky, 1968）は，幼児の認知活動に注目し，遊びを「機能的遊び（感覚運動遊び）」「構成遊び」「劇遊び」「ルールのある遊び」の4つに分類している。そして，これら4種類の遊びは，順を追って連続的に発達するという，遊びの発達段階を提唱している。

上記のように，パーテン（Parten, 1932）は，「一人遊び」を社会性の未熟な形態としてとらえているが，これについては異なる見解をもつ研究者（Moore, Evertson, & Brophy, 1974）もいる。ムーア（Moore et al., 1974）は，「一人遊び」という形態で行われる認知活動に注目し，「一人遊び」が一概に未熟な遊びとはいえないことを示している。彼らの分析結果では，「一人遊び」の半数以上が，ブロック遊びや，工作などの目的指向的な活動や，読書やパズルといった教育活動であり，社会的発達の未熟さや不適応を示すものではなかった。こうした結果は，遊びに対する個人の指向性によって，「一人遊び」が選択されている可能性があることを示唆している。

子どもの遊びは，多様で複雑な行動である。外からみて取れる形態のみから，子どもの発達やパーソナリティをとらえようとするのには限界がある。社会性の発達と認知発達の両面から（Rubin, Maioni, & Hornung, 1976），また，遊びの流れ（Smith, 1978）や文脈（Bakeman & Brownlee, 1980）を考慮に入れながら，考察する大切さが提唱されている。また，遊びは個の興味関心といった指向性に左右される側面と，個を取り巻く環境をとおして展開する側面とがある。個の遊びに対する指向性を考慮しつつ，仲間や集団との関係性（刑部, 1998）をふまえながら，遊びの発達の多様性と社会性の形成を考察していくことも重要である。

幼稚園・保育園への入園は，ほとんどの幼児にとって，家庭環境以外の異なる環境に移行する初めての経験であり，集団生活への環境移行期にあたる（古川, 1995）。そこでは，「遊び」をとおして仲間との出会いがあり，3歳では，仲間の行動や存在に関心をもつようになり，おもちゃの貸し借りや共有などといった経験を経て，仲間を遊びに誘うようになる。4歳頃から，興味関心が共通した友だちと，集団で遊ぶ姿がみられはじめるが，この集団は流動的である。5歳になると，興味関心が一致し，気の合う同性の仲間との活動が中心となり，仲間関係も比較的固定したものになる。それとともに集団内での役割や社会的地位もある程度確立され，クラスといった集団意識も芽生えてくる。

上記のような仲間関係と社会性に焦点を当てた研究には，大きく分けて2つの立場がある（佐伯, 2001）。実体論的視点と関係論的視点である。実体論的な考え方では，子どもの社会性や特性には個人差があり，客観的な方法で測定できると考えられている。たとえば，集団のなかで不適応を示す子ども，仲間との相互作用がうまくいかない子どもの，社会性の個人差を測定し，その原因を検討するものである。それに対して，関係論的な考え方では，能力はさまざまな状況のなかで，あるいは目的などとの関係のなかで，実践活動をとおして可視化されると考えられ，どのような関係のなかで特定の能力や社会性が可視化されるのかを明らかにし，社会性の形成や変容

を理解しようとするものである。そこで、これら2つの視点に立って、仲間関係を検討した研究を紹介し、社会性の形成を理解するうえで何が重要であるか考察していく。

b. 実体論的視点：仲間関係と社会的スキル

集団のなかで不適応を示す子ども、相互作用がうまくいかない子どもを理解するための一つの視点は、子どもの認知能力や情動特性を検討し、仲間との相互作用がうまくいかない個人内要因を検討するものである。たとえば、社会的スキル（social skill）は、「自己および相手にも互いに価値のある方法で相互作用する能力」「他者からの正の反応を最大限に引き出し、負の反応を回避するような行動」であり、仲間との相互作用を円滑に行うために必要な能力である。仲間との相互作用に問題がある場合には、社会的スキルが欠けている、あるいは学習されていないと考えられ、養育者・教育者にはそれらの獲得を促すような援助が求められる（渡辺, 2010）。

オーデンとアッシャー（Oden & Asher, 1977）は、孤立している子どもには社会的スキルが不足しているとし、仲間から受容を得るために、社会的スキルを学習させるためのコーチング（coaching）というプログラムを提唱している。コーチングとは、シェイピング（目標方向にかなった、より正しい反応のみに強化を与え、しだいに反応系列を作っていくこと）、モデリング（他者の行動を観察し、その行動様式を学習すること）、言語的指示（行動に関する情報と顕著な特徴を説明し、社会的スキルの知識を高めること）等を総合的にプログラムしたものであり、対象とする社会的スキルを定めて計画的に教える方法である。仲間関係が固定しはじめる幼児期に、役割取得能力や問題解決方略等に関する社会的スキル介入を行うことで、小学校での不適応を予防できることが指摘され、仲間受容のために必要な行動との関連を検討できるようなアセスメントが作成されている（Mize & Ladd, 1990）。

幼児期の社会的スキルは、円滑な人間関係を営むために必要な行動である「社会的スキル領域」と、人間関係を阻害する行動である「問題行動領域」の2つからとらえることができる（中台・金山, 2002）。攻撃行動が多い子どもは、仲間からの曖昧な行動（例：友だちが自分の背中にぶつかった）を「わざとやった」と敵意的解釈するような社会的情報処理のまずさや（片岡, 1996）、仲間入りをしたいので、相手の気をひくために物を破壊するといった仲間入り方略のまずさ（松井, 2008）などから、仲間に不当な攻撃を行い、否定的評価や拒否を受ける。そうした場合、社会的スキル介入は、正しい社会的情報処理方法や仲間入り方略の学習を促し、仲間関係を改善へと方向づける。このように、社会的スキルの評定は、子どもたちへの具体的な介入や援助の手がかりを与えてくれる。

しかしながらアセスメントの限界も考慮しなければならない。同じ子どもを評定しても、保護者か、教師・保育者か、第三者かといった評定者の立場によって、また、それぞれの評定者の子ども観や教育観によって、評価に違いが出てくる。アセスメントの限界を考慮しつつ、子どもの社会性の形成を多面的にとらえていくことも重要なことであろう。

c. 関係論的視点：仲間関係と環境

もう一つの視点は、「個」は環境との相互作用をとおして変容・発達するという関係論的視点である。先にあげた社会的スキル研究のように、従来の仲間関係の研究では、子どもの認知能力

や情動特性の個人差に焦点を当てるものが多く，保育や学習場面での相互作用をとおして，子どもの変容過程を検討したものは少ない（刑部，1998）。また，相互作用に焦点を当てたものでも，特定の他者（仲間，保育者，教師，親）との一対一の関係に焦点を当てて分析したものがほとんどである。これに対して，関係論的視点とは，どのような状況でどのような関係のなかで，特定の行動が可視化されるのかを明らかにし，子どもの社会性の発達を理解し援助していこうというものである（佐伯，2001）。つまり，関係論的視点では，社会性を固定化された個人差として扱うのではなく，「能力・特性」がさまざまな状況のなかで，さまざまな人やもの，さまざまな目的のなかで，人が行う実践活動をとおして可視化されるものであるととらえている。

　刑部（1998）は，仲間とトラブルを起こして泣いていることが多い「気になる子ども」を関係論的視点から検討している。「気になる子ども」の観察から，保育者とのかかわり，他の子どもとのかかわり，対象児のアイデンティティの変化を分析した結果，「気になる子ども」が気にならなくなる過程では，子ども個人の認知能力や社会的スキルの獲得といった変化というよりも，仲間や保育者を含んだ共同体全体の変容によることが多いことが示された。

　子どもの社会的行動は，過去から現在，現在から未来という連続性のなかで変容する。仲間関係においても，一時点での分析のみでは，個を媒介とした社会性の形成過程はみえてこない。仲間関係の発達や変容を関係論的視点から縦断的にとらえることによって，社会性の形成の多様性が明らかになり，子ども理解へとつながっていく。個の社会性の形成をみるためには，子どもが日々どのような環境で生活し，学習しているかという文脈を考慮し（Selman, 2002），関係論的視点から考察することも重要である。

3 ■ 社会と文化

　ブロンフェンブレンナー（Bronfenbrenner, 1979）は，子どもの発達にかかわる子どもの生活状況を研究することが必要であるとしている。そして，子どもの環境の構造を生態学的にとらえ，マイクロシステム，メゾシステム，エクソシステムの層に表し，それらの内部に一貫性を与えるマクロシステムが存在すると論じている。マクロシステムとは，その社会に属する人々の生活や意識にかかわる価値態度を内包する文化である。人の社会的行動は社会的・文化的文脈において現れるため，社会性の形成を理解するためには，社会・文化的要因の検討は重要な側面である。そこで，社会性の形成がいかに，教師・保育者を含む「社会と文化」の影響を受けているかを考察していく。

　文化，すなわち，人が共有する行動のパターン，信念，感情，志向は，意識的あるいは無意識的な学習により次世代へと伝承される。コウディルとウェインステイン（Caudill & Weinstein, 1969）は，3 カ月の乳児の行動とその母親の養育態度について日米比較し，どれだけ早期にどのようにして文化差が現れるのかを検討している。その結果，日本人の母親はあやしたり，だっこしたりという身体的接触が多く，乳児が環境に対して受容的であるように働きかける対応が多い。また，乳児も，環境に対して受動的であった。一方，アメリカの母親は，観察し，話しかけ

ることが多く，乳児が環境に対して探索的であるよう刺激を与えることが多かった。また，乳児も，積極的に社会的・物的環境を操作する様子が多く観察された。また，幼児を対象とした研究では，日本の母親は子どもに「従順」を重視するのに対し，アメリカの母親は「言語による自己主張」と社会的スキルを重視する傾向にあることが示されている（東・柏木・ヘス，1981）。

一方，トービンほか（Tobin, Wu, & Davidson, 1989）は，保育所を社会的・文化的背景でとらえ，日本・アメリカ・中国の保育環境や子ども観について比較し，社会性の形成について検討している。日本の保育所では，集団での一体感と，思いやりを育むことが重視されている。幼児の仲間との葛藤場面では保育者は介入せず，子ども同士の解決に任せる様子が多く観察されている。また，一人の保育者の受け持つ人数が多いのは，子どもの自己抑制の力を育て，集団行動を学ぶうえで有効であるという保育観の表れであるとしている。一方，アメリカの保育所では言語による自己表現を重視しており，幼児が言葉で自分の気持ちや意思を表現する様子が多く観察された。幼児の仲間との葛藤場面では，保育者が介入し，言葉でトラブルの状況を説明することを求めている。また，保育所の活動では選択肢が多く設定されており，子どもの自由な意思を尊重する傾向にある。中国では，保育者による幼児の集団行動の統制が多く，子ども自身の活動の選択はほとんどないが，集団でも一人でも社会的行動（暗誦，歌，踊り）ができるように援助を受けていた。3つの文化の保育所は，それぞれの国の子ども観や対人関係において重視されてその文化内で有効な社会的スキルを育むことに携わっている。

上記のような，文化の影響を受けた母親と乳幼児の行動との関連，文化の影響を受けた保育者と幼児の社会的行動との関連は，乳幼児の社会性の形成には，社会・文化的要因が重要であることを示唆するものである。社会性の形成において望ましいとされる特性は文化によって異なる。子どもは，家庭・学校（保育所・幼稚園）・地域といった社会・文化的環境における相互作用をとおして自己価値を形成し，「自己」を基盤として社会性を獲得している。

◆ 引用文献

Ainsworth, M. D. S., Blehar, M. C., Waters, E., & Wall, S. (1978). *Patterns of attachment : A psychological study of the strange situation.* Hillsdale, NJ : Lawrence Erlbaum Associates.
東 洋・柏木惠子・R. D. ヘス．(1981)．母親の態度・行動と子どもの知的発達：日米比較研究．東京大学出版会．
Bakeman, R., & Brownlee, J. R. (1980). The strategic use of parallel play : A sequential analysis. *Child Development*, **51**, 873-878.
Bowlby, J. (1991). 母子関係の理論：Ⅰ 新版 愛着行動（黒田実郎・大羽 蓁・岡田洋子・黒田聖一，訳）．岩崎学術出版社．(Bowlby, J. (1969/1982). *Attachment and loss : Vol.1. Attachment.* New York : Tavistock/Routledge.)
Bowlby, J. (1991). 母子関関係の理論：Ⅲ 新版 対象喪失（黒田実郎・吉田恒子・横浜恵三子，訳）．岩崎学術出版社．(Bowlby, J. (1980). *Attachment and loss : Vol. 3. Loss : Sadness and depression.* New York : Basic Books.)
Bronfenbrenner, U. (1979). *The ecology of human development.* Cambridge, MA : Harvard University Press.
Caudill, W., & Weinstein, H. (1969). Maternal care and infant behavior in Japan and America. *Psychiatry*, **32**, 12-43.
Damon, W. (1990)．社会性と人格の発達心理学（山本多喜司，編訳）．北大路書房．(Damon, W. (1983). *Social and personality development.* New York : W. W. Norton.)

Goldberg, S. Grusec, J. E., & Jenkins, J. M. (1999). Confidence in protection : Arguments for a narrow definition of attachment. *Journal of Family Psychology*, 13, 475-483.

刑部育子. (1998). 「ちょっと気になる子ども」の集団への参加過程に関する関係論的分析. 発達心理学研究, 9, 1-11.

柏木惠子・若松素子. (1994). 「親となる」ことによる人格発達：生涯発達的視点から親を研究する試み. 発達心理学研究, 5, 72-83.

片岡美菜子. (1996). 攻撃時の敵意帰属に及ぼすエピソード情報の効果. 幼年教育研究年報（広島大学大学院教育学研究科附属幼年教育研究施設）, 18, 87-94.

古川雅文. (1995). 学校環境への移行：幼稚園・保育所から学校文化へ. 内田伸子・南 博文（編），講座生涯発達心理学：3 子ども時代を生きる：幼児から児童へ (pp.27-59). 金子書房.

Main, M., & Solomon, J. (1990). Procedures for identifying infant as disorganized/disoriented during the Ainsworth Strange Situation. In M. T. Greenberg, D. Cicchetti, & E. M. Cummings (Eds.), *Attachment in the preschool years* (pp.161-182). Chicago : University of Chicago Press.

松井愛奈. (2008). 仲間との相互作用. 渡辺弥生・伊藤順子・杉村伸一郎（編著），原著で学ぶ社会性の発達 (pp.186-193). ナカニシヤ出版.

Mize, J., & Ladd, G. W. (1990). A cognitive-social learning approach to social skill training with low-status preschool children. *Developmental Psychology*, 26, 388-397.

Moore, N. V., Evertson, C. M., & Brophy, J. E. (1974). Solitary play : Some functional reconsiderations. *Developmental Psychology*, 10, 830-834.

中台佐喜子・金山元春. (2002). 幼児の社会的スキルと孤独感. カウンセリング研究, 35, 237-245.

Oden, S., & Asher, S. (1977). Coaching children in social skills for friendship making. *Child Development*, 48, 495-506.

Parten, M. B. (1932). Social participation among preschool children. *Journal of Abnormal and Social Psychology*, 27, 243-269.

Piaget, J. (1967). 遊びの心理学（大伴 茂，訳）. 同文書院.（Piaget, J. (1962). *Play, dramas, and imitation in childhood*. New York : Norton.）

Rubin, K. H., Maioni, T. L., & Hornung, M. (1976). Free play behaviors in middle- and lower-class preschoolers : Parten and Piaget revisited. *Child Development*, 47, 414-419.

佐伯 胖. (2001). 幼児教育へのいざない：円熟した保育者になるために. 東京大学出版会.

Selman, R. L. (2002). Risk and prevention : Building bridges between theory and practice. *New Directions for Child and Adolescent Development*, 98, 43-56.

Smilansky, S. (1968). *The effects of sociodramatic play on disadvantaged children : Preschool children*. New York : Wiley.

Smith, P. K. (1978). A longitudinal study of social participation in preschool children : Solitary and parallel play reexamined. *Developmental Psychology*, 14, 517-523.

Thompson, R. A. (1990). Emotion and self-regulation. In R. A. Thompson (Ed.), *Socioemotional development. Nebraska symposium on motivation* : Vol.36 (pp.367-467). Lincoln, NE : University of Nebraska Press.

Tobin, J. J., Wu, D. Y., & Davidson, D. H. (1989). *Preschool in three cultures : Japan, China, and the United States*. New Haven, CT : Yale University Press.

van den Boom, D. C. (1994). The influence of temperament and mothering on attachment and explanation : An experimental manipulation of sensitive responsiveness among lower-class mothers with irritable infant. *Child Development*, 65, 1457-1477.

渡辺弥生. (2010). 人と人とがつながるには：対人関係の発達. 川島一夫・渡辺弥生（編著），図で理解する発達：新しい発達心理学への招待 (pp.107-120). 福村出版.

渡辺弥生・伊藤順子・杉村伸一郎（編著）. (2008). 原著で学ぶ社会性の発達. ナカニシヤ出版.

4節　乳幼児期のパーソナリティの諸問題

上村佳世子

　人間は生まれながらに個人差をもっており，育つ環境もまたそれぞれであり，そのなかでパーソナリティが形成されていく。ワロン（Wallon, 1949/1965）は，誕生直後からパーソナリティは徐々に発達していき，3歳頃に過渡期を迎えるとしている。そうした観点からみれば，この乳児期は確固たるパーソナリティは確立しておらず，その行動傾向もその後の言語や認知，他者とのコミュニケーション，自我の発達などと複雑に関連して変化していくものと考えられる。本節では，乳幼児期の子どものパーソナリティがどのような問題を引き起こす可能性があるかを，発達的観点からとらえていきたい。

1 ■ 生得的特性

　乳児期の問題の原因としてまず考えられるのは，気質的行動特徴という子どもが生得的にもっている特性である。ただこれらの問題は，発達初期には生理的機能にもとづいて行動レベルで現れることが多いと考えられる。1節でも述べられているように，気質を基盤とする行動特徴は，一つは生活のリズムや刺激への敏感さ，環境の変化への慣れなど，子どもの日常生活のなかで育児上の問題として示される。睡眠や空腹，気分が安定してどんな状況でも穏やかな子どもは比較的育てやすく，逆に神経質で生活のリズムの不安定な子どもは問題の対処や予測が難しいことから，養育者が育児において自信をなくすことが多い。もう一つは，機嫌のよさや活発さといった他者とのコミュニケーションにかかわる問題で，いつも不機嫌で応答の少ない不活発な子どもは，親が子どもに対して否定的なイメージをもちやすく，結果的に望ましい働きかけを向けられることが少なくなりがちである。トマスほか（Thomas, Chess, & Birch, 1968）はこのような特徴を示す子どもを扱いにくい子ども（difficult child）とよんで，親の養育態度や行動に大きな影響を及ぼす個体側の特性として注目した。

　子どもの気質的特性は，自分の生活環境を形成し結果的に活動経験を選択する要因といえる。はじめて出会う他者や環境を臆することなく受け入れることのできる子は，社会的経験を多くもつことになるし，活発に活動し動き回ることの多い子は，環境のなかで危険や社会的トラブルを招きやすい。しかしもう一方で，養育者が子どもの印象をどのようにとらえるかによっても働きかけや対処のされ方が異なってくることから，同じ気質的特性が常に同様の発達的結果を招くとはいえない。子どもが後に示す臨床的問題も，この発達初期に示す個人差と親の働きかけや養育態度を中心とする環境要因との相互作用的な関係によって引き起こされると考えられる。養育者の子どもに対する期待や要求が，子どもの示す行動特性と調和すれば子どもの発達は望ましい方向に発展するが，環境側の要求が子どもの示す特性に適合しないときには，必要以上のストレス

が子どもにかかって，不適応行動が生起されたり好ましくない方向に発達が導かれたりするのである。

トマスほか（Thomas et al., 1968）は，このような子どもの行動上の特性と環境側の要因との関係を「適合のよさ」（goodness of fit）としてとらえ，発達過程を理解し将来を予測するためには，この二者間の相互作用の縦断的な変化過程を追って観察すべきであることを示唆した。乳児期の子どもの気質的特性は，その時点では大きな問題にならなくても，養育者の適切な育児態度や行動とうまく結びついていくかどうかという点で，将来の発達的問題を引き起こす可能性のあるリスク要因となる。とくに，difficult childという特性をもつ子どもに関しては，養育者のネガティブな養育態度と結びつきやすいため，親子関係の注意深い観察と適切な支援が行われることが望ましい。

2 ■ 発達障害

発達障害がある子どもも，発達初期にとくに対人的な問題を示すことが多い。たとえば自閉症スペクトラムの子どもは，他者とのコミュニケーションが難しいという特徴をもつ。別府（2005）は，親子の共同注意（joint attention）に焦点を当て，彼らの発達の特徴と問題について述べている。子どもは9カ月を過ぎた頃から，もの－他者－自分の間で注意のやりとりをする三項関係を成立させ，他者と注意や意図を共有してコミュニケーションを行うようになっていく。ところが自閉症児は，相手の注意に関心を向け理解することがきわめて不得意といえる。リーカムとムーア（Leekam & Moore, 2001）はその理由としては，通常ならば他者の声や顔などに対して注意を向けるという，生後の比較的早い時期に示される能力が，彼らの場合十分に機能しておらず，結果的に他者との社会的な関係を築くことを難しくしているからではないかと述べている。

彼らは他者の表情や声のサインに注意を定位することが困難であるため，微笑みを向けられたりほめられたりといった社会的報酬が行動の強化にはなりにくいし，社会的参照（social referencing）も機能しにくいために，周囲の出来事を評価したり自分自身の状況を把握することが難しい。他者の情動の認識や指さしの意味の理解なども，一つひとつの状況における行動とそれがもたらす結果の随伴性の学習の積み重ねに依存せざるをえないために，ひじょうに限定的であったり時間がかかったりして社会性の発達が遅れるのである。このような特徴をもつ子どもの問題は，比較的単純なメカニズムをもつ物理的刺激にはある程度対応できても，不規則で予測がつかない他者の存在は興味というよりは，むしろ不安や恐怖の対象にすらなってしまう。そうなると，周囲の人間からみても彼らの反応は特異で理解しにくいものとみられてしまう。

乳児期のこのような対人的な問題は，養育者の育児態度や働きかけに大きく影響することが考えられ，そのために十分な養育を受けられなかったり，他者と感情を共有することができないためにコミュニケーションがうまくとれなかったりすることがある。これはさらに言語発達，とくに語用論的な問題をかかえることにもつながっていくものである。こうした状況が長期的に続くと，結果的に健康な子どもが日常生活のなかで出会うような物理的，社会的経験の機会がかなり

制限されることになり，その後の発達過程において新たな障害を引き起こす恐れもある。そのような事態を回避するためにも，子どものもつ特性やリスク要因をできるだけ早期に診断し，周囲の大人が適切に介入していくことが必要となる。たとえば，他者と注意や情動を共有することの難しい彼らに対して，大人の側が次々と積極的に働きかけていくよりも，子どもの活動のペースに合わせて何かを一緒にやるというかかわりのほうが功を奏すると考えられる。また，相手の意図を読みにくい特徴を考え，子どもからみてやりとりの随伴性を理解しやすいように明確な働きかけや環境設定をすることが必要となるのである。

3 ■ 情動統制

　人間は感情や認知，それにともなう行動を自らコントロールして社会のなかで適応的に生活している。とくに快・不快を基礎とするさまざまな感情は，対人関係の構築に大きな影響を及ぼす。情動統制（emotional control）は，乳児期から発達が始まる。最初は空腹や苦痛などへの生理的反応として泣きやぐずりなどを発し，養育者の授乳や対処によりその原因を取り除かれることを繰り返してその意味を理解していく。そうなると子どもは意図的に感情を相手へのサインとして表出し，その原因となる問題を社会的に解決してもらうことを学習していく。さらに，この他者による調整は，成長する過程のなかで自己統制によるものに変化させていかなければならないのである。

　このような発達過程をたどるためには，養育者が提供するコミュニケーション環境が重要な役割を果たす。子どもは生後6カ月くらいまでに，養育者とのやりとりのなかで感情表出の仕方を模倣し，他者と情動を共有することを学習していく（澤田，2009）。ところが，養育者が抑うつなどの問題をかかえ，子どもの情動に無関心で応答性が低かったり応答が一貫しなかったりすると，子どもは適切な感情表出の仕方を学習できないばかりか，問題に応じて的確に対処してもらえない状況におかれる。ポジティブな感情を表出しても養育者がそれに応答してくれないと，子どもは喜びや微笑といった表現を抑制するようになってしまい，他者と注意や感情を共有する機会が少なくなってしまう。また，ネガティブな感情の表出として泣いたりぐずったりしても，養育者が苦痛を取り除いても気をまぎらわせてもくれないことが続くと，子どもは自分が表出した感情の意味を学習することができず，その後の過剰な感情表出や必要以上の感情抑制の傾向を生むことになる。

　こうした子どもの情動統制の問題は，この発達初期にはそれほど大きなトラブルを引き起こすわけではない。人間の感情表出には社会的なルールがあり，表出の仕方やその強さには文化的に受容される程度が異なる。上記のような問題をかかえる子どもは，その年齢に応じて適応的な情動統制の仕方を獲得していくことができず，それは幼児期以降に対人関係の問題に発展する可能性がある。とくにネガティブな感情はそのまま表出せずに適度に抑制し，喜びや友好を表出していくことができないと，仲間関係の形成や維持に大きく影響することになる。さらに，感情表出への他者の反応をとおして，子どもは自己の感情の認識や解釈のスキルを獲得することができる。

親しい他者が感情を共有し適切に対処してくれて，子どもははじめて自己の感情の意味と向き合うことになる。グロスとトンプソン（Gross & Thompson, 2007）は，情動統制の過程モデルを提示して，子どもが自分のおかれた状況と感情との因果関係を表象的に理解することが，情動をコントロールするうえには欠かせないと述べている。ある感情を引き起こす状況を認識し，好ましい場面を選択したり対象を意識して注意を方向づけるよう自らの行動を選択することにつながる。そうした情動統制の発達の基礎には，子どもの感情表出に応答的に対応しトラブルを避けるという，乳児期の養育者の働きかけが必要なのである。

4 ■ 愛 着

乳幼児期において子どものパーソナリティ形成の問題を引き起こす要因として，養育者との関係にも注目されなければならない。ボウルビィ（Bowlby, 1969/1991）は，養育者との近接を維持し自分に対する保護を引き出すように機能するものとして，子どもの主たる養育者に対する情緒的な信頼感に注目した。愛着（attachment）とよばれるこの信頼感は，独力では生きていくことができない乳児期の子どもにとって，接触や生活の援助および危険からの保護といった養育を保障し，個体の生存可能性を高めるものとなる。さらに，この養育者への信頼感は発達初期にとどまらず，個体が成長していくなかでかたちを変えながら，親や恋人，配偶者などさまざまな人間関係の形成にも，また個体の行動傾向にも大きく影響するものである。

ボウルビィは，子どもの愛着行動として，泣きや微笑，発声などの発信行動，養育者への注視や後追いなどの定位行動，抱きつきやしがみつきなどの接近・接触行動が，養育者への信頼感を表し社会的相互行為を成立させ維持するものであるとした。このような行動は，子ども自身の空腹や疲労などの内的な不快要因，見知らぬ人や場所，大きな音などの環境要因，養育者の不在などによって活性化される。養育者が子どもを抱き上げ，不安や不快状況を取り除くという対処反応をすることによって，子どもは危険を回避し生物学的な安定を取り戻すと同時に，精神的にも安心感を得ることになる。こうした経験の積み重ねによって，子どもはこの人のそばにいれば大丈夫であるという信頼感を形成する。そうなると子どもは養育者を活動の拠点として探索行動を開始し，飽きたり疲れたりすると養育者のところに戻ってきてしばらく抱きついていると，また遊びに出かけていくことを繰り返す。しがみついてきた子どもを抱きかかえたり笑いかけたりする応答的な環境を提供することで，養育者は子どもの安全基地（secure base）として機能するのである（Ainsworth & Bell, 1974）。

エインズワースほか（Ainsworth, Blehar, Waters, & Wall, 1978）は，子どもと養育者との関係性のスタイルの違いに注目し，愛着の個人差を測定するストレンジ・シチュエーション法（Strange Situation Procedure）を考案した。彼らは見知らぬ場面に見知らぬ他者が存在する場面で養育者と分離，再会をさせることで，子どもが養育者に近接を求めたり回避したりするかどうかという指標により，子どもの愛着の質を3タイプに分類した。Aタイプ（回避型）は，養育者との分離においてそれほど混乱を示さず，再会時にもそれほど喜んだ様子もみせずに目を逸らし

たりする。Bタイプ（安定型）は，分離時に泣きや混乱を示し，再会時には積極的に身体接触を求め容易に興奮を沈静化させるし，養育者や実験者に肯定的感情を向けることが多い。Cタイプ（アンビバレント型）は，分離時には強い不安や混乱を示し，再会時には養育者に身体接触を求めると同時に，怒りを示し激しくたたくという両価的な側面を示す。さらに，この3タイプに分類されないDタイプ（無秩序・無方向型）が注目される。メインとソロモン（Main & Solomon, 1986）によれば，このタイプの子どもは，顔を背けながら養育者に接近する，強い分離抵抗を示し養育者を求めながら再会時には回避する，突然すくむなどの相反する行動の提示や，方向性のない行動を示すという特徴をもつとされる。

　愛着の質を形成する要因の一つとして，養育者の日常的なかかわり方が考えられる。安定型の養育者は，子どもの欲求や状況の変化に相対的に敏感で，子どもとのかかわりを楽しむ傾向がみられる。それに対して，回避型の養育者は，子どもに対して拒否的に振る舞うことが多く，あまり微笑んだり身体接触をしたりすることが少ない。また，アンビバレント型の養育者は，子どもが示す行動や感情状態のシグナルに対する敏感さが相対的に低く，子どもの欲求にあわせてその行動や状態を調整することが上手でなかったり，対応が一貫性を欠いたりする。愛着のタイプは，このような親の提供する養育環境にもとづく個体の生存を保障するための適応方略の違いともいえる。また，無秩序・無方向型の養育者は，文脈とは無関係に応答が変化する，子どもに侵入的に働きかける，親子の役割に混乱がみられるほか，子どもとかかわるうえで調律のまずさや一貫性のなさという問題をかかえ，子どもの生活適応には大きな問題となる。

　発達初期のこうした経験は，自分の周囲の環境に関する表象として内化され，内的ワーキングモデル（internal working model）として構築される。主たる養育者をはじめとする愛着対象との関係性を基礎として，子どもは自己と他者の関係に関するモデルを形成し，その枠組みをとおして新たな経験や人間関係の情報を選択，解釈していく。現実の状況と合わない場合にモデルが修正されることはあるものの，一度構築されるとこのモデルが対人的な状況のなかで自動的に機能するため，意識的に検討・修正されることは難しい。そうした意味において，乳幼児期に形成される主たる養育者への愛着は，子どものその後のパーソナリティ形成の基礎となるものであり，不安定な愛着を形成するような場合には，さまざまな意味で問題を引き起こす可能性があるものと考えられる。とくに無秩序・無方向型の子どもの行動傾向は，幼児期以降に他者に対する高い攻撃性や問題行動，精神病理的問題につながることも示唆されており，慎重な経過観察と対応が必要である。

5 ■ 乳幼児期における問題

　乳幼児期のパーソナリティの諸問題の原因はいくつもあり，その出現の仕方も多様である。ただ，これらの問題は「ちょっと気になる子」の程度で対処がなされなかったり，場合によってはそれほど大きな問題とならずに見過ごされたりすることもある。しかし，サメロフとチャンドラー（Sameroff & Chandler, 1975）が子どもの情緒的障害の成因を親子の相乗的相互作用的モデ

ル（transactional model）から説明しようとしているように，子どもが発達初期に示す何らかの問題は，養育者の育児に対する必要以上の不安や，子どもへの不適切な働きかけなどを継続させ，結果的にそれらの積み重ねが後に子どもの情緒的障害や言語の遅れなどを引き起こすことにもつながるのである。そうした意味で，発達の最初期の子どもの問題は，将来の臨床的問題を予測させるリスク要因と考えられる。しかしそれと同時に，リスク要因を示す子どもが実際には後に認知的，社会的問題を引き起こさない可能性もある。このモデルの特徴は，子どもの将来的な問題を個体と環境側のいずれかの要因に帰属させるのではなく，それぞれの要因が複雑な相互作用的関係をとおして絡み合い，将来的な発達の遅れや臨床的問題の発現のメカニズムを説明しようと試みたことである。モデルは，乳児期のある時点で個体が示す問題とそれに対する周囲の反応や対処との関係が，悪循環に陥ることのないように支援していくことが，その後の子どもの臨床的な問題を回避できる可能性を示唆しているのである。

◆ 引用文献

Ainsworth, M. D. S., & Bell, S. M. (1974). Mother-infant interaction and development of competence. In K. J. Connolly & J. S. Bruner (Eds.), *The growth of competence* (pp.97-118). New York : Academic Press.

Ainsworth, M. D. S., Blehar, M. C., Waters, E., & Wall, S. (1978). *Patters of attachment : A psychological study of the strange situation.* Hillsdale, NJ : Lawrence Erlbaum Associates.

別府 哲.（2005）．障害児発達研究の新しいかたち：自閉症の共同注意を中心に．遠藤利彦（編），発達心理学の新しいかたち（pp.215-236）．誠信書房．

Bowlby, J.（1991）．母子関係の理論：I 新版 愛着行動（黒田実郎・大羽 蓁・岡田洋子・黒田聖一，訳）．岩崎学術出版社．(Bowlby, J. (1969/1982). *Attachment and loss : Vol.1. Attachment.* New York : Tavistock/Routledge.)

Gross, J. J., & Thompson, R. A. (2007). Emotion regulation : Conceptual foundation. In J. J. Gross (Ed.), *Handbook of emotion regulation* (pp.3-24). New York : Guilford Press.

Leekam, S., & Moore, C. (2001). The development of attention in children with autism. In J. A. Burack, T. Charman, N. Yirmiya, & P. R. Zelazo (Eds.), *The development of autism : Perspectives from theory and research* (pp.105-129). Mahwah, NJ : Lawrence Erlbaum Associates.

Main, M., & Solomon, J. (1986). Discovery of a new insecure disorganized/disoriented attachment patters. In T. B. Brazelton & M. W. Yogman (Eds.), *Affective development in infancy* (pp.95-124). Norwood, NJ : Ablex.

Sameroff, A. J., & Chandler, M. J. (1975). Reproductive risk and the continuum of caretaker casualty. In F. D. Horovitz (Ed.), *Review of child development research* : Vol.4 (pp.187-244). Chicago : University of Chicago Press.

澤田瑞也.（2009）．感情の発達と障害：感情のコントロール．世界思想社．

Thomas, A., Chess, S., & Birch, H. G. (1968). *Temperament and behavior disorders in children.* New York : New York University Press.

Wallon, H.（1965）．児童における性格の起源（久保田正人，訳）．明治図書．(Wallon, H. (1949). *Les origines du caractère chez l'enfant.* Paris : Universitaires de France.)

7章 児童期

1節 児童期のパーソナリティの特徴

首藤敏元

1 ■ 児童期の対人関係とパーソナリティ

　児童期になると，対人関係は親子関係を中心とした家族関係から，仲間関係と家族以外の大人との関係へと広がりをみせる。とくに仲間関係の発達は庇護的な人間関係から対等な対人関係への質的な転換を意味する。そして，学校での対人関係は，児童が集団に適応し，将来の社会生活を円滑に営むようになるために必要な自律と協調を学習する環境として機能する（小石, 1995）。
　パーソナリティの発達に関して，精神分析学の創始者であるフロイト（Freud, 1953/1969）は，児童期の心理性的発達を潜伏期と定義した。つまり，児童期は，性的エネルギーであるリビドーが表面に現れないことから「潜伏」と名づけられ，比較的変化の少ない平穏な時期とみなされた。一方，フロイト以後の自我の役割を強調する理論では，児童期が生涯発達のなかの重要な時期として位置づけられている。エリクソン（Erikson, 1982/1989）によると，自我はそれぞれの発達段階のなかで，重要な人（環境）とのかかわりから生じる危機（心理社会的危機）を乗り越えながら発達する。この危機を乗り越えることで心理社会的な力が獲得され，自我はより成熟したものになる。児童期の心理社会的危機は「生産性（勤勉性）対 劣等感」である。つまり，「何か一つのことに熱中し，それを成し遂げることに喜びを見出す」か，「一つのことがうまく成し遂げられないという劣等感から，自分は何をしてもうまくできないという不全感と自信のなさに悩む」かという形式をとる。葛藤を解決したときに獲得される自我の強さは「有能感」である。
　児童期の自我の発達には家族に加え，身近な大人と仲間が重要な他者としての役割をもつ。児童は学校教育を受けるなかでさまざまな知的技能や身体的技能の習得を要請される。必然的に，「人はできるのに自分はできない」という社会的比較事態に直面せざるをえなくなる。この混乱

が児童を葛藤へと引き込むことになる。児童を取り巻く対人関係の質によっては，たった一つの劣等感が子どもを不全感と自信のなさに陥れることもある（吉田，1995）。

2 ■ 児童期の対人関係の歪みと問題行動の実態

　エリクソンの理論が示唆するように，児童の対人関係はパーソナリティの発達にとって最も重要な環境要因である。以下の調査結果が示すように，児童期にはさまざまな問題が表面化し，増幅する時期でもあるといえる。

　まず，文部科学省（2010）による不登校に関する調査結果をみると，2009年8月現在の不登校児童・生徒数は小学5年生が5,769名，6年生が7,540名，中学1年生が22,384名，2年生が35,502名となっている。不登校それ自体は問題行動ではないが，その背景には対人関係の歪みなどの子どもの権利を侵害する環境と本人の苦悩があることは確かである。不登校児童・生徒数はこの数年間減少傾向にあるものの，問題にすべきことは，中学1年生からその数が急激に増えるという事実である。次に，学校内外での暴力行為発生件数（文部科学省，2009a）をみると，その数は小中学生でともに増加傾向にあり，平成20（2008）年度では小学生6,484件，中学生42,754件，高校生10,380件であり，中学生の多さが際立っている。そして，学校が把握するいじめの発生件数（文部科学省，2009a）は減少しつつあるものの，平成20年度では小学校40,807件，中学校36,795件，高等学校6,737件となり，依然高い水準のままである。さらに，「『ネット上のいじめ』に関する対応マニュアル・事例集（学校・教員向け）」（文部科学省，2009b）が配付されるほど，大人にはみえにくい「ネット上のいじめ」が深刻な社会問題となっている。実際，Benesse教育研究開発センターの調査（2010）によれば，2009年の時点で，携帯電話を使用する小学生は26.2%であり，顕著な増加傾向を示している。また，小学生の過敏で傷つきやすい友人関係も増加傾向にある。たとえば，50%を超える小学生が「友だちと仲間はずれにされないように話を合わせる」ようにし，「グループの仲間同士で固まっていたい」と思っており，27%の小学生が「友だちとのやりとりで傷つくことが多い」と感じている。

　近年，子どものうつ病が社会的にもとりあげられるようになった。最近の疫学調査はうつ病のリスクをもつ小学生が7.8%，中学生では22.8%にのぼることを示している（傳田，2005）。子どもの抑うつはパーソナリティ特性と関連しており，そのパーソナリティ特性は遺伝と環境との相互作用から決定されることがわかっている（Ono, Ando, Onoda, Yoshimura, Momose, Hirano, & Kanda, 2002）。児童期には抑うつと関係の深いパーソナリティ特性が顕在化し，対人関係の質に影響し，子どもの健康を左右するようになる時期であるといえる。

3 ■ 児童期の気質とパーソナリティ

a. 児童期の気質的特徴

　生後まもなくから観察できる子どもの行動上の個人差は気質（temperament）という概念でと

らえられる。気質は発達初期から現れる遺伝的，生物学的，神経生理学的な特徴である（菅原，2003）。乳幼児の気質的特徴は児童期のパーソナリティとどのような関連があるのだろうか。有名な12年間にも及ぶニューヨーク縦断研究では，1歳から5歳にかけて，気質的特徴は安定的に持続することが報告されている（Thomas & Chess, 1986）。一方，ケイガン（Kagan, 1997）は，乳児期から成人期までの長期にわたる発達研究のなかで，連続性が認められたのは「見知らぬ人や状況に対する恐れ」の一つである「行動抑制性」（behavior inhibition）のみであることを報告している。そして，ケイガンほか（Kagan, Snidman, Zentner, & Peterson, 1999）は400名以上の乳児から抑制性の強い者（恥ずかしがり屋で人見知りが強い乳児）と弱い者（社交的で恐れ知らずの乳児）を選び，児童期までの縦断的な観察研究を行い，生後21カ月時と7歳児での行動抑制傾向が有意に強く相関していることを示した。さらに，交感神経系の活動に関する生理学的測定の結果，行動抑制性の強い子どもは恐れや不安を喚起する刺激に対する反応閾値が低く（敏感に反応する），交感神経系の活動が活発化しやすい特徴をもつことが示された。

気質的特徴が乳幼児期から児童期まで安定するということは，その特徴が変わらないということではない。感受性の強い子どもを育てるときは養育者はより慎重になる。このような環境と気質的特徴との相乗的な相互作用の結果，気質的特徴のなかには変化しにくいものがあるということである。

b.「パーソナリティの7因子モデル」からみた児童期の特徴

クロニンジャー（Cloninger, 1986）はパーソナリティを気質（temperament）と性格（character）という2つの構成体からなるととらえる。そして，気質は4因子，性格は3因子の合計7因子からパーソナリティを記述しようとする7因子モデルを提唱した。このモデルにおける気質とは，遺伝規定性の高いものであり，主として遺伝や幼少期の経験によって形成され，生涯をとおして比較的安定したパーソナリティの一部として機能する。具体的には，新奇性追求（行動を始める働き），損害回避（行動を抑制する働き），報酬依存（行動を維持させる働き），固執（行動を固着させる働き）の4因子である。一方，性格とは，相対的に環境の規定性が高いものであり，気質を基盤として自己についての学習によって成人期に成熟する。具体的には，自己志向，協調，自己超越の3因子である。この7因子モデルにもとづいた尺度は木島ほか（木島・斎藤・竹内・吉野・大野・加藤・北村, 1996）によって標準化されている。

児童期には，子どもは親からの情緒的な自立が促され，自発的に行動し，その行動に責任をもつことが求められるようになる。このパーソナリティ傾向は，7因子モデルでは「自己志向」と呼ばれ，その発達には環境が強く影響すると仮定されている。酒井ほか（酒井・菅原・木島・菅原・眞榮城・詫摩・天羽, 2007）は小学校高学年の児童を対象とした2年間の縦断研究データをもとに，彼らの学校での反社会的行動と自己志向性との間の影響関係について，家族に抱く信頼感を調整要因として含めた3変数間の相互影響性の観点から検討した。その結果，家族に抱く信頼感の高低にかかわらず，小学校高学年における反社会的な行動経験の多さは2年後の自己志向性の低下に影響することがわかった。児童期から青年期に，子どもは対等な仲間との相互作用のなかで自己志向性を発達させていくため，反社会的な行動経験の多い児童は，仲間との間に協調

的な関係を築くことが困難になると考えられる。

4 ■ 児童期の攻撃行動とパーソナリティ

a. 攻撃行動と社会的情報処理

私たちの社会的行動は人との相互作用の一部である。社会的相互作用の場には多くの情報（たとえば，相手の発言や動作や表情などの相手から送られてくる情報，自分と相手がおかれている場に存在するさまざまな事象についての情報，そして心拍と体温の変化や喉の渇きなどの自分自身の身体内部から送られてくる身体感覚の情報）が含まれており，攻撃行動は情報処理の産物とみなすことができる。ダッジら（Crick & Dodge, 1994；Dodge, 1986）は，相互作用のなかにある人はこれらの情報を入力，処理し，過去経験から獲得した自分のデータベースを活用して，相手への行動を出力するととらえ，社会的情報処理モデルを構築した。この理論では，情報処理は，符号化，解釈，目標の明確化，反応の検索・構成，反応決定，実行という6つのステップをとおして行われる。そして，有能な社会的行動は，正確で歪みのない情報処理の結果によってもたらされ，有能でない社会的行動は情報処理のどこか一つ以上のステップでエラーや歪みがあるために引き起こされると考える。攻撃的な児童と非攻撃的な児童を比較した結果，6ステップのすべてにおいて有意な差が認められることが報告されている（濱口, 2002）。たとえば，攻撃的な児童は，偶発的な被害に対して他者に敵意があったと解釈する傾向が強い（敵意帰属バイアス），反応のレパートリーが少ない，仕返しすることが公正だと考えている，人から「攻撃的」とレッテル貼りをされることが多い，攻撃的に振る舞うことに効力感をもっているという特徴がある。このような攻撃的な児童の認知の歪みが，相手の行動にとっての情報となり，攻撃的な関係性が続くと考えられる。

b. 攻撃行動と生活習慣

平成18（2006）年から文部科学省が中心となり「早寝・早起き・朝ごはん」を国民運動にしようというスローガンが出されるほど，子どもの生活リズムは乱れている（小澤・内田・山下・徐・野井, 2009）。これには親の働き方，養育態度，社会生活の変化が影響していることはいうまでもない。生活習慣は生活の自己管理であり，自己制御機能の発達が顕著になる児童期の発達課題と深く関連している。曽我（2002a）は小学校4年生から6年生までの児童を対象に，生活習慣の確立度と攻撃性との関連を調査した。その結果，睡眠時間の少なさ，朝食欠食，夕食時間の遅さ，間食，糖分の摂取過剰，野菜不足という食行動と攻撃性が有意に関係することがわかった。これらの結果をふまえ，曽我は不健康な生活習慣が攻撃性を高めると結論している。生活習慣は脳神経の働きと自己制御の発達と関連することをとおして，攻撃行動を促進または抑制すると考えられる。

c. 攻撃行動のタイプとパーソナリティ特性との関連

攻撃性の研究では，いじめ問題との関連により，身体的攻撃や言語的攻撃に加え，関係性攻撃（relational aggression）が扱われるようになった。関係性攻撃とは，意図的に仲間関係または仲

間意識を操作することによって、他者を傷つけようとする行為であり、直接的な身体的攻撃は含んでいないものの、道具的攻撃の一側面をもつ。勝間・山崎（2008）は小学校4～6年生を対象に調査を行い、関係性攻撃の高い児童は、他者の気持ちを認知し、感情を共有するといった共感性が有意に低いことを示した。

曽我（1999, 2002b）は1,000名以上の児童を対象に、小学生用5因子性格検査を用いてパーソナリティを特性レベルで測定し、攻撃性との関係を検討した。その結果、開放性以外の4特性は攻撃性の促進と抑制に有意に関係することが見出された。つまり、外向性は身体的攻撃、言語的攻撃、短気さと強く関係し、自己顕示的で自己主張的、怒りなどの感情抑制の弱さが顕在的な攻撃行動をもたらすことがわかった。また、協調性は攻撃性の認知的側面である敵意を弱める傾向があった。さらに、統制性は身体的攻撃を抑制するものの、言語的攻撃を促進する関係を示した。情緒性は言語的攻撃を弱める影響を示した。このように、児童期の攻撃性は複数の特性の影響を受けた複合的な性質をもつものといえる。

5 ■ 児童期の自律の発達とパーソナリティ

a. 児童期の自己知覚

ハーター（Harter, 1999）の研究以後、自己を多元的で多面的な構造をもつものとしてとらえるアプローチが定着した。自己評価は児童期から青年期にかけて分化し、自己概念の一部として機能するようになる。眞榮城ほか（眞榮城・菅原・酒井・菅原, 2007）はハーターによるオリジナルな尺度に忠実な日本語版を作成した。尺度は児童版、青年版、大学生版の3種類あり、児童版の下位尺度には「学業能力評価」「運動能力評価」「容姿評価」「友人関係評価」「道徳性評価」の領域別の尺度と「全体的自己価値観」尺度がある。青年版と大学生版では児童版と比べ下位尺度の種類は多い。これは、青年期以降の自己知覚が児童期よりも分化することを示している。

具体的な行動場面での自己評価は行動の動機づけに影響をもたらす。伊藤（2004）は児童の向社会的行動を自己制御認知の観点から研究を行った。向社会的場面の規範的側面（どのように振る舞ったほうがよいか）と自己効力感（どのくらい向社会的に振る舞えるか）の両方が9歳児の向社会的判断に影響を及ぼすことを示した。7歳児ではどちらの影響も有意ではなかったため、児童期中期になると自己評価が行動を左右するようになると予想できる。

b. 自律的道徳性

道徳性は大別すると他律から自律へと発達する（Piaget, 1932/1957）。自律的な道徳性を促す要因は、認知的側面における脱中心化、すなわち自他の視点を区別し相互の視点を協応させる能力の獲得と、環境的な側面における大人への一方的尊敬にもとづく関係から相互的尊敬にもとづく仲間（子どもの視点に立って考えることのできる大人を含む）との相互作用への移行である（内藤, 2005）。これらの経験と能力の獲得は児童期の発達課題となる。

山岸（2006）は1981年と2003年の2回、同じ質問項目を用いて、同じ小学校の児童を対象に、社会的規範意識としての約束概念の時代的変化を調査した。その結果、2003年の小学生のほうが

大人の恣意的命令や大人からの依頼があっても,仲間と交わした約束は守ると考える傾向が強いことが示された。また,集団の義務(学級の係活動)を果たすことを理由に,約束を守らないと考える傾向も強くなっていた。現代の児童は大人の拘束に従順ではなくなったものの,それは彼らの規範意識が希薄化したのではない。現代社会という発達環境のなかで,児童は集団内での責任感とともに「個人の権利」概念を発達させつつあるためと考えられる(首藤・二宮,2003)。

c. 多次元的共感

デーヴィス(Davis, 1994/1999)は特性共感を感情的要素と認知的要素の両方をもつ多次元的概念であるととらえ,自己報告型尺度「多次元的反応性指標」(Interpersonal Reactivity Index:IRI)を開発した。下位尺度には共感的関心,個人的苦痛,視点取得,ファンタジーの4つがある。登張(2003)はIRIをもとに,中学生,高校生と大学生を対象にして,多次元的共感性尺度を作成し,その信頼性と妥当性を確認している。長谷川ほか(長谷川・堀内・鈴木・佐渡・坂元,2009)はデーヴィスのモデルにもとづき,30項目からなる児童用の多次元的共感性尺度を構築した。小学4年時と5年時の2回,調査が実施され,視点取得,共感的関心,個人的苦痛,ファンタジーの4つの下位尺度をもつ尺度が作成された。尺度の内的一貫性と安定性は十分高く,また向社会的行動経験との有意な関係も示された。小学4年生の段階で,4つの因子が抽出できたことは,10歳頃に特性共感の構造が成人に近づくことを示している。

d. 対人関係と感情

私たちは,共感によって,他者の悲しみや苦悩を共有し,喜びを分かち合うことができるだけでなく,互いの共感によって争いのない社会を構築できる。パーソナリティ特性としての共感性と向社会性は,時代や文化の違いを超えた道徳的価値の一つである(青木,2006)。しかしながら,共感の生起は相手との関係性に影響を受ける。成人を対象にした研究は,自分と同じ境遇にある他者や親密な関係にある他者の感情には共感しやすいことを示している(菊池,2008)。児童においては,1年生では「仲の良い子」と「仲の悪い子」への共感には大きな差異は認められないものの,6年生では両者の間に顕著な差異が現れ,「仲の悪い子」への共感が抑制されることが示された(浅川・松岡,1987)。小学高学年になると,成人と同じように,関係性の違いによって共感の生起に差異が生じるといえる。

他者の失敗や苦悩に対する自己の感情は,向社会的行動の動機となる共感的関心だけではない。澤田(2010)によると,妬み(envy)の感情は,他者が自分よりも有利な状況にあることを知ることによって生じる自己の不快感情と定義される。逆に,他者が不幸に見舞われたことに由来する自己の喜びをシャーデンフロイデ(Schadenfreude)という。彼は,妬みが小学2年生の時点で言語化されることを示し,6～7歳頃に自己の心的状態としての妬み(うらやましい)を認知しているのではないかと考察している。また,小学生は,妬みを感じた後の行動として「建設的解決」「意図的回避」に加えて「破壊的関与」という攻撃的な行動をとることがあると報告している。

反対共感ともいえる妬みとシャーデンフロイデは自己と他者との比較の結果生じる感情である。外山(2006)は児童の社会的比較の結果として生じる反応とパーソナリティとの関係を調査した。

その結果，社会的比較の結果として，過敏で神経質さを示す情緒性は自己卑下と回避的行動とつながり，競争心は自己向上，自己高揚，回避的行動につながりやすいことがわかった。児童期から，パーソナリティ特性が調整変数となり，社会的比較が自己を向上させたり，自己を卑下し回避行動をとらせたりすることに寄与するといえる。また，他者の感情に対する共感的関心，妬み，シャーデンフロイデの生じやすさにも児童のパーソナリティが関係していると考えられる。

　児童期には家族関係を中心としながらも，友人や教師，地域の人々との関係も強まる。学校で物事を成し遂げる技能や知識を習得して有能感を獲得するほか，集団生活を行うなかでこれからの社会生活に必要な人間関係スキルや責任感などの社会性を身につけていく。さまざまな関係のなかで「自分」の位置づけをしながら，自己意識を発達させ，個としての自律的な社会性も発達させる。児童期は平穏な時期ではなく，気質的特徴と環境との相乗的相互作用にもとづき，気質が安定することもあれば，自己制御の発達不全，葛藤の内在化，あるいは攻撃行動となって問題化することもある。これらの児童期の問題行動は，思春期以後の非行や反社会的行動，行動障害などの適応における諸問題の重要な予測因である。

　パーソナリティ特性の観点から児童期の特徴をみると次のようになる。つまり，5因子性格検査（FFPC）も7因子モデルにもとづく検査（TCI）も，児童期の中期になれば成人と同様な因子が抽出される。多次元的共感性尺度についても同様である。児童期は，現在の大人社会を越えて，これからの社会生活に必要な自律的な社会的能力を発達させると同時に，成人と同種のパーソナリティ特性も発達させる「小さな大人」の時期でもある。

◆ 引用文献

青木多寿子．(2006)．ポジティブな態度を身につける教育．島井哲志（編著），ポジティブ心理学：21世紀の心理学の可能性（pp.175-190）．ナカニシヤ出版．
浅川潔司・松岡砂織．(1987)．児童期の共感性に関する発達的研究．教育心理学研究，**35**，231-240．
Benesse教育研究開発センター．(2010)．第2回子ども生活実態基本調査（pp.34-91）．ベネッセコーポレーション．
Cloninger, C. R. (1986). A unified biosocial theory of personality and its role in the development of anxiety states. *Psychiatric Developments*, **3**, 167-226.
Crick, N. R., & Dodge, K. A. (1994). A review and reformulation of social information processing mechanisms in children's social adjustment. *Psychological Bulletin*, **115**, 74-101.
Davis, M. H. (1999)．共感の社会心理学（菊池章夫，訳）．川島書店．(Davis, M. H. (1994). *Empathy : A social psychological approach*. Madison, WI : Brown & Benchmark.)
傳田健三．(2005)．子どものうつ病：その心に何が起きているのか．児童青年精神医学とその近接領域，**46**，248-258．
Dodge, K. A. (1986). A social information processing model of social competemce in children. In M. Perlmutter (Ed.), *Minesota symposia on child psychology*. Vol.18 (pp.77-135). Hillsdale, NJ : Lawrence Erlbaum Associates.
Erikson, E. H. (1989)．ライフサイクル，その完結（村瀬孝雄・近藤邦夫，訳）．みすず書房．(Erikson, E. H. (1982). *The life cycle completed : A review*. New York : W. W. Norton.)
Freud, S. (1969)．フロイト著作集：5 性欲論・症例研究（懸田克躬，訳）．人文書院．(Freud, S. (1953). *Three esseys on the theory of sexuality*. Standard edition, Vol.7. (Originally published in 1905) London : Hogarth Press.)

濱口佳和．（2002）．攻撃性と情報処理．山崎勝之・島井哲志（編），攻撃性の行動科学：発達・教育編（pp.40-60）．ナカニシヤ出版．

Harter, S.（1999）. *The construction of the self : A developmental perspective*. New York : The Guilford Press.

長谷川真里・堀内由樹子・鈴木佳苗・佐渡真紀子・坂元　章．（2009）．児童用多次元共感性尺度の信頼性・妥当性の検討．パーソナリティ研究，**17**，307-310．

伊藤順子．（2004）．向社会性についての認知はいかに行動に影響を与えるか：価値観・効力感の観点から．発達心理学研究，**15**，162-171．

Kagan, J.（1997）. Temperament and the reactions to unfamiliarity. *Child Development*, **68**, 139-143.

Kagan, J., Snidman, N., Zentner, M., & Peterson, E.（1999）. Infant temperament and anxious symptoms is school age children. *Development and Psychopathology*, **11**, 209-224.

勝間理沙・山崎勝之．（2008）．児童における3タイプの攻撃性が共感に及ぼす影響．心理学研究，**79**，325-332．

木島伸彦・斎藤令衣・竹内美香・吉野相英・大野　裕・加藤元一郎・北村俊則．（1996）．Cloningerの気質と性格の7因子モデルおよび日本語版Temparament and Character Inventory（TCI）．季刊精神科診断学，**7**，379-399．

菊池章夫．（2008）．社会的つながりの心理学：ぼくの社会心理学ノート3．川島書店．

小石寛文．（1995）．学級の仲間関係．小石寛文（編），人間関係の発達心理学：3　児童期の人間関係（pp.65-91）．培風館．

眞榮城和美・菅原ますみ・酒井　厚・菅原健介．（2007）．改訂・自己知覚尺度日本語版の作成：児童版・青年版・大学生版を対象として．心理学研究，**78**，182-188．

文部科学省．（2009a）．平成20年度児童生徒の問題行動等生徒指導上の諸問題に関する調査．

文部科学省．（2009b）．「ネット上のいじめ」に関する対応マニュアル・事例集（学校・教員向け）．

文部科学省．（2010）．平成21年度児童生徒の問題行動等生徒指導上の諸問題に関する調査．

内藤俊史．（2005）．道徳性を構成するもの．内田伸子（編著），こころの不思議を解き明かす（pp.83-103）．光生館．

Ono, Y., Ando, J., Onoda, N., Yoshimura, K., Momose, T., Hirano, M., & Kanda, S.（2002）. Dimensions of temperament as vulnerability factors in depression. *Molecular Psychiatry*, **7**, 948-953.

小澤治夫・内田匡輔・山下大輔・徐　広孝・野井真吾．（2009）．問題行動を起こしがちな子どもの生活習慣．子どもと発育発達，**7**，159-164．

Piaget, J.（1957）．児童道徳判断の発達（大伴　茂，訳）．同文書院．（Piaget, J.（1932）. *The moral judgment of the child*. New York : Free Press.）

酒井　厚・菅原ますみ・木島伸彦・菅原健介・眞榮城和美・詫摩武俊・天羽幸子．（2007）．児童期・青年期前期における学校での反社会的行動と自己志向性：短期縦断データを用いた相互影響分析．パーソナリティ研究，**16**，66-79．

澤田匡人．（2010）．妬みの発達．心理学評論，**53**，110-123．

首藤敏元・二宮克美．（2003）．子どもの道徳的自律の発達．風間書房．

曽我祥子．（1999）．小学生用5因子性格検査（FFPC）の標準化．心理学研究，**70**，346-351．

曽我祥子．（2002a）．攻撃性と子どもの生活習慣．山崎勝之・島井哲志（編），攻撃性の行動科学：発達・教育編（pp.182-193）．ナカニシヤ出版．

曽我祥子．（2002b）．攻撃性と性格の行動科学．鳥井哲志・山崎勝之（編），攻撃性の行動科学：健康編（pp.68-79）．ナカニシヤ出版．

菅原ますみ．（2003）．個性はどう育つか．大修館書店．

Thomas, A., & Chess, S.（1986）. The New York Longitudinal Study : From infancy to early adult life. In R. Plomin & J. Dunn（Eds.）, *The study of temperament : Changes, continuities, and challenges*（pp.39-52）. Hillsdale, NJ : Lawrence Erlbaum Associates.

登張真稲．（2003）．青年期の共感性の発達：多次元的視点による検討．発達心理学研究，**14**，136-148．

外山美樹．（2006）．社会的比較によって生じる感情や行動の発達的変化：パーソナリティ特性との関連性に焦点を当てて．パーソナリティ研究，**15**，1-12．

山岸明子．（2006）．現代小学生の約束概念：22年前との比較．教育心理学研究，**54**，141-150．

吉田圭吾．（1995）．人間関係の心理臨床．澤田瑞也（編），人間関係の発達心理学：1　人間関係の生涯発達（pp.107-140）．培風館．

2 節　自己意識の発達

中谷素之

1 ■ 自己意識の発達の様相

a. 自己意識という概念

　私たちは，自分に対してある恒常的なイメージや概念を有しており，それにもとづいて思考や行動を決めている。発達の途上にある児童期は，このような自己への概念が大きく変化する時期であることが知られている。本節では，このような自己意識の発達について，これまでの重要な研究や理論をふまえて論じていく。

　自己意識とは，人間が自分自身に対してもつ意識を意味する。しかし，心理学において「自己」（self）の問題は，きわめて広範かつ奥深いテーマであり，自己に向かう意識という意味で，近似した概念は非常に数多く存在しており，自己意識だけが独立した単独の概念とはいえない。たとえば，自己概念（self-concept）や自己表象（self-representation），自己像（self-image），自己認知（self-cognition），自己評価（self-evaluation）あるいは自尊感情（self-esteem）などは，すべて自分自身に対する認知や評価を意味するもので，それぞれどのような内容や特徴に力点をおくのかは異なっており（柏木, 1983），厳密に区別することは困難である。本節では，このような個々の概念間の違いを厳密に定義することは避け，自己に向かう意識として，とくに自己意識や自己概念といったキーワードから，自己意識の発達的特徴やそのプロセスについて概観する。

b. 自己意識の発達過程

　子どもが自分自身に関心をもつという傾向は，発達のごく初期に始まる。鏡に映る自分の姿を見せその反応を調べる自己鏡映像認知の実験では，1歳半から2歳の子どもで，鏡のなかの自分自身の姿に興味をもち，積極的に働きかけることが知られている。このことはチンパンジーなどの大型類人猿にもみられる傾向であり，私たち人間は，自分自身に関心をもたざるをえない存在だといえよう。

　幼児期から児童期へと成長するにつれ，自分自身に対する関心の焦点は，姿かたちなどの外見的特徴から，より内面的で抽象的な特徴へと移行していく。モンテメイヤーとアイゼン（Montemayor & Eisen, 1977）による古典的研究で示されているように，自己を記述する際，幼児期では名前や所属，所有するものが自らを表す内容であるととらえているのに対し，児童期に入るとそれらの割合は低下し，「私は友だちが多い」といった対人関係のもち方や，「私は○○という考えをもっている」といった自己の信念や思想の割合が高くなる（図7.1参照）。このように，児童期の自己概念の発達は，比較的単純で具体性の高い内容から，より分化した抽象度の高いものへと変化していくことが示唆されている（Schaffer, 1996）。

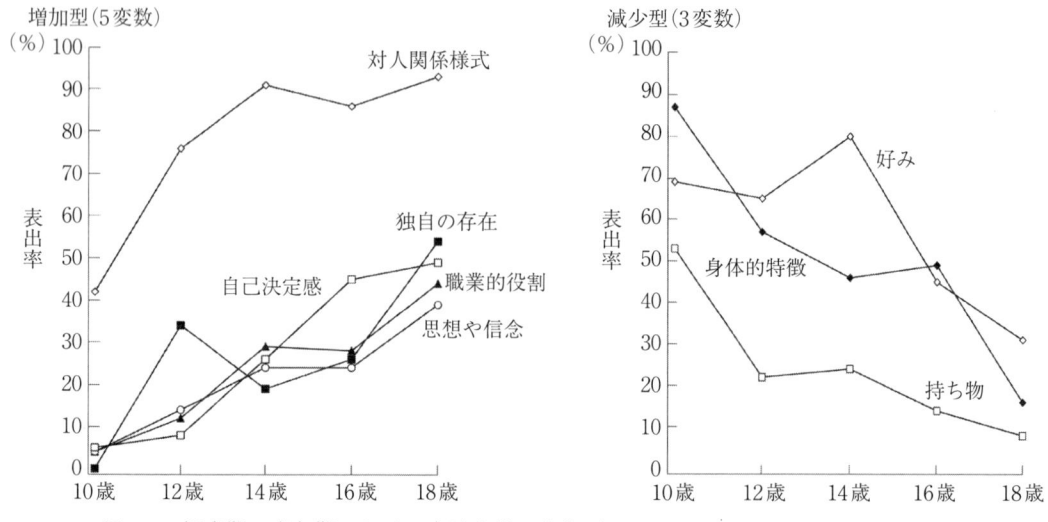

図7.1 児童期・青年期における自己意識の変化（Montemayor & Eisen, 1977 より作成）

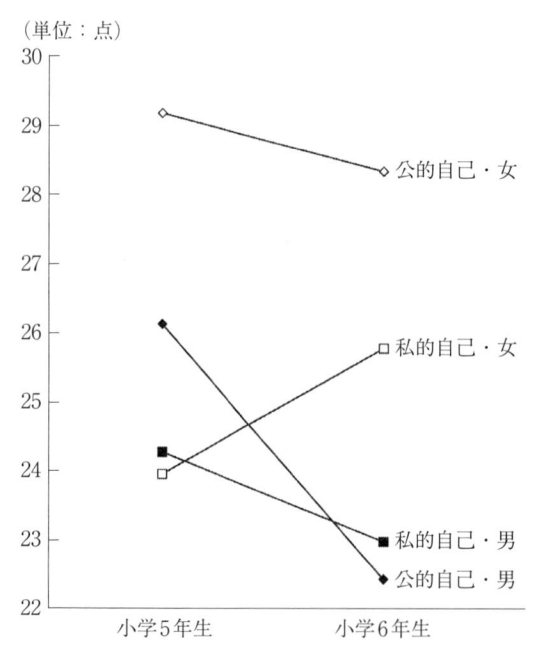

図7.2 児童期における公的・私的自己意識の変化（桜井, 1992）

わが国の研究で児童期の自己意識について扱ったものは必ずしも多くはないが、その代表的な研究として桜井（1992）をあげることができる。この研究では、小学5年生と6年生を対象に、フェニングスタインほか（Fenigstein, Scheier, & Buss, 1975）の概念にもとづき、公的自己意識、私的自己意識の2下位尺度からなる児童用自己意識尺度を開発し、その発達的変化を検討している。その結果、図7.2のように、いずれの自己意識の側面においても、男子に比べ女子の得点が高い傾向がみられた。また女子では私的自己意識は5年生より6年生のほうが高く、公的自己意識は学年による変化はない。一方男子では、公的自己意識は5年生より6年生のほうが低い傾向があり、私的自己意識には変化はなかった。このように、小学校高学年段階の児童では、公的、私的自己意識の両方で男子よりも女子のほうが高いこと、そして5年から6年になるにつれ、女子では私的自己意識の向上が、男子では公的自己意識の低下がみられることが示唆された。

2 ■ 自己表象の規範的発達モデル

近年では，自己表象（self-representation）という観点から，自己意識の発達的変化について，包括的に概念化した試みもみられる。ハーター（Harter, 1998）は，これまでの主要な自己の発達理論や研究知見を整理・統合し，児童期・青年期における一般的，規準的（normative）な発達過程を提起している（表7.1参照）。そこでは，各発達の時期に自己のどのような特徴がみられるかについて，構造／組織，顕著な内容，重要性／正確性，の3つの観点から構造化されている。

まず，幼児期から児童期前期では，自己は非常に具体的な，外的に観察可能な特徴（例「私は走るのが速い」「大きな家に住んでいる」など）からとらえられる。それらは別々に認識されており，何らかの一貫性や統合を有するものではない。

児童期前期から児童期中期に入ると，それまで不可能であった複数の概念を関連づける能力が発達してくる。たとえば運動能力では，走ること，ジャンプすること，山登りが得意，といった概念的なセットが形成される（Fischer, 1980）。しかしそれは未発達で一面的なものであり，典型的には「よい」か「悪い」か，という対立する性質として記述される。そして，自己に属する性質は「よい」ものと考え，他者に属する性質は「悪い」ものとされやすい。

表7.1 児童期・青年期における自己表象の規準的な発達的変化 （Harter, 1998）

	構造／組織	顕著な内容	重要性／正確性
幼児期から児童期前期	個別の表象 一貫性，統合の不足 全か無か（all-or-nothing）思考	具体的で観察可能な特徴 能力や活動，所有の形態における分類的な属性	非現実的にポジティブ 理想自己から現実自己を区別できない
児童期前期から児童期中期	表象間の関連の未発達 典型的には相反する表象間の関連づけ 全か無か（all-or-nothing）思考	自分の過去の遂行レベルとの分類的で一時的な比較の精緻化	典型的にはポジティブ 不正確
児童期中期から児童期後期	複数の行動を包摂する高次の一般化 対立する特性を統合する能力	能力と対人的特徴に焦点化した特性ラベル 友人との相対的比較	より正確なポジティブあるいはネガティブな評価
青年期前期	特性ラベルの相互調整の単純な抽象化 抽象化の区分 全か無か（all-or-nothing）思考 対立する抽象概念に気づかず，統合しない	他者との相互作用や自分の社会的アピールに影響を与える社会的スキル／属性	ある時にはポジティブな属性，それ以外ではネガティブな属性 不正確な過度の一般化につながる
青年期中期	単一の抽象概念間，しばしば対立する特性間の関連づけの初期段階 相反する特徴によって生じる認知的葛藤	さまざまな役割や関係性の文脈にかかわる属性の分化	ポジティブ・ネガティブな属性を同時に認識する混乱や不正確につながる不安定さ
青年期後期	単一の抽象概念を有意味に統合し，不一致や葛藤を解決する，高次の抽象化	異なる役割関連の特徴の標準 個人的信念や価値，道徳規準を反映した属性	ポジティブ・ネガティブな両方の属性についてよりバランスのとれた安定的な見方 非常に正確

自己にかかわる比較では，以前と比べて今現在自分がどの程度できるようになっているか，という一時的な比較や，他の子どもとの比較ではなく年齢相応の規準との比較が問題にされる。そのため，この時期の急速な運動技能の発達は，このような一時的な比較によって，この時期に典型的にみられる，高い自己評価をもたらすことになる（Ruble & Frey, 1991）。

児童期中期から児童期後期には，それまで別個に存在していた表象，あるいは対立的な表象から，自己表象を調和する能力が発達してくる。単一次元の自己から，双方向次元の自己へと変化し，それまで個々別々のものであった自己の特徴が，高次に一般化する能力へと発達する。いわば，特性のラベルで考えることが可能になる。たとえば，それまでは教科ごとの成績で，別々に能力を判断していたが，算数と社会ができるから彼は頭がよい，と一般化して思考することができるようになる。

また，頭がよい，悪いといった二分法的な見方から，よりバランスのとれた思考が可能になるためには，個人の経験や体験が重要となる。たとえば，英語は80点だが理科は30点だった，といったことを繰り返し経験することで，強化されると考えられている。

この時期には，認知的な発達を背景に，自分のスキルや属性のバロメーターとして友人を用いるようになる。すなわち，自己評価のために友人と比較し評価することがとくに重要となる（Damon & Hart, 1988）。明白な比較がネガティブな結果をもたらすと気づくに従い，比較の仕方もより暗黙のものへと変化する。たとえば，よい成績だったのを自慢したことで，それを責められる，といった場合である（Pomerantz, Ruble, Frey, & Greulich, 1995）。

さらに青年期前期に入ると，抽象的に思考することが可能になる。また，認知的発達の進展にともなって，特性のラベルを抽象的に統合できるようになる。たとえば，頭がよく，創造的であるという特性を組み合わせ，知的であるという抽象化を構成する，といったものである。しかしこの時期には，これらの個々の抽象化を超えるような「認知的なコントロール」が欠如しているため，別個の自己の属性として考えることができるのみである。

その後，青年期中期には，抽象化した自己の側面同士を結ぶ初期のつながりができるようになる。たとえば，同じ人が外向的であるとともに内向的でもある，といった認識である。ただしこの段階では，顕在的な矛盾を解決するかたちで自己表象を統合することがまだ不可能であるため，そのつながりは未熟である。

青年期後期に入ると，自己表象間には有意味な調和が形成され，より統合的な自己の理論を発達させるようになる。以前の段階では矛盾していた，対立する属性についても統合することが可能になる。たとえば，ある人が外向的であり内向的でもあることを，異なる社会的状況に「柔軟である」ととらえたり，明るいが，同時に憂うつでもあるということを，「気が変わりやすい」というラベルで高次に抽象化する，などである。

表7.1のような自己表象の変化は，生涯発達のなかで辿るべき規準的なプロセスとして提示されるものである。しかしその一方で，ハーターは，この発達のプロセスには相応の負荷やリスクをともなう可能性も言及している。たとえば児童期中期では，自己のみに注目した段階から他者との社会的比較への焦点化が生じることによって，自己の能力の低さや無力さが経験されるかも

しれない。また，自己のもつ特性が安定的なものであると認識することは，失敗を経験した際には，自己全体に対するネガティブな評価に結びつく可能性がある。児童期の自己の発達を考える際，ポジティブな側面だけに注目するのではなく，このような発達によるネガティブな側面も考慮に入れた理解が重要であろう。

3 ■ 自己理論の視点：能力に関する信念の発達

児童期における自己意識は，その内容や構造において，さまざまな側面で変化している。自己に向けられた意識は多面的なものであり，それぞれの内容が年齢にともなってどのように異なるのかが，これまでの研究の主な問題意識であった。

その一方近年では，さまざまな自己の側面のなかで，自己に関する信念に焦点を当てた理論的検討もみられる。ドゥエックは，自己に対する信念の機能を体系化した自己理論（self-theory）という視点から，自己の可変性に関する信念が，個人の心理的，社会的な適応において重要な役割を果たしていることを示している（Dweck, 1999）。そこでは，個人のもつパーソナリティ要因が，努力や経験によって変えられるものであると考える（可変理論）か，あるいは生得的で変えられないものであると考える（固定理論）かによって，たとえば学校移行期の適応（Blackwell, Trzesniewski, & Dweck, 2007）や，対人関係上の問題（Kammrath & Dweck, 2006）など，適応のさまざまな側面に影響を及ぼすことが示されている。自己理論に関する研究では，その多くは能力に関する信念に焦点が当てられてきており，自己の能力についての素朴理論（自己理論）が，適応や発達を左右している可能性を示している（Dweck, 2002）。

このような能力に関する信念は，発達過程において，児童期に質的に大きく変化することが明

表7.2 能力概念の変化（Dweck, 2002を一部改変）

就学前期	7〜8歳	10〜12歳
「能力がある」とはどういうことか		
領域混合 ⇨ （能力が努力や行動などと弁別されていない） 例：がんばったから頭がいい	領域特殊的 ⇨ （能力概念がやや分化）	能力を弁別 （能力概念が分化） 例：人よりもたくさん正確に回答したから頭がいい
・スキルと知識，到達水準＝能力 ・遂行を予測するものではない	・より内的で規範的基準 ・より安定的，予測的	・能力，熟達，規範的基準 ・目にみえない安定した力
学業成果の影響		
・能力評価と関連なし	・能力評価には影響するが動機づけには影響なし	・能力評価と動機づけに影響
社会的比較		
・能力評価に影響なし	・やや影響あり	・能力評価と動機づけに強く影響
能力の自己評価		
・高く，不正確	・低下，やや正確	・正確
信念や動機づけとの関連		
・信念や動機づけとの関連なし	⇨	・信念や動機づけとの一体化

らかにされている（表7.2参照）。就学前期には，自己や他者の能力に関して明確な概念をもたず，努力と能力の弁別ができず，自己の能力について総じて実際よりも高く評価する傾向がある。しかし7〜8歳頃になると，能力というものが自己に内在する属性であると考え，行動との関連から推測するようになる。たとえば，課題やテストで失敗したことを，自己の能力と関連づけて考えることが可能になる。またこの時期には，一度失敗したことが，その後の遂行にも影響し，また友人などとの比較が自己評価に大きく影響してくる。そして10〜12歳になると，能力と努力を弁別し，能力とは自分自身のもつ内的で安定的な属性であることが理解できるようになる。すなわち，能力とは「力量」であると考え，課題の困難度や遂行時間を能力の指標としてとらえることが可能となる。このような能力概念の発達によって，児童の能力の自己認知はより正確なものとなり，自身の成績や社会的比較が能力評価や次回への動機づけに大きくかかわるようになる。

◆ 引用文献

Blackwell, L. S., Trzesniewski, K. H., & Dweck, C. S. (2007). Implicit theories of intelligence predict achievement across an adolescent transition : A longitudinal study and an intervention. *Child Development*, **78**, 246-263.

Damon, W., & Hart, D. (1988). *Self-understanding in childhood and adolescence.* New York : Cambridge University Press.

Dweck, C. S. (1999). *Self-theories : Their role in motivation, personality, and development.* New York : Psychology Press.

Dweck, C. S. (2002). The development of ability conceptions. In A. Wigfield & J. S. Eccles (Eds.), *Development of achievement motivation* (pp. 57-88). California : Academic Press.

Fenigstein., A., Scheier, M. F., & Buss, A. H. (1975). Public and private self-consciousness : Assessment and theory. *Journal of Consulting and Clinical Psychology*, **43**, 522-527.

Fischer, K. W. (1980). A theory of cognitive development : The control and construction of hierarchies of skills. *Psychological Review*, **87**, 477-531.

Harter, S. (1998). The development of self-representations. In N. Eisenberg (Vol. Ed.), W. Damon (Series Ed.), *Handbook of child psychology : Vol. 3. Social, emotional, and personality development* (5th ed., pp.553-617). New York : John Wiley & Sons.

Kammrath, L., & Dweck, C. S. (2006). Voicing conflict : Preferred conflict strategies among incremental and entity theorists. *Personality and Social Psychology Bulletin*, **32**, 1497-1508.

柏木惠子. (1983). 子どもの自己の発達. 東京大学出版会.

Montemayor, R., & Eisen, M. (1977). The development of self-conceptions from childhood to adolescence. *Developmental Psychology*, **13**, 314-319.

Pomerantz, E. M., Ruble, D. N., Frey, K. S., & Greulich, F. (1995). Meeting goals and confronting conflict : Children's changing perceptions of social comparison. *Child Development*, **66**, 723-738.

Ruble, D. N., & Frey, K. S. (1991). Changing patterns of comparative behavior as skills are acquired : A functional model of self-evaluation. In J. Suls & T. A. Wills (Eds.), *Social comparison : Contemporary theory and research* (pp.79-113). New Jersey : Lawrence Erlbaum Associates.

桜井茂男. (1992). 小学校高学年生における自己意識の検討. 実験社会心理学研究, **32**, 85-94.

Schaffer, H. R. (1996). *Social development.* Massachusetts : Wiley-Blackwell.

3節 社会性の発達

越中康治

1 ■ 児童期における社会性の発達と対人関係

a. 児童期の対人関係と発達課題

　児童期は，一般に小学校入学前後（6，7歳）から思春期（11，12歳）までの時期を指す。学童期ともよばれるこの時期は，小学校の児童として過ごす6年間に相当する。小学校に入学することによって，子どもたちの生活の場は，家庭や保育所・幼稚園といった比較的小さな集団から，学校という大きな集団へと変化する。幼児期から児童期にかけての環境移行は，これまでとは異なる新しい社会への適応を子どもたちに強いるものでもある。小1プロブレムという言葉もあるように，学校への適応はさまざまな難しさをともなう。学校適応は，児童期の子どもたちにとって，乗り越えるべき重要な発達課題の一つであるといえよう。

　学校に適応するために，子どもたちは学業的にも社会的にもコンピテンスを示す必要がある。すなわち，教科の内容を習得し，効果的な学習方略を獲得して，テストでよい成績を修めることに加えて，①対人関係を形成・維持し，②社会的アイデンティティや帰属意識を発達させ，③他者が示す道徳的規範を観察・模倣するとともに，④教師や仲間に高く評価されるよう行動することなども求められる（Wentzel, 2003）。エリクソン（Erikson, 1963/1977・1980）が，潜在期の発達的危機を「勤勉性 対 劣等感」ととらえているように，児童期における学業上の達成と社会的な達成とはそれぞれ無関係なものではない。たとえば，ウェンツェル（Wentzel, 2003）は，「ポジティブな社会的行動が学習と認知発達をうながす学級の環境を作り出すとともに，教師や仲間とのポジティブな関係が子どもの知的コンピテンスの発達を動機づけ，支える」としているが，親や教師などの大人に加えて，多くの仲間たちとのかかわりのなかでさまざまな社会的能力が育まれていくのが児童期である。

b. 児童期における仲間関係の特徴

　幼児期から児童期にかけて，子どもたちの仲間関係は広がり深まっていく。たとえばエプスタイン（Epstein, 1989）は，近接性（proximity），同年齢（same age），類似性（similarity）という友人の選択にかかわる3つの要因について，幼児期には近接性が主たる要因であるが，発達とともに，同年齢と類似性の要因が重要となってくると指摘している。すなわち，幼児期においては比較的単純に近くにいる子ども同士が友だちとなるが，年齢が上がるにつれて同年齢の子どもを，さらには，好きな遊びや性格・態度などが類似した子どもを友人として選択するようになる。

　とくに児童期中期から後期にかけては，ギャング・エイジ（gang age）ともいわれるように，4～5人程度の同性のメンバーによる徒党集団（ギャング・グループ）が形成されるようになる。子どもたちは，こうした凝集性・閉鎖性の強い集団のなかで帰属意識を形成するとともに，リー

ダーとフォロワーといった役割や仲間同士の規範・義務などを学ぶとされる。さらにこの時期，子どもたちは，とくに重要な同性の親友（chum）をもつようになる。子どもたちはこうした親友との一体感を感じる一方で，さまざまな葛藤をも経験する。集団内の仲間や親密な友人との対立・いざこざは，子どもたちに視点取得や社会的問題解決の機会を提供する。仲間・友人とのかかわりは，児童期の子どもの社会性の発達と密接にかかわっているといえよう。

2 ■ 児童期の仲間関係と社会的適応

a. 社会性の発達における仲間関係の重要性

乳幼児期と同様に，児童期においても，親や教師などの大人が重要な社会化のエージェントであることに変わりはないが，さまざまな人間関係のなかでも仲間関係の比重が増してくるのが児童期の大きな特徴の一つである。しかし，子どもの社会性の発達における仲間関係の重要性は今でこそ自明のものとして認識されているが，1970年代初頭までは必ずしもそうではなかった。子どもの社会性の発達について「生まれか育ちか」の相対的影響が議論されていた1960年代当時，「育ち」といえば「親のしつけ」と同義であった（Coie, 2004）。すなわち，非行などの反社会的行動や社会的不適応の予防・介入プログラムを開発するための当時の研究は，子どもの気質などの遺伝的要因に対する環境的な要因として，もっぱら親の養育行動のみを問題としていた。クーイ（Coie, 2004）によれば，こうした時代に，子どもの将来の適応上の問題に影響を与える要因として「子ども時代の仲間関係の乏しさ」を指摘したのが，コールバーグであった。

児童期を通じて多くの子どもたちが仲間とのかかわりを深めていく一方で，仲間関係の形成・維持に困難を示す子どももいる。こうした仲間関係の乏しさが，児童期のみならず青年期以降に至るまでの適応上の問題のリスク・ファクターとなっている。こうした仮説を検証することを目的として，1970年代以降，仲間集団内における社会的地位を把握する手法としてソシオメトリック・テストを用いた数多くの実証的研究がなされてきた。ソシオメトリック・テストでは，子どもたちにクラスのなかで一緒に遊びたい相手（肯定的指名）や遊びたくない相手（否定的指名）をあげてもらうなどして，人気児（肯定的指名の多い幼児），拒否児（否定的指名の多い幼児），無視児（指名されることの少ない幼児），両端児（肯定的指名と否定的指名のいずれも多い幼児），平均児（平均的な幼児）を割り出す（前田, 2001）。ソシオメトリック・テストを用いた初期の研究は，仲間から拒否されている子どもたちの適応上の問題を明らかにするとともに，とくに拒否児が示す攻撃行動に着目し，実証的な研究を展開してきた（Coie, 2004）。

b. 児童期の仲間関係と社会的適応に関する実証的研究

わが国においては，児童期における社会的適応や仲間拒否の問題について，前田（1995a, 1995b, 1998, 1999）による一連の検討がなされており，海外の研究知見とおおむね一致する結果が見出されている（前田, 2001）。たとえば，小学校3年生から6年生の児童を対象としてソシオメトリック・テストを実施した研究（前田, 1995a）では，仲間から拒否されている子どもたちが，仲間から攻撃的であると知覚されるとともに，孤独感を抱えていることが見出されている。

また，幼稚園の年長児から小学校1年生にかけての縦断的研究（前田, 1995b）では，①クラス再編によって仲間関係の文脈が変化しても，人気児や拒否児の地位タイプは維持されやすいこと，②仲間からの拒否の累積的影響によって，幼児や低学年児童でも孤独感を感じ，自尊心を低下させる可能性があることなどが示唆されている。仲間からの拒否は子どもの情緒的・精神的健康に否定的な影響を及ぼす問題であると同時に，仲間とかかわる機会が減少することによって社会的スキルや社会的コンピテンスの発達が阻害される可能性も示唆されている（前田, 2001）。

海外の研究ではとくに子どもの攻撃性と不適応との関連が指摘されてきたが（Coie, 2004），わが国においても同様の知見が得られている。たとえば，小学校1年生から6年生までを対象とした横断的研究（前田, 1999）では，6学年のいずれにおいても，拒否児は仲間から攻撃性が高く社交性が低いと評価されていることが明らかにされている。この結果は，攻撃性と仲間拒否との関係が児童期の発達段階を通じて一貫していることを示唆するものといえた。さらに，小学校2〜3年生から小学校4〜5年生までの2年間の縦断的研究（前田, 1998）では，攻撃性が増加した子どもたちは仲間集団内における地位が低下したのに対して，攻撃性が低下した子どもたちは仲間内地位が向上したことが確認されている。これらの結果から，攻撃性を低下させ，代わりに社交性の向上を促す介入指導（社会的スキル訓練など）を積極的に実施することによって，子どもたちの仲間関係が改善される可能性が示唆される（前田, 2001）。こうした介入は，児童期以降も含めた将来の適応上の問題の予防という観点からも重要であろう。

クーイは，過去30年以上にわたる研究の蓄積から，仲間から拒否されるという経験は，①子どもたちの社会性の発達に明らかにネガティブな影響を及ぼすうえに，②とくに攻撃性や衝動性などのリスクを抱える子どもたちの既存の行動傾向を増大させると指摘している。後者については，親の罰によって子どもの反社会的行動が抑制されるように，仲間からの拒否を受けてリスクを抱える子どもの問題行動が減少するという逆の予測も成り立つかもしれないが，現実にはそうならない（仲間からの拒否は子どもの行動をポジティブな方向に変容させない）ことを強く指摘している（Coie, 2004）。こうした知見は，児童期における社会性の発達にとって，親や教師の役割もきわめて重要であることを示唆するものである。とくにハイリスクな子どもの適応を保障するうえで，大人の働きかけ（社会的経験の補償やトレーニングなど）のあり方が問われてくる。

3 ■ 児童期における道徳性の発達

a. 児童期の道徳発達における仲間関係の重要性

先述したコールバーグは，道徳性を「社会性の発達を理解するための重要な鍵である」と指摘するとともに（二宮, 2006），道徳性の発達に関しても仲間関係が重要であることを指摘した。認知的発達理論の側から道徳発達研究の歴史を概観すると，アメリカにおいては，1950年代には精神分析学的理論が，その後1960年代にかけては社会的学習理論が主流であり，子どものしつけに罪悪感や不安などの感情，あるいは報酬と罰などの学習原理をいかに適用するかということ（すなわち，親の養育態度）のみが問題とされていた（Turiel, 2006）。こうした風潮に対してコール

バーグ（Kohlberg, 1969/1987）は，子どもが親や教師などの大人の権威を受容し，社会規範を受動的に内面化する過程を道徳発達ととらえていると批判を加えた。そして，子どもも自分なりの正しさの枠組みにもとづいて道徳的な判断をしていると主張し，ピアジェ（Piaget, J.）の理論を引き継ぐ形で理論を展開した。道徳的な認知は均衡化の過程（低次の認知構造では解決できない問題に直面するなかで，高次の認知構造を構成する）をとおして段階的に発達していくとして，3水準6段階からなる道徳性の発達段階を提唱した。大人が子どもにその社会や文化の価値を伝達・強制するという相対主義的・伝統的な道徳発達観に対して，環境との相互作用をとおして子どもが能動的に認知を構成するという考え方は，その後の研究や教育実践に大きな影響を及ぼす一方で，発達段階の普遍性に対する疑問など数多くの批判も受けてきた（Nucci, 2006）。

b. 児童の多元的な道徳発達に関する実証的研究

チュリエル（Turiel, 2006）は，こうした認知的発達理論を批判的に展開し，普遍主義的・進歩主義的な視点を維持しつつも，道徳発達の多元性を考慮に入れた社会的領域理論を提唱した。チュリエルの理論の特徴は，ピアジェやコールバーグが道徳発達を他律から自律への一元的な移行ととらえたのに対して，社会道徳的な認知が発達初期から多元的であると仮定している点にある。つまり，従来の認知的発達理論が，正義や公平，損害や福祉などの道徳的概念は児童期後期あるいは青年期まで構成されず，幼い子どもたちは権威志向的に慣習を厳守する段階にあるととらえていたのに対して，社会的領域理論では，幼い子どもでも道徳と慣習を区別していて，状況に応じた多元的な判断と行動（道徳的概念にもとづいて判断したり，権威や慣習に従ったり）が可能であるととらえている（首藤・二宮, 2003）。領域理論では，道徳発達を道徳的要素と非道徳要素（慣習の問題や個人の自由意思に委ねられる領域）を調整（領域調整）する力の発達ととらえ，従来は道徳よりも下位（inferior）であると認識されていた慣習を，道徳発達にとって必須（integral）なものであるとみなしている（Nucci, 2006）。

領域理論にもとづく初期の研究では，子どもたちが本当に道徳と慣習を区別しているのかを検討してきた。たとえば，チュリエルらの初期の研究（Weston & Turiel, 1980）では，5〜11歳の子どもたちを対象に，道徳（「人をたたく」など）と慣習（「裸で外に出る」など）の違反行為（通常，子どもたちはいずれも悪いことであると判断する）について，学校側が許容することはよいか，学校側が許容すれば子どもがそれらの行為に従事してもよいかの判断を求めている。その結果，すべての年齢段階における子どもの大多数が道徳と慣習とを区別し，慣習の違反行為に関しては，学校側が許容すること，学校側が許容した場合に子どもが従事することのいずれについてもよいと判断する一方で，道徳の違反行為に関してはいずれも悪いと判断することが示された。さらに，その後の研究から，こうした道徳と慣習の区別は，2〜3歳では難しいものの，4〜5歳頃までには可能となることが明らかにされている（Helwig & Turiel, 2002）。

こうした道徳的な認知の発達について，わが国では，首藤・二宮（2003）による一連の検討がなされている。たとえば，小学校2年生から6年生までの児童と大学生を対象とした研究では，道徳的逸脱行為（「他の子をたたく」など），慣習の違反（「挨拶に返事をしない」など）および個人領域の行為（「天気の日に室内で読書をする」など）のそれぞれについて，「主人公のしたこ

とは，悪いことか」（重大性），「主人公が学校のことを何も知らない転校生や外国の子だった場合，主人公のしたことは悪いことか」（規則随伴性），「主人公がしたいと思えば，その行為をしてもいいと思うか」（自己決定性），「大人やあなたの友だちは，その行為を悪いと考えていると思うか」（規則・期待の有無）の判断を求めている。その結果，児童は年齢に関係なく，①道徳的逸脱を（大学生と同程度に）最も悪いと判断すること，②慣習違反は「転校生や外国の子では悪くない」（善悪が規則の有無に随伴する）と判断すること，③個人領域の行為は自己決定性があり，それを規制する規則・期待は存在しないと判断することなどが確認された。

ただし，首藤・二宮（2003）は，わが国の児童（および青年）の特徴として，①全体的に慣習的な思考（状況依存的な価値判断）を強く働かせる傾向にあること，②個人領域と道徳領域の両方の要素をもつ場面（他人への向社会的行動と自己を危険にさらす行為）について，個人の自由意志と権限の及ぶものとして解釈する傾向にあることなどを指摘している。こうした個人道徳（person-moral）の問題について，子どもたちが道徳的義務感と自己決定意識をどのように発達させるかを明らかにすることなどが今後の重要な課題とされている。

4 ■ 児童期における社会性の発達を支えるために

子どもたちの社会性の発達に関する中心的な問題（攻撃行動や道徳発達など）を理解するための主要な視点として，ティサックほか（Tisak, Tisak, & Goldstein, 2006）は，①チュリエルの領域理論，②バンデューラ（Bandura, A.）の社会的認知理論，③クリック（Crick, N. R.）とダッジ（Dodge, K. A.）の社会的情報処理理論あるいはヒューズマン（Huesmann, L. R.）の情報処理モデルをあげている。これらの社会認知的な視点にもとづく研究はそれぞれ，攻撃的な児童が，①攻撃行動（他者に損害を与えるがゆえに道徳領域の違背行為の典型であるとされる）を慣習領域や個人領域の問題ととらえる傾向にあること，②攻撃行動について特異な価値・信念をもっていること（攻撃によって相手を支配することを重視する一方で，被害者の苦痛や被害者からの報復，攻撃行動による仲間拒否の可能性を考慮に入れないなど），③攻撃行動の可能性を高めるような社会的情報処理を行う（社会的認知に歪みがある）ことなどを指摘している。これらの知見は，児童の社会性の発達を支える大人のかかわり方を考えるうえでも重要であろう。

児童期の社会性の発達における仲間関係の重要性を中心に論じてきたが，子どもたちにとって，大人とのいわゆるタテの関係は，仲間とのヨコの関係とは異なる意味をもつ。たとえば，道徳発達に関して，他者の損害や公平・正義などの道徳的概念は，とくに仲間とのかかわり（対人葛藤など）において，被害者，加害者あるいは目撃者として，社会的な経験を重ねることで形成されると考えられている。これに対して，慣習の概念や個人領域の発達は，大人とのかかわりのなかでもたらされるところが大きい。たとえば，一般に，教師にとっての学級運営上の問題の多くは道徳的問題ではなく慣習違反の問題であると指摘される。服装やマナー（慣習）あるいはプライバシーや友人の選択（個人）にまつわる大人と子どもの葛藤は，子どもたちがこれらの概念を形成するうえで中心的な役割を果たしている。また，児童期の社会道徳的な問題の多くは，複数

の領域の問題が重複したものである。たとえば,いじめの問題などは,被害者の精神的苦痛などの道徳的問題に加えて,仲間内でのルール(慣習)や友人の選択の自由(個人)などの問題もかかわっている。ヌッチ(Nucci, 2006)は,こうした領域混合の問題について,①あたたかい雰囲気のなかで,②子どもたちと話し合うことが児童の社会性・道徳性を育むうえで大切であり,こうした実践を可能とするクラスづくりこそが教師に求められる役割であると指摘している。

◆ 引用文献

Coie, J. D. (2004). The impact of negative social experiences on the development of antisocial behavior. In J. B. Kupersmidt & K. A. Dodge (Eds.), *Children's peer relations : From development to intervention* (pp.243-267). Washington, DC : American Psychological Association.

Epstein, J. L. (1989). The selection of friends : Changes across the grades and in different school environments. In T. J. Berndt & G. W. Ladd (Eds.), *Peer relationships in child development* (pp.158-187). New York : Wiley.

Erikson, E. H. (1977・1980). 幼児期と社会 1・2 (仁科弥生,訳). みすず書房. (Erikson, E. H. (1963). *Childhood and society* (2nd ed.). New York : W. W. Norton.)

Helwig, C. C., & Turiel, E. (2002). Children's social and moral reasoning. In P. K. Smith & C. H. Hart (Eds.), *Blackwell handbook of childhood social development* (pp.475-490). Malden, MA : Blackwell.

Kohlberg, L. (1987). 道徳性の形成:認知発達的アプローチ(永野重史,監訳). 新曜社. (Kohlberg, L. (1969). Stage and sequence : The cognitive-developmental approach to socialization. In D. Goslin (Ed.), *Handbook of socialization theory and reseach* (pp.347-480). New York : Rand McNally.)

前田健一. (1995a). 児童期の仲間関係と孤独感:攻撃性,引っ込み思案および社会的コンピタンスに関する仲間知覚と自己知覚. 教育心理学研究, **43**, 156-166.

前田健一. (1995b). 仲間から拒否される子どもの孤独感と社会的行動特徴に関する短期縦断的研究. 教育心理学研究, **43**, 256-265.

前田健一. (1998). 子どもの孤独感と行動特徴の変化に関する縦断的研究:ソシオメトリック地位維持群と地位変動群の比較. 教育心理学研究, **46**, 377-386.

前田健一. (1999). 児童期の社会的地位タイプと行動特徴に関する発達的研究. 愛媛大学教育学部紀要第I部教育科学, **46**, 25-35.

前田健一. (2001). 子どもの仲間関係における社会的地位の持続性. 北大路書房.

二宮克美. (2006). 道徳性とパーソナリティ. 二宮克美・子安増生(編), キーワードコレクション パーソナリティ心理学 (pp.30-33). 新曜社.

Nucci, L. (2006). Education for moral development. In M. Killen & J. Smetana (Eds.), *Handbook of moral development* (pp.657-681). New Jersey : Lawrence Erlbaum Associates.

首藤敏元・二宮克美 (2003). 子どもの道徳的自律の発達. 風間書房.

Tisak, M. S., Tisak, J., & Goldstein, S. E. (2006). Aggression, delinquency, and morality : A social-cognitive perspective. In M. Killen & J. Smetana (Eds.), *Handbook of moral development* (pp. 611-629). New Jersey : Lawrence Erlbaum Associates.

Turiel, E. (2006). The development of morality. In N. Eisenberg (Ed.), W. Damon & R. M. Lerner (Series Eds.), *Handbook of child psychology : Vol.3. Social, emotional, and personality development* (6th ed., pp.789-857). New York : Wiley.

Wentzel, K. R. (2003). School adjustment. In W. Reynolds & G. Miller (Eds.), *Handbook of psychology : Vol.7. Educational psychology* (pp.235-258). New York : Wiley.

Weston, D. R., & Turiel, E. (1980). Act-rule relations : Children's concepts of social rules. *Developmental Psychology*, **16**, 417-424.

4節 児童期のパーソナリティの諸問題

本城秀次

　パーソナリティとは，個人が周囲の環境とかかわる際のかかわり方を特徴づけるその人固有の思考，感情，行動のパターンをいうと考えられる。児童期においては，認知的能力の限界もあり，パーソナリティは，主として行動的な側面から評価されることになる。さらに，この時期の子どものパーソナリティは形成途上にあり，まだ十分に明確なかたちをとっていないと考えられる。乳幼児期においては，子どもの行動を理解するのに，より生得的な要因が強いと考えられる気質概念が用いられることが多く，すぐにかんしゃくを起こすむずかしい子とか，手のかからないおとなしい子といった類型で考えられることが多い（本城，1992）。気質とパーソナリティの違いについて，ここで明確に述べることはできないが，パーソナリティは，心理社会的な要因との相互作用によって形成されてくる部分が大きいと考えられ，児童期のパーソナリティは，まだ形成途上にあり，可変的なものと考えられている。そのため，児童期のパーソナリティについては，まだまとまった概念があるわけではない。ここでは，児童期において臨床的に問題となるいくつかの行動障害をとりあげることにする。また，診断分類の名称としてはDSM-Ⅳ-TR（American Psychiatric Association, 2000）を用いることにする。

1 ■ 分離不安障害

　マーラーほか（Mahler, Pine, & Bergman, 1975/1981）によると，子どもは3歳ぐらいの年齢になると対象恒常性が確立し，養育者からのある程度の分離に耐えられるようになる。しかし，この年齢以降になっても，養育者や家からの分離に激しい不安を示す子どもがいる。こうした不安がある期間持続し（DSM-Ⅳ-TRでは少なくとも4週間），社会生活上に支障をきたした場合に，この病名が考慮される。この状態では，子どもは養育者や家から離れることに強い不安を示し，登園時に母親から離れるのをいやがり，母親にしがみついて泣き叫んだりする。こうした状態が極端になると，家のなかでも母親の姿が見えなくなるのをいやがり，トイレのなかまで母親の姿を追いかけてきたりする。分離不安は年少児の不登校の要因の一つとして重視されている。分離不安は，近親者の死，入院による母子分離などのストレスに引きつづいて生じてくることがある。これらの不安は長期にわたって持続することがあり，一度消失しても再び成人期になって，不安障害として現れることがある。こうした子どもに対する対応としては，強引な分離は避けて，子どもの不安を軽減するとともに，子どもに対する心理療法や，親子間の関係の調整を行って，問題の解決を図ることが必要である。

2 ■ 選択緘黙

　この障害は，会話の能力に障害がないにもかかわらず，ある状況（幼稚園，学校，友だちと一緒にいる状況等）において話をしない状態が持続しているというものである。しかし，ある状況では話をしないにもかかわらず，通常家庭ではふつうに話をしていることが多い。家庭内を含めあらゆる状況で話をしなくなると，全緘黙といわれる。こうした子どもは，集団のなかで，名前を呼ばれても返事ができず，極端になると，ただ話ができないのみならず，強い緊張のために，まるで硬直したようになり，ほとんど身動きできない状態となる。このため，社会生活に支障をきたし，仲間関係から孤立することになる。言葉は出なくても，うなずいたり，身振りなどである程度のコミュニケーションが可能なこともある。この障害は，通常5歳以前に発症するが（DSM-Ⅳ-TR），家庭ではふつうに話していることが多いため，家族によって問題とされるのが遅れることが多い。治療としては，言語的なアプローチが困難であるため，遊戯療法など非言語的な心理療法が一般的に行われる。また，家族カウンセリングなどもしばしば並行して行われる。長期化したようなケースの場合には，入院あるいは施設治療なども行われる。

3 ■ 幼児期あるいは早期児童期の反応性愛着障害

　この障害は，不適切な養育の結果として子どもに生じてくる社会，対人関係上の問題行動を指しており，より一般的な言葉でいえば，母性剝奪症候群や児童虐待の子どもにみられる問題である。DSM-Ⅳ-TRでは，これらの障害は5歳以前に始まるとされており，抑制型と非抑制型の2型に区別されている。抑制型とは，社会的な相互作用において過度に抑制的，警戒的であったり，両価的で矛盾に満ちた行動を示すといったことで特徴づけられる行動である。虐待を受けた子どもにみられる凍りついた凝視（frozen watchfulness）といわれるものはこうした特徴を表す代表的なものである。一方，非抑制型は，抑制型とは対照的な行動を示す。通常，子どもは誰彼の区別なく愛着（アタッチメント）を示すのではなく，特定の対象（通常は養育者）に対して，もっぱら選択的に愛着（アタッチメント）を示すものである。非抑制型の子どもでは，このような適切な愛着パターンを有しておらず，見ず知らずの人に旧知の人のようななれなれしさを示すという行動特徴を有している。やはり，虐待を受けた子どもの特徴として指摘されている誰彼なしの愛着（indiscriminate attachment）という言葉で代表される行動様式である。さらにこういった子どもは，不適切な養育にともなう身体発育や衛生状態の不良を示すことがあり，身体的虐待を受けている場合には，骨折等の外傷がみられることもある。また，DSM-Ⅳ-TRには記載されていないが，遺糞，遺尿，虚言，家出，暴力，過食などの多彩な行動上の問題を示すことも知られている。

　治療的対応としては，重度の身体的虐待がみられるような場合には，とりあえず入院等により，養育者から分離することが必要である。そのうえで，子どもに対する心理療法，家族に対するカウンセリングなどが行われる。このような対応によって，子どもが家族のなかで生活できるよう

になることが望ましいが、養育者が治療的介入に拒否的であることも多く、家族のなかで適切な養育が望めないこともしばしばである。そのような場合には、里親や施設での養育を考慮しなければならない。これらの子どもたちは、成人になっても境界性パーソナリティ障害、解離性障害などの心理行動上の障害を示すことがあり、幼児、学童期の体験が長期にわたる影響を及ぼす可能性が指摘されている（本城・西出, 1993）。

4 ■ 強迫性障害

強迫性障害とは、ある観念や行為が不合理でばかばかしいものであるとわかっていながら、そうした観念が繰り返し起こってきたり、そうした行為を何度も繰り返さざるをえず、そうした観念や行為にとらわれて日常生活に大きな支障が生じるものである。強迫性障害は通常10歳頃から増加してくるが、最年少のものでは、3歳ぐらいからみられる（本城, 1988）。もちろん幼児、児童期では、こうした強迫症状が不合理なものであるという洞察はみられないことが多いが、手が汚れているのではないかと気にして手を何回も洗うといった行動として現れる。さらには、強迫性障害というよりは、強迫パーソナリティといったほうがよいような几帳面で完全主義的な傾向がみられることもある。これらの状態に対しては、子どもの不安に対して、保証を与えるとともに、厳格なしつけが行われているような場合には、そうしたしつけを少し緩めるようにアドバイスをする。また必要によっては、子どもに心理療法や、家族カウンセリング、薬物療法を行うことになる。

5 ■ 自閉性障害

自閉性障害は1943年、カナー（Kanner, 1943）によって報告されたもので、その病因については、これまでさまざまな説がとなえられてきた。今日では一応、広汎性発達障害として位置づけられ、何らかの中枢神経系の障害が想定されている。それゆえ、これをパーソナリティの問題と位置づけることは困難であるが、特有の社会、対人関係上の問題を児童期に呈するのでここでとりあげておく。この障害は通常3歳ぐらいまでに異常に気づかれるものであり、次のような症状を呈する。ここではカナーの症状記述についての若林（1984）の記載にもとづいて説明する。

（1）　人生の初期から、人や状況に対して、ふつうの方法でかかわりをもつ能力の障害

これらの子どもは、人とのかかわりが困難であり、親が呼んでも反応しない、視線が合わない、親の存在に無関心で、自分の関心のあるものがあると自分勝手にそっちのほうに行ってしまう、同年齢の子どもとのかかわりをもてない、といった対人関係上の障害を示す。

（2）　コミュニケーションの目的のために言語を使用することができない

言語発達の障害がみられ、言葉をまったくしゃべらないものから、さまざまな程度の遅滞を示すものまである。また、反響言語（echolalia）、ひとりしゃべり、人称の倒錯などの異常がみられ、全般的に、言語の社会的使用に障害がみられる。

(3) 同一性保持のための強迫的願望

変化を極端に嫌い，同じパターンを保つことに固執する。たとえば，散歩は常に同じ道順をたどらねばならない。毎日の生活行動の順序にこだわる。ものの配置が常に同じでないといけない。電灯を点滅したり，水道の水を流しつづけたりといった常同的，反復的行動に熱中する。そして，こうした同一性保持の欲求が妨げられると，パニック状態を呈したりする。

(4) 物体に対する異常な執着

ふつうの子どもが興味をもつおもちゃなどに対する関心は乏しく，台所用品や棒きれ，紐などを弄ぶ。時計，扇風機などメカニカルなものに興味を示す。また，ミニカーなどに興味を示しても，通常の遊び方ではなく，ミニカーを一列に並べて，それを横目で眺めて喜ぶなど，常同的な遊び方をする。

(5) 良好な認知能力

聡明そうな顔貌をしており，ものの所在，カレンダー，時刻表等についてすぐれた機械的暗記力を示す。

カナーらは以上のような特徴をあげているが，今日これらの特徴すべてが認められているわけではなく，(5)などはすべての自閉性障害に当てはまるわけではない。自閉性障害は何らかの中枢神経系の発達障害と考えられているので，治療的対応としては，長期にわたる治療教育的かかわりにより子どもの発達を促していくことが必要である。

従来，広汎性発達障害は5歳ぐらいの年齢までに診断されることが多かった。しかし近年，広汎性発達障害のなかで，言語発達の障害がほとんどみられないアスペルガー症候群や知能の発達の遅れがない高機能自閉症など，いわゆる高機能広汎性発達障害が増加してきていると指摘されている。幼少期に健診等で問題を指摘されずに通過してきた高機能広汎性発達障害が，小学校高学年ぐらいになって，人とのかかわりにくさ，いじめられ，不登校，こだわり傾向などの問題を呈し，治療機関を訪れることが多くなってきた。そこで初めて広汎性発達障害の存在に気づかれるといったことが増えてきている（浅井・杉山，2004）。不登校児のうち，かなりの割合のものに広汎性発達障害がみられるといわれている。このように広汎性発達障害を有する事例では，これまでの不登校に対する対応とは異なり，子どもの障害特性を考慮に入れた治療的対応が必要といわれており，そのためには的確な診断が必要とされている。

6 ■ 注意欠陥多動性障害（ADHD）

注意集中困難，多動，衝動性といった行動特徴を示す障害で，それらの行動は幼児期から児童期にかけて目立ってくる。この障害は，子どもの呈する症状によって，①不注意優勢型，②多動性－衝動性優勢型，③混合型，の3型に分類されている。この障害も何らかの中枢神経系の障害にもとづくものと想定されているが，虐待等の環境的な要因が大きな役割を果たしている場合もある。学習障害をともなっていたり，反抗的な行動が目立ったりする例も多い。これらの障害に対しては，薬物療法の有効性が指摘されている。従来，中枢刺激剤であるメチルフェニデート

(methylphenidate)が使用され,約70％の子どもに有効であるといわれてきた。近年新しく,アトモキセチン（atomoxetine）が発売され,薬物選択の幅が少し広がった。こうした薬物療法の他に,子どもの二次的な心理的障害に対し,環境調整や子どもに対する心理的アプローチ,あるいはペアレント・トレーニングが行われたりする。

◆ 引用文献

American Psychiatric Association. (2000). *Diagnostic and statistical manual of mental disorders* (4th ed., Text Revision). Washington, DC : American Psychiatric Association.
浅井朋子・杉山登志郎. (2004) 不登校. 小児科臨床, **57**(増刊号), 1501-1507.
本城秀次. (1988). 子どもの強迫症状. 精神科治療学, **3**, 697-705.
本城秀次. (1992). 乳幼児精神医学：その射程と展望. 精神医学, **34**, 6-21.
本城秀次・西出隆紀. (1993). 児童虐待：その現状と展望. 思春期青年期精神医学, **3**, 182-207.
Kanner, L. (1943). Autistic disturbances of affective contact. *Nervous Child*, **2**, 217-250.
Mahler, M. S., Pine, F., & Bergman, A. (1981). 乳幼児の心理的誕生（高橋雅士・織田正美・浜畑　紀, 訳）. 黎明書房.（Mahler, M. S., Pine, F., & Bergman, A. (1975). *The psychological birth of the human infant*. New York : Basic Books.）
若林慎一郎（編著）. (1984). 児童期の精神科臨床. 金剛出版.

8章 青年期

1節 青年期のパーソナリティの特徴

二宮克美

1 ■ 青年期とは

　青年期は，児童期と成人期にはさまれた移行（トランジション）の時期である。青年期をいつからいつまでの時期と特定することは案外むずかしい。

　歴史的にみて，約150年以上前には，そもそも「青年期」という時期はほとんど存在しなかった。グローテヴァント（Grotevant, 1998）によると，18～19世紀の西欧社会では，子どもは7～13歳には生産労働にかかわっており，産業革命とともに，工場の仕事を割り当てられていた。子どもから大人への移行が急であり，青年期という時期はあるにしても，ごくわずかな時期だったのである。

　20世紀初頭に，青年期は特徴的で重要な人生段階の一つとして出現した。その一端は，1904年にホール（Hall, G. S.）が『青年期』という最初の体系的な書物（2巻からなる）を著したことにみられる。ホールはその書のなかで，青年期を「疾風怒濤」の時期と描写した。このほかにも，青年期を形容する言葉に，「第二の誕生」（Rousseau, 1762/1963），「自我の発見」（Spranger, 1924/1973），「心理的離乳」（Hollingworth, 1928），「周辺人」（marginal man）（Lewin, 1939）などがある。それぞれに青年期の特質をいいあてている。

　「青年」と日本語で訳されているadolescenceは，15世紀に出現してきた言葉で，もともとラテン語の"*adolescere*"に由来し，大人になるという意味であるという（Lerner & Steinberg, 2009）。アメリカの心理学者ステインバーグ（Steinberg, 2011a）は，青年期をおおよそ10歳から20歳までの10年間を指すとし，青年期がいつ始まり，いつ終わるかを表8.1のようにまとめている。そして，10～13歳までを初期青年期（early adolescence），14～17歳までを中期青年期（middle

1節 青年期のパーソナリティの特徴

表8.1 青年期の始まりと終わり (Steinberg, 2011a)

視 点	いつ始まるか	いつ終わるか
生物学的	性的成熟のきざし	性的再生産が可能になること
情動的	両親からの分離の開始	独自のアイデンティティ感覚の達成
認知的	より進んだ推論能力の出現	進んだ推論能力の統合
対人的	親から仲間関係への関心の開始	仲間との親密性の力量（capacity）の発達
社会的	大人の仕事，家族や市民役割の訓練の開始	大人としての地位と権利の十分な達成
教育的	中学校入学	正規の学校教育の完了
法的	少年（juvenile）の地位への到達	成年（majority）の地位への到達
年齢的	青年として明示された年齢への到達（例：10歳）	大人として明示された年齢への到達（例：21歳）
文化的	通過儀礼の訓練時期への入場	通過儀礼の完成

adolescence），18〜21歳を後期青年期（late adolescence）とよんでいる。なお，最近ではアーネット（Arnett, 2004）によって「出現する成人期」（emerging adulthood）という時期が提案されている。それは，18〜25歳までの青年期から成人期への移行の時期を指している。

一方，加藤（1997）は，わが国における「青年」という言葉の由来を考察して，「青年期」の新しい位置づけとして，11歳頃より25・26歳までの14・15年間として扱うのが適切だと指摘している。11歳頃より16歳頃までを青年前期とし「自己の変化と動揺」の時期，16歳頃より20・21歳頃までを青年中期とし「自己の再構成」の時期，その後25・26歳頃までを青年後期とし「自己と社会の統合」の時期と特徴づけている。

2 ■ 青年心理学の発展

ラーナーとスタインバーグ（Lerner & Steinberg, 2009）は，青年の発達についての科学的研究の歴史を3つの時期に分けている（図8.1）。

第1期は，先述したホールの理論に始まる時期で，ホールの個体発生反復説を批判するソーンダイク（Thorndike, E. L.）の理論やエリクソン（Erikson, E. H.）の自我発達理論，ピアジェ（Piaget, J.）の認知発達理論などが出てきた時期である。ペーターセン（Pertersen, 1988）は，この時期の研究は次の2つのカテゴリーのどちらかに分けられると指摘した。①たまたま青年を対象とし，その行動や心理過程を研究したもの，②高校生とか非行少年といった青年の特定の集団を記述的に説明したもの，の2つである。

第2期は，1970年代後半以降で，青年期が理想的な「個体発生の自然な実験場」であるとみなされていた時期である。それにはいくつかの理由があるが，一つは生涯発達という視点内で青年期が新しく焦点を集めたことである。2つ目は，青年発達という研究領域での構造的な変化であり，具体的には1986年に「青年研究学会」（SRA：the Society for Research on Adolescence）の第1回会合が開催され，青年を研究対象とした学会が成立したことである。3つ目は，発達の可塑性や多様性のサンプルケースとして青年の研究がなされたことである。

第3期は，若者発達（youth development）の基礎的ならびに応用的な関心事についての総合

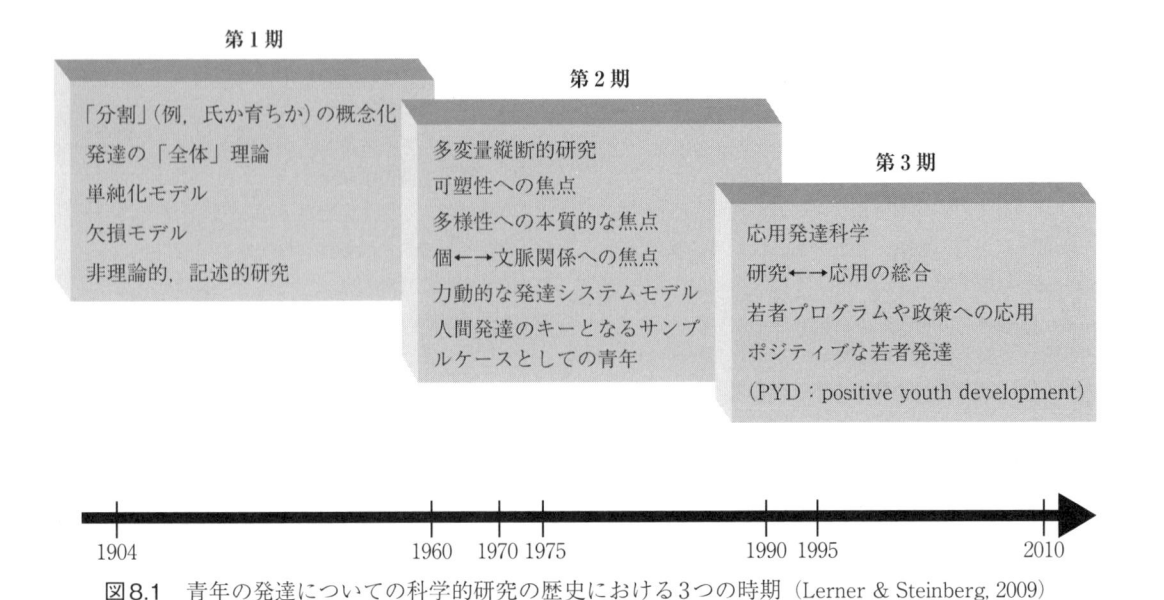

第1期
「分割」(例,氏か育ちか)の概念化
発達の「全体」理論
単純化モデル
欠損モデル
非理論的,記述的研究

第2期
多変量縦断的研究
可塑性への焦点
多様性への本質的な焦点
個⟷文脈関係への焦点
力動的な発達システムモデル
人間発達のキーとなるサンプルケースとしての青年

第3期
応用発達科学
研究⟷応用の総合
若者プログラムや政策への応用
ポジティブな若者発達
(PYD：positive youth development)

1904　　1960　1970 1975　　1990 1995　　2010

図8.1　青年の発達についての科学的研究の歴史における3つの時期（Lerner & Steinberg, 2009）

的な事業（synthetic interest）に特徴づけられる。青年のポジティブな発達を促進し，市民社会を向上させる政策提言やその実施に資する発達科学の一つとして，青年心理研究が位置づけられている。

3 ■ 青年期における心理的な四大変化

ヒル（Hill, 1983）は，青年の発達を理解する枠組みとして，立体的なモデルを提出した（図8.2）。このモデルの枠組みは，3つの基礎的な構成要素からなっている。第一に青年の基本的変化，第二に青年の文脈，第三に青年の心理社会的発達である。そして青年期に生じる基本的一次的な変化として，①生物学的／思春期的変化，②心理学的／認知的変化，③社会的再定義の3つを

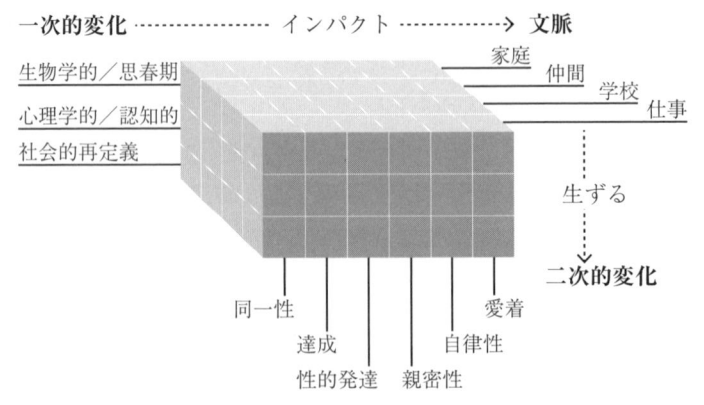

一次的変化 ············ インパクト ············→ 文脈
生物学的／思春期
心理学的／認知的
社会的再定義

家庭
仲間
学校
仕事

生ずる
二次的変化

同一性　達成　性的発達　親密性　愛着　自律性

図8.2　青年の発達を理解する枠組み（Hill, 1983）

あげている。それらの変化が，家庭，仲間，学校，仕事という 4 つの文脈（context）を通して，二次的変化を生じさせるのである。

二次的変化としてあげられているのは，同一性，達成，性的発達，親密性，自律性および愛着である。同一性（identity）は，青年がほかならぬ個人として存在することを示す特質である。達成（achievement）の成就は，社会における有能な成員になることを意味する。性的発達は，他者との身体的接触を楽しむことのできる特性である。親密性（intimacy）は，他者との密接な関係をつくることであり，自律性（autonomy）とは独立の健康な感覚を確立することである。愛着（attachment）は，他者とのポジティブな関係の基礎となるものである。こうした二次的変化は，個別的特徴を示す心理・社会的変化である。

ステインバーグ（Steinberg, 1988）は，このヒルのモデルにもとづいて，児童期から青年期への移行の特徴を，身体的変化，認知的変化，情緒的変化，社会的変化の 4 つから記述できるとしている。

a. 身体的変化

子どもから大人への移行で，最も目につきやすく明確な変化は，身体的変化である。それは青年期に始まる特徴的なサインであり，初潮や射精といった生殖能力の獲得，陰毛や乳房のふくらみなど，身体的外観の変化などである。

身体的成熟のタイミングは個人差が大きく，それが社会的・情緒的な発達に影響を与えている。身体的変化が青年の心理に与える効果は，直接的というよりは，その変化に対する重要な他者の反応との相互作用によるところが多い。

b. 認知的変化

児童期に比べ，青年はすぐれた方法で，効率よく，より複雑に物事を考えることができるようになる。それは以下の 5 つの点で認められる。

(1) 児童は「今ここで」という直接みることができる事柄について考えるが，青年はその可能性についても考えることができるようになる。つまり，仮説的に物事を考えられるようになる。

(2) 抽象的な事柄を考えられるようになる。社会的・観念的な事柄に対しても，推論や論理的過程を適用できるようになる。そのため，対人関係や政治，哲学，宗教，道徳性などといった話題にも興味を示すようになる。

(3) 思考それ自体について考えはじめる。この働きはメタ認知であるが，その結果として，自己意識や内省をするようになる。メタ認知能力は，重要な知的発達をもたらす一方で，一種の自己中心的な「自己へのとらわれ」をきたす。他者がたえず自分をみて，評価していると感じてしまうこともある。

(4) 物事を多面的にみることができるようになる。他者のパーソナリティや社会的な状況を，ある一面から理解するだけでなく，違った観点からも解釈できるようになる。

(5) 物事を相対的にみることができるようになる。「白か黒か」といった，はっきりした見方から離れ，他者の主張に疑問をもつようになる。と同時に，「事実」を絶対的な真実として

受け入れることも少なくなる。つまり，親の言うことや親の価値観に対して，絶対視するのではなく，相対的にみることができるようになる。

c. 情緒的変化

自分が自分自身について考えたり特徴づけたりする仕方，つまり自己概念は，青年期に重要な変化が生じる。先に述べたように，知的に発達し，認知的変化を経験するにつれ，自分を洗練された異なった視点からとらえられるようになる。

青年前期では，自分についての感情は変化しがちであるが，自尊感情は13歳頃以降，比較的安定し，青年中期および青年後期には高くなる。ハーター（Harter, 2006）は，自尊感情を多次元的にとらえており，青年は自分を学業，運動能力，身体的外観，対人関係など，いくつかの次元からみていると指摘している。

青年の自己概念の理解に最も大きな影響を与えたのが，エリクソンの理論である。エリクソン（Erikson, 1963/1977・1980）は，青年期の主要な心理社会的課題は，一貫したアイデンティティの感覚の確立であると指摘した。そのために，自己を探求し，異なった役割とアイデンティティを実験できるような「心理社会的モラトリアム」の期間が必要であるとしている。

多くの青年にとって，児童期の典型的な親への依存の状態から，自律の感覚ないし独立性を達成することが，情緒的移行にとって重要である。これは，以下の4つの点でみられる。

(1) 気が動転したり，困ったり，助けが必要なときでも，すぐに親にかけ込まなくなる。
(2) 親を全知全能だとはみなさなくなる。
(3) 家族以外の人間関係，親よりも異性関係に，情緒的なエネルギーを注ぐようになる。
(4) 親を一人の人間としてみて，かかわるようになることができる。

こうした独立性の発達は，個性化の発達でもある。個性化の過程は，しだいに自律した，有能な，親から分離した自己という感覚を得ることである。個性化をうまく達成できた青年は，自分の選択や行為の責任を自らとれるようになる。

d. 社会的変化

青年期になると，生物学的，認知的ならびに情緒的変化にともなって，社会的関係に重要な変化が生じる。

最も顕著な変化は，仲間と過ごす時間が多くなることである。仲間との関係には，大人の監督なしで機能するとともに，異性とのつきあいが増加することが指摘できる。

仲間の重要さは，親密性の要求の変化にみられる。友だちと秘密を共有しはじめると，忠誠とコミットメントの新しい感覚を得て，友だちは互いに信頼し合えるという信念が得られる。親友との自己開示がなされ，友情の基礎が作られる。

青年期に生ずる最も重要な社会的変化の一つは，性的でロマンチックな関係に関心を示すようになることである。家族の重要性がなくなる，あるいは家族との葛藤は避けられない時期であると青年期を特徴づけるのは間違っているが，少なくとも家族関係の重要な変化と再体制化の時期である。多くの家庭では，親子の不平等な相互作用のパターンから，平等な関係への移行の時期である。

ステインバーグ（Steinberg, 2011b）は，親向けの本で，10〜25歳の者たちに対してよい，そして威厳のある親であるために，以下のことを提案している。①愛と信頼をもって始めよう，②明確で理由のつく制限をしよう，③独立へ向けてバランスのとれたコントロールをしよう，④堅実で公平であろう，⑤あなたの青年を一人の人間として受け入れよう。こうした態度をとることで，青年期にある者たちとの関係がうまく切り結べると述べている。

◆ 引用文献

Arnett, J. (2004). *Emerging adulthood : The winding road from the late teens through the twenties.* New York : Oxford University Press.

Erikson, E. H. (1977・1980). 幼児期と社会 1・2（仁科弥生，訳）．みすず書房．（Erikson, E. H. (1963). *Childhood and society* (2nd ed.). New York : W. W. Norton.）

Grotevant, H. D. (1998). Adolescent development in family contexts. In N. Eisenberg (Vol. Ed.), W. Damon (Series Ed.), *Handbook of child psychology : Vol.3. Social, emotional, and personality development* (5th ed., pp.1097-1149). New York : John Wiley & Sons.

Hall, G. S. (1904). *Adolescence : Its psychology, and its relations to physiology, anthropology, sociology, sex, crime, religion and education* : Vols.1-2. New York : Appleton-Century-Crofts.

Harter, S. (2006). The self. In N. Eisenberg (Vol. Ed.), W. Damon & R. M. Lerner (Editor-in-chief), *Handbook of child psychology : Vol.3. Social, emotional and personality development* (6th ed., pp.505-570). New York : John Wiley & Sons.

Hill, J. P. (1983). Early adolescence : A research agenda. *Journal of Early Adolescence*, **3**, 1-21.

Hollingworth, L. S. (1928). *The psychology of adolescent.* New York : Appleton-Century-Crofts.

加藤隆勝．(1997)．「青年」の由来と青年期の位置づけ．加藤隆勝・高木秀明（編），青年心理学概論（pp.1-13）．誠信書房．

Lerner, R. M., & Steinberg, L. (2009). The scientific study of adolescent development : Historical and contemporary perspectives. In R. M. Lerner & L. Steinberg (Eds.), *Handbook of adolescent psychology : Vol.1. Individual bases of adolescent development* (3rd ed., pp.3-14). New Jersey : John Wiley & Sons.

Lewin, K. (1939). Field theory and experiment in social psychology : Concepts and methods. *American Journal of Sociology*, **44**, 868-896.

Pertersen, A. C. (1988). Adolescent development. In M. R. Rosenzweig (Ed.), *Annual review of psychology* : Vol.39 (pp.583-607). Palo Alto, CA : Annual Reviews.

Rousseau, J.-J. (1963). エミール〈中〉（今野一雄，訳）．岩波書店．（Rousseau, J.-J. (1762). *Emile.*）

Spranger, E. (1973). 青年の心理（土井竹治，訳）．五月書房．（Spranger, E. (1924). *Psychologie des Jugendalters.* Heiderberg : Quelle & Meyer Verlag.）

Steinberg, L. (1988). Adolescence. In J. Kagan (Ed.), *The gale encyclopedia of childhood and adolescence* (pp.10-15). Detroit : Gale Research.

Steinberg, L. (2011a). *Adolescence* (9th ed.). New York : McGraw Hill.

Steinberg, L. (2011b). *You and your adolescent : The essential guide for ages 10-25.* New York : Simon & Schuster.

2節　自己意識・自我の発達

天谷祐子

　本節では青年期初期にみられる「自我体験」にふれた後，海外の青年期の「自我」・「自己」にかかわるハンドブックの構成を参考に，「自我」に関してはアイデンティティについて，「自己」に関しては青年期において重要なテーマとなる「自己概念」「自尊感情」についてふれる。

1 ■ 自我体験

　児童期の半ばまでは「自分」に対する客観的・反省的視点が部分的にみられるものの，メタ認知能力の未熟さもあり，自分自身に関する知的側面や情動的側面等を統合するような「自分」，またより抽象的なパーソナリティ的側面における「自分」について意識することは難しい。青年期の始まりの頃に，そのような「自分」について意識することがようやく可能となってくる。「私はなぜ私なのか」「私はなぜ他の人ではなく私なのか」「私はなぜ他の時代ではなく，今のこの時代に生まれたのか」といった問い――自我体験――が生起するのもこの時期である（天谷，2011）。

　自己の内面について考えるというありようが青年期の特徴としてよくとりあげられるが，この自我体験の生起が，青年期の自己の内面について考える最初の経験と位置づけられるだろう。しかし青年期初期の段階では，まだ社会的な視点と個人的な視点の統合を行うことができず，自我体験で問われる「自分」の内容は個人的視点にとどまり，かつ哲学的な色合いの濃いものになる。自己における各種側面や社会的視点を関連させまとめあげ，（後述する）自我同一性の確立という課題に取り組めるのは青年期後期を待たなければならない。

　自我体験の経験の有無や，自我体験の問いの内容について考える程度には個人差がみられる。自我体験を経験したという報告はすべての人から得られるわけではなく，全体の半数程度であることが明らかにされており，経験時の主観的な深刻さや体験期間にも個人差がみられる（天谷，2011）。

2 ■ 「自己」に関する研究

a．自己概念

　アルサカーとクロガー（Alsaker & Kroger, 2006）は「自己概念」と「自尊感情」の区別について，「自己概念」はその人の特徴や基礎的な信念，自分に関する態度や感情等の記述的要素（たとえば，学業的自己概念，身体的自己概念，家族自己概念）に支えられているものである一方，「自尊感情」は全体的な評価に関するものであるとしている。「自己概念」は評価的な意味合いを含まないという点で自尊感情とは区別されることが多い。一方で両者を区別せずにとらえようとする立場も

ある。

　実証的研究においては,「自己概念」研究は,自己の具体的な内容を回答者に尋ねる方法により進められ,「自尊感情」研究においては,自己に関する具体的な内容ではなく,自己に対する全般的な評価的・価値的側面に特化して尋ねる方法により測定されることが多い（両者を区別せずにとらえようとする実証的研究ももちろんみられる）。

　自己概念の測定には,大きく分けて2種類存在する。第一には自己記述方式があげられる。この方式は児童・青年・成人と発達段階を選ばず,直接的に個人の自己概念を把握することができるので,最もよく用いられる（Keith & Bracken, 1996/2009）。そのなかで青年期の特徴をとらえた代表的なものとして,小学校高学年生から大学生を対象として20答法（Who am I? テストやそれに準じた方法）により回答を求め,得られた記述を分類したモンテメイヤーとアイゼン（Montemayor & Eisen, 1977）の研究がみられる。年齢が上がるにしたがって,自己記述の内容が「身体的外見」や「遊びの活動」等の客観的記述から,「個人的な信念」や「動機づけ」,「対人関係上の特徴」といった主観的記述,つまりより抽象的な記述になる傾向が見出されている。また日本における同様の研究として,山田（1989, 1995）による研究がある。小学生から高校生までは「客観的属性」や「趣味」に関する記述がみられるが,大学生になると,全般的に「性格」について記述する傾向が強くなることが見出されている。

　もう一つの測定方法である心理尺度方式では,自己概念は多次元的かつ階層構造をなす構成概念であるという考えを背景に,多くの心理尺度が考案され,研究が積み重ねられてきた。たとえば,オファーほか（Offer, Ostrov, Howard, & Dolan, 1992）は情動傾向,衝動の統制,精神的健康,社会的役割,家族役割,職業的態度,自信,自己信頼,身体イメージ,性意識,道徳的価値,理想主義の12の側面について,青年期の自己イメージを測定する尺度を作成している（Keith & Bracken, 1996/2009）。ほかにもシャヴェルソンほか（Shavelson, Huber, & Stanton, 1976）による階層モデルにもとづいて作成された自己記述質問紙Ⅰ（SDQ Ⅰ；Marsh, 1988）や自己記述質問紙Ⅱ（SDQ Ⅱ；Marsh, 1990）を利用して実証的検討が盛んに行われている（榎本,1998）。SDQ Ⅰでは,身体的能力,身体的外観,仲間関係,親との関係,読解,算数（数学）,学校一般という7つ,SDQ ⅡではSDQ Ⅰの仲間関係をさらに同性関係と異性関係の2つに分割した計8領域から測定している。

　クライン（Crain, 1996/2009）の概括では,心理尺度方式による調査結果からは,多次元的な自己概念（全体的自己概念）の児童期・青年期における年齢効果は,一貫した方向性が見出されないとしている。しかし領域固有の自己概念については,たとえば親子関係の質についての評定（家族自己概念）では青年中期になると悪化する傾向が見出されている（Bracken & Crain, 1994）。しかしこの親子関係の質に関しては,評価的性質が含まれているため,厳密な意味での自己概念が変化しているかどうかについてはさらなる検証が必要であろう。

　これらの研究から導かれることは,青年期になると自己を対象化する視点をもちはじめ,たとえば「性格」といった外面からは一見わからない特性の観点から自己をとらえることができるようになり,多面的・多元的な観点から自己に関心を向けることが示唆される。しかし,青年期の

間で各々の自己概念の意識や評価が高まるか否かについては，さらなる研究が待たれる。

b．自尊感情

　自尊感情は，児童期・青年期における多くの研究において「適応指標」として多用される変数であり，青年期の研究を進めるにあたって重要な概念である。この点について原田（2008）は自尊感情が抑うつ，学業成績，対人関係など，さまざまな精神的健康や社会での適応と関連していると述べている。

　自尊感情に関する実証的研究では，主にローゼンバーグ（Rosenberg, 1965, 1979），クーパースミス（Coopersmith, 1981）の自尊感情尺度を使用して進められることが多い。ローゼンバーグ（Rosenberg, 1979）による尺度は「少なくとも人並みには，価値のある人間である」といった項目内容（山本・松井・山成，1982；清水，2001）をはじめとする10項目からなり，全体的な自尊感情を尋ねる一因子から構成される尺度である。この尺度は項目数が少ないので，アメリカのみならず日本でも多くの研究において使われている。ローゼンバーグ（Rosenberg, 1965）によると，自尊感情とは「自分自身で自分の価値や尊重を評価する程度」である。

　クーパースミス（Coopersmith, 1981）による自尊感情尺度は成人版は25項目から構成され，多くが全体的自己に関する質問項目となっている。キースとブラッケン（Keith & Bracken, 1996/2009）によると，この尺度はローゼンバーグ（Rosenberg, 1965）による尺度よりもより多くの項目から集められ，説得力のある理論や根拠にもとづいて作成されていると評価が高い。しかし，ローゼンバーグによる尺度ほどは使用されていないのが現状である。

　自尊感情の青年期前後の発達的変化については，（使用する尺度の種類を越えて）一貫した結論は見出されていない。ツィマーマンほか（Zimmermann, Copeland, Shope, & Dielman, 1997）は6年生から10年生を対象としたクーパースミス（Coopersmith, 1981）による自尊感情得点の縦断データを，それぞれクラスター（一貫して高い／低い群やじょじょに低下する群等）に分け，学年の上昇によるクラスター別の発達的変化を検討している。そして年齢による違いよりも，友人からの圧力に対する影響の受けにくさや逸脱行動の少なさが，自尊感情の高さに寄与しているとしている。

　しかし時代的影響や性差については，一貫した傾向がみられるようである。1988年から2008年の20年間のコホート差をメタ分析によって検討したジェンタイルほか（Gentile, Twenge, & Campbell, 2010）は，時代が新しくなるにしたがって，とくに中学生（11～13歳）と高校生（14～17歳）の（ローゼンバーグによる）自尊感情得点が上昇することを示している。一方大学生では天井効果がみられることを示唆している（184名のデータにおいて18％が満点）。青年期後期については，ローゼンバーグの尺度を使用して，18～25歳までの7年間の追跡調査を行ったガランボスほか（Galambos, Barker, & Krahn, 2006）があるが，全体として自尊感情は増加傾向にあるとしている。また，18歳時点で性差もみられ，女子は男子に比べて有意に低いが，その後女子は急激に上昇し，25歳時点で性差が消失することも示している。これらからわかることは，自尊感情については，自分自身を客観的にみつめることができる能力をもつようになる児童期半ば以降青年期の間は，年齢による関数というよりは，教育環境や文化，時代的な影響による変動の

ほうが大きいとみてよさそうである。

　日本においては，新見ほか（新見・川口・江村・越中・目久田・前田，2007）が中学生から大学生を対象に，ローゼンバーグ（Rosenberg, 1979）の尺度を含めた3種の自尊感情を測定している。その結果，ローゼンバーグ（Rosenberg, 1979）による自尊感情得点には，中・高・大の学校段階間に差はみられなかった。しかし遠藤ほか（遠藤・安藤・冷川・井上，1974）による自尊感情については中学生が高校生・大学生よりも高いという結果であった。ただこの尺度については，自尊感情とは異なる因子も含まれており，慎重に考察せねばならない。また松岡（2006）ではローゼンバーグによる尺度を使用し，高校生から老年期を対象として調査している。その結果，高校生よりも大学生が高く，大学生よりもそれ以上の年齢群が高いという結果が見出されている。これらの研究からは，自尊感情の青年期における発達的推移の一貫した傾向を見出すことは難しい。しかしアメリカのデータとあわせて考えると，青年期における変化はみられにくいが，それ以降の成人期になると自尊感情が高くなる傾向はみられるようである。

3 ■ 「自我」に関する研究

　青年期は「自我」の発達がめざましいとされる時期である。「自我」という用語について，中西（1988）は戦前の心理学界では，ジェームス（James, W.）の機能心理学，ドイツのシュテルン（Stern, W.）やシュプランガー（Spranger, E.）などの影響を受けていたが，戦後，精神分析的考え方がアメリカにて浸透したことで，フロイト（Freud, S.）のIch（ego）の訳語としてもっぱら用いられるようになったと指摘している。青年期でとりあげられる，いわゆる「自我のめざめ」「自我の発見」と表現される「自我」の発達とは，主に戦前の流れをくむ内容となる。内容的には，「自我の発見」をシュプランガー（Spranger, 1924/1973）は「自分自身について意識を向ける」現象としていた。

　一方，フロイトの流れをくむ戦後の考え方の場合，「自我」は「精神諸機能を統合する中枢機関」（越川，1999）となる。この場合，「自我」の発達とは，中枢機関として本格的に機能し始める，成熟してくるというニュアンスが含まれる。このようなフロイトの流れをくむ青年期の自我発達の解明を実証的に行っているものは，日本ではほとんどみられず（中西，1988），思春期・青年期の症例研究を中心に行われているのみにとどまっている。

　青年期における「自我」の発達の背景としては，児童期までのさまざまな自己にかかわる記述や評価をとらえ直すことができる認知能力の発達と関連している（杉村，1998）。その意味で，前項の自己に関するさまざまな研究は，青年期の自我発達にかかわる，より具体的かつ分析的な知見ととらえることもできるだろう。

　ここでは，青年期における「自我」に関する実証的研究として，エリクソン（Erikson, 1959/1973）による「自我同一性」概念をとりあげる。自我同一性とは，エリクソンが彼自身の臨床的考察にもとづいて提唱した概念である。エリクソンによる「自我同一性の感覚」とは，「内的な不変性と連続性を維持する各個人の能力（心理学的意味での個人の自我）が他者に対する自

己の意味の不変性と連続性とに合致する経験から生まれた自信」である。「私は私であって，私以外の他者とは異なる」というような，変化することのない絶対的な「個」としての実体の認識，主体的に社会のなかに「人生」を位置づけていく自分への転換（鑪・山本・宮下，1984）ともいえる。エリクソン（Erikson, 1959/1973）の理論における「自我」とは，「子ども時代を通して身につけられる同一化群の中から有意義なものを選択的に強調し，自己像（複数）をしだいに一個の同一性に向かって統合していく内的働き」であり，同一性形成は，自己の見地と自我の見地の両方をそなえている。

エリクソンによる自我同一性理論の背景には，フロイトによる精神分析的考え方があるが，その上に社会的かつ生涯発達的視点を組み込みながら理論化されているのが特徴である。これにより，フロイトによるリビドー理論で説明できなかった青年期——性的には成熟した個体であっても，心理・性的な能力や親になることへの心理・社会的準備，役割実験をとおして社会に自分の適切な場所を発見するまでの期間——を適切に説明することが可能になった（Erikson, 1959/1973）。しかし，エリクソンの理論は抽象的かつ多義的であることから，この理論にもとづいた実証的研究を進めるのが難しいとされていた。

このようなエリクソン理論を実証的研究により分析的に検討しようとしたのが，マーシャ（Marcia, 1966）による自我同一性ステイタスの考え方である。自我同一性ステイタスは半構造化面接と文章完成法により職業選択，宗教，政治的イデオロギーの3領域に対して測定され，2つの変数——「危機」と「コミットメント」のありよう——を使って4つのステイタスに分類する方法である。マーシャ（Marcia, 1966）によると，「危機」とは意味のある選択肢を考える期間，「コミットメント」とはそれに関して個人的に投入する程度を示している。また4つのステイタスとは，「自我同一性達成」「モラトリアム」「フォークロージャー」「自我同一性拡散」である。「自我同一性達成」と「自我同一性拡散」の2つは，本来のエリクソンの理論にもみられるもので，マーシャ（Marcia, 1966）のアプローチに沿ってとらえ直すと，前者は「危機」も「コミットメント」もみられ，後者は「危機」を経験しておらず「コミットメント」も不足している。また「モラトリアム」は「危機」の時期の最中であり，漠然とした「コミットメント」しか行っていない状態である。最後に「フォークロージャー」は「危機」を経験していないが，「コミットメント」は経験しているという状態である。

マーシャによる自我同一性ステイタスの考え方以降，多くの実証的研究が進められた。日本においても無藤（1979）がマーシャ（Marcia, 1966）の手法を日本に導入した後，さまざまな手法による自我同一性ステイタスに関する研究が行われ，現在に至っている。自我同一性に関する青年期の全般的な特徴としては，高校生段階で同一性達成ステイタスにいる者はほとんどなく（天貝，1995），大学生活を送るなかで自我同一性のより上位のステイタスに移行する傾向がある（豊嶋，1995）。ただ，大学生の終わりに至っても同一性拡散やモラトリアムと拡散の中間のステイタスにある者が半数程度と比較的多いという，豊嶋（1995）の指摘も忘れてはならない点である。

◆ 引用文献

Alsaker, F. D., & Kroger, J. (2006). Self-concept, self-esteem, and identity. In S. Jackson & L. Goossens (Eds.) *Handbook of adolescent development* (pp.90-117). New York : Psychology Press.

天貝由美子．(1995)．高校生の自我同一性に及ぼす信頼感の影響．教育心理学研究，**43**, 365-371.

天谷祐子．(2011)．私はなぜ私なのか：自我体験の発達心理学．ナカニシヤ出版．

Bracken, B. A., & Crain, R. M. (1994). Children's and adolescents' interpersonal relations : Do age, race, and gender define normalcy? *Journal of Psychoeducational Assessment*, **12**, 14-32.

Coopersmith, S. (1981). *Coopersmith self-esteem inventory*. Palo Alto : Consulting Psychologists Press.

Crain, R. M. (2009)．児童・青年の多次元自己概念への年齢，人種，ジェンダーの効果．梶田叡一・浅田 匡（監訳），自己概念研究ハンドブック：発達心理学，社会心理学，臨床心理学からのアプローチ（pp. 461-492）．金子書房．(Crain, R. M. (1996). The influence of age, race, and gender on child and adolescent multidimensional self-concept. In B. A. Bracken (Ed.), *Handbook of self concept : Developmental, social, and clinical considerations* (pp.395-420). New York : John Wiley & Sons.)

遠藤辰雄・安藤延男・冷川昭子・井上祥治．(1974)．Self-Esteemの研究．九州大学教育学部紀要：教育心理学部門，**18**, 53-65.

榎本博明．(1998)．「自己」の心理学：自分探しへの誘い．サイエンス社．

Erikson, E. H. (1973)．自我同一性：アイデンティティとライフ・サイクル（小此木啓吾，訳編）．誠信書房．(Erikson, E. H. (1959). *Identity and the life cycle*. New York : International Universities Press.)

Galambos, N. L., Barker, E. T., & Krahn, H. J. (2006). Depression, self-esteem, and anger in emerging adulthood : Seven-year trajectories. *Developmental Psychology*, **42**, 350-365.

Gentile, B., Twenge, J. M., & Campbell, W. K. (2010). Birth cohort differences in self-esteem, 1988-2008 : A cross-temporal meta-analysis. *Review of General Psychology*, **14**, 261-268.

原田宗忠．(2008)．青年期における自尊感情の揺れと自己概念との関係．教育心理学研究，**56**, 330-340.

Keith, L. K., & Bracken, B. A. (2009)．自己概念の測定道具：歴史的，評価的レビュー．梶田叡一・浅田 匡（監訳）．(2009)．自己概念研究ハンドブック：発達心理学，社会心理学，臨床心理学からのアプローチ（pp. 109-196）．金子書房．(Keith, L. K., & Bracken, B. A. (1996). Self-concept instrumentation : A historial and evaluative review. In B. A. Bracken (Ed.), *Handbook of self-concept : Developmental, social, and clinical considerations* (pp.91-170). New York : John Wiley & Sons.)

越川房子．(1999)．自我．中島義明・安藤清志・子安増生・坂野雄二・繁桝算男・立花政夫・箱田裕司（編），心理学辞典（pp.308-309）．有斐閣．

Marcia, J. E. (1966). Development and validation of ego-identity status. *Journal of Personality and Social Psychology*, **3**, 551-558.

Marsh, H. W. (1988). *Self-description questionnaire I : Manual and research monograph*. San Antonio : Psychological Corp.

Marsh, H. W. (1990). *Self-description questionnaire II : Manual and research monograph*. San Antonio : Psychological Corp.

松岡弥玲．(2006)．理想自己の生涯発達：変化の意味と調節過程を捉える．教育心理学研究，**54**, 45-54.

Montemayor, R., & Eisen, M. (1977). The development of self-conceptions from childhood to adolescence. *Developmental Psychology*, **13**, 314-319.

無藤清子．(1979)．「自我同一性地位面接」の検討と大学生の自我同一性．教育心理学研究，**27**, 178-187.

中西信男．(1988)．青年の自我発達．西平直喜・久世敏雄（編），青年心理学ハンドブック（pp.280-304.）．福村出版．

新見直子・川口朋子・江村理奈・越中康治・目久田純一・前田健一．(2007)．青年期における自己愛傾向と自尊感情．広島大学心理学研究，**7**, 125-138.

Offer, D., Ostrov, E., Howard, K. I., & Dolan, S. (1992). *Offer self-image questionnaire* (Revised). Los Angeles : Western Psychological Services.

Rosenberg, M. (1965). *Society and the adolescent self-image*. New Jersey : Princeton University Press.

Rosenberg, M. (1979). *Conceiving the self*. New York : Basic Books.

Shavelson, R. J., Huber, J. J., & Stanton, G. G. (1976). Self-concept : Validation of construct interpretations. *Re-

view of Educational Research, 46, 407-441.

清水　裕. (2001). 自尊感情尺度. 堀　洋道（監修），心理測定尺度集：Ⅰ　人間の内面を探る〈自己・個人内過程〉(pp.29-31). サイエンス社.

Spranger, E. (1973). 青年の心理（土井竹治，訳）. 五月書房.（Spranger, E. (1924). *Psychologie des Jugendalters*. Hedielberg : Quelle & Meyer Verlag.）

杉村和美. (1998). 青年期におけるアイデンティティの形成：関係性の観点からのとらえ直し. 発達心理学研究, **9**, 45-55.

鑪幹八郎・山本　力・宮下一博（編）. (1984). シンポジアム青年期：3　自我同一性研究の展望. ナカニシヤ出版.

豊嶋秋彦. (1995). 自我同一性の発達的変化と学校教育・教育相談（Ⅱ）：大学期における同一性地位の発達. 弘前大学保健管理概要, **17**, 5-28.

山田ゆかり. (1989). 青年期における自己概念の形成過程に関する研究：20答法での自己記述を手がかりとして. 心理学研究, **60**, 245-252.

山田ゆかり. (1995). 青年期における自己概念の発達的変化：20答法での自己記述を手がかりとして. 名古屋文理短期大学紀要, **20**, 19-26.

山本眞理子・松井　豊・山成由紀子. (1982). 認知された自己の諸側面の構造. 教育心理学研究, **30**, 64-68.

Zimmerman, M. A., Copeland, L. A., Shope, J. T., & Dielman, T. E. (1997). A longitudinal study of self-esteem : Implications for adolescent development. *Journal of Youth and Adolescence*, **26**, 117-141.

3節　社会性の発達

大久保智生

　一般に，青年期の社会性はネガティブに語られることが多く，さまざまな社会問題の背景や原因として考えられている。たとえば，社会性の欠如のために少年犯罪の増加や凶悪化などが起きていると一般にはとらえられている。もちろん少年犯罪は増加も凶悪化もしていないが（河合, 2004），社会問題の背景や原因には社会性の発達に問題をかかえている青年の増加があると考えられているのは確かであろう。

　本節ではこうした青年期の社会性について，向社会性，非社会性，反社会性という3つの観点から述べていく。

1 ■ 向社会性

　向社会性とは，相手の気持ちを理解，共有（共感）し，自分よりも相手を優先させようとする心情や行動である（首藤, 2006）。そのなかでも，向社会的行動は，外的な報酬を期待することなしに，他人や集団を助けようとしたり，こうした人々のためになることをしようとする行為であると定義される（Mussen & Eisenberg-Berg, 1977/1980；二宮, 2005）。つまり，向社会的行動とは，多くの他者が肯定し，社会的価値が認められる行動であるといえる。

　向社会的行動の研究では，援助行動を扱った研究が多かったが，「行為の積み重ねが社会の進歩・向上に促進的な効果をもつと思われる多様な行為の総称」（Bar-Tal, 1976）として広義にとらえられるようになった（堂野, 2009）。そのため，現在では援助行動だけでなく，ボランティア活動など多くの行動も含めて考えられるようになってきた（高木, 1982）。ここでは，援助行動に関する研究の流れと最近注目されている青年のボランティア活動について考えていく。

　援助行動に関する研究は，援助行動そのものだけでなく，援助行動に影響を及ぼす状況要因や個人要因の効果について検討されてきている。状況要因としては，他者との関係（親密性）や緊急性（時間コスト）などがあげられ，個人要因としては共感性や自己制御などがあげられている。浅川ほか（浅川・福本・古川, 2004）の研究では，親密性や時間コストが青年の援助行動に影響を及ぼしており，個人内の規範よりもその場の状況に応じた援助行動が出現する可能性が示唆されている。

　ただし，援助行動は，援助されることが被援助者の自尊心を傷つけたり，長期的には否定的効果をもたらすなど，援助者のひとりよがりや大きなお世話になることも考えられる（杉山, 1998）。そこで，援助行動をする側の研究だけでなく，援助要請行動という援助行動を求める側の研究も行われてきている。援助要請行動とは「個人が問題の解決の必要性があり，もし他者が時間，労力，ある種の資源を費やしてくれるのなら問題が解決，軽減するようなもので，その必要のある

個人がその他者に対して直接的に援助を要請する行動」とデパウロ（DePaulo, 1983）によって定義されている（水野・石隈, 1999）。この定義にもとづき, 援助行動の促進・抑制要因などのさまざまな研究が行われてきている。そして, 青年の援助要請行動は対人関係への適応との関連が示唆されている（本田・石隈・新井, 2009）ことからも, 青年にとっては援助される側の視点も社会に適応するうえで重要になってくる。

東日本大震災を機に, 向社会的行動のなかでも青年のボランティア活動に阪神大震災以来, 再び注目が集まってきている。こうしたボランティア活動は, 一歩間違えるとひとりよがりや大きなお世話になりやすく, 必ずしも援助要請がないことが特徴としてあげられる。ボランティアは, そもそも自ら進んで奉仕活動を行う人という意味で用いられるが, ボランティア活動は他者のためといった一義的な目的だけでなく, 援助者自身の自己啓発や自己実現としても認識されつつある（妹尾・高木, 2003）。こうしたボランティア活動については, 社会的ニーズはあるものの, 他者から偽善的に思われるのではないかなど, どのように思われるのかを心配し, 行動にうつせない青年も数多く存在する。したがって, 今後, 青年のボランティア活動に関する心理学的研究は, 他者からの評価なども考慮し, 復興に貢献できる研究が待たれている分野である。

2 ■ 非社会性

非社会性とは, 社会的関係において適切な対人関係が築けず, その状況から逃避し, 自分の殻に閉じこもる心情や行動といえる。そのなかでも, 非社会的行動とは「対人的・社会的な接触を避けようとする行動」を意味し, 問題行動の一つとして考えられている。つまり, 非社会的行動とは, 社会や集団への参加の拒否, あるいはそこからの撤退を意味する行動である。

非社会的行動の研究では, 社会的にかかわろうとしないという特徴から, パーソナリティの偏りや対人関係のあり方, ストレス, 親の養育態度までさまざまな要因がとりあげられ, 研究が行われてきた。また, 青年の非社会的行動はやる気の問題に還元できない問題なのにもかかわらず, 青年に対して奮起をうながすような論調がいまだに残っている。こうした青年の非社会的行動としては, 不登校や近年, 注目されるようになったひきこもりなどがあげられる。ここでは, 不登校の理解の仕方とひきこもりについて考えていく。

不登校に関する研究は, 不登校の形成要因を解明する予防の研究と不登校の維持・悪化要因を解明する対応の研究に分けられる（小林, 2003）。この両者にはまったく異なるメカニズムが働いている。担任教師とのトラブルがきっかけで始まった不登校が, 学年とクラスが変わり, 発生の原因であった担任が変わっても登校できないという加藤（2005）があげている事例から, このメカニズムの違いについて考えてみよう。この事例では, 最初は担任教師とのトラブルが不登校のきっかけであったことからも, 不登校の形成要因は担任教師である。したがって, その原因が除去されれば再登校できるはずであるが, 不登校が続く。この場合, 休み続けているうちに要因が変化し,「今さら学校に行っても居場所がない」「勉強についていけない」という居場所や学力の問題になり, これが維持・悪化要因となる。したがって, 予防という観点では担任教師との関係

の調整は有効であるが，すでに起き，続いている不登校に対応していくためには，教師との関係の調整だけでは不十分であり，居場所や学力の問題に対応していくことが求められる。このように，不登校になること（休むようになること）と不登校が続くこと（休み続けること）を分けて考える必要がある。

不登校の形成要因を解明する予防の研究では，学校ぎらい感情の観点から，不適応の規定因を探る研究（古市，1991）が行われていたり，学校ストレスの観点からも実証的研究が行われている（岡安・嶋田・丹羽・森・矢冨，1992）。不登校の維持・悪化要因を解明する対応の研究では，居場所づくりの観点から，研究が行われてきている。不登校が続くことは家庭や学校での居場所の問題ともつながることから，居場所の内容や分類に関する研究や居場所があるという感情に焦点を当てた研究などが行われている（石本，2009）。このように不登校の形成要因と不登校の維持・悪化要因を分けて研究することで，さまざまな援助や介入の方法が開発されてきている。

ひきこもりに関する研究は，近年，社会的関心が高まっていることからも，ひきこもりの実態やその背景を調べた研究（渡部・松井・高塚，2010）や支援や介入に関する研究（近藤・境・石川・新村・田上，2008）など数多く行われている。ひきこもりについては，誤解も多く，「社会に合わせようとしない青年」「社会に合わせられない青年」という観点から，長期にわたって自室・自宅に閉じこもり，家族以外の人とはほとんど接触しない閉じこもり状態をイメージする人も多い（加藤，2005）。しかし，ひきこもりの実態としては，半数は就労・アルバイトの経験があり，特定の人間関係に関与し，外出などもしていることが厚生労働省の調査から明らかとなっている（伊藤・吉田・小林・野口・堀内・田村・金井，2003）。こうしたひきこもりの難しさは，閉じこもり状態からの脱出だけでなく，社会参加を継続していくことにあると考えられている。社会参加への継続で問題となるのは，「（過剰に）社会と向き合おうとする」青年の姿勢にあることが指摘され（加藤，2005），そこでの青年像は，一般的な「社会に合わせようとしない青年」「社会に合わせられない青年」ではなく，「（過剰に）社会に合わせようとするがゆえに，社会に出ることに問題をかかえている青年」へと変わってくる。つまり，社会と向き合うがために社会に出られないということを理解していく必要があり，今後，こうした視点からの研究が待たれている分野である。

3 ■ 反社会性

反社会性とは，社会の道徳，倫理，秩序に反する心情や行動といえる。そのなかでも，反社会的行動とは「規範やルールに従わず，社会や集団が迷惑を受ける行動」を意味し，問題行動の一つとして考えられている。つまり，反社会的行動とは，社会や集団にとどまりつつ，そのなかで起こす問題行動である。

反社会的行動の研究のなかでも，とくに非行に関しては，さまざまな理論的視座から多くの研究が行われてきた。犯罪は学習にもとづくものだとする分化的接触理論（Sutherland & Cressy, 1960/1964）や社会が逸脱をラベルづけするというラベリング理論（Becker, 1963/1993），ふだん

は法律に従いながら時に反社会的な行動をとり，そのために自身の行動を正当化するというドリフト理論（Matza, 1964/1986），なぜ犯罪を犯さないのかという観点から個人と社会を結ぶきずなに注目した社会的絆理論（Hirschi, 1969/1995）など，数多くの理論的視座が存在し，現在の非行研究にも影響を与えている。心理学では，攻撃性や攻撃行動の研究なども盛んである。さまざまな研究の立場が存在するが，ここでは，昔ながらの暴行や恐喝，傷害といった非行をとらえる視点と近年注目されている集団での教師への反抗や授業妨害といった学校や学級の荒れについて考えていく。

　非行の研究では，どのように非行にかかわるかという意味で「受動的非行少年」観と「能動的非行少年」観という見方が提案されている。「受動的非行少年」観では，たとえば，性格や家庭環境などの要因が生徒を非行，問題行動に走らせると考える。こうした従来の研究はいずれも，問題行動の原因を個人のコントロールが及ばないところに求め，そうした要因が少年を非行へと向かわせるという説明を採用しているという意味で，「受動的非行少年」観にもとづく研究であるといえる（西村，1991）。たとえば，近年問題となっている「キレる」という現象もパーソナリティ特性（衝動性）といった個人内の要因に焦点を当て，個人のコントロールが及ばない要因により理解・説明しているという意味で，「受動的非行少年」観にもとづく説明の仕方であると考えられる。

　一方，「能動的非行少年」観（國吉，1997；守山・西村，1999）では，少年は種々の要因によってやむをえず非行，問題行動に走るのではなく，彼なりに状況を解釈・判断した結果，自らの目標達成にとって最適であるから，非行，問題行動を起こすと考える。つまり，集団内の自らの地位を維持し，向上させるために問題行動を起こすと考えるのである（Emler & Reicher, 1995）。したがって，こうした見方に立つと，大人や教師からは不適応行動とみられる非行も，仲間集団においては，支持あるいは肯定的な評価を得られる適応的な行動とみなせるのである。いいかえると，問題行動は反社会的な価値観や文化とうまく適合した行動としてとらえられるのである。そのため，問題行動を検討するには，社会や大人の視点から単純に不適応行動とみなすのではなく，集団のなかで青年の視点からそれがもつ意味を探る必要がある。

　学校の荒れなどは集団の反社会的行動と考えられるが，個人の反社会的行動とは別のメカニズムがあると考えられている。つまり，個人の反社会的行動が集まったものではなく，個人の反社会的行動の継続から派生・展開する現象といえる。一般に反社会的行動をする青年が多ければ，学校や学級が荒れるように考えられがちだが，学校や学級の荒れは反社会的行動をする側だけの問題ではない。現在では，反社会的行動をしない青年の反学校的な生徒文化が，学校や学級の荒れの要因として考えられる。加藤・大久保（2005）の調査では，荒れている学校と落ち着いている学校では，反社会的行動をしない青年たちの意識に違いがみられ，学校生活を否定的に評価し，反社会的行動をする青年を支持するような雰囲気が存在していることが明らかとなっている。したがって，反社会的行動をする青年への指導のみに注意を向けるのではなく，反社会的行動をしない青年への指導に注意を向ける必要があり，反社会行動をしない青年が不公平感を抱かないような指導が重要となる。最近では，集団の反社会的行動に対する支援のあり方も見直されてきて

おり，学校という場の性質を考慮した支援に注目が集まっている（加藤・大久保, 2009）。ただし，こうした学校の荒れなどの集団の問題行動やその支援に関する研究は実施自体が非常に困難であり，研究自体が少ないため，今後の研究が待たれる分野である。

4 ■ 青年の社会性はさまざまな社会問題の背景や原因なのか

　青年の社会性はさまざまな社会問題の原因や背景として考えられているが，実際はどうなのだろうか。青年の向社会性の欠如や反社会性や非社会性が，さまざまな社会問題の原因や背景にあると研究者も含め，多くの人が考えていることは確かであろう。

　しかし，さまざまな社会問題において，青年の社会性自体が背景や原因となっている場合もあるかもしれないが，青年をみる社会の視線が問題であることも多々ある。社会問題の原因や背景を青年の社会性に求め，その青年の社会性をネガティブにとらえる風潮は確実に存在する。たとえば，青少年の規範意識の欠如やコミュニケーション能力の低下は，さまざまな社会問題の背景や原因として一般に考えられている。規範意識の欠如に関しては，青年は社会性がないため，悪いことをわかっておらずに問題行動を起こしてしまうというように青年の社会性を背景として語られることが多い。しかし，こうした規範意識の欠如は，認知発達理論が論じるように，規範の理解が進み，自ら判断しようとしていることの現れとしてもとらえることが可能である（山岸, 2002）。つまり，ネガティブにとらえずに，発達の一過程として規範意識の低下をとらえることもできるのである。また，一方で，規範意識はとくに低下していないという研究もある（大久保, 2011）。同様に，コミュニケーション能力の低下に関しても，前述の学校の荒れなどの原因として語られることが多い。コミュニケーション能力の低下についても，低下していないという研究もあり，むしろなぜ低下していると考えるのかを調査すると，マスメディアによる少年犯罪の凶悪化を誇張する報道をもとに社会が判断していることが明らかとなっている（大久保, 2011）。

　こうした青年の社会性をネガティブにとらえ，さまざまな社会問題の背景や原因として青年の社会性に焦点化することは，社会や制度側にとって都合がよいという指摘もある（大久保, 2011）。なぜならば，青年個人の社会性の問題に焦点化すれば，その青年個人の責任となるため，社会や制度側が変わる必要はない。したがって，こうしたとらえ方は，社会に受容されやすいということも念頭においておく必要がある。むしろ青年の社会性を背景や原因ではなく，社会の視線が生み出した問題と考えることで，研究の視点も広がるといえる。

　最後に，青年期でいうならば，向社会的でもあり，反社会的でもあるということなどは当然ありうる。単純に目の前の行動だけをみて，青年の社会性の発達を安心したり，危険視するのではなく，青年の反社会性や非社会性がその後の向社会性につながる可能性があることからも，自らが青年の社会性をどのようにとらえているのかもふまえて，長いスパンで考えていくことが重要である。

◆ 引用文献

浅川潔司・福本理恵・古川雅文. (2004). 青年期の援助行動に関する社会－認知論的研究. 兵庫教育大学研究紀要, **25**, 31-35.

Bar-Tal, D. (1976). *Prosocial behavior : Theory and research*. New York : Halsted Press.

Becker, H. S. (1993). 新装アウトサイダーズ：ラベリング論とはなにか（村上直之, 訳）. 新泉社. (Becker, H. S. (1963). *Outsiders : In the sociology of deviance*. London : Free Press.)

DePaulo, B. M. (1983). Perspectives on help-seeking. In B. M. DePaulo, A. Nadler, & J. D. Fisher (Eds.), *New directions in helping : Vol. 2. Help-seeking* (pp.3-12). New York : Academic Press.

堂野恵子. (2009). 直接共感経験及び行い手・受け手のモデリングが高校時から大学時の向社会性の発達に及ぼす効果. 安田女子大学紀要, **37**, 65-75.

Emler, N., & Reicher, S. (1995). *Adolescence and delinquency : The collective management of reputation*. Cambridge, Mass : Blackwell.

古市裕一. (1991). 小・中学生の学校ぎらい感情とその規定因. カウンセリング研究, **24**, 123-127.

Hirschi, T. (1995). 非行の原因：家庭・学校・社会へのつながりを求めて（森田洋司・清水新二, 監訳）. 文化書房博文社. (Hirschi, T. (1969). *Cause of delinquency*. Berkeley, CA : University of California Press.)

本田真大・石隈利紀・新井邦二郎. (2009). 中学生の悩みの経験と援助要請行動が対人関係適応感に与える影響. カウンセリング研究, **42**, 176-184.

石本雄真. (2009). 居場所概念の普及およびその研究と課題. 神戸大学大学院人間発達環境学研究科研究紀要, **3**, 93-100.

伊藤順一郎・吉田光爾・小林清香・野口博文・堀内健太郎・田村理奈・金井麻子. (2003). 「社会的ひきこもり」に関する相談・援助状況実態調査報告. 〈http://www.mhlw.go.jp/topics/2003/07/tp0728-1f.html〉（2012年3月3日）

加藤弘通. (2005). ひきこもりの心理. 白井利明（編）, 迷走する若者のアイデンティティ：フリーター・ニート・ひきこもり (pp.189-213). ゆまに書房.

加藤弘通・大久保智生. (2005). 学校の荒れと生徒文化の関係についての研究：〈落ち着いている学校〉と〈荒れている学校〉では生徒文化にどのような違いがあるか. 犯罪心理学研究, **43**, 1-16.

加藤弘通・大久保智生. (2009). 学校の荒れの収束過程と生徒指導の変化：二者関係から三者関係にもとづく指導へ. 教育心理学研究, **57**, 466-477.

河合幹雄. (2004). 安全神話崩壊のパラドックス：治安の法社会学. 岩波書店.

小林正幸. (2003). 不登校児の理解と援助. 金剛出版.

近藤直司・境 泉洋・石川信一・新村順子・田上美千佳. (2008). 地域精神保健・児童福祉領域におけるひきこもりケースへの訪問支援. 精神神経学雑誌, **110**, 536-545.

國吉真弥. (1997). 自己呈示行動としての非行(1). 犯罪心理学研究, **35**, 1-13.

Matza, D. (1986). 漂流する少年：現代の少年非行論（非行理論研究会, 訳）. 成文堂. (Matza, D. (1964). *Delinquency and drift*. New York : Wiley.)

水野治久・石隈利紀. (1999). 被援助志向性, 被援助行動に関する研究の動向. 教育心理学研究, **47**, 530-539.

守山 正・西村春夫. (1999). 犯罪学への招待. 日本評論社.

Mussen, P., & Eisenberg-Berg, N. (1980). 思いやりの発達心理（菊池章夫, 訳）. 金子書房. (Mussen, P., & Eisenberg-Berg, N. (1977). *The roots of caring, sharing, and helping*. San Francisco : Freeman.)

二宮克美. (2005). 日本における向社会的行動研究の現状：この20年間の歩みと課題. 東海心理学研究, **1**, 45-54.

西村春夫. (1991). 能動的非行少年のイメージ. 比較法制研究, **14**, 81-125.

岡安孝弘・嶋田洋徳・丹羽洋子・森 俊夫・矢冨直美. (1992). 中学生の学校ストレッサーの評価とストレス反応との関係. 心理学研究, **63**, 310-318.

大久保智生. (2011). 現代の子どもや若者は社会性が欠如しているのか：コミュニケーション能力と規範意識の低下言説から見る社会. 大久保智生・牧 郁子（編）, 実践をふりかえるための教育心理学：教育心理にまつわる言説を疑う (pp.113-128). ナカニシヤ出版.

妹尾香織・高木 修. (2003). 援助行動経験が援助者自身に与える影響：地域で活動するボランティアに見られる援助成果. 社会心理学研究, **18**, 106-108.

首藤敏元. (2006). 幼児の向社会性と親の共感経験との関連. 埼玉大学紀要教育学部（教育科学）, **55**(2), 121-131.

杉山憲司. (1998). 援助要請と援助行動. 詫摩武俊（監修）, 青木孝悦・杉山憲司・二宮克美・越川房子・佐藤達哉（編集企画）, 性格心理学ハンドブック (pp. 918-919). 福村出版.

Sutherland, E. H., & Cressy, D. R. (1964). 犯罪の原因（平野龍一・所 一彦, 訳）. 有信堂. (Sutherland, E. H., & Cressy, D. R. (1960). *Principles of criminology*. Chicago : J. B. Lippincott..)

高木 修. (1982). 順社会的行動のクラスターと行動特性. 年報社会心理学, **23**, 137-156.

渡部麻美・松井 豊・高塚雄介. (2010). ひきこもりおよびひきこもり親和性を規定する要因の検討. 心理学研究, **81**, 478-484.

山岸明子. (2002). 現代青年の規範意識の稀薄性の発達的意味. 順天堂医療短期大学紀要, **13**, 49-58.

4節 青年期のパーソナリティの諸問題

高木秀明

1 ■ 青年期危機説と青年期平穏説

　青年期はかつて疾風怒濤（Sturm und Drang, storm and stress）の時期である（Hall, 1904/1910）といわれた。これは，ヘッケル（Haeckel, E. H.）の動物における「個体発生は系統発生を繰り返す」という反復説（theory of recapitulation）を，ホールが人間の個体発達に応用して，「個人の発達は人類のたどった歴史に対応する発達段階を繰り返す」という心理的反復説（theory of psychological recapitulation）を唱え，青年期を，人類が厳しい自然のなかで文化や文明を発展させはじめた時代が再現される発達段階としたことによる。青年期には，身体的な面では，身長や体重の急激な増加（思春期発育スパート）や二次性徴，初経・精通を経験する。心理的な面では，抽象的・論理的な知的能力や自己意識，自我機能が高まる。社会的な面では，親子関係や友人関係の質が変容し，依存の傾向が少なくなる一方で自立または自律が期待・要求され，社会的立場の変化，責任の増大が生じる。このように子どもから大人へと移行する途中で，大きな変化に遭遇し，翻弄されかねない青年期を，ホールは疾風怒濤の時代と形容したのである。この疾風怒濤のなかで，青年は身体と精神のバランスを失い，不安や動揺，うつや逸脱を経験し，精神的な変調や問題行動を生じたりすることがあるとされる。

　青年期をこのような疾風怒濤の時期ととらえる考え方を，村瀬（1976）は青年期危機説とよび，とくに精神分析的自我心理学の分野で，青年期に特徴的な精神病理現象が青年期の心理学的特性の反映とみなされてきたと述べている。村瀬（1976）はアンナ・フロイト（Freud, A.），エリクソン（Erikson, E. H.），ブロス（Blos, P.）の研究や言説をあげ，精神分析的青年理論の諸特徴を以下のように列挙している。

(1) 異常面，危険性の強調（とくにエリクソンの標準的危機理論）。
(2) 無意識の葛藤重視。
(3) 退行への着目（とくにブロスは青年期を前進と退行との弁証法的な関係としてとらえている）。
(4) 青年期の自我の弱さの強調（A.フロイトは青年期を相対的に弱い自我が相対的に強い本能衝動とかかわる時期であると述べている）。
(5) 危機や異常の概念は必ずしも十分，操作的に定義されているとはいいがたい。
(6) 精神分析治療過程であきらかにされた青年患者の特徴や精神分析理論に照らして解釈された現象こそ，少なくとも西欧文化圏における青年期の普遍的本質であると結論している。

　村瀬（1976）はこれらの言説に対して以下のような疑義，批判，反論が与えられているとし，青年期を疾風怒濤の時期ではなく，平穏にすぎる時期ととらえる考え方を青年期平穏説とよんで

いる。
(1) 異常性，危険性が精神分析学説でいうほど普遍的，かつ顕著であるか？　大多数の青年の言動に照らして疑義がもたれた。またこれにからんで，精神分析理論では，あたかも青年の人格が現在の西欧文化の下ではどのような環境下においても大なり小なり，異常性，危険性を示すかのごとく述べられているが，環境的条件によって危機の顕現には大きな差異があるのではないか。
(2) 無意識の葛藤は臨床例では，その日常行動を含むさまざまの精神活動の意味を理解するのに不可欠な仮説と思われるが，平均的青年の言動や心的世界はそれほど顕著な無意識葛藤の存在を示唆していないのではないか，つまり無意識の葛藤はこの場合，はるかに弱く，かつ規定性が少ないのではないか。
(3) 同様のことは，退行に関してもいえるのではないか。すなわち，標準的青年では，退行はきわめて短い時間しか続かないし，そのうえ，明らかに自我に役立つ退行という面が前面に現れていて，病的な色彩を欠いていると考えられる。
(4) 上のことは結局，ふつうの青年の自我はA.フロイトがいうほど弱化していないことを示していまいか？　とくに，自我の弾力性の点でこのことがいえるように思う。もっとも，これには，社会全体が青年の失敗や不適応行動に対して比較的寛容であるという条件をも考慮に入れる必要があるかもしれない。
(5) 一般青年の多少とも持続的な異常性はせいぜいのところ，多少「風変わり」という程度にとどまるのではないか，また，「危機」として概念化されている点も，大多数の青年では時に少しばかり「危なっかしい」という程度にとどまるというほうが現実に即しているのではないか。
(6) 青年期に病態が顕現しやすいこと自体に対しては異論がないようである。しかし大多数のものは葛藤や不満を建設的に処理していて破局からはほど遠い。ある者ではむしろかなり平穏裡に青年期をすぎるものさえいるのではないか。つまり病態を潜在させていたものは，青年期に至ってそれが顕在化し強まるが，そうでないものはもっと青年期の肯定的な要因をエンジョイし，活用している。それほどでなくとも，病態はほとんど表面化することなく解消させられてしまうのではないか。

以上の青年期危機説と青年期平穏説という2つの説に関して，村瀬（1976）は実証的研究結果を概観し総合して，次のような見解を示している。
(1) 現象面から日米の青年一般の人格をとらえた場合には，その異常性，病理性，危険性は決して普遍的なものとはいいがたい。
(2) むしろ，アメリカの青年には保守的，萎縮的な人格が，多数見出され，これは精神分析学的青年理論や記述的青年心理学で従来，表現されてきた見解とも著しく異なる知見である。
(3) 青年が精神的に健康あるいは自己実現的であるか，病的もしくは著しく自己実現を阻害されているかどうかは，多分に社会学的条件によって規定されており，こうした条件が青年の人格成長にとって不適切な社会では，当然，病理現象が顕現化してくると考えられる。

(4) 青年期の危機の程度を規定する諸要因をきわめて単純化して考えると，不安・葛藤・挫折をもたらしやすい内面的状況的な負の要因群（内的不安・葛藤，心理的傷つきやすさ，依存心，反発，交流体験の希薄さ，感受性，内省力，自己拡張欲等）と，これを克服する方向に作用する個人的な強さや支援的な個人的社会的条件という正の要因群（自己の才能への自信，才能実現への強烈な志向性，自我の強さ，個人が直接活用可能な物質や機会などの環境的条件，肉親や友人や仲間からの支持，社会の価値体系や理想と個人のそれとの基本的な一致等）とに大別できる。

(5) 精神分析的青年心理学は，青年自身も定かには気づいていないような，いわば心の影の部分，非日常的，非現実的世界に重点をおいている。それは実存的な次元と深くかかわっている世界である。大多数の人はこの実存にはっきりとふれることなく一生を終えるであろうが，青年期にこの実存的課題に直面し，その解決に迫られる人もいる。青年期の「混乱」や「異常性」「危機性」という概念は本来，このような実存的，根源的な生へのかかわり方の重要な特質を表したものと考えられる。この「危機」には，個人の生活史の反映としての実存的葛藤を指し示すという象徴的意味と，エリクソンが示してくれた観点としての，現代社会に内在する条件が年ごとに青年期の危機性を強め顕現化するという予言的な象徴的意味とが含まれる。

青年期危機を経験する青年は少数の青年であり，多くの青年は比較的平穏な青年期を過ごして大人へと移行していくというのが，現実の青年の姿といえよう。このように多くの青年が比較的平穏な青年期を過ごすことについて，コールマンは焦点理論（focal theory）を提唱して説明している（Coleman, 1974；Coleman & Hendry, 1999/2003）。この理論によると，青年期には，親子関係，友人関係，異性関係等で葛藤や対立，問題が生じるが，それらの問題は同時にすべてが出現するのではなく，それぞれが異なる年齢や時期に別々に焦点化されて現れてくるとされる。あるいは，同時に現れてきたとしても，可能ならば一度に一つの問題のみを扱うように主体的に問題をマネジメントするとされる。そうすることによって，青年は一度にすべての問題にぶつかるのではなく，異なる時期に異なる個々の問題に取り組み，対処することになる。そして，一度に一つの問題のみに対処するときには，解決も容易で，比較的平穏な生活を送ることが可能になる。しかし，その問題が大きすぎたり，複数の問題を一つひとつにうまく切り離すことができないときには，解決が困難になり，危機的状態に陥ってしまうというのである。

2 ■ 青年のパーソナリティの時代的・社会的相対性

青年をどのようにみるかということについて，西平（1990）は青年性，世代性，個別性という3つの視点をあげている。「青年性」とは，どの時代どの社会においてもほぼ共通にみられる青年の特徴であり，青年のもっている普遍性，一般性というようなことである。青年期に入ると身体の成長が急速に進むとか，初経・精通や二次性徴の発現を迎えるというような特徴である。

「世代性」とは，育った時代や社会の影響を受けて変わりうるものであり，時代や社会との関

係で相対的に作られる特徴である。1920年代にサモア諸島の中のある小島に住んでいた少女たちの思春期（Mead, 1928/1976）と，21世紀に入った今日の東京や横浜で育った少女たちの思春期とでは，育った時代や社会の相違を反映して，緊張や葛藤，ストレスといった面で違った特徴がみられる。サモアの小島の少女たちの思春期は平穏で同じような毎日が続いたが，今日の東京や横浜の少女たちの思春期にはストレスや悩みが多く，日々の変化も大きい。

「個別性」とは，個々の青年の能力や性格，欲求，関心，家庭，学校，友人，等の個人的な条件や事情の影響を受けて作られるものであり，個人差として現れる特徴である。同じ時代，同じ社会のなかで育っても，親の無条件の愛情を注がれて育てられた場合と，条件つきの愛情によって育てられた場合とでは，自信や不安の強さに違いが生じる。同じ数学の授業を受けても，数学の能力や数学への関心が高いか低いかによって，その授業を受ける態度や成績が違ってくる。

青年を理解するためには，この3つの視点を使うことが必要である。具体的な青年の特徴について，それが青年性の現れなのか，世代性の現れなのか，個別性の現れなのかというとらえ方をし，その理解に応じて対応の仕方を適切なものにしていくことが必要である。ある青年の特徴が世代性に属するものであれば，世代の異なる大人の感覚や理解ではうまくかみ合わないかもしれず，そのような場合には，その特徴を世代性の視点から理解する努力が必要となる。また，ある青年の特徴が個別性に属するものであれば，その青年個人の条件や事情を知り，そのうえで適切に対応することが必要である。

ここでは世代性の視点の例として，エリクソン（Erikson, 1959/1973）が提唱した心理社会的モラトリアム（psychosocial moratorium）という概念をとりあげてみよう。モラトリアムとは本来は経済学の用語であり，国家に何らかの非常事態が生じて国家の負債の支払いが困難になったときに，返済期限を延長してもらうことやその延長してもらった期間のことを意味する。エリクソンはこの経済学の用語を借用し，青年期は一人前の社会人としての心理的な義務や責任と社会的な義務や責任が猶予されている時期，すなわち心理社会的猶予期間であるとしている。この猶予期間のなかで青年はいろいろなことを経験・学習し，一人前の人間へと近づいていくことが期待される。そのためには，たんに受け身での経験や学習だけでなく，積極的な役割実験をとおしての経験や学習も望まれる。青年期の心身両面での著しい発達を基盤にして子どもから大人へと成長していく修業期間としての意味が，心理社会的モラトリアムという言葉には含まれているのである。

このモラトリアムという概念について，小此木（1978）は，日本においては昭和40年代の社会状況の変化を受けて，エリクソンのいうモラトリアムの変質が生じたとし，本来のモラトリアムの心理的特徴を「古典的モラトリアム心理」，変質したモラトリアムの心理的特徴を「新しいモラトリアム心理」とよんだ。古典的モラトリアム心理の特徴は，①半人前意識と自立への渇望，②真剣かつ深刻な自己探求，③局外者意識と歴史的・時間的展望，④禁欲主義とフラストレーション，である。それに対して，新しいモラトリアム心理の特徴は，①半人前意識から全能感へ，②禁欲から解放へ，③修業感覚から遊び感覚へ，④同一化（継承者）から隔たり（局外者）へ，⑤自己直視から自我分裂へ，⑥自立への渇望から無意欲・しらけへ，である。

相対的にみて，古典的モラトリアム心理は戦前に生まれた世代の特徴，新しいモラトリアム心理は戦後に生まれた世代の特徴ということができる。戦前に生まれた世代は，低学歴の者が多く，小学校と高等小学校の合計8年間の義務教育を終えると，丁稚奉公などに出て修業に励むことが一般的であった。はじめは一人前の仕事はできないので，半人前扱いされて見習いとして下働きをすることになる。そのなかで一人前になることを目指し，一人前の親方や兄弟子の仕事をみてまじめに修業に励む。親方や仲間のみていないところで隠れて練習を積んだりする。自分は半人前であり，表舞台に立つことはできず，裏方として手伝う身分であることをわきまえていると同時に，いずれは自分も表舞台に立って仕事をするのだという気概をもち，そのときにはこういう仕事をしたいという目標をもっている。また，半人前の自分が差別待遇を受けるのは当然であるとして受けとめており，自らに禁欲を課しているが，その一方ではフラストレーションもたまりやすい。このように，大人と子ども，一人前と半人前を画然と分け，「分」意識にもとづく縦の秩序や関係性のなかで一人前になることを目指すのが，古典的モラトリアム心理の核心といえよう。

それに対して，戦後生まれの世代は，高学歴化が進み（高校進学率は1950年42.5％，1960年57.7％，1970年82.1％，1980年94.2％，1990年95.1％，2000年97.0％，2010年98.0％；大学・短期大学進学率は1954年10.1％，1960年10.3％，1970年23.6％，1980年37.4％，1990年36.3％，2000年49.1％，2010年56.8％）（総務庁青少年対策本部，1986；内閣府，2011），専修学校（専門課程）への進学者（2010年の進学率15.9％）を含めると，現在では，高校卒業者のうち約7割の者が大学や専修学校に進学するようになっている。このような状況の変化とも関連して，新しいモラトリアム心理においては，年齢等による縦の序列や「分」意識は希薄になり，実際の仕事や生活のなかでの有効性や有能性が重んじられるようになってきた。戦前生まれの世代においては経験や年齢と有能性とが対応することが多かったが，戦後生まれの世代においては，生活の欧風化，産業界における技術革新の進展，ハイテク化，情報社会の発達等により経験や技術が旧式化，陳腐化してしまうサイクルが短くなり，経験や年齢が有能性と対応しなくなることが多くなった。

また，「分」意識の希薄化により平等ということが強調され，それが娯楽や消費の大衆化と結びつき，さらにはテレビを中心とした情報媒体の発達によって，子どもや青年が大人と同じものに接し，享受し，味わい，楽しむようになってきた。そうなると，一人前の大人になることの利点が少なくなり，つらい修業をしなければならない理由も失われ，大人とは一線を画していつまでも子どもとして親の脛をかじり，社会の担い手として他人にサービスを提供するのではなく，お客様としてサービスの提供を求め，ひたすら欲求満足や快楽追求をするようになる。この満足や快楽の一方で，修業をせず，失敗体験や挫折体験をもたず，自己の限界や能力の限界に直面することなく成長していくと，自己イメージは肥大していく。しかし，一度実社会に出ると，自分の未熟さや幼さ，経験不足や能力不足を思い知らされ，肥大した自己イメージは壊されることになる。未熟な自分と肥大した自分との分裂であり，現実と虚構の狭間でしらけたり，意欲を失ったりすることもある。戦後の経済発展や社会変化のなかで，「分」意識が消滅し，滅私奉公を否定し，年功序列ではなく能力を基準とし，大人との対等な関係のなかで個人的な喜びや満足を目

指す一方で，甘えや依存の状態から抜けきらないまま，私的な範囲で生活を楽しもうとするのが，新しいモラトリアム心理の本質的特徴といえよう。

　この新しいモラトリアム心理は，世代が新しくなるにつれ肯定される割合が高くなり，そのような特徴を身につけた青年も多くなってきている。大学生にどちらのモラトリアムがよいかを尋ねると，古典的モラトリアム心理と新しいモラトリアム心理のどちらもよいとするものが多くなっている。多様なあり方が受け入れられる時代になっているということであろう。現代の青年においては，これらの特徴に加えて，ますます自分中心の傾向が強まり，自己実現を目指す一方で，「譲る・待つ・耐える」といった精神性が希薄になり，幼児化，孤立化，多元化が進んでいるようである。

3 ■ 青年のパーソナリティに関する悩み

　危機としての青年期を迎える青年だけでなく，比較的平穏な青年期を過ごす青年においても，青年期には人は悩みをもちやすくなるといえよう。青年期になると心身両面での発達が顕著になり，メタ認知能力の発達や自我のめざめによって自己の内面への関心・意識が増大・深化し，自ら主体的に自己を形成し，それまで依存してきた親から心理的に独立しようとする心理的離乳の現象が現れてくる。しかし，まだ未熟で経験や能力が不足するため動揺しやすく，不安，懐疑，自己嫌悪に陥りやすい。このようなときには自分のパーソナリティについても悩みやすくなる。

　田中（2007）は大学生の性格に関する悩みについて調べているが，過去において自分のなかで嫌だと感じる部分があったと回答した大学生は91.2％いた。そのなかで，嫌だと感じた気持ちの解消に取り組んだ者は72.2％であった。取り組んだ結果，「嫌だと感じた部分が変わって満足している」者は8.7％，「嫌だと感じた部分が変わったが，まだ不満だ」という者は20.8％，「嫌だと感じた部分は変わっていないが，嫌ではなくなった」者は18.7％，「嫌だと感じた部分が変わらず，まだ嫌だ」という者は51.8％であった。自分のなかの嫌な部分を変えることは容易でないことが示されているといえよう。嫌だと感じた部分が変わった理由としては「他者からの影響」や「自分の努力やがんばり」が多くあげられ，変わらなかった理由としては「性格は簡単に変わらないものだから」が多かった。また，取り組みの有無やその結果としての変化の有無に影響していたのは，自分の性格をよくするために目標を立てて努力するという自己成長への遂行力（速水・西田・坂柳, 1994）であり，変化の有無にかかわらず満足している，あるいは嫌ではなくなったということに影響していたのは，否定的な自己認知に対する自己受容（高木・徳永, 1989）であった。性格に関する悩みを解決するためには，性格を変える努力をすることと自己の性格を受容することの2つが重要であると，田中（2007）は述べている。

　青年は悩みに取り組むなかでいろいろなことを経験し，学習し，成長していくことができる。青年の自己形成を促すような悩みとするためには，青年自身が前向きに生きること，そしてまわりの人々が温かく見守り，適切な支援をすることが大切である。

◆ 引用文献

Coleman, J. C.（1974）. *Relationships in adolescence*. London : Routledge & Kegan Paul.

Coleman, J. C., & Hendry, L. B.（2003）. 青年期の本質（白井利明・若松養亮・杉村和美・小林　亮・柏尾眞津子，訳）. ミネルヴァ書房.（Coleman, J. C., & Hendry, L. B.（1999）. *The nature of adolescence*（3rd ed.）. London : Routledge.）

Erikson, E. H.（1973）. 自我同一性：アイデンティティとライフ・サイクイル（小此木啓吾，訳編）. 誠信書房.（Erikson, E. H.（1959）. *Identity and the life cycle.* New York : International Universities Press.）

Hall, G. S.（1910）. 青年期の研究（元良勇次郎・中島力造・速水　滉・青木宗太郎，訳）. 同文館.（Hall, G. S.（1904）. *Adolescence : Its psychology and its relations to physiology, anthropology, sociology, sex, crime, religion and education* : Vols.1-2. New York : Appleton-Century-Crofts.）

速水敏彦・西田　保・坂柳恒夫.（1994）. 自己成長力に関する研究. 名古屋大学教育学部紀要（教育心理学科）, **41**, 9-24.

Mead, M.（1976）. サモアの思春期（畑中幸子・山本真鳥，訳）. 蒼樹書房.（Mead, M.（1928）. *Coming of age in Samoa : A psychological study of primitive youth for western civilisation.* New York : Harper Collins.）

村瀬孝雄.（1976）. 青年期危機概念をめぐる実証的考察. 笠原　嘉・清水將之・伊藤克彦（編）, 青年の精神病理 1（pp.29-52）. 弘文堂.

内閣府.（2011）. 平成23年版子ども・若者白書. 佐伯印刷.

西平直喜.（1990）. 成人になること：生育史心理学から. 東京大学出版会.

小此木啓吾.（1978）. モラトリアム人間の時代. 中央公論社.

総務庁青少年対策本部.（1986）. 昭和60年版青少年白書：青少年問題の現状と対策. 大蔵省印刷局.

高木秀明・徳永由紀.（1989）. 自己受容に関する一研究：測定尺度作成の試み，及び自尊感情等との関連について. 日本教育心理学会第31回総会発表論文集, 227.

田中洋子.（2007）. 自分の性格特性に関する悩みへの青年の取り組み：自己成長と自己受容の観点から. 思春期学, **25**, 243-251.

9章　成　人　期

1節　成人期のパーソナリティの特徴

臼井　博

1 ■ 成人期とは

a. 成人期の範囲

　青年期は，社会・文化・歴史的な産物であり，その範囲を限定することは難しく，この数十年の間にその青年期が引き延ばされつつあることはよく知られている。とくに青年期の終期については一昔前の青年心理学の教科書のように，20代の前半までと限定することはもはや一般的ではなくなっている。今日では，20歳台の半ばあるいは30歳の前半くらいまでを青年期に含めるべきという主張が多くなっている。このような青年期をめぐる社会的な変化はそのまま成人期の定義にも影響する。成人期に入る，あるいは通俗的な言い方をすると「大人」になることに密接にかかわる人生の出来事は，いわゆる「二大選択」，つまり職業の選択と配偶者選択（結婚）であった。これらの出来事は同一の世代の大半のものが20歳の前半から後半にかけて経験する標準的なものであった。しかし，今日では就職や結婚に関する状況が大きく変化しつつあり，結婚にともなう子育ての経験を普遍的な人生の出来事と考えることは難しくなっている。こうして成人期の始期を明確に規定することが容易でなくなっているが，その終期を定めることもそうである。これまではおよそ50歳の後半から60歳前後で仕事を定年で辞める時が成人期の終了であり，これ以後は老年期と考えてきた。童謡の『船頭さん』のなかに「村の渡しの船頭さんは　今年六十のおじいさん　年はとってもお船をこぐときは，元気いっぱい櫓がしなる」とあるように，60歳というのは老年であった。しかし，現代では老年期の始まりはもっと遅いのではなかろうか。その始まりを社会の第一線から退き，自己の世界を主にした活動への移行ということで考えると，65歳くらいになるだろう。

これらの事情を考慮すると，成人期は20歳台の半ばから60歳台半ばまでのおよそ40年に及ぶ時期であり，生涯の半分をも占める最も長い時期である。ただし，この後半部分は中年期として分けられることが一般的であるので，この章では成人期は20歳台半ばから40歳台半ば頃までとすることにしよう。

b. どのような時期なのだろうか

　それでは，成人期というのは人生においてどのような意味が含まれているのだろうか。言葉をかえると，パーソナリティの発達心理学において成人期に対する関心がもたれるのはどのような理由からだろうか。心理学の歴史に即していえば，成人期以降のパーソナリティの発達に対する研究の関心はきわめて低かった。というのは，青年期は「疾風怒濤」の時期といわれ，パーソナリティが劇的に変化する時期とみなされていたが，成人期になると成熟が頂点に達して，老年に近づき衰退が明確になるまでは比較的変化の少ない安定した時期と考えられてきたからである。フロイト（Freud, S.）がそうであり，パーソナリティの特性論に立つ人たちもそう考えていた（Bertland & Lachman, 2003；Staudinger & Bowen, 2010）。今日に至っても，乳幼児期や青年期や老年期に対応した心理学の専門学会はあるが，成人期に特化した学会がないことを考えてもうなずける。

　このような理由により，成人期に対して積極的な関心が向けられるようになったのは比較的新しい。その一つのエポックメイキングな出来事は「中年危機」（midlife crisis）の指摘であった。レヴィンソン（Levinson, 1978/1992）は，中年期の男性の面接にもとづき40歳前後に人生の過渡期が訪れ，この時期に生活の構造が大きく変化することをとりあげた。また，比較的最近になって成人期の間もパーソナリティの変化を示すデータが現れ，これまで大半の心理学者たちや一般の人たちの常識を覆す事実が明らかになっている。児童期から比較的安定しているとみられてきたパーソナリティ特性についての横断的な研究に加えて長期間の縦断的な研究が蓄積され，それぞれの特性の平均値レベルが成人期でかなり変動することがわかった。たとえば，成人期に入ってから徐々に自信，温かさ，自己統制，情緒安定性が増加する。そして，興味深いことは，こうした変化は青年期の終期から成人期の間（20〜40歳）において大きかったのである（Roberts & Mroczek, 2008）。ところで，成人期の各自の社会的な経験，たとえば仕事に就いたり，親になることがこうしたパーソナリティの変化の契機となったり，触媒的な作用をすることが知られている。また，こうした経験が地域社会の期待する年齢範囲でなされることが，社会的な適応とつながりやすく，発達の道筋（trajectory）についてみると，この時期には変化の方向性が分散しやすくなる（Bertland & Lachman, 2003）。さらに，成人期のパーソナリティの様相は当然ながら次の中年期や老年期に対して持続的な影響をもち続ける。あえていうに及ばないが，成人期というのは人生のなかでは地味で目立ちにくい時期であるが，実際にはこのように最もダイナミックな生成と変容の時期でもある。

　以下では，成人期のパーソナリティ発達をメインにして考察するが，パーソナリティの発達というテーマそのものがパラダイム上の矛盾を含む。マクアダムズとアドラー（McAdams & Adler, 2006）は，パーソナリティ発達に関するハンドブックが彼らの大学の図書館にないことに

気づき，考えてみると心理学の100年の歴史のなかでパーソナリティと発達の2つの研究領域をつなごうという試み自体が疑問視されてきたと述べている。というのは，パーソナリティの概念は時間や状況を超えて「変わらない」ことを前提にしているのとは対照的に，発達の概念は「変わる」ことに基礎をおくからである。

c. 役割と地位の変化・移行の時期

この時期は役割の多重性とそれにともなう役割の間の葛藤などのストレスをかかえやすいばかりでなく，それぞれの役割関係が変化し続けることに対する調整と適応を迫られる時期でもある。たとえば家庭と仕事場や地域社会での役割などいくつもの役割を同時に遂行するが，ときには役割の間で葛藤や衝突が起こる。親の役割を例にとると，自分と子どもとの親子関係も子どもが幼児期や児童期，あるいは青年期になるにともない変化していく。たとえば，「空の巣症候群」という言葉があるが，子どもが巣立っていくことを励ましながら，その後の自らの心理的な自立に対する準備をするのもこの時期である。そして，自分と親とのもう一つの親子関係も同様である。つまり，親が老齢になるにしたがって今度は老いた親の世話をするというように変化していく。成人期というのは，こうした自らの役割の変化に対して柔軟に自らを調整させていくことが要求される時期である。ヘルソンほか（Helson, Soto, & Cate, 2006）のある女子大学の卒業生を対象とした長期間の縦断研究によると，子どもたちが自立する時期を迎えるとき，多くの女性たちはこのような役割の移行に直面するが，その後は自らの仕事に対してより多くのエネルギーを注ぎ，職業的地位が上昇することが多かった。

また，成人期の間に性別的な役割拘束から徐々に解放されて，両性具有的になっていくことも知られている。たとえば，子どもが小さいときには，女性では母親としての役割にしばられやすいが，子どもが成長するにつれて性役割的な拘束はゆるくなる一方で，男性では女性性が増すことが知られている（Bertland & Lachman, 2003；Schaie & Willis, 2002/2006）。

2 ■ 成人期のパーソナリティ特徴

a. いくつかの理論：段階説，特性説，状況・文脈説

成人期のパーソナリティをとらえるときにどのような理論的な枠組みがあるのだろうか。以下では主な3つの理論（段階説，特性説，状況・文脈説）について簡単に紹介する。

（1）段階説：この理論は人の生涯における成人期を次のようにとらえている。この時期を特徴づけ，他の発達期と明白に区別する独特な心理的な構造と発達課題がある。この説の代表的な人には，先にあげたレヴィンソンやエリクソン（Erikson, E. H.）らがいる。たとえば，エリクソンに関していえば，8つの人生の周期（ライフサイクル）のなかで2つを成人期にあてている（若い成人期〔親密性 対 孤立〕と成人期後期〔世代継承性 対 停滞〕）。前半の若い成人期においては，生涯にわたるパートナーとの間に信頼できる関係を形成し，次の世代に自分たちの人生を託する企てにかかわり，さらに成人期の後期になると私的な領域からさらに拡大して次の世代を担う人たちの面倒をみたり，世話をすることにエネルギーが注がれるのである。この理論に立つ近年の

発展について少しふれると，ヴェイラント（Vaillant, 1977）はこの8つのライフサイクルを修正して，成人期に次の2つを加えている。一つは，段階6の若い成人期（親密性）の後に入る「職業の安定・強化 対 自己の成長不全」(career consolidation vs. self-abortion)であり，すでに親密性を確立している人が自分の仕事へのコミットメントを強める段階であり，次の世代継承性へとつながる。もう一つは，この段階7の成人期後期（世代継承性）の後に加えられる「意味を保持すること 対 かたくなさ」(keepers of meaning vs. rigidity)である。世代継承性の段階では，次の世代に対する世話と知識や技能の伝達などの具体的な行動に焦点がおかれるのに対して，この段階ではもっと抽象的な価値観やイデオロギーレベルでの次の世代への継承に重点がある。

段階説の特徴とその限界について述べると，エリクソンに代表されるように生涯発達の視点に立ち，成人期そのものも発達する時期であることを強調した点ではとくに評価される。しかし，このような理論的な面で評価される一方で，その理論を支える実証的な証拠が十分ではないことが指摘されている。たとえば，面接法など研究者の側の解釈に依存する研究方法に頼ることが多く，研究の対象者が男性に偏りやすい。たとえば，レヴィンソンの場合には専門職やミドルクラスの男性に偏っており，ヴェイラントではハーバード大学の卒業生であるなどのために，彼らの理論の一般化可能性に対して疑義をもつ人もいる（Gilligan, 1982/1986）。

（2）特性説：この理論ではパーソナリティ特性とは，時間を経ても，場面や状況が変化しても変わらずに保たれるパーソナリティの特徴であると考える。そもそもパーソナリティという概念が存在するのはその人らしさを記述する次元がこのように安定しているというのが基本前提である。しかし，この特性の存在についての論争はずいぶん以前からある。たとえば，安定性や一貫性をもっているようにみえるのは，その人の生活する状況が比較的安定しているためという極端な状況決定論も存在する（Lewis, 2001）。実際にはパーソナリティの特性は非常に多岐にわたり，同じような特性であっても，用語が異なったり，分類の仕方に統一がなくて，ある特性について研究の間で比較することも容易なことではなかった。このような問題点から，近年ではいわゆる「ビッグファイブ」(Big Five) 理論にもとづく研究が多くを占めるようになっている（Caspi, Roberts, & Shiner, 2005）。特性説の立場の第一の特徴は，パーソナリティの発達の連続性である。段階説のように明確な発達区分を分けないし，それぞれの時期に特徴的な発達課題や危機を想定することもない。そして第二の特徴としては，パーソナリティの特性は児童期の早い時期に個人内ですでに安定化し，変化しないと考えることである。

比較的実施が容易な質問紙法に依存することの多い特性説に関するデータは膨大であり，広い年齢範囲の横断的なデータはもとより，いくつもの有名な長期間の縦断的な研究もなされてきた（たとえば，50年にも及ぶものもある）。先にふれたように人の特性は比較的早い時期に安定化すると信じられてきたが，最近のメタ分析によると安定化するのは50歳台以降であり，成人期にはまだ変化の可能性が大きいことがわかってきた（Roberts & DelVecchio, 2000）。

（3）状況・文脈説：この理論はパーソナリティの発達に対する社会，文化，歴史的な状況の影響を強調するものである。また，この理論では個人の内的特徴（気質や生物的な特徴）と外的な環境要因との相互作用により，発達しつづけることを重視する点では生涯発達の理論ともブ

ロンフェンブレンナー (Bronfenbrenner, U.) の発達の生態学理論とも共通している。たとえば，内気という気質的な特徴は性別によりその後の長期的な発達の道筋が異なってくる。内気な男子の場合には結婚や親になることなど成人期への発達移行が遅れることが多かったが，女性の場合はそうしたことはみられなかった (Caspi, Elder, & Bem, 1988)。また，同じパーソナリティ特徴を有していてもその人が育つ環境が異なれば，また違った人生行路を歩むことがある。衝動的に振る舞ったり，感情を激しく表出するような傾向性をもつ子どもは中流階級の家庭に育つ場合のほうが，労働者階級の家庭に育つ場合よりも社会経済的な地位の達成度が低くなりやすい。また，就職，結婚などの標準的な人生の出来事の経験の時期も社会適応や主観的な幸福感に影響することもわかっている。たとえば，社会的な期待の範囲のタイミングでこれらの人生の出来事を経験することは，まわりからの支援を受けやすく，本人も自己を肯定的にみることをしやすくなる。このようにいつ経験するかというタイミング，あるいは社会的な時計 (social clock) が「定時」(on-time) であることは，多くの人に期待されている時期から大きく外れてしまう (off-time) 場合に比べると主観的な幸福感に対して有利に働きやすい。しかし，こうした研究は長期間の縦断研究によるために，コホート (cohort) の影響を受ける可能性が大きいことも指摘しておく必要がある。今日のようにライフコースの多様性が広く認められるようになると，社会的な時計の影響は相対的に弱くなっているかもしれない。

b. パーソナリティ特性や情動性の発達的変化

すでに述べたようにパーソナリティの変化は，青年期ではなくその後の成人期の早期において起こりやすい。青年期は疾風怒濤の時期，あるいは「第二の誕生」とよばれるように，人生を一つの劇場にたとえると最も動きの大きい，激しい舞台であるとみられてきた。しかし，実証的なデータに照らしてみると，成人期のほうが変わりやすいのはなぜだろうか。

成人期に入ると，俗な言い方をすると「悪いことをしなくなった」「身持ちが堅くなった」「情緒が安定してきた」などといわれることが多い。こうしたパーソナリティの特性の変化はかなり普遍的な現象であり，この変化を引き起こす最も大きな要因は結婚したり，仕事に就いたり，地域での何らかの役割をもつことなどに自己の資源を投入することと関係する。ロバーツらはそれを社会的投入 (social investment) とよび，とくに強調している (Roberts, Wood, & Smith, 2004；Roberts & Wood, 2006)。彼らは職業的なアイデンティティができ，それが基礎になって全体的なアイデンティティが形成されると述べている。まず，自らの職業における役割の自覚，それに向けての努力が自らの自己形成に大きく作用するのである。たとえば，職場では先輩や上司が若い人たちに具体的な役割モデルを示し，直接助言や指導を行う。そして，若い大人たちは彼らをメンターとして職業倫理を内面化させ，責任感，情動的な安定性などの特性を発達させるのである。結婚を契機にして，やはり特別な社会的な投入がなされる。ここでは，配偶者に対する責任感が出てきて，調和性や情緒の安定性が増大し，神経症的な傾向性が低下することがわかっている。

3 ■ 今後の課題

a. 成人期という人生の区分の難しさ

　この節では成人期に焦点を当ててパーソナリティの特徴について主に発達的な視点から検討してきた。冒頭で述べたように成人期の始まりとその終わりを明確に区分することは難しい。客観的な年齢の範囲をもって成人期を定めていても、そこで経験する人生の出来事の内容が人によって大きな違いがあるばかりでなく、それぞれの出来事を経験するタイミングあるいは社会的な時計も異なる。また、成人期の始まりとして人生の二大選択が重要な契機となることはすでにふれたが、今日では大学卒業後の進学機会が増大し、また仕事に就いても長期的な安定性が確保されにくい状況下にある。以前のように大学を卒業すれば就職でき、しかも終身雇用の制度が通例であった時代における成人の発達的な特徴をどこまで一般化できるかについて疑問の余地がある。また、別の視点でいえば、以前では成人期のなかでも中年期の区分は比較的明確であった。たとえば、40歳をすぎると体力の衰え、容姿の変化から中年期に対するマイナスイメージが強かったが、今日のアラフォーという概念はこれまでの、成人期の中期あるいは中年期に対する見方に再検討を迫るものである。

b. 生涯発達の視点とコホート研究の必要性

　わが国においても比較的最近になり中高齢者を対象とした心理学的加齢についての縦断研究は少しずつであるがなされるようになってきたが（岡林, 2011）、成人期のパーソナリティ発達に関する実証データは圧倒的に少ない。成人を対象とした研究は少なくないが、大学生に偏る傾向が強く、児童期や青年期のパーソナリティやその後のパーソナリティとの関連づけを試みる発達的な研究はことのほか少数にとどまっている。とりわけ、短期にしても縦断的な研究が少ない。たとえば、アメリカでは同じ大学の卒業生を数十年かけて追跡調査する研究がいくつかあるが、このようなタイプの研究も日本ではほとんどない。人の生涯にわたる生活の質（QOL）の向上に心理学が貢献するためには、こうしたパーソナリティの発達研究のデータを蓄積する必要がある。

　また、青年期同様に成人期も社会・文化・歴史的な影響を強く受ける。パーソナリティの変化と安定性を問題にしてきたが、同一のパーソナリティテストにしても時代によって変化する。古い研究になるが、ウッドラフとビレン（Woodruff & Birren, 1971）は、1944年に大学生にパーソナリティの質問紙テストを行い、その25年後に再度調査したが、その時にはまったく別の高校生と大学生にも同一のテストを行った。ここで興味深いことは、2度テストを受けた当時の大学生の得点の変化よりも1944年と1969年の大学生のサンプルの違いのほうが大きかったことである。社会的な態度に比べると、パーソナリティ特徴は時代による影響を受けにくいと考えられるが実際にはこのような大きな時代差が生じるのである。これからの研究では、いろいろな研究の知見を援用する際にはコホートの違いを意識する必要があるだろう。また、成人のパーソナリティ特徴の時代差に焦点を当てたコホート研究も積極的になされるべきである。

◆ 引用文献

Bertland, R. M., & Lachman, M. E. (2003). Personality development in adulthood and old age. In R. M. Lerner, M. A. Easterbrooks, & J. Mistry (Eds.), *Handbook of psychology : Vol.6. Developmental psychology* (pp. 463-485). New York : John Wiley & Sons.

Caspi, A., Elder, G. H., & Bem, D. J. (1988). Moving against the world : Life-course patterns of shy children. *Developmental Psychology*, **24**, 824-831.

Caspi, A., Roberts, B. W., & Shiner, R. L. (2005). Personality development : Stability and change. *Annual Review of Psychology*, **56**, 453-484.

Gilligan, C. (1986). もうひとつの声：男女の道徳観のちがいと女性のアイデンティティ（岩男寿美子, 監訳, 生田久美子・並木美智子, 訳). 川島書店. (Gilligan, C. (1982). *In a different voice : Psychological theory and women's development.* Cambridge : Harvard University Press.)

Helson, R., Soto, C. J., & Cate, R. A. (2006). From young adulthood through the middle ages. In D. K., Mroczek, & T. D. Little (Eds.), *Handbook of personality development* (pp.337-352). Mahwah, NJ : Lawrence Erlbaum Associates.

Levinson, D. J. (1992). ライフサイクルの心理学（南 博, 訳). 講談社. (Levinson, D. J. (1978). *The seasons of a man's life.* New York : Knopf.)

Lewis, M. (2001). Issues in the study of personality development. *Psychological Inquiry*, **12**, 67-83.

McAdams, D. P., & Adler, J. M. (2006). How does personality develop? In D. M. Mroczek & T. D. Little (Eds.), *Handbook of personality development* (pp.469-492). Mahwah, NJ : Lawrence Erlbaum Associates.

岡林秀樹. (2011). 縦断的発達研究. 子安増生・白井利明（責任編集), 日本発達心理学会（編), 発達科学ハンドブック：3 時間と人間 (pp. 49-66). 新曜社.

Roberts, B. W., & DelVecchio, W. F. (2000). The rank-order consistency of personality traits from childhood to old age : A quantitative review of longitudinal studies. *Psychological Bulletin*, **126**, 3-25.

Roberts, B. W., & Mroczek, D. (2008). Personality trait changes in adulthood. *Current Directions in Psychological Science*, **17**, 31-35.

Roberts, B. W., & Wood, D. (2006). Personality development in the context of the neo-socioanalytic model of personality. In D. M. Mroczek & T. D. Little (Eds.), *Handbook of personality development* (pp.11-39). Mahwah, NJ : Lawrence Erlbaum Associates.

Roberts, B. W., Wood, D., & Smith, J. L. (2004). Evaluating five factor theory and social investment perspectives on personality trait development. *Journal of Research in Personality*, **39**, 166-184.

Schaie, K. W., & Willis, S. L. (2006). 成人発達とエイジング（第5版）（岡林秀樹, 訳). ブレーン出版. (Schaie, K. W., & Willis, S. L. (2002). *Adult development and aging* (5th ed.). New York : Prentice Hall.)

Staudinger, U. M., & Bowen, C. E. (2010). Life-span perspectives on positive personality development in adulthood and old age. In M. E. Lamb & A. M. Freund (Eds.), R. M. Lerner (Editor-in-Chief), *The handbook of life-span development : Vol.2. Social and emotional deveopment* (pp.254-297). New Jersey : John Wiley & Sons.

Vaillant, G. E. (1977). *Adaptation to life.* Boston : Little Brown.

Woodruff, D. S., & Birren, J. E. (1971). Age changes and cohort differences in personality. *Developmental Psychology*, **6**, 252-259.

2節　自己・自我の諸問題

伊田勝憲

　成人期の自己・自我に関する研究は，青年期のそれに比べて少ないのが現状であるが，生涯発達の観点から考えて重要性は増しているといえよう。高学歴化や就職難の進行とともに「青年期延長」が指摘されて久しい今日，学校から社会（仕事・職業）への移行という文脈において，自己・自我をめぐる諸問題が立ち現れてくると考えられる。

　岡本（1992）は，初期の成人発達研究として，精神分析学派によるもの，欧米の発達心理学におけるものを展望し，1970年代以降はそれらが互いに影響を及ぼしながら理論的基礎が形成されたと述べている。そして，今日の成人発達研究は，成人期以降もパーソナリティ発達や変化の可能性を積極的にとらえようとするようになった。生活構造，パーソナリティの変容，自我機能の成熟といった切り口を経て，1980年代以降はアイデンティティ論に立脚した成人発達研究がみられるようになってきたという。

　本節では，働くことや家庭を築くことといった社会的な関係性のなかで，パーソナリティにかかわる問題がどのようにとらえられているのか，そして，近年注目されているキャリア発達やジェンダーの視点，さらには社会学などにまたがった学際的なテーマにもなっているアイデンティティ論のとらえなおしを含めて，今後の成人発達研究の展開可能性を考えてみたい。

1 ■ 成人前期のアイデンティティ研究

　成人前期といえば，エリクソン（Erikson, 1959/1973）の心理社会的発達理論における第Ⅵ段階「親密性 対 孤立」が思い起こされる。第Ⅴ段階（青年期）の「アイデンティティ（同一性）達成 対 アイデンティティ拡散の危機」を乗り越えて，パートナーと出会い，家族の形成へと向かい，第Ⅶ段階「生産性（世代性）対 停滞（自己陶酔）」へとつながる段階に位置するわけである。

　しかしながら，エリクソン自身も述べているように，第Ⅴ段階のテーマであるアイデンティティは青年期だけで達成・完成するものではなく，成人期以降も探求が続けられるものである。そして，青年期延長という視点から考えても，成人期研究に青年期の鍵概念を用いることには一定の妥当性があると思われる。それゆえに，第Ⅵ段階に位置する成人期研究においても，アイデンティティを切り口とする研究が少なくない。

　たとえば，マーシャ（Marcia, 1966）の枠組みにもとづいてアイデンティティ・ステイタスがどのように移行するのかに注目する縦断研究がみられる。モラトリアムをとおしてアイデンティティ達成と拡散の間を揺れ動く心理社会的危機を経て，傾倒する対象を見出してアイデンティティ達成に至るという道筋が描かれるわけであるが，たとえ青年期に達成ステイタス（危機経験後に傾倒）であっても，成人期に至ってモラトリアムステイタスに戻ったり，あるいは拡散ステ

イタスに移行したりすることが想定されている。青年を対象とした研究においても，ステファンほか（Stephen, Fraser, & Marcia, 1992）が，モラトリアムとアイデンティティ達成を行き来するMama（moratorium-achievement-moratorium-achievement）モデルを提唱している。成人期を対象とした岡本（1992）においても，同一主題を反復的に繰り返し，ラセン的に進行するという「ラセン式自我同一性発達仮説」が提起されている。

このような図式にもとづくアイデンティティ研究では，成人前期を変化が少ない安定期ととらえるものがみられるが（Josselson, 1996；岡本，1992など），成人前期に続く中年期が，危機を経てアイデンティティの再体制化に向かう時期として位置づけられていることから，中年期との対比によって「比較的安定」という見方になるものと思われる。実際には，青年期から成人前期にかけて，学校から社会への移行という大きな環境的変化に直面することから，青年期に形成したアイデンティティを実際の社会的経験をとおして調整する時期（杉村，2008）としてとらえるほうが成人前期を生きる人の実感には近いのかもしれない。とくに，働くことをめぐっては，ピーターパン・シンドロームや青い鳥症候群など，青年心理学で注目されてきた概念がいくつもみられるが，実際にこうした現象が問題として露呈するのは成人前期の段階であるように思われる。

ただし，白井（2011）は，成人前期から中年期におけるアイデンティティ発達に関する研究課題を展望するなかで，青年期研究を成人期研究に援用したものが少なくないこと，そして青年期も含めてアイデンティティ・ステイタスの単純なモデルにあてはめることの問題について指摘している。また，谷（2008）においても，マーシャのアイデンティティ・ステイタス・パラダイムへの批判が測定論を含めて展開され，多次元自我同一性尺度（MEIS）を用いた新たなアイデンティティ・ステイタスの類型化が試みられている。かりにアイデンティティを切り口として成人期の発達をとらえるとしても，時代とともに変化する社会・文化の様相そして研究それ自体の進展を無視するわけにはいかない。とくに近年は，既成のアイデンティティ概念では新しい青年像をつかみきれない（百合草，2007），歴史的現象そのものに変化が起きれば「『アイデンティティ』という概念も，耐用年数が切れるにちがいない」（上野，2005）といった指摘も散見されており，成人前期の自己・自我の諸問題をアイデンティティの概念だけで切り取るには限界があると思われる。おそらくは，アイデンティティを構成する時間軸（過去・現在・未来）と空間軸（他者・社会との関係性）に着目し，それぞれの軸および2軸の関係性についてより具体的な切り口を探っていくことが研究の進展にとって重要となるだろう。

2 ■ 成人前期の時間的展望とキャリア発達

時間軸に焦点を当てる概念として，時間的展望（time perspective）があげられる。「ある時点における過去および未来への見解の総体」（Lewin, 1951/1979）として定義され，アイデンティティとの関連をはじめとして，青年期研究を中心に幅広く用いられている。時間軸に焦点を当てているようにみえながら，実際には時間軸に沿ったエピソードとして空間軸的な関係性が織り込まれてくるように思われる。

たとえば、学校から仕事・職業の場へ移行することで、時間的展望の内容が再構成される。白井 (2009) は、教員養成課程を卒業した女性23人を対象に、卒業8年目に調査を実施し、時間的展望という切り口で分析した。その結果、教員を中心とした広い意味で教育にかかわる仕事に収斂していくこと、職業適応や家族の形成を土台にしながら、自分の人生設計全体とのつきあわせが行われ、将来展望は現実的になり、独身者には非婚という選択肢もみえてきていることが示された。とくに結婚について、20代半ばは「焦る時期」であるが、20代後半になると「独身のまま」ということを考えるようになることが指摘されている。

また、下村ほか (下村・白井・川﨑・若松・安達, 2007) は、フリーターに焦点を当てながら、時間的展望の視点に立つキャリア発達研究の重要性を論じ、フリーターからの離脱をたんに就労に結びつけて考えるのではなく、青年が自立するプロセスとしてとらえることを強調する「キャリア自立」の概念を提唱している。そして、「自己理解」「社会を知る」「決定」という3つの要素の相互作用と長期的プロセスの重視という切り口から、キャリア自立に向けての支援を提案している。時間的展望の視点からは、結婚や出産、親の死や自分の年金生活といった出来事をイメージしながら人生全体を見通すことが課題とされている。白井 (2008) では、学校から社会への移行・接続について時間的展望の機能を含め多面的に展望されており、自己実現志向が職業探求行動を動機づけることもあれば、逆に自己実現志向が現実との折り合いをつけられないという状況もあるなど、若者側だけではなく、学校や職場側に求められる課題を含めて、青年期から成人期への移行をめぐる心理学的な論点が示されている。

職場への初期適応やその後の職業生活をめぐる問題は、青年期および成人前期の若者たちの自己・自我の問題としてとらえられる傾向にある。しかしながら、それはたんに若者たちの心理的問題ということにとどまらず、彼らを取り巻く社会との関係性の問題としてとらえ、そのうえで心理的な支援のあり方を追究していく必要があると考えられる。これは、自己・自我の概念がそもそも社会的な関係性のなかで構成されるものであり、エリクソンの心理社会的危機という発想に立ち戻ることにもつながるだろう。

3 ■ 働くことと自己

エリクソンの第VI段階では親密性 対 孤立の危機がテーマとなり、パートナーとの対等な関係性が追求される。一方で、第VI段階につながる第V段階の部分症候として、性的同一性 対 両性的拡散があげられている。第V段階はアイデンティティというかたちで職業選択を含めた生き方や価値観がテーマとなるため、成人期の自己をめぐっては、とくに他者や社会との関係性という側面において、家族、性役割、ジェンダーといった複数の視点が同時に問題となるだろう。とくに、近年注目されているワーク・ライフ・バランスといった切り口は、働くことと生活全般をめぐる諸問題ゆえに登場したものと思われ、成人期の自己に関する問題に焦点を当てた概念といえよう。ここでは、性役割およびワーク・ライフ・バランスを心理的な葛藤としてとらえるワーク・ファミリー・コンフリクトに着目した研究を紹介する。

松岡ほか（松岡・加藤・神戸・澤本・菅野・詫間・野瀬・森，2006）では，主に30歳台半ばの子育て期と40歳台の巣立ち期にある成人を対象として，他者視点からの理想自己と現実自己の差異に注目し，自尊感情および性役割観等との関連を検討した。その結果，男性については職場からの視点，女性の場合には複数の他者（子ども，友人，両親）からの視点において，理想－現実自己のズレが自尊感情に影響していた。また，性役割観の違いによってどの他者視点から影響を受けるのかが異なることも示された。たとえば，伝統主義的な男性の場合には職場からの影響を強く受けるが，平等主義的な男性の場合には子どもからの影響が強くみられた。なお，佐々木・尾崎（2007）は，谷（2001）の多次元自我同一性尺度の構造を援用してジェンダー・アイデンティティ尺度の作成を行っているが，対象は大学生であり，成人研究への展開が期待される。

　性役割とともに注目されるのが，ワーク・ファミリー・コンフリクトである。富田ほか（富田・加藤・金井，2006）は，仕事領域と家族領域の葛藤を指すワーク・ファミリー・コンフリクトの概念をとりあげ，その規定要因として性役割観およびジェンダー・タイプの視点から検討するため，就学児未満の子どもをもつ共働きの夫婦を対象に調査を行った。伝統主義的な性役割意識がいまだ根ざしており，家庭領域における女性の負担が大きく，女性のほうが有意に高い葛藤がいくつもみられた。また，男性性と女性性をともに高い水準でもっているアンドロジニー型が，男性性と女性性がともに低い未分化型よりも，葛藤に対して多くの対処を行っていることが示された。

　また，児玉・深田（2010）は，育児中の女性正社員の就業継続意思に着目し，ワーク・ファミリー・コンフリクトおよび職業的アイデンティティの観点から，職業・育児・両立の3領域について社内と社外の両面からメンタリングの効果を検討した。就業継続意思には社内の両立領域におけるメンタリングが直接的に影響していることなどが示された。さらに，松浦ほか（松浦・菅原・酒井・眞榮城・田中・天羽・詫摩，2008）は，共働き家庭で夫・子どもと同居している成人期女性を対象に調査を行った。その結果，精神的健康に対してワーク・ファミリー・コンフリクトと自己志向の交互作用がみられ，各個人が選択した目的や価値観にしたがって状況に合う行動を自ら統制・調整・調節するという自己志向が高い場合，ワーク・ファミリー・コンフリクトが高くても精神的健康が維持されることが示された。

4　自己観および自己に関する感情

　これまでアイデンティティを軸として，時間的展望，キャリア発達，ワーク・ファミリー・コンフリクトなど，働くことに関する自己・自我の研究をとりあげてきた。ここで，幅広い世代に適用される一般的な自己に関する諸概念に注目して，成人期を対象に含む研究例を列挙したい。

　まず，マーカスと北山（Markus & Kitayama, 1991）があげている相互協調的自己観と相互独立的自己観に注目する研究がみられる。そもそも，自己観の違いは，文化心理学の領域で注目されたテーマであり，端的には，相互独立的自己観の西洋文化と，相互協調的自己観の東洋文化といった対比がイメージされるが，単純な文化的対比のみならず，時代による変化や個人差の問題，

そして発達的な視点から検討されるべき概念であるように思われる。三枚（1998）は，成人女性を対象とした調査の結果，専業主婦，農業従事者，有職女性の間で同一性の基盤が異なるものの，全般に40歳台において相互独立的自己観が高まり，その後，相互協調的自己観と相互独立的自己観がともに高まっていくという発達経路の存在を示唆している。また，高田（1999）は，若年成人期まで相互協調性が相互独立性を凌ぐが，若年成人期以降は一貫して相互独立性が上昇すること，相互協調性は成人期で減少し老年期で再び上昇することなどを見出している。

さて，主観的幸福感を指すウェルビーイング（well-being）の概念も注目される。西田（2000）は，25～65歳の成人女性を対象に，年代，就労の有無および社会活動参加度が心理的well-beingに及ぼす影響について検討した。その結果，家庭外役割としての社会活動が就労とは異なったかたちで作用しており，就労以外のさまざまな活動に目を向けていく必要性を示した。そして，長期にわたる成人期では，各年代に応じた役割を獲得し，それによる達成感を得ることが心理的well-beingと関連していると指摘している。

また，佐藤（2001）は，中学生から成人期までを対象に自己嫌悪感の横断的調査を行い，高校生から大学生にかけて自己嫌悪感が高くなり，成人期に入ってから低下していることを明らかにした。成人期では，自分づくりのための自己との対話に対する興味や関心よりも，現実の社会のなかでの活動に関心が向けられていると考えられる。こうした自己観や自己に関する感情についても，成人を取り巻く状況による変容可能性があり，さらなる検討が期待される。

5 ■ 親密性と愛着

青年期研究の概念であるアイデンティティを切り口とした成人期研究が多くみられるなかで，心理学内外からアイデンティティ概念では真相に迫れないのではないかという疑問（上野，2005など）が提起されていることは先述した。そうした言説がエリクソンの発想そのものを否定するかのように受け取れる危険性もあると思われるが，あらためて心理社会的発達の全体像を見直し，提唱された当時と何が同じで何が変わりつつあるのかを議論する好機であるとも考えられる。すなわち，エリクソンの第Ⅵ段階の心理社会的危機である親密性 対 孤立に着目して，アイデンティティとは別の角度から成人期研究を構想することが当然の課題として浮かび上がってくる。そこで興味深いのは，親密性という切り口が，近年の発達研究で注目を集めている愛着（アタッチメント）スタイルの観点と結びつく点である。

内的作業モデル（internal working model）が青年期以降の対人関係にも影響を与えるという成人愛着理論（Bartholomew & Horowitz, 1991など）の見方は，見捨てられ不安と親密性回避という2つの次元に着目し，その組み合わせとして4つの型に分類するものである。不安と回避の両方が低いケースが安定型になるが，どちらか一方が高いケースや両方ともに高いケースが発達的な視点から議論の対象になるだろう。

キン（Jin, 2011）は，大学生対象の調査であるが，不安と回避がともに第Ⅵ段階の親密性と負の相関を示すこと，男性では回避のほうが，女性では不安のほうが親密性への影響が大きいこと

などを示した。「親密性回避」が第Ⅵ段階の「親密性」と直結するわけではないこと,そして性による変数間の関連の違いが注目される。今後,成人期を対象に含めた縦断研究が期待される。

　成人期を対象とした研究では,加藤(2007)が養育者の出産前後における内的作業モデルと他者からのサポートおよび幸福感との関係を検討し,出産前に不安定で出産後に安定型へと変化した群(更新群)において,重要な他者からのサポートを十分に受け,広いサポートネットワークを保持していること,幸福感が高いこと,そしてサポートと幸福感が関連しているという結果を得ている。また,サポートと関係しているのは見捨てられ不安ではなく親密性の回避であることも明らかにしている。

6 ■ 今後の研究可能性

　成人期の自己・自我の諸問題については,アイデンティティ研究をベースとしているもの,キャリアに関するもの,そして愛着との関係を含む親密性研究として展開されていくものなど,複数のアプローチが存在する。今後の展開においては,統合的なアプローチを含めて,成人期に特徴的な社会的なライフイベントと自己・自我との関連を検討していくことが課題となる。

　たとえば,男性の未婚化・晩婚化傾向について,生育歴と親密性との関連を検討している中島・数井(2005)など,心理学的な切り口から社会学的な問題にアプローチする成人期研究の展開も期待される。また,今尾(2009)は,思春期・青年期から成人期における慢性疾患への罹患の心理社会的発達課題への取り組みの影響について,モーニング・ワーク(悲哀の仕事:mourning work)のプロセスという視点から検討している。「職業・就労」のライフイベントが病気の悪化・再燃の影響を受けるか否か,そこで強い葛藤・試行錯誤をともなうモーニング・ワークが「結婚」によって収束に向かうケースなど,アイデンティティと親密性の両方に注目している。

　こうした具体的な現象に着目した研究のなかで,統合的なアプローチの展開が期待されるが,時代とともにテーマも変化していくだろう。典型的には,ひきこもりの長期化により,従来は青年期研究のテーマであったものが,新たに成人期研究のテーマになってくることも想定される。より信頼性と妥当性の高い質問紙の尺度開発をはじめ,実証的な研究の蓄積も待たれるところである。

◆ 引用文献

Bartholomew, K., & Horowitz, L. M. (1991). Attachment styles among young adults : A test of a four category model. *Journal of Personality and Social Psychology*, **61**, 226-224.
Erikson, E. H. (1973). 自我同一性:アイデンティティとライフ・サイクル(小此木啓吾,訳編). 誠信書房. (Erikson, E. H. (1959). *Identity and the life cycle*. New York : International Universities Press.)
今尾真弓. (2009). 思春期・青年期から成人期における慢性疾患患者のモーニング・ワークのプロセス. 発達心理学研究, **20**, 211-223.
Jin Yijun. (2011). 青年期の愛着行動特徴と漸成発達の親密性の達成との関連. 立教大学心理学研究, **53**, 17-28.
Josselson, R. (1996). *Revising herself : The story of woman's identity from college to midlife*. New York : Oxford

University Press.
加藤孝士. (2007). 養育者への重要な他者からのサポートと内的作業モデルの関連. 発達心理学研究, **18**, 185-195.
児玉真樹子・深田博己. (2010). 育児中の女性正社員の就業継続意思に及ぼすメンタリングの効果：ワーク・ファミリー・コンフリクトと職業的アイデンティティに着目して. 社会心理学研究, **26**, 1-12.
Lewin, K. (1979). 社会科学における場の理論（増補版）（猪股佐登留，訳）. 誠信書房. (Lewin, K. (1951). *Field theory in social science : Selected theoretical papers*. D. Cartwright (Ed.). New York : Harper & Brothers.)
Marcia, J. E. (1966). Development and validation of ego identity status. *Journal of Personality and Social Psychology*, **3**, 551-558.
Markus, H. R., & Kitayama, S. (1991). Culture and the self : Implications for cognition, emotion, and motivation. *Psychological Review*, **98**, 224-253.
松岡弥玲・加藤美和・神戸美香・澤本陽子・菅野真智子・詫間里嘉子・野瀬早織・森ゆき絵. (2006). 成人期における他者視点（子ども，配偶者，両親，友人，職場の人）の理想：現実自己のズレが自尊感情に及ぼす影響―性役割観との関連から. 教育心理学研究, **54**, 522-533.
松浦素子・菅原ますみ・酒井 厚・眞榮城和美・田中麻未・天羽幸子・詫摩武俊. (2008). 成人期女性のワーク・ファミリー・コンフリクトと精神的健康との関連：パーソナリティの調節効果の観点から. パーソナリティ研究, **16**, 149-158.
三枚奈穂. (1998). 成人女性における自我同一性感覚について：相互協調的・相互独立的自己感との関連から. 教育心理学研究, **46**, 229-239.
中島美那子・数井みゆき. (2005). 男性の未婚化・晩婚化傾向：生育歴と親密性との関連からの研究. 茨城大学教育学部紀要（人文・社会科学・芸術）, **54**, 77-93.
西田裕紀子. (2000). 成人女性の多様なライフスタイルと心理的well-beingに関する研究. 教育心理学研究, **48**, 433-443.
岡本祐子. (1992). 成人発達研究の動向と展望. 広島大学教育学部紀要（第2部）, **41**, 207-216.
佐々木掌子・尾崎幸謙. (2007). ジェンダー・アイデンティティ尺度の作成. パーソナリティ研究, **15**, 251-265.
佐藤有耕. (2001). 自己嫌悪感とそれに関連する要因の変化でみた青年期から成人期への発達過程. 筑波大学心理学研究, **23**, 139-152.
下村英雄・白井利明・川﨑友嗣・若松養亮・安達智子. (2007). フリーターのキャリア自立：時間的展望の視点によるキャリア発達理論の再構築に向けて. 青年心理学研究, **19**, 1-19.
白井利明. (2008). 学校から社会への移行. 教育心理学年報, **47**, 159-169.
白井利明. (2009). 大学から社会への移行における時間的展望の再編成に関する追跡的研究（Ⅵ）：大卒8年目のキャリア発達と時間的展望. 大阪教育大学紀要（第Ⅳ部門）, **57**, 101-112.
白井利明. (2011). 成人前期と中年期のアイデンティティ発達に関する研究課題. 大阪教育大学紀要（第Ⅳ部門）, **59**, 123-138.
Stephen, J., Fraser, E., & Marcia, J. E. (1992). Moratorium-achievement (MAMA) cycles in lifespan identity development : Value orientations and reasoning system correlates. *Journal of Adolescence*, **15** 283-300.
杉村和美. (2008). アイデンティティ. 日本児童研究所（編），児童心理学の進歩，Vol.47（2008年版）（pp.111-137）. 金子書房.
高田利武. (1999). 日本文化における相互独立性・相互協調性の発達過程：比較文化的・横断的資料による実証的検討. 教育心理学研究, **47**, 480-489.
谷 冬彦. (2001). 青年期における同一性の感覚の構造：多次元自我同一性尺度（MEIS）の作成. 教育心理学研究, **49**, 265-273.
谷 冬彦. (2008). 自我同一性の人格発達心理学. ナカニシヤ出版.
富田真紀子・加藤容子・金井篤子. (2006). ワーク・ファミリー・コンフリクトプロセスにおける性役割観とジェンダー・タイプの影響. 第9回経営行動科学学会年次大会発表論文集, 334-337.
上野千鶴子. (2005). 脱アイデンティティの理論. 上野千鶴子（編），脱アイデンティティ（pp.1-41）. 勁草書房.
百合草禎二. (2007). アイデンティティ概念は，現代の若者の〈生の実感〉を伝えきれるのか？ 心理科学, **28**, 85-95.

3節　社会性の諸問題

長谷川真里

　成人は社会の発展と維持の中核と位置づけられる。成人期の社会性にかかわる問題は広範囲に及ぶが，中心的なことがらとしては次の3つになるだろう。第一に，職業選択を経て職業人として就労をすること，第二に，パートナーを選択し結婚，あるいは子育てを行うこと，第三に，社会を構成する市民としての自覚をもち，社会的な活動を行うことである。そこで本節では，職業，家庭，市民という3つの観点から，成人期の社会性をめぐる問題を扱う。

1 ■ 職業における成人期の社会性の諸問題

　人がある企業組織に参入し，一人前の職業人へと成長していく過程は「職業社会化」とよばれ，職業生活における成人の社会性をとらえる枠組みとして注目されてきた。しかし，職業の多様化および複線化がすすんだ現代では，統一的な理論を用いて人のキャリア発達を理解することは困難であると考えられる。なお，キャリアとは，「高い地位や専門職に就いた人」という意味に理解されることが多いが，近年では，特別な人や職業を指すのではなく，個々人の職業を中心とした生き方とその設計図としてとらえられている（吉田，2006）。

　わが国でのキャリア発達研究の大部分は，大学生時の職業選択を対象とするものであり，社会人がどのようにキャリアを発達させるのかについての研究は乏しい（浦上，2005）。そして，その少ない研究の大部分は，看護師や教師などの一部の専門職を対象としたものを除き，女性を対象とした研究である。つまり，ジェンダーの問題が中心的に扱われている。その背景にあるのは，就労行動にみられる顕著な性差である。

　わが国の労働力率（15歳以上人口に占める労働力人口の割合）の特徴として繰り返し指摘されるのは，男性の場合は60歳まで一貫して9割以上であるのに対し，女性は20代前半と40代後半を頂点，30代前半を底とするM字型曲線を描いているということである。1986年の男女雇用機会均等法，2005年の改正育児・介護休業法の施行により30代女性の就業は改善傾向がみられるといわれる。しかし，これは，主にパートタイマーやアルバイトの増加によるものと未婚者の就業者が増加したためである（厚生労働省，2010）。平成16（2004）年の「男女共同参画に関する世論調査」では，男女ともに「子どもができたら職業をやめ，大きくなったら再び職業を持つ方が良い（一時中断型）」よりも「子どもができてもずっと職業を続ける方が良い（中断なし就業）」を希望する割合が高い。ではなぜ，わが国では就労形態に性差が生じるのであろうか。

　これまで女性の就労継続や退職の問題は，社会学的観点と経済学的観点から論じられることが多く，職種，就労状況，家族形態，学歴，夫の収入などの社会経済的な要因が関連していることが明らかになっている。しかし，女性，とくに既婚女性の就業の継続は，家族メンバーのもつ価

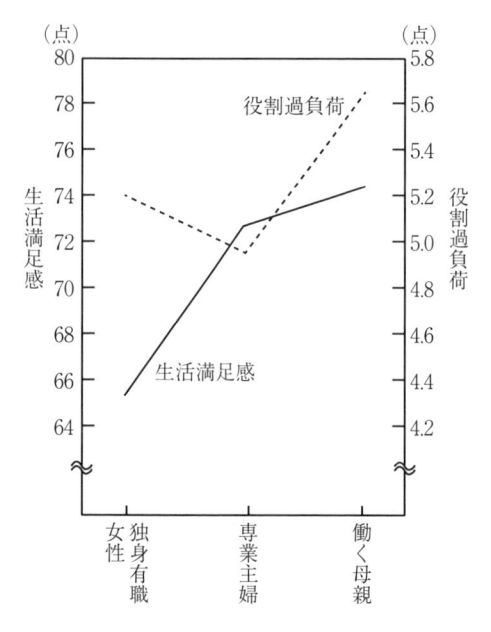

図9.1 女性の多重役割と役割過負荷・生活満足感（土肥・広沢・田中，1990）

注．調査対象の女性292名に対し，生活満足感は100点満点での点数で回答を求め，役割過負荷は「非常に感じる」から「全く感じない」の7件法で評定を求めた。

値観やメンバー同士のコミュニケーションの様相にも影響される。育児期の夫婦1,062組を対象にした研究（小坂・柏木，2007）では，就労継続・退職の理由として「家庭優先」「やりがいのある仕事」「自立志向」「夫や夫の親からの就労反対」「夫の家事育児サポート」「自分の親や周囲からの育児サポート」という要因が明らかにされた。そのなかでもとくに，「夫や夫の親からの就労反対」が退職経験の有無に顕著な影響を及ぼしていた。

この家族メンバーからの就労反対の背景には，いわゆる「3歳児神話」の存在も否定できない。3歳児神話とは，おおまかには，子どもが3歳までは家庭で母親が育てないと子どもに取り返しのつかないダメージを与える，というものである。3歳児神話が科学的にはまったく根拠がないにもかかわらず，市井の人のみならず一部の医療や教育・保育関係の専門家の間ですら常識としてまかり通っている（大日向，2000）。

女性が就労を続けることに付随して，夫婦双方が仕事，家事，育児を協力しながらやっていく「協働型の子育て戦略」（大野・平山，2006）が増加している。この場合，親役割，職業役割，配偶者役割など，複数の役割を果たすこと，つまり「多重役割」が生じる。「多重役割」には役割間の葛藤というネガティブな効果と，それぞれの役割が互いに刺激を与えあい満足感や幸福感が増すというポジティブな影響が予想されるが，図9.1に示されるように，多重役割をもつ母親は，役割過負荷も高い一方，生活満足度も高い。つまり，両方の効果がみられるのである。父親の場合は，家事と育児を行う父親においては役割過負荷がみられる。しかし，家事や育児が男性に一様にネガティブな影響を及ぼすのではない。実は，家事・育児遂行度が高くとも，「女性・妻は子育てを優先すべし」という考え方をしない男性の場合は，むしろ「子育てによる成長感」や「妻からの理解・支持され感」などのポジティブな感情が高まる。脱性別役割分業的な価値観をもっている男性にとっては，多重役割はプラスの経験になりうるのである（大野・平山，2006）。

2 ■ 家庭における成人期の社会性の諸問題

a. 結婚と夫婦

結婚に至るまでの交際期間中のカップルには，「男らしさ」「女らしさ」といわれる性役割，すなわち，伝統的性別役割に従った行動が増加する（土肥，1999）。とくに結婚を意識しはじめる恋

愛後期に顕著になる。その一方で、結婚相手に重視する条件は、男女とも「人柄」に続き、「家事・育児能力」「仕事に対する理解と協力」となっている（国立社会保障・人口問題研究所, 2002）。つまり、恋愛中の男女は伝統的性別役割にもとづく行動をとるものの、結婚後は脱性別役割を望む。しかし、恋愛中にパターン化した役割分担はなかなか変わらず、結婚後は「新性別役割分業」（男性は仕事、女性は仕事と家事）が主流になるといわれる。なお、近年はさらに進んで「新・新性別役割分業」（男性は仕事と家事・育児、女性は家事・育児と趣味的仕事）が台頭している（大野, 2006）。

　結婚後、夫婦はどのようなコミュニケーションをとっているのであろうか。277組の夫婦を対象とした研究（平山・柏木, 2001）では、夫婦間コミュニケーション態度22項目から、ポジティブなコミュニケーション態度とみなせる2態度（「共感〔相手の立場に立って共感的に応ずる態度〕」「依存・接近〔相手に対する従順で依存的な態度、相手への親和的接近態度〕」）、ネガティブなコミュニケーション態度とみなせる2態度（「無視・回避〔相手の話を傾聴する姿勢を欠き、相手とのコミュニケーションそれ自体を回避する態度〕」「威圧〔相手より上位にあって威圧的な態度をとること〕」）の4態度が同定された。この4種の夫婦間コミュニケーションの得点を妻と夫とで比較した結果、ポジティブな態度は妻のほうが高く、ネガティブな態度は夫のほうが高くなった（表9.1）。とくに妻は「依存・接近」、夫は「威圧」が顕著であり、夫婦のコミュニケーションは対等というより上下関係にあることが示唆される。またそれは、妻の収入によって異なってくる。「妻無収入群」「妻低収入群（年収100万円未満）」「妻中収入群（年収100万〜400万円未満）」「妻高収入群（年収400万円以上）」にわけて検討したところ、「妻無収入群」に比べて「妻中収入群」と「妻高収入群」では、夫の妻への共感的コミュニケーション得点が高かった。つまり、妻の経済的地位が高いほど、夫は妻に対して共感的なコミュニケーション態度をとる傾向が高まることが明らかにされた。

　このような夫婦間の不平等なコミュニケーションには、主に2つの背景が推測可能である（柏

表9.1　パートナーへのコミュニケーション態度得点および夫婦関係コミュニケーションの特徴を表すイメージ（柏木, 2008）

態度次元	コミュニケーション態度の方向と程度
威圧 　日常生活に必要な用件を命令口調で言う 　話の内容が気に入らないとすぐに怒る 　相手より一段上に立って小ばかにした受け答えをする	夫　────▶　妻
無視・回避 　相手の話にいい加減な相づちをうつ 　他のことをしながら上の空で聞く	夫　───▶　妻
依存・接近 　あなた自身の悩み・迷い事があると、相手に相談する 　会話が途切れると相手の方から話題を提供する	夫　◀───　妻
共感 　相手の悩み事の相談に対して、親身になっていっしょに考える 　相手に元気がないとき優しい言葉をかける	夫　◀──　妻

注．矢印部分は夫婦間得点差をもとに作図したイメージ図。

木, 2008)。第一に, 内在化されたジェンダー規範である。男性は強く論理的でリーダーシップを, 女性はやさしく従順に, というジェンダー規範が男女間の会話に影響していると考えられる。第二に, 生活と体験のなかで培われた男女間のコミュニケーションスタイルの差異である。夫の主な生活の場である職業生活では, 論理的で明晰な表現が重視され, 感情的な発言や冗長な表現は退けられる。物事を概括的抽象的にとらえるスタイルが必要とされ, 仕事をとおしてそれが身についていく。これに対して, 家庭を主たる生活の場として, 子どもや近隣との交流が主流となった女性には, 論理よりも情感, 論理的で抽象的な内容よりも具体的な語りが必要とされる。それぞれの語りのスタイルを身につけた夫婦の会話では齟齬が生じるのである。

b. 親になること

親子関係は心理学では早くから注目され, 多くの研究の蓄積がある。しかし, 従来の研究における「親」とは, 子どもに影響を与える存在として取り扱われていた。そして, 親子関係において父親と母親は異なる役割を担うものであると考えられていた。しかし実際には, 子どもにどのような働きかけをするのかは, 父親か母親か（あるいは男性か女性か）ということよりも, 育児の主要な担い手（第一養育者）であるかどうかが重要である（Field, 1978)。また, 近年, 子への影響ではなく親自身の発達が注目されるようになってきた。坂上（2003）によると, 親になることについての研究のパラダイムの変化は2つあるという。第一に, 親子関係における親の位置づけの変化である。親から子どもへの影響とともに, 子どもとの相互作用をとおして親の側も変容を遂げていくということへの注目である。第二は, 成人期の発達を把握する一文脈としての子育て経験への注目である。

こうした変化にともない, 親の成長を取り扱う研究は, 大きく3つに分けることができる（倉持・田村・久保・及川, 2007)。一つは, 父親あるいは母親としての変化に焦点を当てた研究である。親子のきずなは相互作用の蓄積によって成立する。母性本能などというものが出産後女性に自動的に発現するわけではなく, また, 養育のスキルが女性だけに備わっているわけでもない。近年では, 母性, 父性という言葉ではなく, 養護性という概念で親子関係をとらえるようになってきた。

第二に, 親になる過程のなかで個としての変容に焦点を当てた研究である。柏木と若松の研究（柏木・若松, 1994）によると, 親たちは, 思いどおりに動いてくれない子どもを育てるなかで, 柔軟性や寛容性, 精神的な強さを身につけている。表9.2は, 親となることによる成長, 発達として認識された側面である。父親についての研究も, わが国で漸増傾向にある。森下（2006）の研究では, 父親になることによる変化として,「家族への愛情」「責任感や冷静さ」「子どもを通しての視野の広がり」「過去と未来への展望」「自由の喪失」が見出されている。

第三に, 親になることにともなう夫婦の関係の変容に焦点を当てた研究である。小野寺（2005）は, 68組の夫婦に縦断研究（子どもの誕生前, 親になって2年後, 3年後）を行った。その結果, 親になって2年の間に夫婦間の親密な感情が下がり, 妻は母親になると夫に頑固になった。夫は3期にわたって妻よりも妻の顔色をうかがって妻に不快なことをされても我慢してしまう傾向が高かった。親密性の低下は, 夫の場合は, 妻のイライラ度と夫の労働時間の長さ, 妻の場合は, 夫の育児参加の少なさと子どもの育てにくさが影響していた。

表9.2 親となることによる成長・発達（柏木・若松, 1994より作成）

柔軟さ	考え方が柔軟になった。 他人に対して寛大になった。 いろいろな角度から物事を見るようになった。
自己抑制	他人の迷惑にならないように心がけるようになった。 自分のほしいものなどを我慢できるようになった。 自分の分をわきまえるようになった。
視野の広がり	環境問題（大気汚染・食品公害）に関心が増した。 児童福祉や教育問題に関心をもつようになった。 日本や世界の将来について関心が増した。
運命・信仰・伝統の受容	人間の力を越えたものがあることを信じるようになった。 信仰や宗教が身近になった。 物事を運命だと受け入れるようになった。
生き甲斐・存在感	生きている張りが増した。 自分がなくてはならない存在だと思うようになった。
自己の強さ	多少他の人と摩擦があっても自分の主張は通すようになった。 自分の立場や考えはちゃんと主張しなければと思うようになった。

これらの研究からは，人は子どもや配偶者などさまざまな関係のなかで，親としての意識を育み，そして個としても成長し，さらに夫婦という関係を変化させていくことが示されている。

3 ■ 成人期の道徳性と市民性における諸問題

　成人期は，社会を構成する市民の一人として社会に対する責務が増す時期である。10代後半から徐々に，経済，法，政治システムなどの社会的制度と直接的に接するようになる。成人になると，職を求め，職に就き，法への遵守が求められ，政治的あるいは法的な権利を与えられる。投票権はもちろんのこと，裁判員制度の開始により，近年は政治や法の場に当事者として参加する機会が増加している。成人は，親密な家族や友人関係を超えた広い世界に関心が広がっていく時期なのである。

　社会的な視点をもって物事を判断することができるようになるのは，一般に青年期以降である。たとえば，コールバーグの提出する道徳的判断の発達段階（Kohlberg, 1971）では，社会の一員としての視点を反映する段階4は，青年期の中期から後期にかけて優勢となる。この段階の判断は，既存の法やルールといったものを含む社会的秩序が最優先され，道徳的な行動は社会的秩序を維持するものという観点で定義される。つまり，社会的な視点をもつといっても，現行の社会システムに制約されるという意味で，不十分な思考である。続く段階5は，普遍的・抽象的な道徳原理への指向にもとづくものである。このような視点をもつ個人は，社会システムという考え方を尊重する一方で，現在存在していないものの潜在的には可能な規範的秩序を構想することもできるようになる。コールバーグが想定した単線型の発達段階に対し批判があるものの，人間の社会性の発達において社会的な観点を取得することの重要性に変わりはない。近年は，市民，あるいはシチズンシップという概念で，成人期に必要な社会性がとらえられはじめている。ここでいう市民とは，政府あるいは官の活動の担い手という位置づけではない。所属する地域社会や市

民に対して愛着をもつと同時にパブリックにかかわりそれをよりよくしたいと考えることが必要である。つまり，市民性とは，現状を受け入れる受動的なものではなく，社会を変革していく能動的なものなのである。

成人期の道徳性の発達についての研究は乏しい。とくに，社会的な視点を扱う研究は少ない。子どもの道徳性に影響する存在としての大人という位置づけのみならず，大人自身が職業生活や家庭生活をとおしてどのように変化していくのかについての研究が望まれる。

以上のように，職業，家庭，市民という3つの観点から成人期の社会性の諸問題を概観した。研究上の問題点をあげる。第一に，実態調査の次元の研究が多く，モデルの構築，理論化は進んでいない。第二に，研究テーマがジェンダーにかかわるものが多く，女性を対象とした研究が主流である。つまり，男性の発達の様相，発達過程が不明である。第三に，現実の多様性に研究課題が十分に対応していない。フリーター，非正規雇用の増加など，今世紀に入って就労環境が大幅に変化した。家庭についても，生殖医療の進歩や，価値観の多様化により，多様な家族形態が想定されるようになってきた。人間の発達は一生涯続くことをふまえると，「社会人」がどのように社会性を発達させていくのかは，検討すべき重要な研究課題であろう。

◆ 引用文献

土肥伊都子．(1999)．ジェンダーに関する自己概念の研究：男性性・女性性の規定因とその機能．多賀出版．

土肥伊都子・広沢年宗・田中國夫．(1990)．多重な役割従事に関する研究：役割従事タイプ，達成感と男性性，女性性の効果．社会心理学研究, **5**, 137-145．

Field, T. (1978). Interaction behavior of primacy versus secondary caretaker fathers. *Developmental Psychology*, **14**, 183-184.

平山順子・柏木惠子．(2001)．中年期夫婦のコミュニケーション態度：夫と妻は異なるのか？　発達心理学研究, **12**, 216-227．

柏木惠子．(2008)．子どもが育つ条件：家族心理学から考える．岩波書店．

柏木惠子・若松素子．(1994)．「親となる」ことによる人格発達：生涯発達的視点から親を研究する試み．発達心理学研究, **5**, 72-83．

Kohlberg, L. (1971). From it to ought. In T. Mischel (Ed.), *Cognitive development and epistemology* (pp.151-235). New York : Academic Press.

国立社会保障・人口問題研究所（編）．(2002)．わが国独身層の結婚観と家族観．国立社会保障・人口問題研究所．

小坂千秋・柏木惠子．(2007)．育児期女性の就労継続・退職を規定する要因．発達心理学研究, **18**, 45-54．

厚生労働省．(2010)．働く女性の実情．厚生労働省．

倉持清美・田村　毅・久保恭子・及川裕子．(2007)．子どもの発達的変化にともなう夫婦の意識の変容．日本家政学会誌, **58**, 389-396．

森下葉子．(2006)．父親になることによる発達とそれに関わる要因．発達心理学研究, **17**, 182-192．

大日向雅美．(2000)．母性愛神話の罠．日本評論社．

大野祥子．(2006)．恋愛・パートナー選択．柏木惠子・大野祥子・平山順子（編），家族心理学への招待（pp.31-37）．ミネルヴァ書房．

大野祥子・平山順子．(2006)．子育て期の多重役割．柏木惠子・大野祥子・平山順子（編），家族心理学への招待（pp.66-72）．ミネルヴァ書房．

小野寺敦子．(2005)．親になることにともなう夫婦関係の変化．発達心理学研究, **16**, 15-25．

坂上裕子．(2003)．親の発達と主体性．家庭教育研究所紀要, **25**, 51-63．

浦上昌則．(2005)．キャリア関係研究の動向．教育心理学年報, **44**, 47-56.
吉田直子．(2006)．成人期前期（25歳-45歳）．二宮克美・大野木裕明・宮沢秀次（編），ガイドライン生涯発達心理学（pp.115-130）．ナカニシヤ出版．

4節　成人期のパーソナリティの諸問題

鈴木乙史

1 ■ 大人になることの困難さとは？

　青年から大人へいつ移行するかについては一致した見解は存在しないが，少なくとも親に依存して生活していた者が親から自立する方向に変化し，多かれ少なかれ個としての自立を実現していくというプロセスが存在することは否定しえない。ユング（Jung, 1946/1979）は人間の一生を4つに分け，二番目の段階を成人期とした。成人期は，少年期（第一段階）と青年期の移行期に続く段階であり，この2つの段階で人生の前半を構成するとした。ユングによると人生の前半の課題は，社会的達成である。少年期や青年期の移行期で獲得してきた力を用いて，社会のなかで自己を達成すること，その主な領域は，職業と家庭である。職業を選択して地歩を築き，一目置かれるようになる。配偶者を選択して家族を築き，子どもを育てる。これらを社会的達成とよんだのである。

　青年期から成人期への移行とは，現実社会のなかで自己を達成することを意味している。まず親に依存していた存在から，自立する存在へと変化することである。自立には，大きく3つの側面があると考えられる。それらは，経済的自立，身辺的自立（掃除・洗濯・料理といった身のまわりの自立），そして精神的自立である。青年期後期（大学生）には，すでに精神的自立が成し遂げられているかのように思われるが，経済的にも身辺的にも親に依存している者が，現実の自立を突きつけられたときにはじめて，それを試されることになる。現代社会では，まず経済的自立が試されることになる。親に頼らず衣食住の費用を賄うためには安定した収入源を確保する必要がある。安定して働くことが，親からの経済的自立を達成するための必須の要件である。また，そのためには精神的自立（精神的な強さ）を必要とすることはいうまでもない。かつて，あるクライエント（大学3年女性）が就職に関して次のようなことを語ってくれた。「友人たちは，自分に合った仕事とか専門を生かせる仕事とかいっていますが，私にとってそれはあまり重要なことではありません。重要なのは，きちんと仕事をして自分の収入を得て，親から自立できる力を得るということです」。働くことはたんに収入を得るということではなく，自己の能力や関心や価値観を表現することであるとしばしばいわれる。しかし，経済的自立の重要性が軽視されてはならないであろう。

　次いで，性愛的に親から自立することが必要とされる。日本の文化的環境では，定職を得て経済的自立ができる成人期の子どもであっても親の家を出るとは限らない。これが欧米の家族関係と大きく異なる点である。日本の成人が親の家を出るのは結婚時であることが多いが，晩婚化が進んでいる現代では長期間親の家にいて身辺的に親に依存している者が多くいる。配偶者を見出し親の家を出て自らの家庭をつくることは，親密性の実現であると同時に身辺的自立を成し遂げ

ることでもある。経済的自立と身辺的自立を同時に実現するには，精神的自立を必要とする。このように青年期までに徐々に形成されてきた自立の力は，成人期へ移行することによって現実社会の試練を経験することになる。このような試練を経て大人へと移行するが，この時期に問題をかかえる者が多く現れることになる。

　フロイト (Freud, S.) が彼の晩年に弟子たちから健全な大人の条件を尋ねられて，「愛することと働くこと」と一言だけいった，という有名なエピソードがある。エリクソン (Erikson, 1959/1973) はこの考えを発展させ，青年期の課題を自我同一性の獲得と職業選択，成人期前期の課題を親密性の獲得と配偶者選択とした。この 2 つの課題は，個としての問題であると同時に関係性の問題でもある。成人期は，定位家族をベースに生きてきた個人が，そこから出立して個として生きることができ，次いで自らの家族（生殖家族）をスタートさせる時期である。カーターとマックゴールドリック (Carter & McGoldrick, 1980) の家族ライフサイクル論を援用すれば，第一段階，すなわち青年が親の家を離れて個として生活し，次に結婚して自らの家庭をつくるまでの家族間段階 (between families) であり，どの家族にも属していないこの時期が最も重要な転回点である。それまでに自分たちの親とどのようにかかわり，どのように自立をめぐっての葛藤と解決をしてきたかが，結婚への決定にかかわるのだと彼らは主張した。

　しかしながら，自立をするということは，たんに他者に依存せずに個として生きることを意味しない。自立は孤立ではない。個として生きていける力を用いて，親を含む他者との間に新たな関係性をつくるスタートに立ったことを意味する。比喩的にいえば，おんぶされ手を引かれて生きてきた子どもが，自らの足で歩き応分の荷物を背負い，次に弱者の手を引いてあげられるようになれるということを意味するのである。個として生きていけるということは，他者や弱者を邪魔者のごとく排除することではない。それゆえ，「愛すること」のほうが「働くこと」の前にあるのである。

　職場では，成人期の時代に，新人から中堅へと移行することによって，仕事の内容も変化し，後進の指導や管理といった仕事も加わってくる。企業の業績やリノベーションなどによっては，出向，リストラ，倒産などの困難な状況にも直面する。一つの職業を選択して，そこでエネルギーと時間を費やし安定した地歩を築き，一目置かれるようになるということは，職場での社会的達成であるが，現代社会ではそれ自体が困難なことになっている。終身雇用と年功序列制が当然であった時代が終わることによって，非正規雇用がふつうに行われ，成果主義によって常に評価されるような職場環境では，正社員として採用されてもその職場で安定して働くことは難しい状況になっている。離職すること自体は問題ではない。新たな可能性を見出し，新天地へと転職することができればよいのであるが，いわゆるフリーターとしてアルバイト仕事しかみつけることができない場合や，仕事をする意欲もなくしニートやひきこもり状態になれば，親に再度依存せざるをえなくなる。このような成人が少なくないのである。

　次に，結婚し家庭を築き，幼い子どもを育てる段階に入ることになる。この段階では，夫婦 2 人であれば，大人として役割分担をすりあわせて夫婦 2 人の家族システムを構築することになる。子どもが生まれると次の段階へ進み，家族メンバーが増えることによる家族システムの本質

的変化が必須となる。若い夫婦にとって，大人2人だけの家族システムではなく養育を必要とする幼い子どもを含む家族システムに適応的に移行しなくてはならない。社会人として，夫妻として，父母としての多様な役割を同時にこなすことが必要であり，多面的な配慮と有限な時間の効率的分配が必要とされる。子どもをもつことは大きな喜びであるが，同時に多くの葛藤や軋轢を生じさせる。大人としての力が試されることになる。近年，幼児虐待から子どもを死に至らせる事件が多発している。多くは子連れの単親が再婚したり同棲したりすることをきっかけとしている。連れ子がなつかないとか，新しいカップルに子どもができたという理由で，連れ子を虐待する。実の親も時には共謀して虐待に加わる。なつかないとか泣いてうるさいという理由で暴力を加え，それをしつけの名のもとに正当化するようでは，大人とも親ともいえないであろう。

　しかしながら，次のようなケースもある。ある大学の学生相談室のカウンセラーのもとに4年の男子学生が相談にきた。就職活動で大企業はすべて落ち，地元の建設会社のみに内定を得たという。その会社はほとんど無名で，専門分野も生かせないという。就職したくはないが家は豊かではなくそこしか行くところがない。面接を続けるうちに，仕事自体に前向きではなく，仕事をする意味もつかんでいないことが明らかになった。それでもその会社に勤めはじめたが，何か真剣になれず，自分の人生を切り売りしているようでむなしいと感じていた。そのうち職場の同僚と結婚してからは相談室に来室することはなくなったが，ある時，再度来室した。彼は自分の1歳児の写真を見せ，次のように語った。「今まで自分に限定した目で仕事をみていて，これは自分のやる仕事ではないとかやる意味がないとか思っていました。ところがこの子が生まれて，この子を守り育てるためにも自分の仕事はあるのだと強く思えるようになりました。自分を超えた視点から仕事をみることができ，この仕事をやる意味がやっとつかめたように思えます」。クライシスの克服と深いコミットメントを経験した彼の人間としての成長とともに，愛することと働くことは相互に関連しているのだということを，再確認したのである。

2 ■ 成人期からの「個人的要因」の影響力

　成人期以降，パーソナリティ発達における個人的経験の影響力が増大する。すなわち，個人がどのような経験をしたかがパーソナリティ発達に強く作用し，個人差が増大するのである（Baltes, Reese, & Lipsett, 1980）。たとえば，本人の結婚や離婚，どのような職業に就くか，失業や大病，親や配偶者との死別，突然の災害や犯罪の被害者になるなどである。このようなトラウマや強いストレスをもたらす経験が成人のパーソナリティ発達に強く影響する。テデシとカルホーン（Tedeschi & Calhoun, 1996）は，トラウマティックな出来事を経験した人によって報告される，ポジティブな変化を測定する道具を開発した（The Posttraumatic Growth Inventory：PTGI）。彼らは，最もトラウマティックな出来事（犯罪被害，喪の仕事，がん，災害など）にさらされた人々が示唆する3つのポジティブな効果（変化）が存在するとした。それらは，「自己認知の変化」「対人関係の変化」「人生哲学の変化」である。対象者は過去に重要なネガティブな出来事を経験した男女604名である。参加者が経験したネガティブな出来事は，死別（36％），事

故による負傷（16％），親の離婚または別居（8％），犯罪被害者（5％）などであった。トラウマティックな出来事のポジティブな効果とネガティブな効果は同じ人間のなかで共存しており，94％の参加者がトラウマのネガティブな効果を報告し60％がポジティブな効果を認知していた。結果としては，女性のほうが男性よりも有意に大きなポジティブな効果を報告し，また厳しいトラウマを経験していた者のほうが，そうでない者よりも有意に大きなポジティブ効果を報告した。この研究以降多くの研究がなされており，近年研究が盛んなレジリエンス研究との関連性が深い。

　レジリエンス（resilience）とは，中世のラテン語に由来し語源的には「再び跳ねる」を意味し，物理学の分野では，1900年代に「衝撃強さ」の意味で使用されていた。レジリエンスの語と対をなす「ストレス」は，「外力による歪み」という意味であり，レジリエンスは「外力による歪みを跳ね返す力」と考えられている（加藤・八木，2009）。また，レジリエンスは，「ストレスを克服する能力」の測度でもある。パーソナリティ特性としてのレジリエンスは，エゴ・レジリエンシーとよばれることがあり，脆弱性因子の対極に位置するものである。この意味でのエゴ・レジリエンシーは，カリフォルニア大学のブロックとブロック（Block & Block, 1980）がパーソナリティ発達の縦断的研究でエゴ・コントロールと対にして用いた概念であり，エゴ・コントロールを環境に合わせて柔軟に変化させることができる力（自我の弾力性）と定義されている。現在研究が盛んに行われているレジリエンスは，ブロックたちの概念内容とは異なり，より普遍的で，ストレスやトラウマに負けずに精神的健康を保つ力とされる(Bonanno, 2004)。個人的経験の影響力が増大する成人期のパーソナリティを考えるうえで重要な概念になってきている。

3 ■ 成人期のパーソナリティの病理

　すでに記述したように，親からの自立を前提とする大人の条件，すなわち「愛すること」と「働くこと」について検討すると，現代日本における文化的特徴や社会構造的問題があることがわかる。しかし，その根底には成人期のパーソナリティの病理が横たわっていると考えられる。それらは当然，青年期やそれ以前に萌芽があるが，生活の中心を社会へと移行しなくてはならない成人期で顕在化するものである。そのうちいくつかについて詳しく検討してみよう。

　まず，最初に論ずるべきは自我同一性拡散症候群であろう。自我同一性の獲得は，青年期の課題であるが，その病理的状態である拡散症候群は前期成人期にしばしば顕在化する。急性の症状は，自分が「肉体的な親密さ」「決定的な職業選択」「激しい生存競争」「心理・社会的な自己定義」などが要求される経験にさらされていると気づくときに，顕在化される（Erikson, 1959/1973）。その主症状は，①選択回避・選択麻痺，②親密さの回避，③時間展望の拡散，④勤勉さの拡散，⑤否定的同一性の選択，などである。

　たとえば，現在，大学を卒業して企業に新規採用された者が3年以内にその企業を辞める率が約36％にもなっている（厚生労働省平成18年度「新規学校卒業者の就職離職状況調査」）。また，平成17年度国勢調査（2005年）で，50歳段階での生涯未婚率は女性が6.8％，男性は15.4％である。1985年では，男女とも4％前後であったことに比べると女性で増加，男性では急増であるこ

とがわかる。2030年の推計では、男性の約30％、女性の約23％が生涯未婚者となるとされている。結婚して子どもを産んでという「ふつうの幸せ」が簡単には得られない時代になったということを示している（NHK「無縁社会プロジェクト」取材班, 2010）。さらに、ニートの問題がある。ニートとは教育, 雇用, 職業訓練のいずれにも身をおいていない若者のことである。小杉（2005）は、15～34歳までの非労働者数（学生, 専業主婦を除く）を算出している。それによると2000年に44万人だったものが2003年には64万人と増加している。同様に, 玄田・曲沼（2004）では, 15～25歳で推定し, 2000年には17万人, 2003年には40万人としている。多少乱暴ではあるが, 両研究から25～34歳までの年長ニート数を推定すれば, 20～27万人程度いることになる。玄田・曲沼（2004）では、一度も求職活動をしたことがない者に対してその理由を尋ねている（複数回答）。最も選択率が高かった項目は、「人づきあいなど会社生活をうまくやっていける自信がないから」（49.1％）であり、第2位は「自分の能力・適性に合った仕事（向いている仕事）がわからないから」（29.2％）であった。これらの社会現象の背後には, 自我同一性拡散傾向があると推測される。

　次に、自己愛性パーソナリティ障害, とくに自己愛過敏型傾向について述べる。現代の日本においては, よい学校に入って周囲からの羨望や賞賛を浴びること, 有名になること, あるいは美しい身体や容姿を褒めたたえられることなど, きわめて直接的な自己愛の満足が唯一の生き甲斐になっているという指摘がある（小此木, 2000）。しかし, 受験に失敗したり, 幼い頃からの夢が破れたりして挫折すると, 急速に活力を失い, 周囲に対して潜在的な敵意を向けるような現象がしばしばみられる。自己愛性パーソナリティ障害は, 誇大型と過敏型といった2タイプに分類されることが多いが, 誇大型は他者の反応には関心をもたず自己顕示性や自己主張性を表に出すが, 過敏型は他者の評価に非常に敏感であり, 注目を回避する傾向が強い。このような2類型を示唆する先行研究は数多くあり, 用語は異なっていても他者の反応や評価に無関心な誇大性を特徴とする自己愛傾向と, 他者の反応や評価に過敏で回避性を特徴とする自己愛傾向とに分類しうることには一致がみられている。この両タイプに共通する傾向は「注目欲求」の高さである。誇大型は, 何らかの社会的側面での達成があり, 目的意識と自尊心が高く, 注目欲求も満足されているのに対して, 過敏型では何らかの社会的側面での失敗があり, 目的意識が失われて自尊心が低く, 注目欲求不満状態にあると考えられる（鈴木・北村・菅原, 2007）。とくに注目したいのは過敏型で, 外界との接触を回避し, 自己に閉じこもる傾向が高い。「ひきこもりの評価・支援に関するガイドライン」（厚生労働省, 2010）によると, ひきこもりの人がいる世帯は約26万で, ひきこもりの開始年齢はほぼ20歳, 20代から30代の若者が中心であるとされる。2003年にNHKはアンケート調査を行い（18歳以上で対象者は約1,000名）結果を報告している（NHK「ひきこもりサポートキャンペーン」プロジェクト, 2004）。対象者の性別は男女約半々, 年齢のピークは25歳で30歳以上（約24％）も多かった。ひきこもりの期間は1年以上5年未満が43％と最も多く, 次いで5年以上10年未満が20％であった。学歴は大卒以上が29％で最も多く, 大学在学中・中退の19％を加えると48％と約半数になる。この報告で興味深い結果は就労経験で, 正社員経験者が32％もいた。契約・派遣社員経験者は20％, アルバイト・パート経験者に至っては78％であり,

ほとんどのひきこもりは何らかの職業に就いた後にひきこもったと考えられる。また近年，非定型うつ病の病像を呈する者が急増しているという指摘がある。他人の何げない些細な一言に傷つき，パーソナリティを否定されたと思い込む。また，うつ状態ではあるが他責的・他罰的な傾向があり，明らかに従来の定型うつ病とは異なる特徴をもつ（福西・福西，2011）。これらの問題の背後に自己愛過敏型傾向の存在があると思われる。

　最後に，回避性パーソナリティ障害をとりあげたい。回避性パーソナリティ障害は，次のような特徴をもつ。①批判，拒絶に対する恐怖感のために重要な対人接触のある職業的活動を避ける，②好かれている確信がないと人と関係をもたない，③恥をおそれ親密な間柄でも遠慮する，などである。若い夫婦のセックスレスに関して回避性パーソナリティ障害の男性が多くみられるとの指摘があり，共通の特徴があるとされている。それらは，高学歴（大学・大学院卒）で専門職に就き，一人っ子で，冷たく無機質な家庭環境で育ち，母親からの過干渉とつまらない学生時代を経験し，お見合い結婚，などである。性を回避する直接因は「求めながらも臆病で失敗や恥をかくことを恐れるあまりひきこもる」ことであり，背後に「親密さへの不安」があるとした（阿部，1996）。

　ここでとりあげたいくつかのパーソナリティ傾向と社会的現象は，当然，相互に関連性をもちかつ重複しており，一対一では対応してはいない。たとえば回避傾向は，同一性拡散でも自己愛過敏型においてもみられる特徴である。またここでとりあげた，早期離職や非婚，ひきこもりやニート，セックスレス等の社会現象は，個々のケースでは多様な原因が存在するであろう。

　しかしながら，すでに指摘したようにこれらの傾向は成人期以前にその萌芽がみられ，社会に出ていく必要性が高まる成人期で顕在化することが多いものである。これらのパーソナリティ傾向と社会的現象は，大人の条件である「愛すること」と「働くこと」の達成と，パーソナリティの成熟とを困難にするものと考えられるのである。

◆ 引用文献

阿部輝夫．(1996)．性機能不全と親密さ．平木典子（編），現代のエスプリ：353　親密さの心理 (pp.113-122)．至文堂．
Baltes, P. B., Reese, H. W., & Lipsett, L. P. (1980). Life-span developmental psychology. *Annual Review of Psychology*, 31, 65-110.
Block, J. H., & Block, J. (1980). The role of ego-control and ego-resiliency in the organization of behavior. In W. Collins (Ed.), *Minnesota symposia on child development* : Vol.13 (pp.39-101). Hillsdale, NJ : Erlbaum.
Bonanno, G. A. (2004). Loss, trauma, and human resilience. *American Psychologist*, 59, 20-28.
Carter, E. A., & McGoldrick, M. (Eds.). (1980). *The family life cycle : A framework for family therapy*. New York : Gardner Press.
Erikson, E. H. (1973). 自我同一性：アイデンティティとライフ・サイクル（小此木啓吾，訳編）．誠信書房．(Erikson, E. H. (1959). *Identity and the life cycle*. New York : International Universities Press.)
福西珠美・福西勇夫．(2011)．わが国に多い隠れナルシスト：非定型うつ病の精神病理との関連性より．山崎久美子・妙木浩之（編），現代のエスプリ：522　自己愛の時代 (pp.41-50)．至文堂．
玄田有史・曲沼美恵．(2004)．ニート　フリーターでもなく失業者でもなく．幻冬舎．
Jung, C. G. (1979). 人生の転換期（鎌田輝男，訳）．現代思想, 7(5), 42-55. 青土社．(Jung, C. G. (1946). Die

Lebenswende in Seelen Problem der Gegenwart.）
加藤　敏・八木剛平. (2009). レジリアンス：現代精神医学の新しいパラダイム. 金原出版.
厚生労働省. (2010). ひきこもりの評価・支援に関するガイドライン. 厚生労働科学研究費補助金こころの健康科学研究事業「思春期のひきこもりをもたらす精神疾患の実態把握と精神医学的医療・援助システムの構築に関する研究」(H19-こころ-一般-010).
小杉礼子. (2005). フリーターとニート. 勁草書房.
NHK「ひきこもりサポートキャンペーン」プロジェクト（編）. (2004). hikikomori@NHKひきこもり. NHK出版.
NHK「無縁社会プロジェクト」取材班（編）. (2010). 無縁社会. 文藝春秋.
小此木啓吾. (2000). ひきこもりの社会心理的背景. 狩野力八郎・近藤直司（編）, 青年のひきこもり (pp.13-26). 岩崎学術出版社.
鈴木乙史・北村典子・菅原健介. (2007). 自己愛の二面性に関する研究. 聖心女子大学論叢, **109**, 97-117.
Tedechi, R. G., & Calhoun, L. G. (1996). The posttraumatic growth inventory : Measuring the positive legacy of trauma. *Journal of Traumatic Stress*, **9**, 445-472.

10章　中年期

1節　中年期のパーソナリティの特徴

荘厳舜哉

1 ■ 中年期の定義

　中年期のパーソナリティはその構造を根底から揺るがすような危機がない限り，比較的安定している。したがってここでは移行期という心的転換期を措定するライフサイクル論，あるいはライフコース論から中年期の特徴を述べ，最後に文化とパーソナリティのかかわりを考えてみたい。

　最初に中年期の定義であるが，これについては古来からいくつかの考え方がある。孔子の，「われ十五にして学に志し，三十にして立ち，四十にして惑わず，五十にして天命を知り，六十にして耳順い，七十にして心の欲するところにしたがいて矩を越えず」はその一例であるが，孔子は40歳から60歳までを成熟期と考えていたようである。同様の考え方はギリシアの政治家ソロン（Solon）にもみられ（人生の第7期と第8期は言葉と精神の全盛期：42〜56歳），人の一生は7年1サイクルの10期70年に見積もられていた。当時，60歳まで生きる人は10人に一人程度と推計されているが，身体的な成熟は20歳前後にピークを迎え，精神的な成熟はそれに遅れ40歳頃になるという考え方が一般的だったようである。

　心理学における中年期の研究はユング（Jung, C. G.）に始まる。フロイト（Freud, S.）がそのリビドー発達段階は成人で終了すると考えたのに対して，ユングは精神の発達は生涯続くと考え，現在の生涯発達心理学の基礎を築いた。それはたとえば精神の危機のとらえ方の違いに反映されている。フロイトが，幼少期にあると仮定するエディプス複合を自我形成の危機ととらえたのに対し，ユングは自己のアイデンティティの確立を図らなければならない青年期と，その再確認を迫られる中年期に危機があると指摘した。とくに人生の時間の残り半分を切った中年期は，それまでの自分史を成功ととらえるか失敗ととらえるかによって自尊心や自己評価が明確に分かれる

時期であり，アイデンティティに迷いが生じる時期である。孔子と違いユングは，「人間，四十にして惑う」と考えたのである。

　中年期を考える場合もう一人，生涯発達の漸成図式（epigenetic chart）を展開したエリクソン（Erikson, E. H.）を忘れてはならない。彼もユング同様，人間の精神発達は生涯続くと考え，心理社会的発達には8段階があるというライフサイクル論を展開した。当然のことながらこのライフサイクル論は心理性的発達と自我の発達という精神分析の2つの基本理論に沿って立てられたが，8つの発達段階はそのいずれもが対立する2つの傾向，すなわち同調と失調（syntonic vs. dystonic）が作り出す葛藤を内包すると考えた（Erikson & Erikson, 1997/2001）。フロイトが葛藤を幼少期に，あるいはユングが青年期と中年期に限定したのに対して，エリクソンは人の精神発達の軌跡は危機の連続であり，8つの段階それぞれに成長・成熟と退行・病理性の方向への分岐があって，その時々に2つのベクトルの対立が危機を，つまり発達課題を作り出すと指摘したのである。

　分岐の対立は乳児期の「基本的信頼感」と「不信感」に始まり，老年期の「自我の統合」と「絶望」に終わるが，この章のテーマである中年期でいうならば「生殖性」と「停滞・世話」が想定されている。平たくいうならば生産性や創造性を高めて何かを残したいという欲求と，今まで創造してきたものを保守・点検，維持していきたいという欲求の対立が，アイデンティティの危機を生み出す。こうして精神は，それぞれの発達段階で対立を克服しながら，個人的な経験を社会・文化が要求する体制に作りかえていくことで成長を続け，個人に対して「存在証明」を与える。QOL（quality of life：生活の質）には常なるアイデンティティの確認が必要なのである。

　エリクソンは，体制化過程には3つの補完的な過程があるという。一つは身体の成長・老化に具体化されるように，生物学的過程である。もう一つは精神分析学が仮定する自我統合の過程である。最後がエリクソン理論の真骨頂でもある文化に対する体制化，すなわち内に取り入れともに生きる協同的過程である。彼はこれをethosとよぶが，生物学的過程同様に文化が内在する精神の獲得過程においても，「適切な速度」と「適切な順序」があると指摘する。通過儀礼や性役割，あるいはさまざまな社会的役割の獲得はその典型である。

2 ■ 中年期の質的研究

　ユングやエリクソンなど，精神分析学の流れをくむ理論はこれを実証する量的・質的研究が必要であった。これを行ったのがレヴィンソン（Levinson, 1978/1992, 1996）やシーヒィ（Sheehy, 1976, 1995/1997）たちであった。たとえばレヴィンソンは，35歳から45歳までの男性40人からその個人史のヒアリング調査を行い，0歳から17歳（2段階）までと，22歳から28歳の「大人になる時期」，33歳から40歳までの「一家を構える時期」，それに65歳から85歳の老年期を除き，後の発達段階は例外なく5年以内に収まるとして，大きくは5つ，小さくは13におよぶ発達のライフサイクル・モデルを見出した。その後，45名の女性のインフォーマントを対象としたヒアリング調査も行ったが（Levinson, 1996），基本的なライフサイクルは男性に同じであるという結

論に達している。図10.1は，レヴィンソンが見出したライフサイクル・モデルである。

社会リポーターのシーヒィもまた，アメリカ国勢調査局の協力を得ていくつかの大規模コホート研究を行い，現在人のライフサイクルは急激に変化しつつあり，45歳からは第2成人期というべき時代であるとし（45～65歳），これを「統御力の時代」と名づけた。その後さらに「高潔の時代」（65～85歳+α）に移行するので，人生は3度あると主張する。確かに伴侶に先立たれた高齢者同士の再婚や籍を入れない同居が珍しくなくなった現在，人生はやり直しができるものなのかもしれない。しかし女性インフォーマントを中心としたシーヒィの分析は，常に勝者を目指さなければならないというアメリカの「マッチョ文化」を背景に，そのWASP（White, Anglo-Saxon, Protestant）的価値観とは対立するジェンダー・フェミニズムのラインが強調されており，必ずしも文化内部の普遍性を代表しているとはいえない。反証の一例が，バークレーの私立女子大学であるミルズ・カレッジ卒業生を30年追跡したミルズ研究である（たとえば，Helson & Picano, 1990）。

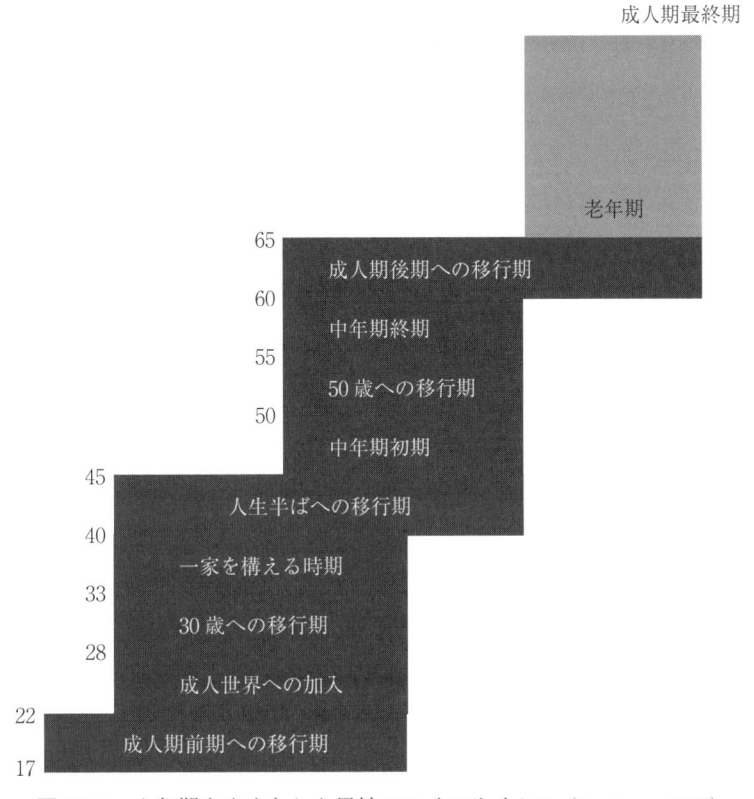

図10.1 中年期を中心とした男性のライフサイクル（Levinson, 1978）

ミルズ研究において調査対象となったのは中流上層階級の専業主婦群であるが，彼女たちの自律性や自己統制力といった自我の根幹的機能において，その20代と50代においてほとんど変化がみられない。つまり裕福で安定的な家族生活を送っている50代のアメリカ女性は，必ずしもシーヒィが導き出したような絶え間ない自己実現に動機づけられているとはいえないのである。このように，アメリカで盛んに行われている個人史の質的研究は主観的立場が強く表現されているものも多いことに注意する必要がある。またミルズ研究は，個人のSES（socioeconomic status：社会経済地位）がライフサイクルやライフコースのあり方に影響を与えていることを示唆する。人生は複雑系システムなのである。

3 ■ 中年期の発達課題

　昭和16（1941）年に作られた『船頭さん』という童謡には「村の渡しの船頭さんは　今年六十のおじいさん」と歌われたが，1950年代までの60歳は明らかに老年であった。日本人男性の平均余命が50歳を超えたのは昭和22（1947）年であり，この年でも40歳男性の平均余命は27歳に満たなかった。表10.1は，このような家族のライフサイクルの経年変化である。

　1935（昭和10）年生まれの男性の平均寿命はその当時46.9歳，女性は49.6歳であったが，2005（平成17）年には男性で78.6歳，女性では85.5歳に伸びている。70年間で男性は32歳，女性は36歳，平均寿命が延びたのである。また厚生労働省平成21年簡易生命表に従うと，今現在40歳の男性は今後40.8年を，同じく60歳の男性は22.9年を人生の終末まで残しているし，40歳の女性は47.3年，同60歳女性は28.5年を残している。男性も女性も，今は人生80〜90年の生活設計が必要なのである。

　これだけ寿命が延びたのだから生殖に関しても状況は一変した。60代や70代の男性が子どもの父親になるケースは珍しくなくなったし，50歳を超える女性の出産もまれではない。1歳のときに病気で子宮を摘出した27歳女性の母親が，娘の受精卵を自分の子宮に戻して53歳で代理出産をしたり，野田聖子元郵政相が第三者から卵子提供を受け50歳で出産するなど，70年前には死亡していた年齢で父親や母親になることが可能な時代が現代なのである。また60歳で子どもの父親になったとしても，統計上では子どもが成人するとき寿命にまだ余裕を残している。このような長寿社会では，中年期の発達課題は60年前に比較して明らかに異なってきている。そこで次にライフサイクルの視点からこの問題を考えてみよう。

　ライフサイクルの研究者たちは，これはライフサイクル論が精神分析理論から出発したということにも関係するが，人間には2つの相反する動機が同居して時にそれが対立するというモデルを措定する。中年期男性のヒアリング調査をしたレヴィンソンも，その例外ではない。彼は40歳から45歳の「人生半ばへの移行期」に4つの対立課題があり，すべての人はこれを超克していくことが求められると指摘する。たとえば「若さと老い」の対立である。

表10.1　家族のライフサイクルの変化（エイジング総合研究センター，2007）

主要事象	1935年	1970年	2005年
結婚年齢（平均初婚年齢）	男27.8歳，女23.8歳	男26.9歳，女24.2歳	男29.8歳，女28.0歳
子ども数（合計特殊出生率）	4.5人	2.13人	1.3人
出産期間	15年	7年	5年
子どもの養育・教育期間	27年	23〜27年	23〜27年
夫定年年齢〈55歳余命〉	50〜55歳〈男15.5年，女18.5年〉	50〜55歳〈男19.7年，女23.5年〉	50〜55歳〈男25.3年，女32.2年〉
死亡年齢（平均寿命）	夫46.9歳，妻49.6歳	夫69.3歳，妻74.7歳	夫78.6歳，妻85.5歳

動物としてのヒト種の女性は，40歳をすぎるとその妊娠可能性を急激に消失していくし，50歳前後に閉経を迎える。男性もやはり，同じく40歳頃から性的能力の弱体化が始まる。こうして男性も女性も生物としての再生産能力が減退し，血縁の包括適応度増加の支援に回る。いわゆる「おばあさん仮説」である。しかしその一方で，歳を重ねたことが強みになる部分もある。経験値である。熟練工の技にみるように，青年にはまねができない応用力が中年には備わるのである。こうして若さと老いという二律背反的原理は徐々に折り合いをつけ，互いが互いを補完し合っていく。同様に若さゆえに激しかった「破壊と創造」「男らしさと女らしさ」，また「愛着と分離」という対立課題も，中年期にはその二律背反性を止揚して新しい生活構造に組み替えていく必要がある。「夢」を求めて旅してきた「一家を構える時期」の生活構造の見直しと修正が，現実の状況に合わせて必要になるのである。

　このように自分が歩んできた道を振り返り，人生の終わりに向けてアイデンティティの確認と再編が必要となるのが中年期であるが，人の一生は社会経済的環境と無関係ではない。たとえば日本は2010年，42年間維持し続けてきたGDP世界2位の座を中国に譲り渡して3位に転落したが，これは製造業の空洞化につながっている。また，1994年の一世帯あたりの平均所得金額は657万5,000円であったが，2008年にはこれが547万5,000円にまで減少している。当然，家計支出の見直しが必要になる。

　さらに重篤な危機がGDPの縮小にともなう産業構造の変化である。リストラや職場の配置転換などを含め，勤労者の労働環境が過去20年で急激に変化しているのである。その結果，増加しているのがうつ病である。厚生労働省が2008年に行った調査ではうつ病の男性患者は38万6,000人，女性患者は65万5,000人で（厚生労働省平成20年患者調査），1999年に比較して2.4倍に増加している。なかでも目につくのが，30代から50代にかけての男性うつ病患者の急増である。

　もちろん失業したからといって，すぐにうつ病が発病するわけではない。不快な出来事や喪失感は人生につきものであり，うつ発症の必要条件でも十分条件でもないからである。しかしこのような喪失感や自尊心の低下が自分を取り巻くソーシャルサポート資源の減少，つまり友人や家族からの支援を期待できないという感情に結びつくとき，うつが発生する。その意味で，孤食という行為に象徴されるように家族のつながり機能が劣化し，コミュニティが崩壊してソーシャルネットワークがIT機器をつかったバーチャルな内容に移行している現在は，誰もがうつになる可能性を秘めた時代である。また男性に限っていえば，そのしわ寄せは中年期に集中する。

4　複雑系のライフコース

　ライフコースは生涯と翻訳されるが，そこに展開されるのは時間の表現型でもある人間の一生である。このとき，ユングに始まるライフサイクル・モデルは，人類の生き方や考え方はパーソナリティや文化の違いを超越すると仮説する。しかし実際には人間は「歳々年々　人不同」であって，積み重なっていく時間（$\varDelta t$）から多くの影響を受けて発達していく。つまり，ゴールは全員同じく「死」であるとしても，蓄積される時間のなかで形成される精神の表現型は，人

が帰属するさまざまなレベルの文化内容によって変化するのである。そこで以下，人生をサイクルでとらえるユング的考え方ではなく，環境との関係でとらえるコース・モデルで，時間と文化，意識の関係を省察したい。

複雑系というシステム科学がある。「北京で蝶が羽ばたくと，ニューヨークで嵐が起こる」というのは，小さな事象がやがて無視できないような大きな事象につながることを表す複雑系の比喩であるが，この比喩が教えるのは，複雑系というのは実は適応システムであり，並行的に作用する無数の「エージェント」のネットワークであるということである。このような複雑系の視点から人間の発達をみると，無視してもさしつかえないような小さな要素が，最終的にライフコースを大きく変えてしまうことを扱うモデルが必要であることがわかる。時間と文化を含む，人の行動を総合するモデルである。

ゲシュタルト心理学のクルト・レヴィン（Lewin, K.）は，行動はパーソナリティと環境の関数であるとして，$B = f(P \cdot E)$という式でこれを表した。レヴィンの第一公式である。しかし個人は当然，その環境から影響を受けるのでこれを$B = f$（LSp：個人の生活空間）の第二公式に置き換えた。レヴィンのこの考え方は，先の複雑適応系の考え方を先取りしたものであり，人間の行動は個人の生活空間の構造に規定されており，生態学的環境とのかかわりで変化することを示唆する。そこで人の発達と生態学的環境の関係をモデル化する必要がある。これを行ったのがブロンフェンブレンナー（Bronfenbrenner, 1979/1996）である。

ブロンフェンブレンナーは個体の生態学的環境はミクロ（micro），メゾ（meso），エクソ（exso），マクロ（macro）という4水準の社会システムと，時間からなると考える。したがってブロンフェンブレンナーのモデルをレヴィンの公式に当てはめると，$B = f(ge \cdot se \cdot \Delta t)$と書き換えることができる。これを第三公式とする。ここでgeとは，個人の心身を形作る遺伝子とその表現型，および該当の個人を取り巻くミクロ，メゾ，エクソという3つの要素を遺伝・生態学的環境（gene and ecological environment）とまとめたものである。geを構成するそれぞれの要素は輻輳しながら相互に影響を及ぼしあい，常に構造を変化させている。またseは，ブロンフェンブレンナーが説明するマクロ・システムを含む，人のすべての社会的環境（social environment）であり，以上の要素すべてに時間（t）が関係する。

物理学的にみれば時間はビッグバンによって始まったが，人類社会では時間は文化に置き換えが可能である。生命進化という時間経過のなかで人類は文化を創造してきたからである。ところが人類が生活する自然環境は，砂漠から熱帯雨林まで非常に大きな多様性がある。したがって現象学のヘーゲル（Hegel, G. W. F.）は，民族は生活する環境や歴史によってその精神の構造を違えてきたという。典型が宗教である。一神教のユダヤ教やキリスト教，あるいはイスラームにしても半砂漠の生態学的環境のなかから立ち上がってきたし，多神教のヒンドゥー教や神道，道教などはモンスーン気候のなかで立ち上がってきた[1]。したがって第三公式は人々が帰属する宗教世界で微妙な違いが生じ，これを区分するために第四公式a）とb）が必要となる。したがって人間の行動をモデル化する場合には，唯一絶対存在が実在する精神世界では第四公式a）を，八百万の神々がいると考える精神世界では第四公式b）を適用する必要がある。このことは，2

つの文化のセルフの構造の違いにあてはめればわかりやすい。

a)　$B = f\left(\sum_{i=0}^{|n|} \overset{\frown}{se}i \cdot ge \cdot \varDelta t\right)$　一神教世界

b)　$B = f\left(\sum_{i=0}^{\infty} \overset{\frown}{se}i \cdot ge \cdot \varDelta t\right)$　多神教世界

　数式に示すように，a）では個人iのセルフは|n|として重なりを制限され，自他の境界は明確に区別される。一方b）のセルフは∞であり，重なり合ってつながっていく。自他の境界の区別を強くもつ文化ともたない文化では，セルフの構造が異なるのである。当然のことながらレヴィンソンやシーヒィのサイクル・モデルは|n|の世界にあり，互いの生き方の違いが強く意識される。しかし多神教の日本社会では，漫画「サザエさん」の磯野波平のように「日々是好日」で「知足」の生き方が理想となる。第四公式a）とb）は，「絶対」があるかないかによって存在証明としてのアイデンティティのあり方が異なることを示唆するのである。ここに濱口（1998）がいう，文化の社会編成原理（compiling principle）の違いがみえてくる。

　今，日本社会は大きな価値観の転換点にさしかかっているかのようにみえる。しかし，日本人が日本語を話す限り，日本社会の編成原理は変わることがない。したがって中年期日本人の発達課題は，ソーシャルネットワークのなかで「空気を読み」，「知足」でこだわりや強い欲望を捨て，「一期一会」で自己と他者を重ね合わせる生き方の追求にある。日本人は母子に典型化されるように，互いが重ね合わせで連なる意識構造なのである（荘厳，2008）。

◆ 注
1)　神をもたなかった原始仏教は哲学であり，宗教ではなかったという立場をとる。

◆ 引用文献

エイジング総合研究センター（編著）．（2007）．高齢社会基礎資料'07-'08年版．中央法規．
Bronfenbrenner, U.（1996）．人間発達の生態学：発達心理学への挑戦（磯貝芳郎・福富　護，訳）．川島書店．（Bronfenbrenner, U.（1979）．*The ecology of human development : Experiments by nature and design.* Cambridge : Harverd University Press.）
Erikson, E. H., & Erikson, J. M.（2001）．ライフサイクル，その完結（増補版）（村瀬孝雄・近藤邦夫，訳）．みすず書房．（Erikson, E. H., & Erikson, J. M.（1997）．*The life cycle completed : A review*（Expanded Edition）．New York : W. W. Norton.）
濱口惠俊．（1998）．日本型システムの「人間」的編成．濱口惠俊（編著），日本社会とは何か（pp.12-38）．日本放送出版協会．
Helson, R., & Picano, J.（1990）．Is the traditional role bad for women? *Journal of Personality and Social Psychology*, 59, 311-320.
Levinson, D. J.（1992）．ライフサイクルの心理学（上・下）（南　博，訳）．講談社（旧：人生の四季，講談社）．（Levinson, D. J.（1978）．*The seasons of a man's life.* New York : Alfred A. Knopf.）
Levinson, D. J.（1996）．*The seasons of a woman's life.* New York : Alfred A. Knopf.
Sheehy, G.（1976）．*Passages : Predictable crises of adult life.* New York : Dutton.
Sheehy, G.（1997）．ニュー・パッセージ 新たなる航路：人生は45歳からが面白い（田口佐紀子，訳）．徳間書店．（Sheehy, G.（1995）．*New passages : Mapping your life across time.* New York : Ballantine Books.）
荘厳舜哉．（2008）．日本人は子どもをどのように教育してきたか：日中比較から文化の意識構造を探る．京都光華女子大学研究紀要，第46号，147-183．

2節　自己・自我の再形成

髙山　緑

　5因子モデルなどに代表される特性論的アプローチでは，個人は属性や行動特性の観点から記述され，その研究は心理測定研究の流れのなかに位置づけられる。そこではパーソナリティの構造，個人差，そして長期的な安定の程度に焦点があり，生涯発達的な視点からは，発達の個人間および個人内の多様性とともに，生涯を通じたパーソナリティ特性の一貫性と変化が重視される。一方，自己，自我，アイデンティティというとき，パーソナリティへの「内面的な」視点に焦点を当てた研究が中心となり，そこには成長・発達といった発想がある（Dörner, Mickler, & Staudinger, 2005）。本節ではそのような特徴をもつ中年期の自己，アイデンティティ研究に焦点を当て，それらと関連する世代性の概念にもふれながら，中年期の自己・自我の再形成の研究について概観する。

1 ■ 中年期の変化と危機

　中年期に入ってみられる身体的変化，心理的変化，社会的役割の変化とともに，時間展望の変化によって，中年期は青年期・成人前期を通じて形成されてきた自己・自我を再評価し，再形成する重要な時期であることがこれまで繰り返し指摘されてきた（Kroger, 2007）。たとえば，中年期に入ると体力の衰えなど身体的な変化が出てきたり，重要な他者（たとえば配偶者や子ども，両親など）との関係に新しい役割や関係性が生じてきたり（思春期・青年期を迎えた子どもとの対峙，子どもの巣立ち，親の介護，祖父母になるなど），より広範囲のコミュニティとのかかわりが生じてくることがある。また，仕事の領域では立場・地位の変化にともない，難しい判断やリーダーシップを求められる状況になることもあるし，子育てが一段落したことで，あらためて職場へ復帰したり，新しい学びを始めたり，地域の活動へいっそうかかわることもあるだろう。こうしたさまざまな場面で中年期特有の変化に直面し，その時々に再適応したり，自己やアイデンティティを再形成していくことが求められていく。

2 ■ 中年期の自己：外的世界の自己と内的世界の自己

　このような変化のなかで，中年期の自己はどのような変化をするのだろうか。あるいは他の年代と比べて，どのような特徴があるだろうか。これまでの研究から，中年期は多くの役割を担うが，とくに家族とのかかわりと職業領域における自己の比重が他の年代と比較して高まることが指摘されている。クロスとマーカスの研究（Cross & Markus, 1991）では，中年期は他の時期と比較すると，新しいことを始めたりドラスティックな変化を求めるような「拡大的な変化」は相

対的に望まない一方で，現在の役割や責任（たとえば，仕事，子ども，配偶者などパートナーとの関係など）を達成したり，それを楽しむことを望んでいた。クロスとマーカスはこの結果から，中年期になると人はすべての可能性を探る時間はもう残されていないことを認識し，残された時間のなかで自分の目標を達成することへ関心を向ける傾向がでてくるのではないかと論じている。またヌルミ（Nurmi, 1992）は自己概念とかかわりのある個人の目標に着目して，中年期では子どもの幸福，自分自身の仕事，健康，財産に関心が高まることを報告している。このように中年期の自己や目標は現実の世界に深く根ざし，家族，とくに（子どもがいる場合は）子どもが中心になるとともに，仕事や精神面・身体面での充実，そして財産を築くことに深くかかわっている（Dörner et al., 2005）。そして生涯を通じて中年期は最も多岐にわたり，かつ統合された自己が形成される（Diehl, Hastings, & Stanton, 2001）。

　一方，中年期は外的な世界での自己の拡大を求める時期であるとともに，内面的な世界へと意識が向けられる時期でもある（Jung, 1933 ; Bühler, 1935）。ユング（Jung, 1933）は個性化の理論のなかで，青年期から成人前期までは外的世界へ向けて自己を適応，拡大，発展させていくことに大きな力が注がれるが，人生の折り返し地点（「人生の正午」とよぶ）を迎え，中年期（「人生の午後」）を生きていくなかで，個人の内的世界への関心が高まり，これまで自分が求めてきたものや，なしえなかったものをみつめ直し，今まで顕在化されなかった個人に内在する可能性に目を向け，それを実現させることによって，より高次の自己の全体性を志向しようとする過程（個性化）が強まると述べている。

3 ■ 中年期と世代性

　エリクソン（Erikson, 1963/1977・1980）は心理社会的漸成発達モデルにおいて，中年期の発達課題として世代性（generativity）の獲得をあげている。世代性とは，家庭や職業において次世代を生み育てたり，若い世代を指導，教育したり，また次世代へ継承される文化（さまざまな技術なども含めて）を創造する力である。一方，この課題をうまく解決できないと停滞感や対人関係の貧困化などが生じる。この世代性の概念は中年期の自己の発達をとらえる側面の一つとしてとりあげられ，世代性と年齢との関係や世代性と中年期の適応との関係などが検討されている。

　世代性と年齢に関しては，中年期に最も世代性が高まることを報告している研究（たとえば，Whitbourne, Zuschlag, Elliot, & Waterman, 1992）がある一方で，青年期から高齢期を通じて世代性への関心が高まることを報告している研究（たとえば，Sheldon & Kasser, 2001）もある。このように世代性と年齢に関して，世代性が中年期に最も高まるかどうか結果は一貫していないが，少なくとも中年期以降に高まる可能性があるといえるだろう。また，スチュアートとヴァンデワーター（Stewart & Vandewater, 1998）は世代性の側面に着目し，世代性を世代性への願望（desire for generativity），世代性の能力（generative capacities），世代性の達成（generative accomplishment）に分類して，それぞれの年齢差を検討している。その結果，世代性への願望は成人期に最も高く，世代性の達成は高齢期まで直線的に増加する一方で，世代性の能力は中年期

で最も高く，実際の世代性を発揮する能力は中年期に最も高まる可能性が示唆された。

また中年期に世代性を発達させることは，この時期の良好な適応と密接に関連していることがしばしば指摘されている。たとえば，世代性が高いことは中年期の自己効力感や自尊心，well-being（ウェルビーイング）との正の関係があること（McAdams, Reynolds, Lewis, Patten, & Bowman, 2001；Stewart & Vandewater, 1998），またうつ傾向とは負の関係があることなどが報告されている（McAdams et al., 2001）。

4 ■ 中年期にみられるアイデンティティの再形成とその特徴

ところで，アイデンティティの確立は青年期の大きな発達課題の一つであるが（Erikson, 1963/1977・1980），その後もアイデンティティは生涯を通じて変化・発達していく（Erikson, Erikson, & Kivnick, 1986/1990）。生涯発達的な視点にたったアイデンティティの実証研究からは，前述した中年期のさまざまな変化をきっかけに，中年期においてもアイデンティティの危機や見直しがあり，しばしば中年期にはそれ以前のアイデンティティ・ステイタスから新しい状態へ移行がみられることが報告されている（たとえば，Fadjukoff, Pulkkinen, & Kokko, 2005；Whitbourne, Sneed, & Sayer, 2009）。

さらに中年期のアイデンティティ形成には，世代性の獲得や多様な価値観への寛容さ，変化に対応できる柔軟さ等が求められるなど，青年期のアイデンティティ形成とは異なる中年期特有の特徴があることが指摘されている。マーシャ（Marcia, 2002）は中年期のアイデンティティは世代性を獲得できているかが焦点になることを指摘し，「世代性の獲得者としてのアイデンティティ」（identity as generative person）という概念を提案している。同様に，岡本（1997）は青年期は「個としてのアイデンティティ」（自分とは何者か，という自己探求がテーマ）が中心であるが，中年期以降はそれとともに「関係性にもとづくアイデンティティ」（自分は誰のために存在するか，という他者支援の方向性をもつ）も発達させ，この双方が等しく重要な意味をもつように統合された状態を成熟したアイデンティティとしている。そして中年期のアイデンティティ形成における特徴として，①職業人としてのベテランの意識と後進の育成への意欲を増大させる「職業アイデンティティの成熟」，②青年期から積み残されていた「未解決な課題の達成やそれまでの体験の統合」，③自分の体験を社会へ還元させようという「社会化」，④自分の人生にとって最も大切なものだけを中核にすえ，あとは捨てる「純化」の4点をあげている（岡本, 2002）。岡本の提案する「関係性にもとづくアイデンティティ」「職業アイデンティティの成熟」などの概念は世代性と深くかかわっている。

また中年期はさまざまな役割があり，かつさまざまな変化が生起するため，中年期には柔軟に自己がコミットメントする内容を選択できるような柔軟さやしなやかさが求められる（Whitbourne, 1986a）。たとえば，フランツとホワイト（Franz & White, 1985）は中年期の課題として多様性を認める寛容さの獲得をあげ，清水（2008）は中年期らしいアイデンティティ課題として「しなやかなアイデンティティ」という概念を提案し，中年期のアイデンティティにはアイデン

ティティの斉一性にかかわる「強さ」とともに，自分を取り巻く状況の変化に適応したり，周囲の人の多様な価値観に広く関心を向ける「やわらかさ」が求められると指摘している。

ウィットボーン（Whitbourne, 1986b）はこうした中年期以降のアイデンティティの再構成のプロセスとメカニズムを説明するために，エリクソンの理論とピアジェ（Piaget, J.）の理論をもとにしたアイデンティティ・プロセス理論（identity process theory）を提唱している。この理論では，アイデンティティの変化をアイデンティティの同化（自己の一貫性の維持），調節（自己の変化），均衡化（自己意識の維持と変化）の相互作用のプロセスとしてとらえている。ウィットボーンらはアイデンティティ・プロセス理論にもとづいた実証研究（Sneed & Whitbourne, 2003など）も行っている。

5 ■ 自己，ライフストーリー，自伝的推論

最近の自己・アイデンティティの発達研究のなかでみられるもう一つの流れは，アイデンティティの発達に関して，自己と経験の関係に注目し，それをどのように意味づけているかをナラティブ・アプローチを用いて検証していく研究（McAdams & Olson, 2010）の流れである。過去の経験に関するナラティブには，現在の自己から過去の自己を解釈することを通じて自己の連続性の感覚を生み出す。そしてアイデンティティをナラティブによって再構成するなかで，アイデンティティの諸側面が統合され，アイデンティティの発達過程が明らかにされていく（Pasupathi & Hoyt, 2009）。中年期になるとライフストーリーのなかで，アイデンティティとかかわる要素が語られることが多くなる。たとえば，ライフストーリーを発展させる過程のなかで，しばしば自己や自己の発達と経験を関連づける「自伝的推論」（autobiographical reasoning）（Habermas & Bluck, 2000；Habermas, 2010）が生起するが，パスパティとマンソール（Pasupathi & Mansour, 2006）は危機的な出来事に対して，自伝的なナラティブを構成するとき，自伝的推論がどの程度行われるか検討したところ，中年期以降，自伝的推論が高まり，現在の自己と過去の経験を積極的に関連づける傾向が示された。中年期に自伝的推論が強まるメカニズムについては，今後さらなる検討が必要である。しかし，パスパティとマンソール（Pasupathi & Mansour, 2006）は社会情動的選択理論（Carstensen, 1995）で指摘されているように，中年期以降，意味のある経験や情動的な充足感を求める動機づけが強まることによって自伝的推論が高まる可能性や，中年期になると複雑で統合された自己が形成され，若い頃よりも多様な経験を受け入れることができるようになるため，自伝的推論が高まる可能性などを指摘している。

また，中年期のライフストーリーの特徴として，マクアダムズほか（McAdmas, Diamond, de St. Aubin, & Mansfield, 1997）は世代性の得点が高い者が語るライフストーリーには，①多くの人が経験している苦しみや不幸と比較して，自分は恵まれていると考える，②他者の苦しみに対して敏感である（世界には助けを必要としている人がいるという感覚がある），③明快で，生涯を通じてゆるぎのない個人の信条（たとえば，確固とした道徳心）によって行動が導かれている，④悪い状況をよい結果へと転換，回復させることが語られる（補償の連鎖〔redemption sequences］），⑤将来，次世代のためになることを目標とするという特徴を見出している。さらに，マクアダムズほか（McAdams et al., 2001）は，中年期において世代性の得点が高い者が語るライフストーリーには，悪い状況を良い結果へと転換させる「回復の連鎖」がみられる一方，良い状況を悪いほうへ導いてしまう「汚染の連鎖」（contamination sequences）が少ない傾向があることを明らかにし，この2つの傾向が中年期のwell-beingや自尊心を高めることにも関係していたことを示している。一つの出来事にはネガティブな側面もポジティブな側面もある。そのなかで何をどのように語るか，あるいは語らないかは個人の判断にゆだねられる。それゆえ判断にみられる個人差は個々人の体験した経験の違いとともに，アイデンティティをどう構築していくか，そのスタイルにおける個人差が反映している。彼らの結果は，体験した当時はつらかった経験も，「その経験があったからこそ，今のよい状況がある」という意味づけをしてアイデンティティを構築していくことによって，世代性の獲得や中年期の幸福感がもたらされることを示唆している。

中年期は家庭や仕事など，青年期から成人期を通じて形成されてきた個人にとって重要な領域において人生を発展，拡大させていく時期とみなされ，自己や自我も安定していると思われやすい。しかし，実際にはここまで概観してきたように，中年期には人は多くの役割を担うとともに，時間展望の変化や身体的，心理的，社会的にさまざまな変化が生起し，その変化はある時はターニングポイントとして，ある時は大きな危機として個々人に体験される。そしてその経験を通じて，人は自己を再適応させたり，時には大きな心理的な苦痛もともないながら自己を成長させていったりする。そしてデルネルほか（Dörner et al., 2005）が指摘するように，中年期はそれが十分に行える気力と体力に満ちた時期なのである。

◆ 引用文献

Bühler, C. (1935). The curve of life as studied in biographies. *Journal of Applied Psychology*, **19**, 405-409.
Carstensen, L. L. (1995). Evidence for a life-span theory of socioemotional selectivity. *Current Directions in Psychological Science*, **4**, 151-156.
Cross, S., & Markus, H. (1991). Possible selves across the life span. *Human Development*, **34**, 230-255.
Diehl, M., Hastings, C. T., & Stanton, J. M. (2001). Self-concept differentiation across the adult life span. *Psychology and Aging*, **16**(4), 643-654.
Dörner, J., Mickler, C., & Staudinger, U. M. (2005). Impact of middle age on functioning in later life. In W. L. Willis & M. Martin (Eds.), *Middle adulthood : A lifespan perspective* (pp.277-319). Thousand Oaks : Sage Publications.
Erikson, E. H. (1977・1980). 幼児期と社会1・2（仁科弥生，訳）．みすず書房．(Erikson, E. H. (1963). *Childhood and society* (2nd ed.). New York : W. W. Norton.)
Erikson, E. H., Erikson, J. M., & Kivnick, H. Q. (1990). 老年期：生き生きしたかかわりあい（朝長正徳・朝長梨枝子，訳）．みすず書房．(Erikson, E. H., Erikson, J. M., & Kivinick, H. Q. (1986). *Vital involvement in old age*. New York : W. W. Norton.)
Fadjukoff, L. P., Pulkkinen, L., & Kokko, K. (2005). Identity processes in adulthood : Diverging domains. *Identity : An International Journal of Theory and Research*, **5** (1), 1-20.
Franz, C. E., & White, K. M. (1985). Individuation and attachment in personality development : Extending Erikson's theory. *Journal of Personality*, **53**, 224-256.

Habermas, T. (2010). Autobiographical reasoning : Arguing and narrating from a biographical perspective. *New Directions for Child and Adolescent Development*, **131**, 1-17.

Habermas, T., & Bluck, S. (2000). Getting a life : The emergence of the life story in adolescence. *Psychological Bulletin*, **126**, 748-769.

Jung, C. G. (1933). *Modern man in search of a soul*. Oxford England : Harcourt, Brace.

Kroger, J. (2007). *Identity development : Adolescence through adulthood* (2nd ed.). Thousand Oaks : Sage Publications.

Marcia, J. E. (2002). Identity and psychosocial development in adulthood. *Identity : An International Journal of Theory and Research*, **2** (1), 7-28.

McAdams, D. P., Diamond, A., de St. Aubin, E., & Mansfield, E. (1997). Stories of commitment : The psychosocial construction of generative lives. *Journal of Personality and Social Psychology*, **72**, 678-694.

McAdams, D. P., & Olson, B. D. (2010). Personality development : Continuity and change over the life course. *Annual Review of Psychology*, **61**, 517-545.

McAdams, D. P., Reynolds, J., Lewis, M., Patten, A. H., & Bowman, P. J. (2001). When bad things turn good and good things turn bad : Sequences of redemption and contamination in life narrative and their relation to psychosocial adaptation in midlife adults and in students. *Personality and Social Psychology Bulletin*, **27**, 474-485.

Nurmi, J. (1992). Age differences in adult life goals, concerns, and their temporal extension : A life course approach to future-oriented motivation. *International Journal of Behavioural Development*, **15**, 487-508.

岡本祐子. (1997). 中年からのアイデンティティ発達の心理学. ナカニシヤ出版.

岡本祐子. (2002). アイデンティティ生涯発達論の射程. ミネルヴァ書房.

Pasupathi, M., & Hoyt, T. (2009). The development of narrative identity in late adolescence and emergent adulthood : The continued importance of listeners. *Developmental Psychology*, **45**, 558-574.

Pasupathi, M., & Mansour, E. (2006). Adult age differences in autobiographical reasoning in narratives. *Developmental Psychology*, **42**, 798-808.

Sheldon, K. M., & Kasser, T. (2001). Getting older, getting better? Personal strivings and psychological maturity across the life span. *Developmental Psychology*, **37**, 491-501.

清水紀子. (2008). 中年期のアイデンティティ発達研究：アイデンティティ・ステイタス研究の限界と今後の展望. 発達心理学研究, **19**, 305-315.

Sneed, J. R., & Whitbourne, S. K. (2003). Identity processing and self-consiousness in middle-aged and later adulthood. *The Journal of Gerontology*, **58B**, 313-319.

Stewart, A. J., & Vandewater, E. A. (1998). The course of generativity. In D. P. McAdams & E. de St. Aubin (Eds.), *Generativity and adult development : How and why we care for the next generation* (pp.75-100). Washington, DC : American Psychological Association.

Whitbourne, S. K. (1986a). Openness to experience, identity flexibility, and life change in adults. *Journal of Personality and Social Psychology*, **50**, 163-168.

Whitbourne, S. K. (1986b). *The me I know : A study of adult identity*. New York : Springer-Verlag.

Whitbourne, S. K., Sneed, J. R., & Sayer, A. (2009). Psychosocial development from college through midlife : A 34-year sequential study. *Developmental Psychology*, **45**, 1328-1340.

Whitbourne, S. K., Zuschlag, M. K., Elliot, L. B., & Waterman, A. S. (1992). Psychosocial development in adulthood : A 22-year sequential study. *Journal of Personality and Social Psychology*, **63**, 260-271.

3節　社会性の再構成

青柳　肇

1 ■ 中年期のパーソナリティは安定しているか

　中年期とはいつからいつまでであるかに関しては，さまざまな見解がある。ここでは，ハヴィガーストの発達課題の考えに従って，中年期を「社会的・市民的責任を担うこと」「生活力や経済的力の確保」「10代の子どもの精神的成長の援助」と規定する。そのことを考慮すると40〜64歳までと考えてよい。しかしこれは行政のあり方や文化とも密接に関連しているので，国によって違ってくる。また，個人によっても異なっている。たとえば，人によっては40代でまだ結婚していない人もいるし，結婚していても子どものいない人もいる。また，日本ではこの10数年の不況から，定職につけない人もいる。しかし，日本の典型的なサラリーマンは，40代では家庭を有し，会社で一定の役割を担い，10歳くらいの子どものいる年代である。同じく64歳というのは，定年を間近に控え，子どもは経済的に独立している年代である。その中間の50代前半は大学に通う子どもが複数いて，経済的には厳しい年代である。このように中年期の約25年間は，様相がまったく異なってくる。ここでは，(1) 40〜49歳まで，(2) 50〜59歳，(3) 60〜64歳の3つの時期に分けてその人間関係を考察する。これはあくまで便宜的な分け方で，子どもの独立過程によって分けたものである。

　ハヴィガースト（Havighurst, 1953/1995）は，中年期（成人中期）の発達課題を以下のように示している。

(1) 大人としての市民的・社会的責任を達成すること
(2) 一定の経済的生活水準を築き，それを維持すること
(3) 10代の子どもたちが信頼できる幸福な大人になれるよう助けること
(4) 大人の余暇活動を充実すること
(5) 自分と配偶者とが人間として結びつくこと
(6) 中年期の生理的変化を受け入れ，それに適応すること
(7) 年老いた両親に適応すること

　以上のように中年期を便宜的に分けたとして，安定しているといわれる中年期にも本節でとりあげる以下のような問題が生じる。そのなかには，身体的な問題もあるが，それはたんに身体だけにとどまらず，社会的な問題までかかわることが多い。ここではそのことを含めて検討する。

　また，日本では近年の長引く不況の影響で，リストラにあう人がふえたり，派遣社員の増加など，安定した経済生活を維持できない人も多くなっている。本節では，大きく3つの問題に分けて，中年期の社会性についてふれてみたい。一つは社会的な問題としてのリストラと自殺の問題であり，二つ目が熟年離婚，三つ目が「空の巣症候群」である。

2 ■ リストラと自殺の関係

リストラと自殺は関係があるのかについては，いろいろいわれている。中年期の自殺が，この十数年増加しているといわれる。確かに，1997年から1998年にかけて50歳台を中心に急激に増加した。しかし，2010年では，減少傾向にあるとはいえ，いまだに高止まり状態である。

一方では，20歳台以下や高齢者の自殺は，社会状況というより内因的な精神疾患やエイジングによる大脳萎縮などの身体的変化が強く関係するともいわれる。

こうした2つの見解があるが，50歳台の自殺率の変動は，社会の動きという外的要因と強く関係しているといっていいであろう。

図10.2は，自殺率の1900年以降の経年による国際比較である。顕著な国と主要国について簡単に述べると以下のようになる。ハンガリーとロシアは，1980年から1990年頃まで突出している。これは社会体制の変革が関係している。ハンガリーは，1956年の「ハンガリー動乱」（ソビエト

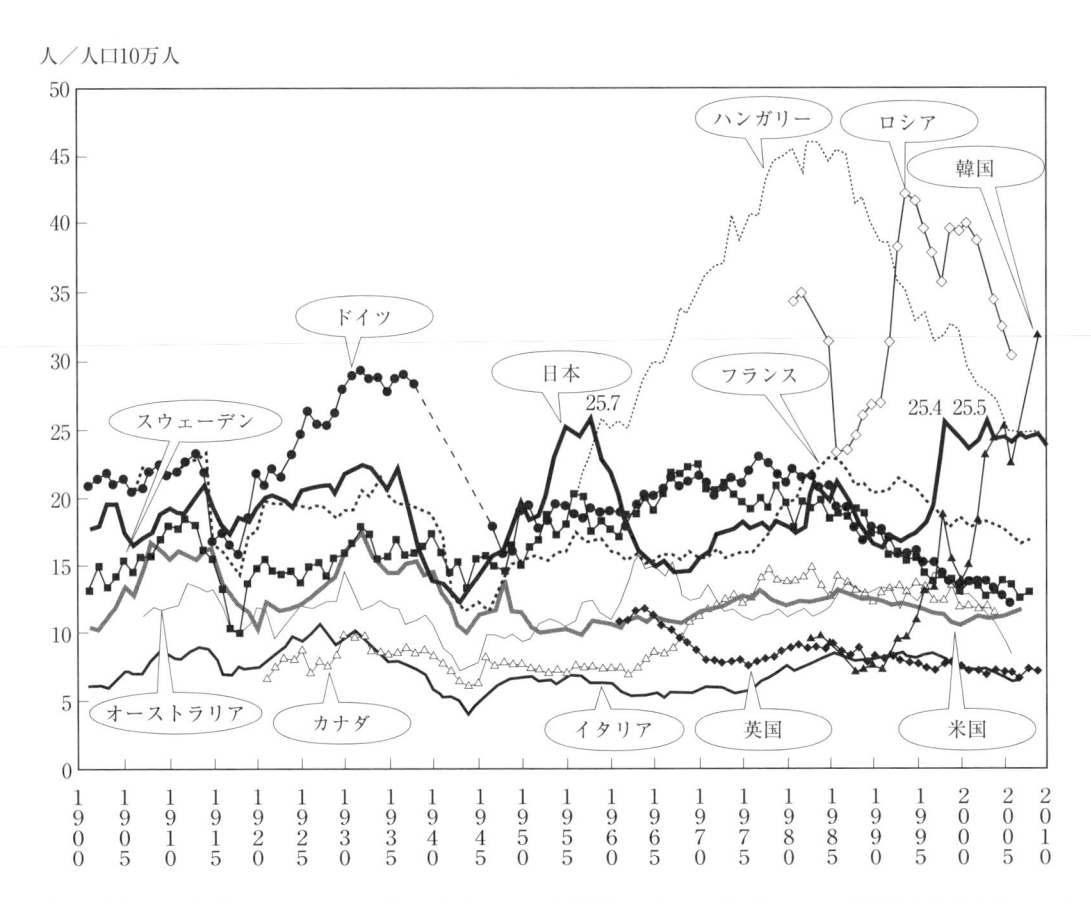

注．東西ドイツ時代のドイツは西ドイツ。日本は人口動態統計による。OECD. Statの自殺率は自殺者数，人口から算出。
資料：厚生労働省「平成16年度人口動態調査特殊報告」，OECD.Stat 2011.8.26（日本，ロシア以外の1960年以降。ただし韓国は1985年以降，ドイツは1990年以降），WHO（ロシア2004～06年）

図10.2 自殺の国際比較（http://www2.ttcn.ne.jp/honkawa/2774.htmlより）

の支配への民衆による蜂起）が関係していると推測される。それが，1990年頃から減少に転じ，現在に至る。これは，1980年代のペレストロイカ（解放民主化の改革）政策の影響で1989年には，欧州連合に加盟し共和国になったことと無関係ではないであろう。また，ロシアは，同じくペレストロイカを経て1991年にロシア連邦共和国になった時点までに自殺率が急上昇した。しかし，その後ハンガリーと同じく沈静化に向かっている。

近年の韓国の自殺率の上昇も顕著である。これは，韓国は厳しい競争社会で子どもの頃から教育に力を入れ，成人してからも就職難があることがあげられている。また格差が日本以上に広がっていることもその原因であると推測される。

過去にさかのぼると，アメリカでは1929年の株の大暴落により，不況が起こり失業者が増加する。その結果，1930年代の初頭には自殺者が急増している。同じく，ドイツも1930年代から自殺率は急上昇する。第一次世界大戦での敗戦による賠償金の支払いとアメリカの株暴落，さらにはナチズムの台頭などが大量の自殺者を生んだと考えられる。

翻って日本の状況を考えてみる。1992年のバブル経済が終焉した後の自殺率の増加は，社会的要因のせいと考えてよい。それまでは，失業率が2％台であったが，4～5％に上昇する。それでも，日本の失業率は10％前後で欧米諸国と比べると低い。1998年からの自殺率の急激な上昇は，1992年のバブル経済崩壊の余波と考えてよい。確かに1998年までは自殺率が低かったが，バブルがはじけたとはいえ失業率もまだ低かったことが経済的な問題とすぐに連動しないことと関係していると考えられる。

池田・伊藤（1999）は，景気動向と自殺の関係について以下のように述べている。自殺の「ブーム」は2つあり，第1次ブームは，1950年代後半で，1957年の鍋底景気と重なり，岩戸景気（1959～1961年）によって回復するまで続く。その後，1973年にはオイルショックによって不景気になり，その後10年間の不況が続く。その10年間の後半に第2次ブームが生じる。バブル経済期（1987～1991年）には自殺者数は一時減少するが，バブル経済崩壊（1991～1993年）後，現在まで自殺者数は緩やかに増加していく。池田・伊藤の分析では，第2次ブームの自殺者は，45～59歳の増加が顕著である。1994年以降では，男性では，45～59歳と60～75歳が増加し，30～40歳で漸増している。女性では，そうした傾向はみられない。1998年に50歳台の男性は前年の54％，40歳台で33％，60歳台で49％のそれぞれ増となった。中年期での男性の増加が顕著であり，こうしたことから，景気の動向と自殺者数の関係は顕著であることが示された。とくに第2次ブーム以降の自殺は，リストラ対象者がこの年齢域に多かったことや景気動向を勘案すると雇用不安が自殺の増加に寄与していることが推測できる。このように，中年期の自殺は社会的な原因で起こることは，明確である。先の見えない現在の日本の状況では，これからの自殺の動向を予測することは難しい。リストラにあうと家族への経済的な影響はあるし，新しい職場への適応の問題も出てくる。

3 ■ 熟年離婚の問題

　40歳台から50歳台にかけての男性の失業は，家族への影響や社会生活に大きな影響を与える。リストラ等による失業が家族関係に与える影響の指標の一つとして離婚の件数がある。図10.3は，離婚件数および離婚率を年次ごとに示したものである。従来日本は，欧米諸国と比べて，離婚件数が少ないとされてきた。しかし，1970年半ばくらいから急速に上昇し，1980年代の半ばに一時下降するが，バブル崩壊後の1995年くらいから再び上昇し，2002年に最大になり，その後急激な減少はみられず安定してきている。これは，たんに男性の失業だけが関係しているわけではないだろうが，まったく無関係ではないであろう。またこの頃から大企業は，働き手として正社員だけではなく派遣社員に依存することが増えてくる。リストラされた社員は，派遣社員として他の職場に再就職することも増えてくる。派遣社員は，正社員ほど収入は多くない。そのことがまた離婚を増加させていく原因の一つにもなっていると考えられる。もちろん，離婚の原因として男女とも多いのは，「性格の不一致」である。これは，時代と無関係に生じていたことであろう。

　中年期以降の離婚は，一般に「熟年離婚」とよばれ，それ以前の離婚とは多少意味が異なるようである。「熟年期」という用語は，心理学で使われる用語ではなく，マスコミ等によって作られた用語である。熟年という語を使用した一般的な書等では，およそ「45歳から65歳」の約20

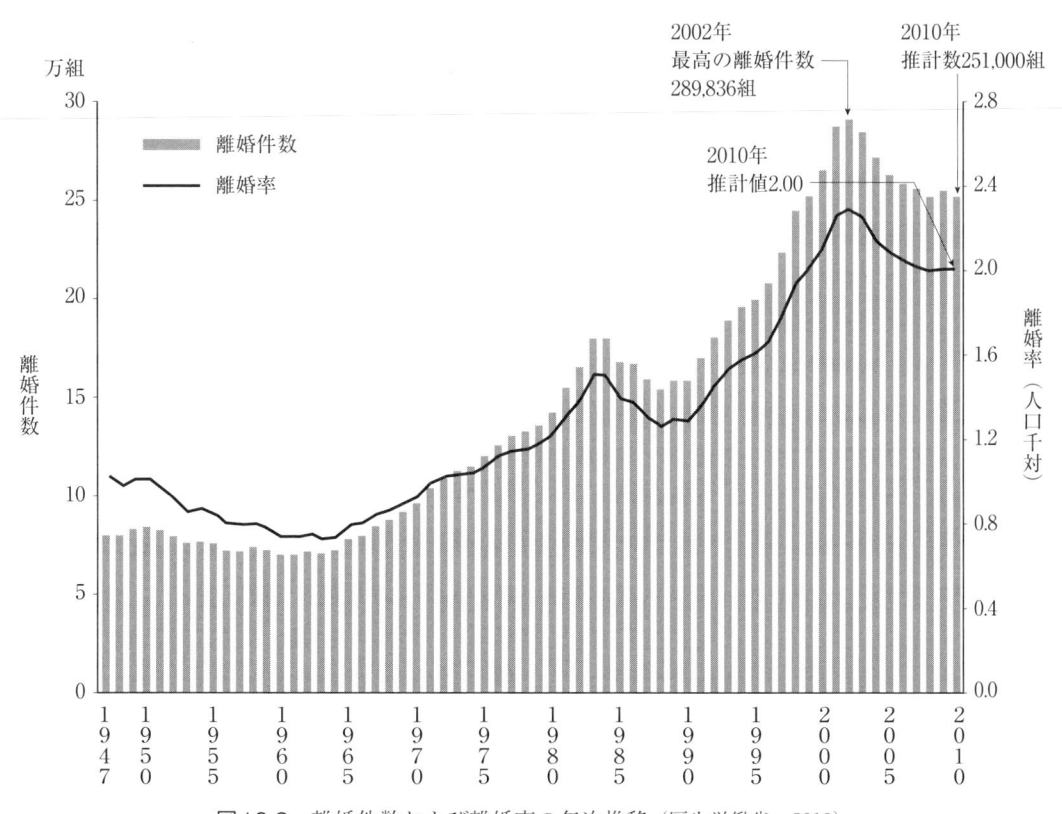

図10.3　離婚件数および離婚率の年次推移（厚生労働省，2010）

年間であることが多い。ここでは，熟年をそのように規定しておく。

　熟年期になると子どもは結婚し，自立する時期になる。女性は，母親としての役割は終わり，夫と2人の生活に戻る頃である。夫はそれまで妻を顧みることなく，働きづめであった。母親は，愛情を子どもに向けてがんばってきた。子育てに大変な時も夫は協力しないし，ねぎらいの言葉一つかけてくれない。そうした不満が，夫の退職を機に噴き出してきたといえる。

　2007年度から離婚後，妻に対して夫の年金の半分を受け取れるという法改正が行われた。それまでは，サラリーマンの妻は離婚しても年金がもらえないという事態が続いていた。その影響で離婚数がふえてきているわけではないが，今後増加してくいことは十分考えられる。

　日本では，離婚は一つの失敗とみなされることが多い。とくに女性の離婚は，「出戻り」などとよばれた時代もあった。そうした意識もあって，女性自身が離婚をよしとしない時代があったのであるが，1947年の民法改正により，男女同権の思想が強くなり，1980年代からの女性解放思想（いわゆるフェミニズム）の広がりにより，女性の自立意識が強くなったとの見方もまんざらこじつけとはいえない。

　それでも日本では，離婚した女性が再婚することは欧米に比べてずっと少ない。離婚は，ストレスのうち最も強いものの一つである（Lazarus & Folkman, 1984/1991）。離婚による心の傷は，癒えるのも時間がかかる。また，子どもが小さいうちは，子どもの親権の問題も大きなものになる。

4 ■ 空の巣症候群

　女性の中年期は，閉経期とも重なる。この時期は，更年期ともいわれ，45～55歳のいわゆる生理不順が始まる頃から，完全に閉経するまでの期間を指す。この頃になると，女性ホルモンであるエストロゲンの卵巣からの分泌が減少する。更年期とは，閉経することによって起こる身体的な症状をいうが，同時に精神的な問題も生じてくる。これが一般的にいう更年期障害である。いらいらなど不定愁訴の症状を生むことが多い。この時期にはまた，子どもをもった専業主婦にとっては，子どもが成長し育児が終わった年齢であることが多い。この時期に女性特有の空の巣症候群が出現することがある。

　これは，子どもが成長しそれまで生きる目的であった子育てが終わり，子どもの自立が始まり，やることがなくなってしまった母親の空虚感を意味する。閉経の時期にも重なり，心理的にも身体的にも無気力になりやすい時期である。この症状には個人差もあり，外で多くの人とつきあうことが好きでなく内向的で，家で子育てを生きがいとしている専業主婦に多いといわれる。また，社会的な要因では，少子化も関係している。日本では，1980年以降子どもの数は減少し，現在（2012年）の合計特殊出生率は，1.39である。数少ない子どもの養育に母親が集中し，子どもの成長こそが唯一の生きがいになりやすい。その結果，子どもが学校を卒業し，就職や結婚することで親の元を離れることから，目的を失い，喪失感から虚脱感や自尊心の低下，無気力感などの精神状態を示す症状があらわれる。こうした症状は必ずしも女性特有のものではなく，近年育

児に関与する男性（いわゆるイクメン）がふえてくるに従って，今後男性にも増加することが予想される。

　親子関係を子どもの成長過程に沿って概観してみよう。胎児期では，子どもは母体内部に存在する。出生以降から母体から離れることになるが，母体と離れても母親は子どもから離れて生活するわけではない。しかし，子どもは成長するにつれさまざまな能力が発達してくる。その大きな転機は「歩行」である。歩行が可能になると常に一緒にいる時空間は徐々に減っていく。しかし，それでもしばらくは親の保護下にある。第二反抗期とよばれる12, 13歳以降は，心理的に親の支配から脱却したい気持ちが強くなるが，中学生・高校生は，社会的にも経済的にも親に依存しなければ生きてはいけない。そこにこそ，日本での不登校と一体になった家庭内暴力の背景があるといっていい。子どもには，独立したいのに独立できないもどかしさがある。そのもどかしさが，自分より体力的にはるかに劣った母親へその矛先は向かうことになる。

　子どもは成長し，自分で自分の行動を決定したいという欲求がある。一般的には，親は子どもの将来を考え，安定した生活を求めるため，子どもの適性や欲求を無視し，自分の価値観に合わせて子どもにそれを押しつけようとする。そこに，子どもと親の葛藤が生じるようになる。欧米の親子関係は，乳幼児期から親と子は分離（独立）した関係でしつけは教え込み型だとされる。一方，日本のそれは，一体感が特徴でしつけの仕方は滲み込み型とされる（東, 1994）。青年期の子どもと親との葛藤は，このような一体感型親子関係と無関係ではない。

　親子関係は，年齢とともに変化しなければならない。親の役割が子どもを社会化させることにあるとすれば，親は子どもとの関係を一体感の状態から，子どもを独立した一個の人間とみるように変化していかなければならない。そのためには，青年期以降になった子どもを生きがいにするのではなく，自分の独自の生きがいをもつようにすることが空の巣症候群に陥らないためには，不可欠であろう。

　以上みてきたように，中年期は社会性だけをとりあげても決して安定した時期ではない。現代人は，めまぐるしく変化する時代に生きているからである。日本では，成人期が安定していたのは第二次世界大戦が終結する1945年頃までであった。それまでは，今より寿命はずっと短く，社会の価値観も安定していた。現代のように価値観も安定せず，技術革新も急激で，平均寿命も80歳を超えてきた時代では，高齢者も含めて成人もある程度の社会への適応ができるような柔軟性が求められるのであろう。一方で，社会も成人や高齢者の特性を知り，彼らに配慮のある施策も必要になる。

◆ 引用文献

東　洋. (1994). 日本人のしつけと教育：発達の日米比較にもとづいて. 東京大学出版会.
Havighurst, R. J. (1995). 人間の発達課題と教育（荘司雅子, 監訳）. 玉川大学出版部.（Havighurst, R. J. (1953). *Human development and education.* New York：Longmans.)
池田一夫・伊藤弘一. (1999). 日本における自殺の精密分析. 東京衛研年報, 50, 337-344.

厚生労働省．(2010)．人口動態調査．http://www2.ttcn.ne.jp/honkawa/2774.htmi
Lazarus, R. S., & Folkman, S. (1991) ストレスの心理学：認知的評価と対処の研究（本明　寛・春木　豊・織田正美，監訳）．実務教育出版．(Lazarus, R. S., & Folkman, S. (1984) *Stress, appraisal, and coping*. New York : Springer.)

4節　中年期のパーソナリティの諸問題

瀧本孝雄

1 ■ 中年期の心理的・生理的特徴

　中年期とは具体的にどの時期を指しているのであろうか。法律上では「中高年齢者」として45歳から65歳未満と定めている。現実的には40歳頃からの時期を「中年期」とよぶことが多いようである。

　中年期の身体的変化としては白髪や脱毛，しわの増加，中年太りといわれる体型の変化，視力の低下，体力の低下などがあげられる。これらは40歳頃から多くの人に自覚される生理的老化現象として現れてくるが，その個人差は大きく，とくに筋力の低下は日頃の運動量と大きく関係しているようである。

　中年期には社会における人間関係の変化が個人に大きな影響を与えることが多くなる。たとえば職業生活における地位の変化などによって責任が増大し，職場の人間関係の調整など新しい役割を担うことが求められる。また家庭内においては職場への過剰適応などによって，親として夫としてあるいは妻としてその役割を十分果たせない状況に陥ることで家族の結びつきや帰属意識が薄らいでいく危険性も指摘されている。

　中年期は，発達心理学の問題として従来あまり注目されなかった。この時期はまた，パーソナリティはあまり変化せず，安定した時期という先入観によって支配されてきたからである。

　たとえば，フロイト（Freud, S.）は，多くの人の性格は児童期までに確立し，成人期の初期に固定してしまうと考えていた。しかし，フロイトの時代からの世界の変化は大きく，また成人・老人の人口が飛躍的に増加した今日，しだいに中年期のあり方が問題になるようになってきた。とくに心理学では，「生涯発達心理学」の視野が開けてくるようになって，人生における中年期の心理学的課題がしだいに明らかにされてくるようになった。実際発達上の変化は，ただ青年期までに起こるのではなく，生涯のあらゆる時期に生じることが明らかになってきた。

2 ■ 中年期のパーソナリティの特徴

　ユング（Jung, 1921/1987）は人間にとって，最も問題となる時期は，中年期であり，中年期こそ人生の最大の危機をもたらす転換期であると考えた。

　ユングは，人生を太陽の動きになぞらえ，40歳を「人生の正午」とよび，その後の中年期を「人生の午後」とよんだ。「人生の午後」の意義は，自己に対して真剣な考察をすることである。そして「人生の午後」の課題は，人生の前半で排除してきた自己をみつめ直し，より新たな自己としてそれを取り入れることである。ここに始まる真の自己実現をユングは「個性化」とよんだ。

「個性化」というのは，若さや能力の減少という事実を受容し，人生目標を振り返って再検討することで自己の内面的な生活を充実させ，自己を獲得することである。

従来，中年期の発達に関する心理学的研究は少なく，常識的に中年期は比較的安定した時期として考えられてきた。しかし，レヴィンソン（Levinson, 1978/1992）に始まる研究では，中年期のなかにも青年期に匹敵する人生の転換期が存在することを明らかにしている。

成人後期である中年期は人生の変動期である。レヴィンソンは，ここで正常な中年の80％が「中年の危機」を体験するという。危機の内容は漠然とした人生への幻滅感，停滞感，圧迫感，焦燥感を主な兆候とするものである。職場で中堅として活躍を強いられる状況は，自分の能力の限界を問われることになる。家庭では，子どもが青年期に達して家から離れはじめる。また親の面倒をみるケースも起こる。妻は育児を終え，仕事にややいきづまった夫との間に新たな夫婦関係のバランスが求められる。

レヴィンソン（Levinson, 1978/1992）は，この時期の課題として，次の4つをあげている。
（1）若さと老いのせめぎあいのなかで，うまくバランスをとること。
（2）男の強さに優しさを統合し，女はかわいらしさに自立心を統合すること。
（3）人生前半と同じくらいのエネルギーで創造的に生きること。
（4）家族や仲間とのつながりを大切にしながら，自分自身を探し求めること。

レヴィンソンは，これらの課題をクリアできる人は積極的，創造的に生きられるが，クリアできない人は停滞あるいは衰退するとしている。

中年以降のキャリアに焦点を当てたレヴィンソンは，一つの安定したキャリア段階は，7, 8年を超えて続くことはないとしているほどである。

エリクソン（Erikson, 1963/1977・1980）は，成人期の課題として，「生殖性」と「世代性」(generativity)をあげている。

「生殖性」とは，広い意味での「産む」という意味であり，次の世代の確立と指導に対する興味，関心のことである。人間は，自分以外の他者にエネルギーを注ぎ，その他者が育っていくことに喜びを感じることができる。典型的には親が子を産み，育て，子どもが親を超えていくことに喜びを見出すことに，「生殖性」の現れをみることができる。

もし，「生殖性」の発達が阻止されると，自分の世界のみに限定され，「停滞」の感覚が浸透し，人間関係が貧困化するようになる。また，しばしば，自分本位となり，子どものように自分自身のことばかり考えるようになるのである。

青年において自分中心に強く向けられていた興味・関心が，成人になると広くまわりにも向けられ，自分自身のことだけでなく，「家族」あるいは「集団」のためという配慮が現れてくる。物事を多面的にみることができ，現実的で慎重で常識的になるが，その半面，妥協的になり，情熱や純粋さを欠き，可塑性が減少する。

感情の振幅が少なくなり，落ち着きが出てくる。夫または妻として，あるいは親としての自覚が生まれ，未熟性から脱却し，責任ある行動がとれるようになる。その一方で，未知への挑戦や従来と違った生き方を避け，これまでの生き方や方法を維持しようとする。

ハヴィガースト（Havighurst, 1953/1995）は青年期以降の発達課題について，7 つをあげている（p.294 参照）。

また，ニューマンとニューマン（Newman & Newman, 1984/1988）は，成人中期（35 ～ 60 歳）の発達課題として，(1) 家庭の管理，(2) 育児，(3) 職業の管理の 3 つをあげている。

3 ■ 中年期の危機

中年期の危機では，まずこれまでの生き方についてとまどいが生じる。自分の将来，価値観，職業，配偶者，家庭などがあらためて問い直され，青年期以来の自我同一性（アイデンティティ）の破綻を経験し，混乱する。

中年期になると，次の 3 つの側面で危機がおとずれてくる。

(1) 体力の危機：中年期になると生命力が減退し，生活習慣病が出現してくるだけでなく老化の一つとして体力やスタミナが減少しはじめる。それによって，自信を失い，老いを感じるようになる。したがって精神的な面を充実させていく必要がある。

(2) 人間関係の危機：対人関係が柔軟で広いか，偏っていて狭いか，といった傾向がはっきりしてくる。また，親類や知人などの死によって対人関係の構造に変化がみられるようになる。そのため新しい人間関係も必要になってくる。

(3) 思考の危機：中年期になると，柔軟性がなくなり，自分なりのやり方や活動に固執し，新しい考えを受け入れにくくなってくる。

危機感を抱いた者のなかには「一度きりの人生だ。やり直すならば今しかない」と脱サラや離婚といった行動に走る者もいる。

画家ゴーギャン（Gauguin, P., 1848 ～ 1903）は，43 歳で故郷のフランスと妻子を捨てタヒチに渡った。このことから，中年期の葛藤を「ゴーギャン・コンプレックス」と一般にいわれている。

また，中年期の危機によって，何らかの精神的障害が起こることも少なくない。たとえば，昇進によって孤立し，まわりからの圧力におしつぶされ無気力となってしまう「昇進うつ病」，会社のポスト不足から自分の限界を知って意欲をなくす「上昇停止症候群」，精神的，肉体的な極度の疲労から無気力になってしまう「燃えつき症候群」などがある。

4 ■ 中年期のストレスと疾患

中年期はストレスが多い時期であるが，それによって次のような問題や疾患が生じやすい。

(1) 中年期男性の自殺の増加：中年期の自殺の動機としては，病気や仕事上での悩み，サラ金返済苦などの経済問題，配偶者との離婚などがあげられる。

(2) 職業生活への過剰適応：職業生活への過剰適応の人は責任感が強く仕事熱心で，余暇の使い方も仕事を通じたつきあいが中心である。これらの人が自分の出世能力，体力の限界などがみえてくることによって心の動揺が生じ，うつ状態や心気症などの心身症状を呈してくる。

(3) 中年期夫婦の離婚・家庭内離婚：夫は仕事，子どもは外の世界へいくことにより妻一人となることが多くなる。また，夫が単身赴任で父親不在，夫不在となって，コミュニケーションが少なくなってくる。そのような経過から離婚や家庭内離婚が生じやすい。離婚は多くの場合，妻からの申し出によるものが多い。

(4) 子どもの巣立ち：母親としての役割から解放される半面，新たな自己実現を目指すことが困難となり，家出やアルコール依存に陥りやすくなる。

5 ■ 中年期のキャリア転機に関する理解

人生では自ら仕事を変えたくなったり，仕事での立場や働く環境の変化にともなって意識や行動を変えることが求められたりすることがある。こうしたキャリアの節目を，とくに「キャリア転機」とよんでいる。

「転機」には「危険」と「機会」の2つの要素が織り交ざっている。これを乗り切ることに失敗すると厄介な事態になるし，克服できればアイデンティティが確立され展望が開ける。

原因はどのようなものであれ，何らかの対応が必要なことには変わりがなく，おかれた状況と折り合いをつけながら課題全体を統合して克服していかねばならない。

転機は，その性質により大きく2つに分類することができる。第一に予期しなかった事件が起きた場面や，逆に起きるはずと思っていたことが起きなかった場面など，予想に反する事態になり何らかの対応が求められる場合である。突然の転勤や昇進などの命令が出される，期待していた異動が見送りになったなどはこの例である。

予想に反した事態であるため，インパクトが大きいことが多く，冷静で確かな意思をもって対応することが求められる。

他の一つは，予見しうる変化の事態で，自分の意思で引き起こすキャリア開発の取り組みや時間の経過とともに訪れる変化の対応が必要な場面による転機である。自らの意思による転職，起業のほか，自己申告による異動，定年などはこの例である。

いずれも意識や行動を変えることが求められる場面で，期待や不安，ときには葛藤をともなうこともあり，緊張をへて新たな安定を獲得したり，ときには挫折や落ち込みを経験したりするところとなる。

キャリア転機が，キャリア発達にとって重要な意味をもっていることは，多くの研究者が指摘するところである。転機の心理プロセスについてはいくつかの説明モデルがある。

ここでは，シュロスバーグ（Schlossberg, 1984）の理論について述べる。

シュロスバーグは，人生はさまざまな転機の連続からなりたっており，それを乗り越える努力と工夫を通してキャリアは形成され開発されていると述べている。つまり，長い人生の過程におけるキャリア発達はキャリア転機の連続からなると考え，キャリア転機のプロセスをよく理解し，キャリア転機を上手に行い，自己管理できるようになることが大切であると考えた。この転機とは，「人生において何らかの出来事が起きること，出来事に遭遇すること」あるいは「予測した

ことが起きないために，その影響を受けて起きる変化のこと」をいう。そして，このキャリア転機は社会的な要因，組織的な要因，個人的な要因などによりもたらされると考えた。

シュロスバーグは，「転機」を，自己の役割，人間関係，日常生活，考え方を変えてしまうような人生途上の出来事と把握し，その対処に焦点を当てる。そのことから，「転機とその対処」は「ストレスとその対処」の考え方に近いことや，その背景には，ラザルス（Lazarus, R. S.）らの認知評価モデルやストレスコーピングの考え方があることが指摘されている。

シュロスバーグによれば，転機には，①予測していた転機，②予測していなかった転機，③期待していたものが起こらなかった転機の3つがある。これらの3つの種類に分類される「転機」に対処するためには，situation（状況），self（自己），support（支援），strategy（戦略）という「4つのS」とよばれる資源を活用することが重要であるとしている。

それによって，何が障害になっているかを考えるための枠組みとして利用できる。キャリア・カウンセラーがクライエントを理解するうえで，また個人が自己分析するうえで役に立つ枠組みである。障害に直面したときは，どのSでつまずいているのかを検討してみるべきとされる。

状況（situation）：この視点は，問題が生じたきっかけ・時期・期間・以前の経験・他のストレス・受けとめ方などである。

自己（self）：この視点は，仕事の重要性・仕事と他の興味とのバランス・変化の対応・信念・人生の意義などである。

支援（support）：この視点は，他者からの肯定的感情・激励・情報・紹介機関・キーマン・実質的援助などである。

戦略（strategy）：この視点は，状況を変化させる対応・問題の意味を変える対応・問題の起こった後のストレス解消策などである。

このように，シュロスバーグの考えは，直面している課題を分析的に整理してみようとする試みであるといえる。

キャリア転機ではそれまでの行動様式，ときには価値観意識，ものの見方など，さまざまな心理的な意識や態度を簡単には忘れることができず，新しい事態を受け入れる障害になったり大きなストレスになったりする。中年期ではとくに新しいものが自分にとって自然に感じられるまでは，不安や期待が交錯し，ときには親しんだ過去への未練や新しい環境に対する不満が生じたりするものである。

◆ 引用文献

Erikson, E. H.（1977・1980）．幼児期と社会 1・2（仁科弥生，訳）．みすず書房．（Erikson, E. H.（1963）．*Childhood and society*（2nd ed.）. New York : W. W. Norton.）

Havighurst, R. J.（1995）．人間の発達課題と教育（荘司雅子，監訳）．玉川大学出版部．（Havighurst, R. J.（1953）．*Human development and education.* New York : Longmans.）

Jung, C. G.（1987）．タイプ論（林　道義，訳）．みすず書房．（Jung, C. G.（1921）．*Psychologische Typen.* Zürich : Rascher & Cie., Verlag.）

Levinson, D. J.（1992）．ライフサイクルの心理学（上・下）（南　博，訳）．講談社．（Levinson, D. J.（1978）．*The seasons of a man's life*. New York : Alfred A. Knopf.）

Newman, B. M., & Newman, P. R.（1988）.新版生涯発達心理学：エリクソンによる人間の一生とその可塑性（福富　護，訳）．川島書店．（Newman, B. M., & Newman, P. R.（1984）. *Development through life : A psychosocial approach*（3rd ed.）. Homewood, IL : Dorsey.

Schlossberg, N. K.（1984）. *Counseling adults in transition : Linking practice with theory*. New York : Springer.

11章 高齢期

1節 高齢期のパーソナリティの特徴

川野健治

1 ■ 高齢期のパーソナリティ特徴とその前提

a. 高齢期のパーソナリティの変化

　私たちは，時に「老い」を鮮烈に受けとめる。外見において，あるいは身体的な機能において，高齢期が他のライフステージと比べて大きく異なる様相を示すことに気づくのである。他方，パーソナリティもまた，高齢期に特徴的であるとされることがある。たとえば荒井（1994）は，①自己中心性，②内向性，③保守性，④猜疑，邪推しやすさ，⑤柔軟性・融通性の欠如，強い固執性，⑥適応力の低下，⑦不機嫌，ぐちっぽさ，⑧でしゃばり，⑨心気的，⑩依存的，⑪抑うつ傾向，をあげている。

　このようなパーソナリティ傾向がとくに「高齢期の特徴」であるなら，中年期から高齢期への移行において，パーソナリティは変化していることになる。この変化／安定についてはこれまで活発に議論されてきたが，その結果は以下のように一貫していない。

b. 変化の領域と方向

　下仲（1998）は，高齢期のパーソナリティ特徴とされてきたものは，主に横断研究によって見出されたものであるが，縦断的データによると，外向性については「安定している」という報告と「加齢とともに低下する」という両方の結果が得られていると指摘した。また，「慎重，用心深くなる」「頑固になる」という見解は支持されず，「抑うつ的，心気的傾向」は，エネルギッシュな老人の増加とともに「過去のものとなりつつある」と述べている。つまり，中年期から高齢期にかけてのパーソナリティはおおよそ安定しているということになる。ビッグファイブとよばれる，神経症傾向，外向性，開放性，調和性，誠実性の5つの特性について，20代から90代の人

表11.1 人格に対する加齢の効果（佐藤, 1993）

安定的な側面	変化する側面
気質または特性	特定領域での自己に対する態度
外向性（社交的・交際好き）	知的コントロール
神経症性（適応・不安）	健康コントロール
経験への開放性	深層の変数
誠実性（誠実さ・良心的）	熟練の様式，内省，対処様式，防衛，価値
協調性・愛想のよさ	自己概念
自己に対する一般的態度	男性性―女性性・性役割
統制の位置（locus of control）	自尊心
自信・自覚的能力・自己効力感	達成動機・要求水準
認知スタイル	情緒的変数
	不安，うつ，疲労，幸福感，人生満足感

たちを対象に調べた調査では，6年の間隔をおいて調べたところ，パーソナリティには加齢による変化はみられないと結論づけている（Costa & McCrae, 1988）。

一方，横断的研究ではパーソナリティの変化が覆い隠されてしまうという指摘もある（Krueger & Heckhausen, 1993）。これに対してジョーンズとメレディス（Jones & Meredith, 1996）は，平均値を用いた統計手法では集団全体としての変化／安定しか検討できないとして，個々の変化を抽出しうる潜在曲線分析（latent curve analysis）を用いた個性定立的アプローチ（idiographic approach）を採用した。30代から40代でのパーソナリティ変化のしやすさを指摘したハーンほか（Haan, Millsap, & Hartka, 1986）のデータを再分析した結果，縦断的データでも6つのパーソナリティ次元のうち自己への確信，外向性，信頼性では得点の増加，積極性は減少し，主張性で安定のパターンが当てはまることを見出した。すなわち，高齢期にはパーソナリティの変化を示す者も多く確認されるということになる。なかでも内向性が強まる（外向性が低まる）とする報告は他にもいくつかみられる（Botwinick, 1973；Field, & Millsap, 1991；Schaie & Parham, 1976）。

これらの一見矛盾する結果は，「高齢期に変化するパーソナリティの領域はあるが，その方向は一様と限らない」として了解可能である。佐藤（1993）は，このような観点からラクマン（Lachman, 1989）を改変し，表11.1のようにまとめている。また，榎本（2004, 2009）は，パーソナリティを，3つの層に分けて理解することを提案している。すなわち，（A）幼少期の経験と遺伝的素質によって作られる，パーソナリティの基底部分，（B）加齢とともに生じる生物学的変化にともなって表面化する側面や，各年代の社会的立場と結びついた経験や社会的期待によって形作られるライフステージの特徴をなす部分，（C）社会変動や偶発的な経験によって形作られる個人的な部分，と分けてみると，（A）は一貫してみられるその人らしさを支えるが，（B）は予測された方向での変化を示し，さらに（C）はパーソナリティの変化に思いがけない影響を与える可能性がある。

2 ■ 高齢期のパーソナリティと社会状況

先に述べたように，高齢期のパーソナリティの特徴，とくにその変化については「領域」を考

えることが鍵となる。パーソナリティの基礎的な領域については，特性論の議論のなかで「基礎的な」内容と次元数が，多変量解析手法の発展と並行して繰り返し検討されてきた。その詳細な議論は本書の他の理論的な章に譲るとして，高齢期において特定のパーソナリティ特性，あるいは領域がより注目されることを指摘しておくことは重要だろう。

すこし歴史を眺めておきたい。アメリカを中心に老年学の展開をみてみると，老年学会が設立されたのが1945年であり，1959年にはじめての老年心理学の教科書"*Handbook of aging and the individual*"が刊行されている。そこでは，大部分が横断的データで占められており，そのデータ解釈の根底には老いに対する否定的な固定観念があったという。ただし，労働力になることをよしとする（つまり労働力にならない高齢者世代等は望ましくない）とする価値観は，ずっと遡り，17世紀初頭にヨーロッパからの植民が始まったときからあるのだから，老人を消極的・否定的に記述することは，とりたてて当時の教科書だけの特徴ではないという指摘もある（下仲，1998）。いずれにせよ，後に提唱された「エイジズム」という概念は，老人であるという理由による差別・偏見を指す言葉であり，老人特有のパーソナリティ特性，あるいは知能や技術の低下に関する他の人々からの偏った認識への警鐘であったが，そのような差別・偏見の背景には生産性や有能性を評価するアメリカの歴史的価値観が結びついていたと推測できる（Palmore, 1999/2002）。

アメリカではその後，老年期のとらえ直しの動きが始まる。その象徴となったのがサクセスフル・エイジングという言葉を掲げたマッカーサー研究である。この研究は老年期における加齢の否定的な側面，つまり身体的・心理的・社会的喪失を中心とした発達の下降傾向について科学的，学際的に検討し，サクセスフル・エイジング（succcessful aging）という言葉のもとに肯定的側面への検討の先鞭をつけたとされている。秋山（2000）によると，この研究の貢献は2つにまとめることができる。一つは，それまで医学，看護学，生物学，経済学，社会学，心理学，社会福祉学，建築学などで個別的に行われてきた高齢者研究に，学際的な老年学へと統合する理論的枠組みを提供したことである。もう一つは，従来の老年学が疾病や障害など高齢期のネガティブな側面に集中していたのとは対照的に，ポジティブな側面，つまり，高齢期にあっても健康で自立し社会に貢献できる可能性を示したことである。たとえば「高齢者は病気がちだ」「新しい技術は若くなければマスターできない」「身体機能の低下は遺伝によるものだ」といった通念に間違いといえる内容が含まれていることを科学的に指摘し，これらの下降現象は運動，食生活，人間関係に留意することで改善されることを示したのである。

一方，わが国では1959年に老年学会が設立され，1972年には高齢者研究を専門とするはじめての研究機関である東京都老人総合研究所が設立されて縦断研究も本格的に着手された。2005年度の老年社会科学会でのメインシポジウムにサクセスフル・エイジングを据えたわが国の高齢者研究は，アメリカから15年ほど遅れながら，その軌跡を再現しているようにみえる。つまり，わが国の高齢者研究もまた，このような構図「否定的発見→肯定的とらえ直し×社会的要請」をなぞって理解することができるのではないだろうか。

かつては生産の場から除外されていた高齢者は，労働市場に呼び戻されはじめているという指

摘がある（加来, 2003）。それまで「役割なき役割」のなかに閉じ込められていたのだが，今日では（人口比率の変動も影響している）年金財源の危機を背景に自立・自助して，成人一般と変わりない役割を果たすことが期待されており，今日の少子高齢社会は，高齢者に上手に老いることではなく「生涯を通じて成人としての役割を長期にわたって遂行し続けること」を期待していると指摘される（小田, 2003）。

「労働力」とならない存在として，近代社会の成立以降，陰画＝ネガとして追いやられた高齢者は，サクセスフル・エイジングという老年学の動きによってポジに転換された歴史をもつ。もちろんそれは，ある層の高齢者の生涯発達に肯定的な展望を与えたことは確かである。とくに現在わが国においては，経済的状況とも対応して，自立した，介護を必要としない高齢者が歓迎されているといえるだろう。先の介護保険制度の見直しで最も強調された点が，介護から予防への力点の移動であった。しかしこの状況は「働けない高齢者」，介護を必要とする高齢者を改めてネガとして切り離す動きをともなっていることに注意しておきたい。それはたとえば「働かざるもの食うべからず」という言葉の，否定の否定による肯定という仕組みと同型として理解できる。超高齢社会の到来は，介護を必要とするものの比率の高まりを意味するのだが，自立し生産力のある高齢者を評価し求めているという通奏低音が，その背景に響いている。

a. 高齢期の適応とパーソナリティ

上記のような歴史観からは，社会への適応は高齢者のパーソナリティ特性を考えるうえで重要な観点となる。高齢者の適応とパーソナリティに関する研究は，高齢者の社会適応においては，一見不適当なパーソナリティをもつことが有効な場合のあることを指摘してきた。たとえば，高齢期においては，自律の主張の弱い，つまり家族に対して依存しやすいものほど，健康状態がよいという（中里・下仲・河合・佐藤, 1996）。また，孤独感（loneliness）について，ひとりになること（solitude）で，かつての喧騒から逃れ静けさを得たことを楽しむタイプがあるという（Weeks, 1994）。シルヴァー（Silver, 1992）は，パーソナリティとその延長としての防衛機制について，職業社会では適応的とされてきたものよりも未熟な「行動化, 投影, 否認, 解離」といった防衛機制のほうが，周囲の注意や助けを得やすく適応的であり，結果的に自律あるいはコントロール感も得られるとしている。

適応すべき対象を，かつて適応していた「職業的・一般人の社会」と考えるとき，上記のような特性は「不適応」にみえるかもしれない。しかしそれは，社会適応が前提である一般成人の場合に該当する。あるいは，社会に対する不適応や抵抗に耐えるだけの能力をもち，あるいは許容される子どもや青年の場合は「発達」が期待される。一方，高齢者を，家族や他者との「被支援的」関係性（明確な介護行為とは限らない，日常的な配慮も含む）において生活するものととらえるなら，上記のような特性によって心理的なバランスをとることは「適応的」とよぶべきだろう。

そしてさらに，前項で述べたように，社会の求める高齢者像が変化・二分化していくのであるのなら，適応的パーソナリティの議論は，より文脈を意識しつつ行われることになる。

b. 高齢期の健康管理とパーソナリティ

自立的に健康を保つことに関連するパーソナリティ特性は，最も注目される文脈の一つといえ

るだろう。その一つの極は，慢性疾患のコントロールに関するものである。慢性疾患患者の治療遵守行動とパーソナリティ特性の関係があること（Axelsson, Brink, Lundgren, & Lötvall, 2011），高血圧のコントロールと衝動性が関係のあること（Sanz, Garcia-Vera, Espinosa, Fortún, Magán, & Segura, 2010），アルコール関連問題との関係（Spillane & Smith, 2010）なども指摘されている。ただし，これらの報告は高齢期に好発する疾患等を扱ってはいるものの，データ自体は高齢期に限ったものではない。

より高齢期に特化した報告としては，各種の健康管理行動とパーソナリティ特性についての実証研究がある。たとえば岩佐ほか（Iwasa, Masui, Gondo, Yoshida, Inagaki, Kawaai, Kim, Yoshida, & Suzuki, 2009）は，高齢者のパーソナリティをNEO-FFIで測定し，開放性と健康診断への参加が関係していることを示した。また，森田ほか（Morita, Sasaki, & Tanuma, 2009）は，高齢者がデイサービスのメニューに積極的に参加することに関連するパーソナリティ特性として，高い社会性と新奇刺激への希求性がかかわることを示した。また，高齢者が身体活動に活発に取り組むためには，自己効力感を高めるように看護師が働きかけることが有効であるという指摘（Lee, Arthur, & Avis, 2008）もある。

c. 介護関係のなかでのパーソナリティ

介護という関係性のなかでのパーソナリティに注目されることもある。たとえば，高齢者の介護施設では，被介護者は自分が残存能力を使用しないのは介護スタッフが発揮させないように行動するためだと考えているのに対して，スタッフはむしろ被介護者の特性（characteristic）が原因と考えている（Wahl, 1991）。高齢者介護では，自律・自立の援助と安全配慮という，時に相反する可能性のある価値観を両立させたいという目標をもつ。介護者が安全，被介護者が自律・自立を志向するとき，高齢者の能力・パーソナリティといった特性をとらえるうえで，両者にズレが生まれるのである。

また，被介護者のもつ障害，あるいは介護負担の質が影響する場合もある。たとえば高齢の母親を介護する娘は，記憶や空間定位など認知的な障害のある母親を「頑固」「不機嫌」「几帳面さにかける」と評価すると報告されている（Albert, Litvin, Kleban, & Brody, 1991）。

3 ■ 高齢期のパーソナリティと精神疾患

高齢期における精神疾患への罹患がパーソナリティに影響を与えるとする，いくつかの議論がある。たとえば竹中（1982）は，高齢期の人格（パーソナリティ）障害を，次の3つに分類した。
(1) 従来から存在していた人格障害が，加齢により変化したもの
(2) 従来から潜在的に存在していた人格障害が，加齢による病気や施設入所，同居などの生活状況の変化によって，顕在化したもの
(3) 新たな人格障害が加齢により生じたもの

すなわち，従来からのパーソナリティ障害と，高齢期の生理的老化や器質性の疾患によるものとに分ける。東儀ほか（東儀・中村・林, 2005）は，この分類から高齢期の精神疾患と関連する

パーソナリティ特性を示している。

　まず，(1) と (2) については，陰気，ひがみ，猜疑的になりやすいこと，わがまま，心気的傾向をあげている。たとえば，それまで偏ったなりにも自立していた生活を失い，介護を受けるなかでこのような特徴が顕在化するのだという。(3) のうち，生理的老化によるものとしては，食行動異常，排泄の異常，無感情，盗癖，逸脱行為などと関連して見出されるパーソナリティがある。一方，器質性の疾患，たとえばピック病，ハンチントン病，クロイツフェルト−ヤコブ病などと関連するパーソナリティ，たとえば発動性の減退，心気的，抑うつ的，被害的傾向を示すことが多いとされている。

　しかし，パーソナリティと関連して最も注目される精神疾患は，認知症であろう。認知症高齢者は2005年に169万人，2008年には200万人と増加していること，その介護にはまだまだ家族が期待されていることが，その背景にある。シーグラーほか (Siegler, Welsh, Dawson, Fillenbaum, Earl, Kaplan, & Clark, 1991) は，ビッグファイブとの関連を調べ，神経症傾向の増大，外向性と開放性の低下，誠実性の著しい低下がみられたと報告している。

　このように精神疾患とパーソナリティ（の変容）の関連は多く指摘されているが，実際には，たとえばアルツハイマー病の初期段階では，(1)(2) と (3) の判断はつきにくい。しかし科学的な手続きとして困難であっても，家庭介護の文脈においては，パーソナリティの変化に気づいたとき，その背景に器質性疾患の可能性を疑い，正しい診断を行うことは，介護ストレスの軽減につながるかもしれない。

4 ■ 方法上の問題

　高齢期のパーソナリティに関する研究は，他のライフステージと比べて決して多くはない（図11.1）。そこには，研究方法上の難しさ，たとえば一般成人用の研究手続きは高齢者には不向きであること，縦断研究が必要であるのにサンプル数を確保しにくいことなどがあげられる。しかし，すでに述べたように，研究方法のうち，とくに縦断データに関する研究・分析手法については確実に進歩している。近年盛んに取り組まれるようになったコホート研究の成果が，報告されはじめているのである。ただし，どのような状況・視点で高齢者のパーソナリティに焦点を当てるのかについて，常に明確にして取り組むことで，今後，有益な知見が集積していくものと期待される。

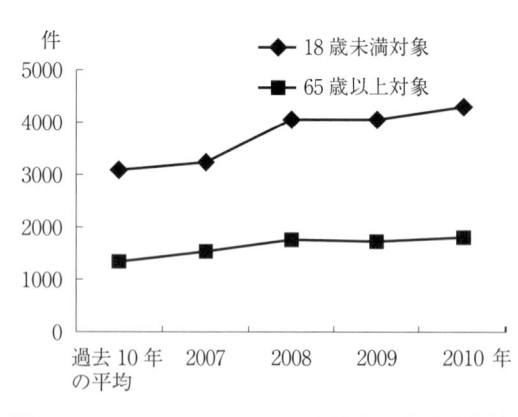

図 11.1　パーソナリティに関連する英語論文数の変化（pubmedによる検索）

◆ 引用文献

Albert, S. M., Litvin, S. J., Kleban, M. H., & Brody, E. M.（1991）. Caregiving daughter's perception of their own and their mother's personalities. *The Gerontologist*, **31**, 476-482.

秋山弘子．（2000）．日本の老年社会科学から欧米へ向けての発信．老年社会科学，**22**, 338-342.

荒井保男．（1994）．老人の人格．荒井保男・星　薫（編），老年心理学（pp.121-136）．放送大学教育振興会．

Axelsson, M., Brink, E., Lundgren, J., & Lötvall, J.（2011）. The influence of personality traits on reported adherence to medication in individuals with chronic disease : An epidemiological study in West Sweden. *PLoS ONE*, **6**, Article el8241.

Botwinick, J.（1973）*Aging and behavior : A comprehensive integration of reseach findings*. Oxford, England : Springer.

Costa, P. T., Jr., & McCrae, R. R.（1988）. Personality in adulthood : A six year longitudinal study of self-reports and spouse rating on the NEO Personality Inventory. *Journal of Personality and Social Psychology*, **54**, 853-863.

榎本博明．（2004）．ライフサイクルとパーソナリティの発達．榎本博明・桑原知子（編），新訂人格心理学（pp.102-121）．放送大学教育振興会．

榎本博明．（2009）．パーソナリティの発達的変化．榎本博明・安藤寿康・堀毛一也（著），パーソナリティ心理学（pp.135-156）．有斐閣．

Field, D., & Millsap, R. E.（1991）Personality in advanced old age : Continuity or change? *Journal of Gerontology*, **46**, 299-308.

Haan, N., Millsap, R., & Hartka, E.（1986）. As time goes by : Change and stability in personality over fifty years. *Psychology and Aging*, **1**, 220-232.

Iwasa, H., Masui, Y., Gondo, Y., Yoshida, Y., Inagaki, H., Kawaai, C., Kim, H., Yoshida, H., & Suzuki, T.（2009）. Personality and participation in mass health checkups among Japanese community-dwelling elderly. *Journal of Psychosomatic Research*, **66**, 155-159.

Jones, C. J., & Meredith, W.（1996）. Patterns of personality across the life span. *Psychology and Aging*, **11**, 57-65.

加来和典．（2003）．高齢者の社会参加．船津　衛・辻　正二（編），エイジングの社会心理学（pp.87-107）．北樹出版．

Krueger, J., & Heckhausen, J.（1993）. Personality development across the adult life span : Subjective conceptions vs cross-sectional contrasts. *Journal of Gerontolgy*, **48**, 100-108.

Lachman, M. E.（1989）. Personality and aging at the crossroads : Beyond stability versus change. In K. W. Shaie & C. Schooler（Eds.），*Social structure and aging : Psychological process*（pp.167-189）．Hillsdale, NJ : Lawrence Erlbaum Associates.

Lee, L. L., Arthur, A., & Avis, M.（2008）. Using self-efficacy theory to develop interventions that help older people overcome psychological barriers to physical activity. *International Journal of Nurse Study*, **45**, 1690-1699.

Morita, K., Sasaki, A., & Tanuma, T.（2009）. Personality traits affect individual interests in day service activities. *Japanese Journal of Nurse Science*, **6**, 133-143.

中里克治・下仲順子・河合千恵子・佐藤眞一．（1996）．老年期の心理的依存性が適応に及ぼす影響．老年社会科学，**17**, 148-157.

小田利勝．（2003）．社会学から見た「老い」とアンチエイジング．塩谷信幸・吉田　聡（編），現代のエスプリ：430　アンチエイジングの科学（pp.36-45）．至文堂．

Palmore, E. B.（2002）．エイジズム（鈴木健一，訳）．明石書店．（Palmore, E. B.（1999）．*Ageism : Negative and positive*（2nd ed.）．New York : Springer.）

Sanz, J., García-Vera, M. P., Espinosa, R., Fortún, M., Magán, I., & Segura, J.（2010）. Psychological factors associated with poor hypertension control : Differences in personality and stress between patients with controlled and uncontrolled hypertension. *Psychological Report*, **107**, 923-938.

佐藤眞一．（1993）．老人の人格．井上勝也・木村　周（編），新版老年心理学（pp.56-57）．朝倉書店．

Schaie, K. W., & Parham, I. A.（1976）Stability of adult personality traits : Fact or fable? *Journal of Personality and Social Psychology*, **34**, 146-158.

下仲順子．（1998）．老年心理学研究の歴史と研究動向．教育心理学年報，**37**, 129-142.

Siegler, I.C., Welsh. K. A., Dawson, D. V., Fillenbaum, G. G., Earl, N. L., Kaplan, E. B., & Clark, C.M. (1991). Rating of personality change in patients being evaluated for memory disrders. *Alzheimer Disease and Associated Disorders*, **5**, 240-250.

Silver, C. B. (1992). Personality structure and aging style. *Journal of Aging Studies*, **6**, 333-350.

Spillane, N. S., & Smith, G. T. (2010). Individual differences in problem drinking among tribal members from one first nation community. *Alcohol Clinical Experience Research*, **34**, 1985-1992.

竹中星郎. (1982). 老年期の人格障害. 臨床精神医学, **11**, 563-569.

東儀瑞穂・中村亮介・林 直樹. (2005). 高齢者の人格障害の臨床的特徴. 老年精神医学雑誌, **16**, 527-533.

Wahl, H. (1991). Dependence in the elderly from an interactional point of view : Verbal and observational data. *Psychology and Aging*, **6**, 238-246.

Weeks, J. D. (1994). A review of loneliness concepts, with particular reference to old age. *International Journal Geriatric Psychiatry*, **9**, 345-355.

2節　高齢期の自己概念

長田由紀子

1 ■ 老いの意識

a. 老性自覚

　一般に，65歳以上は高齢者とよばれているが，果たして「老い」はいつから始まるのであろうか。仮に，「機能の低下」を老いの一つの特徴としたとしても，心身のどの部分をとりあげるかで，「老い」の始まりは違ってくる。また，昔から「老成」「円熟」といった言葉があるように，身体面に比べて精神面では単純に「機能低下が起こる」とはいえず，質的な変化を考えていくことが必要であろう。多くの人は，65歳をすぎ，いわゆる老年期に入ったからといって自らの「老い」を感じることはない。しかしながら，それまでの自分と変わらない自分として元気な成人期を過ごしていても，身体的な変化は徐々に起こっており，やがて身体の老いについていけていないといった身体と心のギャップを感じるようになる。そうしたなかで，老いの意識としての老性自覚が生じると考えられる。

　高齢者が自己概念の一部として老性自覚をもつことは，行動上にも影響を与えるであろう。たとえば，老性自覚をもたない人は，電車で席を譲られることにとまどいを感じ，家族でない他人から「おじいちゃん」「おばあちゃん」とよばれることを不愉快に感じるであろうが，老性自覚をもつ人はそれほど抵抗を感じない。守屋（1994）は，老人意識を発達的に研究する際の主要な問題としてとりあげている。そして，老人意識の形成要因と老人意識の形成過程に注目し，前者には老人意識の出現時期，老人意識の出現契機，老人意識とその相関者との連関性（どのような人が老人意識をもちやすいか），などが含まれるとした。自分自身に「老い」を感じはじめる年齢には個人差があり，早くは40代から「老い」を自覚する人もいるが，80歳をすぎても自覚しない人もいる。また老性自覚をもつきっかけとしては，体力や活動力の低下，病気へのかかりやすさなど内面的な要因と，孫の誕生や定年退職などの外面的な要因とがあげられるが，そうしたきっかけで老人意識をもつようになるか否かには，個人差があるとしている。

b. 老いのイメージ

　心身に加齢による変化が起こっていてもそれを認めようせず，できるだけ「老い」を遠ざけて老人意識をもとうとしない背景には，老人あるいは老年期そのものに対する否定的なイメージが関連していると考えられる。近年，わが国でも「老人」という言葉はあまり使われなくなったが，それは「老い」という言葉がもつ否定的なイメージのためであろう。「老い」や「老年期」に対するイメージは古今東西をとおしておおむね否定的であり，それは子どもより成長するに従って強くなる傾向にある。

　しかしながら「高齢者は頑固で嫉妬深く内向的で依存的である」といった否定的な評価は，い

わゆる老人神話によるもので、実態を反映したものではない。老年期や老いそのものに対するイメージも、「悲しく」「退屈」など否定的傾向が強いのは、初期の研究において身体的・精神的障害をもつ高齢者が調査対象となりやすかったことや、ステレオタイプの高齢者の姿ばかりが強調されてきたためといわれる。老いのイメージの研究は、古今東西に浸透していた「老い」の否定的イメージを打破するために行われてきたといっても過言ではなかろう。

c. 老いの意識と適応

「老いの意識」は、適応とどのように関係するだろうか。老人意識をもつことによってうつ的になり未来に希望を抱かなくなるという報告もある。否定しようもない「老い」を突きつけられることは、自分自身に限界を感じ、あきらめの気持ちを助長させるかもしれない。しかし、低下していく自分自身の精神的・身体的能力を受け入れることは、老年期の適応にとって重要である。若い頃と同じような無理をすることはなくなり、病気ともうまくつきあいながら生活をすることも覚える。「ありのまま」の自分を見つめ、老いの価値を見出すことは、円熟や自己実現にもつながるといえよう。

2 ■ 高齢期における役割の変化

a. 役割の変化

各発達段階において家庭や社会のなかで期待される役割は異なり、それらは自己概念に影響を与える。成人期には、親として、社会の一員として、職業人として果たすべき明確な役割があり、それらを背景とした「あるべき姿」が自分らしさの一部を構成していた。これに対して老年期には、社会における中心的・公的な役割からの引退などさまざまな役割の変化がある。大きな変化としては、職場の引退によって社会的な立場や役割から離れること、親としての役割を終了するなどがあげられる。男性において職場役割の喪失は、アイデンティティを揺るがし空虚感をもたらす危機ともなりうる。また子どもの独立によって孤独感や空虚感にさいなまれる「空の巣症候群」は、しばしば子育てを生きがいとしてきた女性に生じやすいといわれてきた。

さらに、世話をする立場からされる立場へ、家族を扶養する立場からされる立場への変化も生じる。変化する状況を拒否し、それまでの役割に固執する場合、こうした役割の喪失や変化は自己のアイデンティティや自尊心を脅かす危機となるかもしれない。一方で家庭や社会における義務からの解放は、「こうでなければならない」自分から「こうありたい」自分を再認識させ、「自分らしさ」を発揮させることにもつながる。社会老年学では古くから、高齢者が役割をもつことの重要性を指摘している。変化に応じて高齢者ならではの役割を獲得することは、新たな自己概念をもたらすことにもなろう。

b. 祖父母としての役割

シャイエとウィリス（Schaie & Willis, 2002/2006）は、祖父母になる年齢には個人差・文化差があることを述べたうえで、ベングッソン（Bengtson, 1985）による「祖父母が家族で果たす4つの象徴的な役割」を示し、祖父母の意義について述べた。すなわち祖父母の役割とは第一に、

家族問題に動じず家族の連続性を体現する人物，家族の接触と会合の中心となることが期待される，安全装置の役割である。第二は，緊急の際に保護と世話を要求され，経済的なバックアップを期待される人物，第三は両親と孫との間の緊張を和らげる調停人，第四は家族の歴史を伝える役割である。

　日本においても，家庭においては子育ての主役ではなく，両親をバックアップするサポート役が期待される。大川（1994）は因子分析の結果から，祖父母には「導く」「教える」「見守る」「親しむ」「与える」役割が期待されているが，実際は厳しさよりも与えすぎてしまっている実態を示した。祖父母の立場となった高齢者が自分の祖父母としての役割を受け入れ，指導者としての役割を果たすことは，自尊心を高めることにもつながると考えられる。

c. 性役割

　いわゆる「男らしさ」「女らしさ」は社会および文化がそれぞれの性に何を期待するかによって形作られている。西欧文化におけるステレオタイプ的な性役割は日本のそれと同様であるが，成人期をとおしての変化についても研究が行われてきた。それらは，高齢男性には「男性性」「女性性」をあわせもつ人が多く，高齢女性では「女性性」がより強調されるという結果である（Kimmel, 1990/1994）。下仲ほか（下仲・中里・河合, 1990）は，これまで老年学研究のなかで指摘されてきた，中年期から老年期に至る役割の変化に付随する性役割の変化について，日本の高齢者を対象とした研究を行っている。社会からの引退にともなって男性は人生後半期に養育的・受け身的になるのに対して，女性は世話や養育的立場では抑えていた攻撃性を抑える必要がなくなることなどが予想されたが，結果は男性においてその傾向がみられたのみであった。下仲は，高齢女性は男性性・女性性ともに低い傾向がみられた結果をわが国特有の現象ととらえ，嫁と同居する姑の力の弱体化によるものと考察した。三世代同居が減り，戦後に強くなったといわれる女性たちが高齢期に突入する今日では，欧米に近い結果がみられるかもしれない。

3 ■ 高齢者の自己概念へのアプローチ

a. SCTを用いた自己概念の研究

　下仲（1988）は，日本の高齢者の人格および自己概念の研究を行うなかで，当時こうした研究がほとんど行われていなかったことから，研究者側の用意した枠組みを押しつける危険性を回避することを考慮し，文章完成法（SCT）を用いた。「若い頃，私は……」「今の私は……」など20項目を設定し調査を行い，居住環境との関連，性差，加齢変化等について検討している。そして「生涯のなかで老年期の自己概念は，自己の未来の広がりに期待するよりも死を最終ゴールとして客観的にとらえて現在の自己や家庭を肯定受容し，そのなかで過去の自己の世界に回帰していくと位置づけられた」とし，「老いにさからわず上手に年をとっていく，いわば人間の成熟性に連がる老人の適応的な姿を反映している」と結論づけた。

　さらに下仲・中里（1999）は，同手法に自我強度スケールを加えて実施した15年間の縦断研究から，パーソナリティの安定性と変化，生存や死を予測する自我機能とパーソナリティ特徴につ

いて分析した結果を報告している。そのなかで自己概念については「過去の自己」についての肯定反応は加齢とともに増加したが,「未来の自己」については肯定から否定反応に変化したことを示した。そして70歳から85歳にかけてのパーソナリティの発達の可能性，また自我機能は肯定的な自己概念の維持や生存に影響を及ぼすことを示唆している。

b. 自伝的記憶と自己

膨大な記憶のなかから何を選び語るかは，現在の自分に大きく関係している。自伝的記憶は，自己概念を構成する要素としてとらえることもできるだろう。ルービンほか（Rubin, Wetzler, & Nebes, 1986）は，単語手がかり法を用いた自伝的記憶研究のなかから高齢対象者の結果をとりあげて示した。ライフスパンを通して思い出される自伝的記憶の頻度は，最近のものを除いては10～30代の出来事が多く想起される傾向があり，レミニセンス・バンプ（reminiscence bump）とよばれている。これは，この時期の出来事がアイデンティティの確立と密接に結びついているためとも指摘されている。高齢期から振り返ってみても，青年期の体験は，現在の自己を説明する重要な要素と認識されているといえよう。

c. 人生の語りを通しての自己

野村（2002）は，高齢者の自己語りと自我同一性との関連を調べ，自己語りの構造的特質が自我同一性達成度により異なることを報告した。たとえば，自我同一性達成度が低い高齢者は,「主題との関連性が低い自己語りを構成する」などである。自伝的記憶と同様に，語りの整合性，一貫性は，パーソナリティの安定性と関係することが示唆されよう。

高齢者が自己を語るとき，それは「人生をどう生きてきたか」と重なり合う。生涯をとおしての生き方，出来事の意味づけなどは，個人のパーソナリティから影響を受ける。一方，人生の語りをとおして，聞き手は語り手の「人となり」を知るのである。同時に語り手は,「そんなふうに生きてきた自分」に気づくのである。回想やライフレビューの効果の一つとして，自分自身を理解することに役立つことが，しばしばあげられる。高齢者のライフレビュー研究はまだ始まったばかりであるが，私たちはそこから高齢者の自己概念をはじめ，多くを学ぶことができるだろう。

4 ■ 自己概念の危機と老年的超越

a. 喪失体験と自己

先に示した役割の変化のみならず，老年期は身体的健康の喪失をはじめとして，経済的基盤や人間関係など，さまざまな喪失を体験する時期でもあり，かつては「喪失の時期」ととらえられてきた。これまでに獲得してきた能力の一部や社会的資源が失われつつあるなかで，弱体化した自己像を受け入れることは，自尊感情を低下させ自己を危機に落とし込むことになるかもしれない。

しかしながら，ハヴィガースト（Havighurst, 1953/1995）は，退職や健康の低下に適応することと，引退や収入の減少に適応すること，配偶者の死に適応することなど，さまざまな喪失に

適応することを老年期の発達課題の一部にあげている。レヴィンソン（Levinson, 1978/1992）も，60〜85歳の発達課題に「社会とのかかわりおよび自分自身とのかかわりに新しいバランスをみつけること」をあげている。老年期は死を前にしているのだからもっと自由であるべきで，外界に耳を傾けつつも，自己に集中することで，より広い視野を持ち賢明になれる。こうした「自己を優先させる新しいバランス」を求める時期であるとしている。死に向かって生きることは，自己の内外での過酷な変化を体験することにもなるだろう。こうした状況に適応していくためには，これまで獲得してきたすべての力を使って対応しなければならないと考えられる。

b. 認知症と自己

自己概念とは，自己に関する認識である。その認識が失われたとしたら，どうなるだろう。認知症は，成人期以降に器質性要因によって生じる認知機能の障害である。中核症状には記憶障害があるが，たんなる物忘れから始まり進行すると自分自身に関する記憶まで失うことさえ起こる。コーエンとアイスドーファー（Cohen & Eisdorfer, 1986/1988）は，アルツハイマー病患者とその家族のために書いた書のなかで，次のような患者の言葉を紹介している。

「医学のどんな理論でも，何が私の中で起こっているのかわからない。何か月か過ぎるごとに，また別の自分が失われてゆくのを感じる。私の人生……自分自身……が，だんだんなくなっていく。今やたった半分しか考えられなくなってしまった。いつか目覚めたら何も考えられなくなっている日が来るだろう。自分が一体誰なのかということさえも」（Cohen & Eisdorfer, 1986/1988, pp.2-3）。

自らの体験を記し，講演を通して認知症の理解を求める活動を行っているボーデン（Boden, 1998/2003）は，自分を失っていく底知れない不安を"Who will I be when I die?"（『私は誰になっていくの？』）という書物に記した。そして，一連の活動を行うなかで，「かつて自分を定義した複雑な認識の表層や，人生を経験するなかで作られた感情のもつれやごたごたから離れて，自分の存在の中心へ，人生の真の意味を与えるものに向かっていく。痴呆（原文のまま）とともに生きる私たちの多くは，この『現在』という感覚，『今』という感覚を切実に求め，一瞬一瞬を唯一の見つめるべき，感嘆すべき経験として大切にしている。そしてそれが，過去も未来もなく現在に生きるという，痴呆の経験なのである」と，今を生きるそのままの自分，残されるのは本質的なその人らしさであるという認知症の体験を，2冊目の著書のなかで述べた（Bryden, 2004/2004）。

c. 死と自己

私たちは誰でも，危機に遭遇したときや今後の進むべき方向がわからなくなったとき，これまでたどってきた道を振り返ることがある。死とは，人生にとって最大のライフイベントの一つでありながら，未知の体験である。死にどう対処するかは，個人の生き方そのものを反映するため，自分自身の生き方を問うことも必要となってくるだろう。死の直前に走馬燈のように人生を回想するというのが事実であるか否かは別にしても，死と回想に関係があることは，神話の時代から今日まで一般的にいわれている。

バトラー（Butler, 1963）は，高齢者が回想するのは，高齢者は死が近づいていることを意識

することが多いからではないかとし，回想のなかで未解決の葛藤と折り合いをつけることで人生を再統合するといった老年期における回想の意義について述べた。彼は，死を前にして「最後の審判」を受けるために人生を回想し吟味する高齢者，回想によって平穏，満足感，心の安寧がもたらされる場合，逆にうつ感情が強まったり絶望感を募らせる高齢者の姿も紹介している。そうした結果の違いに関係していると考えられているのは，パーソナリティや回想する状況であり，回想によって得られた自分の生き方が納得のいくものか否かである。すなわち，人生の最終段階において，生き方を含めた自分自身を吟味し，得られた結論によっては危機的な状況をもたらすとも考えた。

これは，エリクソン（Erikson, 1963/1977）が提唱した老年期の課題である「統合 対 絶望」とも重なり合う。「統合」は，「秩序を求め意味を探す自我の性向に対する，自我のなかに蓄積された確信」であり，それまでの人生を，唯一の人生として，またそうあらねばならなかったものとして受け入れることである。これによって，来るべき「死」を恐れることなく受け入れることができるようになる。しかし，ただ一つの人生周期を人生の究極のものとして受け入れることができないが，すでにやり直す時間はない，という感情が強くなると，その焦りが絶望となって表現され，死の恐怖におそわれることになる。この「統合 対 絶望」の緊張のバランスをうまくとることによってもたらされる徳は，「英知」である。

先にあげたレヴィンソン（Levinson, 1978/1992）も同様に老年期は衰えの時期であると同時に成長の好機でもあることをあげ，「真の完全無欠感を得るには，自分の人生は完全無欠ではないという事実に敢然と立ち向かわなければならない」と，統合感を得るには絶望とのバランスをとることが必要であることを説明している。さらに80歳以降の晩年期は，「死への道のりに慣れ，死を覚悟をもって迎える」すなわち「自分の生と死に新しい意味を与える」という点に，発達があるとした。

d. 超高齢期と自己

近年，高齢化がますます進むなかで，90歳，100歳といった超高齢者の研究も少しずつ増えてきた。そうしたなかで，トルンスタム（Tornstam, 1997）が提唱した老年的超越理論は，これまでの研究から得られた知見からは説明できない超高齢期が老年期の次にあることを示唆している。これはエリクソンの妻であるジョウンにも影響を与え，彼女は生前のエリクソンとの会話をもとに，第8段階とは異なる課題が生じる第9段階の人生周期を加えることを提案したのである（Erikson & Erikson, 1997/2001）。こうした考えは東洋の禅からの影響も受けているといわれているが，止めようのない老いを生きるなかで，健康の維持や物質・社会的役割などから離れた次元における適応状態について検討されている。

トルンスタムによれば，価値観や心理・行動の特徴は，社会と個人の関係，自己意識，宇宙的意識の3次元からなる。自己意識の変化としては，今まで隠されていた自己の一面を発見する，自分が世界の中心にいるという考えから撤退する，身体への配慮はあるが機能や容姿の低下を受け入れるようになる，利己主義から利他主義に変化する，すべてが自分の人生を完成させるのに必要だったと認識する，などがあげられている（Tornstam, 1997；中嶌・小田, 2001；増井・権藤・

河合・呉田・髙山・中川・高橋・藺牟田,2010)。これらは,自己へのこだわりを捨てるということを意味すると考えられ,超高齢期においては自己概念を超越することが適応をもたらす可能性について言及した,興味深い示唆である。

◆ 引用文献

Bengtson, V. I. (1985). Divesity and symbolism in grandparent roles. In V. L. Bengtson & J. Robertson (Eds.), *Grandparenthood* (pp.11-26). Beverly Hills, CA : Sage.

Boden, C. (2003). 私は誰になっていくの?:アルツハイマー病者から見た世界 (桧垣陽子,訳). クリエイツかもがわ. (Boden, C. (1988). *Who will I be when I die?* Sydney : Harper Collins Publishers.)

Bryden, B. (2004). 私は私になっていく:痴呆とダンスを (馬籠久美子・桧垣陽子,訳). クリエイツかもがわ. (Bryden, B. (2004). *Dancing with dementia.*)

Butler, R. N. (1963). The life review : A interpretation of reminiscence in the aged. *Psychiatry*, **26**, 65-76.

Cohen, C., & Eisdorfer, C. (1988). 失われゆく自己 (佐々木三男,監訳). 同文書院. (Cohen, C., & Eisdorfer, C. (1986). *The loss of self*. New York : W. W. Norton.)

Erikson, E. H. (1977). 幼児期と社会 1 (仁科弥生,訳). みすず書房. (Erikson, E. H. (1963). *Childhood and society* (2nd ed.). New York : W. W. Norton.)

Erikson, E. H., & Erikson, J. M. (2001). ライフサイクル,その完結(増補版)(村瀬孝雄・近藤邦夫,訳). みすず書房. (Erikson, E. H., & Erikson, J. M. (1997). *The life cycle completed : A review* (Expanded Edition). New York : W. W. Norton.)

Havighurst, R. J. (1995). 人間の発達課題と教育 (荘司雅子,監訳). 玉川大学出版部. (Havighurst, R. J. (1953). *Human development and education*. New York : Longmans.)

Kimmel, D. C. (1994). 高齢化時代の心理学 (加藤義明,監訳). ブレーン出版. (Kimmel, D. C. (1990). *Adulthood and aging* (3rd ed.). New York : John Wiley & Sons.)

Levinson, D. J. (1992). ライフサイクルの心理学(上・下)(南 博,訳). 講談社. (Levinson, D. J. (1978). *The seasons of man's life*. New York : Alfred A. Knopf.)

増井幸恵・権藤恭之・河合千恵子・呉田陽一・髙山 緑・中川 威・高橋龍太郎・藺牟田洋美. (2010). 心理的well-beingが高い虚弱超高齢者における老年的超越の特徴:新しく開発した日本版老年的超越質問紙を用いて. 老年社会科学, **32**, 33-47.

守屋國光. (1994). 老年期の自我発達心理学的研究. 風間書房.

中蕂康之・小田利勝. (2001). サクセスフル・エイジングのもう一つの観点:ジェロトランセンデンス理論の考察. 神戸大学発達科学部研究紀要, **8**, 255-269.

野村晴夫. (2002). 高齢者の自己語りと自我同一性との関連:語りの構造的整合・一貫性に着目して. 教育心理学研究, **50**, 355-366.

大川一郎. (1994). 祖父母と孫の心理的関係:求められる役割と実際の役割. 高齢者のケアと行動科学, **1**, 58-65.

Rubin, D. C., Wetzler, S. E., & Nebes, R. D. (1986). Autobiographical memory across the life span. In D. C. Rubin (Ed.), *Autobiographical memory* (pp.202-221). Cambridge : Cambridge University Press.

Schaie, K. W., & Willis, S. L. (2006). 成人発達とエイジング (岡林秀樹,訳). ブレーン出版. (Schaie, K. W., & Willis, S. L. (2002). *Adult development and aging* (5th ed.). New York : Prentice Hall.)

下仲順子. (1988). 老人と人格. 川島書店.

下仲順子・中里克治. (1999). 老年期における人格の縦断研究:人格の安定性と変化及び生存との関係について. 教育心理学研究, **47**, 293-304.

下仲順子・中里克治・河合千恵子. (1990). 老年期における性役割と心理的適応. 社会老年学, **31**, 3-11.

Tornstam, L. (1997). Gerotranscendence : The contemplative dimension of aging. *Journal of Aging Studies*, **11**, 143-154.

3節 高齢期の社会性

川島大輔

　本節では，まず高齢期のパーソナリティ発達と社会性について，とくにパーソナリティ特性の加齢変化について概観する。またこれらの量的変化とともに，エリクソン（Erikson, E. H.）らによるパーソナリティ発達に関する議論をとりあげ，質的変化についてふれる。次に高齢期の社会参加とエイジングについて，とくにサクセスフル・エイジング，アクティブ・エイジング，プロダクティブ・エイジングといった諸概念についてふれる。さらに高齢期の社会性をめぐる諸問題として，就労と社会活動および閉じこもりの問題について述べる。最後に，超高齢期である第4年代における社会参加の意味について，社会的情緒理論，老年的超越理論といった近年の理論的検討についてふれつつ，検討する。

1 ■ 高齢期のパーソナリティ発達と社会性

　高齢者の社会性に関して，フィールドとミルサップ（Field & Millsap, 1991）は，調和性（agreeableness）が老年前期において上昇し，超高齢期においても維持されると報告している。またベルリン加齢研究では，外向性（extraversion），開放性（openness to experience）といった特性は老年期を通じてほぼ安定していることが確認されている（Smith & Baltes, 1999）。さらにロバーツほか（Roberts, Robins, Caspi, & Trzesniewski, 2003；Roberts, Walton, & Viechtbauer, 2006）はメタ分析の結果，調和性が加齢とともに上昇することに加えて，外向性の構成要素中，社交性や肯定的感情，活力の程度といった特性である社会的活力（social vitality）は加齢とともに減少することを指摘している。このように，社会性に関するパーソナリティの特性においても，加齢とともに変化する側面と変化しにくい側面があることがうかがえる。ただしパーソナリティ特性は，平均値レベルでは変化がみられる一方で，縦断的には安定しており，とくに中年期から老年期にかけて最も安定することも，ロバーツらのメタ分析の結果から指摘されている。残念ながら，老年期以降のパーソナリティ発達については研究が乏しく，不明瞭な部分が多い（Roberts et al., 2006）。今後のさらなる研究蓄積が必要である。

　一方，こうした量的な変化と同時に，パーソナリティ発達の質的な側面についても，これまで多くの理論家が検討している。たとえばエリクソンほか（Erikson, Erikson, & Kivnick, 1986/1990）は老年期を「統合 対 絶望」の心理社会的危機に取り組む時期であるとし，さまざまな失調要素や絶望のなかで，かかわりあいからの撤退に本気でかかわること（involvement）を通じて，「英知」（wisdom）を獲得することの重要性を指摘している。こうしたエリクソンの理論を拡張させて，ペック（Peck, 1968）は，老年期には多様な価値ある行動を確立することを求める「自我分化 対 仕事－役割没入」，老いていく身体を超越した喜びを求める「身体超越 対 身

体没入」、そして子どもを見事に育ててきたことや、職業や思想を通じて未来に貢献してきたことを悟る「自我超越 対 自我没入」という葛藤に直面しなければならないとしている。またレヴィンソン（Levinson, 1978/1992）は、老年期では社会とのかかわりや自分自身とのかかわりに新しいかたちのバランスを見出すこと、そして人生に意義と価値を見出すことが課題となると述べている。

2 ■ 高齢期の社会参加とエイジング

　高齢期を生きる人々にとっての社会性は、パーソナリティの特性にだけ焦点化されるのではなく、実際の社会参加とのかかわりのなかで論じられるべきである。とくに老いにともなう失調的要素や喪失に直面するなかでも、どのように社会とかかわっていくことができるのかについて、さまざまな議論がこれまでなされてきた。なかでも、老化を含むさまざまな喪失にうまく適応し、幸福な老いを迎えることのできる状況である、サクセスフル・エイジング（successful aging）という言葉は、それまで発達や成長とは対極にある衰退や失調によってもっぱら説明されてきた、高齢者に対するものの見方に大きな転換をもたらしたといえる。

　サクセスフル・エイジングの要素としては、疾病や障害のリスクを最小化していること、心身の機能を最大化していること、社会関係や生産的な活動を維持していることが指摘される（Rowe & Kahn, 1997）。この定義は、身体的健康状態が良好であることを、認知機能やADL（activity of daily living：日常生活動作）に先行し、さらに社会的・生産的な活動の必須条件とした階層的モデルを想定している。その一方で、高齢者の健康には生活満足感などの心理的側面と、ソーシャルサポートなどの社会的側面が維持されていることも重要であろう（小川・権藤・増井・岩佐・河合・稲垣・長田・鈴木, 2008）。心理社会的側面をより重視したものとして、たとえばバルテスとバルテス（Baltes & Baltes, 1990）は、サクセスフル・エイジングの指標となるものは、寿命、身体的健康、精神的健康、認知、社会的コンピテンスと生産性、自己統制、生活の満足度など、多岐にわたることを指摘している。またサクセスフル・エイジングを説明するものとして、バルテス（Baltes, 1987/1993；Baltes & Baltes, 1990）が提唱した「補償をともなう選択的最適化理論」（selection, optimization, compensation theory：SOC理論）は、高齢期において経験するさまざまな失調要素に対する適応として、個々人が選択的および補償的努力を払うことを示している。

　このほか、高齢期の活動性や生産性に着目して、プロダクティブ・エイジングやアクティブ・エイジングといった言葉も近年用いられている。前者のプロダクティブ・エイジング（productive aging）は、老いを依存性などのネガティブなものではなく生産性という観点から積極的にとらえようとする概念である（Butler & Gleason, 1985）。プロダクティブ・エイジングをとらえる指標としてプロダクティブな活動があげられ、この活動には働くこと（有償労働のみならず、無償労働も含まれる）や趣味や孫の世話といったさまざまな生産的な活動が含まれる。後者については、1990年代後半から、WHO（世界保健機関）がアクティブ・エイジング（active aging）と

いう言葉を積極的に用いるようになった。アクティブ・エイジングとは，人々が歳を重ねても生活の質が向上するように，健康，参加，安全の機会を最適化するプロセスである。この理念では，たんに身体的に活動的であるということではなく，社会的，経済的，精神的，文化的，政治的な事柄への継続的参加・関与を通じて，家族，友人，地域，社会に貢献することが重視される。また高齢期において自律性と自立を維持しつつ，世代間の連帯，とくに個人間だけでなく，高齢者と若い世代との間も含む二重の互恵的関係が重要な理念とされる（WHO, 2002）。

3 ■ 高齢期の社会性をめぐる諸問題

a. 高齢者の働く意欲

日本の高齢者の就労意欲は，国際的にみても非常に高いという（田尾・石田・高木・益田, 2001）。『平成22年度版高齢社会白書』（内閣府, 2010）においても，60～64歳の不就業者（26.9%）のうち3割以上の者が，65～69歳の不就業者（49.9%）のうち2割以上の者が，それぞれ就業を希望していることが報告されている。また同報告において，いつまで働きたいかという質問に対して，「働けるうちはいつまでも」と回答した割合，つまり年齢は関係ないと答える割合は平成18年では34.1%だったのが，平成20年では39.9%と増加傾向にあることもうかがえる。さらに高齢者の就業希望理由として，最も多くあげられているのが，「健康を維持したい」という理由である。とくに65歳以上では，そうした回答が男女ともに3割を超えることから，高齢者の就業意欲と健康は深い関係にあるといえる。

ところで高齢期の生産性については，先述のように，有償労働だけでなく，広範なプロダクティブな活動（地域活動やボランティアへの参加，趣味活動）を含む，高齢者の幅広い社会的活動のなかでとらえることが重要である（岡本, 2009）。田尾ほか（2001）によると，アメリカでは給与労働，ボランティア，子・孫の世話，病人や障害者の援助という4つの活動への参加のうち，給与労働への参加が年齢とともに低下するのに対し，他の活動への参加は年齢による影響は少ないが，他方で，日本では社会参加と給与労働を結びつける傾向が欧米よりも強く，また労働における年齢についての規範意識が強いという。ただし『平成22年度版高齢社会白書』（内閣府, 2010）において報告された60歳以上の高齢者のグループ活動への参加状況についてみると，調査対象者の59.2%が何らかのグループ活動に参加しており，その割合は10年前（43.7%）と比べて大きく増加している。日本人高齢者の社会活動は以前より多様になってきていることがうかがえる。

b. 高齢期の社会交流と閉じこもり

『平成22年度版高齢社会白書』（内閣府, 2010）では，内閣府「高齢者の地域社会への参加に関する意識調査」（平成20年）のデータをもとに，高齢者の社会交流の実態が報告されており，近所の人たちと親しくつきあっていると回答したのは43.0%である一方で，挨拶をする程度と回答したのが51.2%となっている。このデータを過去の調査結果と比較すると，親しいつきあいが減少傾向にある一方で，挨拶程度のかかわりが増加しており，地域コミュニティの弱体化が危惧される。このような状況下において，高齢者の閉じこもりは寝たきり（要介護状態）の予備軍とし

て位置づけられ，地域介入による閉じこもりの予防と支援が各種の地域事業において展開されている。なお閉じこもりの定義はさまざまであるが，文献レビューによると，生活行動範囲，外出頻度，交流状況，移動能力が主として実証的研究において着目されている閉じこもりの指標である（平井・近藤，2007）。また閉じこもりに関する実証的研究では，とくに生活行動範囲が屋内に限られる場合や，外出頻度が週1回程度以下であることは，要介護に移行する割合や死亡率の高さを予測することがこれまで報告されている（藺牟田・安村・藤田・新井・深尾，1998；渡辺・渡辺・松浦・河村・河野，2005；新開・藤田・藤原・熊谷・天野・吉田・寳，2005）。

4 ■ 超高齢期における社会参加の意味

a. 第4年代における社会参加

これまで高齢期の社会性，社会参加について述べてきたが，バルテスは，超高齢期（85歳以上）を第4年代（fourth age）とし，それ以前の老年期（第3年代：third age）とでは加齢による影響がまったく異なると指摘している。つまり退職後から続く第3年代ではサクセスフル・エイジングや，有能感を保つことがまだ可能であるが，第4年代となると，多くの失調要素のためにむしろ残っている能力や機能を補うことしかできず，人間としての尊厳を保つことさえ困難になるというのである。サクセスフル・エイジングの概念を推し進めてきたバルテスらも，第4年代に生きる高齢者の姿をとらえる際に，高齢者の有能性や，老いても維持する能力に着目するサクセスフル・エイジングの概念を見直す必要性を訴えている（Baltes & Smith, 2003）。

こうしたなか，近年着目されている新しい理論に社会情動的選択理論（socioemotional selectivity theory；Carstensen, 2006；Carstensen, Isaacowitz, & Charles, 1999）がある。人生の残り時間を自覚することと動機づけとの関連を検討している，この理論では，若年者のように時間は無限にあると思う場合，人間は情報を追い求めるよう動機づけられるが，反対に高齢者のように時間が限られていると認識する場合，情動的な満足を追求するよう動機づけられると考える。また加齢にともなって他者との社会的接触は選択的に縮小され，残された重要な他者との間で情緒的な交流が増大することは，高齢者が意図的に選択した適応プロセスととらえる。この理論はバルテスらのSOCモデルを補完するものと位置づけられており（Carstensen et al., 1999），超高齢期を含む社会性の発達について有意義な示唆を提供している。

b. 超越性とスピリチュアリティ

エリクソンとエリクソン（Erikson & Erikson, 1997/2001）は自らが老いを経験するなかで，「統合 対 絶望」という図式ではとらえきれない次の発達段階，すなわち第9段階の存在を示唆している。そしてこの段階では，絶対的に優位となってくる失調要素を甘受することで，老年的超越に向かうことこそ重要であると述べるに至っている。老年的超越（gerotranscendence）という概念はスウェーデンの社会学者であるトルンスタム（Tornstam, 2005）によって提唱されたものであり，メタ的な見方への移行，つまり物質的・合理的な視点からより神秘的・超越的な視点への移行を意味する。トルンスタムは，高齢期になると人々はそれまでの社会的関係から徐々に離

脱していくとする離脱理論（disengagement theory）を再構築するなかで，東洋思想やエリクソンの発達論を足がかりに批判的検討を行い，宇宙的で普遍的な老いの理論として，この老年的超越を提唱した（中嶌・小田，2001）。この理論は超高齢期におけるエイジングを説明する新しい概念として着目されているが，まだ十分な研究蓄積をともなっていない。

またエリクソンとエリクソン（Erikson & Erikson, 1997/2001）が，老年期における信仰（faith）の重要性を指摘したように，宗教性やスピリチュアリティの発達はこの時期における主要なテーマである（松島，2010）。とくに人生の終焉を生きる人は，すでに先だった愛する人との関係を再構築し，また大きな命の循環サイクルのなかに自分自身の人生を位置づけようとする。その際，宗教やスピリチュアルな物語は，個々人が死と生を意味づけるための重要な源泉となる（川島，2011）。近年，高齢期の宗教性やスピリチュアリティに対して，関心が注がれるようになってきたが，理論的検討および実証的な根拠がきわめて乏しいのが実情である（Takahashi, 2010）。上記の老年的超越とともに，今後のさらなる研究蓄積が求められている。

本節で概観してきたように，高齢期の社会性は，パーソナリティ特性から身近な他者や地域とのかかわり，ひいては世代を超えたつながりやスピリチュアルなものとのかかわりまでを，広く含むものである。まだ社会的活力のある高齢者は，働くことや身近な他者との積極的な交流を通じて社会参加することが重要であるだろう。他方で，そうではない高齢者においても，たとえば限られた他者との情緒的な交流や，スピリチュアルなものとのかかわりを通じて，自らの社会性を発達させると考えられる。むろん，個人差が著しい高齢期である。この時期の多様な社会性を描出するためにも今後のさらなる研究蓄積を期待したい。

◆ 引用文献

Baltes, P. B. (1993). 生涯発達心理学を構成する理論的諸観点：成長と衰退のダイナミックスについて（鈴木　忠，訳）．東　洋・柏木惠子・高橋惠子（編集・監訳），生涯発達の心理学：1　認知・知能・知恵（pp.173-204）．新曜社．(Baltes, P. B. (1987). Theoretical propositions of life-span developmental psychology: On the dynamics between growth and decline. *Developmental Psychology*, **23**, 611-626.)

Baltes, P. B., & Baltes, M. M. (1990). Psychological perspectives on successful ageing: The model of selective optimization with compensation. In P. B. Baltes & M. M. Baltes (Eds.), *Successful aging: Perspectives from the behavioral sciences* (pp.1-34). New York: Cambridge University Press.

Baltes, P. B., & Smith, J. (2003). New frontiers in the future of aging: From successful aging of the young old to the dilemmas of the fourth age. *Gerontology*, **49**, 123-135.

Butler, R. N., & Gleason, H. P. (1985). *Productive aging: Enhancing vitality in later life*. New York: Springer.

Carstensen, L. L. (2006). The influence of a sense of time on human development. *Science*, **312**, 1913-1915.

Carstensen, L. L., Isaacowitz, D., & Charles, S. T. (1999). Taking time seriously: A theory of socioemotional selectivity. *American Psychologist*, **54**, 165-181.

Erikson, E. H., & Erikson, J. M. (2001). ライフサイクル，その完結（増補版）（村瀬孝雄・近藤邦夫，訳）．みすず書房．(Erikson, E. H., & Erikson, J. M. (1997). *The life cycle completed: A review* (Expanded Edition). New York: W. W. Norton.)

Erikson, E. H., Erikson, J. M., & Kivnick, H. Q. (1990). 老年期：生き生きしたかかわりあい（朝長正徳・朝長梨枝子，訳）．みずず書房．(Erikson, E. H., Erikson, J. M., & Kivnick, H. Q. (1986). *Vital involvement in old age*. New

York : W. W. Norton.)
Field, D., & Millsap, R. E. (1991). Personality in advanced old age : Continuity or change? *Journal of Gerontology*, **46**, 299-308.
平井　寛・近藤克則. (2007). 高齢者の「閉じこもり」に関する文献学的研究：研究動向と定義・コホート研究の検討. 日本公衆衛生学雑誌, **54**, 293-303.
藺牟田洋美・安村誠司・藤田雅美・新井宏朋・深尾　彰. (1998). 地域高齢者における「閉じこもり」の有病率ならびに身体・心理・社会的特徴と移動能力の変化. 日本公衆衛生雑誌, **45**, 883-892.
川島大輔. (2011). 生涯発達における死の意味づけと宗教：ナラティヴ死生学に向けて. ナカニシヤ出版.
Levinson, D. J. (1992). ライフサイクルの心理学（上・下）（南　博, 訳）. 講談社. (Levinson, D. J. (1978). *The seasons of man's life*. New York : Alfred A. Knopf.)
松島公望. (2010). 日本人高齢者における宗教性およびスピリチュアリティに関する実証的研究の可能性を探る. 老年社会科学, **31**, 509-514.
内閣府. (2010). 平成22年度版高齢社会白書. 佐伯印刷.
中嶌康之・小田利勝. (2001). サクセスフル・エイジングのもう一つの観点：ジェロトランセンデンス理論の考察. 神戸大学発達科学部研究紀要, **8**, 255-269.
小川まどか・権藤恭之・増井幸恵・岩佐　一・河合千恵子・稲垣宏樹・長田久雄・鈴木隆雄. (2008). 地域高齢者を対象とした心理的・社会的・身体的側面からの類型化の試み. 老年社会科学, **30**, 3-14.
岡本秀明. (2009). 地域高齢者のプロダクティブな活動への関与とwell-beingの関連. 日本公衆衛生雑誌, **56**, 713-723.
Peck, R. C. (1968). Psychological development in the second half of life. In B. L. Neugarten (Ed.), *Middle age and aging* (pp.88-92). Chicago : The University of Chicago Press.
Roberts, B. W., Robins, R. W., Caspi, A., & Trzesniewski. K. (2003). Personality trait development in adulthood. In J. Mortimer & M. Shanahan (Ed.), *Handbook of the life course* (pp. 579-598). New York : Kluwer Academic.
Roberts, B. W., Walton, K. E., & Viechtbauer, W. (2006). Patterns of mean-level change in personality traits across the life course : A meta-analysis of longitudinal studies. *Psychological Bulletin*, **132**, 1-25.
Rowe, J. W., & Kahn, R. L. (1997). Successful aging. *The Gerontologist*, **37**, 433-440.
新開省二・藤田幸司・藤原佳典・熊谷　修・天野秀紀・吉田裕人・寳　貴旺. (2005). 地域高齢者におけるタイプ別閉じこもりの予後：2年間の追跡研究. 日本公衆衛生雑誌, **52**, 627-638.
Smith, J., & Baltes, P. B. (1999). Trends and profiles of psychological functioning in very old age. In P. B. Baltes & K. U. Mayer (Eds.), *The Berlin aging study : Aging from 70 to 100* (pp.197-226). Cambridge, England : Cambridge University Press.
Takahashi, M. (2010). 老年学におけるスピリチュアリティの理論的研究の歴史と動向. 老年社会科学, **31**, 509-514.
田尾雅夫・石田正浩・高木浩人・益田　圭. (2001). 高齢者就労の社会心理学. ナカニシヤ出版.
Tornstam, L. (2005). *Gerotranscendence : A developmental theory of positive aging*. New York : Springer.
渡辺美鈴・渡辺丈眞・松浦尊麿・河村圭子・河野公一. (2005). 自立生活の在宅高齢者の閉じこもりによる要介護の発生状況について. 日本老年医学会雑誌, **42**, 99-105.
WHO. (2002). *Active aging : A policy framework*. 〈http://whqlibdoc.who.int/hq/2002/who_nmh_nph_02.8.pdf〉(February 24, 2011)

4節 高齢期のパーソナリティの諸問題

中里克治

　高齢者のパーソナリティの問題を考えるとき，中年期以前から高齢期へと持ち越してきた問題をかかえる人と高齢期を迎えて新たに問題をかかえるようになった人を区別する必要がある。前者の場合，前からかかえていた問題が本章の1節で明らかにされたパーソナリティの老化と絡んでより複雑化する。老化は正常老化，病的老化と終末低下を区別することができる。しかし，これは概念上のものであって，現実にはこの3つが複雑に絡み合っている。パーソナリティの問題としては，本書の12章で論じられるパーソナリティ障害が最大のものと考えられる。また，老化にともなって年齢とともに増えていく認知症やうつ病などの精神疾患やさまざまな身体疾患によっても，パーソナリティ上の問題をかかえるようになることも考えられる。

　パーソナリティの問題の最たるものがパーソナリティ障害である。DSM-Ⅳの「パーソナリティ障害」は，DSM-5ドラフト（American Psychiatric Association, 2012）では「パーソナリティとパーソナリティ障害」と改められる予定である。パーソナリティはパーソナリティ障害の有無にかかわらず，すべての患者に対し，パーソナリティ機能（基準A），パーソナリティ障害タイプ（基準B1）とパーソナリティ特性（基準B2）という3つの次元で評価される。この改訂により，パーソナリティ障害をカテゴリーとしてとらえる考え方とパーソナリティの偏りとしてとらえる考え方の両方が含まれるようになる。

1 ■ パーソナリティとエイジズム

　かつては，高齢期のパーソナリティの変化の特徴として，老化にともなうさまざまな否定的な面があげられてきた。頑固になる，心気的になる，抑うつ的になる，猜疑的になるなどである。このような見方は老化が否定的変化しかもたらさないという一般的な考えと一致するので受け入れられやすい。しかし，これはエイジズムとよばれる年齢差別につながる偏見であり誤ったデータにもとづく誤った考えである。これらの否定的変化の裏には病的な過程があることが明らかにされてきた（下仲, 2012）。たとえば，深津（2009）は高齢者に多い神経症性障害の基盤となるパーソナリティ変化として，不安を起こしやすい，不安的で融通が利かなくなる，妄想的で攻撃性が目立つ，自信を失う，の4つをあげている。

a. 頑固さ

　「年を取ると頭が固くなって頑固になる」という考えは常識的なものである。しかし，高齢者に特有のものと思われがちなパーソナリティの堅さは実は世代差を反映するものである。明治，大正，昭和といったように古く生まれた世代ほどその傾向が強いことがデータによって示されている。堅さが強まる方向へと変化が認められる場合，それは知能の低下と関係すると考えられて

いる (Schaie, Labouvie, & Buech, 1973)。

b. 心気傾向

　高齢者が体のことを過剰に気にするというのも一般常識であろう。ラディ (Ladee, 1966) は高齢者の心気的訴えを健康な場合と病的な場合に区別している。彼は健康な高齢者にみられる心気傾向には，以下に示す5つのタイプがあるとしている。絶えず健康に気づかって暮らす用心型，ちょっとした病気がもとで一時的に心気症となる大げさ型，体調はよいのに病気の話を聞くと自分もその病気にかかっていると思う確信型，ダイエットや運動などに励んで病気予防に努める予防型，知人がやつれたようにみえると自分のことのように心配する置き換え型である。高齢者では，心気症が神経症的加重として，気分障害や妄想性障害などさまざまな精神障害に重なって現れるとも述べている。

　また，心気症はさらに重篤な精神障害に陥ることを防ぐ防衛的な意味をもつとも考えている。つまり，強い身体的懸念と身体疾患の信念は大きな不安と結びつくか不安を含んでおり，「神経症的」あるいは「精神病的」行動の出現を予防している。

　深津 (2009) は健康な心気状態と病気としての心気症は連続的なものであり，健康な心気状態はいわば心気症の準備状態であるとしている。

c. 抑うつ傾向

　高齢期には気分障害が多く，とくに高齢者人口に占める割合の多い女性で顕著である。また，日本人では気分障害に占めるうつ病の割合が多いことも知られている。とくに，高齢者ではうつ病が多いと考えられている。直近の患者調査でも，この傾向が示されている（図11.2）。この統計が病院を訪れた人の数であることを考えると，病院を訪れることなくうつ病で悩んでいる人もかなりの数に上ることが推測される。また，病気というほどではないが抑うつ症状の悩む高齢者

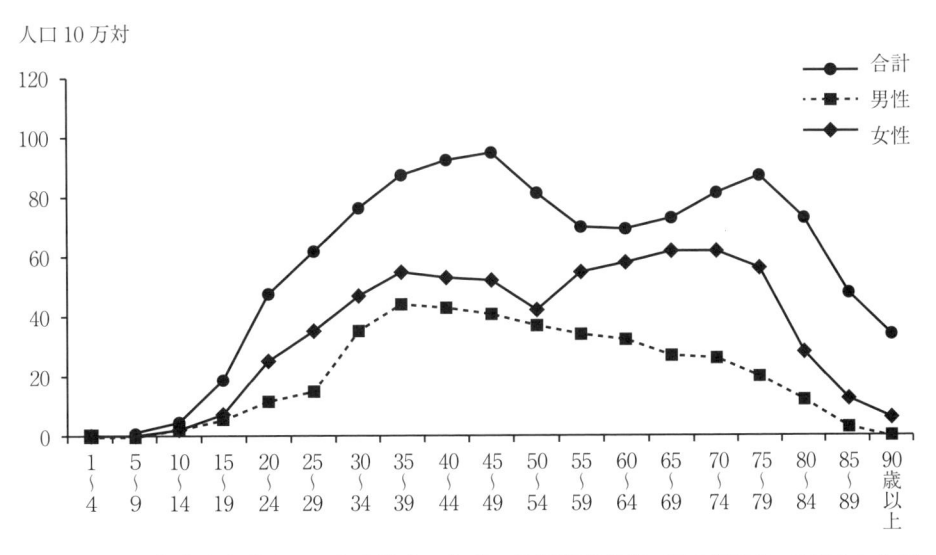

図11.2　2008年度患者調査での気分障害の年齢・性別患者総数（厚生労働省, 2009より作成）

も少なくないであろう。

d. 猜疑的

　猜疑的であることも高齢者の特徴と思われている。しかし、猜疑的であることにはメリットもある。本間ほか（本間・下仲・中里，1992）は100歳高齢者の調査から，適度の猜疑心は人にだまされないなど，上手に生きていくうえで有利な特性ともなりうるとしている。

　猜疑的で興奮状態にある老人，とくに症状がひどいときは，次の4つの疾患の一つにかかっているのがふつうである。第一は慢性の統合失調症であり，これは若いときから高齢期まで続く。統合失調症は機能の低下と寿命の短さを特徴とするので，妄想をもち続ける慢性統合失調症は高齢期では中年期よりも少なくなる。中年期にひどい症状をともなう統合失調症にかかっていた人が機能の改善をともなう静止期に入ったり，病気が寛解したりすることもある。しかし，病気が妄想性疾患の形で再出現する場合も決して少なくない。

　身体機能の低下だけでなく，感覚機能低下もさまざまな精神症状の原因となる。とくに老年期幻覚妄想症でみられる（松下，2002a）。遅発性パラフレニアは難聴で一人暮らしの孤独な女性に多く，幻聴，被害妄想，体感妄想などを示す。高齢者では感覚機能の低下に多くみられるので，超高齢社会では老年期幻覚妄想症が増えていることが指摘されている（松下，2002b）。老年性精神疾患には，心理社会的要因が関連することも強調する必要があろう。ジャンザリク（Janzarik, 1973）は一人暮らしで孤独な女性に多いという特徴があり，それが本疾患の本質であるので接触不良性妄想症と命名するとしている。患者を共同生活の場に移し，人との接触を増やすと幻覚妄想が和らぐことも特徴となっている。遅発性パラフレニアは晩発性の統合失調症に似た疾患で，猜疑心と興奮状態にいたる妄想性疾患である。妄想性疾患にかかった老人はとくに家族や友人から迫害されているという妄想を体験するので，この疾患を晩発性統合失調症と区別することは難しい。しかし，身のまわりのことの処理能力の低下がある点で，慢性統合失調症と区別される。興奮状態をともない，夜眠れなくなることが多い。この疾患の妄想は晩発性統合失調症ほど奇妙ではなく，幻覚はともなわない。

　猜疑心と興奮状態をもたらすもう一つの疾患は，器質性妄想症候群である。妄想性疾患と対照的に，この妄想は変化するので強さも強まったり弱まったりする。迫害妄想が最も多いため，猜疑心と強く関係する。器質性妄想はいくつもの要因，とくに薬物の乱用から起こることがある。また，脳の側頭葉の損傷やハンチントン舞踏病が原因で起きることもある。

　認知症も高齢者の猜疑心と興奮状態に関係している。多発梗塞性認知症とアルツハイマー型認知症のどちらもが落ち着きのなさとパラノイド思考を引き出すが，十分な評価を行えば記憶力の低下から認知症であることが明らかになる。器質性妄想性疾患と対照的に，注意力の低下や意識の濁りを経験することはまれである。認知症がかなり進行するか他の脳疾患がない限り，記憶力を除いて知的能力の低下は目立たない。

2 ■ パーソナリティ障害

　高齢期のパーソナリティの問題を考えるとき，最大のものであるパーソナリティ障害を除外することはできない。本章1節でも述べられているが，竹中（1982）は高齢者のパーソナリティ障害を3つに分けている。①以前からあったパーソナリティ障害が老化によって変化したもの，②潜在していたパーソナリティ障害が老化による病気や施設入所あるいは子どもとの同居などの生活状況の変化によって顕在化したもの，③老化によって新たなパーソナリティ障害が生じたものである。

　高齢期のパーソナリティ障害について，ツヴァイク（Zweig, 2008）は以下のように指摘している。高齢者のパーソナリティ障害に関する研究は初期の段階であるが，予備的な証拠がパーソナリティ障害はこの母集団で以前考えられていたよりも多いこと，高齢者の機能的欠陥を増幅していること，DSM-ⅣのⅠ軸疾患の治療と合併していることを示唆している。母集団についてすでに知られている疾患の基礎率がパーソナリティ障害という診断の選択と査定測度の使用へと導くのに役立つことが多いが，パーソナリティ障害と他の疾患の高齢者での発生率は査定過程で有用な情報となる。推定では地域高齢者で約10%がパーソナリティ障害を示すことを示唆している（Widiger & Seidlitz, 2002）。もっと若い母集団の推定発生率よりは低いものの（10～13%；Weissman, 1993），Ⅰ軸疾患より高いか同じである。

　パーソナリティ障害との合併率は気分障害（0.6～1.5%），アルコール依存（0.5～3.1%），認知症（10%）となっている（Jeste, Alexopoulos, Bartels, Cummings, Gallo, Gottlieb, Halpain, Palmer, Patterson, Reynolds, & Lebowitz, 1999）。パーソナリティ障害は高齢者の臨床サンプルではまったくふつうのものである。うつ病入院患者と外来患者でのパーソナリティ障害の発症率（24～67%）は若い成人のうつ病患者の場合（36～65%；Zweig & Hillmans, 1999）と同じようである。

　2013年に公刊が予定され，その草稿がインターネット上に公開されているDSM-5ではパーソナリティ障害の考え方が大幅に変わり，「パーソナリティとパーソナリティ障害の次元－カテゴリー混合モデル」が採用されている。このモデルではパーソナリティ機能（基準A）と6つのパーソナリティ特性領域でのパーソナリティ機能障害の大小（基準B1）と5つのパーソナリティ障害カテゴリーへの適合度（基準B2）からパーソナリティ障害を査定する。

　パーソナリティ機能（personality function）は自己と対人機能に分けられている。自己はさらにアイデンティティと自己管理（self-direction）に分けられる。アイデンティティは，自分がユニークだという経験であり，自己と他者の明確な境界，時間と個人史のしっかりした感覚，自己評価と自尊心の安定性と正確さ，さまざまな情動体験とその調整能力をもつ。自己管理は，短期間あるいは生涯にわたるしっかりした有意義な目標の追求，行動の建設的で向社会的内的基準，自己を反映する生産性である。

　対人関係は共感と親密性に分けられている。共感は，他者の経験や動機づけを理解し尊重すること，違った視点を受け入れること，社会的因果関係の理解を含んでいる。親密性は，他者との

結びつきの深さと長さ，親密さへの欲求と能力，対人行動に反映される相互尊重を含んでいる。

パーソナリティ特性領域（personality trait domain）と下位相（facet）は以下のとおりである。

否定的感情（negative emotionality）：感情不安定，不安，分離不安，屈従性，保続，敵意，抑うつ性，猜疑心，感情欠如

無関心（detachment）：感情欠乏，抑うつ性，猜疑心，ひきこもり，欲望欠乏

敵対心（antagonism）：人を操る，欺瞞性，誇大的自己愛，注目追及，攻撃性，敵意

非抑制性 vs 強迫性（desinhibition vs compulsivity）：無責任，衝動性，注意散漫，無謀さ，硬直した完全主義

精神病性（psychoticism）：異常な信念と行動，奇異性，認知・知覚異常

また，パーソナリティ障害カテゴリーとしてはDSM-Ⅳで使われていたものから，反社会型，回避型，境界型，自己愛型，強迫性型，統合失調型，の6つが残されている。

DSM-5で提案されているパーソナリティ機能とパーソナリティ特性領域から照らすと，高齢期のパーソナリティの問題は新たな展開が望めよう。たとえば，認知症によるパーソナリティ障害はほとんど認められない場合から，問題行動を引き起こす原因として深刻な影響を与える場合までさまざまある。

DSM-5でのパーソナリティ障害の新たな考え方は高齢期のパーソナリティの問題に対しても光を投げかけるものとなることが期待される。

◆ 引用文献

American Psychiatric Association. (2012). *DSM-5 : The future of psychiatric diagnosis*. American Psychiatric Association.〈http://www.dsm5.org/Pages/Default.aspx〉（updated on May 2, 2012, retrieved on May 12, 2012.）

深津 亮．(2009)．健康者に見られる心気的傾向．老年精神医学雑誌，**20**，141-148．

本間 昭・下仲順子・中里克治．(1992)．100歳老人の精神・身体機能．日本老年医学雑誌，**29**，922-929．

Janzarik, W. (1973). Über das Kontaktmangelparanoid des höheren Alters und den Syndromcharakter Krankseins. *Nervenarzt*, **44**, 515-526.

Jeste, D. V., Alexopoulos, G. S., Bartels, S. J., Cummings, J. L., Gallo, J. J., Gottleib, G. L., Halpain, M. C., Palmer, B. W., Patterson, T. L., Reynolds, C. F., III, & Lebowitz, B. D. (1999). Consensus statement on the upcoming crisis in geriatric mental health. *Archives of General Psychiatry*, **56**, 848-853.

厚生労働省．(2009)．平成20年患者調査．厚生労働省．

Ladee, G. A. (1966). *Hypochondrical syndromes*. New York : American Elsevier Publishing.

松下正明．(2002a)．高齢社会と老年精神医学．老年精神医学雑誌，**13**，420-425．

松下正明．(2002b)．老いることから学ぶ：心の病と老い．日本老年医学会雑誌，**39**，157-159．

Schaie, K. W., Labouvie, G.V., & Buech, B. U. (1973). Generational and cohort specific differences in adult cognitive functioning. *Developmental Psychology*, **9**, 151-166.

下仲順子．(2012)．人格と加齢．下仲順子（編），老年心理学（改訂版）(pp.89-108)．培風館．

竹中星郎．(1982)．老年期の人格障害．臨床精神医学，**11**，563-569．

Weissman, M. (1993). The epidemiology of personality disorders : A 1990 update. *Journal of Personality Disorders*, **7**(Suppl.), 44-62.

Widiger, T. A., & Seidlitz, L. (2002). Personality, psychopathology, and aging. *Journal of Research in Personality*, **36**, 335-362.

Zweig, R. A. (2008). Personality disorder in older adults : Assessment challenges and strategies. *Professional Psychology : Research and Practice*, **39**, 298-305.

Zweig, R. A., & Hillman, J. (1999). Personality disorders in adults : A review. In E. Rosowsky, R. Abrams, & R. A. Zweig (Eds.), *Personality disorders in older adults : Emerging issues in diagnosis and treatment* (pp.31-53). Mahwah, NJ : Lawrence, Erlbaum Associates.

III 部
パーソナリティと精神的不健康

　III部では，次の3点からパーソナリティと精神的不健康との関連に注目する。ここからは，いわばパーソナリティの否定的側面に注目することになる。
　第一に，パーソナリティそのものが原因となる精神疾患である，パーソナリティ障害をとりあげる（12章）。パーソナリティ障害は10種類に分けられているが，ここではそれらのうち妄想性・統合失調型および統合失調質パーソナリティ障害，反社会性パーソナリティ障害やサイコパス，強迫性パーソナリティ障害と強迫性障害，境界性パーソナリティ障害，自己愛性パーソナリティ障害および自己愛的なパーソナリティ傾向をとりあげて論じる。偏ったパーソナリティそのものが通常の状態から著しく偏った思考や持続的な行動をもたらし，社会的な適応が困難になる様子を明らかにする。
　第二に，直接的に精神疾患に結びつくわけではないが，精神的不健康に結びつきやすいことが指摘されるパーソナリティや現象をとりあげる（13章）。そもそもパーソナリティと不健康状態との関連を，どのように考えることができるのであろうか。最初に両者の関連を解説したうえで，個別の不健康状態や問題行動，すなわち不安や心配，抑うつ，劣等感，解離という問題について論じる。
　第三に，対人関係上の問題や社会的に問題とされる行動とパーソナリティとのかかわりについて概観する（14章，15章）。ここでは，偏見・差別，妬み，怒り・攻撃性，他者の利用と他者の操作，対人恐怖・対人不安・社会不安，欺瞞・嘘，非行・犯罪，いじめ・不登校，過度なダイエット，性感染症感染リスクというトピックについてふれる。これらのトピックでとりあげる行動は，決してパーソナリティだけによって引き起こされるものではない。しかし，日常的にみられる幅広い行動には，何らかの形でパーソナリティが関与する。III部を通じて，パーソナリティと日常場面で生じる幅広い問題とのかかわりを考えてもらうことを期待する。
　　　　　　　　　　　　　　　　　　　　　　　　　　　　　　　（小塩真司）

12章　パーソナリティ障害

1節　妄想性・統合失調型・統合失調質パーソナリティ

佐々木　淳

1 ■ アメリカ精神医学会での位置づけ

　アメリカ精神医学会（American Psychiatric Association：APA）の『精神疾患の診断・統計マニュアル』（*Diagnostic and statistical manual of mental disorders*：DSM）は，5つの軸からなる多軸診断システムである。本章のテーマであるパーソナリティ障害はその第Ⅱ軸に属しており，10のパーソナリティ障害の診断基準が存在する。DSM-Ⅳ-TR（APA, 2000）の記述によると，パーソナリティ傾向とは「環境および自分自身について，それらを知覚し，それらと関係をもち，それらについて思考する継続的様式であって，広範囲の社会的および個人的状況」とされる。なかでも，「人格傾向に柔軟性がなく，非適応的で，著しい機能障害または主観的苦痛が引き起こされている」場合がパーソナリティ障害である。10のパーソナリティ障害は，さらにクラスターA, B, C（A群，B群，C群）のカテゴリーに分類される。本節で扱う妄想性パーソナリティ障害，統合失調型パーソナリティ障害，統合失調質パーソナリティ障害の3つは，「奇妙」なパーソナリティ障害を集めたクラスターAに分類される。本節ではこのクラスターAに関する実証研究のなかから，話題になることの多い主要な研究を紹介したい。
　妄想性パーソナリティ障害（paranoid personality disorder）とは，「他人の動機を悪意あるものと解釈するといった，不信と疑い深さの様式」（APA, 2000）を特徴としており，「長年にわたって種々の事象を自己に関係づけ，自らに危害が加えられることを恐れたり，周囲の人々の裏切りや不貞の証拠を探し続けたりする」（林, 2002）ものとされる。統合失調型（失調型）パーソナリティ障害（schizotypal personality disorder）は，統合失調症者を親にもつ子どもの特徴にもとづいて概念化されている。「親密な関係で急に不快になること，認知的または知覚的歪曲，およ

び行動の奇妙さの様式」（APA, 2000）が特徴であり，「会話が風変わりで，内容が乏しく，脱線しやすいこと，思考が曖昧で抽象的すぎること，感情の幅が狭くしばしば適切さを欠くこと，対人関係に広がりのないこと，および関係念慮，奇異な信念や魔術的思考などの認知，思考面での異常や妄想様観念などの精神病症状に近縁の症状が訴えられる」（林，2002）とされている。統合失調質（ジゾイド）パーソナリティ障害（schizoid personality disorder）も統合失調症の病前性格として概念化されてきた。「社会的関係からの遊離および感情表現の範囲の限定の様式」（APA, 2000）が特徴であり，「感情表出や感情体験の乏しさ，感情に温かみのないことが一般的に認められる」（林，2002）とされる。これらクラスター A のパーソナリティ障害に関する実証研究は，いずれかにフォーカスを当てた研究が盛んというよりも，他のクラスター B，C と同時にとりあげられ，比較されることが多い。

2 ■ パーソナリティ障害のアセスメント

他者評価式の診断面接には，DSM-Ⅳ第Ⅱ軸診断の構造化面接である Structured Clinical Interview for DSM-Ⅳ Axis Ⅱ Personality Disorders（SCID-Ⅱ；First, Gibbon, Spitzer, Williams, & Benjamin, 1997/2002）を使用する場合が多い。自己評価式の質問紙は，包括的な尺度である Minnesota Multiphasic Personality Inventory-Personality Disorder（MMPI-PD；Morey, Waugh, & Blashfield, 1985），Millon Clinical Multiaxial Inventory（MCMI-Ⅱ；Millon, 1987）などの下位尺度の一部にクラスター A の尺度が存在するほか，妄想性パーソナリティは Paranoia Scale（PS；Fenigstein & Vanable, 1992；丹野・石垣・大勝・杉浦，2000），統合失調型パーソナリティは Schizotypal Personality Questionnaire（SPQ；Raine, 1991；飯島・佐々木・坂東・浅井・毛利・丹野，2010）や，Oxford Schizotypal Personality Scale（STA；Claridge & Broks, 1984；Gregory, Claridge, Clark, & Taylor, 2003；上野・高野・浅井・丹野，2010）などで測定される。

3 ■ クラスター A と併発する精神障害・パーソナリティ障害

グラントほか（Grant, Hasin, Stinson, Dawson, Chou, Ruan, & Huang, 2005）は，18歳以上の43,093名に対してインタビューし，DSM-Ⅳの気分障害・不安障害のある人のパーソナリティ障害の有病率・併発率を明らかにしている。妄想性，統合失調質パーソナリティ障害は気分変調症，躁病，広場恐怖のあるパニック障害，社交不安障害，全般性不安障害と関連が強いことが明らかになった。それに対し，演技性，反社会性パーソナリティ障害は躁病，広場恐怖のあるパニック障害と関係が強く，回避性，依存性パーソナリティ障害は，他のパーソナリティ障害と比較して気分障害・不安障害と関係が強いことが明らかになった。また，フリックほか（Flick, Roy-Byrne, Cowley, Shores, & Dunner, 1993）は，不安障害とうつ病のある通院患者352名のパーソナリティ障害の有病率，併発率，関連する疾患を調べている。パーソナリティ障害のある患者は，第Ⅰ軸の疾患が多くみられ，強い不安とうつの症状を示す傾向にあった。気分変調症や双極

性障害のある患者はそうでない患者と比べ，パーソナリティ障害を併発する傾向が高い一方，広場恐怖がみられないパニック障害を示す患者は，その傾向が低かった。不安障害とうつ病において最もよくみられるパーソナリティ障害は，回避性，強迫性，妄想性，境界性パーソナリティ障害であり，妄想性パーソナリティ障害は自己愛性パーソナリティ障害を，境界性パーソナリティ障害は演技性パーソナリティ障害を併発する傾向にあることが明らかになった。次いで，マックグラシャンほか（McGlashan, Grilo, Skodol, Gunderson, Shea, Morey, Zanarini, & Stout, 2000）は，668名の患者に対してDSM診断を行った結果，統合失調型パーソナリティ障害群と境界性パーソナリティ障害群は，回避性，強迫性パーソナリティ障害，大うつ病の群よりも第Ⅰ軸の疾患を生涯に経験していることを明らかにしている。また，境界性パーソナリティ障害群は回避性パーソナリティ群と強迫性パーソナリティ群よりも併発するパーソナリティ障害の数が多かったが，境界性パーソナリティ障害群よりも統合失調型パーソナリティ群のほうが併発するパーソナリティ障害の数が多かった。また，統合失調型パーソナリティ障害は妄想性パーソナリティ障害，統合失調質パーソナリティ障害を併発している一方，境界性パーソナリティ障害は反社会性，依存性パーソナリティ障害を併発することが明らかになった。ほかにも，コーラボーほか（Corruble, Ginestet, & Guelfi, 1996）のレビューによると，うつ病の入院患者の20〜50%，外来患者の50〜85%にパーソナリティ障害がみられ，とくに，0〜20%に統合失調型パーソナリティ障害があるのに対し，妄想性パーソナリティ障害は5%以下であることが指摘されている。

　気分障害・不安障害以外では，366名の治療中の物質依存患者を対象に調査を行ったモーガンスターンほか（Morgenstern, Langenbucher, Labouvie, & Miller, 1997）によると，妄想性，反社会性，境界性パーソナリティ障害のある人は，アルコール依存の症状が強いことが明らかになっている。また，ブラックほか（Black, Kehrberg, Flumerfelt, & Schlosser, 1997）は，衝動的な性行動がみられる36名の研究から，そのうち14名に大うつ病や気分変調性障害の病歴が，15名に恐怖症，23名に物質乱用の病歴があったことを明らかにした。パーソナリティ障害では，妄想性，演技性，強迫性，受動攻撃性パーソナリティ障害のある傾向があった。ペトリーほか（Petry, Barry, Pietrzak, & Wagner, 2008）は，BMIとパーソナリティ障害の関係を紹介している。標準的な体重の段階の人と比較して「肥満」とされる層と関連が強いのは，反社会性，回避性，統合失調質，妄想性，強迫性パーソナリティ障害であった。それに対し，やや体重が重いものの肥満とはいえない程度の層では，不安障害や物質乱用との関連があり気分障害やパーソナリティ障害と有意な関連はなかった。その他，脳の損傷を受けた患者60名を30年にわたって追跡調査を行った結果，脳損傷によって回避性（15.0%），妄想性（8.3%），統合失調質パーソナリティ障害（6.7%）の状態がみられていることを報告している（Koponen, Taiminen, Portin, Himanen, Isoniemi, Heinonen, Hinkka, & Tenovuo, 2000）。

4 ■ クラスターAと遺伝的要因

　パーソナリティ障害は遺伝するのか，というテーマは古くから議論されている。パーソナリ

ティ障害と遺伝との関係について，トーガーセンほか（Torgersen, Lygren, Øien, Skre, Onstad, Edvardsen, Tambs, & Kringlen, 2000）は，92対の一卵性双生児と129対の二卵性双生児に対してDSM診断を行い，共分散構造分析を使って遺伝率を明らかにした。その結果，遺伝率はパーソナリティ障害全体で.60，クラスターAで.37，クラスターBで.60，クラスターCで.62であった。クラスターAでは，統合失調型パーソナリティ障害で.61，統合失調質パーソナリティ障害で.29，妄想性パーソナリティ障害で.28といった結果がみられた。

　先述のように，クラスターAは統合失調症と関連が深いと考えられてきており，統合失調症の発症予防の観点からも注目を浴びてきた。なかでも統合失調型パーソナリティ障害は遺伝性が高く，また統合失調症発症へのリスクを有していることが示唆されている。まず，ケンドラーほか（Kendler, McGuire, Gruenberg, O'Hare, Spellman, & Walsh, 1993）は，統合失調型，妄想性，統合失調質パーソナリティ障害をはじめ，回避性，境界性パーソナリティ障害など5つのパーソナリティ障害と統合失調症，精神病，気分障害の家族的要因を探っている。統制群と比較した結果，統合失調症の発端者の血縁者は統合失調型パーソナリティ障害の出現率が高いことが明らかになった。妄想性，統合失調質パーソナリティ障害においても同様の傾向がみられたが，その傾向は小さかった。また，バッタリアほか（Battaglia, Bernardeschi, Franchini, Bellodi, & Smeraldi, 1995）は，統合失調型パーソナリティ障害のある通院患者93名と他のパーソナリティ障害のある通院患者の一親等の血縁者を比較した結果，統合失調型，統合失調質パーソナリティ障害は，統合失調型パーソナリティ障害の発端者の家族に多くみられることが明らかになった。また，統合失調症は統合失調型パーソナリティ障害の血縁者にのみ現れることが明らかになった。しかし，気分障害・不安障害の家族的な危険率や他の第Ⅱ軸障害の有病率には違いがなかった。ティーナーリほか（Tienari, Wynne, Läksy, Moring, Nieminen, Sorri, Lahti, & Wahlberg, 2003）は，統合失調症スペクトラムの母親をもつ養子とそうでない養子の各190名程度のサンプルを比較している。年齢を統制すると，統合失調症の母親の子どもが統合失調症を発症している割合は，5.34%であるのに対し，ローリスク群では1.74%であったが，有意差はなかった。それに対して，統合失調症スペクトラムの母親の子どもが統合失調症スペクトラムのある割合は22.46%であるのに対し，ローリスク群では4.36%であり，有意差がみられた。統合失調症スペクトラムのなかでは，統合失調型パーソナリティ障害がローリスク群よりもハイリスク群においてよくみられる一方，妄想性パーソナリティ障害の出現率には違いがないことが明らかになっている。

　アサーノウほか（Asarnow, Nuechterlein, Fogelson, Subotnik, Payne, Russell, Asamen, Kuppinger, & Kendler, 2001）は，小児発症の統合失調症者の発端者の血縁者と，注意欠陥多動性障害（ADHD）の血縁者，同じ地域の住民群を比較している。その結果，小児発症の統合失調症者の発端者の親において，統合失調症は4.95% ± 2.16%，統合失調型パーソナリティ障害4.20% ± 2.06%の出現率があったのに対し，ADHDの親ではそれぞれ0.45% ± 0.45%，0.91% ± 0.63%の出現率をもっており，同じ地域の住民群では0%であった。

5 ■ クラスターAの発達的形成要因

　児童期までの親との関係性によってクラスターAのパーソナリティ障害が生じていることを示唆する研究結果がある。ローゼンシュタインとホロヴィッツ（Rosenstein & Horowitz, 1996）は，精神科病院に入院している60名の思春期の子どもを対象に，愛着の類型と精神症状やパーソナリティ特性との関係を調べている。回避型の愛着スタイルをもっている子どもは，行為障害や物質乱用，自己愛性，反社会性パーソナリティ障害の診断を受ける傾向にあり，自己記入式の質問紙で測定すると，自己愛性，反社会性，妄想性パーソナリティ傾向がみられる。また，両価型（アンビバレント型）の愛着スタイルをもっている子どもは気分障害，強迫性，演技性，境界性，統合失調型パーソナリティ障害の診断を受ける傾向にあり，自己記入式の質問紙では，回避，不安，気分変調的なパーソナリティ傾向がみられることが明らかになった。また，ジョンソンほか（Johnson, Smailes, Cohen, Brown, & Bernstein, 2000）は，縦断調査によって，児童期のネグレクトと，思春期・前青年期のパーソナリティ障害の症状レベルを検討している。その結果，児童期の感情的なネグレクトは，思春期・前青年期の妄想性パーソナリティ障害とクラスターAのパーソナリティ障害の症状の強さを高め，児童期の身体的なネグレクトは統合失調型パーソナリティ障害と関連し，クラスターAのパーソナリティ障害の症状レベルを高めることが明らかになった。また，児童期において，安全性の監視を怠るネグレクトを受けた場合，妄想性パーソナリティ障害の症状の強さが高まることが明らかになった。

　児童期の精神疾患の経験と成長後のパーソナリティ障害との関係を検討した研究もある。カセンほか（Kasen, Cohen, Skodol, Johnson, Smailes, & Brook, 2001）は児童551名を調査し，12年，15年，21年後の3時点において，本人と母親からの情報によるDSM診断を行っている。その結果，児童期に行為障害を有していた場合，統合失調質パーソナリティ障害や自己愛性パーソナリティ障害が生じやすいことを明らかにしている。また，児童期に不安障害を有していた場合，妄想性パーソナリティ障害が生じやすいことを明らかにしている。

　本節で概観したように，クラスターAのパーソナリティ障害は日常生活への影響が大きく，統合失調症の素因や病前性格としての位置づけから，遺伝性について検討が加えられてきただけでなく，幼少期の親との関係や精神疾患の体験など，さまざまな視点からその形成要因について注目を浴びてきた。今後の研究による治療的示唆に期待したい。

◆ 引用文献

American Psychiatric Association（APA）.（2000）. *Diagnostic and statistical manual of mental disorders*（4th ed., Text Revision）. Washington, DC : American Psychiatric Association.

Asarnow, R. F., Nuechterlein, K. H., Fogelson, D., Subotnik, K. L., Payne, D. A., Russell, A. T., Asamen, J., Kuppinger, H., & Kendler, K. S.（2001）. Schizophrenia and schizophrenia-spectrum personality disorders in the first-degree relatives of children with schizophrenia : The UCLA family study. *Archives of General Psychiatry*, **58**, 581–588.

Battaglia, M., Bernardeschi, L., Franchini, L., Bellodi, L., & Smeraldi, E. (1995). A family study of schizotypal disorder. *Schizophrenia Bulletin*, **21**, 33-45.

Black, D. W., Kehrberg, L. L. D., Flumerfelt, D. L., & Schlosser, S. S. (1997). Characteristics of 36 subjects reporting compulsive sexual behavior. *American Journal of Psychiatry*, **154**, 243-249.

Claridge, G., & Broks, P. (1984). Schizotypy and hemisphere function : I. Theoretical considerations and the measurement of schizotypy. *Personality and Individual Differences*, **5**, 633-648.

Corruble, E., Ginestet, D., & Guelfi, J. D. (1996). Comorbidity of personality disorders and unipolar major depression : A review. *Journal of Affective Disorders*, **37**, 157-170.

Fenigstein, A., & Vanable, P. A. (1992). Paranoia and self-consciousness. *Journal of Personality and Social Psychology*, **62**, 129-138.

First, M. B., Gibbon, M., Spitzer, R. L., Williams, J. B. W., & Benjamin, L. S. (2002). SCID-II：DSM-IV II軸人格障害のための構造化面接（高橋三郎, 監訳）. 医学書院.（First, M. B., Gibbon, M., Spitzer, R. L., Williams, J. B. W., & Benjamin, L. S. (1997). *Structured clinical interview for DSM-IV Axis II personality disorders*. Washington, DC : American Psychiatric Association.）

Flick, S. N., Roy-Byrne, P. P., Cowley, D. S., Shores, M. M., & Dunner, D. L. (1993). DSM-III-R personality disorders in a mood and anxiety disorders clinic : Prevalence, comorbidity, and clinical correlates. *Journal of Affective Disorders*, **27**, 71-79.

Grant, B. F., Hasin, D. S., Stinson, F. S., Dawson, D. A., Chou, S. P., Ruan, W. J., & Huang, B. (2005). Co-occurrence of 12-month mood and anxiety disorders and personality disorders in the US : Results from the national epidemiologic survey on alcohol and related conditions. *Journal of Psychiatric Research*, **39**, 1-9.

Gregory, A. M., Claridge, G., Clark, K., & Taylor, P. D. (2003). Handedness and schizotypy in a Japanese sample : An association masked by cultural effects on hand usage. *Schizophrenia Research*, **65**, 139-145.

林 直樹. (2002). 人格障害の臨床評価と治療. 金剛出版.

飯島雄大・佐々木淳・坂東奈緒子・浅井智久・毛利伊吹・丹野義彦. (2010). 日本語版Schizotypal Personality Questionnaire の作成と統合失調型パーソナリティにおける因子構造の検討. 行動療法研究, **36**, 29-41.

Johnson, J. G., Smailes, E. M., Cohen, P., Brown, J., & Bernstein, D. P. (2000). Associations between four types of childhood neglect and personality disorder symptoms during adolescence and early adulthood : Findings of a community-based longitudinal study. *Journal of Personality Disorders*, **14**, 171-187.

Kasen, S., Cohen, P., Skodol, A. E., Johnson, J. G., Smailes, E., & Brook, J. S. (2001). Childhood depression and adult personality disorder : Alternative pathways of continuity. *Archives of General Psychiatry*, **58**, 231-236.

Kendler, K. S., McGuire, M., Gruenberg, A. M., O'Hare, A., Spellman, M., & Walsh, D. (1993). The Roscommon Family Study III. Schizophrenia-related personality disorders in relatives. *Archives of General Psychiatry*, **50**, 781-788.

Koponen, S., Taiminen, T., Portin, R., Himanen, L., Isoniemi, H., Heinonen, H., Hinkka, S., & Tenovuo, O. (2000). Axis I and II psychiatric disorders after traumatic brain injury : A 30-year follow-up study. *American Journal of Psychiatry*, **159**, 1315-1321.

McGlashan, T. H., Grilo, C. M., Skodol, A. E., Gunderson, J. G., Shea, M. T., Morey, L. C., Zanarini, M. C., & Stout, R. L. (2000). The collaborative longitudinal personality disorders study : Baseline Axis I/II and II/II diagnostic co-occurrence. *Acta Psychiatrica Scandinavica*, **102**, 256-264.

Millon, T. (1987). *Manual for the MCMI-II* (2nd ed.). Minneapolis, MN : National Computer Systems.

Morey, L. C., Waugh, M. H., & Blashfield, R. K. (1985). MMPI-scales for DSM-III personality disorders : Their derivation and correlates. *Journal of Personality Assessment*, **49**, 245-251.

Morgenstern, J., Langenbucher, J., Labouvie, E., & Miller, K. J. (1997). The comorbidity of alcoholism and personality disorders in a clinical population : Prevalence rates and relation to alcohol typology variables. *Journal of Abnormal Psychology*, **106**, 74-84.

Petry, N. M., Barry, D., Pietrzak, R. H., & Wagner, J. A. (2008). Overweight and obesity are associated with psychiatric disorders : Results from the national epidemiologic survey on alcohol and related conditions. *Psychosomatic Medicine*, **70**, 288-297.

Raine, A. (1991). The SPQ : A scale for the assessment of schizotypal personality based on DSM-III-R criteria. *Schizophrenia Bulletin*, **17**, 555-564.

Rosenstein, D. S., & Horowitz, H. A. (1996). Adolescent attachment and psychopathology. *Journal of Consulting and Clinical Psychology*, **64**, 244-253.

丹野義彦・石垣琢麿・大勝裕子・杉浦義典. (2000). パラノイア尺度の信頼性. このはな心理臨床ジャーナル, **5**, 93-100.

Tienari, P., Wynne, L. C., Läksy, K., Moring, J., Nieminen, P., Sorri, A., Lahti, I., & Wahlberg, K. E. (2003). Genetic boundaries of the schizophrenia spectrum : Evidence from the Finnish adoptive family study of schizophrenia. *American Journal of Psychiatry*, **160**, 1587-1594.

Torgersen, S., Lygren, S., Øien, P. A., Skre, I., Onstad, S., Edvardsen, J., Tambs, K., & Kringlen, E. (2000). A twin study of personality disorders. *Comprehensive Psychiatry*, **41**, 416-425.

上野真弓・高野慶輔・浅井智久・丹野義彦. (2010). 日本語版オックスフォード統合失調型パーソナリティ尺度の信頼性と妥当性. パーソナリティ研究, **18**, 161-164.

2節　反社会的パーソナリティ

大隅尚広

　いかなる社会においても規範から逸脱する個人は存在する。そのような個人は頻度としてまれであるために何らかのパーソナリティの異常があることが想定され，アメリカ精神医学会（American Psychiatric Association：APA）が発表している『精神疾患の診断・統計マニュアル』（*Diagnostic and statistical manual of mental disorders*：DSM）では反社会性パーソナリティ障害の診断基準が提示されている。しかし，たとえば犯罪という法的に規定された社会的逸脱行為が時代や文化を超えた普遍性をもたないように，「反社会的」であることを一概に定義することは困難であるようにも思える。本節では，いかにして反社会的なパーソナリティの概念が展開され，いかにその特性が説明されるのか，という点を概観する。

1 ■ 反社会的なパーソナリティの識別に関する歴史

　パーソナリティ障害という概念が導入されるまで，反社会的行動と強い関連を示すパーソナリティに該当する診断基準がなく，そのような時代においては精神医学者らがそれぞれ独自の見解をもち，ラベリングを行っていた。19世紀初頭にピネル（Pinel, P.）は，当時認識されていた精神疾患としての症状を示さないが，慣習的に反社会的行動を示す個人の精神的特徴について「譫妄なき狂気」（manie sans délire）という表現を用いた。すなわち，そのような個人が反社会的行動を繰り返すのは知的能力や理性的判断の障害に由来するわけではないということをピネルは示唆している。これに対し，1835年にプリチャード（Prichard, J. C.）は，道徳や規範によって規定される社会的要求を満たそうとしないことを精神障害の一種であるとみなし，良心や罪悪感などの道徳的感情の欠落を指摘することができる点から「背徳症候群」（moral insanity syndrome）と表現した。1888年には，コッホ（Koch, J.）が正常と精神病の中間的な位置づけとしてサイコパス（psychopath）という表現を用い，背徳症候群の概念を「サイコパス的劣等性」（psychopathischen minderwertigkeit）に置き換えた。

　その後，20世紀には，サイコパスについていくつかの類型論が提示された。代表的には，パーソナリティの極度の偏りが軽度の精神病であるという解釈の下で，クレペリンはサイコパス的パーソナリティを，①興奮者，②軽佻者，③欲動者，④奇矯者，⑤虚言者・詐欺師，⑥社会敵対者，⑦好争者という7つに分類した（Kraepelin, 1915/1989）。シュナイダーもサイコパスの類型を発表したが，パーソナリティの偏りと精神病を別のものと考えた。また，クレペリンが反社会的なパーソナリティを対象としたことと比較して，シュナイダーの類型は反社会性に限定せず多様で，パーソナリティの偏り自体をサイコパスととらえたことが特徴であった。つまり，あるパーソナリティが一般水準から過度に逸脱しているならば，犯罪者も天才もサイコパスと考えられた

のである。そして、そのパーソナリティの偏りによって「自ら悩む者」(Leidend) と「他者を悩ませる者」(Störend) に分けたうえで、①発揚者、②抑うつ者、③自信欠如者、④狂信者、⑤顕示者、⑥気分易変者、⑦爆発者、⑧情性欠如者、⑨意思欠如者、⑩無力者という10類型を提唱した (Schneider, 1962/1963)。このうち、とくに反社会的行動と関連するのは「他者を悩ませる者」であり、①発揚者、④狂信者、⑤顕示者、⑦爆発者、⑧情性欠如者、⑨意思欠如者が該当する。現在のパーソナリティ障害の体系は、シュナイダーによるサイコパスの類型によって整えられたものと解釈できる。

サイコパスに類似する反社会的なパーソナリティの概念としてソシオパス (sociopath) があげられる。これは1930年にパートリッジ (Partridge, G. E.) が提案した用語であり、精神障害というよりも社会病理的な性質を重視した概念として解釈される。すなわち、虐待を受けるなどの環境特性によって形成されたパーソナリティであり、社会適応化が困難で、社会的要求に反する行為を常習的に顕在化させる個人に言及する場合に広く用いられるため、厳密にはサイコパスとは異なる。

DSMでは、1968年の第2版から反社会性パーソナリティ障害 (antisocial personality disorder：ASPD) の項目が導入され、それはソシオパスの概念に近いものであったと考えられている。それ以降、項目の改訂が重ねられ、2000年に発表されたDSM-IV-TRでは、ASPDはパーソナリティ障害のクラスターB (B群)「演技的で感情表出が激しく移ろいやすい群」に属し、他人の権利を無視し侵害する持続的な行動パターンによって規定される (表12.1参照)。具体的には、衝動的、攻撃的行動、自己中心的で深い情緒をともなわない対人関係、薬物の常用などがあげられる。概念的に同様の診断基準として世界保健機関が1990年に定めた国際疾病分類第10版 (ICD-10) の非社会性パーソナリティ障害が汎用されている。若年層を対象とした同様の概念としては、DSMでは行為障害が該当する。

表12.1　DSM-IV-TRの反社会性パーソナリティ障害の診断基準 (APA, 2000/2004)

A. 他人の権利を無視し侵害する広範な様式で、15歳以降起こっており、以下のうち3つ (またはそれ以上) によって示される。
(1) 法にかなう行動という点で社会的規範に適合しないこと。これは逮捕の原因になる行為を繰り返し行うことで示される。
(2) 人をだます傾向。これは繰り返し嘘をつくこと、偽名を使うこと、または自分の利益や快楽のために人をだますことによって示される。
(3) 衝動性または将来の計画を立てられないこと。
(4) 易怒性および攻撃性。これは、身体的な喧嘩または暴力を繰り返すことによって示される。
(5) 自分または他人の安全を考えない向こう見ずさ。
(6) 一貫して無責任であること。これは仕事を安定して続けられない、または経済的な義務を果たさない、ということを繰り返すことによって示される。
(7) 良心の呵責の欠如。これは他人を傷つけたり、いじめたり、または他人のものを盗んだりしたことに無関心であったり、それを正当化したりすることによって示される。
B. その者は少なくとも18歳である。
C. 15歳以前に発症した行為障害の証拠がある。
D. 反社会的な行為が起こるのは、統合失調症や躁病エピソードの経過中のみではない。

2 ■ 現在のサイコパス概念

反社会的なパーソナリティに関して，DSMなどの基準とは別に，サイコパスあるいはその特徴であるサイコパシー（psychopathy）の識別化が展開され，ASPDなどと完全には一致しない概念として現在でも用いられている。ただし，DSMの版が進むにつれ，ASPDは下記のサイコパシーの概念に近づいたと考えられている。

a. サイコパシーの評定

現在のサイコパシーの概念は，クレックレーが1941年に発表した著書『正気の仮面』（*The mask of sanity*）に由来し，それまでのサイコパスの概念とは異なる。クレックレーは臨床経験からサイコパスの反社会的行動の傾向よりも心理的特徴を一般化させようと試み，その成果によって独自の診断項目を作成してサイコパスを識別しようとした（Cleckley, 1982）。主にクレックレーの所見を発展させるかたちで，1985年にヘア（Hare, R. D.）がサイコパシー・チェックリスト（Psychopathy Checklist：PCL）を作成した。その後，改訂版（PCL-R）が発表され，サイコパシーの水準を定量化するうえで標準化されている。PCL-Rは20項目の半構造化面接法検査であり，2つの因子で構成され，それぞれの因子には2つの下位相がある。

サイコパシーは行動的側面（第2因子）でASPDとの関連が認められるものの，情緒的側面（第1因子）に特異性がある（Hart & Hare, 1989）。また，ASPDは犯罪の傾向そのものに対する評価が基準となる一方で，サイコパシーの評定では心理的特徴を重視するがゆえに，ある社会において必ずしも犯罪者全般に該当するわけではない。たとえば，犯罪者人口で50％から80％がDSM-IVによってASPDと診断されるが，PCLによってサイコパスと認められる割合はそれよりも少なく，15％から25％であると報告されている（Hart & Hare, 1997）。すなわち，サイコパスと診断される個人が他者にとって迷惑な事態を招く可能性は高いといえるが，サイコパシーの水準はそのような相対的基準に依存するものではない。極端な言及をすれば，ある個人の情緒的側面の問題によって他者が苦しむことがなくても，また，たとえ自他にとって社会的に好ましい事態が引き起こされたとしても，その個人はサイコパスと診断されうる。実際，対人的に冷淡で，うわべだけ自己を魅力的に見せ，挑戦的事態において恐れを抱かないなど，サイコパシーと一致する特徴をもつ個人が社会的成功を収める人たちのなかにも見受けられるということが初期より認められている（Cleckley, 1982）。ただし，どのような結果をもたらすとしても，サイコパシーは普遍的であろう道徳観に反する特性であり，その意味において反社会的パーソナリティである。

社会通念として道徳的に正しくない心理的特性を表象しているがゆえに，サイコパシーは凶悪犯罪者などに限定されるパーソナリティ障害であるという見方がされる。しかし近年では，Taxometric（分類）分析によってサイコパシーには連続性モデルが統計的に適合するということが報告されており，人間は多かれ少なかれサイコパシー傾向をもつということが示唆されている（Edens, Marcus, Lilienfeld, & Poythress, 2006）。こうしたことから，一般人口中のサイコパシー傾向を測定するための自己記入式質問票尺度も研究分野において広く用いられている。代表的な尺度として，Psychopathic Personality Inventory（Lilienfeld & Andrews, 1996）やLevenson

Primary and Secondary Psychopathy Scales (Levenson, Kiehl, & Fitzpatrick, 1995) があげられる。

b. サイコパシーに関する理論

リッケン (Lykken, 1957) は，サイコパスが恐怖条件づけに失敗し，回避学習も成立させないことを見出し，低恐怖仮説を提唱した。サイコパスは再犯率の高さが問題となるが，低恐怖仮説によれば，脅威刺激に対して鈍感であるがゆえに社会的制裁の随伴性が予測できるような逸脱行動を表出し，また，逸脱行動に対する制裁を経験しても学習できず，そのような行動を繰り返すと説明される。サイコパスの脅威刺激に対する反応性の低下は，後のさまざまな実験によって支持されている。たとえば，恐怖などの不快感情を喚起された後にノイズ音が提示されると驚愕性瞬目反射が引き起こされるが，犯罪者でもサイコパスと診断されない場合はこの反応を示す一方で，サイコパスにおいては反応が小さい (Patrick, 1994)。また，サイコパスは恐怖場面をイメージした際の覚醒反応も小さいということが，皮膚電位水準や心拍数の測定によって明らかとなっている (Patrick, Cuthbert, & Lang, 1994)。

サイコパスにおける逸脱行動の抑制の失敗は，グレイ (Gray, 1970) の強化感受性理論における行動抑制系 (behavioral inhibition system：BIS) と行動賦活系 (behavioral activation system：BAS) のバランスの問題としてとらえることもでき，サイコパスは罰を回避する傾向が低く報酬を求める傾向が高いため，BISが弱くBASが強いと考えられる (Fowles, 1980)。実験により，サイコパスの行動抑制の失敗は，報酬と罰が確率的に競合する場面で顕著に表れることが示されている (Newman, Patterson, & Kosson, 1987)。このような知見から，ニューマン (Newman, 1998) は反応調整仮説を主張している。反応調整は，目的的行動の実行からその行動の評価へと比較的自動的に注意をシフトすることであると説明されており，報酬刺激に対する反応が強化された状態では，サイコパスは行動の抑制が必要であることを知らせる辺縁情報に注意を向けることができず，それを活用することができないと考えられる。

自己に対する脅威だけでなく，他者への脅威や苦痛に対する感受性の障害，すなわち共感性の欠如という観点からサイコパスの反社会的行動を説明することもできる。ブレア (Blair, 1995) によれば，自己の行動が他者に苦痛を与えるということは，自己にも苦痛という主観的体験をもたらす。その結果として，罪悪感や後悔という社会的感情が喚起され，行動を抑制すべきであることが学習される。しかし，サイコパスは他者の苦痛に対する反応が弱く (Blair, Mitchell, Richell, Kelly, Leonard, Newman, & Scott, 2002)，サイコパシー傾向が高い成人や子どもは，とくに恐怖の表情を同定することが困難であることが示されており (Marsh & Blair, 2008)，このような共感性の低下がサイコパスの社会化を阻害している可能性が示唆される。

◆ 引用文献

American Psychiatric Association (APA). (2004). DSM-Ⅳ-TR精神疾患の診断・統計マニュアル (高橋三郎・大野　裕・染矢俊幸，訳). 医学書院. (American Psychiatric Association. (2000). *Diagnostic and statistical manual of mental disorders* (4th ed., Text Revision). Washington, DC : American Psychiatric Association.)

Blair, R. J. R. (1995). A cognitive developmental approach to morality : Investigating the psychopath. *Cognition*,

57, 1-29.
Blair, R. J. R, Mitchell, D. G. V., Richell, R. A., Kelly, S., Leonard, A., Newman, C., & Scott, S.K. (2002). Turning a deaf ear to fear : Impaired recognition of vocal affect in psychopathic individuals. *Journal of Abnormal Psychology*, 111, 682-686.
Cleckley, H. (1982). *The mask of sanity* (6th ed.). St. Louis, MO : Mosby.
Edens, J. F., Marcus, D.K., Lilienfeld, S.O., & Poythress, N. G., Jr. (2006). Psychopathic, not psychopath : Taxometric evidence for the dimensional structure of psychopathy. *Journal of Abnormal Psychology*, 115, 131-144.
Fowles, D. C. (1980). The three-arousal model : Implications of Gray's two-factor learning theory for heart rate, electrodermal activity, and psychopathy. *Psychophysiology*, 17, 87-104.
Gray, J. A. (1970). The psychophysiological basis of introversion-extraversion. *Behaviour Research and Therapy*, 8, 249-266.
Hart, S. D., & Hare, R. D. (1989). Discriminant validity of the psychopathy checklist in a forensic psychiatric population. *Psychological Assessment*, 1, 211-218.
Hart, S. D., & Hare, R. D. (1997). Psychopathy : Assessment and association with criminal conduct. In D. M. Stoff, J. Breiling, & J. D. Maser (Eds.), *Handbook of antisocial behavior* (pp. 22-35). New York : Wiley.
Kraepelin, E. (1989). 精神医学：4　強迫神経症（遠藤みどり・稲浪正充，訳）．みすず書房．(Kraepelin, E. (1915). *Psychiatrie : Ein Lehrbuch* (8th ed., Vol. 4). Leipzig : Barth.)
Levenson, M. R., Kiehl, K. A., & Fitzpatrick, C. M. (1995). Assessing psychopathic attributes in non-institutionalized population. *Journal of Personality and Social Psychology*, 68, 151-158.
Lilienfeld, S. O., & Andrews, B. P. (1996). Development and preliminary validation of a self-report measure of psychopathic personality traits in noncriminal populations. *Journal of Personality Assessment*, 66, 488-524.
Lykken, D. T. (1957). A study of anxiety in the sociopathic personality. *Journal of Abnormal and Social Psychology*, 55, 6-10.
Marsh, A. A., & Blair, R. J. R. (2008). Deficits in facial affect recognition among antisocial populations : A meta-analysis. *Neuroscience and Biobehavioral Reviews*, 32, 454-465.
Newman, J. P. (1998). Psychopathic behaviour : An information processing perspective. In D. J. Cooke, A. E. Forth, & R. D. Hare (Eds.), *Psychopathy : Theory, research and implications for society* (pp.81-105). Dordrecht : Kluwer Academic.
Newman, J. P., Patterson, C. M., & Kosson, D. S. (1987). Response perseveration in psychopaths. *Journal of Abnormal Psychology*, 96, 145-148.
Patrick, C. J. (1994). Emotion and psychopathy : Startling new insights. *Psychophysiology*, 31, 319-330.
Patrick, C. J., Cuthbert, B. N., & Lang, P. J. (1994). Emotion in the criminal psychopath : Fear image processing. *Journal of Abnormal Psychology*, 103, 523-534.
Schneider, K. (1963). 臨床精神病理学（改訂増補第6版）（平井静也・鹿子木敏範，訳）．文光堂．(Schneider, K. (1962). *Klinische Psychopathologie* (6th ed.). Stuttgart : Georg Thieme Verlag.)

3節　強迫性パーソナリティ

小堀　修

1 ■ 強迫性パーソナリティの特徴

強迫性パーソナリティ障害（obsessive-compulsive personality disorder：OCPD）は，疫学，発達，病理学，治療効果研究など，すべての領域において研究の遅れたパーソナリティ障害といえる。一方で，OCPDの特徴に含まれる完全主義，溜め込み行動は，この20年で盛んに研究が行われてきた。本節では，OCPDに関する研究をレビューしたうえで，溜め込み行動についても詳しくとりあげる。

OCPDの特徴は，現代の西洋文化において，とくに男性にはよく見受けられ（American Psychiatric Association, 2000），これはOCPDのもつ特徴に社会が価値をおいていることにも起因する。スペリー（Sperry, 2003）は，OCPDの特徴を「適度に」もっている強迫性パーソナリティスタイルの特徴を以下のように記述している。①ミスなく課題を完了したいという願望がある。②詳細な部分まで，すべての仕事をうまくこなすことに誇りをもつ。③「しっくりくるやり方」や特定のやり方で物事をやろうとする傾向があるが，別のやり方に対してもある程度の許容がある。④仕事に打ち込む願望，一生懸命に働こうとする願望があり，目的がはっきり定まった仕事に対する能力が高い。⑤意思決定において，別の選択肢や結末を注意深く考慮する。⑥強いモラルと物事を正しくやろうとする願望がある。⑦感情的な消費が少なくとも仕事ができる。⑧注意深く，質素で，慎重だが，余剰分を他者と共有することができる。⑨物を収集する傾向があり，かつて価値があったもの，いつか価値をもつだろうものを，捨てることが難しい。

強迫性パーソナリティスタイルの場合，OCPDと同じ特徴をもっていても程度は低く，状況や職業によっては適応的となる場合もある。しかし，これらの特徴が過剰になると，苦痛や生活への支障をきたすようになり，強迫性パーソナリティ障害となっていく。OCPDの診断基準は，DSM-Ⅳ-TR（American Psychiatric Association, 2000）もしくはICD-10（World Health Organization, 1993）を参照されたい。OCPDを事例で理解するためには，ベックほか（Beck, Freeman, Davis, & Associates, 2003）に詳しい記述がある。初期の精神分析においても，フロイトのネズミ男の事例がある。ただ，ネズミ男の場合，OCPDだけでなく強迫性障害の症状も含まれているので，注意が必要である。

2 ■ OCPDの疫学と経過

マティアとツィマーマン（Mattia & Zimmerman, 2001）のレビューでは，OCPDは一般人口に最もよくみられるパーソナリティ障害と考えられている。男女比においては，女子より男子

に多いことが明らかとなっている（Coid, Yang, Tyrer, Roberts, & Ullrich, 2006；Light, Joyce, Luty, Mulder, Frampton, Joyce, Miller, & Kennedy, 2006）。外来患者を対象とした調査では，回避性パーソナリティ障害，境界性パーソナリティ障害に続き，OCPDは3番目に多くみられた（Zimmerman, Rothschild, & Chelminski, 2005）。しかしながら，OCPDと似た特徴をもちながら生活に支障をきたしていない人（強迫的パーソナリティスタイルを示す人）も，OCPDに含まれてしまうことがあるので，疫学研究の結果は慎重に解釈しなければならない。

OCPDは想定されているよりも不安定なパーソナリティであることがわかってきている。OCPDを示した者の58%が，12カ月後のフォローアップにおいて，診断基準を満たさなくなったという報告がある（Shea, Stout, Gunderson, Morey, Grilo, McGlashan, Skodol, Dolan-Sewell, Dyck, Zanarini, & Keller, 2002）。この安定性にはばらつきがあることもわかってきている。細部へのこだわり，頑固さ，他者に任せられないといった特徴は安定しており，けちなお金の使い方，モラルの順守といった特徴は不安定で変わりやすい（Grilo, Skodol, Gunderson, Sanislow, Stout, Shea, Morey, Zanarini, Bender, Yen, & McGlashan, 2004；McGlashan, Grilo, Sanislow, Ralevski, Morey, Gunderson, & Pagano, 2005）。ザニ（Zanni, 2007）のレビューによれば，高齢になるにつれて，頑固さが強くなり，溜め込み行動が増えると示唆されている。

3 ■ OCPDの構成概念妥当性

OCPDは，不安や抑制を特徴とする，DSM-IV-TRの診断基準ではクラスターC（C群）のパーソナリティ障害の一つである。しかし近年の研究では，回避性パーソナリティ障害と依存性パーソナリティ障害は同じ潜在次元をもっているが，OCPDはこの2つとは別の潜在次元をもつ可能性が示唆されている（Nestadt, Hsu, Samuels, Bienvenue, Reti, Costa, & Eaton, 2006；O'Connor & Dyce, 1998）。

上記のように，OCPDは時間的に不安定であるだけでなく，OCPD内の潜在構造も不安定であり，けちなお金の使い方，溜め込み行動を排除することで，構成概念妥当性は改善するだろうと指摘されている（Hummelen, Wilberg, Pedersen, & Karterud, 2008）。溜め込み行動は，OCPDだけでなく，強迫性障害（obsessive-compulsive disorder：OCD）をはじめ他の第I軸障害にもみられることが指摘されている（Frost, Steketee, Williams, & Warren, 2000；Samuels, Bienvenu III, Pinto, Fyer, McCracken, Rauch, Murphy, Knowles, Piacentini, Cannistraro, Cullen, Riddle, Rasmussen, Pauls, Willour, Shugart, Liang, Hoehn-Saric, & Nestadt, 2007）。また，溜め込み行動とその他の診断基準との相関が低いことも報告されている（Grilo, 2004；Hummelen et al., 2008）。OCPDの中核となる安定した特徴は，完全主義だろうという結果が出ている（Farmer & Chapman, 2002；Grio, 2004）。

4 ■ 強迫性障害とOCPDとの関係

　強迫性パーソナリティ障害と強迫性障害は，字面は似ているが異なる概念である。まず，OCDの特徴を簡単に記述しておく。OCDは，侵入的な思考，イメージ，衝動が繰り返し浮かび（強迫観念），それらを抑制したり中和したりする行為が繰り返し生じ（強迫行為），その人に苦痛と障害がともなう状態といえる。たとえば「自分の赤ちゃんを殺すかもしれない」という思考や「自分の赤ちゃんをナイフで刺す」イメージが頭のなかに何度も浮かぶ（強迫観念）ため，いやなイメージを打ち消そうとしたり，刃物をすべてしまいこんでしまったり，自分が赤ちゃんを大切にしていることを夫に何度も確認しようとする（強迫行為）。この結果，育児が困難になり，自分は母親失格だと思って落ち込み，同じことをしつこく質問することで夫婦関係が悪化してしまう（苦痛と障害）。

　このようにOCDには，侵入体験が生じ，それを中和する反応を起こし，生活に支障をきたすという構図がある。侵入体験と表現するように，OCDのある者が体験する思考やイメージは自我違和的であり，テーマが自分の本質とは異なるがゆえに苦しむことになる。一方で，OCPDのある者の思考は，自我親和的である。

　フロイトは，肛門期への固着（強迫的なパーソナリティ）が，強迫性障害を発症しやすくすると考えた。ネヘミア（Nemiah, 1980）は，強迫神経症的症状のある患者の多くは，その基礎に強迫的性格構造をもっていると述べ，ミュニク（Munich, 1986）は，強迫症状はOCPDの治療中に出現する移行現象だと述べている。これらの見解を支持する研究は（Diaferia, Bianchi, Bianchi, Cavedini, Erzegovesi, & Bellodi, 1997），88名の強迫性障害患者，58名の大うつ病患者，131名のパニック障害患者を比較し，OCD群はその他の2群よりも，OCPDを示す割合が高いことを報告している。

　一方で，依存性パーソナリティ障害，回避性パーソナリティ障害，特定不能のパーソナリティ障害に比べて，OCPDがOCDを併発する割合は低いという報告がある。ある研究では，109名のOCD患者，82名のパニック障害患者，101名の健常対照群において，Structured Clinical Interview for DSM-Ⅳ Axis Ⅱ Personality Disorders（SCID-Ⅱ）を用いてOCPDの有病率を比較した結果，OCD群の22.9％，パニック群の17.1％がOCPDの診断基準を満たしており，有病率には有意差がないことが明らかとなった（Albert, Maina, Forner, & Bogetto, 2004）。また，健常群でOCPDの診断基準を満たす割合は3.0％であった。75％のOCD患者はOCPDを示さないこと，OCPDのある者の80％はOCDの診断基準を満たさないと結論づけているレビューもある（Mancebo, Eisen, Grant, & Rasmussen, 2005）。

5 ■ 発達理論

　強迫性パーソナリティの発達は，フロイト（Freud, 1908）によれば，2～3歳前後での，トイレットトレーニングにおける親子間の葛藤に起因するとされる。子どもが自由に小便や大便をし

たいという願望と，社会文化的な基準に従って，養育者が子どもの願望を制御しようとすることとの葛藤である。いくつかの研究が，トイレットトレーニングと強迫性パーソナリティの関係を検討しているが，これまでのところ仮説は支持されていない（Emmelkamp, 1982；Pollak, 1987）。

対象関係論を取り入れた愛着理論も，OCPDの発達について検証している。OCPD患者は，健常統制群と他の精神科外来患者と比べて，両親からのケアのレベルが低く，過保護のレベルが高かったと知覚していることが明らかとなった（Nordahl & Stiles, 1997）。一方で，子ども時代の感情的ネグレクトとOCPDの診断が負の相関をもっていた研究もある（Perry, Bond, & Roy, 2007）。

（社会）学習理論では，OCPDの基準の一つとなっている完全主義を発達させるような幼少期の体験について，以下の4つが指摘されている（Barrow & Moore, 1983）。①過度に批判的で多くを求める親の存在。②親からの期待や親から課された基準が過度に高い。失敗すると間接的に批判される。③親からの受容体験がない。もしくは受容が一貫していない，条件つきで受容される。④完全主義的な親の行動がモデルとして学習される。

6 ■ 認知行動病理学

初期の認知行動療法家たち（Guidano & Liotti, 1983）は，強迫的なパーソナリティは3つの不適応的なスキーマにもとづいているとした。それは完全主義，確実性を求めること，人間的な問題に対し絶対的に正しい解決方法があるはずという信念の3つであった。同様に，ベックほか（Beck et al., 2003）も，強迫的なパーソナリティにみられるスキーマを明らかにしている。それは，「ミスをすることは失敗することであり失敗することは耐えられない」「何をどうするか完全な行動指針がないならば何もしないほうがよい」「自分自身だけでなく環境をも完全にコントロールしなければならない」「魔術的な儀式や強迫的反芻（繰り返し思い悩むこと）で破局を防ぐことができる」などである。彼らは同様に，OCPDに特有の自動思考も明らかにしている。それは，「この課題を完璧にやる必要がある」「品行が悪い人は罰されるべきだ」「いつか必要になるかもしれないから，これらの古いレポートを保存しておくべきだ」「この小説を読んで時間を浪費するより，何か生産的なことをすべきだ」といったものである。

7 ■ 認知行動療法

力動的精神療法やその他の心理療法の治療論は他書に譲り，ここではベックほか（Beck et al., 2003）の提唱する認知行動療法を要約する。認知行動療法における一般的な治療目標は，行動の背後にある不適応的なスキーマの修正と再構成となる。協働的な関係を構築することが，治療者にとって最初の課題となる。OCPDのもつ頑固さ，回避性，対人関係を重要視しない傾向などによって，協働的関係の構築は難しくなる。情緒的な関係を治療の初期段階で形成しようと試みることは，治療からのドロップアウトにつながりやすい。

このため，具体的な治療目標を作り，患者の困りごとに焦点を当てていく。たとえば，時間どおりに課題を終えること，緊張性の頭痛を緩和していくこと，などの目標が適切であり，憂うつでなくなるといった抽象的な目標にならないようにする。同時に，認知行動モデルを導入しながら，気分や行動は，出来事の知覚，意味づけ，思考に影響されることを心理教育していくことが必須であり，セッション内に生じた気分の変化をとりあげると話し合いやすい。

彼らの問題は不安や身体症状が多いため，リラクゼーションや瞑想法なども役立つ。このような技法は「時間のムダ」だと考え，実践が難しいかもしれない。しかし，実践することのメリットとデメリットを比較し，とくに「不安を下げる技法を行ったほうが，結果として生産性が上がるか」について話し合うことが役立つ。話し合うだけではなく，中立的な立場を保ちながら行動実験を実施し，「生産性が上がるかどうか」をテストすることができる。このような行動実験は「心配を続けたほうが，問題をよりよく解決できる」といった信念にチャレンジするときにも応用できる。

認知行動療法のもつ構造も，OCPDに有益に働くことがある。セッション数の設定，アジェンダ設定，問題の優先順位を決める練習は，不決断，先延ばし，細部へのこだわりなどの特徴に対して治療的に働くことが多い。

8 ■ 溜め込み行動

DSM-IV-TR（American Psychiatric Association, 2000）では，「使い古したもの，価値のないものを，たとえ感傷的な価値がなくとも，捨てることができない」ことがOCPDの診断基準の一つになっている。これは溜め込み行動（hoarding）とよばれており，場合によっては溜め込み強迫（obsessive hoarding）ともよばれる。溜め込み行動がOCPDやOCDとは独立した概念ではないかという議論をふまえて，本稿では溜め込み行動という訳語を使い，その特徴を述べていく。

溜め込み行動は，スミス大学のフロストを中心とし，1990年代から盛んに研究が行われてきた。フロストとハートル（Frost & Hartl, 1996）の定義では，以下の3つを満たしていると溜め込み行動となる。①所有物が多く捨てることができない，②生活空間が所有物で妨害されている，③その結果，大きな苦痛とハンディキャップがある。フロストとハートル（Frost & Hartl, 1996）によれば，溜め込み行動を維持する要因として，情報処理の障害，感情的愛着の問題，行動的回避，所有物に対する信念の4つが指摘されている。

情報処理の障害には3つの特徴がある。最初の特徴は，所有物を捨てることに関して意思決定ができないことであり，所有物の道具的もしくは感傷的な価値を高く見積もりすぎてしまう一方で，物を所有することのコストについては考慮が少ないという特徴がある。次の特徴は，分類や組織化の障害であり，物事を分類するときに，カテゴリーの数が多く，カテゴリーの幅が小さくなりすぎてしまう。最後の特徴は，記憶の問題であり，自分の記憶に自信がもてないこと，すべての情報を記憶し思い出すことの重要性を過大評価することなどである。

感情的愛着の問題とは，所有物が自分自身の延長のように思えてしまうことである。所有物が

人間のような性質を帯び，他者が所有物に触ったり動かしたりすることは，自分自身が侵害されたと思ってしまう。所有物を捨てることは，自分自信が切り取られる，親友を失うような感覚になってしまう。

　行動的回避とは，意思決定を回避したり先延ばしすることであり，「とりあえずここに置いておいて，後でかたづけよう」と考えてしまうことである。所有物を失うことのリスクを高く見積もるため，間違った判断をしてはいけないと，捨てるかどうかの意思決定も回避される。

　最後に，所有物に関する信念は，強迫性障害と共通する信念でもある。それは，所有物をコントロールする必要性に関する信念，所有物に対する責任に関する信念，完全主義などである。

◆ 引用文献

Albert, U., Maina, G., Forner, F., & Bogetto, F. (2004). DSM-Ⅳ obsessive-compulsive personality disorder : Prevalence in patients with anxiety disorders and in healthy comparison subjects. *Comprehensive Psychiatry*, **45**, 325-332.

American Psychiatric Association. (2000). *Diagnostic and statistical manual of mental disorders* (4th ed., Text Revision). Washington, DC : American Psychiatric Association.

Barrow, J. C., & Moore, C. A. (1983). Group interventions with perfectionist thinking. *Personnel and Guidance Journal*, **61**, 612-615.

Beck, A. T., Freeman, A., Davis, D. D., & Associates (Eds.). (2003). *Cognitive therapy of personality disorders* (2nd ed.). New York : Guilford Press.

Coid, J., Yang, M., Tyrer, P., Roberts, A., & Ullrich, S. (2006). Prevalence and correlates of personality disorder in Great Brittain. *British Journal of Psychiatry*, **188**, 423-431.

Diaferia, G., Bianchi, I., Bianchi, M. L., Cavedini, P., Erzegovesi, S., & Bellodi, L. (1997). Relationship between obsessive-compulsive personality disorder and obsessive-compulsive disorder. *Comprehensive Psychiatry*, **38**, 38-42.

Emmelkamp, P. M. G. (1982). *Phobic and obsessive compulsive disorder*. New York : Plenum Press.

Farmer, R. F., & Chapman, A. L. (2002). Evaluation of DSM-Ⅳ personality disorder criteria as assessed by the structural clinical interview for DSM-Ⅳ personality disorders. *Comprehensive Psychiatry*, **43**, 285-300.

Freud, S. (1908). Character and anal eroticism. In J. Strachey (Ed.), *The standard edition of complete psychological works of Sigmund Freud* : Vol.9 (pp.169-175). London : Hogarth Press.

Frost, R. O., & Hartl, T. L. (1996). A cognitive-behavioral model of compulsive hoarding. *Behaviour Research and Therapy*, **34**, 341-350.

Frost, R. O., Steketee, G., Williams, L. F., & Warren, R. (2000). Mood, personality disorder symptoms and disability in obsessive-compulsive hoarders : A comparison with clinical and nonclinical controls. *Behaviour Research and Therapy*, **38**, 1071-1081.

Grilo, C. M. (2004). Diagnostic efficiency of DSM-Ⅳ criteria for obsessive compulsive personality disorder in patients with binge eating disorder. *Behaviour Research and Therapy*, **42**, 57-65.

Grilo, C. M., Skodol, A. E., Gunderson, J. G., Sanislow, C. A., Stout, R. L., Shea, M. T., Morey, L. C., Zanarini, M. C., Bender, D. S., Yen, S., & McGlashan, T. H. (2004). Longitudinal diagnostic efficiency of DSM-Ⅳ criteria for obsessive-compulsive personality disorder : A 2-year prospective study. *Acta Psychiatrica Scandinavia*, **110**, 64-68.

Guidano, V., & Liotti, G. (1983). *Cognitive processes and emotional disorders*. New York : The Guilford Press.

Hummelen, B., Wilberg, T., Pedersen, G., & Karterud, S. (2008). The quality of the DSM-Ⅳ obsessive-compulsive personality disorder construct as a prototype category. *Journal of Nervous and Mental Disease*, **196**, 446-455.

Light, K. J., Joyce, P. R., Luty, S. E., Mulder, R. T., Frampton, C. M. A., Joyce, L. R. M., Miller, A. L., & Kennedy,

M. A. (2006). Preliminary evidence for an association between a dopamine D3 recepter gene variant and obsessive compulsive personality disorder in patient with major depression. *American Journal of Medical Genetics*, **141B**, 409-413.

Mancebo, M. C., Eisen, J. L., Grant, J. E., & Rasmussen, S. A. (2005). Obsessive-compulsive personality disorder : Clinical characteristics, diagnostic difficulties, and treatment. *Annuals of Clinical Psychiatry*, **17**, 197-207.

Mattia, J. I., & Zimmerman, M. (2001). Epidemiology. In W. J. Livesley (Ed.), *Handbook of personality disorders. Theory, research, and treatment* (pp.107-124). New York : Guilford Press.

McGlashan, T. H., Grilo, C. M., Sanislow, C. A., Ralevski, E., Morey, L. C., Gunderson, J. G., & Pagano, M. (2005). Two-year prevalence and stability of individual DSM-IV criteria for schizotypical, borderline, avoidant, and obsessive-compulsive personality disorders : Toward a hybrid model of Axis II disorders. *American Journal of Psychiatry*, **162**, 883-889.

Munich, R. L. (1986). Transitory symptom formation in the analysis of an obsessional character : *Psychoanalytic Study of the Child*, **41**, 515-535.

Nemiah, J. G. (1980). Obsessive-compulsive disorder (obsessive compulsive neurosis). In H. I. Kaplan, Freedman, A. M., & Sadock, B. J. (Eds.), *Comprehensive textbook of psychiatry* : Vol. 2 (pp. 1504-1515). Baltimore : Williams & Wilkins.

Nestadt, G., Hsu, F. C., Samuels, J., Bienvenue, O. J., Reti, I., Costa, P. T., Jr., & Eaton, W. W. (2006). Latent structure of the Diagnostic and Statistical Manual of Mental Disorders, Fourth Edition personality disorder criteria. *Comprehensive Psychiatry*, **47**, 54-62.

Nordahl, H. M., & Stiles, T. C. (1997). Perceptions of parental bonding in patients with various personality disorders, lifetime depressive disorders, and healthy controls. *Journal of Personality Disorders*, **11**, 391–402.

O'Connor, B. P., & Dyce, J. A. (1998). A test of models of personality disorder configuration. *Journal of Abnormal Psychology*, **107**/1, 3-16.

Perry, J. C., Bond, M., & Roy, C. (2007). Predictors of treatment duration and retention in a study of long-term dynamic psychotherapy : Childhood adversity, adult personality, and diagnoses. *Journal of Psychiatric Practice*, **13**, 221-232.

Pollak, J. (1987). Relationship of obsessive-compulsive personality to obsessive-compulsive disorder : A review of the literature. *The Journal of Psychology*, **121**, 131-148.

Samuels, J. F., Bienvenu III, J. O., Pinto, A., Fyer, A. J., McCracken, J. T., Rauch, S. L., Murphy, D. L., Knowles, J. A., Piacentini, J., Cannistraro, P. A., Cullen, B., Riddle, M. A., Rasmussen, S. A., Pauls, D. L., Willour, V. L., Shugart, Y. Y., Liang, K-Y., Hoehn-Saric, R., & Nestadt, G. (2007). Hoarding in obsessive–compulsive disorder : Results from the OCD collaborative genetics study. *Behaviour Research and Therapy*, **45**, 673-686.

Shea, M. T., Stout, R., Gunderson, J. G., Morey, L. C., Grilo, C. M., McGlashan, T., Skodol, A. E., Dolan-Sewll, R., Dyck, I., Zanarini, M. C., & Keller, M. B. (2002). Short-term diagnostic stability of schizotypal, borderline, avoidant, and obsessive-compulsive personality disoders. *American Journal of Psychiatry*, **159**, 2036-2041.

Sperry, L. (2003). *Handbook of the diagnosis and treatment of DSM-IV-TR personality disorders* (2nd ed.). New York : Brunner-Routledge.

World Health Organization. (1993). *The ICD-10 classification of mental and behavioural disorders : Diagnostic criteria for research.* Geneva : World Health Organization.

Zanni, G. (2007). The graying of personality disorders : Persistent, but different. *Consultant Pharmacist*, **22**, 995-1003.

Zimmerman, M., Rothschild, L., & Chelminski, I. (2005). The prevalence of DSM-IV personality disorders in psychiatric outpatients. *American Journal of Psychiatry*, **162**, 1911-1918.

4節　境界性パーソナリティ

福森崇貴

1 ■ 境界性パーソナリティ障害とは

a. 歴史的変遷

　境界性パーソナリティ障害（borderline personality disorder：BPD）という概念の発展には，境界例（borderline case）に関する臨床的観察が大きく関与している。境界例という言葉を最初に用いたのは，イギリスの精神分析家リックマン（Rickman, J.）である。彼は，既存の診断カテゴリーに当てはまらない患者に対し，精神病と神経症の境界線上にあるケース，という意味で境界例という言葉を用いた。その後，ホックとポラティン（Hoch & Polatin, 1949）の「偽神経症性統合失調症」（pseudoneurotic schizophrenia），ナイト（Knight, 1953）の「境界状態」（borderline state）などの概念が提唱され，臨床的記述が進められた。これらの概念はいずれも，境界例を統合失調症への移行もしくは潜伏状態として，統合失調症スペクトラムのなかでとらえようとするものであったといえる。

　1960年代以降，カーンバーグやグリンカーらなどによる重要な研究が相次いで発表された。カーンバーグ（Kernberg, 1967）は，境界例が精神病でも神経症でもない特有のパーソナリティ構造を有することを指摘し，それを境界性パーソナリティ構造（borderline personality organization）とよんだ。そして，同一性が不安定で原始的防衛機制を使用するものの，大きな負荷がかからない限り現実検討は保たれる一群として，その特徴を明細に描き出したのである。また，グリンカーほか（Grinker, Werble, & Drye, 1968）は，入院患者の一群を「境界症候群」（borderline syndrome）と名づけ，クラスター分析によりそれを4つのサブグループに分類した。サブグループには精神病的な境界例群が含まれたものの，全体的に境界症候群患者は不安定なまま安定し，その後の経過で統合失調症へは移行しないことが見出された。1960年代以降のこれらの研究により，境界例と統合失調症との区別が示され，境界例を一つの臨床単位として取り出そうとする流れが強まったといえる。同時に，グリンカーほか（Grinker et al., 1968）による境界症候群の特徴抽出は，後の記述的診断への大きなステップとなった。

　そして1980年にアメリカ精神医学会から発表された『精神疾患の診断・統計マニュアル（第3版）』（*Diagnostic and statistical manual of mental disorders* (3rd ed.)：DSM-Ⅲ）において，BPDという診断が登場し，境界例およびその辺縁概念は，パーソナリティ障害の一つとしてカテゴリー化されることになった（American Psychiatric Assocatiom, 1980）。また，境界例のなかでも精神病的な特徴の強いものは，失調型パーソナリティ障害へと分類された。DSM-Ⅲの登場により，境界例をめぐる研究は一つの到達点に達したといえる。診断基準の確立により共通の対象を研究することが可能になり，生物学的研究や長期経過研究が大きく推進されることとなった。

一方,「境界」(borderline) という用語をパーソナリティ障害の一項目に対して適用すべきか,あるいは,パーソナリティ機能の構造記述のために使用すべきか,という議論も残されていた。臨床現場においては,これら二方向から対象をとらえることが実際的であると考えられるが,2010年に入り公開が始まったDSM-5ドラフトでは,従来のカテゴリカルな診断法に加えてディメンション・モデルが採用され,パーソナリティは,その障害の有無にかかわらず,パーソナリティ機能,パーソナリティ障害タイプ,パーソナリティ特性という3つのディメンションにより評価されることになっている。2012年現在ではあくまで草稿段階であるものの,このことにより,上記の議論も解決へ向かうことが期待される。

b. 有病率と性差

有病率は,一般人口の2％程度といわれている。また,BPD診断を受けた者のうち,約75％は女性とされる。ただしこのことは,BPD特徴をもつ男性が自己愛性や反社会性など,他のパーソナリティ障害と診断されやすいこととも関連している可能性がある。

2 ■ 境界性パーソナリティ障害の病因

病因に関しては現在のところ,遺伝的素因を含む生物学的要因に,養育環境などの環境要因が複雑に絡み合ってBPDが発症するという見方が有力である。発症に至る経路はさまざまであり,いかなる病因もそれのみでは発症を十分に説明することはできないとされる。

a. 生物学的要因

従来,BPDの遺伝性については意見の分かれるところであったが,近年の家族研究や双生児研究からは,遺伝的伝達が大きな影響をもちうるとの結果が示されている（たとえば,Torgersen, 2000）。ただし,遺伝子のみでの説明は困難であり,特定の環境下での経験に遺伝子の発現が左右される可能性が高い。また,その他の生物学的要因についてもさまざまな方向から研究が進められている。BPD患者の示す衝動性に関しては,中枢神経系におけるセロトニン（serotonin）レベルの低下との関連が指摘されており,また,神経心理学的研究や脳画像研究などをとおして,BPD患者では,大脳全体の機能を統率し感情や行動のコントロールとも関連の深い,大脳皮質の前頭前野の機能が低い傾向にあることが示されている。シルヴァースヴァイグほか（Silversweig, Clarkin, Goldstein, Kernberg, Tuescher, Levy, Brendel, Pan, Beutel, Pavony, Epstein, Lenzenweger, Thomas, Posner, & Stern, 2007）は,BPD患者は感情的に負荷がかかると,扁桃体などの大脳辺縁系が過活動状態となる一方,前頭前野の機能が低下することを示しており,このような知見は,BPD患者が示す病理の背後にある生物学的なメカニズムを示唆するものであるといえる。

b. 養育環境要因

早期の精神分析学理論では,母親の養育にBPD発症の責任を負わせる風潮があった。しかしその後の研究では,母親のみならず両親を含めて考えることの重要性が強調されている。たとえば,ツヴァイク-フランクとパリス（Zweig-Frank & Paris, 1991）は,BPD群が非BPD群に比べ,父母両方に対し,世話をしてくれず支配的であったという記憶をもっていることを示してお

り，また，患者の両親を対象とした他の研究においても不適切な養育を示唆する結果が得られている。

養育環境との関連で議論の一つとなってきたのは，BPDと幼少期の外傷体験との関連である。BPDには発達過程において虐待を受けたケースが多いという指摘は従来からなされていたが，なかでも注目を集めてきたのは性的虐待であり，BPD患者には高率で性的虐待経験が認められることや，患者の呈する解離症状が幼少期の外傷と強い相関をもつことが示されている（Herman, Perry, & van der Kolk, 1989）。一方，その後に行われた研究では，BPD患者のうち，性的虐待が重要な病因と考えられた者は約半数であり，性的虐待がBPDの中心的病因とは考えられないと結論づけられている（Zanarini, Dubo, Lewis, & Williams, 1997）。また，重篤な外傷を負ったBPDのサブグループにおいてのみ，幼少期の性的虐待は重要性をもつという結果も示されており（Paris & Zweig-Frank, 1997），これらのことを総合すると，性的虐待など幼少期の外傷体験が重要な影響をもつ可能性は残されるものの，病因をそれのみに求めることには限界があると考えられる。また同時に，しばしば指摘されるように，虐待の背景に想定される非機能的な家族関係こそが影響を及ぼしている可能性もある。

3 ■ 診断基準および特徴

BPDの特徴は，心理・行動面における不安定さである。ここではDSM-Ⅳ-TRの診断基準（American Psychiatric Association, 2000/2004, 表12.2参照）に沿って説明を加える。なお，個々の診断基準が相互に関係し合っていることはいうまでもなく，多領域にわたって絡み合う特徴こそが，BPDの改善を困難にしていると考えられる。

(1) 基準1：見捨てられ恐怖

BPD患者は，現実または想像のなかで見捨てられることを過度に恐れ，それを避けるために異常なまでの努力を行う。このような恐怖を避けるための努力が，自殺企図や自傷行為など（基準5）と結びつきやすい。また見捨てられ恐怖は，一人でいることへの耐えられなさとも関連している。

(2) 基準2：不安定で激しい対人関係様式

自分を受け入れてくれそうな人，愛情や満足を与えてくれそうな人を理想化し，相手をほめる，媚びるなどして関心をひこうとする。しかし，その人が十分な愛情や満足を与えてくれないと感じると即座に価値下げし，こき下ろす。このような他者に対する見方の変化は突然かつ極端であり，周囲にさまざまな感情反応や疲弊を引き起こす。またこのことには，見捨てられ恐怖（基準1）が大きく関与していると考えられる。

(3) 基準3：同一性障害

目標や価値観などが突然に変化し，言動には辻褄の合わなさが目立つ。BPD患者の自己像は基本的に否定的であるが，時に拡散し，「自分がわからない」「存在している感じがない」などと訴えることも多い。

表12.2 DSM-Ⅳ-TRの境界性パーソナリティ障害の診断基準(American Psychiatric Association, 2000/2004)

対人関係，自己像，感情の不安定および著しい衝動性の広範な様式で，成人期早期までに始まり，種々の状況で明らかになる。以下のうち5つ（またはそれ以上）によって示される。

(1) 現実に，または想像の中で見捨てられることを避けようとするなりふりかまわない努力
　　注：基準5で取り上げられる自殺行為または自傷行為は含めないこと。
(2) 理想化とこき下ろしとの両極端を揺れ動くことによって特徴づけられる，不安定で激しい対人関係様式
(3) 同一性障害：著明で持続的な不安定な自己像または自己感
(4) 自己を傷つける可能性のある衝動性で，少なくとも2つの領域にわたるもの（例：浪費，性行為，物質乱用，無謀な運転，むちゃ食い）
　　注：基準5で取り上げられる自殺行為または自傷行為は含めないこと。
(5) 自殺の行動，そぶり，脅し，または自傷行為の繰り返し
(6) 顕著な気分反応性による感情不安定性（例：通常は2〜3時間持続し，2〜3日以上持続することはまれな，エピソード的に起こる強い不快気分，いらいら，または不安）
(7) 慢性的な空虚感
(8) 不適切で激しい怒り，または怒りの制御の困難（例：しばしばかんしゃくを起こす，いつも怒っている，取っ組み合いの喧嘩を繰り返す）
(9) 一過性のストレス関連性の妄想様観念または重篤な解離性症状

(4) 基準4：衝動性

衝動性は自己破壊的性質を帯び，たとえば，性的な逸脱行為から浪費へといったように別の形式へとかたちを変えることも頻繁である。また，自己破壊的という点では，反社会性パーソナリティ障害の患者が示す衝動性とは異なるとされる。

(5) 基準5：自殺または自傷行為

自殺や自傷行為は，BPDの行動上，典型的かつ大きな特徴の一つとされる。自傷行為で最も多いのは切傷で全体の8割を占め，次いで打撲，火傷と続く（Shearer, 1994）。また，自傷行為の既往がある場合，自殺リスクは倍増するとの指摘もある。

(6) 基準6：感情不安定性

感情の強度，安定性，振幅において極端さを示す。多くの場合，これらの感情変動は，対人関係上のストレスに対する反応である。レヴァインほか（Levine, Marziali, & Hood, 1997）は，BPD群は非BPD群と比べ，感情への気づきのレベルが低く，複雑な感情を調整できず，否定的な感情に対して過剰に反応しがちであることなどを見出しているが，このような感情処理能力の低さが，BPDの感情不安定性には関与していると考えられる。

(7) 基準7：空虚感

BPD患者は，慢性的に空虚感を抱いているとされる。そのため，相手を理想化し非現実的な期待を抱くと，自分自身を預けきってしまうような過度の依存状態に陥ることもある。

(8) 基準8：怒り

根底には攻撃性が存在し，そこから不適切で制御の困難な激しい怒りが生じる。BPD患者は主観的に物事をとらえがちであり，自分を愛してくれるべき相手が思いどおりに振る舞ってくれなければ，たちまち強い見捨てられ恐怖（基準1）が喚起され，怒りを爆発させる。

(9) 基準9：妄想様観念または解離性症状

DSM-Ⅳから付け加えられた診断基準である。構造化されていない状況や過度なストレス下におかれると，精神病的退行が生じ，一過性の妄想様観念や解離性症状が生じやすい。このような

外的構造への反応という部分は，BPDに特徴的な点とされる。

4 ■ 治療および長期経過

a. 心理療法

心理療法の前提条件としては，BPD患者に無用な混乱を起こさないために環境をできる限り予測可能で単純なものにしておくことや，協力的な治療関係を築くため，あるいは激しい怒りや衝動性への対応のために最低限の制限・枠を設定（限界設定）することなどがあげられる。また，BPD患者は非現実的な認知をもちやすく，強烈な感情のなかに治療者を巻き込むために治療者側にも強い感情を引き起こしやすく，治療関係を歪ませることが多い。治療者はこのような患者に対し，一貫し安定した態度で接することが求められ，そのためにも自らの感情や引き起こされる反応に注意を払い続けることが肝要である。

特定の治療法としては，リネハン（Linehan, M. M.）による弁証法的行動療法（dialectical behavior therapy：DBT）や，ベイトマンとフォナギー（Bateman, A. & Fonagy, P.）によるメンタライゼーションにもとづく治療（mentalization-based treatment：MBT），クラーキンほか（Clarkin, J. F., Yeomans, E. F., & Kernberg, O. F.）の転移焦点型心理療法（tranceference-focused psychotherapy）など，治療効果のエビデンスが認められつつあるものも存在する。しかし，いずれも実証段階にあることに加え，わが国への適用の問題も残されており，現時点においてBPDの治療方法として絶対的なものは存在しないといえる。よって治療に関しては，BPD患者の主訴や状態に応じて有効と考えられる治療を組み合わせ，複数のスタッフがチームとしてかかわることが現実的かつ効果的である。

また近年，治療における心理教育の重要性が改めて注目を集めており，上述のDBTやMBTにも，心理教育のパートが含まれている。ザナリーニとフランケンバーグ（Zanarini & Frankenburg, 2008）が行ったBPDの心理教育に関する研究では，心理社会的機能の改善は心理教育のみでは不十分であったものの，全般的な衝動性と不安定な対人関係が有意に改善したことが示されている。このことは，初期のドロップアウト率が高いとされるBPD治療において，心理教育が治療同盟の確立に大きな効果を果たすことを示唆している。

b. 薬物療法

現時点において，BPD自体，とくに空虚感や見捨てられ恐怖といった主症状に著効を示す薬物は認められておらず，薬物療法は心理療法の補助的役割を担うとされる。ただし，多くのBPD患者が心理療法と並行して薬物療法を受けているという現状があり，薬物に期待される役割は決して小さくない。薬物療法のターゲットは，BPDに随伴する感情的な興奮や，認知の障害，不眠など，症状に応じて決定される。

c. 長期経過

BPDの長期予後についての研究は，1980年代頃から徐々に行われるようになった。初期の研究結果は，時間の経過および加齢とともに半数近くの患者が改善をみせ，その状態が維持される，

というものであった。しかし一方で，7～9％の患者が自殺していることも示された。

　1990年代になると，アメリカのマサチューセッツ州マクリーン病院で，ザナリーニらによる大規模な長期予後研究（Mclean Study for Adult Development）が開始された。その結果，重症のBPD患者のうち，約半数が4年後には診断基準を満たさなくなり，10年後には約9割の患者が寛解と呼べる状態にあったことが報告されている。さらに，10年後の寛解患者のうち約半数は，症状の改善のみならず，社会的・職業的にも良好な機能を示したという（Zanarini, Frankenburg, Reich, & Fitzmaurice, 2010）。しかし，このことは裏を返せば，10年経って症状は寛解しても，依然半数の患者が社会適応に困難をかかえているということでもある。このこととも関連して，ヘルツほか（Hörz, Zanarini, Frankenburg, Reich, & Fitzmaurice, 2010）は，7割以上の患者が，10年経っても薬物療法もしくは心理療法，またはその両方を利用していることを示している。これは，藤内（2008）が指摘するように，治療によって障害にかかわる衝動的な行動パターンが変化したとしても，対人関係機能や感情といったパーソナリティの部分は依然持続するためと考えられ，BPD患者の全体的な社会的機能改善を見据えてどのように介入できるかという点は，残された重要な課題である。

◆引用文献

American Psychiatric Association. (1980). *Diagnostic and statistical of mental disorders* (3rd ed.). Washington, DC : American Psychiatric Association.

American Psychiatric Association. (2004). DSM-Ⅳ-TR精神疾患の診断・統計マニュアル（高橋三郎・大野　裕・染矢俊幸，訳）．医学書院．(American Psychiatric Association. (2000). *Diagnostic and statistical manual of mental disorders* (4th ed., Text Revision). Washington, DC : American Psychiatric Association.)

Grinker, R. R., Werble, B., & Drye, R. (1968). *The borderline syndrome : A behavioral study of ego functions*. New York : Basic Books.

Herman, J. L., Perry, J. C., & van der Kolk, B. A. (1989). Childhood trauma in borderline personality disorder. *American Journal of Psychiatry*, **146**, 490-495.

Hoch, P., & Polatin, P. (1949). Pseudoneurotic forms of schizophrenia. *Psychiatric Quarterly*, **23**, 248-276.

Hörz, S., Zanarini, M. C., Frankenburg, F. R., Reich, D. B., & Fitzmaurice, G. (2010). Ten-year use of mental health services by patients with borderline personality disorder and with other axis II disorders. *Psychiatric Services*, **61**, 612-616.

Kernberg, O. F. (1967). Borderline personality organization. *Journal of the American Psychoanalytic Association*, **15**, 641-685.

Knight, R. P. (1953). Borderline state. *Bulletin of the Menninger Clinic*, **17**, 1-12.

Levine, D., Marziali, E., & Hood, J. (1997). Emotional processing in borderline personality disorders. *Journal of Nervous and Mental Disease*, **185**, 240-246.

Paris, J., & Zweig-Frank, H. (1997). Parameters of childhood sexual abuse in female patients. In M. C. Zanarini (Ed.), *Role of sexual abuse in etiology of borderline personality disorder* (pp.15-28). Washington, DC : American Psychiatric Press.

Shearer, S. L. (1994). Phenomenology of self-injury among inpatient women with borderline personality disorder. *Journal of Nervous and Mental Disease*, **182**, 524-526.

Silversweig, D., Clarkin, J. F., Goldstein, M., Kernberg, O. F., Tuescher, O., Levy, K. N., Brendel, G., Pan, H., Beutel, M., Pavony, M. T., Epstein, J., Lenzenweger, M. F., Thomas, K. M., Posner, M. I., & Stern, E. (2007). Failure of frontolimbic inhibitory function in the context of negative emotion in borderline personality disorder. *American Journal of Psychiatry*, **164**, 1776-1779.

藤内栄太．(2008)．境界性パーソナリティ障害の長期予後．牛島定信（編著），境界性パーソナリティ障害〈日本語版治療ガイドライン〉(pp.92-109)．金剛出版．

Torgersen, S. (2000). Genetics of patients with borderline personality disorder. *Psychiatric Clinics of North America*, **23**, 1-9.

Zanarini, M. C., Dubo, E. D., Lewis, R. E., & Williams, A. A. (1997). Childhood factors associated with the development of borderline personality disorder. In M. C. Zanarini (Ed.), *Role of sexual abuse in etiology of borderline personality disorder* (pp.29-44). Washington, DC : American Psychiatric Press.

Zanarini, M. C., & Frankenburg, F. R. (2008). A preliminary, randomized trial of psychoeducation for women with borderline personality disorder. *Journal of Personality Disorders*, **22**, 284-290.

Zanarini, M. C., Frankenburg, F. R., Reich, D. B., & Fitzmaurice, G. (2010). Time to attainment of recovery from borderline personality disorder and stability of recovery : A 10-year prospective follow-up study. *American Journal of Psychiatry*, **167**, 663-667.

Zweig-Frank, H., & Paris, J. (1991). Parents' emotional neglect and overprotection according to the recollections of patients with borderline personality disorder. *American Journal of Psychiatry*, **148**, 648-651.

5節　自己愛的パーソナリティ

川崎直樹

1 ■ 自己愛とは

　自己愛という概念が心理学的研究の対象となったのは，フロイトが精神分析学的な自己愛論（Freud, 1914/1953）を提起して以降であるといわれる。フロイトは，主に統合失調症様の内閉的な状態にある患者について，リビドーが外界ではなく内側へと向けられている自己愛的な「自己へのリビドー備給」状態であるとみなした。このとらえ方では，「自己愛」という概念が，他者へ向けられた「対象愛」に至らない未成熟な様態を表す言葉としてとらえられている。

　その後，カーンバーグ（Kernberg, 1975）によるパーソナリティ障害についての理論や，コフート（Kohut, 1971/1994）による自己愛転移の研究が発展するにつれ，自己愛という概念のニュアンスは変化し，現在もさまざまな論議がなされ続けている。とくに，コフートの理論が普及するようになってからは，「自己愛」という言葉は一義的に未成熟や病理を意味するものではなくなりつつある。むしろ，ストロロウ（Stolorow, 1975）が「自己像がまとまりと安定性を保ち，肯定的情緒で彩られるように維持する機能」と自己愛を定義したように，誰しもの心のなかに生涯存在し続ける，自己を肯定的に感じようとする基本的な心の機能として理解されるようになりつつある。

2 ■ 病理としての自己愛性パーソナリティ障害

a. 自己愛性パーソナリティ障害の状態像

　自己愛が誰しもの心のなかにある一般的な機能であるとすると，いわゆる「自己愛的なパーソナリティ」とは，一体何なのであろうか。自己愛的なパーソナリティの研究の端緒となっているのは，やはりフロイトやライヒ（Reich, W.）らによる精神分析学的な観点からの自己愛的パーソナリティの記述である。そこで記述された誇大，自己中心的，自己顕示的，攻撃的な人物像が，後のアメリカ精神医学会による『精神疾患の診断・統計マニュアル』（DSM）の「自己愛性パーソナリティ障害」の診断基準へと集約された。現行版DSM-Ⅳ-TRの診断基準（American Psychiatric Association, 2000/2003, 表12.3参照）にもあるように，自らを特別な存在と思い，その自分を賞賛するように他者に求め，利己的で搾取的な振る舞いをするなど，一般的な「ナルシシスト」像を反映したものになっている。

　一方で，自己愛の問題は，DSMが想定するより多様な表れ方をするという指摘も多くみられている。比較的著名であるのはギャバード（Gabbard, 1989）によるサブタイプの分類であろう。そこでは，自己愛性パーソナリティ障害は，誇大性を中心としてDSMの記述にもよく似た「傲

表12.3 DSM-Ⅳ-TRの自己愛性パーソナリティ障害の診断基準
(American Psychiatric Association, 2000/2003)

誇大性（空想または行動における），賞賛されたいという欲求，共感の欠如の広範な様式で，成人期早期までに始まり，種々の状況で明らかになる。以下のうち5つ（またはそれ以上）によって示される。

(1) 自己の重要性に関する誇大な感覚（例：業績や才能を誇張する，十分な業績がないにもかかわらず優れていると認められることを期待する）。
(2) 限りない成功，権力，才気，美しさ，あるいは理想的な愛の空想にとらわれている。
(3) 自分が"特別"であり，独特であり，他の特別なまたは地位の高い人達に（または団体で）しか理解されない，または関係があるべきだ，と信じている。
(4) 過剰な賞賛を求める。
(5) 特権意識，つまり特別有利な取り計らい，または自分の期待に自動的に従うことを理由なく期待する。
(6) 対人関係で相手を不当に利用する，つまり，自分自身の目的を達成するために他人を利用する。
(7) 共感の欠如：他人の気持ちおよび欲求を認識しようとしない，またはそれに気づこうとしない。
(8) しばしば他人に嫉妬する，または他人が自分に嫉妬していると思い込む。
(9) 尊大で傲慢な行動，または態度。

慢型」としてだけではなく，他者の評価に過敏で抑制的な「過敏型」としても表れうることが指摘されている。両者は対照的な特徴をもっているが，それは前者がカーンバーグ，後者がコフートが対象とした臨床群を反映しているためであるといわれている。こうした自己愛パーソナリティのサブタイプは他にも多く提起されており，代表的な物だけでも16の研究により50以上の名称が提起されている（Cain, Pincus, & Ansell, 2008）。しかしそれらもおおむね，この「傲慢・誇大−過敏・脆弱」の2カテゴリーに集約可能であることが指摘されている（Cain et al., 2008）。

b. 自己愛性パーソナリティ障害の心理的機制

これら多様な特徴を示す自己愛性パーソナリティ障害に，通底しているものは何であろうか。その一つの視点が，カーンバーグやコフート，ライヒなどが共通して指摘している「自尊心制御」(self-esteem regulation) の異常・病理であろう。自己愛性パーソナリティ障害のある者は，その発達・養育過程において，子どもの感情を読み間違える自己愛的な親や，冷淡だがほめそやす親などによって，自身の本来の感情との結びつきの弱い空疎な自己が育てられてしまい，その一方で親らの期待に応えるための浅薄な自律性や，未成熟・防衛的な誇大自己が形成されることなどが指摘されている（Kernberg, 1975；Kohut, 1971/1994；Ronningstam, 2005）。つまり，自己愛性パーソナリティ障害とは，健全な自己に支えられた健全な自尊心をもつことがかなわず，その無価値感・空虚感を補うために誇大な自己表象をもつことで自尊心を防衛・維持しようとする「自分が好きになれないという障害」（市橋，2008）であるともいえるであろう。

ロニングスタム（Ronningstam, 2005）は，こうした自己愛の病理の多様性と，その自尊心や感情の制御過程を整理した「制御モデル」(regulatory model) を提起している。このモデルでは，障害・病理としての自己愛を，過敏・脆弱な「シャイ」タイプから，誇大な「傲慢」タイプ，そして誇大性・防衛性がより強くなり攻撃性や冷淡さが顕著な「サイコパシー」タイプのスペクトラム状でとらえている。これら，病理的自己愛をかかえた人たちが，自己に対する肯定的感覚をどのように保とうとするのか（自尊心制御），恥や怒りなどの否定的な情動をどのように扱っているのか（情動制御），それが他者との間ではどのような行動として展開するのか（対人関係）が，

表12.4 健康的自己愛から病理的自己愛までの範囲　（Ronningstam, 2005より一部抜粋・要約）

自己愛の諸次元[a]	健康な自己愛	非凡な自己愛	病理的自己愛		
			シャイ	傲慢	サイコパシー
自尊心制御	能力と限界に対する現実的な自己評価、批判や拒絶に耐える能力、誇大な空想が目標への動機づけとして機能する	高い自信、非凡な意思決定・アイデア、理想を現実的・創造的にまとめ上げる能力	抑制による現実的な自己評価や能力の未発達、野心や誇大な目的に対する恥の感覚、補償的な誇大空想	誇張された脆弱な自尊心、批判や失敗など自尊心への脅威に対する強い反応、誇大な空想自体が自尊心を支える	誇張された自己体験とそれを保護し高揚する非道徳的でサイコパシックな行動
情動制御	妬み・恥・誇りを感じる能力、劣等感や興奮に対する耐性、建設的な怒りの能力	課題や目標に関連した特定の感情を感じる卓越した能力	過敏性と情緒的耐性の低さ、失敗に対する著しい羞恥反応と恐れ、情動の抑制と心気症	怒り・恥・妬みの強烈な感覚、自尊心の上下を反映した抑うつ・短気・多幸感・軽躁	攻撃的・暴力的な行動を伴う著しい過剰反応性、妬みと憤怒の優勢
対人関係	自己の尊重・健康的な権利意識、共感や慈愛の能力、互恵的な関係への感謝の感覚	自分が特別な環境や資質に見合うと感じる高い権利意識、リーダー・カリスマの資質	対人的・職業的な抑制、他者の注目に対する耐性の低さ、屈辱や批判への過敏さ、親切で謙虚に見えるが他者への本当のコミットメント能力の欠損	自尊心高揚のための対人関係の利用、横柄な態度、賞賛注目の希求、操作的・敵意的行動、共感とコミットメント能力の欠損	特権意識と搾取性、易怒性と憤怒反応、強い妬み、サディズムと復讐心

a) この他、"超自我制御"の次元があるが、省略した。

表12.4にあるようにそれぞれ説明・整理されている。

c. 自己愛性パーソナリティ障害に関する実践上の問題

　自己愛性パーソナリティ障害は、それ自体を当人が困りごととして訴える診断名ではない。多くの場合、現実における失敗・喪失・拒絶などの苦痛体験を契機に、抑うつや不安などを主訴として、治療や支援を求めることが多いとされる。その治療論はさまざま提起されているが、一般的な変化の経過としてロニングスタム（Ronningstam, 2005）は、そうした苦痛体験を温かい「関係性」のなかで経験し、「修正的な幻滅体験」として現実的な自己認識を形成しながら、生活のなかで具体的な「達成」を積み上げていくことで、より健康的な自己愛へと改善がみられると指摘している。

　なお、DSM基準による自己愛性パーソナリティ障害の有病率については、全人口的な疫学的調査では「0」となる報告も複数みられるなど、その診断基準としての有用性については議論がある（有病率のレビューとして、Ronningstam, 2009）。ただし、臨床群や軍所属者、医学生など特定の集団のなかでは有病率が1.3～20％となる報告もあり、また自己愛性パーソナリティ障害は研究・実践上の関心は高いことから、現在も重要な診断基準として存続する方向で議論が進められている（Cain et al., 2008；Miller, Widger, & Campbell, 2010；Ronningstam, 2009）。

3 ■ 一般的特性としての自己愛パーソナリティ

a. 自己愛パーソナリティの測定

　上記のような自己愛性パーソナリティ障害についての研究の多くは，精神医学ないし精神分析学の領域で盛んに議論されている。一方で，パーソナリティ・社会心理学の領域では，自己愛パーソナリティを，非臨床群にもみられる一般的なパーソナリティ特性としてとらえる試みがなされている。その端緒となったのが，ラスキンとホール（Raskin & Hall, 1979）による自己愛人格目録（NPI：Narcissistic Personality Inventory）の開発である。NPIはDSMの自己愛性パーソナリティ障害の診断基準を元に構成された自記式尺度であり，「自分は特別な人間だと思う」「私は皆の注目を集めるのが好きだ」等の項目からなる。開発以来さまざまな改訂や，翻訳がなされ，現在の自己愛に関する質問紙研究のおおよそ70％がこの尺度によるものとなっている（Cain et al., 2008）。また，その研究数は自己愛性パーソナリティ障害の研究数よりも多くあり，NPIを用いた研究がDSMで記述される自己愛性パーソナリティ障害の理解にも，ある程度有用であることが近年示唆されている（Miller et al., 2010）。

　なおこのNPIは，自己愛の誇大な側面を主に反映した尺度であるが，上述のような自己愛パーソナリティの過敏・脆弱な側面も包括して測定しようという試みもなされている。たとえばウィンク（Wink, 1991）は，自己愛に関する既存尺度数種の主成分分析結果から「誇大－顕示性」と「脆弱－過敏性」の2成分を抽出して示している。また，臨床的な理論を元に，自己愛的な過敏・脆弱性を概念化し，測定する試みもしばしばなされている（尺度のレビューとして，Cain et al., 2008；小塩，2004；小塩・川崎，2011）。過敏・脆弱性に関する研究はいまだ十分なモデル化まで議論されてはいないが，近年とくに日本国内ではこの自己愛の過敏な側面を扱う研究知見が蓄積されつつあり（中山・中谷，2006；小塩，2004；小塩・川崎，2011等），誇大性と脆弱性を包括した理解の発展が期待されている。

　なお，一般特性としての自己愛パーソナリティについては，はたしてそれが健康な特性であるのか，不健康な特性であるのかがしばしば議論になる。とくにNPIを用いた誇大性の自己愛パーソナリティについては，自尊心の高さや抑うつの低さなど健康的な特徴が多く報告されている（Morf & Rhodewalt, 2001；小塩，2004）。こうした知見に対し，自己愛パーソナリティのどういった点が不健康・問題となりうるのか，以下NPIを用いた研究を中心に考える視点をあげていく。

b. 対人関係上の問題：偏りと長期的損失

　誇大性の自己愛的パーソナリティの持ち主（以下，自己愛者とする）は，過度に肯定的・誇大な自己表象をつくりあげ，それを維持することに専心する。そのため，社会生活を送るうえで，有能で優れた自己表象を維持することが重要な目的となり，他者との互恵的で温かい関係の形成が軽視されがちである。こうした特徴をキャンベルとフォスター（Campbell & Foster, 2007）は，「作動性モデル」（agency model）によって説明をしている。すなわち，社会生活の2つのテーマを，自己の有能性や独立性を表す「作動性」（agency）と，他者との温かい親密な関係を意味する「共同性」（communion）と考えた場合，自己愛者は，共同性を必ずしも重視せず，むしろ

作動性において高い自己評価を得ることを目的として自己を制御していると理論化したのである。実際，自己愛者は競争的な状況に強い動機づけを示すこと，恩恵を他者と分かち合う行動より利己的な行動をとりがちであることなど，自己高揚的・自己中心的な行動をとることを示した知見が多く得られている（レビューとして，Campbell & Foster, 2007；Morf & Rhodewalt, 2001）。

こうした共同性を軽視した傾向は，長期的な対人関係の維持にも問題となりうる。ポーラス（Paulhus, 1998）は，大学新入生同士の数週間の親交を通しての印象の変遷を調査した。その結果，自己愛的傾向が高いほど，初対面の時点では好意的に評価される一方で，7週間会い続けるうちにそうした好評価は失われがちであることを示している。長期的な関係では自己愛的な自己中心性や他者軽視などが，関係の悪化のリスクにつながりうると考えられる。

もう一点，自己愛者の対人関係に特徴的であるのが，その攻撃性である。ブッシュマンとバウマイスター（Bushman & Baumeister, 1998）の実験で，実験参加者は，自身が書いた小論文に対して，初対面の相手（サクラ）から「こんなにひどいのは初めてです」といった否定的フィードバックを受けた。その後その相手に対して攻撃（大きな音量のベル音）を行う機会が与えられると，自尊心のみが高い実験参加者はとくに攻撃的な反応を示さない一方で，自己愛パーソナリティ得点の高い実験参加者たちは，より強い攻撃行動を示したのである。これは，脅かされた自己愛（自我本位性）が攻撃性につながることを説明した「自我本位性脅威モデル」（threaten egotism model）として知られている。このように，自己愛者が最も強く求めるのは自尊心であるが，その自尊心の基盤となる対人関係そのものを破壊しがちな傾向が，彼らにはあるのである。

c. 自己に関する感情の二重性：顕在的な肯定感と潜在的な否定感

臨床的な理論の多くでは，自己愛者の誇大で万能的な自己認識や，それを確証しようとする自己高揚的な対人行動は，自己に対する否定的感情や空虚感を覆い隠すため防衛的装置であると指摘される。つまり，意識的・顕在的プロセスでは，彼らは良好な精神状態を保っているが，同時に，無意識的・潜在的プロセスでは自分に対する否定的な感覚を有しているのではないかと考えられている。こうした考えは，「マスク・モデル」（mask model；Bosson, Lakey, Campbell, Zeigler-Hill, Jordan, & Kernis, 2008）ともよばれている。

マスク・モデルに関しては，自己に対する無意識的・潜在的態度，すなわち潜在的自尊心の測定手法が開発されて以降，自己愛パーソナリティが「顕在的自尊心の高さと潜在的自尊心の低さ」によって説明されるという報告がいくつかなされた。しかし，その後のメタ分析（Bosson et al., 2008）によるとこれらの結果は一貫性をもたないことが指摘されており，まだ一定の結論や成果は得られていない。しかし，自己愛者が失敗や拒絶状況において感情的動揺を示しやすいこと，自尊心感情は平均的には高いものの継時的には不安定さがみられることからも，彼らの自己概念が何らかの構造的な脆弱性をもっている可能性は高い（Morf & Rhodewalt, 2001）。マスク・モデルは臨床的・精神分析的な理論との接合的になりうる重要な仮説であることからも，今後もさらなる検討が求められているといえる。

4 ■ 自己愛パーソナリティの逆説的な生態

　上述のように，自己愛パーソナリティとは，自己の作動性と他者との共同性，意識的肯定感と無意識否定感など，対立的な条件のなかで，その矛盾や葛藤をかかえたまま生きようとしている複雑な自己制御プロセスであると理解できる。自尊心を得ることを強く欲しながら，その方法が一面的・短絡的であるがゆえに，安定した健全な自尊心を得られていない様を，モルフとロードワルト（Morf & Rhodewalt, 2001）は「自己愛パラドックス」（narcissistic paradox）とよんでいる。

　こうしたパラドックスを説明するうえでは，人間の自己制御の論理を単一経路の回路としてとらえるのではなく，複数の矛盾したルールで稼働する力動性を仮定して理解する必要がある（Morf & Rhodewalt, 2001）。周囲からは自己中心的・自己顕示的にみえる彼らの生き方を，「自分を愛したいが，うまく愛せない」がゆえに矛盾をかかえてしまった苦肉の策として理解する包括的・力動的な理論と，その矛盾した姿を浮かび上がらせる創造的な研究知見の蓄積が求められている。精神医学・精神分析学・パーソナリティ心理学などの垣根を越えた研究が今後は不可欠であろう。

◆ 引用文献

American Psychiatric Association. (2003). DSM-Ⅳ-TR精神疾患の分類と診断の手引（高橋三郎・大野　裕・染矢俊幸，訳）．医学書院．（American Psychiatric Association. (2000). *Quick reference to the diagnostic criteria from DSM-Ⅳ-TR*. Washington, DC : American Psychiatric Association.）

Bosson, J. K., Lakey, C. E., Campbell, W. K., Zeigler-Hill, V., Jordan, C. H., & Kernis, M. H. (2008). Untangling the links between narcissism and self-esteem : A theoretical and empirical review. *Social and Personality Psychology Compass*, **2**, 1415-1439.

Bushman, B. J., & Baumeister, R. F. (1998). Threatened egotism, narcissism, self-esteem, and direct and displaced aggression : Does self love or self-hate lead to violence? *Journal of Personality and Social Psychology*, **75**, 219-229.

Cain, N. M., Pincus, A. L., & Ansell, E. B. (2008). Narcissism at the crossroads : Phenotypic description of pathological narcissism across clinical theory, social/personality psychology, and psychiatric diagnosis. *Clinical Psychology Review*, **28**, 638-656.

Campbell, W. K., & Foster, J. D. (2007). The narcissistic self : Background, an extended agency model, and ongoing controversies. In C. Sedikides & S. Spencer (Eds.), *Frontiers in social psychology : The self* (pp.115-138). Philidelphia : Psychology Press.

Freud, S. (1953). ナルチシズム入門．フロイト選集：5　性欲論（懸田克躬，訳）．日本教文社．（Freud, S. (1914). Zur Einführung des Narzissmus. *Jahrbuch der Psychoanalyse*, **6**, 1-24.）

Gabbard G. O. (1989). Two subtypes of narcissistic personality disorder. *Bulletin of the Menninger Clinic*, **53**, 527-532.

市橋秀夫．(2008)．自己愛性パーソナリティ障害の精神療法．精神科，**13**，233-237．

Kernberg, O. F. (1975). *Borderline conditions and pathological narcissism*. London : Jason Aronson.

Kohut, H. (1994). 自己の分析（水野信義・笠原　嘉，監訳）．みすず書房．（Kohut, H. (1971). *The analysis of the self*. New York : International Universities Press.）

Miller, J. D., Widiger, T. A., & Campbell, W. K. (2010). Narcissistic personality disorder and the DSM-V. *Journal of Abnormal Psychology*, **119**, 640-649.

Morf, C. C., & Rhodewalt, F. (2001). Unraveling the paradoxes of narcissism : A dynamic self-regulatory processing model. *Psychological Inquiry*, **12**, 177-196.

中山留美子・中谷素之. (2006). 青年期における自己愛の構造と発達的変化の検討. 教育心理学研究, **54**, 188-198.
小塩真司. (2004). 自己愛の青年心理学. ナカニシヤ出版.
小塩真司・川崎直樹 (編著). (2011). 自己愛の心理学：概念・測定・パーソナリティ・対人関係. 金子書房.
Paulhus, D. L. (1998). Interpersonal and intrapsychic adaptiveness of trait self-enhancement : A mixed blessing? *Journal of Personality and Social Psychology*, **74**, 1197-1208.
Raskin, R., & Hall, C. S. (1979). A narcissistic personality inventory. *Psychological Reports*, **45**, 590.
Ronningstam, E. F. (2005). *Identifying and understanding the narcissistic personality*. New York : Oxford University Press.
Ronningstam, E. (2009). Narcissistic personality disorder : Facing DSM-V. *Psychiatric Annals*, **39**, 111-121.
Stolorow, R. D. (1975). Toward a functional definition of narcissism. *International Journal of Psycho-Analysis*, **56**, 179-185.
Wink, P. (1991). Two faces of narcissism. *Journal of Personality and Social Psychology*, **61**, 590-597.

13章　パーソナリティと不健康

1節　不健康状態にかかわるパーソナリティ

小塩真司

1 ■ 不健康状態とパーソナリティのかかわり

　不健康状態にかかわるパーソナリティについて，どのような関係を想定することができるだろうか。ここでは，小塩（2005）の議論にもとづいて，パーソナリティの量的な測定をふまえた観点から説明してみたい。

　パーソナリティをどのような概念として定義するかによって，想定される不健康状態とのかかわり方は異なってくるであろう。しかし一般的に，パーソナリティ心理学においては，質問紙調査によってパーソナリティ特性を測定することが多い。そして，パーソナリティ特性として測定された構成概念は，他の特性と線形関係をなすことが前提とされている。たとえば，相関関係を表現する際も重回帰分析で因果関係を表現する際も，複数の変数間に直線的な関係が成り立つことを想定している。たしかに，曲線関係や複数の変数の組み合わせによる交互作用的な効果を問題とすることもあるのだが，現代の心理学におけるパーソナリティの測定を考えれば，まずは他の変数との間の直線的な関係を想定するのが，基礎的な仮定であると考えられる。

　パーソナリティが数直線上に位置するものとして表現される場合，健康・不健康（適応・不適応）との関係をどのように表現するのが適切なのであろうか。たとえば，自己愛的なパーソナリティを例にあげて考えてみよう。自己愛的なパーソナリティは，その傾向が高くても低くても，不健康状態にかかわることが想定されている。ここで問題となるのは，果たして，自己愛傾向が低いときの不健康状態と高いときの不健康状態が同じものといえるのか，ということである。

　もしも両者が同じ適応要素を問題としているのであれば，健康状態を縦軸，自己愛の程度を横軸にとったグラフにおいて，逆U字型の曲線となるような形状を描くはずである（図13.1の上の

グラフ)。ところがこのようなグラフは，先に示したような前提条件にそぐわない。つまり，そもそもパーソナリティ心理学で測定される概念は，線形関係を前提としたものであり，曲線関係を表現することには向いていないのである。

ではこの問題について，どのような解決策を考えることができるだろうか。一つの考え方は，自己愛的な傾向が低いときの不健康状態と，自己愛的な傾向が高いときの不健康状態とでは，その中身となる要素が異なるというものである。この考え方を図として表現したものが，図13.1の下のグラフである。たとえば，要素Aを「協調性」，要素Bを「自信」としよう。自己愛傾向と協調性は負の関連，自己愛傾向と自信は正の相関関係にある。したがって，自己愛傾向が低い者は他者と協調した関係を営むことはできるが自信は欠如した状態にあり，自己愛傾向が高い者は他者と協調した関係を営むことが困難である一方で自信は抱いた状態にある。このように，あるパーソナリティが高いときも低いときも不健康状態が想定される，ということは研究上よく行われるが，その中身は分けて理解する必要があると考えられるのである。

2 ■ パーソナリティの概念範囲

パーソナリティと精神的不健康とのかかわりでもう一つ問題となるのは，パーソナリティ概念と精神的不健康状態との距離である。これは，あるパーソナリティ特性をより多くもつ者（あるパーソナリティ得点が非常に高い者）が，必ず不健康になるということを仮定できるかどうか，という問題でもある。

たとえば，DSM-Ⅳ-TR（American Psychiatric Association, 2000）にはパーソナリティ障害の全般的診断基準という項目がある（表13.1）。この診断基準にあるように，パーソナリティ障害というためには，ある個人が生活している文化に比較して著しく偏ったパーソナリティの特徴をもち，その特徴は一貫しており状況によって変化するようなものではなく，そのことが原因となって社会生活のなかで著しい苦痛や機能障害を引き起こすことが必要となる。

ここで，著しい苦痛や機能障害が生じるという記述は注目に値する。つまりここから，パーソナリティそのものとそこから生じる問題とを切り離して考えることの重要性が読み取れるのである。パーソナリティと不健康状態との関係を考える際には，パーソナリティの偏りが，その個人がおか

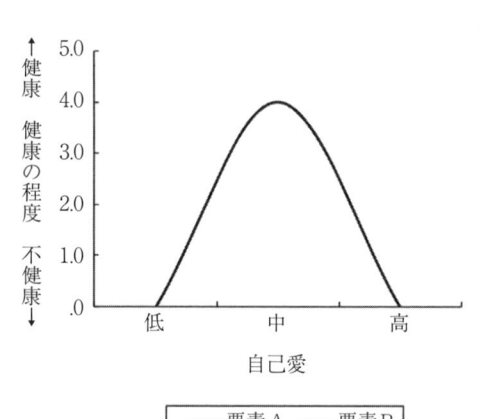

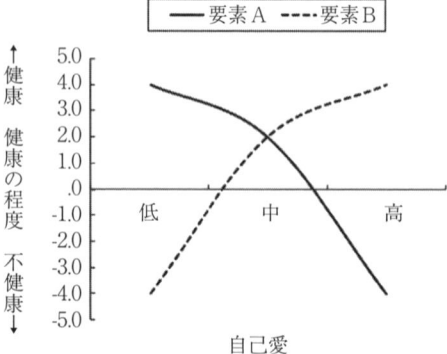

図13.1 自己愛と適応の関係のあり方
（小塩, 2005を改変）

表13.1 パーソナリティ障害の全般的診断基準（DSM-Ⅳ-TRを一部改変）

A) その人の属する文化から期待されるものより著しく偏った，内的体験および行動の持続的様式。この様式は以下の領域の2つ（またはそれ以上）の領域に現れる。
    1. 認知（自己，他者，および出来事を知覚し解釈する仕方）
    2. 感情（情動反応の範囲，強さ，不安定性，および適切さ）
    3. 対人関係機能
    4. 衝動の制御
B) その持続的様式は柔軟性がなく，個人的および社会的状況の幅広い範囲に広がっている。
C) その持続的様式が，臨床的に著しい苦痛，または社会的，職業的，または他の重要な領域における機能の障害を引き起こしている。
D) その様式は安定し，長期間続いており，その始まりは少なくとも青年期または成人期早期にまでさかのぼることができる。
E) その持続的様式は，他の精神疾患の表れ，またはその結果ではうまく説明されない。
F) その持続的様式は，物質（例：乱用薬物など）または一般身体疾患（例：頭部外傷など）の直接的な生理学的作用によるものではない。

れた状況との兼ね合いにおいて，何らかの実際的な問題が生じるか否かに注目する必要がある。

3 ■ 不健康状態とパーソナリティの関連モデル

マシューズほか（Matthews, Deary, & Whiteman, 2009）は，パーソナリティと精神的不健康状態や精神的疾患との関係を図13.2の4つにまとめている。

図13.2の(1)は，不健康状態や精神的疾患の直接的な原因にパーソナリティを想定するというモデルである。たとえば，半構造化面接や質問紙法によって測定されるサイコパシー特性（大隅・金山・杉浦・大平, 2007）は，共感性や罪悪感の欠如，他者操作，衝動性，行動の非制御，逸脱行動などの特徴が含まれるパーソナリティ傾向である。このサイコパシー特性はその定義からも明らかなように，より直接的に反社会的で不適応的な行動を生じさせるような影響力をもつと考えられる。

図13.2の(2)は，パーソナリティと不健康状態や精神的疾患との間に因果関係ではなく，両者に共通する第3の変数の影響によって相関関係が生じているというモデルである。たとえば，ハンチントン病は，全身の不随意運動を生じさせる病気であるが，原因となる遺伝子が同定されており，特定の遺伝子を有することにより高い確率で発症することが知られている。そして，この病気が発症する際には，同時にパーソナリティ障害に似たパーソナリティの変容が生じることがある（Clark & Grunstein, 2000/2003）。このようなパーソナリティの変容は，DSM-Ⅳ-TR（American Psychiatric Association, 2000）において「一般身体疾患によるパーソナリティ変化」として記述されているものである。この場合，ハンチントン病の発症に前後してパーソナリティ障害傾向が生じるが，いずれかがいずれかの原因となるわけではない。これらの背景には，共通する原因として特定の遺伝子をあげることができるのである。

図13.2の(3)は，パーソナリティが行動に影響を及ぼすことにより，間接的に不健康状態や精神的疾患に影響を与えるというモデルである。たとえば，神経症傾向の高さと勤勉性の低さ，調和性の低さが喫煙行動に結びつくこと（Malouff, Thorsteinsson, & Schutte, 2006 ; Terraciano

& Costa, 2004），神経症傾向の高さと勤勉性の低さが不法な薬物使用に結びつくこと（Kashdan, Vetter, & Collins, 2005）などが示されている。また，デヤングほか（DeYoung, Hasher, Djikic, Criger, & Peterson, 2007）は，パーソナリティの安定性（低い神経症傾向，高い勤勉性と調和性で表現される）が，早起きをする生活習慣に影響を及ぼすことを示している。これらは，パーソナリティが日常的な行動に影響を及ぼし，その結果として健康／不健康状態を生じさせるという過程を示唆するものであると考えられる。

図13.2の(4)は，不健康状態や精神的疾患がパーソナリティに影響を及ぼすという影響関係である。たとえば石山・内野（1995）は，6カ月以上の施設入院を経験した重症喘息児に対して，入院時と退院時にYG性格検査を実施することで，入院前後のパーソナリティ類型の変化を検討している。そして，全体的には大きな変化は認められないものの，不安定なパーソナリティ類型から安定した類型へと移行する傾向がみられたことを報告している。さらに詳細な検討が必要ではあるものの，このことは喘息という疾患の程度によって，パーソナリティが影響を受ける可能性を示唆するものであると考えられる。

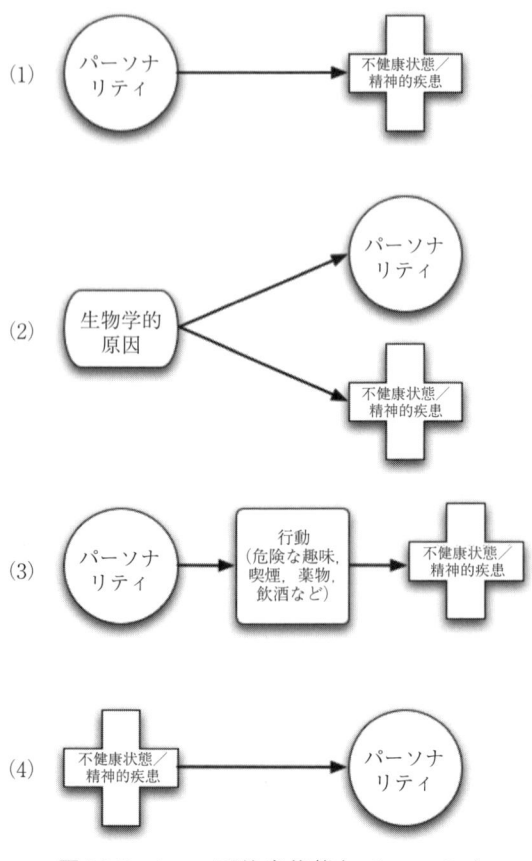

図13.2 4つの不健康状態とパーソナリティに関するモデル（Matthews et al., 2009を改変）

これらの図は，パーソナリティと不健康状態や精神的疾患との関連を想定する際の有用なガイドとなるだろう。しかしながら，さらに重要なことは，図13.2で示されている概念図は，きわめて単純化された図式であるという点である。現実には，それぞれの要素が複数存在するものや，複数の図が混合したもの，またさらにそれらを組み合わせたものなど，複雑な様相を呈することが予想される。

4 ■ パーソナリティ特性と不健康状態

どのような種類のパーソナリティ特性が不健康状態にかかわるといえるのだろうか。適切な答えとしては，どのようなパーソナリティ特性であっても，不健康状態にはかかわりうる，というものであろう。

ここでは不健康状態という側面のみならず，パーソナリティ特性の利益とコストの例として，ビッグファイブ・パーソナリティをとりあげてみたい（Nettle, 2007/2009）。まず神経症傾向が高いことは，不安や抑うつといった不安定な感情にかかわる一方で，その不安を避けるための努力を提供する。外向性の高さは，外的な刺激や報酬を求める行動を促す一方で，危険な行為への志向性を高め，肉体的な危険を導く可能性がある。開放性の高さは，芸術的な感性や拡散的思考につながる一方で，魔術的な思考にも結びつく可能性を秘めている。誠実性の高さは，自己制御や計画的な行動を高めるが，融通のなさや柔軟な判断の欠如にもつながる。そして調和性の高さは，他者との間に調和的で協調的な関係を築くことに関連する一方で，他者の意見を鵜呑みにし，自ら決断することを妨げるかもしれない。

 これらのなかには「不健康状態」とまではいかないものも含まれるが，これらのコストによって何らかのかたちで現実的な困難さが引き起こされる場合には，不健康状態につながるものと考えることができるだろう。物事にはメリットとデメリットの両面がある。パーソナリティに関しても，同じことがいえるのである。

◆ 引用文献

American Psychiatric Association. (2000). *Diagnostic and statistical manual of mental disorders* (4th ed., Text Revision). Washington, DC : American Psychiatric Association.
Clark, W. R., & Grunstein, M. (2003). 遺伝子は私たちをどこまで支配しているか：DNAから心の謎を解く（鈴木光太郎，訳）．新曜社．(Clark, W. R., & Grunstein, M. (2000). *Are we hardwired ? : The role of genes in human behavior*. New York : Oxford University Press.)
DeYoung, C. G., Hasher, L., Djikic, M., Criger, B., & Peterson, J. B. (2007). Morning people are stable people : Circadian rhythm and the higher-order factors of the Big Five. *Personality and Individual Differences*, 43, 267-276.
石山宏央・内野　勝．(1995)．Y-G性格検査による重症喘息児の心理的特徴：入院における類型変化とその要因についての一考察．日本性格心理学会第4回大会発表論文集，38-39.
Kashdan, T. B., Vetter, C. J., Jr., & Collins, R. L. (2005). Substance use in young adults : Associations with personality and gender. *Addictive Behaviors*, 30, 259-269.
Malouff, J. M., Thorsteinsson, E. B., & Schutte, N. S. (2006). The five-factor model of personality and smoking : A meta-analysis. *Journal of Drug Education*, 36, 47-58.
Matthews, G., Deary, I. J., & Whiteman, M. C. (2009). *Personality traits* (3rd ed.). London : Cambridge University Press.
Nettle, D. (2009). パーソナリティを科学する（竹内和世，訳）．白揚社．(Nettle, D. (2007). *Personality : What makes you the way you are*. Oxford : Oxford University Press.)
大隅尚広・金山範明・杉浦義典・大平英樹．(2007)．日本語版一次性・二次性サイコパシー尺度の信頼性と妥当性の検討．パーソナリティ研究，16, 117-120.
小塩真司．(2005)．自己愛人格の構造と適応過程．梶田叡一（編），自己意識研究の現在2（pp.101-118）．ナカニシヤ出版．
Terraciano, A., & Costa, P. T., Jr. (2004). Smoking and the five-factor model of personality. *Addiction*, 99, 472-481.

2節　不安・心配

杉浦義典

　パーソナリティと不安や心配との関連を考える場合，3つの問題が重要になる。

　第一に，不安や心配とパーソナリティそれぞれの分類である。専門家の間でコンセンサスのあるのは，アメリカ精神医学会が作っている『精神疾患の診断・統計マニュアル』（DSM：*Diagnostic and statistical manual for mental disorders*）である。DSMの診断は非常に細分化されている。一方，パーソナリティにはビッグファイブに代表される包括的な概念もある。不安や心配を包括的なパーソナリティと関連づけることで有益な知見が生まれるのだろうか。また，不安や心配の程度には個人差があるが，それが量的に極端になったものが，病理と考えてよいのだろうか。

　第二に，不安や心配の研究では一般に「変化」が関心の焦点になる（例：どのように悪化するのか，逆に，どのように改善するのか）。一方，パーソナリティは時間を経ても安定した属性である。変化させることが望まれる状態の理解にパーソナリティの研究は寄与するのだろうか。寄与するのであれば，どのように役に立つのであろうか。

　第三に，パーソナリティとの関連から，不安や心配の背景にあるメカニズムを推測することはできるのだろうか。これは，個人差研究すべてに共通する問いでもある。

　本節では，この3つの観点から，不安や心配の理解にパーソナリティがどのように役立つかを述べる。

1 ■ 不安・心配とパーソナリティの分類

a. 不安と心配

　不安とは『心理学辞典』によれば，「自己存在を脅かす可能性のある破局や危険を漠然と予想することに伴う不快な気分のこと」（生和，1999）である。不安は個々の状況でみられる反応であると同時に，不安になりやすい程度の個人差もある。不安を測定する代表的な尺度であるState-Trait Anxiety Inventory (STAI；Spielberger, Gorsuch, & Luchene, 1970) は，不安を状態不安（その時々に感じられる不安）と特性不安（不安になりやすい個人の傾向）に区分する。

　一方，心配は「否定的な情緒をともなった，制御の難しい思考やイメージの連鎖。不確実で否定的な結果が予期される問題を心的に解決する試みを反映する」（Borkovec, Robinson, Pruzinsky, & DePree, 1983）である。最も広く使われているPenn State Worry Questionnaire (PSWQ；Meyer, Miller, Metzger, & Borkovec, 1990) は，心配性傾向（特性的な心配）をとらえる。

　不安と心配はしばしば同義に扱われる。しかし，心配は不安という現象の一部，具体的には「思考やイメージの連鎖」とあるように認知的成分ととらえるのが適切である。デーヴィーほか

(Davey, Hampton, Farrell, & Davidson, 1992) は，心配性傾向が特性不安と相関を示すと同時に，特性不安の影響を偏相関分析で取り除くと，積極的に問題解決をする傾向と正の相関を示すことを見出した。この結果は「不確実で否定的な結果が予期される問題を心的に解決する試みを反映する」という定義と整合している。このように，心配と不安とは共通点があるものの，違う部分もあることがわかる。

b. DSMにおける不安障害

臨床的に問題となる不安は不安障害とよばれている。DSMでは不安障害は，症状の詳細な記述にもとづいてさらに細分化されている。たとえば，外傷後ストレス障害（生命に危険が及ぶような経験のあとで，その場面の鮮明な記憶が意識に侵入したり，出来事を思い出させる場面を回避する），社交不安障害（対人場面に不安感を感じ，そのような場面を回避する），特定の恐怖症（高所，動物など特定の対象に恐怖を感じて回避する），のように不安を感じる対象によって分類されている。抑うつという感情が大うつ病性障害という診断に対応しているのとは対照的に，一般的な「不安障害」という診断名はない。それに近いものといえば，全般性不安障害であろう。全般性不安障害は，もともとは社交不安や恐怖症などに分類されない「その他の不安障害」という扱いであったが，1987年のDSMの改訂で，制御のできない心配を主症状とした独立したカテゴリーに格上げされたのである。「全般性」とは，不安や心配の対象が特定のものに限定されないという意味である。不安というものを幅広くとらえたい場合（それが本節の目的である），全般性不安障害が最も関連が深いといえる。

c. 全般性不安障害は不安の強くなったものなのか

レチューほか（Rettew, Doyle, Kwan, Stanger, & Hudziak, 2006）は，損害回避を測る尺度で，どの程度の精度で全般性不安障害を診断できるかを検討した。損害回避は，神経症傾向，ネガティブ情動傾向，などとよばれるパーソナリティと類似しており，不安が強く危険を回避しようとする動機が強い傾向である。その結果，比較的高い精度で全般性不安障害の診断は可能であった。しかし，損害回避の得点が非常に高い人でも全般性不安障害の診断を満たさない人もいた。逆に，損害回避の得点が比較的低い人でも，全般性不安障害の診断を受ける人もいた。ここから，両者は完全に同じ次元上にあるとはいえないようである。

d. パーソナリティを用いて多様な不安障害を統合する

DSMでは不安障害は細かく区分されている。しかし，各種の不安障害のあいだ，さらには，不安障害とうつ病にも重複（併発）が多いことがわかってきた（杉浦・丹野, 2008）。このように重複のある精神疾患を何とか整理・統合できないだろうか。この試みは，パーソナリティの基本次元と，各種の症状との関連を検討するという形でなされた。アイゼンク（Eysenck, H. J.）の理論にせよ，ビッグファイブにせよ，パーソナリティの基本次元はかなり少数にまとめられる。ブラウンほか（Brown, Chorpita, & Barlow, 1998）は，不安と抑うつの統合モデルを提示した。彼らは各種の不安障害やうつ病の症状とパーソナリティ（ネガティブ情動傾向およびポジティブ情動傾向）との関連を共分散構造分析によって解析した。その結果，うつ病，全般性不安障害，パニック障害，強迫性障害，社交恐怖はすべてネガティブ情動傾向と関連していた。とくに，ネガ

ティブ情動傾向は，うつ病と全般性不安障害との関連が強かった。両者には遺伝的な関連も強いことがわかっている。

2 ■ パーソナリティの安定性は不安・心配の理解にどのように影響するか

　パーソナリティというのは安定した個人の属性である。一方，臨床心理学は人の状態を変化させることを目指している。しかし，パーソナリティと不安・心配には密接な関連がある。さらに，不安のなかでも心配性傾向は安定性が高く，それ自体がパーソナリティであるといってもよいほどである。安定した性質であるということは，不安や心配の理解にどのように影響するのだろうか。

a. 心配はパーソナリティなのか

　「疾患」という言葉は，その人のそれまでの状態からの逸脱であるという含意がある。しかし，全般性不安障害は慢性的であり，疾患というよりもパーソナリティ障害ではないかという見方もある。実際には，全般性不安障害のある人のなかには，幼少期から心配性だった人と，成人後に何らかのストレスをきっかけに全般性不安障害になる人がいる（Beck, Stanley, & Zebb, 1996）。

　子どものときから心配性だったという人もいることから，青年期の発達的変化を縦断的に検討する必要がある。ヘールほか（Hale, Klimstra, & Meeus, 2010）は，青年期の非臨床群を対象に，神経症傾向と心配との関連についての5年間の縦断調査を行った。平均12歳と平均16歳のグループを毎年追跡した。調査時期や対象者の年齢・性別を問わず，心配と神経症傾向は別の因子を形成した。しかし，両者には比較的強い相関があった。5年を通じての安定性は心配も神経症傾向も高かったが，比較すると心配のほうが高かった。さらに，相互の影響（例：1年目の心配→2年目の神経症傾向；2年目の神経症傾向→3年目の心配）については，どちらの方向も認められたが，平均してみると，心配→神経症傾向のほうが，神経症傾向→心配よりも強かった。ここから，心配と神経症傾向は因子としては区別されるものの，いずれも安定した特徴であることがわかる（むしろ，心配のほうが安定性が強かった）。

b. パーソナリティは治療を拒むのか

　不安とパーソナリティの基本次元との関連が強いこと，また，心配性傾向の安定性が高いことは治療に対する悲観につながるのだろうか。近年うつ病の治療において，変化しにくい素因に対処する方法が開発された。うつ病は再発が多い。うつ病の素因とされるネガティブな認知傾向は，症状が軽快した後も残存していること，その傾向はネガティブ情動傾向と相関するということが見出された（Teasdale & Dent, 1987）。そこから，ネガティブな認知をなくすのではなく，そこから距離をおけるようになればよい，という考え方が登場した。この考えにもとづいて，マインドフルネス瞑想（mindfulness meditation）という治療法がうつ病の再発予防に成果をあげている（Teasdale, Segal, Williams, Ridgeway, Soulsby, & Lau, 2000）。マインドフルネス瞑想では，自然に生じる呼吸や手のひらにのせたレーズンなどに能動的な注意を向ける。呼吸に注意を向けている最中にも，無関連な考えが浮かぶものである。たとえば，呼吸に向けていた注意がそれて

しまったことをきっかけに，ネガティブな思考が生じる（例：どうしてこんなこともできないんだろう）。このようなとき，その思考はそのままにしておいて（それにこだわったり，また無理に抑制しようとせずに），呼吸に注意を戻すように教示する。このようにして，ネガティブな認知を無理に抑えることもなく，そこから距離をおくことが可能になる。フェルトマンほか（Feltman, Robinson, & Ode, 2009）は，大学生を対象として，マインドフルな傾向の高い人は，神経症傾向が強くても，怒りや抑うつが高くなりにくいことを明らかにした。

3 ■ パーソナリティとの関連から不安・心配のメカニズムを知る

パーソナリティを用いた研究の目的はただたんに相関を報告することではない。パーソナリティの理論のなかでも，アイゼンク，グレイ（Gray, J. A.），クロニンジャー（Cloninger, C. R.）といった研究者の理論は，個人差の背景にある生物学的なメカニズムも考えている点が特徴である。すると，パーソナリティの基本次元との関連から，不安や心配のメカニズムについて，何らかの示唆が得られる可能性がある。ここでは，そのような試みを紹介する。

a. 不安の高い人は何を避けているのか

ゴメスとフランシス（Gomez & Francis, 2003）は，全般性不安障害の患者群と健常統制群を比較した。その結果，神経症傾向と外向性（の低さ）は，全般性不安障害の診断と重症度の双方を予測していた。特性不安よりも神経症傾向と外向性のほうが予測力が強かった。アイゼンクの理論では，外向性の低さ（内向性）は，もともと高めの覚醒を下げて，適度な水準に保つための行動と関連すると考えられる。すると，神経症傾向が高く外向性が低いという特徴から，全般性不安障害の人は，高すぎる覚醒を低下させようとしている，と考えられる。実際，心配性の人は困ったことについて言葉で考えることで，より強烈な感情を喚起するようなイメージを避けているという知見がある（杉浦・丹野, 2008）。一方，グレイのモデルによれば，神経症傾向が高く外向性の低い人は，不快な状況を避けようとする動機が強いと考えられる。心配性の人は，困ったことが起きないようにするために心配している，という知見もある（杉浦・丹野, 2008）。このように，パーソナリティの基本次元の背景にある理論を参照することで，何のために心配しているのかがみえてくる。

b. 不安はどうしたら制御できるか

近年の感情の理論は，発生から制御という一連のプロセスを仮定する（Gross, 2002）。これは脳科学の知見とも一致している。脳の中心部に近い辺縁系とよばれる領域は感情の発生にかかわると考えられている。とりわけ扁桃核とよばれる小さな器官は，危険を瞬時に検出して警報機のように反応する。一方，前頭前野とよばれる額の後ろ側の領域は，さまざまな情報を組み合わせたり，目標の優先順位をつけたり，というように脳の他の領域を制御するような高次の機能を担っている。この領域と扁桃核には抑制性の結合がある（片方が活性化すると他方が沈静化する）。そのため，前頭前野は扁桃核の作動を監視して制御することができる。警報機は不適切な状況でも鳴ることもあるが，それは万が一の危険を見落とさないためには重要である。しかし，

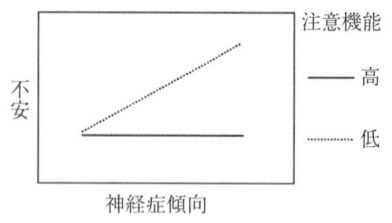

図13.3 パーソナリティと不安の関連を注意機能が調整する

結果的に必要ないとわかれば，速やかに警報機の鳴動をとめ平常状態に戻る必要がある。前頭前野はこのようなかたちで感情を制御している。

ロスバートらは，ポジティブ情動傾向やネガティブ情動傾向に加えて，注意のコントロールの個人差がパーソナリティの基本次元として重要であると考える（Rothbert, Ahadi, & Evans, 2000）。注意のコントロールを支えるのは脳のなかで前頭前野，つまり感情の制御を支える部位である。すると，注意のコントロールの個人差も不安や心配と関連すると予想される。ムリス（Muris, 2006）は，思春期の非臨床群を対象として，神経症傾向と注意コントロールの交互作用が心理的症状を予測することを見出した。注意のコントロールが高いと，神経症傾向が強くても，心理的症状が強くなりにくいという結果である。メースターズほか（Meesters, Muris, & van Rooijen, 2007）も非臨床群の子ども（平均12.7歳）を対象に同様の結果を見出している。これらの知見は，注意のコントロールをトレーニングするマインドフルネス瞑想が，不安や抑うつの症状を低減するということとも整合的である（図13.3）。

不安や心配は臨床心理学の分野で長い研究の歴史がある。それらと，広く知られたパーソナリティの基本次元との関連をみる研究は，とても地味に思われるかもしれない。しかし，双方が多くの蓄積をもつ分野であるがゆえに，その関連から新しい知見が生まれうる肥沃な土壌だといえる。

◆ 引用文献

Beck, J. G., Stanley, M. A., & Zebb, B. J. (1996). Characteristics of anxiety disorder in older adults : A descriptive study. *Behaviour Research and Therapy*, 34, 225-234.

Borkovec, T. D., Robinson, E., Pruzinsky, T., & DePree, J. A. (1983). Preliminary exploration of worry : Some characteristics and processes. *Behaviour Research and Therapy*, 21, 9-16.

Brown, T. A., Chorpita, B. F., & Barlow, D. H. (1998). Structural relationships among dimensions of the DSM-IV anxiety and mood disorders and dimensions of negative affect, positive affect, and autonomic arousal. *Journal of Abnormal Psychology*, 107, 179-192.

Davey, G. C. L., Hampton, J., Farrell, J., & Davidson, S. (1992). Some characteristics of worrying : Evidence for worrying and anxiety as separate construct. *Personality and Individual Differences*, 13, 133-147.

Feltman, R., Robinson, M. D., & Ode, S. (2009). Mindfulness as a moderator of neuroticism.outcome relations : A self-regulation perspective. *Journal of Research in Personality*, 43, 953-961.

Gomez, R., & Francis, L. M. (2003). Generalised anxiety disorder : Relationships with Eysenck's, Gray's and Newman's theories. *Personality and Individual Differences*, 34, 3-17.

Gross, J. J. (2002). Emotion regulation : Affective, cognitive, and social consequences. *Psychophysiology*, 39, 281-291.

Hale, W. W., III, Klimstra, T. A., & Meeus, W. H. (2010). Is the generalized anxiety disorder symptom of worry just another form of neuroticism? A 5-year longitudinal study of adolescents from the general population. *Journal of Clinical Psychiatry*, 71, 942-948.

Meesters, C., Muris, P., & van Rooijen, B. (2007). Relations of neuroticism and attentional control with symptoms of anxiety and aggression in non-clinical children. *Journal of Psychopathology and Behavioral Assessment*, **29**, 149-158.

Meyer, T. J., Miller, M. L., Metzger, R. L., & Borkovec, T. D. (1990). Development and validation of the Penn State Worry Questionnaire. *Behaviour Research and Therapy*, **28**, 487-495.

Muris, P. (2006). Unique and interactive effects of neuroticism and effortful control on psychopathological symptoms in non-clinical adolescents. *Personality and Individual Differences*, **40**, 1409-1419.

Rettew, D. C., Doyle, A.C., Kwan, M., Stanger, C., & Hudziak, J. J. (2006). Exploring the boundary between temperament and generalized anxiety disorder: A receiver operating characteristic analysis. *Journal of Anxiety Disorders*, **20**, 931-945.

Rothbart, M. K., Ahadi, S. A., & Evans, D. E. (2000). Temperament and personality: Origins and outcomes. *Journal of Personality and Social Psychology*, **78**, 122-135.

生和秀敏. (1999). 不安. 中島義明・安藤清志・子安増生・坂野雄二・繁桝算男・立花政夫・箱田裕司(編), 心理学辞典 (p.738). 有斐閣.

Spielberger, C. D., Gorsuch, R. L., & Luchene, R. E. (1970). *Manual for the State-Trait Anxiety Inventory (Self-Evaluation Questionnaire)*. California: Consulting Psychologists Press.

杉浦義典・丹野義彦. (2008). パーソナリティと臨床の心理学:次元モデルによる統合. 培風館.

Teasdale, J. D., & Dent, J. (1987). Cognitive vulnerability to depression: An investigation of two hypotheses. *British Journal of Clinical Psychology*, **26**, 113-126.

Teasdale, J. D., Segal, Z. V., Williams, J. M. G., Ridgeway, V. A., Soulsby, J. M., & Lau, M. A. (2000). Prevention of relapse/recurrence in major depression by mindfulness-based cognitive therapy. *Journal of Consulting and Clinical Psychology*, **68**, 615-623.

3節 抑うつ

長谷川 晃

　抑うつのパーソナリティ特性に関する実証的研究は，人間の諸反応を包含したマクロな特性を対象とした研究から開始された。その代表例が，アイゼンク（Eysenck, H. J.）が提唱した神経症傾向である。神経症傾向とは，過剰な情動的反応の生じやすさや，情動的反応が生じた後に通常の気分状態に戻る困難さといった，情動の不安定性を指す（上里・山本，1989）。神経症傾向を測定する質問紙（Eysenck Personality Inventoryなど）を用いた研究により，抑うつ状態に陥りやすい個人は，抑うつ状態が寛解した時点においても神経症傾向が高いことが確認された（たとえば，Kendell & DiScipio, 1968）。これにより，抑うつの脆弱性とかかわるパーソナリティ特性が存在することが示唆された。しかし，抑うつのパーソナリティ研究はこの発見にとどまることはなかった。この分野の研究は，個人の反応を細分化して測定や操作の対象とするミクロな検討に焦点をシフトすることにより，さらなる発展を遂げた。研究の対象とされた要因は，高頻度に認められるネガティブな自動思考とその根底にある抑うつスキーマ，抑うつ的な原因帰属スタイル，社会的スキルの欠損，ネガティブな自伝的記憶の頻繁な想起，完全主義，自己没入などである。以上の要因に加え，近年の抑うつ研究では，反すう，過度に概括化された自伝的記憶，社会的問題解決，回避行動といった反応に多くの関心が寄せられている。ここでは，この4つの要因について概説する。

1 ■ 反すう

　抑うつ研究の文脈において，「反すう」とは，抑うつと結びつきやすいネガティブな内容の持続的・反復的な思考パターンを指す。反すうは，抑うつを対象とした多くの研究でとりあげられている概念であるが，多くの研究者により異なった定義がなされた概念でもある。現在，各研究者により提唱された反すうの定義は10を超える。反すうに関する多くの定義やその測定尺度が存在することは，抑うつの発症，持続，改善を導くメカニズムの精緻な検討につながる可能性がある。しかし，各概念の弁別や重複がほとんど議論されないままに研究が行われているため，得られた知見を比較する際に混乱も生じている。

　そのようななか，最も多くの研究で採用されている定義として，ノーレン-ホエクセマの提唱した抑うつ的反すうがあげられる。抑うつ的反すうとは，自己の抑うつ気分・症状や，その状態に陥った原因・結果について消極的に考え続けることを指す（Nolen-Hoeksema, Wisco, & Lyubomirsky, 2008）。抑うつ的反すうを対象とした研究では，抑うつ的反すうの頻度を測定する，反すう型反応尺度（Ruminative Responses Scale：RRS；Nolen-Hoeksema & Morrow, 1991）が多用されている。多くの研究で，大うつ病性障害（major depressive disorder：MDD）の罹患者や

MDDの寛解者は，非抑うつ者よりRRS得点が高いことが示されている（たとえば，Watkins & Moulds, 2007）。また，RRSの得点は，将来の抑うつ傾向の増加やMDDの発症を予測することが示されている（たとえば，Nolen-Hoeksema, 2000）。さらに，実験的に抑うつ的反すうを誘導すると，①抑うつ気分の増加，②自己，状況，および将来に対するネガティブな解釈の増加，③非機能的態度や抑うつ的な原因帰属スタイルの増加，④社会的問題解決における，案出される解決策のステップ数や有効性の低下，⑤気そらしや問題解決行動の遂行にかかわる自己効力感の低下，⑥意思決定を行う際の困難さの増加と自信の低下，⑦ネガティブな自己言及情報の符号化の促進，⑧ネガティブな自伝的記憶の想起数の増加，および記憶を検索した際に生じる苦痛度の増加，⑨自伝的記憶の概括的な検索の増加，⑩課題無関連情報の抑制困難，などが導かれる（レビューとして，Nolen-Hoeksema et al., 2008）。以上のような多くの知見により，抑うつ的反すうが抑うつやMDDの脆弱性要因であるという仮説が支持され，また，抑うつ的反すうが悪影響を及ぼすメカニズムに関する示唆が得られている。抑うつ的反すう（初期には反すう型反応とよばれていた）は，MDDの罹患率の性差を説明するために提案された概念であるが，ノーレン-ホエクセマのグループによる地道な研究の蓄積により，今や世界の抑うつ研究を方向づけるほどの影響力をもつようになった。

なお，他の代表的な反すうの概念として，ストレス反応型反すう（Robinson & Alloy, 2003）と外傷体験に関する反すう（Ehring, Frank, & Ehlers, 2008）があげられる。ネガティブな認知スタイル（抑うつスキーマと原因帰属スタイル）との相互作用やPTSD症状の予測力という観点から，抑うつ的反すうとこの2つの概念を区別する意義があるという知見が得られており（Ehring et al., 2008；Robinson & Alloy, 2003），「反すう」という概念の整理が，抑うつや他の情動の理解につながる可能性が示唆される。

2 ■ 過度に概括化された自伝的記憶

MDDの罹患者に，自分自身が特定の日に経験した，一日以内の出来事の記憶を一つ想起するように伝えても（特定の記憶〔specific memory〕），彼らはそのような記憶をあまり想起しない。彼らは逆に，類似の出来事の概要を報告したり（類型化された記憶〔categoric memory〕，たとえば「私が旅行をする時にはいつも雨が降る」），一日以上の期間にわたる一連の記憶を報告しやすい（拡張された記憶〔extended memory〕，たとえば「1週間の北海道旅行では楽しめた」）。自伝的記憶を検索する際，類型化された記憶や拡張された記憶のように抽象的な内容の想起にとどまる傾向を，過度に概括化された自伝的記憶（overgeneral autobiographical memory：OGM）という。

OGMを測定する際には，対象者に感情語（たとえば，「楽しい」「悲しい」）を提示し，そこで想起された自伝的記憶を報告させる，自伝的記憶テスト（Autobiographical Memory Test：AMT）が用いられることが多い。対象者より報告された記憶を分類し，特定の記憶の割合の低さや類型化された記憶・拡張された記憶の割合の高さなどからOGMを測定するのである。AMT

を用いた多くの研究で，OGMはMDDの罹患者に顕著に認められ，また，MDDの持続を予測することが示されている（レビューとして，Williams, Barnhofer, Crane, Hermans, Raes, Watkins, & Dalgleish, 2007）。OGMがMDDの持続を導く主な理由として，①OGMは抽象的・分析的な処理モードの結果生じる現象であり，同様の処理モードが優勢である反すうの持続に寄与するため（Raes, Hermans, Williams, Beyers, Brunfaut, & Eelen, 2006），②OGMは，過去に経験した出来事を具体的に思い出したうえで，直面する問題状況に対して効果的な解決策を導く，ということを妨害するため（Raes, Hermans, Williams, Demyttenaere, Sabbe, Pieters, & Eelen, 2005），③OGMは，外傷体験に遭遇した個人が，その体験を自己や世界に関するスキーマや，自己の感覚を規定する他の自伝的記憶と統合することを阻むため（Kleim & Ehlers, 2008），という3点があげられる。

　また，知見の不一致が若干あるものの，多くの研究でOGMはMDDの寛解者にも認められている（レビューとして，Williams et al., 2007）。しかし，OGMがMDDの再発を予測するのか，という点については結果が割れている（Spinhoven, Bockting, Schene, Koeter, Wekking, Williams, & The DELTA Study Group, 2006；Sumner, Griffith, Mineka, Rekart, Zinbarg, & Craske, 2011）。現段階では，OGMはMDDの維持要因であるというほぼ一貫した知見が得られている一方，MDDの脆弱性要因であるかどうかは定かではない，と結論づけられる。

3 ■ 社会的問題解決

　社会的問題解決とは，日常生活で経験される問題状況を解決する過程を指す。問題解決療法の枠組み（Nezu, Nezu, & Perri, 1989）では，社会的問題解決は，問題解決に対する動機づけを指す問題志向と，問題を効果的に解決するためのスキルである問題解決スキルとに分けられる。さらに，問題志向は問題解決に向けた積極的な態度を指すポジティブな問題志向と，問題に対する消極的・回避的な態度を指すネガティブな問題志向という2つに分類され，問題解決スキルは，①問題の定義と公式化，②異なる解決策の案出，③意思決定，④解決策の実行と効果検証，という4つに分類される（Maydeu-Olivares & D'Zurilla, 1996）。ネズほか（Nezu et al., 1989）によると，効果的な問題解決は，ポジティブな問題志向を強めたうえで，問題解決スキルを①から④までの順番で適用することで実現される。この枠組みが提唱されてから実に30年以上もの長きにわたり，社会的問題解決の障害と抑うつとの関連性を検討する研究が行われてきている。

　社会的問題解決の研究で多用されている指標として，上記の問題解決の各要素を測定する質問紙である，社会的問題解決尺度改訂版（Social Problem-Solving Inventory-Revised：SPSI-R；Maydeu-Olivares & D'Zurilla, 1996）があげられる。SPSI-Rの各因子と抑うつ傾向を測定する尺度の得点間における相関係数を算出した研究では，ポジティブな問題志向の低下やネガティブな問題志向の増加が抑うつと関連するという知見が一貫して得られている一方，上記の4つの問題解決スキルについては抑うつとの関連性がほとんど認められていない（たとえば，D'Zurilla, Chang, Nottingham, & Faccini, 1998）。ただし，一般大学生とMDDの罹患者を含む臨床群とを

比較した場合，SPSI-Rの問題志向の2因子に加え，問題解決スキルの4因子においても得点に差があることが示された（D'Zurilla et al., 1998）。

一方，他者評定によって測定された問題解決スキルと抑うつとの関連性も検討されている。手段−目的問題解決テスト（Means-Ends Problem-Solving Test：MEPS）は，受検者に仮想の問題状況の開始時とその状況が解決された状態を提示し，受検者が考えた問題解決に至るまでの理想的な方法を回答させるテストである。得られた回答は，問題解決に有効であると考えられた解決策のステップ数と，案出された解決策全体の有効性，という2つの観点で評定される。この2つの指標は，上記の①〜③の問題解決スキルを包含した指標であると考えられる。MDDの罹患者は非抑うつ者より，MEPSの両指標で成績が低いことが示されている（Watkins & Baracaia, 2002）。また，問題の定義と公式化の一要素として，問題状況の具体的な把握があげられる。この問題把握の具体性は，受検者に自分自身がかかえる問題状況を描写させ，描写された内容の具体性を評定者が評定する，問題の精緻化テスト（Problem Elaboration Questionnaire：PEQ）で測定できる。PEQを用いた研究で，MDDの罹患者は非抑うつ者より，問題把握の具体性が低いことが示された（Watkins & Moulds, 2007）。以上のように，他者評定によって問題解決スキルを測定する方法において，各スキルと抑うつとの関連性が示された点は興味深い。

なお，前述した問題解決の指標のすべてで，MDDの寛解者と非抑うつ者とに差が示されていない（Bates & Lavery, 2003；Watkins & Baracaia, 2002；Watkins & Moulds, 2007）。社会的問題解決の障害は，抑うつ状態が強まったときにしか認められない特徴なのかもしれない。

4 ■ 回避行動

臨床行動分析の枠組みでは，「回避行動」は嫌悪的な事態に遭遇することを避けるための行動を指す。回避行動は不安障害において顕著に認められ，多くの疾患の診断基準の一つとして含められている。不安障害の罹患者に認められやすい回避行動は，嫌悪事象に遭遇することを避けるための行動を起こす，能動的回避（active avoidance）によって特徴づけられる。たとえば，パニック障害の罹患者が，電車や人混みを避けるために車で目的地まで行く，といった行動である。抑うつ状態の強い個人にも回避行動が認められるが，不安と結びつきやすい回避行動と性質が異なる。抑うつと結びつきやすい回避行動は，特定の行動を起こさないことで嫌悪事象との遭遇を避ける，受動的回避（passive avoidance）によって特徴づけられる（Ferster, 1973）。受動的回避の例として，穴のない論文に仕上げる大変さを味わったり，審査者より投稿論文に対する厳しい評価が下されることから逃れるために，朝目が覚めてもだらだらとベッドに横たわり続け，論文を書く時間をなくしてしまう，といった行動があげられる。回避行動をとり続けると，その個人にとって望ましい事態が生じる可能性が低まり，嫌悪的な事態が生じる可能性が高まりやすくなる。たとえば，論文を書かなければ論文が掲載されることはなく，他の研究者から賞賛や有益なコメントを得たり，国から支給される研究費を得ることも遠のく。そのため，これらの結果によって強化されやすい行動（研究の実施や他の研究者との議論など）の頻度は減少する。また，

剥奪の影響を緩和するための行動や，新たに生じた嫌悪事象（上司や指導教員の小言など）を回避するための行動が増加する。このように臨床行動分析の枠組みでは，日常生活が回避行動によって占められることが，抑うつという反応パターンを構成する重要な要素であると考えられている（Ferster, 1973；Jacobson, Martell, & Dimidjian, 2001）。

　臨床行動分析に理論的根拠をおく行動活性化は，MDDの改善において優れた効果をもつことが示されている（レビューとして，Mazzucchelli, Kane, & Rees, 2009）。そのため，抑うつのパーソナリティ研究を発展させるための道筋として，臨床行動分析の発想を取り入れることが有益であるかもしれない。既存の研究では，質問紙を用いた調査研究により，回避行動の生起頻度と抑うつとの関連性が確認されている（たとえば，Kanter, Mulick, Busch, Berlin, & Martell, 2007）。しかし，これらの研究では，回避的な「意図」をともなった行動の生起頻度が測定されており（質問紙の項目例は，「私は悲しみや他のつらい感情を避けるための行動を行った」），臨床行動分析で重視される行動の「機能」を的確に特定できる方法が用いられていない，という問題点を指摘できる。個人が回避している対象を自覚せずに回避行動をとり続けている場合も多い。「論文執筆の際に生じる苦痛」という回避対象を無自覚なままに「ベッドに横たわる」という回避行動をとり続ける，という事態は往々にして起こりうる。回避行動を特定するためには，行動を遂行することによって何が回避されているのか特定する必要がある。臨床行動分析の枠組みにもとづいた抑うつ研究の発展は，行動の機能を特定する方法の洗練にかかっているといっても過言ではないだろう。

　これまでに述べてきたとおり，抑うつのパーソナリティ研究は，マクロなパーソナリティ特性からミクロな反応へと対象をシフトすることによって発展してきた。しかし，各要因は別々に抑うつと関連しているわけではない。それぞれが相互作用し，一連の反応としてダイナミックに展開することによって抑うつの持続・重症化が導かれていると考えるほうが妥当である。たとえば，ウィリアムズほか（Williams et al., 2007）が提唱したCaR-FA-Xモデルでは，反すうと自伝的記憶の概括的な検索は相互作用し，この2要因は社会的問題解決を妨害すると説明されている。また，問題解決の失敗は未解決感を生み，反すうの持続を導くだろう。いうまでもなく，この悪循環は併存する抑うつの悪化によって加速される。各要因の相互作用を考察することで，2変数間の相関係数という「数字」を脱し，抑うつの持続過程という「現象」の理解に迫ることができる。ミクロな視点とマクロな視点の両方をもって研究に取り組む必要があるだろう。

◆ 引用文献

上里一郎・山本麻子．(1989)．アイゼンクの特性論．本明　寛（編），性格心理学新講座：1　性格の理論（pp.208-220）．金子書房．
Bates, G. W., & Lavery, B. J. (2003). Social problem-solving and vulnerability to depression in a clinical sample. *Psychological Reports*, **92**, 1277-1283.
D'Zurilla, T. J., Chang, E. C., Nottingham, E. J., & Faccini, L. (1998). Social problem-solving deficits and hopelessness, depression, and suicidal risk in college students and psychiatric inpatients. *Journal of Clinical Psychol-*

ogy, **54**, 1091-1107.
Ehring, T., Frank, S., & Ehlers, A. (2008). The role of rumination and reduced concreteness in the maintenance of posttraumatic stress disorder and depression following trauma. *Cognitive Therapy and Research*, **32**, 488-506.
Ferster, C. B. (1973). A functional analysis of depression. *American Psychologist*, **28**, 857-870.
Jacobson, N. S., Martell, C. R., & Dimidjian, S. (2001). Behavioral activation treatment for depression : Returning to contextual roots. *Clinical Psychology : Science and Practice*, **8**, 255-270.
Kanter, J. W., Mulick, P. S., Busch, A. M., Berlin, K. S., & Martell, C. R. (2007). The Behavioral Activation for Depression (BADS) : Psychometric properties and factor structure. *Journal of Psychopathology and Behavioral Assessment*, **29**, 191-202.
Kendell, R. E., & DiScipio, W. J. (1968). Eysenck Personality Inventory scores of patients with depressive illnesses. *British Journal of Psychiatry*, **114**, 767-770.
Kleim, B., & Ehlers, A. (2008). Reduced autobiographical memory specificity predicts depression and posttraumatic stress disorder after recent trauma. *Journal of Consulting and Clinical Psychology*, **76**, 231-242.
Maydeu-Olivares, A., & D'Zurilla, T. J. (1996). A factor-analytic study of the Social Problem-Solving Inventory : An integration of theory and data. *Cognitive Therapy and Research*, **20**, 115-133.
Mazzucchelli, T., Kane, R., & Rees, C. (2009). Behavioral activation treatments for depression in adults : A meta-analysis and review. *Clinical Psychology : Science and Practice*, **16**, 383-411.
Nezu, A. M., Nezu, C. M., & Perri, M. G. (1989). *Problem-solving therapy for depression : Theory, research and clinical guidelines*. New York : John Wiley & Sons.
Nolen-Hoeksema, S. (2000). The role of rumination in depressive disorders and mixed anxiety/depressive symptoms. *Journal of Abnormal Psychology*, **109**, 504-511.
Nolen-Hoeksema, S., & Morrow, J. (1991). A prospective study of depression and posttraumatic stress symptoms after a natural disaster : The 1989 Loma Prieta earthquake. *Journal of Personality and Social Psychology*, **61**, 115-121.
Nolen-Hoeksema, S., Wisco, B. E., & Lyubomirsky, S. (2008). Rethinking rumination. *Perspectives on Psychological Science*, **3**, 400-424.
Raes, F., Hermans, D., Williams, J. M. G., Beyers, W., Brunfaut, E., & Eelen, P. (2006). Reduced autobiographical memory specificity and rumination in predicting the course of depression. *Journal of Abnormal Psychology*, **115**, 699-704.
Raes, F., Hermans, D., Williams, J. M. G., Demyttenaere, K., Sabbe, B., Pieters, G., & Eelen, P. (2005). Reduced specificity of autobiographical memory : A mediator between rumination and ineffective social problem-solving in major depression. *Journal of Affective Disorders*, **87**, 331-335.
Robinson, M. S., & Alloy, L. B. (2003). Negative cognitive styles and stress-reactive rumination interact to predict depression : A prospective study. *Cognitive Therapy and Research*, **27**, 275-292.
Spinhoven, P., Bockting, C. L. H., Schene, A. H., Koeter, M. W. J., Wekking, E. M., Williams, J. M. G., & The DELTA Study Group (2006). Autobiographical memory in the euthymic phase of recurrent depression. *Journal of Abnormal Psychology*, **115**, 590-600.
Sumner, J. A., Griffith, J. W., Mineka, S., Rekart, K. N., Zinbarg, R. E., & Craske, M. G. (2011). Overgeneral autobiographical memory and chronic interpersonal stress as predictors of the course of depression in adolescents. *Cognition and Emotion*, **25**, 183-192.
Watkins, E., & Baracaia, S. (2002). Rumination and social problem-solving in depression. *Behaviour Research and Therapy*, **40**, 1179-1189.
Watkins, E., & Moulds, M. L. (2007). Reduced concreteness of rumination in depression : A pilot study. *Personality and Individual Differences*, **43**, 1386-1395.
Williams, J. M. G., Barnhofer, T., Crane, C., Hermans, D., Raes, F., Watkins, E., & Dalgleish, T. (2007). Autobiographical memory specificity and emotional disorder. *Psychological Bulletin*, **133**, 122-148.

4節 劣等感

髙坂康雅

1 ■ 劣等感の定義と発生メカニズム

劣等感は，ジャネ（Janet, P.）やアドラーにより体系的な研究が始まり，オルポート（Allport, G. W.）やエリクソン，関計夫，宮城音弥などによって，数多くの理論的・実証的研究が行われてきた。とくに，青年期は人生のなかでも最も劣等感が強まる時期である（返田，1986）ため，劣等感は青年の精神的健康やパーソナリティ形成の指標の一つとして注目されてきた。

劣等感とは，自己のある領域に対する劣性を認知し，それによって生じた悲しみ，怒り，惨めさなどの否定的感情の総称であり（髙坂，2008a），一般的には，「自分が人と比べて劣っていると感じること」（髙坂，2008b）と定義される。そのため，劣性を認知しても，それによって否定的感情が生じない場合は，劣等感とはよばない。また，アドラー（Adler, 1907/1984）が器官劣等説を述べていたように，当初，客観的な身体的・器官的欠陥が劣等感の要因であると考えられていたが，同じ劣性・欠陥をもっている人であっても，劣等感を感じる人と感じない人がいることから，劣等感は個人の主観によって生じる感情だといえる。

定義にもあるように，劣性を認知するためには，人との比較が必要である。高田（1999）は，青年が同性・同年齢の他者と頻繁に比較していることを明らかにしている。また，世間一般の平均や常識も比較対象の一つとなりうる。これらとの比較を通して，自己のある領域に対する劣性を認知するようになる。また，青年期になると人は抽象的思考が可能になり，同性・同年齢の他者や平均，常識などが内在化し，自己についての理想像（理想自己）を形成することができるようになる（Elkind, 1972）。人は理想自己に向かって努力しようとする志向性をもつが，実際に努力によって理想自己に到達できる人はわずかであり，多くの人は，理想自己と現実自己との間に差異が生じている。つまり，同性・同年齢の他者や平均・常識のような外的な対象だけではなく，理想自己という内的な対象との比較によっても劣性の認知は生じる可能性がある。それゆえ，周囲から優れていると評価されるような者でも，強い劣等感を抱いていることがある。

劣等感の理論的・実証的研究では，比較する対象以上に，比較する自己の領域（劣等感の要因）について数多く検討されてきた。劣等感の要因は従来，「身体」「才能・能力」「性格」「社会経済」の4領域にまとめられてきた。また髙坂（2008b）は，中学生・高校生・大学生を対象に調査を実施し，劣等感の要因を「身体的魅力のなさ」「学業成績の悪さ」「運動能力の低さ」「性格の悪さ」「統率力の欠如」「友達づくりの下手さ」「異性とのつきあいの苦手さ」「家庭水準の低さ」の8つに分類している。人はこれらの要因について他者や理想自己などと比較し，劣性を認知するのであるが，すべての要因において劣性が認知されても，それらすべてに対して否定的感情が生じるわけではない。認知した劣性に対して否定的感情が生じるか否かは，劣性を認知した領域が自己にとって重要であるかによって決まる。人との比較によってある領域の劣性を認知したとき，

その領域が自己にとって重要な領域であれば否定的感情が生じ，その領域が重要でなければ，否定的感情は生じない。そのため，劣等感の8つの要因についても，すべてにおいて劣性を認知し，劣等感を感じているというよりは，自己にとって重要な領域についてのみ劣性を認知し，また劣等感を感じているのである。

このように，劣等感は，何と比較するか，どこを比較するかにおいて個人の価値観や自己概念が強くかかわる主観的な感情である。そのため，劣等感の強さや感じやすさのような個人差には，個人のパーソナリティ特性がかかわっているのである。

なお，劣等感のほかに，劣等コンプレックス（たんに，コンプレックスとよぶこともある）という概念もある。アドラー（Adler, 1930/1998）は，劣等コンプレックスとは劣等感が異常に高められたもので，対人関係上の道具として用いられるもの（野田, 1992）であると述べている。また，河合（1971）は，劣等感は意識的な感情であるのに対し，劣等コンプレックスは無意識的なものであると述べている。しかし，関（1981）は意識的・無意識的にかかわらず劣性に対して悩みが生じている場合はいずれも劣等感とよぶと述べており，劣等感と劣等コンプレックスとの概念的な整理は十分にされていないのが現状である。

2 ■ 劣等感と他の心理学的概念との関連

a. 劣等感とパーソナリティ特性との関連

劣等感とパーソナリティ特性との関連を検討することは，劣等感の感じやすい人を把握する上で重要であり，これまで内向性（関, 1981など），完全主義（高良, 1976），競争主義（筒井, 1975）などのパーソナリティ特性との関連が指摘されてきた。実証的研究として，安塚（1983）はYG性格検査を用いた調査により，劣等感尺度得点の高かった者は，抑うつ性や思考的内向，社会的内向の得点が高いことを明らかにしている。また，脇屋・玉置（2003）は劣等感と過去への自己没入が関連していることを明らかにし，森津（2007）は劣等感とネガティブな反すうが関連していることを明らかにしている。これらは，関（1981）の指摘を支持する結果である。

また，堂野・野中（1989）は劣等感の強い者は，課題達成に対する予測（要求水準）を高く設定する傾向にあることを明らかにしている。アシュビーとコットマン（Ashby & Kottman, 1996）は劣等感と完全主義との関連を検討し，完全主義者のなかでも，自己の基準と行動との差によってストレスを感じている者ほど，劣等感を強く感じていることを明らかにしている。これらは高良（1976）の指摘を支持しており，また理想自己との比較によって劣等感が生じることを実証的に示した研究でもある。

さらに，水野（1979）は劣等感と対人関係価値観との関連を検討し，劣等感の強い者は同調的であることを明らかにしている。また小塩（2005）では，自己愛人格目録短縮版（Narcissistic Personality Inventory-Short version：NPI-S）の下位尺度のうち，「自己主張性」が劣等感と負の相関を示している。これらから，劣等感が強い者は対人関係において自己主張せずに周囲にあわせるつきあい方をしていることが推測され，筒井（1975）の指摘とは一致しない可能性が示唆

されている。

b. 不適応・精神的不健康との関連

劣等感は，研究が始まった頃から，不適応・精神的不健康の指標として位置づけられてきた。それは，牛島（1948）が児童の不良化傾向の早期発見を目的として児童用劣等感検査を作成していることからも明らかである。また実証的研究でも，劣等感が不適応・精神的不健康と関連していることが示されている（堂野・田頭・三藤，1991；富重・川畑，1999 など）。

c. 他の感情との関連

劣等感は，劣性を認知し，それによって生じる否定的感情の総称である。そのため，妬みや嫉妬のような人との比較がかかわる否定的感情とは近縁関係にあることが指摘されている（戸川，1952など）。落合（1985）は劣等感が嫉妬や自己嫌悪感，孤独感，空虚感と類似した感情であることを明らかにしている。

また，劣等感を感じやすい人は優越感も感じやすいことが指摘されてきた（安香，1975；星野，1982）。しかし，井上（1987）は劣等感を感じている人は優越感を感じにくいことを明らかにしている。また小塩（2005）もNPI-Sの下位尺度の「優越感・有能感」と劣等感には負の相関があることを示している。

3 ■ 青年期における劣等感の規定因モデル

劣等感について，パーソナリティ特性や不適応・精神的不健康，他の感情との関連が検討されているが，必ずしも理論的な知見とは合致する結果が得られているとはいえない。また，これらの実証的研究では，劣等感を測定するためにさまざまな尺度が用いられているため，結果の比較が困難である。さらに，研究者が各自の関心・仮説にもとづいて劣等感と特定のパーソナリティ特性との関連を検討しているため，これらの結果を総合して，劣等感を規定するパーソナリティ特性は明らかにされてこなかった。

髙坂・佐藤（2009）は，髙坂（2008b）で作成した劣等感項目を用いて，自己志向的完全主義

表13.2 外的次元3側面からとらえた劣等感が強い者の特徴と弱い者の特徴（髙坂・佐藤，2009）

外的次元	次元	劣等感が強い者の特徴	劣等感が弱い者の特徴
対自的側面	自己評価の基準	他者視点優位 ・自己アピール（競争心） ・否定性直視への抵抗（内省）	自己視点優位 ・内省水準の深さ（内省）
対他的側面	他者との関係志向	消極的関係志向 ・ミスを過度に気にする傾向（完全） ・拒否不安（親和動機）	積極的関係志向 ・親和傾向（親和動機）
時間的展望の側面	目標設定	（漠然とした目標設定あるいは目標のなさ）	明確な目標設定 ・自分に高い目標を課する傾向（完全） ・向上心（競争心）

注．（ ）内はパーソナリティ特性を表し，（完全）は自己志向的完全主義を表す。

(髙坂, 2008c), 競争心（髙坂・佐藤, 2008), 内省（髙坂, 2009), 親和動機（髙坂・佐藤, 2009) という4つのパーソナリティ特性との関連を検討し，それらのパーソナリティ特性のなかでも，劣等感を強める側面と弱める側面を明らかにしている。それらの側面を落合（1995) の青年心理を理解する観点の外的次元の3側面でまとめ直したものが表13.2である。

対自的側面における劣等感を強める側面として，競争心の「自己アピール」や内省の「否定性直視への抵抗」があげられ，弱める側面としては，内省の「内省水準の深さ」があげられる。劣等感を強める側面は，自分の否定的な面から目をそらし，他者からよい評価を得ようとしていることを意味している。一方，劣等感を弱める側面は，自分で自分のことをしっかり見つめ，評価しようとしていることを意味している。

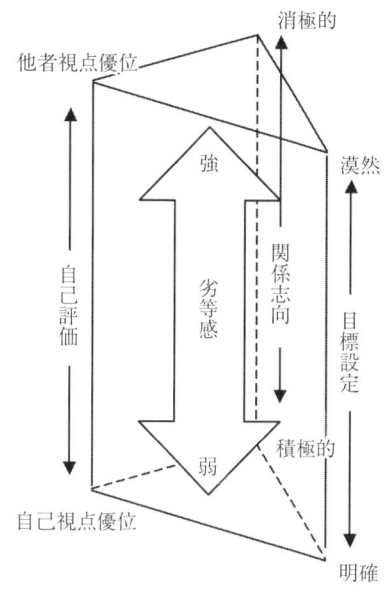

図13.4 青年期における劣等感の規定因モデル（髙坂・佐藤, 2009)

対他的側面における劣等感を強める側面として，自己志向的完全主義の「ミスを過度に気にする傾向」や親和動機の「拒否不安」があげられ，弱める側面としては，親和動機の「親和傾向」があげられる。劣等感を強める側面は，拒否されることへの恐れや不安から他者との関係への取り組みが消極的になっていることを表しており，一方，弱める側面は，積極的に他者と関係をもとうとすることを表している。

時間的展望の側面における劣等感を強める側面は4つの研究から見出されていないが，弱める側面として，自己志向的完全主義の「自分に高い目標を課する傾向」や競争心の「向上心」があげられる。これらは，明確な目標を設定することができていることを表している。そこから，劣等感を強める側面としては，漠然とした目標設定や目標が設定できないことが予測される。

このように，4つのパーソナリティ特性における劣等感を強める側面と弱める側面は，対自的次元として自己評価の基準が他者視点優位であるか自己視点優位であるか，対他的次元として他者との関係志向が消極的であるか積極的であるか，時間的展望の側面として目標設定が漠然としているか明確であるか，という3次元にまとめられるのである。これを図示したものが図13.4である。ここから，自己評価の基準が他者視点優位であり，他者との関係に消極的であり，目標設定が漠然としている者ほど劣等感を強く感じやすいと考えられるのである。

4 ■ 不健康な劣等感と健康な劣等感

劣等感は否定的感情であるため，感じないほうがよい感情，取り除くべき感情であると考えられることがある。しかし，アドラー（Adler, 1929/1996) は，劣等感について，すべての人がもっているものであり，健康で正常な努力と成長への刺激であると述べている。そして，劣等感を克

服したり，劣等感を生じさせている価値観を否定し，新たな価値観の構築・実現を促す補償作用によって，青年のパーソナリティ形成が推進されるとしている。また，エリクソン（Erikson, 1950/1972）は，漸成発達理論の第Ⅳ段階（学童期）の心理社会的危機を，「勤勉性 対 劣等感」としている。エリクソンの「対」の概念は，どちらかが優勢の状態で均衡が保たれることを表しているため，第Ⅳ段階において，ポジティブな感情である勤勉性が優勢の状態であっても，ネガティブな感情である劣等感はゼロにはならないのである。もちろん，劣等感が優勢である状態は不健康であるが，勤勉性が優勢の状態であれば，劣等感はむしろパーソナリティ形成において有用に機能すると考えられるのである。

このように，劣等感を拒否したり，抑圧したりするのではなく，劣等感が生じている自己の側面や劣等感を生じさせている自身の価値観・パーソナリティをみつめ，自己を理解し，成長していく方向性を見出すことこそ，パーソナリティ形成における劣等感の意義であり，有益な活用である。

◆ 引用文献

Adler, A. (1984). 器官劣等性の研究（安田一郎，訳）．金剛出版．（Adler, A. (1907). *Studie über Minderwertigkeit von Oranen*. Frankfurt : Fisher Taschenbuch Verlag.）
Adler, A. (1996). 個人心理学講義（野田俊作，監訳，岸見一郎，訳）．一光社．（Adler, A. (1929 /1956). *The science of living* (Ansbacher, H. L. & Ansbacher, R. R. (Eds.)). New York : Basic Books.）
Adler, A. (1998). 子どもの教育（岸見一郎，訳）．一光社．（Adler, A. (1930/1970). *The education of children*. Indiana : Gateway.）
安香 宏．(1975)．非行少年の優越感・劣等感．児童心理, **29**, 2078-2083.
Ashby, J. S., & Kottman, T. (1996). Inferiority as a distinction between normal and neurotic perfectionism. *Individual Psychology*, **52**, 237-245.
堂野佐俊・野中陽子．(1989)．自我態度と要求水準に関する一研究：劣等感・優越感と要求水準．広島文教女子大学紀要, **24**, 47-59.
堂野佐俊・田頭穂積・三藤佳子．(1991)．青年期における劣等感と適応性との関連．山口大学教育学部紀要, **44**, 31-47.
Elkind, D. (1972). The ideal self of the adolescence. *PsychoCRITIQUES*, **17**, 359.
Erikson, E. H. (1977). 幼児期と社会1(仁科弥生，訳)．みすず書房．（Erikson, E. H. (1950). *Childhood and society* (2nd ed.). New York : W.W. Norton.）
星野 命．(1982)．優越感の心理・劣等感の心理．青年心理, **33**, 334-348.
井上信子．(1987)．小・中学生における優越・劣等意識．相談学研究, **19**(2), 38-43.
河合隼雄．(1971)．コンプレックス．岩波書店．
高良武久．(1976)．森田療法のすすめ：ノイローゼ克服法．白揚社．
髙坂康雅．(2008a)．青年期における容姿・容貌に対する劣性を認知したときに生じる感情の発達的変化．青年心理学研究, **20**, 41-53.
髙坂康雅．(2008b)．自己の重要領域からみた青年期における劣等感の発達的変化．教育心理学研究, **56**, 218-229.
髙坂康雅．(2008c)．青年期における劣等感と自己志向的完全主義との関連．パーソナリティ研究, **17**, 101-103.
髙坂康雅．(2009)．青年期における内省への取り組み方の発達的変化と劣等感との関連．青年心理学研究, **21**, 83-94.
髙坂康雅・佐藤有耕．(2008)．青年期における劣等感と競争心との関連．筑波大学心理学研究, **35**, 41-48.
髙坂康雅・佐藤有耕．(2009)．青年期における劣等感の規定因モデルの構築．筑波大学心理学研究, **37**, 77-86.
水野ひとみ．(1979)．劣等感が対人関係に及ぼす影響について (1)．美作女子大学・美作女子短期大学部紀要,

24, 47-59.
森津　誠．(2007)．学生のネガティブな反すうと劣等感および自尊心との関係：「やる気」理解のための一考察．国際研究論叢，**20**(2)，63-70．
野田俊作．(1992)．劣等性，劣等感，劣等コンプレックス．氏原　寛・小川捷之・東山紘久・村瀬孝雄・山中康裕（編），心理臨床大事典（pp.910-911）．培風館．
落合良行．(1985)．青年期における孤独感を中心とした生活感情の関連構造．教育心理学研究，**33**，70-75．
落合良行．(1995)．生涯発達心理学の観点からみた青年期．落合良行・楠見　孝（編），講座生涯発達心理学：4　自己への問い直し：青年期（pp.1-21）．金子書房．
小塩真司．(2005)．自己愛人格の構造と適応過程．梶田叡一（編），自己意識研究の現在 2（pp.101-118）．ナカニシヤ出版．
関　計夫．(1981)．劣等感の心理．金子書房．
返田　健．(1986)．青年期の心理．教育出版．
高田利武．(1999)．日常事態における社会的比較と文化的価値観：横断資料による発達的検討．実験社会心理学研究，**39**，1-15．
戸川行男．(1952)．劣等感．依田　新（編），教育心理学講座：1　適応の心理（pp.85-111）．金子書房．
富重健一・川畑佳奈子．(1999)．青年期男子・女子の身体満足度と劣等感・自己受容感の関連．日本教育心理学会第41回総会発表論文集，385．
筒井健雄．(1975)．子どもが劣等感を抱く「とき」．児童心理，**29**，1975-1980．
牛島義友．(1948)．不良化傾向の早期発見．金子書房．
脇屋素子・玉置　賢．(2003)．自己への関心と劣等感との関連性．関西大学大学院人間科学：社会学・心理学研究，**58**，173-183．
安塚俊行．(1983)．劣等感の構造：YG性格検査の分析．幾徳工業大学研究報告A人文社会科学編，**8**，25-30．

5節 解離体験

舛田亮太

1 ■ 解離とは何か

　解離という概念は，1889年フランスの精神医学者ジャネ（Janet, P.）がその著書『心理的自動症』でdésagrégationという用語を用いたのがはじまりとされる。ジャネは，ヒステリー性のさまざまな障害の精神病理の背景にある心的機制として解離の概念を提起した。その後，英語ではdissociationという用語が一般に用いられるようになり，後にジャネ自身もこの用語を使用するようになった（山下，1992）。解離とは「意識・記憶・同一性・知覚・運動（意図）・感情などの通常は統合されている心的機能（やその情報）の統合性の喪失」を意味する（田辺，2002）。現在，解離についてはDSM-Ⅳ-TR（American Psychiatric Association, 2000/2004）において解離性障害とまとめられ，解離性健忘，解離性遁走，解離性同一性障害，離人性障害，特定不能の解離性障害と分類されている。

　解離を複雑で困難な精神障害ととらえる視点のほかに，意識的，ないしは無意識的な防衛機能としてとらえる視点も存在する。ラドウィグ（Ludwig, 1983/1996）は解離を進化論的な観点から考察し，解離は本質的には適応的な機能を果たしており，病的な解離現象は，その適応が破綻した状態であるとする。その「解離の適応的機能」とは，①行動の自動化（車を運転していて途中の景色を覚えていないことなど），②努力の経済性・効率性（一つの課題に没頭するなど），③解決困難な葛藤の棚上げや解消（多重人格，さまざまな形態の発作などによる禁忌とされる攻撃的，性的感情の放出），④現実的制約からの逃避（宗教的対話や超越的状態，憑霊性トランスなど），⑤破壊的体験の隔離（心的外傷体験の健忘，遁走など），⑥ある種の情動発散（狂乱的儀式，舞踏トランスなど），⑦集団帰属感の強化（群集行動や国家・宗教への熱狂的盲信）の7つである。さらに解離が適応的か病理的かと判断されるか否かは文化的，宗教的価値観に関連するところが大きい。ロス（Ross, 1989）では，不適応な反応との連合がいっさい存在しない解離を「健康な解離」とまとめ，それは文化，風習など国ごとに異なるものであり，統一的ではないとしている。たとえば，シャーマン（巫女・巫覡）や宗教儀礼においてみられる憑依や宗教性トランス（忘我・恍惚）状態などである。

　以上から，解離は非常に多様で，明確な定義や範囲を定めることは難しい。田辺（2002, 2007）は，「解離は現象の記述と説明（背景過程）との両方に同じ『解離』という用語が用いられることに加え，単一の概念規定を欠いている」と定義の困難さを指摘している（図13.5）。

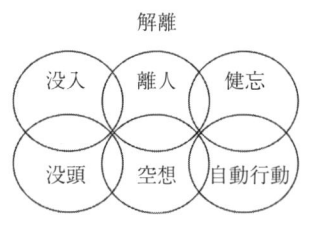

図13.5　説明概念である場合の解離機制

2 ■ 解離の非病理性と病理性

　私たちが日常において体験する解離は，病的解離と連続しているのだろうか。現段階ではいまだに明確な回答は得られていないが，これらの問いを考えるものとして，2つのモデルが提唱されている。解離には，健常なものから病的なものまでが幅広く連続するという①解離連続体モデル，②ある特有の臨床患者のみにみられるという類型学的モデルの2つのモデルが存在する（Putnam, 1997/2001）。①の連続体モデルは，没入や鮮明な空想活動などを，非病理的で日常的な解離性体験ととらえ，それが通常範囲を越えて極端に頻繁に生じたり（程度），あるいは健忘や離人を含む多様な解離現象が生じるとき（種類），はじめて病的解離とするというものである（田辺, 2002）。田辺（2002）は，病的解離の発達因として準備因子（①生得的な解離能力の高さ，②幼児期のイメージ発達，③危機への対処方略の未発達，④対処を援助する社会・環境資源の欠如），誘発因子（対処不能なストレス），強化－維持因子（①対処不能なストレスの反復，②ストレス体験の外傷化，③外傷の補償となる体験・環境の欠如，④対処様式の発達不全）をあげており，日常的で軽度の解離は，生得的なイメージ能力の高さや危機への未熟な対処法といった，病的解離の準備因子として該当する可能性が考えられる。舛田・中村（2005）は，健常者に比較的高頻度に生じる，非病理的から軽度の解離を「日常的解離」とよび，それを「意識・記憶・同一性等の遮断・喪失が一時的・限定的で，本人にその自覚があり，それらの体験から自分の意志である程度戻ることができる統制性のある解離機制／体験」と操作的に定義している。②の類型学的モデルは，病的解離者は健常者とは根本的に異なり，健常な解離と病的解離には質的差異があるという考えである。この議論については，解離をより正確に理解するために両者の考えが必要といわれている（Putnam, 1997/2001）。また，岩井・小田（2007）も，「量的な差異が一定限度を越えた際に生じる質的変化としてとらえる，つまり折衷的モデルが最もふさわしい」と述べている（図13.6）。

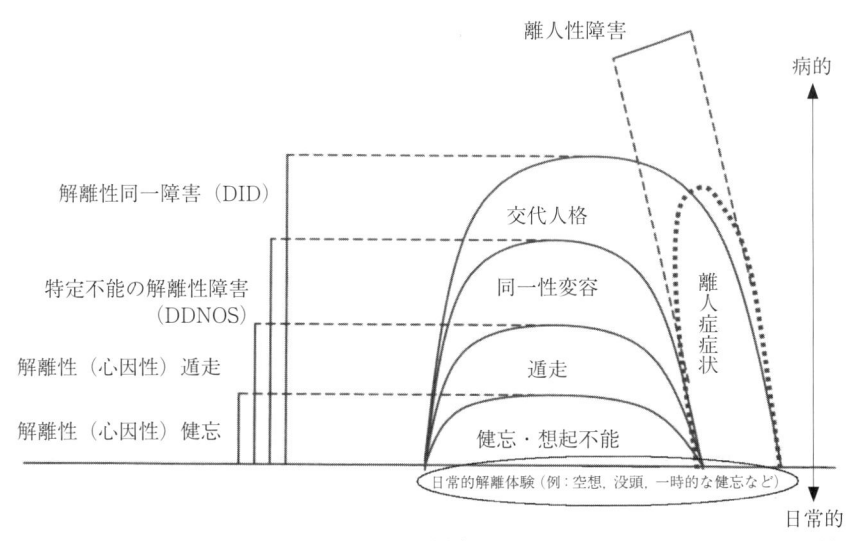

図13.6　解離性障害の連続体－類型学的折衷モデル（岩井・小田, 2007に一部加筆）

3 ■ 解離のアセスメント

これまでさまざまな研究者によって定義づけが困難な解離概念を把握するための研究（アセスメント研究）がなされてきた。以下，解離に関する心理尺度研究，質的研究の順に説明する。

a. 心理尺度研究

解離を測定する際，現在最も広く用いられているのはバースタインとパトナム（Berstein & Putnam, 1986）によって作成された解離性体験尺度（Dissociative Experiences Scale：DES）である。ほかに，アームストロングほか（Armstrong, Putnam, Carlson, Libero, & Smith, 1997）によって作成された思春期・青年期解離性体験尺度（The Adolescent Dissociative Experiences Scale：A-DES），パトナムほか（Putnam, Helmers, & Trickett, 1993）によって作成された児童解離チェックリスト（Child Dissociation Checklist：CDC）がある。これらは，田辺（2004b）やパトナム（Putnam, 1997/2001）の邦訳版がある。

解離性体験尺度は健常者が体験しうるものを含めた日常的で病理的でない軽度のものから，多重人格を典型とする病理的で重度なものへと連続的に移行する解離性の軸を仮定し，それを測定する質問紙として開発された。またウォーラーほか（Waller, Putnam, & Carlson, 1996）によって解離性体験尺度28項目から非病的項目20項目を抽出した非病的な解離指標（Normal Dissociative Index：NDI），また病的解離項目8項目を抽出した病的解離指標（DES-T）が開発され，近年になって健常者が体感する解離体験が着目されはじめたといえる。DES-Taxonの簡易判定法は，田辺（2009）に詳しく記載されている。

しかし解離性体験尺度は作成時に解離性障害の患者観察，研究者の臨床経験から直接項目をとったものであり（Putnam, 1997/2001），健常者が日常的に体験する解離体験を十分に測定できていない可能性がある。田辺・笠井（1993）は「幼児期からの高度なイメージ能力や没頭傾向が維持された意図的な解離能力は，解離性体験尺度で捉えられるような解離傾向とは，必ずしも結びつかない」と解離性体験尺度によって正常で適応的な解離を測定することの限界を述べている。またNDIとDES-Tについてはリーヴィット（Leavitt, 1999）の調査で，健常解離とする没入・没頭得点が健常群，解離性障害群の両方について高かったこと，臨床における実際場面での適用データを蓄積する必要があること（田辺，2007）など，非病理／病理の弁別についてもまだ問題を残す部分も多いと考えられる。そのようなことから舛田（2008a）では，日常的解離尺度22項目版を作成し，基準関連妥当性を検討した。因子分析の結果，日常的解離尺度は「一過性健忘・没入」「空想」「感情切り替え」「没頭・熱狂」の4因子が抽出され，基準関連妥当性がある程度確認された。日常的解離尺度は，「感情切り替え」因子でDESや他尺度と相関がみられなかったこと，「空想」因子の再検査信頼性が認められなかったことが残されているものの，ある程度の日常的な解離内容を測定できる尺度が考案されたことは，今後の基礎・臨床研究を進めていくうえで好影響を与えるものと思われる。

解離とパーソナリティ特性との関連については，いくつかの心理尺度研究がなされている。吉住・村瀬（2008）は，病的解離傾向と問題回避型のストレス対処方略との低い相関を示し，病的

解離が葛藤から回避しようとする機能があることを見出した。舛田（2008a）では，日常的解離尺度22項目版とビッグファイブ，レジリエンス，対処機能といったパーソナリティ特性尺度との関連を検討している。その結果，「一過性健忘・没入」傾向をもつクライエントは内省を促すよりも，心理教育的な援助法，「空想」「没頭・熱狂」傾向が高いクライエントには洞察的な心理療法，「感情切り替え」傾向が高いクライエントには解決志向的な心理療法，といった援助方針が提案された。今後，パーソナリティ特性に応じた解離の援助モデルを検討していくことが必要である。

b. 質的研究

解離の先行研究の多くは尺度使用による量的研究に限定されている。その理由として，解離内容の異種混合性（田辺，2004a）の問題が大きい。これまでの研究では，解離性体験尺度（Berstein & Putnam, 1986）について因子分析を行うと，「没頭・没入」「健忘」「離人」の解離の主要3側面に分類可能と考えられている（Carlson & Putnam, 1993）。しかし，解離性体験尺度項目としてあげられている体験はどの因子にも高く寄与する相互相関的なものであるため，因子分析的手法で解離の体験内容を分類すること自体が困難であるとも指摘されている（田辺，2004a）。実際の体験内容も独立して起こるだけでなく，相互に関連した同時体験として表出する場合（たとえば，空想している自分を横から見ているという離人体験）もある。しかし質的研究法を用いるにしても，異種混合的，相互相関的な解離概念については，非専門家にとっては理解しにくく，何の制限もなしに調査協力者に自由記述や面接聴取を行うと，得られるデータは解離体験以外のものが多くなり，解離の定義からそれたものになってしまう危険性が高い。それゆえ先行研究の多くは，概念の操作化が行いやすく，唯一信頼性，構成概念妥当性がさまざまな方法で検討されている解離性体験尺度を用いた量的研究に依拠していると思われる。

そこで舛田（2008b）では，質的手法による日常的解離のアセスメントを検討した。大学生・大学院生・高専生計130名（平均20.11歳）を対象に，解離体験に関する具体的項目を記載した日常的解離自由記述質問紙を実施した。KJ法の結果，日常的解離の大カテゴリーとして「うわの空・空想」「没頭・没入」「自動的行動」「同時行動」「出来事の詳細健忘」「近距離への遁走」「自己の客体化」「感覚の鈍化」の8つが見出された。各体験内容と，日常生活状況，外傷的体験との関連性を考えると，「健忘」「離人」を病的解離，日々の生活でなされる「没頭・没入」を非病理的な解離とする視点と一部一致した。しかし，「うわの空・空想」「没頭・没入」「自動的行動」といった大カテゴリーにおいても外傷的状況での体験が示されていた。このことから，日常的解離は日々の生活状況，外傷的状況において，選択されるカテゴリーの大まかな枠組みはあるものの，個人の発達状況や選択するカテゴリーの意味づけ，といった個人差によって選択されるものが変わってくる，と考えられた。さらに舛田（2008b）では，日常的解離半構造化個別面接を考案し，体験・意味づけ変容モデルの生成を行った。大学生・大学院生計28人（平均20.64歳）に半構造化面接を実施し，うち女性3人には再度3年後に面接実施した。その結果，「うわの空・空想」「没頭・没入」「自動的行動」「同時行動」「自己の客体化」の5つが面接内容に該当した。また外傷的状況については，青年期後期，成人期前期ともに，離人体験にあたる「自己の客体化」体験が多かった。そして3人の語りから，日常的解離の体験・意味づけの変容は個人の発達状

況・発達課題と大きく関連していることが発達モデルとして提出された。日常的解離と精神的健康との関係を多次元的にとらえていくことは，体験者の世界をより正確にとらえ，支援の方向性を検討することにつながる。今後の解離研究における，質的研究法の進展が望まれる。

4 ■ 臨床場面でみられる病的解離

最後に，実際の臨床現場でみられる病的解離について，心的外傷体験との関連性について説明する。また，解離性同一障害については，わが国の臨床像の特徴についてもふれたい。

a. 心的外傷における病的解離

心的外傷は，DSM-Ⅳ-TRのPTSD診断基準では，「①実際にまたは危うく死ぬまたは重症を負うような出来事を1度，または数度，あるいは自分または他人の身体の保全に迫る危険を，その人が体験し，目撃し，または直面した。②その人の反応は強い恐怖，無力感または戦慄に関するものである」(American Psychiatric Association, 2000/2003) と説明されている。心的外傷体験のなかでも，児童虐待と解離との関連は先行研究でも多く述べられ，国内では田辺（1994）が大学生を対象とした質問紙調査によりその関連性を報告している。最近の研究については飛鳥井（2007）が詳しく疫学的調査をまとめている。アメリカのニューヨーク州におけるフットほか（Foote, Smolin, Kaplan, Legatt, & Lipschitz, 2006）の調査では，解離性障害を認めた患者24名中，17名に児童期の身体的被虐待歴，18名に性的被虐待歴を認めた。またシャオほか（Xiao, Yan, Wang, Zou, Xu, Chen, Zhang, Ross, & Keyes, 2006）による中国上海での調査でも，解離性障害の患者には被虐待歴が多くみられている。一方で，反証的結果を示す研究も報告されている。スピンホーヴェンほか（Spinhoven, Roelofs, Moene, Kuyk, Nijenhuis, Hoogduin, & van Dyck, 2004）では，重回帰分析により一般精神健康度を測定すると，臨床患者の被虐待歴と解離傾向の関連性は大きく低下したという。パトナム（Putnam, 2005/2006）も，モーガンほか（Morgan, Hazlett, Wang, Richardson, Schnurr, & Southwick, 2001）の軍の特殊部隊を対象とした調査において，解離と心的外傷体験既往歴に関連がなかったことを紹介し，心的外傷体験を受けた誰もが解離性障害やPTSDを発症するわけではないことを説明している。

b. 解離性同一障害におけるパーソナリティ特性

解離性同一性障害（dissociative identity disorder：DID）は，DSM-Ⅳ-TRでは，「A. 2つまたはそれ以上の，はっきりと他と区別される同一性またはパーソナリティ状態の存在（そのおのおのは，それぞれ固有の比較的持続する様式をもち，環境および自我を知覚し，かかわり，思考する）。B. これらの同一性またはパーソナリティ状態の少なくとも2つが反復的に患者の行動を統制する。C. 重要な個人的情報の想起が不能であり，普通の物忘れで説明できないほど強い。D. この障害は，物質または他の一般身体疾患の直接的な生理学的作用によるものではない（注．子どもの場合，その症状は，想像上の遊び仲間または他の空想的遊びに由来するものではない）」と説明されている（American Psychiatric Association, 2000/2004）。従来，DIDは身体的，性的，心理的虐待，ネグレクト，性被害といった重篤な外傷体験を成因とし，長期の治療期間と経過の

困難さに特徴づけられる重篤な臨床像として把握されてきた（Ross, 1989）。しかし，近年国内では外傷体験は見当たらないもののDIDを発症し，医療機関と中学校との連携により回復した事例（幸田，2000）のように，クライエントのパーソナリティ特性に，日常生活でのストレスが重なり，DID発症となる事例も増えてきている。クラフト（Kluft, 1984）により提唱された，被暗示性と心的外傷体験（既往歴）を前提とした「解離能力」の概念だけでは，わが国における病的解離発生のメカニズムを詳細に議論することは難しい。そのようなことから岡野（2007）では，18例の国内のDID自験例を紹介し，日本型DIDの特徴をあげている。その特徴は，①幼少時の性的外傷は3/18，②幼少時の母親による精神的支配や虐待は6/18，③現在でも母親に精神的に支配されている体験報告は7/18，④両親が治療にかかわる意欲が非常に強い，⑤父親等の性的虐待の既往歴は0/18，⑥女性は18/18，というものであった。また舛田・中村（2007）では，近年のDID文献事例を調査した。結果，55のDID文献事例は一時的ストレス型，持続的ストレス型，外傷型に分類された。光への過敏性，空想上の友（imaginary companion），ファンタジーへの没頭等の被暗示性については，一時ストレス型（n =9）のうち33.3%（n =3），持続的ストレス型（n =11）のうち36.4%（n =4）が該当した。ただし，残りの事例において素因がまったくないまま病的解離が生じているとは考えにくい。岡野（2007）は，「ダブルバインド状況における関係性のストレス」が日本のDID発症の要因となりうることを説明している。心的外傷体験とパーソナリティ，病的解離の関係はいまだ研究の余地が多く，今後の発展が期待される。

◆ 引用文献

American Psychiatric Association. (2004). DSM-IV-TR精神疾患の診断・統計マニュアル（髙橋三郎・大野　裕・染矢俊幸，訳）．医学書院．(American Psychiatric Association. (2000). *Diagnostic and statistical manual of mental disorders* (4th ed., Text Revision). Washington, DC : American Psychiatric Association.)

Armstrong, J. G., Putnam, F. W., Carlson, E. B., Libero, D. Z., & Smith, S. R. (1997). Development and validation of a measure of adolescent dissociation : The adolescent dissociative experiences scale. *Journal of Nervous and Mental Disease*, **185**, 491-497.

飛鳥井　望．(2007)．心的外傷はいかにして解離現象をもたらすか．こころの科学，136号，64-69．日本評論社．

Berstein, E. M., & Putnam, F. W. (1986). Development, reliability, and validity of a dissociation scale. *Journal of Nervous and Mental Disease*, **174**, 727-735.

Carlson, E. B., & Putnam, F. W. (1993). An update on the dissociative experiences scale. *Dissociation*, **6**, 16-27.

Foote, B., Smolin, Y., Kaplan, M., Legatt, M., & Lipschitz, D. (2006). Prevalence of dissociative disorders in psychiatric outpatients. *American Journal of Psychiatry*, **163**, 623-629.

岩井圭司・小田麻美．(2007)．解離性同一性障害の解離性障害における位置づけ：解離現象の連続体モデルと類型学的モデル．精神科治療学，**22**，423-429．

Kluft, R. P. (1984). Treatment of multiple personality disorder. A study of 33 cases. *Psychiatric Clinics of North America*, **7**, 9-29.

Leavitt, F. (1999). Dissociative experiences scale taxon and measurement od dissociative pathology : Does the taxon add to an understanding of dissociation and its associated pathologies? *Journal of Clinical Psychology in Medical Settings*, **6**, 427-440.

Ludwig, A. M. (1996)．解離の精神生物的機能（市田　勝，訳）．精神科治療学，**11**，197-201．(Ludwig, A. M. (1983). The psychological functions of dissociation. *American Journal of Clinical Hypnosis*, **26**, 93-99.)

舛田亮太．(2008a)．青年期における日常的解離に関する調査研究：日常的分割投影，日常的離人との弁別モデル

について．心理臨床学研究, **26**, 84-96.
舛田亮太. (2008b). 青年の語りからみた日常的解離の発達について：事例研究による体験・意味づけ変容モデルの検討．パーソナリティ研究, **16**, 295-310.
舛田亮太・中村俊哉. (2005). 日常的解離尺度（短縮6項目版），日常的分割投影尺度（短縮8項目版）の構成概念妥当性の検討．パーソナリティ研究, **13**, 208-219.
舛田亮太・中村俊哉. (2007). 近年の国内における解離性同一性障害の分類について：一時的ストレス型DIDの心理臨床的検討．心理臨床学研究, **25**, 476-482.
Morgan, C. A. third, Hazlett, G., Wang, S., Richardson, E. G., Jr., Schnurr, P., & Southwick, S. M. (2001). Symptoms of dissociation in human experiencing acute, uncontrollable stress : A prospective investigation. *American Journal of Psychiatry*, **158**, 1239-1247.
岡野憲一郎. (2007). 解離性障害：多重人格の理解と治療．岩崎学術出版社．
Putnam, F. W. (2001). 解離：若年期における病理と治療（中井久夫，訳）．みすず書房．(Putnam, F.W. (1997). *Dissociation in children and adolescents : A developmental perspective.* New York : Guilford Press.)
Putnam, F. W. (2006). 解離：古典的病態への新たな研究と洞察（金田ユリ子，訳）．トラウマティック・ストレス, **4**, 95-102. (Putnam, F. W. (2005). Dissociation : New insights into an old condition. 日本トラウマティック・ストレス学会第4回大会招待講演）
Putnam, F. W., Helmers, K., & Trickett, P. K. (1993). Development, reliability, and validity of a child dissociation scale. *Child Abuse and Neglect*, **17**, 731-741.
Ross, C. A. (1989). *Multiple personality disorder : Diagnosis, clinical features and treatment.* New York : John Wiley & Sons.
Spinhoven, P., Roelofs, K., Moene, F., Kuyk, J., Nijenhuis, E. Hoogduin, K., & van Dyck, R. (2004). Trauma and dissociation in conversion disorder and chronic pelvic pain. *International Journal of Psychiatry in Medicine*, **34**, 305-318.
田辺 肇. (1994). 解離性体験と心的外傷体験との関連：日本版DES（Dissociative Experiences Scale）の構成概念妥当性の検討．催眠学研究, **39**(2), 1-10.
田辺 肇. (2002). 解離現象．下山晴彦・丹野義彦（編），講座臨床心理学：3 異常心理学1(pp.161-182). 東京大学出版会．
田辺 肇. (2004a). 催眠と意識現象：「解離」概念の検討．催眠学研究, **48**, 20-29.
田辺 肇. (2004b). DES尺度による病理的解離性の把握．臨床精神医学, **33**(増刊号), 293-307.
田辺 肇. (2007). 解離性の尺度化と質問票による把握．精神科治療学, **22**, 401-407.
田辺 肇. (2009). 病的解離性のDES-Taxon簡易判定法：解離性体験尺度の臨床的適用上の工夫．こころのりんしょうà・la・carte, **28**, 81-87.
田辺 肇・笠井 仁. (1993). 解離性体験と催眠感受性との関連．催眠学研究, **38**, 12-19.
Waller, N. G., Putnam, F. W., & Carlson, E. B. (1996). Types of dissociation and dissociative types : A taxometric analysis of dissociative experiences. *Psychological Methods*, **1**, 300-321.
Xiao, Z., Yan, H., Wang, Z., Zou, Z., Xu, Y., Chen, J., Zhang, H., Ross, C. A., & Keyes, B. B. (2006). Trauma and dissociation in China. *American Journal of Psychiatry*, **163**, 1388-1391.
山下達久. (1992). 解離．氏原 寛・小川捷之・東山紘久・村瀬孝雄・山中康裕（編），心理臨床大事典（p.824）. 培風館．
吉住隆弘・村瀬聡美. (2008). 大学生の解離体験と防衛機制およびコーピングとの関連について．パーソナリティ研究, **16**, 229-237.
幸田有史. (2000). 児童期・青年期の激しい解離性障害に対する支援のストラテジー：児童精神科外来と学校精神保健が連携し援助した事例を通しての考察．児童青年精神医学とその近接領域, **41**, 514-527.

6節　不眠・悪夢

松田英子

1 ■ 睡眠全般にかかわるパーソナリティ

　睡眠に関する量の側面からは短時間と長時間，位相の側面からは朝型と夜型に分類される（宮下，1984）。睡眠の質の低下にかかわる不眠と悪夢という睡眠障害について，各々後述する。

a. 短時間睡眠者と長時間睡眠者にみられるパーソナリティ

　短時間睡眠者とは，ふだんの睡眠時間が5～6時間未満と短いが，日中の精神状態や行動に問題が生じない者，長時間睡眠者とは，9～10時間以上の睡眠時間を確保できないと眠気，集中力の低下等の問題が生じる者と定義される。この個人差は遺伝子にもとづくという指摘もある（神山，2010）。パーソナリティ心理学研究からは前者は不安が低く，活動性が高く，外向的，総じて社会適応度が高い一方，後者は神経質で，内向的で，抑うつ的，社会不適応，社会適応度が低いと指摘されている。

　虚血性心疾患へのかかりやすさとの関連において指摘されているパーソナリティ特性である，タイプA行動特性と睡眠時間との関連性についても検討されている。タイプA行動特性は競争的で達成志向が強く，攻撃的，敵意や怒りを感じることが多く，ワーカホリックと表現されるが，短時間睡眠者ほどタイプA傾向が強い（松田，2010a）。このことは宮下（1984）においても次のように述べられており，短時間睡眠者は社会的には順応性が高く，規範に対して従順・保守的であり，対人的には他人の評価に敏感でよい評価を得るための努力惜しまず，まわりの意見に左右されやすい。外交的・活動的・計画性に富み，悩みごとも忙しさで解消してしまうタイプであるが，柔軟性に欠ける。猛烈社員・実業家タイプなど，行動様式そのものがタイプAと類似性があることを指摘している。一方，長時間睡眠者の長所として，柔軟な思考法をあげ，芸術家タイプと表現している。

b. 朝型と夜型にみられるパーソナリティ

　睡眠をとる位相（時刻）から個人差をとらえると，朝型は覚醒水準が比較的早い位相で高く，午前中の活動性が高く，内向的パーソナリティとの相関が，一方で夜型は覚醒水準が比較的遅い位相で高く，夕方から活動性が高くなり，外向的パーソナリティとの相関が指摘されている（宮下，1984）。交替勤務への適応性は高いが，睡眠に関する訴えが多いのは，後者である。

2 ■ 不眠とパーソナリティ

a. 不眠の特徴と現状

　睡眠障害は世界中で最もよくみられる健康上の訴えの一つである。一般人口の6～15％が不

眠に悩んでおり，女性と高齢者，家族集積性のリスクが高いことが指摘されている（Ebben & Fine, 2011）。日本においては，睡眠の不調を有する者が成人の約半数，不眠症の自覚のある者は約20％と推定されている。不眠者はたんなる短時間睡眠者ではなく，睡眠構造そのものが変化することによって，睡眠の質の低下がみられるものである。フクダほか（Fukuda, Ishihara, Takeuchi, Yamamoto, & Inugami, 1999）によれば，健常者では不眠型30.0％，安眠型28.3％であるという。終夜睡眠ポリグラフを使用して検討した結果，不眠型は入眠潜時（寝つくまでの時間）が30分以上と長く，夜間中途覚醒は一晩に1回以上あり，安眠型は入眠潜時（寝つくまでの時間）が10分以下，夜間中途覚醒がないのが特徴である。

b. 不眠とパーソナリティ特性

不眠の継時的悪化の3要因（素因，増悪因，維持因）に関し，パーソナリティが最も関連するのは素因である。不眠の素因（不眠へのなりやすさ）には，①不安と過覚醒に関するパーソナリティ特性および②ストレスに対する脆弱性の2特性が指摘されている（Ebben & Fine, 2011）。

宮下（1984）によれば，不眠型は神経症傾向，内向的，不安と緊張が高く，抑うつ的，身体的愁訴が多く，安眠型は，自己主張が強く，攻撃的で，適応性がある。また先述の「睡眠全般にかかわるパーソナリティ」のうち，短時間睡眠者と朝型は不眠型との合併率が低い。山本ほか（山本・田中・前田・山崎・白川，2000）は，不安や神経症傾向は睡眠と関係が深いことを見出した。神経症傾向が高い人ほど，入眠と睡眠の維持に対する評価が低く，疲労回復に対する評価も低いことが認められた。

また不眠の継時的悪化の3要因のうち，増悪因，維持因には，不適切な睡眠習慣，睡眠に関するこだわりや心配などの認知的特徴があげられているが，後者に関してはパーソナリティが関与する。不眠症者は，終夜睡眠ポリグラフなどで確認する客観的特徴と主観的な不満の程度とは必ずしも一致しないことが指摘されており，主観的な不眠問題の大きさが客観的症状を上回る場合がある（沢宮・田上，2010）。このタイプでは，眠れないことを過剰に心配するためにかえって入眠が困難になる，中途覚醒後眠れないなどの現象が起こる。たとえば，「また今夜も眠れないのではないか」「眠れなかった翌日には必ずミスをしてしまう」，また中途覚醒した後も「いつももう二度と眠れない」「もう午前5時だから眠れない」，朝の覚醒後も「8時間眠れていないので，今日はパフォーマンスが十分でないだろう」などである。このような睡眠に対するこだわりには，強迫的パーソナリティがかかわっているといえよう。中沢・小鳥居（1984）においても，時間的に束縛された生活状態から休息時間内に眠ることを意識・努力し，かえって頭がさえて寝つきにくくなることや，必要な睡眠時の量は睡眠時間だけで決められるという誤った考えによるなどの因子が考えられると指摘されている。

最近は不眠症をターゲットとした認知行動療法が注目され，その治療効果はメタ分析でも確認されている（Martagh & Greenwood, 1995）。この療法は，睡眠衛生指導，刺激統制法，リラクセーション法，認知療法のパッケージにより心理支援を行うことで，不眠の増悪因，維持因の改善にターゲットを絞るもので，患者の不眠そのものが生み出すストレスに対するコーピングを高める方略といえる。寝つきが悪いと感じている人は，そうでない人よりも劣等感が強く，ストレ

スコーピングも苦手で，他人に責任を転嫁する傾向にある。不眠の症状を維持，増悪させているのは自分自身の症状のとらえ方にあると気づき，不眠症状そのものがもたらすストレスを現実的な認知的再構成によって修正することで，緩やかではあるがパーソナリティ特性に一部良性の変化が生じることが期待される。

c. 不眠とストレスに関する脆弱性

不眠を引き起こすストレッサーには，職業生活や学校生活上の課題，対人関係問題などの日常的ストレッサーと，被災体験，けが，離婚，失職，入学，異動などの人生における大きなストレスフルライフイベントの双方がある。中等度のストレス状況下では，入眠潜時が長く，中途覚醒が多くなり，さらに強度のストレス状況下では睡眠全体に悪影響を及ぼすとされる。たとえば，戦争捕虜を経験した人，大虐殺で生き残った人の多くが睡眠障害を訴えており，具体的には入眠困難や中途覚醒が多いことも報告されている（Ohayon & Shapiro, 2000）。これらストレスへの対処過程のなかで，適応度の上昇に応じて不眠の症状はおさまっていく。たとえば，カトウほか（Kato, Asukai, Miyake, Minakawa, & Nishiyama, 1996）によれば，阪神・淡路大震災3週間後に面接を行った結果，3週間後の時点で63％が不眠を訴え，8週間後で46％と減少していった。不眠とストレスに関しては主効果研究がほとんどであるが，先述のパーソナリティ（不安・過覚醒）とストレスの脆弱性の相互作用が想定される。

d. 不眠と精神疾患との関連

不眠はあらゆる精神疾患とも関連するといってよい。以下に代表的なものとの関連性をあげる。
①気分障害：大うつ病者の約80％が不眠症を併発する。不眠尺度と抑うつ尺度間に項目の重複がみられる問題は指摘されているが（Ahmadi, Saleh, & Shapiro, 2011），うつ病者における不眠は一般的な症状である。うつ病者は発病の初期から不眠を訴え，うつ症状が寛解しても残遺症状としての不眠があることはよく知られている。とくに入眠困難と維持の失敗（早朝覚醒，中途覚醒）が特徴である。客観的生理的指標では総睡眠時間の減少，睡眠効率減少，レム潜時の短縮，レム密度（単位時間あたりの急速眼球運動の回数）増加がみられる。自責的な，いわゆるメランコリー型のうつでは不眠を訴えるが，他責的な非定型のうつ，現代型うつでは過眠の訴えがあることもある。②双極性障害（躁うつ病，軽躁病）：躁や軽躁期に眠気の減少，短時間睡眠で過活動がみられる。客観的生理的指標からは，双極性障害においては，レム潜時の短縮と徐波睡眠の減少が認められる。③不安障害：不安障害は，客観的指標と主観的訴えとの乖離がよくみられる。抑うつを統制したうえでの不安のレベルと，中途覚醒数，睡眠潜時と正の相関，デルタ波とは負の相関があった。④心的外傷後ストレス障害：PTSD患者では，睡眠効率の低下，レム密度の上昇が報告されている。急速眼球運動は夢の鮮明さに関係することから，PTSDにみられる悪夢とレム密度の増加とは関係があるのではないかと推測されている。⑤統合失調症：睡眠潜時が延び，総睡眠時間の減少，睡眠効率の低下が確認されており，不眠が発症期，再発期の予測指標となるという指摘がある（Ebben & Fine, 2011）。

3 ■ 悪夢とパーソナリティ

a. 悪夢の特徴と現状

悪夢とは，世界保健機関（WHO）の『ICD-10精神および行動の障害』では，「きわめて恐ろしい夢を詳細かつ鮮明に想起しながらの夜間覚醒や昼寝からの覚醒で，それは通常，対象者自身の生命の安全または自尊心を脅かす内容を含む。覚醒は典型的には睡眠の後半にみられるものであるが，いかなる時期にも起こりうる。そして恐ろしい夢から目が覚めると意識が鮮明になる。夢の体験そのものによって目が覚めるため，睡眠が妨げられることが対象者に著しい苦痛を与えるもの」（World Health Organization, 1993/1994）と定義されている。

成人の場合，悪夢に悩まされているのは一般人口の4～8％と研究によって報告にばらつきがみられるが，大体5％で，年平均1～2回の悪夢をみているともいわれている。大学生の場合86％が年1回以上の悪夢と報告するレポートもある。元来夢の記憶は固定されず忘却される傾向にあるので，悪夢は自分が思っているよりみているという指摘もある（Wood & Bootin, 1990）。また不眠の治療における薬物療法の薬理学的作用により，夢見が増加し，しばしば恐怖をともなった夢（悪夢）をみるために睡眠が中断されるという悪循環も指摘されている。

b. 悪夢とパーソナリティ特性

先行研究では，悪夢をよくみるパーソナリティ特徴として統合失調症やうつ病などの精神病との関連が指摘されてきた。悪夢の頻度と関連のあるパーソナリティとしては，神経症質，精神病質，境界性パーソナリティ，境界線の薄さ，被暗示性，夢想性，審美性，創造性などとの関連が指摘されてきた。これらのなかでミロとマルティネス（Miro & Martinez, 2005）が検討したところ，悪夢の頻度といちばん関連していたのは，精神病質性と自我強度の弱さであった。

コーテとピエトロスキー（Kothe & Pietrowsky, 2001）は，悪夢をみた後にどんな行動をとるかということにもパーソナリティ特性と関連していることを示している。この研究では，41人の非臨床者（19～50歳，月2回ほど悪夢に悩まされている人）に4週間夢と悪夢の記録をつけてもらい，毎朝不安と気分のモニタリングを行った。この研究では，悪夢をみたあとの行動を①情動的反応のみ，②行動的対処，③認知的再構成の3段階でとらえている。たとえば，悪夢をみたあと，目覚めた瞬間にほっと落ち着くのは外向性の高い人，一方で目覚めたときに身体の不調を訴えるのは神経症傾向および興奮性の高い人，悪夢をみた後非常に落ち込む人は神経症傾向および内向性が高い人，こんな悪夢をみたといって友だちにアドバイスを求める電話をするのは開放性の高い人，翌日の活動にうまく対処できないと感じるのは達成志向性および開放性の低い人，悪夢を悪いことが起こる予兆だととらえるのも神経症傾向の高い人および楽観性の低い人，悪夢を何かの予言だととらえるのは達成志向性および外向性の高い人，何とか夢を解釈しようととらえるのは神経症傾向の高い人，悪夢が実現すると恐れるのは開放性の低い人など，悪夢から目覚めたあとの行動はバラエティに富んで，それごとにさまざまなパーソナリティ特性との関連が示唆されている。また悪夢をみた日はみない日よりも，不安が高く，精神的不安定で，身体的愁訴を誘発しやすく，みない日は，情動的ウェルビーイングが高く，他者と一緒にいたい感覚が高く，

楽しい気分，集中力が高いといったことからも，悪夢とメンタルヘルスの悪化には強い関係がみられる。

濱崎・山本（2010）は，コーテとピエトロスキー（Kothe & Pietrowsky, 2001）と同様の視点で，遺族の夢の資料をもとに，①遺された人が悲嘆夢から目覚めた後，どのような反応（感情や認知，行動）をしているか，②覚醒後の反応が遺された人の人生にどのような影響を与えているかについて分析した。そして認知的レベルであれ，行動レベルであれ，いずれの覚醒後の反応も遺された人の能動的な心の営み，あるいはレジリエンスと関連することを指摘している。夢内容だけではなく，夢をどうとらえて行動したかにも，パーソナリティ特性がかかわるということである。

c. 悪夢とストレスに関する脆弱性

悪夢にストレスフルライフイベントが先行することはよく知られており，その例としては妊娠，失職，入学，レイプ被害，友だちの死，離婚，転職（新しい仕事につく），両親の離婚，身体的虐待の被害，転居などがある。たとえば阪神・淡路大震災（1995年）やサンフランシスコ大地震（1989年）直後には，被災者のなかで悪夢をみる人の数が急激に増えたという調査結果がある。そして時間の経過とともに，つまり現実生活の回復の試みとともにその数は少しずつ減少することが指摘されている。その他，手術をひかえた者は手術の夢を，裁判をひかえた者は裁判の夢をみやすい。

ピッチオーニほか（Picchioni, Goelzenleucher, Green, & Convento, 2002）は，大きなライフイベントだけではなく，日常的ストレスと悪夢の関係，その他ストレスコーピングやソーシャルサポートとの関連を検討した。その結果，①悪夢の頻度と日常ストレスおよび大きなライフイベントに正の相関，②悪夢の強度と日常ストレス，大きなライフイベント，コーピング，およびソーシャルサポートに正の相関を見出した。悪夢とコーピングは，ストレスとの共変量として相関がある。日中のストレス対処は睡眠中も続くので，悪夢とはストレスに対するコーピングメカニズムの一種であり，その結果ストレスを緩和する機能があるのではないかとの仮説を提唱している。

d. 夢とパーソナリティの発達

子どもの夢想起の発達は，言語や記憶能力よりも認知発達に関連している（麻生, 1996）。よって悪夢の報告も同様の経過をたどる。子どもで夜間中途覚醒がある場合は，悪夢が関係していることが多い。悪夢とは直接関係ないが，熟睡中に突然叫び声をあげる夜驚症は，4～12歳の幼児・児童でみられ，神経質，甘えん坊，自我の発達未熟などのパーソナリティ特性が関連している（松田, 2010b）。

思春期以降の悪夢は，学校や家庭生活での気がかりや心配ごとのような心理的な緊張や，いじめに代表される対人葛藤に起因することが多い。子どもの場合，じっくりと話を聞き，ストレスや不安に起因すると考えられる事態があれば，それを解消するよう手助けをする必要がある。

反復性過眠症はほとんどが10代の者たちである。

e. 悪夢に対する心理療法

伝統的には精神分析学派によって，悪夢を報告者の内的世界の解釈資料として理解する心理支援が行われてきた。フロイト（Freud, S.）の夢解釈は，類型夢的な方法で顕在夢がどのような無

意識を表しているかについて類型的に，または象徴解釈的に解読する方法である。むしろ自由連想の流れのなかの一つの連想として個々の夢だけではなく，一連の夢の流れを理解することに重きをおいている。ユング派の夢分析では，連想で現れてくる大切なテーマを，神話や伝説の類似のテーマと結びつけて理解することを重要視している。

一方，睡眠中の思考である悪夢は，覚醒時の思考との連続性があるため，悪夢症状を認知療法で緩和する試みもある（松田・春日，1998）。認知行動療法の一つであるイメージリハーサル・セラピーは，広義の悪夢，いわゆる疾病分類に当てはまらないいやな夢，悪い夢にも適用可能である。クレイコウ（Krakow, 2011）では，①悪夢に関する事実の確認，②快のイメージの練習，③悪夢を書きかえるイメージリハーサルという3段階を手続きとして実施した結果，青年の慢性悪夢，急性悪夢にも効果があったことを確認している。同様の視点は，夢を利用したゲシュタルト療法にも共通の視点がみられる。

悪夢は現実生活がもたらすストレスそのものと，主としてストレスに対する脆弱性によって引き起こされる。ストレスに対処する過程で悪夢自体の想起は減少し，ストレスに対する脆弱性も回復していくことが示唆される。

◆ 引用文献

Ahmadi, N., Saleh, P., & Shapiro, C. M. (2011). The association between sleep disorders and depression: Implications for treatments. In S. R. P. Perumal & M. Kramer (Eds.), *Sleep and mental illness* (pp.165-172). New York : Cambridge University Press.

麻生 武. (1996). 子どもと夢. 岩波書店.

Ebben, M. R., & Fine, L. (2011). Insomnia : A risk for future psychiatric illness. In S. R. P. Perumal & M. Kramer (Eds.), *Sleep and mental illness* (pp.154-164). New York : Cambridge University Press.

Fukuda, K., Ishihara, K., Takeuchi, T., Yamamoto, Y., & Inugami, M. (1999). Classification of the sleeping pattern of normal adults. *Psychiatry and Clinical Neurosciences*, **53**, 139-141.

濱崎 碧・山本 力. (2010). 死別に伴う「悲嘆夢」が遺族の喪の仕事に与える影響：夢から覚醒後の諸反応の検討. 心理臨床学研究, **28**, 50-61.

Kato, H., Asukai, N., Miyake, Y., Minakawa, K., & Nishiyama, A. (1996). Post-traumatic symptoms among younger and elderly evacuees in the early stages following the 1995 Hanshin-Awaji earthquake in Japan. *Acta Psychiatrica Scandinavia*, **93**, 477-481.

Kothe, M., & Pietrowsky, R. (2001). Behavioral effects of nightmares and their correlations to personality patterns. *Dreaming*, **11**, 45-52.

神山 潤. (2010). ねむり学入門. 新曜社.

Krakow, B. (2011). Imagery rehearsal therapy for adolescents. In M. Perlis, M. Aloia, & B. Kuhn (Eds.), *Behavioral treatments for sleep disorders* (pp.333-342). London : Elsevier.

Martagh, D. R., & Greenwood, K. M. (1995). Identifying effective psychological treatments for insomnia : A meta-analysis. *Journal of Consulting and Clinical Psychology*, **63**, 79-89.

松田英子. (2010a). 夢と睡眠の心理学. 風間書房.

松田英子. (2010b). 睡眠の問題. 小林芳郎（編），発達のための臨床心理学 (pp.119-121). 保育出版社.

松田英子・春日 喬. (1998). 夢情報を媒介とした認知療法の試み：DMCT（Dream Mediated Cognitive Therapy）. カウンセリング研究, **31**, 74-83.

Miro, E., & Martinez, M. P. (2005). Affective and personality characteristics in function of nightmare distress, and interference due to nightmares. *Dreaming*, **15**, 89-105.

宮下彰夫. (1984). 睡眠の心理学. 鳥居鎮夫（編），睡眠の科学 (pp.87-105). 朝倉書店.

中沢洋一・小鳥居 湛.（1984）. 不眠. 鳥居鎮夫（編），睡眠の科学（pp.224-242）. 朝倉書店.
Ohayon, M. M., & Shapiro, C. M.（2000）. Sleep disturbances and psychiatric disorders associated with posttraumatic stress disorder in the general population. *Comprehensive Psychiatry*, **41**, 469-478.
Picchioni, D., Goelzenleucher, B., Green, D. N., & Convento, M. J.（2002）. Nightmare as a coping mechanism for stress. *Dreaming*, **12**, 155-169.
沢宮容子・田上不二夫.（2010）. 不眠を訴える女性への認知行動療法の適用. カウンセリング研究, **43**, 287-295.
Wood, J. M., & Bootin, R. R.（1990）. The prevalence of nightmares and their independence from anxiety. *Journal of Abnormal Psychology*, **101**, 219-224.
World Health Organization.（1994）. ICD-10 精神および行動の障害：DCR研究用診断基準（中根允文・岡崎祐士・藤原妙子，訳）. 医学書院.（World Health Organization.（1993）. *The ICD-10 Classification of mental and behavioural disorders : Diagnostic criteria for research*. Geneva: World Health Organization.）
山本由華吏・田中秀樹・前田素子・山崎勝男・白川修一郎.（2000）. 睡眠感に影響を及ぼす性格特性：神経症的傾向, 外向性, 内向性についての検討. 健康心理学研究, **13**, 13-22.

14章 パーソナリティと対人関係上の問題

1節 偏見・差別

中村　真

　本節では，偏見・差別を広義の問題行動として位置づけ，それらの形成要因としてのパーソナリティに着目する。なお，後述するように，偏見および差別は概念的にステレオタイプと密接に関係している。したがって，本節では偏見・差別に，適宜，ステレオタイプを加えたうえで，それらとパーソナリティとの関連性を論述する。

　まずは，偏見，ステレオタイプ，差別とは何であるのか，そして三者間にはどのような関連性があるのかを整理し，偏見とステレオタイプが差別の原因であるとする論拠を述べる。そして，これまでに偏見とステレオタイプに関する研究がどのような観点から行われてきたのか，なかでも，偏見とステレオタイプを規定する要因についてどのような研究知見が得られたのかをパーソナリティ要因を中心に概観する。最後に，パーソナリティを偏見・差別の主たる形成要因としてとらえることの問題点や課題について論じる。

1 ■ 偏見・ステレオタイプ・差別とは

　偏見とは，個人が特定の集団あるいはそのメンバーに対して事実に即して認知し，判断するのではなく，予断や先入観によって抱く否定的感情または拒否的態度である（中村，1996）。一般に，態度はその対象に関する知識や信念の側面である「認知」，対象への好悪や快－不快で表される「感情」，対象に対する行為やその準備状態である「行動」の3つの成分から構成されるが，これを特定の社会集団またはそのメンバーに対する否定的態度に援用すると，偏見は主として感情成分，ステレオタイプは認知成分，差別は行動成分に相当する（Fiske, 1998）。

態度の三成分説で指摘されているとおり，認知，感情，行動はその方向や程度において互いを支え合うような関連性がある。したがって，ステレオタイプや偏見が問題となるのは，それらが原因となって差別が生じる場合があると考えられるからである。差別とは，ある対象への拒否的態度が行動化したものである。オルポート（Allport, 1954/1961）によれば，「個人あるいは集団に対してその人たちの望んでいる平等な待遇を拒否する」行動と定義される。たとえば，外国人であるというだけで入店を断られたり，血液型を理由に企業に採用されないといったケースは，差別の典型例である。差別の対象となった個人は社会的，経済的に大きな損失を被ると同時に心理的にも深く傷ついてしまう。残念なことに，この種の差別がエスカレートして深刻な社会問題や外交問題にまで発展してしまったケースは決して少なくない。

いうまでもなく，このような差別はその対象である個人自身がもつ本来の根本的性質にもとづくものではなく，差別する側が抱く対象者の所属カテゴリーに対する思い込み，すなわち，ステレオタイプやそれに付随した否定的感情に起因するものであることが多い。ステレオタイプとは，ある社会的カテゴリーを構成する人々に共通すると考えられる特徴をそのカテゴリーに属する個人に当てはめて認知する傾向である。たとえば，「あの人は教師だからまじめだろう」「彼は血液型が★型なのでマイペースで自分本位の人だろう」のように，ステレオタイプの内容は肯定的なものから否定的なものまでさまざまであり，特定の社会集団成員のあいだで共有されることが多い。事実を正しく反映している場合もあり，よく知らない相手をそれほど吟味することなく容易に理解することができるという点において，ステレオタイプには人が自らを取り巻く複雑な環境を効率的に認知することを導く優れた働きがあるといえる。その反面，ステレオタイプに依存した認知内容は，対象人物の個性を軽視して過度に所属集団のイメージに結びつけられたものであるがゆえに客観的な事実とは異なることも多いが，正しい情報が与えられれば修正可能である。

一方，偏見は「あの人は血液型が★型で自分本位であるにちがいないから虫が好かない」のように，否定的なステレオタイプに嫌悪，憎しみ，恐れ，軽蔑といった感情が加わって強固になった信念とも考えられ，そのような意味において，認知成分と感情成分の複合体であるともいえる（杉森, 1999）。心理学者は，こうしたステレオタイプや偏見が主たる原因となって「血液型が★型である彼を仲間に加えない」のような差別的行為が生じると考え，差別の抑止に寄与しうる知見を見出すために，ステレオタイプ・偏見の仕組みを検討してきた。

2 ■ 偏見・ステレオタイプに関する心理学的研究

偏見・ステレオタイプに関する心理学研究は，その①実態，②形成，③個人差（パーソナリティ），④維持，⑤解消などの観点から行われてきた。偏見・ステレオタイプの実態に関する研究は，人種や民族，国籍，地位，職業，障害などにもとづくさまざまな社会的カテゴリー集団またはその成員に対して人々が実際にどのような偏見を抱いているのかを明らかにしてきた。偏見・ステレオタイプの形成については，集団間葛藤，社会的学習，欲求不満，認知過程など，さまざまな要因がこれまでに検討されている。そして，偏見・ステレオタイプの個人差に注目する

立場においては，権威主義的パーソナリティ，認知スタイルといった特性要因がどのような影響を及ぼすのかについて検討してきた。また，偏見・ステレオタイプの維持については，たとえば，帰属過程の観点から偏見が維持・強化される仕組みが検討されている。さらに，すでに生起してしまった偏見を解消するメカニズムについてアプローチした研究も行われている。

3 ■ 偏見・ステレオタイプを規定する諸要因

偏見・ステレオタイプが差別の主たる原因であるとするならば，それらを規定する要因がわかれば，差別を抑制するための糸口を見出すことができると考えられる。先にあげた5つの観点のなかで，この問題に深くかかわるのが偏見・ステレオタイプの②形成と③個人差（パーソナリティ）である。

ストレーベとインスコウ（Stroebe & Insko, 1989）が分類した偏見の諸理論は，偏見・ステレオタイプの形成と個人差を一括して検討するうえで貴重な示唆を与えてくれる。図14.1は，彼らの分類を紹介した岡（1999）にもとづいて偏見の諸理論を分析の水準（横軸）と偏見の対象をけなそうとする動機を仮定するか否か（縦軸）という2次元で表したものである。それらは，社会文化・集団の水準の分析において動機的要因を仮定する「葛藤理論」と動機的要因を仮定しない「社会的学習理論」，個人的水準の分析において動機的要因を仮定する「心理力学的アプローチ」と動機的要因を仮定しない「認知的アプローチ」の4つに分類される。「葛藤理論」には，限られた資源をめぐる集団間の競争が対立する外集団への敵意を高め，それを正当化する方向で偏見が生じるとする「現実的葛藤理論」（realistic conflict theory），および，人は基本的に自己評価を維持高揚するように動機づけられており，そのために自己概念と結びついた内集団への評価を相対的に高める一方で，外集団を低く評価したり差別的な行動をとると考える「社会的アイデンティティ理論」（social identity theory）がある。

また，「社会的学習理論」（social learning theory）において偏見・ステレオタイプは，ある社会のなかでの集団間の相違や集団メンバーの属性を直接観察することによって学習されたもので

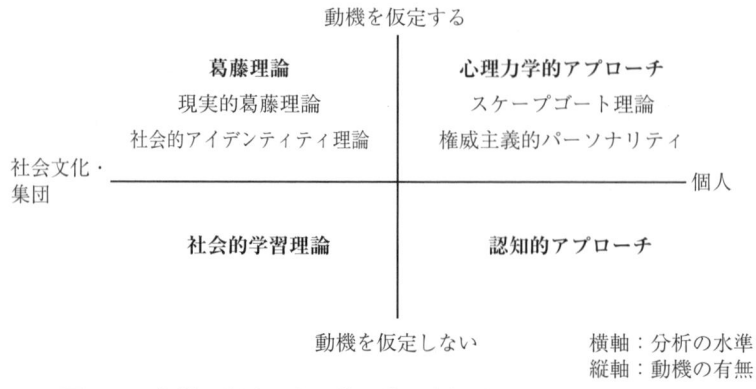

	動機を仮定する	
	葛藤理論 現実的葛藤理論 社会的アイデンティティ理論	**心理力学的アプローチ** スケープゴート理論 権威主義的パーソナリティ
社会文化・集団 ——————————————————————— 個人		
	社会的学習理論	**認知的アプローチ**
	動機を仮定しない	横軸：分析の水準 縦軸：動機の有無

図14.1　偏見に関する心理学理論の分類（岡，1999をもとに作成）

あると考える。あるいは，親や友人などの重要な他者およびマスメディアなどの身近な情報源からの社会的影響によって間接的に学習されたもの，いわゆる社会化の過程で獲得されたものであると考える。

一方，「認知的アプローチ」では，誤った関連づけなどの研究知見をもとに，偏見・ステレオタイプは認知過程の所産であり，人間の情報処理能力の制約に起因するものであると考えている。

そして，「心理力学的（psychodynamic）アプローチ」は，偏見が個人内の葛藤や不適応症状およびパーソナリティによるものであるという見方をしている。欲求不満−攻撃仮説によれば，人は欲求充足のための目標達成行動が阻害されるとフラストレーションを経験し攻撃性が高まるという。そして，フラストレーションの原因を作り出した他者や集団を攻撃することで攻撃性を解消しようとする。しかし，現実には，ターゲットとなる他者や集団が自分より強者であったり，彼らへの攻撃が社会的に禁じられていたり，または彼らを特定できない場合も多い。この場合には，自分より弱い者や少数派集団の成員が攻撃の対象となりやすく，その人たちに対する偏見や差別も形成されやすくなるという。これが「スケープゴート理論」である。

このように，「心理力学的アプローチ」では偏見の原因を自我の防衛機能に求めており，怒りや攻撃の対象が弱者や社会的マイノリティ（スケープゴート）に置き換えられたり，自らが抑えた望ましくない欲望をスケープゴートの人がもっていると思い込むことによって偏見が生じるという，いわゆる精神力動過程によるものであるとする立場をとる。そして，このような精神過程の根底にあって偏見・ステレオタイプ，ひいては差別を促すとされる特性が「権威主義的パーソナリティ」（authoritarian personality）である。

4 ■ 「権威主義的パーソナリティ」とは

「権威主義的パーソナリティ」は，第2次世界大戦中のドイツにおけるヒトラーのファシズムに追従して反ユダヤ主義を支持した人々のパーソナリティ構造を解明しようと試みたアドルノほか（Adorno, Levinson, Frenkel-Brunswik, & Sanford, 1950/1980）によって提唱されたパーソナリティ特性である。彼らは，精神分析理論を背景にして，偏見や差別の原因を個人の内的な要因に求め，権威主義的パーソナリティが高い者は差別や偏見をもちやすいということを主張した。

彼らの研究の目的は，当時の社会状況を反映して反民主的パーソナリティのもち主やファシストを判別することにあったが，徐々に，特定のイデオロギーや政治的・経済的側面に限定せずに，どのような社会でもみられる偏見や差別の問題へと関心が移り，それらを規定するパーソナリティを探求することになった。

ここでいう，権威主義的パーソナリティとは，民主主義的傾向の対極をなす全体主義的思想をもつパーソナリティ特性であり，自分の信念に頑なで，物事の白黒をはっきりつけたがり，いったん受け入れた教義や教条をすべての善悪の判断基準にする傾向がある。また，権威や伝統を極端に尊敬し，懲罰的で社会的弱者を軽蔑し差別する，などの特徴をもつ。そして，自己の所属する集団ならびに上位者や自分よりも強い他者に対しては過剰な敬意と同調・服従を示す一方で，

外集団および下位者や自分よりも弱い他者を過度に敵視し，彼らに高圧的な態度を示して服従を求める傾向があるという。換言すると，本来は自分に備わっていない権力を獲得するために，自らの自我の独立性を放棄して，権力（者）と自分を同一化しその権力を称え同調・服従する一方で，自分が権力（者）となって他者を支配・服従させたいという心性を指す。

　権威主義的パーソナリティが打ち出すこれらの特徴は，厳格で懲罰的な養育態度をもつ親のもとで形成されると考えられる。すなわち，権威主義的な親から厳しくしつけられた子どもは，親に敵意を抱くが，懲罰を恐れるあまり，その敵意を無意識の領域に抑圧し，親および親に象徴化される権威や強者に敬意を払い服従するようになる。しかし，抑圧された敵意はその対象が置き換えられて，弱者や社会的マイノリティがそのはけ口になってしまうのである。

5 ■ 「権威主義的パーソナリティ」の測定：ファシズム尺度（Fスケール）

　アドルノほか（Adorno et al., 1950/1980）は，権威主義的パーソナリティを測定するために，ホロコーストにかかわった人々やユダヤ人に偏見をもつ人々を対象に臨床心理学的な面接を実施して，大量の資料を収集し，これをもとにして尺度を考案した。当初は，反ユダヤ主義的態度（anti-semitism scale：A-Sスケール），自民族中心主義（ethnocentrism scale：Eスケール）や政治的経済的保守主義（politicoeconomic conservatism scale：PECスケール）の測定を試みたが，最終的には，パーソナリティの深層にあってより一般的な権威主義的傾向を測定するために，これらを統合・発展させたファシズム尺度（Fスケール）を完成させるに至った。Fスケールは，①因襲主義，②権威主義的従属，③権威主義的攻撃，④反内省性，⑤迷信とステレオタイプ，⑥権力と「タフネス」，⑦破壊性とシニシズム，⑧投射性，⑨性への関心の9つの下位尺度から構成される。

　それぞれの尺度の概念は表14.1に示したとおりである。

表14.1　Fスケールの下位尺度とその概念（Adorno et al., 1950/1980をもとに作成）

1.	因襲主義	伝統的な諸価値への固執
2.	権威主義的従属	内集団において理想的とされる道徳的権威に対する従属的かつ無批判的態度
3.	権威主義的攻撃	伝統的な諸価値を脅かす者たちを警戒し，非難し，排斥し，処罰しようとする傾向
4.	反内省性	主観性，想像性，柔軟な考え方の否定
5.	迷信とステレオタイプ	個人の運命が神秘的な要因で決まるという信念。固定したカテゴリーで考える傾向
6.	権力と「タフネス」	支配者－服従者，強者－弱者，指導者－追随者という枠組みで人をみる傾向。権力者への同一視。強さとタフネスについての誇張された主張
7.	破壊性とシニシズム	人間的なものに対する敵意と中傷
8.	投射性	世の中には野蛮で危険なことが横行しているという信念。無意識の情緒的衝動の外界への投射
9.	性への関心	正常とはみなされない性行動への誇張された関心

6 ■ 権威主義的パーソナリティと偏見・差別

アドルノほか（Adorno et al., 1950/1980）による調査の結果，Fスケールは，A-SスケールやEスケールとのあいだで高い相関を示した。また，A-Sスケール，Eスケール，Fスケールが高い者は，偏見および差別の程度が強いことが示された。さらに，Fスケールの高得点者と低得点者を対象に行った臨床面接の結果から，高得点者の特徴として，抑圧の程度が高いこと，「投射」の機制をよく用いること，伝統に対して固着的であること，権力志向であること，などを見出している。つまり，Fスケールの得点が高い者ほど，先に述べた権威主義的パーソナリティの特徴を有しており，かつ，偏見や差別の程度も高いことがうかがわれたのである。

このように，権威主義的パーソナリティは，偏見を促す態度や価値観と関連していることが示されたが，そのほかにも，外界の情報をどのようにとらえるのかという認知スタイルとの関連も指摘されている。具体的には，認知的複雑性が低い人や曖昧さへの耐性が低い人は，権威主義的で偏見や差別をもちやすい傾向にあることが示唆されている。集団を認知する際に，認知的複雑性が低い人は，実際には複雑で多様であるはずの成員情報を複雑なまま処理することを避けて，いわば，十把一絡げに集団全体を単純化して認知するので偏見をもちやすいが，対照的に，認知的複雑性が高い人は，集団の情報を処理する際にその成員の個人差を考慮してそれらを弁別できるので偏見的態度が生じにくいと考えられる。また，曖昧さへの耐性が低い人は，権威主義的パーソナリティの特徴でもある，物事の白黒をはっきりさせたいという傾向があるので，偏見をもちやすいとされる。

7 ■ 偏見・差別の原因をパーソナリティ要因に求めることの問題点と課題

これまでに述べたとおり，偏見・差別の規定要因をパーソナリティに求める視点に立つ研究は，権威主義的パーソナリティと偏見の関連を示す多くの研究知見を提供しており，一定の成果をもたらしたといえる。しかし，今日では偏見や差別の形成をパーソナリティ理論単独で論じることに対して以下のような疑問や問題点が指摘されている。

まず，多様なパーソナリティをもつ人々によって構成される特定の社会集団において，ある特有の差別や偏見が共通してみられるという現象を，個人のパーソナリティ要因だけで説明することは難しいという点がある。また，偏見は変動する社会的状況のなかで劇的に生じることがあるのに，安定して固定的であるとされるパーソナリティにその原因を求めることには無理があり，論理的な矛盾は否めない。

実際，本節の前半でも論じたように，偏見は集団間葛藤，社会的学習，認知過程などパーソナリティ以外のさまざまな要因が原因となって生じることが多くの研究から明らかになっている。したがって，現在は偏見をパーソナリティの個人差だけで説明するアプローチはほとんどみられず，集団間関係や社会文化的要因を考慮した社会的認知研究などが多く見受けられている。今後も，パーソナリティと社会的状況要因との相互作用関係を視野に入れるなど，多様な要因間のダ

イナミックな相互関係のなかから偏見・差別の解明を目指す新たなアプローチの構築とその展開が期待される。

◆ 引用文献

Adorno, T. W., Levinson, D. J., Frenkel-Brunswik, E., & Sanford, R. N. (1980). 現代社会学体系：12　権威主義的パーソナリティ（田中義久・矢澤修次郎・小林修一，訳）. 青木書店. (Adorno, T. W., Levinson, D. J., Frenkel-Brunswik, E., & Sanford, R. N. (1950). *The authoritarian personality*. New York : Harper & Row.)

Allport, G. W. (1961). 偏見の心理（原谷達夫・野村　昭，訳）. 培風館. (Allport, G. W. (1954). *The nature of prejudice*. Reading : Addison-Wesley.)

Fiske, S. T. (1998). Stereotyping, prejudice, and discrimination. In D. T. Gilbert, S. T. Fiske, & G. Lindzey (Eds.), *Handbook of social psychology* : Vol.2 (4th ed., pp.357-411). New York : McGraw-Hill.

中村　真. (1996).「偏見」に関する社会心理学的研究の動向：これまでの研究成果と今後の展望. 川村学園女子大学研究紀要, **7**(1), 67-78.

岡　隆. (1999). ステレオタイプ，偏見，差別の心理学. 岡　隆・佐藤達哉・池上知子（編），現代のエスプリ：384　偏見とステレオタイプの心理学（pp.5-14）. 至文堂.

Stroebe, W., & Insko, C. A. (1989). Stereotype, prejudice, and discrimination : Changing conceptions in theory and research. In D. Bar-Tal, C. F. Graumann, A. W. Kruglanski, & W. Stroebe (Eds.), *Stereotyping and prejudice : Changing conceptions* (pp.3-34). New York : Springer-Verlag.

杉森伸吉. (1999). 偏見. 中島義明・安藤清志・子安増生・坂野雄二・繁桝算男・立花政夫・箱田裕司（編），心理学辞典（pp.787-788）. 有斐閣.

2節　妬　み

澤田匡人

1 ■ 妬みとは

　妬み（envy）とは，望ましい物を所有する他者や集団との比較によって生じる不快な感情の複合体である（澤田，2006a；Smith & Kim, 2007）。妬みは，キリスト教における7つの大罪（seven deadly sin）の一翼を担い（他には，高慢，憤怒，怠惰，大食，強欲，色情），多くの宗教家から"全身に広がる毒"や"跳ね返る矢"などとみなされてきた（Schimmel, 1993）。また，旧約聖書には，qin'â（キンアー）というヘブライ語が，「神」や「主」を除くと最も頻繁に使用されている（大貫，2008）。qin'âにはいくつかの意味があるが，その主なものに妬みが含まれていることからも，いかに古くから妬みという感情に関心が寄せられてきたかがわかる。

　妬みの働きについては，社会学や教育学など，さまざまな観点からも言及されてきた。たとえば，犯罪行為（Schoeck, 1969），ナチスドイツの反ユダヤ主義を助長した偏見（Glick, 2002），子どものいじめ（土居・渡部，1995）など，個人間だけではなく集団間でも生じうる現象に至るまで，多かれ少なかれネガティブな結果をもたらす厄介な感情として注目されている。

2 ■ 妬みと羨み

　他者の成功や所有に対して「羨ましい」（I envy you）と述べることは，日常生活のなかで頻繁にみられるが，これは賛辞に近いもので，本来の妬みとは異なるとの指摘がある（たとえば，Silver & Sabini, 1978）。たしかに，日本においても，「妬ましい」と公言することは憚られる一方，軽い気持ちで「うらやましい」と漏らすのはそう珍しいことではない。おそらく，この種の必ずしも敵意的なニュアンスが含まれない妬みは「羨み」（羨望）と称したほうが妥当だろう。しかし，英語では，妬みも羨みも，同じくenvyという一語ですんでしまう。はたして，両者の違いとは何なのだろうか。

　こうした問題の解決の糸口を探るうえで，羨みを妬みの亜類型（サブタイプ）として位置づけるアプローチが提案されている。スミスとキム（Smith & Kim, 2007）は，これまでの妬みに関する数々の研究を概観したうえで，字義どおりのネガティブな感情である本来の妬み（envy proper）もしくは悪性妬み（malicious envy）と，より一般的で前向きな行動を導く良性妬み（benign envy）とに整理している。また，澤田（2005）は，12の感情語を用いた分析から，小中学生の経験する妬みが「敵対感情」「苦痛感情」「欠乏感情」の3側面に分けられることを示した。前述の類型に当てはめるなら，悪性妬みには敵対感情が，良性妬みには欠乏感情がそれぞれ相当すると考えられる。

一方，オランダ語には，妬みに相当する言葉が複数存在する。すなわち，悪意のない良性妬みにあたる"benijden"と，悪性妬みにあたる"afgunst"である。奇しくも，日本語と同様にオランダ語にも妬みに類する2つの言葉が存在することは興味深い。なぜなら，benijdenが羨みに，afgunstが妬みに，それぞれ該当すると考えられるからである。なお，妬みを表す言葉が一つしかない英語とスペイン語でも，想起された経験の特徴から2つのタイプの存在が示唆されており（Van de Ven, Zeelenberg, & Pieters, 2009），日本語やオランダ語のように，たとえ妬み（悪性妬み）と羨み（良性妬み）をそれぞれ明示する言葉がなくとも，両者が潜在的には別物として経験されていると看取できる。

3 ■ 妬みと嫉妬

羨みと同様に，妬みと類似した感情として嫉妬（jealousy）があげられる。一般的に嫉妬は，既存の価値ある関係が失われる危険を察知したときに生じる（Guerrero & Andersen, 1998）。恋愛関係においては，自分のパートナーの愛情の独占が損なわれることへの不安や恐れが嫉妬にあたるが，恋愛に限らず，友人や同僚に対しても嫉妬が生じる場合も少なくない（たとえば，Parker, Low, Walker, & Gamm, 2005）。パロットとスミス（Parrott & Smith, 1993）は，今までに自分が経験した妬みと嫉妬のエピソードの記述を通じて，両者の共通点と相違点について調べた。嫉妬としてあげられたエピソードのなかには，妬みの定義に違わぬ内容が6割近くも含まれていた。一方，妬みのエピソードのなかで，関係が脅かされている事態は，わずか1割程度しかみられなかった。日本の大学生を対象とした研究でも，嫉妬が妬みに比して広い意味で理解されていることが明らかにされている（上杉・槌場・馬場, 2002）。また，スミスほか（Smith, Kim, & Parrott, 1988）の研究では，嫉妬と妬みの経験を想起してから，それぞれの感情経験に合致する言葉を評定させたところ，妬み経験は，願望，切望，劣等感などで特徴づけられたのに対し，嫉妬経験は，疑い，拒絶，敵意，怒りなどが顕著であった。

こうした成果から，妬みと嫉妬の違いは，次のように集約される。すなわち，①日常語としての嫉妬には妬みの意味が内包されているが，その逆はまれである，②妬みが自分にないものを望む敵意を帯びた「願望」であるのに対して，嫉妬は自分が所有している（もしくは，所有していると思しき）関係の喪失に対する「不安」である，という2点である。以上を鑑みれば，良性・悪性という範疇で理解可能な羨みとは異なる次元で，妬みと嫉妬は似て非なる感情ととらえておくべきだろう。

4 ■ 妬みの測定

妬みの実証研究を進めていくうえでは，測定するツールの開発が必須となる。これまでの研究では，仮想的な状況，もしくは過去の経験にもとづいた妬み（episodic envy）を測定する手法が多用されている。内海（1999）は，望ましい対象と他者の想起を通じて，妬みの主観的経験を測

定した。コーエン-チャラシュ（Cohen-Charash, 2009）も，実際の妬みのエピソードを想起させたうえで，感情（feeling）と比較（comparison）の2下位尺度から妬みを測っている。また，坪田（2002）は，20の状況文を作成し，それぞれについて感情の強さを直接問う形式を採用している。澤田（2005, 2006a）では，調査対象が小中学生であったことから，「うらやましい」「くやしい」といった平易な感情語のみが用いられている。

　このように，特定の場面に対して妬みをどの程度経験するかを問う測定法がオーソドックスではあるが，妬みの個人差に重点をおいた測度もいくつか開発されている。すなわち，パーソナリティとしての妬み，いわゆる「妬みやすさ」を測定する尺度である。たとえば，スミスほか（Smith, Parrott, Diener, Hoyle, & Kim, 1999）によって，8項目からなる妬み傾向尺度（Dispotional Envy Scale：DES）が作成されている。この尺度では「妬み」という言葉がそのまま用いられ，その経験頻度や強度について回答が求められる。なお，DESの日本語版には，澤田・新井（2002b）による小中学生を対象とした妬み傾向尺度（Dispositional Envy Scale for Children：DESC）があるが，こちらでは回答のしやすさを考慮して「羨み」が採用されている。

　一方，ゴールド（Gold, 1996）は，社会的望ましさの混入を極力排除するために「妬み」という言葉を意図的に用いずに20項目からなるヨーク妬みやすさ尺度（York Enviousness Scale：YES）を開発した。YESは，他者が優れていることを見過ごさない態度を一貫して測定する単因子構造の尺度であり，その半数が逆転項目となっていることも特徴的である。代表的な逆転項目をあげると，「他の人が自分より優れていても，気にならない」「成功した友だちをみることは，私に幸福をもたらす」などがある。また，「他の人がやっていることに水をさすと，気分がよくなる」など，慣用句を用いた表現も援用されている。わが国では，彼の尺度を参考して作成された特性妬み尺度がある（澤田, 2006a；澤田・新井, 2002a）。この尺度は，「妬み」という言葉が用いられていない以外には，次のような特徴がある。一つは，小中学生から大学生まで幅広い測定が可能であること（齋藤・今野, 2009），もう一つは2つの下位尺度（「他者嫉視」と「自己蔑視」）から構成されていることである。とりわけ後者は，パーソナリティとしての悪性妬みと良性妬みの測定に対応している点で，汎用性が高いと考えられる。

5 ■ 妬みと精神的不健康

　妬みの病理的な側面について，フロイト（Freud, 1961）は，自身の自己愛的な傷を認めることが，他者に対する妬みにつながると論じている。この自己愛（narcissism）と妬みの関係は，自己愛性パーソナリティ障害（narcissistic personality disorder）にも反映されている。自己愛性パーソナリティ障害とは，誇大性や過度の賞賛欲求，共感性の欠如などを特徴とするパーソナリティの障害であり，その診断基準のなかに，「しばしば他人を妬む。または他人が自分を妬んでいると思い込む」という症状が含まれている（American Psychiatric Association, 2000）。ただし，パーソナリティとしての自己愛と妬みは関連していないとのデータもある（Gold, 1996；澤田, 2008）。

しかしながら，これまでの実証研究を通じて，精神的不健康のさまざまな指標と妬みやすさとの結びつきを示唆する知見は数多く提供されている。たとえば，劣等感，敵意（澤田・新井，2002b；Smith et al., 1999），抑うつ，神経症傾向（Gold, 1996；Smith et al., 1999），妄想的観念（澤田，2006b）などとの正の相関が確認されている。

逆に妬みやすさと負の相関を示す変数としては，自尊心（たとえば，Smith et al., 1999），人生満足度，幸福感（たとえば，Milfont & Gouveia, 2009；Smith et al., 1999），感謝傾向（McCullough, Emmons, & Tsang, 2002）などがあげられる。とりわけ，感謝傾向（grateful disposition）は，多くのポジティブな精神的健康の指標との正の相関が報告されており（McCullough et al., 2002），妬みとは相反する特徴を有しているといえる。おそらく，妬みやすい者は，自分の能力や自分を取り巻く環境をただ嘆くばかりで周囲に感謝しにくいのだろう。むしろ，妬みに満ちた者の眼には，他者が敵や邪魔者としか映らず，敵意や抑うつの慢性化といった精神的不健康や，他者から差し伸べられた手を払いのけて健康回復の道筋すら閉ざす事態を自ら招いているのかもしれない。換言すれば，誰かに感謝できるほどの余裕を保てるなら，妬みの悪影響を払拭できる可能性もあるということである。こうした意味で，妬みと感謝の拮抗に関する検討は，妬みやすさと精神的不健康の解明とその改善に一石を投じるものとして重要なテーマといえよう。

6 ■ 妬みと行動

他者に危害を加えるようなネガティブな行動と妬みが結びついていることは容易に想像できる。しかし，明らかな不公正・不公平に由来した憤り（resentment）と比べると，妬みはあくまで主観的不公平感（subjective injustice）に根ざした感情であるため社会的に容認されにくく，それゆえ偽装される（Wert & Salovey, 2004）。具体的には，誰かの評判を貶める際に，当人の優れた部分とは無関係な箇所の中傷というかたちを通じて，妬みが表面化するという。

こうした行動の背後には，妬んだ相手が失敗したときに生じる喜び，すなわち，シャーデンフロイデ（schadenfreude）も作用している可能性がある。近年の研究から，妬みにはシャーデンフロイデを促進する効果のあることがわかってきている（たとえば，澤田，2008；Smith, Turner, Leach, Garonzik, Urch-Druskat, & Weston, 1996；Van Dijk, Ouwerkerk, Goslinga, Nieweg, & Gallucci, 2006）。澤田（2010a）は「妬みと裏表の関係にあるシャーデンフロイデを経験したいために，だれかを傷つけようと企図したり，苦しんでいる他者がいても看過するのではないか」と述べている。事実，中学生になると，制裁的な理由によるいじめを目撃する集団（観衆・傍観者）のなかでも，シャーデンフロイデを感じながらいじめを取り巻く生徒の占める割合が，小学生に比して相対的に増加する傾向にあることが明らかにされている（澤田，2011）。

とはいえ，妬みは必ずしも攻撃をまねくわけではなく，少なくとも3つのカテゴリー（破壊，あきらめ，向上）に属する多彩な行動につながると指摘されている（たとえば，Hill, DelPriore, & Vaughan, 2011；澤田・新井，2002b；Van de Ven et al., 2009）。澤田・新井（2002b）は，子どもの妬みにもとづく行動として，「意図的回避」「建設的解決」「破壊的関与」の3タイプの対処

(coping）があることを見出しており，これらは前述のすべての行動カテゴリーを網羅している。また，ヒルほか（Hill et al., 2011）は，妬みが「あきらめ」を促すことを実験的に証明した。彼女の実験に参加した者たちは，ある人物のインタビューを観るのだが，妬みを喚起させるような人物，もしくはニュートラルな人物のいずれかが呈示されるものだった。その後，インタビューに登場した人物の名前についての質問に答えてから，極端に難しいアナグラムに費やした時間が測定された。その結果，妬ましい人物の名前を正確に言い当てられた者は，アナグラムに取り組む時間が短くなることがわかった（図14.2）。妬みに関連した記憶には，思慮を要する別の作業に対する意欲を低める効果があるのかもしれない。これは，組織のなかで生じる妬みがパフォーマンスを悪化させるとの見解（Duffy, Shaw, & Schaubroeck, 2008）とも符合する。

　一方，ヴァン・デ・ヴェンほか（Van de Ven, Zeelenberg, & Pieters, 2011）は，妬みが「向上」に相当するポジティブな行動をもたらすことを報告している。実験参加者は，ハンスという架空の大学生についてのストーリーを読んだ後，良性妬み，悪性妬み，憧れ（admiration）のいずれかの感情を経験した程度を評定するように仕向けられた。続いて，マクファーリンとブラスコヴィッチ（McFarlin & Blascovich, 1984）の遠隔連想検査（Remote Associates Test：RAT）が課せられる。RATでは，3つの単語から連想される一つの単語を連想することが求められる（たとえば，「コーヒー」「ケーキ」「バター」が呈示された場合，正答は「カップ」となる）。その際，最大5分間の作業時間のなかで，任意に課題をやめてもよいとの説明を受けていた。図14.3には，実験参加者がRATに費やした時間が示されている。線が右から左に下降するにしたがって，学生が自発的に課題をやめたことを意味している。この図からも明らかなように，良性妬み条件に割り当てられた学生が最も長く課題に取り組んでいただけでなく，成績もよかったという。どうやら，妬みには特定の作業に対する動機づけを高める働きもあるようだが，それはネガティブすぎず（悪性妬み），ポジティブすぎない（憧れ）感情，すなわち良性妬みを経験したときに限られるようだ。

　このように，同じ妬みでも，敵意的なニュアンスのあるものか否かで，正反対の影響力を有す

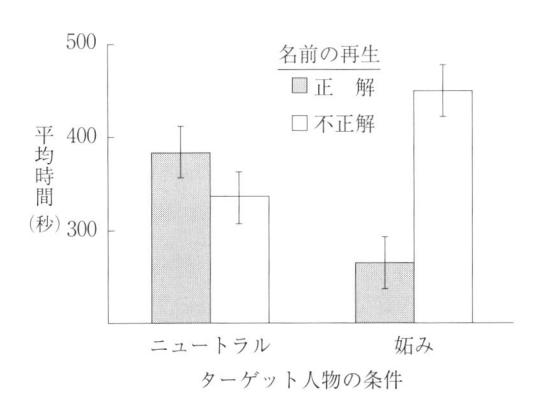

図14.2　ターゲット人物の名前再生と当該人物の情報の違いによるアナグラムに費やした時間（Hill et al., 2011）

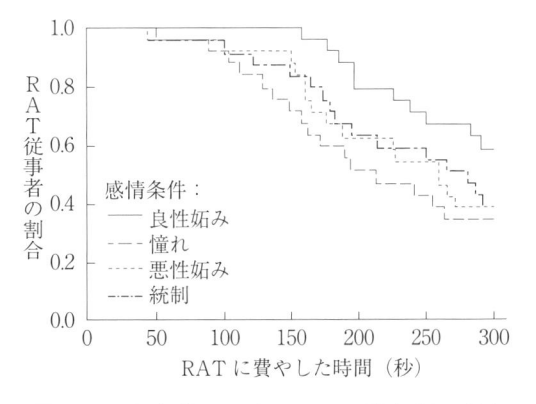

図14.3　各条件におけるRATに取り組んだ実験参加者の推移（Van de Ven et al., 2011）

ることが明らかになりつつある。近年，こうした違いをもたらす認知的要因として，相応性（deservingness）が注目されている（Belk, 2011；Van de Ven, Zeelenberg, & Pieter, 2012）。ヴァン・デ・ヴェンほか（Van de Ven et al., 2012）の調査では，相手が優れている状況がふさわしい場合には良性妬みが，逆にふさわしくないとみなされると悪性妬みがそれぞれ喚起されやすいことが示されている。しかも，相応と判断された場合に限り，自分も同じようになれるとの見込みが高いほど，良性妬みが生じやすいという。ただし，良性妬みは，妬みの中核的要素である敵意を欠いたものであり，本来の妬みとは別物として扱う向きもある（Smith & Kim, 2007）。

いずれにしても，2000年代に入ってから妬みにまつわる数々の知見が提供されてきており，まさに妬み研究の黎明期の様相を呈している（澤田，2010b参照）。妬みの喚起から精神的健康に果たす役割の解明に至るまで，これからの成果がますます期待される。

◆ 引用文献

American Psychiatric Association.（2000）. *Diagnostic and statistical manual of mental disorders*（4th ed., Text Revision）. Washington, DC : American Psychiatric Association.
Belk, R.（2011）. Benign envy. *AMS Review*, **1**, 117-134.
Cohen-Charash, Y.（2009）. Episodic envy. *Journal of Applied Social Psychology*, **39**, 2128-2173.
土居健郎・渡部昇一.（1995）. いじめと妬み：戦後民主主義の落とし子. PHP研究所.
Duffy, M. K., Shaw, J. D., & Schaubroeck, J. M.（2008）. Envy in organizational life. In R. H. Smith（Ed.）, *Envy : Theory and research*（pp.167-189）. New York : Oxford University Press.
Freud, S.（1961）. Some psychical consequences of the anatomical distinction between the sexes. In J. Strachey（Ed. & Trans.）, *The standard edition of the complete psychological works of Sigmund Freud* : Vol.19（pp.243-258）. London : Hogarth Press.（Original work published 1925）
Glick, P.（2002）. Sacrificial lambs dressed in wolves clothing : Envious prejudice, ideology, and the scapegoating of Jews. In L. S. Newman & R. Erber（Eds.）, *What social psychology can tell us about the Holocaust*（pp.113-142）. Oxford, United Kingdom : Oxford University Press.
Gold, B. T.（1996）. Enviousness and its relationship to maladjustment and psychopathology. *Personality and Individual Differences*, **21**, 311-321.
Guerrero, L. K., & Andersen, P. A.（1998）.The dark side of jealousy and envy : Desire, delusion, desperation, and destructive communication. In B. H. Spitzberg & W. R. Cupach（Eds.）, *The dark side of close relationships*（pp. 33-70）. London : Lawrence Erlbaum Associates.
Hill, S. E., DelPriore, D. J., & Vaughan, P. W.（2011）. The cognitive consequences of envy : Attention, memory, and self-regulatory depletion. *Journal of Personality and Social Psychology*, **101**, 653-666.
McCullough, M. E., Emmons, R. A., & Tsang, J. A.,（2002）. The grateful disposition : A conceptual and empirical topography. *Journal of Personality and Social Psychology*, **82**, 112-127.
McFarlin, D. B., & Blascovich, J.（1984）. On the Remote Associates Test（RAT）as an alternative to illusory performance feedback : A methodological note. *Basic and Applied Social Psychology*, **5**, 223-229.
Milfont, T. L., & Gouveia, V. V.（2009）. A capital sin : Dispositional envy and its relations to wellbeing. *Interamerican Journal of Psychology*, **43**, 547-551.
大貫 隆.（2008）. グノーシス「妬み」の政治学. 岩波書店.
Parker, J. G., Low, C.M., Walker, A. R., & Gamm, B. K.（2005）. Friendship jealousy in young adolescents : Individual differences and links to sex, self-esteem, aggression, and social adustment. *Developmental Psychology*, **41**, 235-250.
Parrott, W. G., & Smith, R. H.（1993）. Distinguishing the experiences of envy and jealousy. *Journal of Personality and Social Psychology*, **64**, 906-920.

齋藤路子・今野裕之. (2009). ネガティブな反すうと自己意識的感情および自己志向的完全主義との関連の検討. パーソナリティ研究, **18**, 64-66.

澤田匡人. (2005). 児童・生徒における妬み感情の構造と発達的変化：領域との関連および学年差・性差の検討. 教育心理学研究, **53**, 185-195.

澤田匡人. (2006a). 子どもの妬み感情とその対処：感情心理学からのアプローチ 新曜社.

澤田匡人. (2006b). 中学生の妬み傾向と妄想的観念. 日本発達心理学会第17回大会発表論文集, 721.

澤田匡人. (2008). シャーデンフロイデの喚起に及ぼす妬み感情と特性要因の影響：罪悪感, 自尊感情, 自己愛に着目して. 感情心理学研究, **16**, 36-48.

澤田匡人. (2010a). 日本における妬み研究の動向. 筑波大学発達臨床心理学研究, **21**, 46-50.

澤田匡人. (2010b). 妬みの発達. 心理学評論, **53**, 110-123.

澤田匡人. (2011). いじめを哀れむ児童・いじめに興じる生徒：シャーデンフロイデと同情から見たいじめ目撃者の類型化の試み. 日本感情心理学会第19回大会・日本パーソナリティ心理学会第20回大会合同大会発表論文集, 18.

澤田匡人・新井邦二郎. (2002a). 児童・生徒用妬み測定尺度の作成. 筑波大学心理学研究, **24**, 219-226.

澤田匡人・新井邦二郎. (2002b). 妬みの対処方略選択に及ぼす, 妬み傾向, 領域重要度, および獲得可能性の影響. 教育心理学研究, **50**, 246-256.

Schimmel, S. (1993). *Seven deadly sins*. New York : Bantam Doubleday.

Schoeck, H. (1969). *Envy : A theory of social behavior*. New York : Harcout, Brace & World.

Silver, M., & Sabini, J. (1978). The perception of envy. *Social Psychology*, **41**, 105-117.

Smith, R. H., & Kim, S. H. (2007). Comprehending envy. *Psychological Bulletin*, **133**, 46-64.

Smith, R. H., Kim, S. H., & Parrott, W. G. (1988). Envy and jealousy : Semantic problems and experiential distinctions. *Personality and Social Psychology Bulletin*, **14**, 401-409.

Smith, R. H., Parrott, W. G., Diener, E., Hoyle, R. H., & Kim, S. H. (1999). Dispositional envy. *Personality and Social Psychology Bulletin*, **25**, 1007-1020.

Smith, R. H., Turner, T., Leach, C. W., Garonzik, R., Urch-Druskat, V., & Weston, C. M. (1996). Envy and schadenfreude. *Personality and Social Psychology Bulletin*, **22**, 158-168.

坪田雄二. (2002). 自己評価維持方略と感情との関係. 広島県立大学論集, **5**, 29-37.

上杉 喬・榧場真知子・馬場史津. (2002). 感情体験の分析：嫉妬・憎い・怒りについて. 生活科学研究, **24**, 25-40.

内海新佑. (1999). 妬みの主観的経験の分析. 心理臨床学研究, **17**, 488-496.

Van de Ven, N., Zeelenberg, M., & Pieters, R. (2009). Levelimg un and down : The experiences of benign and malicious envy. *Emotion*, **9**, 419-429.

Van de Ven, N., Zeelenberg, M., & Pieters, R. (2011). Why envy outperforms admiration. *Personality and Social Psychology Bulletin*, **37**, 784-795.

Van de Ven, N., Zeelenberg, M., & Pieters, R. (2012). Appraisal patterns of envy and related emotions. *Motivation and Emotion*, **36**, 195-204.

Van Dijk, W. W., Ouwerkerk, J. W., Goslinga, S., Nieweg, M., & Gallucci, M. (2006). When people fall from grace : Reconsidering the role of envy and Schadenfreude. *Emotion*, **6**, 156-160.

Wert, S. R., & Salovey, P. (2004). A social comparison account of gossip. *Review of General Psychology*, **8**, 122-137.

3節　怒り・攻撃性

椙本知子

1 ■ 怒　り

a. 怒り感情の発達と怒り特性

　怒り感情は基本的感情の一つであり，おしなべて遅くとも1歳頃までには，不快な場面や思い通りにならない状況に遭遇したときに怒りが喚起されるようになる。軽いいらだちから「怒髪天を衝く」と表現される激しい怒りまで，怒り感情の強さはさまざまである。日常生活でより強い怒り感情をより頻繁に経験し，怒り感情の持続が長い個人の比較的安定的な傾向は怒り特性（anger trait）とよばれる（Deffenbacher, Oetting, Thwaites, Lynch, Baker, Stark, Thacker, & Eiswerth-Cox, 1996）。怒り特性は協調性（agreeableness）の低さ，神経症傾向（neuroticism）の高さと関連し，欲求不満が生じたり侮辱されるといった挑発的状況で，強い怒り感情を生じさせる。そして，非難すべきとみなした対象を標的として，その挑発行為を正そうとするため，怒り特性の高い人は挑発的状況で攻撃行動を引き起こしやすい（Bettencourt, Talley, Benjamin, & Valentine, 2006）。怒り特性の高い人が怒り感情を経験したとき，怒鳴ったりものに八つ当たりをするなどの社会的に望ましくないかたちで怒り感情を表現する，あるいは怒り感情を表出せずに内側に押し込めるという両極の対処が多用される。そのため，怒りを表現したことで，他者やものを傷つける，対人関係に支障をきたす，あるいは自分自身を傷つけるといったネガティブな結果を招きやすいが（Deffenbacher et al., 1996），一方で，怒り特性が主張行動のような建設的な行動に向かわせることもある（Bettencourt et al., 2006）。

　最近の研究において，怒り特性を含めて，子どもの感情特性の形成に影響を与える要因として，家族環境や親の養育に焦点が当てられるようになってきた。子どもの怒り特性の形成に密接に関連する要因として，感情がどうして生じたのか，その結果どうなるかに関する会話（感情会話）を親子で十分に行うことがあげられている（Eisenberg, Cumberland, & Spinrad, 1998）。怒り喚起状況に対する母親の認知的評価が悪意的であったり他責あるいは否定的な場合に，子どもの怒り特性が形成されることが示されている（Root & Jenkins, 2005）。山内（2010）は，母親の怒り生起状況に関する説明や母親との感情会話を通して，子どもが母親の否定的な認知的評価を内在化し，それによって子どもの怒り特性が形成されると説明している。また，子どもの怒り特性には，朝食をとらない，甘いものをよく食べる，魚をあまり食べないといった食習慣による影響も指摘されている（藤井，2010）。子どもの食習慣は親が作るものであることからも，子どもの怒り特性の形成に親が深くかかわっていることがわかる。

b. 怒りがもたらすもの

　怒り感情は不快な，あるいは望ましくない出来事によって生じるため，おおむね主観的にいや

な感情状態として経験される。怒り感情によって攻撃行動の生じる可能性は大きくなるが，怒り感情の生起が必ずしも攻撃行動をもたらすとは限らない。しかし，怒り感情が他者に対する攻撃へと移行した場合，他者を傷つけたり対人関係の悪化を招くため，一般的に怒り感情は好ましくないものとしてとらえられている。健康面においても，怒り感情は冠状動脈性心疾患や抑うつの発症と関連し，心身の健康を損なうリスク要因として知られている（藤井, 2010；湯川, 2008）。

このように，怒り感情の否定的，不適応的な側面が強調されるが，進化論的観点からは，怒り感情は「侵害に対する防衛のために警告として喚起される心身の準備状態」ととらえられる（湯川, 2008）。自己の社会的な縄張りの侵害に際して，表情が険しくなる，拳を握りしめる，身体の筋肉の緊張と震えなど，怒り感情によって生じた身体的変化を表出することで，自分が攻撃準備状態にあることを相手に警告し，他者からの侵害に備える（戸田, 1992）。同時に，怒り感情によって駆り立てられたエネルギーを使って自己の心理的防衛を図る（Izard, 1991/1996）。また，怒り感情は自己防衛のためだけなく，不正とみなされる他者の行動によっても生起する。このような場合，怒り感情を経験することが，不正を正すための厳正で毅然とした対応につながる（Izard, 1991/1996）。

次に動機づけの観点から考えると，怒り感情は接近動機づけ（approach motivation）に関連する（Carver & Harmon-Jones, 2009）。期待していることや求めているものが他者からの邪魔を受けたために手に入らなくなったり，なすべきことが妨害されたときに，怒り感情が生じる。求めている結末に向かって活動を進めているからこそ，目標が阻害されることで怒り感情が生じるのである。目標阻害時に生じた怒り感情によって，自分の邪魔をする他者に苦痛や被害を与えて，邪魔者を退けようとする力が高まることもあれば，障害となるものを取り除いたり他者に働きかけて目標への道を切り開こうとする努力，あるいは不正を正そうとする力が高まることもある（Carver & Harmon-Jones, 2009）。つまり，怒り感情は目標からの回避ではなく，目標に近づこうとするために生じ，目標に接近させる力を与えてくれる感情でもあるといえる。

以上のことから，社会的にも健康面においても怒り感情のネガティブな機能が強調されるが，怒り感情には不適応機能と適応的機能の両方が存在するといえる。

c. 怒り感情の表出

人は怒りを感じたときに，怒鳴ったり八つ当たりをするといった攻撃行動以外に，我慢する，第三者に聞いてもらったり相談する，気にしないようにする，忘れる，他のことで気をまぎらわせるなど，さまざまな行動をとる。木野（2000）によると，日本人の対人場面での主な怒り表出行動には次の7種類がある。①遠回し（さり気なく遠回しに怒りを伝える），②表情・口調（表情・口調などで非言語的に怒りを示す），③いつもどおり（気にしていないかのように，平然と対応する），④無視（相手を無視する），⑤いやみ（いやみや皮肉を言う），⑥理性的説得（理由を説明するなど，理性的に相手の非を伝える），⑦感情的攻撃（怒りにまかせて，相手を責め立てる）である。このうち，使用頻度が多いものは「遠回し」「表情・口調」「いつもどおり」という抑制的な怒り表出行動で，あからさまに怒りを表出する「感情的攻撃」の使用頻度は少ないと報告されている（木野, 2000）。

一般的に日本人は他者への怒り表出を抑制する傾向が強いとされるが（湯川, 2008），木野（2000）の結果はこれを実証的に支持するものとなっている。日本人の抑制的な怒り表出傾向は，対人関係への配慮だけでなく，「言わなくともわかる」という文化が影響していると考えられる（木野, 2000）。「言わなくともわかる」文化の対人場面にあって，メッセージ送信者は「遠慮」，メッセージ受信者は「察し」が求められる。つまり，怒りを直接的に伝えなくとも，相手は自分の怒りを察してくれると期待するため，抑制的なやり方で怒りが表出されやすいと考えられる。

一方，怒り感情表出の方向性と対処様式には個人差があり，怒りの表出（anger-out），怒りの抑制（anger-in），怒りの制御（anger-control）という3タイプの個人特性に分類される（Spielberger, 1988）。怒りの表出が言葉，表情，口調，行動などで怒りを外に表す傾向であるのに対して，怒りの抑制は怒りを外に表さずに自己のうちに抑え込む傾向を指す。そして，怒りの制御は怒りを抑え込むのではなく，怒りを調整して平静さを保とうとする傾向である。

怒り感情の表出は対人面や健康面でマイナスの効果をもたらすとされるが，逆に怒り感情を表出しないことが対人関係でのマイナスの結果につながることがある。怒り感情が生じて当然と思われる状況で怒り感情を示さない場合，怒り感情が示されないことに対する不満や不信感が生じて，対人関係が気まずくなる可能性が指摘されている（湯川, 2008）。さらに，ホルト（Holt, 1970）は怒り感情表出の建設的側面に言及している。怒りを感じている人がそのいきさつや状況について相手に話したり，それを自分がどのように感じているか，なぜそう感じるのかを率直に伝えることによって，相手との好ましい関係の確立，修復あるいは維持が可能になる。ただし，そのためには，怒り感情を十分制御して怒り感情が強くなりすぎないようにする必要がある（Holt, 1970）。怒り感情表出には対人関係の破綻という不適応機能と，対人関係の調整・強化という建設的な機能の両極が存在するが，重要なことは，怒り感情を表出するしないではなく，怒り感情をどのように表出するかである。

以上のように，怒り感情は多様な機能をもつ感情である。これらをふまえて，湯川（2008）は怒りを「自己もしくは社会への，不当なもしくは故意による（と認知される），物理的もしくは心理的な侵害に対する，自己防衛もしくは社会維持のために喚起された，心身の準備状態」と定義している。

2 ■ 攻撃性

a. 攻撃行動としての攻撃性

攻撃性（aggression）は，多様な意味で使われる概念である。たとえば，他者や自分または対象に対する攻撃行動，攻撃行動が生起する心理的過程，自己防衛のための攻撃本能，攻撃本能がもつ心的エネルギー，比較的安定した個人特性としての攻撃傾向などである。ジーン（Geen, 2001/2005）は攻撃行動を「他者が逃れたい，避けたいと思っているような不快刺激を，その人を傷つけ，損害をもたらすことを期待して加えること」と定義している。結果的に他者への危害が生じなかったとしても，加害の意図が認められれば攻撃行動とみなされる（大渕, 1993）。

攻撃行動を引き起こす原因や動機は多岐にわたり，攻撃行動の種類は多様であるが，直接的な攻撃行動と間接的な攻撃行動に分けることができる。直接的な攻撃行動は，反応的攻撃（reactive aggression）と道具的攻撃（instrumental aggression）の2つに大別される。反応的攻撃は感情的攻撃（affective aggression）または敵意的攻撃（hostile aggression）ともよばれ，欲求阻止や侮辱などの嫌悪的，挑発的な出来事によって誘発され，怒り感情の喚起と表出がともなう。それに対して，道具的攻撃は能動的攻撃（proactive aggression）ともよばれ，明確な嫌悪的，挑発的な出来事のない状況で，相手を傷つけることを主要動機として生起し，怒り感情の喚起と表出をともなうとは限らない（Dodge & Coie, 1987；Geen, 2001/2005）。

　間接的な攻撃行動には，間接的攻撃（indirect aggression），関係性攻撃（relational aggression），および社会的攻撃（social aggression）がある。いずれも，他者に対する操作的な行為であるという点で共通するが，概念の定義の仕方と強調される側面に若干の相違がある（Archer & Coyne, 2005）。間接的攻撃は攻撃の意図を相手に知られないようにしながら相手に痛みを与えるタイプの攻撃行動で，他者を傷つけようとする際にともなうリスク（相手からの反撃など）を低くすることができる。関係性攻撃は仲間関係または仲間意識を意図的に操作したり壊すことで他者を傷つけようとするタイプの攻撃行動で，その結末の観点から定義されている。関係性攻撃はたいてい隠蔽的な攻撃であるが，顕在的様式がとられることもある。社会的攻撃は相手の自尊心を傷つけたり社会的立場を損なわせるために行われるもので，関係性攻撃と同様に，意図する結末の観点から定義されている。社会的攻撃は間接的攻撃と関係性攻撃に非言語的攻撃行動（嫌悪表情の表出や不快感をしぐさで表すなど）を合わせたものと理解される。

b. パーソナリティ特性としての攻撃性

　パーソナリティ特性としての攻撃性は，怒りやすさ（感情的側面），敵意（認知的側面）および攻撃行動を生起する傾向（行動的側面）から構成される。怒りやすさは前述の怒り特性と類似の概念で，敵意および攻撃行動傾向のいずれとも中程度の正の相関をもつことが示されている（Buss & Perry, 1992）。

　敵意（hostility）は他者に対する猜疑的な見方や皮肉的で否定的な認知と態度，ないし被害的でパラノイア的な認知と態度を示す。敵意の高い人は，他者の善良さを疑い，「他者は意地が悪く利己的で信用できない」という信念をもっているため，他者の言動を必要以上に悪意に解釈し，状況がもたらす物理的・心理的被害を過大評価する傾向が強い（井澤・野村，2004；大渕，1993；Smith & Frohm, 1985）。そのため，敵意は不快感や緊張，情緒的混乱を生じるネガティブな対人相互作用の頻度と正の相関，打ち解けた和やかさや心地よさが経験されるポジティブな対人相互作用の頻度とは負の相関をもつ（Brondolo, Rieppi, Erickson, Bagiella, Shapiro, McKinley, & Sloan, 2003）。敵意の高い人は対人関係で怒りや恨みを経験することが多く，対人関係の悪化を招きやすいため，慢性的な対人ストレス状態にさらされ，抑うつに陥りやすいと考えられている（椙本・山崎，2008）。また，敵意は冠状動脈性心疾患の危険因子としても知られているが，冠状動脈性心疾患と関連するのは，敵意のなかの，人に対する皮肉的で否定的な認知と態度であるとされる（Barefoot, Dodge, Peterson, Dahlstrom, & Williams, 1989）。

直接的な攻撃行動傾向に関する発達・教育分野での先行研究によると，反応的攻撃行動傾向の高い子どもは他者の行動や意図，状況の解釈に歪みがあり，怒りの調整に失敗することが多い。また，社会的スキルにも欠けているため，仲間から疎外され，孤立しやすい。一方，道具的攻撃行動傾向の高い子どもは，攻撃行動を目標達成のための効果的で実行可能な手段とみなしているが，その一方でリーダーシップを示したりユーモアを使うといった向社会的な側面が観察される（Card & Little, 2006；Crick & Dodge, 1996；Dodge & Coie, 1987）。

　男性を対象にした予測的研究によると（Fite, Raine, Stouthamer-Loeber, Loeber, & Pardini, 2009），青年期前期における反応的攻撃行動傾向は抑うつと不安を強め，精神病質（psychopathy）と関連するが，成人期早期の心理社会的問題に関しては，不安障害のみを予測する因子であった。それに対して，青年期前期における道具的攻撃行動傾向は非行と暴力，行為障害，精神病質と関連し，成人期早期の犯罪行為と暴力，感情の欠落（精神病質の因子の一つ）および反社会的パーソナリティ傾向を予測する因子であった。反応的攻撃行動傾向と道具的攻撃行動傾向は，いずれも心理社会的不適応因子であるが，その様相は質的に異なると考えられる。

　以上のように，攻撃性は怒り特性，敵意，攻撃行動傾向からなる複合的な概念であるが，攻撃性の高さが攻撃行動の発現に直結するわけではない。攻撃行動の発現には，自己制御（self-regulation）の低さという個人特性が関与している。自己制御の低さは，衝動的に，あるいは行為がもたらす結果について吟味することなくその行為を行う傾向と規定される（Bettencourt et al., 2006）。したがって，攻撃性の高い人で自己制御が低ければ攻撃行動を生起しやすいが，自己制御が高ければ攻撃行動の抑制につながると考えられる。

c. 攻撃性の適応的・不適応的機能

　上述のように，攻撃性は非行・犯罪行為，暴力，対人関係の悪化，抑うつ，不安，精神病質，反社会的パーソナリティ，冠状動脈性心疾患などと密接に関連する。また，近年のインターネットの普及にともない，インターネット上で他者に対して匿名で誹謗中傷をする攻撃行動やネットいじめ（cyberbullying）が社会問題化している。攻撃性は身体的，心理的ならびに社会的な不適応因子であるといえる。

　ストー（Storr, 1968/1973）によると，人がもつ投射（projection）能力，同一化（identification）能力，そして記憶能力が攻撃性を高める。投射能力によって，自己の欲求不満や怒り，敵意が他者に移し替えられると，投射した他者から自己を防御するために，人は攻撃的になる。同一化の能力があるから，人は他者の苦しみを想像することができる。同一化の能力は人を愛他性に向かわせるが，それとは正反対の攻撃性にも向かわせる。他者の苦しみが想像できるからこそ攻撃することがある。そして，過去に経験した敵意の記憶が，現在の相手に対する妄想的な敵意を生じさせる。過去の経験を現在に再利用するために記憶能力が用いられ，攻撃性が高まるのである。

　そもそも攻撃性とは，自己を防御し外界に働きかけていくエネルギーの源となるものである。目標達成が妨げられたときに生じる怒りが，障害となっているものを克服する力を増大させる。コフート（Kohut, H.）の自己心理学では，反応的攻撃行動傾向とほぼ同義の競争的攻撃性（competitive aggressiveness）を，大切な目標を邪魔する対象に向けられる攻撃性ととらえている。

競争的攻撃性は目標達成を妨げる障害に対する正常で健康な反応であり，競争的攻撃性から生まれるエネルギーによって，世界の構築や変革が促される。そして，その障害を克服することができれば，競争的攻撃性は自然に低まり，その後不適応因子として機能しないとされている（Wolf, 1988/2001）。

また，攻撃性は他者への依存性（dependency）と密接な連携関係にあるとされる（Storr, 1968/1973）。他者に依存的であることは，その他者に束縛されていることである。個人の自律性を確立し，新たな対人関係を築くためには，他者への依存と他者からの束縛を断たなければならない。それを実現するためには，個人として独立しようとする攻撃性が必要になる。そして，人が主体的自己として存在するためには，他者とのいさかいや葛藤が不可欠なものとなる。他者とのいさかいや葛藤をとおして，自分が何者であるか，自分が何を考え何を信じているかに気づくことができるからである。

また，福島（1995）は，甘えの欲求の高まりが攻撃性を刺激し，甘えの欲求が満たされずに危機を迎えるときに，攻撃性が高まると説明する。甘えの欲求とは無意識的に特定の対象を求めて，その対象と一体化して依存したい，愛されたいという欲求で，対人関係をつくるための基盤となるものである（土居，1971）。他者に依存し，他者が自分の求めるものを与えてくれるという受身的期待が裏切られたと感じたときに，他者に対する攻撃性が発現する。この場合，攻撃性はその他者に対する関係欲求の現れであると解釈される（福島，1995）。甘えの欲求と攻撃性はアンビバレンスでありながら，対象への接近動機という共通の特徴をもつ。甘えの欲求と攻撃性は不可分なものとして表裏一体となし，自我のなかに構造化され，自我によって統御されていく。

以上のように，攻撃性の機能には環境に対する活動性を高める，対人関係を築く，主体的で自律的な自己を確立する，という建設的な側面もある。つまり，攻撃性には不適応機能と適応機能の両極が併存している。

◆ 引用文献

Archer, J., & Coyne, S. M. (2005). An integrated review of indirect, relational, and social aggression. *Personality and Social Psychology Review*, **9**, 212-230.

Barefoot, J. C., Dodge, K. A., Peterson, B. L., Dahlstrom, W. G., & Williams, R. B., Jr. (1989). The Cook-Medley hostility scale: Item content and ability to predict survival. *Psychosomatic Medicine*, **51**, 46-57.

Bettencourt, B. A., Talley, A., Benjamin, A. J., & Valentine, J. (2006). Personality and aggressive behavior under provoking and neutral condition. *Psychological Bulletin*, **132**, 751-777.

Brondolo, S. R., Rieppi, R., Erickson, S. A., Bagiella, E., Shapiro, P. A., McKinley, P., & Sloan, R.P. (2003). Hostility, interpersonal interactions, and ambulatory blood pressure. *Psychological Medicine*, **65**, 1003-1011.

Buss, A. H., & Perry, M. (1992). The Aggression Questionnaire. *Journal of Personality and Social Psychology*, **63**, 452-459.

Card, N. A., & Little, T. D. (2006). Proactive and reactive aggression in childhood and adolescence: A meta-analysis of differential relations with psychosocial adjustment. *International Journal of Behavioral Development*, **30**, 466-480.

Carver, C. S., & Harmon-Jones, E. (2009). Anger is an approach-related affect: Evidence and implications. *Psychological Bulletin*, **135**, 183-204.

Crick N. R., & Dodge, K. A. (1996). Social information-processing mechanisms in reactive and proactive aggression. *Child Development*, **67**, 993-1002.

Deffenbacher, J. L., Oetting, E. R., Thwaites, G. A., Lynch, R. S., Baker, D. A., Stark, R. S., Thacker, R. S., & Eiswerth-Cox, L. (1996). State-trait anger theory and the utility of the Trait Anger Scale. *Journal of Counseling Psychology*, **43**, 131-148.

Dodge, K. A., & Coie, J. D. (1987). Social-information-processing factors in reactive proactive aggression in children's peer groups. *Journal of Personality and Social Psychology*, **6**, 1146-1158.

土居健郎. (1971). 「甘え」の構造. 弘文堂.

Eisenberg, N., Cumberland, A., & Spinrad, T. L. (1998). Parental socialization of emotion. *Psychological Inquiry*, **9**, 241-273.

Fite, P. J., Raine, A., Stouthamer-Loeber, M., Loeber, R., & Pardini, D. A. (2009). Reactive and proactive aggression in adolescent males: Examining differential outcomes 10 years later in early adulthood. *Criminal Justice and Behavior*, **37**, 141-157.

藤井義久. (2010). 怒り感情の発達. 心理学評論, **53**, 93-104.

福島 章. (1995). 現代人の攻撃性：なぜ人は攻撃するのか. 太陽出版.

Geen, R. G. (2005). なぜ攻撃してしまうのか：人間の攻撃性（神田信彦・酒井久実代・杉山 成, 訳）. ブレーン出版.（Geen, R. G. (2001). *Human aggression* (2nd ed.). Buckingham: Open University Press.）

Holt, R. R. (1970). On the interpersonal and intrapersonal consequences of expressing or not expressing anger. *Journal of Counseling and Clinical Psychology*, **35**, 8-12.

Izard, C. E. (1996). 感情心理学（荘厳舜哉, 監訳）. ナカニシヤ出版.（Izard, C. E. (1991). *The psychology of emotions*. New York: Plenum Press.）

井澤修平・野村 忍. (2004). シニシズム尺度の作成と妥当性の検討. 行動医学研究, **10**, 66-71.

木野和代. (2000). 日本人の怒りの表出方法とその対人的影響. 心理学研究, **70**, 494-502.

椙本知子・山崎勝之. (2008). 大学生における敵意と抑うつの関係に意識的防衛性が及ぼす影響. パーソナリティ研究, **16**, 141-148.

大渕憲一. (1993). 人を傷つける心：攻撃性の社会心理学. サイエンス社.

Root, C. A., & Jenkins, J. M. (2005). Maternal appraisal styles, family risk status and anger biases of children. *Journal of Abnormal Child Psychology*, **33**, 193-204.

Smith, T. W., & Frohm, K. D. (1985). What's so unhealthy about hostility? Construct validity and psychosocial correlates of the Cook and Medley Ho Scale. *Health Psychology*, **4**, 503-520.

Spielberger, C. D. (1988). *Manual for the State-Trait Anger Expression Inventory (STAXI)*. Odessa: Psychological Assessment Resources.

Storr, A. (1973). 人間の攻撃心（高橋哲郎, 訳）. 晶文社.（Storr, A. (1968). *Human aggression*. London: The Penguin Press.）

戸田正直. (1992). 感情：人を動かしている適応プログラム. 東京大学出版会.

Wolf, E. (2001). 自己心理学入門：コフート理論の実践（安村直己・角田 豊, 訳）. 金剛出版.（Wolf, E. (1988). *Treating the self: Elements of clinical self psychology*. New York: Guilford Press.）

山内星子. (2010). 母親の感情特性が青年の感情特性に与える影響：感情のデュアルプロセスモデルの枠組みから. 発達心理学研究, **21**, 287-295.

湯川進太郎. (2008). 怒りの心理学：怒りとうまくつきあうための理論と方法. 有斐閣.

4節　他者の利用と他者の操作

寺島　瞳

　他者との関係性のなかで生じる問題は数多くある。たとえば，虐待，ドメスティック・バイオレンス（DV），いじめ，ハラスメント，ストーカーなどである。本節で述べる他者の利用および操作（manipulation）[1]は，このようなさまざまな問題でよくみられる行動である。本節では広義の他者の利用にかかわるパーソナリティ特性について簡単に紹介したのちに，他者の操作について詳しく解説する。

1 ■ 他者の利用

　問題行動としての他者の利用とは，自身の利益のためだけに他者を利用することであり，利用される側への何らかの見返りは存在しない。対人関係での不安定さを特徴とするDSM-Ⅳ（『精神疾患の診断・統計マニュアル　第4版』）のB群パーソナリティ障害には，反社会性パーソナリティ障害，自己愛性パーソナリティ障害，境界性パーソナリティ障害，演技性パーソナリティ障害の4種類があるが（American Psychiatric Association, 1994/1995），これらすべてのパーソナリティ障害に他者を利用する側面がみられる。たとえば，反社会性パーソナリティ障害の診断基準には「他人の権利を無視し侵害する」という記載が，自己愛性パーソナリティ障害には「対人関係で不当に他者を利用する」という記載がある。また，境界性パーソナリティ障害と演技性パーソナリティ障害の共通点は操作的な行動とされている（Gunderson, 1984/1988）。

　また近年，自己愛，サイコパシー，マキャベリアニズムを「3つの暗黒側面」(the dark triad) とよび（Paulhus & Williams, 2002），これらの特性についてさまざまな研究が行われている。自己愛は障害のレベルまでには至らない自己愛性パーソナリティ障害の傾向を，サイコパシーも同じく障害のレベルまで至らない反社会性パーソナリティ障害の傾向を表している。マキャベリアニズムは，自己の利益のために他者を操作する傾向である。「暗黒」とよばれる理由は3種類のパーソナリティに共通する対人スタイルにあり，情緒的な冷淡さ，人をだますこと，攻撃性などが共通している。

　以上のように他者の利用はB群パーソナリティ障害から障害には至らないパーソナリティにまで幅広くみられる。そして，他者を利用するために用いられる方法で最も特徴的なものが他者の操作である。次項からは他者の操作について詳しく解説する。

2 ■ 他者の操作

a. 他者の操作とは

操作は昔からさまざまな文献に登場しているにもかかわらず，これまでその定義は曖昧であった（Bowers, 2003）。しかし，アメリカ精神医学会から2010年2月に発表されたDSM-5草案の「パーソナリティ障害」の章において操作に関して正式に記載された。具体的にはパーソナリティ特性のなかの，敵意（antagonism）を表すいくつかの特徴に操作性（manipulativeness）が含まれている。操作性は「他者に影響を与え，または他者をコントロールするために，頻繁にだますこと。誘惑する，魅力を使う，ごまかす，機嫌をとるなどの手段によって，自分の目的を達成すること」（American Psychiatric Association, 2011）と定義されている。まだ草案であるためこの記載が最終的に採用されるかは完成を待たねばならないが，敵意を表すファセットのうちの主要な一つに位置づけられたことにより，操作がパーソナリティを評価するうえで重要な概念であると認められたと考えられる。

その他の操作に関する説明には以下のようなものがある。シフネオス（Sifneos, 1966）は，死ぬ気がないのに自殺を試みる行動を「操作的な自殺企図」と名づけた。バーステン（Bursten, 1972）は，操作を「他者をだまして影響を与えようとし，他者を負かして感情を高揚させること」と定義した。また，ブレイカー（Braiker, 2004）は，操作は，報酬のやりとりなどが発生したうえで正当な目的をもって相手に影響を与える方法とは異なると強調している。よって，説得や交渉などは操作にはあてはまらない。

また，パーソナリティ心理学やアサーション理論などの文献でも一般的な行動特性として操作についての記載がある。たとえばアサーションに関する書籍のなかで，操作は「願望をかなえるため意識的・無意識的に間接的で不正直な方法をとること」と定義されている（Phelps & Austin, 1987/1995）。よって，操作は一般的にもみられる行動であるが，問題とされるには程度や頻度の差が判断基準となる。このような行動を日々行っていればその人の操作はもはやパーソナリティとして扱われる（Potter, 2006）。また，頻度は少なくとも自殺のほのめかしや暴力などによる操作を行うことはかなり不適応的である。なお，臨床的指摘では操作を特性として，心理学的な実証的検討では操作を具体的な行動としてとらえる傾向がある。

b. 操作の種類

バス（Buss, 1992）は進化心理学的な観点から操作について検討し，実証的にその種類を明らかにした。具体的には，大学生を対象に「あなたは人に何かをさせようとするときどのようなことを行いますか？」という質問による自由記述調査を行い，操作を測定する尺度を開発した。因子分析の結果，操作は怒りを示す「強要」，約束や締め切りをとりつける「責任感の誘発」，暴力や侮辱などを用いる「強硬な態度」，お世辞などを言う「愛想」，機嫌を損ねたり泣いたりする「退行」，相手が承諾するまで黙る「だんまり戦術」，へりくだったり病気のふりなどをする「自己卑下」，他の協力的な誰かと比較する「社会的比較」，自分も代わりに何かを与える「互恵的報酬」，それをする理由や相手の利益について説明する「理由の説明」，金銭や物品などの報酬を提示す

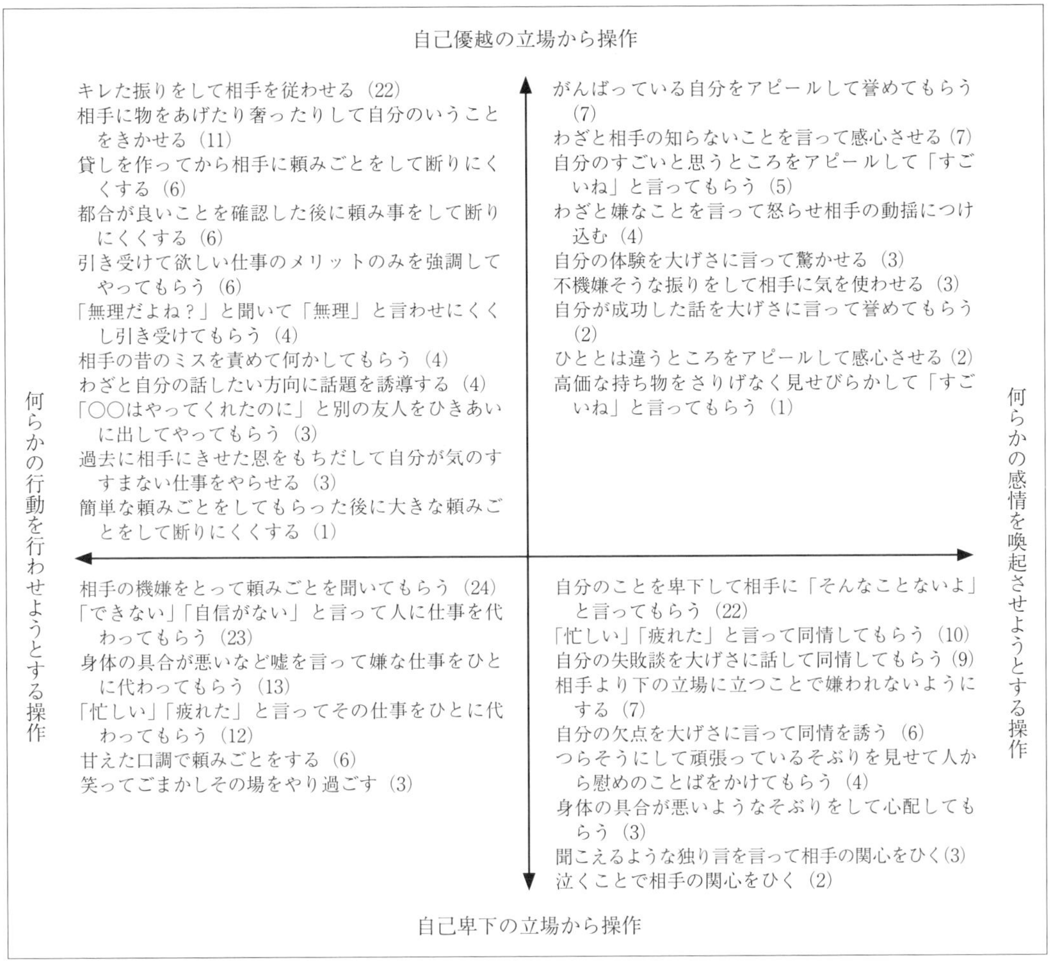

4節 他者の利用と他者の操作

```
                           自己優越の立場から操作
                                   ▲
  キレた振りをして相手を従わせる (22)      │  がんばっている自分をアピールして誉めてもらう
  相手に物をあげたり奢ったりして自分のいうこと │    (7)
    をきかせる (11)                  │  わざと相手の知らないことを言って感心させる (7)
  貸しを作ってから相手に頼みごとをして断りにく │  自分のすごいと思うところをアピールして「すご
    くする (6)                     │    いね」と言ってもらう (5)
  都合が良いことを確認した後に頼み事をして断り │  わざと嫌なことを言って怒らせ相手の動揺につけ
    にくくする (6)                  │    込む (4)
  引き受けて欲しい仕事のメリットのみを強調して │  自分の体験を大げさに言って驚かせる (3)
    やってもらう (6)                │  不機嫌そうな振りをして相手に気を使わせる (3)
  「無理だよね?」と聞いて「無理」と言わせにくく │  自分が成功した話を大げさに言って誉めてもらう
    し引き受けてもらう (4)            │    (2)
  相手の昔のミスを責めて何かしてもらう (4)   │  ひととは違うところをアピールして感心させる (2)
  わざと自分の話したい方向に話題を誘導する (4) │  高価な持ち物をさりげなく見せびらかして「すご
  「○○はやってくれたのに」と別の友人をひきあい │    いね」と言ってもらう (1)
    に出してやってもらう (3)           │
  過去に相手にきせた恩をもちだして自分が気のす │
    すまない仕事をやらせる (3)         │
  簡単な頼みごとをしてもらった後に大きな頼みご │
    とをして断りにくくする (1)         │
                                   │
  ◄────────────────────────────────┼────────────────────────────────►
                                   │
  相手の機嫌をとって頼みごとを聞いてもらう (24)│  自分のことを卑下して相手に「そんなことないよ」
  「できない」「自信がない」と言って人に仕事を代 │    と言ってもらう (22)
    わってもらう (23)                │  「忙しい」「疲れた」と言って同情してもらう (10)
  身体の具合が悪いなど嘘を言って嫌な仕事をひと │  自分の失敗談を大げさに話して同情してもらう (9)
    に代わってもらう (13)             │  相手より下の立場に立つことで嫌われないように
  「忙しい」「疲れた」と言ってその仕事をひとに代 │    する (7)
    わってもらう (12)                │  自分の欠点を大げさに言って同情を誘う (6)
  甘えた口調で頼みごとをする (6)         │  つらそうにして頑張っているそぶりを見せて人か
  笑ってごまかしその場をやり過ごす (3)      │    ら慰めのことばをかけてもらう (4)
                                   │  身体の具合が悪いようなそぶりをして心配しても
                                   │    らう (3)
                                   │  聞こえるような独り言を言って相手の関心をひく(3)
                                   │  泣くことで相手の関心をひく (2)
                                   ▼
                           自己卑下の立場から操作
```

（左軸: 何らかの行動を行わせようとする操作／右軸: 何らかの感情を喚起させようとする操作）

注．（ ）内は度数。総数は251。

図14.4 操作を表す記述のKJ法による分類結果（寺島・小玉, 2004）

る「金銭的報酬」，その作業の楽しさをアピールする「喜びの誘発」の12種類に分類された。互恵的報酬や金銭的報酬などの方法は，相手との互恵関係を保証している点で厳密には操作にあてはまらない。なお，この尺度は日本語版も作成されている（寺島, 2009）。

また，寺島・小玉（2004）も，日本の大学生を対象に「自分にとって都合のよい反応を引き出すようなコミュニケーションの仕方と聞いて具体的にどのようなことを思い浮かべますか」という質問により自由記述調査を行っている。得られた自由記述はKJ法により，卑下の立場からの操作と優越の立場からの操作という2種類に分類された（図14.4参照）。また，相手の行動を操作するか感情を操作するかという分類もみられた。DSM-5の草案やその他の定義，これらの操作の種類から考えると，操作には泣いたり迎合したりする「自己卑下的な方法」と怒ったり非難したりする「高圧的な方法」の大きく分けて2種類あるものと考えられる。

c．なぜ操作を行うのか

さまざまな臨床的な指摘に共通する操作者の特徴は自己像の不安定さである。操作者は表面的

には自信があるようにみえるが，実際にはかなり自尊心が低い（Braiker, 2004）。そして，低い自尊心を補償するために他者からの賞賛や愛を過度に求めている。その結果，操作によって他者の価値を下げることで自己イメージを補償したり（Bursten, 1972），操作によって他者が自分から離れていくことを防ぐことで他者からの愛を確認する（Sifneos, 1966；Hofer, 1989）。

寺島・小玉（2007a）はこれらの臨床的指摘にもとづいた操作者の背景について実証的に検討した。その結果，他者との比較にもとづく非常に強い自己肯定感である「優越感・有能感」が高い一方で，「自尊心」が低いために，他者から賞賛されたい，もしくは他者に依存したいという欲求が高まり，操作行動に至っていた。よって，従来の臨床的指摘のとおり，操作の背景には不安定な自己評価があり，それを補償するために操作が行われていることが明らかとなった。操作者は他者より優越な立場に立つ場合もあるために，一見自信があるようにもみえる。しかし，実際には自尊心の低さによる大きな不安や孤独感などをかかえており，他者をコントロールすることで解消しようとしているのである。

d. 操作がもたらす結果

操作を行うことで操作者の不安定な自己イメージは本当に補償されるのであろうか。寺島・小玉（2007b）は，操作を行うことによって半年後の自身の精神的健康や自尊心が改善されることを明らかにした。よって，操作者の望む結果が実際に得られていた。しかし一方で，操作を行うことは半年後の対人関係を悪化させてもいた。また，ふだんからお互いに操作を行っているカップルほど，第三者が評定した親密さが低いという研究結果もある（Buss, Gomes, Higgins, & Lauterbach, 1987）。また，操作される側への悪影響として，自尊心の低下や操作者への恨みや怒りの増加なども考えられる（Braiker, 2004）。よって，短期的には操作者にとってよい結果がもたらされたとしても，長期的には関係性の悪化により，賞賛や愛など意図した反応を引き出せなくなることが予想される。ただ，他者との関係性が悪化したとしても，慢性的な操作者はまた別の犠牲者を探し求めて操作することで，そこから新たな報酬を得て，操作的な行動を永続させるといった指摘もある（Clair, 1966）。

e. 操作されやすい人の特徴

操作される側に共通するパーソナリティ特徴として，人を喜ばせたり世話したりする傾向の高さが指摘される（Hughes, 1980）。とくに，ヒューズ（Hughes, 1980）は，他者をケアしたいという傾向が強すぎる場合，破滅的な操作関係に陥るとしている。またそのほかにも，不安の高さ，罪悪感の感じやすさ，主張性の低さなども操作されやすい人の特徴である（Clair, 1966；Braiker, 2004）。

また，ブレーカー（Braiker, 2004）は，操作される側がなぜ操作されてしまうのかについて以下のように指摘している。操作される側は，葛藤への怖れ，怒りへの怖れ，拒否や見捨てられることへの怖れ，失敗する怖れ，欠点などの暴露への怖れ，恥への怖れ，罪悪感への怖れ，批判への怖れ，関係を失う怖れ，愛情や性的関係を失う怖れなど，さまざまな怖れを喚起させられることで操作される。また感情面だけではなく，金，力，地位，権力，性的関係，賞賛，愛，親密さ，保証，プレゼントなどを得られる約束や奪われる脅しなどによっても操作される。このような感

情的または物理的な損失が，操作される側が自身の意図に背いて操作者の言いなりになる理由である。

f. 操作的な関係性を改善するには

操作的な関係性を改善することに特化した実証的な研究はまだないが，臨床的な示唆はいくつかある。バーステン（Bursten, 1973）によれば，操作者を自分の行動に直面させて，操作による不利益を認識させることが必要とされる。とくに，グループなどで自分以外の他者の操作を客観的に観察することが操作者にとって効果的であると指摘している。

また，ブレーカー（Braiker, 2004）は，操作される側が操作から逃れるためには相手の望むことを一切しないようにすることが有効であると述べており，それを実現するための方法として以下の7段階をあげている。

(1) ゆっくり息をして落ち着き，時間を稼ぐ。
(2) 時間を稼ぐために同じ言葉を「壊れたレコードのように」繰り返す（例：「考えたいので少し時間がほしい」）。
(3) 操作者があおる不安や恐怖，罪悪感を落ち着かせる。
(4) 操作について明確にして，それに対する自分の感情を述べる（例：「あなたが大きな声で怒鳴ると，私は怖いし不安になる」）。
(5) 操作者が行う操作はまったく有効でないとはっきり告げる（例：「あなたが私に○○をさせたいことはわかったが，そのやり方はまったく有効ではない」）。
(6) 条件を決める。操作を使ったら一切会話をしないといった限界設定をする。
(7) 譲歩と交渉をする。自分と相手の両方の望みを考慮した新たな方法をともに話し合う。

これらの方法は，操作に対抗することに限らず，自分と相手の境界線をひくための有効な方法である。実際に操作者の前で落ち着いて実行するにはかなりの困難があることも予想されるが，根気強く続けていくことで操作的な関係性が変わることも期待できる。しかし，実証的に明らかにされた方法ではないため，効果を測定する研究が今後必要であろう。

以上，他者の利用と操作に関して概観した。これらの行動がさまざまな対人関係上の問題に深くかかわっている。実際に，操作的な関係性はカウンセリング場面でも話題にあがることが多い（無藤, 2002）。「操作」がDSM-5の草案に定義されたこの機会に，より操作に関する実証的な研究が進むことで，操作的な関係性を改善するための具体的な方法が明らかになることが望まれる。

◆注

1) manipulationは，「操縦」（Gunderson, 1984/1988），「他者操作性」（皆川, 1990），などさまざまな訳語があてられており定訳がない。本稿ではフェルプスとオースティン（Phelps & Austin, 1987/1995）の訳本に従って，「操作」と表すこととする．

◆ 引用文献

American Psychiatric Association. (1995). DSM-Ⅳ精神疾患の診断・統計マニュアル（高橋三郎・大野 裕・染矢俊幸, 訳). 医学書院. (American Psychiatric Association. (1994). *Diagnostic and statistical manual of mental disorders* (4th ed.). Washington, DC : American Psychiatric Association.)

American Psychiatric Association. (2011). Antagonism. In *Proposed draft revisions to DSM*. 2011, June 21. updated ⟨http://www.dsm5.org/ProposedRevisions/pages/proposedrevision.aspx?rid=474⟩ (May 25, 2012).

Bowers, L. (2003). Manipulation : Description, identification and ambiguity. *Journal of Psychiatric and Mental Health Nursing*, 10, 323-328.

Braiker, H. B. (2004). *Who's pulling your strings? How to break the cycle of manipulation and regain control of your life*. New York : McGraw-Hill.

Bursten, B. (1972). The manipulative personality. *Archives of General Psychiatry*, 26, 318-321.

Bursten, B. (1973). *The manipulator : A psychoanalytic view*. New Haven : Yale University Press.

Buss, D. M. (1992). Manipulation in close relationships : Five personality factors in interactional context. *Journal of Personality*, 60, 477-499.

Buss, D. M., Gomes, M., Higgins, D.S., & Lauterbach, K. (1987). Tactics of manipulation. *Journal of Personality and Social Psychology*, 52, 1219-1229.

Clair, H. R. (1966). Manipulation. *Comprehensive Psychiatry*, 7, 248-258.

Gunderson, J. G. (1988). 境界パーソナリティ障害：その臨床病理と治療（松本雅彦・石坂好樹・金 吉晴, 訳）. 岩崎学術出版社. (Gunderson, J. G. (1984). *Borderline personality disorder*. Washington, DC : American Psychiatric Press.)

Hofer, P. (1989). The role of manipulation in the antisocial personality. *International Journal of Offender Therapy and Comparative Criminology*, 33, 91-101.

Hughes, J. (1980). Manipulation : A negative element in care. *Journal of Advanced Nursing*, 5, 21-29.

皆川邦直. (1990). 境界例の初期診断と対応. 精神科治療学, 5, 749-756.

無藤清子. (2002). 個人カウンセリングにおけるアサーションの意味. 平木典子・沢崎達夫・土沼雅子（編著), カウンセラーのためのアサーション (pp.55-88). 金子書房.

Paulhus, D. L., & Williams, K. M. (2002). The Dark Triad of personality : Narcissism Machiavellianism and psychopathy. *Journal of Research in Personality*, 36, 556-563.

Phelps, S., & Austin, N. (1995). アサーティブ・ウーマン：自分も相手も大切にする自己表現（園田雅代・中釜洋子, 訳). 誠信書房. (Phelps, S., & Austin, N. (1987). *The assertive woman*. California : Impact Publishers.)

Potter, N. N. (2006). What is manipulative behavior, anyway? *Journal of Personality Disorder*, 20, 139-156.

Sifneos, P. E. (1966). Manipulative suicide. *The Psychiatric Quarterly*, 40, 525-537.

寺島 瞳. (2009). 他者を操作することに攻撃性および信頼感が与える影響. 日本健康心理学会第22回大会発表論文集, 91.

寺島 瞳・小玉正博. (2004). 他者操作方略尺度作成の試み. 筑波大学心理学研究, 28, 89-95.

寺島 瞳・小玉正博. (2007a). 他者を操作することに影響を及ぼす個人内要因の検討. パーソナリティ研究, 15, 313-322.

寺島 瞳・小玉正博. (2007b). 他者を操作する傾向と精神的健康・対人ストレスとの関連：縦断的調査による検討. 日本心理学会第71回大会発表論文集, 57.

5 節　対人恐怖・対人不安・社会不安

清水健司

1 ■ 対人恐怖・対人不安・社会不安とは

「人前に出ると緊張して頭が真っ白になる」「大人数になると、どのように振る舞ったらよいのかわからなくなる」、あるいは「他者にどう思われているのかが気になって、その場にいられなくなる」といった内容で不安を感じた経験はないだろうか。これらは、対人関係・対人場面から派生する悩みであり、一般的には対人恐怖・対人不安・社会不安（社交不安）とよばれている。社会的動物である人間にとっては避けがたいものであり、健康な大学生でも2人に1人はこのような不安を感じた体験があると報告している。本節では、まず対人恐怖・対人不安・社会不安の位置づけについて整理をする。次に、各構成概念を測定するための尺度を紹介し、これに関連するさまざまな観点からの実証研究について概観する。

まず、対人恐怖症は「他人と同席する場面で、不当に強い不安と精神的緊張が生じ、そのため、他人に軽蔑されるのではないか、不快な感じを与えるのではないか、嫌がられるのではないかと案じて、対人関係からできるだけ身を退こうとする神経症の一型」（笠原, 1972）と定義されている。これは、特定の単一症状を指した言葉ではなく、人前で強い緊張状態を呈する「対人緊張」、自分の顔が赤くなるかもしれないことを恐れる「赤面恐怖」、他者からの視線を恐れる「視線恐怖」、自分からいやな臭いが出て周囲の人に不快な思いをさせていると思い込む「自己臭恐怖」など、対人状況下で生じるさまざまな症状の総称である。また、病態水準からとらえた分類においても、青年期によくみられる軽度かつ一過性のもの（たとえば、対人恐怖的心性）から、慢性的な恐怖症段階、関係妄想性を帯びる重症対人恐怖症までが含まれており、対人恐怖症はさまざまな状態像を包括する広範な概念となっている。森田（1953）は、この対人恐怖症を強迫観念症の一種として位置づけ、その心性を「恥ずかしがることをもって自らをふがいないことと考え、恥ずかしがらないようにと苦心する負け惜しみの意地張り根性である」と表現している。これは、表側にある羞恥への恐怖とともに、裏側にある「他者よりも優れていたい」という優越願望の存在を浮き彫りにするものである。このような、相矛盾する「弱気」と「強気」が交錯した複雑な葛藤構造をもつことは、対人恐怖症の重要な特徴を表すものである。

一方、対人不安と社会不安は、ともにsocial anxietyを語源とする同一の構成概念である。対人不安は、リアリー（Leary, 1983/1990）によって「現実の、あるいは想像上の対人場面において、他者からの評価に直面したり、もしくは、それを予測したりすることから生じる不安状態」と定義されている。そして、この対人不安が慢性化し、社会的活動にまで支障が生じるようになると、社会恐怖（社交恐怖）もしくは社会不安障害（社交不安障害）とよばれることになる。これは、対人場面にさらされることを極度に恐れ、対人場面・対人接触を回避し、そのことを苦悩

する不安障害の1カテゴリーである（American Psychiatric Association, 2000/2003）。これらを，不安の度合いから大別すると，対人恐怖的心性・対人不安・社会不安はいずれも軽度な一般的水準にとどまるものであり，対人恐怖症・社会恐怖・社会不安障害は日常生活にさまざまな支障をきたす病理的水準に至るものとして位置づけられる。

ただし，対人恐怖症と社会恐怖については，対応関係をめぐってさまざまな議論が展開されてきた。確かに両者は，恥の病理であるという重要な共通項をもつが，実際には完全に一致するものとはいえないようである。両者の相違点にふれた議論についてみてみよう。

まず，対人恐怖症は1932年に森田正馬が初めて文献上に登場させた言葉である。それ以来，多くの研究や治療的介入が行われており，長い歴史とともにわが国の文化に深く根差したものとなっている。一方，社会恐怖は森田から遅れること半世紀，1980年になってようやくDSM-Ⅲの診断基準としてとりあげられるようになった。しかし，それでもDSM-Ⅳ-TR（American Psychiatric Association, 2000/2004）に至るまでには多くの改訂を必要とする内容であったことから，その当時の関心はさほど大きいものではなかったことがうかがえる。両者には歴史的なズレがあり，わが国に限っていうと先に大きな注目を集めたのは対人恐怖症だということになる。また，社会恐怖は不安障害としてDSM-Ⅳ-TRに明確な記載をみることができる。しかし，対人恐怖症には疾病単位としての記述はなく，あくまで日本文化の影響を色濃く受けた社会恐怖のサブタイプであるとの位置づけにとどまる。そのため，対人恐怖症は日本独自の文化的風土を反映する問題として扱われることが多い。また，対人恐怖には「人と話すときに言葉につまる」といった対人交流場面での悩みを主題とする緊張型対人恐怖と，「自分の欠点が相手に不快感を与えていることを直感的に確信できる」といった他者に不愉快な印象を与えていることを強固に主張する確信型対人恐怖がある。前者は，自分が嘲笑の対象となるかもしれないことを恐れる「被害的スタンス」をもっているが，後者は自分の視線・体臭が他者に迷惑をかけるかもしれないことを恐れる「他害的スタンス」をもっている。緊張型対人恐怖と社会恐怖には，症状の内容に一致を認めることができるが，関係妄想性を帯びる確信型対人恐怖と社会恐怖は，明らかに異質なものである。そのうえ，先述したように対人恐怖症には「弱気」と「強気」が交錯するような複雑な葛藤構造が見出されており，その他にも潜在的な自己愛心性や強迫的な構えをもつことが指摘されている。しかし，社会恐怖にはそのような指摘はほとんどみられていない。

このように，対人恐怖症と社会恐怖は悩みの中核部分を重ねているものの，歴史的経緯，症状内容，葛藤構造の有無において相違をみせている。現時点では，両者の違いに統一的な見解が得られているわけではないため，今後の議論展開を待つことになるだろう。ただ，対人恐怖症と社会恐怖は，単純に同一の構成概念として扱うことができない点はすでに明白なようである。

2 ■ 対人恐怖・対人不安・社会不安における測定尺度

対人状況下で生じる不安の実態解明には，さまざまな観点から実証研究を発展させる必要がある。そして，そのためには各構成概念を適切に測定できる尺度が欠かせないものとなる。ここで

は自己記入式のものを中心に，すでに多くの研究で使用されている測定尺度を紹介する。

まず，社会恐怖の臨床症状や薬物・精神療法の効果判定には，リーボウィッツ（Liebowitz, 1987）によるLiebowitz Social Anxiety Scale（LSAS）が用いられている。これは社会恐怖患者が症状を呈しやすい行為状況（13項目）と，社交状況（11項目）の24項目から構成されており，各項目に対する不安感と回避の程度を4段階から評定するものである。朝倉ほか（朝倉・井上・佐々木・佐々木・北川・井上・傳田・伊藤・松原・小山, 2002）は，本尺度の日本語版（LSAS-J）を作成しており，信頼性と妥当性も安定していることから，わが国においても社会恐怖の臨床症状評価尺度として十分に使用が可能であるとしている。

また，マティックとクラーク（Mattick & Clarke, 1998）は，社会恐怖の2つの特徴である「他者から見られることへの恐れ」と「一般的な社会的相互作用での不安」を測定するため，Social Phobia Scale（SPS）とSocial Interaction Anxiety Scale（SIAS）を作成している。SPSは他者から観察される場面や人前でのパフォーマンス場面から生じる不安を測定するもので，SIASは他者との交流・会話をする場面から生じる不安を測定するものである。安定した信頼性と妥当性が示されており，適切な治療的介入を実施した群の尺度得点に有意な低下がみられたため，治療感受性を備えていることも確認されている。両尺度の日本語版（各20項目，5段階）は，金井ほか（金井・笹川・陳・鈴木・嶋田・坂野, 2004）によって作成されている。一般大学生と社会恐怖患者を弁別することも可能であり，十分な信頼性と妥当性も確認されている。

また，対人不安・社会不安の測定尺度には，ワトソンとフレンド（Watson & Friend, 1969）によるSocial Avoidance and Distress Scale（SAD）とFear of Negative Evaluation Scale（FNE）がある。SADは社会的状況で生じる苦痛・不安（感情的側面）や社会的状況を故意に回避すること（行動的側面）に対応した尺度で，FNEは他者からの否定的評価を恐れること（認知的側面）に対応した尺度である。両尺度は石川ほか（石川・佐々木・福井, 1992）によって日本語版が作成されており，わが国での使用にも十分耐えうることが確認されている。さらに，笹川ほか（笹川・金井・村中・鈴木・嶋田・坂野, 2004）は，回答する際の負担を軽減するため，原版FNE（30項目，2段階）の測定精度を保った短縮版FNE（12項目，5段階）を作成している。

そして，リアリー（Leary, 1983/1990）は，対人不安尺度においては主観的な認知・感情と行動的特徴を混同するべきではないとして，主観的な認知に限定したInteraction Anxiousness Scale（IAS, 15項目）とAudience Anxiousness Scale（AAS, 12項目）を作成している。両尺度は，純粋な意味での対人不安を測定するもので，十分な信頼性と妥当性が確認されている。また，IASにおいては相互作用不安尺度，AASにおいては聴衆不安尺度として各々5段階から評定する日本語版も作成されている。

また，対人恐怖では，一般的な青年が経験する人見知り，過度の気遣い，対人緊張などにみられる対人恐怖の心理的な傾向を測定する尺度が作成されている。永井（1994）は，対人恐怖の悩みは3つの領域（各14項目，7段階）から構成されるものであると考え，それに対応した「対人恐怖的心性尺度」を作成している。1つ目は，対人状況で自分が望む行動がとれない悩みを表す「対人状況における行動・態度」である。そして，2つ目は，自分が他者からどのように評価

されているのかが気になる「関係的自己意識」であり，3つ目は，自己評価の低さに関連した悩みを表す「内省的自己意識」となっている。また，堀井・小川（1997）による「対人恐怖心性尺度」は，「自分や他人が気になる」「集団に溶け込めない」「社会的場面で当惑する」「目が気になる」「自分を統制できない」「生きることに疲れている」の6因子（計30項目，7段階）から構成されている。YG性格検査の抑うつ性・劣等感・神経質と正の相関を示し，一般的活動性・社会的外向と負の相関を示すことが報告されており，十分な信頼性と妥当性も確認されている。

以上のように，対人恐怖・対人不安・社会不安を測定する尺度には多彩なものがある。しかし，それゆえ実際の使用においてはさまざまな視点からの配慮が必要となる。たとえば，測定対象が症状の重さなのか，一般的なパーソナリティ特性なのかといった視点である。また，日常の全般的な不安を問うのか，場面限定的な不安を問うのかといった視点や，不安における感情・行動・認知的側面のいずれに重点をおくのかといった視点によっても尺度の選択は異なってくる。そのため，実際の使用には当該の目的に即した適切な使い分けが重要となる。

3 ■ 対人恐怖・社会不安・対人不安における実証研究

「自己をとらえ直すこと」を志向する青年期は，私的自意識と公的自意識のバランスが失われやすい時期でもあるため，自己評価の大部分が他者からの評価によって形成される可能性もある。このようになると，青年にとっての対人交流場面は慢性的に苦痛を強いるものとなり，さまざまな心理・行動的な問題に発展する恐れがある。対人的な不安を実証的観点から検討することは，このような問題を予防するためにも重要な役割をもっている。ここでは，先述の測定尺度を用いたさまざまな観点からの実証研究について概観する。

まず，岡田・永井（1990）は，対人恐怖的心性尺度を用いて自尊心との関連を検討している。その結果，対人恐怖的心性と自尊心には一貫して負の相関が示されていた。これは理想自己と現実自己のギャップを埋められないことによって自尊心の維持が難しくなり，そのために対人的な不安を感じやすくなると解釈されている。また，川崎・小玉（2007）では，対人恐怖心性に及ぼす自己概念の乖離性・不安定性の影響について検討がなされている。そこでは，高揚的な状態にあるときの自己像と卑下的な状態にあるときの自己像が大きく乖離している者ほど，自己概念の浮き沈みが激しくなり，それが対人的な不安の増幅につながることが示されている。これらは，自尊心の低さや不安定な自己像といった自己概念のあり方が，対人的葛藤を生じさせる基礎となることを示唆する研究である。

また，清水（2001）は，対人恐怖心性尺度を用いて孤独感との関連を検討している。「他者と自分は理解し合える存在である（共感性）」と「他者と自分は別個の存在である（個別性）」は，どちらも孤独感を規定する要因であるが，この互いに対立するようにもみえる両意識の高まりは，対人的な不安を増幅させる傾向がある。ただし，この相矛盾する2面性の認識から生じた対人的葛藤は，むしろ人格的な成熟を促進する「建設的な内閉状態」を意味するものと解釈されている。そして，清水ほか（清水・川邊・海塚, 2005）は，第2の分離個体化の過程を経るなかで対人恐

怖心性がどのような変遷をたどるのかについて検討を行っている。そこでは、「両親に対する分離欲求がしだいに落ち着きを見せ始めること」と「親密で安定した友人関係が形成されていくこと」が同時に進行していくことで、自我同一性の安定と対人恐怖心性が低下する過程が示されている。これらは、心理社会的な発達プロセスから対人恐怖心性をとらえた研究である。いずれも、自己の発達課題と向き合うことによって対人的な不安が高まっているのならば、それは一時的なもので長期的には将来の成長につながるものであることを示唆している。

　谷（1997）は、対人恐怖的心性と自我同一性の関連において、「個」と「関係」の狭間から生じる葛藤によって自我同一性に揺らぎが生じ、対人恐怖的心性が自覚されやすくなると述べている。また、相互協調的自己観を背景とする日本文化では、「関係」のなかでの自己喪失に対する懸念が優勢となるため、他者に不快感を与えているのではないかといった「関係」への過剰な配慮によって対人恐怖的心性が形成されやすいとしている。そして、大西（2008）は、対人恐怖的心性尺度と対人不安尺度を用いて特性罪悪感との関連から対人恐怖と対人不安の差異について検討している。その結果、罪悪感と深い関連を示したのは対人恐怖的心性のみであった。これは、自分の存在・欠点が他者に迷惑をかけるのではないかといった「罪の意識」を対人恐怖が含んでいるためであり、この点において対人不安との弁別が可能であるとしている。これらは、日本の文化的視点から対人恐怖症と社会恐怖の差異にふれた研究である。

　また、守谷ほか（守谷・佐々木・丹野，2007）は、対人不安における認知的側面（FNE）が自動的な思考である判断バイアス・解釈バイアスにどのような影響を及ぼすのかについて検討を行っている。そこでは、対人不安が高い者は、自分と他者が交流する場面を想像したときのみ、思考の判断・解釈が否定的な方向に歪みやすいことが示されている。また、金井ほか（金井・佐々木・岩永・生和，2010）は、SPSとSIASを用いて、社会不安のサブタイプ（全般型、低不安型、平均型、対人交流型、パフォーマンス型）を見出している。そして、各サブタイプの生理的反応に対する認知構造の違いについて検討を行っている。その結果、多くの社交場面で不安を感じる全般型が、自分の生理的反応（動悸・震え・発汗など）を知覚しやすく、その生理的反応が他者からの否定的な評価を受ける原因になるという認識につながることが示されている。そして、城月ほか（城月・笹川・野村，2010）は、社会不安における認知的側面（FNE）が社会不安症状（LSAS）へと悪化していく過程をコストバイアス・予測バイアスを介した因果モデルによって検証している。そこでは、他者からの否定的評価を恐れることが、人前で失敗する頻度を実際よりも高確率で起こるものだと予測させ、生理的反応・回避行動をともなうことによって、社会不安症状の悪化を招くことが示されている。これらの研究は、認知行動モデルを基本としており、認知・感情・生理・行動の各側面から不安維持・悪化に至る悪循環プロセスを解明しようとするものである。また、いずれも一般大学生を対象とした研究であるが、実証知見を社会恐怖もしくは社会不安障害の治療過程に援用しようとする立場（アナログ研究）をとるものである。

　このように、対人恐怖・対人不安・社会不安を主題とする実証研究は、自己概念・心理社会的発達論・文化的視点・認知行動モデルと多岐にわたっており、すでに多くの知見が積み重ねられている。これらの実証研究は、青年期心性の理解を深めるためのものから臨床領域における予防

的・治療的示唆に至るまで広い領域で貢献できるものである。今後においても，引き続いて活発な発展が望まれるところである。

◆ 引用文献

American Psychiatric Association. (2004). DSM-Ⅳ-TR精神疾患の診断・統計マニュアル（高橋三郎・大野 裕・染矢俊幸，訳）．医学書院．(American Psychiatric Association. (2000). *Diagnostic and statistical manual of mental disorders* (4th ed., Text Revised). Washington, DC : American Psychiatric Association.)

朝倉 聡・井上誠士郎・佐々木史・佐々木幸哉・北川信樹・井上 猛・傳田健三・伊藤ますみ・松原良次・小山 司．(2002)．Liebowitz Social Anxiety Scale（LSAS）日本語版の信頼性および妥当性の検討．精神医学，**44**，1077-1084．

堀井俊章・小川捷之．(1997)．対人恐怖心性尺度の作成（続報）．上智大学心理学年報，**21**，43-51．

石川利江・佐々木和義・福井 至．(1992)．社会的不安尺度FNE・SADSの日本版標準化の試み．行動療法研究，**18**，10-17．

金井嘉宏・笹川智子・陳 峻雯・鈴木伸一・嶋田洋徳・坂野雄二．(2004)．Social Phobia ScaleとSocial Interaction Anxiety Scale日本語版の開発．心身医学，**44**，842-841．

金井嘉宏・佐々木晶子・岩永 誠・生和秀敏．(2010)．社会不安のサブタイプと生理的反応に対する認知の歪みの関係．心理学研究，**80**，520-526．

笠原 嘉．(1972)．正視恐怖・体臭恐怖．医学書院．

川崎直樹・小玉正博．(2007)．対人恐怖傾向と自己愛傾向の共通構造としての自己概念の乖離性及び不安定性の検討．パーソナリティ研究，**15**，149-160．

Leary, M. R. (1990). 対人不安（生和秀敏，監訳）．北大路書房．(Leary, M. R. (1983). *Understanding social anxiety : Social, personality, and clinical perspectives*. Beverly Hills : Sage Publications.)

Liebowitz, M. R. (1987). Social phobia. *Modern Problems of Pharmacopsychiatry*, **22**, 141-173.

Mattick, R. P., & Clarke, J. C. (1998). Development and validation of measures of social phobia scrutiny fear and social interaction anxiety. *Behaviour Research and Therapy*, **36**, 455-470.

森田正馬．(1953)．赤面恐怖の治し方．白楊社．

守谷 順・佐々木淳・丹野義彦．(2007)．対人状況における対人不安の否定的な判断・解釈バイアスと自己注目との関連．パーソナリティ研究，**15**，171-182．

永井 撤．(1994)．対人恐怖の心理．サイエンス社．

岡田 努・永井 撤．(1990)．青年期の自己評価と対人恐怖的心性との関連．心理学研究，**60**，386-389．

大西将史．(2008)．青年期における対人恐怖的心性と対人不安の差異：罪悪感による両概念の弁別．心理学研究，**79**，351-358．

笹川智子・金井嘉宏・村中泰子・鈴木伸一・嶋田洋徳・坂野雄二．(2004)．他者からの否定的評価に対する社会的不安測定尺度（FNE）短縮版作成の試み．行動療法研究，**30**，87-98．

清水健司．(2001)．青年期における対人恐怖心性と孤独感の関連について．心理臨床学研究，**19**，525-534．

清水健司・川邊浩史・海塚敏郎．(2005)．青年期における対人恐怖心性と第2の分離個体化の関連について．心理臨床学研究，**23**，579-590．

城月健太郎・笹川智子・野村 忍．(2010)．コスト・予測バイアスが社会不安症状に影響するプロセス．心理学研究，**81**，381-387．

谷 冬彦．(1997)．青年期における自我同一性と対人恐怖的心性．教育心理学研究，**45**，254-262．

Watson, D., & Friend, R. (1969). Measurement of social evaluative anxiety. *Journal of Consulting and Clinical Psychology*, **33**, 448-457.

6節 欺瞞・嘘

村井潤一郎

1 ■ 欺瞞と嘘について

　欺瞞・嘘に関連する事象については，枚挙にいとまがない。本稿を執筆している2011年には，大相撲の八百長問題が発覚，クローズアップされた。そのほか，政治の世界では，欺瞞・嘘に関するエピソードに事欠かない。時代，地域による差異はあろうが，いつでもどこでも欺瞞・嘘に関連するトピックはみつかるものであろう。欺瞞・嘘とは，それだけ普遍性，日常性の強い事象である。なお，本節は「問題行動」に含まれてはいるが，欺瞞・嘘はいわゆる「問題行動」ともいえない面がある。明白に「悪」とみなされる欺瞞・嘘はあろうが，そして否定的イメージでとらえられる傾向の強い事象ではあるものの，本稿ではその「善悪判断」についてはおいておく。

　以上では，欺瞞・嘘という両語を併記して用いた。欺瞞（deception）とは何だろうか。嘘（lie）とは何だろうか。欺瞞・嘘に関する定義については，村井（2000a, 2009, 2010）などで言及されているが，ここでは簡便のため，欺瞞とは広い意味で人をだますこと，嘘とは欺瞞より狭い概念であり，主として言葉を用いて人をだますこと，という説明にとどめ，欺瞞・嘘に関する心理学的諸研究について説明を加えていく。なお，実際の論文・書籍などでは，欺瞞・嘘という語は，相互に交換可能なものとして，とくに厳密な意図なしに用いられているのが現状である。つまり，書き手によって，いずれの語を使用するかはさまざまであり，語の使用については恣意性が強い。以後，本稿では，基本的には，より一般的な語である「嘘」のほうを用い，文脈に応じて「欺瞞」を用いることとする。

　なお，欺瞞性（deceptiveness），欺瞞的（deceptive）といった表現がされる場合，そこには主観的側面が含意される。つまり，嘘か本当か実際のところ（＝客観）はわからないが，主観的に嘘ではないかと思う（「嘘っぽい」と感じる）ということである。

2 ■ 嘘に関する心理学的研究

　心理学において，嘘について研究する分野としては，精神生理学，社会心理学，発達心理学，動物心理学などがある。以下では，このうち，精神生理学，社会心理学について説明を加える。なお，発達心理学における研究は，主に子どもの嘘について発達的観点などから検討するもの，動物心理学における研究は，主に人間以外の霊長類の欺瞞について進化的観点などから検討するものである。両者ともに，心の理論がキーワードの一つになっているが，詳細については箱田・仁平（2006）などを参照されたい。

a. 精神生理学

　嘘といえば，いわゆる嘘発見器（ポリグラフ）を思い浮かべる人は少なくないだろう。実際，テレビ番組などでは，ポリグラフの「実演」がなされることがある。なお，研究上は，「嘘発見」よりも「虚偽検出」と表現されることのほうが多いが，生理反応に依拠した虚偽検出研究は嘘研究の一大領域である。

　わが国ではアメリカとは異なり，実務場面では裁決質問法（隠匿情報検査，有罪知識検査）が中心である。たとえば，野瀬ほか（野瀬・村井・泰羅，2010）では，研究参加者に6,000円の現金を渡し，6つの品物（かばん・ジャケット・バケツ・封筒・段ボール・ゴミ箱）のいずれかにその現金を隠すように教示し，研究参加者に隠した場所について質問をしている（たとえば「かばんに隠しましたか？」「ジャケットに隠しましたか？」……と尋ねていく）。もしある研究参加者がかばんに隠したとすると，その研究参加者は実際に隠した場所がかばんであるということを知っているので，かばんの質問に対する生理反応が，他の質問よりも顕著になるであろう。この場合，唯一研究参加者しか知らない事実（隠匿情報）に関する質問を裁決刺激という。ここで注意すべきは，ポリグラフ検査では，検査対象者の嘘を「発見」しているのではなく，記憶の有無（隠匿情報の有無）について「発見」しているという点である。つまり，嘘発見器は必ずしも嘘を発見するものではない。「特殊な機械を用いることで嘘がわかる」という考えは大きな誤解ということになる。

　以上は末梢指標（皮膚電気活動，呼吸，脈波）をもとにしたアプローチであるが，その後，中枢をターゲットにした虚偽検出研究が盛んになってくる。脳波による虚偽検出である。さらにその後，fMRIを用いたニューロイメージング研究において虚偽検出研究が興隆していくわけだが，以上の点の詳細については，箱田・仁平（2006）などを参照していただきたい。

b. 社会心理学

　エクマンの諸研究で知られる分野であり，社会心理学的手法で嘘を検討するものである。実際の研究では，生理反応について計測することもあるが，多くはそれ以外の行動的手がかりに焦点を当てている。なかでも非言語的行動に関する検討が圧倒的に多い。この背景の一つには「相手の目を見れば嘘をついているかどうかわかる」といった，非言語的行動を重視する文化的ステレオタイプに研究者が依存してきたことがある（Miller & Stiff, 1993）。

　先行研究で扱われてきた非言語的行動について，ヴレイ（Vrij, 2008）をもとに列挙すると，まず，音声的手がかりとして，言い淀み，言い間違い，声のピッチ，発話速度，反応潜時，休止時間，休止頻度，次に視覚的手がかりとして，視線，笑い，自己接触（アダプター），例示動作（イラストレーター），手指の動き，脚・足の動き，胴の動き，頭の動き，姿勢の変化，瞬きなどがある。

　上記リストのなかでは，視線と嘘の関連についての私たちの信念はとても強いであろう。実際，世界各国で調べた場合でも，視線をそらすこと（avert gaze）と嘘の関連についての信念は強固であった（The Global Deception Research Team, 2006）。しかしながら，ヴレイ（Vrij, 2008）のレビューによると，視線（gaze：会話の相手の顔を見ること）についての先行研究の結果をみると，正直者より嘘つきに視線が少ないという結果が得られている研究が6個，正直者より嘘つ

きに多いという結果が得られている研究が5個，両者に差はないという結果が得られている研究が実に35個となっている。視線に限ったことではないが，嘘と非言語的行動の結びつきは，必ずしも私たちのステレオタイプどおりではないのである。

　ヴレイ（Vrij, 2008）は，欺瞞に関連する非言語的行動を検討した先行研究を概観したうえで，「2つの印象的な知見」について述べている。知見の第一は，視線と嘘に関連がないことである。その理由としては，視線はコミュニケーションにおいて利用価値が高いため，利用に慣れている，したがってコントロール可能であるということがある。また，視線は，嘘と関連しない多くの要因と関連する（たとえば，好きな人とのアイコンタクト）ということもある。知見の第二は，情動・認知的負荷の経験，信頼されるための行動統制は嘘つきに限らないということである。つまり，そうしたことは正直者も経験する（「信じてもらえないかもしれない」という経験である）。

　以上のように，たとえば，ステレオタイプに従い視線に注目することによって嘘を見破るといったことは有効ではなく，実際のところ，嘘発見というのはかなり困難な作業といえる。人間は嘘を見破るのが苦手であるという点は，繰り返し指摘されるところである。たとえば，ヴレイ（Vrij, 2008）のレビューによれば，嘘発見の平均正答率は54.27％となっている。ボンドとデパウロ（Bond & DePaulo, 2006）のレビューでも，平均正答率は53.98％と同じような値になっており，まぐれ当たり（50％）よりもややよいという結果が繰り返し報告されている。

3 ■ 日常生活における嘘

　心理学における嘘研究の多くは実験・調査にもとづくものであり，観察は相対的に少ない。この点に関する批判としては，その生態学的妥当性がある。日常生活における嘘について検討した研究は限られるものの実際に存在し，有益な知見を提供している。なお，ここに記す内容は，分野でいえば上記の社会心理学に相当する。

　日常生活における嘘について記録する手法をとったものとしては，古くは，ターナーほか（Turner, Edgley, & Olmstead, 1975），カムデンほか（Camden, Motley, & Wilson, 1984）などがあるが，Rochester Interaction Record（RIR）という手法を用いて（Reis & Wheeler, 1991），日常生活における嘘に実証的検討を加えた研究としてよく知られているものは，デパウロほか（DePaulo, Kashy, Kirkendol, Wyer, & Epstein, 1996）である。アメリカの大学生・社会人を対象に日記法を用いた研究を行っているが，大学生の嘘をつく回数は男女とも一日2回程度であり，社会的相互作用1回につき0.31回嘘をついていた（つまり，嘘の回数を社会的相互作用の数で除している），といったことがわかっている。わが国では，村井（2000b）がこの研究を踏襲し，欺瞞性認知についてもあわせて検討しているが，青年は一日平均，男性1.57回，女性1.96回の嘘をつき，一方，一日平均，男女とも0.36回他者を嘘だと思っている，という結果が得られている。最近では，ヴレイほか（Vrij, Ennis, Farman, & Mann, 2010）が，日記法を用いた研究を遂行し，社会的相互作用4回に1回嘘がつかれていることなどを報告している。

　嘘は，倫理的制約もあり，研究に日常性を求めることが困難であるが，以上のような試みは継

続的になされる必要があろう。

4 ■ 嘘とパーソナリティ

　嘘とパーソナリティにはどのような関連があるのだろうか。以下，嘘研究に関するレビューをとおして，嘘とパーソナリティの関連についてみていく。まず，ツッカーマンほか（Zuckerman, DePaulo, & Rosenthal, 1981）は，パーソナリティとして，マキャベリアニズム，セルフモニタリングと嘘の関連についての研究結果をまとめている。話し手のマキャベリアニズムが高いほど嘘が見破られにくいとする研究がある一方，逆の結果が得られているケースもあり，またセルフモニタリングの高低についても同様の状況で，研究間で正反対の結果が得られている場合も少なくない。

　一方，ヴレイ（Vrij, 2008）は，パーソナリティとして，愛着スタイル，精神病質，マキャベリアニズムと社会的器用さ，外向性・内向性，公的自己意識，対人不安，役者性について，先行研究を概観している。さらにまた，嘘をついたときの非言語的行動と関連するパーソナリティに関して，まず先行研究をみる限り必ずしも明確な関連はみられないとしたうえで，なかでも外向性・内向性については強い関連があるとしている。すなわち，外向者は，本当の場合よりも嘘をつくときのほうが動きが少なくなり，内向者は本当の場合よりも嘘をつくときのほうが動きが多くなる，ということである。

　日常生活における嘘とパーソナリティの関連について検討した実証研究は少ないが，キャシーとデパウロ（Kashy & DePaulo, 1996）は（前掲のデパウロほか〔DePaulo et al., 1996〕と同データ），嘘をつくことと各種パーソナリティとの相関について検討している。具体的には，マキャベリアニズム，公的自己意識，他者志向性，自尊心，対人不安，外向性など12のパーソナリティと嘘との関連について相関分析を行っているが（大学生・社会人別々に相関係数を算出している），相関係数は最大でも0.3台であり（社会人のサンプルにおける，他者志向性と嘘との間の$r=.396$が最大），全体としてみれば顕著な関連は認められていない。また，ゴズナほか（Gozna, Vrij, & Bull, 2001）は，演技性，操作性，印象管理，社交性，不安と嘘との関連を検討している。演技性，操作性は，嘘をつく際ほとんど罪悪感や心的努力を経験しないこと，だます喜びを経験すること，嘘をつくことがたやすくその嘘が見破られにくいことと関連していること，などを見出している。

　以上，嘘とパーソナリティの関連については，さまざまな知見はあるものの，おおむね顕著な関連はないといって差し支えないだろう。

　上記に関連して，嘘の上手さについてであるが，ヴレイほか（Vrij, Granhag, & Mann, 2009）は，「優れた嘘つき」のパーソナリティとして，操作的な人，優れた演技者，表出的な人は，そうでない人よりも，優れた嘘つきであろうと述べ，あわせて外見的魅力が高いことのメリットについても述べている。

　優れた嘘つきとはどのような人間なのだろうか。ヴレイ（Vrij, 2008）は，ある種の人はひじょうに優れた嘘つきであり，「その自然な行動が疑いを和らげる人」「嘘をつくことに認知的負荷を

感じない人」「嘘をつくときの恐怖，罪悪感，だます喜びなどを経験しない人」と述べる。ヴレイほか（Vrij et al., 2009）は，その名も"Good liars"という論文であるが，優れた嘘つきの特性について，パーソナリティ，行動，情動，認知的負荷，解読スキル，嘘つきが用いるストラテジーという観点から述べ，優れた嘘つきは，人々が抱く「正直者の振る舞い」に関する信念のとおりに行動し，「嘘つきの振る舞い」に関する信念に沿った行動を避ける，としている。この点で，人間が抱いている嘘に関する信念（たとえば，先に述べたような「視線と嘘の関連」なども信念である）が重要になってくるが，この点に関する研究もなされている（古典的なものとしては，Zuckerman, Koestner, & Driver, 1981など）。

5 ■ 嘘と人間

　嘘とは誰もが経験するひじょうに身近な事象であり，人間存在に根ざしたものである。嘘がわかるということは，つまりは心がわかるということであり，嘘とは元来わかるものではないといえよう。それほどの事象でありながら，一方でマスメディア（テレビ，雑誌・書籍など）では，「このようにすれば嘘がわかる」とハウトゥ的に扱われることがある。嘘は，決してハウトゥ的なテクニックでわかるものではなく，もし仮にわかるとすれば，それは対象への「傾倒」をとおしてのみ達成されるのではなかろうか。

　アメリカのテレビドラマ"Lie to me"では，ティム・ロス主演の博士が嘘を見破っていく。この点について，レヴィンほか（Levine, Serota, & Shulman, 2010）は，実際にこのビデオを見せることで果たして嘘発見の正確さが向上するか，実験的検討を加えている（"Lie to me"を視聴する群，別のドラマを視聴する群，統制群での比較）。結果は芳しいものではなく，ドラマ視聴群は統制群よりも，正直者を欺瞞的であると間違って判断してしまう傾向が見出された。ビデオ視聴が他者への疑念を増加させ，結果として嘘発見能力を減じるということになり，この点は日常生活への悪影響が懸念される。

　マスメディアの影響力は大きい。しかしながら，嘘を「本気で」見破るのであれば，対象に没入するという方向性でしか達成しえないのではないだろうか。さらに，「見破ろう」という意図性の下にあっては，かえって嘘発見の達成が阻まれるように思える。「自-他」として，嘘を見破るべき相手をただ対象として見るのではなく，相手の内的世界に深く入り込むことをとおしてしか成し遂げられない，そして入り込んだとしても成し遂げられるとも限らない，ということだろう。以上，雲をつかむような記述をしているが，嘘発見とは通常考えられている以上に壮絶な営為にちがいないと考える。

　真実は「どこか」にある。しかし，それを突き止めることは通常できない。冒頭に紹介した大相撲八百長問題では，携帯メールのやりとりを携帯電話上で削除しても，復元可能性があることが話題となった。消しても消えないということである。これは携帯メールに限らず，真実は消えずに「どこか」に残る。しかし，それを白日の下にさらすことが可能かどうかは別問題であり，またそうすることがよいのか，という点も別問題である。エクマン（Ekman, 1985/1992）は「嘘

を発見することは，嘘をつくことよりも高潔である，とは必ずしもいえない」と述べている。ともあれ，嘘とはひじょうに身近，かつ深淵／深遠な存在である。

◆ 引用文献

Bond, C. F., Jr., & DePaulo, B. M. (2006). Accuracy of deception judgments. *Personality and Social Psychology Review*, **10**, 214-234.

Camden, C., Motley, M. T., & Wilson, A. (1984). White lies in interpersonal communication : A taxonomy and preliminary investigation of social motivations. *Western Journal of Speech Communication*, **48**, 309-325.

DePaulo, B. M., Kashy, D. A., Kirkendol, S. E., Wyer, M. M., & Epstein, J. A. (1996). Lying in everyday life. *Journal of Personality and Social Psychology*, **70**, 979-995.

Ekman, P. (1992). 暴かれる嘘：虚偽を見破る対人学（工藤　力，訳編）．誠信書房．(Ekman, P. (1985). *Telling lies : Clues to deceit in the marketplace, politics, and marriage.* New York : W. W. Norton & Company.)

Gozna, L., Vrij, A., & Bull, R. (2001). The impact of individual differences on perceptions of lying in everyday life and in high stakes situation. *Personality and Individual Differences*, **31**, 1203-1216.

箱田裕司・仁平義明（編）．(2006)．嘘とだましの心理学．有斐閣．

Kashy, D. A., & DePaulo, B. M. (1996). Who lies? *Journal of Personality and Social Psychology*, **70**, 1037-1051.

Levine, T. R., Serota, K. B., & Shulman, H. C. (2010). The impact of lie to me on viewers' actual ability to detect deception. *Communication Research*, **37**, 847-856.

Miller, G. R., & Stiff, J. B. (1993). *Deceptive communication.* Newbury Park, CA : Sage.

村井潤一郎．(2000a)．ウソという言葉：言語的側面へのアプローチ．平　伸二・中山　誠・桐生正幸・足立浩平（編著），ウソ発見：犯人と記憶のかけらを探して（pp.13-22）．北大路書房．

村井潤一郎．(2000b)．青年の日常生活における欺瞞．性格心理学研究，**9**，56-57.

村井潤一郎．(2009)．欺瞞．日本社会心理学会（編），社会心理学事典（pp.288-289）．丸善出版．

村井潤一郎．(2010)．欺瞞．竹村和久・北村英哉・住吉チカ（編），感情と思考の科学事典（pp.56-57）．朝倉書店．

野瀬　出・村井潤一郎・泰羅雅登．(2010)．fMRIを用いた隠匿情報検査：刺激の反復呈示が腹外側前頭前野の活動に及ぼす影響．日本獣医生命科学大学研究報告，**59**，46-50.

Reis, H. T., & Wheeler, L. (1991). Studying social interaction with the Rochester Interaction Record. *Advances in Experimental Social Psychology*, **24**, 269-318.

The Global Deception Research Team. (2006). A world of lies. *Journal of Cross-Cultural Psychology*, **37**, 60-74.

Turner, R. E., Edgley, C., & Olmstead, G. (1975). Information control in conversations : Honesty is not always the best policy. *Kansas Journal of Sociology*, **11**, 69-89.

Vrij, A. (2008). *Detecting lies and deceit : Pitfalls and opportunities* (2nd ed.). Chichester, UK : John Wiley & Sons.

Vrij, A., Ennis, E., Farman, S., & Mann, S. (2010). People's perceptions of their truthful and deceptive interactions in daily life. *Open Access Journal of Forensic Psychology*, **2**, 6-42.

Vrij, A., Granhag, P. A., & Mann, S. (2009). Good liars. *Open Access Journal of Forensic Psychology*, **1**, E56-E67.

Zuckerman, M., DePaulo, B. M., & Rosenthal, R. (1981). Verbal and nonverbal communication of deception. In L.Berkowitz (Ed.), *Advances in experimental social psychology* : Vol.14(pp.1-59). New York : Academic Press.

Zuckerman, M., Koestner, R., & Driver, R. (1981). Beliefs about cues associated with deception. *Journal of Nonverbal Behavior*, **6**, 105-114.

15章　パーソナリティと問題行動

1節　非行・犯罪

吉澤寛之

1 ■ 反社会的行動における個人差への注目

　残酷な犯罪を行うタイプの人間は自分と違うタイプの人間，すなわち自分とは異質なパーソナリティを有するものとして排除する動機が駆り立てられるのは当然のことである。犯罪者と非犯罪者の間に本質的違いがあるとして，犯罪に駆り立てる原因を個人的要因に求めた最初の学説に生来性犯罪者説が存在する。犯罪心理学の創始者ともされるロンブローゾ（Lombroso, C.）は，遺伝的にみて原始人に近い人たちがいるというダーウィン（Darwin, C. R.）の見解にひじょうに影響を受け，遺伝学的に身体的構造や心理的構造が現代人と原始人の中間にある特定の人たちが，生まれながらにして犯罪や非行などの反社会的行動を行う特徴を強くもつと主張した（Savitz, 1972）。

　しかし，同説には多くの批判が浴びせられることとなった。1913年にゴーリング（Goring, 1913）は，イギリスの犯罪者と非犯罪者それぞれ3,000人に対して身体測定を行い，ロンブローゾによって報告された著しい身体的な相違を見出すことはなかったと報告している。こうした批判を受け，ロンブローゾ自身も著書の改訂のたびに彼の主張を修正し，生来性だけではないさまざまなタイプの犯罪者がいることに同意している。現在では，体型と反社会性との関連は疑問視されるようになったものの（McGuire, 2004），ロンブローゾの説やその批判を通して展開したさまざまな研究は，特定の個人が犯罪に向かいやすい傾向をもつことに研究者の関心を集めたという点で，反社会性をもつパーソナリティを研究する道を切り開くこととなった。

2 ■ 反社会的行動とパーソナリティ特性

反社会的行動を助長するパーソナリティに関する研究は，知能，気質，性格に着目した研究を中心として多様なアプローチによりなされている。近年は，多様な反社会的行動を包括的に説明する要因を特定しようとする研究が盛んである（Cooper, Wood, Orcutt, & Albino, 2003 ; Newcomb & McGee, 1991）。それらのなかでも，パーソナリティの特性的アプローチによる研究は多く，非行・問題行動に対し一定の予測力があることが明らかにされている。とくに，ビッグファイブ（Miller, Lynam, & Leukefeld, 2003），低自己統制と衝動性（Gottfredson & Hirschi, 1990/1996），刺激欲求特性（Zuckerman, 1979）といった概念による予測力の高さが注目を浴びている。

ミラーほか（Miller et al., 2003）は，NEO-PI-R（Revised NEO Personality Inventory）で測定されたパーソナリティと，アメリカ精神医学会の診断基準『精神疾患の診断・統計マニュアル』（*Diagnostic and statistical manual of mental disorders*, 4th ed.：DSM-Ⅳ）で診断される反社会性パーソナリティ障害や，過去の非行行為の回答との関連を分析している。その結果，NEO-PI-Rで測定された協調性の反社会性各指標に対する説明力が最も高く，次いで情緒不安定性や勤勉性も各指標に対して有意な説明力を有していた。他の研究においても，協調性，情緒不安定性，勤勉性の3因子は反社会性と一貫した関連を示している（たとえば，Decuyper, De Pauw, De Fruyt, De Bolle, & De Clercq, 2009）。

ゴットフレッドソンとハーシ（Gottfredson & Hirschi, 1990/1996）は，反社会性の高い人のパーソナリティ特徴は低自己統制に集約されると主張する。犯罪の多くは，欲望や感情を抑えることができない，計画的に行動や生活を律することができない，自分の都合しか念頭にない，といった自己統制の欠如によって起こるとみなされている。高い自己統制が必要とされる計画的犯罪を引き合いに出した批判を受けるものの，そうした犯罪は全犯罪の一部にすぎず，ほとんどの犯罪は低自己統制により説明できると反駁している。大渕（2006）も，さまざまな犯罪との関連が実証研究を通じ一貫して明らかにされている特性として，低自己統制と衝動性をあげている。

ツッカーマン（Zuckerman, 1979）により提唱された刺激欲求特性の高い者は，外向的で，積極的に刺激を追求し，不安や恐怖を感じにくいとされる。そのため，経験から学んだり，行動を抑制したりすることに困難を示す可能性が高い。ニューカムとマギー（Newcomb & McGee, 1991）では，刺激欲求特性が薬物利用，性的逸脱，窃盗などで測定される全般的な反社会的行動傾向を高い割合で説明することが確認されている。

大渕（2006）は，反社会的行動とパーソナリティとの関連に関する先行研究を概観し，犯罪者のパーソナリティ像を6つの側面に整理している。第一に，偏った欲望，関心，価値の特徴を指摘し，反社会性をもつ人たちは，富，セックス，力，それに刺激・興奮などに対する欲望が強く，彼らの犯行の大部分は，こうした欲望に関連しているとする。第二に，衝動性の問題をとりあげ，反社会性をもつ人たちは欲求不満耐性の低さに特徴があり，計画性が欠如していることから，危険で向こう見ずな行為を実行してしまうことが多いとする。第三に，接近型の情緒不安定性を指

摘し，不安や恐怖などの逃走を促す回避型の負の情動ではなく，怒りや恨みなどの闘争を促す接近型の負の情動をもちやすいとする。第四に，協調性の低さを指摘する。反社会性をもつ人たちの協調性を低める要因として，人の悪意から身を守るため，もしくは相手への報復として攻撃的になる反応的攻撃性と，利己的欲望のために人を犠牲にする行動をとる能動的攻撃性の 2 タイプの攻撃性の存在を示唆している。第五に，社会的認知の歪みをあげている。個人がある行為を行うにあたり，自己や状況に対する知覚や知識を利用した情報処理を行うが，反社会性をもつ人たちでは，それらの情報処理において特異なバイアスが存在するとしている。第六に，知的能力の偏りがあるとし，言語性知能の低さや，抽象的概念の操作を苦手とすることを指摘している。

3 ■ 反社会的行動とパーソナリティ障害

犯罪や非行を行う人々に人格の偏奇を求め，それらを精神障害とみなす立場の一連の研究が存在する。DSM-Ⅳの診断基準にもとづく反社会的行動と関連の強い障害として，行為障害，反抗挑戦性障害，注意欠陥多動性障害の 3 つの障害を包含する破壊的行動障害や，気分障害，物質使用障害，パーソナリティ障害，精神病質，精神病性障害，外傷後ストレス障害（post traumatic stress disorder：PTSD）が指摘されている（たとえば，Connor, 2002/2008）。

パーソナリティ障害に関して，DSM-Ⅳでは 10 の障害が 3 群に分類されている。A 群パーソナリティ障害には妄想性，シゾイド，失調型パーソナリティ障害が含まれる。B 群パーソナリティ障害には反社会性パーソナリティ障害のほかに，境界性，演技性，自己愛性パーソナリティ障害が含まれる。C 群パーソナリティ障害には回避性，依存性，強迫性パーソナリティ障害が含まれる。各群の特徴として，A 群は奇異で風変わり，B 群は劇的で感情的，移り気，C 群は不安や恐怖の強さが認められる。

パーソナリティ障害各群と反社会的行動との関連について，C 群は関連が低く，行為障害との併存率が低い（Johnson, Brent, Connolly, Bridge, Matta, Constantine, Rather, & White, 1995）など，とくに攻撃的な反応に対しては抑制的に機能するとされる。一方で，A 群と B 群は，反社会的行動との強い関連が確認されている（Johnson, Cohen, Smailes, Kasen, Oldham, & Skodol, 2000）。とくに，反社会性のリスクを増加させることが知られているうつ病，破壊的行動障害，PTSD などの精神疾患を併存したパーソナリティ障害のある子どもたちで最も強い関連が認められている（Guzder, Paris, Zelkowitz, & Feldman, 1999；Lewinsohn, Rohde, Seeley, & Klein, 1997）。

4 ■ 反社会的行動と心的過程に着目したアプローチ

これまで紹介した研究で扱われた概念に関しては，近年いくつかの批判がなされている。まずパーソナリティ特性による説明に関して，特性として測定されたパーソナリティは行動の予測因としては不十分であり，同語反復的研究であるとの批判がなされている（Zelli & Dodge, 1999）。

パーソナリティ特性とは，行動の集積をもとに抽出された行動を説明する上位概念であり，行動の一傾性をとらえる項目のトップダウン的な合計得点にすぎず，特定の行動の予測因としては有効でないとされている。

パーソナリティ障害による説明に関しては，コーナー（Connor, 2002/2008）が，障害としてカテゴリー的に診断することにともなう複数の問題を指摘している。第一に，環境状況の問題を曖昧にする危険性にふれている。反社会的行動を予測するうえでの早期の障害としては行為障害が注目されているが，同障害は暴力的な家庭環境などの負の環境に適応した結果として症状化している可能性を指摘する。行為障害としての診断が，その人物の反社会的行動を説明する要因の特定につながったようにみえるが，こうした診断は真の原因を見逃す危険性をはらむものである。第二に，同様の診断のなかに多くのサブタイプが存在する問題，ひじょうに高頻度にみられる併存障害の問題を指摘している。こうした包括的すぎる診断や併存障害は，パーソナリティ障害と反社会的行動との関係の理解を妨げ，有意義なサブタイプの明確化の可能性を低下させるとしている。

特性的アプローチやカテゴリー的な障害としての診断といった方法論的問題を改善したアプローチとして，反社会的行動を行う者の心的過程に着目した研究領域が存在する。ここでは，認知的側面の問題に着目した社会的情報処理（social information-processing）アプローチと，感情や行動の制御の問題に着目した自己制御（self-regulation）アプローチを紹介する。

社会的情報処理アプローチでは，社会的行動を，個人が社会的問題を解決した結果として表れた反応とみなしている。学習課題と同様，社会的問題の解決の際にも，情報を収集し，それに応じた解決方法を選択し，実行するという情報処理が用いられる。こうした情報処理の各ステップにおいて，不適切な処理が行われることで，不適応的な行動が導かれるという立場がとられている。同アプローチの研究においては，逸脱行動の実行に向かわせる認知的スキーマ（知識構造）の発達や，反社会的な個人とそうでない個人を分ける特徴的な社会的情報処理の仕方についての検討が行われている（Crick & Dodge, 1994）。反社会的傾向の高い子どもは，状況に存在する多様な手がかりに注意を向けず，自らの有するスキーマにもとづいて状況の解釈を行う可能性が高いとされている（Dodge & Tomlin, 1987）。また他の特徴として，攻撃行動を肯定する規範的信念をもっている（Huesmann & Guerra, 1997），とくに他者の行動が曖昧なときに，他者の行動に敵意的な意図を推測しやすい（Crick & Dodge, 1994），葛藤の細部を思い出せず，和解に向かう非対立的な解決を生み出せない（Lochman & Dodge, 1994）といった問題を有するとされる。

自己制御研究では，神経生理学分野における神経画像技術を用いるアプローチを導入するかたちで，近年，個人内の力動的な制御過程に着目した集中的な研究がなされている（Baumeister & Vohs, 2004）。先行研究では一貫して，自己制御や自己統制の低さが問題行動につながることが報告されている。国内外の研究で関連が示された問題行動は，不特定多数との性交渉といった性的リスク行動（Raffaelli & Crockett, 2003），薬物乱用（Block, Block, & Keyes, 1988），非行等の逸脱行為（原田・吉澤・吉田, 2009），犯罪行為（河野・岡本, 2001）に至るまで多岐にわたる。

社会的情報処理と自己制御の両アプローチは，大渕（2006）により整理された犯罪者のパーソ

ナリティ像とも明確に対応している。偏った欲望，関心，価値，社会的認知の歪み，知的能力の偏りは社会的情報処理におけるエラーやバイアスに包括される。また，衝動性の問題や接近型の情緒不安定性は，感情や行動の制御の問題を扱う自己制御研究で包括的に検討されている問題である。両アプローチの有効性は，犯罪者のパーソナリティ像を包括的に網羅できている点においても支持されている。

　反社会的行動の説明概念としての有効性に加え，両アプローチで得られる研究知見は，心理的介入における有用性をも兼ね備えている。あるパーソナリティ特性と反社会的行動との関連の強さが見出されたとしても，可変性の低い特性を介入の対象とすることは困難である。また，パーソナリティ障害による診断は，反社会的人物をカテゴリー化するうえで有用だが，各タイプに適した介入方法に関する情報は提供しない。一方で，心的過程に着目した両アプローチでは，問題のある処理スタイルや制御のあり方を同定できることにより，介入の具体的目標が明確化される。反社会的行動傾向の低減を目的とし，社会的情報処理そのものを修正する試みも行われはじめており（吉澤・吉田，2007），社会的貢献につながる研究アプローチとしての可能性をも内包している。

5 ■ 今後の展望

　近年の動向として社会的情報処理研究では，感情制御をモデルに組み込んだ研究（Lemerise & Arsenio, 2000）や，道徳性との融合を図る研究（Arsenio & Lemerise, 2004）など，より反社会的行動の説明に適したモデルが模索されている。多要因による説明が有効であるとされてきた犯罪・非行研究においては，こうした拡張モデルを発展させることにも意義があると考えられる。

　脳科学的基盤を仮定することで，近年急速に注目が集められている概念にサイコパス（psychopath）がある（Blair, Mitchell, & Blair, 2005/2009）。同概念は，情動面，対人関係面，行動面においてそれぞれスペクトラムをなす複合的成分から構成される障害であり，反社会的行動と関連の強い症候群として長い間検討の対象とされている。わが国においても，大隅・金山・杉浦・大平（2007）などの実証的研究が行われはじめている。今後は，社会的情報処理や自己制御などの心的過程を対象とした研究との連携を図ることも有益であろう。サイコパス研究で得られた神経生理学的基盤を有する研究知見と，心的過程モデルにもとづく研究から得られる知見との融合により，生物学的要因が心的過程をへて反社会的行動の生起へとつながる経路の解明に寄与するものと考えられる。

◆ 引用文献

Arsenio, W. F., & Lemerise, E. A. (2004). Aggression and moral development : Integrating social information processing and moral domain models. *Child Development*, **75**, 987-1002.

Baumeister, R. F., & Vohs, K. D. (2004). *Handbook of self-regulation : Research, theory, and applications.* New York : Guilford Press.

Blair, J., Mitchell, D., & Blair, K. (2009). サイコパス：冷淡な脳（福井裕輝，訳）．星和書店．(Blair, J., Mitchell, D., & Blair, K. (2005). *The psychopath : Emotion and the brain.* Oxford : Blackwell Publishing.)

Block, J., Block, J. H., & Keyes, S. (1988). Longitudinally foretelling drug usage in adolescence : Early childhood personality and environmental precursors. *Child Development*, **59**, 336-355.

Connor, D. F. (2008). 子どもと青年の攻撃性と反社会的行動：その発達理論と臨床介入のすべて（小野善郎，訳）．明石書店．(Connor, D. F. (2002). *Aggression and antisocial behavior in children and adolescents : Research and treatment.* New York : Guilford Press.)

Cooper, M. L., Wood, P. K., Orcutt, H. K., & Albino, A. (2003). Personality and the predisposition to engage in risky or problem behaviors during adolescence. *Journal of Personality and Social Psychology*, **84**, 390-410.

Crick, N. R., & Dodge, K. A. (1994). A review and reformulation of social information-processing mechanisms in children's social adjustment. *Psychological Bulletin*, **115**, 74-101.

Decuyper, M., De Pauw, S., De Fruyt, F., De Bolle, M., & De Clercq, B. J. (2009). A meta-analysis of psychopathy-, antisocial PD- and FFM associations. *European Journal of Personality*, **23**, 531-565.

Dodge, K. A., & Tomlin, A. M. (1987). Utilization of self-schemas as a mechanism of interpretational bias in aggressive children. *Social Cognition*, **5**, 280-300.

Goring, C. (1913・1972). *The English convict : A statistical study.* Motclair, NJ : Patterson Smith.

Gottfredson, M. R., & Hirschi, T. (1996). 犯罪の基礎理論（松本忠久，訳）．文憲堂．(Gottfredson, M. R., & Hirschi, T. (1990). *A general theory of crime.* Stanford, CA : Stanford University Press.)

Guzder, J., Paris, J., Zelkowitz, P., & Feldman, R. (1999). Psychological risk factors for borderline pathology in school-age children. *Journal of the American Academy of Child and Adolescent Psychiatry*, **38**, 206-212.

原田知佳・吉澤寛之・吉田俊和．(2009)．自己制御が社会的迷惑行為および逸脱行為に及ぼす影響：気質レベルと能力レベルからの検討．実験社会心理学研究，**48**, 122-136.

Huesmann, L. R., & Guerra, N. G. (1997). Children's normative beliefs about aggression and aggressive behavior. *Journal of Personality and Social Psychology*, **72**, 408-419.

Johnson, B. A., Brent, D. A., Connolly, J., Bridge, J., Matta, J., Constantine, D., Rather, C., & White, T. (1995). Familial aggregation of adolescent personality disorders. *Journal of the American Academy of Child and Adolescent Psychiatry*, **34**, 798-804.

Johnson, J. G., Cohen, P., Smailes, E., Kasen, S., Oldham, J. M., & Skodol, A. E. (2000). Adolescent personality disorders associated with violence and criminal behavior during adolescence and early adulthood. *American Journal of Psychiatry*, **157**, 1406-1412.

河野荘子・岡本英生．(2001)．犯罪者の自己統制，犯罪進度及び家庭環境の関連についての検討．犯罪心理学研究，**39**(1), 1-13.

Lemerise, E. A., & Arsenio, W. F. (2000). An integrated model of emotion processes and cognition in social information processing. *Child Development*, **71**, 107-118.

Lewinsohn, P. M., Rohde, P., Seeley, J. R., & Klein, D. N. (1997). Axis II psychopathology as a function of Axis I disorders in childhood and adolescence. *Journal of the American Academy of Child and Adolescent Psychiatry*, **36**, 1752-1759.

Lochman, J. E., & Dodge, K. A. (1994). Social-cognitive processes of severely violent, moderately aggressive, and nonaggressive boys. *Journal of Consulting and Clinical Psychology*, **62**, 366-374.

McGuire, J. (2004). *Understanding psychology and crime : Perspectives on theory and action.* Berkshire, England : Open University Press.

Miller, J. D., Lynam, D., & Leukefeld, C. (2003). Examining antisocial behavior through the lens of the five factor model of personality. *Aggressive Behavior*, **29**, 497-514.

Newcomb, M. D., & McGee, L. (1991). Influence of sensation seeking on general deviance and specific problem behaviors from adolescence to young adulthood. *Journal of Personality and Social Psychology*, **61**, 614-628.

大渕憲一．(2006)．心理学の世界 専門編：4 犯罪心理学：犯罪の原因をどこに求めるのか．培風館．

大隅尚広・金山範明・杉浦義典・大平英樹．(2007)．日本語版一次性・二次性サイコパシー尺度の信頼性と妥当性の検討．パーソナリティ研究，**16**, 117-120.

Raffaelli, M., & Crockett, J. L. (2003). Sexual risk taking in adolescence : The role of self-regulation and attraction to risk. *Developmental Psychology*, **39**, 1036-1046.

Savitz, L. D. (1972). Introduction. In G. Lombroso-Ferro (Ed.), *Criminal man* (pp.5-20). Motclair, NJ : Patterson Smith.

吉澤寛之・吉田俊和. (2007). 社会的情報処理の適応性を促進する心理教育プログラムの効果：中学生に対する実践研究. 犯罪心理学研究, **45**(2), 17-36.

Zelli, A., & Dodge, K. A. (1999). Personality development from the bottom up. In D. Cervone & Y. Shoda (Eds.), *The coherence of personality : Social-cognitive bases of consistency, variability, and organization* (pp. 94-126). New York : Guilford Press.

Zuckerman, M. (1979). *Sensation seeking : Beyond the optimal level of arousal.* Hillsdale, NJ : Lawrence Erlbaum Associates.

2節 いじめ・不登校

荒木 剛

　学校におけるいじめ・不登校が社会問題化して久しい。子どもをいじめから守る，あるいは不登校から脱するための手がかりを求めて，現在までに多くの研究が行われてきた。いじめの定義はさまざまなものが提唱されているが（森田・清永，1994；Olweus, 1993a；鈴木，2000；Swain, 1998），それらに共通しているのは，いじめは加害者から被害者への一方的かつ反復的な身体的・心理的・社会的な攻撃であり，しかも加害者と被害者は同一集団の成員である，という点である。不登校は，児童・生徒が登校しない，あるいは登校したくてもできない状態を指すが，その原因は身体的・心理的なものから社会的要因までさまざまである（山本，2007）。いじめが原因となっているケースも少なからずあるだろう。本節では，いじめと不登校をめぐる最近の研究をもとに，その実態，関連要因，パーソナリティ発達への影響などについてまとめてみたい。

1 ■ いじめと不登校の現状

　文部科学省は，いじめについては昭和60（1985）年度から，不登校については昭和41（1966）年度から，それぞれ全国規模の調査を実施している。図15.1に示した結果から読み取れる最近のいじめの傾向（平成18年度から21年度）として，全体の約4割に相当する学校でいじめの発生が認知されており，とくに小中学校でいじめが頻発している（文部科学省，2010a）。なお，全体として認知件数は減少傾向にある。学年別の認知件数では，学年が上がるにつれて増大して中学1年生で最大となり，その後は減少していく（図15.2）。しかし，いじめは通常それが発生した児童・生徒の集団外の者にはみえにくく，教師などの大人は基本的には集団外の人間であるので，教師がいじめの実態を正確に把握することはきわめて難しい。いじめの可視性の低さを考慮すれば，減少傾向にあることを示すデータをそのまま信用することは控えるべきかもしれない。不登校については，図15.3に示すように，ここ数年は横ばいの状況が続いている（文部科学省，2010b）。学年別にみていくと，いじめと同様に学年が上がるにつれて不登校生徒数が増大する傾向があり，中学3年生で最大となった後は減少に転じている（図15.4）。

　なお，いじめや不登校が社会問題化した当初は日本特有の現象として議論されることが多かったが，とくにいじめについては世界的に学校現場で頻発する問題行動であることが広く認識されるようになってきている（土屋・スミス・添田・折出，2005）。また，インターネット上でのいじめも世界的に問題視されるようになっている（Kowalski & Limber, 2007）。

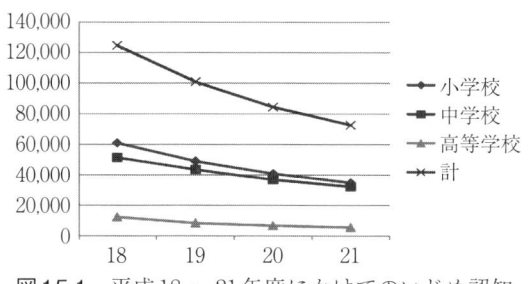

図15.1 平成18〜21年度にかけてのいじめ認知件数の推移（文部科学省, 2010a）

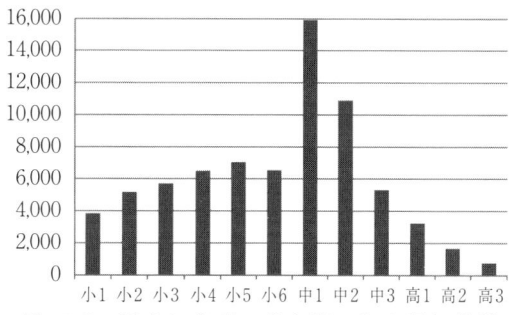

図15.2 平成21年度の学年別いじめ認知件数（文部科学省, 2010a）
注．特別支援学校の認知件数は除く。

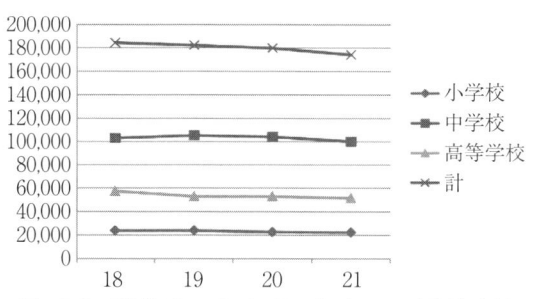

図15.3 平成18〜21年度にかけての不登校生徒数の推移（文部科学省, 2010b）

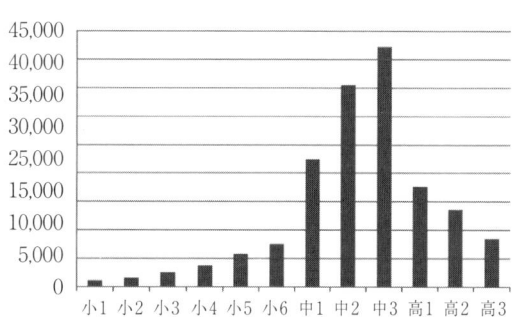

図15.4 平成21年度の学年別不登校生徒数（文部科学省, 2010a, 2010b）

2 ■ いじめ・不登校の発生と持続に関連する要因

　森田・清永（1994）は，いじめが発生している学級集団について，加害者，被害者，傍観者，観衆の4つの役割が存在するという4層構造論を提唱している。このなかでも，とくにいじめの持続や悪化に大きな影響をもつ層として，傍観者の役割を強調している。傍観者とは，いじめに積極的に加担するわけではないが，制止するわけでもなく，加害者のいじめ行為を黙認している児童・生徒たちである。傍観者の存在は，いじめを強化・促進する働きをもつ（Kärnä, Voeten, Poskiparta, & Salmivalli, 2010）。ただ，傍観者層のなかにはいじめを快くは思っておらず，時には止めに入ろうとする者も存在する。しかし，その者たちも他の観衆・傍観者からの支持をとりつけなければ，集団のなかで浮き上がってしまう。それは新たないじめのターゲットにされる危険を意味するため，状況により傍観者的態度といじめを止めに入る仲裁者的態度を使い分けることになる（森田・清永, 1994）。

　なお，いじめの加害者・被害者となる児童・生徒の特徴として，これまでに次のような要因が報告されている。まず，加害者にみられる特徴として，杉原ほか（杉原・宮田・桜井, 1986）は，「明るく活発で，外向的であり，学級内では目立つ存在である。そして，強靱な面をもっている反面，耐性・誠実さに欠け，落ち着きがない」としている。また，詫摩（1984）は，いじめっ子

のタイプとして，わがままな子，家庭内で満たされていない子，寛容度のない子，をあげている。松田ほか（松田・佐藤・福家・行本・片山, 1993）は，加害者は欲求不満耐性が低く，言いたいことが言えるタイプの者であることを指摘している。

これに対して，被害者に共通にみられる特徴としてよくあげられるものは，孤立している，周囲に不快感を与える，内向的，劣等感の強さ，非協調的，などである（古市・岡村・起塚・久戸瀬, 1986；古市・余公・前田, 1989；詫摩, 1984）。また，杉原ほか（1986）は，「内向的で，学級内でも消極的で目立たない存在であり，依存性が強く非常に神経質な面をもっている」としている。さらに，バーンスタインとワトソン（Bernstein & Watson, 1997）は被害者にみられる性格特徴として，心配・不安でいっぱいである，自尊心が低い，引っ込み思案で社会的に孤立している，感情のコントロールが下手である，などをあげており，フォックスとボウルトン（Fox & Boulton, 2005）では社会的スキルの低さも指摘されている。

以上の研究結果を整理すると，いじめ加害者は一般的に活発で行動的である反面，寛容性や誠実さに乏しいといえる。これに対して，いじめ被害者は総じて内向的で引っ込み思案であり，依存的で神経質であるという姿が浮かんでくる。しかし，このようなパーソナリティ要因が原因となっていじめを誘発したのか，他の原因が別にあっていじめが付随して生じているのか，あるいはいじめが原因となってこれらの諸特徴が表れたのかについては，議論がある（神村・向井, 1998；Parker & Asher, 1987）。いじめに関する研究は横断的調査や回顧的調査により行われることが多く，因果関係の推定が困難なためである。なお，滝（1992）は加害・被害生徒のパーソナリティにいじめの原因があるという考え方を「性格原因仮説」とよび，3年間に及ぶ追跡調査によりこれを検証している。その結果，性格原因仮説が指摘するパーソナリティ特徴は，加害者の場合は多少はあてはまるが被害者にはほとんどあてはまらない，という結論が得られた。これは，被害生徒の特徴として言及されやすいパーソナリティ要因は，いじめの原因ではなく結果であることを示唆している。加害者と被害者が重複する，あるいは入れ替わる場合も少なくない（森田・滝・秦・星野・若井, 1999）。単純に性格原因仮説にもとづいていじめを論じることは，いじめの実態をさらにみえにくくしてしまうだけかもしれない。

不登校の発生にかかわる要因については，文部科学省（2010a, 2010b）がきっかけとなった出来事を調査している。それによると，不登校のきっかけとして高い割合を示しているのは，小中学生の場合，親子関係や友人関係に関する問題である。高校生では学業の不振が最も高い割合を示すが，それに続いて，友人関係に関する問題があげられている。不登校経験のある生徒は人間関係形成のスキルが低い（曽山・本間・谷口, 2004），親子間の愛着や信頼関係に問題がある生徒は不登校傾向を示す（五十嵐・荻原, 2004；酒井・菅原・眞榮城・菅原・北村, 2002）など，人間関係上の問題が不登校の直接的あるいは間接的な原因となる可能性があると考えられる。

3 ■ いじめ・不登校とパーソナリティ発達

いじめは，被害者となった児童・生徒の適応状態とその後のパーソナリティ発達に深刻な悪

影響を及ぼす場合がある。被害直後から1年間ほどの間の短期的影響として現在までに報告があるものには，抑うつ，不安，自尊心の低下，孤独感など（坂西・岡本，2004；Bond, Carlin, Thomas, Rubin, & Patton, 2001；Kaltiala-Heino, Rimpela, Rantanen, & Rimpela, 2000；Nansel, Overpeck, Pilla, Ruan, Simons-Morton, & Scheidt, 2001）がある。たとえば1997年にフィンランドで行われた調査（Kaltiala-Heino et al., 2000）では，いじめ被害は抑うつ，不安，心身症的症状と強く関連することが明らかとなった。被害経験と加害経験を両方とも有する者は，この関連性がとくに強いことも報告されている。

いじめ被害の影響のなかには，被害後数年間にわたって観察され続けるものもある。オルウェウス（Olweus, 1993b）は男性87名を対象に縦断的調査を実施し，13〜16歳時にいじめを受けていた者は23歳時において抑うつ的であること，その効果は13〜16歳当時に受けたいじめ被害にともなう不適応の程度によって媒介されることを明らかにした。バグウェルほか（Bagwell, Newcomb, & Bukowski, 1998）は60名の児童を11歳から23歳に至るまで12年間にわたって追跡調査し，11歳時点で友人がいなくて仲間はずれにされていた者は23歳時点において適応状態が悪いという結果を得ている。これらの研究は，いじめ被害の後遺症ともよべる不適応状態が少なくとも7〜10年ほど持続する可能性があることを示したものとして評価できる。同様の結果は過去にいじめ被害を体験した者を対象とした回顧的調査においても得られている（荒木，2005；坂西，1995；香取，1999）。

不登校については，文部科学省が不登校経験のある中学生を卒業後5年が経過した後に調査し，現在の状況や不登校経験の受けとめ方などについて尋ねている（文部科学省，2001）。その結果，不登校に至った原因としては友人関係をめぐる問題が最も多く，また現在の課題として最も高い割合を示したのは「人づきあい」や「自己主張」などの人間関係に関する事柄であった。

いじめも不登校も，背景にあるのはどちらも学校という環境を中心とした人間関係上の問題である。子どもたちの人間関係に介入することでいじめや不登校を予防あるいは解消しようとする取り組みも各地で実践されており，一定の成果が上がっている（戸田，2005）が，決して十分とはいえないのが現状である。いじめや不登校の対策を講じていくにあたっては，いじめや不登校を未然に防止すること，発生してしまった場合に速やかに解消させること，当事者に対する長期的支援の方策など，多方面からの検討が不可欠となる。これらのすべてに学校現場のみで対応していくことは難しく，地域社会を含めたより広範な支援システムの確立が求められているといえるだろう。

◆ 引用文献

荒木 剛．（2005）．いじめ被害体験者の青年期後期におけるリズィリエンス（resilience）に寄与する要因について．パーソナリティ研究，**14**，54-68．

Bagwell, C. L., Newcomb, A. F., & Bukowski, W. M. (1998). Preadolescent friendship and peer rejection as predictors of adult adjustment. *Child Development*, **69**, 140-153.

坂西友秀.（1995）. いじめが被害者に及ぼす長期的な影響および被害者の自己認知と他の被害者認知の差. 社会心理学研究, **11**, 105-115.

坂西友秀・岡本祐子（編著）.（2004）. いじめ・いじめられる青少年の心：発達臨床心理学的考察. 北大路書房.

Bernstein, J. Y., & Watson, M. W. (1997). Children who are targets of bullying. *Journal of Interpersonal Violence*, **12**, 483-498.

Bond, L., Carlin, J. B., Thomas, L., Rubin, K., & Patton, G. (2001). Does bullying cause emotional problems? A prospective study of young teenagers. *British Medical Journal*, **323**, 480-484.

Fox, C. L., & Boulton, M. J. (2005). The social skills problems of victims of bullying : Self, peer and teacher perceptions. *British Journal of Educational Psychology*, **75**, 313-328.

古市裕一・岡村公恵・起塚孝子・久戸瀬敦子.（1986）. 小・中学校における「いじめ」問題の実態といじめっ子・いじめられっ子の心理的特徴. 岡山大学教育学部研究集録, **71**, 175-194..

古市裕一・余公俊春・前田典子.（1989）. いじめに関わる子どもたちの心理的特徴. 岡山大学教育学部研究集録, **81**, 121-128.

五十嵐哲也・荻原久子.（2004）. 中学生の不登校傾向と幼少期の父親および母親への愛着との関連. 教育心理学研究, **52**, 264-276.

Kaltiala-Heino, R., Rimpela, M., Rantanen, P., & Rimpela, A. (2000). Bullying at school : An indicator of adolescents at risk for mental disorders. *Journal of Adolescence*, **23**, 661-674.

神村栄一・向井隆代.（1998）. 学校のいじめに関する最近の研究動向：国内の実証的研究から. カウンセリング研究, **31**, 190-201.

Kärnä, A., Voeten, M., Poskiparta, E., & Salmivalli, C. (2010). Vulnerable children in varying classroom contexts : Bystanders' behaviors moderate the effects of risk factors on victimization. *Merrill-Palmer Quarterly*, **56**, 261-282.

香取早苗.（1999）. 過去のいじめ体験による心的影響と心の傷の回復方法に関する研究. カウンセリング研究, **32**, 1-13.

Kowalski, R. M., & Limber, S. P. (2007). Electronic bullying among middle school students. *Journal of Adolescent Health*, **41**, S22-S30.

松田伯彦・佐藤裕子・福家弘康・行本美香・片山美智代.（1993）. いじめに関する教育心理学的研究：特に中学生の場合. 日本教育心理学会第35回総会発表論文集, 339.

文部科学省.（2001）. 不登校に関する実態調査（平成5年度不登校生徒追跡調査報告書）について. 文部科学省. 〈http://www.mext.go.jp/b_menu/hakusho/nc/t20010912001/t20010912001.html〉（2011年7月1日）

文部科学省.（2010a）. 平成21年度児童生徒の問題行動等生徒指導上の諸問題に関する調査（暴力行為, いじめ, 高等学校不登校等）. 文部科学省. 〈http://www.mext.go.jp/b_menu/houdou/22/09_icsFiles/afieldfile/2010/09/14/1297352_01.pdf〉（2011年7月1日）

文部科学省.（2010b）. 平成21年度児童生徒の問題行動等生徒指導上の諸問題に関する調査（小中不登校, 8月速報値）. 文部科学省. 〈http://www.mext.go.jp/b_menu/houdou/22/08_icsFiles/afieldfile/2010/08/05/1296216_01.pdf〉（2011年7月1日）

森田洋司・清永賢二.（1994）. いじめ：教室の病い. 金子書房.

森田洋司・滝 充・秦 政春・星野周弘・若井彌一（編著）.（1999）. 日本のいじめ：予防・対応に生かすデータ集. 金子書房.

Nansel, T. R., Overpeck, M., Pilla, R. S., Ruan, W. J., Simons-Morton, B., & Scheidt, P. (2001). Bullying behaviors among US youth : Prevalence and association with psychosocial adjustment. *Journal of the American Medical Association*, **285**, 2094-2100.

Olweus, D. (1993a). *Bullying at school*. Oxford : Blackwell Publishing.

Olweus, D. (1993b). Victimization by peers : Antecedents and long-term outcomes. In K. H. Rubin & J. B. Asendorpf (Eds.), *Social withdrawal, inhibition, and shyness in childhood* (pp.315-341). Hillsdale, NJ : Erlbaum.

Parker, J. G., & Asher, S. R. (1987). Peer relations and later personal adjustment : Are low-accepted children at risk? *Psychological Bulletin*, **102**, 357-389.

酒井 厚・菅原ますみ・眞榮城和美・菅原健介・北村俊則.（2002）. 中学生の親および親友との信頼関係と学校適応. 教育心理学研究, **50**, 12-22.

曽山和彦・本間恵美子・谷口 清.（2004）. 不登校中学生のセルフエスティーム, 社会的スキルがストレス反応

に及ぼす影響．特殊教育学研究, **42**, 23-33.
杉原一昭・宮田　敬・桜井茂男．(1986)．「いじめっ子」と「いじめられっ子」の社会的地位とパーソナリティ特性の比較．筑波大学心理学研究, **8**, 63-72.
鈴木康平．(2000)．学校におけるいじめの心理．ナカニシヤ出版．
Swain, J. (1998). What does bullying really mean? *Educational Research*, **40**, 358-364.
滝　充．(1992)．"いじめ"行為の発生要因に関する実証的研究：質問紙法による追跡調査データを用いた諸仮説の整理と検証．教育社会学研究, **50**, 366-388.
詫摩武俊．(1984)．こんな子がいじめる，こんな子がいじめられる．山手書房．
戸田有一．(2005)．ピア・サポート実践とコミュニティ・モデルによる評価．土屋基規・スミス, P. K.・添田久美子・折出健二（編著），いじめととりくんだ国々：日本と世界の学校におけるいじめへの対応と施策（pp.84-103）．ミネルヴァ書房．
土屋基規・スミス, P. K.・添田久美子・折出健二（編著）．(2005)．いじめととりくんだ国々：日本と世界の学校におけるいじめへの対応と施策．ミネルヴァ書房．
山本　奨．(2007)．不登校状態に有効な教師による支援方法．教育心理学研究, **55**, 60-71.

3節 過度なダイエット

鈴木公啓

1 ■ ダイエットの定義

痩身（体型）を目指して行われる行為を「ダイエット」(dieting) という。心理学のさまざまな領域でダイエットに関する研究が行われており，背景にある心理的要因について数多くの検討がなされている。

a. 英語における使い方

"dieting" は本来，食事をコントロールすることを意味しており，痩せることだけではなく太ることも目的となる。そのため，痩せるためのダイエットは to lose weight といった修飾をつけ，dieting to lose weight と表現する。また，dieting はあくまでも食事による体重変化を意味しており，運動による体重変化を意味していない。食事ではなく運動で痩せる場合 exercising といい，dieting とは区別して使用される。そのため，dieting and exercising と並べて使用されることも多い。ちなみに，exercising の場合，たんに痩せることだけではなく，体を引き締めたり筋肉をつけたりすることも含まれる。

b. 現在の日本語における使い方

私たちは一般的に，日常生活において，広い範囲の行動をダイエットとみなしている。たとえば，食事制限や運動，サプリメントや薬剤の摂取，または器具の使用等がある。その種類はきわめて数多く，また，流行もみられる。心理学の研究においても，「見た目を細くしたり体重を減少させること，もしくは，その細くした体型や減少した体重を維持することを主な目的としておこなわれる行為」(鈴木, 2008) などの定義がなされており，痩身を目指して行われる行為全般，つまり，先述のような幅広い痩身希求行動を意味するものとしてダイエットという語が用いられている。

なお，近年では「気合いを入れてがんばって目標体重まで減らすために行うもの」というニュアンスがダイエットに含まれるようになり，ふだんからカロリーオフのものを選んだり，階段を使うなど身体をできるだけ動かしたりといったことは，ダイエットと認識されていない場合もある。そのため，研究の際には，ダイエットという用語の使い方に注意する必要がある。

c. 過度なダイエットの定義

現代の日本人女性においては，決してダイエットが必要なわけではないのにダイエットを行っている者，つまり，必要以上の痩身を目指してダイエットを行っている者が多い。この必要以上に痩せている状態を目指して行われるダイエットのことを，過度なダイエットということができる。なお，極端であり身体に負担をかけるようなダイエットも，過度なダイエットということが可能である。

以降は，ダイエットを実施することがとくに多い若年女性を中心に述べていくことにする。

2 ■ 過度なダイエットと痩身体型

痩身体型の人々の増加は，過度なダイエットを行う人々の増加を反映していると考えられる。

a. 近年の日本人女性のBMI

厚生労働省の「国民栄養調査」および文部科学省の「学校保健統計」のデータからは，20代の女性のBody Mass Index（BMI＝体重(kg)／身長(m)^2）がここ20年ほど20.5前後を推移していることがわかる（図15.5）。なお，10代や20代の若年層について「BMIが低下し続けている」という表現がなされることが多いが，実際は横ばいで推移しているため，適切な表現とはいえない。若年層におけるこの状況からは，すでに，下げ止まり状態となっているという解釈も可能である。30代と40代の女性のBMIは，1970年頃を境に低下に転じており，ここ10年ほどは急激に低下している。

国際比較からも，興味深い結果が得られている。国民一人あたり所得が高い国のなかで，日本はシンガポールやアラブ首長国連邦と並び，突出して痩せすぎ女性の比率が高い（図15.6）。このように，現代の日本人女性は，世界的にみてもきわめて痩せている。

ちなみに，日本肥満学会は22という値をBMIの「標準」としている。これは「平均的」なBMIではない。そのため，22を基準として体型が平均的であるのか，それとも痩身であるのか肥満であるのかといった判断を行うのは不適切といえる。BMIを扱う際には，その点について注意しておく必要がある。

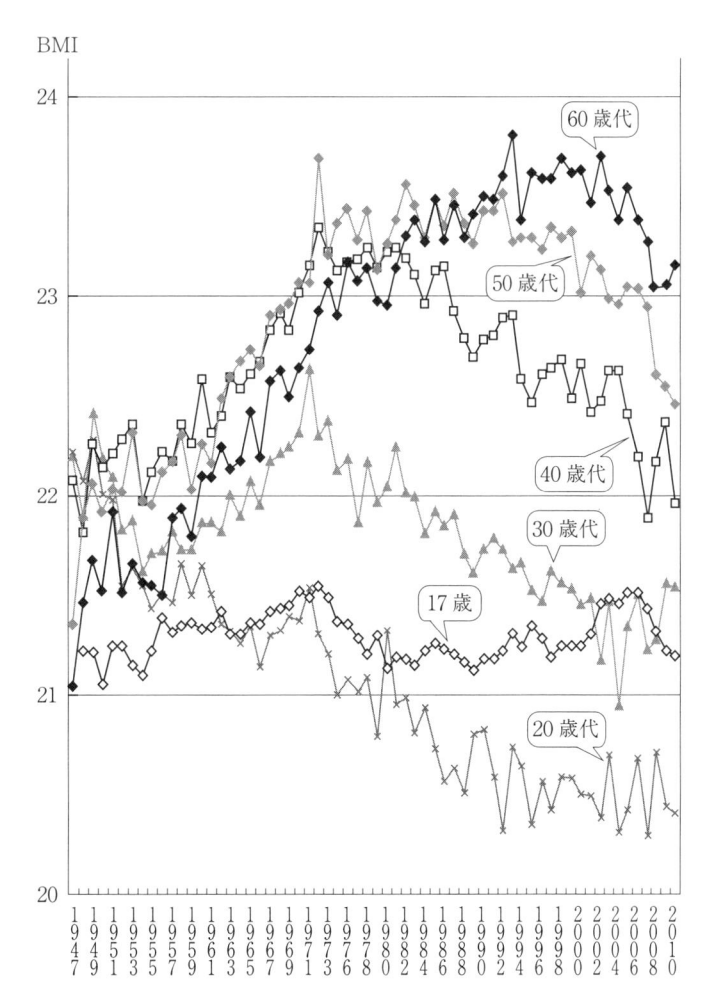

図15.5　1947年から2010年にかけての日本人女性のBMI（Body Mass Index）の変化（「社会実情データ図録 Honkawa Data Tribune」の「日本人の体格の変化（BMIの推移）」から許可を得て転載。なお，女性のデータのみ転載）

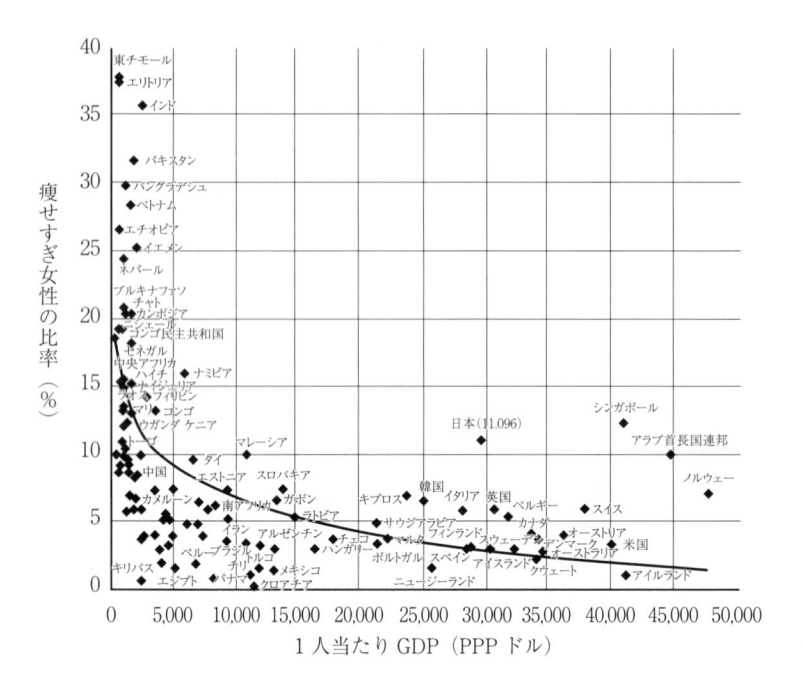

図15.6 112カ国における国民一人あたりGDP（PPP換算）と痩せすぎ女性（BMIが18.5未満）の比率（「社会実情データ図録 Honkawa Data Tribune」の「痩せすぎ女性比率の国際比較」から許可を得て転載）

b. 極端な痩身とその背景にある過度なダイエット

上述の世界的にみた日本人女性のBMIの低さ，また，図15.5で示されているような，17歳よりも20代のほうが痩せているという現象は，原因を生物学的要因に帰するのは難しい。これらの現象の背景には，生物学的要因以外の要因が存在しているのが明らかである。その主要なものとして，過度なダイエットがあげられる。

過度なダイエットが行われていることの証左として，摂取カロリーの低下があげられる。厚生労働省の「平成20年国民健康・栄養調査結果の概要」によると，20歳代の日本人女性の一日平均のカロリー摂取量は，2008年で1,652kcalとなっている。これは，食糧事情が極度に悪化していた敗戦の年（1945年）の日本国民（男女込み）の一日平均摂取量である1,793kcal（法政大学大原社会問題研究所，1964）よりも少ない値である。いかにカロリーを制限しているか，つまり，過度なダイエットを行っているかがうかがえる。

3 ■ 過度なダイエットと痩身願望および身体不満

なぜ過度なダイエットを行うのか。その理由の最も大きなものとしては，身体不満をもととした痩身願望の存在があげられる。身体不満が痩身願望へと結びつき，そして，過度なダイエットに結びついていく。

a. 痩身願望

痩身願望（drive for thinness）については，「自己の体重を減少させたり，体型をスリム化しようとする欲求で，食事制限，薬物，エステなど様々な痩身行動を動機付ける心理的要因」（馬場・菅原，2000）などの定義がなされており，研究ではこの定義が用いられることが多い。

大学生や高校生などを対象とした数多くの調査において，痩身願望を有している者が多いことが示されている。体型についての希望を尋ねる質問に対して「痩せたい」といった回答を行

う者はきわめて多く，その割合は8割や9割に上るという報告が多い（たとえば，桑原・栗原，2003）。また，この傾向は，ふつうの体型や肥満体型の者だけに限らない。痩身体型の者であっても，約半数の者が痩身願望を有していることが，明らかにされている（平野，2002；中井・佐藤・田村・杉浦・林，2004）。

また，理想のBMIを現在のBMIよりも低値に設定しているという報告も多い。たとえば，藤本ほか（藤本・池田・森田・宮城，1999）によると，女子大学生は実際のBMIである20.2よりも低値である18.4を理想としている。そして，この傾向は先と同様に，ふつうの体型や肥満体型の者だけに限らない。中井ほか（2004）は，痩せすぎの者においても，希望する理想体重が現在の体重より少ない値であることを報告している。

このように，痩身願望を有する者はひじょうに多い。肥満体型の者のみならず，平均的な体型の者や痩身体型の者であっても，さらに痩せたいと考えていることが明らかにされている。この強すぎる痩身願望が過度なダイエットを生じさせていると考えられる。

b. 身体不満

痩身願望は身体不満から生じる。身体不満とは，知覚した身体への情動としての反応ということができる。幅広い年齢層において，きわめて多くの女性が身体不満を有していることが，数多くの研究により報告されている。それらの研究によると，身体不満を有する者の割合は9割を超えている（たとえば，松井，2002）。

なお，日本人女性の身体不満がきわめて特徴的であることが知られている。中井（1997）は，日本人女性はカナダやアメリカの女性に比べBMIが低いにもかかわらず，身体不満を測定する尺度の得点が高いことを報告している。この他にも，日本人の身体不満が特徴的であるという報告が散見される（たとえば，藤瀬，2001）。このような特徴が，先に述べた世界的にみても顕著な痩せに影響を与えていることは間違いないであろう。

4 ■ 痩身願望や身体不満と関連する心理的要因

痩身願望や身体不満と関連する要因については，さまざまなものが扱われてきた。ここでは，比較的扱われることが多い心理的要因をいくつかとりあげることにする。

a. 承認欲求

痩身願望と関連する心理的要因の一つに承認欲求があげられる。承認欲求は印象管理への動機づけを高める要因である。これまでの研究により，承認欲求が痩身願望やダイエットと直接・間接的に関連していることが示されてきた（馬場・菅原，2000；鈴木，2005，2008；浦上・小島・沢宮・坂野，2009）。たとえば，承認欲求の一側面である賞賛獲得欲求と痩身願望には正の関連（$r = .31$）が認められている（馬場・菅原，2000）。痩身願望は他者に受容されるという目的達成への動機となり，そして，その目的達成のための手段としてダイエットが行われているといえる。このことは，痩身願望やダイエットに適応的な側面も存在することを示唆しているといえる。

b. 完全主義，自尊感情，抑うつ

完全主義，自尊感情，そして抑うつは，痩身願望やダイエットとの関連が検討されることが多い心理的要因である。それは，これらの心理的要因が，ダイエットとの関連がひんぱんに言及される摂食障害研究のなかでとくに扱われてきた要因であるということが関係しているであろう。完全主義にはいくつかの側面があり，その一部はダイエットに関連していることが知られている。たとえば，完全主義の一側面であるミスへの過度のとらわれとダイエット（や痩身願望等）との間には正の関連（$r = .43$）が認められている（Minarik & Ahrens, 1996）。また，自尊感情とダイエットの関連も知られている。中学生や高校生において，自尊感情とダイエット（や痩身願望等）との間に負の関連（中学生で$\beta = -.25$，高校生で$\beta = -.23$）があることが示されている（鈴木・伊藤，2001）。しかし，たとえば，ダイエットの背景にある身体不満は自尊感情と関連しており，それが自尊感情とダイエットとの結びつきとして表面的に現れている可能性がある。抑うつとダイエットの関連も知られているが，これも同様に，身体不満と抑うつの関連がもとになっている可能性がある。なお，抑うつがダイエットに影響しているのではなく，嘔吐などの過度なダイエットそのものやダイエットの失敗などが抑うつに影響を及ぼしている可能性もある。

このほかにも，さまざまな心理的要因とダイエットとの関連が検討されている。しかし，それらの要因と痩身願望およびダイエットとの関連については，十分には検討されていない。また，得られた知見の十分な体系化がなされているとはいいがたい状況である。そのため，今後検討すべきことは多い。

c. 古典的な要因

以前は，摂食障害との関連から，ダイエットや痩身願望の背景にある要因として，成熟拒否や女性性の拒否，また，母子関係等があげられることがあった。しかし，これまで古典的な摂食障害研究で言及されてきた要因が，現代の一般女性における痩身願望やダイエットの関連要因になるとは限らない（たとえば，馬場・菅原，2000）。

5 ■ 過度なダイエットの問題

過度なダイエットは多くの問題をはらんでいる。以前から，成長期の問題は言及されてきた。しかし近年では，児童期や妊娠期の過度なダイエットの存在とその問題が指摘されるようになってきている。

a. さまざまな年齢層における過度なダイエット

近年では，小学生などの低年齢層のダイエットが問題となってきている。文部科学省の学校保健統計調査によると，ここ10年ほどの幼稚園女児と小学生女子の体型が，若干ではあるが痩せに向かっていることが読み取れる。そこには，成人と同様に，ダイエットとそれを誘発する痩身願望の存在が考えられる。小学生女子の痩身願望の背景にある最大の要因は，「外見へのこだわり」，つまり装いへの志向性である。ジュニア・ファッション市場は成長し，小学生などの低年齢層でおしゃれを行う者も多い。このような状況では，低年齢層の女子の多くが外見を意識し，痩身願

望を有し，ひいては必要のないはずの過度なダイエットを行うのも不思議ではない。この時期の過度なダイエットは，卵巣機能の発達を阻害したり，生理不順を引き起こしたりしかねない。今後の動向に気をつけていく必要がある。

また，妊婦のダイエットも問題になってきている。妊娠中は適切な範囲での体重の増加が必要である。しかし，妊娠中でも必要以上のダイエット，つまり過度なダイエットを行う者が少なくないといわれている。過度なダイエットは近年の低出生体重児の増加の原因の一つと考えられている。妊娠中の過度なダイエットの問題は，最近注目されはじめたばかりであり，その背景の心理的要因については検討がなされていない状況である。そこには痩身願望が存在するであろうし，また，さまざまな心理的要因が関連しているであろう。今後積極的に検討すべき内容といえる。

b. 過度なダイエットと病理

過度なダイエットを，食行動異常や摂食障害の発症要因とする研究は多い。食行動異常は，過食や嘔吐などを含む食に関する極端な行動のことである。また，摂食障害は神経性食欲不振症（anorexia nervosa）や神経性過食症（bulimia nervosa），特定不能の摂食障害に分類される疾患である。これまで，完全主義などの心理的要因がどのように食行動異常や摂食障害と関連しているかについての検討がなされてきた。しかし，過度なダイエット，食行動異常，そして摂食障害にみられる共通の心理的要因，また，それらの移行に影響を及ぼしている心理的要因については，未だ十分に明らかにされていない。その点も，今後の解明が待たれるところである。

なお，多くの研究において，食行動異常や過度なダイエットといった用語が，内容についての十分な検討がなされないままに扱われている。用いている用語が異なっていても，実質的にはほぼ同じ内容の場合も多い。研究を行う際には，それぞれの内容について明確にしたうえで扱う必要がある。

6 ■ 今後の課題

ダイエットが若年女性を中心に広く行われている現状では，ダイエットの背景にある心理的要因について明確にしていくことは意義あることといえる。たとえば，心理教育的介入の際に有用な可能性がある。痩せることによるメリットが存在すると認識されている以上，また，そこにさまざまな心理的要因が関連している以上，過度なダイエットは身体にとって危険であるといった身体の問題に焦点を当てたメッセージは，提示しても簡単には伝わらないであろう。なぜ痩せようとするのか，その背景にある心理的要因を十分に理解したうえで対応していく必要がある。ダイエットの背景にある心理的要因についての検討は，心身ともにより健康的な生活を送るうえで有用な知見を提供すると期待される。

◆ 引用文献

馬場安希・菅原健介. (2000). 女子成年における痩身願望についての研究. 教育心理学研究, 48, 267-274.

藤本未央・池田千代子・森田光子・宮城重二．(1999)．女子大学生の肥満度とボディイメージ・ライフスタイル・セルフエスティームとの関連．女子栄養大学紀要，**30**，219-225．

藤瀬武彦．(2001)．日本人青年女性における体型の自己評価と理想像：アジア人及び欧米人青年女性との比較．新潟国際情報大学情報文化学部紀要，**4**，105-122．

平野和子．(2002)．女子学生のボディイメージとダイエット行動について．神戸文化短期大学研究紀要，**26**，1-12．

法政大学大原社会問題研究所（編）．(1964)．日本労働年鑑：特集版　太平洋戦争下の労働者状態．東洋経済新報社．

桑原礼子・栗原洋子．(2003)．女子大生におけるやせ志向調査と栄養教育．鎌倉女子大学紀要，**10**，103-109．

松井純子．(2002)．ダイエット行動とボディイメージ・痩身願望およびパーソナリティ特性との関連について．人間科学研究，**9**，43-52．

Minarik, M. L., & Ahrens, A. H. (1996). Relations of eating behavior and symptoms of depression and anxiety to the dimensions of perfectionism among undergraduate women. *Cognitive Therapy and Research*, **20**, 155-169.

中井義勝．(1997)．Eating Disorder Inventory（EDI）を用いた摂食障害患者の心理特性の検討．精神医学，**39**，47-50．

中井義勝・佐藤益子・田村和子・杉浦まり子・林　純子．(2004)．中学生，高校生，大学生を対象とした身体像と食行動および摂食障害の実態調査．精神医学，**46**，1269-1273．

社会実情データ図録 Honkawa Data Tribune．(2004)．日本人の体格の変化（BMIの推移）．社会実情データ図録 Honkawa Data Tribune．2012年6月25日〈http://www2.ttcn.ne.jp/honkawa/2200.html〉(2012年10月4日)

社会実情データ図録 Honkawa Data Tribune．(2006)．痩せすぎ女性比率の国際比較．社会実情データ図録 Honkawa Data Tribune．2011年1月25日〈http://www2.ttcn.ne.jp/honkawa/2205.html〉(2011年3月2日)

鈴木幹子・伊藤裕子．(2001)．女子成年における女性性受容と摂食障害傾向：自尊感情，身体満足度，異性意識を媒介として．青年心理学研究，**13**，31-46．

鈴木公啓．(2005)．装いと賞賛獲得欲求・拒否回避欲求との関連．パーソナリティ研究，**14**，230-231．

鈴木公啓．(2008)．「装い」としてのダイエットと痩身願望：印象管理の視点から．2007年度東洋大学大学院社会学研究科博士論文（未公刊）．

浦上涼子・小島弥生・沢宮容子・坂野雄二．(2009)．男子青年における痩身願望についての研究．教育心理学研究，**57**，263-273．

4 節　性感染症感染リスク

樋口匡貴

1 ■ 性感染症と感染リスク行動

　性感染症（sexually transmitted disease：STD）とは，性的接触により罹患する感染症の総称である。以前は性病予防法によって梅毒，淋病などが性病として指定されていたが，1999年より施行された「感染症の予防および感染症の患者に対する医療に関する法律」によって，後天性免疫不全症候群（AIDS），性器クラミジア感染症などを含め，性感染症とよばれるようになっている。国立感染症研究所感染症情報センターによると，性感染症に含まれるものにはB型肝炎，アメーバ赤痢，後天性免疫不全症候群（AIDS/HIV感染症），梅毒，性器クラミジア感染症，性器ヘルペスウイルス感染症，尖圭コンジローマ，淋菌感染症などがある。

　このうち後天性免疫不全症候群はAIDS（エイズ）という名前でよく知られている。ヒト免疫不全ウィルス（HIV）による感染症であり，治療をせずに放置した場合免疫力が徐々に低下し，さまざまな疾患に罹患しやすくなる。HIVに感染しており，さらにカンジダ症やカポジ肉腫，反復性肺炎など基準となるいくつかの疾患（AIDS指標疾患）のうち一つ以上が認められる場合に，AIDSが発症したと診断されることになる（日本性感染症学会，2011）。

　AIDSは現在の医療水準では完治させることが困難であるが，近年ではかつて恐れられていたような「必ず死に至る病」では決してなくなっており，死亡率は低下傾向にある。しかしながら日本ではHIVへの感染およびAIDSの発症は年々増加傾向にある。厚生労働省エイズ動向委員会報告によると，2008年末までに日本で報告されたHIV感染者およびAIDS患者の合計は15,451名，2009年末では16,903名，そして2010年12月までででは18,406名（HIV感染者：12,623名，AIDS患者：5,783名）であり，増加の一途をたどっている（数値はいずれも凝固因子製剤による感染者を除く）。

　HIVを含め，性感染症はその名が示すとおり性交渉によって感染するのが最大の特徴であり，オーラルセックスによって感染する場合もある。また多くの性感染症では，感染後に潜伏期間が存在する。たとえば梅毒では10〜90日程度，性器クラミジア感染症では1〜3週間程度，AIDSの場合は数年から10数年の潜伏期間がある。さらに潜伏期間をすぎても自覚症状が少ないままに病気の進行が進む場合もある。潜伏期間や自覚症状のない期間が存在することが，性感染症の感染拡大の一つの要因として指摘できる。

　性感染症の予防は日本にとって喫緊かつ重要な課題であるが，性交渉によって感染するという性感染症の特徴をふまえた場合，性交渉を行わない場合に感染確率はひじょうに低くなり，安全な性交渉の場合にも感染確率は低くなる。ホイルほか（Hoyle, Fejfar, & Miller, 2000）によると，性的に活動的な人々にとっての重要なリスクとは，HIVをはじめとする性感染症への感染および

望まない妊娠であり，その予防のために最も効果的な手段は，常にコンドームを適切に使用することである。一方で性感染症に感染するリスクの高い行動とは，①性交渉をすること，②安全でない性交渉をすること，③不特定多数との性交渉をすることなどがあげられる。

それでは，どのような場合に感染リスク行動は増大するのであろうか。本節では，性感染症の感染リスクとパーソナリティの関係について，数少ない先行研究を整理し，さらに，関連する尺度を紹介する。

2 ■ パーソナリティと性感染症感染リスク

性感染症感染リスクについては，とくに状況的な要因との関連が重要視されてきており，パーソナリティとの関連についての検討は相対的に少ない。しかしながら，いくつかの重要なパーソナリティ特性が，性感染症感染リスクと密接に関連するものとして指摘されている。

a. 興奮探求性

パーソナリティとリスクの高い性的行動との関連についての研究を包括的にレビューしたホイルほか（Hoyle et al., 2000）によると，性的リスク行動と関連するパーソナリティとして最も多く検討されているのが「興奮探求性」(sensation seeking) である。ホイルほか（Hoyle et al., 2000）が行ったメタ分析によると，過去の研究において性的なリスク行動との関連が報告されたパーソナリティ変数のうち，実に64％が興奮探求性であった。

興奮探求性についての検討を行ったツッカーマン（Zuckerman, 1994）によると，興奮探求性とは「多様で，新規で，複雑で，強烈な興奮や経験を探し求める特性として定義され，さらにそういった経験のために身体的，社会的，法的，そして金銭的なリスクをいとわない特性」のことである。ホイルほか（Hoyle et al., 2000）のメタ分析では，性交渉のパートナーの数，無防備な性交渉，ハイリスクな出会い（見ず知らずの他人との性交渉など）といったリスクの高い性的行動が，興奮探求性と正の相関を示していた。

興奮探求性とリスクの高い性的行動との関連を検討したドノヒューほか（Donohew, Zimmerman, Cupp, Novak, Colon, & Abell, 2000）は，たとえばセックスの前や最中にアルコールを飲んだりマリファナを使用する，望まないセックスをする，といったリスク行動について，興奮探求性が高い人々は低い人々に比べて，有意に得点が高いことを明らかにした。

興奮探求性については，リスクの高い行動のみならず（たとえば，Zuckerman, 1994），性的なリスク認知（メインパートナーがコンドームを使わないことについてのリスク認知など；Mehrotra, Noar, Zimmerman, & Palmgreen, 2009）とも関連することが明らかにされている。

b. 衝動性

パーソナリティとリスクの高い性的行動との包括的なレビューを行ったホイルほか（Hoyle et al., 2000）によると，衝動性（impulsivity；Eysenck & Eysenck, 1977）もまた，性感染症感染リスクと関連する重要なパーソナリティである。衝動性の高い個人とは，自らの行動の結果を考えることなく行動する人々である（Donohew et al., 2000）。ホイルほか（Hoyle et al., 2000）のメ

タ分析によると，興奮探求性ほどの強さではないものの，衝動性もまた，性交渉のパートナー数，無防備な性交渉，ハイリスクな出会いなどのリスクの高い性的行動と正の相関を示していた。

またドノヒューほか（Donohew et al., 2000）は，衝動的な意思決定をする人々はそうでない人々に比べて，セックスの経験数，セックスの前や最中におけるアルコールやマリファナの使用，といった多くのリスク行動が有意に多いことを示している。さらに興味深いことに，衝動性が高く，同時に興奮探求性も高い場合にはその結合効果が表れ，リスク行動との関連がとくに強くなることも明らかにされている。一方で衝動性および興奮探求性の両方が低い人々では，リスク行動との関連は弱いものであった。

さらに衝動性もまた興奮探求性と同様に，性的なリスク認知とも関連することが明らかになっている（たとえば，Mehrotra et al., 2009）。

c. ビッグファイブとの関連

リスクの高い性的行動とビッグファイブとの関連についても検討が行われている。たとえばトロストほか（Trobst, Wiggins, Costa, Herbst, McCrae, & Masters, 2000）は，HIV感染リスク行動とビッグファイブとの関連を検討した。その結果，経験への開放性が低い人は，情報処理の制約などによってリスクを正確に見積もることが困難になりやすいことが示されている。

ホイルほか（Hoyle et al., 2000）のメタ分析によると，ビッグファイブとリスクの高い性的行動との関連を扱った研究数は，セックスのパートナー数については3件，無防備な性交渉については2件，ハイリスクな出会いについては4件存在する。そして神経症傾向はパートナー数および無防備な性交渉と，誠実性の低さはパートナー数，無防備な性交渉，ハイリスクな出会いのそれぞれと関連することが示されている。

またミラーほか（Miller, Lynam, Zimmerman, Logan, Leukefeld, & Clayton, 2004）は481名を対象とした縦断研究によって，リスクの高い性的行動とビッグファイブとの関連を検討した。その結果，調和性の低さ，経験への開放性の低さ，外向性の高さが，現在までのセックスパートナーの数，セックスの前あるいは最中のドラッグやアルコールの使用，コンドームなしでの性交渉といったいくつかのリスクの高い性的行動と関連していることが示されている。

d. その他のパーソナリティとの関連

これまでに紹介してきたもの以外にも，いくつかのパーソナリティと性感染症感染リスクとの関連が検討されている。たとえばフルトンほか（Fulton, Marcus, & Payne, 2010）は，511名の大学生を対象にサイコパシー傾向とリスキーな性的行動との関連を検討している。Psychopathic Personality Inventory（PPI；Lilienfeld & Andrews, 1996）によって測定されたサイコパシー傾向のうち反社会的衝動性傾向については，男女ともにリスクの高い性的行動との正の関連が確認されたが，男性のほうがより強い関連であった。一方で恐れ知らず優勢傾向については男性においてのみリスクの高い性的行動と正の関連を示していた。

3 ■ 性感染症感染リスクと関連するさまざまな変数

　デヴィッサーとスミス（de Visser & Smith, 1999）は，異性間性交渉におけるコンドーム使用の予測要因に関する検討を行った。その結果，「コンドーム使用に関する同意があった」「他の避妊方法を使用した」といった状況的な要因のほうが，コンドーム使用に対する態度や，HIVやSTDに関する感染リスク認知といった個人差要因よりも，コンドーム使用と強く関連していることが示された。すなわち，性感染症感染リスクについては状況要因の検討が最重要であることを示唆している。

　しかし一方で，ミラーほか（Miller et al., 2004）は以下のような主張でパーソナリティ要因の重要性を指摘している。すなわち，パーソナリティ特性は比較的安定しており，さらにパーソナリティ特性の理解はリスクの高い性的行動を抑制するための介入方法の開発にとってはきわめて重要である。

　リスクの高い性的行動に関しては，本節においてこれまでに紹介してきた研究のほかにも，国内外における多くの研究が状況要因以外との関連を明らかにしている。たとえば尼崎・清水（2008）は，日本における大学生の性感染症予防に対する意識尺度を開発し，信頼性および妥当性の検討を試みた。その結果，大学生の性感染症予防に関する意識は，①状況優先的思考（例：パートナーが必要ないといったら，性感染症の予防をしないかもしれない），②性的開放性（例：その場限りの性的な関係であってもよい），③予防意識（例：パートナーに迷惑をかけないためにも，性感染症の予防は必要である），④楽観的思考（例：性感染症にかかっても，大したことはないだろう）という4因子構造となった。そしてこれら4下位尺度の合計得点が，最近の性交時におけるコンドームの使用状況を有意に説明することを明らかにしている。

　そこで以下では，個人の意識や信念，知識など，パーソナリティではないものの，個人の何らかの特性としてみなせる変数について，性感染症の感染リスクと関連するであろう尺度を紹介する。日本においてもこういった尺度を使用した検討が今後盛んに行われることが期待される。

　最初に紹介するのは"AIDS-Related Concern, Beliefs, and Communication Behavior Inventory"（AIDS CBCI；Brown & Bocarnea, 1998）である。この尺度はAIDSに関する懸念や信念，病気に関する他者との対人コミュニケーションの測定を試みたものであり，AIDSに関する教育プログラムの効果を検討するのに有用であるとされている。項目としては，「AIDSの問題はどの程度重要ですか？」「AIDSについて異性とどの程度話をすることがありますか？」といった質問に7段階で回答を求める形式のものに加え，「オーラルセックスからではAIDSウィルスには感染しない」といった知識を問う質問に対して，正しい，誤り，わからない，のいずれかで回答を求める形式のものがある。この尺度の得点については，たとえばAIDSに関する懸念の得点がAIDSに関する正確な知識と強い相関を示すなど，一定の妥当性が確認されている。

　また"Assessment of Knowledge and Beliefs About HIV/AIDS Among Adolescents"（Koopman & Reid, 1998）は，青年期の若者を対象にした尺度であり，HIV/AIDSに関する知識を測定する尺度と，HIV/AIDS予防に関する信念を測定する尺度の2種類の下位尺度から構成される。

知識尺度に関しては，①定義，②リスク行動，③ウィルス感染，④HIV感染による結果，⑤HIV検査，⑥予防，⑦安全な性行動とそうでない行動，の7種類の領域をカバーする。信念尺度の項目は，①知覚された脅威（自分の過去の行いから考えると，私はAIDSに感染する確率が高い），②安全な行為のための周囲からのサポート（安全なセックスについて教えてくれる友人がいる），③自己効力感（隠している場合であっても，コンドームを持ち運ぶことは恥ずかしすぎることだ），④ハイリスクな性的状況におけるセルフコントロール（コンドームを使おうといいだすことは，パートナーを信頼していないことを意味するだろう），⑤妊娠を望まない程度（すぐに子どもの世話をするには私は若すぎる），という5領域から構成されている。

これら2つの尺度は，とくにAIDSやHIVに限定したものであったが，その限定がない尺度も存在する。"Sexual Risk Behavior Beliefs and Self-Efficacy Scales"（SRBBS；Basen-Engquist, Mâsse, Coyle, Kirby, Parcel, Banspach, & Nodora, 1998）は，リスクの高い性的行動あるいは安全な行動に影響を及ぼす重要な心理社会的変数の測定のために開発された。合理的行為の理論（Fishbein & Ajzen, 1975）や社会的学習理論（Bandura, 1986），健康信念モデル（Rosenstock, 1974）といった健康行動にとって重要な理論やモデルをもとに開発された尺度である。具体的には，態度，規範，自己効力感，コンドーム使用への抵抗感のそれぞれを測定している。項目例としては「私と同年代であれば，恋人とセックスをしてもかまわないと，私自身は考えている」「私と同年代であれば，恋人とセックスをしてもかまわないと，私の友人のほとんどは考えているだろう」「お店でコンドームを買うのは恥ずかしい」といったものがあげられる。

4 ■ セイファーセックスの実行

性感染症を予防するためには，「セイファーセックス」（safer sex）の実行が大切だとされている。セイファーセックスとは，より安全なセックスを意味しており，性交やオーラルセックスの際に，常にそして適切にコンドームを使用することなどによって達成できる（たとえば，堀口・堀口・伊藤・簗瀬・大江・小川，2005）。性交渉のパートナーと避妊や性感染症について話し合いをすることもまた，セイファーセックスにとって大事な条件の一つである。

しかしながらある調査によると，調査対象者となった大学生の97％がコンドームの使用が性感染症の感染予防や望まない妊娠の予防に効果的であることを知っていたにもかかわらず，常にコンドームを使っていたのはわずかに40％であった（Thurman & Franklin, 1990）。自分自身の身を守り，大切なパートナーの身を守るためにも，自分自身のみならず，性交渉のパートナーの態度や信念，そしてパーソナリティを把握し，セイファーセックスを実践していくことこそが，性感染症の感染予防にとって非常に重要であるだろう。

◆ 引用文献

尼崎光洋・清水安夫．（2008）．大学生の性感染症予防に対する意識とコンドーム使用との関係：意識尺度の開発

と予測性の検討．日本公衆衛生雑誌，**55**，306-317．
Bandura, A.（1986）. *Social foundations of thought and action*. New Jersey : Prentice Hall.
Basen-Engquist, K., Mâsse, L. C., Coyle, K., Kirby, D., Parcel, G., Banspach, S., & Nodora, J.（1998）. Sexual risk behavior beliefs and self-efficacy scales. In C. M. Davis, W. L. Yarber, R. Bauserman, G. Shreer, & S. L. Davis（Eds.）, *Handbook of sexuality-related measures*（pp.541-544）. California : Sage Publication.
Brown, W. J., & Bocarnea, M. C.,（1998）. Assessing AIDS-related concern, beliefs, and communication behavior. In C. M. Davis, W. L. Yarber, R. Bauserman, G. Shreer, & S. L. Davis（Eds.）, *Handbook of sexuality-related measures*（pp.310-312）. California : Sage Publication.
de Visser, R. O., & Smith, A. M. A.（1999）. Predictors of heterosexual condom use: Characteristics of the situation are more important than characteristics of the individual. *Psychology, Health, & Medicine*, **4**, 265-279.
Donohew, L., Zimmerman, R. S., Cupp, P. S., Novak, S., Colon, S., & Abell, R.（2000）. Sensation seeking, impulsive decision-making, and risky sex : Implications for risk-taking and design of interventions. *Personality and Individual Differences*, **28**, 1079-1091.
Eysenck, S. B., & Eysenck, H. J.（1977）. The place of impulsiveness in a dimensional system of personality description. *British Journal of Social and Clinical Psychology*, **16**, 57-68.
Fishbein, M., & Ajzen, I.（1975）. *Beliefs, attitudes, intentions, and behavior : An introduction to theory and research*. Masachusetts : Addison-Wesley.
Fulton, J. J., Marcus, D. K., & Payne, K. T.（2010）. Psychopathic personality traits and risky sexual behavior in college students. *Personality and Individual Differences*, **49**, 29-33.
堀口貞夫・堀口雅子・伊藤　悟・簗瀬竜太・大江千束・小川葉子．（2005）．10代からのセイファーセックス入門．緑風出版．
Hoyle, R. H., Fejfar, M. C., & Miller, J. D.（2000）. Personality and sexual risk taking : A quantitative review. *Journal of Personality*, **68**, 1203-1231.
Koopman, C., & Reid, H.（1998）. Assessment of knowledge and beliefs about HIV/AIDS among adolescents. In C. M. Davis, W. L. Yarber, R. Bauserman, G. Shreer, & S. L. Davis（Eds.）, *Handbook of sexuality-related measures*（pp.321-324）. California : Sage Publication.
Lilienfeld, S. O., & Andrews, B. P.（1996）. Development and preliminary validation of a self-report measure of psychopathic personality traits in noncriminal populations. *Journal of Personality Assessment*, **66**, 488-524.
Mehrotra, P., Noar, S. M., Zimmerman, R. S., & Palmgreen, P.（2009）. Demographic and personality factors as predictors of HIV/STD partner-specific risk perceptions : Implications for interventions. *AIDS Education and Prevention*, **21**, 39-54.
Miller, J. D., Lynam, D., Zimmerman, R. S., Logan, T. K., Leukefeld, C., & Clayton, R.（2004）. The utility of the Five Factor Model in understanding risky sexual behavior. *Personality and Individual Differences*, **36**, 1611-1626.
日本性感染症学会．（2011）．性感染症 診断・治療ガイドライン．日本性感染症学会誌，**22**(1)．
Rosenstock, I. M.（1974）. Historical origins of the health belief model. In M. H. Becker（Ed.）, *The health belief model and personal health behavior* : Vol.2（pp.328-335）. New Jersey : Charles B. Slack.
Thurman, Q. C., & Franklin, K. M.（1990）. AIDS and college health : Knowledge, threat, and prevention at northeastern university. *Journal of American College Health*, **38**, 179-184.
Trobst, K. K., Wiggins, J. S., Costa, P. T., Jr., Herbst, J. H., McCrae, R. R., & Masters, H. L. III（2000）. Personality psychology and problem behaviors : HIV risk and the Five-Factor Model. *Journal of Personality*, **68**, 1233-1252.
Zuckerman, M.（1994）. *Behavioral expression and biosocial bases of sensation seeking*. New York : Cambridge University Press.

IV 部
パーソナリティのポジティビティ

　IV部では，パーソナリティのポジティブな側面に注目し，16章では主に身体的・精神的健康とパーソナリティとの関連について，17章ではポジティブ心理学の流れを背景とするポジティブ感情やポジティブ特性に関する研究動向について，論じた。

　身体的・精神的健康とパーソナリティの関連は，概説となる16章1節でも紹介されているように，古くから関心を集めてきた。ただ，パーソナリティ研究という領域からの視点に立つと，その内容は個々のトピックス中心で，パーソナリティをどうとらえるかという統合的な視点に欠けるように思われる。本書では，概説に引き続き，生理学的立場，健康生成論的立場など，最近進展の著しい領域からのアプローチを紹介するとともに，レジリエンスやストレスなど，健康と深いかかわりをもつ重要なテーマに関する解説を加え，幅広い視点から両者の関連を展望した。

　1998年にセリグマン（Seligman, M. E. P.）によって提唱されたポジティブ心理学は，その後10数年の間に著しい発展をみせている。人間のポジティブな側面に注目し，強み（ストレングス）を引き出そうとする試みは，パーソナリティ心理学とも重要な関連をもつ。概説として最近の研究動向を紹介するとともに，ポジティブ心理学の多様な研究領域のなかから，数多くの成果が蓄積されつつある，主観的ウェルビーイング，ポジティブ感情，ポジティブ・イリュージョン，ヒューマン・ストレングス研究をとりあげ解説した。

　いずれの章も，ともすると精神的不調からの回復に焦点をあわせがちなパーソナリティ研究の動向を，日常生活をよりポジティブに送ることにどう関与できるかという視点へと拡張する方向性を示す内容として，関心をもって受けとめていただけることを期待したい。

（堀毛一也）

16章　パーソナリティと健康

1節　パーソナリティと健康

堀毛裕子

1 ■ 健康とは何か

a.「健康」の意味するもの

　パーソナリティと健康については，比較的長い期間にわたって研究が蓄積されてきた。両者の直接的な関係を検討しようとする初期の研究に対し，最近では，健康に影響するさまざまな行動とパーソナリティとの関係を探るという視点から，多くの研究が行われている（Stone & McCrae, 2007）。

　ところで，健康とは何であろうか。健康の定義としてよく知られているのは，世界保健機関（World Health Organization：WHO）の憲章の序文に示されたものである。そこでは，健康は「たんに病気でないとか，虚弱でないというだけでなく，身体的，精神的そして社会的に完全に良好な状態（well-being）」（WHO, 1946；堀毛, 2004）とされている。さらに1998年のWHO憲章の見直しの際には，改訂には至らなかったものの，スピリチュアルな要素を加えることについても検討が行われた（島井・長田・小玉, 2009）。

　また，1978年にWHOとUNICEFが共催する国際会議で提示された「アルマ・アタ宣言」では，健康を基本的人権ととらえ，さらに1986年にWHOとカナダ政府との共催による国際会議で採択された「ヘルスプロモーションに関するオタワ憲章」で，健康は人生の目標ではなく，生活の資源とみなされるべきであるとされた。ここでは健康の前提条件として，平和，安全な居所，教育，食物，収入，安定したエコ・システム，持続的資源，社会的公正があげられており，健康の改善と促進のためには，個人に対する健康教育とともに，社会的・環境的・経済的状況を変化させるような環境的介入も重要であるとしている（堀毛, 2009）。

このようにみてくると,「健康」が意味するところは一般に考えられるよりもはるかに社会的なものであり,個人の日々の生活から生き方全般に及ぶだけではなく,制度的な枠組みまでを含めた,きわめて幅広い概念であることが理解されよう。

b. 健康に対する生物・心理・社会的アプローチ

「健康」に比べてイメージしやすいと思われる「病気」すなわち心身の不調についても,その原因や対処法に関する考え方は一律ではなく,時代や文化によってさまざまに異なる(堀毛,1997)。日常生活において人々が病気の原因をどのようにとらえ,どのような対処法を用いるかは,文化的に構成されたものであり,古くは,心身の不調をたとえば神や悪魔の仕業と考えてきた歴史があった(Zilboorg, 1941/1975;Ellenberger, 1970/1980;Kleinman, 1980/1992)。進歩した医療技術を享受している現代の私たちの日常生活においてさえも,無病息災を祈る行事や病気平癒のお守りは,なお受け継がれている。また病気は,セルフイメージや家族関係の変化,経済的な問題などにつながることもある。人々にとって,病気の体験は医学的診断以上のさまざまな意味をもつのである。したがって,生物学的・生理学的意味での医学的実体としての疾病や疾患(disease)と,生活者にとっての心理社会的な意味までを含めた病い(illness)とを区別するならば,パーソナリティと健康との関連を考える際には,その双方を扱うことが必要となる(堀毛,1997)。

ところで近年,栄養状態や衛生状態の改善,医療技術の進歩などを背景として,死亡の原因となる疾患には顕著な変化が現れている。これは疾病構造の変化とよばれる現象であるが,このことが,健康問題に対する心理学的アプローチの必要性をもたらす一つの契機になったと思われる。

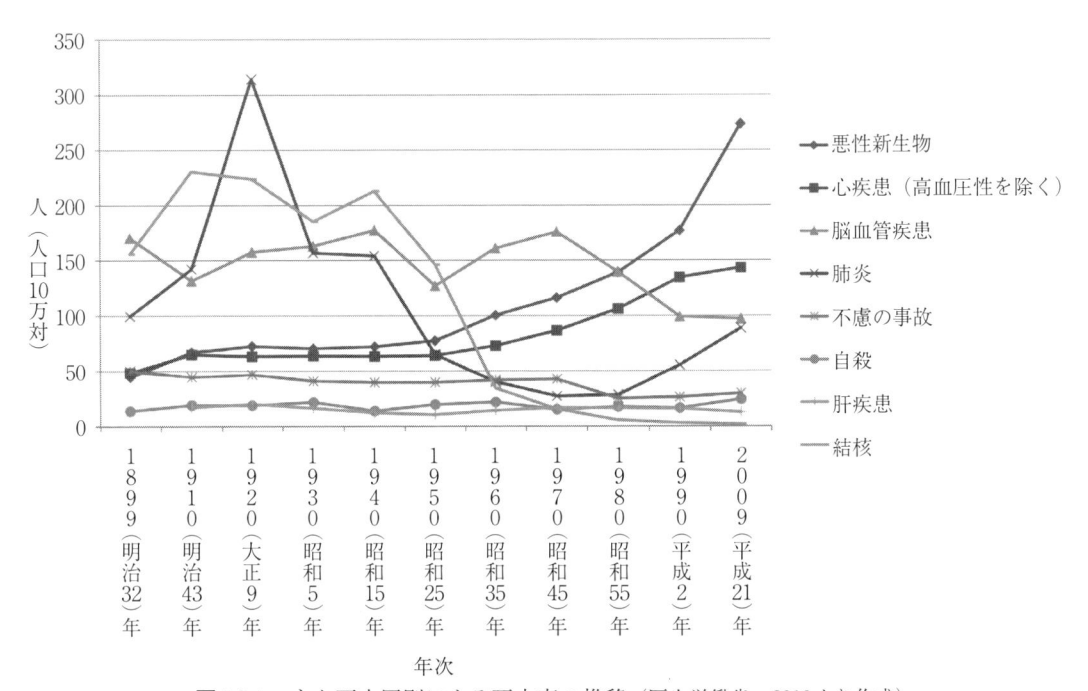

図16.1 主な死亡因別による死亡率の推移(厚生労働省,2010より作成)

図16.1に示すとおり，日本における19世紀末から現代までの死亡因別の死亡率をみると，1899年から1940年頃までは結核や肺炎，脳血管疾患が主な死因であるが，1960年頃からは結核と肺炎が減少し，かわって悪性新生物（がん）や心疾患および脳血管疾患が死因の上位を占めるようになってきている。この間に疾病の分類体系や死因選択ルールに変更があったとはいえ，主な死亡因が，感染症から，従来は成人病とよばれた疾患へと変化していることは明らかである。成人病という名称は，がん・脳卒中・心臓病のほか，高血圧症・糖尿病・動脈硬化・慢性の肝臓病や呼吸器病，腎臓病など，加齢の影響が大きいと考えられる疾患の総称として，昭和30年代初頭から厚生省が用いた行政用語である。しかしこれらの疾患では，一般に疾病の発生に影響する3つの要因（遺伝・外部環境・生活習慣）のうち，とくに生活習慣の与える影響が大きいことが明らかになり，現在は「生活習慣病」（life-style related disease）という名称が用いられている（堀毛，2000）。

感染症が主な死亡因である時代には，健康と病気はある意味で区別されやすく，またそこにパーソナリティ要因の関与が検討される余地は少なかったと思われる。しかしながら，生活習慣病のような疾患の予防や治療においては，まさに疾患に結びつくような生活習慣について，その行動の形成や変容が課題となることでパーソナリティの領域との関連が生じてきた。このようななかで，人間を統合的にとらえまた多層的にみるためには，従来の生物医学モデルでは不十分であるとして，生物・心理・社会（bio-psycho-social）モデルによるアプローチ（Engel, 1977）が一般的となっており，身体疾患の予防・治療についても，心理学的なかかわりが不可欠となっている。長寿社会となり，慢性疾患をかかえながら，あるいは終末期も含めて，いかによりよく生きるか，という個人の生活の質（quality of life：QOL）も重要な課題となってきた。このような流れのなかで，健康の問題を幅広くとらえ，身体疾患も心理学的検討の対象とすることによって，健康とパーソナリティの関連についての研究は増加の一途をたどっている。

2 ■ 健康にかかわるパーソナリティ要因

a. 疾病に結びつくパーソナリティ

これまでの健康とパーソナリティに関する研究は，疾病の危険因子や関連要因のようないわば健康阻害要因としてのパーソナリティと，疾病からの回復を早めたり予防したりする健康促進要因としてのパーソナリティを対象とするものとに区別することができよう。

このうち健康阻害要因としてのパーソナリティという視点に関連して，心身相関の概念や，疾病の発症や進行に関与する一定の思考・感情や行動などがあるという考え方は，古代ギリシアのヒポクラテス（Hippocrates）やプラトン（Platon）にさかのぼることができる（Smith & Gallo, 2001；Bass, 2007）。

疾病とパーソナリティとの関係についての先駆となる科学的な研究は，冠状動脈性心疾患（coronary heart disease：CHD）とタイプA行動に関するものである（Friedman & Rosenman, 1959, 1974/1993）。タイプA行動とは，時間的切迫感や過度の競争心，攻撃性や敵意などの情緒

反応の複合体であり，その正反対のタイプBの人と比べて，CHDになる確率は2倍以上も高いことが示された。タイプAの概念については問題も指摘されているが，構成的面接で測定されたタイプA行動がCHDの危険因子であることは，メタ分析から確認されている。その後の研究では，タイプAの構成要素の一つである特性としての敵意が，CHDと結びつくことなどが報告されている（Contrada & Goyal, 2005）。フリードマンとローゼンマン（Friedman & Rosenman, 1974/1993）は，タイプA行動について，パーソナリティという表現を用いていないが，その業績は現在，パーソナリティ特徴を含むものとしてとらえられている。

b. パーソナリティの概念と健康

健康とパーソナリティの関連を考える際には，パーソナリティをどのように定義するかという問題も重要である。パーソナリティという概念の定義にはさまざまな議論があるが，コントラーダとゴヤル（Contrada & Goyal, 2005）は，大きく分類すれば，時間や場所を超えて安定している，心理的活動における個人差を記述する全体的な傾向性（global disposition）と考える立場と，行動について状況的な影響を媒介する社会・認知的過程に関連する，より限定されたパーソナリティのユニットを強調する立場の，ふたとおりであるとしている。

この区分に従えば，上述のタイプA行動は，傾向性という視点からのパーソナリティといえる。傾向性としてのパーソナリティでは，またテモショックとドレイアー（Temoshok & Dreher, 1992/1997）が，がん（cancer）になりやすい行動パターンとして，怒りや不安などのネガティブな感情を表出せず，対人関係においては忍耐強く協力的で控えめであり，権威に対して従順で自己犠牲的，というタイプCを提唱している。しかしその後タイプCについては，それが単一の特徴といえるかどうかや，がんの発症や進行への影響などが不明確であることが指摘されている。さらに最近では，ネガティブ感情と社会的抑制を特徴とするタイプD（the distressed personality）が心臓血管系疾患と関連する，という知見が蓄積されつつある（Pedersen & Denollet, 2006）。これらの特定の疾患と結びつくとされるタイプAやタイプC，タイプDについては，研究の進展とともに，とくにそのネガティブな感情の種類や表出のあり方が，疾患の発症や進行にかかわる中心的な問題と考えられるようになっている。また，思考や感情や行動などの一貫したパターンを示すような個人差の次元（McCrae & Costa, 1990）として，ビッグファイブとよばれる5つのパーソナリティ特性があげられるが，これらの特性と健康との関連についてもさまざまな研究が報告されている。たとえばボッグとロバーツ（Bogg & Roberts, 2004）は，運動，喫煙，暴力などさまざまな健康関連行動に関する194の研究についてメタ分析を行い，誠実性（conscientiousness）は，健康に資するような行動とは正の関係にあり，逆に危険因子となるような行動とは負の関係にあることを見出している。

2つの区分のうちパーソナリティを社会・認知的過程としてとらえる立場からは，コントロールに関連した信念と健康との関連を検討した研究がある。たとえば，1966年にロッター（Rotter, J. B.）がローカス・オブ・コントロール（locus of control）の概念を提唱して内的統制と外的統制の測定尺度を公表してから，健康問題との関連についても多くの研究が報告され，一般的には内的統制のほうが外的統制よりも健康状態がよいことが確認されている。さらに健康問題全

般にかかわるコントロール信念であるヘルス・ローカス・オブ・コントロール（health locus of control）を測定するための多次元的尺度（Wallston, Wallston, & DeVellis, 1978）などが開発され，健康や病気との関連が検討された（堀毛・吉田，2001）。そのほかにも多様なコントロール概念が提唱されており，健康との関連についての研究が数多く報告されている（Steptoe & Appels, 1989/1995）。

ロッターのローカス・オブ・コントロールが結果を決定するものは何かという結果期待であるのに対し，バンデューラ（Bandura, A.）の社会的学習理論における自己効力感は効力期待であり，自分にその結果をもたらす力があるかどうかにかかわるものである。本来，自己効力感は状況に特異的なものであるが，一般化された自己効力感の概念も提唱され，それらと健康行動や病気への適応に関する多数の研究がある（Contrada & Goyal, 2005）。社会・認知的過程としてのパーソナリティと健康との関係については，そのほかにもたとえば楽観性（optimism）に関する検討がなされており，楽観的な人は適応的で健康的な行動をとることが確認されている（Taylor & Sherman, 2004）。

さらに，アントノフスキー（Antonovsky, 1987/2001）による健康生成論の中核的概念の一つで，個人の生活全般への志向性を示す首尾一貫感覚（sense of coherence：SOC）は健康を促進するものとされるが，これも傾向性というよりも社会・認知的過程としてのパーソナリティ概念として理解することができよう（本章3節参照）。SOCは自分の生活世界は首尾一貫しているという感覚であって，心理的健康や主観的健康感だけではなく身体的健康との関係についても，国内外の多数の研究成果が報告されている（山崎・戸ヶ里・坂野，2008）。

3 ■ パーソナリティと健康をつなぐメカニズム

a. 生理学的過程

前項までは主にパーソナリティが健康に及ぼす影響についてとりあげてきたが，パーソナリティと健康の関係は一方向的なものではなく，健康状態もまた個人のパーソナリティに影響を与えることに留意する必要がある。重篤な病気や障害に悩む人々は，不安や抑うつ，怒りや絶望などを経験することも多く，また，風邪や腰痛などの軽い問題であっても，一時的にネガティブな思考や感情をもたらすことがある（Cohen & Rodriguez, 1995）。このようなネガティブな感情や思考はまた，健康状態に影響すると考えられ，逆にネガティブな思考や感情を克服した患者は，回復を早めることができる。さらに，最近のポジティブ心理学の隆盛のなかで，ポジティブ感情が健康に及ぼす影響に関する研究が蓄積されつつある（島井，2006；大竹，2010）。パーソナリティの一部としての感情や情動は，とくに生理学的なメカニズムを含めて健康の問題に深く関与していることがうかがえる。

パーソナリティと健康との関係は双方向的なものであるが，近年は両者をつなぐメカニズムに関する研究も盛んに行われている。そのうちの一つのレベルは，生理学的過程に関する検討であり，健康心理学のみならず，心理生理学（psychophysiology）や精神神経免疫学（psychoneuro-

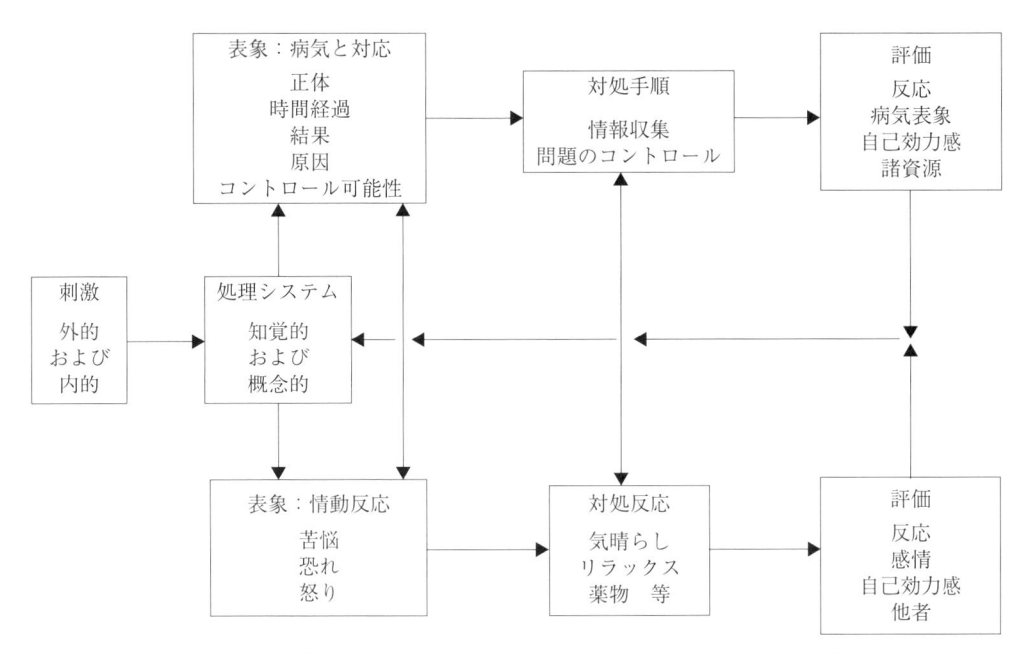

図16.2 自己制御理論における並行モデル（Leventhal et al., 2001より筆者訳）

immunology）の領域からの知見も増加している（本章2節参照）。

b．行動的メカニズム

パーソナリティと健康をつなぐメカニズムのもう一つのレベルは，行動にかかわるものである。しかし，生理学的メカニズムと行動的メカニズムとは相互に関連するものであり，双方をより大きな統合的枠組みのなかでとらえることが有益であろう。そのような枠組みの一つがラザルスとフォルクマン（Lazarus & Folkman, 1984）による心理学的ストレス理論（ストレスコーピング・モデル）である。パーソナリティは，ストレッサーの認知的評価とコーピングだけではなく，個人の選択や志向性などによって，ストレスフルな事象にさらされるかどうか自体にも影響を及ぼし，またコーピングに続く心理生理的な反応とも関連する。こうしたダイナミックな相互作用モデル（transactional model）にもとづくストレスコーピングについては，本章5節でとりあげられている。

パーソナリティと健康との関係について統合的にとらえようとするもう一つの枠組みとして，自己制御理論（self-regulation theory, self-regulatory theory）があげられる。自己制御理論にはさまざまなものが含まれるが，個人が問題を乗り越え自分の対応を変化させていくという，主体的な課題解決能力を想定している点でいずれも共通している（堀毛, 1997）。また，自己制御理論とよばれる理論はすべて，進行中の制御過程を扱う際に，現状に対する認知や表象（representation），脅威を制御するためのプランや手順（procedure），そして結果の評価（appraisal）の3つの要因を含むものである。これらの理論は，カーヴァーとシェイヤー（Carver, C. S. & Sheier, M. F.）が示すようなフィードバック・ループの概念を取り入れていることや，変化によって目指す目標（goal）や基準（standard）という概念を用いることでも共通しており，また多くのモ

デルが多層的なパースペクティブをもつ (Leventhal, Leventhal, & Cameron, 2001；Contrada & Goyal, 2005)。図16.2は，レーヴェンサールほか (Leventhal et al., 2001) による自己制御モデルであるが，上の並びは個人の心身の主観的経験等の過程を示し，下はそれに対する感情と対処の過程を示すという，並列モデルとなっている。

◆ 引用文献

Antonovsky, A. (2001). 健康の謎を解く：ストレス対処と健康保持のメカニズム (山崎喜比古・吉井清子，監訳). 有信堂. (Antonovsky, A. (1987). *Unraveling the mystery of health : How people manage stress and stay well*. San Francisco : Jossey-Bass Publishers.)

Bass, C. (2007). Psychosomatics. In S. Ayers, A. Baum, C. McManus, S. Newman, K. Wallston, J. Weinman, & R. West (Eds.), *Cambridge handbook of psychology, health and medicine* (2nd ed., pp.173-177). Cambridge : Cambridge University Press.

Bogg, T., & Roberts, B. W. (2004). Conscientiousness and health-related behaviors : A meta-analysis of the leading behavioral contributors to mortality. *Psychological Bulletin*, **130**, 887-919.

Cohen, S., & Rodriguez, M. S. (1995). Pathways linking affective disturbances and physical disorders. *Health Psychology*, **14**, 374-380.

Contrada, R. J., & Goyal, T. M. (2005). Individual difference, health and illness : The role of emotional traits and generalized expectancies. In S. Sutton, A. Baum, & M. Johnston (Eds.), *The Sage handbook of health psychology* (pp.143-168). London : Sage Publication.

Ellenberger, H. F. (1980). 無意識の発見：力動精神医学発達史 (木村 敏・中井久夫，監訳). 弘文堂. (Ellenberger, H. F. (1970). *The discovery of the unconscious : The history and evolution of dynamic psychiatry*. New York : Basic Books.)

Engel, G. L. (1977). The need for a new medical model : A challenge for biomedicine. *Science*, **196**, 129-136.

Friedman, M., & Rosenman, R. H. (1959). Association of specific overt behavior pattern with blood and cardiovascular findings. *Journal of the American Medical Association*, **169**, 1286-1296.

Friedman, M., & Rosenman, R. H. (1993). タイプA性格と心臓病 (河野友信，監修，新里里春，訳). 創元社. (Friedman, M., & Rosenman, R. H. (1974). *Type A behavior and your heart*. New York : Alfred A. Knopf.)

堀毛裕子. (1997). 健康関連行動の理論. 島井哲史 (編)，健康心理学 (pp.71-86). 培風館.

堀毛裕子. (2000). 生活習慣病者のセルフケア. 岡堂哲雄 (編)，現代のエスプリ：別冊　ヒューマンケア心理学シリーズ1　患者の心理 (pp.232-244). 至文堂.

堀毛裕子. (2004). 心の健康と適応. 大坊郁夫 (編)，わたしそしてわれわれ (ミレニアムバージョン，pp.120-133). 北大路書房.

堀毛裕子. (2009). ヘルスプロモーション. 日本社会心理学会 (編)，社会心理学事典 (pp.174-175). 丸善.

堀毛裕子・吉田由美. (2001). Health Locus of Control. 上里一郎 (監修)，心理アセスメントハンドブック (第2版，pp.405-410). 西村書店.

Kleinman, A. (1992). 臨床人類学：文化の中の病者と治療者 (大橋英寿・遠山宣哉・作道信介・川村邦光，訳). 弘文堂. (Kleinman, A. (1980). *Patients and healers in the context of culture : An exploration of the borderland between anthropology, medicine, and psychiatry*. California : University of California Press.)

Lazarus, R. S., & Folkman, S. (1984). *Stress, appraisal, and coping*. New York : Springer.

Leventhal, H., Leventhal, E. A., & Cameron, L. (2001). Representations, procedures, and affect in illness self-regulation : A perceptual-cognitive model. In A. Baum, T. A. Revenson, & J. E. Singer (Eds.), *Handbook of health psychology* (pp.19-47). New Jersey : Lawrence Erlbaum Associates.

McCrae, R. R., & Costa, P. T., Jr. (1990). *Personality in adulthood*. New York : The Guilford Press.

大竹恵子. (2010). 感情と健康. 大平英樹 (編)，感情心理学・入門 (pp.199-223). 有斐閣.

Pedersen, S. S., & Denollet, J. (2006). Is Type D personality here to stay? Emerging evidence across cardiovascular disease patient groups. *Current Cardiology Review*, **2**, 205-213.

厚生労働省 (編). (2010). 平成22年度版厚生労働白書. ぎょうせい.

島井哲志（編）．（2006）．ポジティブ心理学：21世紀の心理学の可能性．ナカニシヤ出版．
島井哲志・長田久雄・小玉正博（編）．（2009）．健康心理学・入門：健康な心・身体・社会づくり．有斐閣．
Smith, S. W., & Gallo, L. C. (2001). Personality traits as risk factors for physical illness. In A. Baum, T. A. Revenson, & J. E. Singer (Eds.), *Handbook of health psychology* (pp.139-173). New Jersey : Lawrence Erlbaum Associates.
Steptoe, A., & Appels, A. (1995). ストレス，健康とパーソナル・コントロール（津田 彰，監訳）．二瓶社．(Steptoe, A., & Appels, A. (Eds.). (1989). *Stress, personal control and health*. Chichester : John Wiley & Sons.)
Stone, S. V., & McCrae, R. R. (2007). Personality and health. In S. Ayers, A. Baum, C. McManus, S. Newman, K. Wallston, J. Weinman, & R. West (Eds.), *Cambridge handbook of psychology, health and medicine* (2nd ed., pp.151-155). New York : Cambridge University Press.
Taylor, S. E., & Sherman, D. K. (2004). Positive psychology and health psychology : A fruitful liaison. In P. A. Linley & S. Joseph (Eds.), *Positive psychology in practice* (pp.305-319). New Jersey : John Wiley & Sons.
Temoshok, L., & Dreher, H. (1997). がん性格：タイプC症候群（大野 裕，監修，岩坂 彰・本郷豊子，訳）．創元社．(Temoshok, L., & Dreher, H. (1992). *The Type C connection : The behavioral links to cancer and your health*. New York : Random House.)
Wallston, K. A., Wallston, B. S., & DeVellis, R. (1978). Development of the Multidimensional Health Locus of Control (MHLC) Scales. *Health Education Monographs*, **6**, 160-170.
World Health Organization. (1946). *Constitution of the World Health Organization*.
山崎喜比古・戸ヶ里泰典・坂野純子（編）．（2008）．ストレス対処能力SOC．有信堂．
Zilboorg, G. (1975). 医学的心理学史（神谷美恵子，訳）．みすず書房．(Zilboorg, G. (1941). *A history of medical psychology*. New York : W. W. Norton.)

2節 健康と生理学的個人差

石原俊一

1 ■ 健康阻害因としての心理学的個人差

個人の心理学的特徴が健康を阻害する考え方は、有史以来から指摘されている（Williams, 1989）。しかしながら、心理学や医学を中心とした研究を概観すると、科学的なエビデンスを根拠とし、生理学的に評価が確定している心理学的個人差はさほど多くない。そのなかでも、タイプA行動パターン、タイプCパーソナリティ、攻撃・敵意性などが代表例としてあげられる。近年では、冠状動脈性心疾患（coronary heart disease：CHD）の新たな心理学的危険因子としてのタイプDパーソナリティが注目されるようになった。本節では、これらの心理学的個人差と疾患との関連性や、その個人差が生じさせる生理学的反応の特徴について論じる。

2 ■ タイプA行動パターン

a. タイプA行動パターンの研究

アメリカの心臓学者、フリードマンとローゼンマン（Friedman & Rosenman, 1959）が、狭心症や心筋梗塞になりやすいタイプをタイプA行動パターンと名づけた。その行動特徴は、主に過度の達成意欲、時間的切迫感、妨害因への攻撃性や敵対心などにより構成され、その反対傾向を示すものをタイプBとよんだ。タイプAは、タイプBに比べ、2倍のCHD罹患率があり、好発年齢の39歳から49歳では、6倍の発症率があると報告された（Rosenman, Brand, Jenkins, Friedman, Straus, & Wurm, 1975）。現在では、タイプA行動パターン研究は、ほとんど行われなくなったが、身体疾患の発症に関連する個人差や行動パターンについて科学的かつ大規模に研究されたのは、タイプA行動パターンが最初であり、その意味では、タイプA行動パターン研究の貢献は大きい。

b. タイプA行動パターンにおけるCHDに及ぼす生理的メカニズム

タイプA行動パターンは、過剰な交感神経系の活動を引き起こし、一方で交感神経系の反応に拮抗して作用する副交感系機能が低下しているという報告もあった（Fukudo, Lane, & Anderson, 1992）。交感神経の活動亢進により生じる心拍数（HR）、血圧、酸素消費量の増大、交感神経－副腎髄質系と下垂体－副腎皮質系の内分泌機能の変化などは、CHDの予備的状態を作り出す。とくに、アドレナリン、ノルアドレナリンなどのカテコールアミン系の働きは、CHDの発症に重要な影響を及ぼすと考えられる。これらの交感神経系とカテコールアミン系の過剰反応は、動脈の障害や破損を招き、血中コレステロールの上昇からプラーク（粥腫）の形成を促進させると考えられていた（Ross & Glomset, 1976）。

3 ■ 怒り・敵意・攻撃性

a. タイプA行動パターンから怒り・敵意・攻撃性へ

1980年代以降になるとタイプA行動パターンとCHDの関連性を疑問視する研究が多くなった（Case, Heller, Case, & Moss, 1985）。その関連性において一貫した結果がみられない原因として，タイプA行動パターンのある構成要素だけが他の要素より疾患の発病に重要な影響を及ぼしている可能性が指摘されるようになった。そのなかでも125名のCHD患者に冠動脈造影法を施行したところ，冠状動脈の狭窄度や冠動脈疾患の重症度についてタイプA行動パターンの全体の得点には関連性は認められなかったが，タイプA行動パターンの構成要素の一つである潜在的な敵意や内的怒りのレベルとは有意な関連性があるとの報告がなされるようになり（Dembmski, MacDougall, Williams, Haney, & Blumenthal, 1985），対人関係やさまざまな状況などにおける怒りの表出性や敵意がCHD発症に対してより重要な要因と考えられるようになった。

b. 怒り・敵意・攻撃性における生理心理学的検討

対人ストレス状況下における神経症的敵意と心臓血管反応との関連性を検討した研究では，ストレス状況下において敵意が高いと心臓血管反応が亢進されるとする報告がなされた（Suarez & Williams, 1990）。さらに，ストレス状況下において敵意と防衛心が高いと収縮期血圧（SBP）およびHRの反応性を高めることも報告された（Jamner, Shapiro, Goldstein, & Hug, 1991）。以上のように，怒りや敵意と心臓血管反応の関連性を検討した研究では，とくに怒りの表出性が重要な要因とみなされている。怒りの表出抑制は血圧を慢性的に上昇させ，高血圧を生じさせることから，怒りが心臓血管反応へ強く影響を与えていることが示され，CHDの発症につながるメカニズムとして主張された（Williams, 1989）。

一方，言語的攻撃と身体的攻撃からなる攻撃性尺度の怒り表出性スコアを用いて，心臓血管反応との関連性を検討した研究では（Suarez & Williams, 1990），課題遂行中に怒りを誘発させる妨害を受けた場合に，怒りの表出性が収縮期血圧の反応と正の相関を示したことが報告された。また，冠動脈造影を受けた心疾患患者において，攻撃性尺度の怒り表出性スコアと心臓血管系反応との関連性が認められ（Siegman, Dembroski, & Ringel, 1987），怒りの表出がHR，SBPおよび拡張期血圧（DBP）と正の相関があることが指摘された（Siegman, Anderson, & Berger, 1990）。さらにSTAXI（State-Trait Anger eXpression Inventory；Spielberger, Krasner, & Solomon, 1988）を用いて，怒り表出性と心臓血管反応との関連性が検討され，課題遂行時に妨害を受けた場合，怒りの表出性と血圧，HRの反応と正の相関が認められることが報告された（Engebretson, Matthews, & Scheier, 1989）。また，敵意性の高群と低群に対して加算課題を与え，より速い正反応をするよう挑発する条件と挑発しない条件を設定した場合，挑発課題で敵意高群のほうが低群よりDBPおよびHRが増加した報告もある（Everson, McKey, & Lovallo, 1995）。

c. 怒り・敵意・攻撃性における免疫系反応とCHD

1980年代以降，精神神経免疫学の発展により，心理的ストレスがホルモン－神経－免疫系反応を介して，身体的疾患を発症させるという仮説をもとに研究がなされるようになった。1990年代

に入ると，冠動脈硬化の発症と増悪に免疫学的機序が強く関与していることが注目されるようになった（O'Brien, Gordon, Deeb, Ferguson, & Chait, 1992）。マクロファージは，崩壊したプラークの内皮病巣における構成要素で（Libby, Geng, Aikawa, Schoenbeck, Mach, Clinton, Sukhova, & Lee, 1996），不安定なプラークの障害に影響を与える（Rajavashisth, Xu, Jovinge, Meisel, Xu, Chai, Fishbein, Kaul, Cercek, Sharifi, & Shah, 1999）。また，循環単球も活性化され，プラークの形成に関与する（Jude, Agraou, McFadden, Susen, Bauters, Lepelley, Vanhaesbroucke, Devos, Cosson, & Asseman, 1994）。マクロファージや単球は，インターフェロン（IFN-γ）により活性化され（Arai, Lee, Miyajima, Miyatake, Arai, & Yokota, 1990），このIFN-γを産生するのが，ナチュラルキラー（NK）とT細胞である（Liuzzo, Vallejo, Kopecky, Frye, Holmes, Goronzy, & Weyand, 2001）。冠動脈硬化の進展に免疫系の反応が関与していることが示唆されており，とくにNKやT細胞はその中枢的役割を担うことが明らかとなった。

　そこで，CHD患者群74名，健常者群64名を対象とし，STAXIの下位尺度であるanger-out, anger-control, anger-expressionそれぞれの平均値を分岐点として高群と低群に分割し，NK細胞の活性化を比較した結果，CHD群では，健常者に比較して有意にNK活性が高く，さらには怒りの抑制やネガティブな感情の抑制がNK活性を有意に上昇させていた。これらの結果から，CHD患者ではその特徴的な心理学的反応過程が神経・内分泌機能を亢進させ，その結果としてNK活性の過剰反応を生じていることを示し，これらの一連の反応がCHD発症に重大な影響を及ぼすことが示唆された（Ishihara, Makita, Imai, Hashimoto, & Nohara, 2003）。

4 ■ タイプDパーソナリティ

a. タイプDパーソナリティとCHD

　CHDの発症に強力に関連する新たな心理特性として，近年タイプDパーソナリティが強調されるようになった（Denollet, Vaes, & Brutsaert, 2000）。タイプDパーソナリティは，ネガティブ感情（negative affectivity：NA）と社会的抑制（social inhibition：SI）の2つの要因から構成される。

　NAは，神経不安，抑うつなどネガティブな感情の喚起，すなわち自己に対して消極的な考えをもつ傾向とされている。SIは，他者からの反感を避けるために社会的な場面においての感情表現を抑制する傾向とされている。両者がともに高い傾向をDistress（抑うつ，悲観的，不安，社会的不安と社会的孤独をともなった状態）とし，タイプDパーソナリティと名づけられている。タイプDパーソナリティは，心疾患患者の心理学的な危険因子として，欧米では心疾患患者の26～53%，健常者の13～25%に存在すると報告されている（Kupper & Denollet, 2007）。デノレットほか（Denollet, Sys, & Brutsaert, 1995）は，105名の心筋梗塞患者にタイプDスケールを実施し，NAとSI得点のそれぞれの合計点の中央値をカットオフ値として両得点が高かったものをタイプD群とした。全体の26.7%がタイプDに分類され，その後平均3.8年間の追跡調査を行ったところ，15名の患者が死亡し，そのうちの10名がタイプD者であった。また，デノレットほ

か（Denollet, Sys, Stroobant, Rombouts, Gillebert, & Brutsaert, 1996）は，303名のCHD患者に6～10年間の追跡調査を行った結果，38名（18％）のCHD患者が死亡し，そのうちの24名が心臓死，14名が非心臓死によるものであり，心臓死および非心臓死とも，タイプDは，他の医学的要因や心疾患罹患歴，大うつなどの精神医学的要因よりも有意に，しかも独立に関連していることを示した。2000年以降，CHDの発症とタイプDパーソナリティとの関連についての報告は増加している（たとえば，Denollet et al., 2000；Denollet, Pedersen, Vrints, & Conraads, 2006；Schiffer, Smith, Pedersen, Widdershoven, & Denollet, 2010）。さらに，デノレットほか（Denollet, Martens, Nykli'cĕk, Conraads, & Gelder, 2008）は，731名の心疾患患者を対象に心疾患の予測因子について検討を行い，性別，年齢，心機能の低下，運動耐容能などの要因よりもタイプDパーソナリティがCHDの再発，死亡率により強く関連することを示している。また，心臓リハビリテーションにおけるタイプDに対する心理的介入の効果について，過去の研究データについてメタ分析を行ったところ，認知行動療法による心理的介入を加えたプログラムの実施により，タイプDが低下した群では，その後の死亡率が54％も低下したことが報告された（Linden, Philips, & Leclerc, 2007）。

b. タイプDパーソナリティにおける生理心理学的検討

タイプDに関する生理心理学的検討は，タイプAや怒りの研究と比較して現在のところ少ないものの，いくつかの進展が認められる。たとえばハブラほか（Habra, Linden, Anderson, & Weinberg, 2003）は，ハラスメントをともなった7つの数字を連続して減ずる演算課題を用いて，HR，血圧，唾液中のコルチゾールについて検討した。その結果，タイプDパーソナリティの下位尺度であるSIは男性においてSBP，DBPの増加と関連し，NAは男性においてHRの低下と関連することが示された。また，コルチゾールについては，SI，NA両尺度ともその増加に関連をもつことが示された。

また，ウイリアムズほか（Williams, O'Carroll, & O'Connor, 2009）は，連続加算を行うストレス課題を用いて，HR，SBP，DBP，心拍出量，総末梢抵抗について検討し，HR，SBP，DBP，総末梢抵抗ではタイプ差は認められなかったが，男性のタイプD者（SI，NA両尺度で高い者）では，ストレス課題中において心拍出量の有意な増大が示され，心疾患発症の可能性を指摘している。さらに，女性では，その結果，非タイプD者において，ストレス事態に対して，心拍出量が増大し，末梢抵抗の低下が認められた。これはストレス事態に対する適応的なホメオスタシス反応を示していると考えられるが，一方でタイプD者では，上記のホメオスタシス反応は認められず，HRの低下とともに末梢抵抗が増加し，その結果として心拍出量が微増するに止まった。これらの反応は，循環器系反応としては異常であり，CHD発症の生理学的メカニズムであると指摘されている（Howard, Hughes, & James, 2011）。

c. タイプDパーソナリティにおける免疫系反応とCHD

前述したとおり，免疫系反応やサイトカインは，CHD発症の重要な要因となる。タイプDパーソナリティにおいても免疫系反応やサイトカインの関連性が指摘されている。うっ血性心不全患者におけるタイプD高得点者では，TNF-αの血中濃度およびTNF-α受容体増加が認められて

いる。このことは，ネガティブな心理状態が，動脈の炎症作用を促進させる可能性があり，この効果は抑うつ状態より疲労困憊やタイプD傾向のほうがより強力であることを示唆している（Denollet, Conraads, Brutsaert, De Clerck, Stevens, & Vrints, 2003）。

5 ■ タイプCパーソナリティ

a. タイプCパーソナリティとがん

　医学的危険因子に加えて，1980年代に入るとがんと性格あるいは行動上の特徴との関連性を強調する研究が盛んになり，がんの発症に関連性のある心理的個人差としてタイプC（cancerのC）が用いられるようになった。パーソナリティの研究で有名なアイゼンク（Eysenk, 1988）は，共同研究者たちと大規模な追跡研究を行っている。そのなかでは，旧ユーゴスラビアのクルベンカという人口14,000人の小都市で1,000人を対象に1965年から1978年までの12年間にわたる追跡調査を行い，がんの病前性格について注目すべき研究結果を報告している。その追跡調査では面接により心理検査を行い，あらかじめ，合理性／非情緒性（rationality/anti-emotionality）傾向（R/Aスコア）をはじめとするさまざまなデータについて調べ，対象者が12年間の間に発症した疾患やその死亡率を追跡した結果，R/Aスコアが種々の疾患の死亡率と重要な関連性をもつことが示された。R/Aは，考え方や実際の行動が理知的・合理的で，非情緒的，つまり理詰めでものを考え，感情表現に欠ける傾向を示す。アイゼンク（Eysenk, 1988）は，その調査結果について，R/Aスコアが高い人は，統計から予測される値よりも3.27倍肺がんで死亡しており，その他のがんでも2.74倍高かったと報告している。

　さらに，きわめて依存性が強く，仕事の成功や望ましい生活を他者の行動に依存しているため，大切な人の離反や職業上の失敗により強いストレスを感じ，しかもそうしたストレスを回避する能力が十分でないため絶望感や無力感を経験しやすい傾向にある個人は，がんの罹患率が高いことも報告されている（Eysenck, 1990, 1991）。

b. タイプCパーソナリティと生理心理学的反応

　以上のような心理的要因とがん発症の関連性におけるメカニズムについて，これまでの研究結果から概観すると，怒りや敵意などのネガティブ感情自体が，免疫反応を抑制する（Kiecolt-Glaser, McGuire Robles, & Glaser, 2002）とともに，そのネガティブな感情を抑制することにより慢性的な交感神経系反応が持続し（Kiecolt-Glaser, Malarkey, Chee, Newton, Cacioppo, & Mao, 1993），その結果コルチコステロンの分泌が亢進するため免疫反応が抑制されると考えられる（Gross & Levenson, 1993）。

◆ 引用文献

Arai, K. I., Lee, F., Miyajima, A., Miyatake, S., Arai, N., & Yokota, T. (1990). Cytokines : Coordinators of immune and inflammatory responses. *Annual Review of Biochemistry*, **59**, 783-836.

Case, R. B., Heller, S. S., Case, N. B., & Moss, A. J. (1985). Type A behavior and survival after acute myocardial infarction. *New England Journal of Medicine*, **312**, 737-741.

Dembmski, T. M., MacDougall, J. M., Williams, R. B., Haney, T. L., & Blumenthal, J. A. (1985). Components of Type A, hostility, and anger-in : Relationship to angiographic findings. *Psychosomatic Medicine*, **47**, 219-233.

Denollet, J., Conraads, V. M., Brutsaert, D. L., De Clerck, L. S., Stevens, W. J., & Vrints, C. J. (2003). Cytokines and immune activation in systolic heart failure : The role of Type D personality. *Brain, Behavior, and Immunity*, **17**, 304-309.

Denollet, J., Martens, E. J., Nykl'cěk, I., Conraads, V. M., & Gelder, B. (2008). Clinical events in coronary patients who report low distress : Adverse effect of repressive coping. *Health Psychology*, **27**, 302-308.

Denollet, J., Pedersen, S. S., Vrints, C. J., & Conraads, V. M., (2006). Usefulness of Type D personality in predicting five year cardiac events above and beyond concurrent symptoms of stress in patients with coronary heart disease. *American Journal of Cardiology*, **97**, 970-973.

Denollet, J., Sys, S. U., & Brutsaert, D. L. (1995). Personality and mortality after myocardial infarction. *Psychosomatic Medicine*, **57**, 582-591.

Denollet, J., Sys, S. U., Stroobant, N., Rombouts, H., Gillebert, T. C., & Brutsaert, D. L. (1996). Personality as independent predictor of long-term mortality in patients with coronary heart disease. *Lancet*, **347**, 417-421.

Denollet, J., Vaes, J., & Brutsaert, D. L. (2000). Inadequate response to treatment in coronary heart disease : Adverse effects of type D personality and younger age on 5-year prognosis and quality of life. *Circulation*, **102**, 630-635.

Engebretson, T. O., Matthews, K. A., & Scheier, M. F. (1989). Relations between anger expression and cardiovascular reactivity : Reconciling inconsistent findings through a matching hypothesis. *Journal of Personality and Social Psychology*, **57**, 513-521.

Everson, S. A., McKey, B. S., & Lovallo, W. R. (1995). Effect of trait hostility on cardiovascular responses to harassment in young men. *International Journal of Behavioral Medicine*, **2**, 172-191.

Eysenk, H. J. (1988). Personality and stress as causal factor in cancer and coronary heart disease. In M. P. Janisse (Ed.), *Individual difference, stress, and health psychology* (pp.129-145). New York : Springer-Verlag.

Eysenck, H. J. (1990). The prediction of death from cancer by means of personality/stress questionnaire : Too good to be true? *Perceptual and Motor Skills*, **71**, 216-218.

Eysenk, H. J. (1991). *Smoking, personality and stress : Psychosocial factors in the prevention of cancer and coronary heart disease.* New York : Springer-Verlag.

Friedman, M., & Rosenman, R. H. (1959). Association of specific overt behavior pattern with blood and cardiovascular findings. *Journal of the American Medical Association*, **169**, 1286-1296.

Fukudo, S., Lane, J. D., & Anderson, N. B. (1992). Accentuated vagal antagonism of beta-adrenergic effects on ventricular repolarization : Evidence weaker antagonism in hostile Type A men. *Circulation*, **85**, 2045-2053.

Gross, J. J., & Levenson, R. W. (1993). Emotional suppression physiology, self-report, and expression behavior. *Journal of Personality and Social Psychology*, **64**, 970-986.

Habra, M. E., Linden, W., Anderson, J. C., & Weinberg, J. (2003). Type D personality is related to cardiovascular and neuroendocrine reactivity to acute stress. *Journal of Psychosomatic Research*, **55**, 235-245.

Howard, S., Hughes, B. M., & James, J. E. (2011). Type D personality and hemodynamic reactivity to laboratory stress in women. *International Journal of Psychophysiology*, **80**, 96-102.

Ishihara, S., Makita, S., Imai, M., Hashimoto, T., & Nohara, R. (2003). Relationship between natural killer activity and anger expression in patients with coronary heart disease. *Heart and Vessels*, **18**, 85-92.

Jamner, L. D., Shapiro, D., Goldstein, I. B., & Hug, R. (1991). Ambulatory blood pressure and heart rate in paramedics : Effects of cynical hostility and defensiveness. *Psychosomatic Medicine*, **53**, 393-406.

Jude, B., Agraou, B., McFadden, E. P., Susen, S., Bauters, C., Lepelley, P., Vanhaesbroucke, C., Devos, P., Cosson, A., & Asseman, P. (1994). Evidence for time-dependent activation of monocytes in the systemic circulation in unstable angina but not in acute myocardial infarction or in stable angina. *Circulation*, **90**, 1662-1668.

Kiecolt-Glaser, J. K., Malarkey, W. B., Chee, M. A., Newton, T., Cacioppo, J. T., & Mao, H. (1993). Negative behavior during marital conflict is associated with immunological down-regulation. *Psychosomatic Medicine*, **55**, 395-409.

Kiecolt-Glaser, J. K., McGuire, L., Robles, T. F., & Glaser, R. (2002). Emotions, morbidity, and mortality : New perspectives from psychoneuroimmunology. *Annual Review of Psychology*, **53**, 83-107.

Kupper, N., & Denollet, J. (2007). Type D personality as a prognostic factor in heart disease : Assessment and mediating mechanisms. *Journal of Personality Assessment*, **89**, 265-276.

Libby, P., Geng, Y. J., Aikawa, M., Schoenbeck, U., Mach, F., Clinton, S. K., Sukhova, G. K., & Lee, R. T. (1996). Macrophages and atherosclerotic plaque stability. *Current Opinion in Lipidology*, **7**, 330-335.

Linden, W., Philips, M. J., & Leclerc, J. (2007). Psychological treatment of cardiac patients : A meta-analysis. *European Heart Journal*, **28**, 2972-2984.

Liuzzo, G., Vallejo, A. N., Kopecky, S. L., Frye, R. L., Holmes, D. R., Goronzy, J. J., & Weyand, C. M. (2001). Molecular fingerprint of interferon-gamma signaling in unstable angina. *Circulation*, **103**, 1509-1514.

O'Brien, K. D., Gordon, D., Deeb, S., Ferguson, M., & Chait, A. (1992). Lipoprotein lipase is synthesized by macrophage-derived foam cells in human coronary atherosclerotic plaques. *Journal of Clinical Investigation*, **89**, 1544-1550.

Rajavashisth, T. B., Xu, X. P., Jovinge, S., Meisel, S., Xu, X. O., Chai, N. N., Fishbein, M. C., Kaul, S., Cercek, B., Sharifi, B., & Shah, P. K. (1999). Membrane type 1 matrix metalloproteinase expression in human atherosclerotic plaques : Evidence for activation by proinflammatory mediators. *Circulation*, **99**, 3103-3109.

Rosenman, R. H., Brand, R. J., Jenkins, D., Friedman, M., Straus, R., & Wurm, M. (1975). Coronary heart disease in Western Collaborative Group Study. Final follow-up experience of 8 1/2 years. *Journal of the American Medical Association*, **233**, 872-877.

Ross, R., & Glomset, J. A. (1976). The pathogenesis of atherosclerosis. *New England Journal of Medicine*, **295**, 420-425.

Schiffer, A. A., Smith, O. R., Pedersen, S. S., Widdershoven, J. W., & Denollet, J. (2010). Type D personality and cardiac mortality in patients with chronic heart failure. *International Journal of Cardiology*, **142**, 230-235.

Siegman, A. W., Anderson, R. W., & Berger, T. (1990). The angry voice : Its effects on the experience of anger and cardiovascular reactivity. *Psychosomatic Medicine*, **52**, 631-643.

Siegman, A. W., Dembroski, T. M., & Ringel, N. (1987). Components of hostility and the severity of coronary artery disease. *Psychosomatic Medicine*, **49**, 127-135.

Spielberger, C. D., Krasner, S. S., & Solomon, E. P. (1988). The experience, expression, and control of anger. In M. P. Janisse (Ed.), *Individual differences, stress, and health psychology* (pp.89-108). New York : Springer-Verlag.

Suarez, E. C., & Williams, R. B. (1990). The relationships between dimensions of hostility and cardiovasucular reactivity as a function of task characteristics. *Psychosomatic Medicine*, **52**, 558-570.

Williams, L., O'Carroll, R. E., & O'Connor, R. C. (2009). Type D personality and cardiac output in response to stress. *Psychology and Health*, **24**, 489-500.

Williams, R. B., Jr. (1989). Biological mechanisms mediating the relationship between behavior and coronary heart disease. In A. W. Siegman & T. M. Dembroski (Eds.), *In search of coronary prone behavior : Beyond Type A* (pp.195-205). Hillsdale, NJ : Lawrence Erlbaum Associates.

3節 健康生成論とセンス・オブ・コヒアランス

藤里紘子

1 ■ センス・オブ・コヒアランス（SOC）とは

　世の中にはさまざまなストレッサーが存在する。人間関係のトラブル，受験，就職活動，責任の重い仕事など……。これまでの医学や心理学では，心身の健康に悪影響を与える要因を取り除くことによって，問題は解決されるという発想が主流であった。しかし，ストレッサーを取り除くことが難しい場合や，そうすることで二次的な障害が生じる場合も少なくない。たとえば，仕事がストレッサーとなっている場合，仕事を辞めれば健康状態は回復するかもしれないが，再就職先をみつけることが新たなストレッサーとなる可能性もある。このように，実際には，ストレッサーを取り除くことで問題を解決しようとする従来の発想では対処できない状況も多々存在する。

　そもそも，同様の状況下にあってもすべての人が健康を害するわけではない。なかには，健康を維持したり，さらにはそれによって成長する人もいる。このような反応の個人差はいかにして生じるのであろうか。それを説明する要因の一つとして，医療・健康社会学者であるアントノフスキーが，その2大著書 "*Health, stress, and coping : New perspective on mental and physical well-being*"（Antonovsky, 1979）および "*Unraveling the mystery of health : How people manage stress and stay well*"（Antonovsky, 1987）において提唱したセンス・オブ・コヒアランス（sense of coherence：SOC）概念が，近年注目を集めている。

2 ■ 健康生成論の中核概念としてのSOC

　従来の医学では，「人はなぜ病気になるのか」という観点から，疾病を発生させ増悪させるリスクファクターの解明と，その軽減・除去に焦点を当てる疾病生成論（pathogenesis）が主流であった。この発想の元にあるのは，人間を，外的な要因の影響を受動的に受ける傷つきやすい存在ととらえる人間観である。これに対して，アントノフスキーは，強制収容所という過酷なストレッサーにさらされながらも健康を維持し，さらにはその経験を成長の糧にする人々さえいるという事実に着目し，健康生成論（salutogenesis）を理論化した。

　健康生成論では，人の健康状態を，健康か病気かの両極に二分するのではなく，「健康−病気の連続体」（health ease/dis-ease continuum）上に位置するものとしてとらえ，人はなぜ，その連続体上の健康の極側にいられるのかということを問う。人間を，生き生きとした人生を築いていくことを目指して環境に対して積極的に働きかけ，自分の人生に責任をもつ存在としてとらえる視点である。そして，健康−病気の連続体上におけるその人の位置を保ち，さらには健康の極

側に移動させる主要な要因として，SOC概念が提唱された。

　アントノフスキー（Antonovsky, 1987, p.19）によると，SOCは，「人が，広範囲にわたる，力動的ではあるが永続的な次の3つの信頼の感覚をもっている程度を表す，包括的な志向性」とされる。3つの感覚の1つ目は，把握可能感（comprehensibility）である。これは，内的・外的環境からの刺激は，混沌として無秩序で説明できない雑音ではなく，秩序だった一貫性のある予測と説明が可能な情報であると感じる程度を表す。簡潔にいえば，自分の感情・考えやまわりの状況がわかる感覚といえる。2つ目は，処理可能感（manageability）である。これは，直面した刺激がもたらす要求を満たすのに十分な資源を自分が自由に使えると感じる程度を表す。ここでいう「資源」とは，自分のコントロール下にある資源だけでなく，頼ることができると感じ，信頼している他者によってコントロールされている資源も含む。簡潔にいえば，自分や他者の力を信じており，それらを用いて物事に対処できる感覚といえる。3つ目は，有意味感（meaningfulness）である。これは，人生における問題や要求の少なくともいくつかは，重荷というよりは，エネルギーを注ぎ込み，かかわる価値のある歓迎すべき挑戦であると感じる程度を表す。簡潔にいえば，自分の人生に対して関心や希望があるという感覚といえる。これら3つの要素を含むSOCを強くもつことによって，人は，ストレッサー下にあっても，さまざまな資源を動員して状況に対処し，健康を保ち，さらには経験を成長の糧にすることさえできると考えられている。このようなSOCは，ストレスを避けえない現代社会において有用な概念として，とくに欧米において注目されており，保健・医療・看護，心理，教育などヒューマンサービス領域に大きなインパクトをもたらしている（山崎，2006）。

3 ■ SOCの特徴

　SOCは，先天的・固定的なものではなく，他者や環境との相互作用と経験をとおして，その人に刻み込まれ獲得・形成される学習性の感覚である（Antonovsky, 1987）。また，従来の自己概念や能力概念（たとえば，統制感，自己効力感）が，基本的に，周囲の人々や環境に対する個人の優位性を測定しているのに対し，SOCでは，周囲の人々や環境との関係がその人にとってどの程度信頼のおけるものになっているのかをみており，個人主義的なバイアスがかかっていない点が一つの特徴であるとされている（山崎，1999）。

　SOCと関連が深いとされる概念として，ハーディネス（hardiness）があげられる。ハーディネスは，管理職を対象とした研究において，高ストレス下で健康を保つ人がもっているパーソナリティ特性としてコバサ（Kobasa, 1979）が提唱した概念であり，その創出背景や構成要素がSOCと非常に類似していることが指摘されている（Antonovsky, 1987；Geyer, 1997）。しかし，上述のような環境との関係性を内包するかどうかという点で両者は異なることを示す知見も得られている。たとえば，SOCおよびハーディネスが，自他への信頼感と親和動機に与える影響について検討した研究では，SOCは自分だけではなく他者への信頼感も促進し，自己の存在価値の承認，あるいは刺激や満足感を求めて他者と接触することを促すのに対し，ハーディネスは自己へ

の信頼を促進するのみであり，自己の存在価値を認めてくれるような他者との積極的な接触は抑制することが明らかとなっている（藤里，2011a）。このように，SOCは，個人の志向性ではあるが，そこには環境との関係性が内包されているといえる。

4 ■ SOCの形成要因

SOCは，どのようにして形成されるのだろうか。アントノフスキー（Antonovsky, 1987）によると，SOCは，「一貫性のある経験」「過小負荷と過大負荷のバランスのとれた経験」「結果の形成への参加の経験」という良質な人生経験によって形成され，それらは，それぞれ，把握可能感，処理可能感，有意味感の基礎となると考えられている。また，その人生経験の質は，多種多様なストレッサーに対抗するのに効果的なあらゆる現象を表す汎抵抗資源（たとえば，物質，知識，ソーシャルサポート）の存在状況によって左右され，さらに，その汎抵抗資源は，子育てパターンや社会的役割などを源泉にしているとされる。

SOCに関しては，アントノフスキー（Antonovsky, 1987）の汎抵抗資源に関する理論的仮説にもとづき，いくつかの観点から実証的検討が行われている。たとえば，家庭環境に焦点を当てた研究では，小中学生時の家庭生活評価が高いこと（木村・山崎・石川・遠藤・萬代・小澤・清水・富永・藤村・柿島・加藤・田村・土居・山口・吉野, 2001），家族内の不和が少ないことや子どもの頃の親の社会階級が高いこと（Lundberg, 1997），世帯の収入が多いこと（桝本, 2001）などがSOCの強さと関連していることが示されている。ただし，ランドバーグ（Lundberg, 1997）においては，親の社会階級の高さは，大人になった後の自身の社会階級の高さを媒介してSOCに影響を及ぼしている可能性も示唆されている。周囲の資源に関しては，恋人がいることや家族外のサポートネットワーク数が多いこと（木村ほか, 2001）などがSOCを強める要因であることが明らかとなっている。また，学校や職場に関しては，中学校・高校時期の学校生活を肯定的に評価していたり（木村ほか, 2001），職場環境が良好であるほど（Feldt, Kinnunen, & Mauno, 2000），SOCが強いことが示されている。さらに，地域に関しては，コミュニティの安定性が高いこと（Antonovsky & Sagy, 1986）や地域とのかかわりが多いこと（清水・住川・山崎, 2003）がSOCの強さと関連していることが認められている。発達的な側面からみると，年齢が高いほどSOCが強いという結果が得られている（Antonovsky & Sagy, 1986；Pallant & Lae, 2002）。なお，性差の影響を考慮した研究もみられ，たとえば，女性においてのみ，30歳以上の人，子どもがいる人，パートナーと生活している人のほうが，そうでない人と比べSOCが強いとの結果が得られている（von Bothmer & Fridlund, 2003）。しかし，これらの研究結果は一貫しておらず，反対の結果を示す研究や，関連がないとする研究もみられる。

5 ■ SOCの機能

SOCはこれまで，適応にかかわるさまざまな指標との関連が検討され，その健康生成的な機能

が実証されてきた。たとえば，ストレッサーとの関連では，SOC高群はSOC低群と比べてストレッサー量が少ないこと（明翫，2003），SOCとストレッサー量やネガティブ・ライフイベント数との間に負の相関がみられること（Jorgensen, Frankowski, & Carey, 1999；高山・浅野・山崎・吉井・長阪・深田・古澤・高橋・関，1999）などが明らかとなっている。身体的・心理社会的健康との関連では，SOCが強いほど，身体的健康度（病欠数・身体症状チェックリストなどによって評価）やwell-being（ウェルビーイング；ポジティブ感情・人生に対する満足など）が高いこと（Pallant & Lae, 2002），SOCが強いほど身体症状（頭痛・潰瘍など）や精神症状（不安・怒りなど）が少ないこと（Jorgensen et al., 1999），SOC高群はSOC低群と比較して精神健康調査票（General Health Questionnaire）の総得点およびその下位尺度である「身体症状」「不安・不眠」「社会的活動障害」「抑うつ症状」の値が低いこと（明翫，2003），SOCが強いほど心身の症状や感情的な疲弊が少ないこと（Feldt et al., 2000），SOC高群はSOC低群に比べ，社会的健康度およびQOL（quality of life）が高いこと（桝本，2001）などが報告されている。また，女性においてのみ，SOCの弱さは，健康上の問題（頭痛・不眠など）の多さと関連するとの報告もみられる（von Bothmer & Fridlund, 2003）。さらに，SOCのストレス緩衝効果についても検討されている。たとえば，職務ストレイン高群のうち，SOC低群に比べてSOC高群のほうが睡眠の質がよいこと（Nasermoaddeli, Sekine, Hamanishi, & Kagamimori, 2002），SOCはネガティブ・ライフイベントが身体症状に及ぼす影響を低減すること（Jorgensen et al., 1999）などが明らかとなっている。

なお，SOCの3要素は相関が高く，アントノフスキー（Antonovsky, 1987）が要素ごとの検討を意図していなかったため，これらの研究は，SOC全体としての働きを検討したものである。一方で，SOCの3要素が，すべて同じ機能を果たすのかは明らかでないこと，SOCを現実の生活で役立つものとしたり介入につなげたりするためには，構成要素単位での検討が必要であることを背景として，核となる3要素の機能についてもわずかながら研究が行われている。たとえば，藤里・小玉（2009），藤里（2011b）は，SOCの各構成要素が日常生活において果たす機能について検討を行い，SOCの各要素はそれぞれ異なる働きをすることを明らかにしている。すなわち，把握可能感は現実的な視点から情報を分析的・効率的に処理することを促し，処理可能感は困難な場面でも前向きに考え，他者と感情的に交流することを促し，有意味感は好奇心をもって粘り強く問題解決に取り組むだけではなく，他者を援助したり他者と感情的に交流することを促す機能を有することが示唆された。また，藤里（2011a）では，各構成要素と精神的健康との関連について包括的に明らかにするため，SOCの3要素が，人間が心理的によく在る状態の2側面とされる主観的well-beingおよび心理的well-being（Keyes, Shmotkin, & Ryff, 2002）に及ぼす影響について検討している。その結果，SOCの各要素は，両well-beingに対して異なる影響を及ぼすことが明らかとなり，概して，把握可能感は，内的安定性を促進する一方で，人格的成長や温かな人間関係の形成など外的な環境に対する開放性を抑制する要素，処理可能感は人生を意味あるものにする要素，そして，有意味感は人生を意味や目的のある幸福なものにする要素であることが示唆された。

6 ■ SOCは成長を促進するのか：就職活動場面における検討

　SOCは，ストレッサー下にあっても健康を維持したり，その経験を成長の糧にする人々が共通してもつ要因として概念化された。しかし，実証研究を概観すると，健康維持の側面に焦点を当てた研究は多数存在するが，成長促進に着目したものは少ない。さらに，各構成要素の成長促進機能について検討を行った研究は皆無に等しい。

　このような問題点を受け，藤里・小玉（2011）では，大学生を対象に，非常にストレスフルである一方で，キャリア構築のためには挑戦し，それによって成長・発達することが望まれる重要なライフイベントといえる就職活動に焦点を当て，SOCがどのような影響を及ぼすのか検討を行った。その結果，SOCは，就職活動に対してどの程度ストレスを感じたかという評価にはほとんど影響を及ぼさないが，処理可能感および有意味感が，活動をとおした成長感を高めることが示された。一方，把握可能感は，内定の獲得を介してわずかに活動を通した成長感を高めるものの，直接的にはそれを抑制するという結果が得られた。このように，SOCはおおむね成長を促進する機能をもつが，3要素それぞれの働きをみた場合，把握可能感のみは，成長に対して抑制的な影響を及ぼしうることが示唆された。

7 ■ SOC研究の課題と今後の展望

a. SOCの形成要因の解明

　SOCの形成・発達にかかわる要因については，これまで一貫した結果が得られていない。その一因として，多くの先行研究では，汎抵抗資源となりうる要因とSOCとの関連をみており，それらがSOCを形成する良質な人生経験をもたらすか，ということを考慮してこなかったことが考えられる。したがって，まずは，アントノフスキー（Antonovsky, 1987）が仮定する良質な人生経験が，本当にSOCを形成するのかを明らかにすることが必要であり，その上で，ある事柄がSOCの形成・発達にかかわるかどうかを検討する際，良質な人生経験を提供するのかという視点を含めることが今後の課題となるだろう。

b. SOCの構成要素ごとの検討

　先述のとおり，これまでの多くの研究では，SOCの合計得点と他の指標との関連に焦点が当てられてきたため，各構成要素の形成要因や機能については，ほとんど明らかになっていない。SOC向上のための介入プログラムを考える際には，3要素に分けてアプローチすることが必要である（戸ヶ里, 2008）との指摘や，SOCの各要素が同じ機能を果たすわけではない（藤里・小玉, 2009, 2011；藤里, 2011a, 2011b）ことをふまえると，今後，各構成要素に分けた検討は必要であろう。とくに，成長や人間関係にかかわる領域において，他の2つの要素とは正反対の働きをする可能性が示されている把握可能感については注意が必要である。それに加えて，把握可能感，処理可能感，有意味感がそれぞれ別々に存在するのではなく，SOCという一つの概念に内包されている意味を明確に示すためには，これら3要素の関係性についても明らかにしていく必要があ

ると考えられる。

c. SOCの健康維持機能と成長促進機能の関係性の明確化

SOCの健康維持機能に関する研究は多数行われているが，成長促進に焦点を当てた研究は少なく，今後知見の蓄積が望まれる。また，これまでのところ，SOCがもつこの2つの機能の関係性については明らかにされていない。今後，この点について明確化していくにあたって，把握可能感は健康維持には促進的に機能するが，成長には抑制的に働くという，藤里（2011a），藤里・小玉（2011）において示された知見が鍵となるかもしれない。すなわち，把握できないようなストレスフルな状況においては，SOCが強い人であっても，一時的には把握可能感は弱まるだろうが，その状況に意味を見出し，対処していくうちに，そのようなストレスフルな状況に対処できたという経験から成長が促進され，また，徐々に秩序が生まれることによって，健康が回復・維持されるという，健康維持と成長促進のプロセスが，時間的なズレをともなって生じる可能性が考えられる。今後は，このような可能性もふまえ，SOCの健康維持機能と成長促進機能の関係性について実証的に明らかにしていくことが望まれる。

◆ 引用文献

Antonovsky, A. (1979). *Health, stress, and coping : New perspectives on mental and physical well-being.* San Francisco : Jossey-Bass Publishers.

Antonovsky, A. (1987). *Unraveling the mystery of health : How people manage stress and stay well.* San Francisco : Jossey-Bass Publishers.

Antonovsky, H., & Sagy, S. (1986). The development of a sense of coherence and its impact on responses to stress situations. *Journal of Social Psychology,* **126**, 213-225.

Feldt, T., Kinnunen, U., & Mauno, S. (2000). A mediational model of sense of coherence in the work context : A one-year follow-up study. *Journal of Organizational Behavior,* **21**, 461-476.

藤里紘子. (2011a). 首尾一貫感覚（Sense of Coherence）に関する心理学的研究. 筑波大学人間総合科学研究科博士論文（未刊行）.

藤里紘子. (2011b). Sense of Coherenceと創造的態度との関連の検討. 日本健康心理学会第24回大会発表論文集, 148.

藤里紘子・小玉正博. (2009). 大学生におけるSense of Coherenceとライフスキルの関連. 日本健康心理学会第22回大会発表論文集, 174.

藤里紘子・小玉正博. (2011). 首尾一貫感覚が就職活動に伴うストレスおよび成長感に及ぼす影響. 教育心理学研究, **59**, 295-305.

Geyer, S. (1997). Some conceptual considerations on the sense of coherence. *Social Science & Medicine,* **44**, 1771-1779.

Jorgensen, R. S., Frankowski, J. J., & Carey, M. P. (1999). Sense of coherence, negative life events and appraisal of physical health among university students. *Personality and Individual Differences,* **27**, 1079-1089.

Keyes, C. L. M., Shmotkin, D., & Ryff, C. D. (2002). Optimizing well-being : The empirical encounter of two traditions. *Journal of Personality and Social Psychology,* **82**, 1007-1022.

木村知香子・山崎喜比古・石川ひろの・遠藤雄一郎・萬代優子・小澤恵美・清水準一・富永真己・藤村一美・柿島有子・加藤礼子・田村麻紀・土居主尚・山口哲男・吉野亨. (2001). 大学生のSense of Coherence（首尾一貫感覚, SOC）とその関連要因の検討. 日本健康教育学会誌, **9**, 37-48.

Kobasa, S. C. (1979). Stressful life events, personality, and health : An inquiry into hardiness. *Journal of Personality and Social Psychology,* **37**, 1-11.

Lundberg, O. (1997). Childhood conditions, sense of coherence, social class and adult ill health : Exploring their

theoretical and empirical relations. *Social Science & Medicine*, **44**, 821-831.
桝本妙子. (2001). 健康生成論に基づく地域住民の健康実態. 立命館産業社会論集, **36**(4), 53-73.
明翫光宜. (2003). 首尾一貫感覚と健康な精神的機能との関連. 中京大学心理学研究科・心理学部紀要, **3**(1), 7-16.
Nasermoaddeli, A., Sekine, M., Hamanishi, S., & Kagamimori, S. (2002). Job strain and sleep quality in Japanese civil servants with special reference to sense of coherence. *Journal of Occupational Health*, **44**, 337-342.
Pallant, J. F., & Lae, L. (2002). Sense of coherence, well-being, coping and personality factors : Further evaluation of sense of coherence scale. *Personality and Individual Differences*, **33**, 39-48.
清水準一・住川陽子・山崎喜比古. (2003). 一般住民におけるSense of Coherenceとセルフ・エフィカシーの関連要因の検討. 第12回日本健康教育学会抄録集, 102-103.
高山智子・浅野祐子・山崎喜比古・吉井清子・長阪由利子・深田 順・古澤有峰・高橋幸枝・関由起子. (1999). ストレスフルな生活出来事が首尾一貫感覚(Sense of Coherence:SOC)と精神健康に及ぼす影響. 日本公衆衛生雑誌, **46**, 965-976.
戸ヶ里泰典. (2008). 成人のSOCは変えられるか. 山崎喜比古・戸ヶ里泰典・坂野純子(編), ストレス対処能力SOC (pp.55-67). 有信堂.
von Bothmer, M. I. K., & Fridlund, B. (2003). Self-rated health among university students in relation to sense of coherence and other personality traits. *Scandinavian Journal of Caring Sciences*, **17**, 347-357.
山崎喜比古. (1999). 健康への新しい見方を理論化した健康生成論と健康保持能力概念SOC. *Quality Nursing*, **5**, 825-832.
山崎喜比古. (2006).「健康に生きる力」と健康生成力SOCを考える. 体育科教育, **54**(8), 36-39.

4節　レジリエンス

井隼経子

1 ■ レジリエンスとは

a. レジリエンスの概念

　私たちが日常生活のなかで体験するさまざまな出来事には，よいこともあれば落ち込むようなこともある。とくに大きく落ち込むような出来事を体験したとき，私たちは一時的に精神的健康を損なった状態になる。そのような状態に陥ったとき，程度は異なるものの，自身の能力や周囲のサポートによって精神的健康を回復させることができる。このような困難な状態から立ち直る力のことを「レジリエンス」（resilience）という（Jew, Green, & Kroger, 1999）。

　レジリエンス研究の端緒は，災害時や虐待などの緊急の援助を必要とするような深刻な場面にあった（Rutter, 1987）。そこでは，どのような状態を経験すると精神にどのような影響があるのかなど因果関係に関する研究が行われ，原因となる状態を回避するといった予防について議論がなされた。こうしたダメージに対する予防策の検討が行われるなかで，重篤な精神的損害を受けた者と同様の経験をしたにもかかわらず，まったく健康なままでいる人も存在することが明らかになった。たとえばワーナーとスミス（Werner & Smith, 1992）によってハワイのカウアイ島で行われた大規模な縦断研究がある。ここで対象とされたのは，周産期合併症，慢性的な貧困，親の精神病といった良好でない状況におかれている子どもであり，それにより精神的問題を現す子どももいた。だが，同様の状況にあっても，何の損害も受けることなく健康に成長した者も多くいたのである。他にも，両親の争いが絶えない家庭で育った子ども（Jenkins & Smith, 1990）や青年（Fergusson & Lynskey, 1996）においても同様の報告がなされている。ここで注目されたのが，レジリエンスという心の回復機能であった。

　精神的損害は，何も地震や災害，虐待といった過酷な状況のなかでのみ生じるものではない。私たちの日常生活のなかでも，ネガティブ・ライフイベントや慢性的なストレスなどから精神的不健康に至ることは多い。むしろ，後者の体験のほうが私たちにとっては身近なものであり，そのため日常的生活におけるレジリエンスは大きな関心をもたれている。たとえばワグニルドとヤング（Wagnild & Young, 1993）は重大なライフイベントを経験した高齢女性のレジリエンスについて検討している。また，エドワード（Edward, 2005）は，現在日本でも問題となっているうつ病とレジリエンスとの関連を示している。ニイヤほか（Niiya, Crocker, & Bartmess , 2004）は，自己成長感と失敗への脆弱性との関係性を明らかにした。

　日本でもレジリエンスに関する研究は多くなされている。当初はレジリエンスの概念とはどのようなものか，レジリエンスの高い者はどのような人物であるのかということに焦点を当て，ストレス反応との関係や，コーピング行動等との関係が議論されてきた。たとえば小花和（2004）

は，幼児期のレジリエンスについて保育者のストレス反応との関係から検討した。また荒木・仁平（2001）は，コーピングスタイルとレジリエンスとの関連を検討し，自分のテーマソングがレジリエンスと関連していることを明らかにした。現在でもレジリエンスは，いじめ体験（荒木，2005）や傷つき体験（小田部・加藤・丸野，2009）をはじめ，ストレスと関連づけた研究が盛んに行われている。

レジリエンスには現在のところ，2 つに大別される研究文脈がある。レジリエンスをパーソナリティ特性としてとらえる立場（Wagnild & Young, 1993；小塩・中谷・金子・長峰，2002）と，回復のための能力，過程，結果とする立場（荒木，2005；Luthar, Cicchetti, & Becker, 2000；Masten, Best, & Garmezy, 1990）である。パーソナリティ特性としてとらえる立場では，レジリエンスが高い者のパーソナリティ特性やもちうる行動傾向がどのようなものであるかを検討しており，それらが資質的・獲得的側面の両方をもつという知見（平野，2010）も示されている。一方，レジリエンスを過程としてとらえる立場では，精神的損害を被る出来事に直面した際に，ストレスに対する予防や保護といった機能によって積極的に適応する動的な過程の理解を目指している。だが，これらの研究の共通している点として，レジリエンスを機能させるために私たちが「資源」をもっているという考えがある。

b. レジリエンスを導く要因「資源」

前述した，深刻な状況や逆境を経験したにもかかわらず精神的問題を示さなかった人々（レジリエント）は，ダメージをまったく受けなかったわけではない。しかしそれは一時的なもので，自身のもつ特徴や人間関係，状況を生かし，ダメージを受ける以前あるいはそれ以上に精神的健康な状態へと自ら改善していっているのである（Jew et al., 1999）。一連の研究から，こうしたレジリエンスにつながるさまざまな要因が見出されている。レジリエントにはあって，そうではない者にはない特徴・要因はとくに「資源」とよばれており（Masten et al., 1990），これまでさまざまな資源が示されている。これまでの研究では資源を 2 種類に大別してとらえている。1 つ目は，個人の気質，パーソナリティ，統制の所在などを含む「個人内資源」である。「個人内資源」としては自己効力感，自己信頼感，自尊心，好奇心，情緒安定性など，さまざまな個人の気質，特性の関与が示されている。2 つ目は，家族，友人などからのソーシャルサポート，愛情，モデリングの対象となるようなモデルなどの「環境資源」である。「環境資源」のなかには対人面だけではなく，社会的情勢，経済，文化等も含まれる。

2 ■ レジリエンスを測定する

初期のレジリエンス研究の主な手法は観察などによる事例的なものであったため，適応しているかいないかという結果がレジリエンスの指標として用いられることが多く（Wagnild & Young, 1993），レジリエンスそのものを測定しようとした研究は少なかった。だが，ワグニルドとヤング（Wagnild & Young, 1993）は，レジリエンスの直接的な測定を行わないままでは，レジリエンスの能力をもつ人を確かめることに限界があると述べている。さらに，レジリエンスと心理的

個人内資源の認知	環境資源の認知
個人内資源の活用	環境資源の活用

図16.3 レジリエンス資源の認知と活用（井隼・中村，2008）

適応との関係に関する実験的サポートの不足は，それを応用し，養育に関連づけていくことにも限界をもたらすとも述べている。小塩ほか（2002）は，「レジリエンスの心理的特性に注目し，どのような心理的特性が不可避で困難な事態からの回復を導くのかを検討することは，個人の困難な状況での心理的回復や適応的で積極的な発達過程を考える上で，非常に重要」であると述べている。さらに，レジリエンスを直接測定する試みは，レジリエンスに対する統一的見解，定義を得ることにも役立ち，広範囲の意味を含むレジリエンスを扱ううえでの基準を設けることにもつながる利点があると考えられる。また，私たちが日常生活内でのレジリエンスを調べようとする際，事例的な観察のみに頼ることは時間的，経済的，また状況的にも問題があり現実的ではない。尺度という測定道具を用いることは，このような問題を解決し，多種の状況で明確にレジリエンスをとらえていく手段としてふさわしいものであるだろう。このような流れから，レジリエンスの能力，そしてレジリエントを直接測定しようとする尺度が発展してきた。

　レジリエンスの能力，特性を知るための尺度としては，ワグニルドとヤング（Wagnild & Young, 1993）のレジリエンス尺度，ジューほか（Jew et al., 1999）のレジリエンシー尺度，さらに日本では小塩ほか（2002）の「精神的回復力尺度」などが代表的なものとしてあげられる。これらの尺度はこれまでの事例的な研究から見出されてきたレジリエントの特性や，そのような特性をもつ人へのインタビューから項目が作成されており，主にレジリエントな人はどのような心理的特性をもつのかという「個人内資源」に着目している。また，フリボークほか（Friborg, Hjemdal, Rosenvinge, & Martinussen, 2003）は「ソーシャルサポート」と「家族の調和」という２つの「環境的資源」に関する項目を取り入れ，新たに成人用のレジリエンス尺度を作成している。さらに井隼・中村（2008）はレジリエンスの個人内資源と環境資源に関して，資源をどれだけ保有しているか（資源の認知）という従来の視点に加え，保有している資源をどの程度活用できているか（資源の活用）という新たな視点を導入した尺度を作成している（図16.3）。

3 ■ レジリエンス研究の問題点

a. 概念の範囲の多様性

　前項でも述べたように，レジリエンスの定義は研究によってさまざまであり，各々の間で共通する部分はあるものの，一意に定まるには至っていない。それにより，レジリエンスがどのようなものかが曖昧でわかりにくく，尺度作成の際にもとりあげる特徴は研究者の判断によるところが大きい。また，レジリエンスの処理過程はひじょうに複雑である。なぜならば，レジリエンスは多くの概念を含み（ストレス耐性，ストレスコーピング等），さまざまな資源とかかわり（個人内資源，環境資源等），研究者の研究領域も多岐にわたる（臨床心理学，発達心理学，組織・

産業心理学，認知心理学等）からである。また，経済的格差，文化差等，社会に依存する特徴もあり（Masten et al., 1990 ; Ungar, 2008），それらの要因をどのように検討していくかという問題も残されている。

b. 類似概念との違い

レジリエンスと類似する概念として多く述べられるものの一つにコーピングがある。ジューほか（Jew et al., 1999）では，作成した尺度の併存的妥当性を示すためにコーピング尺度を用いている。また，荒木・仁平（2001）は，コーピングスタイルとレジリエンスとの関係を明らかにしている。しかし，レジリエンスとコーピングはまったく同一のものではない。小塩ほか（2002）は，レジリエンス同様，ストレスフルな状況という困難な状況を扱っているものの，コーピングは個人の認知的側面を重視した概念であり，精神的回復力が高い者の認知的傾向，特徴といえると述べている。またコーピングはストレッサーに対する直接的な対処行動としてとらえることができ，いったん精神的健康を損なった状態からの回復，さらに他の要因を用いてダメージの埋め合わせをうまく行うというレジリエンスの概念とは完全に一致するものではない。

また同様にストレスによる影響の受けにくさ，つまり困難な状況における精神的強さを表すストレス耐性もレジリエンスとは異なると考えられる（小塩ほか, 2002）。レジリエンスはダメージ，危機に対し敏感に反応し，精神的健康をいったん損なった状態から，損なう前，またそれ以上に健康な状態へと元に戻ることを指す。そのため，もとよりストレッサーとなりうるものに対して閾値が高いことを意味するストレス耐性とは異なる過程であると考えられている。

レジリエンスは古典的な意味での心的回復とも異なる。心的回復とは，ある精神的なダメージを受ける事態の発生から，比較的長い時間をかけて（数カ月から1, 2年程度）もとの水準に自然的に心的状態や機能が戻ることを示す。一方で，レジリエンスは，より積極的に資源を活用しながら心的状態や機能を維持しようとする能力とされる（Bonanno, 2004）。

4 ■ レジリエンスの認知心理学的立場からの検討

近年では，レジリエンスの処理メカニズムを解明するために，認知心理学者らによる実験的検討が行われている。たとえば，井隼ほか（Ihaya, Yamada, Kawabe, & Nakamura, 2010）は，潜在連合テストという自分自身では意識することができない潜在的な態度を測定する方法を用い，環境資源に対する潜在的な態度と顕在的な態度が異なることを示している。また，井隼ほか（Ihaya, Yamada, Kawabe, & Nakamura, 2008）では，感情プライミングという自動的な態度の活性化を誘発する方法を用いて，個人のもつ環境資源の高低によってネガティブ情報の処理速度が異なることを示唆している。さらに，レジリエンスが感情処理の柔軟性と関係していることも示されている（Genet & Siemer, 2011 ; Waugh, Fredrickson, & Taylor, 2008）。加えて，感情処理方略を潜在学習することにより，自尊感情の低下を防ぐことができることも明らかにされつつある（Tran, Siemer, & Joormann, 2011）。このような人間の情報処理的側面に焦点を当てた最近の研究により，レジリエンスは意識的・無意識的な過程における感情情報の処理様式とかかわりが

深いことが明らかになってきている。

5 ■ レジリエンスの神経相関

　レジリエンスのメカニズムに関して，心理学的側面だけでなく神経科学的側面からもさまざまな検討が行われている。その一つが，レジリエンスと遺伝子多型との関係に関する議論である。たとえば，セロトニン・トランスポーター遺伝子多型と不安に関連するパーソナリティ特性に関連を示す研究は多く（Lesch, Bengel, Heils Sabol, Greenberg, Petri, Benjamin, Müller, Hamer, & Murphy, 1996），とくに遺伝子多型とストレスフルなライフイベントに対する心的脆弱性の関連は広く知られている（Caspi, Sugden, Moffitt Tayler, Craig, Harrington, McClay, Mill, Martin, Braithwaite, & Poulton, 2003）。この研究は，遺伝子多型ではネガティブ・ライフイベントの増加によるうつ病の発症率の増加が有意にみられることを示しており，レジリエンスが遺伝子多型と関連していることを示唆している。また，神経生理学的研究では，腹内側前頭皮質における活動がストレッサーによる影響の制御に関与していることが示されており（Maier & Watkins, 2010），少なくともレジリエンスにおける脆弱性の一部が特定の脳部位における活動によって説明できる可能性が示唆されている。さらに，機能的磁気共鳴画像を用いた研究において，脅威の到来（実験では嫌悪画像の呈示）が予期される場合，レジリエンスの低い人では実際に呈示された画像が中性的なものであっても前部島皮質の活動が有意に増加することが示された。したがって，レジリエンスの低さは脅威・非脅威対象への適切な反応が阻害されることと関係しているといえる。

6 ■ 介　入

　教育現場や治療プログラムにおいてレジリエンスを考慮した介入を行っているものがある。たとえば，アメリカでは危機管理ブリーフィングが実施されている（Everly, 2000）。これは具体的に4段階の手順からなっており，まずは同じような危機に遭遇した人々のグループをつくり，次の段階では信頼のおける専門家から当該の危機に関する客観的な事実の説明を受ける。さらに，第3段階ではヘルスケアの専門家から，同様の危機に遭遇した際に最もよくみられる反応についての説明を受ける。最終段階では，各個人が自身の遭遇した危機に対するコーピングやセルフケアに取り組む。その際には回復を促すことができる施設やコミュニティの紹介を受けることができる。このような手順をふむことで，被災者やその関係者は自身のおかれた状況やなすべきことを冷静に考えることができる。他にも，辻野ほか（辻野・龍・佐久間・水野, 2008）によればオーストラリアではMind Matters（こころの問題）という主に10代の生徒に対する精神疾患啓蒙プロジェクトが実施されており，その一環として"Enhancing Resilience"（レジリエンスの強化）という教材がレジリエンスの増進のために活用されている。

　ボールのような弾力のあるものは，形が崩れても元に戻ることができる。私たちの心もそのよ

うな弾力性（石毛・無藤，2006），すなわちレジリエンスをもっている。概観したように，レジリエンスは多くの要因がかかわり合いながら機能しているが，その働きのすべての解明にはまだまだ多くの試みが必要であると考えられる。今後の展望として，さまざまな専門領域における研究者が協調し合い，レジリエンスのメカニズムが解明され，その知見にもとづいた応用的展開がなされることを期待する。

◆ 引用文献

荒木　剛．(2005)．いじめ被害体験者の青年期後期におけるリズィリエンス（resilience）に寄与する要因について．パーソナリティ研究，**14**，54-68．

荒木　剛・仁平義明．(2001)．歌による日常的なストレス・コーピングに関する研究：リズィリエンシー（resiliency）との関連．音楽知覚認知研究，**7**，3-12．

Bonanno, G. A. (2004). Loss, trauma, and human resilience : Have we underestimated the human capacity to thrive after extremely aversive events? *American Psychologist*, **59**, 20-28.

Caspi, A., Sugden, K., Moffitt, T. E., Tayler, A., Craig, I. W., Harrington, H., McClay, J., Mill, J., Martin, J., Braithwaite, A., & Poulton, R. (2003). Influence of life stress on depression : Moderation by a polymorphism in the 5-HTT gene. *Science*, **301**, 386-389.

Edward, K.-l. (2005). Resilience : A protector from depression. *Journal of the American Psychiatric Nurses Association*, **11**, 241-243.

Everly, G. S., Jr. (2000). Crisis management briefings : Large group crisis intervention in response to terrorism, disasters and violence. *International Journal of Emergency Mental Health*, **2**, 53-57.

Fergusson, D. M., & Lynskey, M. T. (1996). Adolescent resiliency to family adversity. *Journal of Child Psychology and Psychiatry*, **37**, 281-291.

Friborg, O., Hjemdal, O., Rosenvinge, J. H., & Martinussen, M. (2003). A new rating scale for adult resilience : What are the central protective resources behind healthy adjustment? *International Journal of Methods in Psychiatric Research*, **12**, 65-76.

Genet, J. J., & Siemer, M. (2011). Flexible control in processing affective and non-affective material predicts individual differences in trait resilience. *Cognition & Emotion*, **25**, 380-388.

平野真理．(2010)．レジリエンスの資質的要因・獲得的要因の分類の試み：二次元レジリエンス要因尺度（BRS）の作成．パーソナリティ研究，**19**，94-106．

井隼経子・中村知靖．(2008)．資源の認知と活用を考慮したResilienceの4側面を測定する4つの尺度．パーソナリティ研究，**17**，39-49．

Ihaya, K., Yamada, Y., Kawabe, T., & Nakamura, T. (2008). Affective priming and resilience. *Proceedings of the 2nd International Workshop on Kansei*, 143-145.

Ihaya, K., Yamada, Y., Kawabe, T., & Nakamura, T. (2010). Implicit processing of environmental resources in psychological resilience. *Psychologia*, **53**, 102-113.

石毛みどり・無藤　隆．(2006)．中学生のレジリエンスとパーソナリティとの関連．パーソナリティ研究，**14**，266-280．

Jenkins, J. M., & Smith, M. A. (1990). Factors protecting children living in disharmonious homes : Maternal reports. *Journal of the American Academy of Child and Adolescent Psychiatry*, **29**, 60-69.

Jew, C. L., Green, K. E., & Kroger, J. (1999). Development and validation of a measure of resiliency. *Measurement and Evaluation in Counseling and Development*, **32**, 75-89.

Lesch, K. P., Bengel, D., Heils, A., Sabol, S. Z., Greenberg, B. D., Petri, S., Benjamin, J., Müller, C. R., Hamer, D. H., & Murphy, D. L. (1996). Association of anxiety-related traits with a polymorphism in the serotonin transporter gene regulatory region. *Science*, **274**, 1527-1531.

Luthar, S. S., Cicchetti, D., & Becker, B. (2000). The construct of resilience : A critical evaluation and guidelines for future work. *Child Development*, **71**, 543-562.

Maier, S. F., & Watkins, L. R. (2010). Role of the medial prefrontal cortex in coping and resilience. *Brain Research*, **1355**, 52-60.

Masten, A. S., Best, K. M., & Garmezy, N. (1990). Resilient and development : Contributions from the study of children who overcome adversity. *Development and Psychopathology*, **2**, 425-444.

Niiya, Y., Crocker, J., & Bartmess, E. N. (2004). From vulnerability to resilience : Lerning orientations buffer contingent self-esteem from failure. *Psychological Science*, **15**, 801-805.

小花和Wright尚子．(2004)．幼児期のレジリエンス．ナカニシヤ出版．

小塩真司・中谷素之・金子一史・長峰伸治．(2002)．ネガティブな出来事からの立ち直りを導く心理的特性：精神的回復力尺度の作成．カウンセリング研究，**35**，57-65．

小田部貴子・加藤和生・丸野俊一．(2009)．レジリエンシーの高さによって傷つき体験とその後の心理的プロセスはどのように異なるか．ストレスマネジメント研究，**6**，11-17．

Rutter, M. (1987). Psychological resilience and protective mechanisms. *American Journal of Orthopsychiatry*, **57**, 316-331.

Tran, T. B., Siemer, M., & Joormann, J. (2011). Implicit interpretation biases affect emotional vulnerability : A training study. *Cognition & Emotion*.

辻野尚久・龍庸之助・佐久間啓・水野雅文．(2008)．統合失調症：再発脆弱性とレジリエンスに基づく再発予防の試み．臨床精神医学，**37**，387-394．

Ungar, M. (2008). Resilience across cultures. *British Journal of Social Work*, **38**, 218-235.

Wagnild, G. M., & Young, H. M. (1993). Development and psychometric evaluation of the resilience scale. *Journal of Nursing Measurement*, **1**, 165-178.

Waugh, C. E., Fredrickson, B. L., & Taylor, S. F. (2008). Adapting to life's slings and arrows : Individual differences in resilience when recovering from an anticipated threat. *Journal of Research in Personality*, **42**, 1031-1046.

Werner, E. E., & Smith, R. S. (1992). *Overcoming the odds : High risk children from birth to adulthood*. Ithaca, NY : Cornell University Press.

5節　ストレスコーピング

加藤　司

1 ■ コーピングとは

「上司に叱責される」「満員電車にゆられる」「意に沿わない仕事をしなければならない」「講義には一度も出席していないし，試験もまったくできなかったけど，何とか単位だけはよこせと，神聖な研究室でいわれる」など，私たちは，日常生活でさまざまなストレスを経験する。このような日常生活で経験する慢性的なストレスは，私たちの精神や身体にネガティブな影響を及ぼすことが知られている。たとえば，精神的な変化として，短期的には不安，怒り，抑うつなどの情動的変化が生じるかもしれない。自信喪失，思考力の低下，無気力，ひきこもりなどの認知・行動的変化や，社会的機能の低下などが起こるかもしれない。身体的な変化としては，消化性潰瘍，過敏性腸症候群，本態性高血圧，狭心症や心筋梗塞，心臓神経症，気管支喘息，過呼吸症候群などのストレス関連疾患とよばれる症状を呈するかもしれない。しかし，同じストレスを経験しても，人によって，その結果は同一ではない。ある人は病気になるかもしれないが，ある人はストレスを経験する以前より適応的な状態を獲得するかもしれない。このような個人差が生じる原因として，最も注目を集めている要因がコーピングである。

コーピング（coping）は"to strike"を意味する古代ギリシアの"kolaphos"に由来し，元来"to meet""to encounter""to strike against"という意味で用いられていた。その後，社会的・文化的変化にともない，コーピングは「何とかうまく処理すること」（to manage successfully）を意味するようになった。「カラオケでバカ騒ぎをする」「森林浴やエステティークに出かける」「ひとり旅をする」「やつあたりをする」「ウラディーミル・アシュケナージが奏でるノクターン Op. 48 No. 1 を，研究室で独り静かに聴き入る」など，ストレス研究の領域では，コーピングはストレスに対する対処行動を意味する。コーピングに関する研究論文は年々増加しており，コーピングは，心理学の研究領域はもちろんのこと，医学，看護学，社会学，社会福祉学など，さまざまな領域で注目されている。もちろん，パーソナリティの領域で用いられている学術用語のうち，最も数多くの実証研究が報告されている学術用語でもある。

2 ■ コーピング研究へのアプローチ

英語では，コーピングは"coping"と表したり，"coping behavior""coping strategy""coping response""coping skill""coping style"などと記載されたりする。正確にいえば，それぞれの単語が示すコーピングの意味は異なる。それぞれの意味の違いを知るためには，コーピング研究の歴史的背景を知らなければならない。歴史的にみると，コーピングに対する研究アプローチに

は，防衛機制としてのコーピング研究，知覚スタイルとしてのコーピング研究，プロセスとしてのコーピング研究，パーソナリティ特性としてのコーピング研究の4つがある（詳細は，加藤，2004, 2007, 2008）。

a. 防衛機制としてのコーピング研究

コーピングを防衛機制とみなす研究は，フロイト（Freud, S.）およびその娘のアンナ・フロイト（Freud, A.）によって理論化された自我の防衛機制（defense mechanisms）にもとづくアプローチである。防衛機制とは「葛藤状態におかれた時に，自我が利用するあらゆる手段」であり，退行（regression），抑圧（repression），投影（projection），置き換え（displacement）などの防衛手段が知られている。このような防衛機制としてのコーピングの概念には，主に以下のような問題が指摘されている。まず，防衛機制とその結果を混合していることである。防衛機制では，防衛手段間にある種の優劣や，特定の防衛手段と特定の精神病理との結びつきを仮定している。このような立場は，防衛機制あるいはコーピングと精神的健康や適応との関連性を検証するために有益なアプローチとはいえない。第二の問題は，防衛機制が無意識的な反応であるという点にある。防衛機制が無意識的な反応であるとすれば，意識的になされる多くの方略や問題解決的方略は防衛機制の概念ではとらえることができなくなる。たとえば，ストレスフルな状況において他者に何らかの援助を求めるというコーピング方略は日常生活で頻繁に使用されるが，防衛機制の概念にはこのような意識的な方略は含まれないことになる。自我の防衛機制に関する研究はコーピング研究の先駆的研究ではあったが，以下に説明するプロセス理論の登場により，1980年頃よりほとんどみられなくなった。

b. 知覚スタイルとしてのコーピング研究

知覚スタイルとしてのコーピング研究では，ストレスフルな状況において，脅威を喚起させる情報に対する対応方法に焦点を当てている。このアプローチでは，コーピングを，脅威を喚起させるような情報に対して積極的に注意を払うスタイルと，認知的に回避するスタイルに大別している。このようなアプローチによるコーピング研究も，現在では，あまり報告されなくなった。

c. プロセスとしてのコーピング研究

コーピングをプロセスとみなす研究は，ラザルスらのプロセス理論（process theory）にもとづいたアプローチであり，コーピングを意識的に行われる努力であり，状況によって，刻々と変化するプロセスであると，とらえている。コーピングに関するラザルスらのプロセス理論では，コーピングは「個人の許容を超えたり，個人に重い負担を強いたりするような外的あるいは内的な要求に対して，何とか処理しようとする，絶えず変化する認知・行動的努力」（Lazarus, 1999, p.201）と定義されている。コーピングに関するラザルスの定義には，以下にあげる2つの重要な特徴がある。ラザルス（Lazarus, 1999）が「より単純にいえば，コーピングは心理的ストレスを何とかしようとする努力である」（pp.110-111）と述べているように，第一の特徴はコーピングを努力としてとらえている点である。この特徴には2つの意味が含まれている。第一の意味は，コーピングの結果（coping outcome）にかかわらず，コーピングはストレスフルな状況を処理しようとする努力であるということを示唆している。すなわち，コーピングには，ストレスフルな

状況に対して適応的であった方略だけでなく，適応的でなかった方略も含まれるということである。さらにまた，コーピングとコーピングの結果との関係（コーピングの効果）は，状況によって変化することも仮定している。このようなコーピングの特徴を，フォルクマンほか（Folkman, Chesney, McKusick, Ironson, Johnson, & Coates, 1991）は「コーピングはコーピングの結果とは関係なく定義され，コーピングは，コーピングの結果がうまくいったことを意味するのではなく，何とかしようとする努力を意味する」（p.242）とまとめている。この点において，プロセス・アプローチは，コーピングとその結果を混合している防衛機制のアプローチと大きく異なる。第二の意味は，コーピングはストレスフルな状況に対する意識的努力を意味するということである。この定義に従えば，防衛機制のような無意識的な反応や自動化された反応は，コーピングには含まれないことになる。科学的アプローチからコーピングを測定するためには，コーピングの概念から無意識的反応を排除する必要がある。そのため，ラザルスらの定義ではコーピングの概念に無意識的な反応を含めないことを強調している。しかし，自動化された反応をコーピングの概念から除外することに関しては，いくつかの問題がある。最も重大な問題は自動化された反応と意識された反応は区別することが容易ではないことである。概念上の区別は可能であるかもしれないが，操作的な区別は困難である。実際，多くの研究において，自動化された反応と意識された反応は区別することなく測定されている。第二の特徴は，コーピングが刻々と変化するプロセスであるという点である。すなわち，コーピングは次々と移り変わるプロセスのなかで起こる現象であり，そのプロセスのある段階ではある特定のコーピング方略を使用するが，他の段階では別のコーピング方略を用いる。つまり，コーピングは特性ではなく，状況によって変化するプロセスであると仮定されている。ラザルスは「ある特定のストレスフルな出来事に対して，コーピングは時間の経過とともに変化する。このことは，コーピングがプロセスであることのよい説明である」（Lazarus, 1998, p.223），「コーピングは，どのようなストレスフルな出来事においても，時間の経過とともに変化もする」（Lazarus, 1993, p.239）とまとめている。このように，コーピングをプロセスとみなすプロセス理論の骨格は1970年代に提唱され，それとともに，コーピング研究は急速的な展開を遂げた。現在においても，多くのコーピング研究がこのプロセス理論にもとづいた研究を行っており，心理社会的ストレス研究の中心的な役割を果たしている。

d. パーソナリティ特性としてのコーピング研究

コーピングをプロセスとしてとらえる立場は，コーピングを状況によって刻々と変化するものとしてとらえており，状況主義的立場であるといえる。このような状況主義的な立場に対して，コーピングをパーソナリティとしてとらえる特性論的アプローチもある。コーピングの研究当初，特性論的アプローチは，防衛機制や知覚スタイルからのアプローチがその中心であった。その後，1980年から1990年代初頭にかけ，パーソナリティ研究において，特性論への批判に対する十分な論駁がなされ，さらに，パーソナリティ特性とコーピング方略との間に強い関連性が繰り返し確認された。このようなことから，1990年代に入り，コーピングにおける特性論的アプローチが見直されるようになった。

e. プロセス理論と特性論的アプローチ

1980年から1990年代にかけて,「コーピングはプロセスなのか特性なのか」に関する議論が数多くなされた。コーピングがパーソナリティ特性であるならば, コーピングは個人内において一貫性を有するはずである。一貫性の概念は, 継時的安定性と通状況的一貫性に大別することができる。継時的安定性は, 時間が変化しても, 個人内では, 使用するコーピング方略は安定している程度を意味し, 通状況的一貫性は, 個人がおかれている状況が変化しても, 使用するコーピング方略が個人内で安定している程度を示している。多くの研究を概観すると, コーピングの継時的安定性に関しては, 肯定的な結果が報告されているが, コーピングの通状況的一貫性に関しては, 否定的な結果が得られている。すなわち, 時間が経過しても, 同じようなコーピング方略を使用し続けるが, 個人がおかれている状況が変化すると, 使用するコーピングに変化がみられるということである。このような研究は, 顕著な注目を集めるような性質の研究ではなかったが, 地道な研究手法によって, コーピングに関するさまざまな基礎的なデータを提示することになり, コーピング研究が発展・展開するための基盤をつくったという点で高く評価できる。しかし, コーピング尺度を使用した安易な研究が行われるようになると, 多くの研究者たちが, このような研究が非生産的であることに気づきはじめ, 1990年代には,「コーピングはプロセスなのか特性なのか」に関する議論は影をひそめた。すなわち, コーピング方略を測定する際の教示の違いをとりあげ, プロセス理論と特性論的アプローチとの相違について論じることの無意味さが, この議論に終止符を打たせたのである。たとえば, 質問紙レベルでの具体的な操作の違いは, 以下のとおりである。プロセス理論の代表的なコーピング尺度であるWays of Coping Questionnaire (Folkman & Lazarus, 1988) では, 最近経験した最もストレスフルな出来事を記載させたのち, その経験に対して, 実際に使用したコーピング方略に関して評定させている。一方, 特性論的アプローチの代表的なコーピング尺度であるCOPE (Carver, Scheier, & Weintraub, 1989) では, ふだん用いているコーピング方略に関して評定させている。安易な研究では, 両尺度(アプローチ)の理論的な背景を無視し, このような教示の違いだけによって, プロセス理論によるコーピング方略と特性論的アプローチによるコーピング方略を測定し, プロセス理論と特性論的アプローチを比較しようとした。

現在のコーピング研究の主たる研究領域は医学と心理学であり, その目的を考えたとき, コーピングを特性としてとらえるよりは, 介入によって変化可能であるプロセスであるととらえるほうが, より有益であることなどから, たとえ特性論的アプローチの代表的なコーピング尺度であるCOPEを使用した研究であっても, 多くの研究が, ラザルスらのプロセス理論を支持し, その定義に従った研究を進めている。

3 ■ コーピング研究の展開

先に述べた「コーピングはプロセスなのか特性なのか」に関する研究は, コーピング研究の新たな方向性を生み出すことになった。すなわち, コーピングの継時的安定性や通状況的一貫性

に関する研究のなかから，ストレスフルな状況に対して，柔軟的に対応することこそ，より適応的な結果を生み出すのではないかという考え方が生まれるようになった。このような仮説はコーピングに関する柔軟性仮説（coping flexibility hypothesis）とよばれ，1980年代から，多くの研究者たちによって，その実証に尽力されることになった（詳細は加藤，2001, 2007参照）。そもそも，コーピングの柔軟性（coping flexibility）とは，ストレスフルな状況の性質に応じて，個人が用いるコーピング方略を効果的に修正することのできる個人の能力を意味し，ラザルスらのプロセス理論に一致している。従来のコーピング研究では，ある特定のコーピング方略が，特定のストレスフルな状況に対して，どのような結果をもたらすのかという研究がなされていた。しかし，実際には，ほぼすべての人々は，特定のストレスフルな状況に対して，複数の種類のコーピング方略を同時に用いているため，特定のコーピング方略が効果的であり，特定のコーピング方略が非効果的であるという従来の研究成果は，ほとんど意味をなさない。それゆえ，多くの研究者たちが，このコーピングの柔軟性に注目している。コーピングの柔軟性に関する研究には，主に，レパートリー・アプローチ，バリエーション・アプローチ，フィットネス・アプローチの3つのアプローチがある（Kato, 2012）。

　レパートリー・アプローチ（repertoire approach）では，コーピングの柔軟性は，ストレスフルな状況に遭遇した個人が利用することのできるコーピング方略の種類の豊富さであると考えられている。このアプローチでは，コーピングの柔軟性の指標として，特定のストレスフルな状況に対して，実際に個人が用いたコーピングの方略数あるいは種類が測定されている。多くの研究者たちが，このアプローチによってコーピングの柔軟性仮説を実証しようと試みてきたが，実証に結びついた研究は少数であった。このアプローチが測定していたのは，たんに使用したコーピング方略数であり，利用可能なコーピング方略数ではないことがその原因だと考えられる。

　バリエーション・アプローチ（variation approach）では，コーピング方略の変化という側面に焦点を当て，個人が遭遇したストレスフルな状況が変化すると（あるいは時間的に変化すると），用いるコーピング方略を変化させることが，コーピングの柔軟性だと考えた。たとえば，試験というストレスフルな状況にはコーピング方略Aを用い，個人の健康状態に対する不安な状況に対してはコーピング方略Bを用い，仕事の失敗という状況に対してはコーピング方略Cを用いるようなことが，柔軟なコーピングであると考えた。このアプローチも，その多くがコーピングの柔軟性仮説の実証に失敗している。ただし，このアプローチをとった研究報告は少数にとどまる。このアプローチの問題は，ストレスフルな状況が変化するたびに異なるコーピング方略を用いることが，適応的だといえるかどうかという点にある。類似したストレスフルな状況に対しては，過去の経験から効果的であった同一のコーピング方略を使用することのほうがより適切であり，ストレスフルな状況が変化するたびに，用いるコーピング方略を変化させるという行為は，未熟で洗練されていない行動だとも考えられるからである。

　最も研究報告の多いアプローチが，フィットネス・アプローチ（fitness approach）である。通称，コーピングに関するグッドネス・オブ・フィット仮説とよばれている（goodness-of-fit hypothesis）。このアプローチでは，コーピング方略と認知的評価との組み合わせ（goodness of fit）

に焦点を当てている。認知的評価のなかでも，とくにコントロール可能性に焦点を当てた研究が多い。このアプローチでは，以下のような仮説を立てている。コントロール可能なストレスフルな状況では，問題焦点型対処（problem-focused coping：ストレスフルな状況の原因である問題に対して何とか対応しようと努力するコーピング方略の一種）のようなコーピング方略が効果的であるが，情動焦点型対処（emotion-focused coping：ストレスフルな状況によって喚起された不快な情動を低減させようとするコーピング方略の一種）のようなコーピング方略は効果的ではない。一方，コントロール不可能な状況では，問題焦点型対処のようなコーピング方略は効果的ではなく，情動焦点型対処のようなコーピング方略が効果的である。この仮説で注意しなければならないことは，少なくとも，上記4つの関連性をすべて実証しなければならないという点である。一般的に，ストレスフルな状況にかかわらず，問題焦点型対処は精神的健康と正の関連性（効果的であること）が報告されており，情動焦点型対処は精神的健康と負の関連性（効果的ではないということ）が報告されている。すなわち，コントロール可能な状況で，問題焦点型対処が効果的であり，情動焦点型対処が効果的ではないことをいくら実証しても，グッドネス・オブ・フィット仮説を実証したことにはならない。コントロール不可能である状況で，逆の関連性があることも同時に実証しなければならない。実際，この仮説を実証した研究報告は少なく，部分的あるいはまったく支持することができなかった研究報告が圧倒的に多い。

　学術雑誌に掲載される論文は，通常，仮説を支持する結果が得られた論文であることを考えると，この3つのアプローチは，コーピングの柔軟性仮説の実証にはきわめて不十分である。これらのアプローチは決して新しいアプローチではなく，1980年代には，コーピングの研究者たちに広く知られていた。しかし，2010年代に入った現在においても，コーピングの柔軟性に関する研究が進展し，コーピングの柔軟性仮説が実証されたと考えている研究者は皆無である。このようなことからも，コーピングの柔軟性を研究することがきわめて困難であることが推測できる。その一方で，多くのコーピング研究者たちがコーピングの柔軟性に注目し続けている。とくに，医療現場を反映した医学領域の研究では，コーピングの柔軟性研究に対して大きな期待を寄せている。このようなコーピングの柔軟性に関する研究は，パーソナリティに関する本質的な問題と密接に関連しており，今後，このような研究が進展することを切に願っている。

　「テンポ・ルバート」コーピングの柔軟性とショパンに敬意を込めて。

◆ 引用文献

Carver, C. S., Scheier, M. F., & Weintraub, J. K. (1989). Assessing coping strategies : A theoretically based approach. *Journal of Personality and Social Psychology*, **56**, 267-283.

Folkman, S., Chesney, M., McKusick, L., Ironson, G., Johnson, D. S., & Coates, T. J. (1991). Translating coping theory into an intervention. In J. Eckenrode (Ed.), *The social context of coping* (pp.239-260). New York : Plenum Press.

Folkman, S., & Lazarus, R. S. (1988). *Manual for the Ways of Coping Questionnaire*. Palo Alto, CA : Consulting Psychologists Press.

加藤　司．(2001). コーピングの柔軟性と抑うつ傾向との関係. 心理学研究, **72**, 57-63.

加藤　司．(2004)．自己報告式によるコーピング測定の方法論的問題．心理学評論，**47**，225-240．
加藤　司．(2007)．対人ストレス過程における対人ストレスコーピング．ナカニシヤ出版．
加藤　司．(2008)．対人ストレスコーピングハンドブック．ナカニシヤ出版．
Kato, T. (2012). Development of the Coping Flexibility Scale : Evidence for the coping flexibility hypothesis. *Journal of Counseling Psychology*, **59**, 262-273.
Lazarus, R. S. (1993). Coping theory and research : Past, present, and future. *Psychosomatic Medicine*, **55**, 234-247.
Lazarus, R. S. (1998). Coping from the perspective of personality. *Zeitschrift für Differentielle und Diagnostische Psychologie*, **19**, 213-231.
Lazarus, R. S. (1999). *Stress and emotion : A new synthesis*. New York : Springer.

17章 ポジティブ感情とポジティブ特性

1節 ポジティブ心理学の発展
―― パーソナリティ領域を中心に

堀毛一也

1 ■ ポジティブ心理学とは

a. ポジティブ心理学の考え方

ポジティブ心理学（positive psychology）とは，「人にとってよいことは何か」という疑問に答えるべく，「人間のもつ強み（strengths）を明らかにし，ポジティブな機能を促進していくための科学的・応用的アプローチ」とされる（Snyder & Lopez, 2007）。人が何をよいこと・正しいことだと考えているか，それに従って，自分自身をどう管理していくか，また家族やコミュニティとどうかかわっていくかなど，「心理学の関心を，人生で最悪なことの修復にのみ向けられている状態から，ポジティブな特質にも向けていく変化をもたらす触媒となること」（Seligman & Csikszentmihalyi, 2000）がその目的とされる（堀毛，2009a）。

「ポジティブ心理学」を提唱したのは，アメリカ心理学会の会長を務めていたセリグマンである。セリグマン（Seligman, 1998）は，アメリカ心理学会の広報誌である"Psychological Today"に掲載された論文のなかで，心理学は人間の弱みばかりでなく，人間のよいところや人徳（virtue）を研究する学問でもあり，すでに主要な心理学的理論はそのような補強を行う方向に変貌しつつあると指摘した。そのうえで，ポジティブ心理学の位置づけを明確にし，具体的な研究動向として推進するために，全米の50人の著名な研究者に，関連する研究を行っている40歳以下の若手研究者の推薦を求め，そのなかから18名を招待して，チクセントミハイらとともに1999年1月にメキシコのアクマルで会合を設けた（Akumal I）。この会合での成果をもとに作成された「アクマル宣言」（Akumal Manifesto）が，その後10年間の研究の指針となり，ポジティブ心理学

の急速な発展をもたらした（Csikszentmihalyi & Nakamura, 2011）。宣言の一部を表17.1に示す（Sheldon, Fredrickson, Rathunde, Csikszentmihalyi, & Haidt, 1999）。わが国でも，諸学会でのいくつかのシンポジウムを経て，島井（2006）による概説書が上梓されて以降，島井（2009）や堀毛（2010），ピーターソン（Peterson, 2006/2010）等の出版により，研究動向が注目を集めている。

人間のポジティブな側面に注目したのは，ポジティブ心理学がはじめてではない。たとえば，人間性心理学（humanistic psychology）も同様な目標をもって研究を続けてきた。両者の相違について，セリグマンとチクセントミハイ（Seligman & Csikszentmihalyi, 2000）は，人間性心理学では人は本来的に善であると考える傾向が強いがポジティブ心理学は善でも悪でもあると考えること，また，人間性心理学に比べるとポジティブ心理学はとりわけ実証的なデータやその応用を重視する，という2点を指摘している。また，人間性心理学では，自己実現のように最適なパーソナリティ発達に関する論議を重視するが，ポジティブ心理学は日常の「平均的」な人のwell-being（ウェルビーイング）や満足感を問題にする点で異なるという指摘もある（Compton, 2005）。けれどもその関心は互いに重なり合い，覇を競い合うものではない（Peterson, 2006/2010）。また，ポジティブ心理学は，臨床心理学などに代表される人間の精神的な不調やネガティブな側面に関する研究を否定するわけではない。むしろ，ポジティブな側面とネガティブな側面をバランスよく研究することが重要とする立場であり，臨床心理学とタイアップしつつ，健常な人々のwell-beingの促進やstrengths（強み）の強化を目指そうとする動向ととらえることができる。そうした意味で，ポジティブ心理学の立場は健康心理学の立場と類似しており，わが

表17.1　アクマル宣言（一部省略）（Sheldon et al., 1999）

1. 定義：ポジティブ心理学は最適な人間の機能に関する科学的な研究である。ポジティブ心理学は，個人やコミュニティの繁栄・成長をもたらす要因を発見し促進することを目的とする。ポジティブ心理学運動は心理的健康の源泉について心理学者たちが注意を向けてきた研究の一部に新たな関与を示すことにより，病気や障害を強調してきたこれまでの立場からさらに先に進むことを目指す。
2. 目的：これらの目的を達成するためには，最適な機能について生物学的，経験的，個人的，関係的，制度的，文化的，国際的な視点を含む多様なレベルから考察しなければならない。そのためには，a）それぞれのレベルにおけるプロセス間のダイナミックな関係性，b）避けがたい逆境において秩序や意味を創造する人間の能力，c）これらのプロセスから生じるであろう，多様な発現型をもつ「よい人生」をもたらす手立て，について研究することが不可欠となる。
3. 応用：ポジティブ心理学の潜在的な応用には以下の側面が含まれる。 ・内発的動機，ポジティブ感情，創造性を伸ばすことによる子どもの教育の改善 ・希望，意味，自己治癒を強調したアプローチの発展による心理療法の改善 ・愛，世代継承性，関与のダイナミックスのさらなる理解による家庭生活の改善 ・本来性，フロー経験，仕事への真の貢献を見出す手助けとなる人生を通じた労働満足感の改善 ・人々の間の信頼，コミュニケーション，愛他性を強める条件の発見を通じた組織や社会の改善 ・人間の内にある精神性の理解や促進を通じた社会の道徳的性質の改善
4. 目標の実現：ポジティブ心理学の繁栄に向け，最適な条件を生成するために，ポジティブ心理学者と名乗る研究者の集まりを拡張し，有用で啓発的な生産物を作り出す必要がある。そのためには以下の戦略が必要となる。 ・「ポジティブ科学」研究ネットワークの形成 ・ポジティブ科学者間のコンタクトを促進すること ・ポジティブ心理学の研究者を対象とする補助金の創設 ・ポジティブなアプローチを促進する高度な研究成果 ・ポジティブ心理学者のキャリアの促進

国でも健康心理学者が中心となって研究が進められてきた（堀毛, 2010）。

b. ポジティブ心理学の研究領域

ポジティブ心理学の研究領域はきわめて多岐にわたる。このことは，ポジティブ心理学の研究内容が必ずしも新奇なものではなく，従来の心理学の枠組みのなかで個別に知見が積み重ねられてきたことを意味する。そうした点からすれば，ポジティブ心理学は，アクマル宣言にもみられるように，それらの知見を統合し包括的な視点を生み出そうとする「運動」とみなすことができるだろう。ポジティブ心理学の多様な研究領域は，ポジティブな感情や主観的経験に関するレベル，ポジティブな個人特性や認知に関するレベル，ポジティブな機構・制度など環境レベルという，互いに関連する3つのレベルから構成される（Seligman & Csikszentmihalyi, 2000；Peterson, 2006/2010）。また，ヘフェロンとボニウェル（Hefferon & Boniwell, 2011）で紹介され

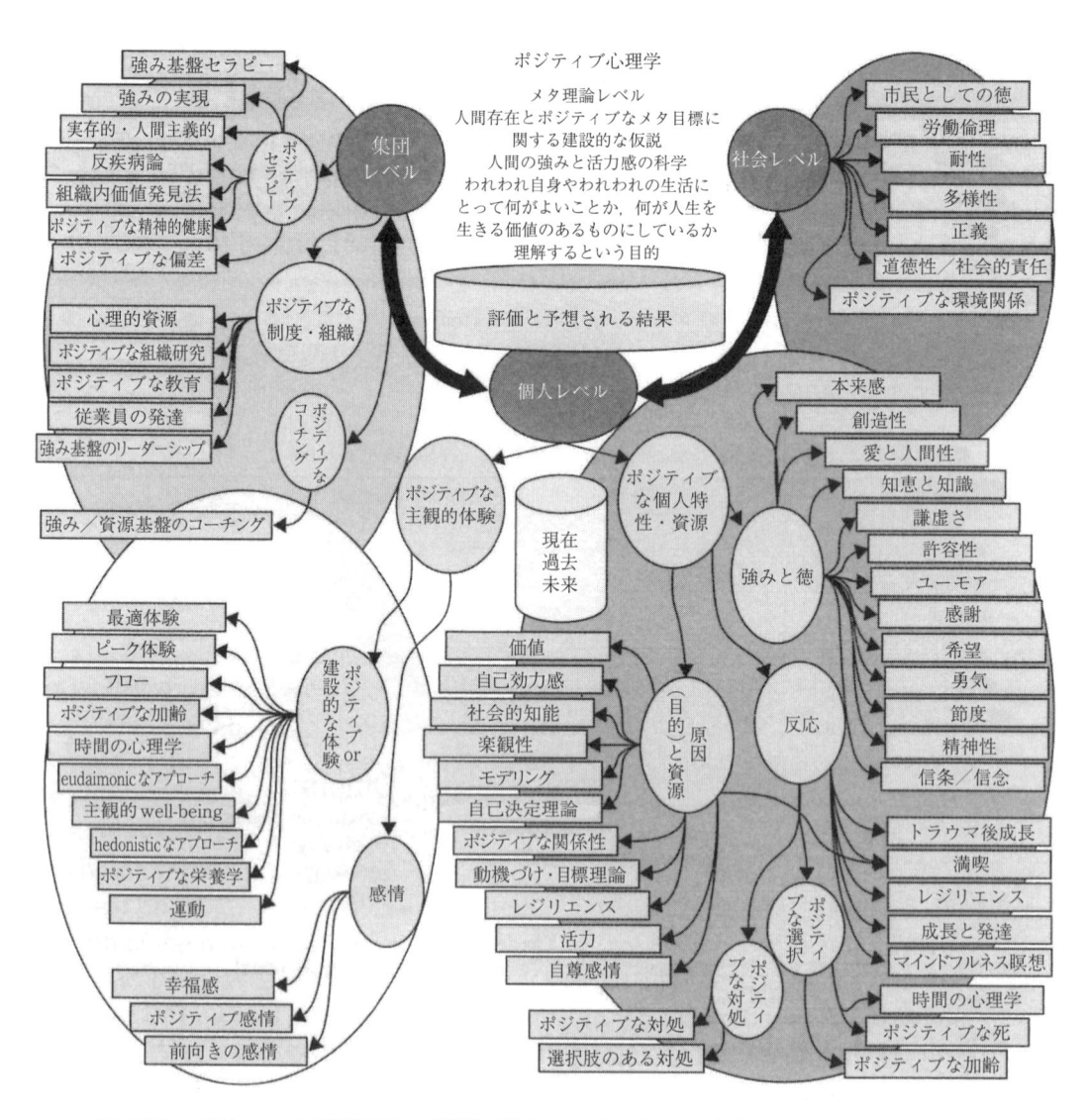

図17.1 ポジティブ心理学研究の課題に関するマインドマップ（Hefferon & Boniwell, 2011）

ているマインドマップでは，主観的経験と特性を統合して「個人レベル」とみなし，環境レベルの課題を「集団レベル」「社会レベル」に分けて整理している（図17.1）。一見して明らかなように，現状では個人レベルの課題が圧倒的に多いものの，とくに近年，社会・集団的な側面や，応用的な側面への関心が増加しつつあるが（たとえば，Biswas-Diener, 2011；Donaldson, Csikszentmihalyi, & Nakamura, 2011），本稿では，パーソナリティ心理学ハンドブックという性質上，とくに個人レベルに焦点を当てて論を進める。

2 ポジティブな個人差研究

a. ポジティブな主観的経験

個人レベルの研究は，図17.1にも示されたようにきわめて多岐にわたる課題を含んでいるが，大別すれば，ポジティブな主観的経験と，ポジティブな個人特性や認知資源の2つに分けられる。こうした分類はポジティブ心理学に関する多くの教科書でも採用されている。ポジティブな主観的経験研究の主体となっているのは，マップの内容にも示されるように，主観的well-being（SWB：subjective well-being）や幸福感など，主としてポジティブな感情状態に関連する研究である。このうちSWB研究は，ディーナー（Diener, E.）の業績を中心に長い歴史をもつ。当初は個人の満足感・幸福感に焦点を当てたヘドニスティック（hedonistic）なアプローチが中心だったが，1990年代以降は，リフ（Ryff, 1989）によって提唱されたエウダイモニック（eudaimonic）な側面の重要性も指摘されている。これらの概念や研究内容については，本章の2節や大石（2009）で詳述されているのでご参照いただきたい。

最近の研究では，この2つの側面に加え，フロー体験など活動的な側面（engagement）の充実感をSWBの重要な側面とする考え方も提唱されている（Peterson, Park, & Seligman, 2005）。また，SWBの規定因に関する論議も盛んに行われており，たとえばリュボミアスキーほか（Lyubomirsky, Sheldon, & Schkade, 2005）の持続的幸福感モデルでは，遺伝的規定因が50%，環境要因が10%，意図的活動要因が40%の重みをもつという知見が提唱されている。さらにセリグマン（Seligman, 2011）は，ソとヒューパート（So & Huppert, 2009）の研究を紹介しながら，新たなSWBの指標として「フラリッシュ（活力感）」の重要性を指摘している。この考え方は，先にあげた3側面，すなわち，ポジティブ感情（hedonistic），意味・目的（eudaimonic），活動への関与・関心（engagement）を核として，自尊心，楽観性，レジリエンス，活力，自己決定，ポジティブな関係性を付加的な特徴とみなす概念として位置づけられている。国際比較によれば，デンマークやスイスでは国民の活力感が高いこと，人生満足感との相関は.32で両者は区別すべき性質をもつことなどが指摘されている。SWB研究は，2節でも論じられているように，今後もより長期的な視点からの研究等を含め，多角的かつ統合的なアプローチが求められる領域といえるだろう。なお，ポジティブ感情そのもののもつ機能についても研究が進展しており，この点に関しては本章の4節をご参照いただきたい。

b. ポジティブな特性

　個人レベル研究のもう一つの領域は，ポジティブな個人特性や資源についての研究である。欧米では，個人のもつポジティブな特徴を「強み」(strengths) ととらえ，積極的に意識させることにより，人生に対するポジティブな姿勢を引き出そうとする試みがいろいろと工夫されている (Bowers, 2008)。その基盤になっている道具としては，クリフトンらによる34の資質発見 (strengthfinder；Buckingham & Clifton, 2001/2001) や，マインドマップでもカテゴリーの一つとして位置づけられている，「人間の強み」(ヒューマン・ストレングス：human strengths) に関する研究がある (Peterson & Seligman, 2004)。後者の研究技法や成果については，本章の5節で詳しく論じられている。

　これらの研究は，ポジティブな介入など応用・実践的な試みも含め多くの成果を生み出してきたが，一方で批判的な指摘も存在する。たとえば，「人間の強み」研究について，ノフトルほか (Noftle, Schnitker, & Robins, 2011) は，以下の3点を主要な理由として，とくにビッグファイブ研究を中心とするパーソナリティ特性研究との相違が不明確であると指摘している。①人間の長所の測定道具であるVIA-ISに関する探索的因子分析の結果が，ピーターソンらが指摘する6つの上位領域（勇気，正義，人間性，節度，超越性，知恵と知識）としてまとまらず，確認的因子分析の結果も6領域構造を支持しない，②ビッグファイブの測定道具であるNEO-PI-Rとの相関を検討すると，精神性を除くすべてのVIA-ISの下位尺度得点が，ビッグファイブの下位尺度と.42～.63というかなり強い相関を示す，③SWBに関連するさまざまな指標について，VIA-ISとNEO-PI-Rを説明変数として，投入の順番を入れ替えた階層的重回帰分析を行うと，ステップ1で投入した変数（VIA-ISまたはNEO-PI-R）が主要な説明因となり，ステップ2で投入した変数の説明力は低くなる。ノフトルらは，これらの知見をもとに，現段階では「人間の強み」研究の成果とビックファイブ研究がもたらす成果は重複しており，ポジティブ心理学の発展のためには，「人間の強み」研究が概念的・構造的説明をより精緻化し，ビッグファイブ研究と異なる成果が得られるよう工夫がなされるべきと指摘している。

c. ポジティブな認知・資源

　ポジティブな個人差に関する研究は，個人のもつ資源や発達的な変化・成長にも向けられている。たとえば，とくに子どものもつ資源に焦点を絞った研究として，ベンソンを中心とするサーチ・インスティテュート (Search institute) による発達資産 (developmental assets) の研究がある (Benson & Scales, 2009；相原・ウィルソン・岩野, 2010)。この研究では，支援，エンパワーメント，規範・期待，時間の建設的利用という4カテゴリーに分類される20の外的資産と，学習へのコミットメント，ポジティブな価値観，社会的コンピテンス，ポジティブなアイデンティティという4カテゴリーに分類される20の内的資産を区別し，これらの資産の多さが健康や社会性の高さに関連することなどが明らかにされている。

　一方で，自尊心や楽観性，自己効力感などの認知変数や，ポジティブ・イリュージョンなどの認知的傾向性（本章3節参照）も，ポジティブ心理学の重要な研究課題の一つになっている。SWB研究でも，「フラリッシュ」の例に示されるように，一貫してこれらの認知変数とのかかわ

わりが重要であることが指摘されてきた。加えて，トンプソン（Tompson, 2008）をはじめ，コントロール感とSWBとの関連を指摘する研究も数多くみられる。トンプソンは，望ましい成果を入手し，望ましくない成果を避けるための手段があるとする判断を「個人的コントロール感」（personal control）とよび，こうした感覚をもつことがポジティブ感情につながり，適応的な機能をもたらすと主張している。また，コントロール感を維持するための戦略として，現状で到達できる目標に置き換える，新しいやり方を創造する，現在の環境を受け入れる，という3つの戦略が重要であることも指摘している。堀毛（2009b）も，制御焦点とよばれる自己コントロール感（20章5節参照）が，SWBの規定因として重要な意味をもつことを明らかにしている。また，この研究では，パーソナリティを特性レベルとして把握するよりも認知－感情レベルで把握することの重要性が強調されており（3章4節参照），今後のポジティブ心理学の発展に，パーソナリティの把握の仕方が重要な意味をもつことが示唆されている。一方，ビッグファイブの提唱者のひとりであるマックレー（McCrae, 2011）は，ポジティブ心理学が特性論的パーソナリティ研究の視点をもっと取り入れるべきであると論じており，相関研究でのビッグファイブとの関連性の検討や，実験研究での共変量としての統制，縦断研究の必要性，介入研究における特性の役割の検討などを将来的課題として指摘している。ポジティブ心理学の統合的な発展のためには，こうした個人差を把握しうる理論的な観点を整備・検討し，より多角的なアプローチや技法を開発していくことが求められよう。

◆ 引用文献

相原次男・ウイルソン，エイミー・岩野雅子．(2010)．日本の子どもの発達資産に関する研究：「発達資産プロフィール」調査の分析を中心に．山口県立大学学術情報, **3**, 1-16.

Benson, P. L., & Scales, P. C. (2009). The definition and preliminary measurement of thriving in adolescence. *Journal of Positive Psychology*, **4**, 85-104.

Biswas-Diener, R. (Ed.). (2011). *Positive psychology as social change*. New York: Springer.

Bowers, K. (2008). Making the most of human strengths. In S. Lopez (Ed.), *Positive psychology*: Vol.1 (pp.23-36). London: Preager.

Buckingham, M., & Clifton, D. O. (2001). さあ才能に目覚めよう：あなたの5つの強みを見出し生かす（田口俊樹，訳）．日本経済新聞出版社．(Buckingham, M., & Clifton, D. O. (2001). *Now, discover your strengths*. New York: Free Press.)

Compton, W. C. (2005). *An introduction to positive psychology*. Belmont: Thomson.

Csikszentmihalyi, M., & Nakamura, J. (2011). Positive psychology: Where did it come from, where is it going. In K. M. Sheldon, T. B. Kashdan, & M. F. Steger, (Eds.), *Designing positive psychology* (pp.3-8). New York: Oxford Univesity Press.

Donaldson, S. I., Csikszentmihalyi, M., & Nakamura, J. (2011). *Applied positive psychology*. New York: Psychology Press.

Hefferon, K., & Boniwell, I. (2011). *Positive psychology: Theory, reserach and applications*. Berkshire: McGraw Hill.

堀毛一也．(2009a)．ポジティブ心理学の発展．細江達郎・菊池武剋（編著），新訂社会心理学特論（pp.108-129）．放送大学教育振興会．

堀毛一也．(2009b)．コヒアラント・アプローチによる主観的well-beingの個人差の探求．対人社会心理学研究, **9**, 2-7.

堀毛一也（編）．（2010）．現代のエスプリ：512　ポジティブ心理学の展開．至文堂．

Lyubomirsky, S., Sheldon, K. M., & Schkade, D. (2005). Pursuing happiness : The architecture of sustainable change. *Review of General Psychology*, **9**, 113-131.

McCrae, R. R. (2011). Personality traits and the potential of positive psychology. In K. M. Sheldon, T. B. Kashdan, & M. F. Steger (Eds.), *Designing positive psychology* (pp.193-206). New York : Oxford University Press.

Noftle, E. E., Schnitker, S. A., & Robins, R. W. (2011). Charactor and personality : Connections between positive psychology and personality psychology. In K. M. Sheldon, T. B. Kashdan, & M. F. Steger (Eds.), *Designing positive psychology* (pp.207-227). New York : Oxford University Press.

大石繁宏．（2009）．幸せを科学する．新曜社．

Peterson, C. (2010). ポジティブ・サイコロジー：「よい生き方」を科学的に考える方法（宇野カオリ，訳）．春秋社．(Peterson, C. (2006). *A primer in positive psychology*. New York : Oxford University Press.)

Peterson, C., Park, N., & Seligman, M. E. P. (2005). Orientations to happiness and lifesatisfaction : The full life versus the empty life. *Journal of Happiness Studies*, **6**, 25-41.

Peterson, C., & Seligman, M. E. P. (2004). *Charactor strengths and virtues*. New York : Oxford University Press.

Ryff, C. D. (1989). Happiness is everything, or is it? Explorations on the meaning of psychological well-being. *Journal of Personality and Social Psychology*, **57**, 1069-1081.

Seligman, M. E. P. (1998). Building human strength : Psychology's forgotten mission. *APA Monitor*, **29**, January, 2.

Seligman, M. E. P. (2011). *Flourish : A visionary new understanding of happiness and well-being*. New York : Free Press.

Seligman, M. E. P., & Csikszentmihalyi, M. (2000). Positive psychology : An introduction. *American Psychologist*, **55**, 5-14.

Sheldon, K., Fredrickson, B., Rathunde, K., Csikszentmihalyi, M., & Haidt, J. (1999). Akumal Manifesto. 〈http://www.ppc.sas.upenn.edu/akumalmanifesto.htm〉（2011年9月10日）

島井哲志（編）．（2006）．ポジティブ心理学：21世紀の心理学の可能性．ナカニシヤ出版．

島井哲志．（2009）．ポジティブ心理学入門：幸せを呼ぶ生き方．星和書店．

Snyder, C. R., & Lopez, S. J. (2007). *Positive psychology : The scientific and practical explorations of human strengths*. California : Sage.

So, T., & Huppert, F. (2009). What percentage of people in Europe are flourishing and what characterize them? 〈www.isqols2009.istituodeglinnocenyi.it/Content_en/Huppert.pdf〉（2011年9月10日）

Tompson, S. C. (2008). The role of personal control in adaptive functioning. In S. Lopez & C. R. Snyder (Eds.), *Oxford handbook of positive psychology* (2nd ed., pp.271-278). New York : Oxford University Press.

2節　主観的well-being

上出寛子

1 ■ ポジティブ心理学とwell-being

　近年盛んなポジティブ心理学では，ますます豊かで幸福な人生を送ることを目的にすえ，精神病理ではないふつうの人のよりよい人生を科学的に解明しようとしている。well-being（ウェルビーイング）は，ポジティブ心理学で最も焦点が当てられている，人の健康や幸福を包括する適応概念のことである。

　従来の心理学においても，適応に関してさまざまな検討を行ってきているが，ポジティブ心理学は，ピーターソンとパーク（Peterson & Park, 2003）が指摘するように，よい人生や人間のポジティブな側面について，既存の知見を繰り返し再現しているだけではない。ポジティブ心理学においては，さらに生きるに値するもの，価値のあるものについて理論的・実証的「統合」を目指すことが大きな特徴としてあげられている。すなわち，既存の知見について，よい人生として統合的に理解を進めるために，基盤となる適応概念としてのwell-beingが考えられているともいえよう。well-beingの訳に関しては，充実感，幸福感などと訳されることがあるが，多様なアプローチから研究される統合的概念であることを考慮し，ここではそのままwell-beingと記すこととする。

　well-beingの指標としては，人生に対する全体的な満足度（Diener, Emmons, Larson, & Griffen, 1985）や，多次元的な視点にもとづいてどの程度幸福であるのかを測定する心理的well-being（Ryff, 1989a），社会を構成する一員として充実した生活を送っているという社会的well-being（Keyes, 1999）などが用いられることが多い。well-beingという統合的な適応概念においては，多様なアプローチがとられているのが現状ということである。とくに，最初にあげた人生満足度（Diener et al., 1985）のように，何が人の幸福であるのかという研究者の価値観をおいたうえで，個人がいかに自分の人生を評価し満足しているのかという視点を重視した研究は盛んである（大石, 2009）。心理学的に何が幸福であるのかを定義することは，宗教や文化，複雑な社会的背景がかかわる困難な問題であるが，個人の主観的な視点を重視して，一定の価値観を押しつけないかたちで満足感にかかわるさまざまな要因を科学的に検討することは十分に可能であろう。こういった個人の主観に判断をゆだねる方法で測定されるwell-beingを主観的well-being（subjective well-being）とよぶ。また，より広い意味で個人の主観的なレベルで測定される認知的な幸福感などを含めて主観的well-beingととらえることも多い。ディーナーでは「人々が自分の人生をどのように評価するか」（Diener, Oishi, & Lucas, 2003）を示す概念とされており，これを受け，この節でも個人の主観的レベルでとらえられるwell-beingを主観的well-beingとして広くとらえることとする。

2 ■ 主観的well-beingに関する2つの考え方

　主観的well-beingについて考察するにあたり，大きな前提として2つのアプローチがとられることが多い。hedonismとeudaimonismとよばれるものである。hedonismの起源はキュレネ学派の創始者アリスティッポス（Aristuppus, 435 ～ 366 BC）とされている（Ryan & Deci, 2001）。アリスティッポスは人生の目的は楽しみの最大化であるとし，肉体的快楽を精神的快楽よりも重視したという。さらに，このような部分的な個々の快楽の総計を幸福として，快楽は控えることなく最大化することが望ましいと考えた。彼の提唱したhedonismの考え方は，その後多くの人々に受け継がれている。たとえばホッブズ（Hobbes, T.）は，幸福とは人間の欲求を達成することであると主張し，功利主義のベンサム（Bentham, J.）も，よい社会が作られるのは個人の興味と楽しみを最大化することを通じてなされるという点で，hedonismの考えを受け継いでいるといえる（Ryan & Deci, 2001）。

　hedonismの心理学を提唱したカーネマンほか（Kahneman, Diener, & Schwarz, 1999）は，「経験や人生を楽しくするもの」をwell-beingと定義づけ，well-beingそのものをhedonismと同一のものとして位置づけた。アリスティッポスでは肉体的快楽が重視されていたものの，hedonic心理学においては身体と同様に精神の楽しみや好みといったものも含まれる。hedonismにおいては，このような楽しみや快楽の全般的な経験が人生のよさを判断する基準となるということである。

　人生満足度に関していうと，何に満足しているのかといった基準は個人の判断に依存しているものの，人生をどの程度快適だと感じたり，満足しているのかに焦点を当てている点で，hedonismの考え方にもとづくwell-beingの指標とされることが多い。具体的には，「ほとんどの面で，私の人生は私の理想に近い」といった項目で1次元上での人生に対する満足感を測定する（表17.2）。1次元のみで総合的にとらえるという測定方法には，信頼性や妥当性の問題が指摘されてはいるが，簡便に人生全般に対する肯定の程度を測定できるため，広く用いられている。

　一方，快楽を我慢する忍耐力や，時には積極的に苦労を積み重ねるといった人間的な成熟の程度が強調され，そのようないわゆる美徳・道徳といった価値観こそが人間にとってのよさとして考えられることもある。このような人間の理性的な面を重視する考え方を，eudaimonismという。eudaimonismの起源はアリストテレス（Aristotle）の『ニコマコス倫理学』にある記述である。それによれば，「われわれの達成しうるあらゆる善のうちの最上のもの

表17.2　人生満足度の質問項目（Diener et al., 1985）

1. ほとんどの面で，私の人生は私の理想に近い。
2. 私の人生は，とてもすばらしい状態だ。
3. 私は自分の人生に満足している。
4. 私はこれまで，自分の人生に求める大切なものを得てきた。
5. もう一度人生をやり直せるとしても，ほとんど何も変えないだろう。

注．以上の5項目に対し，1：まったく当てはまらない，2：ほとんど当てはまらない，3：あまり当てはまらない，4：どちらともいえない，5：少し当てはまる，6：だいたい当てはまる，7：非常によく当てはまる，の7点で回答し，合計を出した得点が人生満足度の得点となる。過去の調査で日本の大学生では平均が約18から22点，アメリカではおよそ23から26点，標準偏差はおよそ6点ほどである（大石, 2009）。

は何であるだろうか。名目的には，たいがいのひとびとの答えはおおよそ一致する。すなわち一般のひとびとも，たしなみのあるひとびとも，それは幸福（eudaimonia）にほかならない」（高田訳, 1971, p.20）とされる。ここでeudaimoniaは，人間が達成するもっともよいこととして記述されている。

アリストテレスの記述に関しては，ギリシア語のeudaimoniaを幸福と訳すのが適切かどうかという問題がある。ウォーターマン（Waterman, 1993）によると，eudaimoniaをたんに幸福と訳すことにより，快楽を追求するhedonismとの弁別性が曖昧になってしまう危険性が指摘されている（Ryff, 1989aによる）。リフ（Ryff, 1989a）はこの点に関し，eudaimoniaは「人の真の潜在性の方向にあり，それに一致した行動をともなう感情」として定義するのがより適切であるとし，欲望の解放を主眼とするhedonismとは区別する必要性を示唆している。すなわち，アリストテレスのすべての善きことのなかで最もすばらしいものであるとするeudaimoniaに対する考えは，いわゆる幸福感というよりも，むしろ真の潜在性の実現として考えるべきであるということである。

ここでeudaimoniaという言葉は，well-beingを幸福や快楽，満足感と区別するため意味があると考えられている。eudaimoniaの理論はすべての欲求——人が価値を認めるすべての成果——がwell-beingを包含するわけでないと考えるのである。それらが快楽であったとしても，成果のうちのいくつかは人にとってよいものでない場合もあるし，必ずしもwell-beingを促進するわけではない。このように，eudaimonicな観点からすると，主観的な幸福はwell-beingとは同義でない。さらにeudaimoniaは，これらと区別されるべき，人間の理性的な道徳性や，自己制御できる成熟性といったものとして主張されていることがうかがえる。

ポジティブ心理学ではhedonismとeudaimonismが対比的に扱われることが多いため，双方が排他的な意味をもつように思われがちであるが，『ニコマコス倫理学』には快楽の重要性も指摘されており，eudaimonismはhedonismを一部含んでいると考えるのが適切であろう。ただし，このように対比的に扱われることの理由としては，物質的に豊かになった社会で，人間としての成熟や道徳性が薄れつつあるという社会的背景が幾分影響しているのではないであろうか。後述するが，リフ（Ryff, 1989a）はeudaimonismの考えに従い，well-beingの構造を明らかにしており，ポジティブ心理学が始まった背景から考えても，このような人間の理性や合理性，正義や成熟を重要視するeudaimonismのwell-beingを促進しようとする研究はとても多い。

3 ■ 主観的well-beingに関する研究の動向

ブラッドバーン（Bradburn, 1969）は主観的well-beingの分析を行った初期の研究のうちの一つであり，well-beingに関連してポジティブ・ネガティブ感情を区別し，どのようにしてマクロレベルの社会的変化（教育レベル，雇用パターン，都市化，政治的緊張の変化など）が，心理的well-beingに影響するのかということを検討している（Ryff, 1989a）。ブラッドバーン（Bradburn, 1969）は，経験的に従属変数として幸福感に注目し，幸福を，ポジティブとネガティブな感情の

バランスであると操作的に定義している。ここでは，ポジティブな機能に関する質問の回答（たとえば，「ここ数週間であなたは，何かを全うしたことについて喜びを感じましたか？」）が，ネガティブな機能についての回答（たとえば，「ここ数週間で，あなたは，誰かに批判されて焦りを感じましたか？」）を予測しないことが明らかとなった。そこで，ポジティブ感情，ネガティブ感情はそれぞれwell-beingの独立的次元であり，そのバランスが幸福の指標として役立つということが議論された。

しかしながら，近年ではwell-beingに対する理解を推し進めるため，well-beingとは何かという本質に迫る研究も多い。冒頭に述べたとおり，個人に基準をゆだねて満足感を測定する方法も一つではあるが，個人がよりよい人生を送るためにはより実践的で役立つ知識が必須であり，そのためにはwell-beingの内容に踏み込んだ検討が必要であることは確かであろう。リフ（Ryff, 1982）はポジティブな心理的機能に関する理論をもとに，人間のポジティブ性について精緻化し，かつそれらを測定する尺度を開発している。

古くから，人間のポジティブな心理的機能について考察した研究はさまざまある。マズロー（Maslow, 1954/1987）の自己実現の概念や，ロジャーズ（Rogers, 1951/2005）による充足した心理的機能とは何かについての考察，オルポート（Allport, 1961/1968）の成熟の概念などがその例としてあげられる。また，ヤホダ（Jahoda, 1958）の精神的健康についての基準では，病気のないこととしてwell-beingを定義しているが，これも心理的健康とは何かという広い範囲から人間のポジティブな心理について考察しているといえよう。

これらの理論的研究についての共通点としては，実証的なデータから客観的に検討したものがあまりないということである（Ryff, 1982）。また，それぞれの理論におけるwell-beingの基準がさまざまで広範囲にわたるものであり，多くの理論のなかでどれがポジティブな心理的機能の重要な特徴であるのかを決めるのは難しいという点も共通した帰結である。これらのことから，リフ（Ryff, 1989b）はwell-beingの理論を整理し直し，その結果，多くの理論家はポジティブな心理的機能についてある程度類似した特徴を記述していることを主張している。さらに，リフ（Ryff, 1989a）においては，このような理論的背景から抽出されたwell-beingの次元について，実証的に研究を行い，well-beingには6次元あることを明らかにしたうえで，各次元の妥当性と信頼性が高いことを示している。

6つの次元の1つ目は自己受容の次元である。これは，自己に対するポジティブな態度をもっており，よい性質も悪い性質も含め，自己の多様な側面を受け入れているかどうかであり，先行研究で最もよく用いられる基準であるとされている。2つ目はポジティブな対人関係であり，他者との信頼できる関係に関心があり，愛情，親密性を大切にすることを表している。3つ目が自律性であり，自己決定的で，自ら基準をもって行動，評価が可能であることを意味する。4つ目に，環境の統制の次元があり，外的な活動や周囲の環境を必要に応じて選択したりコントロールできることを意味している。5つ目は人生の目的という次元であり，人生に対して意義を感じ，生きることに対するねらいをもっていることである。6つ目が，個人的成長であり，新しい経験に開かれており，自分がますます成長する存在であると意識し，持続的な変化を感じていること

を指す。

　このように近年のwell-beingの研究は，理論的考察をふまえたうえで実証的なデータにより構造を明確化しているといえる。従来指摘されていたwell-beingの多次元的な構造の内容をポジティブ・ネガティブ感情や，人生満足度とは異なる視点でとらえてはいるが，6次元の内容は従来の理論的観点を反映している点でより適切であろう。実際にこの6次元の尺度は，現在のポジティブ心理学でも広く用いられている。

　最近の研究では，このような主観的なwell-beingのみでなく，生物学的指標との関連を検討した研究もある（Ryff, Love, Urry, Muller, Rosenkranz, Friedman, Davidson, & Singer, 2006）。その報告によると，単純にポジティブな指標の得点の高さがネガティブな指標の得点の低さと関連するのではないことを示し，well-beingとill-beingを弁別する必要性が示唆されている。彼らは，心理的well-beingとill-beingが二極構造なのか（鏡面性仮説），独立次元なのか（弁別仮説）を検討し，その結果，生物学的指標（神経内分泌であるコルチゾールやノルエピネフリンや，心臓血管の指標であるHDLコレステロール，全HDLコレステロール，収縮血圧など）が，心理的well-being（抑うつや不安）と有意な相関関係がなく，well-beingとill-beingを一軸上の指標としてとらえるべきではないことを主張している。

　また，このような基礎的知見を積み重ねたうえで，well-beingを向上させる介入についても盛んに研究されている。長期的には，well-beingには遺伝的要因が働いており，結局のところセットポイント（遺伝的に設定されている水準）に帰せざるをえないという報告や（Lykken & Tellegen, 1996），hedonicな適応は一時的ですぐに慣れてしまうため（Kahneman et al., 1999），介入の難しさを示唆する研究はある。しかし一方で，短期的ではあるが，感謝（Emmons & McCullough, 2003）や許し（McCullough, Pargament, & Thoresen, 2000），内省（King, 2001）などがwell-beingを増進することが報告されている。また，すべてが無駄と思うのではなく，感謝の気持ちを忘れず，身のまわりにあるポジティブ性を生かしていく努力がwell-beingの持続可能性をもたらすことを示唆する研究もある（Sheldon & Lyubomirsky, 2006）。さらに長期的な視点に関していうと，状況による微細な変化に注目するよりも，通状況的にコヒアラントな（首尾一貫した）個人のパターンに注目することで，主観的well-beingに対する有効な介入の手立てについて議論可能であることも指摘されている（堀毛，2007）。これらのことからすると，well-beingに関する長期的な変化の様相やそこにみられる継時的な構造の特定から，well-beingを促進する知見を明らかにし，ふつうの人のよい人生像に寄与する研究が今後さらに重要となると思われる。

◆ 引用文献

Allport, G. W.（1968）．人格心理学（今田　恵，監訳）．誠信書房．（Allport, G. W.（1961）．*Pattern and growth in personality.* New York : Holt, Rinehart & Winston.）
Aristotle.（1971）．ニコマコス倫理学（高田三郎，訳）．岩波書店．（Aristotle. *Nicomachean ethics.*）
Bradburn, N. M.（1969）．*The structure of psychological well-being.* Chicago : Aldine.
Diener, E., Emmons, R. A., Larson, R. J., & Griffen, S.（1985）．The satisfaction with life scale. *Journal of Personality Assessment, 49,* 71-75.

Diener, E., Oishi, S., & Lucas, R. E. (2003). Culture, personality, and subjective well-being. *Annual Review of Psychology*, **54**, 403-425.

Emmons, R. A., & McCullough, M. E. (2003). Counting blessings versus burdens : An experimental investigation of gratitude and subjective well-being in daily life. *Journal of Personality and Social Psychology*, **84**, 377-389.

堀毛一也. (2007). 健康スケールの現状と問題点：社会心理学の立場から：主観的充実感の個人差と文化差. 東北福祉大学感性福祉研究所年報, **8**, 259-265.

Jahoda, M. (1958). *Current concepts of positive mental health.* New York : Basic Books.

Kahneman, D., Diener, E., & Schwarz, N. (Eds.). (1999). *Well-being : The foundations of hedonic psychology.* New York : Russell Sage.

Keyes, C. L. M. (1999). Social well-being. *Social Psychology Quarterly*, **61**, 121-140.

King, L. A. (2001). The health benefits of writing about life goals. *Personality and Social Psychology Bulletin*, **27**, 798-807.

Lykken, D., & Tellegen, A. (1996). Happiness is a stochastic phenomenon. *Psychological Science*, **7**, 186-189.

Maslow, A. H. (1987). 人間性の心理学（小口忠彦，監訳）. 産業能率短期大学出版部. (Maslow, A. H. (1954). *Motivation and personarity.* New York : Haper & Row.)

McCullough, M. E., Pargament, K. I., & Thoresen, C. E. (Eds.). (2000). *Forgiveness : Theory, research, and practice.* New York : The Guilford Press.

大石繁宏. (2009). 幸せを科学する. 新曜社.

Peterson, C., & Park, N. (2003). Positive psychology as the evenhanded positive psychologist views it. *Psychological Inquiry*, **14**, 141-146.

Rogers, C. R. (2005). クライアント中心療法（保坂　亨・諸富祥彦・末武康弘，訳）. 岩崎学術出版社. (Rogers, C. R. (1951). *Client-centered therapy : Its current practice, implications, and theory.* Boston : Houghton Mifflin.)

Ryan, R. M., & Deci, E. L. (2001). On happiness and human potentials : A review of research on hedonic and eudaimonic well-being. *Annual Review of Psychology*, **52**, 141-166.

Ryff, C. D. (1982). Successful aging : A developmental approach. *The Gerontologist*, **22**, 209-214.

Ryff, C. D. (1989a). Happiness is everything, or is it? Explorations on the meaning of psychological well-being. *Journal of Personality and Social Psychology*, **57**, 1069-1081.

Ryff, C. D. (1989b). Beyond ponce de leon and life satisfaction : New directions in quest of successful aging. *International Journal of Behavioral Development*, **12**, 35-55.

Ryff, C. D., Love, G. D., Urry, H. L., Muller, D., Rosenkranz, M. A., Friedman, E. M., Davidson, R. J., & Singer, B. (2006). Psychological well-being and ill-being : Do they have distinct or mirrored biological correlates? *Psychotherapy and Psychosomatics*, **75**, 85-95.

Sheldon, K. M., & Lyubomirsky, S. (2006). Achieving sustainable gains in happiness : Change your actions, not your circumstances. *Journal of Happiness Studies*, **7**, 55-86.

Waterman, A. S. (1993). Two conceptions of happiness : Contrasts of personal expressiveness (eudaimonia) and hedonic enjoyment. *Journal of Personality and Social Psychology*, **64**, 678-691.

3節　ポジティブ・イリュージョン

外山美樹

1 ■ ポジティブ・イリュージョンとは

　ポジティブ・イリュージョン（positive illusion）とは，自己高揚的動機にもとづくさまざまな認知バイアスのことであり，「実際に存在するもの・ことを，自分に都合良く解釈したり想像したりする精神的イメージや概念」と定義されている（Taylor & Brown, 1988）。さらに，テイラーとブラウン（Taylor & Brown, 1988）は，ポジティブ・イリュージョンを，①自分自身を非現実的なまでにポジティブにとらえる，②自分の将来を非現実的に楽観的に考える（個人的楽観主義），③外界に対する自己の統制力を現実以上に高く判断する，という3つの領域からとらえ，この3つのイリュージョンが精神的健康に結びついていると結論している。つまり，精神的に健康な人には，自己をよき者と考え，自分の未来を明るく描き，自己の統制力を強く信じる傾向がみられるというのである。

　欧米においては，実際以上に自分をよき者と考え，自分の未来をバラ色に明るく描き，自己の統制力を強く信じるポジティブ・イリュージョンが，一般の人々にあまねくみられることが広く実証されている（Brown, 1986；Heine & Lehman, 1995）。

2 ■ わが国におけるポジティブ・イリュージョンの研究

a. ポジティブ・イリュージョンとネガティブ・イリュージョンがみられる側面

　欧米人においては，あたりまえのようにみられるポジティブ・イリュージョンであるが，自己批判的，あるいは自己卑下的バイアスが顕著であると指摘されている日本人（遠藤，1995；Markus & Kitayama, 1991）においても同様に，ポジティブ・イリュージョンがみられるのだろうか。わが国においては，自己の調和性（たとえば，「思いやりがある」「親切である」）や誠実性（たとえば，「まじめである」「誠実である」）の側面において，弱いながらもポジティブ・イリュージョンがみられることが大学生を対象にした研究で明らかになっている（伊藤，1999；外山・桜井，2001）。一方で，社交性（たとえば，「同性の間で人気がある」「積極的である」），経験への開放性（たとえば，「知的である」「頭の回転が速い」）そして身体的魅力（たとえば，「容姿がよい」「スタイルがよい」）の側面においては，ポジティブ・イリュージョンとは逆方向の，いわばネガティブ・イリュージョンとよばれる現象がみられている（外山・桜井，2001）。つまり，こうした側面においては，日本人の多くは，自分は他の人よりも劣っていると考えているのである。

　外山・桜井（2001）は，こうした結果について，自己のとらえ方は，文化的社会的背景と切り

離して論じられるものではないことを主張している。相互依存的自己観を有するといわれる私たち日本人のポジティブな自己像は，西欧人の独自性を表出すること，自己主張することではなく，他者との調和を育むこと，協調を維持することなどによって得られる。そこで，私たち日本人は，こうした集団の一員として重要であると考える自己の特性（調和性，誠実性など）については，それを表に出してもよいと考え，多くの人たちが内心どおりにポジティブな評価をするものと予想される。その結果，ポジティブ・イリュージョンが生じると考えられる。

他方，個人としては重要と考えるが，それを表に出してはいけないと考える特性，すなわち，表に出すと集団の成員からネガティブに評価されると考えられる自己の特性（社交性，経験への開放性，身体的魅力など）については，内心ではポジティブに評価していてもネガティブであると表明（評価）する人が多くなるものと予想される。そのために，こういった特性に関してはネガティブ・イリュージョンが生じるのだと考えられる。

b. 消極的なポジティブ・イリュージョン

市原（2010）は，外山・桜井（2001）の結果においてネガティブ・イリュージョンがみられた社交性，経験への開放性，身体的魅力の側面において，それぞれの項目内容とは反対の意味をもつ項目内容（たとえば，「知的である」を「愚鈍である」，「スタイルがよい」を「スタイルが悪い」，「個性的である」を「平凡的である」）を用いて，同じくネガティブ・イリュージョンがみられるかどうか検討した。その結果，ほとんどすべての項目においてネガティブ・イリュージョンが消失し，多くの項目においてポジティブ・イリュージョンがみられることがわかった。このことから，私たち日本人においては，たとえば人よりも「知的である」といった他者から際だたせる特性を備えもっていると認知する積極的で自己拡大的なポジティブ・イリュージョンではなく，人よりも少なくとも「愚鈍ではない」といったひかえめで自己防衛的なポジティブ・イリュージョンがより顕著なのではないかと考えられる。

自分の未来をバラ色に明るく描く楽観主義においても，同様に文化差が存在することが指摘されている。欧米人は悪い出来事とよい出来事の両方で強い楽観主義的な傾向を抱くのに対して（Heine & Lehman, 1995），日本人においては，悪い出来事においてより一貫した楽観主義的な傾向がみられることがわかっている（外山・桜井，2001）。よい出来事については，「大金を手に入れる」や「宝くじにあたる」といった事象では，ネガティブ・イリュージョンがみられたが，「長生きをする」や「幸せな結婚生活をおくる」といった事象ではポジティブ・イリュージョンがみられている。私たち日本人においては，何かとてつもなくよい出来事（たとえば，「大金を手に入れる」）が将来待ち受けているという積極的な楽観主義ではなく，日常が平和に暮らせる程度のよい出来事（たとえば，「幸せな結婚生活をおくる」）が自分に起こり，悪い出来事が自分に起こるはずはないといったひかえめで自己防衛的なポジティブ・イリュージョンがより顕著なのである。

c. 関係性におけるポジティブ・イリュージョン

遠藤（1997）は，大学生における親友関係，そして夫婦関係を対象にした研究で，自分をネガティブにとらえるまたは相手をポジティブにみる関係内での相対的自己卑下傾向がみられたこと

を報告しているが，あわせて自分たちの親友関係や夫婦関係を世の中の親友関係，夫婦関係よりもすばらしいととらえる関係性におけるポジティブ・イリュージョンの存在を明らかにしている。私たち日本人が重要な人間関係においてポジティブ・イリュージョンを抱いているのは，自己の社会的側面に対する間接的な肯定だと考えられる。

外山（2002）は，大学生における親友関係ならびに恋愛関係を対象にして，自分も含めた関係性においては遠藤（1997）と同じく強いポジティブ・イリュージョンがみられることを確認した。さらに，自分にとって親密な他者（ここでは恋人と親友）に対しては，自己をネガティブにとらえる傾向の強い側面（「経験への開放性」や「身体的魅力」）においても一貫して強いポジティブ・イリュージョンを示すことがわかった。そして，恋愛関係においては，自己に対してはネガティブにとらえていた側面（「経験への開放性」や「身体的魅力」）において恋人に対するポジティブ・イリュージョン傾向が強いことが，自分も含めた関係性におけるポジティブ・イリュージョンに大きく影響を及ぼすことが示された。これは，個としてはネガティブ・イリュージョンがみられる経験への開放性や身体的魅力といった側面では，かわりにその側面における恋人の認知を高め，自分を含めた関係性を肯定することによって，間接的に自己を高揚（補償）しているものと解釈できるのかもしれない。

d. 日本人におけるポジティブ・イリュージョン

欧米人が，自己，自分の将来，自分の統制力，あるいは関係性とさまざまな対象，側面に一貫して強いポジティブ・イリュージョンを抱くのに対して，日本人におけるそれは狭い範囲に限られ，複雑なプロセスを備えもつことがうかがえる。

相互依存的自己を有する私たちの文化においては，自己の定義はある特定の状況や周囲の他者の性質によって大きく異なる（北山・唐澤，1995）。それゆえ，社会に適応していく場合，周囲との状況に合った，その場に適切な自己を定義していかなければならない。人間相互の基本的なつながりを重視し，関係のある他者と調和することが大切と考える相互協調的自己観が優勢な日本人においては，所属感を肯定し，グループ内の調和性を促進させるように動機づけられているため（Kitayama, Markus, Matsumoto, & Norasakkunkit, 1997），そうした面で必要とされる個人的特性（調和性や誠実性）や親しい他者との関係性においてポジティブ・イリュージョンがみられるのだと考えられる。つまり，日本人は，自己や親しい人ならびに自分も含めた関係性といった対象に応じて，ポジティブ・イリュージョンとネガティブ・イリュージョンをうまく使い分けながら，社会に適応していっているのである。

3 ■ ポジティブ・イリュージョンと精神的健康の関係

ポジティブ・イリュージョンが多様な分野で注目を集めている理由の一つに，従来の正確な自己客観視を適応や精神的健康の必要条件とする考え方とは対照的に，テイラーとブラウン（Taylor & Brown, 1988）が「ポジティブ・イリュージョンこそが精神的健康には必要である」という新たな精神的健康観を提唱したことがあげられる。テイラーとブラウン（Taylor & Brown, 1988,

1994）は，ポジティブ・イリュージョンが主観的幸福感とともに動機づけ，持続力，パフォーマンス，そして成功を促進することを指摘した。こうした主張を受けて，欧米においては，ポジティブ・イリュージョンが適応や精神的健康につながる，という方向で膨大な数の実証的研究や理論化が展開されている（Hoffman, Cole, Martin, Tram, & Seroczynski, 2000）。たとえば，さまざまな領域におけるコンピテンスに関するポジティブ・イリュージョンは，抑うつ症状の低減へとつながることが示されている（Cole, Martin, Peeke, Seroczynski, & Fier, 1999）。わが国においても，外山・桜井（2000）が大学生を対象にして，ポジティブ・イリュージョンが精神的健康につながるという同様の結果を報告している。

しかし，極端なポジティブ・イリュージョンは，精神的健康にプラスの影響を及ぼすどころか，かえってネガティブな影響を与えることを指摘する研究もある。ブレンゲンほか（Brendgen, Vitaro, Turgeon, Poulin, & Wanner, 2004）は，小学生を対象にし，仲間との社会的関係におけるポジティブ・イリュージョンは，仲間関係の適応においてポジティブな結果をもたらすことを明らかにしたが，極端すぎるポジティブ・イリュージョンは，6カ月後の攻撃の増加と関連していたことも報告している。テイラーとブラウン（Taylor & Brown, 1994）自身も，ポジティブ・イリュージョンが高いほどよいというわけではないことを主張しており，誇大妄想などの極端な自己高揚は不適応につながることを認めている。

また，大学生を入学から卒業までの4年間にわたって長期的に追跡した研究（Robins & Beer, 2001）では，学業領域におけるポジティブ・イリュージョンは，短期間においては適応的であったが，この効用は時を経て減少し，長期的にみると決して適応的ではないことが明らかになった。同様に，ポジティブ・イリュージョンは，短期間においては利益があるが，長期間においては不適応であることを示す指摘や研究が報告されている（Colvin, Block, & Funder, 1995）。

外山（2006）によると，ストレスをかかえている子どもは，ポジティブ・イリュージョンを備えもつことで，数カ月後，ストレス反応が低減した。一方，攻撃行動の高い子どもについては，ポジティブ・イリュージョンの有害な影響が認められ，数カ月後に，攻撃行動が促進されることも示されている。さらに，外山（2008）では，ポジティブ・イリュージョンを備えもつ子どもはそうでない子どもに比べて，内的適応はよい（ストレスを感じない，攻撃性が低いと自己報告した）が，外的適応は決して高くはない（クラスメートや教師から攻撃的であるとみなされ，クラスメートからは受容されていない）ことが明らかになっている。

このように，ポジティブ・イリュージョンが果たして適応的なのかどうかは未だ決着がついていない。ポジティブ・イリュージョンは，適応的な結果と不適応的な結果の両方を備えもち，「自己高揚は複雑な恩恵をもっているとみなすのが最善である」といえる。今後は，どういった文脈ではポジティブ・イリュージョンが適応的で不適応的であるのかといった特定の文脈を考慮して，ポジティブ・イリュージョンの影響を具体的に述べていくことが望まれる。

4 ■ ポジティブ・イリュージョンの測定方法

　ポジティブ・イリュージョンは，これまで数多くの研究知見が蓄積されているにもかかわらず，意外にも統一した測定方法がない。ポジティブ・イリュージョンは，非現実的にあるいは現実以上に歪んで自己をポジティブにとらえることであるが，なされた認知が非現実的であるか，あるいは現実以上であるかどうかを測定することは非常に難しい。

　ポジティブ・イリュージョンの測定方法としては，たとえば，自己評価による学業成績と客観的な学業成績の差異をもってポジティブ・イリュージョンを測定しているもの（たとえば，Robins & Beer, 2001）や，ある特性（たとえば，社交性）について自己評価をさせ，他方でその人を観察した者からの評価（第三者の評価）をとり，第三者の評価と自己評価の差異によりポジティブ・イリュージョンを測定しているもの（たとえば，Lewinsohn, Mischel, Chaplin, & Barton, 1980）などがある。

　また，よく用いられるのが，ネガティブな出来事（たとえば，がん，交通事故，離婚など）が「自己」と「一般的（平均的）な人」（average person）にどのくらい起こりやすいと考えるかについて評定を求める方法である（たとえば，Taylor & Brown, 1988）。この測定方法を用いて検討した結果，集団において大多数の人が平均的な人と比べて自分のほうが上である（ネガティブな出来事が起こりにくい）とみなしたため，テイラーとブラウン（Taylor & Brown, 1988）は，それは論理的に不可能であると考え，「ポジティブ・イリュージョン」という用語を使用したのである。こうした知見を受けて，外山・桜井（2000）は，ポジティブ・イリュージョン（ネガティブ・イリュージョン）現象を，「集団において，多数の人が（統計上有意に），他者（平均的な人）に比べて自分の性格，将来，統制のほうが上である（下である）とみなす現象」と定義している。

　ところで，ポジティブ・イリュージョンと適応的な結果の関連性を報告している研究の多くは，たんにポジティブな自己認知，将来における楽観主義，個人的統制の信念が精神的によい結果に結びついていると示しているだけであり，なされた認知が現実世界における歪みかどうかは必ずしも保証されていない。このことについて，テイラーとブラウン（Taylor & Brown, 1988, 1994）は，何をもって人の認知が歪んでいると判断するかはしばしば困難であることを指摘し，ポジティブ・イリュージョンとは，信念が既知の事実と反しているということを必ずしも意味していないと述べている。つまり，ポジティブ・イリュージョンの定義のなかで，なされた認知が現実と反しているということは認知の結果であって，必要条件ではない，というのである。そこで強調されているのは，むしろポジティブに自己・環境・未来をとらえようとする認知のあり方であると考えられている。

　しかしながら，「ポジティブ認知」ではなく「ポジティブ・イリュージョン」というフレーズを使用するからには，それが現実世界からの何らかの歪みやズレであることを保証する必要があるのではないかと考えられる。つまり，先ほど述べたような第三者の評価や客観的な指標といった外的な基準との対応である。しかし，パーソナリティ特性などのような，絶対的な基準をもたないような刺激や出来事についての解釈，または主観的認知を扱う際には，外的な基準との対応

が非常に困難となる。ポジティブ・イリュージョンが現実世界による歪みであるのかどうかをどのように操作的にとらえるのかといった測定方法が今後の課題となるだろう。

◆ 引用文献

Brendgen, M., Vitaro, F., Turgeon, L., Poulin, F., & Wanner, B. (2004). Is there a dark side of positive illusions? Overestimation of social competence and subsequent adjustment in aggressive and nonaggressive children. *Journal of Abnormal Child Psychology*, **32**, 305-320.

Brown, J. D. (1986). Evaluations of self and others : Self-enhancement biases in social judgments. *Social Cognition*, **4**, 353-376.

Cole, D. A., Martin, J. M., Peeke, L. A., Seroczynski, A. D., & Fier, J. (1999). Children's over-and underestimation of academic competence : A longitudinal study of gender differences, depression, and anxiety. *Child Development*, **70**, 459-473.

Colvin, C. R., Block, J., & Funder, D. C. (1995). Overly positive self-evaluations and personality : Negative implications for mental health. *Journal of Personality and Social Psychology*, **68**, 1152-1162.

遠藤由美. (1995). 精神的健康の指標としての自己をめぐる議論. 社会心理学研究, **11**, 134-144.

遠藤由美. (1997). 親密な関係性における高揚と相対的自己卑下. 心理学研究, **68**, 387-395.

Heine, S. J., & Lehman, D. R. (1995). The cultural construction of self-enhancement : An examination of group-serving biases. *Journal of Personality and Social Psychology*, **72**, 1268-1283.

Hoffman, K. B., Cole, D. A., Martin, J. M., Tram, J., & Seroczynski, A. D. (2000). Are the discrepancies between self-and others' appraisals of competence predictive or reflective of depressive symptoms in children and adolescents : A longitudinal study, part Ⅱ. *Journal of Abnormal Psychology*, **109**, 651-662.

市原 学. (2010). 日本人におけるポジティブ・イリュージョン. 日本心理学会第74回大会発表論文集, 958.

伊藤忠弘. (1999). 社会的比較における自己高揚傾向：平均以上効果の検討. 心理学研究, **70**, 367-374.

北山 忍・唐澤真弓. (1995). 自己：文化心理学的視座. 実験社会心理学研究, **35**, 133-163.

Kitayama, S., Markus, H. R., Matsumoto, H., & Norasakkunkit, V. (1997). Individual and collective processes in the construction of the self : Self-enhancement in the United States and self-criticism in Japan. *Journal of Personality and Social Psychology*, **72**, 1245-1267.

Lewinsohn, P. M., Mischel, W., Chaplin, W., & Barton, R. (1980). Social competence and depression : The role of illusory self-perceptions. *Journal of Abnormal Psychology*, **89**, 203-212.

Markus, H. R., & Kitayama, S. (1991). Culture and the self : Implications for cognition, emotion, and motivation. *Psychological Review*, **98**, 224-253.

Robins, R. W., & Beer, J. S. (2001). Positive illusions about the self : Short-term benefits and long-term costs. *Journal of Personality and Social Psychology*, **80**, 340-352.

Taylor, S. E., & Brown, J. D. (1988). Illusion and well-being : A social psychological perspective on mental health. *Psychological Bulletin*, **103**, 193-210.

Taylor, S. E., & Brown, J. D. (1994). Positive illusions and well-being revisited : Separating fact from fiction. *Psychological Bulletin*, **116**, 21-27.

外山美樹. (2002). 大学生の親密な関係性におけるポジティブ・イリュージョン. 社会心理学研究, **18**, 51-60.

外山美樹. (2006). ポジティブ・イリュージョンの功罪：小学生のストレス反応と攻撃行動の変化に着目して. 教育心理学研究, **54**, 361-370.

外山美樹. (2008). 小学生のポジティブ・イリュージョンは適応的か：自己評定と他者評定からの検討. 心理学研究, **79**, 269-275.

外山美樹・桜井茂男. (2000). 自己認知と精神的健康の関係. 教育心理学研究, **48**, 454-461.

外山美樹・桜井茂男. (2001). 日本人におけるポジティブ・イリュージョン現象. 心理学研究, **72**, 329-335.

4節　ポジティブ感情の機能

藤原　健

　本節では，情報処理課題と社会的行動，健康をとりあげてポジティブ感情の機能について考察する。また，これらの機能を説明するメカニズムとして認知論的アプローチである拡張−形成理論（broaden-and-built theory；Fredrickson, 2001）と動機論的アプローチである快楽的随伴性仮説（hedonic contingency hypothesis；Wegener & Petty, 1994）をとりあげる。そして，ポジティブ感情の機能を検討するうえでの新しい視点として，課題の性質と覚醒の視点について考察する。

1 ■ 情報処理課題における機能

　情報処理課題におけるポジティブ感情の機能については，その研究の多くが1980年代以降に行われてきており，なかでもアイセンによるところが大きい（たとえば，Isen, 1987）。ポジティブ感情を誘導された参加者はダンカー（Duncker, 1945）のロウソク課題の正答率が高まったり（Isen, Daubman, & Nowicki, 1987），メドニックほか（Mednick, Mednick, & Mednick, 1964）のRemote Associates Testの得点が高まることが示された（Isen, Johnson, Mertz, & Robinson, 1985）。ダンカー（Duncker, 1945）のロウソク課題とは，「画鋲の入った箱とマッチ，ロウソクを用いて壁にロウソクを取り付け，さらに床にロウソクがこぼれないようにせよ」という課題である。ここでの正答は，「なかの画鋲を使って画鋲の箱を壁に固定し，ロウソクを立てる台にする」ことである。つまり，ロウソクを立てる台として画鋲の箱を用いることに気づくかどうかが正答できるかどうかを左右することになる。また，メドニックほか（Mednick et al., 1964）のRemote Associates Testとは，3つの単語が提示され（例：mower, atomic, foreign），それらの3語と結びつく1語を想像して回答する（例：power）というものである。この課題では，柔軟に発想できるかどうかが課題の成績を決定するものとなる。ポジティブ感情によるこれらの課題成績の向上を受けて，アイセン（Isen, 1987）はポジティブ感情には認知的柔軟性や創造性を高める機能があると主張している。そのほかにも，ポジティブ感情は多くの情報に対する効率的な処理を促進したり（Isen & Means, 1983），より柔軟なカテゴリー化を促進したりする（Isen & Daubman, 1984）だけでなく，より細かい差異の認知を促したりする（Murray, Sujan, Hirt, & Sujan, 1990）といった長所が強調されている。山崎（2006）の指摘にもあるように，ポジティブ感情の機能にかかわる研究は情報処理課題に対してポジティブ感情が多様な恩恵をもたらすことを明らかにしているといえる。

2 ■ 社会的行動における機能

ポジティブ感情は積極的で広範な社会的行動を促す傾向をもつといわれる。たとえば，ポジティブ感情は新奇な経験への開放性を増加させたり（Kahn & Isen, 1993），望む行動のレパートリーを拡張したりする（Fredrickson & Branigan, 2005）。以降では，社会的行動のなかでもポジティブ感情の機能としてとくに研究数の多い援助行動と協調行動について概観する。そのほかにもポジティブ感情が影響を与える社会的行動として消費者行動やリスクテイキング行動，意思決定行動などがあげられるが，これらについては竹村（1996）を参照されたい。

a. 援助行動

ポジティブ感情が援助行動を促進するとしている研究は数多い（たとえば，Isen, 1970）。アイセン（Isen, 1970）では3つの研究を通して，テストで非常によい成績を収めたとしてポジティブ感情を誘導された参加者は多く寄付を行ったり（研究1），落ちた本やノートを拾ってあげたりする（研究2, 3）ことを明らかにした。しかしながら，ポジティブ感情は常に援助行動を促進するのではない。たとえばその援助行動のコストが高い場合（Harada, 1983）や援助行動をすることによってポジティブ感情が減じてしまう場合（Isen & Simmonds, 1978）には，むしろポジティブ感情は援助行動を抑制する傾向にあることも示されている。アイセン（Isen, 1987）はポジティブ感情が自身のポジティブ感情を維持するために援助行動を促進することを示唆しているが，同時にポジティブ感情の維持のみが援助行動を促進する要因となることには否定的である。

b. 協調行動

ポジティブ感情と社交性や協調性の関連も指摘されている。たとえば，他者との会話開始に意欲的になったり（藤原・大坊，2009），より好意を表出したり（Gouaux, 1971），攻撃性の表出を抑制したり（Baron, 1984）することが指摘されている。また，友情の発展を促したり（Waugh & Fredrickson, 2006），信頼を増加させたりする（Dunn & Schweitzer, 2005）だけでなく，会話の質（Berry & Hansen, 1996）や対人交渉課題における成績を向上させることも報告されている（Carnevale & Isen, 1986）。戸田（1992）はポジティブ感情のもつ協調行動の促進機能について進化論的観点からその生態学的妥当性を指摘しており，ポジティブ感情の重要な機能は人間に集団を作らせ相互に協力させる働きにあると述べている。これまでの研究もこの指摘を実証するものとなっている。

3 ■ 健康における機能

ポジティブ感情の機能として健康を促進することを指摘する研究は多い。ポジティブ感情と健康の正の関連については主観的報告だけにとどまらず，疾患記録との関連（Richman, Kubzansky, Maselco, Kawachi, Choo, & Bauer, 2005）や大学の健康管理センターの受診回数といった測度によっても報告がなされている。バートンとキング（Burton & King, 2004）は，実験参加者に対してポジティブ感情体験の想起を行わせることで，統制群に比べて3カ月後に大学の健康管

理センターを訪れる回数が有意に増加しないことを明らかにしている。また，ポジティブ感情の機能は生理的反応によっても実証されており，たとえば免疫系の働き（Dilon, Minchoff, & Baker, 1985）やナチュラルキラー細胞の活性化（Valdimarsdottir & Bovbjerg, 1997）と正の関連があることが明らかになっている。また，ツゲイドとフレドリクソン（Tugade & Fredrickson, 2004）は，ポジティブ感情によってネガティブ感情による心臓血管系の反応が速やかに回復したり（研究1, 2），ネガティブな環境に対してポジティブな意味を見出したりする能力が促進される（研究3）ことを明らかにしている。これらのポジティブ感情の機能から，ポジティブ感情と寿命の長さとの関連を指摘している研究もある（Danner, Snowdon, & Friesen, 2001）。ただし，これらの健康に関連するポジティブ感情の機能はたんに生理学的な機能だけに由来するものではないと考えられる。つまり，上述したポジティブ感情のもつ社会的つながりを促進する機能（たとえば，Waugh & Fredrickson, 2006）などもあわせた複合的な機能として考えるのが妥当であると考えられる。

4 ■ ポジティブ感情の機能に関するメカニズム

a. 拡張−形成理論

ポジティブ感情の機能を説明するメカニズムは，認知論的アプローチと動機論的アプローチに大別される。まず前者には拡張−形成理論（Fredrickson, 2001）があげられる。この理論は，まずポジティブ感情によって当該場面における思考−行動レパートリーが拡張すると仮定しており，この拡張効果を実証した研究もみられる（Fredrickson & Branigan, 2005）。なお，この理論における拡張効果の部分にはアイセンら（たとえば, Isen et al., 1985）の研究が前提となっており，ポジティブ感情による情報処理課題の成績向上などを整合的に説明するモデルとなっている。また近年では，さらなる応用研究を行うことでポジティブ感情による形成効果についても実証がなされている（Fredrickson, Cohn, Coffey, Pek, & Finkel, 2008）。フレドリクソンほか（Fredrickson et al., 2008）では，日常のポジティブ感情経験を増加させることで，2カ月後における個人的資源の増加を予測している。ここでの資源とは，マインドフルネスなどの認知的資源，自己受容などの心理的資源，知覚されたサポートなどの社会的資源，病気兆候の減少といった身体的資源が対象とされている。

b. 快楽的随伴性仮説

動機論的アプローチには快楽的随伴性仮説（Wegener & Petty, 1994）があげられる。この仮説では，ポジティブな感情状態にある人はその状態を維持しようと動機づけられるという前提をおく。そのため，援助行動を通じて自身のポジティブな感情状態が維持される場面では援助行動が増加し（たとえば, Isen, 1970），ポジティブ感情が減じてしまう場合には援助行動が抑制（Isen & Simmonds, 1978）されるとの説明がなされている。また，援助行動だけでなく情報処理課題における成績向上についても快楽的随伴性仮説の立場から検討した研究もある。ハートほか（Hirt, Devers, & McCrea, 2008）は，ポジティブ感情を誘導され，その感情状態が課題を通じても変化

しないと信じ込まされた参加者の成績が向上しなかったことを報告している（研究3）。しかしながら，ポジティブ感情が高まった人が自身に重要であればネガティブなフィードバックでも求めることが報告されていることから（Trope & Neter, 1994），単純なポジティブ感情の維持だけでは説明がつかない知見もある。

これら2つのアプローチのうちいずれが正しいかについては現段階において明確な結論は出ていない。むしろ，ポジティブ感情のもつ多様な機能を念頭におくと，どちらが正しいのかという問いそのものが生産的ではないとも考えられる。この点に関し，フォーガス（Forgas, 1995, 2002）は処理目標や状況に応じて感情の効果が変容する可能性を示唆し，2つのアプローチを統合したモデル（affect infusion model）を提唱している点でより包括的な理論モデルの構築を試みているといえる。

5 ■ 新しい視点

最後に，ポジティブ感情の機能を検討するうえで今後重要になってくると考えられる視点として，課題の性質と覚醒の視点を考察する。

a. 課題の性質

ポジティブ感情の機能を検討する際，近年では課題の性質に着目する研究も増加している。たとえば，マーティンほか（Martin, Ward, Achee, & Wyer, 1993）の研究ではstop ruleという課題の終了規則を設けてポジティブ感情の機能を検討している。ある条件では「楽しい限り続ける」ことをstop ruleとし，別の条件では「十分やったと感じる」ことをstop ruleとした。その結果，印象形成のための読書課題（研究1）においても鳥についての記憶課題（研究2）においても，ポジティブ感情を誘導された参加者は前者の条件では長く課題を行っていたのに対し，後者の条件では早く課題を終了することが明らかになった。この結果は，課題の性質（ここでは課題の終了規則）によってポジティブ感情の効果がまったく逆転することを示している。つまり，ポジティブ感情の機能は一様に説明できるものではなく課題の性質によって変容するのである。今後の研究においては，ポジティブ感情の機能を固定的に考えるのではなく，課題の性質との関連という視点から整理していくことが重要になると考えられる。

b. 覚醒の視点

一般的に，感情は感情価と覚醒の二次元によってとらえられる（Russell, 1980）。近年では，たんに感情価の次元でポジティブかネガティブかを検討するのではなく，覚醒の次元を含めた検討を行うことで機能の違いを指摘する研究もある。たとえば，デ・ドゥリューほか（De Dreu, Baas, & Nijstad, 2008）は創造性と関連するのはポジティブ感情のなかでも高覚醒のポジティブ感情のみであることを指摘しており，この指摘は25年分の研究データを用いてポジティブ感情と創造性の関連をメタ分析した研究（Baas, De Dreu, & Nijstad, 2008）によっても支持されている。また，わが国における初対面同士の会話場面においても覚醒水準による感情の機能の違いがみられている（藤原・大坊，2010）。これらの知見は，覚醒の視点がポジティブ感情の機能を考えてい

くうえで今後さらに詳細な検討を必要とする領域であることを示しているといえよう。

◆ 引用文献

Baas, M., De Dreu, C. K. W., & Nijstad, B. A. (2008). A meta-analysis of 25 years of mood-creativity research : Hedonic tone, activation, or regulatory focus? *Psychological Bulletin*, **134**, 779-806.

Baron, R. A. (1984). Reducing organizational conflict : An incompatible response approach. *Journal of Applied Psychology*, **69**, 272-279.

Berry, D. S., & Hansen, J. S. (1996). Positive affect, negative affect, and social interaction. *Journal of Personality and Social Psychology*, **71**, 796-809.

Burton, C. M., & King, L. A. (2004). The health benefits of writing about intensely positive experiences. *Journal of Research in Personality*, **38**, 150-163.

Carnevale, P. J. D., & Isen, A. M. (1986). The influence of positive affect and visual access on the discovery of integrative solutions in bilateral negotiation. *Organizational Behavior and Human Decision Processes*, **37**, 1-13.

Danner, D. D., Snowdon, D. A., & Friesen, W. V. (2001). Positive emotions in early life and longevity : Findings from the nun study. *Journal of Personality and Social Psychology*, **80**, 804-813.

De Dreu, C. K. W., Baas, M., & Nijstad, B. A. (2008). Hednic tone and activation level in the mood-creativity link : Toward a dual pathway to creativity model. *Journal of Personality and Social Psychology*, **94**, 739-756.

Dilon, K. M., Minchoff, B., & Baker, K. H. (1985). Positive emotional states and enhancement of the immune system. *International Journal of Psychiatry in Medicine*, **15**, 13-18.

Duncker, K. (1945). On problem solving. *Psychological Monographs*, **58**, (5, Whole, No. 270).

Dunn, J. R., & Schweitzer, M. E. (2005). Feeling and believing : The influence of emotion on trust. *Journal of Personality and Social Psychology*, **88**, 736-748.

Forgas, J. P. (1995). Mood and judgment : The affect infusion model (AIM). *Psychological Bulletin*, **117**, 39-66.

Forgas, J. P. (2002). Feeling and doing : Affective influences on interpersonal behavior. *Psychological Inguiry*, **13**, 1-28.

Fredrickson, B. L. (2001). The role of positive emotions in positive psychology : The broaden-and-build theory of positive emotions. *American Psychologist*, **56**, 218-226.

Fredrickson, B. L., & Branigan, C. (2005). Positive emotions broaden the score of attention and thought-action repertoires. *Cognition & Emotion*, **19**, 313-332.

Fredrickson, B. L., & Cohn, M. A., Coffey, K. A., Pek, J., & Finkel, S. M. (2008). Open hearts build lives : Positive emotions, induced through loving-kindness meditation, build consequential personal resources. *Journal of Personality and Social Psychology*, **95**, 1045-1062.

藤原　健・大坊郁夫. (2009). ポジティブ感情と会話動機の関連：快楽的随伴性理論 (the hedonic contingency theory) からの検討. 対人社会心理学研究, **9**, 73-80.

藤原　健・大坊郁夫. (2010). 覚醒度の異なるポジティブ感情の対人会話場面における機能：会話満足度, および手の動きについての検討. 感情心理学研究, **17**, 180-188.

Gouaux, C. (1971). Induces affective states and interpersonal attraction. *Journal of Personality and Social Psychology*, **20**, 37-43.

Harada, J. (1983). The effects of positive and negative experiences on helping behavior. *Japanese Psychological Research*, **25**, 47-51.

Hirt, E. R., Devers, E. E., & McCrea, S. M. (2008). I want to be creative : Exploring the role of hedonic contingency theory in the positive mood-cognitive flexibility link. *Journal of Personality and Social Psychology*, **94**, 214-230.

Isen, A. M. (1970). Success, failure, attention, and reaction to others : The warm glow of success. *Journal of Personality and Social Psychology*, **15**, 294-301.

Isen, A. M. (1987). Positive affect, cognitive processes, and social behavior. *Advances in Experimental Social Psychology*, **20**, 203-253.

Isen, A. M., & Daubman, K. A. (1984). The influence of affect on categorization. *Journal of Personality and Social Psychology*, **47**, 1206-1217.

Isen, A. M., Daubman, K. A., & Nowicki, G. P. (1987). Positive affect facilitates creative probrem solving. *Journal of Personality and Social Psychology*, **52**, 1122-1131.

Isen, A. M., Johnson, M. M. S., Mertz, E., & Robinson, G. F. (1985). The influence of positive affect on unusualness of word associations. *Journal of Personality and Social Psychology*, **48**, 1413-1426.

Isen, A. M., & Means, B. (1983). The influence of positive affect on decision-making strategy. *Social Cognition*, **2**, 18-31.

Isen, A. M., & Simmonds, S. F. (1978). The effect of feeling good on a helping task that is incompatible with good mood. *Social Psychology Quarterly*, **41**, 345-349.

Kahn, B. E., & Isen, A. M. (1993). The influence of positive affect on variety seeking among safe, enjoyable products. *Journal of Consumer Research*, **20**, 257-270.

Martin, L. L., Ward, D. W., Achee, J. W., & Wyer, R. S. (1993). Mood as input : People have to interpret the motivational implications of their moods. *Journal of Personality and Social Psychology*, **64**, 317-326.

Mednick, M. T., Mednick, S. A., & Mednick, E. V. (1964). Incubation of creative performance and specific associative priming. *Journal of Abnormal and Social Psychology*, **69**, 84-88.

Murray, N., Sujan, H., Hirt, E. R., & Sujan, M. (1990). The influence of mood on categorization : A cognitive flexibility interpretation. *Journal of Personality and Social Psychology*, **59**, 411-425.

Richman, L. S., Kubzansky, L., Maselco, J., Kawachi, I., Choo, P., & Bauer, M. (2005). Positive emotion and health : Going beyond the negative. *Health Psychology*, **24**, 422-429.

Russell, J. A. (1980). A circumplex model of affect. *Journal of Personality and Social Psychology*, **6**, 1161-1178.

竹村和久. (1996). ポジティブな感情と社会的行動. 土田昭司・竹村和久 (編), 対人行動学研究シリーズ：4 感情と行動・認知・生理：感情の社会心理学 (pp.151-178). 誠信書房.

戸田正直. (1992). 感情：人を動かしている適応プログラム. 東京大学出版会.

Trope, Y., & Neter, E. (1994). Reconciling competing motives in self-evaluation : The role of self-control in feedback seeking. *Journal of Personality and Social Psychology*, **66**, 646-657.

Tugade, M. M., & Fredrickson, B. L. (2004). Resilient individuals use positive emotions to bounce back from negative emotional experiences. *Journal of Personality and Social Psychology*, **86**, 320-333.

Valdimarsdottir, H. B., & Bovbjerg, D. H. (1997). Positive and negative mood : Association with natural killer cell activity. *Psychology and Health*, **12**, 319-327.

Waugh, C. E., & Fredrickson, B. L., (2006). Nice to know you : Positive emotions, self-other overlap, and complex understanding in the formation of new relationships. *Journal of Positive Psychology*, **1**, 93-106.

Wegener, D., & Petty, R. (1994). Mood management across affective states : The hedonic contingency hypothesis. *Journal of Personality and Social Psychology*, **66**, 1034-1048.

山崎勝之. (2006). ポジティブ感情の役割：その現象と機序. パーソナリティ研究, **14**, 305-321.

5節　ヒューマン・ストレングス

大竹恵子

1 ■ ポジティブな個人特性と研究の必要性

　ポジティブ心理学の動向を受けて，個人や社会のウェルビーイング（well-being）に関連する要因として人間がもっている強さや長所などのポジティブな個人特性が注目されている。ポジティブ心理学では，①ポジティブな主観的経験に関する研究（幸福感，満足感，充実感など），②ポジティブな個人特性に関する研究（人間の優れた力，強さ，人徳・美徳，才能など），③ポジティブな社会や制度に関する研究（家族，学校，職場，コミュニティ，社会など），という3つの研究枠組みが提唱されており（Seligman & Csikszentmihalyi, 2000），ポジティブな個人特性を明らかにすることは，個人のポジティブな感情やウェルビーイングなどの主観的経験だけではなく，ポジティブな社会や環境づくりにおいても重要である（Peterson, 2006/2010）。

　個人特性に関しては，これまでもさまざまな研究が行われており，なかでも特性論に代表されるパーソナリティ心理学には長い歴史がある。不安や怒りなどは，特性としても状態としても注目され，尺度開発や臨床現場での研究が進められてきた。また，ビッグファイブのなかでも誠実性や外向性，神経症傾向などの個人特性や楽観性は，ウェルビーイングと関連があることが指摘されている（Peterson, 2006/2010）。しかし，これまでパーソナリティ心理学の領域では，よい悪いという意味での社会的あるいは道徳的な価値基準について個人特性として取り扱うことを避けてきた側面がある。オルポート（Allport, 1961/1968）は，人徳・美徳は心理学というよりはむしろ哲学が扱う問題だと主張し，特有の価値概念を含まないものを科学としての心理学が扱う特性と考えた。このような意味でこれまでの心理学における個人特性に関する研究は，疾病モデルにもとづいて人間の精神病理やそのメカニズムを解明し，主に臨床的な治療や介入を行うことに重点がおかれ，社会にも貢献してきたといえる。

　その大きな成果の一つとして，精神疾患の分類基準であるDSM（Diagnostic and statistical manual of mental disorders：精神疾患の診断・統計マニュアル）があげられる。DSMは，さまざまな精神的な疾患について詳細に分類した対応マニュアルであり，これは，人間の病理的でネガティブな状態や特性をまとめたものである。当然ではあるが，このなかには人間のポジティブな精神機能や特性については含まれていない。

　そこで，ピーターソンとセリグマン（Peterson & Seligman, 2004）は，ポジティブな精神機能を特性としてとらえることを提案している。彼らは，疾病モデルから人間の特性を考えるのではなく，それとは対照的な立場からポジティブな人間の能力や機能に焦点を当て，人間の優れた部分を促進することを提案したのである。そして，このようなアプローチは，精神病理について理解したり，治療を行ううえでも有益な情報を提供するだろうと述べている。つまり，彼ら

は，DSMに対応するものとして，人間の優れた機能や能力，強さ，特徴を包括的にとらえ，分類，測定する枠組みを提案したのである。そして，それらを「ヒューマン・ストレングス」(human strengths：人間の強み）と定義し，最終的にはこの枠組みを用いて，それらがどのような役割を果たしているのかということ，さらにそれらを用いてウェルビーイングを高めるための効果的な介入研究の実現，とりわけポジティブな青少年育成に関するプログラム開発の実現を目指している。

2 ■ ヒューマン・ストレングスの概念と測定

　先にも述べたように，これまでのパーソナリティ心理学の歴史と近年の研究動向を受けて，人間のポジティブな個人特性をとらえようと試みているのがヒューマン・ストレングスの研究である。このヒューマン・ストレングスは，パーソナリティ心理学の観点から人間の優れた機能や特徴を包括的にとらえることを目指しているため，キャラクター・ストレングス（character strengths）や人徳・美徳（virtue）という言葉を用いて表現されることもある（Peterson & Seligman, 2004）。

　ピーターソンとセリグマン（Peterson & Seligman, 2004）は，ヒューマン・ストレングスの概念を定義・分類し，測定する枠組みを検討する際に，どの国や文化でもあてはまる普遍的なものを作成する必要があると考えた。そこで，アリストテレス（Aristotle），プラトン（Platon），旧約聖書，孔子，老子，武士道，コーラン，ベンジャミン・フランクリン（Franklin, B.）などの200以上の哲学書や教典からヒューマン・ストレングスと考えられる概念や道徳的基準を検討し，「知恵と知識」「勇気」「人間性」「正義」「節度」「超越性」という6つの中核となる概念を見出した。これらの概念は，どのような宗教や哲学の伝統においても共通する普遍的で包括的な人間の強みや長所，人徳を表すヒューマン・ストレングスの領域として位置づけられた。

　「知恵と知識」は，認知的な能力であるが，単なる知能や経歴ではなく，自我の統合につながるような高度な知能を意味しており，よりよい生き方をするためにさまざまな情報を活用する能力である。「勇気」は，身体的，道徳的，心理的な側面をもった概念であり，反対されても目標を達成するための強い意志を含む能力である。「人間性」は，正義に類似した概念であるが，人間性は一対一対応の関係において発揮される強さであり，他者への思いやりや親しい対人関係を築くうえで重要な愛他心や向社会性を意味している。「正義」は，人生を公平にするために必要な社会的な意味での公平・平等であり，グループや共同体などの一対多数という関係において発揮される強さである。「節度」は，心理学では従来からセルフ・エフィカシー（自己効力感）や自己コントロールとして研究されてきた概念であり，行き過ぎを制御する力，感情に対して調整する能力を意味している。最後に「超越性」は，人間の知識を超えた精神的な価値，つまり，自分自身が小さな存在であることと同時に価値のある存在であることを教えるものであり，スピリチュアルな側面をもった外に向かう力だと定義されている（Peterson & Park, 2004）。

　次に彼らは，上記の6つの領域のもとに具体的に表される人間の強さや長所としての特性を検

討するために，心理学はもちろん，精神医学や教育，哲学，宗教，組織，青少年の発達などの関連文献を再検討し，それらを整理するために10の基準を設けた。その基準は，①よい人生につながる充実をもたらす，②それ自体が精神的，道徳的に価値をもつ，③発揮することが他の人を傷つけない，④反対語に望ましい性質がない，⑤実際の行動として表現される，⑥他の特性と明確に区別される，⑦規範的な人物や物語に具現化される，⑧天才的な人物がいる，⑨欠如した人物がいる，⑩それを育成するための制度や伝統がある，というものであった。そして，この10の基準を満たす24の特徴をヒューマン・ストレングスとして選出した。

ヒューマン・ストレングスを実際に測定するために，先に選出した24の各特性にそれぞれ10項目，全体で240項目のVIA-IS（Value in Action Inventory of Strengths）という自己評定による質問紙が開発され（Peterson & Seligman, 2004），日本版の開発も試みられている（大竹・島井・池見・宇津木・Peterson・Seligman, 2005）。また，近年，10歳から17歳を対象にした青少年版（Values in Action Inventory of Strengths for Youth）の開発も進められている（Park & Peterson, 2005, 2006）。表17.3には，ヒューマン・ストレングスの6領域と24の特性および項目

表17.3 VIA-ISの構成と各ヒューマン・ストレングスの項目例（大竹ほか，2005）

領域	ヒューマン・ストレングス	項目例
知恵と知識	独創性	私は，私の友人から新しい独特のアイデアをたくさんもっていると言われる
	好奇心・興味	私は，いつも，世の中に好奇心をもっている
	判断	必要に応じて，私は非常に合理的に考えることができる
	向学心	私は，何か新しいことを学ぶ時にわくわくする
	見通し	私は，いつも物事をよく見て，幅広く情勢について理解している
勇気	勇敢	私は，強い抵抗にあう立場をとることができる
	勤勉	私は，いつも自分が始めたことはきちんと終わらせる
	誠実性	私は，いつも約束を守る
	熱意	私は，人生を横から傍観者としてみているのではなく，それに全身で参加している
人間性	愛する力・愛される力	私は，ほかの人からの愛を受け入れることができる
	親切	私は，この1ヶ月以内に，隣人を自発的に助けたことがある
	社会的知能	私は，どのような状況であっても，それに合わせていくことができる
正義	チームワーク	私は，グループの一員として，全力を出して働く
	平等・公平	私は，その人がどうであったかに関係なく，だれにでも平等に対応する
	リーダーシップ	グループ内では，私は，だれもが仲間であると感じることができるように気を配っている
節度	寛大	私は，いつも過去のことは過去のことと考えている
	謙虚	私は，自分の実績を自慢したことはない
	思慮深さ・慎重	"石橋をたたいて渡る"という言葉は，私の好きな標語のひとつだ
	自己コントロール	私は，自分の感情をコントロールできる
超越性	審美心	私は，誰かの素晴らしさに触れると涙が出そうになることがある
	感謝	私は，いつも私の世話をしてくれる人たちにお礼を言っている
	希望・楽観性	私は，いつもものごとの良い面を見ている
	ユーモア・遊戯心	私は，笑わせることでだれかを明るくする機会があるとうれしい
	精神性	私の人生には，はっきりした目的がある

例を示した。VIA-ISは，先にも述べてきたように全人類に共通する遍在的なヒューマン・ストレングスが測定できることを目指して開発されたが，心理尺度としての標準化という点では，妥当性の検討など，進行中の課題を多く残しているのも事実である。また，既存の類似概念やその尺度との関係，質問紙の分量の問題についても今後，実証データを積み重ねて検討する必要がある。

3 ■ ヒューマン・ストレングスに関する研究結果と今後の展開

ヒューマン・ストレングスの研究については現時点ではさまざまな議論があり，検討課題が残ってはいるものの，興味深いデータが報告されはじめている（Peterson & Seligman, 2004）。

たとえば，54の国々において自己評定として順位が高かったヒューマン・ストレングスは，親切，平等・公平，誠実性，感謝であり，逆に順位が低かった特性は，思慮深さ・慎重，謙虚，自己コントロールなどであり，国やアメリカ全土の州ごとにみても相関が高いことが示されてい

表17.4 日米の青年におけるVIA-ISの24項目の平均順位と標準偏差（島井, 2006）

ヒューマン・ストレングス	アメリカ（N=1,099）平均（SD）	日本（N=308）平均（SD）
親切	7.61（5.50）	7.32（5.31）
愛する力・愛される力	8.44（6.15）	7.99（6.25）
ユーモア・遊戯心	8.87（6.79）	10.66（6.23）
勤勉	9.09（5.32）	11.33（5.56）
感謝	9.52（6.02）	5.83（4.81）
判断	9.90（6.00）	10.16（6.12）
平等・公平	10.38（5.65）	7.85（5.17）
見通し	10.40（5.46）	15.52（5.64）
社会的知能	10.74（5.95）	11.27（5.79）
チームワーク	11.55（6.22）	13.59（7.33）
希望・楽観性	11.73（6.32）	9.96（5.85）
リーダーシップ	12.44（5.69）	13.26（5.95）
誠実性	12.88（6.86）	11.73（6.86）
審美心	13.28（7.54）	11.43（7.64）
独創性	14.03（7.26）	14.18（7.52）
熱意	14.18（5.54）	15.70（4.73）
向学心	14.36（7.48）	11.88（6.92）
精神性	14.37（8.14）	19.96（5.25）
勇敢	14.87（6.22）	14.03（5.81）
寛大	15.11（6.85）	15.29（6.41）
好奇心・興味	15.18（5.54）	16.70（4.73）
思慮深さ・慎重	16.30（5.98）	13.81（6.62）
謙虚	16.91（6.78）	14.07（6.71）
自己コントロール	17.26（5.94）	15.43（6.21）

る。同様の結果は日米比較を行ったデータからも報告されており（Shimai, Otake, Peterson, & Seligman, 2006；島井, 2006)，それによると素点の比較では24のヒューマン・ストレングスすべてにおいてアメリカ青年のほうが日本青年よりも高い値を示していたが，個々のヒューマン・ストレングスの順位について（自分のなかで，どのヒューマン・ストレングスが高かったかという順位を1から24の順位点として算出して）比較したところ，かなり類似した傾向を示すことが報告されている（表17.4参照)。これをみると，アメリカ，日本の青年ともに，親切や愛する力・愛される力，感謝などの特性の順位が高く，自己コントロール，好奇心・興味，寛大などの特性の順位が低いことがわかる。このように，文化的，民族的，宗教的，経済的な差異にかかわらず，ヒューマン・ストレングスについては，高い順位と低い順位の特性が共通していることを示唆する興味深いデータだといえる。

　ヒューマン・ストレングスに関する第二の興味深い知見は，成人と青少年の順位づけデータを比較すると全体的に一致しているものの，希望・楽観性，チームワーク，熱意は青少年のほうが，一方，審美心，誠実性，リーダーシップ，判断は成人のほうが高いという世代の違いが認められることである。第三は，熱意，感謝，希望・楽観性，愛する力・愛される力といった他者に関連

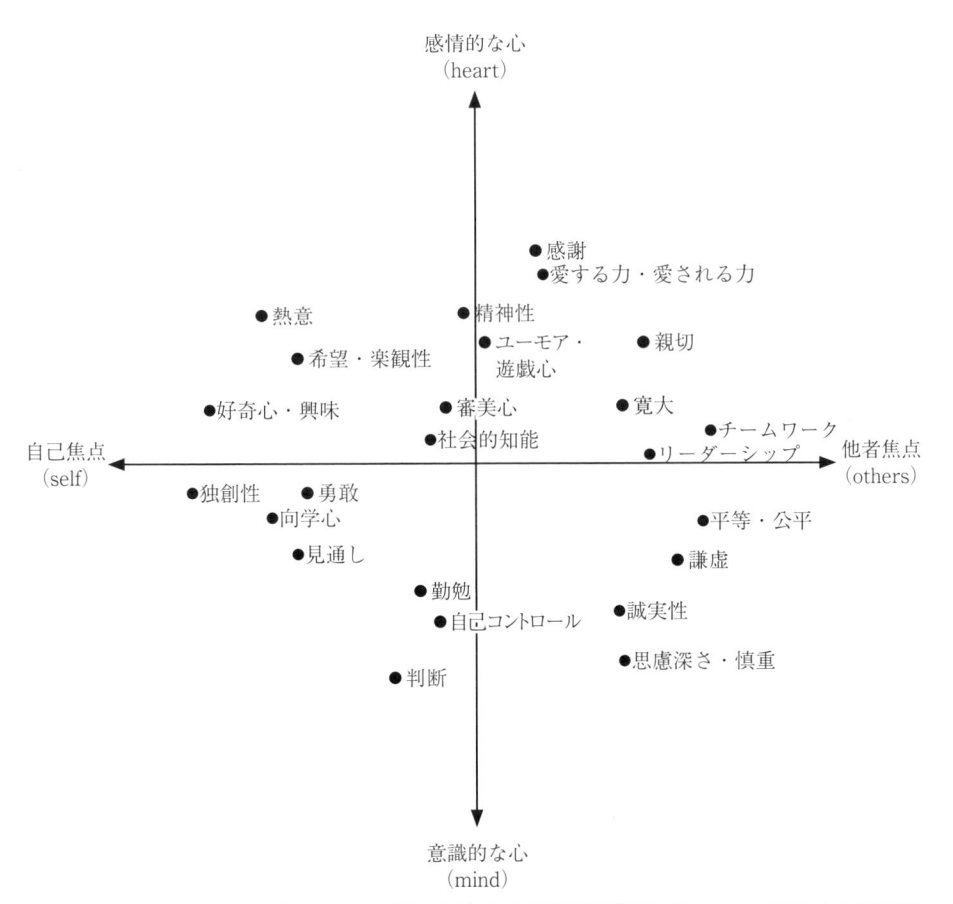

図17.2 ヒューマン・ストレングス間における二律背反的関係（Peterson, 2006より筆者訳）

する特性は，向学心のような頭脳的な特性よりも人生満足感と高い相関を示すこと，第四は，アメリカの9.11の事件を経験した2カ月後の追跡データから，アメリカに在住する人たちの精神性，希望・楽観性，愛する力・愛される力の得点が増加していたことである。第五の知見は，自分自身について高く評価しているヒューマン・ストレングスに合致した仕事，人間関係，余暇の過ごし方や趣味を選ぶ傾向があること，第六は，病気や心理的な障害，心的外傷となるような出来事などの危機を経験し，それを乗り越えた人たちは，経験しなかった人たちに比べて，勇敢，親切，ユーモアといった特定のヒューマン・ストレングスが高いことから，何らかの試練によって人間の強みがより促され，発揮されるのではないかという可能性である（Peterson, 2006/2010）。

最後に，すべてのヒューマン・ストレングスを備え，それらを発揮することができるのかという点についても検討が進められている。それは，いくつかのヒューマン・ストレングスは，トレードオフの関係（二律背反的関係）にあることが予測されるからである。図17.2は，各ヒューマン・ストレングスの関係性を2次元の円環モデルとして表したものである。x軸は自己あるいは他者に対する焦点の軸，y軸は感情的な側面としての心あるいは思考や知性などの意識的な側面としての心の軸であり，特性が近い距離にあれば，それらは同時に発現するが，距離が遠い特性はトレードオフの関係にあるため，同一人物内では発揮されにくいことを意味している。

今後，ヒューマン・ストレングスの発達過程や介入方法など，さらなるデータの蓄積と研究の発展が大いに期待されている。

◆ 引用文献

Allport, G. W.（1968）. 人格心理学（今田　恵，監訳）. 誠信書房.（Allport, G. W.（1961）. *Pattern and growth in personality*. New York : Holt, Reinehart & Winston.）

大竹恵子・島井哲志・池見　陽・宇津木成介・Peterson, C.・Seligman, M. E. P.（2005）. 日本版生き方の原則調査票（VIA-IS : Values in Action Inventory of Strengths）作成の試み. 心理学研究, **76**, 461-467.

Park, N., & Peterson, C.（2005）. The Values in Action Inventory of Character Strengths for Youth. In K. A. Moore & L. H. Lippman（Eds.）, *What do children need to flourish? Conceptualizing and measuring indicators of positive development*（pp.13-23）. New York : Springer.

Park, N., & Peterson, C.（2006）. Moral competence and character strengths among adolescents : The development and validation of the Values in Action Inventory of Strengths for Youth. *Journal of Adolescence*, **29**, 891-905.

Peterson, C.（2010）. ポジティブ・サイコロジー：「よい生き方」を科学的に考える方法（宇野カオリ，訳）. 春秋社.（Peterson, C.（2006）. *A primer in positive psychology*. Oxford : Oxford University Press.）

Peterson, C., & Park, N.（2004）. Classification and measurement of character strengths : Implications for practice. In P. A. Linley & S. Joseph（Eds.）, *Positive psychology in practice*（pp.433-446）. New York : John Wiley & Sons.

Peterson, C., & Seligman, M. E. P.（2004）. *Human strengths : A classification manual*. Washington, DC : American Psychological Association.

Seligman, M. E. P., & Csikszentmihalyi, M.（2000）. Positive psychology : An introduction. *American Psychologist*, **55**, 5-14.

島井哲志（編）.（2006）. ポジティブ心理学：21世紀の心理学の可能性. ナカニシヤ出版.

Shimai, S., Otake, K., Peterson, C., & Seligman, M. E. P.（2006）. Convergence of character strengths in American and Japanese young adults. *Journal of Happiness Studies*, **7**, 311-322.

V部
パーソナリティと社会・文化

　V部では，パーソナリティと社会・文化との関係についての研究の流れや，最新の研究成果について概観する。パーソナリティの形成は人を取り巻く社会的環境に非常に大きく影響される。その意味でパーソナリティを作る基盤となるのは社会であり文化であるということができる。一方で社会や文化を作り出すのは人間であり，人々のパーソナリティはそこで作られる社会や文化に大きく影響するだろう。その両方の意味でパーソナリティと社会・文化とは深い関係にあるといえる。

　18章では，パーソナリティと対人関係とのかかわりを概観したうえで，特性理解の発達，養育の影響，愛着スタイルの個人差，友人関係の個人差について考えることで，対人関係がパーソナリティに与える影響，そしてパーソナリティが対人関係に与える影響のありさまを浮き彫りにした。

　19章では，より広い社会環境がパーソナリティに与える影響を，学校・教育の影響，組織内の対人関係とパーソナリティ，社会的環境と自己制御，法と性格，情報メディアの影響，医療とパーソナリティといったトピックから考える。ここでは通常パーソナリティの研究とはあまり結びつかないような社会的問題とパーソナリティとの関係についても幅広くとりあげた。

　20章では，パーソナリティと文化についての研究の歴史的流れについて考えるとともに，文化的自己観，自己高揚の個人差・文化差，社会的スキルの個人差・文化差，自己制御の個人差・文化差といった側面から，文化とパーソナリティとの関係について概観していく。文化が人間行動やパーソナリティに与える影響は最近見直されはじめているテーマであり，この章はそれがこれからのパーソナリティ心理学にどのようにかかわってくるかを考えるきっかけになるだろう。

（渡邊芳之）

18章 パーソナリティと対人関係

1節 パーソナリティと対人関係

大坊郁夫

1 ■ 個人の特徴とは

　私たちは自分一人であるならば，自らの特徴を理解することもできないであろう。なぜならば，自分のもっている「特徴」が特徴であると判断するための比較データがないので，自分らしい特徴かどうかがわからない。日常生活において，他者は社会的比較の対象として重要な機能をもっている。他者の行動傾向を手がかりとして自分との比較ができるので，自分のどの面が他者と同じなのか，異なるのかの判断ができ，「自分」を知ることができるからである。私たちが，社会的な存在たりうるのも，このように，他者との相互作用を通して行動特徴の比較ができ，それによって自他の役割を認識できるからである。この問題については，他者との相互作用を経験することによって，所属している社会の規範を内面化し，また，他者の行うさまざまな行動を鏡とする鏡映像の自己が形成されるとするミード（Mead, G. H.）の自己論がある。その後に展開された，相互作用相手との関係に応じて取得される流動的な行動様式をとりあげる象徴的相互作用論（symbolic interactionnism）の見解は人間のもつ基本的な社会的指向性を示している。

　このことは，人は社会的生活を行ううえで他者との関係を抜きにできない，他者指向性をほぼ先験的にもっていることを示している。また，多様なコミュニケーションを通じて，自他を知るとともに，そのコミュニケーションによって得られる情報が内在化されることによって，個人の個性すら形成されるといえる。パーソナリティはこのように暗黙のうちに社会的に形成されることも大きな意味を有している。パーソナリティの相互作用論的見解にあるように，個人（person）要因と状況（situation）要因の相互作用的な関係はすでに常識的なものといえよう（Krahé, 1992/1996など）。

対人関係を具体的に展開する。対人行動は相互作用をなす相手を前提として展開されるのであり，それぞれが相手の行動の原因・結果となる対人行動の時系列的な広がりをもつ。この過程では他者との間で有形無形の交換がなされ，互いに連続する認知の連鎖が含まれている。ホーマンズ（Homans, 1974/1978）の社会的交換理論（social exchange theory）は，対人行動はコストと報酬の連鎖をなす強化の系列であるとするものである。その考え方の基本にあるのは，消費するコストの最小化と報酬の最大化を目指そうとする経済的効率を図ろうとする方針であろう。この視点に立てば，相手へ向けられる行動は，コストであり，相手が自分に向けてとる行動は報酬性をもつ。そして，人は自分の支払ったコストと得る報酬のバランスを期待して，利益＝（報酬−コスト）を高めようとする傾向をもつ。対人関係システムにおいて交換されるエネルギー量は定常であるとの暗黙の前提があるといえよう。この意味で対人的な均衡が保たれるといえる。ただし，それを大枠としながらも，そのなかにあって，対人行動の連鎖を強化の系列として考えるならば，何らかの要因の介在によって，コストと報酬は各々直線的に増大・低減，あるいは非直線的な変化を起こす強化の系列になるといえる。すなわち，人の心理過程は時系列的に連続するものであり，行動の一貫性を保つために自分のいる場の認知要素間についての均衡を指向する。交換される行動の系列は一般に個々の相互依存の反応と考えられ，この枠組みのなかに位置づけられる。しかも，認知的な均衡のシステム自体は，その内部に生じる交換の結果にもとづいて対人的な親密さの変化などを通じて拡大も縮小もする可能性を有しているものといえる。このように，個人の特徴は，社会的な連鎖において不断に影響を受け，変化しうるものなのである。

2 ■ パーソナリティは社会に組み込まれている

個人のパーソナリティは，他者とのコミュニケーションを通じて関係を築き，社会を構成する基盤となる。

図18.1の個人Aは，個人B, C, Dと直接相互作用し，相互に影響を与え合っている。同時に，個人B, Dは相応の対人関係を形成している（関係1）。個人Aは，彼ら個々人からの影響だけではなく，相互作用の成果として形成された関係1からの影響も受ける（与える）。たとえば，個人B, Dが相互に切磋琢磨して詩文の能力を高め合っているならば，波及的に個人Aもまた，その分野に詳しくなるであろうし，また，たまたま知りえたある詩人の初期の作品を彼らに紹介し，ともにその魅力を語り合えることもできよう。さらに，ふだんは相互作用のないクラスメート（個人n）からの評価を懸念し，その目を意識して自らの行動をコントロールすることもあろう。いわば，潜在的な他者からの影響を十分に受ける。具体的な生活場面において相互作用する（潜在的なものも含め）場――個人に影響を与え合う，容易に具体的な他者や関係を思い描ける――は，生活の内なる場面という意味で「世間」としてもいいであろう。日々の生活が展開されている社会的時空間である。しかし，それにとどまらず，この場は，より広く，潜在的な過去・未来を含めた有形無形の規範を与えうる歴史を想定できる「社会」に包み込まれている。これは，必ずしも意識できる社会的拡がりにとどまらず，ある時間が経過してからたどれるものであったり，

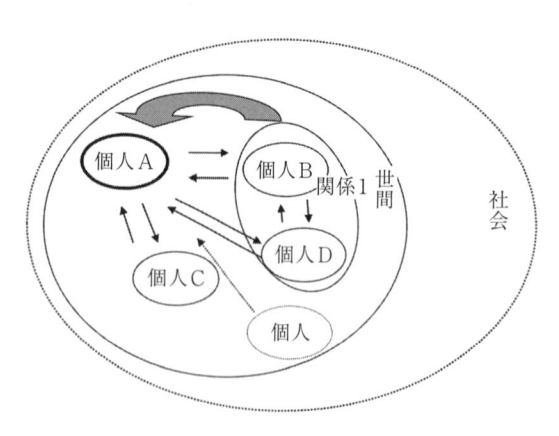

図18.1 個人のパーソナリティは関係，社会を築く基になり，個人は相互に影響を与え合う

注．個人は個人と結びつき関係を築き，より広範な社会関係を展開し，社会を構成している。個人は互いにコミュニケーションを通じて影響を与え合い，かつ，自分が含まれない他者同士の関係からも影響され，また，影響を与えている。潜在的な－直接のコミュニケーションのない他者からの影響も想定できる。人は，直接的に他者および潜在的な他者を含めて暗黙の社会的判断を想定できる世間，および，より広く，潜在的な過去・未来を含めた有形無形の規範を与えうる歴史を想定できる社会に包み込まれている。

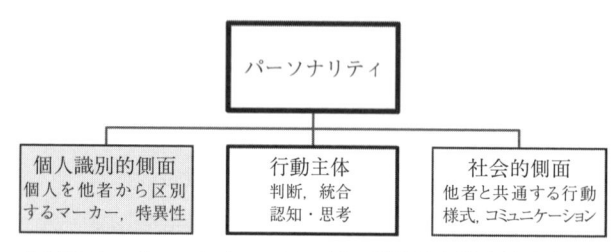

図18.2 パーソナリティは，個人識別性と社会性を表す

注．個人識別的側面は，その個人の個性，他と異なる特異性を示すものであり，社会的外向性，調和性などの特性として表すことができる（社会的な特異性の側面）。社会的側面は，他者との関係，社会的行動を促すものであり，一定の意味を共有できることにつながる記号化，解読を含むコミュニケーション行動を可能にする側面であり，コミュニケーション・チャネル，社会的認知傾向などを指す（社会的共通性の側面）。これらを調和よく統合して運用し，判断する主体性をもつ。

想像上の世界，歴史的な事実などを示唆するものを含む。これは，場合によっては，私たちの想念にしか存在しないものであるかもしれない。それほどに，パーソナリティは個人から発し，何層にも拡がる他者，関係，社会的な拡がりのなかでこそ意味をもつものと考えていいであろう。

このように，パーソナリティは個人内プロセスのみならず，さまざまな社会的拡がりを考える鍵概念である。

パーソナリティは，個人の個別性を表す概念であると同時に，能動主体であることを示すものでもある。このこと自体に，人の多面性を示す概念であることが意味されている。また，人は必ず社会的な環境において意味を有している。つまり，パーソナリティを研究対象とする際には，ダイナミックな個人－社会の連続体として扱うことを基本とすべきであろう。

また，パーソナリティは，個人識別のマーカーとしての側面，つまり，個人としての個別性，特異性を示すものである。この面については，パーソナリティ特性，類型などのアプローチによる研究が多くを明らかにしてきている。また，この個別性のアプローチ自体が多くを示唆しているものでもあるが，「異なる」他者を理解し，連携し，対人関係を築き，社会を構成することを可能にする社会的側面もあわせもつ（図18.2参照）。この側面があるからこそ，社会的な行動が行える。その典型として，私たちは，言語・非言語コミュニケーションによってこそ，他者とメッセージを交換することができ，違い

を埋め，共有項を増していくことができる。この側面こそが図18.1の双方向の送受信を示す。そして，大方が注目するであろう点が，左右の側面をふまえたうえで，諸情報を統合・調整し，個人の判断（認知，思考を含め）を行うことが主体性を表すものである。このように概観することから，パーソナリティを包括的に考えるべきであろう。

3 ■ パーソナリティの社会的機能

パーソナリティがもつ社会的な機能は多様である。ここでは，対人関係の成立と対人関係の具体的な展開としてのコミュニケーション行動に例を求めることにする。

a. 人は対人関係を求める：親密な対人関係に及ぼすパーソナリティ

状況的な不安喚起が親和性を高めることを主眼とした実験を実施したシャクター（Schacter, 1959）は，その一連の研究のなかで，参加者の出生順位が親和性欲求に影響することを見出している。これから参加する実験が高い不安を喚起するものであるとした条件においては，他者と一緒に実験の順番を待つと答えた者の割合が長子で多いことが示された（長子66.7％，次子など35.0％）。長子は，養育経験の乏しい親から一貫しない扱いを受け，かつ，注意・干渉を多大に受けて育つ。そのために，不安定さを経験しやすく，しかも親がそれを迅速に解決してくれる（あるいはその契機を与えてくれる）経験が多く，したがって次子以降に比べて依存欲求が強いと考えられている。このことは，他者からの評価に敏感であり，支持や援助を他に求めようとする傾向を助長することを意味している。なお，ジンバルドーとフォーミカ（Zimbardo & Formica, 1963）は，長子の親和性の高さは親からの期待の強さと行動のモデルとのギャップの大きさ，つまり行動の評価基準の高さとその実現の困難さに由来する自尊心の低さを補おうとする行動の表れと考えている。

男女によって親和性に違いのあることも認められている。ラタネとビドウェル（Latané & Bidwell, 1977）は，男女大学生を参加者とする日常的な場面での親和行動の観察を行った。まず，大学のキャンパス内で，男女それぞれが何人と一緒にいるかを調べたところ，歩行時も座っている場合も女性のほうが他人と一緒であることが多く観察されている（女性71％，男性54％）。また，小学生について検討した研究であるが，エダーとハリナン（Eder & Hallinan, 1978）は，女子は少数の閉じた，強固な関係を指向する傾向が強く，男子は浅く，広い関係を多数者と結ぶ傾向のあることを報告している。換言すれば，女子は排他的で凝集した関係を目指す傾向がある。

これらのことは，女性が一貫して親和行動を示す程度が高いことを示している。このことについては，男性よりも女性は感情表出的であることとも関連するが，社会的な期待の反映という視点が重要であろう。すなわち，女性は，伝統的に能動的，積極的であるよりは他者との調和的関係を目指すように仕向けられ，外的・公的関係よりも私的な関係に眼を向けるように期待されてきたことが関連しているのであろうと考えられる。しかし，この点については，時代的な意識変化が進行しており，行動上の男女差の縮小傾向も認められつつあるので，親和性についての差がこのような社会的な期待によるのかどうかは時代の推移のなかで確認されるであろう。

b. 対人関係の展開とパーソナリティの働き

(1) コミュニケーションの同調傾向

対人関係の影響を受けて，時間経過にともなって，コミュニケーションのパターンが相手の示すパターンに近似していく現象がみられる。自分の発言に対して相手が応じることは，自分への関心や評価の表れとしてとらえられ，満足をもたらす。このような相互依存の過程を示す現象として，一方の発言量が長く（短く）なると，相手の発言量も連動して増減する事実がある。具体的には，発言時間，沈黙の頻度，発話速度，音声の強さ，アクセント，身体動作などで確認されている。マタラッゾとウィンズ（Matarazzo & Wiens, 1972）は，これを同調傾向（synchrony tendency）と名づけた。コンドンとオグストン（Condon & Ogston, 1967など），ケンドン（Kendon, 1970）は話者自身の身体各部位の動きの連動と同時に聞き手も話者の発話の進行に応じて身体動作が対応することを，また，心理療法場面でのセラピストとクライエントの姿勢が一致することを，チャーニー（Charny, 1966）が報告している。

この現象の成立のメカニズムについて，マタラッゾらは社会的なモデリングとオペラント的な強化の点から説明している。発話者にとって，実験的な場面，面接場面は経験の乏しい新奇な状況であり，効果的な行動の仕方について知りえていない。そのために，相互作用の相手（面接者など）の行動を模倣することによって，自分の行動の枠組みを得ようと試みる。さらに，面接対象者が発言すると面接者がそれに応答する。その応答は面接対象者にとっては自分への関心の高まりとして認知し，心理的に満足する（一種の報酬となる）。それが面接対象者の発言を強化し，さらに発言行動が増大するというものである。

しかし，自分の発言と面接者の発言をコストと報酬の連鎖と考えると，コミュニケーション量の上限が問題となるであろう。一方の発言量の増加が相手の発言量を同様に増すとしても必ず冗長さを高めることになり，際限なく直線的な平行性を維持しはしない。相づちなどによる発言の促進も同様である。相互の発言の交代による発言時間の増大と会話者の満足度とが一次的な関数関係にあるかどうかは厳密には検討されていない。

この現象は，他者を配慮し，相互的にコミュニケーション行動を自動的に調整できるという配慮，協同性を反映する概念であり，いわば，向社会的，協調的パーソナリティと強く結びつくこととして考えられている（大坊, 1985）。これまで，対人的温かさ，社会化の程度，共感性と正に関連していることも示されている。

(2) 均衡を求める

ある時間幅で人間の行動を観察するならば，何らかの目標に向かう過程においては，行動を促す動因が前提としてある。目標に達することは，一連の過程において，その緊張を解消し，心的に安定した状態を得ることになる。しかし，安定するためには，ある量のエネルギー充足が一定時間維持される必要があり，充足か否かの判断は継時的に遅延する。それゆえ，充塡された心的エネルギーは，必ず過飽和となる期間がある。それを，時系列的に表現すれば，ある定常状態からさらに上位の定常状態を求める準備状態をつくることにもなる。対人関係の展開――親密さが増す，相互の理解が進む――には，このように常に変化を含んだ力動性が存在している。その内

部のシステムでは個々の交換行為にともなって，他者認知の過程が進行している。獲得された均衡状態にしたがって，認知された他者情報を修正，補強しようとする，一種の対人関係の質の変化が起こる。この認知的検討の段階において，さらに高度な均衡への動機が生じると考えられる。したがって，対人関係段階の進展にともなって具体的な相互作用のもたらす心理的成果自体も変容していくと考えられる。ただし，このような均衡から不均衡への変化の過程はこれまで十分に検討されていない。個々の交換行為の連鎖としての事実からのみではなく，環境の全体的布置の視点から――すなわち，個人を相対的に表すパーソナリティ，対人コミュニケーションを含めて――対人関係過程をとらえなければならない。

　人は，時間の連鎖のなかにあって，過去・現在・未来の連続性を理想的に追求するがために，均衡への強いオリエンテーションをもっているといえる。このことについては，ハイダー（Heider, F.）の個人的な認知系（individual system）やニューカム（Newcomb, T. M.）の対人認知の集合系（collective system）についての諸研究からも多くの証拠が得られている。個人的認知系と集合系のメカニズムは，個人内過程と対人的な過程の結びつきを理解できるインターフェイスともいえる。すなわち，個人内均衡と対人的均衡がともに目指されるが，そのダイナミズム自体に求められる均衡（個人内均衡へのコミットメントと対人的均衡へのコミットメントの二重の比較による）を発見することである（大坊, 2001）。

　パーソナリティと対人関係が密接に関連するものであるとの理解が広くあるとしても，このように，対人関係が時系列的に高次の均衡を指向するものであることを勘案して，対人関係の成長ステージに応じてダイナミックに検討すべき余地が未だ少なくないであろう。

　パーソナリティは対人関係を理解するうえで重要な役割をもつものであり，個人性と社会性をつなぐ視点は欠かせない。対人関係の過程を勘案しながら，パーソナリティを理解しなければならない。

◆ 引用文献

Charny, E. J. (1966). Psychosomatic manifestations of rapport in psychotherapy. *Psychosomatic Medicine*, **28**, 305-315.
Condon, W. S., & Ogston, W. D. (1967). A segmentation of behavior. *Journal of Psychiatric Research*, **5**, 221-235.
大坊郁夫. (1985). 対人的コミュニケーションにおける同調傾向：主に音声的行動について. 山形心理学レポート, No.4, 1-15.
大坊郁夫. (2001). 対人コミュニケーションの社会性. 対人社会心理学研究, **1**, 1-16.
Eder, D., & Hallinan, M. T. (1978). Sex differences in children's friendships. *American Sociological Review*, **43**, 237-250.
Homans, J. G. (1978). 社会行動：その基本形態（橋本　茂，訳）. 誠信書房. (Homans, J. G. (1974). *Social behavior : Its elementary forms*. London : Harcout Brace Jovanovich.)
Kendon, A. (1970). Movement coordination in social interaction : Some examples described. *Acta Psychologica*, **32**, 101-125.
Krahé, B. (1996). 社会的状況とパーソナリティ（堀毛一也，編訳）. 北大路書房. (Krahé, B. (1992). *Personality and social psychology : Towards a synthesis*. London : Sage Publication.)
Matarazzo, J. D., & Wiens, A. N. (1972). *The interview : Research on its anatomy and structure*. Chicago :

Aldine・Atherton.

Latané, B., & Bidwell, L. D. (1977). Sex and affiliation in college cafeteria. *Personality and Social Psychology Bulletin*, **3**, 571-574.

Schacter, S. (1959). *The psychology of affiliation : Experimental studies of the sources of gregariousness*. Stanford : Stanford University Press.

Zimbardo, P. G., & Formica, R. (1963). Emotional comparison and self-esteem as determinants of affiliation. *Journal of Personality*, **31**, 141-162.

2節　特性理解の発達

林　智幸

1 ■ 到達点としての大人のパーソナリティ特性理解の特徴

　心理学を専門的に学んでいなくとも，一般の人々は他者の心的特性について推論することができる（佐藤，1998）。他者の行動を説明あるいは予測するための代表的な心的特性は「パーソナリティ特性」（personality trait）であり，本節では，パーソナリティ特性についての一般の人々による理解が，どのように発達しているか，代表的な研究例を紹介しながら説明していく。

　パーソナリティ特性を理解するとは何を意味するのか。たとえば，ある人を「優しい」性格と推論するためには，①複数場面において「優しい」性格に即した行動を一貫して行っている（一貫性），②その行動が，特定の状況的圧力などではなく，まさに「優しい」性格が原因となって発生している（因果性），③その性格が「元気」「真面目」ではなく「優しい」と判断される内容である（性格内容）の3要件を満たさなければならない。以下，パーソナリティの性質的理解（一貫性・因果性の理解），パーソナリティの内容的理解と区分して，大人のパーソナリティ特性理解の特徴を述べる。

　パーソナリティの性質的理解は原因帰属研究の分野で検討されているが，この分野はハイダー（Heider, F.）により始まる（岡，2004）。この分野の研究者は，人間が，事象の原因を探し求めて，その理解を望む傾向をもつことに基本的に賛成している。しかし，人間が具体的にどのような理解をしているかの細部が異なり，①ジョーンズとデーヴィス（Jones, E. E. & Davis, K. E.）やケリー（Kelly, H. H.）においては「素朴ながらも合理的な科学者としての理解」，②ロス（Ross, L. D.）やジョーンズにおいては「認知的節約のための（非正確さを容認する）非合理的な理解」，③トロープ（Trope, Y.）やギルバード（Gilbert, D. T.）においては「目的に応じて合理的／（迅速に処理されるが）非合理的思考を使い分けながらの理解」とスタンスが変化している。たとえば，トロープの2段階モデルでは，他者のある行動がどのような意味であるかを，最初の段階で自動的に同定作業が行われ，次の段階にて，その行動を発生させるだろうパーソナリティ的特性をもっているかを熟慮的に推論作業を行うとする。目的に応じて，同定作業だけで打ち切るか，推論作業まで行うかが異なるとされる（外山，2004）。

　パーソナリティの内容的理解については，パーソナリティ表現語の語彙を単純に調べるのではなく，それらのパーソナリティ表現語がどのようにまとまっているかが，「暗黙裡のパーソナリティ理論」（implicit personality theory）として研究されている。この分野はケリー（Kelly, G.A.）の個人的仮説構成理論（若林，1992）がきっかけとされるが，人々はある程度共通したパーソナリティを判断するための認知次元をもつと仮定して，その正体の解明を目的とする。現在では，パーソナリティの認知次元の候補として，オズグッド（Osgood, C.E.）の「評価性」「活動性」「力

量性」の3次元（岩下，1983），林（1978）の「個人的親しみやすさ」「社会的望ましさ」「力本性」の3次元，そしてビッグファイブ論に対応する5次元が代表としてあげられることが多い。ビッグファイブ論とは，人のパーソナリティの特徴は主要5次元で説明可能であるという考え方である（辻，1998）。5次元の具体的な内容については研究者によって細部が異なるが，本節では，活動を本質とする「外向性（−内向性）」，関係を本質とする「愛着性（−分離性）」，意志を本質とする「統制性（−自然性）」，感情を本質とする「情動性（−安定性）」，知性を本質とする「知性（−非知性）」とする（ビッグファイブ論の詳細については本書の2章3〜5節などを参照）。

2 ■ パーソナリティの性質的理解についての子どもの理解

　子どもはいつ頃からパーソナリティの一貫性・因果性の性質を理解しているのか。この問題に取り組んだ初期の研究者たちは，いわゆる「自由記述パラダイム」とよばれる方法を採用していた。子どもに，自己や他者についての自由記述を求め，その記述文のなかで自発的に使われているパーソナリティ表現語を調べる方法である。ライブスリーとブロムリー（Livesley & Bromley, 1973）の研究が代表的だが，7，8歳児のパーソナリティ表現語の使用率が4%でしかなかったのに対して，9歳から15歳にかけて10%から15%へと増加していた。この結果から，パーソナリティ表現語を自発的に使うためには，その理解が前提となることから，10歳前後からパーソナリティの性質的理解が大きく発達すると考えられる。しかし，クレイグとボイル（Craig & Boyle, 1979）は，7歳児であっても促されれば，45%ほどのパーソナリティ表現語を使用することが可能であると報告している。結局，自由記述パラダイムによる研究では子どもの言語能力に大きく依存してしまうものの，自発的表現をしないことが理解不能を意味しないため，使用語彙のみで性質的理解を調べることが難しい。そこで，自由記述パラダイムに変わって「行動予測パラダイム」が1980年代中頃から採用されるようになった。

　行動予測パラダイムは，複数場面における特定人物の物語を呈示し，その人物のパーソナリティをラベリングさせ，他場面における（パーソナリティに即した）行動を予測させるという方法であり，参加者に対する言語能力への要求が小さい。そのため就学前児に対しても適用できるため，多くの研究（たとえば，Heller & Berndt, 1981；Rholes & Ruble, 1984）が行われている。しかし，就学前児に性質的理解が可能かどうかの結果が研究により異なっており，この混乱に対して，清水（2005）は，性質的理解を「一貫性の理解」と「因果性の理解」に分解することで，子どもの性質的理解の発達を整理している。また，検討に先立ち，トロープの成人における2段階モデルを参考にして，情報処理容量が制限されている就学前児は「一貫性の理解」は可能であるが，「因果性の理解」まで含めたパーソナリティ特性推論が可能となるのは就学後であると仮説を立てた。たとえば，ある他者の「友だちにパンを分ける」という行動の信念・欲求が，「友だちはこのパンが好きだから（友だちを喜ばせよう）」であるか「友だちはこのパンが嫌いだから（友だちを困らせよう）」であるかによって，この人物のパーソナリティが「親切」であるか「意地悪」であるかが変わる。このように，因果性の理解には，前提として他者の信念・欲求を見抜

いたうえでの推論能力が必要となるので、発達がやや遅れるとされる。

清水（2005）は、一連の研究により仮説を検討し、最終的にパーソナリティ特性推論の発達モデルを提案している。すなわち、①単なる記述表現としての理解段階（3歳以前）、②一貫性のみの理解段階（4・5歳）、③一貫性・因果性の理解段階（6・7歳）、④複数の認知次元を考慮した理解段階（10〜12歳）、⑤統合された人物表象としての理解段階（青年期以降）となる。このモデルは子どものパーソナリティ特性推論を考えるうえでひじょうに有益であるが、行動予測パラダイムを採用する多くの研究は、清水（2005）の研究も含めて、年少児であっても理解可能であるとして「良い－悪い」の認知次元に絞って検討が行われている（Smetana, 1985）。しかし、パーソナリティの認知次元には複数の種類があることから、「良い－悪い」以外の認知次元を考慮した研究が必要となる。

3 ■ パーソナリティの内容的理解についての子どもの理解

パーソナリティ特性推論を行うためには、性質的理解の他にも、「元気」「優しい」など、パーソナリティにはどのような種類や内容があるのかを知っていなければならない。子どものパーソナリティの内容的理解を調べるために子どもの語彙を調べた研究が行われているが、3歳から、「良い」「悪い」（Smetana, 1985）、「親切な」「優しい」（Ridgeway, Waters, & Kuczaj, 1985）などが使われていることが報告されている。しかし語彙を調べる方法では、知っているがふだんは使わない、知っていても正しい（大人と同じ）理解をしていない、などの問題には対応できない。語彙研究は年少児の内容的理解に対して必ずしも有効とはいえない。

ところで、大人の場合、パーソナリティの内容的特性を理解しているかは、認知者の認知次元を調べるという方法がよく使われる。子どもの認知次元を調べる研究はそれほど多くはないが、それらの研究を整理してみると、ビッグファイブ論モデル（Donahue, 1994；曾我, 1999）、オズグッドと林の混在モデル（鈴木・坂元・村井・伊部, 1997）、どちらのモデルであっても、遅くとも10歳頃には大人とほぼ同じ複数の認知次元をもつとされる。先行研究から3歳頃には単一の「良い－悪い」の認知次元をもっていることがわかっているので、年齢とともに次元が分化していき、10歳頃に大人と同様の複数の認知次元をもつようになると考えられる。ただし、10歳頃という年齢基準は、子どもにある程度の言語能力を要求する方法を採用した研究報告にもとづくため、言語能力をあまり要求しない方法を用いれば、この年齢が引き下げられたり、具体的な分化過程が明らかになると考えられる。

このような問題意識をふまえて、林（2005）はビッグファイブ論的な認知次元の枠組みを採用して、認知次元の分化過程の解明を試みた。具体的には「行動予測パラダイム」を使い、子どもがビッグファイブ的パーソナリティを典型的に示す登場人物の行動を適切に予測したり、評定できるかを調べた。一連の研究結果をまとめると、次のような分化過程が提案された。①未分化段階：「良い－悪い」の未分化で評価的な認知次元をもつ（5〜6歳）、②ネガティブ極の分化段階：「内向性」「分離性」「自然性」「情動性」「閉鎖性」などの「ネガティブなパーソナリティ」が分

化（児童期初期），③ポジティブ極の分化段階：「外向性」「愛着性」「統制性」「非情動性」「開放性」など「ポジティブなパーソナリティ」が分化（児童期中期），④完全な分化段階：大人と同じビッグファイブ的評価次元をもつ（児童期後期以降）。また，ビッグファイブ的認知次元の分化過程についても，①どのような種類であれ活発な行動をしているかを判断する「外向性」，②自分との友好関係を築く行動をしているかを判断する「愛着性」，③自己を超越する所属する集団規範を守る行動をしているかを判断する「統制性」と，洗練された知的行動をしているかを判断する「開放性」，④諸行動の安定性に影響を与える感情の安定性を判断する「安定性」という発達段階が提案された。

なお，いろいろな認知次元をもっていることは，それらが同じ比重で使われることを意味しない。鈴木ほか（1997）は，小学4年生以上から大学生までを対象にして，どの認知次元を重視しているかの発達的変化を調べた。この研究における認知次元は，オズグッドと林の認知次元を混在させた「社会的評価」「知的評価」「活動性」「力量性」を採用しているが，年齢とともに，知的評価と力量性の次元の使用が増加，社会的評価の次元の使用が減少することが報告されている。この結果が示すように，認知次元の使用法にも発達が認められる。

4 ■ 子どものパーソナリティ特性理解の発達概要

本節では，パーソナリティの性質（一貫性と因果性）における理解と，パーソナリティの内容（認知次元）における理解とに区分しながら，パーソナリティ特性の理解がどのように発達するかを説明した。主に，前者は清水（2005），後者は林（2005）を参考にしており，それらの結果は図18.3のように整理できる。

パーソナリティ特性の理解は，幼児期および児童期初期においてその基礎的能力が獲得される。すなわち，「良い−悪い」という未分化で全体的認知次元を，一貫性と因果性などのパーソナリティの性質的特性の意味を理解しながら，他者のパーソナリティ特性推論を行っている。もちろん，就学前の幼児といえども，「良い」「悪い」以外の多数のパーソナリティ評価語を知っているが，「『元気な』子は，『優しい』し，『まじめ』だし，『良い』子だ」のようにそれらのパーソナリティ評価語が評価的要素と密接に関連しており，大人のように「『元気な』子であるが『悪い』子だ」のように両者が区別されていない。

このようなパーソナリティ評価と評価性との関連は，その後にも影響を与える。パーソナリティ特性理解は児童期後期において大人とほぼ同じ能力をもつようになるが，パーソナリティの評価的要素が関連するかたちで発達していく。幼児期においてパーソナリティの性質的特性に焦点を当てて発達がされているとするならば，児童期はパーソナリティの内容的特性に焦点を当てて発達がされていき，具体的には認知次元が，未分化な「良い−悪い」次元から評価性と独立的な複数の認知次元に分化していく。分化過程には，「ネガティブ極からポジティブ極へ」，「外向性，愛着性から，統制性・開放性，情動性へ」という発達の順序性が認められた。児童期後期において，最終的に，大人と同じビッグファイブ的認知次元を使って他者のパーソナリティ推論を行う

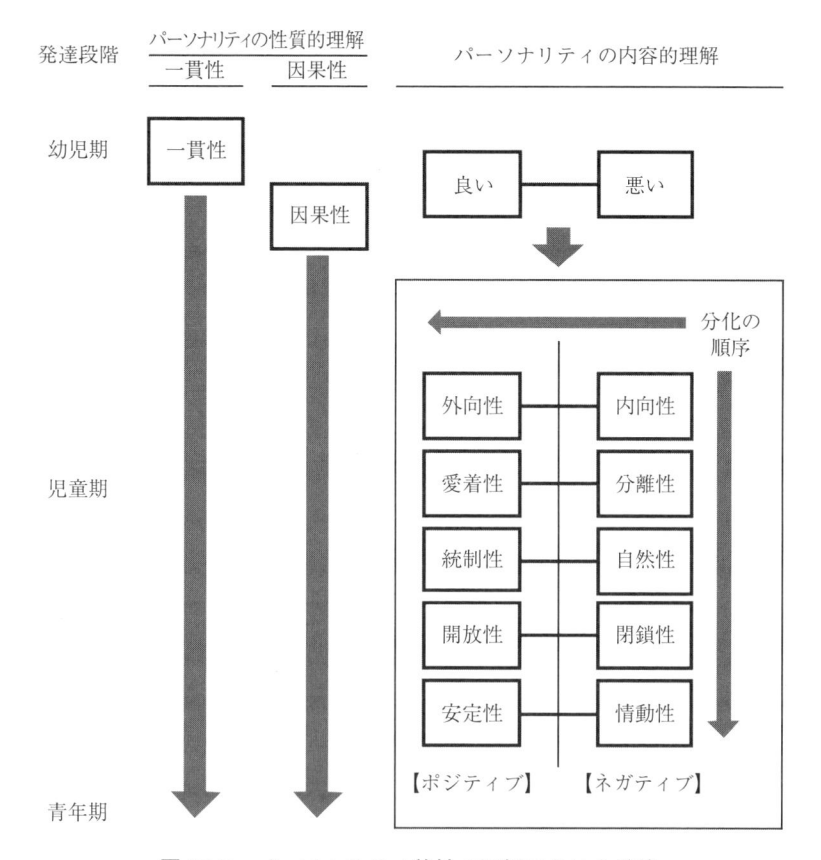

図18.3 パーソナリティ特性の理解における発達

ことができるようになる。

　なお，本節におけるパーソナリティ特性の理解とは，推論のための手がかりが十分に与えられ，かつ，正確な推論を行いたいという目的をもっている，いわゆる合理的なパーソナリティ理解を望む場合に限定されている。トロープの2段階モデルでは，合理的なパーソナリティ理解とは，同定段階と推論段階の両段階を適切に処理した場合のことを意味する。しかし，「周囲にその人以外に助ける人が誰もいなかったのだろう。だからそれほど『親切』な性格とはいえないだろう」など，人間は認知的節約のために推論を正確に行わず省略したパーソナリティ理解を行うことも多い。子どもは大人に比べて情報処理容量が小さいため，日常的に省略を使った推論も多いだろう。今後，子どものパーソナリティ特性の理解を研究するうえでは，このような問題点を考慮する必要がある。

◆ 引用文献

Craig, G., & Boyle, M. E. (1979). The recognition and spontaneous use of psychological descriptions by young children. *British Journal of Social and Clinical Psychology*, 18, 207-208.
Donahue, E. M. (1994). Do children use the Big Five, too? Content and structual form in personality description.

Journal of Personality, **62**, 45-66.

林 文俊. (1978). 対人認知構造の基本次元についての一考察. 名古屋大学教育学部紀要 (教育心理学科), **25**, 233-247.

林 智幸. (2005). 幼児期から児童期における性格特性概念の発達. 広島大学大学院教育学研究科博士論文 (未公刊).

Heller, K. A., & Berndt, T. J. (1981). Developmental changes in the formation and organization of personality attributions. *Child Development*, **52**, 623-691.

岩下豊彦. (1983). SD法によるイメージの測定：その理解と実施の手引. 川島書店.

Livesley, W. J., & Bromley, D. B. (1973). *Person perception in childhood and adolescence*. London: Wiley.

岡 隆. (2004). 社会的認知研究の伝統とメタファ. 岡 隆 (編), 社会的認知研究のパースペクティブ：心と社会のインターフェイス (pp.1-12). 培風館.

Rholes, W. S., & Ruble, D. N. (1984). Children's understanding of dispositional characteristics of others. *Child Development*, **55**, 550-560.

Ridgeway, D., Waters, E., & Kuczaj, S. A. (1985). Aquisition of emotion-descriptive language: Receptive and productive vocaburary norms for ages 18 months to 6 years. *Developmental Psychology*, **21**, 901-908.

佐藤達哉. (1998). 性格とは何か：日常生活・日常職務と性格——血液型・心理ゲームから教育評価まで. 詫摩武俊 (監), 青木孝悦・杉山憲司・二宮克美・越川房子・佐藤達哉 (編集企画), 性格心理学ハンドブック (pp.26-42). 福村出版.

清水由紀. (2005). パーソナリティ特性推論の発達過程：幼児期・児童期を中心とした他者理解の発達モデル. 風間書房.

Smetana, J. G. (1985). Children's impressions of moral and conventional transgressors. *Developmental Psychology*, **21**, 715-724.

曾我祥子. (1999). 小学生用5因子性格検査 (FFPC) の標準化. 心理学研究, **70**, 346-351.

鈴木佳苗・坂元 章・村井雪恵・伊部規子. (1997). 人物の性格知覚における次元使用の発達的変化：女子の小学生・中学生・高校生・大学生に対する調査. 性格心理学研究, **6**, 15-28.

外山みどり. (2004). 社会的判断・社会的推論. 岡 隆 (編), 社会的認知研究のパースペクティブ：心と社会のインターフェイス (pp.13-29). 培風館.

辻平治郎 (編). (1998). 5因子性格検査の理論と実践：こころをはかる5つのものさし. 北大路書房.

若林明雄. (1992). Geroge A. Kellyの個人的構成概念の心理学：パーソナル・コンストラクトの理論と評価. 心理学評論, **35**, 311-338.

3節　養育の影響

酒井　厚

1 ■ 養育とパーソナリティとの関連を調べる3つのアプローチ

　養育は，子どもの心理社会的な発達にとってきわめて重要な要因である。従来の研究は，子どもの社会化にかかわる行動やパーソナリティ，社会的適応といった広狭さまざまな観点から，養育とのかかわりについて多くの知見を提供してきた。とりわけ，1990年代以降は，発達心理学や行動遺伝学の発展と，統計手法の革新的な開発（構造方程式モデルを用いた多変量データを扱う統計手法の発展や欠損データ処理の向上など）にともない，養育による子どものパーソナリティへの「影響」がより詳細に検討されるようになっている。かつては，同一時点で測定した養育との直接的な関係性を調べていたものが，現在では，養育による影響を時間軸に沿ったかたちで，子どもの気質や遺伝，家族を取り巻く社会的な環境要因の相互の関係性を含めた複雑なモデルとしてとらえることが可能になった。

　近年における当該分野の研究は，主に次の3つのアプローチから実施される。1つ目は，縦断研究にもとづくプロセスモデルからのアプローチである。縦断研究とは，同一の母集団を一定のあいだ追跡し，定期的に情報を収集する方法であり，標本集団の時系列的な得点の推移と，変数間の相互の影響関係について検討する。このアプローチでは子どものパーソナリティが養育に与える影響も仮定し，養育とパーソナリティが相互に影響し合いながら子どもの社会的適応に結実するまでの過程を描き出すことを目的としている。2つ目は，行動遺伝学的手法を用いて，測定されたパーソナリティ特性の変数を構成する潜在的な遺伝要因と環境要因による影響率を調べるものである。このアプローチでは親の養育それ自体を測定するのではなく，環境要因に含まれる一つの要素として位置づけ，子どもの遺伝要因の影響を考慮した場合に，環境要因による影響がどの程度あるかを相対的に比較する。3つ目は，生態学的システム論からのアプローチである。子どもを取り囲む環境は，家族や仲間といった身近で小さな関係性から，文化や価値観といった包括的で大きなものまで複数レベル存在し，それらは有機的なつながりをもつ生態学的なシステムを構成している。このアプローチでは養育以外の複数レベルからの環境にも注目し，子どもの発達や社会的適応に対して，直接的および間接的に影響を与えるモデルについて検討する。

2 ■ 養育のスタイル

　親の養育に関する研究は比較的古く，1930年代にはすでに現在の養育スタイルにつながる発想をみることができる。たとえば，サイモンズ（Symonds, P. M.）は，養育を保護－拒否と支配－服従の2次元でとらえる案を提出し，シェイファー（Schaefer, E. S.）は，愛情－敵意と自律－

統制の2次元から構成される複数の養育スタイルと，子どもの非行の有無との関連を検討していた。しかし，親の養育と子どもの社会化との関連について実証的に検討したのは，バウムリンド（Baumrind, 1971）が最初といえるだろう。バウムリンドは，家庭観察や親へのインタビューを通じて，統制に関するそれまでの包括的な概念を整理し，統制は親が自らの子どもの社会化を目指してする行動として制限と区別した。バウムリンドは，親が自らの信念体系にもとづき，情緒的および道具的に子どもを統制するスタイルを権威的（authoritative：子どもへの統制や要求はあるが自律心を尊重する），権威主義的（authoritarian：子どもへの統制が高くいくぶん温かみがない），許容的（permissive：子どもへの統制や要求が低く温かい）の3つに分類した。このなかでは，権威的な養育態度が，他の態度に比べて女子の自律心や男子の責任感の高さとかかわるという報告がある。しかし，バウムリンドの研究では，養育に大きな問題がみられない家庭を対象としていたこともあり，子どもに無関心でかかわろうとしないネガティブな養育を対象とするには十分ではなかった。マコービーとマーティン（Maccoby & Martin, 1983）はこの点に着目し，旧来からある養育の2次元を再構成して，応答性（responsiveness：愛情豊かで子どもに理解を示すか，拒否的であるか）と統制（control：子どもの自律行動を制限するか，促すか）の高低から構成する4つのスタイルを提出した。この分類では，上記の権威的と権威主義的スタイルは同義のままに，許容的スタイルが甘やかし（indulgent：応答性が高く子どもへの統制や要求が低い）と拒否的（neglectful：応答性も低く統制や要求も低い）に分けられている。この親の養育スタイルの枠組みは，現在でも数多くの研究で使用されており，文化的背景により多少の差はあるものの，おおむね権威的な養育のもとで育った子どもが自律的で親和的であり，社会的適応が良好である点で共通している（Steinberg, Elmen, & Mounts, 1989；Chen, Dong, & Zhou, 1997）。

3 ■ 養育による影響プロセス

以上のように，親の養育スタイルと子どものパーソナリティには関連性が見出されている。しかし，養育がパーソナリティの形成に影響するという方向性が十分に検証されているわけではない。パーソナリティを扱う研究者のなかには，行動特徴のなかでも，生物学的基盤をもち発達初期から比較的不変なものを気質（temperament）ととらえる立場が存在する。この分野の草分け的存在であるトマスほか（Thomas, Chess, Birch, Hertzig, & Kom, 1963）は，乳児のいる133名の母親への面接調査から，気質には「気分の質」「接近あるいは回避」「順応性」「反応の強さ」「周期性」「活動性」「反応性の閾値」「気の紛らわせやすさ」「注意の幅と持続性」の9種類があるとし，これらの評定にもとづき子どもを「扱いにくい」「扱いやすい」「ウォームアップの遅い」（slow-to-warm-up）の3タイプに分けた。トマスとチェス（Thomas & Chess, 1982）は，対象児が成人になるまで調査を継続し，3歳や5歳時点における扱いにくさ（扱いやすさ）の個人差は成人初期においても同様にみられると報告している。

また，クロニンジャーほか（Cloninger, Svrakic, & Przybeck, 1993）は，パーソナリティを気質と性格から構成されるとする新たな概念モデルを提出し，気質は神経伝達物質の分泌と代謝に

依存すると想定される無意識の自動的反応，性格は自覚された計画的反応であると定義した。このモデルによれば，人の行動は発達初期には気質によって決定されるが，その後は気質にもとづく反応から影響を受けて構成された性格によっても調整され，気質と性格の相互影響性のもとでパーソナリティが発達する。同様な仮定は，当該分野で代表的なビッグファイブ理論の動向にも認められており（McCrae, Costa, Ostendorf, Angleitner, Hřebíčková, Avia, Sanz, Sánchez-Bernardos, Kusdil, Woodfield, Saunders, & Smith, 2000），環境要因である養育がパーソナリティに与える影響を検討する際には，先行する子どもの気質が親の養育に影響する可能性を考慮する必要がある。たとえば，リーとベイツ（Lee & Bates, 1985）による研究はその先駆的なものであり，乳児期の子どものいる親子111組を対象に2年間の縦断研究を行い，6カ月と13カ月時点での子どもの扱いにくさが24カ月時点における子どもの扱いにくさと親のでしゃばりな統制的態度の両方を予測するという結果を報告していた。

　近年，養育とパーソナリティの双方向的な関係性を扱う研究は，両者のマッチングや交互作用による子どもの社会性の発達や適応への影響までを含めたより複雑なプロセスを検討する傾向にある。コチャンスカほか（Kochanska, Aksan, & Joy, 2007）は，子どもの怖がりな気質と親の養育態度に注目し，乳幼児期における良心（罪悪感や共感的な苦痛の理解，ルールに適した行い）の発達への影響について検討した。その結果，乳児期の頃に怖がりな気質が強くみられる子どもに対しては，強制的に接することのない穏やかな養育が，大胆な子どもに対しては応答性の高い養育が，幼児期における良心の得点を高める優先的な条件であることがわかった。また，ニュージーランドの約1,000人を対象とした大規模縦断研究（ダニーディン子どもの健康と発達に関する学際的研究；Silva & Stanton, 1996/2010）によれば，幼少期から成人に至るまで反社会的行動が続く長期持続群の子どもは，幼児期から多動，衝動的，情緒不安定などの特徴がみられ，不適切な養育を受けており，親との愛着関係も不安定であったと報告されている（Moffitt, 1993）。同様な研究はわが国でもみられ，生後まもない頃から児童期までの縦断研究の結果，乳児期における子どもの扱いにくさと母親の子どもへの否定的な愛着感が，相互に影響し合い状況を悪化させながら，児童期の問題行動に結びつく可能性が示されている（川崎縦断研究；菅原・北村・戸田・島・佐藤・向井, 1999）。

4 ■ 行動遺伝学で探る遺伝と環境の影響

　行動遺伝学とは，さまざまな心理的特性について，ある特定の母集団内の個人間の変異に対する遺伝と環境の影響を検討する学問である。具体的には，卵性の異なる双生児きょうだいの比較などを利用して，測定した変数の遺伝的要因と環境的要因の相対的な説明率を推定する。たとえば，ある特性に対して，一卵性双生児（遺伝子の100%を共有）きょうだい間の類似度が，二卵性双生児（平均して50%の遺伝子を共有）のきょうだい間よりも高い場合に，その特性は遺伝的要因の影響を受けていると考える。一方，環境的要因については，双生児のきょうだい内で共通し2人に同じ影響を与える共有環境と，きょうだい一人ひとりに固有であり違う影響を与える非

共有環境の2つに分けて考えることができる。ある特性について共有環境の影響が認められるのは，卵性の違いにかかわらずどちらのきょうだいの類似性も同程度に高い場合であり，反対にどちらの類似性も低い場合には非共有環境による影響と解釈される。

従来の研究から，パーソナリティ特性に関しては，おおむね遺伝要因が集団の分散の30～50%を，非共有環境が残りの50～70%を説明することがわかっている（たとえば，Jang, Livesley, & Vernon, 1996）。非共有環境がパーソナリティの形成に影響するという知見は，養育の影響を考えるうえで一つの洞察を与えてくれる。なぜなら，きょうだいがともに過ごす家庭環境であっても，親の子どもに対する養育が異なるか，あるいは親の養育に対する子どもの受け取り方が異なることで，子どもたちのパーソナリティが類似しない方向に働く可能性を示唆するからである。ダニエルズとプロミン（Daniels & Plomin, 1985）は，同一家庭にいるきょうだいが，親からの養育のされ方や仲間関係などについてお互いにどれぐらい違うと感じているかを測定する尺度（SIDE：Sibling Inventory of Differential Experience）を開発した。この尺度を用いて，双生児と単胎児のきょうだいを対象に実施した研究（Vernon, Jang, Harris, & McCarthy, 1997）によれば，親からの養育のされ方（情緒的なかかわりと統制）の認知得点に差があるきょうだいは自律性の得点差が大きく，単胎児きょうだいに限っては誠実性の得点差も大きかった。また，親の養育に温かみがなくネガティブな感情表出の多い家庭の場合には，子どもたちに対する養育の差が彼らの社会的適応に強くかかわるという報告（Anderson, Hetherington, Reiss, & Howe, 1994；Feinberg & Hetherington, 2001）もあり，家庭内での異なる養育は，子どものパーソナリティの発達や適応に少なからず影響を与えると考えられる。家庭内における養育の差の影響は，双生児を対象に縦断的な検討を行うことで，生物学的基盤による影響を考慮しながらより明確に示すことができる。たとえば，カスピほか（Caspi, Moffitt, Morgan, Rutter, Taylor, Arseneault, Tully, Jacobs, Kim-Cohen, & Polo-Tomas, 2004）は，一卵性双生児のきょうだいを対象に縦断研究を実施し，5歳時点で母親のネガティブな感情表出をより強く受けたペアの一方は，受けなかったペアよりも7歳時点での（教師評定による）問題行動が多いという結果を報告している。

5 ■ 養育をめぐる生態学的システム

子どもを取り囲む環境は，子どもに最も近い家族から，家族を取り巻く地域社会，その社会に根づいた文化に至るまでさまざまなレベルで考えることができる。ブロンフェンブレンナー（Bronfenbrenner, 1979）は，これらの環境要因を4つのレベルに分け，各レベルは有機的なつながりをもつ生態学的なシステムであり，子どもを中心とした同心円状の入れ子構造を成し，互いに複雑に関連し合いながら子どもの発達や社会的適応にかかわると主張した。この4つのレベルとは，子どもを囲む最も内側の円から順に，マイクロ，メゾ，エクソ，マクロシステムとよばれる。マイクロシステムとは，子どもが参加している具体的な活動場面のことであり，親，きょうだい，仲間，教師などとの人間関係やそこでの活動のことを意味する。その外側の円であるメゾシステムは，子どもが参加している2つ以上の活動場面間の相互関係からなり，母親と父親

の夫婦関係，家庭と学校の関係性などがそれにあたる。さらに外側の円であるエクソシステムは，マイクロシステムやメゾシステムとは異なり，子どもは直接的に参加してはいないが，子どもの活動場面に影響を及ぼす間接的な環境を意味する。両親の親戚関係や友人ネットワーク，近隣住民，メディアなど，比較的大きな社会的環境がここに含まれる。最も外側の円であるマクロシステムは，マイクロ，メゾ，エクソまでの下位システムに共通した影響を及ぼすような，広くその社会で共有されている価値観や信念，イデオロギー，文化などを指す。

　乳児期から始まる保育士との関係性は，親の養育とともに，子どもの発達にかかわる重要なマイクロシステムの一つである。就労する母親が増加し家庭外保育の利用ニーズが高まるとともに，保育の質が子どもの発達に与える影響について検討する研究が数多く行われるようになった。アメリカ子ども人間発達研究所（NICHD：National Institute of Child Health and Human Development）が実施している縦断研究は，全米の1,000世帯を超すサンプルを15歳になるまで追跡し，乳児期に保育を利用する時間や保育の質が子どもの発達に与える短期・長期的な影響について豊富な知見を提供してきた。たとえば，ワタムラほか（Watamura, Phillips, Morrissey, McCartney, & Bub, 2011）はこのNICHDのデータを使用し，家庭と家庭外保育それぞれの養育環境の質が，2歳から4歳半までの子どもの行動にどのように影響するかを検討している。彼らは，家庭と家庭外保育の養育環境を保護的かリスクがあるかに分け，その組み合わせによって子どもがおかれる生態学的な地位（ecological niche）を4種類構成し，それぞれを統制的な地位（家庭と保育の質がともに高くも低くもない）と比較した。その結果，同様に家庭の養育にリスクがある地位に属した場合でも，家庭外保育もリスクがある地位の子ども群は，向社会的行動の得点が低く問題行動の得点は高かったが，家庭外保育が保護的な地位の子ども群にそうした特徴はみられなかった。この結果は，良質な家庭外保育には，リスクの高い家庭の養育による悪影響を防ぐ機能があり，あるマイクロシステムが他のマイクロシステムを補填するかたちで子どもの発達を支える様子を描き出している。

　仲間関係もまた，子どものパーソナリティや社会性の発達，社会的適応にとって重要な影響を与えるマイクロシステムである。就学前から青年前期の子どもの仲間関係を扱った膨大な研究結果をメタ分析によりまとめあげたニューカムとバグウェル（Newcomb & Bagwell, 1995）によれば，互いに認め合う仲の友人とのかかわりは，協調的な振る舞いや葛藤する状況の解決，感情表現をコントロールすることを学ぶ重要な場となっている。また，ハリス（Harris, 1995）が「集団社会化理論」（group socialization theory）で主張したように，子どもたちは自分が属する社会的カテゴリー（性別や年齢，学級集団や所属するクラブなど）で生き抜くために，自らが所属する仲間集団の特徴を認識し，そこでルールとなっている態度，行動，話し方などを共有しながら，社会性を学んでいくと考えられる。

　こうした子どもの仲間関係は，保育所や幼稚園に入る頃から自然発生的に形成されていくものであるが，親の介入方法によってその質が変わるものでもある。たとえば，小学4年生とその親を1年間追跡した研究（McDowell & Parke, 2009）では，子どもの仲間関係の悩みに対する親の受け入れる姿勢やアドバイスの良好さが，1年後の子どもの社会的コンピテンスを高め学校へ

の適応を促していた。高校生を対象とした調査（Soenens, Vansteenkiste, Smits, Lowet, & Goossens, 2007）からも，親が子どもの親友関係や仲間とのかかわりについて指導し悪い行動を禁止すること（ピアマネージメント）が，子どものプライバシーを侵害しない限りにおいて，子どもの良好な友人関係の形成や，逸脱行動のあるグループからの回避につながっていた。こうした親による子どもの仲間関係への介入は，あるマイクロシステムが他のマイクロシステムを調整して子どもの発達を支えているといいかえることができよう。

また，生態学的システムによるモデルは，親の養育による子どもへの影響を，複数のシステムレベル間の関係性からより包括的にとらえる視点を提供してくれる。たとえば，家庭における夫婦関係の葛藤が強い場合には，親が子どもと情緒的にかかわることが少なく，厳しいしつけが多くなり，子どもの情緒的な不安定さや社会性の低さにかかわるという報告がある（Buehler & Gerard, 2002）。これは，親の養育による子どもへの影響を考える際に，メゾシステムである夫婦関係からの間接的な影響にも目を向けることの重要性を示している。さらに，夫婦関係の質は，親族や友人からのソーシャルサポートや職場の理解があるかどうかによって異なり（エクソシステム），母親の所属する社会がもつ価値観（「男は仕事・女は家庭」という伝統的な性役割観など）や慣習といったマクロシステムからの影響も受けていると仮定される。

以上のように，親の養育は，子どもを取り巻く複数レベルのシステムが互いにかかわり合うなかで機能し，子どもの発達や適応に影響を与えているといえよう。近年では，エクソシステムとしての近隣地域の特徴（たとえば，犯罪率の高い地域で子どもを守るために行われる統制や厳格さ；Furstenberg, Eccles, Elder, Cook, & Sameroff, 1999）や，所属する文化体系（たとえば，ヨーロッパ系とアフリカ系アメリカ人によるしつけのとらえ方の違い；Deater-Deckerd, Dodge, Bates, & Pettit, 1996）による影響を考慮した実証的研究も展開されており，今後は生態学システムをより社会構造的・文化的にとらえた視点からの検討が重視されていくと考えられる。

◆ 引用文献

Anderson, E. R., Hetherington, E. M., Reiss, D., & Howe, G. (1994). Parent's nonshared treatment of siblings and the development of social competence during adolescence. *Journal of Family Psychology*, **8**, 303-320.

Baumrind, D. (1971). Current patterns of parental authority. *Developmental Psychology Monograph*, **4**(No.1, P.2), 1-103.

Bronfenbrenner, U. (1979). *The ecology of human development*. Cambridge, MA : Harvard University Press.

Buehler, C., & Gerard, J. M. (2002). Marital conflict, ineffective parenting, and children's and adolescents' maladjustment. *Journal of Marriage and Family*, **64**, 78-92.

Caspi, A., Moffitt, T. E., Morgan, J., Rutter, M., Taylor, A., Arseneault, L., Tully, L., Jacobs, C., Kim-Cohen, J., & Polo-Tomas, M. (2004). Maternal expressed emotion predicts children's antisocial behavior problems : Using monozygotic-twin differences to identify environmental effects on behavioral development. *Developmental Psychology*, **40**, 149-161.

Chen, X., Dong, Q., & Zhou, H. (1997). Authoritative and authoritarian parenting practices and social and school performance in Chinese children. *International Journal of Behavioral Development*, **21**, 855-873.

Cloninger, C. R., Svrakic, D. M., & Przybeck, T. R. (1993). A psychobiological model of temperament and character. *Archives of General Psychiatry*, **50**, 975-990.

Daniels, D., & Plomin, R. (1985). Differential experience of siblings in the same family. *Developmental Psychology*, **21**, 747-760.

Deater-Deckerd, K., Dodge, K. A., Bates, J. E., & Pettit, G. S. (1996). Physical discipline among African American and European American mothers : Links to children's externalizing behaviors. *Developmental Psychology*, **32**, 1065-1072.

Feinberg, M., & Hetherington, E. M. (2001). Differential parenting as a within-family variable. *Journal of Family Psychology*, **15**, 22-37.

Furstenberg, F. F., Jr., Eccles, J., Elder, G. H., Jr., Cook, T., & Sameroff, A. (1999). *Managing to make it : Urban families and adolescent success*. Chicago : University of Chicago Press.

Harris, J. R. (1995). Where is the child's environment? A group socialization theory of development. *Psychological Review*, **102**, 458-489.

Jang, K. L., Livesley, W. J., & Vemon, P. A. (1996). Heritability of the big five personality dimensions and their facets : A twin study. *Journal of Personality*, **64**, 577-591.

Kochanska, G., Aksan, N., & Joy, M. E. (2007). Children's fearfulness as a moderator of parenting in early socialization : Two longitudinal study. *Developmental Psychology*, **43**, 222-237.

Lee, C. L., & Bates, J. E. (1985). Mother-child interaction at age two years and perceived difficult temperament. *Child Development*, **56**, 1314-1325.

Maccoby, E. E., & Martin, J. A. (1983). Socialization in the context of the family : Parent-child interaction. In E. M. Hetherington (Vol. Ed.), P. H. Mussen (Series Ed.), *Handbook of child psychology : Vol.4. Socialization, personality, and social development* (4th ed., pp.1-101). New York : Wiley.

McCrae, R. R., Costa, P. T. Jr., Ostendorf, F., Angleitner, A., Hřebíčková, M., Avia, M. D., Sanz, J., Sánchez-Bernardos, M. L, Kusdil, M. E., Woodfield, R., Saunders, P. R., & Smith, P. B. (2000). Nature over nurture : Temperament, personality, and life span development. *Journal of Personality and Social Psychology*, **78**, 173-186.

McDowell, D. J., & Parke, R. D. (2009). Parental correlates of children's peer relations : An empirical test of a tripartite model. *Developmental Psychology*, **45**, 224-235.

Moffitt, T. E. (1993). Adolescence-limited and life-course-persistent antisocial behavior : A developmental taxonomy. *Psychological Review*, **100**, 674-701.

Newcomb, A. F., & Bagwell, C. L. (1995). Children's friendship relations : A meta-analytic review. *Psychological Bulletin*, **117**, 306-347.

Silva, P. A., & Stanton, W. (Eds.), (2010). ダニーディン子どもの健康と発達に関する長期追跡研究：ニュージーランドの1000人・20年にわたる調査から（酒井　厚，訳）．明石書店．(Silva, P. A., & Stanton, W. (Eds.). (1996). *From child to adult : The Dunedine Multidisciplinary Health and Development Study*. Auckland : Oxford University Press.)

Soenens, B., Vansteenkiste, M., Smits, I., Lowet, K., & Goossens, L. (2007). The role of intrusive parenting in the relationship between peer management strategies and peer affiliation. *Journal of Applied Developmental Psychology*, **28**, 239-249.

Steinberg, L., Elmen, J. D., & Mounts, N. S. (1989). Authoritative parenting, psychosocial maturity, and academic success among adolescents. *Child Development*, **60**, 1424-1436.

菅原ますみ・北村俊則・戸田まり・島　悟・佐藤達哉・向井隆代．(1999)．子どもの問題行動の発達：Externalizingな問題傾向に関する生後11年間の縦断研究から．発達心理学研究，**10**，32-45.

Thomas, A., & Chess, S. (1982). Temperament and follow-up to adulthood. In R. Porter & G. M. Collins (Eds.), *Ciba foundation Symposium 89 : Temperamental differences in infants and young children* (pp.168-175). Chichester : Wiley.

Thomas, A., Chess, S., Birch, H. G., Hertzig, M. E., & Kom, S. (1963). *Behavioral individuality in early childhood*. Oxford : New York University Press.

Vernon, P. A., Jang, K. L., Harris, J. A., & McCarthy, J. M. (1997). Environmental predictors of personality differences : A twin and sibling study. *Journal of Personality and Social Psychology*, **72**, 177-183.

Watamura, S. E., Phillips, D. A., Morrissey, T. W., McCartney, K., & Bub, K. (2011). Double jeopardy : Poorer social-emotional outcomes for children in the NICHD SECCYD experiencing home and child-care environments that confer risk. *Child Development*, **82**, 48-65.

4節　愛着スタイルの個人差

金政祐司

1　ボウルビィの愛着理論

　パーソナリティと対人関係との関連を理解するための枠組みに発達的な視点を取り入れたものに愛着理論がある。愛着理論は，元来，動物行動学的な視点からボウルビィ（Bowlby, 1969, 1973）によって提唱された理論ではあるが，今日，さまざまな領域においてその基本的な考えを援用しつつパーソナリティと対人関係との関連について説明，検討を加える研究は数多く存在する。それはボウルビィが自らの理論において，養育者との長期的で連続的な結びつきが子どもの社会的，感情的な発達に多大なる役割を果たすと明示したこと，さらに，それは個人の後の対人関係にまで影響を及ぼす可能性があると示唆したことに起因するだろう[1]。

　ボウルビィの愛着理論は，人間や動物における養育者（主に母親）と子どもの相互作用の観察研究をふまえて展開されたものである。彼によると，愛着とは「ある特定の他者に対して強い結びつきを形成する人間の傾向」であり（Bowlby, 1977），それは乳幼児期においては個人の適応性を向上させるために機能する。人間の子どもは，他の哺乳類と比べて非常に脆弱な状態で生まれ出てくることから（生理的早産），自身の安全性と生存可能性を最大化するためには自らの養育者となりうる者との物理的な近接性を維持し，相手から保護を提供してもらう必要性がある。また，その際，子どもは養育者からたんに物質的な保護だけでなく，心理的な保護，広い意味での「安心感」（attachment security）をも獲得しているという。この「安心感」を個人に対して提供してくれる関係が愛着関係である。愛着理論では，この愛着関係，とくに乳幼児期の愛着関係において，個人が安心感を確保できる経験をもちえたかどうか，また，そこから安定した安心感が確保できなかった場合に自身の安心感を満たすためにどのようなストラテジーをとらざるをえなかったのかが，個人の後のさまざまな社会的能力や対人関係での行動パターンに大きな影響を及ぼすとされるのである[2]。

　このように愛着理論では，子どもと養育者との関係性を重視することから，愛着関係には他の社会的関係ではみられないようなある種の特徴や要素が認められるとされる。そのような特徴や要素は，表18.1に示した「近接性の探索」「分離苦悩」「安全な避難所」「安全基地」の4

表18.1　愛着関係の4つの特徴や要素

特徴（要素）	説明
近接性の探索 (proximity seeking)	相手との近接性を探し，維持しようとする傾向
分離苦悩 (separation distress)	相手との分離に対して抵抗し，苦悩する傾向
安全な避難所 (safe heven)	主観的または現実的な危険に直面した場合に相手から安心感を得ようとする傾向
安全基地 (secure base)	安心感を提供する愛着対象の存在によって，非愛着的活動，たとえば，探索行動などが活発になる傾向

つであり，逆からとらえれば，それら4つの特徴や要素が認められる関係は，愛着関係としてみなすことができるのである。

ただし，ボウルビィの愛着理論の射程範囲は，乳幼児期の子どもとその養育者という早期の愛着関係だけにとどまるものではない。それは彼の言葉を借りれば，「ゆりかごから墓場まで」(Bowlby, 1977, p.203) 広く人生全般に及んでおり，愛着行動は人生をとおして人を特徴づけ続け，成人においても愛着は二者関係におけるきずなというかたちをとるとされる。先述のようにボウルビィの愛着理論をベースにした研究が現在多様な領域において見受けられるのは，このような理論の射程範囲の広さによるところが大きいといえよう。

2 ■ 幼児期における愛着の個人差

ボウルビィの愛着理論は，人間に生得的に備わっている愛着をベースにその理論展開が図られてはいるものの，生後の養育環境や養育者との関係によって変容する愛着の個人差についても重要な示唆を与えている。早期の愛着関係である乳幼児と養育者との関係の特質は，乳幼児の身体的，精神的未発達さゆえに，養育者の情緒的受容性や要求への反応性，すなわち，養育者が子どもを情緒的に受け入れているかどうか，また，子どもの要求に適切に反応しているどうかによって規定される。乳幼児は，このような養育者との長期的で継続的な相互作用をとおして，自らの心のうちに「内的作業（ワーキング）モデル」(internal working model) とよばれる養育者や自分自身についての主観的な信念や期待をかたちづくっていく。つまり，乳幼児は愛着関係でのさまざまな経験をとおして，「他者（養育者）は自分を受け入れてくれるのかどうか，自分の求めに応じてくれるのかどうか」という他者（養育者）への信念や期待を，また，「自分は保護や注意を払ってもらえるだけの価値があるのかどうか，自分は愛され，助けられるに値するのかどうか」といった自己への信念や期待を心に内在化させていく。

この自己ならびに他者への期待や信念は，幼児期においては養育者との相互作用時の幼児の行動パターン（愛着行動）として表れると仮定される。その仮定にもとづき，エインズワースほか (Ainsworth, Blehar, Waters, & Wall, 1978) は，幼児に母親および未知者との分離と再会を経験させるストレンジ・シチュエーション法（Strange Situation Procedure：SSP）という実験的な観察テクニックを開発した。SSPは，基本的に以下の8つのエピソード，①幼児は母親と一緒に実験室に入室，②母親はいすに座り，子どもはおもちゃで遊んでいる，③未知者入室，④母親は退室し，未知者は子どもに働きかける，⑤母親入室，未知者退室，⑥母親退室，子どもは一人部屋に残される，⑦未知者入室，子どもを慰める，⑧母親入室，未知者退室から構成される。この間の幼児の愛着行動，たとえば，母親と一緒の時の探索行動（おもちゃで遊ぶ等），母親の退室時や再会時での行動（泣く，駆け寄る等）をもとにその幼児の愛着のタイプが同定される。このような愛着のタイプ，すなわち愛着の個人差は，エインズワースらよると，大きく3つに分類できるとされ，それらは，各々の反応パターンの特徴から，「安定型（secure：Bタイプ）」「アンビバレント型（ambivalent：Cタイプ）」「回避型（avoidant：Aタイプ）」とよばれる[3]。それら3

表18.2　SSPにおける各愛着のタイプの特徴（Ainsworth et al., 1978より作成）

愛着のタイプ	ストレンジ・シチュエーションにおける幼児の主な特徴	母親の特徴
安定型 (secure)	母親が自分のまわりにいる場合は活発に探索を行う。母親との分離の際には強く抵抗を示すが，母親との再会時にはそれを快く受け入れ，進んで近寄っていく。	温かく，感受性が豊か
アンビバレント型 (anxious-ambivalent)	母親との分離の際に極端な苦悩や混乱をみせる。しかし，再会時には憤りや困惑といった矛盾した行動を取り，母親をうまく受け入れることができない。	感受性が鈍く，一貫性に欠ける傾向がある
回避型 (avoidant)	母親から距離をおき，親密なコンタクトを避ける傾向にある。母親との分離の際に苦悩や混乱をあまりみせない。また，再会時も母親への関心を表に出さないで無視している場合が多い。	冷たく，融通のきかない場合が多い

つの愛着のタイプの特徴は表18.2に示したようなものとなる。

3 ■ 青年・成人期の愛着スタイル

これまでの青年・成人期の愛着研究に関しては，大きく2つの潮流がある。その一つは主に発達心理学の領域において発展してきたもので，青年・成人期の愛着の個人差を半構造化されたインタビュー法であるアダルト・アタッチメント・インタビュー（Adult Attachment Interview；Main, Kaplan, & Cassidy, 1985）によって測定する研究群であり，もう一つは，「成人の愛着理論」（Hazan & Shaver, 1987；Shaver & Hazan, 1988）をベースに社会心理学の領域を中心に発展を遂げてきた愛着の個人差を質問紙法（自己報告型の尺度法）によって測定する一連の研究である。これら2つのアプローチは，愛着の個人差を測定する際の対象[4)]やその主な関心事が異なっているため，両者を同一のものとして扱うことは付会といえるだろう。それゆえ，ここではパーソナリティと測定方法やその概念において近似性が高く，また，実際パーソナリティとの関連（Shaver & Brennan, 1992；Mickelson, Kessler, & Shaver, 1997）が報告されている成人の愛着理論にもとづく社会心理学的なアプローチからの青年・成人期の愛着研究について紹介を行っていく。

成人の愛着理論は，シェイヴァーとハザンがそれを提出してからというものさまざまな角度から多種多様な研究知見が蓄積されてきた。この理論の根幹には，先のボウルビィの主張，愛着行動は「ゆりかごから墓場まで」人生をとおして個人を継続的に特徴づけ，早期の経験を超えて後の二者関係でも愛着はきずなの形成に深く関与するという仮定が存在する。そのため，成人の愛着理論では，乳幼児期における子どもと母親という二者関係において形成された愛着の個人差が，発達的にある程度継続していくことで，後の親密な二者関係（とくに恋愛関係や夫婦関係）の諸側面に影響し，さらに，そうであるがゆえに個人の適応状態にも影響を及ぼすと考える。このような仮定において重要となる概念が内的作業モデルである。内的作業モデルは先述のように自己や他者に関する主観的な信念や期待であることから，対人関係における認知や感情，行動に選択

4節 愛着スタイルの個人差

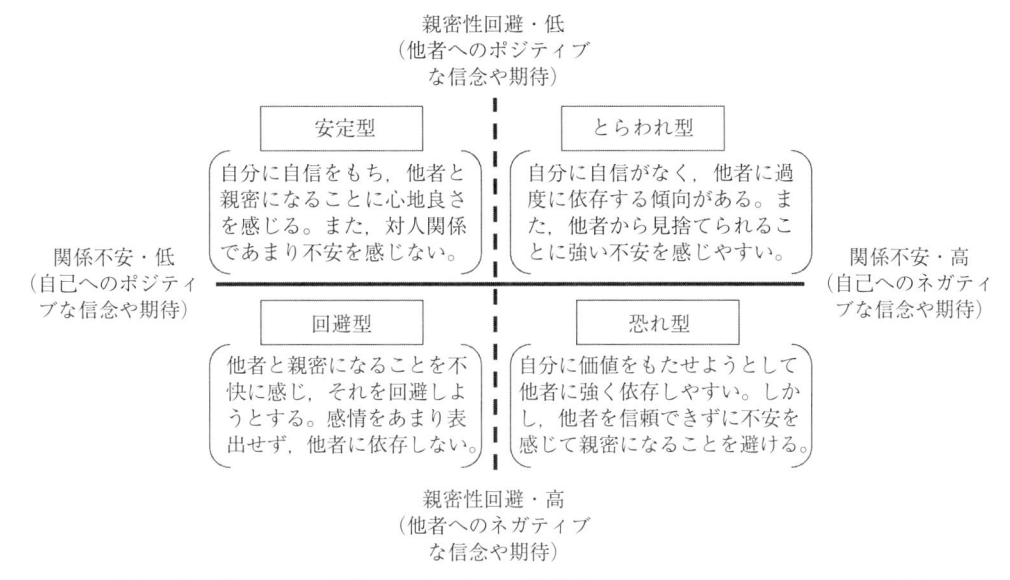

```
                    親密性回避・低
                  （他者へのポジティブ
                    な信念や期待）

         ┌─────────────┬─────────────┐
         │   安定型    │  とらわれ型  │
         │             │             │
         │自分に自信をもち，他者と│自分に自信がなく，他者に過│
         │親密になることに心地良さ│度に依存する傾向がある。ま│
         │を感じる。また，対人関係│た，他者から見捨てられるこ│
         │であまり不安を感じない。│とに強い不安を感じやすい。│
関係不安・低 ─────────────┼───────────── 関係不安・高
（自己へのポジティ│             │             │（自己へのネガティ
 ブな信念や期待） │   回避型    │   恐れ型    │ ブな信念や期待）
         │             │             │
         │他者と親密になることを不│自分に価値をもたせようとして│
         │快に感じ，それを回避しよ│他者に強く依存しやすい。しか│
         │うとする。感情をあまり表│し，他者を信頼できずに不安を│
         │出せず，他者に依存しない。│感じて親密になることを避ける。│
         └─────────────┴─────────────┘

                    親密性回避・高
                  （他者へのネガティブ
                    な信念や期待）
```

図18.4 青年・成人期の4つの愛着スタイルとその特徴（Bartholomew & Horowitz, 1991をもとに作成）

的にバイアスをかけ，それらを方向づけるように機能しやすい[5]。そのため，早期に形成された愛着の個人差は，確証的にある程度維持され，後の青年，成人における二者関係での行動様式や個人の適応にも影響を及ぼすというのである。実際，この仮定を支持するように約20年間にわたる縦断研究（Simpson, Collins, Tran, & Haydon, 2007）において，乳幼児期のSSPによって測定された愛着のタイプが，小学校時の対人関係の能力ならびに16歳時の友人関係における安心感（もしくは信頼感）を介して，成人後の恋愛関係の質（感情経験や協力行動）に影響を及ぼすことが示されている。

成人の愛着理論において青年・成人期の愛着の個人差は「愛着スタイル」（attachment style）とよばれる。当初，それは幼児期における愛着の個人差と同様，類型的に安定型，アンビバレント型，回避型という3つのカテゴリーに分類されていた（たとえば，Hazan & Shaver, 1987）。しかしながら近年では，青年・成人期の愛着スタイルの根底には，ボウルビィの言及した自己ならびに他者への信念や期待と対応する2つの次元軸の存在があるとされ，それらの次元軸がそれぞれ高低の2極を有することで青年・成人期の愛着スタイルは図18.4のように4つに分類される（「安定型」「とらわれ型」「回避型」「恐れ型」）。自己への信念や期待は，それがネガティブな場合，個人は過度に親密さを希求し，相手から見捨てられることへの不安や焦燥感を経験しやすいため「関係不安（もしくは，見捨てられ不安）」と同義として扱われ，また，他者への信念や期待は，それがネガティブな場合には個人が親密さから回避し，他者に依存することを忌避するといった特徴を有することから，「親密性回避」と同一概念として扱われる（図18.4）。

4 ■ 青年・成人期の愛着スタイルが親密な関係ならびに個人の適応に及ぼす影響

　青年・成人期の愛着スタイル（もしくは愛着の2次元）が親密な関係，とくに恋愛関係や夫婦関係の諸側面に及ぼす影響については，これまで数多の研究知見が蓄積されてきている。それは成人の愛着理論では，愛着の対象となる人物が乳幼児期の養育者から青年・成人期には恋愛相手や配偶者へと漸次的に移行し，青年・成人期の恋愛関係や夫婦関係も乳幼児期の子どもと養育者との関係と同様にお互いが強い心のきずなで結ばれている愛着関係であるとされることに依拠する[6]。

　これまでの青年・成人期の愛着スタイルと恋愛や夫婦関係での感情経験や関係への評価との関連について検討した研究では，関係不安や親密性回避の高さは，それらの関係における本人のポジティブ感情や関係への評価と負に関連し，また，関係内のネガティブ感情の頻度や強度を予測することが知られている。加えて，関係不安や親密性回避は，本人のみならずその関係のパートナー（恋愛相手や配偶者）の感情経験や関係への評価とも関連しており，関係不安や親密性回避が高い人のパートナーは，関係内でポジティブ感情を経験しにくくネガティブ感情を経験しやすいこと，関係への評価が低くなることが報告されている（たとえば，Brennan & Shaver, 1995；Feeney, 1999；Shaver, Schachner, & Mikulincer, 2005）。さらに，青年期の恋愛関係ならびに中年期の夫婦関係についてのペア調査研究（金政, 2009, 2010）では，それら2つの関係においては，本人の関係不安の高さが，本人ならびに相手両者のネガティブ感情経験の頻度を高め，それが結果的に両者の関係への評価を低下させるという共通点があることが示されている[7]。

　青年・成人期の愛着スタイルは，恋愛や夫婦関係でのストレス状況下におけるサポート行動にも影響を及ぼす。恋愛カップルを対象とした実験的研究（Simpson, Rholes, & Nelligan, 1992；Simpson, Rholes, Orina, & Grich, 2002）では，親密性回避（回避傾向）の低さは，ストレスを経験している恋愛相手へのケアやサポートの適切さを予測していた。さらに，出産期間における夫婦間のサポートのやりとりが夫婦両者の結婚満足度や抑うつに及ぼす影響について検討した縦断研究（Rholes, Simpson, Campbell, & Grich, 2001；Simpson, Rholes, Campbell, Tran, & Wilson, 2003）でも青年・成人期の愛着スタイルはサポートに関する行動やその認知と関連することが示されている。ほかにも恋愛や夫婦関係での自己開示や感情表出と青年・成人期の愛着スタイルが関連することを報告する研究もあり（たとえば，Brandford, Feeney, & Campbell, 2002；Feeney, 1999），青年・成人期の愛着スタイルが恋愛や夫婦関係に対して及ぼす影響は多岐にわたっているということができるだろう。

　青年・成人期の愛着スタイルは，上記のように恋愛や夫婦関係の諸側面に影響を及ぼすだけでなく，個人の適応状態とも関連する。たとえば，関係不安の高さは自尊心の低さと結びついており，その関連は比較的強い（たとえば，Brennan & Morris, 1997；Mickelson et al., 1997）。また，青年・成人期の愛着スタイルと精神的健康との関連を検討した研究（金政・大坊, 2003）でも関係不安が高い場合にとくに精神的健康状態が悪くなるという結果が得られている。近年では，青

年・成人期の愛着スタイルがストレス状況下での生理的指標（Powers, Pietromonaco, Gunlicks, & Sayer, 2006）や惨事におけるPTSD（心的外傷後ストレス障害）のレベルと後の回復の程度（Fraley, Fazzari, Bonanno, & Dekel, 2006）とも関連することが示されており，青年・成人期の愛着スタイルが個人の適応状態と密接に結びついていることをうかがわせる。

　これまで青年・成人期の愛着スタイルとパーソナリティとの関連については，数多くの研究が提出され，さまざまな議論がなされてきた（Mikulincer & Shaver, 2007）。それらの研究で比較的一貫した結果は，親密性回避はビッグファイブの外向性や調和性とは負の関連を，また，関係不安と親密性回避の両次元はともに情緒安定性と正の関連を示すということであろう（たとえば，Shaver & Brennan, 1992 ; Mickelson et al., 1997）。ただし，青年・成人期の愛着スタイルは，その特性から考えて，関係性を考慮したパーソナリティととらえることも可能であり，今後さらなる展開が望まれるところである。

◆注

1) 実際ボウルビィ自身も，愛着理論が全般的なパーソナリティ発達の理解を促すために展開されたものである（Bowlby, 1980）との考えを示している。
2) たとえば，愛着関係から安定した安心感が確保できなかった場合，子どもは自身の安心感を満たすために，感情を過度に表出することで養育者の関心を引くか，あるいは養育者に対する関心自体を軽減させていくといったストラテジーが考えられる。
3) 後にメインとソロモン（Main & Solomon, 1990）はもう一つの愛着のタイプとして無秩序型（disorganized : Dタイプ）を追加している。
4) 愛着の個人差を測定する際に対象となるのは，アダルト・アタッチメント・インタビューでは，幼児期もしくは現在の両親との関係性であり（回答内容とその内容と話し方との一貫性），「成人の愛着理論」をベースとした質問紙法においては，対人関係全般もしくは恋愛，夫婦関係における自己および他者への信念や期待である。
5) ボウルビィ（Bowlby, 1973, 1980）は，内的作業モデルの機能として愛着関係（もしくは対人関係）での相手の行動の予測，自己や相手の行動のシミュレート，さらに，自己の行動のプランニングをあげている。
6) この点については，シェイヴァーとハザン（Shaver & Hazan, 1988）が，乳幼児期の子どもと養育者との関係と同様に，表18.1に示した愛着関係の4つの特徴が青年・成人期での恋愛や夫婦関係においても認められることを指摘している。
7) 加えて，青年期の親子関係（大学生とその母親）においても同様の共通点がみられ（金政, 2009），本文の2つの関係と合わせ，それら3つの愛着関係とみなされる関係にはある共通点が存在することが示されている。

◆引用文献

Ainsworth, M. D. S., Blehar, M. C., Waters, E., & Wall, S. (1978). *Patterns of attachment : A psychological study of the Strange Situation*. Hillsdale, NJ : Erlbaum.
Bartholomew, K., & Horowitz, L. M. (1991). Attachment styles among young adults : A test of a four-category model. *Journal of Personality and Social Psychology*, **61**, 226-244.
Bowlby, J. (1969・2000). *Attachment and loss : Vol. 1. Attachment*. New York : Basic Books.
Bowlby, J. (1973・2000). *Attachment and loss : Vol. 2. Separation : Anxiety and anger*. New York : Basic Books.
Bowlby, J. (1977). The making and breaking of affectional bonds. *British Journal of Psychology*, **130**, 201-210.
Bowlby, J. (1980・1982). *Attachment and loss : Vol. 3. Loss : Sadness and depression*. New York : Basic Books.
Bradford, S. A., Feeney, J. A., & Campbell, L. (2002). Links between attachment orientations and dispositional

and diary-based measures of disclosure in dating couples : A study of actor and partner effects. *Personal Relationships*, **9**, 491-506.
Brennan, K. A., & Morris, K. A. (1997). Attachment styles, self-esteem, and patterns of seeking feedback from romantic partners. *Personality and Social Psychology Bulletin*, **23**, 23-31.
Brennan, K. A., & Shaver, P. R. (1995). Dimensions of adult attachment, affect regulation, and romantic relationships functioning. *Personality and Social Psychology Bulletin*, **21**, 267-283.
Feeney, J. A. (1999). Adult attachment, emotional control, and marital satisfaction. *Personal Relationships*, **6**, 169-185.
Fraley, R. C., Fazzari, D. A., Bonanno, G. A., & Dekel, S. (2006). Attachment and psychological adaptation in high exposure World Trade Center survivors. *Personality and Social Psychology Bulletin*, **32**, 538-551.
Hazan, C., & Shaver, P. R. (1987). Romantic love conceptualized as an attachment process. *Journal of Personality and Social Psychology*, **52**, 511-524.
金政祐司．(2009)．青年期の母－子ども関係と恋愛関係の共通性の検討：青年期の2つの愛着関係における悲しき予言の自己成就．社会心理学研究，**25**，11-20.
金政祐司．(2010)．中年期の夫婦関係において成人の愛着スタイルが関係内での感情経験ならびに関係への評価に及ぼす影響．パーソナリティ研究，**19**，134-145.
金政祐司・大坊郁夫．(2003)．青年期の愛着スタイルと社会的適応性．心理学研究，**74**，466-473.
Main, M., Kaplan, N., & Cassidy, J. (1985). Security in infancy, childhood, and adulthood : A move to the level of representation. *Monographs of the Society for Research in Child Development*, **50**, 66-104.
Main, M., & Solomon, J. (1990). Procedures for identifying infants as disorganized/disoriented during the Ainsworth strange situation. In M. Greenberg, D. Cichetti, & M. Cummings (Eds.), *Attachment in the preschool years : Theory, research, and intervention* (pp.121-160). Chicago : University of Chicago Press.
Mickelson, K. D., Kessler, R. C., & Shaver, P. R. (1997). Adult attachment in a nationally representative sample. *Journal of Personality and Social Psychology*, **73**, 1092-1106.
Mikulincer, M., & Shaver, P. R. (2007). *Attachment in adulthood : Structure, dynamics, and change*. New York : Guilford Press.
Powers, S., Pietromonaco, P. R., Gunlicks, M., & Sayer, A. (2006). Dating couples' attachment styles and patterns of cortisol reactivity and recovery in response to a relationship conflict. *Journal of Personality and Social Psychology*, **90**, 613-628.
Rholes, W. S., Simpson, J. A., Campbell, L., & Grich, J. (2001). Adult attachment and the transition to parenthood. *Journal of Personality and Social Psychology*, **81**, 421-435.
Shaver, P. R., & Brennan, K. A. (1992). Attachment styles and the "big five" personality traits : Their connections with each other and with romantic relationship. *Personality and Social Psychology Bulletin*, **18**, 536-545.
Shaver, P. R., & Hazan, C. (1988). A biased overview of the study of love. *Journal of Social and Personal Relationships*, **5**, 473-501.
Shaver, P. R., Schachner, D. A., & Mikulincer, M. (2005). Attachment style, excessive reassurance seeking, relationship processes, and depression. *Personality and Social Psychology Bulletin*, **31**, 343-359.
Simpson, J. A., Collins, W. A., Tran, S., & Haydon, K. C. (2007). Attachment and the experience and expression of emotions in romantic relationships : A developmental perspective. *Journal of Personality and Social Psychology*, **92**, 355-367.
Simpson, J. A., Rholes, W. S., Campbell, L., Tran, S., & Wilson, C. L. (2003). Adult attachment, the transition to parenthood, and depressive symptoms. *Journal of Personality and Social Psychology*, **84**, 1172-1187.
Simpson, J. A., Rholes, W. S., & Nelligan, J. S. (1992). Support seeking and support giving within couples in an anxiety-provoking situation : The role of attachment styles. *Journal of Personality and Social Psychology*, **62**, 434-446.
Simpson, J. A., Rholes, W. S., Orina, M. M., & Grich, J. (2002). Working models of attachment, support giving, and support seeking in a stressful situation. *Personality and Social Psychology Bulletin*, **28**, 598-608.

5節 友人関係の個人差

岡田　努

友人関係，仲間関係に関する研究は，心理学のなかでも古くからの研究テーマであり，その蓄積も膨大なものである。それを全体的に概観しつくすことはとうていかなわない。よって，本節では，そうした研究のなかからいくつかのトピックスにしぼったうえで，論じることにする。

1 ■ 友人関係が重要になる時期

友人関係の意義がとくに大きくなるのは青年期である（遠矢，1996など）。西平（1973）は，青年が，両親からの心理的離乳によって，社会や家庭から閉め出されたと感じることによって，友人関係のなかに愛情や承認，所属感の欲求を満たそうとし，友情を渇望するようになるとしている。そのような関係は深い人格的結合をともなうものであり，厳しい友人選択を迫られるため，青年は渇望と選択の葛藤におかれるとしている。

同性の親友関係の意義は，青年期前期をピークとして，その後は減少していく。青年期後期においては，たえず仲間と一緒にいること，仲間からしょっちゅう励まされることは，それ以前ほど重要ではなくなり，親密な相互的関係は，少数のより選び抜かれた友だちとの関係に移行していく（Kimmel & Weiner, 2002/2002）。またテッシュ（Tesch, 1983）も，成人期以降では友人の意義が減じるとしている。

このように友人関係が個人にとって大きな意味をもつのは青年期であるといえる。よって，本節では，青年期を中心として友人関係と個人差（パーソナリティ）の関連について述べたい。

2 ■ 青年期の友人関係とパーソナリティの関係

青年期の友人関係と個人差の関連について考えるにあたっては，友人関係からパーソナリティへの影響と，反対にパーソナリティから友人関係への影響の2つの方向性が考えられよう。

a. 友人関係によるパーソナリティの形成

友人関係はパーソナリティ形成にどのような影響を与えるだろうか？

精神分析学の立場からは，サリヴァンが，児童期から青年期への移行の直前の時期である前青年期において，親密で個人的な関係がみられるとし，これをチャムシップ（chumship）とよんだ。それ以前の友人関係は，友人を通じて自分自身の欲求を充足することを目的とした，比較的薄っぺらな関係であるのに対して，前青年期には，相手を充足し心理的安定を与えることを重視する利他的な関係が求められるようになる。そうした関係を通じて，それ以前の発達上での人格の問題を修正する「修正感情体験」が得られる（Kimmel & Weiner, 2002/2002；阪本，1976；Sullivan, 1953など）。須藤（2010）はチャムシップの発達促進的意義として，以下の3つをあげている。すなわち①実存的な自己存在に対する感覚である「自我体験」や親からの心理的離乳などにともなう内的危機から青年を守る「移行期における心理的保護の役割」，②自分を映し出す鏡として同一視の対象となる「同類性を感じられる存在」，③内面世界を現実の他者と共有することによって安心感を得て，人格の修正や精神的健康を促進させる「内的世界と現実世界の媒介的役割」である。一方，チャップマンとチャップマン（Chapman & Chapman, 1980/1994）は，同性同年代の友人関係において相手が自分と同じくらい大切だという感覚は，児童期後半から発達するとはいえ，それが完成に至るのは青年期から成人期にかけてであるとしている。このようにチャムシップにみられる特徴は前青年期で終わるものではなく，その後の友人関係のなかでも深化していくといえよう。

　また同じく精神分析学者のブロスは，青年期前期において，自分自身の延長のように相手をみなすような同性同年代の友人関係の重要さを指摘している。そうした関係をへて，青年期後期にかけて，「超自我」よりも自我親和的な「自我理想」とよばれる精神構造が形成されるとしている。この自我理想が確立することによって，内面の衝動が適切にコントロールされ，安定化し，社会とのかかわりのなかでの自分の位置づけである自我同一性の模索へと進むことができるとしている（Blos, 1962, 1967, 1979；皆川, 1980）。

　また実証的な心理学の立場からも青年期の友人関係の意義についてはさまざまな指摘がなされている。キンメルとワイナー（Kimmel & Weiner, 2002/2002）は，青年期の親友は，「認知的・社会的成熟に関するもの」「類似性と差異性に関するもの」「安定性と変化に関するもの」の3つの発達的変化に関係するとしている。また松井（1990）は，友人関係が社会化に果たす役割として以下の3点をあげている。①モデル機能：友人が，青年にとって自分もそうありたいと思う手本としての発達的モデルとなり，自分の人生観や価値観を広げるという機能である。②安定化機能：友人の存在によって不安を解消し精神的健康を維持する機能である。③社会的スキルの学習機能：家族外の他者ともうまく相互作用できるための対人的な技術を学習する機会としての機能である。

　須藤（2010）は，先に述べたサリヴァンのチャムシップに関する理論にもとづいて，中学生から大学生にかけての調査を行った。その結果，中学生女子以外で，チャムシップ体験のうちでも共感的に自己開示し，相手の立場に立って助け合える友人関係の経験がある者ほど，自分をやわらかく，不安なく周囲にゆだねられる感覚をもつことを見出した。このように青年期における親密な友人関係は，安定化をもたらすといえる。

　岡田（2010a）は，中学生から大学生にかけての，自己像，同性の親友像の各側面の類似性および自尊感情の関連について検討した。その結果，中学生段階では親友像と理想自己像の類似性判断が顕著にみられる一方，大学生段階においては，理想自己像と現実自己像の差異が自尊感情と関連することを見出した。すなわち，青年期のなかでもより早い段階の中学生期に理想自己像のモデルとして親友像が機能し，これが後年自尊感情の基準となることが示唆される。しかし中学生段階では，対人関係を指向する群のみで親友像と理想自己像の類似判断がみられ，対人関係

を回避する群での類似性判断は大学生期にならないとみられないこと，また友人関係のあり方によって，類似性が認知される側面が異なるなど，そのあり方は一様ではない。

岡田（2010b）は，相手を傷つけないように配慮し円滑な関係を維持しようとする友人関係のあり方は社会的スキルに対して促進的に，また相手から傷つけられることを恐れ，他者との関係から遠ざかるあり方には，抑制的な効果が推測されるとしている。すなわち友人との関係様式によって社会的スキルの学習機能に違いがみられるとしている。しかしこの点については，さらなる検証が必要となるだろう。

b. 個人差が友人関係に及ぼす影響

一方，個人差によって友人関係が受ける影響はどのようなものであろうか。

友人関係のような親密な対人関係をかたちづくる個人差としては，まず愛着の個人差（愛着パターン，内的ワーキングモデル）を考えることができよう。金政（2007）は愛着パターンのうち「親密性回避」特性が，友人関係における個人間の適応（相手の満足度や関係への重視度とのズレ）に関係していることを見出した。すなわち，親密性回避が高まると，本人の満足感や関係への重視度が若干高まると同時に，相手側が感じる満足感や重視度が若干低下し，結果的に本人のみの満足感や重視度が優先されるような関係になるとしている。金政は，こうしたかかわり方について，小塩（2004）が述べる自己愛と自己主張が強い人のあり方（自分側だけが優位に立とうとするかかわり方）との関連を指摘している。また小塩（1998）によれば，自己評価が低く，自己愛のうち注目・賞賛欲求が高い青年は，広く浅い友だちづきあいをもつ傾向があり，一方，自己評価が高く，自己主張性が高い青年は，広く深い関係をもつことを見出している。このように，自己愛のさまざまな側面が，友人関係と適応・不適応とかかわりがあると考えられるが，この点についてはさらなる検討が必要であろう。

榎本（2000）は，個人のさまざまな感情や欲求が，友人関係をどのように規定するかについての検討を行った。その結果，感情レベルにおいては，信頼感とともに不安感や懸念も，友人関係を求める欲求を促進すること，親和欲求がさまざまな友人関係活動に関与しているのに対して，相互尊重欲求は主に閉鎖的活動（排他的に他者を入れない関係）と相互理解活動に関与していた。相互理解活動と閉鎖的活動は内面的には共通した欲求（相互尊重欲求）が関与し，また閉鎖的活動が高校生で最も高かったことから，高校生段階でみられる閉鎖的関係は，最終段階の友人活動である相互理解活動に向かう準備期であると考えられた。

このように感情や欲求のあり方もまた，友人関係の具体的な行動に影響を与えていると考えられる。

c. 類似性認知と友人関係

個人差の一つとして，どのような他者が親密な対象として選択されるかについては，社会心理学領域において長年の研究の蓄積がある。そのなかでも，自分と相手との類似性は有力な要因としてあげることができる。

セルフォートほか（Selfhout, Denissen, Branje, & Meeus, 2009）は，「友人から評価された類似性」はコミュニケーションの頻度を介して，親密さの程度が予測されるのに対して，青年自身が

認知した類似性は，親密さを直接に予測すること，そしてパーソナリティテストで測られた実際の類似性は，親密さの予測には大きく関与しないことを見出した。すなわち，友人関係の促進に影響するのは，実際の類似性よりも，当事者相互が「似ている」と感じていること，すなわち「認知された類似性」がより効果をもつといえよう。

下斗米（1990）は，友人関係の初期においては相手との類似性を認知する者が多いが，中期にかけては，役割分担にもとづく相互依存性構築が求められ，その前提として異質性が認知されるようになることを見出した。一方，下斗米（1999, 2002）では，類似性への期待は関係の初期から親友段階にかけて全般に低く，とくに，「顔見知り」段階では，役割行動として期待されていないことが見出された。すなわち相手を選択する際には，類似性への期待は意識的には用いられておらず，むしろ，自分勝手な行動を慎む，相手に負担を与えず約束を守るなど，社会一般の規範に見合う行動（自律性）のほうが期待されると考えられた。また後期の「親友」段階では，お互いの対人関係によって内生される規範による行動が期待されるため，類似性は確認のためのものとしてしか機能せず，やはり期待の程度は低いと考えられている。また下斗米（2000）は，親密化の各段階において，友人同士の役割行動への期待と実際の遂行のズレおよび満足感の関連を検討した。相手に対する期待と遂行のズレの方向から，回答者を「期待以上」「期待どおり」「期待はずれ」の3群に分け，その満足度を各群間で比較した結果，類似性に関する役割行動（感じ方，考え方，性格，趣味などが似ていること）で有意な差がみられたのは，関係初期の「顔見知り段階」のみであった。すなわち互いに似ていることが関係の満足感の源泉となるのは関係の初期であるといえよう。

さらに榎本（2003）は，中学生から大学生にかけての友人関係は，男女ともに，互いの個性の尊重をあまり望まず一緒に遊ぶ傾向から，互いの異質性を受け入れる関係へと変化していくこと，また高校生期がそうした変化の移行期にあたり，閉鎖的関係が高まることを見出した。このように，類似性を求める関係から異質性を含めた関係への変容は，短期的な親密化の過程とともに，長期的な発達的変容過程においてもみられるといえよう。

3 ■ 現代の青年の友人関係とパーソナリティ

岡田（2007a）は現代青年の友人関係の特徴として述べられる言説を分類し，「関係の希薄さ（対人関係からの退却）」「見かけのノリのよさ（群れ）」「優しさ（傷つけられる・傷つけることへの恐れ）」に整理した。対人関係が深まることを避け，お互いに傷つけ合わないように気をつかい合うなかで，表面的な対人関係の円滑さを維持しようとするといった傾向である。

児美川（2006）は現代の若者の友だちづきあいの暗黙のルールとして，相手に対する配慮を示す，負担をかけない，不快な思いをさせない，内面やプライベートの領域には踏み込まない，といった4点をあげている。

友人関係が適応やパーソナリティの成熟に影響するならば，こうした現代青年の友人関係の特質は，青年自身の適応や成熟に負の影響を与えているのだろうか？　浅野（2005, 2006）や福重

(2006)は，現代青年の友人関係は希薄化したというよりも，場面や遊ぶ内容によってつきあう相手を使い分ける「選択化」にあるとしている。そして，青年は友人関係が希薄化し不適応に陥ったわけではなく，それぞれの場面で必要とされる行動のあり方を繊細に見ぬく対人関係に関するスキルへの要求が高まったのだとしている。

　岡田（2007b）は，友人関係から回避し，自分にこもる傾向を有する「関係回避群」の青年には，自尊感情が低く，境界性パーソナリティ障害傾向の得点が高い傾向がみられ，一方，自他ともに傷つくことを回避しつつ，円滑な関係を指向する「群れ指向群」は自己愛の病理的側面（他者評価過敏傾向）や，注目・賞賛欲求の得点が高いことを見出した。このように自己愛のうちでも他者の評価に過敏になる傾向（ギャバード〔Gabbard, 1994〕が述べる過敏型自己愛に相当）と，現代青年に特有な友人関係のあり方（傷つけ合わないよう円滑な関係をもとうとする）とには一定の関連性が示唆されるが，さらなる検証が必要となろう。

◆ 引用文献

浅野智彦．(2005)．物語アイデンティティを超えて？　上野千鶴子（編），脱アイデンティティ（pp.77-101）．勁草書房．

浅野智彦．(2006)．若者の現在．浅野智彦（編），検証・若者の変貌：失われた10年の後に（pp.233-260）．勁草書房．

Blos, P. (1962). *On adolescence : A psychoanalytic interpretation*. New York : Free Press.

Blos, P. (1967). The second individuation process in adolescence. *The Psychoanalytic Study of the Child*, **22**, 162-186.

Blos, P. (1979). The genealogy of ego ideal. In P. Blos (Ed.), *The adolescent passage : Developmental issues*. (pp.319-507). New York : Internatilnal Universities Press.

Chapman, A. H., & Chapman, C. M. S. (1994). サリヴァン入門：その人格発達理論と疾病論（武野俊弥・皆藤章，訳）．岩崎学術出版社．(Chapman, A. H., & Chapman, C. M. S. (1980). *Harry Stack Sullivan's concepts of personality development and psychiatric illness*. New York : Bruner/Mazel.)

榎本淳子．(2000)．青年期の友人関係における欲求と感情・活動との関連．教育心理学研究, **48**, 444-453.

榎本淳子．(2003)．青年期の友人関係の発達的変化：友人関係における活動・感情・欲求と適応．風間書房．

福重清．(2006)．若者の友人関係はどうなっているのか．浅野智彦（編），検証・若者の変貌：失われた10年の後に（pp.115-150）．勁草書房．

Gabbard, G. O. (1994). *Psychodynamic psychiatry in clinical practice : The DSM-IV Edition*. Washington DC : American Psychiatric Press.

金政祐司．(2007)．青年期の愛着スタイルと友人関係における適応性との関連．社会心理学研究, **22**, 274-284.

Kimmel, D. C., & Weiner, I. B. (2002). 思春期・青年期の理論と実像：米国における実態研究を中心に（河村望・永井撤, 監訳）．ブレーン出版．(Kimmel, D. C., & Weiner, I. B. (2002). *Adolescence:a developmental transition* (2nd ed.). New York : Wiley.)

児美川孝一郎．(2006)．若者とアイデンティティ．法政大学出版局．

松井豊．(1990)．友人関係の機能．斎藤耕二・菊池章夫（編著），社会化の心理学／ハンドブック：人間形成と社会と文化（pp.283-296）．川島書店．

皆川邦直．(1980)．青春期・青年期の精神分析的発達論：ピーター・ブロスの研究をめぐって．小此木啓吾（編），青年の精神病理 2（pp.43-66）．弘文堂．

西平直喜．(1973)．塚田毅（編），現代心理学叢書：7 青年心理学．共立出版．

岡田努．(2007a)．現代青年の心理学：若者の心の虚像と実像．世界思想社．

岡田努．(2007b)．大学生における友人関係の類型と，適応及び自己の諸側面の発達の関連について．パーソナリティ研究, **15**, 135-148.

岡田　努．（2010a）．青年期の友人関係と自己：現代青年の友人認知と自己の発達．世界思想社．

岡田　努．（2010b）．友人関係の変質．菊池章夫・二宮克美・堀毛一也・斎藤耕二（編著），社会化の心理学／ハンドブック：人間形成への多様な接近（pp.167-182）．川島書店．

小塩真司．（1998）．青年の自己愛傾向と自尊感情：友人関係のあり方との関連．教育心理学研究，**46**，280-290．

小塩真司．（2004）．自己愛の発達的変化．上地雄一郎・宮下一博（編著），もろい青少年の心：自己愛の障害　発達臨床心理学的考察（pp.10-18）．北大路書房．

阪本健二．（1976）．青年期と精神分裂病：H.S.サリバンの青年論をめぐって．笠原　嘉・清水将之・伊藤克彦（編），青年の精神病理1（pp.131-154）．弘文堂．

Selfhout, M., Denissen, J., Branje, S., & Meeus, W. (2009). In the eye of the beholde : Perceived, actual, and peer-rated similarity in personality, communication, and friendship intensity during the aquaintanceship process. *Journal of Personality and Social Psychology*, **96**, 1152-1165.

下斗米淳．（1990）．対人関係の親密化に伴う自己開示と類似・異質性認知の変化．学習院大学文学部研究年報，**37**，269-287．

下斗米淳．（1999）．対人関係の親密化過程における役割行動期待の変化に関する研究．専修人文論集，No.64，1-32．

下斗米淳．（2000）．友人関係の親密論化過程における満足・不満足感及び葛藤の顕在化に関する研究：役割期待と遂行とのズレからの検討．実験社会心理学研究，**40**，1-15．

下斗米淳．（2002）．友人関係における役割行動期待の推移に関する縦断研究：役割分担の再構築時期とその性差変化．専修人文論集，No.70，395-419．

須藤春佳．（2010）．前青年期の親友関係「チャムシップ」に関する心理臨床学的研究．風間書房．

Sullivan, H. S. (1953). *The interpersonal theory of psychiatry*. New York : Norton.

Tesch, S. A. (1983). Review of friendship development across the lifespan. *Human development*, **26**, 266-276.

遠矢幸子．（1996）．友人関係の特性と展開．大坊郁夫・奥田秀宇（編），対人行動学シリーズ：3　親密な対人関係の科学（pp.90-116）．誠信書房．

19章　パーソナリティと社会環境

1節　学校・教育の影響

出口拓彦

1 ■ 学校・教育とパーソナリティ

　個々人の多様なパーソナリティを引き出し，それを互いに受容・尊重する態度や大切さ等を教えることは，教育の重要な課題であろう（たとえば，出口・木下・吉田，2010；宮元，2004）。また，吉田（2002）は，子どもの社会性は，本来的には，地域や家庭において，その基本的な部分が教育されると考えられてきたものの，近年は「家庭や地域の教育力が低下してきてしまった」と述べ，子どもたちの対人的・社会的な能力を教育する役割を，学校教育が担うことの必要性を指摘している。さらに，文部科学省も，「児童生徒の豊かな人間性や社会性などを育むため」の取り組みとして，体験活動の充実などを進めている（文部科学省初等中等教育局，2007）。このほか，うつ病になりやすい認知的傾向（倉掛・山崎，2006）や，社会的な逸脱行為につながりかねない社会的情報処理の仕方（吉澤・吉田，2010）など，子どもたちの精神的・身体的健康を脅かしかねないパーソナリティを変化させることも，教育的に重要な意義があると考えられる。

　これらのパーソナリティに関しては，教育をとおして改善しようという数多くの取り組みが，これまでになされている。たとえば，小林・相川（1999）は，小学生を対象としたソーシャルスキル・トレーニングの方法について，具体的に紹介している。さらに，子どもの対人関係能力のみならず，学校適応感の向上を目的とした研究（大対・松見，2010）もなされている。また，倉掛・山崎（2006）は，うつ病の予防という観点から，小学生を対象として，認知面・感情面・行動面に働きかける教育プログラムの効果について検討している。さらに，協同学習やグループ学習という取り組みも，子どものパーソナリティに影響を及ぼすことが知られており，このような方法で学習を行うことで協同的な態度が促進され，異文化に対する態度もより肯定的になるという報

告（Sharan, 1984）もなされている。

　これらの研究から，学校・教育は，パーソナリティを考えるうえで，重要な役割を担っていると考えられる。

2 ■ 心の教育と心理学教育

　それでは，どのような方法で，学校・教育は，パーソナリティに影響を与えているのであろうか。ここからは，とくに「心の教育」に焦点を当て，教育場面でとりあげられるパーソナリティの種類と，それを向上・改善させる方法についてみていく。

　文部科学省初等教育局（2007）は，「児童生徒の問題行動・不登校等の解決を図るため」の対応の一つとして，「心の教育の充実」をあげている。そして，「児童生徒の問題行動」に関連して，反社会的行動の抑制を目標とした，社会的情報処理の仕方を改善しようとする心理教育プログラム（吉澤・吉田, 2007）が開発されている。このプログラムは，深刻な問題をかかえる子どもに対して個別に行うものではなく，グループ活動を取り入れながら集団で実施するものであり，一次予防的・二次予防的な観点から研究されている。さらに，ストレス耐性の向上（竹中, 1997）や，ネガティブな事象を経験した際にセルフ・エスティームが低下することを抑制するための研究（川井・吉田・宮元・山中, 2006）など，予防的な観点からの取り組みもなされている。また，「私たちの身のまわりの日常生活で頻繁に起こるような，人と人の関わりが前提となっているような出来事」（斎藤, 2005, p.12）について，子どもたちが自分の力で柔軟に考えるように促す教育プログラムも開発されている（吉田・廣岡・斎藤, 2005）。このように，心の教育は予防的・開発的観点からも，多様な子どもたちに対して幅広く行われるものになっている。

　最近では，子どもの社会的な適応を目的として，心理学的な知見を教育する「心のしくみについての教育」（吉田, 2004）という実践・研究もなされている。吉田（2004）は，「心のしくみについての教育」を「心のしくみ（や働き）について（主に，心理学的研究の知見をベースにして）わかりやすく伝えることによって自己や他者のことをより適切に理解できるようになってもらうこと，そして，その結果として，より適応的な社会生活を送ることができるようになってもらうこと，を意図した教育」（p.362）と定義している。また，「心のしくみ」の教育でとりあげる内容を考えるための観点として，「①児童・生徒の社会的適応にとっての有用性，②知見の確実性，③児童・生徒にとっての新奇性，④児童・生徒にとっての理解可能性，⑤児童・生徒や教師，保護者からのニーズ」（p.374）という5つをあげている。そして，対人情報処理，集団討議，信頼関係，人間と文化に関する事項等が，とりあげるべき内容の候補になりうると述べている。

　また，大学における心理学教育についても，「一般教養としてのパーソナリティ心理学」は，心理学入門としての役割だけでなく，自己理解教育としての役割ももっているという報告（酒井・大久保・鈴木・友田, 2005）がある。そして，心理学教育によって習得することが望まれるものとして，ハルパーンほか（Halpern, Appleby, Beers, Cowan, Furedy, Halonen, Horton, Horton, Peden, & Pittenger, 1993）は，①知識ベース（心理学の知識，方法，理論，歴史），②知的スキ

ル（論理的な思考の仕方，効果的な文章やわかりやすい図表の作り方といったコミュニケーション・スキル，情報収集およびその統合，統計や科学的方法に関するスキル），③個人的特性，という3つの階層をあげている。最後の「個人的特性」とは，創造的な思考や対人的スキル，倫理，人々や文化に対する感受性，等の要素から構成されている。このような階層をふまえ，宮元（2004）は，心理学教育の目標について3つのレベルからなるモデルを提唱している。まず，レベルⅠは「心理学の知識」であり，「多種多様な分野，研究知見，諸理論，研究法，等」に関するものである。次のレベルⅡは「心理学に必要な思考法」であり，「注意深い観察，経験の構造化，メタ認知，適切な推論の知識と技術」という事項から構成されている。最後のレベルⅢは，「態度，思考スタイル，パーソナリティ」である。これは，「人間（自己，他者，人一般）や社会に対する関心」「柔軟性，多様性，自己と異質なものに対する寛容さ」「知的懐疑心，事象に対する合理的理解への志向」「不確かなことに対する耐性」「行動面での自己変革に対するキャパシティ，等々」からなる。そして，これらのレベルは，「それぞれが相互に影響し合うべきものである」（p.7）と述べている。すなわち，このモデルでは，「パーソナリティ」と「知識や思考の枠組み」が互いに影響し合うものとしてとらえられている。

3 ■ 「心の教育」の実際

それでは，具体的に，どのような方法で心の教育は行われているのであろうか。ここでは，「心のしくみについての教育」や，先の宮元（2004）による心理学教育の目標におけるレベルⅢ「態度，思考スタイル，パーソナリティ」に該当すると考えられる授業実践，およびその効果について検討された研究を2つほどあげる。

まず，「心のしくみについての教育」の一例として，小学5・6年生を対象とした「セルフ・エスティームの低下を防ぐための授業」（川井ほか，2006）を紹介する。この授業は，認知療法（たとえば，Beck, 1976/1990），論理療法（Ellis & Harper, 1975/1981），学習性無力感に関する理論（たとえば，Abramson, Seligman, & Teasdale, 1978）を援用し，「自己否定的な認知パタン」を変化・反駁させようとするものである。具体的な「自己否定的な認知パタン」として，「①結果に対する二者択一的な見方および厳しすぎる基準による結果の判断」「②過程の軽視」「③内的で固定的で統制不可能な要因への偏った原因帰属」「④他の事象におけるネガティブな結果の短絡的な予期」「⑤一面的・全否定的な自己評価」（p.113）という5つがあげられている。

この取り組みは，計4回の授業（導入，展開1，展開2，まとめ）から構成されている。最初の導入で「認知が感情や動機づけに影響を及ぼすこと」を児童に示す際は，児童自身を実験参加者とした例証実験を行うなど，一種の体験授業的な指導法が取り入れられた。次の展開1では，「①ネガティブな事象に対して自己否定的な認知をしている事例の提示」「②提示した事例に含まれている自己否定的な認知に対する反駁の要請」「③自己否定的な認知パタンの具体的内容についての説明と，それらに対する反駁の方法についての解説」（p.114）という事項が扱われた。さらに，展開2においては「反駁のトレーニング」等が実施され，最後のまとめでは，トレーニン

グに対するフィードバックや,「強烈なネガティブな事象を経験しても前向きに対処している人物の事例の提示」が行われた。そして,授業の結果,「自己否定的な認知パタン」を児童はネガティブにとらえ,また,セルフ・エスティームも向上する傾向が示された。すなわち,「認知と感情・動機づけの関連」という心理学的な知見を知り,それを日常生活に応用する方法について学ぶことで,より精神的に健康な生活を送ることができる可能性が示唆されたのである。

このほかに,子どもたちの「人間」や「社会」に対する子どもたちの関心を高め,これらについて考える力を養うことをテーマとした授業実践もある(吉田・廣岡・斎藤, 2002, 2005)。この取り組みでは,「『人の行動のしくみ』,『対人関係』,『集団や社会』に関して得られた社会心理学や教育心理学的な知見を,児童・生徒に体験的に教えることにより,社会的コンピテンス(対人関係能力,集団や社会への自律的適応力等)や社会志向性を高めるための授業プログラム」(p.15) が作成されている。これは,吉田 (2004) のいう「心のしくみについての教育」の概念に非常に近いものと考えられる。

この実践は,「なぜそのような規則があるのか」「なぜそのように振る舞うことが適切とされているのか」といった事項について,子どもたち自身に考えさせることに主眼をおいており,ある特定の価値観を身につけさせることは目的とはしていない。これについて,吉田 (2002) は「シルバーシート」を例に用いて,「シルバーシートとはお年寄りの座る席ですから,座ってはいけません」ということをただたんに守らせるのではなく,「シルバーシートはなぜ必要か」という部分から考えさせる,と説明している。さらに,心理学の実験を援用した体験的な学習を行わせることで,子どもたち自身の経験から,授業内容について考察させることができるように留意されている。このような工夫によって,多様な人々が生活している集団や社会について考える能力を高めることを目標としている。これは,レベルⅢの目標(宮元, 2004),とくに「人間(自己,他者,人一般)や社会に対する関心」「柔軟性,多様性,自己と異質なものに対する寛容さ」と重なるところが多い。

一連の授業案は,中学1年生から3年生までの幅広い学年を対象としている。1年生を対象とした授業では,主として自分自身に関することや,自分の周囲にいる他者に関するトピック(例:記憶,帰属,対人印象,社会的スキル)が扱われている(吉田ほか, 2002)。これらの授業では,ケリー (Kelley, 1950) による対人印象に関する研究や,ケリー (Kelley, 1967) の帰属に関する理論(ANOVAモデル)等をもとにした教材が作成されている。2年生や3年生を対象とした授業では,「人間」をとらえるための視野ないし単位を拡張し,「集団」や「社会」に関するトピック(例:ステレオタイプ,集団極性化,囚人のジレンマ)が扱われ(吉田ほか, 2005),フォールス・コンセンサスに関する研究 (Campbell, 1986; Ross, Greene, & House, 1977) をもとに作成された教材(図19.1)等が用いられている。なお,これらの授業の効果については,実験的な方法を用いた研究によって検討されている(出口ほか, 2010)。この研究では,中学1年生を対象にして,2時間続きの授業が6種類(例:帰属,集団討議,社会的スキル)計12時間行われた。そして,「友人関係の取り方」(たとえば,岡田, 1999)や「友人関係の多様性・受容度」といった事項について,自己評定尺度やニア・ソシオメトリック・テストによって測定された。そ

```
┌─────────────────────────────────────────────────────────┐
│                      問　題                              │
│                                                         │
│  1 あなたは，犬と猫のどちらが好きですか？　どちらか1つを選択してください。│
│    また，クラスのみんなは，どのように答えると思いますか？          │
│                                                         │
│  2 あなたは，和食と洋食のどちらが好きですか？　どちらか1つを選択してください。│
│    また，クラスのみんなは，どのように答えると思いますか？          │
│                              …                          │
│                              …                          │
│                              …                          │
└─────────────────────────────────────────────────────────┘

                         回　答

  1 ①私は，（　犬　・　猫　）の方が好きです。
    ②私と同じ答えをする人は，クラスのみんなのうち（　　）人だと思います。

  2 ①私は，（　和食　・　洋食　）の方が好きです。
    ②私と同じ答えをする人は，クラスのみんなのうち（　　）人だと思います。
                              …
                              …
                              …
```

※使い方　①このプリントに記載された問題に回答させる。
　　　　　②クラス全員に挙手を求め，クラスメートの回答を確認する。
　　　　　③予想した回答と，実際の回答を比較させる。

図19.1　教材の一例（出口，2005を一部改変）

の結果，授業によってこれらの事項が向上する可能性が報告された。すなわち，レベルⅢ（宮元，2004）における目標を達成しうることが示唆されたのである。

　しかし同時に，これらの取り組みが，必ずしも万能かつ即時的なものであるとは限らないことも，いくつかの研究によって報告されている。たとえば，出口ほか（2010）の研究では，「友人関係の取り方」の下位尺度である「自己閉鎖」「自己防衛」「群れ」という3つの下位尺度については，顕著な授業の効果は示されなかった。また，吉澤・吉田（2007）は，吉田ほか（2002，2005）の授業等をもとに，反社会的な行動の予防を目的として，社会的情報処理を改善するためのプログラムを作成し，その効果について検討している。その結果，認知的歪曲に関する指標である「責任の外在化」が低下するなど，適応的な方向の効果が示された。しかし，その一方で，社会的逸脱行為傾向については逸脱行為の悪質性を軽視するという，適応的でない方向への変化もみられた。これに対しては，このプログラムが逸脱行動傾向を減少させるまでには一定の時間を要し，効果が現れるまでには遅延が生じる可能性などがあると考察されている。このことから，心の教育に対して過度な期待をもつことは避け，その効果については，短期的な観点からだけではなく長期的な観点からもじっくりと考察していくことが重要であると考えられる。

◆ 引用文献

Abramson, L. Y., Seligman, M. E. P., & Teasdale, J. (1978). Learned helplessness in humans : Critique and reformulation. *Journal of Abnormal Psychology*, **87**, 49-74.

Beck, A. T. (1990). 認知療法：精神療法の新しい発展（大野　裕，訳）．岩崎学術出版社．(Beck, A. T. (1976). *Cognitive therapy and the emotional disorders.* New York : International Universities Press.)

Campbell, J. D. (1986). Similarity and uniqueness : The effects of attribute type, relevance, and individual differences in self-esteem and depression. *Journal of Personality and Social Psychology*, **50**, 281-294.

出口拓彦．(2005).「グループにすること」と「グループになること」のメリット・デメリット．吉田俊和・廣岡秀一・斎藤和志（編著），21世紀型授業づくり：99　学校教育で育む「豊かな人間関係と社会性」：心理学を活用した新しい授業例Part2(pp. 77-109)．明治図書．

出口拓彦・木下雅仁・吉田俊和．(2010).「人間や社会に対する考え方の基礎を養う」授業の効果に対する実験的検討．教育心理学研究, **58**, 198-211.

Ellis, A., & Harper, R. A. (1981). 論理療法：自己説得のサイコセラピイ（國分康孝・伊藤順康，訳）．川島書店．(Ellis, A., & Harper, R. A. (1975). *A new guide to rational living.* Hollywood, CA : Wilshire Books.)

Halpern, D. F., Appleby, D. C., Beers, S. E., Cowan, C. L., Furedy, J. J., Halonen, J. S., Horton, J. S., Horton, C. P., Peden, B. F., & Pittenger, D. J. (1993). Targeting outcomes : Covering your assessment concerns and needs. In T.V. McGovern (Ed.), *Handbook for enhancing undergraduate education in psychology* (pp.23-46). Washington, DC : American Psychological Association.

川井栄治・吉田寿夫・宮元博章・山中一英．(2006)．セルフ・エスティームの低下を防ぐための授業の効果に関する研究：ネガティブな事象に対する自己否定的な認知への反駁の促進．教育心理学研究, **54**, 112-123.

Kelley, H. H. (1950). The warm-cold variables in first impressions of persons. *Journal of Personality*, **18**, 431-439.

Kelley, H. H. (1967). Attribution theory in social psychology. In D. Levine (Ed.), *Nebraska symposium on motivation* : Vol. 15 (pp.192-238). Lincoln, Neb. : University of Nebraska Press.

小林正幸・相川　充（編著），國分康孝（監修）．(1999)．ソーシャルスキル教育で子どもが変わる：小学校．図書文化社．

倉掛正弘・山崎勝之．(2006)．小学校クラス集団を対象とするうつ病予防教育プログラムにおける教育効果の検討．教育心理学研究, **54**, 384-394.

宮元博章．(2004)．心理学教育の目標としてのPsychological-Mindedness概念の構成．兵庫教育大学研究紀要, **25**, 1-9.

文部科学省初等中等教育局．(2007)．文部科学省の紹介（各局の紹介―初等中等教育局）豊かな心の育成，問題行動・不登校等への対応，キャリア教育の推進．〈http://www.mext.go.jp/b_menu/soshiki2/002/002.htm〉(2007年9月3日)

岡田　努．(1999)．現代青年に特有な友人関係の取り方と自己愛傾向の関連について．立教大学教職研究, **9**, 29-39.〈http://web.kanazawa-u.ac.jp/~tokada/cr7a/cr7a.htm〉(2005年3月29日)

大対香奈子・松見淳子．(2010)．小学生に対する学級単位の社会的スキル訓練が社会的スキル，仲間からの受容，主観的学校適応感に及ぼす影響．行動療法研究, **36**, 43-55.

Ross, L., Greene, D., & House, P. (1977). The "false consensus effect" : An egocentric bias in social perception and attribution processes. *Journal of Experimental Social Psychology*, **13**, 279-301.

斎藤和志．(2005).「人間」や「社会」に対する関心を高める教育実践．吉田俊和・廣岡秀一・斎藤和志（編著），21世紀型授業づくり：99　学校教育で育む「豊かな人間関係と社会性」：心理学を活用した新しい授業例Part2(pp. 11-19)．明治図書．

酒井久実代・大久保智生・鈴木麻里子・友田貴子．(2005)．パーソナリティ心理学教育における問題と今後の可能性について：日本パーソナリティ心理学会会員の問題意識の抽出による検討．パーソナリティ研究, **14**, 113-124.

Sharan, S. (1984). Cooperative and traditional teaching : An overview of results. In S., Sharan, P., Kussell, R., Hertz-Lazarowitz, S., Raviv, Y., Sharan, & Y., Bejarano, *Cooperative learning in the classroom : Research in desegregated schools* (pp.131-147). Hillsdale, NJ : Lawrence Erlbaum Associates.

竹中晃二（編著）．(1997)．子どものためのストレス・マネジメント教育：対処療法から予防措置への転換．北大路書房．

吉田俊和．(2002)．「人間」や「社会」を学ぶ教育とは．吉田俊和・廣岡秀一・斎藤和志（編著），21世紀型授業づくり：48　教室で学ぶ「社会の中の人間行動」：心理学を活用した新しい授業例（pp. 9-21）．明治図書．
吉田俊和・廣岡秀一・斎藤和志（編著）．(2002)．21世紀型授業づくり：48　教室で学ぶ「社会の中の人間行動」：心理学を活用した新しい授業例．明治図書．
吉田俊和・廣岡秀一・斎藤和志（編著）．(2005)．21世紀型授業づくり：99　学校教育で育む「豊かな人間関係と社会性」：心理学を活用した新しい授業例Part2．明治図書．
吉田寿夫．(2004)．児童・生徒を対象とした「心のしくみについての教育」．心理学評論，**47**，362-382．
吉澤寛之・吉田俊和．(2007)．社会的情報処理の適応性を促進する心理教育プログラムの効果：中学生に対する実践研究．犯罪心理学研究，**45**，17-36．
吉澤寛之・吉田俊和．(2010)．中高校生における親友・仲間集団との反社会性の相互影響：社会的情報処理モデルに基づく検討．実験社会心理学研究，**50**，103-116．

2節　組織内の対人関係とパーソナリティ

日向野智子

1 ■ 組織における人間関係

a．組織における人間関係とコミュニケーション

　社会には，学校，企業，地方公共団体，NPOなど，さまざまな組織が存在する。多くの人が，何らかの組織に所属し，そこを職場として，仕事に従事している。休みの日以外は，一日の3分の1を職場に費やす私たちにとって，職場や職場における人間関係は，重要なものである。馬場（1983）は，「明確な目的・目標をもち，その達成をはかる活動」「共通の目標達成のために持続性をもって協働する人々の集まり」「目標達成のための地位・役割の分化，権限の階層などの構造」を組織の特徴としてあげている。

　職場という組織において，多くの人々が協働し，目標を効率よく達成するためには，仕事とそれを調整するための十分なコミュニケーションが必要である（Barnard, 1938/1965）。組織におけるコミュニケーションの主たる目的は，情報の伝達と共有である。一般的に，組織には，上司と部下のようなタテの関係，同僚間，部署や職種間の連携のようなヨコの関係が存在し，コミュニケーションは複雑なものになりやすい。そのため，正確で的確な情報の伝達は，たやすく達成されるものではない。また，コミュニケーションの相手に対してネガティブな感情をもっている場合は，コミュニケーションが抑制されたり，情報が歪められたり，職務を遂行するための十分なコミュニケーションが妨げられることもある。

　職場におけるコミュニケーションの問題として，田原（2009）は次の3点をあげている。第一に，部門間，上司－部下間の情報伝達には，経験や職種内容の差異によるギャップがある。第二に，部下は上司からの評価を恐れて，都合の悪い情報や，上司に対する批判を伝達しない。第三に，嫌われたくないという心理から，相手にとってネガティブな情報を伝達したがらない。このようなコミュニケーションにおける伝達の歪みを防ぐために，①送り手と受け手の信頼関係，②役割分担や職務課題の明確な理解，③情報伝達のためのシステムの整備が重視されている（田原, 2009）。とくに，人間関係に起因するコミュニケーションの問題については，信頼する相手には，ネガティブな情報であっても正確に伝える傾向があること，上司－部下間の関係においては，上司が伝達した情報をきちんと活用し，より上位の意思決定において利用してくれるであろうと確信がもてるときに，部下から上司への情報伝達は促進され，歪みのないものになるという。

b．組織におけるインフォーマルな人間関係の重要性

　フォーマル集団とは，学校や会社など，目標や規則，各々の役割が明確に定められたうえで形成された目標志向的な集団を指す。職場という組織は，フォーマル集団として成り立っている。職場においては，職務上の相互作用を繰り返すうちに，親密さを特徴とした心理的な結びつき

が生まれ，気の合う同僚や仲間集団ができることがある。役割や割り当てられた集団にかかわらず，人が自然に寄り集まってできた集団は，インフォーマル集団とよばれる。職場におけるインフォーマルな人間関係は，労働意欲や生産性にも多大な影響を及ぼす。アメリカのシカゴにあるウエスタン・エレクトリック社のホーソン工場において，1924年から1932年に実施された大規模な産業労働・作業能率研究（ホーソン研究）では，照明の明るさや休憩時間等を変化させ，作業条件と作業能率との関連が検討された。また，配電盤捲線作業に従事する工員たちの観察や，工員たちの面接実験などが行われた。これらの実験の結果，①生産性の向上や作業能率に影響を与えるのは，労働条件や環境よりも人間関係に対する満足感であること，②職場の人間関係のなかにインフォーマル集団や社会的規範が形成され，それが生産性の向上やメンバーの働き方に重要な影響を与えることが見出されている。

c．リーダーシップ行動における人間関係の重要性

ホーソン研究を契機に，リーダーシップや小集団に関する研究が盛んに行われるようになったが，それらの分野でも，メンバー間の感情や人間関係に気を配り，円満な人間関係を維持することの重要性が指摘されてきた。リーダーシップとは，集団の目標達成を促進し，集団を維持・強化するよう，リーダーを担うメンバーが集団に影響を及ぼす過程を指す。初期のリーダーシップ研究では，どのような特性がよりよいリーダーシップにつながるのかというリーダーシップの特性アプローチ研究が主流であった。特性アプローチ研究におけるレビューでは，①知能（判断や創造力等），②素養（学識，経験，体力等），③責任感（信頼や自信等），④参加性（活動性，社交性，協調性等），⑤地位（社会経済的地位や人気）の点で，リーダーは他のメンバーよりも優れていたという（Stogdill, 1974）。しかし，集団の性質やおかれている状況によって適したリーダーの特性や技能が異なることや，研究者によってリーダーシップの概念や測定方法が異なることなどから，特性アプローチ研究では，効果的なリーダー特性に関する一貫した見解は得られていない。

1950年代頃からは，特性論的アプローチにかわり，行動論的アプローチ研究が盛んに行われるようになる。行動論的アプローチでは，リーダーシップを個人の特性ではなく，集団における機能としてとらえ，リーダーのとる行動が集団に及ぼす影響に注目している。先駆けとなったレヴィンほか（Lewin, Lippitt, & White, 1939）のリーダーシップ・スタイル研究では，専制的，民主的，放任的というリーダーのタイプによって，子どもたちの集団内の友好的関係や攻撃性，作業量や質が異なること，民主型リーダーシップが集団の維持や目標達成にとって効果的であることが明らかにされた。その後の研究でも，集団におけるリーダーシップ行動は，集団の目標を達成するための課題志向的行動と，集団の人間関係や円滑な活動を維持するための人間関係志向的行動とに大別できるという点に一致がみられる。三隅のPM理論（PM theory of leadership；三隅，1966）やブレークとムートン（Blake, & Mouton, 1964/1965）のマネジリアル・グリッド（Managerial Grid）がその例である。いずれの理論も，二次元の高低を組み合わせてリーダーシップ・スタイルを検討しており，課題達成と人間関係の双方に気を配るリーダーシップ・スタイルが，集団にとって最も効果的であることを見出している。

近年，特性アプローチの立場から，ストレスフルな状況で心身の健康を保つパーソナリティ

とされるハーディネス（Kobasa,1979）と管理職適性との関連が検討されている。日向野・小口（2003）の研究では，企業から将来管理職として期待されている30代の社員は，そうでない30代社員と現職の40代管理職に比べて対人コミットメントが高いことが示された。対人コミットメントは，いろいろな人とうまくやっていけたり，仕事の仲間との交流を楽しんだり，義務としての人間関係維持ではなく，自ら積極的に人とのかかわりを求める特性である。現代のリーダーにとっても，職場をまとめ率いるために，対人関係能力の高さが重要であるといえよう。

2 ■ 職業性ストレスモデルからみた職場の人間関係とパーソナリティ

a．職場の人間関係とストレス

職場の人間関係のよし悪しが，仕事の成果や職場の雰囲気に大きな影響を及ぼすことを述べてきたが，職場の人間関係を良好に保つことは容易ではない。厚生労働省が5年ごとに実施している労働者健康状況調査（厚生労働省，2008）では，労働者の多くが職場の人間関係に悩みをかかえていることが明らかになっている。平成19年の調査結果によると，仕事や職業生活に関する強い不安，悩み，ストレスをかかえる労働者は全体の58％であり，このうち，男性の30.4％，女性の50.5％が，職場の人間関係の問題に強い不安，悩み，ストレスを感じていることが明らかになった（表19.1，3つまでの複数回答の集計による）。

b．NIOSH職業性ストレスモデル

米国立労働安全衛生研究所（National Institute for Occupational Safety and Health）は，それまでの職業性ストレスモデルを包括するNIOSH職業性ストレスモデルを提唱している（図19.2）。このモデルでは，職場ストレッサーが急性ストレス反応を生じさせ，その急性ストレス反応にうまく対処できないと，疾病に至る可能性を示している。このプロセスにおいて，職場ストレッサーと急性ストレス反応との関連を調整する要因として，「個人的要因」「仕事外要因」「緩衝要因」が想定されている。

職場の人間関係とパーソナリティは，NAIOSHストレスモデルのなかで，どのようにかかわるのであろうか。多数の人々が働く過程では，互いの主張や価値観などがかみ合わなかったり，仕事の進め方に食い違いが生じたりすることによって，人間関係がぎくしゃくすることがある。このような状態は対人葛藤とよばれる。図19.2のとおり，職場ストレッサーのなかには「対人葛藤」が含まれている。組織で働くほとんどの人が職場で対人葛藤を経験し，その相手は，上司

表19.1 仕事や職業生活に関する強い不安，悩み，ストレスの内容別労働者の割合（単位％）（厚生労働省，2008より作成）

内容	男性	女性
仕事の質の問題	36.3	32.5
仕事の量の問題	30.3	31.1
仕事への適性の問題	21.2	24.5
職場の人間関係の問題	**30.4**	**50.5**
昇進，昇給の問題	24.9	15.6
配置転換の問題	8.7	7.1
雇用の安定性の問題	12.2	13.7
会社の将来性の問題	29.1	12.9
定年後の仕事，老後の問題	24.1	16.7
事故や災害の経験	3.0	1.1
その他	9.4	9.3

職場ストレッサー
- 物理的環境
- 役割葛藤
- 役割不明瞭
- 対人葛藤
- 仕事の将来性の不確かさ
- 仕事のコントロール
- 雇用機会
- 仕事の量的負荷
- 仕事量の変化
- 人々に対する責任
- 能力の低活用
- 認知的要求
- 交代勤務

個人的要因
- 年齢
- 性別
- 婚姻状態
- 在職期間
- 職位
- タイプA行動
- 自尊感情

急性反応
- 心理的
  - 職務不満足感
  - 抑うつ
- 身体的
  - 身体愁訴
- 行動的
  - 事故
  - 薬物の使用
  - 病欠

疾病
- 仕事関連の不適応
- 医師の診断した問題

仕事外要因
家庭／家族からの要求

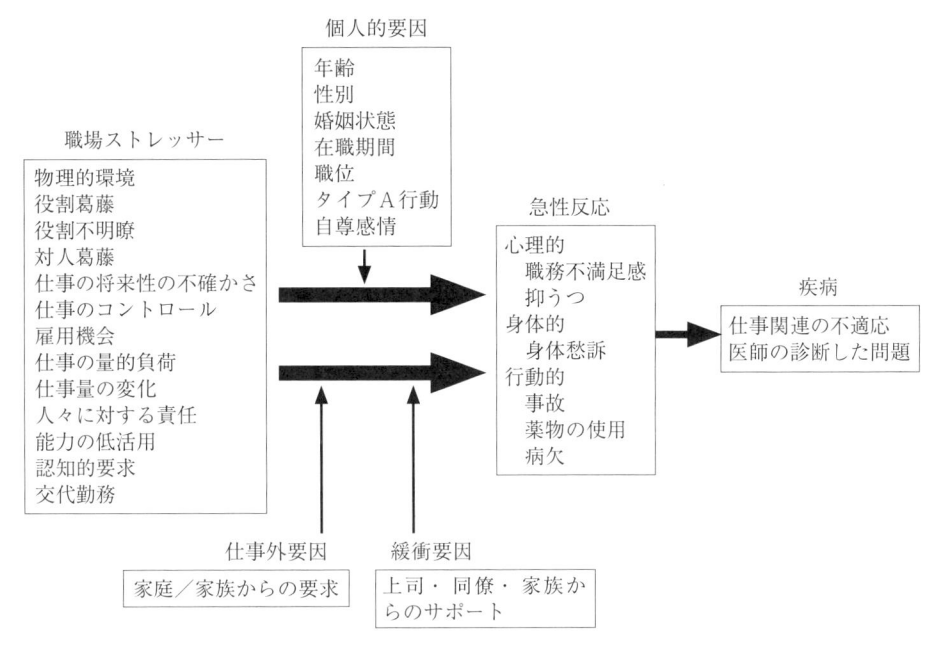

緩衝要因
上司・同僚・家族からのサポート

図19.2　NIOSH職業性ストレスモデル（Hurrell & McLaney, 1988）

（50％），同僚（36.7％），部下（11.3％）の順に低くなることが明らかになっている（藤森，1994）。

また，ストレッサーと急性ストレス反応との関連を調整する「個人的要因」に含まれるタイプA行動と自尊感情（図19.2）は，パーソナリティに深く関連している。タイプA行動とは，虚血性心臓疾患（狭心症や心筋梗塞など）の危険因子の一つとして指摘されている個人の行動パターンであり，強い競争心や達成動機，仕事への熱中や没頭のしやすさ，短気でありいつも時間に追われているような時間的切迫感などの特徴をもつ。タイプA行動パターンをもつ人は，仕事が成功しているときには，満足感を覚え，よりいっそう仕事に没頭するため，ワーカホリックに陥る人も多い。一方，仕事の失敗や失職は，落胆し，将来に不安を抱き，ときにはうつ状態に陥る危険性もある。また，後述する組織における問題行動にかかわるパーソナリティも，職場ストレッサーとストレス反応との関連に影響を及ぼすと考えられる。

これに対して職場の人々から受けるソーシャルサポートは，職場ストレッサーと急性ストレス反応との緩衝要因になりうる。職場で辛いことがあれば，話を聞いて励ましてもらう。また，仕事のやり方についてアドバイスを受けたり，仕事を手伝ってもらったりすることもある。このように，持続的な人間関係のなかで得られるさまざまな援助をソーシャルサポートという。職場でより多くのサポートを受けている人は，心身の健康，仕事・組織への肯定的態度，職務遂行が良好であることが，メタ分析の結果によって示されている（Rhoades & Eisenberger, 2002）。また，ソーシャルサポートは，ストレス事態における認知的評価に影響を及ぼし，ストレス対処過程にポジティブな影響を及ぼすことも明らかになっている（Choen & Wills, 1985）。

3 ■ 組織における問題行動とパーソナリティ

　職場ではさまざまな問題が発生するが，職場環境の要因よりも，個人のパーソナリティ傾向に起因する問題も生じている。このような場合，先述した職業性ストレスモデルの個人的要因が，ストレッサーと急性ストレス反応との関連を促進するとも考えられる。たとえば，主張的・攻撃的パーソナリティは，職場において問題になりやすいパーソナリティの一つである。職場における攻撃性に関する研究では，女性よりも男性のほうが，攻撃行動を起こしやすいことがメタ分析の結果からわかっている（Hershcovis, Turner, Arnold, Dupré, Inness, LeBlanc, & Sivanathan, 2007）。また，複数の研究によって，攻撃行動と組織における反社会的行動との関連が見出されている（たとえば，Fox & Spector, 1999；Hepworth & Towler, 2004）。情緒的パーソナリティも，しばしば職場において問題をかかえやすいパーソナリティとしてあげられる。ビッグファイブにおける神経症傾向（neuroticism）が高い従業員ほど職場の迫害を訴えやすい（Aquino & Bommer, 2003）ことや，神経症傾向に加えて性格面で自尊心が強い従業員は，同僚や上司からのひどい仕打ちに敏感である（Duffy, Shaw, Scott, & Tepper, 2006）ことが報告されている。

　新井ほか（新井・山田・舛田，2010）は，68社7,557名（入社1～3年）を対象に，入社3年以内で不適応と評価された若手社員のパーソナリティ特性について，入社時の適性検査結果と，その直属の上司評価とをあわせて検討している。分析の結果，不適応のタイプは，堅実・思索タイプ，明朗・活発タイプ，慎重・繊細タイプの3つであった。堅実・思索タイプは，内省性，持続性，慎重性が高いが，身体活動性，活動意欲が低い。これらのパーソナリティ特性上，フットワークが重くなり，十分なパフォーマンスを発揮できない点が不適応とみなされやすい。明朗・活発タイプは，社会的内向性の低さ，身体活動性，達成意欲，活動意欲，自信性の高いパーソナリティ傾向をもつ。通常，これらの特性が高い人は，入社後の人事評価が高い傾向にあり，入社後の活躍につながりやすいが，度が過ぎると，気が強く，自分勝手な行動と受け取られ，不適応にみられる可能性がある。慎重・繊細タイプは，社会的内向性と慎重性が高く，身体活動性，達成意欲，活動意欲が低いことから，控えめで落ち着いており，欲がないという印象を与えやすい。また，敏感性，自責性，依存性が高いことから，他者に対する思いやりがあるが傷つきやすく，問題が生じても，一人でかかえ込みやすいタイプと考えられる。慎重・繊細タイプのパーソナリティ傾向は，抑うつにつながるメランコリー型性格の特徴に近いことが指摘されている（新井ほか，2010）。

◆ 引用文献

Aquino, K., & Bommer, W. H. (2003). Preferential mistreatment: How victim status moderates the relationship between organizational citizenship behavior and workplace victimization. *Organization Science*, **14**, 374-385.
新井一寿・山田　香・舛田博之．(2010)．若手社員の不適応に関する研究：総合的性検査SPI2と直属上長による評価を用いて．経営行動科学学会年次大会：発表論文集，**13**，198-203．
馬場昌雄．(1983)．組織行動（第2版）．白桃書房．
Barnard, C. I. (1956)．経営者の役割（田杉　競，監訳）．ダイヤモンド社．(Barnard, C. I. (1938). *The functions*

of the executive. Cambridge : Harvard University Press.)

Blake, R. R., & Mouton, J. S., (1965). 期待される管理者像（上野一郎, 監訳）. 産業能率短期大学出版部.（Blake, R. R., & Mouton, J. S.,（1964）. *The managerial grid*. Houston : Gulf Publishing Company.）

Choen, S., & Wills, T. A. (1985). Stress, social support, and the buffering hypothesis. *Psychological Bulletin*, **98**, 310-357.

Duffy, M. K., Shaw, J. D., Scott, K. L., & Tepper, B. J. (2006). The moderating roles of self-esteem and neuroticism in the relationship between group and individual undermining behavior. *Journal of Applied Psychology*, **91**, 1066-1077.

Fox, S., & Spector, P. E. (1999). A model of work frustration-aggression. *Journal of Organizational Behavior*, **20**, 915-931.

藤森立男. (1994). 職場集団のダイナミックス. 岡村一成（編）, 産業・組織心理学入門（第2版, pp.76-87）. 福村出版.

Hepworth, W., & Towler, A. (2004). The effect of individual differences and charismatic leadership on workplace aggression. *Journal of Occupational Health Psychology*, **9**, 176-185.

Hershcovis, M. S., Turner, N., Arnold, K. A., Dupré, K. E., Inness, M., LeBlanc, M. M., & Sivanathan, N. (2007). Predicting workplace aggression : A meta-analysis. *Journal of Applied Psychology*, **92**, 228-238.

日向野智子・小口孝司. (2003). ハーディネスからみた管理職適性. 産業・組織心理学研究, **16**, 87-95.

Hurrell, J. J., Jr., & McLaney, M. A. (1988). Exposure to job stress : A new psychometric instrument. *Scandinavian Journal of Work, Environment & Health*, **14**(Suppl. 1), 27-28.

Kobasa, S. C. (1979). Stressful life events, personality, and health : An inquiry into hardiness. *Journal of Personality and Social Psychology*, **37**, 1-11.

厚生労働省. (2008). 平成19年労働者健康状況調査結果の概況. 厚生労働省大臣官房統計情報部. 〈http://www.mhlw.go.jp/toukei/itiran/roudou/saigai/anzen/kenkou07/index.html〉（2008年10月10日発表）

Lewin, K., Lippitt, R., & White, R. K. (1939). Patterns of aggressive behavior in experimentally created "social climates". *Journal of Social Psychology*, **10**, 271-299.

三隅二不二. (1966). 新しいリーダーシップ. ダイヤモンド社.

Rhoades, L., & Eisenberger, R. (2002). Perceived organizational support : A review of the literature. *Journal of Applied Psychology*, **87**, 698-714.

Stogdill, R. M. (1974). *Handbook of leadership : A survey of theory and research*. New York : Free Press.

田原直美. (2009). コミュニケーション. 産業・組織心理学会（編）, 産業・組織心理学ハンドブック（p.204-207）. 丸善.

3節　社会的環境と自己制御

原田知佳

　人は，社会的環境に適応するように，あるいは，自分の目標に沿うように，自らの行動を調整・制御しながら日々の生活を送っている。ダイエット中にチョコレートやケーキを食べることを我慢する等，個人的な目標にもとづいて自己を制御することもあれば，不機嫌なときでも目の前にいる友だちに八つ当たりをしないよう感情をコントロールする等，社会的基準や規範を考慮した社会的な目標に沿って自己を制御することもある。現代社会を悩ませている大部分の社会問題には自己制御の失敗が絡んでいるとの指摘もあるように（Baumeister, Heatherton, & Tice, 1994），自己制御はよりよい人生を送るためのキー概念であるといえよう。

　ただし，自己制御と一言でいっても，自己制御は「反応性，興奮性，覚醒を調整する神経的・認知的・感情的・行動的なプロセスの制御過程」（Rothbart & Rueda, 2005）と広義にもとらえられる，きわめて包括的，かつ高次の概念である。そのため，研究者によって自己制御のどういった側面に着目するかも異なれば，その定義自体も多種多様であり，統一した見解が示されていない。そこで，本節では，パーソナリティの構成要素ともいえる自己制御の社会的側面と気質的側面をとりあげ，自己制御と問題行動との関連について解説した後に，近年注目されている解釈レベル理論の観点から，「自己制御とは何か」ということについて改めて考察したい。

1 ■ 自己制御の社会的側面

　自己制御研究は，行動調整能力の研究（Luria, 1959）や満足遅延の研究（たとえば，Mischel, 1974）に端を発する。とくに，目の前の小さな満足を我慢し，遅延後に得られる大きな満足を目指して行動する満足遅延の研究は，その後の多様な自己制御研究を生み出す先駆けとなった。

　幼児の満足遅延の能力が高いほど，10年後の社会的コンピテンスや学力が高いことが報告される等（Mischel, Shoda, & Peake, 1988），満足遅延といった自己制御の抑制的機能は，子どもの社会化にもかかわる能力としてとらえることもできる。柏木（1986, 1988）は，欧米では自己の欲求や意志を抑制する行動抑制の側面のみに焦点を当てた研究が多いことを指摘したうえで，社会的な行動の発達という観点から自己制御をとらえた場合，自己の欲求や意志を主張し，実現する行動始発の側面にも着目すべきであると主張した。行動始発と行動抑制の2側面は，行動の方向性は異なるものの，どちらも自己が行動に関与し，なすべきことやあるべき自己像を志向する行動という点で共通しており，自己の発達に関する個人差をとらえるうえでは両側面の関連やバランスという視点が重要となるというものである。現在では，欧米においても，自己制御のプロセス（たとえば，Carver & Scheier, 1998）や，後述する気質レベルの自己制御に着目した研究で，行動始発と行動抑制の両者をふまえた理論化がなされていることから，両側面への着目は妥当な

ものであると考えられる。

　柏木の指摘以降，とりわけ日本において増えてきたのが，自己制御の社会的側面，すなわち，他者や集団との相互作用がある社会的場面での自己制御に着目した研究である。その多くは，自己制御を「自分の欲求や意志を明確にもち，これを他人や集団のなかで表現，主張し，また行動として実現する自己主張的側面」と，「集団や他者との関係で，自分の欲求や行動を抑制，制止する自己抑制的側面」の2側面からなるものとしてとらえている。

　幼児を対象とした研究では，葛藤場面を提示して幼児自身から回答を得る絵画自己制御能力テスト（田島・柏木・氏家，1988）や自己主張・自己抑制認知評定項目（伊藤・丸山・山崎，1999）も開発されてはいるが，幼児の行動評定尺度（柏木，1988）をもとに親や保育者による観察評定によって測定されることが多い。いずれの研究でも，自己主張と自己抑制の2側面は明確に分類でき，個人のなかで両側面がともに発達していくことが明らかにされている。また，自己主張と自己抑制のどちらも高い幼児は仲間からの依頼に応える向社会的行動を多く行うこと（首藤，1995），自己主張も自己抑制もできると認知している幼児は自発的向社会的行動を多く行うこと（伊藤ほか，1999）が報告される等，社会的場面において適応的な行動をとるためには社会化の過程で2側面がバランスよく発達することの重要性が示唆されている。

　では，児童期以降の社会的場面における自己制御はどのようなものだろうか。幼児期は，「"してはいけない"と言われたことはしない」「"ちょっと待っていなさい"で待てる」等の尺度項目からもわかるように，主に養育者からの要請に応えることで自己を制御する他律的な自己制御の段階にあるといえる。その後，児童期，青年期と成長する過程で，社会が要請する規範が内在化されたうえで自己を制御するようになり，自律的な自己制御段階へと移行していく（安達・小林，2002）。したがって，幼児期の自己制御と児童期以降の自己制御とは質的に異なるといえよう。

　ただし，児童期以降を対象とした研究では，研究者によって自己主張と自己抑制の構成要素に若干の違いがみられる。幼児期から児童期までの縦断的な行動観察をもとに作成された児童用自己統制尺度（中田・塩見，2000）は，対人関係を重視したもので，自己主張的側面の一つとして「自己開示」を含めている点が特徴的である。そのほか，大学紀要に発表された論文を含めると，社会的場面だけではなく個人内文脈での自己制御に関する項目を含める尺度や，幼児期対象の尺度項目をもとにして作成された尺度等が作成されている。こうしたなかで，より自己制御の社会的側面に特化し，幼児期と児童期以降の自己制御が質的に異なることを強調したうえで作成されたのが，社会的自己制御尺度（原田・吉澤・吉田，2008）である。

　社会的自己制御は「社会的場面で，個人の欲求や意思と現状認知との間でズレが起こった時に，内的基準・外的基準の必要性に応じて自己を主張するもしくは抑制する能力」として定義され，行動始発，行動抑制のどちらも行動を実行する際に心的負荷がかかることが前提とされる（原田，2010）。つまり，行動始発を「しにくいけれどする」こと，行動抑制を「したいけれどしない」こととしてとらえている。社会的自己制御尺度は，高校生の自由記述結果をもとに作成され，自己主張的側面は「自己主張」として1因子にまとまり，自己抑制的側面は「持続的対処・根気」「感情・欲求抑制」の2因子に分かれることが報告されている。男女別，校種別（中学・高校・大学）

に行った因子分析結果でも同様の3因子構造が得られていることから，ある程度頑健な因子構造が確認されているといえよう（原田ほか，2008；吉田・原田・吉澤・中島・尾関・吉田，2011）。

以上のように，柏木の指摘以後，複数の研究が実施されているが，いずれも柏木研究を土台に，社会性の一側面として自己制御を位置づけている点で共通しているといえる。

2 ■ 自己制御の気質的側面

自己制御の社会的側面は成長の過程で獲得されることが仮定されているのに対し，遺伝的な影響を受け，幼少期以降の安定性が比較的高いとされているのが自己制御の気質的側面である。近年では，生理学，神経科学，脳科学の目覚しい発展を背景に，脳科学的基盤が仮定された気質レベルの自己制御概念に注目が集まっている。

グレイ（Gray, 1982, 1987）は，行動制御に影響を与える際のメカニズムとして，行動抑制システム（系）(behavioral inhibition system：BIS) と行動賦活システム（系）(behavioral activation system：BAS）の2つの動機づけシステムの存在を提唱している。BISは罰刺激によって活性化されて行動を抑制するように作用するシステムで，失敗や危険の予期等の際に注意を喚起し，実行中の行動を抑制したり，不安等のネガティブ情動を引き起こしたりする。一方，BASは報酬刺激によって活性化されて行動を促進するように作用するシステムで，手に入れたいものや新奇性の高い物事等，個人にとって報酬となる誘因に反応し，目標を達成するための接近行動や喜び等のポジティブ感情を引き起こす。両システムはそれぞれ独立した神経基盤が想定されており，BIS は主に中隔−海馬システムが，BAS は中脳の腹側被蓋野から側坐核へ投射されるドーパミン作動性神経が中心的役割を担うとされる。BIS/BASの感受性，すなわち罰や報酬手がかりに対する感受性には個人差があるとされ，BIS/BAS尺度（Carver & White, 1994；髙橋・山形・木島・繁桝・大野・安藤，2007）によって測定することが可能である。BIS/BAS尺度で測定された個人差は，遺伝子や脳波，fMRIにより測定された脳機能と関連することが報告されており，グレイの理論を支持する結果が得られている（たとえば，Cools, Calder, Lawrence, Clark, Bullmore, & Robbins, 2005；Reuter, Schmitz, Corr, & Hennig, 2006）。また，双生児サンプルを対象にした縦断調査では，行動遺伝学的解析の結果，BIS/BAS は環境要因からも影響を受けるものの，中程度の遺伝的影響を受けており，その個人差の安定性に関しては環境要因よりも遺伝要因によることを報告している（Takahashi, Yamagata, Kijima, Shigemasu, Ono, & Ando, 2007）。

BIS/BASは受動的・自動的なシステムであることが仮定されている一方で，能動的・意図的な自己制御にかかわっているとされるのが実行注意制御（effortful control：EC）である。ECは，内側前頭前皮質にある前方の注意ネットワークにその基盤があるとされ，「実行注意（executive attention）の効率を表す概念で，準優勢反応を実行するための優勢反応の抑制，誤りの検出，計画の立案にかかわる能力」として定義される（Rothbart & Rueda, 2005）。快への衝動を抑えるといった行動抑制や，ある行動を回避したいときでも遂行するといった行動始発だけでなく，必要に応じて集中したり注意を切り替えたりする注意の制御も含まれ，BIS/BASを調整する能力と

して位置づけられている。ECの個人差を測定する尺度は、乳児から成人までの年代ごとに開発されており、日本語版も作成されている（原田・吉澤・吉田, 2009；山形・髙橋・繁桝・大野・木島, 2005）。また、BIS/BASと同様、EC尺度で測定された個人差は遺伝子や脳波と関連することが報告され、EC の基盤とされる実行注意ネットワークは、7～8歳までに発達し、その後は成人期まで安定するとされる（たとえば、Rueda, Rothbart, McCandliss, Saccomanno, & Posner, 2005；Wiersema & Roeyers, 2009）。

BIS/BAS・ECといった比較的安定性の高い気質レベルの自己制御は、先述した社会的場面での自己制御の土台となっていると考えられる。ただし、幼児期の場合は、自己制御の社会的側面と気質的側面を明確に弁別することは難しいかもしれない。実際、大内ほか（大内・長尾・櫻井, 2008）は、自己主張、自己抑制に、ECの注意の制御を含めたものを、気質としてとらえている。これに対し、青年期になると、自己制御の社会的側面と気質的側面の弁別が可能となり、気質としての内的制御が社会的場面での自己制御に影響を与えることが報告されている（原田ほか, 2008, 2009）。

3 ■ 自己制御と問題行動

自己制御の社会的側面と問題行動との関連については、自己主張の低さは孤立や引っ込み思案等の非社会的行動と結びつき（中台・金山, 2002）、自己主張の高さ、自己抑制の低さは、コンビニ前の座り込み等の行為に代表される社会的迷惑行為や、非行等の逸脱行為といった反社会的行動と結びつきやすいことが報告されている（原田ほか, 2009）。同時に、自己主張が高く、自己抑制が低い子どもや青年は、攻撃性が高く、逸脱行為を行いやすいことも明らかにされている（原田ほか, 2009；森下, 2001）。自己抑制を美徳とし、自己主張を苦手とする日本においては、自己主張を育むことの重要性が指摘されることも多いが、これらの研究知見は、自己抑制を身につけず、自己主張のみを身につけることの危険性を示唆しているといえよう。

自己制御の気質的側面については、BIS/BASの不均衡が精神病理の脆弱性要因となることが報告されている。たとえば、行為障害はBISの働きを上回るBASの過度の活性化、注意欠陥多動性障害（ADHD）はBISの機能不全、不安障害はBIS の過度の活性化がみられるとされる（Fowles, 1988；Quay, 1993）。また、EC の低さは不安・抑うつ傾向や、逸脱行為といった問題行動の両方の素因である可能性が示唆されている（Ellis, Rothbart, & Posner, 2004；Lengua, West, & Sandler, 1998）。

では、こうした多様な問題行動について、自己制御の社会的側面と気質的側面それぞれによる弁別的予測性はあるのだろうか。原田ほか（原田・吉澤・吉田, 2010）は、自己制御の社会的側面として社会的自己制御に、自己制御の気質的側面としてBIS/BAS・ECに着目し、次のような仮説を立てている。社会的自己制御は、他者や集団との相互作用がある社会的場面でいかに自己を制御するかにかかわる能力であるため、反社会的行動のような社会的場面における問題行動の予測率は高いが、衝動的購買行動や摂食障害傾向等の個人的な問題行動については予測率が低い。

逆に，BIS/BAS・ECは個人的な問題行動の予測率が高く，社会的な問題行動についての予測率は，社会的自己制御と比べて低いだろう，というものである。調査の結果，おおむね仮説を支持する結果が得られ，各自己制御機能には独自の説明力が存在し，それらが影響を及ぼす行動対象は領域普遍ではなく，領域固有である可能性が示唆されている。自己制御は，本節で紹介した概念以外にもいくつかの自己制御概念が提唱されているため（例として，本書20章5節を参照のこと），今後，それらを含めた検討を実施する等，既存の自己制御諸概念の整理を行う必要があるだろう。

4 ■ 自己制御とは何か

ここまでは自己制御の個人差という観点からみてきた。では，そもそも自己制御とは一体何なのであろうか。その回答として，近年，自己制御における解釈レベル理論（construal level theory：CLT）からの考察が試みられている。

CLTは，解釈と心理的距離についての包括的理論であり（詳細はTrope & Liberman, 2010を参照），同じ対象や出来事であっても心的には異なるレベルで表象されうるとする。たとえば，TVを見るという同じ行為であっても，「巨人阪神戦を観る」と具体的に解釈するのか，「スポーツを楽しむ」と抽象的に解釈するのかでは，解釈のレベルが異なるとされる。前者は，低次解釈とよばれ，情報を具体的に概念化し，対象の表面的特徴をとらえ，行動の「How（どのようにその行動を行うのか）」にあたる一連の具体的行為を特定する表象である。後者は，高次解釈とよばれ，情報を抽象的に概念化し，対象の中心的特徴をとらえ，行動の「why（なぜその行動を行うのか）」にあたる行為の目的を特定する表象である。

これらの解釈のレベルは行動や選考に影響を与えることが明らかにされており，個人にとって重要な目標を追求するためには，高次解釈が有効になるとされる。たとえば，テスト勉強をしなければならないときに，友だちから遊びに行こうと誘われる場面を想像してほしい。テスト勉強は，コストはかかるが価値の高い重要な目標（一次目標），友だちとの遊びは，価値は低いが誘因の強い目先の目標（二次目標）であり，両者が対立している状況である。このとき，自己制御を成功させるためには，目の前の物事を具体的なものとしてとらえるよりも抽象的・大局的な視点でとらえる必要がある。つまり，「木を見て森を見る」ことができれば，行うべき主要な目標に重みづけがなされ，一次目標を達成しようとする意図が高まるが，「木を見てしまう」と，目の前の二次的な目標に注意を向けることになり，一次目標を保持しにくくなる。したがって，状況を具体的に低次のレベルで解釈するよりも，物事の本質をとらえる高次のレベルで解釈したときに，自己制御は成功すると考えられる。こうした仮説と合致して，フジタほか（Fujita, Trope, Liberman, & Levin-Sagi, 2006）では，無関連課題で操作した高次解釈の活性化により，対象の本質的な価値を重要視し，誘惑への否定的評価を高め，一次目標の行動意図を高め，結果として自己制御の成功が導かれることを報告している。そして，これまで統一した見解が示されていない自己制御を，「状況の高次解釈に沿って意思決定をし，行動すること」として包括的に定義でき

ると提案している。

　本節の冒頭でも述べたように，社会的環境のもとで行われる自己制御には，ダイエット中の食事制限といった個人的な目標遂行としての自己制御もあれば，他者に迷惑をかけないよう行動するといった社会的な目標遂行としての自己制御もある。前者は個々人独自の目標遂行であり，比較的長期的な制御行動といえるが，後者は社会的な基準・規範を考慮したうえでの目標遂行であり，その場の状況に応じた短期的な制御行動といえる。両者は同じ自己制御でありながら，その質は異なるといえるだろう。しかしながら，先の解釈レベル理論からの自己制御の定義は，どちらの自己制御においてもあてはまることが確認されている（原田・吉田，2009）。自己制御は，その性質上，いかようにもとらえることのできるものであるだけに，解釈レベルといった社会的判断や行動の基礎にある要素にまで分解することによって，自己制御を統合的に理解することが可能になるといえるだろう。

◆ 引用文献

安達喜美子・小林　晃．（2002）．現代青年における自己制御機能の発達的研究（Ⅰ）：自己認知からの検討．茨城大学教育学部紀要（人文・社会科学，芸術），**51**，109-123.

Baumeister, R. F., Heatherton, T. F., & Tice, D. M. (1994). *Losing control : How and why people fail at self-regulation.* San Diego, CA : Academic Press.

Carver, C. S., & Scheier, M. F. (1998). *On the self-regulation of behavior.* New York : Cambridge University Press.

Carver, C. S., & White, T. L. (1994). Behavioral inhibition, behavioral activation, and affective responses to impending reward and punishment : The BIS/BAS scales. *Journal of Personality and Social Psychology*, **67**, 319-333.

Cools, R., Calder, A. J., Lawrence, A. D., Clark, L., Bullmore, E., & Robbins, T. W. (2005). Individual differences in threat sensitivity predict serotonergic modulation of amygdale response to fearful faces. *Psychopharmacology*, **180**, 670-679.

Ellis, L. K., Rothbart, M. K., & Posner, M. I. (2004). Individual differences in executive attention predict self-regulation and adolescent psychosocial behaviors. *Adolescent Brain Development Vulnerabilities and Opportunities*, **1021**, 337-340.

Fowles, D. C. (1988). Psychophysiology and psychopathology : A motivational approach. *Psychophysiology*, **25**, 373-391.

Fujita, K., Trope, Y., Liberman, N., & Levin-Sagi, M. (2006). Construal levels and self-control. *Journal of Personality and Social Psychology*, **90**, 351-367.

Gray, J. A. (1982). *The neuropsychology of anxiety : An enquiry into the functions of the septohippocampal system.* New York : Oxford University Press.

Gray, J. A. (1987). *The psychology of fear and stress.* Cambridge : Cambridge University Press.

原田知佳．（2010）．社会的自己制御の内的プロセスおよび促進要因の検討：反社会的行動の抑止・予防の観点から．名古屋大学博士（心理学）学位論文（未公刊）．

原田知佳・吉田俊和．（2009）．社会的自己制御における解釈レベルとマインドセットの効果．日本社会心理学会第50回大会・日本グループ・ダイナミックス学会第56回大会合同大会発表論文集，122-123.

原田知佳・吉澤寛之・吉田俊和．（2008）．社会的自己制御（Social Self-Regulation）尺度の作成：妥当性の検討および行動抑制／行動接近システム・実行注意制御との関連．パーソナリティ研究，**17**，82-94.

原田知佳・吉澤寛之・吉田俊和．（2009）．自己制御が社会的迷惑行為および逸脱行為に及ぼす影響：気質レベルと能力レベルからの検討．実験社会心理学研究，**48**，122-136.

原田知佳・吉澤寛之・吉田俊和．（2010）．社会的自己制御とBIS/BAS・Effortful Controlによる問題行動の弁別

的予測性. パーソナリティ研究, **19**, 76-78.
伊藤順子・丸山（山本）愛子・山崎 晃.（1999）. 幼児の自己制御認知タイプと向社会的行動との関連. 教育心理学研究, **47**, 160-169.
柏木惠子.（1986）. 自己制御（self-regulation）の発達. 心理学評論, **29**, 3-24.
柏木惠子.（1988）. 幼児期における「自己」の発達：行動の自己制御機能を中心に. 東京大学出版会.
Lengua, L. J., West, S. G., & Sandler, I. N. (1998). Temperament as a predictor of symptomatology in children : Addressing contamination of measures. *Child Development*, **69**, 164-181.
Luria, A. R. (1959). The directive function of speech in development and dissolution. *Word*, **15**, 341-352.
Mischel, W. (1974). Processes in delay of gratification. In L. Berkowitz (Ed.), *Advances in experimental social psychology* : Vol.7 (pp.249-292). New York : Academic Press.
Mischel, W., Shoda, Y., & Peake, P. K. (1988). The nature of adolescent competencies predicted by preschool delay of gratification. *Journal of Personality and Social Psychology*, **54**, 687-696.
森下正康.（2001）. 幼児期の自己制御機能の発達（3）：父親と母親の態度パターンが幼児にどのような影響を与えるか. 和歌山大学教育学部教育実践総合センター紀要, **11**, 87-100.
中台佐喜子・金山元春.（2002）. 幼児の自己主張, 自己抑制と問題行動. 広島大学大学院教育学研究科紀要, **51**, 297-302.
中田 栄・塩見邦雄.（2000）. 児童の自己統制と自己効力との関係. 感情心理学研究, **6**, 83-93.
大内晶子・長尾仁美・櫻井茂男.（2008）. 幼児の自己制御機能尺度の検討：社会的スキル・問題行動との関係を中心に. 教育心理学研究, **56**, 414-425.
Quay, H. C. (1993). The psychobiology of undersocialized aggressive conduct disorder : A theoretical perspective. *Development and Psychopathology*, **5**, 165-180.
Reuter, M., Schmitz, A., Corr, P., & Hennig, J. (2006). Molecular genetics support Gray's personality theory : The interaction of COMT and DRD2 polymorphisms predicts the behavioural approach system. *International Journal of Neuropsychopharmacology*, **9**, 155-6.
Rothbart, M. K., & Rueda, M. R. (2005). The development of effortful control. In U. Mayr, E. Awh, & S. Keele (Eds.), *Developing individuality in the human brain : A tribute to Michael I. Posner* (pp.167-188). Wachington, DC : American Psychological Association.
Rueda, M. R., Rothbart, M. K., McCandliss, B. D., Saccomanno, L., & Posner, M. I. (2005). Training, maturation, and genetic influences on the development of executive attention. *Proceedings of the National Academy of Sciences*, **102**, 14931-14936.
首藤敏元.（1995）. 幼児の向社会的行動と自己主張-自己抑制. 発達臨床心理学研究, **7**, 77-86.
田島信元・柏木惠子・氏家達夫.（1988）. 幼児の自己制御機能の発達：絵画自己制御能力テストにおける4-6歳の縦断的変化について. 発達研究, **4**, 45-63.
髙橋雄介・山形伸二・木島伸彦・繁桝算男・大野 裕・安藤寿康.（2007）. Grayの気質モデル：BIS/BAS尺度日本語版の作成と双生児法による行動遺伝学的検討. パーソナリティ研究, **15**, 276-289.
Takahashi, Y., Yamagata, S., Kijima, N., Shigemasu, K., Ono, Y., & Ando, J. (2007). Continuity and change in behavioral inhibition and activation systems : A longitudinal behavioral genetic study. *Personality and Individual Differences*, **43**, 1616-1625.
Trope, Y., & Liberman, N. (2010). Construal-level theory of psychological distance, *Psychological Review*, **117**, 440-463.
Wiersema, J. R., & Roeyers, H. (2009). ERP correlates of effortful control in children with varying levels of ADHD symptoms. *Journal of Abnormal Child Psychology*, **37**, 327-336.
山形伸二・髙橋雄介・繁桝算男・大野 裕・木島伸彦.（2005）. 成人用エフォートフル・コントロール尺度日本語版の作成とその信頼性・妥当性の検討. パーソナリティ研究, **14**, 30-41.
吉田琢哉・原田知佳・吉澤寛之・中島 誠・尾関美喜・吉田俊和.（2011）. 地域住民との交流が中学生の反社会的態度の抑制に及ぼす影響：集合的有能感と社会的自己制御による媒介モデルの検討. 東海心理学研究, **5**, 26-32.

4節 法と性格

荒川 歩

　法と性格の関係を考えるとき，大きく2種類の方向から議論することができる。第一は，法に対する性格/態度，すなわち，法遵守行動や法逸脱行動についての心理学的議論であり，第二は，法における性格，すなわち，法において個人の性格がどのように扱われるかという議論である。前者が心理学のなかで多くの研究がなされてきたのに比べ，後者は，心理学の枠内では，あまり顧みられることがなかった。しかし，法の文脈でパーソナリティ，性格，人格がどのように扱われているかについて考えることは，心理学が扱っているパーソナリティ，性格，人格というものが，関連する諸現象のどの側面を扱い，どの側面を無視しているのかを相対化するうえで有用であると考えられる。実際，法における性格を考えたときに，民事法領域（市民間の権利義務）と刑事法領域（犯罪と刑罰）の両方において，それぞれ心理学が重要視している位相とは異なった位相が問題群として生起してくる。本節では，民事，刑事それぞれに関して，法における性格を心理学の立場から観察，整理することでパーソナリティ，性格，人格に関する諸現象について考察を深めたい。

1 ■ 人格をもつことができるのは誰か：民法における人格

　法における人格，すなわち，完全な「法的人格」をすべての人がもつようになったのは近代市民社会の成立以後である。封建制社会において奴隷はこれをもっていなかった。川島（1965, pp.63-65）は，近代的な法的人格の法的特質として，①完全権利能力（原則としてすべての権利の主体たり得，何人の意思にも服従しない），②完全権利能力の普遍性（すべての人間が出生のときから完全な権利主体である），③家族法の近代的構成（家族は，独立した個人と個人との間の法関係），④団体法の近代的構成（団体とその構成との間には権利主体者間の法関係），⑤権利主体性に関する規定の強行性（個人の意思によって権利主体性を制限したり放棄したりすることは許されない），をあげている。

　これは，法的人格を自由な商品交換のために市民が獲得したものとしてとらえたものであるが，現在の法的人格のありようからとらえるならば，法的人格はすべて，規範・契約の集合体が思考の便宜のために実体化されたものとしてとらえることが可能である（桜井, 2009）。よって人すなわち自然人だけではなく，団体や財団もこの人格を有することができる（法人）。規範・契約の集合体である以上，どちらの場合でも，当然問題になるのが，人格の同一性である。何を人格の同一性とするかには議論があるが，多くの場合には，心理的連結性を重視する心理的規準説（Locke, 1690 - /1972）が，身体的同一性を重視する物理的規準説よりも理があるという指摘もなされている（森村, 1989）。

この人格が生まれながらにしてもっている権利，すなわち人格権は，「主として生命・身体・健康・自由・名誉・プライバシー」などの権利を指し，第三者による侵害に対して保護しなければならない諸利益であるとされている（五十嵐，2003）。これらのことから，法的人格は，集団内における心理や行動のばらつきを強調する心理学上のパーソナリティよりも，個人の社会的，あるいは法的な同一性を強調しつつも，個人が自由意思にもとづいてさまざまな心理・行動を産出することを許容する基盤を表現しているといえる。これは，カント（Kant, I.）がいうように，法とは，自由な人々がそれぞれその自由を享受しつつ社会的に共存しえるためのルールであるからであり，一部の例外，たとえば弱者が不利な契約を結ばされることを防ぐため，幼児・泥酔者・一定の認知症患者など意思能力（事理弁識能力）が十分でない場合には，契約をしてもその法律関係は無効になる（須永，2010）ことなど一部を除いて，一貫している。

2 ■ 帰責すべき対象と個人差：刑法における人格・性格

前述のように，民事法領域においては，他者の権利を害さない限り，個人の思想や思考，趣向などに，法が直接的に介入してくることは基本的にない（同性婚の制限など例外はある）。しかし，法に反した場合には，再犯を防ぐためにも，罪を犯した人に対しては何らかの強制を加える社会的必要が生じる。その際，①罪を犯した人の何を責めるのか，犯罪行為なのか，犯罪傾向すなわち性格なのか，②多様な知識・能力・趣向をもった個人を裁く際に，個人差をどのように考慮するかが問題になる。ここでは，それぞれについて論じる。

a. 人格と自由意思と責任

法学においては，犯罪の帰責の対象を何と考えるかによって，行為責任論，性格責任論，人格責任論などの理論が提案されてきた（森村，1987）。代表的なこの3種の議論は，心理学で無視されがちな自由意思の問題と性格形成の問題を考えるうえで有用であるので，ここでとくに紹介しよう。行為責任論とは，人は自由意思をもっているという前提のもと，他の行為を行って犯罪行為を行わない可能性（過失の場合は，回避する可能性），すなわち他行為可能性があったにもかかわらず，犯罪行為を選択した（あるいは払うべき十分な注意を払わなかった）場合に，その犯罪行為に責任の根拠を求め，その行為を非難するものである。この行為責任論が現在の主流であると理解されている。

しかし，人は，行為責任論が前提としているように，自由意思のもとに行動しているといえるのだろうか。19世紀イタリアの精神科医ロンブローゾ（Lombrose, C.）は，犯罪者は生来的に犯罪行為を行うように運命づけられている，すなわち自由意思は介在しないと考えた（生来性犯罪者説）。もし，彼が主張するように，自由意思はなく，すべての人のすべての場面での行為は遺伝や環境によってプログラミングされているのであれば（決定論的世界観），自由意思を非難するという行為責任論の立場で帰責することはできなくなる。そこで，決定論的に因果的に決定された心理的属性を性格とよび，自由意思による行為を非難するのではなく，犯罪傾向のある人から社会を防衛するために，刑罰において性格を矯正することと考える立場が，性格責任論（社会

的責任論）とよばれる（牧野，1949）。この立場では，非難の対象は，実際の行為というよりも，犯罪者の犯罪傾向であり，犯罪行為が性格に根ざしたものであればあるほど刑罰が重くなると考えられる。これに対して，遺伝や環境による影響を認めつつも，そのなかでも，自由意思で将来的に罪を犯さずともすむ環境を選択しうる機会はあったと考え，その人格形成過程を非難の対象とする立場が，人格責任論または，人格形成責任論とよばれる説である（団藤，1990）。行為責任論では（個々の犯罪事実が責任を問う対象となるため）累犯や常習犯に対して刑罰を加重する根拠の説明がやや困難であったが，性格責任論や人格責任論に則れば刑罰を加重する根拠の説明がつきやすい。しかし，犯罪事実とは直接関係のない本人の生活や人格形成過程に，法が踏み込んで検討することが現実的に可能なのか，またそこまで法が踏み込むべきなのかについては批判もあり，現在では性格責任論や人格責任論の立場をとっている人は少ない。

　他方，現在の主流である行為責任論で累犯への対応は可能であるという主張もある。その場合に累犯に重い刑を科す根拠は，行為責任の増加や特別予防（被告人の再犯の防止）の強化の観点から説明されることが多い（難波，2007）。また，決定論的世界観に則ったとしても行為責任を問うことが可能であるという主張もある。やわらかな決定論（平野，1966）とよばれる立場では，自由意思を，その時点において強制などがなく他行為が可能であった状態として定義し，刑罰などの社会的非難が意思決定に影響し，抑止しうるのであればそこには意思の自由があると考えることで，決定論と自由意思は矛盾しないとしている。

　行為責任が成人に対して強調されるのに対して，人格責任論のように個人の自由意思よりも環境，および（環境や遺伝によって形成されたものとしての）性格を重視する見方は，少年法においては強調されている。少年法の第1条には「この法律は，少年の健全な育成を期し，非行のある少年に対して性格の矯正及び環境の調整に関する保護処分を行うとともに，少年の刑事事件について特別の措置を講ずることを目的とする」という文言があり，また第3条には，家庭裁判所の審判に付す対象になる少年として「その性格又は環境に照して，将来，罪を犯し，又は刑罰法令に触れる行為をする虞のある少年」があげられている。このように，少年に関しては，環境の改善とともに性格の矯正が，目標として明確に掲げられている。

　一般的に，刑事事件の量刑に関しては，被告人の性格を考慮することは認められている。そのため多くの判決において性格，とくに反社会的性格や更生可能性が言及される（荒川・原島，2009）。そこで考慮される性格の範囲は，先述の行為責任論・性格責任論・人格責任論等の立場によって議論があるところであり，行為責任論の立場では，個別の犯罪に現れた性格に限られる。事実認定段階における性格の証明について前述のような制限があるため，本来は事実認定のための証拠調べが終了して量刑判断のために情状を調査する手続きに移ってから性格の証明がなされなければならない。しかし，日本において両過程は分離しておらず一続きの手続きで行われる。この際に，性格を立証する方法としては，直接観察した印象や推測を証人に証言させるやり方，被告人の性格に関する風評を法廷で証言させるやり方，被告人の同種の前科・犯罪事実・非行内容をあきらかにするやり方などがある（小松，1970）。

　量刑判断における性格の考慮について米山（2007）は，「一般的に言えば，行為の特徴（動機，

態様，反復性など）から見て，行為者の素質性格や行動傾向が強く影響しているとうかがわれる場合に，行為の特徴を理解するために必要な範囲で行為者の性格等について証拠調べを行い，特に必要があれば，それらの形成に影響を与えた事情も審理の対象に入れ，以上の資料にもとづいて，基本となる行為責任に，特別予防の観点を加味して，量刑することになる。犯罪が一過性で，行為者の性格と直接に結びつきがなく，犯罪的傾向の乏しい性格の場合，行為者の社会復帰は一般的に容易であるが，犯罪と親近性の顕著な性格の場合，特別予防の観念から刑の一定の加重が導かれる（ないしは減刑阻止的に働く）ことになろう」としている（p.36）。阿部（1977）は，犯罪と親近性の顕著な性格として①自己本位的な性格，②攻撃的な性格，③残忍な，情性を欠いた性格，④自律性を欠き，状況に流される性格を指摘している。

しかし，他方で，米山（2007）は，「普通の場合は，犯情や前科などの資料から，『犯行様態が著しく執拗である』『常習的に粗暴な行為に及ぶ傾向が認められる』『規範を無視する態度が根強い』などとして，動機や再犯可能性，矯正可能性に関する判断をするなかで，それら特徴的な犯行態様や行動傾向の徴表として，背後の性格を考慮するにとどめており，またそれで足りると思われる」（p.36）としている。

なお，性格の偏りが障害とよばれるものであったとしても，心神耗弱に該当しない場合には，情状としてよく評価されることはまれであり，村井（1977）は現実として，「性格異常あるいは精神病質は，刑を軽くする事情とされることもあるが，人格形成過程における被告人の責任や治療不能を理由として，むしろ悪情状とされる」危険性を指摘している。

刑事法における責任主義と最も密接に結びついているのが，責任能力に関する議論であろう。責任能力の判断において，精神の障害などの事由（生物学的要件）によって善悪を判断する能力である事理弁識能力と自身の行動を自身でコントロールする能力である行動制御能力の2つのどちらか一方，あるいは両方が完全にない場合（心理学的要件）には，責任無能力とされる。責任無能力が認定されれば，刑事責任を問うことはできない（違法性阻却事由に該当する）。どちらか一方が，著しく低減している場合には，限定責任能力とよばれ，有罪であっても，刑の必要的減軽がなされる。個人特性として障害があるかどうかだけではなく，犯行時点での能力が問題となるため，単に個人特性として説明すべきではないが，生物学的要件を満たすか否かが前提となるので，便宜的に個人特性の文脈でとりあげる。具体的には，被告人が，統合失調症の急性期の症状，ないし急性精神病状態で精神状態が幻覚・妄想に支配されて事件を起こした場合や（西村，2006），躁うつ病などの気分障害によって事件を起こした場合には責任無能力が認定されることがある（風祭，2006）。他方，パーソナリティ障害によって，心神喪失あるいは心神耗弱の状態になることはないと考えられていることから，パーソナリティ障害を原因として責任無能力，あるいは限定責任能力が認められるのはまれなケースである（影山，2006）。これには，「実際的には保安を考慮して完全責任能力者として扱われ」ているという指摘もある（辰沼，1983）。

b. 個人差をどのように考慮して裁くのか

このように帰責する対象を定めたとして，多様な知識・能力・趣向をもった個人を裁く際には，個人差をどのように考慮するかが問題となる場合がある（この問題は民事における損害賠償請求

等でも起こる)。たとえば,視力に少し障害のある人が,通常の視力でやっと見えるほどの小さな字で書かれた注意書きを見過ごして事故を起こした場合,ふつうの視力なら見えるとして罰を与えるのは酷かもしれない。他方で,過失犯(故意にではなく,うっかりしていて他者に損害を与えた場合など)の注意の欠如や違法性の認識(それが法に触れるとは知らなかった場合)の有無を,個人差としてすべて認めるなら,すべての罪は「本人にとっては仕方がなかったこと」になりかねない。法に無頓着な人ほど,違法性の認識がなかったという理由で刑が軽くなるのは問題であろう。よって,法では,一般の人に期待可能な水準を設定して,それにもとづいて判断することがある。これを平均人標準説という(前田,2006)。この平均とは,全人口の統計的な平均値ではなく,より幅をもったものと解されている。ただし,常に平均を念頭に判断がなされるのではなく,行為者に特別の事情がある場合には,行為者本人を基準として期待可能性を考慮する「主観説」「行為者標準説」がとられることもある。

　他方で,このような個人差,個人の特性の問題は,犯罪事実の認定の際には,別の種類の問題になる。犯罪事実を立証するためにふだんの素行・性格の悪さや前科・前歴をもちいることは,一見有効に思えるかもしれない。しかし,犯罪事実そのものを認定するための材料として,性格を証拠として利用すること,つまり被告人はこれまでも同種の犯罪をやっている悪い性格のもち主だから本件犯行もやっているにちがいないという立証を検察官が行うことについて,判例は否定的であり,犯罪の客観的要素は,同種前科以外の他の証拠能力のある証拠によって証明されなければならないとされている(最判昭28.5.12刑集7巻5号981頁;佐伯,1967)。これは,英米法において悪性格証拠(排斥)法則とよばれるものである。

　しかし,客観的行為に争いがない場合に,故意など,主観的要素を立証する場合や(昭41(あ)1409刑集20巻9号1035頁),暴行・傷害や窃盗の常習性を立証する場合(鹿野,2007;柴田,2007),犯行の手口が特殊である場合など「特別の関連性」があると認められた限られた場合にはこのような証明が許される。前者について,森岡(1970)は,「動機形成原因事実(侮辱)は被告人の性格(虚栄心が強い,爆発的性格)が立証されたならば,動機さらには殺意との関連がより明確になる」としている。ただし,このような例外は,常に認められるべきではなく,予断偏見を防止するためにも慎重であるべきだという指摘がある(小松,1970)。実際に,犯罪事実の立証のための証拠としてではないという限定つきで,被告人の性格について言及されることがあるが,その一例として,千葉大チフス事件(1966年)をあげることができる(中川・植村・木口,1994)。この事件では,一見見当たらない犯行の動機の一つの可能性として,被告人の異常性格をあげた。ただし,この事件における性格の扱いについても批判がある(庭山,1981)。

　さらに,証人や被告人の証言・供述の信用性などを争う場合に,その人物の性格を議論の俎上に載せる場合がある(荒川・原島,2009)。また,以前は知的障害や発達障害は,あまり考慮されなかったが,近年では,障害の行動特徴をふまえた判決も見受けられるようになった。たとえばアスペルガー障害のある被告人が犯行を認めるような言動を犯行直後に行ったとしても,障害の特性を考慮すれば,犯行を認める言葉ではないと理解できるとして,無罪が宣告された事例をあげることができる(野呂,2010)。このように事実認定やどこまで個人差を考慮するかという場面

において，性格や個人特性が問題になることがある。

3 ■ パーソナリティを考えるために，法における性格を検討する意義

　本節では，心理学の立場から，民事法領域，刑事法領域のそれぞれについて，法における性格を観察，整理してきた。人格・性格は，民事法領域においては最大限に自由であるように保護され，刑事法領域においては帰責や個人差の考慮という観点で議論されていることが読み取れる。これらは心理学が描く性格とは問題意識も焦点も異なるものである。2つの領域を超える対話と思考は，実世界におけるパーソナリティ心理学の可能性を探索するうえで有効だろう。

◆ 引用文献

阿部謙一．(1977)．性格．上野正吉（編），刑事鑑定の理論と実務：情状鑑定の科学化をめざして（pp.198-209）．成文堂．
荒川　歩・原島雅之．(2009)．刑事事件の判例における「性格」の使用の実際．パーソナリティ研究，17，194-207.
団藤重光．(1990)．刑法綱要総論（第3版）．創文社．
平野龍一．(1966)．刑法の基礎．東京大学出版会．
五十嵐清．(2003)．人格権法概説．有斐閣．
影山任佐．(2006)．人格障害．中谷陽二（編），刑事事件と精神鑑定（pp.202-217）．中山書店．
鹿野伸二．(2007)．常習性(1)：暴行・傷害．小林　充・植村立郎（編），刑事事実認定重要判決50選（下）（補訂版）（pp. 94-104）．立花書房．
川島武宜．(1965)．民法総則．有斐閣．
風祭　元．(2006)．気分（感情）障害．中谷陽二（編），刑事事件と精神鑑定（pp.151-158）．中山書店．
小松正富．(1970)．同種前科による認定．熊谷　弘・浦辺　衛・佐々木史朗・松尾浩也（編），証拠法大系Ⅰ：第1編　証明（pp.164-172）．日本評論社．
Locke, J. (1972). 人間知性論（大槻春彦，訳）．岩波書店．(Locke, J. (1690-). *An essay concerning human understanding.*)
前田雅英．(2006)．刑法総論講義（第4版）．東京大学出版会．
牧野英一．(1949)．刑法総論（第4版）．有斐閣．
森村　進．(1987)．行為責任・性格責任・人格形成責任．法の理論，8，51-109.
森村　進．(1989)．権利と人格．創文社．
森岡　茂．(1970)．情況証拠による認定（主観的要素・殺人の故意）．熊谷　弘・浦辺　衛・佐々木史朗・松尾浩也（編），証拠法大系Ⅰ：第1編　証明（pp. 257-272）．日本評論社．
村井敏邦．(1977)．責任能力．上野正吉（編），刑事鑑定の理論と実務：情状鑑定の科学化をめざして（pp.173-179）．成文堂．
中川武隆・植村立郎・木口信之．(1994)．情況証拠の観点から見た事実認定．司法研究報告書，42(2)，53-55.
難波　宏．(2007)．前科，前歴等と量刑．判例タイムズ，No.1238，28-92.
西村由貴．(2006)．精神鑑定と疾患分類・診断基準．中谷陽二（編），刑事事件と精神鑑定（pp.135-141）．中山書店．
庭山英雄．(1981)．千葉大チフス菌事件と悪性格証拠．西山富夫・井上祐司（編），刑事法学の諸相：井上正治博士還暦祝賀（pp.131-149）．有斐閣．
野呂芳子．(2010)．アスペルガー障害の男性の逆転無罪事例．季刊刑事弁護，64，97-100.
佐伯千仭．(1967)．悪性格と類似事実．法律時報，39(8)，80-86.
桜井　徹．(2009)．人格概念の法思想史的淵源とその変容．井上達夫（編著），現代法哲学講義（pp.27-53）．信山社出版．
柴田秀樹．(2007)．常習性(2)：窃盗．小林　充・植村立郎（編），刑事事実認定重要判決50選（下）（補訂版）

（pp.105-113）．立花書房．
須永　醇．（2010）．意思能力と行為能力．日本評論社．
辰沼利彦．（1983）．異常性格と責任能力．臨床精神医学, **12**, 1121-1126.
米山正明．（2007）．被告人の属性と量刑．判例タイムズ, No.1225, 4-50.

5節　情報メディアの影響

高比良美詠子

1 ■ 情報メディアの役割

　新聞，ラジオ，テレビ，インターネット，携帯電話など，私たちは多種多様な「情報メディア」に囲まれて日常生活を送っている。メディアの定義は研究分野によって異なるが，狭義には，社会的な情報の伝達を媒介する装置およびシステムであると考えられている。なお，メディア評論家として知られるマクルーハン（McLuhan, 1964/1967）は，人間の身体に備わっている諸器官（たとえば，目や耳や手足）を拡大・延長する機能をもったテクノロジーを広義にメディアとよんでいる。この視点に立てば，メディアとは，生身の人間がもつ身体的な制約を乗り越え，それなしでは不可能だった社会情報への到達を可能にする便利な道具だといえる。

　しかし，メディアの利便性が称賛され，社会における利用が広がる一方で，メディアの助けを借りた「間接的な社会接触」の著しい増加に警鐘を鳴らす声もある。そこで本節では，メディアを利用した間接的な社会接触が，個人の特性に及ぼす影響について検討する。

2 ■ 情報メディアの利用状況

　メディア利用の影響について考える前に，「平成18年社会生活基本調査」（総務省, 2006）のデータをもとに，現在の日本のメディア環境について簡単に述べる。この調査は，全国から無作為に選定された世帯の10歳以上の世帯員を対象に5年に1度実施されるもので，さまざまな余暇活動と比較しながら，メディアの利用頻度を把握できる点に特徴がある。

　この調査のB票では，調査者があらかじめ定めた調査日に，回答者が行っていた主な活動をタイムスケジュール形式で自由に記述してもらう（図19.3）。そして，そのなかで余暇活動にあたるものを，調査者側が事後的に，①社会参加・宗教活動，②交際，③教養・趣味・娯楽，④スポーツ，⑤マスメディア利用，⑥休養・くつろぎ，の6種類のカテゴリーに分類し，該当する行動をした人の割合を算出している。その結果，マスメディアの利用は85.9％の人が行っていたが，それ以外の余暇活動は3.9〜31.0％にとどまり，メディア関連の活動が目立った。

　なお，マスメディアの利用には，下位項目として「新聞・雑誌」「テレビ」「ビデオ・DVD」「ラジオ」「CD・カセットテープ」が含まれるが，各メディアの利用者率が1.8〜25.0％であるなか，テレビのみが80.5％と突出しており，一日あたりの平均利用時間も2時間17分と長時間にわたっていた。一日あたりの平均余暇時間が4時間27分であることを考えると，その約半分の時間をテレビ視聴が平均的に占めていることになる。1953年に地上放送が開始された当初，テレビは高級品だったが，現在ではほぼ100％の世帯がカラーテレビを所有している（内閣府, 2012）。多チャ

ネル化やデジタル放送への全面移行など，テレビ利用のあり方は多様性を増しているが，現在でも，テレビはすべての世代にとって最も身近なメディアである。

また，上記にあげたもの以外でよく話題に上るメディアに「テレビゲーム」があるが，これは，③教養・趣味・娯楽のカテゴリーに含まれている。利用者の割合は8.2%だが，他のメディアに比べて若年層の利用が著しい。10～14歳の一日あたりの平均利用時間は54分であり，この年齢層ではテレビ視聴に次ぐ長さである。1983年に家庭用のゲーム機としてファミリーコンピュータ（ファミコン）が発売されてから4半世紀が経過したが，小・中学生（とくに男子）の間でテレビゲームは依然として根強い人気を保ち，日常生活の一部となっている様子がうかがえる。

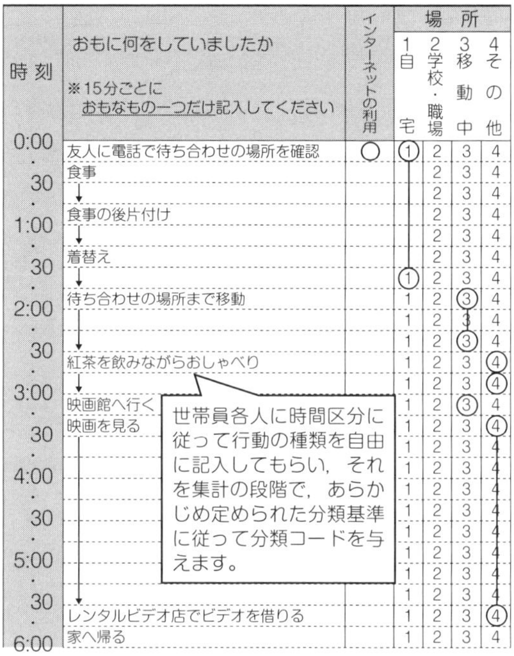

図19.3 平成18年社会生活基本調査「調査B」の記入例（総務省，2006）

一方，「インターネット」に関しては，利用方法の幅が広く，仕事など余暇活動以外での利用も日常化している。そのため，一日のうちに行った主な活動のなかでインターネットを利用したものをすべてチェックするというかたちで利用状況が調査されている（図19.3）。その結果，調査日にインターネットを利用している人の割合は17.6%，一日あたりの平均利用時間は25分であった（インターネット利用者のみに限れば，2時間21分）。日本におけるインターネットの人口普及率（過去1年間でインターネットを利用したことがある人の割合）は，1997年には1割に満たなかったが，2002年末に5割を超え，2011年末には8割近くに達している（総務省，2012）。その間，インターネットに接続可能な端末の種類は増加し，提供される技術やサービスも多様化した。年齢による利用率の差は未だに大きいものの，日常生活を送るうえで，インターネットはますます欠かせない道具になっている。

3 ■ 情報メディアの利用が社会性に及ぼす影響

私たちはさまざまな種類のメディアに囲まれ，それを頻繁に利用しながら日常生活を送っている。メディア利用が個人の特性に及ぼす影響は多岐にわたって検討されているが，一般社会の関心がとくに高いのは，「社会性」に及ぼす影響だろう。社会性とは，広くは「社会が支持する生活習慣，価値規範，行動基準などにそった行動がとれるという全般的な社会的適応性」（繁多，1991）と定義されている。

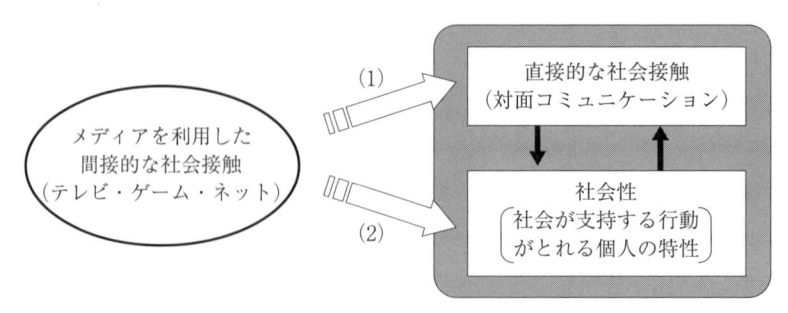

図19.4 社会性の育成に及ぼす間接的な社会接触の影響

　人は社会的動物であり、適切な社会性を身につけることは、社会のなかで快適に暮らすための必須事項である。そのため、私たちは、自分の身体が所属する社会（コミュニティ）で他者と「直接的な社会接触（対面コミュニケーション）」を行うことをとおして、その社会が支持する生活習慣、価値規範、行動基準についての情報を得るとともに、そこでの適切な振る舞い方を学んでいる。

　しかし、各種のメディアが社会のなかに普及していくにつれ、メディアを利用したより「間接的な社会接触」にも、私たちは多くの時間を費やすようになった。そして、メディアを利用した間接的な社会接触の増加は、図19.4に示した(1)と(2)の2種類のルートを通って適切な社会性の形成を妨げるという懸念が表明されている。(1)は、「メディアを利用した間接的な社会接触が増加すると、適切な社会性形成の基となる、身近な人との直接的な社会接触の時間や意欲が減少する」という懸念であり、従来行っていた直接的な社会接触を、メディアを利用した間接的な社会接触に安易に置き換えることの危険性に注目するものである。一方、(2)は、「メディアを利用した間接的な接触において提供される情報が、社会が一般的に支持する生活習慣、価値規範、行動基準と不一致の場合、適切な社会性が形成されない」という懸念であり、メディアが提供するコンテンツをとおして、反社会的な情報にふだんから繰り返しふれることの危険性に注目するものである。そこで以下では、利用量が比較的多く、研究結果も蓄積されている、テレビ、テレビゲーム、インターネットに焦点を当てながら、(1)と(2)の懸念に対する実証研究の結果をまとめる。

a．テレビ視聴の影響

　(1)に関しては、政治学者のパットナム（Putnam, 2000/2006）が、著書である『孤独なボウリング』のなかで、テクノロジー（とくに利用時間が長いテレビ）が社会関係資本に与える影響をまとめて述べている。この著書のなかで、彼は、テレビ視聴（テレビを利用した間接的な社会接触）の時間が長いほど、友人とのインフォーマルな交際や公的な社会活動への参加といった直接的な社会接触が減る可能性を指摘した。なお、このような影響が生じる理由としては、①テレビの視聴時間に多くの時間を割くことで、他の活動に費やす時間がなくなる、②テレビの視聴は人を受動的にする、③テレビが提供する擬似的な対人接触で満足してしまい、生身のかかわりに対する意欲が薄れる、という推測が行われた。彼のこの主張は大きな反響をよび、その後、さまざ

まなかたちで関連研究が行われた。しかし，その結果は必ずしも一貫しておらず，視聴するコンテンツや視聴者の特性によっては，逆に直接的な社会接触が増えるという結果もみられた（小林, 2009）。テレビが提供する娯楽性の高い情報は，他者との直接的な社会接触に費やされるはずの時間を奪う一方で，対面でのコミュニケーションを活性化する話題としても利用可能であり，その影響は一様ではない。

一方，(2)については，暴力映像の視聴が他者に対する攻撃性に及ぼす影響を検討したものが多い。一般のテレビ番組には暴力映像が数多く含まれている（佐渡・坂元・鈴木, 2004）。そして，このような暴力映像の視聴により攻撃性が高まる理由は，社会的学習理論，情報処理アプローチ，マスメディアの強力効果モデル，強力影響・機能モデルなどの知見から説明されている。近年，これらの理論を統合・発展させた包括的な理論として「一般攻撃性モデル」（Anderson & Bushman, 2002）が提案されているが，これによれば，暴力映像にふだんから接することで，攻撃性に関連した知識構造（信念，態度，スキーマ，スクリプト）が形成・強化され，常にそのことが頭に浮かびやすい状態になると考えられる。同時に，暴力映像を繰り返し見ることで慣れが生じ，暴力に対する抵抗感が低くなる。そしてその結果，しだいに攻撃的な特性が強まっていく。

なお，関連研究のメタ分析では，テレビでの暴力映像の視聴が，実際に攻撃性を高める傾向が示されている（Bushman & Huesmann, 2006）。一方，他者との協調や援助の申し出などの行為を含んだ向社会的映像の視聴が，向社会性を促進したという結果もある（Mares & Woodard, 2005）。このように，テレビ視聴が，常に社会性の形成に有害な影響をもたらすわけではなく，その影響のあり方は，提供されるコンテンツによっても大きく変動する。

b．テレビゲーム遊びの影響

(1)については，テレビ視聴と同様の懸念が表明されている。しかし，実証研究の結果をみる限り，テレビゲーム遊びと直接的な社会接触の頻度の間にはほとんど関連性はなく（坂元, 2004），むしろ，テレビゲーム遊びは対人接触への苦手意識（シャイネスなど）を低めるという結果がみられた（梅原・坂元・井出・小林, 2002）。また，小学生から高校生を対象とした実態調査では，テレビゲームは一人で遊ぶより複数で遊ぶほうが好まれており，とくに男子の間では友人とのコミュニケーションツールとして機能していた（木村・大多和, 2002）。これらの結果を総合すると，テレビゲーム遊びが，直接的な社会接触および意欲の減少を引き起こすという明確な証拠は少なく，逆に，対面における相互作用の潤滑油として，一定の役割を果たしている様子がうかがえる。

(2)について考える場合は，テレビと同様に，提供される「コンテンツ」に注目する必要がある。現実とは異なるファンタジーの世界を表現していても，テレビゲームのコンテンツには現実社会に関連する情報がさまざまなかたちで埋め込まれており，そのようなゲームで繰り返し遊ぶことは，個人の社会性に影響を及ぼす可能性がある。そしてメタ分析の結果，暴力映像を含むテレビゲームで遊んだ場合は攻撃性が（Anderson, Shibuya, Ihori, Swing, Bushman, Sakamoto, Rothstein, & Saleem, 2010），向社会的映像を含むテレビゲームで遊んだ場合は向社会性が（Gentile, Anderson, Yukawa, Ihori, Saleem, Ming, Shibuya, Liau, Khoo, Bushman, Huesmann, & Sakamoto, 2009）強まる傾向がみられた。

c．インターネット利用の影響

(1)について，インターネットの普及初期に行われた実証研究では，インターネットの利用（とくにコミュニケーション目的の利用）が多いほど，家族とのコミュニケーション量や，実際に会って話をする地元や遠方の友人の数が減るという結果が示された（Kraut, Patterson, Lundmark, Kiesler, Mukopadhyay, & Scherlis, 1998）。しかし，後続研究では，上記で示されたような悪影響は消失し，逆に，インターネットを使うほど，実際に会って話をする地元や遠方の友人が増え，家族や友人との対面のコミュニケーションも増加するという結果に転じている（Kraut, Kiesler, Boneva, Cummings, Helgeson, & Crawford, 2002）。このような変化が生じた理由としては，インターネットの普及状況や，提供されるサービス内容が急速に向上し，身近な他者との交流を活性化するために，インターネットを効果的に利用できる環境が整ったことがあげられた。

なお，インターネットは，家族や友人など既存の関係の活性化に利用されるだけでなく，直接的な社会接触がない未知の他者との関係形成にも利用されている。そして，インターネットを使った間接的な社会的接触によって新たに構築された関係は，そのまま直接的社会接触をともなう関係に移行することも多い（McKenna, Green, & Gleason, 2002）。また，インターネットを利用して未知の他者と新たな関係を築くことで，対人接触への苦手意識（シャイネスなど）が低減するという効果もみられている（西村，2011）。さらに，インターネットを利用したコミュニケーションでは，相手が自分とは異なる属性をもつことが多いため，自分とは異なる考えや価値観をもつ他者を受容する社会的寛容性が高まるという報告もある（小林・池田，2008）。

このように，インターネットを利用した間接的な社会接触は，直接的な社会接触の機会や意欲を一概に奪うとはいえず，逆に，コミュニケーションの障壁を取り除き，直接的な社会接触を増加させる力を潜在的にもっているといえる。ただし，実生活においてもともと直接的な社会接触を行う機会や意欲に恵まれていた人だけが，このような恩恵にあずかれるという指摘もあり（Kraut et al., 2002），メディアに潜在する力をうまく引き出すためには，一定の条件が必要だと考えられる。

(2)については，テレビやテレビゲームと同様に，インターネット上で提供されている「コンテンツ」が問題になる。近年，インターネットを利用した情報の発信や検索は，ますます容易になってきている。個人のブログ，ソーシャルネットワーキングサービス（SNS），Q＆A型の知識共有サイト，レビューや口コミサイトなど，個人がインターネットを通じて発信した社会情報を共有するサービス（consumer generated media：CGM）が発展し，多くの人に利用されている。しかし，インターネット上に蓄積・共有された知識のなかには，攻撃性，いじめ，偏見・差別，自殺など，社会のなかで問題視されるようなコンテンツも一部に含まれており，このようなコンテンツに繰り返し接触することで，個人の社会性やその基盤となる社会認識のあり方にも影響が出るという指摘がある。たとえば，インターネットの動画サイトなどを多く利用する高校生ほど，援助交際，妊娠中絶，レイプ被害などに関する同年齢の青少年の経験率を高く見積もるという研究結果も報告されている（橿淵・安藤・鈴木・桂・熊崎・坂元，2011）。インターネット上の多種多様なコンテンツが個人の社会性に及ぼす影響については，ポジティブな影響も含め，さらなる

検討が必要だろう。

4 ■ 情報メディア社会における適応のあり方

本節では，メディアを利用した間接的な社会接触が，対面による直接的な社会接触および社会性に及ぼす影響について概観した。日常生活で利用されている各種のメディアは，社会的な情報の伝達を媒介するという点では共通点をもつが，それぞれの機能や普及状況に応じて利用方法やコンテンツに違いがみられる。そのため，メディアの種類別に研究結果が整理されることも多い。しかし，各種のメディア利用と社会性の関係についてしばしば表明される懸念は，メディアの種類を問わず類似性があり，メディアを横断した考察が必要だといえる。

まず，(1)の懸念についてだが，間接的な社会接触の増加が，直接的な社会接触の減少を引き起こすという明確な傾向はいずれのメディアにおいてもみられず，むしろ，間接的な社会接触が，直接的な社会接触をより活性化し，不十分な部分を補うように利用されている様子がうかがえた。間接的な社会接触によって獲得できる情報は魅力的であり，必要なコストも少ないため，その行為にのめり込む危険性がしばしば指摘される。しかし，大多数の人は，直接的な社会接触を，間接的な社会接触に一様に置き換えるという選択はしておらず，間接的な社会接触のみに過度の時間を費やす「メディア依存」に陥る人は，割合としてはわずかであることが示されている。

一方，(2)の懸念については，メディアを利用して得た社会情報が，私たちの社会性にさまざまなかたちで影響する傾向は確かに存在するといえる。ただし，影響の方向性はコンテンツによって異なり，影響の強さはメディアの利用方法や，社会環境，個人の特性などによっても大きく調整されることが，実証研究により明らかにされている。

メディアの利用状況に関する各種の統計データが示すように，現代社会で生きる個人の多くは，メディアを使った間接的な社会接触をさまざまなかたちで行っている。そして，実証研究の結果が示唆するように，現代社会で生きる個人は，間接的な社会接触の影響を多様なかたちで受けている。このように，メディアの利用やメディアからの影響を前提とする「情報メディア社会」のなかで適応的に生きていくためには，メディアを利用した間接的な社会接触を一様に避けるのではなく，その影響のあり方を理解したうえで，上手に利用していくことが強く求められる。自らの身体が到達可能な範囲ではなく，メディアが到達可能な範囲までを自らが生きる社会としてとらえ，そのなかで最適解を模索していく試みが，今後ますます必要になっていくだろう。

◆ 引用文献

Anderson, C. A., & Bushman, B. J. (2002). Human aggression. *Annual Review of Psychology*, 53, 27-51.
Anderson, C. A., Shibuya, A., Ihori, N., Swing, E. L., Bushman, B. J., Sakamoto, A., Rothstein, H. R., & Saleem, M. (2010). Violent video game effects on aggression in eastern and western countries: A meta analytic review. *Psychological Bulletin*, 136, 151-173.
Bushman, B. J., & Huesmann, L. R. (2006). Short-term and long-term effects of violent media on aggression in children and adults. *Archives of Pediatrics & Adolescent Medicine*, 160, 348-352.

Gentile, D., Anderson, C. A., Yukawa, S., Ihori, N., Saleem, M., Ming, L. K., Shibuya, A., Liau, A. K., Khoo, A., Bushman, B. J., Huesmann, L. R., & Sakamoto, A. (2009). The effects of prosocial video games on prosocial behaviors : International evidence from correlational, longitudinal, and experimental studies. *Personality and Social Psychology Bulletin*, **35**, 752-763.

繁多　進. (1991). 社会性の発達とは. 繁多　進・青柳　肇・田島信元・矢澤圭介（編著）, 社会性の発達心理学 (pp. 9-16). 福村出版.

橿淵めぐみ・安藤玲子・鈴木佳苗・桂　留以・熊崎あゆち・坂元　章. (2011). インターネット利用が青少年の性的リアリティに及ぼす影響：高校生を対象とする2波パネル調査. 日本心理学会第75回大会発表論文集, 139.

木村文香・大多和直樹. (2002). テレビゲーム第二世代の意識と生活：大都市における青少年のメディア・ライフに関する調査より. 日本教育社会学会第54回大会発表論文集, 274-277.

小林哲郎. (2009). 地域社会とインターネット. 三浦麻子・川浦康至・森尾博昭（編著）, インターネット心理学のフロンティア：個人・集団・社会 (pp. 218-250). 誠信書房.

小林哲郎・池田謙一. (2008). PCによるメール利用が社会的寛容性に及ぼす効果：異質な他者とのコミュニケーションの媒介効果に注目して. 社会心理学研究, **24**, 120-130.

Kraut, R., Kiesler, S., Boneva, B., Cummings, J., Helgeson, V., & Crawford, A. (2002). Internet paradox revised. *Journal of Social Issues*, **58**, 49-74.

Kraut, R., Patterson, M., Lundmark, V., Kiesler, S., Mukopadhyay, T., & Scherlis, W. (1998). Internet paradox : A social technology that reduces social involvement and psychological well-being? *American Psychologist*, **53**, 1017-1031.

Mares, M. L., & Woodard, E. (2005). Positive effects of television on children's social interactions : A meta-analysis. *Media Psychology*, **7**, 301-322.

McKenna, K. Y. A., Green A. S., & Gleason, M. E. J. (2002). Relationship formation on the internet : What's the big attraction? *Journal of Social Issues*, **58**, 9-31.

McLuhan, M. (1967). 人間拡張の原理：メディアの理解（後藤和彦・高儀　進, 訳）. 竹内書店新社.（McLuhan, M. (1964). *Understanding media : The extensions of man*. New York : McGraw-Hill..）

内閣府. (2012). 消費動向調査（平成24年3月実施調査結果）. 〈http://www.esri.cao.go.jp/jp/stat/shouhi/2012/1203shouhi.html〉（2012年5月30日）

西村陽一. (2011). インターネットとパーソナリティ. 坂元　章（編著）, メディアとパーソナリティ (pp.69-101). ナカニシヤ出版.

Putnam, R. D. (2006). 孤独なボウリング：米国コミュニティの崩壊と再生（柴内康文, 訳）. 柏書房.（Putnam, R. D. (2000). *Bowling alone : The collapse and revival of American community*. New York : Simon and Schuster.）

佐渡真紀子・坂元　章・鈴木佳苗. (2004). テレビ番組における暴力および向社会的行為描写の分析. 日本教育工学会論文誌, **28** (Suppl.), 77-80.

坂元　章. (2004). テレビゲームと子どもの心. メタモル出版.

総務省. (2006). 平成18年社会生活基本調査. 〈http://www.stat.go.jp/data/shakai/2006/index.htm〉（2012年5月30日）

総務省. (2012). 平成23年度通信利用動向調査（報道発表資料）〈http://www.soumu.go.jp/johotsusintokei/statistics/data/120530_1.pdf〉（2012年5月30日）

梅原宣子・坂元　章・井出久里恵・小林久美子. (2002). テレビゲーム使用がシャイネスに及ぼす影響：中学生の縦断データの分析. 性格心理学研究, **11**, 54-55.

6節　医療とパーソナリティ

山﨑晴美

1 ■ 医療改革の流れ

a．医療への社会的要請

欧米では，1970年代以降，医師の患者への対応について問題点が指摘されるようになり，米国医科大学協会（1984/1987）による報告書『21世紀の医師：The GPEP Report』において，21世紀の医療を担う医師を養成する指針が示された。わが国においても，医療における患者への対応が社会問題となり，医療のあり方に対する見直しがなされるようになった。そして，21世紀医学・医療懇談会第1次報告「21世紀の命と健康を守る医療人の育成を目指して」（文部省，1996年）では〈期待される医師像〉として，「人間性豊かで暖かさがあり」，「患者や家族と対話を行い，その心を理解し」，「患者の立場に立って診療を行う」医師を，〈期待される歯科医師像〉として「患者の全身の機能との関連や生活習慣，生活環境などの背景にも配慮する」歯科医師を，〈期待される看護専門職像〉として「人間性豊かで暖かく，生命に対して深い畏敬の念をもつ。対象者やその家族についてよく理解しながら，対象者が自立して自己実現できるよう援助する」看護師を，目標として定めた。これらは，医療者は，患者のパーソナリティ理解のもとに医療を展開すること，そして医療者の養成には，医療者となる者のパーソナリティ発達の支援が求められることを示している。

b．患者中心医療の台頭

前述の医療に対する社会的要請とは別に，1980年代には，臨床を行う医療者からも変革の運動が生じてきた。患者中心医療として知られているものである。スチュワートとウェストン（Stewart & Weston, 1995/2002）によれば，1980年代初め，レーヴェンスタイン（Levenstein, J.）は，それぞれの患者についての事前の知識，そのコミュニティのなかでのそれぞれの疾患の頻度，また，ケア，予防，医師－患者関係の継続性と包括性を重要と考えた。それを技法として確立するために，1,000人の患者との医療面接のやりとりを録音し分析した。その結果，問診の伝統的な方法と，患者が議論したいすべてのことに対する「開かれた質問」とを統合したものが方法として重要であること，効果的な医療面接は患者の関心と期待を引き出せたものであること，一方，効果的でないものは，患者の抱えるいちばんの関心事が何か見出せなかったものであること，を指摘した。そして，患者の関心，恐れ，期待について，また，なぜその日医師のもとを訪れたかの手がかりを聴くように医学生を指導した。この技法を「患者中心」と名づけた。

ウェストンとブラウン（Weston & Brown, 1995/2002）は，レーヴェンスタインが開発し，スチュワートらが発展させた患者中心医療の臨床技法のモデルは，以下の6つの要素からなっていると述べている。

(1) 疾患と病体験の両方を探る：鑑別診断，病の側面（考え，感じ方，期待，機能への影響）
(2) 全人的に理解する：その"人"（生活歴，個人の問題，発達上の問題），文脈（患者の病に巻き込まれ，影響を受ける人々。物理的環境）
(3) 共通基盤を見出す：問題と優先順位，治療の目標，マネージメントにおける医師と患者の役割
(4) 予防と健康増進を組み込む：健康増大，リスク軽減，疾患の早期発見，疾患の影響改善
(5) 患者-医師関係を強化する：治療関係の特性，能力の分かち合い，ケアリングと癒しにもとづいた関係，自己認識，転移と逆転移
(6) 現実的になる：時間，資源，チーム

以上の項目をみると，患者中心医療を実践するためには，医療者にパーソナリティに対する幅広い知識，そして臨床に応用していくための理解と技能が求められることがわかる。

c．医学教育における心理学の位置づけ

アメリカでは，医学教育における行動科学のあり方への見直しも実施され，行動科学，社会科学の教育内容を，「健康と疾病における心身相関」「患者行動」「医師の役割と行動」「医師と患者の相互作用」「ヘルス・ケアにおける社会・文化的問題」「健康政策と経済学」の6つの分野にまとめ，行動科学をプロフェッショナリズム（professionalism）教育の中核に位置づけている（中村，2006）。しかしながら，わが国においては，「我が国の医学教育と欧米の医学教育との大きな違いは『行動科学』教育の存在の有無である」（藤崎，2006）といわれるのが現状である。また，臨床の現場をみても，現代の医療においてチーム医療の重要性が強調されているが，4,000～5,000人といわれる医療関連施設に勤務する心理士のうち，半数は精神医療関連施設に勤務しており，他の身体疾患患者へのメンタルケア体制は遅れていることを鈴木（2008）は指摘している。

2 ■ 患者理解に向けて

a．病気になること

病気になると，体質や根本気分は大きく変わる。ドレイとピショー（Delay & Pichot, 1962/1967）は，ある個人の全人格は，生物学的諸要因と心理学的諸要因の心的結合の結果であり，これら生物学的諸因子は，一般に気質（temperament）という名称のもとにまとめられ，そして，気質を検討していく際には，静的な面と動的な面，形態学（その人の外観）と生理学（生理的機能）とを区別することが有用である，と指摘している。このことは，遺伝的な要因が強く働く気質においても，疾患・加齢・傷害等によって生じる生物学的な変化が生じること，そして，それにともなう心理・社会的変化とともに，パーソナリティのあり方に大きくかかわることを意味している。

岡堂（1987）は，病者の受けるストレスとして，①死に対する不安と恐怖，②身体の一部喪失や機能喪失に対する不安，③家庭・職場からの分離不安，④食事や運動などの制限にともなうストレス，⑤個人的な秘密を知られることへの不安，⑥治療環境からくる心理的ストレス，の6つ

をあげている.すなわち,病者とは,さまざまなフラストレーションや葛藤,ストレスをパーソナリティの中核となる身体と,自己を取り囲む環境の変化から体験している存在なのである.

b. 社会的役割としての病者

病気になると仕事を休み,家では家族の世話になったりする.また,診療所を訪れ受診申し込みをすると患者という新たな人間関係がそこで生じる.病気になると,このような社会的役割の変化が生じることになる.

パーソンズ(Parsons, T.)は,病者を役割としてとらえ,病者役割(患者役割)として以下の4つをあげている.①一時的に社会的役割とそれを遂行する義務を免除される.②すなわち病気となったことに対して責任を問われず,自力で回復する義務から免除される.③病気であることは望ましくないので,回復する努力をしなければならない.④そのためには,専門的援助を求め,患者役割を取得し,医療専門職に協力しなければならない.これらは2つの権利(①②)と2つの義務(③④)からなるものである(高城, 2002).

これに対して的場(1999)は,①急性期の疾患にあてはまるものであるが,これが慢性疾患に移行するとき,たとえば腎疾患の後人工透析を行うようになる場合などにはこのモデルはあてはまらない,②医師が指導し患者が従うという上下関係を前提としている,③文化差や民族差などによる病気の兆候に対する反応の違いを考慮していない,などの問題があることを指摘している.

また,フリードソン(Freidson, E.)は,ラベリング理論にもとづき,生物学的状態の心身の異常は医学でいう客観的実在ではない,その症状が病気とラベリングされるか否か,それがどのような社会的意味をもつかは認識者の側しだいである,としたが,これら2つの理論は,病気を逸脱としてとらえたわけであり,むしろ人口の高齢化や医学の進歩にともない,慢性疾患や障害をもって人生を送る人が増えるにつれて,病気を逸脱としてとらえるのではなく,病気とともに人生を歩むという視点から病者を理解することが求められるようになってきたと述べている(的場, 1999).

c. 医療場面における患者理解

ストラウスは,質的研究によって慢性疾患と共に生きる患者と家族,そして医療従事者はどのように互いに影響されるのか,面接や観察,手記などの質的データから患者の生活のあり方を記述している(Corbin & Strauss, 2008/2012).質的に患者を理解していくアプローチの重要性が広く認められるようになったのである.岡堂(1987)は,比較的急性期の疾患が,これが慢性疾患に移行するとき,たとえば腎疾患の後人工透析を行うようになる場合など,障害者役割に移行していくことを指摘している

鈴木(2008)は,全人的医療に対する国民のニーズの高まりがあるなかで,現代医療の進歩がさまざまな病気の生命予後を大きく改善する一方で,検査や治療にともなう新たなス

表19.2 身体疾患患者におけるうつ病の発症率(鈴木,2008より作成)

悪性腫瘍	20〜38(%)
冠動脈疾患	16〜19
脳卒中	27
認知症	11〜40
糖尿病	24
てんかん	55
血液透析	6.5
HIV感染症	30
甲状腺機能異常	31
多発性硬化症	6〜57
Parkinson病	28〜51
慢性疲労症候群	17〜46
慢性疼痛	21〜32

トレスを生み出していることを指摘している。表19.2は，身体疾患患者におけるうつ病の発症率を示したものである。各疾患でのうつ病の発症率は，身体疾患をもたない人に比較して，かなりの高率を示している。これは，疾病への罹患や治療にともなうストレスが，精神的負担になっていることを示している。

一方，患者の心理状態が身体的疾患にかかわることもある。金（2008）は，患者のうつ状態が糖尿病治療に悪影響を及ぼした症例と，糖尿病の悪化で不安状態に陥った症例を，詳細な記録にもとづいて比較しつつ，それぞれの症例にどのような心理的介入を行ったかを述べている。そのなかで，治療の初期段階から患者のおかれている状況を理解し，起こりうる問題行動を予測し，自己管理能力を向上させる援助こそが，結果的に心理状態の軽減や，QOLの改善につながることを指摘している。

d．患者タイプによる理解

たとえば初診面接などのように，患者のパーソナリティに関する情報が少ない段階でも，医療者は患者に対応せねばならない。しかしながら，どのようなスタンスで目の前にいる患者に対応していくのか医療者のなかで明確にしておかないと，患者に振り回されたり，「やっかいな患者」として距離をとってしまうことになる。そこで，医療者には，面接の初期から患者の言語的，非言語的情報から，ある程度直感的に患者のパーソナリティを推測して対応していくことが求められる。その一つの方法に，いわゆる患者タイプにもとづく患者理解がある。

リーとライザー（Leigh & Reiser, 1980）は，患者が示すフラストレーションや葛藤に対する反応，防衛機制と病者役割のあり方は，パーソナリティを反映していると仮定し，臨床における経験にもとづいて，診療場面での患者のパーソナリティを10のタイプに分類している。これは，それ以降の診療の過程すべてにあてはめていくものではないと述べている。思い込みとなってしまうと患者理解の妨げとなりうることには留意したい。

彼らのあげたパーソナリティ類型と病者役割は以下のとおりであり，患者はいずれかのタイプに分類されるとしている。

(1) 依存的で要求がましい患者（dependent, demanding patients）
(2) きちんとした，自己統制的な患者（orderly, controlling〔obsessive-compulsive〕patients）
(3) 演技的，情動的に振る舞う患者（dramatizing, emotional〔histrionic〕patients）
(4) 辛抱強い自己犠牲的な患者（long-sufferring, self-sacrificing〔masochistic〕patients）
(5) 警戒的で疑い深い患者（guarded, suspicious〔paranoid〕patients）
(6) 優越的に特別な人のように振る舞う患者（superior and special〔narcissistic〕patients）
(7) 引きこみ，ひそやかに振る舞う患者（seclusive, aloof〔schizoid〕patients）
(8) 行動化の傾向がある衝動的な患者（impulsive patients with a tendency to act out）
(9) 気分の変わりやすい患者（patients with mood swings〔cyclothymic〕）
(10) 激しく，不安定な関係性の患者（patients with intense, unstable relationship〔borderline personality〕）

いずれにおいても，医療者は患者に対する理解を行いつつ，患者との適切な心理的距離を保

ち，専門家としてのゆるがぬ態度を保つことが求められていると思われる。彼らは，各タイプがなぜそのような反応を示すのか解説するとともに，医療者のとるべき対応を述べている。どのような対応を行っていくかはタイプによって異なっており，たとえば詳細な説明は，「きちんとした，自己統制的な患者」の信頼を得て治療への協力を得やすくするが，「演技的，情動的に振る舞う患者」では恐怖を引き起こしうることを指摘している。

3 ■ 医療従事者のパーソナリティ

a．医療従事者に望まれるパーソナリティとプロフェッショナリズム

二宮（1993）は，一般の人が暗黙に抱いている「思いやり行動」について，教師，看護師，社会人に対して自由記述で回答を求め検討している。「思いやり行動とは，どんな行動か」「思いやりのある人の行動」であげられた項目に，役割取得，相談助言，気づかい・いたわり，困っている人への援助行動，社会的弱者への援助行動などがあった。なお，看護職では社会的スキル，心理的・身体的に苦痛を与えない，尊重・尊敬があげられていた。また，寄付行動や福祉活動，分与行動はいずれの職種においても思いやり行動としてあげられることはほとんどない。一方，思いやりの欠ける人の行動としては「自分勝手・自分本位の行動」，すなわち相手の立場に立つという役割取得ができていないことを示している。他者にマイナスを与える行動である「心理的・身体的に苦痛を与える」もあげられている。とくに，看護師や社会人では「業務的・機械的に仕事をする」をあげており，仕事をするにしても，社会的スキルをプラスしないと思いやりのある行動として受け取られない。また，教師では「道徳的・社会的ルールが守れない」があげられている。医学教育のなかで「思いやり」を育てる視点は，大学での医学教育での課題といえよう。

コズグローブ（Cosgrove, 2007）は，医学教育におけるさまざまな研究を検討し，プロフェッショナリズムは，（先天的にもっているパーソナリティの部分ではなく）育成し成長させるもので，いったん成長すれば，積極的に発展的に維持されねばならないと述べている。そのうえで，学生が，指導医と安心して話し合える場を設けて内省を促すことが重要であること，指導医から思いやりをもって扱われた研修医ほど，深い思いやりをもって患者に接するようになること，学生にナラティブなアプローチにもとづく医療（narrative medicine）を体験させることが有効との報告があること，を指摘している。

また，学生の具体的な問題行動と，医師となってから問題行動・懲戒との間の関連を指摘した一連の研究も紹介している。アメリカの医学部・医科大学では，これらの問題に対する対応の見直しを始めており，イギリスの医事審議会では，国内すべての医学部・医科大学に対し，学業成績にかかわらずに，卒業生一人ひとりの「医業への適性」を審査し評価するための委員会の設置を指導している。現在，わが国においても，大学教育の現場での品質保証が問われはじめている。医療人の適性をどのように評価するのか，パーソナリティ研究が求められよう。

b．医療事故とパーソナリティ

わが国で医療事故が顕在化したきっかけは，1999年の横浜市立大学医学部附属病院での手術患

者取り違え事故である。その後，医療事故の報道もなされるようになり社会的関心が高まっている。医療安全が心理学でもとりあげられるようになってきた（山内，2007）。しかし，はたして医療事故を起こしやすいパーソナリティというものがあるのであろうか。

安藤（2001）は，事故を起こしやすいパーソナリティ特性として，クロニンジャー（Cloninger, C. R.）の尺度の「新奇性追求」の高い人（衝動性）と「損害回避傾向」の低い人（危険を過小評価する）を指摘している。天野ほか（天野・酒井・酒井，2007）は，病院勤務の看護師790名に対し，過去1年間のインシデント（医療ミス＋ヒヤリハット）の体験を調査し，また，気分状態を把握するPOMS（Profile of Mood States）と，医療現場にあわせて作成したエゴグラムを実施した。インシデント体験の多いもの（H群）と低いもの（L群）を比較すると，①POMSではT-A（緊張・不安感），D（抑うつ感・自信喪失感），A-H（不機嫌・イライラ感）の3尺度でH群が高いこと，②エゴグラムでは，従順・協調性を示すといわれるAC（Adapted Children）の得点が，H群はL群より高く，過剰適応で，自己主張ができず，葛藤を招きやすいのではないかと報告している。

安藤（2001）は，事故の原因を，たんに個人的責任に帰してしまうのではなく，システムの問題としてもとらえること，個人的責任と心理学的な意味での個人的特性の問題とは分けて考え，ヒューマンエラーの個人差の研究がなされるべきであること，それが，スクリーニングによる不当な差別を回避し，各個人の特性にあった研修を行うことにつながること，を示唆している。

最後に，日本性格心理学会第3回大会（1994年）では「医療・福祉従事者に望まれる『性格』とその育成」と題したシンポジウムが開催された。その企画趣旨には，「（性格心理学が）『医療福祉従事者に望ましい性格』の育成，あるいはそうした『性格』を適切に提示する技術の育成の面で，医療福祉従事者の教育に貢献できる可能性がある」とある。

患者のパーソナリティ理解と医療者のパーソナリティ理解は，ともにわが国の医療の水準を上げていくうえで不可欠なものである。今後の研究の発展を期待したい。

◆ 引用文献

天野　寛・酒井俊彰・酒井順哉．(2007)．医療事故防止におけるヒューマンファクターによるインシデントと個人特性の関係分析．パーソナリティ研究，16，92-99．
安藤寿康．(2001)．自然とエラー：性格心理学の立場より．大山　正・丸山康則（編），ヒューマンエラーの心理学：医療・交通・原子力事故はなぜ起こるのか（pp.131-137）．麗澤大学出版会．
米国医科大学協会．(1987)．21世紀の医師：The GPEP Report（（財）医学教育振興財団，監訳）．（財）医学教育振興財団．(Association of American Medical Colleges (AAMC). (1984). Physicians for the twenty-first century. Report of the Project Panel on the General Professional Education of the Physician and College Preparation for Medicine. *Journal of Medical Education* (*Academic Medicine*), 59(11), 1-208.)
Corbin, J., & Strauss. A. (2012). 質的研究の基礎（第3版）：グラウンデッド・セオリー開発の技法と手順（操　華子・森岡　崇，訳）．医学書院（Corbin, J., & Strauss, A. (2008). *Basics of qualitative research : Techniques and procedures for developing grounded theory*. Thousand Oaks : Sage Publications.）
Cosgrove, E. M. (2007). 21世紀米国医学教育の最前線．(*Frontier of medical education of the 21st century in U.S.A.*)．金原出版．
Delay, J., & Pichot, P. (1967). 人格（記述，生物学的因子および社会学的因子）：気質および性格（菊池貞雄，訳）．

医学的視点からの心理学（pp.407-450）．学文社．((Delay, J., & Pichot, P. (1964). *Abrégé de psychologie* (3rd ed.). Pari : Masson.)

藤崎和彦．(2006)．医学教育と語り．江口重幸　斉藤清二　野村直樹（編），ナラティヴと医療（pp.107-112）．金剛出版．

金　外淑．(2008)．糖尿病．鈴木伸一（編著），医療心理学の新展開：チーム医療に活かす心理学の最前線（pp.42-56）．北大路書房．

Leigh, H., & Reiser M. F. (1980). The patient's personality. *The patient : biological, psychological and social dimensions of medical practice* (pp.387-400). New York : Plenum Publishing Corporation.

的場智子．(1999)．病者と患者．進藤雄三・黒田浩一郎（編），医療社会学を学ぶ人のために（pp.22-41）．世界思想社．

中村千賀子．(2006)．卒前医学教育の新しい動向 7：行動科学．日本医学教育学会（編），医学教育白書2006年版（'02〜'06）医学教育別冊（pp.82-87）．篠原出版新社．

二宮克美．(1993)．「思いやり」のある行動とは，どんな行動か：看護婦ならびに社会人の自由記述の分析をとおして．愛知学院大学教養部紀要，**41**(2)，85-97．

岡堂哲雄．(1987)．シリーズ患者・家族の心理と看護ケア：1　病気と人間行動．中央法規出版．

Stewart, M., & Weston, W. W. (2002)．導入（山本和利，監訳）．患者中心の医療（pp.1-10）．診断と治療社．(Stewart, M., & Weston, W. W. (Eds.). (1995). Introduction. *Patient-centered medicine : Ttranceforming the clinical method* (pp.xv-xxiv). Thousand Oaks, California : Sage Publication.)

鈴木伸一．(2008)．現代医療と医療心理学．鈴木伸一（編著），医療心理学の新展開：チーム医療に活かす心理学の最前線（pp.1-6）．北大路書房．

高城和義．(2002)．病人役割．高城和義（著），パーソンズ医療社会学の構想（pp.49-78）．岩波書店．

Weston, W. W., & Brown, J. B. (2002)．患者中心の臨床技法についての概観（山本和利，監訳）．患者中心の医療（pp.29-39）．診断と治療社．(Weston, W. W., & Brown, J. B. (1995). Overview of the patient-centered clinical method. In M. Stewart & W. W. Weston (Eds.), *Patient-centered medicine : Tranceforming the clinical method* (pp.21-30). Thousand Oaks, California, : Sage Publication.)

山内佳子．(2007)．医療事故防止に心理学はどのように貢献できるか．三浦利章・原田悦子（編著），事故と安全の心理学：リスクとヒューマンエラー（pp.212-233）．東京大学出版会．

20章 パーソナリティと文化

1節 パーソナリティと文化

堀 正

　「みんなちがって，みんないい。」——これは，大正12年から昭和3年までのわずか5年間ほどのあいだ活躍し，500編を超える詩を残した金子みすゞが，「わたしと小鳥とすずと」の最後の一行に置いた言葉である。今から80年あまり前に書かれた詩であるにもかかわらず，その輝きを今も失っていない。

　ヒトは社会的動物である。そのなかで家族を形成し，社会，文化を作り上げて生活している限り，その影響を受けることは避けられない。人間が成長していくなかでのパーソナリティ形成も然りである。パーソナリティ形成に文化が及ぼす要因を検討するには，文化人類学での研究を活用する必要がある。

　現代は「情報社会」とよばれ，インターネットを介した情報伝達がますます重要性を増している。マードック（Murdock, G. P.）らによって開発・研究され，世界中のさまざまな民族の社会や文化について書かれた文献を地域・民族別に集めて分類したHRAF（Human Relations Area Files）は，いまではWeb上（http://ehrafworldcultures.yale.edu）で利用できるようになっている。

　本節では，「パーソナリティと文化」研究の歴史を文化人類学と心理学のなかにたどりながら，これまでとは違った立場からの研究を紹介し，現代情報社会のなかでの「パーソナリティと文化」[1] 研究について，一つの方向を提案する。

1 ■ 「パーソナリティと文化」研究の始まりをどこにおくか

　心理学において「パーソナリティと文化」に着目した先駆者はヴント（Wundt, W.）であろう。

彼の著した全10巻の『民族心理学』(Völkerpsychologie, 1900-1920) は，生理学的方法や内観が適用できない領域である高次精神活動の分野についてまとめたものであり，各民族の言語や神話，慣習の調査を通じて，個人の意識を超えた集団的な精神活動を発達史の観点から探求した。

文化人類学での先駆者としては，「アメリカ人類学の父」とよばれるボアズ (Boas, F.) があげられる。彼は「有機体とそうでないものとの相互作用，とりわけ人々の生活とその環境との関係を研究することが重要であると認識した」(Zumwalt, 1988) と述べている。彼は形質人類学，言語学，文化人類学など，さまざまな分野で研究を行い，文化人類学では現代の「文化とパーソナリティ」研究へと橋渡しをしたベネディクトをはじめとして，多くの研究者を育てた。

1920年代にベネディクトさらにはミードによって基礎づけられた「文化とパーソナリティ」研究法は，心理学的な文化研究法としてアメリカ人類学の中心となった。ベネディクト (Benedict, 1934/1973) が提唱した「文化の諸形態」(patterns of culture) という考え方は，個々の文化におけるパーソナリティの歴史的な形成過程を担うものとして文化を特徴づける方法である。

2 ■ 研究の方法と概念の発展

a.「基本的パーソナリティ」と「モーダルパーソナリティ」

カーディナー (Kardiner, 1939) とリントン (Linton, 1936) はベネディクトたちの研究方法が曖昧であるとして，「基本的パーソナリティ構造」という概念を提唱した。これは，育児習慣や家族構造といった「一次的制度」と，宗教，儀式，民間伝承に無意識的に現れる「二次的制度」から成り立っている。

「モーダルパーソナリティ」はデュボアが『アロールの人々』(DuBois, 1961) のなかで使った概念である。デュボアは，この概念が，特性は絶対的なものだとか，ある文化の成員はみな同じパーソナリティ構造をもっていると一般化するのではなく，ある集団で「最もよく出会うタイプ」として性格を表現しているので，基本的パーソナリティ構造より受け入れやすいと考えた。

b. 心理学的人類学の登場

「文化とパーソナリティ」という用語は，文化人類学の分野で1940年頃から20年以上にわたって使われてきた。しかし，スー (Hsu, 1972) は「心理学的人類学」(psychological anthropology) という呼称を用いるよう提案した。その第一の理由は「文化とパーソナリティの研究が社会内の多様性や，その多様性を作り上げるのに文化が果たしている役割を考慮していないこと」であり，第二の理由は「文化とパーソナリティの研究者は精神分析学的な説明に心を奪われ，認知的・生理学的な要因を無視していること」であった。

1970年代から1980年代に心理学的人類学は，人間行動学的あるいは社会生物学的な研究法によって，自然場面における人間行動に焦点を当てはじめた。

c. これまでの研究方法への異議申し立て

現代では，「文化とパーソナリティ」研究に対して多くの異論が唱えられている。その一つとしてシュウェーダー (Shweder, 1991) の指摘は耳を傾ける価値がある。彼は次のように指摘する。

第一に，行動における個人差はきわめて状況依存的で，どの状況にもあてはめられるものではない．第二に，ごく初期の育児習慣から成人の性格を予測することはできない．第三に，文化的な違いが大きければ大きいほど比較可能性は小さくなる．そして第四に，強化子とか「外的」刺激事態などの「客観的」条件によって生体がその環境にどのように適応するかを予測することはできない。さらに続けて彼は，「文化心理学」（cultural psychology）が文化とパーソナリティについて深く考える道を提供するものととらえ，文化的習慣などを「深く記述する」ように求めている。文化に固有の「イーミックな」情報を認めながらも同時に，普遍的な「エティックな」一般化が求められる[2]。パーソナリティは遺伝的影響と環境的影響をともに受けながら形成されることには異論がないであろう。環境的影響のなかで最も重要なものは社会文化的影響である。

d．心理学における文化研究の視点

トリアンデスとスー（Triandis & Suh, 2002）は，心理学のなかに文化的要因を取り込んで研究する際に最も重要な理論的視点は，現地の人々の視点，文化的な視点，比較文化的な視点であると述べている。現地の人々の視点や文化的な視点に立つ心理学者は，ある文化から別の文化に翻訳されたパーソナリティテストは文化的違いを検出できず，歪んだ結果をもたらす可能性があるので，民族誌学的方法論を用いる。比較文化的な視点に立つ心理学者は，文化的に鋭敏な方法で，どの文化でも等しく同一の構成体を測定しようとする。

3 ■ 「パーソナリティ」と「文化」の関係を取り扱った研究の紹介

a．ミードとフリーマンによるサモア研究の違い

アメリカ文化人類学の草創期に，ミードは積極的なフィールドワーク（現地調査）を行って「文化とパーソナリティ」学派の基礎を作った。彼女の研究のなかで有名なものは『サモアの思春期』（Mead, 1928/1976）である。ここでは，現地調査にもとづいて，サモアでは競争も抑圧もなく，性が解放されているので，青年期のストレスや葛藤がないと記述されていた。しかし，この研究方法にはさまざまな問題点が指摘されている。ミードによるサモア研究の方法，得られた結果は次のとおりである。

【方法】研究期間は9カ月（1925年8月～1926年5月）であり，事前にサモア語を十分に習得せずに，当時，アメリカ海軍が統治していた東サモアで，10代後半の現地女性を相手に，片言のサモア語で調査を行った。

【結果】サモア人の間には競争はなく，才能のあるものや早熟なものは仲間の一番遅いものが追いつくまで待たされる。事実上，自殺はなく，屈辱による自殺もない。思春期にも攻撃的衝動や深刻なストレスは生じない。　　　　　　　　　　　　　　（Mead, 1928/1976）

ニュージーランド生まれの文化人類学者フリーマンはミードが作り上げた「サモア観」に批判を加えた。自身が初めてサモアを訪れた1940年時点では，彼はミードの描いた「サモア像」を信じる文化決定論者だった。その後，1940年から1943年までの約3年間にわたって西サモアで現地調査を行い，ミードの報告に反する多くの実例に接して，ミードの知見はサモア全体にあて

はまるものでないことを知り，さらに，再度の現地調査を含む40年間の研究を通じて，『マーガレット・ミードとサモア』(Freeman, 1983/1995)を著した。フリーマンによるサモア研究の方法，得られた結果は次のとおりである。

　【方法】　研究期間は約3年間（1940〜1943年）。西サモアを訪れ，その後，1966年から1968年まで再び現地調査を行っている。サモア人への聞き取り調査，心理テスト，観察を通じて，政治システム，情動反応，育児，社会生活について膨大な資料を集めた。

　【結果】　優れたものが自分より劣るものを待っているということはしない。ひどい怒りのために自殺するものもあり，屈辱による自殺も存在する。子どもは親に服従すべきという慣習がサモアの人々に与えるストレスはたいへん深刻である。　　　　　　　　　(Freeman, 1983/1995)

b．サモア人によるサモア研究

フリーマンによるサモア研究が発表されてからすでに30年ほどが経過している。ここでは，30年にわたってサモア人の教育に携わってきたサモア国立大学教育学部長（当時）アファマサガ(Afamasaga, 2002)による現代サモア研究を一部紹介する。

(1)　時間概念と西欧の時間測定

サモアを含む太平洋地域では「太平洋の時間」について，ときに軽蔑的に，ときに「あきらめ」にも似た寛容さで語られてきた。サモアの学校教育における問題の多くは，西欧の時間測定というイデオロギーや価値にどっぷりつかった時間管理や慣習とかかわっている。

(2)　価値・信念体系

今日のサモアにおける教育は西欧の教育課程や価値に重きをおいているため，サモア人は，こうしたシステムが自国民の文化的価値や信念体系に十分な注意を払っていないと懸念している。サモア人は，価値と信念が実例，経験および人々の実践によって学習され獲得されるべきであると考えている。サモアの若者はあらゆることに対して自分の権利を主張し，集団としての命令・行動様式の基準や伝統的なしがらみに対して異論を唱える。

(3)　自己形成における言語の働き

言語管理は植民地圧迫を特徴づけるものなので，サモア語も公用語となってはいるが，英語がサモアの教授言語になったことは重要である。知識と文化の送受信は言語によって行われるので，言語は階層的な力関係を維持し，「真実」「命令」「現実」という概念を確立する媒体となる。アファマサガは次のような文章を引用している。"O la ta gagana o lo ta faasinomaga" (Aiono, 1997)，これは「われわれのことばは，われわれの遺産であり，われわれの出自であり，われわれがサモア人として存在し，所属するあかしである」という意味である。

(4)　サモア社会とパーソナリティ形成

サモア社会は100人前後を単位とする村落からなっている。これはマタイとよばれる家族制度で，マタイを長として構成される。ここでは，子どもが誰よりも早起きし，家のまわりを掃除するといった厳格なしつけが行われている。キリスト教徒がほぼ100％を占めるサモアでは，キリスト教会が社交と教育の場を提供しており，子どものパーソナリティ形成に大きく貢献している。他方，サモアを含む南太平洋の島国には伝統社会の秩序が残っており，地域社会の成員による互

恵的コミュニケーションによって子どもを社会化する力が維持されている。

　ここで，サモアのカニの物語（Afamasaga, 2002）を引用しよう。中国のカニとサモアのカニが入った籠があった。フィジー人がこの籠をじっと観察していた。中国のカニの籠から1匹のカニが這い上がってくると，あとに続くカニが最初のカニを押し上げて，籠を出ることができた。サモアのカニの籠では，1匹目のカニが上ろうとすると，あとに続くカニがそれを引きずり下ろした。この物語はサモア人と比べたときの中国人の勤勉さを説明しているとされる。

　サモアがまだ世界と密接にはつながっていなかったミードの時代から，フリーマンによる実証的研究がサモアの実像を描き出した時代をへて，現代では，南太平洋地域の国々は互いに緊密な関係をもつようになっており，近くは，ニュージーランド，オーストラリアといった国からも大きな影響を受けている。こうしたなかで，自国の固有文化と外来文化による影響とのはざまで，パーソナリティやアイデンティティの形成に問題が生じている。さらに，高速インターネットが急速に普及している現代にあっては，瞬時に世界規模で情報が共有される状況が生まれている。これは一方で「一つの世界」を作るようにみえるが，他方で，国ごと，民族ごとの多様性，独自性をもたらしている。

c. タイ人によるパーソナリティと価値体系についての研究からみえてくるもの

　ここでは，タイ人の研究者コーミン（Komin, 1990）が都会と田舎に住むタイ人を対象に行った研究から得られた「タイ人のパーソナリティ価値体系」について紹介する。コーミンが得た9つの価値体系は以下のとおりである。

　（1）　自我指向（ego orientation）

　タイ人は自我，独立性，プライドそして威厳の感情を強くもっており，いかなる自我の侵害も許さない。この「自我指向」は，「面子をつぶさない」「批判を避ける」といった鍵となる価値の背後にある基幹的な価値である。「仏教がすべてを説明する」という表面的な方法は現実を見過ごす恐れがある。

　（2）　快適な関係指向（grateful relationship orientation）

　多くのタイ人は誠実で互恵的な関係に縛られている。とりわけ重要なのは「ブンクーン」とよばれる関係で，これは感謝という価値にもとづいている。「ロー・ブンクーン」は，受けた親切を常に心にとどめておくことを意味する。農民はこの価値を第1位としている一方，政府の役人や学生は第4位としている。

　（3）　円滑な対人関係指向（smooth interpersonal relationship orientation）

　タイ人は「他者指向的」な対人関係に価値をおく。この態度が，遠まわしでていねいでひかえめなパーソナリティを好むようにさせている。

　（4）　柔軟な適応指向（flexibility and adjustment orientation）

　タイ人は一途で変わらないことをあまり重要と考えていないので，その結果がときとして「優柔不断」や汚職という行動様式に現れる。

　（5）　宗教−心的指向（religio-psychical orientation）

　タイの全人口の95％が信仰している上座部仏教はタイ人の日常生活に陰に陽に強い影響を与

えている。1981年の態度調査によると，大部分のタイ人（93.6％）が生活のなかで宗教が重要で影響力をもっていると考えており，その影響力はバンコクより田舎で，高学歴層より低学歴層で，富裕層より貧困層で大きい。

(6) 教育・能力指向（education and competence orientation）

タイ人は「知識のための知識」に重きをおいていない。タイ人にとって教育は，社会階層を上ったり，より高い給料や名声を得るための「手段」である。タイ人は内容や実質より形式を重要と考えている。

(7) 相互依存的指向（interdependence orientation）

この価値指向は共同体において協働する精神を反映している。稲作での協力は古くからの習慣で，家の建設，病気の治療，出産そして葬儀においても協力は重要であった。

(8) 楽しさ・満足指向（fun-pleasure orientation）

「微笑みの国」とよばれ，多くのステレオタイプなイメージがまかりとおっているが，こうした話の出所はベネディクトとウェルトフィッシュ（Benedict & Weltfish, 1943）といった人類学者の著作によっている。タイ人が無気力で怠け者で享楽を愛するという（エティックな）一般的結論は意味がない。こうした記述は太平洋諸島の国々の農業社会には一般的にあてはまるが，競争的な都市社会ではもっとあわただしい生活がみられる。

(9) 達成・課題指向（achievement-task orientaion）

この価値指向は，熱心に働くことで成功しようという達成動機によって特徴づけられるヨーロッパ的職業倫理である。この調査では，自分の目標達成は最下位におかれている。タイのビジネスマン，中国系タイ人はこの価値を上位に位置づけているが，例外なくすべてのタイ人はこの価値を，これ以外の社会的関係の価値よりずっと下位においている。しかし，達成価値を低くみているからといってタイ人が熱心に働くことを嫌っているわけではない。タイ社会では，社会的に認められることが成功の背後にある重要な動機なのだ。

4 ■ インターネット時代における「パーソナリティと文化」研究

アメリカのクリントン政権が「情報ハイウェイ」（Information Highway）構想を打ち出したのは1993年であった。その後，日本でも高速インターネット通信網の普及が進められ，現在では，瞬時で1本の映画のデータを地球の裏側に届けられるようになっている。私たちの日常生活でも，YouTubeなどで動画データを数秒でダウンロードできる環境が整っている。まさに自分の部屋にいながらにして世界中の情報を手にすることができ，「アームチェア人類学者」も顔負けの状況が生まれている。外国に出かけることも簡単であり，十数時間あればヨーロッパへもアメリカへも行ける。私たちがこうした恩恵を享受しないのはもったいない。かつての研究者たちが長い時間をかけて蓄積してきた知見に，私たちはいつでもアクセスできる。しかし，その便利さが私たちを真剣な研究や探究の道から遠ざけているのではないだろうか。

筆者は大学・大学院時代に，『文化とパーソナリティ』（祖父江, 1976），『人間と文化の探求』（石

田, 1970), 『文明の生態史観』(梅棹, 1974) など, 文化人類学にかかわる著書にふれる機会が多かった。また, 大学外での研究で国立民族学博物館を何度となく訪問し, 同博物館にあるHRAFを利用することがあった。当時はこうした方法しかなかった。人間がその全体をコントロールできないほどにインターネットをはじめとする情報通信機器が発達するなかで, ひと昔あるいはふた昔も前の手段, つまり, 足を運んで, 実際に人間をじっくり観察するという方法を使って研究するやり方を改めて見直してみる必要があると考えている。

◆ 注

1) 「文化」と「パーソナリティ」という用語を一緒に使用するとき, 本節では, 心理学の立場からは「パーソナリティと文化」, 文化人類学の立場からは「文化とパーソナリティ」と表記する。
2) 「イーミック」と「エティック」: この方法は最初, 言語学において提案された (Pike, 1967)。「イーミック」は言語学の一分野である「音素論」(phonemics) の形容詞形phonemicの"emic"に由来する。イーミックなアプローチとは, ある文化における人の行動を, そこの住民が重要で有意味と考えている構成概念を使って記述する妥当な原理を明らかにしようとするもので, その最も極端なかたちは民族学者に現れている。それに対して「エティック」は, 「音声学」(phonetics) の形容詞形phoneticの"etic"に由来するもので, エティックなアプローチは人間行動の普遍的な法則の探求, 理論をたてる方向に向かう。

◆ 引用文献

Afamasaga, T. (2002). Personal reflections on education in Samoa. In F. Pene, A. M. Taufe'ulungaki, & C. Benson (Eds.), *Tree of opportunity : Rethinking pacific education* (pp.97-101). Fiji : The Institute of Education, University of the South Pacific.
Aiono, F. Le Tagaloa. (1997). *O la ta gagana*. Samoa : Le Lamepa Press.
Benedict, R. (1973). 文化の型 (米山俊直, 訳). 社会思想社 (Benedict, R. (1934). *Patterns of culture*. New York : Houghton Mifflin.)
Benedict, R., & Weltfish, G. (1943). *The races of mankind*. New York : Public Affairs Committee.
DuBois, C. (1961). *The people of Alor*. New York : Harper.
Freeman, D. (1995). マーガレット・ミードとサモア (木村洋二, 訳). みすず書房. (Freeman, D. (1983). *Margaret Mead and Samoa : The making and unmaking of an anthropological myth*. Massachusetts : Harvard University Press.)
Hsu, F. L. K. (1972). *Psychological anthropology*. Cambridge : Schenkman Publishing Company.
石田英一郎. (1970). 人間と文化の探求. 文藝春秋.
Kardiner, A. (1939). *The individual and his society*. New York : Columbia University Press.
Komin, S. (1990). *Psychology of the Thai people : Values and behavioral patterns*. Bangkok : Research Center, National Institute of Development Administration (NIDA).
Linton, R. (1936). *The study of man*. New York : Columbia University Press.
Mead, M. (1976). サモアの思春期 (畑中幸子・山本真鳥, 訳). 蒼樹書房. (Mead, M. (1928). *Coming of age in Samoa*. New York : W. Morrow & Co.)
Pike, K. L. (1967). *Language in relation to a united theory of the structure of human behavior*. The Hague : Mouton.
Shweder, R. A. (1991). *Thinking through cultures : Expeditions in cultural psychology*. Massachussetts : Harvard University Press.
祖父江孝男. (1976). 文化とパーソナリティ. 弘文堂.
Triandis, H. C., & Suh, E. M. (2002). Cultural influences on personality. *Annual Review of Psychology*, 53, 133-160.
梅棹忠夫. (1974). 文明の生態史観. 中央公論社.

Zumwalt, R. L. (1988). *American folklore scholarship : A dialogue of dissent.* Bloomington : Indiana University Press.

2節 文化的自己観

吉田綾乃

　文化心理学は，心の構造やプロセスと文化の習慣や公の意味構造が相互に構成しあう様態を研究する学際的分野である（Fiske, Kitayama, Markus, & Nisbett, 1998；波多野・高橋，1997；柏木・北山・東，1997；北山，1995, 1998ほか）。過去20年の間に，心理学とその近隣領域の研究者が，思考，感情，動機づけといった心理プロセスにおいて「文化」の概念がどのような意味と意義をもっているのかについて精力的な研究を行い，文化心理学は急速に発展してきた（Heine, 2008；Nisbett, 2003/2004；増田・山岸，2010ほか）。

　文化的自己観（cultural view of self）は，スタンフォード大学のヘーゼル・マーカスとミシガン大学の北山忍が，文化的に共有された人（主体）についての概念が，その文化に適応を試みる人々の思考，感情，社会的行動のパターンに反映されているであろうとの考えのもとに提唱した「人（主体）」についての文化的モデルである（Markus & Kitayama, 1991, 1994；北山，1998ほか）。この概念は，「自分とはどのような存在か」という狭い意味で用いられるものではなく，「ある文化において歴史的に作り出され，暗黙の内に共有されている人の主体の性質についての通念」（北山，1998, p.29）という高次の概念である。ある文化のなかで生きている限り，意識されることはまれであるため，「××主義」のような明示的なイデオロギーや価値観とは区別される（北山，1999）。このような文化的に異なる自己観のモデルにもとづいたアプローチは，人々の心理プロセスがなぜ文化によって異なるのかを理解するうえでひじょうに有益な方法であるとみなされ（Oyserman, Coon, & Kemmelmeier, 2002），数多くの文化心理学研究において用いられている。

1 ■ 相互独立的自己観と相互協調的自己観

　マーカスと北山（Markus & Kitayama, 1991）は，文化的自己観を西洋文化で優勢な相互独立的自己観と日本を含む東洋文化で優勢な相互協調的自己観に区別している。図20.1は，マーカスらのモデルを詳細に図式化したものである（増田・山岸，2010）。

　アメリカをはじめとする西洋文化で優勢な相互独立的自己観（図20.1の下）は，自己とは他者や周囲の物事から区別され，切り離された実体であるという信念を中心とした人間観である。自己と他者の境界は明確であり，家族や友人と重なり合う部分はない。そのため，自分の能力や才能，性格や動機などの特性（X）は，周囲と切り離された自己の内部にあるとされる。他者も独自の内的属性によって規定されるため，自己を規定するうえでは，内集団と外集団の差異はそれほど重要ではないとみなされる。一方，日本をはじめとする東洋文化で優勢な相互協調的自己観（図20.1の上）は，自己とは他者や周囲の物事と結びついた，本質的に関係指向的な実体であるという信念を中心とした人間観である。自己と他者の境界は曖昧であり，家族や友人などの他者

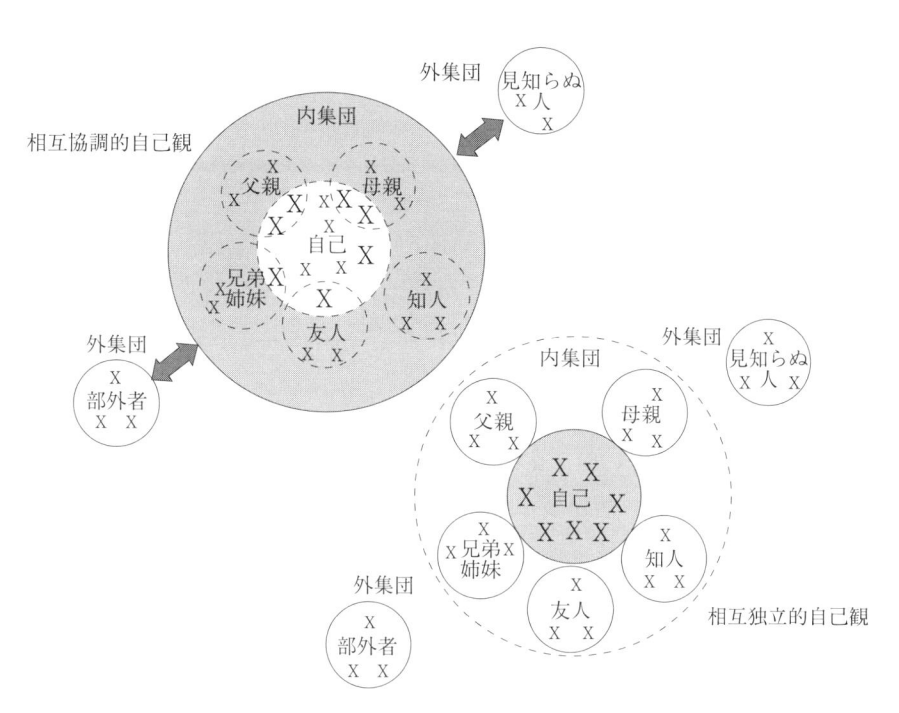

図20.1 相互協調的自己観と相互独立的自己観にもとづく自己のモデル
（増田・山岸, 2010, p.36）

が境界線を越えて自己の枠組みに入り込んでいる。自己の中心的な特性（大きなX）は他者との境界に存在するため，重要な他者の期待に応えることや，自分が属する関係性のなかで求められる役割を果たすことが重視される。また，内集団と外集団では，他者が果たす役割が異なるため明確に区別される傾向がある。高田（2004）は，マーカスらが提唱した相互独立的自己観と相互協調的自己観の主な相違点を表20.1のようにまとめている。文化的自己観の相違が，自己定義だけではなく，人生における課題や他者が果たす役割，自尊心の基盤などの広い範囲に及んでいる

表20.1 相互独立的自己観と相互協調的自己観の主な相違点（高田, 2004, p.137を一部修正）

	相互独立的自己観	相互協調的自己観
定義	社会的文脈から独立	社会的文脈と結合
構造	境界が明確 単一で，安定	柔軟，可変的
重要な特性	内部にあり，私的（能力，思考，感覚）	外部にあり，公的（地位，役割，関係）
課題	ユニークであること 自己を表現すること 内的特性をはっきり認識すること 自分の目標を追求すること 直接的であること： 　自分の考えを表現する	仲間に協調的であること 自分にふさわしい立場をとること 適切に振る舞うこと 他者の目標を援助すること 間接的であること： 　他者の心を読む
他者の役割	自己評価： 　社会的比較や反映的自己評価のために他者は重要	自己定義： 　特定な状況での他者との関係が自己を定義する
自尊心の基盤	自己を表現し，内的特性を認識する能力	協調し，自分を抑え，社会的文脈と和を保つ能力

ことがわかる。

2 ■ 文化的自己観と心理プロセス

多くの実証研究によって文化的自己観が，認知，動機づけ，感情といった高次心理機能に及ぼす影響が明らかになっている（Fiske et al., 1998；Heine, 2008；北山, 1998；増田・山岸, 2010ほか）。その一部を紹介する。

a. 認　知

自己認知の文化差に関する研究は数多く行われている。たとえば，オーストラリア，イギリス，カナダ，スウェーデンなどの西洋文化の人々の自己記述には，個人的なパーソナリティ特性などの心理的特徴を反映した内容が多く認められるのに対して，非西洋文化圏の人々や東アジアの人々の自己記述には，社会的な属性に関する記述が多く認められる（Heine, 2008）。しかしながら，このような自己記述の内容は，「状況」を特定すると異なるパターンを示す。カズンズ（Cousins, 1989）は，「学校での私」のように場面を特定した場合，アメリカ人よりも日本人においてパーソナリティ特性を使った記述が多くなること，金川ほか（Kanagawa, Cross, & Markus, 2001）は，日本人は自己記述を行う場所を変えると記述内容が変化するのに対して，アメリカ人では場所による記述内容の変化が認められないことを見出している。このような結果は，相互独立的自己観が優勢な文化では，自己のさまざまな特性が周囲の状況とは独立したものとしてとらえられているのに対して，相互協調的自己観が優勢な文化では，自己は他者との関係によって規定され，その特性も他者を含む周囲の状況の性質によって変動することを示唆している。

また，他者の行動の原因を推測する場合に生じる，状況要因よりも行為者の内的要因を重視する傾向は「基本的帰属のエラー」とよばれている（Nisbett & Ross, 1980；Ross, 1977）。これまでに欧米文化圏で実施された研究では，他者の行為を観察した場合には，その行為がなぜ生じたのかを説明する明白な状況要因がある場合でも，基本的帰属のエラーが生じることが確認されている（Gilbert & Malone, 1995）。しかしながら，相互協調的自己観が優勢な東アジア人は，内的要因だけではなく，その行為者を取り巻く外的要因に対しても注意を払いやすく，基本的帰属のエラーを起こしにくいことが示されている（Choi & Nisbett, 1998；Masuda & Kitayama, 2004；Miyamoto & Kitayama, 2002ほか）。東アジア人は，行動そのものに注目するのではなく，行動を状況に埋め込まれたものとして認知している可能性が指摘されている。

b. 動機づけ

これまでの研究から，自ら決定することが内発的動機づけを高めることが示されてきた（Lepper, Greene, & Nisbett, 1973）。しかしながら，このような傾向にも文化差が認められることが明らかになっている。たとえば，アイエンガーとレッパー（Iyengar & Lepper, 1999）は，ヨーロッパ系の子どもは，自分で選択した課題には意欲的に取り組むが，母親が選んだ課題に対しては意欲的に取り組まないのに対して，アジア系の子どもは，母親が選んだ課題に対して最も意欲的に取り組むことを見出している。さらに，大石とディーナー（Oishi & Diener, 2003）も，アジア系

アメリカ人や日本人は，親や友人が期待する目標を達成した場合のほうが，自分だけのために目標を達成した場合よりも，満足度が高いことを報告している。このような結果は，相互協調的自己観が優勢な文化では，人々は他者からの期待を「らしさ」として内面化し，そのような内面化された社会的期待に向かって動機づけられている（北山，1998）という指摘と一致していると考えられる。

また，モーリングら（Morling, 2000；Morling, Kitayama, & Miyamoto, 2002）は，アメリカ人は，自ら働きかけて状況を変えようと試みるのに対して，日本人は周囲の状況に合わせるために自分自身を変えようと努める傾向が強いことを報告している。このような文化差は，相互独立的自己観が優勢な文化では，自分の素質や特性を活かすことが自己実現につながるため，自らの好みや価値にもとづいて行動するように動機づけられるが，相互協調的な自己観が優勢な文化では，まわりの人たちとの間に好ましい関係性を作り出すことが自己実現につながるため，周囲の人の好みや価値にあうように努力するように動機づけられるために生じると考えられている。

c. 感 情

文化的自己観と感情経験，幸福感の関連性について，北山ら（Kitayama, Markus, & Kurokawa, 2000；Kitayama, Mesquita, & Karasawa, 2006）は，日本人は，尊敬や親しみなどの人間関係に関連するポジティブな感情と一般的な幸福感，充実感，満足感が関連しているのに対して，アメリカ人は，プライドや優越感といった他者と距離をおくポジティブな感情が幸福感などと強く結びついていることを明らかにしている。また，内田ほか（Uchida, Kitayama, Mesquita, Reyes, & Morling, 2008）は，他者からの援助が人生満足感に与える影響の文化差を検討し，日本人の場合は，他者からの援助が自分の人生に対する満足感をもたらすが，アメリカ人の場合には，他者からの援助によって自分に対する自信が高められた場合にのみ，人生に対する満足感が高まることを見出している。他の人との結びつきを重視する相互協調的自己観が優勢な文化では，人間関係のなかで好ましい結びつきがあることが感じられた場合に幸福感や充実感を感じるが，相互独立的な自己観が優勢な文化では，他者から独立して自分の優位性が感じられたときに，幸福感や充実感を感じることが示されているといえる。

3 ■ 文化的自己観の個人差

文化的自己観は，ある集団の成員に共通する社会的表象であるため，必ずしも個人的・認知的表象ではない（北山，1998）。しかしながら，社会的表象は何らかのかたちで認知的表象に反映されるため，所属する文化にかかわらず人々は相互独立的自己観と相互協調的自己観に即した自己スキーマをもつことができる。2つの自己観の相対的な優勢度によって個人差が生じるという観点から，文化的自己観尺度が開発されている（木内，1995；Leung & Kim, 1997；Singelis, 1994；高田・大本・清家，1996）。モデルから予想された文化間の差異が認められない尺度値も報告されていることから，文化と自己観の関連性に関する前提に対する批判（Matsumoto, 1999）もあるが，日本では，高田ほか（1996）が開発した尺度が各発達段階の調査対象者2万人に対して実施され，

信頼性や妥当性を確認するととともに，文化的自己観が内面化される過程について検討が進められている（高田，1999, 2004）。

4 ■ 最近の研究動向

　最近では，人間の認知の働きを脳機能から説明しようとする認知神経科学のアプローチが文化心理学研究においても取り入れられている。たとえば，ジューほか（Zhu, Zhang, Fan, & Han, 2007）は，コンピュータ画面上に提示されたパーソナリティ特性語が「自分」「自分の母親」「誰もが知っている有名人」にどの程度あてはまるかを判断する課題を遂行しているときのアメリカ人と中国人の脳画像データを分析した。そして，アメリカ人対象者の場合には自分のことについて考えるときのみ，内側前頭前野と前帯状皮質が活性化するが，中国人対象者の場合には，これらの部位が自分だけではなく母親について考える場合にも活性化することを見出している。自分のことについて考えるときに活性化する脳内部位が，自分にとって重要な他者の出来事を考える場合にも同じように活性化することを示すこのような結果は，文化的自己観のモデルが神経科学的な観点からも支持されることを示している。

　また，今後は文化差を抽出するだけではなく，文化内の分散およびその差異の歴史的起源を探ることが不可欠（Nisbett & Cohen, 1996/2009）であり，さらには，文化心理学が提唱する心と文化が相互に構成されていくプロセスそのものを実証的に検討していくことが重要である（増田・山岸，2010）という指摘もなされている。

◆ 引用文献

Choi, I., & Nisbett, R. E. (1998). Situational salience and cultural differences in the correspondence bias and in the actor-observer bias. *Personality and Social Psychology Bulletin*, **24**, 949-960.

Cousins, S. D. (1989). Culture and self-presentation in Japan and the United States. *Journal of Personality and Social Psychology*, **56**, 124-131.

Fiske, A. P., Kitayama, S., Markus, H. R., & Nisbett, R. E. (1998). The cultural matrix of social psychology. In D. Gilbert., S. Fiske, & G. Lindzey (Eds.), *Handbook of social psychology* (pp.915-981). NewYork : McGraw Hill.

Gilbert, D. T., & Malone, P. S. (1995). The correspondence bias. *Psychological Bulletin*, **117**, 21-38.

波多野誼余夫・高橋惠子．(1997)．文化心理学入門．岩波書店．

Heine, S. J. (2008). *Cultural psychology*. New York : W.W. Norton.

Iyengar, S. S., & Lepper, M. R. (1999). Rethinking the value of choice : A cultural perspective on intrinsic motivation. *Journal of Personality and Social Psychology*, **76**, 349-366.

Kanagawa, C., Cross, S. E., & Markus, H. R. (2001). "Who am I?" : The cultural psychology of the conceptual self. *Personality and Social Psychology Bulletin*, **27**, 90-103.

柏木惠子・北山　忍・東　洋（編著）．(1997)．文化心理学：理論と実証．東京大学出版会．

北山　忍．(1995)．文化的自己観と心理的プロセス．社会心理学研究，**10**，153-167．

北山　忍．(1998)．自己と感情：文化心理学による問いかけ．共立出版．

北山　忍．(1999)．文化と心についての実りあるダイアローグに向けて：高野・櫻坂（1997）論文の意義と問題．認知科学，**6**，106-114．

Kitayama, S., Markus, H. R., & Kurokawa, B. (2000). Culture, emotion, and well-being : Good feelings in Japan and the United States. *Cognition and Emotion*, **14**, 93-124.

Kitayama, S., Mesquita, B., & Karasawa, M. (2006). Cultural affordances and emotional experience : Socially engaging and disengaging emotions in Japan and the United States. *Journal of Personality and Social Psychology*, **91**, 890-903.

木内亜紀. (1995). 独立・相互依存的自己理解尺度の作成および信頼性・妥当性の検討. 心理学研究, **66**, 100-106.

Lepper, M. R., Greene, D., & Nisbett, R. E. (1973). Undermining children's intrinsic interest with extrinsic rewards : A test of the "overjustification" hypothesis. *Journal of Personality and Social Psychology*, **28**, 129-137.

Leung, T., & Kim, M. S. (1997). *A revised self-construal scale*. Honolulu : University of Hawaii at Manoa.

Markus, H. R., & Kitayama, S. (1991). Culture and the self : Implications for cognition, emotion, and motivation. *Psychological Review*, **98**, 224-253.

Markus, H. R., & Kitayama, S. (1994). A collective fear of the collective : Implications for selves and theories of selves. *Personality and Social Psychology Bulletin*, **20**, 568-579.

Masuda, T., & Kitayama, S. (2004). Perceived-induced constraint and attitude attribution in Japan and in the US : A case for cultural dependence of the correspondence bias. *Journal of Experimental Social Psychology*, **40**, 409-416.

増田貴彦・山岸俊男. (2010). 文化心理学：心がつくる文化，文化がつくる心（上・下）. 培風館.

Matsumoto, D. (1999). Culture and self : An empirical assessment of Markus and Kitayama's theory of independent and interdependent self-construals. *Asian Journal of Social Psychology*, **2**, 289-310.

Miyamoto, Y., & Kitayama, S. (2002). Cultural variation in correspondence bias : The critical role of attitude diagnosticity of socially constrained behavior. *Journal of Personality and Social Psychology*, **83**, 1239-1248.

Morling, B. (2000). "Taking" an aerobics class in the U.S. and "entering" an aerobics class in Japan : Primary and secondary control in the fitness context. *Asian Journal of Social Psychology*, **3**, 73-85.

Morling, B., Kitayama, S., & Miyamoto, Y. (2002). Cultural practices emphasize influence in the United States and adjustment in Japan. *Personality and Social Psychology Bulletin*, **28**, 311-323.

Nisbett, R. E. (2004). 木を見る西洋人　森を見る東洋人（村本由紀子，訳）. ダイヤモンド社.（Nisbett, R. E. (2003). *The geography of thought*. New York : Free Press.）

Nisbett, R. E., & Cohen, D. (2009). 名誉と暴力：アメリカ南部の文化と心理（石井敬子・結城雅樹，編訳）. 北大路書房.（Nisbett, R. E., & Cohen, D. (1996). *Culture of honor : The psychology of violence in the south*. Boulder, CO : Westview Press.）

Nisbett, R. E., & Ross, L. (1980). *Human inference : Strategies and shortcomings of social judgment*. Englewood Cliffs, NJ : Prentice-Hall.

Oishi, S., & Diener, E. (2003). Culture and well-being : The cycle of action, evaluation, and decision. *Personality and Social Psychology Bulletin*, **29**, 939-949.

Oyserman, D., Coon, H. M., & Kemmelmeier, M. (2002). Rethinking individualism and collectivism : Evaluation of theoretical assumptions and meta-analyses. *Psychological Bulletin*, **128**, 3-72.

Ross, L. (1977). The intuitive psychologist and his shortcoming. In L. Berkowitz (Ed.), *Advances in experimental social psychology* : Vol.10 (pp.173-220). New York : Academic Press.

Singelis, T. M. (1994). The measurement of independent and interdependent self-construals. *Personality and Social Psychology Bulletin*, **20**, 580-591.

高田利武. (1999). 日本文化における相互独立性・相互協調性の発達過程：比較文化的・横断的資料による実証的検討. 教育心理学研究, **47**, 480-489.

高田利武. (2004). 「日本人らしさ」の発達社会心理学：自己・社会的比較・文化. ナカニシヤ出版.

高田利武・大本美千恵・清家美紀. (1996). 相互独立的：相互協調的自己観尺度（改訂版）の作成. 奈良大学紀要, **24**, 157-173.

Uchida, Y., Kitayama, S., Mesquita, B., Reyes, J. A. S., & Morling, B. (2008). Is perceived emotional support beneficial? : Well-being and health in independent and interdependent cultures. *Personality and Social Psychology Bulletin*, **34**, 741-754.

Zhu, Y., Zhang, L., Fan, J., & Han, S. (2007). Neural basis of cultural influence on self-presentation. *NeuroImage*, **34**, 1310-1316.

3節　自己高揚の個人差・文化差と社会的適応

小林知博

1 ■ 自己に関する動機

人が自分についてもつ知識（自己概念）は多岐にわたる。そして，人は自分に関する正しい情報を知ると同時に，できるだけ自分を価値のあるものとしてとらえたいと思っている。これら自己に関する動機には，主に以下の3つがあるとされている（Baumeister, 1998）。

1つ目は，自分の性格や能力について，たとえ悪い情報であっても「正確な」ことを知りたいと思う自己査定動機である。2つ目は，自分について「よい」情報を得たい，自己の現状や将来についてできるだけポジティブに考えたいという自己高揚動機である。3つ目は，よい悪いにかかわらず，「現在もっている自分のイメージと合致する」情報を得たいと思う自己確証動機である。

これらの3つの動機のうち，人は最終的には自己高揚動機を満足させるように，他のさまざまな動機を状況に応じて使い分けているといわれている。自己高揚動機が満足すると，最終的に自分への満足度が上がり，適応しやすいからである（Alick & Sedikides, 2011；Baumeister, 1998）。

2 ■ 自己高揚の種類

さまざまな先行研究において，一般に人は，他者よりも自分を好意的・ポジティブに考えたがるとされている。たとえば，自分は他者よりも適応的な特性をもち（Sande, Goethals, & Radloff, 1988），運転がうまく（Svenson, 1981），よい対人関係に恵まれている（Van Lange & Rusbult, 1995）と考えていることなどが示されている。

このように，人々はさまざまな評価領域において自己高揚（self-enhancement）を行っているが，自己をポジティブに評価する方法には多くの種類がある。ハイネと浜村（Heine & Hamamura, 2007）は，北米人とアジア人の自己高揚を扱った91の研究をレビューし，自己高揚の主な方法を31種類にまとめている。表20.2にそのうちの主なものを10種類示した。

表20.2のなかでも多く研究されている現象にポジティブ幻想（positive illusion）がある。これは，自分の現状や将来について根拠もなくポジティブに歪めて考える傾向であり，大きく分けて3種類がある（Taylor & Brown, 1988）。それらは①非現実的にポジティブな自己評価をもつこと（ポジティブな特徴が現実以上に自分にあてはまると思うこと，表20.2の1），②非現実的楽観視をもつこと（自分の将来をバラ色に描き，よいことはたくさん起こり悪いことは起こらないと思うこと，表20.2の2, 3），③コントロール幻想をもつこと（周囲の環境や出来事に対し，自分が現実で考えられる以上のコントロールをもつと認識すること，表20.2の4），である。

①のなかでも最も単純で数多く研究されている方法として，平均以上効果（または自己－他者

表20.2　自己高揚の主な種類（Heine & Hamamura, 2007より筆者訳，一部改変）

自己高揚を示す効果の名称	①評価方法，②自己高揚と判断される反応
1　平均以上効果（自己−他者バイアス）	①回答者に，a) さまざまな特性について自分自身が同性・同年齢の平均的な他者と比べてどの程度高いと思うかを評定させる（相対評価）。もしくは，b) 自分や平均的な他者がさまざまな特性にどの程度あてはまるかについて，それぞれ評価させる（絶対評価）。 ②自分自身は，平均的な他者よりもポジティブに評価される。
2　将来の出来事の相対的生起確率に関する楽観性バイアス	①回答者に，自分の人生で将来どの程度，リストされたポジティブやネガティブな出来事を経験すると思うかについて，平均的な他者と比べた確率を推測させる（相対的な生起確率の推測）。 ②推測％は50％以上（ネガティブの場合は以下）になる。
3　将来の出来事の絶対的生起確率に関する楽観性バイアス	①回答者に，自分自身と平均的な他者の両方について，人生で将来どの程度，リストされたポジティブやネガティブな出来事を経験すると思うかの確率を推測させる（絶対的な生起確率の推測）。 ②自分自身への推測の方が平均的な他者への推測よりも高く（ネガティブの場合は低く）なる。
4　成功・失敗の原因帰属についての内的（能力への）帰属	①回答者は，自分自身の成功や失敗がどの程度自分自身の能力によるのか，リッカート形式の尺度で回答させる。 ②成功したときには失敗したときよりも内的に帰属する。
5　アカデミック領域における自己高揚	①回答者の自己報告による成績評価と，実際の成績評価のズレをみる。 ②一般的にズレは大きい。
6　自己評価と他者からの評価	①回答者の自己評価と，周囲の人（友人や家族など）から回答者への評価を比較する。 ②回答者の自己評価のほうが高い。
7　成功・失敗経験後の課題への取り組み（粘り強さ）	①成功／失敗後に，回答者がその課題に粘り強く取り組むか。 ②成功の後は長く取り組むが，失敗の後は取り組まない。
8　成績（能力）評価のために必要な情報量	①回答者自身の成績が，あるターゲット人物よりもよいのか悪いのかを判断するまでに必要とする情報量をみる。 ②よい場合は少量で納得し判断するが，悪い場合は多量の情報がないと納得しない。
9　成功と失敗の記憶	①回答者自身の過去の成功や失敗について思い出してリストさせる。 ②成功の記憶のほうが失敗の記憶の数よりも多い。
10　補償的自己高揚	①ある特性について能力が低いというフィードバックを受けた後，回答者がその特性以外の領域について行う自己評価の高さをみる。 ②その特性以外の領域については，補償的に自己評価を高くする。

バイアス）がある（表20.2の1）。これは「あなたの○○の能力は，同性・同年齢の平均的な他者と比べてどの程度高いと思いますか」という質問に対し，多くの人が自分を「上位10％」「上位30％」というように上位50％（平均）以上だと答えるという現象である。論理的には平均以上の人は半数しか存在しえないのに，多くの人が自分自身の能力を平均以上だと回答するという現象は，自己高揚動機の表れだと考えられる。

②は将来についての非現実的な楽観視（表20.2の2, 3）であり，さまざまな領域にわたってみられている。たとえば大学生を対象にした調査で，「大学卒業後に就く仕事を気に入る」や「アルコール依存になる」など幅広い出来事について，「平均的な同じ大学の学生と比べて，自分に

将来起こる程度」を推測させたところ、自分はポジティブな出来事に遭遇しやすく（たとえば、仕事を気に入る確率は他者より1.5倍高く）、ネガティブな出来事には遭遇しにくい（アルコール依存になる確率は他者の半分）と評定されていた（Weinstein, 1980）。

3 ■ 自己高揚の個人差・状況的要因

a. 自尊心

高自尊心者は低自尊心者よりも自己高揚が高いことは多くの研究で示されている。たとえば、低自尊心者と比較して、高自尊心者は、①他者よりも自己のほうがポジティブな特性をもつと考える「自己−他者バイアス」を表出し（表20.2の1；Brown, 1986）、②自分がもつ特性の重要性を高く見積もる一方で、もっていない特性の重要性を低く見積もり（Brown, Dutton, & Cook, 2001）、③自己の成功は自分の能力や努力のお陰であるという内的な帰属を行い、失敗には運が悪かったなど外的な要因に帰属し（表20.2の4）、④ある課題で失敗したときには、それとは別の課題での自分の能力を誇張する（表20.2の10；Baumeister, 1982；Brown & Smart, 1991）などの研究がある。高自尊心者が低自尊心者よりも強い自己高揚バイアスをもつことを示す研究は日本においても多数あり（伊藤, 1999；Kobayashi & Brown, 2003）、文化をとおして一般的にみられる傾向である。

また、高自尊心者は他者と比べて「自分自身」をポジティブ視するという直接的な自己高揚を行うが、低自尊心者は「自己の所属する集団」をポジティブ視するなど、間接的な自己高揚を行うという主張もある（Brown, Collins, & Schmidt, 1988）。

b. 自己愛的パーソナリティ

自己愛的パーソナリティをもつ人（narcissist）は、大げさで誇大的な自己観をもち、自分の価値や優越性を持続的に主張する、という努力を絶え間なく続ける人のことで（Morf, Horvath, & Torchetti, 2011）、強い自己高揚を示すことが知られている。たとえば、自分自身の能力や魅力について現実以上の過大評価をしたり（Bleske-Rechek, Remiker, & Baker, 2008）、新しく出会う人たちに自分自身のすばらしさや優越性を印象づけるような自己呈示を行ったり（Brunell, Gentry, Campbell, Hoffman, Kuhnert, & DeMarree, 2008）、自分の有能性を示すことができるような競争的な機会を探し、そういった課題に積極的に取り組んだり（Wallace & Baumeister, 2002）、恋愛においてはひじょうに魅力的で人気のある者、賞賛を集める者に惹かれる（Campbell, 1999）、などの行動をとることが知られている。彼らは常識的なレベル以上の高さの自己高揚を行い、社会的に適切とされる規範を逸脱することがあるようである。

c. 個人主義、集団主義

集団主義者は個人主義者と比較して、自己評価が正確であるという指摘がある（Balcetis, Dunning, & Miller, 2008）。つまり、個人主義者は本人の行動予測が実際の行動（1週間後の実際の行動）や一般的な平均値と乖離するということである。具体的には、自分が得た報酬を他者に分配する（研究1）、募金をする（研究2）、無礼な行動をとる（研究3）という状況で、個人主義

者は自分が他者に寛大な行動をとる可能性を，実際や一般的な平均値よりも過大評価する一方で，集団主義者は全般的に自己予測が正確であった。

d. 自己への脅威

人は自分がおかれた状況によって自己高揚的な自己評価を行うことを示した研究もある（表20.2の10）。たとえば，課題に失敗するなどして自尊感情に脅威を受けると，人は低下した自尊感情を回復させようとしてより自己高揚を行ったり（Dunning, Leuenberger, & Sherman, 1995），悪いフィードバックを受けた側面（例：知的能力）とは別の側面（例：対人関係能力）で自己高揚を行うことにより，補償的に自己評価を維持しようとする（Brown & Smart, 1991）。

4 ■ 自己高揚の文化差

北米や西欧などの人々と比べ，日本や中国，韓国などの東アジアの人々は自己高揚動機が弱い，またはないという指摘がある（Heine, Lehman, Markus, & Kitayama, 1999）。たとえば，ハイネとリーマン（Heine & Lehman, 1995）は，表20.2の2，3の方法と本節2で示した将来の出来事リストを用い，日本人とカナダ人の大学生の非現実的楽観視の度合いを比較している。その結果，カナダ人は，ポジティブな出来事は他者よりも自分に起こりやすく，ネガティブな出来事は自分には起こりにくいと認識し，高い非現実的楽観視を示した。他方，日本人は，4つある指標のうち3つで非現実的楽観視を示さなかったことから，自己高揚ではなく自己を卑下する傾向があると指摘されている。さらに，日本人は自己の欠点に注目したうえで自己を改善しようという動機づけをもっているという指摘もある（Heine, Kitayama, Lehman, Takata, Ide, Lueng, & Matsumoto, 2001）。

またハイネと浜村（Heine & Hamamura, 2007）は，自己高揚の文化比較を扱った研究レビューから，西洋人と東アジア人，その中間に位置すると考えられるアジア系アメリカ人の自己高揚の度合いを比較している（自己高揚の強さは効果量dという指標で表されているが，効果量は伝統的に，.4以下が「小さい」，.4から.7が「中程度」，.7以上が「大きい」とされている（Cohen, 1988））。その結果，西洋人の効果量は$d=.87$，アジア系アメリカ人が$d=.52$，東アジア人が$d=-.01$であることが示された。つまり西洋人の自己高揚に比べて東アジア人のそれは低く，ほぼ存在しないレベルだといえる。

このような文化差を説明するのに，文化心理学では相互独立性と相互協調性という概念が用いられている（Markus & Kitayama, 1991）。20章2節にも説明があるとおり，欧米文化では相互独立的自己観が優勢で，自己は能力や性格など個人の特性で定義づけられ，自己をポジティブ視することが適応につながる。これに対して，日本を含む東洋文化では，相互協調的自己観が優勢で，人は自分を他者と結びつけて認識し，実際に重要な社会的関係を多くもつことが適応につながる。そのため，東洋文化では人は社会的関係のなかで規範や自分への期待を把握したうえで，自分に足りていない点を発見し修正する必要があり，自己を批判したうえで改善する動機が顕著になるという。

このような，自己高揚は西洋文化では存在するが東洋文化ではほとんど存在しない，という議論とは逆に，自己高揚動機は人間の基本的な動機であるため文化を超えて普遍的に存在し，文化差は自己高揚の有無ではなく種類にあるのだと考える立場もある（Sedikides & Gregg, 2008；Sedikides, Gaertner, & Vevea, 2007）。日本では，外山・桜井（2000, 2001）が，日本人を対象に3種類のポジティブ幻想を詳細に検討し，日本人は相互依存的な側面（調和性や誠実性など）ではポジティブ幻想がみられ，相互独立的な側面（頭の回転が速い，人気があるなど）では逆に自己を非現実的にネガティブにみる現象がみられると指摘している。

セディキデスらや外山らは，西洋人は外見や知性など個人を他者から際立たせる能力において自己の有能性を知覚する一方で，東洋人，とくに相互協調的自己観が優勢である日本人は，調和性や誠実性など，他者との調和をはかるのに必要な能力をもつと知覚するほうが，結果的に集団に受け入れられ，適応的となると指摘している。つまり西洋人も東洋人も，それぞれの文化で受け入れられるかたちでの「戦略的」な自己高揚を行っているという。

このように，自己高揚の文化差を語る際には2種類の視点が存在する（Kitayama, Markus, Matsumoto, & Norasakkunkit, 1997）。1つ目は，文化差が質的・量的に存在するという考えで，日本人は他者の前では謙遜的（自己卑下的）に振る舞うべきだという文化規範を内在化させているのでパーソナリティとして自己卑下的になっており，それが調査回答に表れるというものである。2つ目は，東アジアでは北米とは質的に異なる自己高揚が行われているという考えで，日本人は本心では自己高揚的であるが，日本社会では上記の文化規範が強いため，許されるような状況でのみ自己高揚的になるが，その他の状況では自己卑下的になるというものである。

5 ■ 自己高揚を行うことのベネフィットとコスト

a. ベネフィット

自己評価と適応について，心理学に最も多大な影響を及ぼしたのは，テイラーとブラウン（Taylor & Brown, 1988）である。彼らは多数の研究をレビューし，自己についての非現実的なポジティブ幻想は，一般の人に日常的に行われており，それが①幸福感，②良好な人間関係（社交性が高く，向社会的行動をとりやすく，他者からの人気があり，他者とのトラブルへの対処や孤独感への対処の仕方がうまいなど），③学問・仕事で成功する（より動機づけが高く，ねばり強く，目標を見据え，計画的で，実際の成績もよい），などの精神的健康の指標とポジティブに関連していることを明らかにした。

b. コスト

他方，自己高揚がかえって不適応を招くことを示す研究も存在する。たとえば，自己高揚が高い人は，短期的にはひじょうにポジティブな自己呈示によって他者との関係が良好になるという効果があるが，長期的には他者との人間関係がうまくいかず不適応になるという指摘がある（Robins & Beer, 2001）。また自己評価が高い者は，その評価が脅威にさらされたとき，他者に対して攻撃的になり（Baumeister, Smart, & Boden, 1996），その結果他者から嫌われる（Heatherton

& Vohs, 2000）ことを示した研究もある。

c. まとめ

最近の研究では，自己についての評価は過大すぎても過小すぎても，将来のパフォーマンスを相対的に低下させることが指摘されている。キムほか（Kim, Chiu, & Zou, 2010）の研究では，実験参加者は知的能力のテストを受けて成績の予測を自己評価し，後日，実際の成績と比較された。そして，平均よりも 1 標準偏差高い成績をとっているのに予測が低い群（自己卑下群）と，逆に平均よりも 1 標準偏差低い成績をとっているのに予測が高い群（自己高揚群）は，実際の学力（大学での総合成績を示すGPA得点）が低いことが示された。また，大学の期末試験を用いて，本人の予測と実際の試験の点数から自己高揚群と自己卑下群を抽出し，両群の学生は，それ以外の学生と比べて主観的幸福感が相対的に低いことも示されている。

このように，あまりに極端な自己高揚や自己卑下は長期的に対人関係で嫌われたり，努力をしないことにより成績が下がるなど不適応につながるが，適度な自己高揚はどの社会でも望ましいとされており，社会規範内の自己高揚を行うことは，その個人の適応を導くものと考えられる。

◆ 引用文献

Alick, M. D., & Sedikides, C. (Eds.). (2011). *Handbook of self-enhancement and self-protection*. New York: Guilford Press.

Balcetis, E., Dunning, D., & Miller, R. L. (2008). Do collectivists know themselves better than individualists? Cross-cultural studies of the holier than thou phenomenon. *Journal of Personality and Social Psychology*, **95**, 1252-1267.

Baumeister, R. F. (1982). Self-esteem, self-presentation, and future interaction: A dilemma of reputation. *Journal of Personality*, **50**, 29-45.

Baumeister, R. F. (1998). The self. In D. T. Gilbert, S. T. Fiske, & G. Lindzey (Eds.), *The handbook of social psychology*: Vol.1 (4th ed., pp.680-740). New York: McGraw-Hill.

Baumeister, R. F., Smart, L., & Boden, J. M. (1996). Relation of threatened egotism to violence and aggression: The dark side of high self-esteem. *Psychological Review*, **103**, 5-33.

Bleske-Rechek, A., Remiker, M. W., & Baker, J. P. (2008). Narcissistic men and women think they are so hot: But they are not. *Personality and Individual Differences*, **45**, 420-424.

Brown, J. D. (1986). Evaluations of self and others: Self-enhancement biases in social judgments. *Social Cognition*, **4**, 353-376.

Brown, J. D., Collins, R. L., & Schmidt, G. W. (1988). Self-esteem and direct versus indirect forms of self-enhancement. *Journal of Personality and Social Psychology*, **55**, 445-453.

Brown, J. D., Dutton, K. A., & Cook, K. E. (2001). From the top down: Self-esteem and self-evaluation. *Cognition and Emotion*, **15**, 615-631.

Brown, J. D., & Smart, S. A. (1991). The self and social conduct: Linking self-representations to prosocial behavior. *Journal of Personality and Social Psychology*, **60**, 368-375.

Brunell, A. B., Gentry, W. A., Campbell, W. K., Hoffman, B. J., Kuhnert, K. W., & DeMarree, K. G. (2008). Leader emergence: The case of the narcissistic leader. *Personality and Social Psychology Bulletin*, **34**, 1663-1676.

Campbell, W. K. (1999). Narcissism and romantic attraction. *Journal of Personality and Social Psychology*, **77**, 1254-1270.

Cohen, J. (1988). *Statistical power analysis for the behavioral sciences* (2nd ed.). Hillsdale, NJ: Lawrence Erlbaum Associates.

Dunning, D., Leuenberger, A., & Sherman, D. (1995). A new look at motivated inference: Are self-serving theories of success a product of motivational forces? *Journal of Personality and Social Psychology*, **69**, 58-68.

Heatherton, T. F., & Vohs, K. D. (2000). Interpersonal evaluations following threats to self : Role of self-esteem. *Journal of Personality and Social Psychology*, **78**, 725-736.

Heine, S. J., & Hamamura, T. (2007). In search of East Asian self-enhancement. *Personality and Social Psychology Review*, **11**, 1-24..

Heine, S. J., Kitayama, S., Lehman, D. R., Takata, T., Ide, E., Lueng, C., & Matsumoto, H. (2001). Divergent consequences of success and failure in Japan and North America : An investigation of self-improving motivations and malleable selves. *Journal of Personality and Social Psychology*, **81**, 599-615.

Heine, S. J., & Lehman, D. R. (1995). Cultural variation in unrealistic optimism : Does the West feel more invulnerable than the East? *Journal of Personality and Social Psychology*, **68**, 595-607.

Heine, S. J., Lehman, D. R., Markus, H. R., & Kitayama, S. (1999). Is there a universal need for positive self-regard? *Psychological Review*, **106**, 766-794.

伊藤忠弘. (1999). 社会的比較における自己高揚傾向：平均以上効果の検討. 心理学研究, **70**, 367-374.

Kim, Y., Chiu, C., & Zou, Z. (2010). Know thyself : Misperceptions of actual performance undermine achievement motivation, future performance, and subjective well-being. *Journal of Personality and Social Psychology*, **99**, 395-409.

Kitayama, S., Markus, H. R., Matsumoto, H., & Norasakkunkit, V. (1997). Individual and collective processes of self-esteem management : Self-enhancement in the United States and self-depreciation in Japan. *Journal of Personality and Social Psychology*, **72**, 1245-1267.

Kobayashi, C., & Brown, J. D. (2003). Self-esteem and self-enhancement in Japan and America, *Journal of Cross-Cultural Psychology*, **34**, 567-580.

Markus, H. R., & Kitayama, S. (1991). Culture and the self : Implications for cognition, emotion, and motivation. *Psychological Review*, **98**, 224-253.

Morf, C. C., Horvath, S., & Torchetti, L. (2011). Narcissistic self-enhancement : Tales of (successful?) self-portrayal. In M. D. Alicke & C. Sedikides (Eds), *Handbook of self-enhancement and self-protection* (pp.399-424). New York : Guilford Press.

Robins, R. W., & Beer, J. S. (2001). Positive illusions about the self : Short-term benefits and long-term costs. *Journal of Personality and Social Psychology*, **80**, 340-352.

Sande, G. N., Goethals, G. R., & Radloff, C. E. (1988). Perceiving one's own traits and others' : The multifaceted self. *Journal of Personality and Social Psychology*, **54**, 13-20.

Sedikides, C., Gaertner, L., & Vevea, J. L. (2007). Evaluating the evidence for pancultural self-enhancement. *Asian Journal of Social Psychology*, **10**, 201-203.

Sedikides, C., & Gregg, A. P. (2008). Self-enhancement : Food for thought. *Perspectives on Psychological Science*, **3**, 102-116.

Svenson, O. (1981). Are we all less risky and more skillful than our fellow drivers? *Acta Psychologica*, **47**, 143-148.

Taylor, S. E., & Brown, J. D. (1988). Illusion and well-being : A social psychological perspective on mental health. *Psychologial Bulletin*, **103**, 193-210.

外山美樹・桜井茂男. (2000). 自己認知と精神的健康の関係. 教育心理学研究, **48**, 454-461.

外山美樹・桜井茂男. (2001). 日本人におけるポジティブ・イリュージョン現象. 心理学研究, **72**, 329-335.

Van Lange, P. A. M., & Rusbult, C. E. (1995). My relationship is better than-and not as bad as-yours is : The perception of superiority in close relationships. *Personality and Social Psychology Bulletin*, **21**, 32-44.

Wallace, H. M., & Baumeister, R. F. (2002). The performance of narcissists rises and falls with perceived opportunity for glory. *Journal of Personality and Social Psychology*, **82**, 819-834..

Weinstein, N. D. (1980). Unrealistic optimism about future life events. *Journal of Personality and Social Psychology*, **39**, 806-820.

4節 社会的スキルの個人差・文化差

毛　新華

1 ■ 社会的スキルの用語および定義

「社会的スキル」という用語は英語のsocial skillsから翻訳されたものである。「社会的スキル」という語以外に,「対人的技能」「社会(的)技能」「社会(的)技術」とも訳されている。心理学の辞書(『社会心理学小辞典』〔有斐閣〕や『改訂 新版社会心理学用語辞典』〔北大路書房〕)では,「社会的スキル」と「ソーシャルスキル」いずれかの表記が採用されている(相川, 2009)。

「社会的スキル」の定義は,数多く存在している。相川(2000, 2009),堀毛(1990)やメリルとジンペル(Merrell & Gimpel, 1998)は,1970年代と1980年代に欧米を中心に出された社会的スキルの定義を整理した。それによると,社会的スキルの定義は,主に「行動とみなしているもの」と「能力とみなしているもの」に大別される。また,堀毛(1990)は,それ以外にも「認知的・情報処理的にとらえるか,行動的な側面を重視するか」と,「プロセスとしてとらえるか,行動要因の集合としてとらえるか」という対比を含むことを指摘している。さらに,近年では,対人場面で用いられる認知・感情・行動からなる一連の「過程」として定義されることも多い(相川, 2009)。

日本でも欧米と同様に,社会的スキルは「能力」と「行動」の2つの側面から定義されている。「能力」の側面に着眼した定義としては,「自分の価値を高めるとともに,対人関係の円滑さを促す基礎能力」(大坊, 1991)や,「他者に好かれる能力」(堀毛, 1986)などがある。一方,「行動」の側面に着眼した定義としては,「人が対人関係を円滑に開始する,あるいは対人関係を維持するために,相手に効果的に反応する際に用いられる言語的,非言語的な行動レパートリー」(相川・佐藤・佐藤・高山, 1993)や「対人関係を円滑に運ぶために役立つスキル」(菊池, 1988)などがあげられる。

このように,「社会的スキル」の定義を一つにまとめるのはかなり困難なことといわざるをえない。その理由として,内容が複雑であることや研究領域が多岐にわたること,そして対人的相互作用場面の変数が入り乱れていることがあげられる(相川, 2009)。

「社会的スキル」と類似した用語として,「対人的コンピテンス」(interpersonal competence)や「社会的コンピテンス」(social competence)などがある。研究者の間では,「スキル」と「コンピテンス」をほぼ同様な意味で用いる立場(Michelson, Sugai, Wood, & Kazdin, 1983)もあれば,明確に区別する立場もあり,区別の仕方はさまざまである。たとえば,「コンピテンスが上位概念,スキルが下位概念」,あるいは「コンピテンスがスキルを作り出す」のように,両者が上下関係(和田, 1991, 1992；菊池・堀毛, 1994a；柴田, 1993)ないし包含関係(Trower, 1982)にあるとする考え方もあれば,「コンピテンスが認知的側面を強調したもの,スキルが具体的な行動的側面を

強調したもの」(相川, 1996) のように, 認知と行動の次元で区別する考え方もある。そのほかにも,「コンピテンスが課題遂行結果に対する他者の評価, スキルが課題を遂行する能力」(McFall, 1982) のような区別の仕方もある。

2 ■ 社会的スキルの内容および個人差

社会的スキルの定義で述べたように, 社会的スキルの内容が多岐にわたり, 社会的スキルを構成する内容は研究者の考え方や焦点が当てられた場面に依存する。さらに, 社会的スキルを100項目からなるリストにまとめる試み (菊池・堀毛, 1994b) まで存在する。ここでは, いくつかの代表的な社会的スキル尺度を紹介することを通して, 社会的スキルの内容を明らかにし, あわせて内容の個人差について検討する。

フリードマンほか (Friedman, Prince, Riggio, & DiMatteo, 1980) は, コミュニケーションにおける感情表出の視点から, Affective Communication Test (ACT) を作成し, 大坊 (1991) はそれを日本人に適用した。ACT は非言語的な感情の表出性の側面から, 社会的スキルを「注目・積極性」「感情表出」「抑制」という3つの主成分で説明している。一方, 堀毛 (1991, 1994a) はコミュニケーションの記号化と解読の過程に注目し, ENCODE-DECODE (ENDE) 尺度およびその短縮版ENDE2 尺度を作成した。ENDE2 では, 男性と女性から異なる社会的スキルの内容が得られた。男性には「解読」「感情表出」「記号化」「自己抑制」という4因子, 女性には「解読」「統制」「記号化」という3因子があることが明らかとなった。

上記の2つの尺度より, 社会的スキルの内容をコミュニケーションの観点からとらえると,「表出」・「解読」という能力が代表的なものであるといえる。これらの能力については, 男性より女性のほうが高い (大坊, 1991 ; 堀毛, 1991) とされている。また, 表出能力と解読能力との間の相関関係が高く (中村・益谷, 1991), 自分を売り込む能力と他者を理解する能力は連動していると考えられる。さらに, 非言語的な表出能力は, 社会的外向性や自尊心などと正の相関関係があり, 対人不安とは負の相関関係をもっている (大坊, 1991)。「表出」・「解読」の内容はともに向社会的行動 (他人を助けることや他人に対して積極的な態度を示す行動) との間に正の相関関係をもっている (堀毛, 1991)。

ゴールドシュタインほか (Goldstein, Sprafkin, Gershaw, & Klein, 1980) は「若者のための社会的スキル」というリストを作成した。このリストは社会的スキルを「初歩的なスキル」「より高度なスキル」「感情処理のスキル」「攻撃に代わるスキル」「ストレスを処理するスキル」「計画のスキル」という6つのカテゴリーに分類している。このリストにもとづき, 菊池 (1988) は, 社会的スキルの全般を代表する18項目からなる Kikuchi's Social Skills Scale 18 items (KiSS-18) を作成した。

KiSS-18は多くの研究に採用されており, KiSS-18が示す社会的スキルの内容について大いに検討されている (菊池, 2007)。さまざまなKiSS-18の研究成果を総括した結果, この尺度から, 社会的スキルは「問題解決」「トラブル処理」「コミュニケーション」といった因子によって構成

されることがわかった（菊池，2007）。また，尺度の得点は個人属性に左右されることも知られている。性別による差はないが年齢による差は認められている。高校生，大学生，成人の得点の比較（菊池，1998），そして，20代から50代までの男性を10歳ごとの世代に分けた得点の比較（菊池・田中，2007）では，尺度得点の平均値が年齢の上昇とともに高くなっている。大学生を対象とした検討では，将来就く仕事が頻繁に人間関係にかかわるような専攻（たとえば，看護，福祉など）の大学生の得点は，将来にコンピュータ，機械などを仕事の対象とする理工系専攻の大学生より高い（菊池，2003）。さらに，KiSS-18での得点の高低はパーソナリティ（矢田部・ギルフォード性格検査）と関係することも明らかとなっている。具体的に，KiSS-18の得点は，一般的活動性，支配性，社会的外向性と正の相関関係，一方，抑うつ性，回帰的傾向，劣等感，神経質などとは負の相関関係を示している。すなわち，社会的スキルの高い人は心身両方の活動性が高く，対人関係に積極的で，人とのかかわりを好む傾向があると同時に，気分がはっきりしなかったり，気持ちがよく変わったり，劣等感に悩まされたり，神経質でいらいらしたりすることが少ないことを意味する（菊池，1988）。KiSS-18の得点はまた行動指標とも関係する。たとえば，田中（2003）は，KiSS-18の得点が高い人は会社内でソーシャルサポートを多く得られ，職場で起こるストレスへの対処がうまくできると結論づけた。和田（2000）では，KiSS-18の得点の高い大学生は，より性行動に成功するという結果が得られた。

3 ■ 社会的スキルの効果性と適切性および文化との関係

「円滑な対人関係」という目的を実現するには，社会的スキルの「効果性」（effectiveness）と「適切性」（appropriateness）への考慮が重要である（Bochner & Kelly, 1974）。

「効果性」とは，対人行動の過程において，相手との関係における目標を達成する度合いを表す。これに対して，「適切性」とは，その対人行動が相互作用にまつわる社会的ルールに合致している度合いを意味する（Reardon, 1987）。すなわち，効果性は報酬を求め，罰を回避するという自己欲求充足（個体内適応）の次元であり，適切性は周囲との折り合い（個体間適応）の次元である。両者のバランスがどのようにとれるかにより，社会的スキルの高さが決まってくる（高井，1996；相川，2009）。これらの2つの次元のうち，目標達成を目的とする「効果性」よりも，スムーズさを求める「適切性」のほうが文化との関連が深い。「適切性」はある特定の国や文化の枠内で重要な意味をもつことになる。たとえば，「個人主義文化」（Triandis, 1995）かつ，「低コンテキスト文化」（Hall, 1976）とされるアメリカで生活するには，自己を大事にし，物事をはっきり主張するスキルが最も重要であるといわれている（高井，1994）。しかし，まわりの人との協調や曖昧性を大事にする「集団主義文化」，そして「高コンテキスト文化」の日本においては，アメリカで是とするスキルが必ずしも望ましいものであるとは考えられない。日本でアメリカ的スキルを発揮することによって，日本人に自己中心的な者とみなされ，自分と他者との関係を断ち切られる危険性がもたらされる。すなわち，特定の国や文化でより高度な対人関係を構築するには，「ご当地」の歴史や風土に育まれた「スキル」のほうがより重要なのである。

4 ■ 社会的スキルの文化差

　社会的スキルの効果性と適切性の検討をとおしてわかったように，社会的スキルは，ある国・文化のなかでしか意味をもたない場合が多々ある。したがって，「ある文化に特有」という視点から社会的スキルを検討しなければ，完全な社会的スキル像がみえてこない。ベリー（Berry, 1969, 1989）の提唱するemic-etic（イーミックとエティック）アプローチ（人間の行動や社会現象などを，文化独自性の観点と文化普遍性の観点に分けて理解する）は社会的スキルの「ある文化に特有な部分」と「どの文化にも共通的な部分」を検討するのに有効な方法である。

　前述したACTやKiSS-18などの尺度はアメリカ文化，日本文化，さらに中国文化での検討から，一貫した見解が得られており，社会的スキルの文化共通的な尺度といえる（Mao & Daibo, 2006；毛・大坊，2012）。ここでは，社会的スキルの「文化に特有な」視点から，文化的背景を考慮した社会的スキルの尺度をいくつか紹介し，社会的スキルの文化差について考えたい。

　堀毛（1987, 1988）は，日本人が他者に対して否定的な意見・感情を表出せず，誰とでも円滑な関係を保てることを重視する「人あたりの良さ」の傾向をとりあげ，「人あたりの良さ尺度（HIT-44）」を作成した。堀毛（1994b）によれば，この尺度は「同調性」「素直さ」「自己抑制」「解読」「客観性」「印象管理」「情緒安定」「打ち解け」「機知性」の9つの因子で構成されており，「同調性」「素直さ」「自己抑制」の3つの因子には日本的なコミュニケーションの特徴がよく現れている。さらに，9つの因子は2次因子分析によって3つのカテゴリーに集約することができ，この3つのカテゴリーはリッギオ（Riggio, 1986）の指摘した「記号化」「解読」「感情統制」というスキルの種別と対応しているとされる。つまり，サブスキルとしてとらえる具体的な行動（9つの因子）には文化の影響がみられ，基本にあるメタスキルの構造（集約された3つのカテゴリー）は文化的な共通性をもっているとされる。日本人を対象とするこの尺度には，年齢とともに得点が高くなる傾向がある。また，行動レベルでは，向社会的行動と正の相関関係をもっている。

　日本人の社会的スキルに焦点を当てるもう一つの検討として，高井・太田（Takai & Ota, 1994）が開発したJapanese Interpersonal Competence Scale（JICS）があげられる。この尺度は日本人論に関する諸研究から由来する「日本的」対人行動のまとめを参考に作成された。日本人の対人的能力を，間接的メッセージを認知する能力に関する「察知能力」（perceptive ability），本当の感情を隠し，自己主張を抑える「自己抑制能力」（self-restraint），目上の人との適切な相互作用ならびに言語使用に関する「上下関係への調整能力」（hierarchial relationship management），感覚的メッセージの操作に関する「対人感受性」（interpersonal sensitivity），曖昧な態度を必要とする相互作用スキルに関する「曖昧さへの耐性」（tolerance for ambiguity）という5つの因子にまとめた。

　JICSでは，男性が女性より「対人感受性」の得点が高い。社会的経験による差については，学生より社会人が尺度全体の得点および「自己抑制能力」「上下関係への調整能力」「対人感受性」因子の得点が高い。「曖昧さへの耐性」因子においては，学生の得点が高い。また，年齢を10代

から60代以上といった10歳ごとの年代別に区切ったグループの比較では，尺度全体の得点および「察知能力」「自己抑制能力」「上下関係への調整能力」「対人感受性」因子の年齢による主効果が認められ，年齢が高いほど，因子の得点が高い。このような結果から，社会的スキルは，社会経験が増えるにつれて熟達されていくこと，そして日本社会の西洋化が進み，若者の「日本人らしさ」が徐々に失われている（高井，1996）ことが考察されている。また，この尺度は前述した文化共通的な社会的スキル尺度のACTやKiSS-18と高い正の相関関係を示している。

同じemic-eticアプローチを用いて，毛・大坊（2005），毛・大坊（Mao & Daibo, 2006）では，「和」や「仁」などの考え方のもとに，中国人大学生の社会的スキルを「相手の面子」（partner's mianzi），「社交性」（sociability），「友達への奉仕」（altruistic behavior），「功利主義」（connection orientation）という4つの因子にまとめ，中国人大学生社会的スキル尺度（Chinese Univesity-students Social Skill Inventory：ChUSSI）を作成した。「相手の面子」因子は対人関係に相手の面子を重んじる傾向を，「社交性」因子は個人が積極的に他者とコミュニケーションを行う傾向を，「友達への奉仕」因子は対人関係において他者を助けるなどの行動の傾向を，「功利主義」因子は対人関係において極力自分のネットワークを拡張する行動を，それぞれ反映している。「相手の面子」「友達への奉仕」「功利主義」の3つの因子は中国文化で重要視されている「面子」（mientze=mianzi），「人情」（renqing），「関係」（guanxi）の文化特徴（Hwang, 1997, 2006；園田，2001）と対応し，中国文化の独自な社会的スキルを反映している。これに対して，「社交性」因子はバーメスターほか（Buhrmester, Furnham, Wittengerg, & Reis, 1988）のInterpersonal Competence Questionnaireの「関係開始」因子や今野・堀（1993）がまとめた対人円滑性尺度の「他者に打ち解ける自己表出」因子の内容と多く重なっているため，文化共通的な内容と考えられる。また，「社交性」因子はほかの因子より文化共通的な社会的スキル尺度のKiSS-18やACTと高い正の相関関係を示していることもこの因子の文化共通性を示している。さらに，ChUSSIでは，「相手の面子」因子，「社交性」因子，「友達への奉仕」因子において年齢差による得点の違いがみられ，20歳以上の大学生が20歳未満の大学生よりも有意に高くなっている。そして，文系（外国語，マネジメント，教育などを専攻とした）の大学生は理系（材料工学，機械，交通，コンピュータなどを専攻とした）の大学生よりも，「相手の面子」と「社交性」の得点が高い。

5 ■ 社会的スキルの文化比較の可能性

相川（1999）は，自己評定式質問紙を用いて，世界各国の青年の社会的スキルに関する国際比較を行った。その結果，日本の回答者よりも，欧米の回答者のほうが自分の社会的スキルを高く評定していた。しかし，この自己評定の高さから「欧米人が日本人より社会的スキルのレベルが高い」という結論を導き出すことはできない。なぜならば，自己評価において，日本人には自己卑下の傾向があると同時に，謙遜を美徳とする伝統があるからである。このような理由により，日本人の得点が欧米人よりも低くなってしまうと考えられる。このようなことをふまえ，単純な得点比較による違いを文化による差であると結論づけるには，慎重でなければならない。より正

確な社会的スキルの文化比較を行うためには，測定方法をはじめとするさまざまな工夫が必要と考えられる。

◆ 引用文献

相川　充．(1996)．社会的スキルという概念．相川　充・津村俊充（編），社会的スキルと対人関係：自己表現を援助する（pp.3-21）．誠信書房．

相川　充．(1999)．日本の青年における友人関係とボランティア活動．総務庁青少年対策本部（編），第6回世界青年意識調査細分析報告書（pp.84-102）．

相川　充．(2000)．人づきあいの技術：社会的スキルの心理学．サイエンス社．

相川　充．(2009)．新版人づきあいの技術：ソーシャルスキルの心理学．サイエンス社．

相川　充・佐藤正二・佐藤容子・高山　巌．(1993)．孤独感の高い大学生の対人行動に関する研究：孤独感と社会的スキルとの関係．社会心理学研究，8, 44-55.

Berry, J. (1969). On cross-cultural comparability. *International Journal of Psychology*, 4, 119-128.

Berry, J. (1989). Imposed etics-emics-derived etics : The operationalization of a compelling idea. *International Journal of Psychology*, 24, 721-735.

Bochner, A. P., & Kelly, C. W. (1974). Interpersonal competence : Rationale, philosophy and implementation of a conceptual framework. *Speech Teacher*, 23, 270-301.

Buhrmester, D., Furnham, W., Wittengerg, M. T., & Reis, H. T. (1988). Five domains of interpersonal competence in peer relationships. *Journal of Personality and Social Psychology*, 55, 991-1008.

大坊郁夫．(1991)．非言語的表出性の測定：ACT尺度の構成．北星学園大学文学部北星論集，28, 1-12.

Friedman, H. S., Prince, L. M., Riggio, R. E., & DiMatteo, M. R. (1980). Understanding and assessing nonverbal expressiveness : The affective communication test. *Journal of Personality and Social Psychology*, 39, 333-351.

Goldstein, A. P., Sprafkin, R. P., Gershaw, N. J., & Klein, P. (1980). *Skill streaming the adolescent : A structured learning approach to teaching prosocial skills*. Champaign : Research Press.

Hall, E. T. (1976). *Beyond culture*. New York : Doubleday & Company.

堀毛一也．(1986)．自己モニタリングの概念および尺度に関する検討．東北福祉大学紀要，11, 185-199.

堀毛一也．(1987)．日本的印象管理様式に関する基礎的検討(1)：社会的スキルとしての人あたりの良さの分析．日本社会心理学会第28回大会発表論文集，39.

堀毛一也．(1988)．日本的印象管理様式に関する基礎的検討(2)：「人あたりの良さ」と日本的対人関係．日本心理学会第52回大会発表論文集，254.

堀毛一也．(1990)．社会的スキルの習得．斎藤耕二・菊池章夫（編），社会化の心理学ハンドブック：人間形成と社会と文化（pp.79-100）．川島書店．

堀毛一也．(1991)．社会的スキルとしての思いやり．菊池章夫（編），現代のエスプリ：291　思いやりの心理（pp.150-160）．至文堂．

堀毛一也．(1994a)．恋愛関係の発展・崩壊と社会的スキル．実験社会心理学研究，34, 116-128.

堀毛一也．(1994b)．社会的スキルを測る：人あたりの良さ尺度．菊池章夫・堀毛一也（編），社会的スキルの心理学（pp.168-176）．川島書店．

Hwang, K. K. (1997). Guanxi and mientze : Conflict resolution in Chinese society. *Intercultural Communication Studies*, 7, 17-37.

Hwang, K. K. (2006). Constructive realism and Confucian relationalism : An epistemological strategy for the development of indigenous psychology. In U. Kim, K. S. Yang, & K. K. Hwang (Eds.), *Indigenous and cultural psychology : Understanding people in context* (pp.73-108). New York : Springer.

菊池章夫．(1988)．思いやりを科学する．川島書店．

菊池章夫．(1998)．また/思いやりを科学する．川島書店．

菊池章夫．(2003)．社会的スキルを考える．教育と医学，51, 4-10.

菊池章夫（編）．(2007)．社会的スキルを測る：KiSS-18ハンドブック．川島書店．

菊池章夫・堀毛一也．(1994a)．社会的スキルとは．菊池章夫・堀毛一也（編），社会的スキルの心理学（pp.1-

22)．川島書店．
菊池章夫・堀毛一也．(1994b)．社会的スキルの心理学．川島書店．
菊池章夫・田中健吾．(2007)．KiSS-18の勤労者年代別資料．菊池章夫（編），社会的スキルを測る：KiSS-18ハンドブック（pp.VIII）．川島書店．
今野裕之・堀　洋道．(1993)．大学生の対人円滑性についての研究：対人関係についての自己評価・他者評価との関連から．教育相談研究，**5**，1-10.
毛　新華・大坊郁夫．(2005)．中国の若者の社会的スキルに関する研究（2）：中国版社会的スキル尺度の構成．日本社会心理学会第46回大会発表論文集，382-383.
毛　新華・大坊郁夫．(2012)．中国文化の要素を考慮した社会的スキル・トレーニングのプログラムの開発および効果の検討．パーソナリティ研究，**21**，23-39.
Mao, X. H., & Daibo, I. (2006). The development of Chinese university-students social skill inventory. *Chinese Mental Health Journal*, **20**, 679-683(in Chinese).
McFall, R. M. (1982). A review and reformulation of the concept social skills. *Behavioral Assessment*, **4**, 1-33.
Merrell, K. W., & Gimpel, G. A. (1998). *Social skills of children and adolescents : Conceptualization, assessment, treatment*. Mahwah, NJ : Lawrence Erlbaum Associates.
Michelson, L., Sugai, D. P., Wood, R. P., & Kazdin, A. E. (1983). *Social skills assessment and training with children : An empirically based approach*. New York : Plenum.
中村　真・益谷　真．(1991)．感情的コミュニケーション能力と社会的スキル：行動指標・自己評定による感情的コーディング能力とSSI感情項目群の検討．日本社会心理学会第32回大会発表論文集，318-321.
Reardon, K. (1987). *Where mind meet*. Belmont : Wadsworth.
Riggio, R. E. (1986). Assessment of basic social skill. *Journal of Personality and Social Psychology*, **51**, 649-660.
柴田利男．(1993)．大学生の友人関係における社会的コンピテンス．日本社会心理学会第34回大会発表論文集，406-407.
園田茂人．(2001)．中国人の心理と行動．日本放送出版協会．
高井次郎．(1994)．対人コンピテンス研究と文化的要因．対人行動学研究，**12**，1-10.
高井次郎．(1996)．日本人の対人関係．長田雅喜（編），対人関係の社会心理学（pp.221-241）．福村出版．
Takai, J., & Ota, H. (1994). Assessing Japanese interpersonal communication competence. *Japanese Journal of Experimental Social Psychology*, **33**, 224-236.
田中健吾．(2003)．職場ストレスと社会的スキル．教育と医学，**51**，62-69.
Triandis, H. C. (1995). *Individualism and collectivism*. Boulder : Westview Press.
Trower, P. (1982). Toward a generative model of social skills : A critique and synthesis In J. P. Curran & P. M. Monti（Eds.），*Social skills training : A practical handbook for assessment and treatment*（pp.399-427）．London : Guilford Press.
和田　実．(1991)．対人有能性に関する研究：ノンバーバルスキルおよびソーシャルスキル尺度の作成．実験社会心理学研究，**31**，49-59.
和田　実．(1992)．ノンバーバルスキルおよびソーシャルスキルの尺度の改訂．東京学芸大学紀要第1部門（教育科学），**43**，123-136.
和田　実．(2000)．大学生の性交経験と個人的背景要因および心理的特性との関連：性交経験者，潜在的未経験者，確固たる未経験者の比較．思春期学，**18**，273-281.

5節　自己制御の個人差・文化差

尾崎由佳

1 ■ 自己制御とは

　心理学における「自己制御」（self-regulation）という用語は，人間が目標を達成するために自らの判断・感情・行動などをコントロールする現象およびそれに関与するプロセスのことを意味する。自己制御は，個人が目標を達成するため，そして社会に適応しながら生きていくために必要不可欠なものである。

　人間はいかにして自分自身を制御しているのか。コントロール理論（Carver & Scheier, 1982）は，「基準」と「現状」を比較し，その比較結果に応じて行動を実行するというプロセスを想定している（図20.2）。このプロセスは，ズレ減少システムとズレ拡大システムという2種類に区別される。ズレ減少システムでは，望ましい基準と現状が比べられる。もし両者の間にズレがあると判断されれば，それを減少させるための行動が実行される。その結果としてズレがなくなれば行動は停止されるが，まだズレがあると判断された場合には行動を継続したり，新たな行動を開始したりする。たとえば「部屋をきれいにする」という望ましい基準と現状の部屋の様子を比べてみたときに，ズレが知覚されれば「掃除をする」という行動が実行される。ひとしきり掃除をした後，再び基準と比べたときに，もし基準を満たす程度にきれいになっていれば掃除を終了するが，満たしていなければ続行することになる。これに対してズレ拡大システムでは，望ましくない基準に対して現状とのズレを増加させるように行動を制御する仕組みになっている。たとえば「部屋が汚れている」という望ましくない基準に対して，その状態を脱するように掃除をするような場合がこれにあたる。このコントロール理論以外にも，BIS/BAS理論（Gray, 1990）や達成目標理論（Elliot, 1999）など，自己制御のメカニズムに関するさまざまな理論が提唱されているが，「望ましい基準に対して接近し，望ましくない基準に対して回避する」という基本的な仕組みは多くのモデルに共通している。

2 ■ 自己制御の個人差

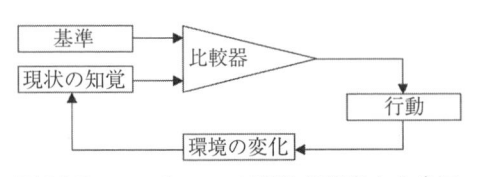

図20.2 コントロール理論が想定する自己制御過程（Carver & Scheier, 1982）

　自己制御に関する傾向には，さまざまな個人差がみられる。たとえば，上述の「望ましい基準に対して接近する」という接近傾向と，「望ましくない基準に対して回避する」という回避傾向に関しても，いずれのほうが優勢であるかが個々人によって異なる。BIS/BAS理論（Gray, 1990）で

は，目標達成への接近を司る行動活性化（賦活）システム（系）（behavioral activation system：BAS）と，ネガティブな結果をもたらしうる行動の回避を司る行動抑制システム（系）（behavioral inhibition system：BIS）の存在が想定されているが，各システムの感受性には個人差があるという。行動活性化システム（BAS）の感受性が高い人は，報酬を得ることや，罰から解放されることに敏感に反応して接近的傾向を示す。たとえば，欲しいものを手に入れるために一生懸命になったり，おもしろそうだと思ったことに次々と挑戦してみたりする。一方，行動抑制システム（BIS）の感受性が高い人は，報酬を得られないことや，罰を与えられることに敏感に反応して回避的傾向を示す。たとえば，ミスをしてしまうのではないかと常に心配したり，他者から非難されるとひどく動揺したりする。

　人間が自分自身や周囲環境についてどのように解釈するか，また，どのような信念をもっているかといった認知的要因も，自己制御に大きな影響を与える。その一例として，自分の行動に影響を与える原因についての信念，すなわちローカス・オブ・コントロール（locus of control；Rotter, 1966）があげられる。「自分の能力や努力によって行動をコントロールできる」という内的統制の信念をもっている人は，周囲状況に対して積極的に働きかける傾向を示す。一方「他者の影響や運によって自分の行動が左右される」という外的統制の信念をもっている人は，状況に対して自ら働きかけようとはせず，むしろ受動的に振る舞う傾向を示す。またドウェック（Dweck, 1999）は，固定的知能観と増大的知能観という2種類の信念が，学習課題に対する取り組み方に影響を与えると主張した。「知能は変化しないものだ」という固定的知能観をもっている人は，自らの優秀さを確認しつづけることにこだわり，失敗を恐れて困難な課題を避けようとする。一方「知能は可変的であり努力によって伸びる」という増大的知能観をもっている人は，失敗のリスクを気にかけず，自らの能力を向上させるチャンスを求めて困難な課題に喜んで挑戦しようとするという。上述のローカス・オブ・コントロールや固定的／増大的知能観といった信念の強さは個人によって異なることが知られており，その個人差を測定する自己報告尺度も開発されている（Dweck, 1999；Rotter, 1966）。

　自己制御の個人差にはある程度の安定性があり，数年間以上にわたって持続することもある。たとえば，満足遅延（delay of gratification）とよばれる実験パラダイムを使った研究（Mischel, Shoda, & Peake, 1988）では，幼少期の自己制御傾向が青年期まで持続することが明らかになった。この実験では，実験者が未就学児童に「私は今からしばらくこの部屋を離れます。私が帰ってくるまで待っていられたらマシュマロを2個あげます。待てなかったらベルを鳴らしてください，その場合はマシュマロを1個だけあげます」と言い残して部屋を離れ，子どもがいつまで待機できるかを計測した。この満足遅延課題において待機できた時間の長かった，すなわち高い自己制御能力を示した子どもは，10年後の追跡調査においても学業や社会性などさまざまな面において自己制御能力が高いと評価された。

　なぜこのような安定した個人差が生じるのであろうか。一つの説として，幼少期の親子間の相互作用を通じて自己制御の能力や傾向が育成されるという主張がある。たとえば制御焦点理論（Higgins, 1998）では，子どもの振る舞いに対して親がどのように対応してきたかに応じて，ポ

ジティブな結果の存在を求める傾向（促進焦点）と，ネガティブな結果の不在を求める傾向（予防焦点）のいずれが優勢になるかが異なると考えられている。たとえば，子どもが一生懸命に勉強したときに親が大いにほめてあげた場合，子どもは「望ましい行為をすればポジティブな結果が得られる」ことを経験する。また，本の読み聞かせ中に子どもが注意散漫になってしまったときに親が音読を中止したとすれば，「望ましくない行為をするとポジティブな結果が得られない」という経験をさせることもできる。親がこのような接し方を繰り返した場合，子どもはポジティブな結果の存在を求めて行動をコントロールすること，すなわち促進焦点を身につけるという。一方で，子どもが失敗したときに大声でどなりつけたりすると，子どもは「望ましくない行為をするとネガティブな結果を被る」ことを経験する。また，騒がないでいれば叱られずにすむことを教えれば「望ましくない行為をしなければネガティブな結果を避けられる」ことを学習させることもできる。親がこのような接し方を繰り返すと，子どもはネガティブな結果の不在を求めて行動をコントロールすること，すなわち予防焦点を身につける。このような幼少期の経験によって形成された自己制御傾向が，その後の人生においても継続されると考えられている。

　もう一つの観点として，神経科学的な基盤から自己制御の個人差を説明しようとする試みもある。たとえば，感情制御に関する研究（Davidson, 1992）では，脳の前頭葉機能の左右差が，ポジティブな感情に関与する接近システムと否定的な感情に関与する回避システムの活動に関係していることが示された。すなわち，左前頭葉の活動が優勢な人は接近にかかわるポジティブな感情を経験しやすく，右前頭葉の活動が優勢な人は回避にかかわるネガティブな感情を経験しやすい。このような神経科学的な機能差は，生得的な原因によって生じることもあるが，経験を通じて獲得される場合もあると考えられる。

　前述のとおり，自己制御の個人差にはある程度の安定性がみられるものの，一時的な変動性が示されることにも留意しておくべきであろう。たとえば，アイデンティティの異なる側面が活性化されることによって自己制御傾向が変化するという研究報告がある（Shih, Pittinsky, & Ambady, 1999）。この研究では，アジア系アメリカ人女性に数学のテストを受けてもらう際，解答用紙に人種を記入させる場合・性別を記入させる場合・いずれも記入させない場合（統制群）の3条件を比較して，テスト成績にどのような影響が及ぼされるかを検討した。性別を記入して女性アイデンティティが活性化された場合には，「女性は数学能力が劣っている」というステレオタイプも同時に活性化され，結果として統制群よりもテスト得点が低くなった。一方，人種を記入してアジア人アイデンティティが活性化された場合には，「アジア人は数学能力が優れている」というステレオタイプの影響を受けて，統制群よりもテスト得点が高くなった。この実験結果は，性別や人種について意識するというきわめて短時間で単純な心的活動でさえも，一時的に自己制御傾向を変化させうることを表している。つまり，自己制御の個人差は必ずしも固定的なものではなく，状況に応じて可変的な性質を示すといえよう。

3 ■ 自己制御の文化差

　人間は環境に敏感に反応して行動をコントロールする。個人を取り巻く「文化」という存在も，環境要因の一つとして人々の自己制御に強い影響を及ぼしている。とくに，接近／回避の志向性において東アジア人と欧米人の間に差異がみられ，前者は回避に動機づけられやすく，後者は接近に動機づけられやすいことが数々の研究によって報告されている。アメリカと韓国において行われた比較文化研究（Elliot, Chirkov, Kim, & Sheldon, 2001）では，参加者に日常的に目指している目標を8個あげさせ，接近的目標（たとえば「よい成績をとりたい」）と回避的目標（たとえば「友だちに嫌われたくない」）がそれぞれ何個ずつ含まれているかをカウントした。その結果，韓国人はアメリカ人と比べて回避的目標をあげた数が多く，同時に接近的目標の数は少なかった。また，成功や失敗に対する反応の仕方が，文化によって異なることを示した研究もある（Heine, Kitayama, Lehman, Takata, Ide, Lueng, & Matsumoto, 2001）。日本人参加者は，能力測定課題の成績が悪かったときのほうが，成績がよかったときよりも，再び同じ課題を解く機会を与えられたときに自発的に長時間かけて取り組もうとした。一方，アメリカ人参加者は，成績がよかった場合のほうが，成績が悪かった場合よりも，長時間かけて課題に取り組んだという。すなわち，日本人は失敗を経験したときにいっそう意欲を強めるが，逆にアメリカ人は成功を経験したときに高い意欲を示すといえよう。このようなパターンの違いは，日本人は失敗によって示された欠点を取り除こうという回避的動機づけが強く，アメリカ人は成功によって示された長所をもっとアピールしたいという接近的動機づけが強いためと解釈できる。

　上記のような自己制御に関する文化差には，文化的自己観が関与しているという説がある。すなわち，相互独立的自己観が強い人ほど接近傾向を示し，相互協調的自己観が強い人ほど回避傾向を示すという。たとえば，楽観性・成功追求傾向・ポジティブな自己関連情報への注目・自己高揚傾向などは相互独立的自己観と強く関連するが，悲観性・失敗恐怖傾向・ネガティブな自己関連情報への注目・自己批判傾向などは相互協調的自己観と強く関連しているという（Heine, Lehman, Markus, & Kitayama, 1999；Lee, Aaker, & Gardner, 2000）。なぜ文化的自己観がこのような傾向性と結びつくのであろうか。欧米に代表されるような相互独立的な文化においては，人々は自らを他者から独立した存在とみなしており，個人的目標を達成して自分らしさを強調することを目指す。すなわち，独自性のある，他者よりも優れた存在になることに価値をおいている文化である。一方，東アジアに代表されるような相互協調的な文化においては，人々は他者とつながりのある存在として人間関係のなかに自己を位置づけようとする。このような文化では，人間関係の維持や集団内の調和が価値あることとして認識されている（Markus & Kitayama, 1991）。上記のような文化的特徴は，その文化のもとで暮らす人々の動機づけにも強い影響を及ぼす。他者よりも優れた存在になることが望ましいとされる相互独立的な文化では，人々は自らの長所に注目し，優れた能力を獲得しようとする傾向，すなわち接近的動機を強く示すようになる。これに対し，集団内の調和を保つことが望ましいとされる相互協調的な文化では，人々は他者からの非難を受けたり集団内の乱れを生じさせたりしないように，自らの欠点をできるかぎり

なくそうと努める傾向，すなわち回避的動機を強く示す（Heine et al., 1999）。つまり，ある文化において何が価値あることであり，どのような振る舞いをすることが望ましいと認識されているかに応じて，その文化のもとで暮らす人々の行動が大きな影響を受けていることがわかる。

　欧米文化と東アジア文化の両方に適応した振る舞いを身につけた人々に関する，興味深い知見もある。たとえば香港人はアメリカ文化と中国文化の双方のもとで成長してきたため，2つの文化それぞれに適応した自己制御傾向を獲得している。この香港人を対象にした研究（Wong & Hong, 2005）において，アメリカを表すシンボル（たとえば，星条旗）を呈示した場合と，中国を表すシンボル（たとえば，龍の絵画）を呈示した場合で，対人行動にどのような違いが生じるかが比較された。その結果，後者の場合のほうが友人に対する協力行動をより多く実行したという。ただし，見ず知らずの他人に対する協力行動には，両者に差がみられなかった。つまり，中国のシンボルによって相互協調的文化を想起させられた状況下では，身近な人間関係の調和を保とうとする行動傾向を強く表すようになったと解釈できる。

　各文化における自己制御傾向の特徴は，どのようにして世代間で受け継がれていくのだろうか。その継承過程の一つとして，接近・回避傾向の文化差が親子間の相互作用を通じて再生産されるというプロセスが存在する。たとえば，生後3〜4カ月の乳児と母親が相互作用する様子を観察し，そのパターンに文化差があることを見出した研究がある（Caudill & Weinstein, 1969）。具体的には，アメリカ人の母親は乳児が機嫌のよい声をあげたときほど話しかける量が増える傾向があった。すなわち，子どもの感情をよりポジティブにしようという接近的態度を示したといえよう。また，アメリカ人の乳児は，日本人の乳児と比べて身体の動きが活発であり，機嫌のよい声を出す頻度が多かったという。母親の接近的なふれあい方に接することによって，子どもは積極的に活発な振る舞いをして，もっと母親の関心を得ようとする接近傾向を学習したのであろう。一方，日本人の母親は乳児が不機嫌な声をあげたときほど話しかける量が増えた。つまり，乳児の感じている不快感を取り除こうとする回避的態度を示したと解釈できる。日本人の乳児は相対的に身体の動きが少なく，不機嫌な声を出す頻度が多かった。母親の回避的なふれあい方に接することによって，子どもは消極的におとなしく振る舞い，母親の手によって不快を取り除いてもらおうとする回避傾向を学習したのだろう。このような親子間の相互作用を通じて，接近・回避傾向の文化差が世代を超えて継承されていると考えられる。

　ただし，欧米文化では人々が接近傾向ばかりを示し，東アジア文化では回避傾向ばかりを示すといった単純な二分法をあてはめることは適切ではない。前述のとおり，自己制御過程には望ましい基準に対する接近行動を司るシステムと，望ましくない基準に対する回避行動を司るシステムの2種類が関与している。一人の個人が両システムを備えているという点はどの文化にも共通しているが，どちらのシステムのほうが優勢になりやすいかという点において文化間に差異が生じると考えられている（Hamamura & Heine, 2008；Higgins, 2008）。したがって，状況に応じて，東アジア人が接近傾向を示したり，欧米人が回避傾向を示したりといった現象もしばしば観察しうる。人間は文化を含むさまざまな環境要因に対して柔軟に反応し，自らの行動を適応的に制御する仕組みを備えているのである。

◆ 引用文献

Carver, C. S., & Scheier, M. F. (1982). Control theory : A useful conceptual framework for personality-social, clinical, and health psychology. *Psychological Bulletin*, **92**, 111-135.

Caudill, W., & Weinstein, H. (1969). Maternal care and infant behavior in Japan and America. *Psychiatry*, **32**, 12-43.

Davidson, R. J. (1992). Emotion and affective style : Hemispheric substrates. *Psychological Science*, **3**, 39-43.

Dweck, C. S. (1999). *Self-theories : Their role in motivation, personality, and development.* Philadelphia, PA : The Psychology Press.

Elliot, A. J. (1999). Approach and avoidance motivation and achievement goals. *Educational Psychologist*, **34**, 169-189.

Elliot, A. J., Chirkov, V. I., Kim, Y., & Sheldon, K. M. (2001). A cross-cultural analysis of avoidance (relative to approach) personal goals. *Psychological Science*, **12**, 505-510.

Gray, J. A. (1990). Brain systems that mediate both emotion and cognition. *Cognition and Emotion*, **4**, 269-288.

Hamamura, T., & Heine, S. J. (2008). Approach and avoidance motivation across cultures. In A. J. Elliot (Eds.), *Handbook of approach and avoidance motivation* (pp.557-570). Mahwah, NJ : Lawrence Erlbaum Associates.

Heine, S. J., Kitayama, S., Lehman, D. R., Takata, T., Ide, E., Lueng, C., & Matsumoto, H. (2001). Divergent consequences of success and failure in Japan and North America : An investigation of self-improving motivations and malleable selves. *Journal of Personality and Social Psychology*, **81**, 599-615.

Heine, S. J., Lehman, D. R., Markus, H. R., & Kitayama, S. (1999). Is there a universal need for positive self-regard? *Psychological Review*, **106**, 766-794.

Higgins, E. T. (1998). Promotion and prevention : Regulatory focus as a motivational principle. *Advances in Experimental Social Psychology*, **30**, 1-46.

Higgins, E. T. (2008). Culture and personality : Variability across universal motives as the missing link. *Social and Personality Psychology Compass*, **2**, 608-634.

Lee, A. Y., Aaker, J. L., & Gardner, W. L. (2000). The pleasures and pains of distinct self-construals : The role of interdependence in regulatory focus. *Journal of Personality and Social Psychology*, **78**, 1122-1134.

Markus, H. R., & Kitayama, S. (1991). Culture and the self : Implications for cognition, emotion, and motivation. *Psychological Review*, **98**, 224-253.

Mischel, W., Shoda, Y., & Peake, P. K. (1988). The nature of adolescent competencies predicted by preschool delay of gratification. *Journal of Personality and Social Psychology*, **54**, 687-696.

Rotter, J. B. (1966). Generalized expectancies of internal versus external control of reinforcements. *Psychological Monographs*, **80**, 609-609.

Shih, M., Pittinsky, T. L., & Ambady, N. (1999). Stereotype susceptibility : Identity salience and shifts in quantitative performance. *Psychological Science*, **10**, 80-83.

Wong, R. Y.-m., & Hong, Y.-y (2005). Dynamic influences of culture on cooperation in the prisoner's dilemma. *Psychological Science*, **16**, 429-434.

VI 部
パーソナリティの把握

　VI部では，パーソナリティの把握に関する理論的背景と具体的方法論を扱う。今日に至るまで，人類の歴史は人の内的世界をとらえることに時間を割いてきた。それはまた，人を測るという方法論の進化といってよいだろう。人はどこまで内的世界を測定できるのだろうか。ヴント（Wundt, W.）以来の実験心理学的な手法は，それまでになかった心的現象の法則性を明らかにしようと努めてきたし，さらに20世紀に入って台頭してきた教育測定運動の影響から多くの尺度や標準検査がつくられた。個人のパーソナリティを知ることは人を知るという大きな命題に近づくことになるだろう。その方法には，法則定立的（nomothetic）な立場と個性記述的（idiographic）な立場がある。前者は統計的な手法を用いた理解であり，後者は臨床的な手法を用いた理解の仕方である。

　ここでは，「パーソナリティの把握」の内容を2つの章として構成する。それは，パーソナリティ測定の基礎，パーソナリティの把握方法という2側面である。21章では，量的測定の内容やその処理方法にかかわる問題を統計論的な観点から記述した。まず測定の信頼性と妥当性の考え方を示し，研究者が知っておくべき基本的概念を詳述した。次に得られたデータを有効に解析する方法として多変量解析と構造方程式モデルの考え方を示し，最後に潜在的な個人差をどのように測定するのかの問題にふれた。22章では，具体的な把握方法を通覧した。まず心理検査のなかから質問紙法と投影法をとりあげ，個々の検査内容を説明した。次に実験的な手法による把握の手続き，観察・フィールドワークによる方法，また面接法・物語法などを概観した。最後にパーソナリティの研究者として必要な研究倫理の問題をとりあげた。

　パーソナリティの問題は非常に奥が深く，把握の仕方にもさまざまな立場がある。個々の研究者がどのような方法を取ろうとも，それが人を正しく理解することにつながることが望まれる。

（藤田主一）

21章 パーソナリティ測定の基礎

1節 信頼性

井上裕光

　ここでは，パーソナリティ測定を支える信頼性（reliability）について扱う。なお，信頼性という専門用語は，一般的な用語と混同されることが多く，研究者によっても定義が違うため，基本的な考え方を示したうえで目的別の利用法を中心に述べる。最後に信頼性についての応用的な話題について紹介する。

1 ■ 信頼性はどこで使われるか

　論文を読んだり書いたりする場合に信頼性が出てくる。たとえば，何かの心理検査を利用して患者さんの状態を把握するとき，その検査の手引のなかに「信頼性」が必ず出てくるし，また，心理的内容を測定するために既存の心理尺度を利用する際には，信頼性を必ずチェックする必要がある。なぜなら，自分で心理状態を測定するための心理尺度を作成し，それを学会発表や論文発表しようとする場合には必ず「信頼性」の記述が求められるからである。
　つまり，心理尺度を使うときには，信頼性を示す数値から情報を読み取ることが必要で，また心理尺度を使ってもらう立場なら信頼性を数値で示すことが必要になるのである。

a. 心理学の測定と信頼性
　たとえば，アメリカ心理学会（APA）からは，ウィルキンソンほか（Wilkinson & Task Force on Statistical Inference APA Board of Scientific Affairs, 1999）により「心理学ジャーナルにおける統計的方法：ガイドラインとその説明」が示されている。その方法の記述では「測定についての道具」として「質問紙法でデータを集めたなら，……妥当性，信頼性，そして結論に影響を

与える他の量についての，心理測定的な性質」を報告せよ，と書いてある。つまり，実験器具を使った場合と同じ扱いで，「あなたがやった測定のプロセスをたどれる（replicate）ように」という表現となっている。

つまり，データを扱う科学であるなら，そのデータを取った道具についてきちんと述べなければならない。とくに，心理学の場合には，どのようにデータを取ったかが不明確では研究の蓄積ができなくなる。そのため，他の研究者が追試して同じようにデータを取れるようにするため，測定（measurement）の手続きが明示されることが重要なのである。

b. 道具の性能としての信頼性と妥当性

ところで，信頼性とは「道具の性能」のことである。道具として利用する場合に，どの程度信頼してもよいかを示している。また，論文で発表する場合には他の研究者へ自分の道具がどのくらいちゃんとしているかを示すことになる。ただし，この性能には，「何度やっても同じ結果になる」という信頼性と，「出てきた結果があてになる」という妥当性の2つが含まれているため，その区別が必要になる。

この関係を示すと図21.1のようになる。たとえば，的の真ん中をめがけて10回射撃したとする。そのとき，理想は図21.1（B）のようになることであり，このときに信頼性が高く妥当性も高くなる。一方で，図21.1（A）では，真ん中に当たるかと思えば枠の外へ飛び出すこともあり，撃ってみないとわからない。だから，信頼性も低いし妥当性も低い。しかし，何度やっても同じような結果になる（信頼性が高い）が結果は当てにならない（妥当性が低い）という図21.1（C）の困った場合もある。

このように信頼性を評価する場合には，①取ったデータについての「測定誤差の大きさとデータの安定性」（取ったデータにどの程度誤差が入っているかの評価），②同じ検査をした場合の「繰り返しにおける再現性」（いわゆる測定の精度），また，③観察データでは観察している評価者の能力を示す「評価者が複数の場合の評価者間一致性（評価者間信頼性）と同じ評価者が評価を繰り返すときの再現性（評価者内信頼性）」と，さらに使い分けられることになる（楠，2005）。

(A)	(B)	(C)
信頼性が低い	信頼性が高い	信頼性が高い
妥当性が低い	妥当性が高い	妥当性が低い

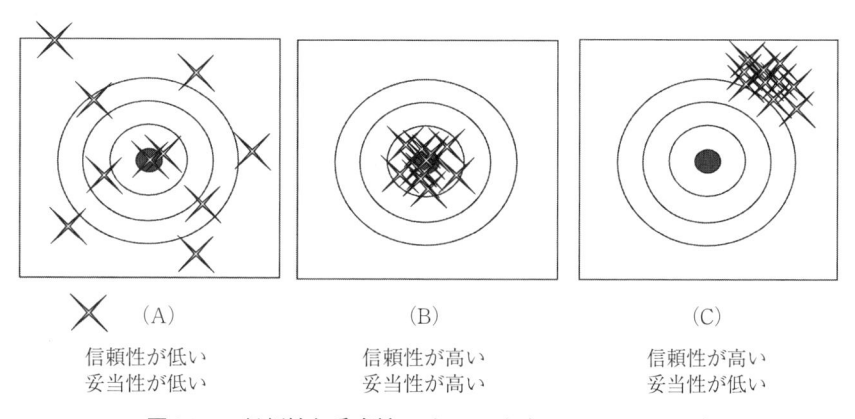

図21.1 信頼性と妥当性のイメージ（Babbie, 2009, p.155）

c. 信頼性のモデル（古典的テスト理論）

この①②③は「古典的テスト理論」とよばれる考え方にもとづいている（池田, 1994）。たとえば, ある測定値 x_i（項目 x についての i 番目の値）が, 真の値 x_t（理想的な測定状態）と測定誤差 e_i（測定上どうしても含まれる誤差）との合計であるとする。つまり, データを,

$$x_i = x_t + e_i \quad \text{あるいは, 添え字を省略して} \quad X = T + E \tag{1}$$

と表現する。このとき, 測定結果の平均 $E(x_i) = \bar{x}$ を考えると, 測定誤差の平均は $E(e_i) = E(E) = 0$ と考えてよいから, 理想的な状態の母平均 μ については,

$$\mu(X) = E(X) = E(T+E) = E(T) + E(E) = E(T) = \mu(T) \tag{2}$$

となって, 測定データの平均値をとれば誤差が消えると考える。また, 真の値と測定誤差とは独立である（関連がない）と考えてよいから, 共分散 Cov と理想的な状態での相関 ρ は,

$$Cov(T, E) = \rho(T, E) = 0 \tag{3}$$

したがって, (1) で理想的な状態の分散 σ^2 を測定値の分散 Var から作れば, 式 (3) を使って,

$$\sigma^2(X) = Var(T+E) = Var(T) + Var(E) + 2Cov(T, E) = Var(T) + Var(E) \tag{4}$$

となるから, 測定値の分散（ばらつき）は, 真の値の分散と誤差の分散との合計になる。

ここで, 測定値の分散のうちで, どのくらい真の値の分散が含まれているかという割合をとれば,

$$\rho(T) = \frac{Var(T)}{Var(X)} = \rho^2(X, T) \tag{5}$$

つまり, もとの測定値のうちで真の値の占める割合, すなわち, 測定値と真の値との相関の二乗を測定の信頼性係数（coefficient of reliability）$\rho(T)$ と表現する。

また, 古典的テスト理論では, このほかに, 測定を反復した場合の誤差の相関についても独立であると考え, 1回目の誤差を E_1, 2回目の誤差を E_2 とすれば,

$$\rho(E_1, E_2) = 0 \tag{6}$$

も仮定することになる。この式は, 測定値間の誤差が独立であるとする考え方であり, 通常の分散分析などでも前提条件としているものである。しかし, 同じ評価者が同じ対象を何度も繰り返し測定する反復測定データのような場合には, 同一人物のデータに相関がないとは考えられないため, 誤差分散間の独立性を一度に検定する, 球面性検定を使うということが出てくる。

なお, 通常のパーソナリティ測定ではこの①②がよく使われる。

2 ■ 信頼性のつくり方：3つの信頼性係数と1つの内的整合性の指数

信頼性を示す指標のつくり方には, 大きく2つの方針がある。

a. 再現性の観点からの精度の指標

(1) 再検査法（test-retest method）

同一評価者集団に, 一定期間をあけて同一の検査を実施し, 2回の結果を比較した場合の安定性（stability over-time）を相関係数で評価する。再検査法では, 相関係数が信頼性係数に一致する。ただし, どのくらいの期間をあけるのがよいかは決まっていない。目安としては1週間から

1カ月が使われている。期間が短ければ記憶の影響が出て信頼性係数が高く出ることもある。

(2) 代替検査法（並行検査法）(parallel forms of reliability)

再検査法と形式は同じだが，2回目に用いる検査は1回目と「ほぼ同じ内容」のものを用いる。1回目と2回目とが同じ内容を測定していることを確かめてからでないと利用できないため，検査を2種類用意することが非常に難しい。

(3) 評価者内信頼性（intra-class reliability）

同じ評価者が同じ評価を反復する場合，3回以上の結果が得られる場合に用いる。間隔は3～4日のことが多い。評価者間の違いを考えないモデルで，評価者内の一致性がみられるかについて，分散分析法を使って調べることができる（楠, 2005）。

(4) 評価者間信頼性（inter-class reliability）

複数の評価者間による安定性（stability between assessors）や一致度により，同じ内容を測っているということをみる。結論を出すときに，母集団から無作為に抽出した評価者なのか（ランダム効果），それともその評価者の理想的な評価の状態か（固定効果）という目的によって分析のやり方が異なる。

なお，(3) (4) では，$X=T+S+E$ のように，測定値 X を，真の値 T と評価者の傾向 S と測定誤差 E に分解し，T について平均が μ，分散が σ^2 の正規分布 $N(\mu, \sigma_t^2)$ に，S について $N(0, \sigma_s^2)$，E について $N(0, \sigma_e^2)$ にそれぞれ独立に従うと考えて，評価者を考慮した信頼性係数を使う。つまり，式 (5) に評価者の分散を加えた，級内相関係数（Intraclass Correlation Coefficient：ICC）を以下のように定義し，信頼性の指標とする。

$$ICC = \frac{Var(T)}{Var(X)} = \frac{\sigma_t^2}{\sigma_t^2 + \sigma_s^2 + \sigma_e^2} \tag{7}$$

b. 一貫性（consistency）の観点からの指標

同一評価者に，ほぼ同一の内容の検査をした場合，同じような傾向が出るかどうか，結果が一貫しているかどうかで判断する指標である。

(1) 折半法（split-half method, split-half internal consistency）

1回分の検査結果を半分に分け，信頼性係数をこの2つの下位項目間の相関係数で推定する方法。たとえば，検査の項目を連番にして，偶数項目と奇数項目に分けることが使われる。代替検査法の一種の近似法となるが，検査項目を半分にするため本来の検査項目数での結果ではなくなるので，信頼性係数を推定する必要がある。推定法としては，X_{odd} を奇数項目の結果，X_{even} を偶数項目の結果とすると，信頼性係数は，この相関係数を使って，

$$\rho(X) = \frac{2\rho(X_{odd}, X_{even})}{1 + \rho(X_{odd}, X_{even})} \tag{8}$$

として，推定する（これをスピアマン・ブラウンの修正公式という）。

ただし，この式は，式 (5)，(6) に，奇数項目の結果の分散，偶数項目の結果の分散が等しく，さらに，奇数・偶数に分けた結果で全体を再現できるという仮定を使っている。逆にいえば，折半法を使えるように，最初から奇数・偶数項目の測っている内容を同一にするように調整する必

要もある。

(2) 内部一貫性・内的整合性（internal consistency）

最もよく使われている方法である。検査項目を2分割する折半法では，分割の方式がひととおりには定まらない。また，項目総数が奇数になれば項目数が2分割にならない。そこで，折半法のすべての組み合わせの平均にあたる，クロンバック（Cronbach, L. J.）のα係数（internal consistency alpha）が考案された。このα係数は内的整合性の指標で信頼性係数そのものではないが，信頼性係数の下限となることが証明されている。また，1回の検査で得られた結果からどのような一貫性があるかを調べることができるため非常に使いやすい。

nを項目数，σ_i^2を項目iの分散，σ^2が検査全体の分散とすると，

$$\alpha = \frac{n}{n-1}\left[1-\frac{\sum \sigma_i^2}{\sigma^2}\right] \tag{9}$$

また，項目間の相関係数の平均$\bar{r}$を使えば，

$$\alpha = \frac{n\bar{r}}{1+\bar{r}(n-1)} \tag{10}$$

と簡単になる。この式（10）から，項目数が多くなればなるほど，また，項目間相関係数が高くなればなるほどα係数が大きな値となる。

したがって，因子分析を利用し，同じ因子の下位項目を評価する際には整合性の指数としてうまく当てはまる。なぜなら，因子を構成する項目間の整合性を高めること（相関係数が高い項目で因子を構成すること）が，そのまま1因子尺度としての信頼性を高めることになるからである。逆に，因子分析を利用しない心理検査や心理尺度では，異質な測定内容も含まれているから，内的整合性の指数として低く出てしまうこともある。なお，因子分析とα係数の問題（α係数ではなく推定値ωを使って因子分析結果を評価したほうがよいこと）については，清水（2010）を参照してほしい。

3 ■ 信頼性の使い方

a. 報告する場合にどれを使えばよいか

信頼性のつくり方で示したように，パーソナリティ測定を質問票で行った場合には，再現性の観点から再検査法を使うか，一貫性・整合性の観点からα係数を使うことが実用的である。代替検査法は準備が非常に難しい。また，折半法を改良したのがα係数だからである。もちろん，それぞれ示している内容が異なるから，目的に応じて使い分けたり，両方使うことも必要になる。

なお，心理尺度を利用して，評価の目安（たとえば，軽度・中等度・重度）を複数評価者で測定し，カットオフポイントを定めるような場合，その評価の目安が安定しているかを複数回評価すれば調べることができる。このような分類データについての評価者内・評価者間信頼性を出す場合には，評価結果のクロス集計表から，評価の一致度κ（カッパ）係数を使う（楠, 2005）。

b. 信頼性係数の数値の目安はどのくらいか

信頼性係数の定義式 (5) をさらに変形すると，式 (1) より

$$\rho(T) = \frac{Var(T)}{Var(X)} = \frac{Var(T)}{Var(T)+Var(E)} \tag{11}$$

となり，信頼性係数は誤差分散がなければ最大値1をとり，真の値の分散が非常に小さい（誤差しかない）という最悪の場合にはほとんどゼロに近くなる（最小値ゼロ）。また，測定値と真の値との相関係数の二乗という定義からは，測定値Xのうち真の値の占める割合が大きければ大きいほど信頼性係数が高くなる（同じく，最小値がゼロで最大値は1）。つまり，信頼性は測定値Xと真の値Tとの共通の大きさ（因子分析における共通性）と考えることができ，共通でないのが誤差の割合となる。したがって，真の値の割合が誤差よりも大きいことが必要で，式 (4) や式 (11) からわかるように，誤差が半分以上では無意味なデータとなるので，少なくとも信頼性係数は0.5よりも大きくなければ問題外となる。

実際の利用の目安としては，信頼性係数が0.8以上（村上・村上，2001）という提案がある。

c. 信頼性係数を利用するとどのようなことがわかるか

たとえば，X_1とX_2という2つの検査項目間の相関を考える。式 (1) や式 (3)，(5)，(6) を使って，

$$\rho(X_1, X_2) = \frac{Cov(X_1, X_2)}{\sqrt{Var(X_1)Var(X_2)}} = \frac{Cov(T_1, T_2)}{\sqrt{Var(T_1)Var(T_2)}}\sqrt{\frac{Var(T_1)Var(T_2)}{Var(X_1)Var(X_2)}}$$ であるから，

$$\rho(X_1, X_2) = \rho(T_1, T_2)\sqrt{\rho^2(X_1, T_1)\rho^2(X_2, T_2)} \tag{12}$$

また，式 (12) から，式 (13) となり，2つの真の値の間の相関は，最大値が1以下であることより，

$$\rho(T_1, T_2) = \frac{\rho(X_1, X_2)}{\sqrt{\rho^2(X_1, T_1)\rho^2(X_2, T_2)}} \tag{13}$$

$$\rho(X_1, X_2) \le \sqrt{\rho^2(X_1, T_1)\rho^2(X_2, T_2)} \tag{14}$$

となる。たとえば，真の値の相関が0.8である項目間で，信頼性が項目1で0.6，項目2で0.8だとすると，式 (12) から，$0.8\sqrt{0.6 \times 0.8} = 0.554$と低下する。これを相関の希薄化（attenuation）とよび，信頼性がわかっていれば，式 (13) のように修正できるが，式 (14) のように項目の信頼性で項目間の標本相関係数の上限が決まってしまうことになる（信頼性が低いと本来の相関係数が得られない現象が起きる）。

4 ■ 信頼性をめぐる新しい動向

古典的テスト理論では，測定値間の独立性（誤差は無相関）を仮定しており，そもそも検査を評価者の結果からしか構成できない（個人のパーソナリティ特性と検査の項目特性とを分離できない）。そこで，誤差を扱う方法として実験計画法を利用した一般化可能性理論により，変動する要因を確定して適正な検査利用計画を立てることも検討されてきた（池田，1994）。また，現在

ではソフトウェアの進化により，個人のもつパーソナリティ特性と検査の項目特性とを別に扱う，項目反応理論（Item Response Theory：IRT）による心理検査作成も可能になっている（豊田, 2002）。

しかし，どのような最新手法を使おうが，信頼性の重要性は変わらない。自分の測定の道具として，よい道具を選ぶべきだからである。

◆ 引用文献

Babbie, E. (2009). *Practice of social research* (12th ed.). Belmont : Wadsworth Publication.
池田　央. (1994). 現代テスト理論. 朝倉書店.
　（なお，池田　央. (1982). テストと測定. 第一法規. 誤植が多いが，今でも具体的事例と測定前の処理方針を学ぶには必須の本である。本節ではふれなかったが，項目合計の性質やさまざまな検査の問題についても知ることができる。)
楠　正（監修），SKETCH研究会統計分科会. (2005). 臨床データの信頼性と妥当性. サイエンティスト社.
村上宣寛・村上千恵子. (2001). 主要5因子性格検査ハンドブック. 学芸図書.
清水和秋. (2010). 項目因子分析で構成した尺度の因子パターン，共通性，信頼性そして因子的真実性. 関西大学心理学研究, **1**, 9-24.
豊田秀樹. (2002). 項目反応理論（事例編）. 朝倉書店.
Wilkinson, L., & Task Force on Statistical Inference APA Board of Scientific Affairs. (1999). Statistical methods in psychology journals : Guidelines and explanations. *American Psychologist*, **54**, 594-604.

2節 妥当性

松田浩平

　パーソナリティ研究では，質問紙や行動観察指標による心理検査が用いられる。また，反応時間による実験的指標による研究なども進められている（Sato & Matsuda, 2009）。妥当性を議論するための前提は，結果が定量的に数値として得られなければならない。心理尺度は，一般的に複数の項目から構成され，それらは質問であったり，行動指標であったりなど，条件を統制した観察である。これらによって，構成された制約特性やパーソナリティの概念を客観的な数値で示す。定量的に測定される客観的指標が得られれば，観察・実験や面接調査などと組み合わせることで，研究の奥行きを広めることが可能となる。このように定量的な指標による研究は，得られた数値の許容誤差の外的基準への予測妥当性が研究の目的に応じて十分保証されなければならない。

　定量的に物事を語る場合には，常に誤差の問題がつきまとう。誤差とは，一般的に測定値や推定値の真値に対する偏差を示す。また許容誤差は，パーソナリティ尺度を作成するうえでの精度と同義語である。しかし，パーソナリティ尺度を構成する場合は，一つの尺度を多面的にとらえる必要があり，現実的には一定の誤差範囲を許容しないと構成できない。したがって，尺度構成は常に許容誤差範囲を尺度による診断場面を想定して設定している。このような誤差範囲は公差とよばれる。しかし，パーソナリティ尺度やその他の心理測定において，このような公差が尺度構成場面で考慮されることは少なく，多くは信頼性と妥当性の問題と混同されることが多い。パーソナリティ特性尺度など心理尺度における信頼性は，測定値の安定性として定義されている。これは，系統誤差が含まれていても，パーソナリティ特性尺度得点は母集団における確率分布上の付置として解釈されるため，評価や査定に影響を与えないためである。

1 ■ 予測的妥当性と外的基準

　特性論にもとづくパーソナリティ検査の結果は，すべて定量的に表される。臨床査定や研究で用いられる尺度は，標準化された心理検査としての要件を満たした確かな定量的測定の指標であることが必須である。もし，ある研究で用いられたテストが心理検査として妥当な指標でないなら，その研究で導かれた結果はすべて無意味である。さらに定量的な測定には，誤差の問題を切り離して論じることができない。誤差のない測定など存在しないし，一定の許容誤差（公差）があることによって測定の信頼性が保証されるという一見すれば背反するような現象もある。

　すべての心理検査は，妥当性と信頼性という観点から評価される。村上（2006）は，心理検査における妥当性とは測定値の正しさであり，信頼性とは測定値の安定性であると述べている。また，妥当性と信頼性には数学的関係があり，信頼性が低ければ妥当性も低く，妥当性が高ければ

信頼性は必ず高いことから，信頼性は妥当性の上限を示すとも述べている。さらに，効率性という心理検査の評価基準を提案している。それによれば，同じ対象を測定するのなら，短時間で能率的に測定できる尺度のほうが望ましいと述べている。したがって，よい心理検査の条件は，妥当性，信頼性，効率性がすべて高いことが求められる。また，パーソナリティ研究に限らず，心理検査は行動の予測や個人の状態について，限りなく存在する人間のすべての行動や状態から抽出的に一部をとりあげて全体を予測する。それらは統制された観察にとどまらず，自己評価や他者評価である。さらに，多くのパーソナリティ検査は，自己評価や内省によるセルフリポートによる自己評価の形式をとっているものが大半である。それゆえに，パーソナリティ尺度から数値として得られた結果と実際の状態や異文化間比較，予後研究で得られた結果と近似していなければ意味がない。つまり，心理検査を構成する尺度とは独立した客観的な基準との一致性が求められる。これを基準関連妥当性とよび，心理検査の妥当性はこれに帰結する。習慣的に用いられてきた古典的テスト理論で示された妥当性の定義のうち，基準関連妥当性に関連しないものは妥当性として考えるべきではない。

2 ■ 妥当性としての要件

心理検査を作成した場合，検査のマニュアルや論拠とする論文などにおいて信頼性係数と妥当性係数の報告は不可欠なものとされる。ここで，信頼性係数とは，測定値の安定性の指標であり，これが一定以上の安定性を有することが望ましい。古典的テスト理論に従えば，これは真値の分散の割合を示し，真値の分散は，誤差分散に比べて十分に大きいものでなければならない。信頼性係数はほとんどの心理検査で報告されているが，妥当性係数は報告されていない場合もある。学術雑誌で公刊されたパーソナリティ関連の論文のなかには，ある心理検査を適用して，高得点群と低得点群に何らかの有意差があったという程度の報告しかない場合も散見される。しかし，妥当性係数は，測定値が測定対象をどの程度正しく測定しているかを表す指標であることと，心理検査には常に大きな誤差をともなうので妥当性係数は一般的に低い値になるが，心理検査の開発者は定量的に報告する必要がある。また心理検査の利用者も，妥当性係数をもとに研究や査定で利用する心理検査の選択をするべきである。このほかにも，必然的に発生する偶然誤差についても考慮する必要がある。とくに，統計的な有意差などを求める場合に，偶然誤差よりも小さい有意水準で検定を行うことはまったく無意味であり，心理測定に精通していない者が，その研究結果を引用する場合に誤解を生じさせる危険性もあり科学として有害でさえある。少なくとも妥当性係数に関する報告と測定誤差が明らかではない心理検査を，定量的な指標によって判断をするような研究で用いるべきではない。

以上のことから，妥当性係数は状態や行動予測をどれだけ反映するかという指数である。一般的に相関係数の形式で表示されるため，単回帰分析や重回帰分析で利用される決定係数の平方根で示される。そのため，妥当性係数と予測性の間に不要な誤解を生じることがある。類似した係数として，判別分析における判別係数がある。これは，全体に占める正しく分類された割合であ

るため理解が容易である。判別係数が，0.7であるなら100例中70例が算出された判別関数で外的基準に対して正しく判別されたことを意味する。しかし妥当性係数が，0.7である場合は，相関係数であるため真値の分散が全分散に占める割合の平方根が0.7であることを示している。そのため，分散比では0.7を二乗した0.49となる。ほとんどの心理検査の教科書で妥当性係数が0.7以上必要であると述べている論拠を示したものはないが，全分散＝真値の分散＞誤差分散であることから，真値の分散＞誤差分散であるための最低基準を満たすには，妥当性係数が$\sqrt{2}/2 \fallingdotseq 0.707$以上となる。つまり，必要最小限度とされる妥当性係数であっても，簡単にいえば「誤差よりも真値のほうが大きい」という保証でしかない。単一のテストで査定や分類を行う場合には，妥当性係数の報告のないテストや，妥当性係数が0.7を下回るテストは用いてはいけない。

3 ■ 妥当性概念

a. 基準関連妥当性

基準関連妥当性（criterion related validity）とは，測定値と対象とする特性・状態に対して，直接の測度と考えられる行動観察や予後追跡の結果などの基準変数である外的変数との相関係数や判別係数で評価される値である。さらに単純化すれば，外的基準と一致すれば有効なテストであり，外的基準と一致しなければ無効なテストであるという考え方である。さらに，テストの結果が個人の予後を予測する程度としての予測的妥当性（predictive validity）と，詳細な行動観察や入試結果と学業成績などの外的基準との一致度のような他の外的変数との関連の程度を示す併存的妥当性（concurrent validity）とに分類される。しかし，基準とされる外的変数にも測定誤差が含まれる。そのため，外的基準を含めた尺度の測定上の信頼性が低ければ，妥当性係数そのものの信頼性も低下する。これを基準の汚染（criterion contamination）とよぶ。村上・村上（2008）は，信頼性係数が基準の汚染を評価する測度と考えるなら，妥当性係数は信頼性係数を超えることはできないと指摘している。さらに，統計分析では測定値を真値として計算するため偶然誤差などは考慮されない。そのため，実際の妥当性係数はさらに低くなると考えておくべきである。

b. 内容的妥当性

パーソナリティ尺度には外的基準が存在しないこともある。内容的妥当性（content validity）とは，テスト項目が結論を引き出そうとする一群の状況や基準とされる状況をどれだけ表現しているかによる妥当性である。内容的妥当性を評価する方法として，テスト内容に精通した複数の専門家がテスト項目を内容との関連性を少なくとも順序尺度以上で判定し，判定者間の一致係数や相関係数を算出して評価する。そのため，内容的妥当性係数を安定させるために，より多くの専門家の評価平均を利用することが行われる。しかし，内容的妥当性は，テスト項目の作成者側とも考えられる専門家による評価であって，回答者や実験参加者側の回答や反応状態などは反映されない。そのため，テストの作成者および評価者が想定した範囲を超えるような場面でテストを使用すると内容的妥当性の基本概念が揺らぐ。

c. 構成概念妥当性

構成概念妥当性（construct validity）とは，妥当性の最上位に位置づけられる概念で，テスト得点の解釈を含めたすべてを含めた妥当性の評価基準である。構成概念妥当性は，研究や臨床査定におけるテスト項目の内容的適切性や実施上の手続きを含め，さらに予測や査定したい内容との外的基準との関連性も含まれる。したがって，構成概念妥当性には基準関連妥当性と内容的妥当性も包括される。しかし，基準関連妥当性は，項目に対する受検者の反応にもとづく妥当性概念であり，内容的妥当性は項目内容自体にもとづく妥当性概念であるため，両概念間の矛盾を避けることは困難である。そもそも構成概念妥当性は，2つの矛盾する妥当性概念の統合によって評価されるべきであるが，心理検査の結果が正確であるという一種の確証バイアスのようなものが，研究者の主観的評価でなされる傾向も無視できない。そのため，構成概念妥当性を直接的に心理検査の妥当性として用いることは適切ではない。

4 ■ 妥当性の概念に含むべきでないもの

慣例的に妥当性の概念として引用されてきたが，テストの予測力という観点から，表面的妥当性（face validity），社会的妥当性（social validity）は妥当性の概念から除外するべきである。因子的妥当性については構成概念妥当性に含めるべきである。共分散構造分析で妥当性が確かめられたという報告もあるが，清水（2003）にそって考えれば，共分散構造分析と確認的因子分析は，構造方程式のモデルが異なるだけで分析の目的は同じである。また，臨床的妥当性（clinical validity）については臨床家の直感は確証バイアスに左右されるため，予後経過の報告や関連する行動チェックリストなどとの一致性を示さない限り妥当性に含めるべきではない。さらに，予後経過や行動チェックリストとの一致は結果的に外的基準との予測性を示すため，これらは基準関連妥当性として取り扱われるべきである。臨床場面での「使い勝手」という意味での適合性については，妥当性ではなく効率性として考えるべきである。

5 ■ パーソナリティ測定とバイアス

パーソナリティ検査をはじめとして心理検査は，直接観察することが不可能な現象を測定することが多い。このような場合には，質問項目への回答数など相似した観察可能な現象に置換し，これを観察する方法に頼らざるをえない。そのため，観察者の主観的判断を含めて結果的に置換法が用いられることになる。心理的測定における置換と相似性の問題に関してはルースとナレンズ（Luce & Narens, 1992）に詳しい。一般的に心理的測定におけるバイアスは，個別のケースや研究の文脈にそって語られることは多いが，一般的な考察を含む資料や文献は少ない。また測定バイアスに関する文献や資料の多くは，バイアスの定義について必ずしも一定ではない。心理的測定の例として，評定尺度で1〜7段階の得点が少なくとも順位尺度としての同一性を保証しているかどうかは，究極的には過去の事例から類推した研究者側の期待でしかない。

研究者や査定者は前提と目的に対応した現象や事実関係に注目し，研究の前提や目的によって選ばれた現象や事実関係は，無限に存在する要因から意図的に選択される。そのため，研究や査定の目的と注目した事柄が合致したものであるかどうかを検討する段階から，測定の性質や分析方法や解釈の基準が定まる。研究者が独立変数と従属変数の因果関係に媒介すると判断した他の変数に対する統制条件を含め，研究者が注目しないか見落とした要因には配慮されない。変数として注目した条件以外は，ランダム変動とみなし推測統計学的な誤差として解決を図っている。つまり，ある種のバイアスは標本数を多くすることで近似的にランダム誤差に追い込み，さらに推測統計的な処理を施すことで，バイアスがあってもランダム誤差に隠れる。

　パーソナリティ検査を実施した場合に，受検者の社会状況や検査が行われた目的などに起因する予測しなかった媒介変数が尺度得点を変動させることが多い。これらは，研究の前提や目的からでは浮かび上がってこない媒介要因が存在することを想定しておいたほうが，誤った結論を導くよりも安全である。現象から目的にそった結論が抽出されない場合には，研究者は研究結果を考察するという方法で新たな着眼点をみつけようとする傾向があるため，研究者や査定者の結論にバイアスが生じることがある。これらに対して，メタ分析という観点から研究デザインによるバイアスに対処することが解決法としてあげられる。

6 ■ パーソナリティ研究と妥当性

　測定誤差は，どのような心理尺度でも発生する。研究者は妥当性の範囲を超えた推定や査定を行ってはならない。心理尺度の作成者は妥当性を明記する義務がある。妥当性の報告がない心理尺度を他の科学的領域で引用できない。もし，判定基準が妥当性から外れる場合は，再検査や行動観察など他の多面的な査定方法をとおして最終的な決断を行うべきである。必要なら，事後予想する場合には誤差が大きくても，利用できる測定法を用いて誤差の範囲に十分な注意を払いながら予後の計画を立てるべきである。概念体系として構成された状況や直接観察できない状態を測定する心理検査も同様である。

◆ 引用文献

Luce, R. D., & Narens, L. (1992). Intrinsic archimedenness and the continuum. In C. W. Savage & P. Ehrlich (Eds.), *Philosophical and foundational issues in measurement theory* (pp.15-38). Hillsdale, NJ : Lawrence Erlbaum Associates.
村上宣寛. (2006). 心理尺度のつくり方. 北大路書房.
村上宣寛・村上千恵子. (2008). 改訂 臨床心理アセスメントハンドブック. 北大路書房.
Sato, E., & Matsuda, K. (2009). The experimental study on the relation of reaction time and personality traits : The difference of reaction time by the personality trait terms. *Japanese Journal of Applied Psychology*, **34** (Special Edition), 72-81.
清水和秋. (2003). 因子分析における探索の意味と方法. 関西大学社会学部紀要, **34**(2), 1-36.

3節 多変量解析

服部 環

1 ■ 多変量解析とは

複数の変数の関係を同時に分析する統計解析法を総称して多変量解析という。分析対象となる変数は観測変数のこともあれば，パーソナリティや知能に代表される構成概念を探るために研究者が仮定する潜在変数（因子とよばれる）のこともある。

多変量解析の技法を外的基準の有無と変数の測定水準で分類し，主要な技法を図21.2に示した。

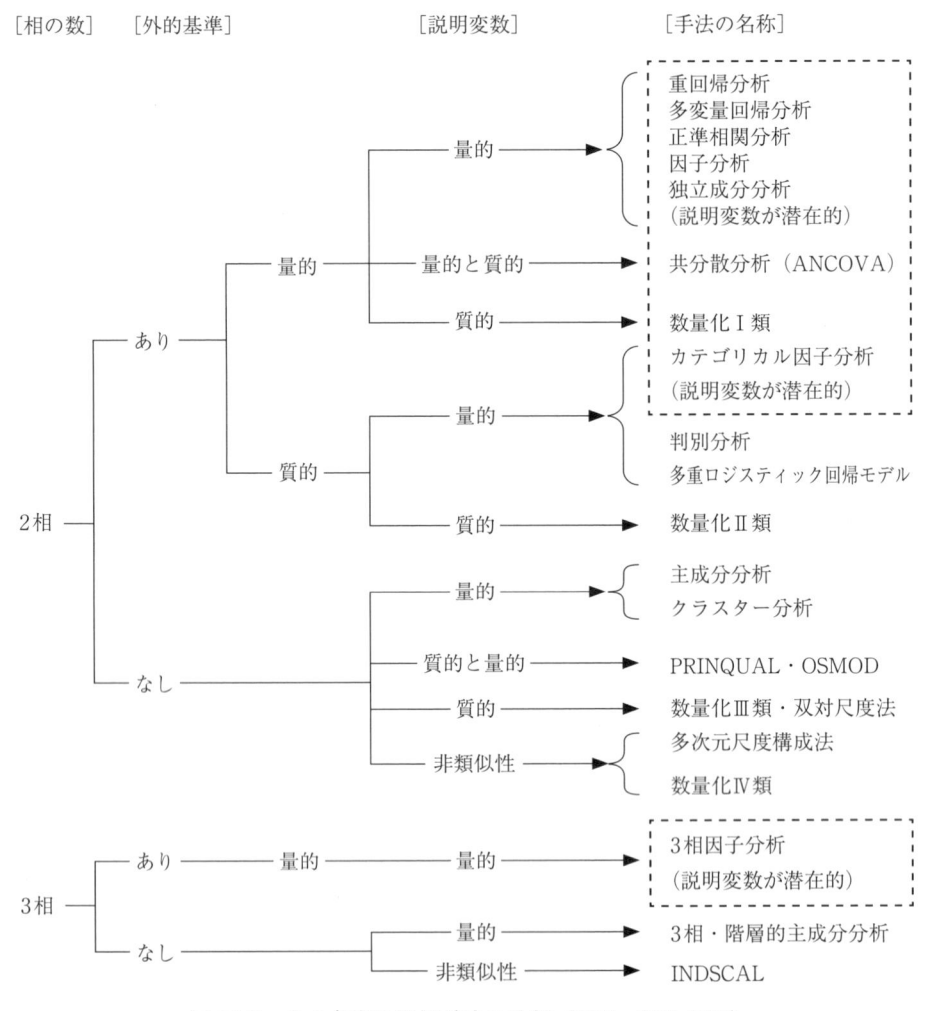

```
[相の数]   [外的基準]      [説明変数]        [手法の名称]

                                          ┌ 重回帰分析
                                          │ 多変量回帰分析
                          ┌ 量的 ─────── ┤ 正準相関分析
                          │                │ 因子分析
                          │                │ 独立成分分析
                          │                └（説明変数が潜在的）
                ┌ 量的 ─── ┼ 量的と質的 ─── 共分散分析（ANCOVA）
                │          │
                │          └ 質的 ──────── 数量化Ⅰ類
                │                          ┌ カテゴリカル因子分析
                │          ┌ 量的 ─────── ┤（説明変数が潜在的）
        ┌ あり ─┤          │                │ 判別分析
        │      └ 質的 ─── ┤                └ 多重ロジスティック回帰モデル
        │                  │
        │                  └ 質的 ──────── 数量化Ⅱ類
  2相 ──┤
        │                  ┌ 量的 ─────── ┬ 主成分分析
        │                  │                └ クラスター分析
        │                  │
        └ なし ─────────── ┼ 質的と量的 ── PRINQUAL・OSMOD
                            │
                            ├ 質的 ──────── 数量化Ⅲ類・双対尺度法
                            │
                            └ 非類似性 ──── ┬ 多次元尺度構成法
                                             └ 数量化Ⅳ類

        ┌ あり ── 量的 ─── 量的 ─────── 3相因子分析
  3相 ──┤                                  （説明変数が潜在的）
        │                  ┌ 量的 ─────── 3相・階層的主成分分析
        └ なし ─────────── ┤
                            └ 非類似性 ──── INDSCAL
```

図21.2 主な多変量解析手法の分類（服部・海保，1996）

注．破線内は構造方程式モデリング（共分散構造分析）ととくに関係の深い手法。

外的基準とは，予測式を作るときの予測される側の変数もしくは個人の分類規則を作るときに使う確固たる根拠にもとづく個人の属性である。スティーブンス（Stevens, 1946）は測定水準を比率尺度，間隔尺度，順序尺度，名義尺度に分類したが，図では比率尺度と間隔尺度を量的変数，順序尺度と名義尺度を質的変数とした。また，非類似性とは個人もしくは変数が互いに類似しているかどうかを表す数値で，その値が大きいほど類似していないことを表す。以下では，こうした技法のなかから基本的な技法を中心にとりあげる。いずれの技法もRを用いて利用することができる（服部, 2011）。

2 ■ 予測法

a. 重回帰分析

重回帰分析は観測変数の間に因果関係を仮定して，因果の強さを探る技法である。重回帰分析のモデル式は，

$$y = \underbrace{b_0 + b_1 x_1 + b_2 x_2 + \cdots + b_j x_j + \cdots + b_p x_p}_{\hat{y}} + e \tag{1}$$

と表現される。右辺のx_1からx_pは変数yを予測するために用いる変数で，説明変数もしくは独立変数とよばれる。外的基準は左辺のyであり，目的変数もしくは従属変数とよばれる。重回帰分析は説明変数x_jの値に重みb_jを乗じて目的変数の値を予測するが，完全には予測できないので，予測の誤差eを導入する。これにより，目的変数の値は説明変数によって予測できる成分$\hat{y}$と予測できない成分eに分解される。説明変数x_jに乗じる係数b_jは偏回帰係数とよばれ，他の説明変数の値を一定としたとき，当該の説明変数の値が1単位分増加したときに期待される目的変数の増分を表す。b_0は定数もしくは切片とよばれる。

重相関係数Rと決定係数R^2は予測の精度を表す。重相関係数は目的変数の値yと予測値$\hat{y}$の相関係数，決定係数は目的変数の分散$S^2(y)$に占める予測値の分散$S^2(\hat{y})$の割合である。決定係数の最大値は1，最小値は0であり，予測式を実用的に使うには0.5以上の決定係数が必要とされる。パーソナリティ研究では，決定係数が0.5を越えるような説明変数と目的変数を扱うことは少なく，説明変数と目的変数の関連を検討するときに重回帰分析を使うことが多い。

重回帰分析を利用する際の留意点がある。1つ目は決定係数と偏回帰係数が有意であっても，説明変数と目的変数の因果関係を証明したことにはならないことである。したがって，偏回帰係数が有意でも，影響が認められた，もしくは因果関係が確認できた等の表現は避けるほうが望ましい。2つ目は偏回帰係数は他の目的変数の値を一定として当該の説明変数の値を1単位分増加したときに期待される目的変数の増分であるから，偏回帰係数を相関係数のように解釈してはいけないことである。3つ目は多重共線性に留意することである。多重共線性とは，$b_1 x_1 + b_2 x_2 + \cdots + b_j x_j + \cdots + b_p x_p =$ 定数が成り立つことで，これがあるときは偏回帰係数を求めることはできない。

多重共線性がなくても，それに近い状況にあるときは偏回帰係数の推定値が不安定になるので，分散拡大係数（variance inflation factor）もしくはトレランスを用いて多重共線性の有無を確認しておくことが望ましい。

b. 因子分析

因子分析は多数の観測変数の相関関係を説明する潜在変数を仮定して，潜在変数の数と潜在変数と観測変数との関係の強さを探る。因子分析では，この潜在変数が因子とよばれる。パーソナリティのビッグファイブ理論（5因子理論）が因子分析を用いて構築されたように（たとえば，Piedmont, McCrae, & Costa, 1991），パーソナリティ研究ではとくに利用される機会の多い技法である。

因子分析は観測変数と因子との関係を，

$$x_j = a_{j1}f_1 + a_{j2}f_2 + \cdots + a_{jk}f_k + \cdots + a_{jm}f_m + e_j \tag{2}$$

とモデル化する。ここで，x_jは観測変数jの測定値，f_kは個人の因子kの因子得点である。a_{jk}は因子kが観測変数jを説明する大きさを表し，因子負荷量とよばれる。このモデルは因子によって観測変数の値を説明するが，完全には説明することはできないので，誤差e_j（独自因子ともよばれる）が導入されている。因子によって説明される観測変数の分散の割合は共通性，1から共通性を引いた値は独自性とよばれる。独自因子はさらに観測変数の特殊な変動（特殊因子）と測定の誤差による変動（測定誤差）に分解されることもある（芝, 1979）。因子分析では利用者が因子数を指定したうえで因子負荷量を推定して初期解とし，因子の解釈が容易となるように初期解を変換して因子負荷量の最終解とする。初期解の変換は因子の回転，因子軸の回転とよばれる。

因子数を決める方法として，ガットマン基準（カイザー基準），スクリーテスト，並行分析，MAP（Minimum Average Partial）テスト，VSS（Very Simple Structure）基準，適合度指標を用いる方法が提案されている。

因子負荷量の初期解を推定する主な方法として，最尤法，ミンレス法（最小二乗法），重み付き最小二乗法，一般化最小二乗法，反復主因子法，非反復主因子法などが提案されている。共通性が1.0を超える解を不適解というが，非反復主因子法は抽出因子が多すぎても不適解を出さないので，研究の初期段階で多数の因子を抽出したいときに有効とされる。2件法や3件法などで収集した順序尺度をなす変数に関しては，観測変数の四分相関係数や多分相関係数を用いて因子負荷量を推定したり（萩生田・繁桝, 1996），カテゴリカル因子分析を用いるのが望ましい。

初期解は因子の解釈が難しいので，因子を回転して解の単純構造化を図る。単純構造とは，基本的には各観測変数が一つの因子のみに大きな因子負荷量をもつという解である。因子の回転には，変換後の因子を無相関とする直交回転と無相関としない斜交回転がある。代表的な直交回転の基準としてオーソマックス基準があり，コーティマックス回転，バイコーティマックス回転，バリマックス回転，エカマックス回転，パーシマックス回転，因子パーシモニー回転を統一的に表現する。一方，斜交回転の基準にはオブリミン基準があり，コーティミン回転，バイコーティミン回転，コバリミン回転を統一的に表現する。また，直交回転の単純構造をさらに強調するプロマックス回転もある。さらに，多数の直交回転と斜交回転を統一的に表現するクロフォード・

ファーガソン族（Crawford-Ferguson family）がある（市川, 2010）。

3 ◼ 次元の縮約法

a. 主成分分析

主成分分析は観測変数を用いて合成得点を作り，観測変数が有する主要な情報を表現する。これは多数の変数がもっている情報をなるべく落とさずに少数の変数で表現し直すことと等しいので，次元縮約ともよばれる。

主成分分析はj番目の観測変数の測定値x_jに重みw_jを乗じて次式の合成得点yを定義する。ここでpは観測変数の総数である。

$$y = w_1 x_1 + w_2 x_2 + \cdots + w_p x_p \tag{3}$$

主成分分析は合成得点yの分散$S^2(y)$を最大にする重みw_j（$j=1, 2, \cdots, p$）を求め，そのときの合成変数を主成分，その得点を主成分得点とよぶ。主成分の意味を解釈するには，観測変数と主成分得点との相関係数（主成分負荷量とよばれる）を用いる。

観測変数がもつ主要な情報を一つの主成分で表現できないときは，第1主成分と無相関という制約の下で第2主成分を合成する。第2主成分も分散が最大化されるので，第1主成分が表現できない情報のなかで最も重要なものが合成される。第3主成分以下も同様に合成される。主成分の数を決める方法として，カイザー基準（ガットマン基準），スクリーテスト，並行分析，MAPテスト，累積分散説明率（%：寄与率）などがある。分散説明率とは，各主成分が観測変数のもつ情報をどれだけ説明できているかを数量化したものである。

第1主成分の意味は比較的容易に解釈することができるが，主成分は単純構造化を基準として合成されてはいないので，第2主成分以下の意味を容易に解釈することができるとは限らない。そのため，因子分析で利用される回転方法をそのまま適用して主成分軸を回転し，解釈しやすい合成変数を作ることがある。

b. 独立成分分析

2つの変数が独立であるとは，一方の変数の分布が他方の変数の値に依存しないことである。2変数が曲線的な関係であったり，散布図が菱形をなすときは無相関であるが，一方の変数の分布が他方の変数の値に依存するので独立ではない。一方，2変数の散布図が正方形や長方形をなし，その1辺が水平であるなら，2変数の分布は相互の値に依存していないので独立である。2変数が独立であるなら無相関であるが，無相関であったとしても独立とは限らない。

独立成分分析は観測変数が未知の独立成分から合成されているとみなし，観測変数をその未知成分へ分離する技法である（Hyvärinen, Karhunen, & Oja, 2001/2005；村田, 2004）。独立成分分析は1990年代に研究が始まり，脳科学研究者や通信技術研究者の注目を浴び，脳波図（EEG）や脳磁気図（MEG）データなどの生体信号の解析，また，画像データの特徴抽出などに利用されているが，因子分析や主成分分析と同様に質問紙調査データの解析に利用することができる。

独立成分分析はj番目の観測変数x_jを，

$$x_j = a_{1j}s_1 + a_{2j}s_2 + \cdots + a_{kj}s_k \cdots + a_{mj}s_m \tag{4}$$

と分解する。ここで，s_k は第 k 独立成分，a_{kj} は第 k 独立成分を観測変数 j へ混合させる混合係数である。また，m は独立成分の数である。この混合係数を求める際に，次式のように測定値を合成して独立成分を復元することがある。

$$s_k = u_{1k}x_1 + u_{2k}x_2 + \cdots u_{jk}x_j \cdots + u_{pk}x_p \tag{5}$$

ここで，u_{jk} は観測変数 j を用いて独立成分 k を復元するための係数であるが，s_k を合成するための重みとみなすことができるので，独立成分分析と主成分分析が数式上では等しいことになる。2つの違いは，合成得点に独立性を仮定するか否かである。

また，因子分析モデルの式 (2) と式 (4) とを照合すると，独立成分が因子に相当し，混合係数が因子負荷量に相当していることがわかる。混合係数と因子負荷量にある添え字の違いは本質的な違いではないから，2つのモデルの違いは誤差 e_{ij} の有無にある。ところが，たんに独立成分分析という場合は式 (4) のモデル式を指すが，右辺にノイズを加えた noisy 独立成分分析（ノイズあり独立成分分析，独立因子分析〔Attias, 1999〕）があり，測定値を，

$$x_j = a_{1j}s_1 + a_{2j}s_2 + \cdots + a_{mj}s_m + e_j \tag{6}$$

と分解する。したがって，モデル式から独立成分分析と因子分析を区別することはできない。2つのモデルの違いは成分もしくは因子に独立性を仮定するか否かにある。

混合係数を求める計算アルゴリズムとして，FastICA, JADE, Pearson-ICA などがが知られている。また，観測変数の 3 次までの積率とその漸近分散共分散行列を用いる独立成分分析も提案されている（豊田, 2007）。

さまざまな理由によって 2 変数の間に相関関係が生じるが，2 変数の相関係数だけを考察しても，それが因果関係によって生じた相関なのかどうかはわからない。しかし，もし 2 変数の間に因果関係があるなら，独立成分分析を適用することにより，因果の方向を特定できる可能性がある（Shimizu, Hyvärinen, Kano, Hoyer, & Kerminen, 2006；豊田, 2007）。

4 ■ 分類法

個人を分類する技法として判別分析とクラスター分析（柳井・高木・市川・服部・佐藤・丸井, 1986；柳井・高根, 1985）がある。判別分析は，何らかの外的基準によって個人が複数の群に分類されているとき，他の測定変数によって個人を分類する規則を作る。判別分析には，機械的に個人を分類する 2 次・線形判別分析と，各群の特徴を記述したうえで個人を分類する正準判別分析がある。また，クラスター分析は標本の類似性に着目して標本を探索的にグループ（クラスターとよばれる）へ分類する。

a. 判別分析

2 次判別分析は各群ごとに観測変数が多変量正規分布に従うことを仮定して，

$$f_k(\boldsymbol{x}|\boldsymbol{\mu}_k, \boldsymbol{\Sigma}_k) = \frac{1}{(2\pi)^{p/2}|\boldsymbol{\Sigma}_k|^{1/2}} \exp\left[-\frac{1}{2}(\boldsymbol{x}-\boldsymbol{\mu}_k)'\boldsymbol{\Sigma}_k^{-1}(\boldsymbol{x}-\boldsymbol{\mu}_k)\right] \tag{7}$$

によって確率密度を求める。ここで，xは個人の説明変数の値を代入したベクトル，μ_kは第k群の変数の平均値を要素とするベクトル，Σ_kは分散共分散行列，pは個人の判別に用いる説明変数の数，$|\Sigma_k|$はΣ_kの行列式，Σ_k^{-1}はΣ_kの逆行列である。確率密度$f_k(x|\mu_k,\Sigma_k)$は，個人が第k群に属するとしたとき，その測定値をどれくらい取りやすいかを表す数量である。2次判別分析はこの確率密度に着目して，個人ごとに最大の確率密度を与える群へ個人を分類する。また，線形判別分析は全群の分散共分散行列が等しいと仮定して確率密度を求める。

一方，正準判別分析はp個の説明変数を用いて次式の正準判別関数を定義する。

$$y_i^{(k)} = v_1 x_{i1}^{(k)} + v_2 x_{i2}^{(k)} + \cdots v_j x_{ij}^{(k)} \cdots + v_p x_{ip}^{(k)} \tag{8}$$

ここで，v_jは全群で共通して説明変数jに乗じる重み，$x_{ij}^{(k)}$は群kにおける個人iの説明変数jの値，$y_i^{(k)}$は群kにおける個人iの正準判別得点である。正準判別得点の全平方和SS_{Ty}は次式のように群間平方和SS_{By}と群内平方和SS_{Wy}に分解できる。

$$SS_{Ty} = \underbrace{\sum_{k=1}^{K} n^{(k)} \left(\bar{y}^{(k)} - \bar{y}\right)^2}_{SS_{By}} + \underbrace{\sum_{k=1}^{K} \sum_{i=1}^{n^{(k)}} \left(y_i^{(k)} - \bar{y}^{(k)}\right)^2}_{SS_{Wy}} \tag{9}$$

ここで，$n^{(k)}$はk群の人数，$\bar{y}$は全平均，$\bar{y}^{(k)}$は群kの群平均である。群間平方和SS_{By}は全平均$\bar{y}$から群平均$\bar{y}^{(k)}$を引いて二乗しているので，群平均の違いを表し，群内平方和SS_{Wy}は群ごとに個人の得点から群平均$\bar{y}^{(k)}$を引いて二乗しているので，群内における個人差の大きさ，いいかえれば，所属群の違いでは説明できない個人差の大きさを表す。群間平方和が大きいほど群の違いが正準判別得点に現れることになるので，正準判別分析はSS_{By}/SS_{Wy}を最大にする重みv_jを求める。この重みは正準判別係数あるいは正準係数とよばれる。正準判別係数や説明変数と正準判別得点の相関係数（構造係数とよばれる）を用いて正準判別得点の意味を解釈し，正準判別得点の平均値の違いによって各群の特徴を検討する。ここに正準判別分析の利点がある。また，個人の分類は，正準判別得点に先述の線形判別分析を適用することで行う。

判別規則はそれを作成した標本には最適化されているが，その規則を他の標本へ一般化できるとは限らない。そのため，計算に用いた標本とは別の標本を用いて個人を分類し，正判別率を調べておくことが望ましい。この手続きを交差妥当化法（クロスバリデーション，クロス確認）という。

b．クラスター分析

個人の類似性に注目して逐次的に個人をクラスターへまとめていき，最終的に一つのクラスターへ統一する階層的クラスター分析と，クラスターの数を分析者があらかじめ指定して，各クラスターごとに似たもの同士を集める非階層的クラスター分析がある。階層的クラスター分析は比較的少数の個人を分類するのに適し，非階層的クラスター分析は多数の個人を分類するのに適している。パーソナリティ研究では大きな標本を分析することが普通であるから，ここでは，非階層的クラスター分析の一つであるk平均法（k-means法）をとりあげる。

n名の個人をp個の変数にもとづいてK個のクラスターへ分類したとき，クラスター内平方和（群内平方和）は，

$$SS_w = \sum_{k=1}^{K}\sum_{j=1}^{p}\sum_{i=1}^{n_k}(x_{ijk}-\bar{x}_{jk})^2 \tag{10}$$

と定義される。ここで，x_{ijk}はクラスターkへ分類された個人iの変数jの値，n_kはクラスターkへ分類された個人の数，$\bar{x}_{jk}$はクラスターkにおける変数jの平均である。クラスター内平方和SS_wは同一のクラスターへ変数の値が近い個人が分類されているほど小さいので，k平均法はSS_wに着目して，これを最小とするクラスターを作る。最適な分類結果を探索するアルゴリズムとして，ハーティガン・ウォンの方法，ロイドの方法，マックィーンの方法，フォーギーの方法などが提案されている。

　クラスターの数が増えるほどクラスター内平方和は小さくなり，クラスターの数と個人の数が等しいときにゼロとなるので，スクリー法を用いてクラスターの数を決めるとよい。すなわち，横軸をクラスター数，縦軸をクラスター内平方和としてクラスター内平方和の値を線分で結び，肘のような角ができるところのクラスター数を採用する。明瞭な角がみられないときは，クラスターの数を変えてクラスター分析を繰り返し，その後の分析に適した数を採用する。

◆引用文献

Attias, H.（1999）. Independent factor analysis. *Neural Computation*, **11**, 803-851.
萩生田伸子・繁桝算男.（1996）. 順序付きカテゴリカルデータへの因子分析の適用に関するいくつかの注意点. 心理学研究, **67**, 1-8.
服部　環.（2011）. 心理・教育のためのRによるデータ解析. 福村出版.
服部　環・海保博之.（1996）. Q&A心理データ解析. 福村出版.
Hyvärinen, A., Karhunen, J., & Oja, E.（2005）. 詳解独立成分分析：信号解析の新しい世界（根本　幾・川勝真喜，訳）. 東京電機大学出版局.（Hyvärinen, A., Karhunen, J., & Oja, E.（2001）. *Independent component analysis*. New York : John Wiley & Sons.）
市川雅教.（2010）. 因子分析. 朝倉書店.
村田　昇.（2004）. 入門独立成分分析. 東京電機大学出版局.
Piedmont, R. L., McCrae, P. R., & Costa, P. T., Jr.（1991）. Adjective Check List Scales and the five-factor model. *Journal of Personality and Social Psychology*, **60**, 630-637.
芝　祐順.（1979）. 因子分析法（第2版）. 東京大学出版会.
Shimizu, S., Hyvärinen, A., Kano, Y., Hoyer, P. O., & Kerminen, A. J.（2006）. Testing significance of mixing and demixing coefficients in ICA. In J. Rosca, D. Erdogmus, J. C. Principe, & S. Haykin（Eds.）, *Independent component analysis and blind signal separation. Lecture Notes in Computer Science*, *3889*（pp.901-908）. Berlin : Springer-Verlag.
Stevens, S. S.（1946）. On the theory of scales of measurement. *Science*, **103**, 677-680.
豊田秀樹.（2007）. 共分散構造分析（理論編）：構造方程式モデリング. 朝倉書店.
柳井晴夫・高木廣文・市川雅教・服部芳明・佐藤俊哉・丸井英二.（1986）. 多変量解析ハンドブック. 現代数学社.
柳井晴夫・高根芳雄.（1985）. 多変量解析法（新版）. 朝倉書店.

4節　構造方程式モデリング

清水和秋

　心理学の測定系の研究では，構成概念に関係する項目を収集し，内部構造を探索的因子分析で検討し，因子パターンの値から尺度を構成し，尺度の信頼性をα係数で報告しながら，尺度の妥当性を連関的妥当性の観点から分散分析や多変量解析的手法で検討することが行われてきた。このような研究方法には，テスト理論，因子分析法，そして，妥当性に関する古典的な心理測定理論が混在したままに埋め込まれている。構造方程式モデリング（Structural Equation Modeling：SEM）は，伝統的な研究方法論の全般にわたって新しい道を切り開いた。ここでは，因子の不変性，因子間の関係性，そして，因子の平均に関するモデルをとりあげて，SEMの概略とその魅力を新しく展開されている方法とともに紹介してみたい。

1 ■ 測定モデル

　SEMのベースは因子分析モデルである。まず，ある一群の観測変数（p個）からなるベクトル$\boldsymbol{x}$を確率変数とした因子分析モデル（柳井・繁桝・前川・市川, 1990）で表してみることにする。

$$\boldsymbol{x} = \Lambda_x \boldsymbol{\xi} + \boldsymbol{\sigma} \tag{1}$$

ここで，kを因子数とし，Λ_xを因子パターン行列（$p \times k$）とする。$\boldsymbol{\xi}$は因子得点ベクトル，$\boldsymbol{\sigma}$は独自性得点のベクトルである。この独自性とは，個々の観測変数に内在する特殊性とランダム誤差との和である。古典的テスト理論では，観測得点は，真の得点とランダム誤差の和として定義される。SEMでは，ランダム誤差だけを独立して操作するのではなく，観測変数の分散を共通性と独自性との和という因子分析の定義を採用している。これにより，特殊性を含む独自性の平均や独自性間共分散を推定することが可能となる。

　研究対象の構成概念を測定すると仮定された観測変数と因子との関係は，因子間の共分散ともあわせて，SEMでは測定モデルとよばれ，構成概念に関する式（1）のような因子分析体系の下での仮説を構築することができる。一つの標本を対象として構築されたSEMのこのような測定モデルは，確認的因子分析（confirmatory factor analysis）モデルともよばれてきた（Jöreskog, 1969）。

2 ■ 識別性，パラメータ推定そして適合度

　SEMが解の推定の対象とするのは，相関行列ではなく分散・共分散行列であり，一般的には最尤法によって，因子パターンなどのパラメータの推定が行われる。ここで，母集団の分散・共分散行列をΣ（$p \times p$）とすると，式（1）から因子分析モデルは次のように表すこともできる。

$$\Sigma = \Lambda_x \Phi \Lambda_x' + \Theta_\sigma \tag{2}$$

この Φ は因子間の分散・共分散行列（$k \times k$）であり，Θ_σ は対角項を観測変数の独自性とする対角行列（$p \times p$）である。モデルとしての識別性を確保するために，因子パターン行列 Λ_x のなかで列の因子ごとに一つの観測変数の因子パターンの値を 1 に固定する必要がある（Bollen, 1989；狩野・三浦，2002）。他の因子パターンについては，構成概念に関する仮説に応じて，固定あるいは自由推定，そして同じ値とする拘束推定が可能である。SEMによる因子分析の仮説的記述体系の革新の一端がここにある。なお，SEMの標準化解とは，潜在変数の推定値の分散を 1 へと変換することによって推定結果の表示形式を探索的因子分析に合わせたものである。

式（2）の因子に関する因子パターンや因子得点の分散・共分散そして独自性などのパラメータの全体をベクトルで θ とし，母集団の構造を $\Sigma(\theta)$ と表すことにする。実際の測定から得られた標本の分散・共分散行列を S とすると，この S と $\Sigma(\theta)$ との関係を不一致関数（discrepancy function）として定義し，これを最小化する方法として最尤法が使用されてきた。ほかにも一般化最小二乗法や漸近的非分布依存法など数多くの推定方法がある（Mulaik, 2009）。

多変量正規分布を前提とする最尤法が，実際の応用場面でも使用されてきたのは，伝統的な多変量解析手法にはなかった検定の論理を導入することができるからである。まず，推定するパラメータの数を q とすると，帰無仮説を「モデルの適合度がよい」として，自由度 $(p(p+1)/2 - q)$ の χ^2 検定を適用することができる。次に，パラメータ推定値の標準誤差から「推定値をゼロ」とする帰無仮説をワルド検定により棄却判断をすることができる。モデルを修正する際には，このワルド検定や解析ソフトが提供してくれる修正指数を利用することができる（狩野・三浦，2002）。

χ^2 検定によるモデルの適合度の評価では，標本の数が多くなるほど棄却されやすくなる。この弱点を改善するために，数多くの指標が提案されてきた。ベストな指標がない状況のなかで，欧米でよく使用される指標と基準を紹介すると，NFI（normed fit index：.90以上），CFI（comparative fit index：.95以上），そして，RMSEA（root mean square error of approximation：.05以下）などがある（Mulaik, 2009；狩野・三浦，2002）。ほかに，AIC（赤池情報量規準）は，仮説として構築したモデルの比較やモデル修正の際に広く使用されている。

3 ■ 測定の不変性の検証と平均構造

因子的不変性を検証することは，因子分析が応用研究で利用されはじめた1930年代から心理測定での課題であった。ヨレスコック（Jöreskog, 1971）は，共分散構造分析の応用として，G 個の集団を対象として得られた因子の構造が同一であるかどうかを母集団において検証する方法を多集団同時因子分析（multi-group simultaneous factor analysis）として提案した。

メレディス（Meredith, 1993）は，拘束の弱さの順に，布置不変性（configural invariance），因子パターン不変性（factor pattern invariance），強因子的不変性（strong factorial invariance），厳格な因子的不変性（strict factorial invariance）の 4 つの不変性を定義している。式（2）のパラメータを G 個の集団から十分な適合度において推定することができれば，厳格な因子的不変性

の因子構造を検証することができたことになる。因子分析から尺度構成を行ったような研究では，測定の不変性の検証は必須の課題となっている（Vandenberg & Lance, 2000）。

ソルボーン（Sörbom, 1974）は，式（1）の測定モデルに観測変数の切片を導入することで，さらに，因子得点の平均を集団間で比較する平均構造分析のモデルを展開した。ここで，対象となるG個の集団から一つを取り出しgとし，そして，観測変数の切片に関する項$_g\tau$を置いて，式（1）を次のように書き換えてみることにする。

$$_g x = {_g\tau} + {_g\Lambda_{xg}\xi} + {_g\sigma} \tag{3}$$

観測変数による集団間の比較では，誤差が混入することを避けることはできない（清水, 2003）。観測変数の素点を対象とする式（3）において集団の違いを因子得点に集約する方法が，横断的なデータを対象とする平均構造分析である。

このように，測定の質に関して因子の不変性を確認しながら，集団の量的な違いを因子得点において検討することができるようになったわけである。

4 ■ 構造モデル

SEMでは潜在変数間の関係性を構造モデルとよぶ。ここでは，観測変数については，経済学の構造方程式の伝統に従い外生変数と内生変数とを区別し，それぞれの潜在変数において，共分散や因果的関係を想定し，さらに平均構造も推定の対象としてみることにする。以下ではLISREL（Jöreskog & Sörbom, 1989）に従って，外生潜在変数ξと内生潜在変数ηとの関係を次のように表す。

$$\eta = \alpha + B\eta + \Gamma\xi + \zeta \tag{4}$$

なお，外生変数の測定モデルと内生変数の測定モデルは，

$$x = \tau_x + \Lambda_x\xi + \sigma \tag{5}$$
$$y = \tau_y + \Lambda_y\eta + \varepsilon \tag{6}$$

であり，式（4）のαは切片ベクトルで，内生潜在変数ηの平均値からなるベクトルである。内生潜在変数の平均ベクトルについては$E(\xi)=\kappa$とする。

式（4）から式（6）のSEMのフルモデルを図21.3で説明してみることにする。ここでは，外生変数と内生変数を区別し，各3個の観測変数を測定し，それぞれ2個の潜在変数を仮定している。

外生潜在変数から内生潜在変数へは，因果関係を想定したパス（$\gamma_{11}, \gamma_{21}, \gamma_{12}, \gamma_{22}$）を引いている。内生潜在変数間には相互のパス関係（β_{21}とβ_{12}）を仮定し，かつ，この間に共分散ψ_{12}も描いている。この図では，SEMのソフトであるAmosで作成しており，潜在変数の図のパラメータは，各式のギリシア文字と対応させている。図では，識別性を考慮せずに，特定することが可能なすべてのパラメータを記入している。なお，独自性の平均も便宜的に0に固定しているが，推定することは可能である（Meredith, 1993）。

構成概念の内部構造について，キャッテル（Cattell, 1966）は，SEMの時代を予見していたか

のような因子間に網の目と階層を仮定した多様なモデル（reticular and strata models）を提案している。探索的因子分析を主な解析方法として，パーソナリティ研究では，ビッグファイブのような並列的に因子間相関を仮定するモデル，知能のような一次水準と二次水準からなる階層的なモデルなど，いろいろな仮説的モデルの提案が行われてきた。SEMの構造モデルを応用することによって，キャッテルが想定したような複合的な構造をより自由に構築し，検証することができるのではないだろうか。

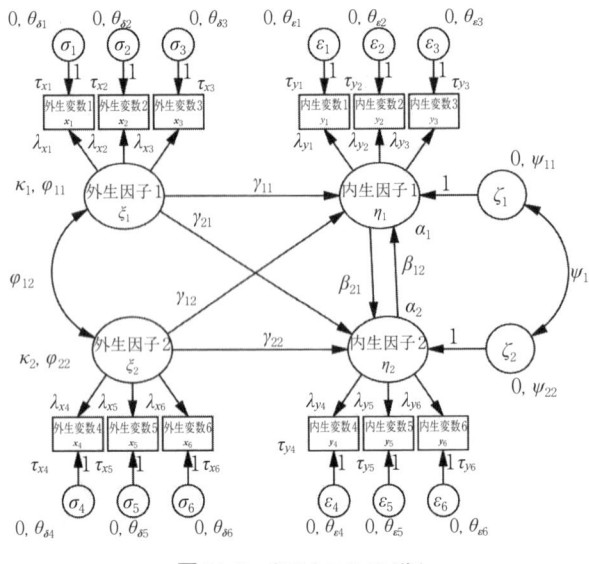

図21.3　SEMフルモデル

5　縦断的データの解析

今世紀になってSEMが最も応用される分野は，時間軸に焦点を当てた研究となってきている（Mroczek & Little, 2006）。この契機の一つが，ボーレン（Bollen, 1989）による一つの標本を対象として，式（4）から式（6）のxとyとを繰り返し測定した変数と設定して，潜在変数の平均を分析する方法の提案であった。たとえば，図21.3のモデルを縦断的に収集したデータに因子分析モデルあるいはパスモデルと想定すると，この構成概念の安定性（γ_{11}, γ_{22}）と平均変動（α_1, α_2）とを推定することができる。

一つの観測変数の時間軸での変化の軌跡を因子得点の関数式として描こうとするモデルが，潜在成長モデル（McArdle, 1986）あるいは潜在曲線モデル（Meredith & Tisak, 1990）である。このモデルは，観測変数の得点から，軌跡のはじまりのレベルを切片として特定する因子，観測機会を時間関数として1次あるいは高次の項に関する因子を推定する方法である（岡林, 2006；清水, 1999）。図21.4は，等間隔での4回繰り返し測定した一つの観測変数を対象としたモデルである。軌跡のはじまりである切片と傾きは1や時間関数からなる固定パラメータという特殊な

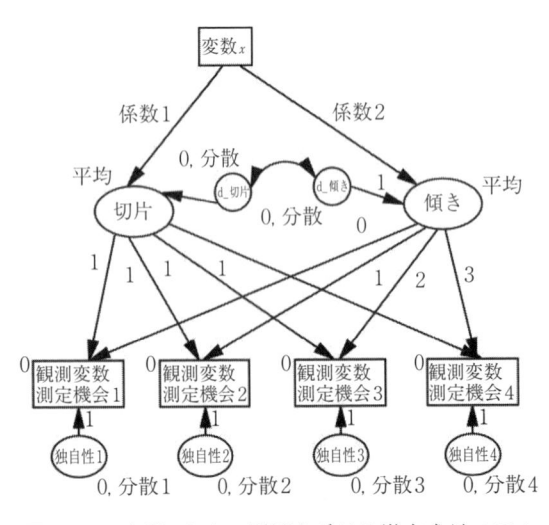

図21.4　変数xからの影響を受ける潜在成長モデル

形式を採用しているが，各観測機会の独自性の分散を推定するという点では因子分析の範疇にある。なお，図21.4では，ある変数xが軌跡の切片と傾きにどの程度の影響を与えるのかを検討する研究の例としてパスを挿入している。

固定パラメータによる因子分析モデルの応用として，前後の測定間での因子得点の差得点モデルの検討が行われている（Hertzog & Nesselroade, 2003；McArdle, 2009）。2回の観測誤差や特殊性が混入した観測得点では，変化を正確にとらえることはできないという批判に応えた新しい方法である。このモデルを複数回へと観測機会を増やしていくと，不規則な変動もとらえることができる（清水・三保・紺田・花井・山本，2011）。

6 ■ SEMの現在

生物学分野から導入されたパス図式での表示方法は，構成概念の構造や関連性を検討する優れたSEMの道具となっている。同時連立方程式に加えて，最尤法という数理統計学の方法は，仮説的なモデルの検定をパラメータの標準誤差の推定とともに可能とした。図21.5に示したようにSEMは，因子分析をベースとしながら，他の学問分野で蓄積されてきた方法論を積極に取り込みながら，心理学のresearch questionsに答えようとする展開との相互作用のなかで発展してきた。

SEMの代表的なソフトの一つであるM*plus*では，因子分析とは別な道を歩んできた項目反応理論も統一的な取り扱いが可能であり，間隔尺度水準だけではなく名義尺度水準のようなカテゴリーへの反応も解析の対象とするようになってきている。教育分野の研究からはじまったマルチレベル分析もまたSEMソフトに組み込まれるようになってきた（Muthén, 2008）。対象とする標

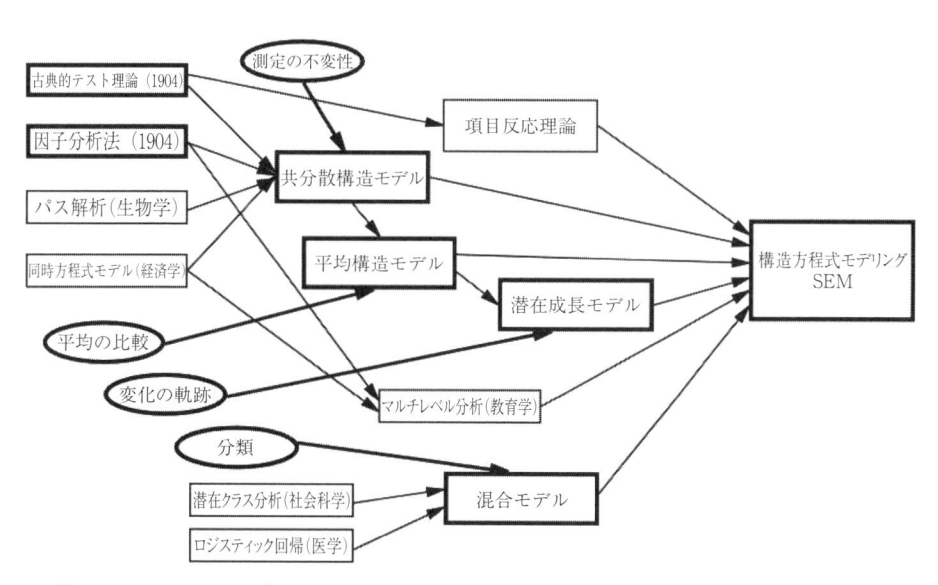

図21.5　SEMへの発展：学問分野・統計的手法（四角）とresearch question（楕円）

本のなかに内在する複数の下位集団を，ある意味ではクラスター分析のように潜在するクラスを探索する方法として混合モデル（mixture model）が提案されている。たとえば，潜在成長モデルに混合モデルを適用して，時間経過のなかでの潜在している変化の軌跡の異なる集団を探求することができる（服部, 2006）。

　SEMは，古典的テスト理論ではなく因子分析をベースとしている。このことには2つの点で重要である。まず，独自性である。測定変数そのものや測定方法などに混入する特殊性という分散が混入する。ランダム誤差ではないので，独自性間共分散を仮定することを否定的に考える必要はなく，測定の内容や状況をチェックする必要はあるが，潜在変数間の構造モデルをより純粋に取り出すことの可能性を高める。次に共通性である。因子の分散と因子パターンから測定モデルの独自性を除いた分散が観測変数全体から構成した尺度の共通性に相当する。これを観測変数の全分散との比をとることによって，探索的因子分析をベースとするωのように信頼性を測定モデルにおいて推定することができる。

　十分に大きなサンプル数と多変量正規分布を条件としている最尤法であるが，分布からの乖離への頑健性が実証的な研究成果からも蓄積されている。分布のかたちにそれほどこだわる必要がない漸近的非分布依存法では，必要な数の対象者を確保しなければならない。データの数がそれほど多くなく，観測変数が項目である場合には，SEMの適用には注意を払う必要がある。探索的因子分析時代の提案であった複数の項目をある種の下位尺度のように小包化（parceling）する方法は，項目からのモデル化と比べて測定変数の信頼性と分布の質の改善に寄与してくれるので，それほど多くない対象者数でのSEMには有効である（狩野, 2002；清水・山本, 2007）。

　因果関係を検証するということには，否定的な論調もみられる。ここでは，パールの見解を長くなるが引用してみる。「社会科学者はSEMの利用をあきらめる必要はまったくなく，SEMが因果モデルを検証する方法であるという考えをやめればすむだけである。構造方程式モデリングが，因果モデルをつくる前提のほんの一部を検証する方法であり，その一部がデータと整合する場合には，この方法を用いて，データと前提の両方から得られる必然的で定量的な結果を明らかにすることができる」(Pearl, 2000/2009, p.157)。

　最後に，SEMの最新の動向を簡単に紹介しておきたい。まず，数理統計的な面では，ベーズ推定やEM推定，MCMM法などを取り込みながら，パラメータや欠損値推定などに急速な展開をみせている。次に，応用としては，たとえば，行動遺伝学では，遺伝と環境とに関して潜在的な要因の分散を特定することが行われている。測定の不変性の応用としては，たとえば，既存の尺度の因子構造の不変性の確認に加えて，尺度の改訂においてもSEMの利用が行われている。時系列分析をSEMに取り込んだ動的因子分析によって，個人内変化や二者関係の日々のダイナミクをとらえることできる。そして，縦断的に収集されたデータから，たとえば，状態－特性の2つの構成概念の構造的変化という観点からの検討が行われている。このように時間軸を想定することによって，構成概念の妥当性の検証を新しい方向へと展開させることができるのではないだろうか。

◆ 引用文献

Bollen, K. A. (1989). *Structural equations with latent variables*. New York : Wiley.
Cattell, R. B. (1966). The meaning and strategic use of factor analysis. In R. B. Cattell (Ed.), *Handbook of multivariate experimental psychology* (pp.174-243). Chicago, IL : Rand McNally.
服部 環.(2006).成長混合モデリングとその分析事例:岡林論文・高比良論文・山形論文に関連して.パーソナリティ研究,**15**,129-134.
Hertzog, C., & Nesselroade, J. R. (2003). Assessing psychological change in adulthood : An overview of methodological issues. *Psychology and Aging*, **18**, 639-657.
Jöreskog, K. G. (1969). A general approach to confirmatory maximum likelihood factor analysis. *Psychometrika*, **34**, 183-202.
Jöreskog, K. G. (1971). Simultaneous factor analysis in several populations. *Psychometrika*, **36**, 409-426.
Jöreskog, K. G., & Sörbom, D. (1989). *LISREL 7 : A guide to the program and applications* (2nd ed.). Chicago, IL : SPSS Inc.
狩野 裕.(2002).構造方程式モデリングは,因子分析,分散分析,パス解析のすべてにとって代わるか? 行動計量学,**29**,138-159.
狩野 裕・三浦麻子.(2002).グラフィカル多変量解析(増補版).現代数学社.
McArdle, J. J. (1986). Latent variable growth within behavior genetic models. *Behavior Genetics*, **16**, 163-200.
McArdle, J. J. (2009). Latent variable modeling of differences and changes with longitudinal data. *Annual Review of Psychology*, **60**, 577-605.
Meredith, W. (1993). Measurement invariance, factor analysis and factorial invariance. *Psychometrika*, **58**, 525-543.
Meredith, W., & Tisak, J. (1990). Latent curve analysis. *Psychometrika*, **55**, 107-122.
Mroczek, D. K., & Little, T. D. (Eds.). (2006). *Handbook of personality development*. Mahwah, NJ : Lawrence Erlbaum Associates.
Mulaik, S. A. (2009). *Linear causal modeling with structural equations*. Boca Raton, FL : Chapman & Hall/CRC.
Muthén, B. (2008). Latent variable hybrids : Overview of old and new models. In G. R. Hancock & K. M. Samuelsen (Eds.), *Latent variable mixture models* (pp.1-24). Charlotte, NC : Information Age Publishing.
岡林秀樹.(2006).発達研究における問題点と縦断データの解析方法.パーソナリティ研究,**15**,76-86.
Pearl, J. (2009).統計的因果推論:モデル・推論・推測(黒木 学,訳).共立出版.(Pearl, J. (2000). *Causality : Models, reasoning, and inference*. Cambridge : Cambridge University Press.)
清水和秋.(1999).キャリア発達の構造的解析モデルに関する比較研究.進路指導研究,**19**(2),1-12.
清水和秋.(2003).構造方程式モデリングによる平均構造の解析モデル.関西大学社会学部紀要,**34**(2),83-108.
清水和秋・三保紀裕・紺田広明・花井洋子・山本理恵.(2011).心理的変化のモデル化:3回の縦断データを対象とした潜在差得点モデル.関西大学心理学研究,**2**,19-28.
清水和秋・山本理恵.(2007).小包化した変数によるパーソナリティ構成概念間の関係性のモデル化:Big Five・不安(STAI)・気分(POMS).関西大学社会学部紀要,**38**(3),61-96.
Sörbom, D. (1974). A general method for studying differences in factor means and factor structure between groups. *British Journal of Mathematical and Statistical Psychology*, **27**, 229-239.
Vandenberg, R. J., & Lance, C. E. (2000). A review and synthesis of the measurement invariance literature : Suggestions, practices, and recommendations for organizational research. *Organizational Research Methods*, **3**, 4-70.
柳井晴夫・繁桝算男・前川眞一・市川雅教.(1990).因子分析:その理論と方法.朝倉書店.

5節　潜在的な個人差の測定

森尾博昭

1 ■ 潜在的な個人差の測定における理論的背景

「潜在的」(implicit) という用語は，非意図的・無意識的に行われるという意味で用いられる（たとえば，Payne & Gawronski, 2010 など）。潜在的な個人差とは，すなわち，自分で意識したり，意図的に操作したりすることはできないが，個人内に存在し，刺激への反応として表れる個人差のことを指す。態度や社会的判断といった領域では，このような無意識的で非意図的な認知プロセスを取り扱う潜在的社会的認知の研究が1990年代より盛んに行われるようになった。ここでは，このような潜在的な個人差の測定に際して用いられる測定方法として最も一般的に使われ，応用範囲の広い手法である，潜在連合テスト（Implicit Association Test：IAT）を紹介する。

a. 顕在的な測定方法の問題点

「潜在的」と対照して用いられるのが「顕在的」(explicit) であり，これは自覚したり意図的に利用したりすることのできるという意味となる。パーソナリティ尺度への回答において一般的に用いられる，ある行動の記述や特性の記述が自らに当てはまるかを尺度上の数字で答えさせるという自己報告法（self-report）は，顕在的な測定方法であるといえる。

自己報告法に代表される顕在的な測定は，自分の心情について内省を通じて考えることによって行われる。しかし，このように測定されたパーソナリティ特性や態度，判断にはいくつかの問題がある。自己報告式による回答は，本来測定されるべきもの以外にも，社会的望ましさ（social desirability）などの社会規範に影響を受けることが知られている。自己報告式による回答では，自らの回答が社会的に望ましくない場合に，望ましい方向に歪めて答えることが容易なためである。パーソナリティ特性のうち，社会的に望ましいものには自らがより当てはまると回答し，社会的に望ましくないものに対しては，より当てはまらないと回答するバイアスが存在する（Paulhus, 1991）。また，潜在的社会的認知の研究を通じて，回答の歪みは意図的なものだけではなく，無意識的にも行われうることが明らかとなってきた。このような自己報告法の限界は，差別意識や偏見のような，社会的望ましさの影響を受けやすい個人差を測定しようとする際には大きな問題となることが指摘されてきた（Greenwald & Banaji, 1995）。態度における古典的な研究において，差別意識は自己報告法によって測定された態度と実際の行動が対応しないことが知られている（Nosek, Greenwald, & Banaji, 2007）。

潜在的な個人差の測定方法は比較的新しい手法であるが，自己報告法に存在するこのような問題を補うための測度として，多くの研究者がその必要性について議論している。潜在的であるがゆえに，回答者が意図的に回答を歪めることができず，社会的望ましさの影響を受けづらいためである。

b. 統制的処理・自動的処理と評価の自動的活性化

潜在的な個人差の測定方法の開発へとつながった潜在的社会的認知の理論的発展には，人間の情報処理における統制的処理（controlled processing）と自動的処理（automatic processing）の研究が大きく寄与している（Payne & Gawronski, 2010）。認知心理学における選択的注意や短期記憶の知見から，人間の情報処理は，意識的に注意を向けることで意図的に行われる容量に制限のある統制的処理と，ほとんど注意を向けなくとも行われ，容量に制限がなく，意識的に抑制することの難しい自動的処理に分ける考え方が提唱されてきた（池上, 2001）。

統制的処理・自動的処理の理論にもとづき，ファジオほか（Fazio, Sanbonmatsu, Powell, & Kardes, 1986）は，プライミングを用いた研究手法を評価に適用し，評価プライミング・パラダイムとよばれる手法を用いた。この研究では，刺激の知覚によって，刺激に対するポジティブ・ネガティブの評価が自動的に「活性化」（activation）される，すなわち同じ方向（valence）の評価は，刺激の呈示後，より処理されやすくなることが示された。

このような意識的プロセスを介さず自動的に活性化される評価の研究は，その後，自己報告法に頼ることなく，反応速度やプライミングを用いて態度を測定しようとする一連の研究へと続いていく。

2 ■ IATとは

IATは潜在的社会的認知の流れをくむ測定方法であり，潜在的態度を個人差として測定しようとする目的のために開発された（Greenwald, McGhee, & Schwartz, 1998）。IATでは，何らかの単語にふれることによって関連する語句の処理が行われやすくなるというアクセスビリティ効果をその根拠としている。アクセスビリティ効果とは，認知心理学において自らが意識することなく検索と利用が行われる潜在記憶の研究において知られている効果であり（池上, 1999），単語にふれることにより，対応する概念が活性化され，その活性化が関連する語句へと波及することにより，利用のされやすさ，すなわちアクセスビリティが上昇するとする。アクセスビリティ効果における概念間の関連の強さには個人差があると想定し，その個人差を測定しようとする点は先行するファジオら（Fazio, 1995；Fazio et al., 1986）の評価プライミング・パラダイムと共通するが，IATは概念を対で用い，またプライミングを用いないためディセプションの必要がない。

a. IATの方法

IATによる潜在態度の測定では，評価対象と，その対になる概念が組で用いられる。人種に対する偏見の研究であれば，「白人」と「黒人」を用いるなど，常に評価対象は対で用いられるという特徴をIATはもっている。また，対となる概念は必ずしも対立するものとは限らない。「花」に対する潜在的態度を測定する際に，「虫」を比較対象として用いるというのがその例である。また，IATでテストを構成するためには，この概念対と連合の対象となるもう一組の概念の対も用意する必要がある。潜在的態度の測定では，どれほど肯定的であるか，または否定的であるかを1次元でとらえることが多く，「よい」に対する「悪い」，「快い」に対する「不快な」などの

形容詞の対を利用する。形容詞の対である必要はなく，「男性」と「女性」に連合しているであろうと考えられる「文系」と「理系」なども使うことができる。評価対象の組と連合対象の組の4つの概念はIATにおいてカテゴリーとして用いられる。さらに，それぞれのカテゴリーに属するような単語や絵，写真などの表象が複数個，刺激として利用される。表21.1に，「花」と「虫」を評価対象，「快い」と「不快な」を連合の対象となる概念対とした場合の刺激として用いる単語の例を示す。

　課題の実施方法の説明も含め，IATの実施はすべてコンピュータ上で行われる。一連の手続きはコンピュータプログラムによって制御されるため，開始から終了まで，回答者は一人でテストを受けることができる。課題中は，回答者は，コンピュータ画面の中央に呈示される単語や図などの刺激を一つずつ，あらかじめ決められた規則に従い，右ないし左のカテゴリーへと分類する試行を繰り返し行う。画面上部の左右には，それぞれカテゴリー名が表示されており，回答者は右（たとえばJのキー）または左（たとえばFのキー）を押すことにより，呈示された刺激が右と左のどちらかに属するのかを分類していく（図21.6）。分類は曖昧なものが含まれない自明なものである。たとえば，「花と虫」に対する潜在的態度を測定する課題では，分類の対象となる刺激は，花や虫の名前，もしくは写真や絵であり，それぞれが花に属するのか，虫に属するのかが回答者に明らかになるように刺激が選ばれている。分類の試行では，回答者がキーを押すまでコンピュータプログラムは待機する。正しく分類するキーが押された場合には次の刺激が呈示され，次の試行へと移るが，何らかの理由で回答者が間違ったキーを押した場合（図21.6であれば，左側のキーを押した場合），刺激の下に赤い×マークが表示され，押されたキーが間違っていたことをフィードバックする。回答者は正しいキーを押すまで次の試行に移ることができない。回答者は，一つひとつの試行において，できるだけ早くかつ正確にキー押しを行うように指示される。

　それぞれの試行は，目的ごとに合計7つのブロックに分けられており，ブロックごとに分類するカテゴリーの配置が異なる。ブロックは，回答者が課題に慣れるための練習を目的とするものと，得点を計算するためのテストを目的とするためのものがある。回答者はブロック1からブロック7まで，それぞれに割り当てられた試行を一定回数行う（表21.2）。回答者はブロック内の試行は連続して行うが，次のブロックへと移る場合にはカテゴリーの配置が変化することについての説明が表示される。ブロック1とブロック2は，コンピュータ上での分類作業に慣れ

表21.1　「花vs虫」と「快いvs不快な」の連合強度の測定における刺激の例

カテゴリー	刺激
花	バラ，さくら，チューリップ，ユリ，ライラック
虫	あり，ごきぶり，はち，くわがた，はえ，くも
快い	やさしい，うれしい，すばらしい，かわいい，うつくしい
不快な	きたない，くさい，いやしい，みにくい，やかましい

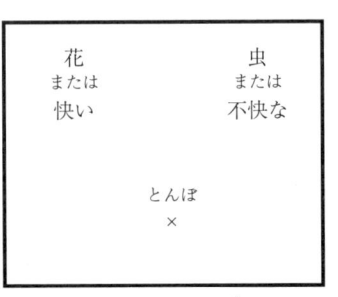

```
花              虫
または          または
快い            不快な


        とんぼ
          ×
```

図21.6　IATのコンピュータ画面例

表21.2 IATによる「花vs虫」の潜在的態度測定のブロック配置例

ブロック	試行数	左側のキーで反応する刺激	右側のキーで反応する刺激
1	20	花	虫
2	20	快い	不快な
3	20	花＋快い	虫＋不快な
4	40	花＋快い	虫＋不快な
5	20	虫	花
6	20	虫＋快い	花＋不快な
7	40	虫＋快い	花＋不快な

るため，そして2つのカテゴリーの対（ここの例では，「花vs虫」と「快いvs不快な」）に慣れるために行われる。左右に示されるカテゴリー名はそれぞれ一つずつであり，ブロック1（「花vs虫」）であれば，花ないし虫の名前や写真が中央に現れたら，回答者はできるだけ早くかつ正確にそれを右（虫）か左（花）かに分類することが求められる。この分類対象となる単語・写真は，表21.1の例のような，それぞれのカテゴリーに属することが明白な刺激である。ブロック3は，2種類のカテゴリー対が同時に左右に呈示される形式のブロックであり，本試行である（図21.6）。画面中央に呈示される刺激には，それぞれの対のものが混在しており，回答者は，刺激が呈示されるたびにそれがどちらの対の刺激なのか，さらにそれが左右のどちらに属するのかを判断し，キー押しを行う。ブロック4では，ブロック3と同じ分類課題を行うが，試行数が40となっている。ブロック5は，「花vs虫」の一つのカテゴリー対のみの分類だが，左右の刺激語が入れ替わっている。この左右の入れ替わりは他の潜在的測定方法にはない，IATの大きな特徴であるが，この入れ替わりに慣れるための練習ブロックがブロック5である。ブロック6では一つのカテゴリー対が入れ替わった状態での2つのカテゴリー対の複合分類課題に慣れるブロックであり，本試行が行われる。ブロック7においてはブロック6と同じ分類課題を40試行行う。

b. 得点の計算方法

グリーンワルドほか（Greenwald et al., 1998）が潜在的個人差の測定方法としてIATを発表した後，グリーンワルドらのグループによるものも含めて，IATのメカニズムや得点の統計学的な性質を検討する多くの研究が行われた。IATに対する批判的な研究などもふまえ，グリーンワルドほか（Greenwald, Nosek, & Banaji, 2003）は，得点の計算方法の改善版を報告している。改善版の計算方法による得点は，個人内の反応速度の差を個人内の反応速度の標準偏差で除算するため，効果量（effect size）であるとも考えられ，IAT D得点と称されることもある。

計算の手続きの概略は以下のとおりである。まず，ブロック3とブロック6のそれぞれのブロックにおける各試行の反応速度の平均値を計算する。そして，ブロック6の平均値とブロック3の平均値の差を取り，ブロック3とブロック6を合わせた反応速度の標準偏差によって割る。ブロック7とブロック4においても同様の処理を行い，反応速度の平均値の差を計算したうえで，プールした標準偏差によって割る作業を行う。このようにして算出された2つの値の平均値が，IAT得点となる。この数値が大きいほど，ブロック6とブロック7における反応速度が遅いことを示すため，ブロック3における2つのカテゴリーの示す概念間の結びつきが強いこと

を意味する。図21.6の例では，得点が大きいほど，「花」と「快」の連合が強固であることになる。計算の手続きには，さらに反応速度の測定において問題となりがちな外れ値の処理や，特異な反応パターンを行う個人のデータの除去などが含まれる。

c. IATの信頼性と妥当性

他の潜在的個人差の測度に比べ，IATを用いた知見はひじょうに数多く蓄積されている（Lane, Banaji, Nosek, & Greenwald, 2007）。内的一貫性に関しては，.70から.90と一般に適切であると認められる範囲内である（Nosek et al., 2007）。再テスト法による安定性に関しては，レーンほか（Lane et al., 2007）は，20の独立した研究におけるIATの再テスト法による安定性係数を検討した結果，そのメディアンが.50であるとしている。

IATの再テスト法による安定性が低いことから，IATは特性ではなく状態を測っているのではないかという主張もある（Gawronski & Bodenhausen, 2006）。これらの研究から，IATによって時間的に安定した概念間の連合の強さの個人差を測定するためには，曖昧な刺激語を用いるのではなく，文脈情報を追加することによりより限定された概念を活性化するほうが望ましいと考えられる（Teige-Mocigemba, Klauer, & Sherman, 2010）。

妥当性については，既存の集団との対応する差が得られるかどうかを検討する基準関連妥当性，他の尺度との関連性を検討する収束的妥当性と弁別的妥当性，行動の予測に用いることができるかどうかを調べる予測的妥当性などの観点からIATの検証が行われている（Lane et al., 2007；Nosek et al., 2007；Teige-Mocigemba et al., 2010）。グリーンワルドらによるメタ分析では，社会的望ましさによるバイアスの働きやすいステレオタイプや偏見の測定において，自己報告法による顕在的測度よりも，潜在的な測度であるIATのほうが予測的妥当性が高いことが示された（Greenwald, Poehlman, Uhlmann, & Banaji, 2009）。これは，顕在的な測定方法に内在する制限ゆえに潜在的な測定方法が考案されてきたという理論的背景と合致する結果である。

d. IATに対する批判と今後の可能性

IATにおいては，他の潜在的個人差の測定方法に比べ，その信頼性と妥当性が確認されているが，IATが測定するとされる概念間の連合の強さをめぐって，根強い批判も残っている（Teige-Mocigemba et al., 2010）。IATが測定する概念間の連合の強さがどのようにして反応へと表れるのか，そのメカニズムが明らかになっていないためである。概念間の連合の強さ以外にも，IATによる測定結果に影響を及ぼしうるいくつかの混合要因（confounding factor）の存在が指摘されている。このような混合要因のため，IATの測定結果を絶対的な値として解釈することは困難であり（IAT得点のゼロが必ずしも中立を意味しない），また，予測的妥当性にも負の影響がある。

グリーンワルドとバナージ（Greenwald & Banaji, 1995）による発表以来，IATを利用した研究は数多く行われ，有意義な研究成果を生み出してきた。手法としてのIATの欠点を示す知見もみられるものの，潜在的個人差を測定するための手法としては，実施が比較的容易であり，かつ信頼性と妥当性も確認されている。測定されるとされる潜在的な個人差そのものの検討と混合要因についても，今後研究がすすんでいくと期待される。

◆ 引用文献

Fazio, R. H. (1995). Attitudes as object-evaluation associations : Determinants, consequences, and correlates of attitude accessibility. In R. E. Petty & J. A. Krosnick (Eds.), *Attitude strength : Antecedents and consequences* (pp.247-282). Hillsdale, NJ : Erlbaum.

Fazio, R. H., Sanbonmatsu, D. M., Powell, M. C., & Kardes, F. R. (1986). On the automatic activatuion of attitudes. *Journal of Personality and Social Psychology*, **50**, 229-238.

Gawronski, B., & Bodenhausen, G. V. (2006). Associative and propositional processes in evaluation : Conceptual, empirical, and metatheoretical issues : Reply to Albarracín, Hart, and McCulloch (2006), Kruglanski and Dechesne (2006), and Petty and Briñol (2006). *Psychological Bulletin*, **132**, 745-750.

Greenwald, A. G., & Banaji, M. R. (1995). Implicit social cognition : Attitudes, self-esteem, and stereotypes. *Psychological Review*, **102**, 4-27.

Greenwald, A. G., McGhee, D. E., & Schwartz, J. L. K. (1998). Measuring individual differences in implicit cognition : The Implicit Association Test. *Journal of Personality and Social Psychology*, **74**, 1464-1480.

Greenwald, A. G., Nosek, B. A., & Banaji, M. R. (2003). Understanding and using the Implicit Association Test : An improved scoring algorithm. *Journal of Personality and Social Psychology*, **85**, 197-216.

Greenwald, A. G., Poehlman, T. A., Uhlmann, E. L., & Banaji, M. R. (2009). Understanding and using the Implicit Association Test : III. Meta-analysis of predictive validity. *Journal of Personality and Social Psychology*, **97**, 17-41.

池上知子. (1999). 社会的適応システムとしての潜在記憶：社会心理学的アプローチによる潜在記憶研究. 心理学評論, **42**, 243-256.

池上知子. (2001). 自動的処理・統制的処理：意識と無意識の社会心理学. 唐沢 穣・池上知子・唐沢かおり・大平英樹（編著），社会的認知の心理学：社会を描く心のはたらき（pp.130-151）. ナカニシヤ出版.

Lane, K. A., Banaji, M. R., Nosek, B. A., & Greenwald, A. G. (2007). Understanding and using the Implicit Association Test : IV. Procedures and validity. In B. Wittenbrink & N. Schwarz (Eds.), *Implicit measures of attitudes : Procedures and controversies* (pp.59-102). New York : Guilford Press.

Nosek, B. A., Greenwald, A. G., & Banaji, M. R. (2007). The Implicit Association Test at age 7 : A methodological and conceptual review. In J. A. Bargh (Ed.), *Automatic processes in social thinking and behavior* (pp. 265-292). New York : Psychology Press.

Paulhus, D. L. (1991). Measurement and control of response bias. In J. P. Robinson, P. R. Shaver, & L. S. Wrightsman (Eds.), *Measures of personality and social psychological attitudes* (pp.17-59). New York : Academic Press.

Payne, B. K., & Gawronski, B. (2010). A history of implicit social cognition. In B. Gawronski & B. K. Payne (Eds.), *Handbook of implicit social cognition : Measurement, theory, and applications* (pp.1-15). New York : Guilford Press.

Teige-Mocigemba, S., Klauer, K. C., & Sherman, J. W. (2010). A practical guide to implicit association tests and related tasks. In B. Gawronski & B. K. Payne (Eds.), *Handbook of implicit social cognition : Measurement, theory, and applications* (pp.117-139). New York : Guilford Press.

22章　パーソナリティの把握方法

1節　質問紙法

友野隆成

1 ■ 質問紙法とは

　質問紙法は、パーソナリティに関する複数の質問項目が記載された質問紙を用いて、パーソナリティを測定する方法である。たとえば「私はいろいろな人と出会うことが楽しみです」「私はよく緊張するほうです」「私は一つのことを粘り強く続けることが得意です」など、複数の質問項目に対して、「はい」「いいえ」の2段階や、「あてはまる」「どちらでもない」「あてはまらない」の3段階、「とてもあてはまる」「ややあてはまる」「どちらでもない」「ほとんどあてはまらない」「まったくあてはまらない」の5段階などで、自分自身にあてはまるかどうか調査協力者に回答をしてもらう。これらの回答は、たとえば5段階であれば「とてもあてはまる」は5点、「ややあてはまる」は4点、「どちらでもない」は3点、「ほとんどあてはまらない」は2点、「まったくあてはまらない」は1点、という要領で得点化される。そして、得点化された各項目への回答を統計分析にかけることによって、調査協力者のパーソナリティの客観的測定が可能になるのである。

2 ■ 質問紙法を用いる際の注意点

　この方法は手軽に実施することができるために、卒論や修論などでの調査研究によく用いられる傾向がある。しかし、手軽に実施できることが、必ずしも質問紙法が簡単であるということにはならないので、調査実施前に質問紙法の特徴をよくつかんだうえで調査を実施することが重要である。

a. 長 所

質問紙法の長所は，上述したように，手軽に実施することができる点である。たとえば，実験法では一度に一人分のデータしか収集することができない場合が多いのに対して，質問紙法では一度に多人数（質問紙を人数分用意できれば，10人でも，100人でも，1,000人でも！）のデータを収集することが可能である。また，複雑な実験装置を用いるわけではないので，調査の実施やデータの処理が容易である。さらに，パーソナリティ特性と媒介変数，結果変数など多くの変数を同時に測定することができるので，収集したデータを多変量解析にかけることで多角的な分析ができる。

b. 短 所

一方，矛盾するようであるが，質問紙法の短所は手軽に実施できてしまう点である。質問紙法においては，調査協力者は回答を意識的，無意識的に歪めることが可能である。たとえば，質問項目が何百項目もあるような調査を実施した場合，はじめは真面目に回答をしていても途中で項目数の多さからモチベーションが下がると，それ以降にいい加減な回答が誘発されてしまう。また，「私は人の悪口をよく言います」などのような，社会的に望ましくない内容の質問項目には，調査協力者が自分の本当のパーソナリティを偽り，社会的に望ましい方向に回答してしまうことも生じる。さらに，質問紙法は言語を媒介として回答を求めるので，調査協力者が質問項目の意味を理解していないと的外れな回答になってしまう。とくに，言語未習得の乳幼児に対して，成人でないと理解できないような内容の質問項目に回答を求めても，意味をなさないのである。そして，質問紙法では因果関係を断定することができないという短所もある。最近では，パーソナリティ特性と一緒に媒介変数と結果変数を測定し，構造方程式モデリングなどを用いて因果関係を推定する分析がよく行われるが，この方法では因果関係を明らかにすることはできない。

以上，質問紙法の長所と短所は表裏一体のような関係にある。

3 ■ 質問紙法によるさまざまなパーソナリティ検査

現在までに，質問紙法によるパーソナリティ検査が多数開発されている。ここでは，そのなかから比較的よく用いられるものを中心に概観する。

a. YG性格検査

YG性格検査（矢田部・ギルフォード性格検査；辻岡，1965）は，ギルフォード（Guilford, J. P.）らが作成した3種類のパーソナリティ検査をもとに，矢田部達郎らが文化や言語の違いを考慮して日本人向けに作成したパーソナリティ検査である。この検査は，抑うつ性（D），回帰性傾向（C），劣等感の強いこと（I），神経質（N），客観性がないこと（O），協調性のないこと（Co），愛想の悪いこと（Ag），一般的活動性（G），のんきさ（R），思考的外向（T），支配性（A），社会的外向（S）という12の特性に関する質問項目がそれぞれ10項目ずつ，合計120項目で構成されている。受検者はこれらの質問項目に対して，自分にあてはまるかどうか「はい」「？」「いいえ」の3段階で回答を行う。検査用紙はカーボン複写式になっており，集計がしやすいように構

成されている。12の特性ごとに得点が算出され、それらの得点の高低をもとにプロフィールが作成される。そして、プロフィールのパターンによって、A型〜E型の5つのタイプに分類される（図22.1参照）。

「A型（平凡型）」は、すべてのパーソナリティ特性について平均的な状態を示し、取り立てて特徴をもたない調和的適応的タイプである。「B型（不安定不適応積極型）」は、情緒不安定、社会的不適応、活動的、外向的であり、パーソナリティの不均衡が直接外側に表れやすい反社会的行動タイプである。「C型（安定適応消極型）」は、情緒安定、社会的適応、消極的、内向的であり、もの静かでおとなしいタイプである。「D型（安定適応積極型）」は、情緒安定、社会的適応、活

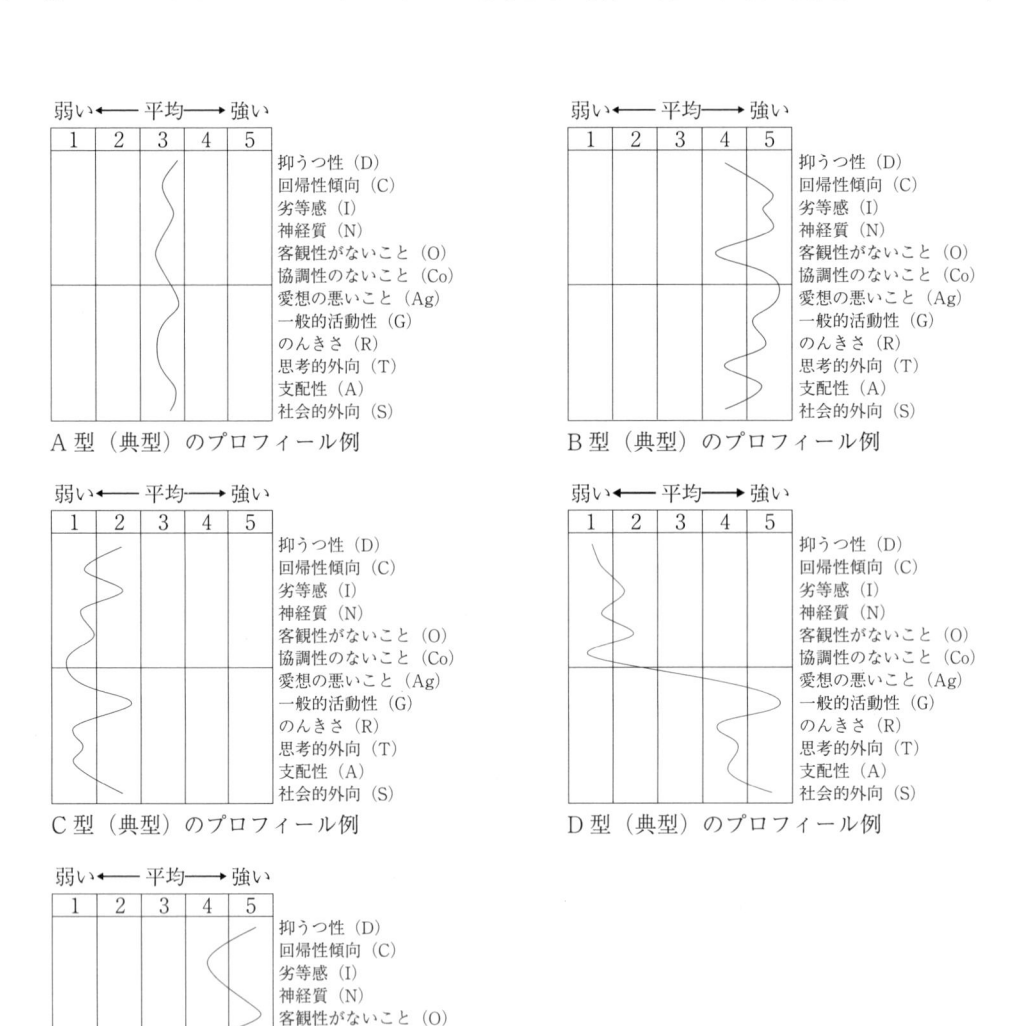

図22.1　YG性格検査の5つのタイプごとのプロフィール例

動的，積極的で外向的であり，パーソナリティのよい側面が外部に表れやすい最も理想的なタイプである。「E型（不安定不適応消極型）」は，情緒不安定，社会的不適応，非活動的，消極的であり，内向的な非社会的行動タイプである。これらのタイプは，各々の特徴がよく表れているため「典型」とよばれる。また，タイプは「典型」以外にも，各々の特徴を持ち合わせているが「典型」ほど強くはない「準型」や，複数のタイプが混合された「混合型」も設定されているので，トータル15のタイプに分類されることになる。以上のように，YG性格検査は類型論と特性論の両側面からパーソナリティをとらえることができる検査である。

YG性格検査は，その手軽さゆえにわが国においては学校での進路指導や生徒指導，一般企業での採用試験や人事異動などの参考資料として用いられることもある。しかし，学術研究場面においては，検査の信頼性と妥当性に関するさまざまな問題点が指摘されていることから，現在ではほとんど用いられていないのが現状である。

b. MMPI

MMPI（Minnesota Multiphasic Personality Inventory）は，ハサウェイ（Hathaway, S. R.）とマッキンレー（McKinley, J. C.）によって作成されたパーソナリティ検査である。日本語ではミネソタ多面人格目録とよばれており，MMPI新日本版研究会（1993）によってMMPI新日本版が作成されている。この検査は，本来気分障害や統合失調症などの精神障害の診断用に作成されたものであったが，現在では臨床場面に限らず一般的なパーソナリティを測定することにも用いられている。この検査は，心気症尺度（Hs），抑うつ性尺度（D），ヒステリー性尺度（Hy），精神病質的偏倚性尺度（Pd），男性性・女性性尺度（Mf），パラノイア尺度（Pa），精神衰弱尺度（Pt），統合失調症尺度（Sc），軽躁病尺度（Ma），社会的向性尺度（Si）という10の臨床尺度と，疑問尺度（?），虚構尺度（L），頻度尺度（F），修正尺度（K）という4つの妥当性尺度からなり，尺度ごとに項目数は異なっているが，合計550項目で構成されている。臨床尺度は，それぞれの尺度に対応する患者群と健常群とを弁別することに主眼がおかれ，項目の選定がなされている。妥当性尺度は，受検者の検査に対する防衛的態度や回答の歪みなどの検出に用いられる（表22.1参照）。受検者はこれらの質問項目に対して，自分にあてはまるかどうか「そう」「どちらでもない」「ちがう」の3段階で回答を行う。そして，各尺度得点の粗点をT得点とよばれる標準得点に変換する。なお，Hs, Pd, Pt, Sc, Maの5つの臨床尺度は，修正尺度Kにそれぞれ尺度ごとの修正率をかけたものを加算する。これらの得点をもとに，プロフィールが作成される。解釈を行う際には，2ポイント・コードがよく用いられる。これは，臨床尺度で一番高かったT得点と二番目に高かったT得点を組み合わせて解釈する簡略な方法である。

MMPIには，カード式と冊子式の2種類の形式が存在する（冊子式は，実施法や採点法の違いにより，さらに3パターンに分けられる）が，カード式は個別診断に，冊子式は集団検査にそれぞれ用いられる。カード式と冊子式の両方とも項目内容および全項目数は同一である。なお，冊子式は個別診断にも用いることが可能であるが，臨床場面での使用に限定することが薦められている（日本MMPI研究会，1973）。

MMPIは，国内外を問わず現在においてもさまざまな研究が続けられている。なお，アメリカ

表22.1 MMPIの妥当性尺度（日本MMPI研究会，1973をもとに作成）

？	疑問尺度	「どちらでもない（＝わからない）」と回答した質問項目の数 この得点が高いと，臨床尺度の得点が実際よりも低くなり，解釈が困難になる
L	虚構尺度	自分を実際よりもよくみせかけようとする方向に回答を歪める程度 例：「時には口きたなくののしりたくなる。」という項目に対して「ちがう」と回答する
F	頻度尺度	自分を実際よりも好ましくない方向に回答を歪める程度，および検査全体の信頼性の乏しさの程度 例：「誰かが私のものを盗もうとしている。」という項目に対して「そう」と回答する
K	修正尺度	検査に対する防衛的態度，およびHs，Pd，Pt，Sc，Maの各尺度における診断上の弁別力を高める修正尺度として使用

表22.2 NEO-PI-Rの下位次元（下仲ほか，1999をもとに作成）

因子名	ファセット					
N：神経症傾向	不安	敵意	抑うつ	自意識	衝動性	傷つきやすさ
E：外向性	温かさ	群居性	断行性	活動性	刺激希求性	よい感情
O：開放性	空想	審美性	感情	行為	アイディア	価値
A：調和性	信頼	実直さ	利他性	応諾	慎み深さ	優しさ
C：誠実性	コンピテンス	秩序	良心性	達成追求	自己鍛錬	慎重さ

ではMMPIの改訂版として，成人用のMMPI-2，青年用のMMPI-Aがそれぞれ開発されているが，日本においては2012年6月現在ではまだ標準化されていない。

c. NEO-PI-R

NEO-PI-R（Revised NEO Personality Inventory）は，コスタとマックレーによって作成されたパーソナリティ検査であるNEO-PI（NEO Personality Inventory）の改訂版である（Costa & McCrae, 1992）。わが国においては，日本版NEO-PI-R（下仲・中里・権藤・髙山，1999）として標準化されている。この検査には，「特性5因子モデル」にもとづいた神経症傾向（N），外向性（E），開放性（O），調和性（A），誠実性（C）という5つの特性が設定されており，さらに特性ごとに6つの下位次元がそれぞれ設定されている（表22.2参照）。質問項目数は，8問×6下位次元×5特性の，合計240項目である。受検者はこれらの質問項目に対して，自分にあてはまるかどうか「非常にそうだ」「そうだ」「どちらでもない」「そうでない」「まったくそうでない」の5段階で回答を行う。また，回答の妥当性をチェックするために，A「すべての質問に答えましたか？」，B「答えは正しい欄に記入しましたか？」，C「正直に答えましたか？」という3項目が末尾に記されている。検査用紙はカーボン複写式になっており，マニュアルに添付されている手採点用シートを用いて各下位次元の素点を算出し，さらに5つの特性ごとに下位次元の素点を合計する。それらの得点の高低をもとに，プロフィールが作成される。なお，プロフィールフォームは大学生用と成人用の2種類がある。

NEO-PI-Rは上述のとおり240項目と項目数が多いので，その短縮版であるNEO-FFI（NEO Five Factor Inventory）も開発されている。NEO-FFIは，NEO-PI-R同様5つの特性が設定されているが，下位次元を設定せずに5つの特性ごとに代表的な12項目が選定され，60項目から

表22.3　TCIの下位次元（木島ほか，1996をもとに作成）

NS：新奇性追求	探求心	衝動	浪費	無秩序	—
HA：損害回避	予期懸念・悲観	不確実性に対する恐れ	人みしり	易疲労性・無力症	—
RD：報酬依存	感傷	愛着	依存	—	—
P ：固執	持続	—	—	—	—
SD：自己志向	自己責任	目的志向性	臨機応変	自己受容	啓発された第二の天性
C ：協調	社会的受容性	共感	協力	同情心	純粋な良心
ST：自己超越	霊的現象の受容	自己忘却	超個人的同一化	—	—

構成されている。なお，NEO-PI-RおよびNEO-FFIを用いた多くの研究が国内外を問わず実施されている。

d．TCI

TCI（Temperament and Character Inventory）は，クロニンジャーらによって作成されたパーソナリティ検査である（Cloninger, Svrakic, & Przybeck, 1993）。この検査には，彼らの提唱した「気質と性格の7次元モデル」にもとづき，新奇性追求（NS），損害回避（HA），報酬依存（RD），固執（P）という4つの気質次元と，自己志向（SD），協調（C），自己超越（ST）という3つの性格次元からなる計7特性が設定されており，さらに特性ごとにさまざまな下位次元がそれぞれ設定されている（表22.3参照）。質問項目数は，下位次元ごとに項目数は異なっているが，合計240項目である。なお，全240項目中125項目がTCI短縮版として選定されている。受検者はこれらの質問項目に対して，自分にあてはまるかどうか「はい」「いいえ」の2段階で回答を行う。

TCIは，遺伝子や神経伝達物質という生物学的側面とパーソナリティとの関連性を想定した理論にもとづくユニークな尺度であり，国内外を問わずさまざまな研究が実施されるようになっている。わが国においては，日本語版TCIの開発が木島ほか（木島・斎藤・竹内・吉野・大野・加藤・北村，1996）によって行われているが，上述の3つのパーソナリティ検査とは異なり，2012年6月現在ではまだ市販されていない。また，アメリカではTCIの改訂版であるTCI-R（Temperament and Character Inventory Revised）も開発されているが，2012年6月現在で日本においてはまだ標準化されていない。

e．その他

上述の4つのパーソナリティ検査は，それぞれ異なる作成過程をへて作成されたが，いずれも複数のパーソナリティ特性が設定されており，パーソナリティを包括的にとらえる検査であった。一方，最初から特定のパーソナリティ特性に限定して開発されたパーソナリティ検査もある。たとえば，その代表的なものとしてSTAI（State-Trait Anxiety Inventory）があげられる。この検査は，不安に特化して作成されたものであり，「ふだんどの程度不安を感じやすいか」という個人のパーソナリティ特性を表す特性不安と，「たった今この瞬間にどの程度不安を感じているか」という一過性の状態を表す状態不安を測定することができる。ほかにも，個人の自己愛傾向を測定するNPI（Narcissistic Personality Inventory），自己に向けられた完全主義を多次元的に測定

する MSPS（Multidimensional Self-oriented Perfectionism Scale），個人の楽観性を測定する LOT（Life Orientation Test）などがある。以上のパーソナリティ検査は，研究の目的に応じて適宜用いられている。

◆ 引用文献

Cloninger, C. R., Svrakic, D. M., & Przybeck, T. R.（1993）. A psychobiological model of temperament and character. *Archives of General Psychiatry*, **50**, 975-990.

Costa, P. T., Jr., & McCrae, R. R.（1992）. *The NEO-PI-R professional manual : Revised NEO Personality Inventory（NEO-PI-R）and NEO Five-Factor Inventory（NEO-FFI）*. Odessa, FL : Psychological Assessment Resources.

木島伸彦・斎藤令衣・竹内美香・吉野相英・大野　裕・加藤元一郎・北村俊則.（1996）. Cloningerの気質と性格の7次元モデルおよび日本語版 Temperament and Character Inventory（TCI）. 季刊精神科診断学，**7**，379-399.

MMPI新日本版研究会（編）.（1993）. 新日本版MMPIマニュアル．三京房．

日本MMPI研究会（編）.（1973）. 日本版MMPIハンドブック（増補版）．三京房．

下仲順子・中里克治・権藤恭之・髙山　緑.（1999）. NEO-PI-R NEO-FFI共通マニュアル（成人・大学生用）．東京心理．

辻岡美延.（1965）. 新性格検査法：Y-G性格検査実施・応用・研究手引．竹井機器工業．

2節　投　影　法

藤田主一

1 ■ 心理検査とパーソナリティ検査

　個人の能力や行動傾向を客観的にスクリーニングする必要が生じた場合，通常は心理検査を実施することが多い。たとえば，社交性，協調性，内向性，抑うつ性，攻撃性などの程度を確認したいときには定期的な行動観察や面接という方法もあるが，短期間に個人の特性を表現するには心理検査が最も手軽である。もちろん医療機関や教育機関のように，心理学の専門家や臨床家が対応できる体制にあれば，より具体的で詳細なかかわり方を用いることができる。しかしそうでない場合は，一定の結果を早期に提出する必要もあって心理検査を実施することが現実的であろう。心理検査（psychological test）のなかでも，パーソナリティ検査（personality test）は知能検査（intelligence test）や発達検査（developmental test），適性検査（aptitude test）などとならんで使用頻度の高い検査である。外向性や内向性などの傾向を測定するには，心理検査のなかのパーソナリティ検査を使用するのが一般的である（大村・花沢・佐藤，1985）。

　簡便なパーソナリティ検査は，特別に訓練された検査者（テスター）が実施しなくてもマニュアルにそうことさえ間違えなければ誰でも行うことができるし，結果の解釈も比較的容易に言語化することができる。簡便な検査を使用しやすい背景は，その検査の研究者や実施法を熟知した専門家が必ずしも実施から解釈までのすべてを担当する必要がないからである。そのような事実もあって，各種のメディアには心理検査と称するパーソナリティ検査が開示されたり，個人や仲間同士で楽しんだりするゲーム感覚の雰囲気が蔓延している。エックス線撮影や血液採取のような医学的検査を資格のない者が行ったり，診断を勘に頼ったりすることはない。これに対して，パーソナリティ検査を含めた心理検査は実施法や解釈の手引書を一般書店で手に入れることもできるため身近な自己発見のツールになっている反面，信頼性や妥当性の高い検査までがその内容の一部を事前に知られてしまうおそれがあり，ここに多くの問題が潜んでいる。医療や教育，福祉などで使用する場合，検査者は心理検査の「倫理綱領」をしっかりふまえて実施することを忘れてはならない。

2 ■ パーソナリティ検査と投影法

　知能検査や学力検査が個人の能力を最大限に発揮させる目的があるのに対し，パーソナリティ検査は個人の行動の一貫した特徴を測定しようとする目的がある。パーソナリティ検査は大きく3種類に分けられる（上里，2001）。

a. 質問紙法

質問紙法（questionnaire method）については，すでに 1 節で紹介しているように，個人のパーソナリティ特性を反映した質問を多数用意し，受検者が自身を振り返ってあてはまる度合い（はい，いいえ，どちらでもない，など）を回答していく方法である。実施が容易であり，しかも比較的短時間で多くの資料が得られることから，日常的によく使用される。代表的な質問紙法として，「矢田部・ギルフォード性格検査（YG）」「ミネソタ多面人格目録（MMPI）」「モーズレイ人格目録（MPI）」「顕在性不安検査（MAS）」「EPPS性格検査」「16PF人格検査」「コーネル・メディカル・インデックス（CMI）」「エゴグラム（TEG）」「主要5因子性格検査（Big-Five）」などがある。

b. 作業検査法

作業検査法（performance method）は，受検者に一定の作業を行わせ，そこでみられる行動の仕方や作業の結果から，パーソナリティをとらえていく方法である。この方法は，受検者が意図的に検査結果を歪めにくいという利点はあるが，パーソナリティの一側面しか測定できず広範囲なパーソナリティの測定には向かないといわれている。代表的な作業検査法として「内田クレペリン精神検査」「ベンダーゲシュタルト検査」「ダウニー意志気質検査」「ブルドン末梢検査」などがある。

c. 投影法

投影法（projective method）は投映法とも表記する。この方法は，比較的曖昧な絵や図形，文章などの刺激を受検者に与え，自由に意味づけてもらうことから受検者のパーソナリティを診断するものである。曖昧な刺激を知覚するとき，私たちは自分の知識や経験，欲求や感情などを手がかりにして，それらを解釈したり明確なものに構成しようとする。投影法といわれる理由は，受検者が検査への反応の仕方や解釈をまったく自由に行える（投影できる）からである。この方法では，受検者は自分を偽って回答したり，それが社会的に望ましい反応かどうかを考慮する必要がなくなる。自由に深層を表現できるという意味は，フロイト（Freud, S.）が創始した精神分析における自由連想法につながるものであるが，ある程度統制された刺激にもとづく検査のかたちをとっている点が異なる。その一方で，検査の実施法や結果の整理法，診断や解釈などの基準が複雑だったり主観的な判断が混在するという難点がある。高度に専門的な訓練を受けないと，受検者のパーソナリティ構造を誤って解釈してしまうおそれがあるので気をつけなければならない。代表的な投影法には，「ロールシャッハ・テスト」「主題統覚検査（TAT）」「P-Fスタディ」「文章完成法検査（SCT）」「バウム・テスト」「ソンディ・テスト」「HTP法（家・木・人描画法）」「風景構成法」「カラー・ピラミッド・テスト（CPT）」などがある（野上，1985）。

ここでは，投影法のなかから「ロールシャッハ・テスト」「主題統覚検査（TAT）」「P-Fスタディ」「文章完成法検査（SCT）」「バウム・テスト」をとりあげて解説する。

3 ロールシャッハ・テスト

ロールシャッハ・テスト（Rorschach Test：以下，ロ・テスト）は，スイスの精神科医ロール

シャッハ（Rorschach, H.）が1921年に発表した代表的な投影法パーソナリティ検査であり、アメリカをはじめとして世界各国で広く使用されている。紙の上にインクをたらして2つに折って広げると、偶然できあがった左右ほぼ対称のしみ（インクブロット）模様ができる。現在用いられているロ・テストは10枚のカード（白黒濃淡5枚、白黒濃淡に赤色が加わった2枚、多彩色3枚）で構成されている。受検者にそれぞれのカードを見せて、それが何に見えるか、どの場所に見えるか、なぜそう見えるかなどを回答してもらう。検査は自由反応段階、質疑段階、限界吟味段階に分けて実施される。自由反応段階では、インク模様への反応だけでなく初発反応時間や終了時間も記録される。質疑段階では、自由反応段階での反応に対して質問し、それを所与のカテゴリーに分類（記号化）する。診断には、反応領域、反応決定因、反応内容の資料を手がかりにする。限界吟味段階の質問は特殊なもので、解釈や診断では補助的なものになる。カードは偶然できたインクのしみであるため、異なる文化圏でも共通に使用できるのが特徴である。

　ロ・テストは、1930年代以降にベック（Beck, S. J.）、クロッパー（Klopfer, B.）、ラパポートとシェイファー（Rapaport, D. & Schafer, R.）、ピオトロフスキー（Piotrowski, Z. A.）、ヘルツ（Hertz, M. R.）、エクスナーらによって研究されてきた。日本では、とくに片口安史によるクロッパー法を基本にした「片口法」が標準化され研究と臨床活動に貢献した（片口，1987）。しかし最近は、このなかのエクスナーによる「包括システム」（エクスナー法）が、客観的データにもとづいた世界共通の体系になっている（Exner, 2003/2009）。

　ロ・テストは、個人のパーソナリティや思考、感情、欲求、知性、対人関係などの構造だけでなく、精神疾患やパーソナリティ障害などの診断にも使用される。その利用範囲は、医療、教育、福祉、産業、司法、矯正など幅広い領域におよんでいる。ロ・テストは投影法のなかで最も高度の専門性が要求されるので、深い知識の獲得とふだんからの研鑽を忘れてはならない。あわせて、人間に対する深い洞察力と豊かな臨床経験を積み重ねていくことが大切である。

4 ■ 主題統覚検査（TAT）

　主題統覚検査（Thematic Apperception Test：TAT）は、アメリカのマレー（Murray, H. A.）とモーガン（Morgan, C. D.）によって1935年に発表された検査である。TATはマレーの「欲求－圧力」（need-press）を中心とする力動的パーソナリティ理論の考えによるもので、統覚とは「知覚にもとづいて主題を統一する」という意味である。検査方法は、人物や社会的場面が描かれた曖昧な複数の図版（絵）を提示し、受検者はそれぞれの絵について空想物語（fantasy）を作るように要求される。曖昧な絵を使用しているのは空想を容易にするためである。マレーによるハーバード版（原版）は、通常31枚ある絵のなかから年齢に応じて20枚を選択して受検者に提示する。ただ、絵の登場人物や背景、場面などが日本の文化とかけ離れているので、原版をもとにした日本版が工夫されている。早大版などがその例である（坪内，1984）。

　TATの分析や解釈に標準化された方法はないが、検査者側の深い洞察力が求められる。TATの解釈は、主に受検者自身が絵の主人公に同一視することを主眼にしている。マレーは「欲求－

圧力」理論にもとづいて，①主人公，②主人公の欲求，態度，動機，感情，③主人公へ加わる外的圧力または外的環境の力，④主題，⑤結果，⑥物語の出所，などの項目に分けている。そこから，とくに人間関係における欲求不満や葛藤，感情，ストレス状況あるいは人生観などを浮き彫りにできるだけでなく，精神医学的診断の補助としても利用されている（氏原，2005）。なお，児童用TATとして，ベラック（Bellak, L.）は1948年にCAT（Children's Apperception Test）を発表している。

5 ■ P-Fスタディ

P-Fスタディ（Picture Frustration Study：絵画欲求不満検査）は，アメリカのローゼンツァイク（Rozenzweig, S.）が1945年に発表した投影法パーソナリティ検査である。発表当初は，彼自身の欲求不満（frustration）理論を検証するための査定用具を目的にしていたが，その後の需要とともにパーソナリティ検査としての方向性が強まった。また臨床場面での有効性が確認されるにともなって，アメリカ以外でも日本，ドイツ，フランス，インドをはじめとする複数の文化圏で標準化され，今日まで広く使用されている。日本では，1955年に児童用，1956年に成人用，1987年に青年用，2006年に児童用第Ⅲ版が改訂版として標準化されている（林，2007）。

ローゼンツァイク理論の基本は，いわゆる個性的事象界（idioverse）とよばれる自我の独自性や力動性を主観的な反応からとらえることで，パーソナリティを理解する立場である。その際に問題となるのは，主観的な反応を客観的なベースに置き換える指標である。P-Fスタディの反応に対して組み込まれた各種の評点法は，彼の理論を整理するために考案されたものである。

P-Fスタディは，日常生活でごくふつうに体験する24種類の欲求不満場面（自我阻害場面と超自我阻害場面）で構成され，各場面には漫画風の絵画刺激と左側人物の言語刺激が与えられている。受検者は言語刺激を読み，右側人物の言語反応をとおして自分自身を投影して回答する。P-Fスタディ各場面に対する反応は，アグレッションの方向（他責的，自責的，無責的の3方向）とアグレッションの型（障害優位，自我防衛，要求固執の3型）という2次元に分類される。これらの相互の組み合わせにより基本的に9種類の評点因子が成立し，24場面をとおしての評点因子の出現頻度やその特徴，反応転移などの推移から，受検者のパーソナリティを測定できるように工夫されている（秦，2007, 2010）。解釈のために用いられる用語は，以下のとおりである。

(1) GCR（Group Conformity Rating）：集団一致度，集団順応度ともいい，受検者が世間並みの常識的な方法で適応できるかを示す指標。
(2) プロフィール欄：アグレッションの方向と型の組み合わせ出現率にもとづいて，受検者の反応傾向を吟味する重要な項目。
(3) 超自我因子欄：超自我評点の出現率から，相手を非難する自己弁解か素直な自己弁解かの傾向，また社会性や精神発達などを吟味する重要な指標。
(4) 反応転移：検査の前半と後半で反応の質に変化があるか，作為が認められるかなど，反応の安定性・不安定性を吟味する臨床的診断に重要な指標。

P-Fスタディは，児童相談所，教育センター，精神病院，家庭裁判所などの機関で，また非行，暴力，不登校，学業不振などの相談で使用頻度が高い。知能検査や質問紙法とテストバッテリーを組むことが多く，臨床的に有効である。

6 ■ 文章完成法検査（SCT）

文章完成法は，古くはエビングハウス（Ebbinghaus, H.）が知的総合能力を測定するために用いたのが最初であるといわれるが，元来は言語連想検査の一種として工夫されたものである。しかし，言語連想という方法は，受検者の日常行動の具体像に乏しいこと，集団での実施ができないこと，分析法が難しいことなどの理由により，今日の文章完成法へ移行したものである。

文章完成法検査（Sentence Completion Test：SCT）は，1940年代になってアメリカで投影法のパーソナリティ診断法の一つとして開発され発展してきた。SCTは50 〜 60個ほどの不完全な文章か単語を提示し，受検者はそのあとに自由に文章を補い記述していくものである。SCTは数種のものが作成されているが，精研式の場合は「この表紙をめくると，いろいろ書きかけの文章が並んでいます。それをみて，あなたの頭に浮かんできたことを，それにつづけて書き，その文章を完成してください」という教示である。やり方の具体例を読み表紙をめくると，たとえば「子供の頃，私は―」「私はよく人から―」などという文章が合計で60個並んでいる。

SCTへの回答に対する処理方法には，とくに定式化された分析法や評価基準があるわけではないが，精研式ではパーソナリティと決定要因の2項目を分析対象にとりあげている。パーソナリティの項目では知的側面，情意的側面，指向的側面，力動的側面，決定要因では身体的要因，家庭的要因，社会的要因である。このような項目を数量的に解釈することもできるが，全体をざっと読むことで，受検者の自己像，価値観，人生観，適応性，対人関係，謝意的態度，欲求，感情などの程度をつかむことに意味がある（槇田・小林・岩熊，1997）。ロールシャッハ・テストなど他の投影法や質問紙法とテストバッテリーを組んで使用されることも多い。

7 ■ バウム・テスト

バウム・テスト（Baum Test：樹木画テスト）は，スイスのコッホによって体系化されたパーソナリティ検査である（Koch, 1957/2010）。このテストは文字どおり受検者に木の絵を描いてもらうものであり，A4判の白紙（画用紙など）と4B程度の濃い鉛筆，消しゴムがあればどこでも実施できる。標準的な教示方法は「実のなる1本の木を描いてください」である。このとき，とくに「1本」にこだわらなくてもよいが，「木を」ではなく「実のなる木を」という教示は重要である。どのような木を描くのかは受検者の自由であるが，屋外の木を写生したり植物図鑑を見ながら描いたりすることは避ける。時間に余裕がある場合は，「前と違う木をもう1本描いてください」とうながす2枚バウム法を実施すると，標準法以上に得られる情報量が増えるので解釈に有効である。

コッホは，描かれた木を受検者の自己像とみなし，大地から天空へ成長する木の姿は木に投影されたその人の生命活動を表現していると考える。象徴的に解釈すれば，「地平線」「根」「幹」「枝」「樹冠」「葉」「果実」「傷痕」「陰影」などの描き方にそれぞれ意味が存在することになる。たとえば，「幹」は木の中心部にあり木の全体を支える重要な役割を与えられていることから，「幹」の描き方はその人の自我状態の程度を表しているなどという解釈である。しかし，バウム・テストは，木を構成する部分（幹，枝，葉など）の組み合わせを解釈するだけでなく，描画のときの筆圧や描線のタッチ（ライン）を含め，1枚の用紙に描かれた全体的な印象を大切にすべきである（Fernandez, 2005/2006）。したがって，グリュンワルド（Grunwald, M.）の空間図式の理論も参考になる。バウム・テストはそのときの受検者の状態像を反映するため，心理臨床の場では使用頻度が高い検査である。また他の心理検査とテストバッテリーを組むことで，より深い診断を得ることができる。

　バウム・テストは，精神科医療機関や司法関係機関，児童相談所，教育センター，各種相談室などの心理臨床場面で幅広く使用されている。それらの機関では，パーソナリティの測定はもとより精神疾患や発達水準・知的水準の診断，不適応行動の早期発見，職業適性の判定，心理療法の効果測定など利用される範囲は広い。

◆ 引用文献

上里一郎（監修）．(2001)．心理アセスメントハンドブック（第2版）．西村書店．
Exner, J. E. (2009)．ロールシャッハ・テスト：包括システムの基礎と解釈の原理（中村紀子・野田昌道，監訳）．金剛出版．(Exner, J. E. (2003). *The Rorschach : A comprehensive system, basic foundations and principles of interpretation* : Vol.1(4th ed.). Hoboken, NJ : John Wiley.)
Fernandez, L. (2006)．樹木画テストの読みかた：性格理解と解釈（阿部惠一郎，訳）．金剛出版．(Fernandez, L. (2005). *Le test de l'arbre : Un dessin pour comprendre et interpreter*. Editions, France : Collection Psych-Pocket, Editions in Press.)
秦　一士．(2007)．新訂 P-Fスタディの理論と実際．北大路書房．
秦　一士．(2010)．P-Fスタディ：アセスメント要領．北大路書房．
林　勝造（著者代表）．(2007)．P-Fスタディ解説（2006年版）．三京房．
片口安史．(1987)．改訂 新・心理診断法：ロールシャッハ・テストの解説と研究．金子書房．
Koch, K. (2010)．バウムテスト（第3版）：心理的見立ての補助手段としてのバウム画研究（岸本寛史・中島ナオミ・宮崎忠男，訳）．誠信書房．(Koch, K. (1957). *Der Baumtest*. 3. Auflage. Bern : Auflage, Hans Huber.)
槇田　仁・小林ポオル・岩熊史朗．(1997)．文章完成法（SCT）によるパーソナリティの診断／手引．金子書房．
野上芳美（編）．(1985)．精神科MOOK：10 心理検査法．金原出版．
大村政男・花沢成一・佐藤　誠．(1985)．新訂 心理検査の理論と実際．駿河台出版．
坪内順子．(1984)．TATアナリシス．垣内出版．
氏原　寛．(2005)．ロールシャッハ・テストとTATの解釈読本：臨床的理解を深めるために．培風館．

3節 実験的手法

堀内　孝

　実験は，心理学を含めた諸科学の研究法において中核をなすものである。なぜなら，実験は「現象の因果関係」を推定するための有効な手段だと考えられるからである。しかしながら，「こころ」を研究対象とする心理学の実験は，仮説の生成や剰余変数の統制が容易ではなく，不適切に行われた実験は誤った結論を導く原因になる。また近年では，実験の有用性を過大評価してきた心理学の風潮に対する批判も強い。このような現状に鑑み，ここでは，科学研究における実験の基本原理と志向性を明らかにしたうえで，心理学における実験の効用と限界を正しく理解し，実験をパーソナリティ研究に正しく適用するためのポイントについて解説する。

1 ■ 科学実験の基本原理と志向性

a. 科学の基本原理

　自然科学に代表される科学による現象の説明の特徴は，現象の因果関係を論理的に実証することにあるが，この説明様式に科学が有する基本パラダイムの特質が端的に表れている。すなわち，無矛盾性，因果律，斉一性という3つの原理の存在である。無矛盾性の原理とは，ある公理系内に矛盾する公理がないことであり，たとえば，「A」と「not A」は同時に成立しないという命題が相当する。そして，この「A ≠ not A」あるいは「A＝A」という命題は，論理的推論の基底をなしている。因果律の原理とは，ある事象（結果）には必ず原因が存在し，原因は結果よりも時間的に先行する（過去に位置する）という考えのことである。斉一性の原理は，現象にかかわる法則や因果関係は時空間を超えて不変とみなす考えであり，研究結果の一般化に関係がある。

b. 原理の条件と心理学実験

　原理が必要かつ十分であるかの評価は，学問の目的に依存する。たとえば，学問が臨床実践における共感的理解や了解を目的とするのであれば，因果律や斉一性の原理は不必要かもしれない。一方，自然科学のように，現象の法則を記述し，新たな現象の予測や現象の制御を行うことが研究目的であれば，因果律や斉一性の原理は必要不可欠となる。パラダイムが有する基本原理が異なる場合には学問間の対話が困難になるが，それは学問の優劣とは本質的に異なる。自然科学的なもののみを科学と名称独占するのであれば，自然科学と同じ原理を有しない学問は非科学とみなされるが，科学の大きな発展にはパラダイム転換がともなうとすると，現在の自然科学が有する基本原理が未来永劫にわたって固持されるという保証はない。重要なのは，自分自身がどのような研究パラダイムに属し，そのパラダイムがどのような原理を有するのかを理解しなければ，自身の研究の効用と限界を正しく知ることができないということなのである。

　以上の議論をふまえたうえで，ここでの主題である実験に話をもどそう。心理学の実験は，自

然科学が立脚しているパラダイムと基本原理を共有していると考えられる。そこでは，人間の「こころ」にかかわる諸現象の法則性を明らかにすると同時に，現象の予測や制御を行うため，現象の因果関係を論理的に実証し，一般化を図ることが志向される。

2 ■ 心理学における実験

a. 実験の定義と意義

『心理学辞典』によると，心理学における実験は「行動を引き起こす条件を明確にし，条件と行動との関数関係を定立するために，人為的条件を設定して観察，記録，測定すること」と定義される（嶋田, 1999）。因果関係が成立するための要件の一つは，原因は結果に対して時間的に先行することである。実験では，原因となる独立変数を操作し，その結果を従属変数として観測する。実験は変数に対する時間的な順序操作が可能という点で，観察（面接法，質問紙法を含む）よりも因果推定力が優れている。

b. 実験と認知心理学

実際にどのような実験が立案されるかは，その研究が立脚している理論やパラダイムに規定される。現代の実験心理学の代表は認知心理学である。認知心理学は認知科学の一角をなす領域で，コンピュータ・アナロジーにもとづく情報処理パラダイムに準拠している。そこでは，人間は感覚・知覚から思考に至るまでの一連の情報処理の系であって，その系は遺伝情報を基盤に，個体発生から現在までの環境適応過程をへて形成された産物とみなされる。認知心理学では実験が主たる研究法として使用される。

c. 情報処理パラダイムに準拠したパーソナリティ研究

パーソナリティ研究の主たる関心は個人差である。認知心理学では，「普遍的な人間」の情報処理モデルの構築が志向されるため，系統的な個人変動（個人差）が問題にされることは少ない。しかしながら，個人が有する認知システムは環境適応過程の産物であるという人間観は，個人によって認知システムの内容や種類が異なる可能性を示唆するものであり，個人差に対する説明可能性はきわめて高いと考えられる。たとえば，ベックほか（Beck, Rush, Shaw, & Emery, 1979）の抑うつの認知理論は，一連の研究のなかで，抑うつという個人差によって情報処理の特性や認知システムが異なることを明らかにしている。その理論の信頼性と妥当性は，治療の有効性，すなわち抑うつの予測と制御という点において高く評価されている。ほかにも，不安や自閉症などの臨床や適応に関する研究が優れた成果をあげている。また，認知心理学の潜在記憶や自動的処理に関する研究では多くの実験方法が開発されているが，とくに潜在連合テスト（Implicit Association Test：IAT；Greenwald, McGhee, & Schwartz, 1998）は，観察研究ではなしえなかった潜在的なパーソナリティ理論を構築するための有効な研究道具であり，今後の研究の発展が期待されている。

3 ■ 実験の実際

実際に実験を立案し，実施するために必要な基本知識と注意点について解説する。

a. 仮説と構成概念

研究の初期段階では，理論や仮説を生成するために観察や探索的な実験が行われることが多いが，仮説生成を目的とした実験を探索実験という。一方，実験に先立って理論や仮説が存在し，それらを検証することを目的に行われるのが仮説検証実験である。仮説検証実験では，必要に応じて作業仮説が生成され，その作業仮説を実験的に検証することにより，仮説自体の確かさが判断される。作業仮説の生成に際しては，観測可能な事象を独立変数と従属変数として設定し，両者の関係を明確に記述する必要がある。しかしながら，心理学が扱う現象は直接観察することができない構成概念であることが多く，具体的で一義的な作業仮説の生成は決して容易ではない。それゆえ，独立変数と従属変数はもちろん，剰余変数も含めた作業仮説にかかわる構成概念妥当性の確保はきわめて重要な課題となる。作業仮説の生成は，仮説からの演繹，理論や研究パラダイムに準拠した構成概念の解釈，実験実施の現実性などを総合的に吟味して行われる創造的な作業であり，研究の成否は必要かつ十分な作業仮説を生成できるか否かに依存している。

b. 仮説にかかわる3つの変数

(1) 独立変数：研究者が関心のある独立変数を実験条件というが，実験条件の効果を相対性に評価するためには，比較の基準となる対照条件（統制条件）を設定する必要がある。独立変数の実験操作に関しては，妥当な強度に設定することが重要である。また，量的な独立変数の場合，独立変数と従属変数の関係が線形か非線形かによって，設定する条件の数が異なる。

(2) 従属変数：どのような従属変数が好んで採用されるかは研究パラダイムの影響が強く，認知心理学の実験では，反応時間や記憶成績などの行動指標，機能的磁気共鳴画像法（functional magnetic resonance imaging：fMRI）や事象関連電位（event-related potentials：ERP）といった生理指標が多用される。従属変数の妥当性としては前述の構成概念妥当性以外に，基準関連妥当性，内容的妥当性が重要である。また，測定の信頼性や測定精度に関しても十分に検討する必要がある。

(3) 剰余変数：因果関係を確定するには，「真」の原因が他に存在する可能性を排除する必要がある。剰余変数とは，独立変数以外に従属変数に影響を与える要因のことであり，ほとんどの実験事態に剰余変数は存在する。剰余変数の処遇を誤ると，間違った因果推定を行う原因になる。剰余変数の統制は実験計画のなかに組み込まれ，適切に処理される必要がある。

c. 実験計画法

実験を効率的に行い，精度の高い知識を得るためには実験計画法に習熟する必要がある。実験計画法では局所管理，無作為化，反復の3原則にもとづき，剰余変数の統制，誤差分散の最小化などが体系的に図られる。

(1) 実験計画法の基本構造：実験計画法では従属変数に影響を与える独立変数を要因（因子）といい，要因に設定する段階を水準（処理，条件）とよぶ。要因が複数の多要因計画の場合は，

要因の主効果に加えて，要因の水準によって他の要因の効果が異なる交互作用の検討が可能になる。

(2) 剰余変数の統制：剰余変数は除去することが第一であるが，不可能な場合は恒常化や均衡化を行うことで局所管理する。また，剰余変数を独立変数に格上げし，剰余変数にかかわる交互作用も含めてその影響を排除するのも効果的である。実験参加者にかかわる剰余変数は，水準（処理，条件）を同一の実験参加者に反復して割り当てる実験参加者内計画を組むことで効率的に統制できる。この場合，処理の順序は実験参加者間でカウンター・バランスされる必要がある。しかし，係留効果や疲労などが予想される場合は，実験参加者を水準に無作為に割り当てる実験参加者間計画を組む必要がある。その他，刺激の呈示順序効果などは実験参加者内で無作為化を行うことで対処する。パーソナリティ心理学で扱われる個人差変数は無作為化ができないので，剰余変数（共変量）の恒常化や均衡化，独立変数化などを試みるか，共分散分析などの統計的統制を行う必要がある。

(3) 結果の統計的分析と解釈：実験で得られたデータに関しては，実験計画に対応した分散分析が行われる必要がある。具体的な計算手順に関しては森・吉田（1990）に詳しい。また，インターネット上には無償で使用できる分散分析ソフトがあるが，ソフトによって多重比較の方法や誤差項の選択などが異なるので，結果の解釈に際しては注意を要する。分散分析で効率的に有意な効果を得るには，分子となる要因の分散を大きく，分母となる誤差の分散を小さくする工夫が必要である。前者に影響するのは独立変数の操作の強さや，独立変数間の対比の強さであり，後者に影響するのは処理の反復や剰余変数の統制である。また，効果量に見合った標本の大きさ（実験参加者数）を設定することも大切である。

d．その他

(1) 標準化された実験手続き：実験計画を最初から自分で考案することは難しい。標準化された実験手続き（例：プライミング効果，処理水準理論，認知負荷，潜在記憶テスト）がある場合は，それらを自身の実験計画に組み込むのが効率的である。定評のある洗練された実験手続きは，多くの研究に使用されるなかでその妥当性や信頼性が検証されており，現象の再現性が高い。同一の実験手続きを使用した先行研究を，発展的あるいは批判的な研究の起点として利用することができる。

(2) 注意すべき点：実験を実施する者は，計画の立案から実験実施，分析に至るまで，十分な訓練を受けている必要がある。また，実験者効果や期待効果，観察効果などが生じないように工夫することが大切である。実験に際しては倫理規程を遵守し，倫理委員会の承認を受けることが望ましい。とくに，臨床的な個人差を扱う場合は，実験操作が実験参加者に悪影響を与えないかを常に念頭におく必要がある。

4 ■ 科学実験の正しい理解

a. 実験法の適用範囲

認知心理学が立脚する情報処理パラダイムはさまざまな隣接領域に拡張され，成功をおさめてきた。たとえば，心理学においては認知神経心理学（生理心理学），社会的認知（社会心理学），認知学習（教育心理学），認知行動療法（臨床心理学），認知発達（発達心理学）など，その影響力は心理学全般に及んでいる。また認知科学全体でみれば，情報科学，人工知能，神経生理学，哲学，言語学，人類学などにおいて情報処理の観点に立脚した研究が展開されている。その一方で，たとえば，個人の主観的な意味世界を物語の観点から明らかにしようとする立場や，人間関係の社会構成的なダイナミックスを研究対象とするグループから，認知心理学で行われる実験（あるいは認知心理学それ自体）に対する批判が行われている。そこには，実験の有用性を過大評価してきた心理学の風潮に対する批判も含まれているようである。そのような批判を念頭に，認知心理学が立脚する情報処理パラダイムの転用可能性，因果関係の複雑性および双方向性の問題，因果律の違いの3点を吟味し，認知心理学の実験を適用できる現象の範囲の明確化を試みたい。

（1）パラダイムの転用可能性：アナロジーという言葉が表すように，それ自体は完全な論理ではなく，人間の理解を助ける枠組みにすぎない。認知心理学が立脚する情報処理パラダイムは，コンピュータ・アナロジーであり，個人内の「情報処理」と「計算可能性」が中心課題である。パラダイムの適用範囲を超えた現象に対する転用は誤った理解の原因となる。主観的な意味世界や，人間関係の社会構成的なダイナミックスといった現象に対して，情報処理パラダイムが転用可能だという保証はないし，多くの認知心理学者にとって関心事ではない。

（2）因果関係の複雑性と双方向性：個人の主観的な意味世界や，人間関係の社会構成的なダイナミックスに関する現象は，比較的長期間を要して観察される。したがって，その現象に内在する因果関係は複雑であり双方向である。しかし，実験で操作できる変数の数は限られており，また，科学実験が想定する因果関係は独立変数から従属変数への一方向しか想定されていない。それゆえ，実験だけで複雑かつ双方向な因果の推定を行うのはきわめて困難である。ちなみに，認知心理学では，複雑性や双方向性が想定される認知プロセスの解明に際しては，実験に加えてコンピュータ・シミュレーションやプロトコル分析，共分散構造分析などが併用される。

（3）因果律の違い：科学は「原因は結果に対して時間的に先行する」という因果律を原理として設定し，要素還元的に現象の説明を試みる。しかし，個人の主観的な意味世界や，人間関係の社会構成的なダイナミックスといった現象では，非還元的で全体な有機体的因果や相対的な差異による因果を想定すべきなのかもしれない。その場合，意味世界や社会構成にかかわる研究者は，自然科学とは質的に異なる因果律を原理として設定し，新しい研究パラダイムと研究方法を独自に開発する必要があるだろう。

以上をまとめると，認知心理学の実験が適用可能な現象は，主に個人の内的プロセスに関するものであり，かつ，比較的単純な因果関係で説明できる現象に限定されるといえよう。実際，認

知心理学の実験では，数ミリ秒から数秒のオーダーの反応時間が測度（従属変数）として使用されることが多い。

b. 因果関係の確かさ

実験は「現象の因果関係」を推定するための有効な手段であるが，因果関係を完全に断定できるわけではない。なぜなら，仮説から生成された作業仮説が統計的に支持されたとしても，作業仮説が支持されたので仮説を支持するというのは，論理的には「後件肯定の誤り」を犯すことになるからである。この問題の解決方法の一つは，作業仮説以外の説明可能性を極力排除することであり，その結果として，仮説の確かさを相対的に高くすることができる。しかし，作業仮説以外の説明可能性がどれだけ存在するか自体は確かめようがなく，それゆえ，因果関係を完全には断定できないのである。さらに心理学の場合，構成概念の問題がかかわってくる。作業仮説の生成には，理論や研究パラダイムに準拠した構成概念の解釈が不可欠であるが，その解釈が妥当であるという客観基準が存在しない。構成概念の純化や，概念の多義性に応じた作業仮説を複数設定することなどによって妥当性を高めることはできるが，完全という絶対基準は存在しない。

一方，作業仮説が棄却されたとしても，そのことはただちに仮説を反証したことにはならない。なぜなら，作業仮説の生成が正しくない可能性や，剰余変数の統制を失敗したために作業仮説が支持されなかった可能性などが否定できないからである。作業仮説が支持されなかった場合，仮説の確かさは低くなるが，仮説自体は完全には否定できないのである。

c. 一般化可能性

斉一性の原理を前提にしたとして，心理学の実験で得られた結果はどこまで一般化が可能なのであろうか。母集団に対する一般化は標本の代表性に依存する。したがって，どの集団に研究結果を一般化したいのかによって実験参加者の選択が決まる。しかし，現実的には，正確に母集団を代表した標本を抽出することは難しい。また，母集団が青年や抑うつの人といった構成概念である場合，標本抽出においても構成概念妥当性の問題が生じる

実験結果の日常生活に対する一般化可能性は生態学的妥当性とよばれる。実験室実験は条件統制が比較的容易でそれゆえ因果推定力は高いが，非日常的な実験室環境で非日常的な課題が行われた場合，生態学的妥当性は低くなる。一方，日常生活場面を利用して行われる現場実験は，生態学的妥当性は相対的に高いと考えられるが，条件統制が難しいため因果推定を正しく行うことができない。また，日常生活といってもその様式は百人百様で，採用された現場が日常という構成概念妥当性を満たしていなければ，現場実験とはいえ生態学的妥当性が高いとはいえないのである。

実験を行う場合，条件統制を行うと標本の代表性が確保できなかったり，条件統制と生態学的妥当性がトレードオフを起こしたりすることがある。このような場合，一般化は因果関係の推定が満たされてはじめて意味をもつと考えると，まずは因果関係の推定に直接関係する条件統制の確保を優先することが大切である。

d. 最後に

仮説の確かさを高めるためには，多側面からの検討が必要であり，たくさんの仮説検証実験を

必要とする。仮説の検証は一個人の研究者だけで達成できるものではなく，多くの研究者がその作業にかかわる社会的営みなのである。

　仮説の確かさ（因果関係）や一般化可能性は，実験だけでなく，新たな現象の予測や現象の制御によっても確認することができる。科学が一般社会に認知されているのは，研究成果の社会的還元が期待されるからであり，現象の予測と制御は私たちの生活向上に大きく貢献している。その意味で，情報処理パラダイムに準拠したパーソナリティ研究の今後の発展には大きな期待が寄せられている。

◆ 引用文献

Beck, A. T., Rush, A. J., Shaw, B. F., & Emery, G. (1979). *Cognitive therapy of depression*. New York : Guilford Press.

Greenwald, A. G., McGhee, D. E., & Schwartz, J. L. K. (1998). Measuring individual differences in implicit cognition : The Implicit Association Test. *Journal of Personality and Social Psychology*, **74**, 1464-1480.

森　敏明・吉田寿夫（編著）．(1990)．心理学のためのデータ解析テクニカルブック．北大路書房．

嶋田博行．(1999)．実験．中島義明・安藤清志・子安増生・坂野雄二・繁桝算男・立花政夫・箱田裕司（編），心理学辞典CD-ROM版．有斐閣．

4節 観察・フィールドワーク

尾見康博

1 ■ パーソナリティ把握の原点

　私たちが友人のパーソナリティを疑ったり，恋人のパーソナリティのある側面に気づいたりするときはもちろん，自分のパーソナリティを振り返るときも，その把握の方法は，その人の振る舞いや発言を見たり聞いたりすることが基本だろう。いいかえれば，パーソナリティは通常，「観察」によって把握されていると考えることができる。

　もちろん，Ｅメールの文面から相手のパーソナリティを判断することもあるだろうし（受け取ったメールが自分への返信の場合はある種の質問紙調査法），なかには，別の異性と腕組んで歩いたらどう反応するか見てみよう，などと「実験的」なことをする人もいるかもしれない。また，他者のパーソナリティを知るためには，これらの手法をいろいろ取り入れることのほうがふつうだと考える人もいるかもしれない。いろいろな方法を駆使して他者のパーソナリティを把握しているとするなら，それは「フィールドワーク」という方法が用いられていることになるだろう。フィールドワークは，「さまざまな技法を駆使して，社会や文化あるいは人間存在という複雑な対象をまるごと捉えようとするアプローチ」（佐藤，2006）といえるからである。

　いうまでもなく，心理学の研究方法は，こうした日常的なパーソナリティの把握と同等であるわけではないし，ずっと洗練されている。しかしながら，その原点は日常世界での把握の方法にあると考えてよいし，とりわけ観察やフィールドワークによるパーソナリティ把握は，日常生活におけるパーソナリティ把握の仕方と近似した点が多く含まれている。したがって，心理学的な把握との異同をきちんとおさえておくことは重要であろう。

2 ■ 観察

　観察は科学の方法の基本中の基本であり，小学校の理科の授業ですでにその初歩を学んでいる。夏休みのアサガオの観察を覚えている人も多いだろう。そしておそらく，観察方法を学んだあとは，アサガオの見方が多かれ少なかれ変わったのではないだろうか。

　科学的にどう観察するかを一言でいえば，「多様な観点から注意深く観察する」ということになる。たとえば，日常のなかでのちょっとしたアサガオの観察なら，毎朝，花が咲くかどうか，いくつ咲き，いくつしぼんだかといった点に着目しやすいが，科学の方法としての観察は，一見して目立たないところまで目を配る。そして，それ以上に決定的に異なるのが，見たものを詳細に「書く（描く）」という点である。茎の長さ，葉っぱの数といったアサガオそのものの状態はもちろんのこと，そのときの気温や湿度を測ったり，天気を記録するなど，さまざまなことを書く。

そのときのアサガオの状態を絵に描くこともあるだろう。毎朝同じ時刻に観察するといった工夫もなされる。その結果，たんなるアサガオの花が多様な意味を帯びた花になり，それまでの見方とは異なってきたり，種々の疑問が湧いてきたりする。

心理学の場合，この書き（描き）方には大きく二通りある。一つは，書き（描き）方の書式があらかじめ決められているもの，もう一つは決められていないものである。この違いは，観察の方法が構造化されているかどうかの違いということもできる。

構造化された観察は，事前の仮説とそれを確かめるための基準となる視点があって，その視点にもとづいて数量化が可能になっていることが多い。つまり，このタイプの観察は，一般的な心理学の実験や質問紙調査と同様，数値を用いて統計処理をし仮説を検証するというアプローチに通じる。また，構造化された観察は，自然場面を対象とするとも限らず，観察するための専用施設で観察することもある。たとえば，親子のやりとりを観察するというときに，親子がふだん生活している場で観察しようとすると，観察中に不意にお客さんがやってきたり，親戚から電話がかかってくるかもしれず，事前に見ようと思っていた親子のやりとりそのものを見ることができなくなるおそれもある。そういう可能性を排除するために，あるいは，できるだけ「ノイズ」を排除するために場所を提供するのである。そして，研究施設内の部屋ではあまりに日常性を欠いているということから，民間のアパートの部屋を借りて観察する試みがなされることもある（菅原, 2001）

一方，構造化されていない観察は，事前に仮説がなく，観察していくなかで視点をみつけていく，焦点を定めていくということになりがちである。こちらは，数値を用いることがあらかじめ決められているわけではなく，比較的時間をたっぷりかけるフィールドワークのアプローチに通じる。たっぷり時間をかけることによって，対象の多様な側面を把握できる可能性が高まる一方，たっぷり時間をかけても結局焦点が絞れなかったり，フィールドでトラブルが起きて研究そのものを中断せざるをえなくなったりすることもある。

3 ■ 記録の仕方

構造化された観察の場合は，特定の決められた観点から現象をとらえるので，記録すること自体は比較的簡単である。目の前で何が生じているかの「何が」がすでに決められており，それにもとづいて事象の生起や頻度を記録すればよいからである。ただし，直接観察している時点では筆記などによる記録が追いつかないような場合もあり，そのような場合は，たとえば，ビデオカメラで録画したうえで，のちにそれを再生しながら記録するということになる。このように，記録には観察しながらの即時記録と，その後に分析しやすくするために即時記録にもとづいて整理する事後記録とがある。

他方，構造化されていない観察は，記録すること自体にかなりの労力が必要となる。とくに観察初期の段階では，焦点が絞られていないため，やみくもに記録することになりがちである。ただし，実際の観察場面では，記録すること自体が拒否されることもあれば，メモはよいが録画や

録音は断られるということもある。また，その場の状況によっては観察者がじっと観察しておられず，記録どころではないということもありうる。このように，構造化されていない観察の場合，観察しながらの即時記録は，まったくできなかったり，できても中途半端にしかできないことが少なくない。そのため，観察後，できるだけ早い段階で，即時記録や記憶を頼りに，あらためて記録する必要があることがほとんどである。

　フィールドで見聞きしたこと，あるいは感じたことは，できるだけ早い時間に，かつ，できるだけ時間をかけて記録できることがもちろん望ましい。時間がたてばたつほど，忘れてしまうだけでなく，自分の暗黙の仮定にもとづいたストーリーが頭のなかで構築されやすくなる。構造化されていない観察では，この事後記録のコストが膨大となる。事後記録にかける時間の目安として，フィールドで費やした時間の半分（志水，2005），あるいは2倍（箕浦，1999）といったものがあるが，即時記録としてどの程度記録できているかによって，あるいは，実際のフィールドやフィールドワークそのものの性質などによってこの目安は変わるといってよいだろう。

4 ■ 観察でパーソナリティが把握できるか

　それでは，以上のような研究法としての観察の特徴は，どのようにパーソナリティを把握することにつながるのだろうか。

　観察によるパーソナリティの把握といえば，直感的には，心理学者によるものよりも文化人類学者による国民性あるいは民族性研究が想起されるかもしれない。日本社会に普及した例であれば，「恥の文化」（Benedict, 1946/1948）や「タテ社会」（中根，1967）といったものがそういう研究の代表としてあげられるが，これらはいずれも，典型的な観察研究によるものとはいいがたい。ベネディクトは日本を訪れたことがないし，中根はフィールドを特定して集中的に観察をしたわけではない。そもそも，国民性といった漠然とした，しかも多様性が捨象されやすい抽象的な概念による人間理解は，観察研究からは到達されにくいとも考えられる。

　一方，文化人類学や社会学におけるフィールドを特定した参与観察（フィールドワーク）の成果は，ある程度，民族性，あるいは特定の地域の人たちの特徴といったものをとらえているようにも思える。たとえば，文化人類学者マリノフスキー（Malinowski, 1922/1972）は，ニューギニア近辺での広範囲にわたる交易システムである「クラ」を2年にもわたる参与観察によって丹念に記述し，その後の文化人類学研究に多大な影響を与えた。また社会学者ホワイト（Whyte, 1943/2000）は，ボストンのスラムに住み込んで参与観察を行い，スラム地区が他とは異なる組織化を示していることを指摘し，また，特定のインフォーマントにかなり肩入れした記述スタイルを採用したことにより，参与観察という手法のあり方の議論を活発にさせるきっかけとなった。

　それでは，こうした文化人類学や社会学の参与観察研究は，「パーソナリティ」を把握しているといえるだろうか。おそらく，特定の地域の文化や社会を把握しているようにみえるけれども，そこに住む人たちのパーソナリティを把握しているようには感じられないのではないだろうか。もちろん，これらの分野が心理学に比べて，パーソナルな観点より社会的文化的な観点から

把握しがちであることは確かだろう。ただし，これらの参与観察研究は，特定の社会に住む人々の特徴を活き活きと記述しているともいえる。そうだとするなら，なぜパーソナリティを把握しているようにみえないのだろうか。

上述したように，文化人類学や社会学，そして（参与）観察という手法は，パーソナルな側面にあまり着目しないと考えられる。そもそも，人々の特徴の活き活きとした記述というのは，ある人のパーソナリティが内向的であるかどうかといった水準ではなく，どういう場面で，どういう人たちの間で，どういう振る舞いをしたかといった，より具体的な水準での記述を指すはずである。この水準では，ある特定個人に着目したとしても，その個人の内面というよりも，その個人と他者との関係や具体的なやりとり，その個人がおかれた具体的環境に重きがおかれる。つまり，一人の個人の特徴，あるいは人々の集合体の特徴を活き活きと記述するということは，「個人の内面としてのパーソナリティ」を把握することとは異なるということである。

さらに，パーソナリティ把握という観点から大事なことは，参与観察が長期間かけて実施される手法だということである。観察期間中に，対象個人や集団が何らかのかたちで変化しうるのである。これは，「安定した特徴としてのパーソナリティ」を把握するのには不都合である。もちろん，さまざまな出来事をへても不変の特徴，また，表面的に変化したようにみえても「本質的に」不変の特徴があるかもしれない。そして，そのような特徴を把握するには，長期間の観察以外に方法はないかもしれない。逆にいえば，大多数のパーソナリティ研究で用いられている自己報告型の質問紙調査法は，そうした不変の特徴を把握する方法として適切なのかという疑問が生じる。

また，観察研究の場合，ビッグファイブ特性論のように，万人共通の次元からパーソナリティを論じるのには不向きである。「特性としてのパーソナリティ」について，一定の時間をかけて多人数を対象に観察することは困難だからである。典型的な観察というより，むしろ実験の枠組みのなかでの観察研究（事実上，「実験」である）のなかには，たとえば，アタッチメントに関するストレンジ・シチュエーション法（Ainsworth & Witting, 1969）を用いた一連の研究など，パーソナリティの特定の側面に絞ったうえで実施され，成果をあげている領域もある。しかし，実験の枠組みをはずすと，つまり観察場面に強い統制をかけない条件のもとでは，パーソナリティの特定の側面に絞って多数の対象に実施する研究もやはり困難になりがちであり，観察という手法は，個々人によって異なる側面を（結果的に）把握する，個性記述的アプローチ（Windelband, 1894/1929）をともなわざるをえないだろう。しかしながら，観察を通じた個性記述的なパーソナリティ研究は実際にはほとんど見受けられない。観察されるものは「行動」であり，観察された特定時点の行動を集約してもパーソナリティの把握にはならず，パーソナリティを把握するためには質問紙，あるいは標準化された検査を用いるべきであるという信念が（パーソナリティ）心理学者の間で強固であるためだと思われる。

5 ■ 観察の潜在力

　このように,「個人の内面としてのパーソナリティ」「安定した特徴としてのパーソナリティ」「特性としてのパーソナリティ」を把握するのに,観察やフィールドワークは不向きであるといってよいだろう。しかも,パーソナリティに関するこれら3つの側面は,ほとんどのパーソナリティ研究者が明に暗に合意していることであろうし,他領域の専門家も,あるいは非専門家でさえもおおよそそのようにパーソナリティを理解していると思われる。

　しかし,ここで逆転の発想をしてみたい。おかれた状況によってさまざまな側面を表す人間をそのまま認め,「たったひとつの本当のパーソナリティ」の探究からいったん距離をおいてパーソナリティをみつめ直してみるのである。このパーソナリティ観は,これまでまったく論じられなかったわけではなく,ミシェル（Mischel, 1968/1992）以降の状況論的パーソナリティ論で主張され,議論されてきた（佐藤・渡邊, 1992；渡邊, 2010）だけでなく,サリヴァン（Sullivan, 1953/2002）の対象関係論をはじめ,パーソナリティ心理学の内外で散見される見方である。これらの立場では,人には一定程度の多面性,多様性があり,いくつもの本当のパーソナリティがあると考える。こうした流れのなかで尾見（2007）は,多様ないくつもの本当のパーソナリティを把握する試みを和集合的人間理解とよび,積集合的な人間理解からの転換を提唱した。もちろん,和集合で多様性をとらえた結果,一定程度の安定性が見出されるかもしれない。しかし,多様性を前提にした結果として得られる安定性は,多様性を誤差として疎んじた結果として得られる安定性よりも説得力をもつだろう。そしておそらく,多様性を把握するのにふさわしい方法は観察なのである。しかし,観察あるいはフィールドワークという手法は,論文生産という観点からあまり効率がよくなく,状況論や関係論の実証的な展開はあまりみられなかったと考えるべきであろう。近年,国内外で心理学の質的研究が認知されはじめるようになってきており,観察やフィールドワークにもとづく,和集合的なパーソナリティ把握研究が生まれてくるかもしれない。方法としての観察の潜在力の第一は,このパーソナリティ観にもとづく研究の発展に貢献しうるところにあると思われる。

　冒頭で述べたように,日常生活では,主として観察によって自他のパーソナリティ把握をしていると考えるのは妥当であろう。心理学者であっても,日常生活では同様であろう。好きな異性のパーソナリティを知ろうとして,パーソナリティ検査の実施を依頼したら,どういう結果が待ち受けるか,想像に難くない。

　このことが意味するのは,パーソナリティ検査の妥当性を保証するための外的基準が,結局は（心理学者の）日常生活の文脈におけるパーソナリティ観に強く反映されるということである。たとえば,古典的テスト理論でいうところの基準関連妥当性の「基準」,あるいは内容的妥当性の「内容」が日常生活における常識的なパーソナリティ観から独立であるとは考えられないということである。もしそうであるなら,そして,多少乱暴な物言いが許されるなら,質問紙型の検査を駆使する一般的なパーソナリティ研究は,せいぜい,日常生活における素朴な観察にもとづく知識の上澄みにすぎないといえよう。日常に流布している常識やステレオタイプを追認するだ

けになりがちだともいえる。

　アサガオの観察を思い出してほしい。素朴な観察を超えた見方をするには，注意深い観察が必要である。注意深い観察，あるいはそれを通じたフィールドワークによって，社会に流布している常識的な見方やステレオタイプが打ち砕かれる可能性がある。そしてこれこそが，方法としての観察の潜在力の2つ目である。この第二の潜在力は，理論的インパクト以上に実践的インパクトをもちうるので，いっそう強力である。

◆ 引用文献

Ainsworth, M. D. S., & Witting, B. A. (1969). Attachment and the exploratory behavior of one-year-olds in Strange Situation. In B. M. Foss (Ed.), *Determinants of infant behavior* : Vol.4 (pp.113-136). London : Methuen.

Benedict, R. (1948). 菊と刀：日本文化の型（長谷川松治，訳）．社会思想社．(Benedict, R. (1946). *The chrysanthemum and the sward : Patterns of Japanese culture*. Massachusetts : Houghton Mifflin.)

Malinowski, B. (1972). 西太平洋の遠洋航海者（寺田和夫・増田義郎，訳）．中央公論社．(Malinowski, B. (1922). *Argonauts of the Western Pacific*. Illinois : Waveland Press.)

箕浦康子．(1999)．フィールドワークの基礎的スキル．箕浦康子（編），フィールドワークの技法と実際：マイクロ・エスノグラフィー入門（pp.21-40）．ミネルヴァ書房．

Mischel, W. (1992). パーソナリティの理論：状況主義的アプローチ（詫摩武俊，監訳）．誠信書房．(Mischel, W. (1968). *Personality and assessment*. New York : Wiley.)

中根千枝．(1967)．タテ社会の人間関係：単一社会の理論．講談社．

尾見康博．(2007)．測定をめぐる諸問題：いったい何を測定しているのか．渡邊芳之（編），心理学方法論（pp.68-89）．朝倉書店．

佐藤郁哉．(2006)．フィールドワーク（増訂版）：書を持って街へ出よう．新曜社．

佐藤達哉・渡邊芳之．(1992)．「人か状況か論争」とその後のパーソナリティ心理学．人文学報（東京都立大学），No.231，91-110．

志水宏吉．(2005)．エスノグラフィー．秋田喜代美・恒吉僚子・佐藤　学（編），教育研究のメソドロジー：学校参加型マインドへの誘い（pp.139-162）．東京大学出版会．

菅原ますみ．(2001)．家族関係のダイナミズムを観る．尾見康博・伊藤哲司（編），心理学におけるフィールド研究の現場（pp.58-68）．北大路書房．

Sullivan, H. S. (2002). 精神医学は対人関係論である（中井久夫・高木敬三・宮崎隆吉・鑪幹八郎，訳）．みすず書房．(Sullivan, H. S. (1953). *The interpersonal theory of psychiatry*. New York : Norton.)

渡邊芳之．(2010)．性格とはなんだったのか：心理学と日常概念．新曜社．

Whyte, F. W. (2000). ストリート・コーナー・ソサイエティ（奥田道大・有里典三，訳）．有斐閣．(Whyte, F. W. (1943・1993). *Street corner society* (4th ed.). Illinois : University of Chicago Press.)

Windelband, W. (1929). 歴史と自然科学（篠田英雄，訳）．歴史と自然科学・道徳の原理に就て・聖：『プレレーディエン』より（pp.7-36）．岩波書店．(Windelband, W. (1894). *Geschichte und Naturwissenschaft*. Strassburg : Heitz.)

5節 面接法・物語法

文野 洋

1 ■ 面接法

　面接法とは，面接者が面接対象者と対面し，あるテーマについて質問を行い，面接対象者の回答を記録することによって研究や支援の資料を得る方法である。面接法は，心理学における代表的な研究方法であり，パーソナリティをとらえるうえでも有効な方法である。面接法が心理学の他の研究方法と明確に異なるところは，面接者が面接対象者と直接コミュニケーションをとるところにある。面接法の基本的な性質には次の3つをあげることができる（澤田，1995）[1]。

(1) 面接対象者の語った言葉を主な資料としている
(2) 面接対象者を観察することができる
(3) 面接者と面接対象者との相互交流である

　(3)の特徴には，面接者と面接対象者が直接コミュニケーションをする場であるということが含まれている。これらの特徴は，面接法によって研究を行ううえでの利点につながっている。
　面接法は，その実施目的の観点から，大きく調査的面接法と臨床的面接法とに分けることができる。また，実施の形式の観点からは，構造化面接法，半構造化面接法，非構造化面接法に分けることができる[2]。

a. 調査的面接法・臨床的面接法

　調査的面接法とは，特定の研究テーマにもとづいて面接者が質問を行い，対象者の回答を記録することによって研究資料を得る方法である。
　臨床的面接法とは，カウンセリングや他の心理療法などの場面において，心理的援助を行う目的で実施される面接である。ここでの面接には，たんにカウンセリングや他の心理療法の実践だけではなく，相談者が現在かかえている問題や相談者のパーソナリティ，心身の状態等を査定するアセスメントの実践も含まれる。

b. 構造化面接法・半構造化面接法・非構造化面接法

　構造化面接法は，面接の実施手続きが標準化された面接法である。質問項目，質問に対する回答の方法，質問の順序，質問に割り当てる時間等があらかじめ決められている。手続きが明確化されているため，得られた回答を信頼性の高いデータとして扱うことが可能になる。アセスメントで用いられる場合には，面接によって得られた発話内容や発話形式，その他の情報が，特定の理論を背景とした既存の判定基準にしたがってカテゴリーに分類され，パーソナリティの類型や特性などの理解に役立てられることになる。
　構造化面接法は，どの面接対象者に対しても同様の手続きが採用されるため，得られた資料は他の面接対象者の資料と比較可能であることを前提としている。この意味で，面接法によるデー

タ収集や分析を可能な限り客観的に行うことを目的とする場合に適している。ただし，後に述べるように，客観的なデータ収集と分析という観点からは，質問紙法がより適切な方法となる。構造化面接法によるパーソナリティの把握は，臨床的面接におけるアセスメントや特定のパーソナリティ理論に関連する調査的面接において，少人数の対象者について妥当性の高い比較や分類を目的とする研究に有効であるといえる。

　非構造化面接法は，構造化面接法とは反対に，面接の実施手続きについての定めがない面接法である。非構造化面接では，面接者が面接のその場での着想にしたがって質問を投げかけ，そこから自然に導かれる会話が面接対象者との間で展開される。また，求められる回答が想定されていないため，面接対象者からの自然でより自発的な回答を得ることができる。あらかじめ用意した質問では聴くことのできなかったような，研究者の想定外の回答が得られることも，この方法の魅力である。その一方で，決められた質問項目がないため，後の分析において有益となるような回答を引き出す質問を面接の場で行うことができているかどうかが重要になる。また，面接対象者ごとに得られる回答の内容が異なってしまうため，面接対象者全体を通じた回答の比較が難しく，有益な知見を得るための分析のスキルも必要とされる。したがって，非構造化面接法は，面接者に面接の実施と分析における一定のスキルが要求される方法であるといえる。また，得られる情報の質という観点からは，フィールドワークにおける参与観察のプロセスで実施するなど，調査の対象となる現場（フィールド）で活動している人々から豊富な情報収集を行いたいときに適した方法であるといえる。

　半構造化面接法とは，質問項目と質問順序などについて事前にある程度の枠組みをもって面接に臨み，実際の面接の展開に応じて，その場により適切な質問を構成していく面接法である。半構造化面接法は，構造化面接法に比べて面接対象者の回答の流れをできる限り断ち切らないように質問が行われるため，面接対象者からより自発的で豊富な回答が得られることが期待できる。また，非構造化面接法に比べると，研究者の関心にもとづいた一定の質問に対してすべての面接対象者から回答を得ることができるため，得られた回答を分析し，比較することが容易である。半構造化面接法は，構造化面接法と非構造化面接法の双方の特長をバランスよく含んでいることから，最も採用されている面接法である。

c. 面接法の利点および欠点

　面接法の利点と欠点は，面接法と並ぶ主要な調査方法となっている質問紙法と比較するとより理解しやすい。

　質問紙法では，実施にかかる時間が短く回答も容易で負担が小さいため，多数の幅広い対象者から回答を得ることができる。また，測定と分析の方法も面接法に比べて手続きが明確である。その一方で，面接法は質問紙法に比べて実施に時間がかかることから多数の面接対象者を募ることができず，協力が得られる対象者の範囲にもある程度の制限が生じてしまう。このことから，面接法には，調査データの収集という点で，サンプルに偏りが生じやすいという欠点があるといえる。客観的なデータ収集と分析という観点からは，質問紙法のほうが面接法よりも優れている。

　面接法は，面接対象者と直接コミュニケーションをとるため，面接者の質問の意図を確認する

ことが可能であり，妥当性の高いデータを得ることができるという利点がある。また，面接対象者の様子を観察しながら回答を得ることができるため，面接対象者が話した言葉の内容だけでなく，非言語的な情報を得ることで，より適切な分析が可能になる。非言語的な情報には，面接対象者の外見や姿勢，表情や声の調子などのさまざまな情報が含まれる。さらに，これらの利点を最大限に活かすことによって，面接対象者の思考や感情，これまでの体験，将来の希望などについての主観的な現実（リアリティ）に迫ることができる点に，面接法を採用するより積極的な意義を認めることができる。面接対象者の主観的現実に迫るということは，研究者の視点を優先した分析ではなく，面接対象者の視点が反映されるようなデータ分析が行われるということである。したがって，このような立場から行われる面接法の研究においては，必然的に非構造化面接や半構造化面接が採用される。

d. 新たな面接法の流れ

近年では，従来とは異なる視点や手続きにもとづいた面接法が採用されつつある。一つは，面接対象者をより積極的な参加者としてとらえる面接法であり，もう一つは，インターネット技術を利用した遠隔地間での面接法である。

面接対象者をより積極的な参加者としてとらえる面接の一つのアプローチに，アクティブ・インタビューがある。ホルスタインとグブリアム（Holstein & Gubrium, 1995/2004）によれば，面接は面接者と面接対象者が絶えず面接の現場（〈今ここ〉の場）で起きている事態の意味を解釈しながら進んでいく。面接において何をどのように話すべきか，どのような立場から話すべきか，という面接の場の意味づけ自体も面接の〈今ここ〉の場で達成されると考えるのである。面接者および面接対象者は，会話の〈今ここ〉の場にふさわしいやり方で振る舞うこと（主に語ること）によって，「互いに何者であるか」を示し合っている（文野，2007）。こうした相互行為の観点から面接法をとらえることによって，面接法の特徴である「面接者と面接対象者との相互交流」がどのようなものなのかを具体的に明らかにすることができる。

インターネット技術を利用することで，面接は必ずしも面接者と面接対象者が同じ場所で対面する必要がなくなった。現在では，ビデオチャット等の方法を用いて面接を行うことが可能である。今後，動画の転送速度や画質がさらに改善されていくことで，通常のコミュニケーションと相違ない会話を行うことが，一定の遠隔地間の面接において可能になると期待される。その一方で，同じ場所を共有していないという事実が面接にどのような影響を与えるのか，とくに，冒頭に述べた面接法の特徴のうち（2）「面接対象者を観察することができる」と（3）「面接者と面接対象者との相互交流である」の点が，これまでの対面式の面接と比べて変わりなく遠隔地間の面接にも該当するのかどうかについては，検討の余地が残されている。

2 ■ 物語法

パーソナリティを探究する方法として，物語法という一つの固定的なやり方があるわけではない。ここでは，物語法を「ある人が自分自身について語る内容とその語り行為からその人物の特

徴をとらえようとする方法の総称」として考えることにする。また，語り（ナラティブ）という語を，語られる内容と語る行為の双方を含むものとして用いることにする[3]。語りを対象とした物語法による研究は，心理学を含む人文諸科学の認識論や方法論の変革である1990年代からの「ナラティブ・ターン（物語的転回）」（Denzin & Lincoln, 2003）によって，質的研究が台頭してくるとともに展開してきた。

a. ライフストーリー・自己物語

マクアダムズは，自己のアイデンティティはライフストーリーであるというモデルを提唱した。マクアダムズ（McAdams, 1988）は，生涯発達の視点から，ライフストーリーは人が自分自身の人生に統一性をもたらすものとして青年期の初期から構築されると考えた。

ライフストーリーとは，やまだ（2000）によれば，「その人が生きている経験を有機的に組織し，意味づける行為」のことである。私たちは，自分の身のまわりに起きた出来事の断片を，自分の人生を理解するうえで意味のあるようなかたちで構成し，物語へとまとめあげる。榎本は，マクアダムズのライフストーリーと同様の概念として，自己物語（self-narrative）を提唱している。榎本（2008a）によれば，自己物語とは，「自分の行動や自分の身に降りかかった出来事に首尾一貫した意味づけを与え，諸経験の間に因果の連鎖をつくることで，現在の自己の成り立ちを説明する，自分を主人公とした物語」である。

ライフストーリーや自己物語において，物語の構成は自分に関連づけられた過去のエピソードに対してのみ行われるわけではない。自己についての将来の展望もまた，自己の物語である。時間的な距離の遠近にかかわらず，ある人が自分の現在・過去・未来について語るとき，それはその人を主人公とする物語としてとらえることができると考える。ここでいう物語とは，日本語で一般にイメージされるような固定的な「物語」ではない。ライフストーリー（自己物語）は，常に物語の聞き手との相互行為のなかで創造されるものであり，これまで語られてきたものとは異なる内容や構成で語り直されるという可能性に開かれている。

「自己についての語りが物語としてとらえることができる」というとき，どのような特徴をもって物語とよぶのかという点については，研究者によって立場の相違がみられる。やまだ（2006）は，物語の定義を①時間的シークエンスを重視する定義，②構造を重視する定義，③物語の生成的機能を重視する定義に分類している。ガーゲンとガーゲン（Gergen & Gergen, 1988）の自己物語（self-narrative）においては，物語は目的に向かう一貫した筋立てのある出来事の結合としてとらえられており，やや時間的・構造的側面に重点をおいている。やまだ（2000）は，物語の生成的機能を重視する定義として，物語を「2つ以上の出来事を筋立てる行為」とし，出来事と出来事とを関連づけることによってそれぞれの出来事とそのつながりの「意味」が生成されるとした。「はじめ」と「おわり」がある，といったような構造的な定義を与えない立場においては，自己についての語りの多くの部分をライフストーリー（自己物語）として検討することが可能になる。

物語法では，分析の対象となる語りを基本的に面接法を通して得られるデータから分析が行われる。自己についての物語を聴くという目的があるため，半構造化面接が採用されることが多

い。自己についての物語の媒体は語られる言葉のみに限定されず，自分について書き記されたもの（日記や日誌などの文章）や自分や自分の人生を表現した創作物（絵画や図など）も物語の媒体として分析の対象とすることが可能である。得られたデータは，語られている内容（語りの内容：どのような自己が表現されているか）と語られ方（語りの形式：どのように自己が表現されているか）の2つの側面から分析が行われる。

物語法の分析では，しばしばライフストーリー（自己物語）のパターンを分類することによって，調査対象者が自分自身を説明し，理解するやり方のレパートリーにどのようなものがあるのかを明らかにしようとする。榎本（2008b）は，自己物語のパターンを分類するときの視点として，肯定性，能動性，統合性の3つをあげ，それらの程度の組み合わせによって，肯定的なエピソードを中心とした流れの「お陰様」的自己物語化，否定的エピソードを中心とした流れの「あれがあったから」的自己物語化など，6つの典型的な自己物語のパターンを示している。ほかにも，調査対象者に固有のテーマにかかわるライフストーリー（自己物語）の分析が行われている（たとえば，能智，2000；田垣，2007など）。

物語法による分析のもう一つの視点として，ある人がライフストーリー（自己物語）を特定の仕方で語ることがその人にとってどのような意味をもっているのか，という語りの機能の側面があげられる。自己についての語りの機能について，榎本（2008b）は，①明確化機能，②社会化機能，③統合化機能，④動機づけ機能，⑤カタルシス機能，⑥伝達機能の6つをあげている。これらの機能は，ライフストーリー（自己物語）を語るときの全般的な特徴である。調査対象者の一人ひとりが，（多くの場合面接の場で）どのような自己を語り，そのような自己を語ることにどのような意味があるのかという点については，話し手と聞き手との具体的な自己語りのやりとり（相互行為）を注意深く検討するなかで見出される。こうした自己を物語る場面の相互行為の分析は，ライフストーリー（自己物語）は話し手と聞き手との協同行為によって創出される，というライフストーリー（自己物語）研究の前提を忠実に反映している。

b. 物語法とパーソナリティ

物語法によって明らかにされるパーソナリティとはどのようなものだろうか？ すなわち，ある人の自分についての語り（物語の内容とその語られ方）は，どのようにしてパーソナリティを明らかにすることにつながるのか？

物語法を採用する研究者が主張するのは，自分をどのような存在として語るか（語りの内容と形式）は，その人が自分自身をどのような存在としてとらえているか，どのような存在でありたいと願っているか，どのような存在であるべきだと考えているかなど，その人のアイデンティティを直接示しているということである。ただし，自分自身についての語りの内容が，そのままその人のパーソナリティ特性等を表しているということではない。「自分は謙虚な人間である」という位置づけで自己を語る人が常に謙虚だとは限らない。むしろ，「自分は謙虚な人間である」という自己語りの形式（語られ方）のうちに，自分は謙虚な人間でありたいとか，謙虚な人間であるべきだ，というその人の自己観が明らかにされるのである。

パーソナリティを渡邊（2010）の定義の一部をかりて仮に「時間的・状況的に示される，そ

の人独自の一貫した行動パターンを指示する概念の総称」としたとき，自己についての語りはその人が示す行動パターンのごく一部であるから，その自己語りの特徴は，パーソナリティのごく一部でしかない。しかし，ライフストーリー（自己物語）にそれ以上の意義を認める立場もある。すなわち，自己は自分自身を語るだけでなく，語られた自己によって自分自身を解釈し，それにふさわしいかたちで生きようとするという，ライフストーリー（自己物語）の再帰的な関係があるという立場である（Hänninen, 2004）。

物語法によるパーソナリティの探究においてもう一つ重要な点は，語り手と聞き手による物語の協同達成という観点が，ある人がある場所で語るライフストーリー（自己物語）と他の場所でのそれとが異なってくることを許容するという点である。つまり，自己についての語りは聞き手との相互行為によって達成されるため，相手を含む状況の異なる場でのライフストーリー（自己物語）は，異なる内容や形式をもちうるということである。ハーマンスとケンペン（Hermans, & Kempen, 1993/2006）は，こうした異なる「私」の位置づけを組み込んだ対話的自己の理論を提唱している。異なる「私」の位置づけの機能は，語りが展開する〈今ここ〉の場における聞き手と話し手との相互行為の分析によってより明確になり，物語法によるパーソナリティ理解もより深まるだろう。この点で，ナラティブ分析（Reissman, 1993）や言説心理学（Harré & Gillett, 1994）など，人々の語り行為に焦点を当てたアプローチの分析視点を活用していくことが今後の物語法にも期待できる。

◆ 注

1) 澤田（1995）では面接対象者は「被面接者」と表記されているが，ここでは一貫した表記のため面接対象者とした。
2) その他の分類，および調査的面接の技法については鈴木（2005）に詳しい。
3) 「語り」や「ナラティブ」という言葉の含意については能智（2006）を参照のこと。

◆ 引用文献

Denzin, N., & Lincoln, Y. (Eds.). (2003). *Handbook of qualitative research* (2nd ed.). London : Sage.
榎本博明．(2008a)．自己物語から自己の発達をとらえる．榎本博明（編），自己心理学：2 生涯発達心理学へのアプローチ（pp.62-81）．金子書房．
榎本博明．(2008b)．語りを素材に自己をとらえる．榎本博明・岡田 努（編），自己心理学：1 自己心理学研究の歴史と方法（pp.104-128）．金子書房．
文野 洋．(2007)．インタビューにおける語りの関係性：エコツアーの参加観察．社会心理学研究, 23, 71-81.
Gergen, K. J., & Gergen, M. M. (1988). Narrative and the self as relationship. In L. Berkowitz (Ed.), *Advances in experimental social psychology* : Vol. 21(pp.17-56). New York : Academic Press.
Hänninen, V. (2004). A model of narrative circulation. *Narrative Inquiry*, 14, 69-85.
Harré, R., & Gillett, G. (1994). *The discursive mind*. Thousand Oaks, CA : Sage Publications.
Hermans, H. J. M., & Kempen, H. J. G. (2006). 対話的自己：デカルト／ジェームス／ミードを超えて（溝上慎一・水間玲子・森岡正芳，訳）．新曜社．（Hermans, H. J. M., & Kempen, H. J. G. (1993). *The dialogical self*. San Diego, CA : Elsevier.)
Holstein, J. A., & Gubrium, J. F. (2004). アクティブ・インタビュー：相互行為としての社会調査（山田富秋・兼子 一・倉石一郎・矢原隆行，訳）．せりか書房．(Holstein, J. A., & Gubrium, J. F. (1995). *Qualitative re-*

search methods : Vol.37. The active interview. Thousand Oaks, CA : Sage Publications.）
McAdams, D. P.（1988）. *Power, intimacy, and the life story*. New York : Guilford Press.
能智正博．（2000）．頭部外傷者の〈物語〉／頭部外傷者という〈物語〉．やまだようこ（編），人生を物語る（pp.185-214）．ミネルヴァ書房．
能智正博．（2006）．〈語り〉と出会う：質的研究の新たな展開に向けて．ミネルヴァ書房．
Reissman, C. K.（1993）. *Qualitative research methods : Vol.30. Narrative analysis*. Thousand Oaks, CA : Sage Publications.
澤田英三．（1995）．生涯発達における面接法．無藤　隆・やまだようこ（編），講座生涯発達心理学：1　生涯発達心理学とは何か：理論と方法（pp.214-225）．金子書房．
鈴木淳子．（2005）．調査的面接の技法（第2版）．ナカニシヤ出版．
田垣正晋．（2007）．中途肢体障害者における「障害の意味」の生涯発達的変化：脊髄損傷者が語るライフストーリーから．ナカニシヤ出版．
渡邊芳之．（2010）．性格とはなんだったのか：心理学と日常概念．新曜社．
やまだようこ．（2000）．人生を物語ることの意味：ライフストーリーの心理学．やまだようこ（編），人生を物語る（pp.1-38）．ミネルヴァ書房．
やまだようこ．（2006）．質的心理学とナラティヴ研究の基礎概念：ナラティヴ・ターンと物語的自己．心理学評論，**49**，436-463．

6節　研究倫理

大野木裕明

1 ■ 研究倫理に関する動向

　研究倫理（ethics of research）に関する議論がまとまったのは，医学分野で1947年に示されたニュルンベルグ綱領であるとされる。これは第二次世界大戦中にナチス・ドイツによってなされた人体実験への反省にもとづく。その内容は，研究は協力者の自発的意思にもとづいてなされることや，苦痛や危険を回避することなど10項目からなっていた。1948年の世界医師会総会では，倫理指針がジュネーブ宣言として示された。1964年のヘルシンキ宣言では30項目からなる倫理規定が明文化され，インフォームド・コンセント（informed consent：説明にもとづく同意を得ること）などはこの時にあげられた。この動向は医学研究にとどまらず，他の研究領域，たとえば疫学や動物実験などへと広がった。心理学の世界では1953年にアメリカ心理学会が倫理基準（ethical standards）を作成し，以後は継続的に倫理基準や行為綱領が策定・改訂され今日に至っている。

　日本の心理学においては，2000年前後から心理学研究法に関する出版物のなかに研究倫理が言及されはじめている。もちろん，ミルグラムによるアイヒマン実験（Milgram, 1974/1995）のような研究には，当時から研究倫理に抵触するという強い批判が高まっていた。あまりにも有名になったこの実験は，「記憶に関する実験」（実は嘘）として集められた実験参加者が教師役を依頼され，記憶成績のよくない生徒役の人に通電のスイッチを入れて罰を与えるという実験であった。教師役の実験参加者は電圧ボルトの通電装置が架空の装置であることを知らされておらず，あらかじめ用意された録音による苦痛の音声が本物の苦痛であると信じてしまうような条件設定になっていた。生徒役が電気ショックによる苦痛を訴えるにもかかわらず，白衣を着た権威のあるドクターが実験協力者に対して教師役を続けるように命令した。実験からは，このような閉鎖的な環境下では，人は権威者の指示に服従してしまい他者に対して苦痛を与え続けるという結果が得られた。このような実験設定は社会心理学の研究法の特徴の一つであるが，それは研究参加者の身体的・精神的苦痛という犠牲なくしては研究そのものが成立しないという点で，研究遂行と研究倫理とのせめぎあいの問題になる。後述するが，インフォームド・コンセント，ディブリーフィング，ディセプションといった手続きが実験協力者や実験参加者に対する合意事項や心理的ケアとして必要である。その扱いの実際によって，研究目的にかなう研究遂行が可能かどうかという実現性が規定される。また，社会心理学ではなくパーソナリティ心理学の観点から論じるならば，たとえば，どのようなパーソナリティ変数がより服従傾向を示すかという点に関心を寄せることになろうが，この場合もまた同様に研究倫理として許されるかどうかが問われることになる。

最近の研究倫理に関する扱いにふれると，本書の前版にあたる詫摩武俊監修『性格心理学ハンドブック』(1998年)では「研究倫理」という章・節はないが，2000年には日本発達心理学会から『心理学・倫理ガイドブック：リサーチと臨床』(古澤・斉藤・都筑, 2000)が刊行されている。研究法に関する出版物のなかでは，秋田(2001)が「心理学研究における倫理の問題」，ジョーゼフ(Joseph, 1998)が「Ethics in human science : An overview of basic ethical issues with focus on psychology；人間科学における研究倫理について：特に心理学を中心に」，海保(2008)が「研究倫理」，金沢(2008)が「どのように研究すべきか：研究の倫理」をまとめている。概説や事典類では，渡邊(2005)が「不正行為と倫理」，二宮(2005)が「パーソナリティ検査の条件と社会的・倫理的問題」，二宮(2006)が「研究倫理」，安藤(2009)が「パーソナリティ心理学の倫理問題」と題して解説している。これらは公刊の一例にすぎない。ネイギー(Nagy, 2005)の『APA倫理規準による心理学倫理問題事例集』(2007年)の翻訳なども出版され海外の様子も一般に知られるようになった。杉森ほか(杉森・安藤・安藤・青柳・黒沢・木島・松岡・小堀, 2004)は「心理学研究者の倫理観」と題する論文を『パーソナリティ研究』誌に発表し，若島ほか(若島・狐塚・宇佐美・板倉・松本・野口, 2009)は日本における心理学諸学会の倫理規定の現状とその方向性についてまとめた。このように論文においても研究倫理の現状や動向を扱ったものがみられるようになった。

学会についてみると，日本教育心理学会は2000年に日本教育心理学会倫理綱領，日本社会心理学会は2004年に日本社会心理学会倫理綱領を公表しているほか，各学会も相次いで倫理綱領を公表している。日本パーソナリティ心理学会も安藤・安藤(2005)により『事例に学ぶ心理学者のための研究倫理』を出版している。社団法人日本心理学会倫理委員会は2009年に「社団法人日本心理学会倫理規程」をまとめたが，これは心理学諸学会を列挙するのではなく，心理学の網羅性を重視して研究法別に羅列して策定しているようである。

以上のように，日本においては2000年前後から各方面で呼応するかのように心理学の研究倫理に関するとりまとめが進んでいる。

2 ■ 研究協力者への研究倫理の具現化

研究倫理は，研究方法別，学会別に議論されている。とくに重要とされているのは以下のような点である。日本発達心理学会『心理学・倫理ガイドブック：リサーチと臨床』においては，心理学の研究を進めるに際してとりわけ重要な留意点としてインフォームド・コンセント，プライバシーの保護，研究結果のフィードバックの3つの問題をあげている。そして，質問紙法，心理テスト法，観察法，面接法，実験法，ケース研究法，臨床資料の利用法，文献レビュー法，データベースの利用法，研究論文執筆・公表にかかわる問題のそれぞれをまとめている。

『公益社団法人日本心理学会倫理規程』においては，従来の被験者(subjects)という呼称を研究対象者(participants)，また実験研究では実験参加者，フィールド研究では研究協力者と呼ぶことを記し，「第1章　心理学にかかわる者の責任と義務」として，社会に対する責任と義務，

個人に対する責任と義務，学問に対する責任と義務の3つを示している（公益社団法人日本心理学会，2011, p.9）。

なお，ここでキーワードについて説明しておくと，インフォームド・コンセント（informed consent）とは，『心理学事典（普及版）』によると次のようである。「患者が医学的治療や手続きを受けるとき，または研究参加者／被験者が実験や調査に参加するときに，手続き的内容，潜在的リスクや利益について事前に十分な情報を与えられ，自らの意思で受診，参加する同意のこと。アメリカ心理学会とイギリス心理学会の発行した研究倫理原則においてはインフォームド・コンセントが望ましいとされているが，実行不可能な場合（研究対象が若年であったり精神障害のために同意する能力がない場合など）や，非実用的な場合（調査のために欺くことが必要な場合など）もある」（Colman, 2003/2004, p.49）。

研究結果のフィードバックの問題については，できる限り，ディブリーフィング（debriefing）あるいはディホークシング（dehoaxing）が必要となる。ディブリーフィングは，「実験参加者／被験者に，研究の目的を事後に説明すること。実験にデセプション（嘘，だまし）がある場合，それも説明する。研究参加者が研究に参加したことにさえ気づかないこともある自然観察（法）では実行できない場合もあるが，米国心理学会，イギリス心理学会や他の専門団体の倫理規定は，可能なときはかならずデブリーフィングを行うよう推奨している」（Colman, 2003/2004, p.489）とされる。ディホークシングは，「デセプション（嘘，だまし）を用いる実験の後に実験参加者／被験者に行う，デブリーフィングの一形態。倫理的な理由により，またデセプションによる望ましくない影響がでないようにするため，研究の真の目的や内容を伝える」（Colman, 2003/2004, p.489）と定義されている。

ディセプション（deception）は，次のように定義されている。「他者に対して意図的に偽であることを真であるように信じさせること。大別して，①うそをついてだますこと，②不正確・不完全な情報の伝達，③必要な情報や事実の隠蔽，がある。社会心理学では，有力な研究法の一つとしてこれが用いられてきた。ディセプションの目的と機能は，①複雑で流動的な現実の社会的状況を実験室に再現し，②実験参加者のさまざまな不安や期待が実験室での反応や行動に影響するのを防ぐことである。（中略）他方，ディセプションは研究倫理の側面から強い批判を受け，その代替的研究法が模索されてきた。アメリカ心理学会（APA）は，ディセプションを使用する研究に対して，熟知承諾（informed consent）の原理に基づく厳格な倫理基準を設定している」（酒井，1999, p.605）。

3 ■ パーソナリティ研究における研究倫理

現在のところパーソナリティ研究の独自性を強調した研究倫理の議論はそれほどなされているわけではなく，むしろ心理学全般について考えている傾向が強いかもしれない。ただし，心理学全体のなかでみたパーソナリティに深くかかわる領域としては，心理検査の利用や，実験室あるいはフィールド実験におけるサクラ利用やディセプション関連の研究がある。もちろん，これに

表22.4 『事例に学ぶ心理学者のための研究倫理（第2版）』の内容（安藤・安藤，2011）

序章　研究者倫理とは何か
・研究者倫理の社会的背景
・研究者倫理の心理的機能
・研究者倫理の社会的機能
・共同体からの視点
第Ⅰ部　研究協力者・参加者に対する倫理
　第1章　研究についてどう伝える？
　　・事例1　インフォームド・コンセントがとれない場合
　　・事例2　研究者，協力者，参加者の多重関係の問題
　第2章　どこまでやって許される？
　　・事例1　社会不安に対する効果
　　・事例2　ポジティブ画像，ネガティブ画像が及ぼすサブリミナル効果
　第3章　報告はどうすればいいの？
　　・事例1　家庭訪問による観察：母親の不適切な養育態度が見受けられた場合
　　・事例2　中学校での質問紙調査："思いがけない""悪い"結果が示された場合
　第4章　プライバシーはどう守られる？
　　・事例1　事例報告が本人や周辺の人にわかってしまった場合
　　・事例2　大学の心理学実験のなかで自分のIQが知られてしまった場合
第Ⅱ部　研究者に対する倫理・発表時の倫理
　第5章　研究者とどうつきあったらよいのか？
　　・事例1　アカハラ：研究手法の相違に基づく事例
　　・事例2　アカハラ：科学的立場の相違に基づく事例
　　・事例3　共同研究：研究成果の分配について
　第6章　人のものを借りるには？
　　・事例1　海賊版
　　・事例2　改変版
　第7章　研究結果をいかに表現するか？
　　1　研究結果の公表における倫理的問題
　　2　論文執筆における倫理的問題
　第8章　論文はどのように審査されるのか？
　　1　研究者の「倫理」ないし「不正」が疑われる投稿者側の問題
　　2　「盗作」，「剽窃」などの研究者の不正行為
　　3　査読者側の倫理
　　4　新たな査読システムへの参加と今後の課題
関連資料
　1　アンケートの分析結果
　2　ニュルンベルク綱領とヘルシンキ宣言
　3　関係法規抜粋
　4　関連する倫理規程紹介

ついては臨床心理学や社会心理学の領域で早くから議論の的になってきた点と共通性があるだろう。

日本パーソナリティ心理学会では，「研究倫理ガイドライン検討特別小委員会」を設置して論文投稿に際しての倫理のあり方や規定の必要性を諮問し，その成果を，『事例に学ぶ心理学者のための研究倫理』として公刊している。表22.4に，その章立てを示す。本書は主として学生向けであり，架空の事例をもとにしたQ＆Aのケースブック風になっているが研究者にとっても多く当てはまる。

4　研究倫理のこれから

諸学会では研究倫理についての配慮が進みつつある。心理学者の所属する大学や研究機関などでは組織内に倫理委員会が設置され，研究の着手前に第三者を含む事前点検が義務づけられることが通例になってきた。これは心の専門家としての心理学者が，職業倫理，教育者としての倫理，研究倫理の少なくとも3つの倫理性が問われることになってきたためでもある。少し詳しく説明する。

職業倫理からみてみると，心理学の専門家は，福祉，警察，司法関係といった職場で働いたり仕事を行っている。たとえば，司法・矯正関係としては，法務省少年鑑別所の心理系技官や家庭裁判所等の調査官補，福祉関係では児童相談所の心理判定員などの職があり，心理検査や心理的なカウンセリングあるいは心理面接を行う。警察関係では科学捜査において筆跡鑑定やポリグラフによる供述の事実確認等を行う。生活安全課では少年補導員としてカウンセリングや補導の仕事に就く。このような職は，公務員としての職業倫理や服務規程と無関係でなく，たとえば，国家公務員倫理法，地方公務員倫理規程，あるいは個人情報保護法などが密接にかかわる。また，多くの人た

ちは大学で教育・研究さらに心理臨床的なセンターにおいて心理カウンセリングを行うが，この場合には大学職員としての職業倫理や服務規定の下での仕事や業務が基本となる。そのなかの一部として研究職としてのいわゆる研究倫理が位置づけられることになる。職業倫理に加えて研究倫理としては著作権法，著作権法施行令，個人情報保護法などがかかわる。また各心理学会に独自の重要な研究倫理もある。

　教育活動としての研究倫理は，具体的には大学生や大学院生の研究活動に関する指導とかかわる。学生には職業倫理はないが，あえて日本語にない表現でいうところの「学生倫理」のようなものは考える必要がある。もちろん，学生が行う卒業論文や修士論文のような履修上の研究的行為は，上でふれたような職業人の研究倫理とは必ずしも同じであるとはいえない。しかしながら，大学に心理学科や心理学部が多く設置されている現在では，学生が行う研究的活動であっても世間からは一括りして心理学研究とみなされ，社会的にさまざまな影響を及ぼすことは否めない。したがって，学生の研究的倫理は主として大学の指導教員の職業倫理に含まれるといえなくもない。

　職業人の心理学研究にまつわる研究倫理と，学生の行う研究的倫理——すなわち指導教員による学生指導という職業倫理の一部——には内容的な共通項があり，他方で社会的・経済的・政治的な影響力に違いがある。また，倫理という光の当たる面の異なる部分，たとえば，アカデミックハラスメント，セクシャルハラスメントといった教師＝学習者間の対人関係上の職業倫理がある。

　そもそも職業倫理は，医師や看護師など職能集団が個人や集団としての責務を果たすために定めた基準や規範のことである。したがって，職業人としてなす心理学研究とは何なのかという定義をする必要がある。しかしながら，現在，心理学研究とは何なのかを定義することはかなり難しいのが現状である。そこで，職業人としての心理学者，あるいは心理学研究とは何なのかという定義の基盤に立脚した研究倫理をまとめるには至っていない。その主な原因の一つは心理学研究法の進歩のためであり，また文化・慣習や人々の価値体系の変化のためである。キンメル（Kimmel, 1996）は11カ国の心理学倫理規定を対比し，若島ほか（2009）は日本の諸心理学会の倫理規定の比較をしているが，このような調査は研究倫理の共通部分を抽出するというよりも何が研究法や文化・慣習の影響を受けているのかを吟味するうえで重要になってくる。

　具体的にどのような内容が研究倫理とかかわるのだろうか。網羅することは容易ではないが，公益社団法人日本心理学会（2011）の倫理規程では，第2章で，具体的に研究と発表における倫理を項目的に網羅するアプローチをとっている。研究に関して転記すると以下のようである。「1. 専門家としての責任と自覚」「2. 研究計画の倫理的配慮」「3. 倫理委員会等の承認」「4. 研究対象者の心身の安全，人権の尊重」「5. インフォームド・コンセント」「6. 代諾者が必要なインフォームド・コンセント」「7. 事前に全情報が開示できない場合の事後の説明の必要性」「8. 研究計画の変更に伴う手続き」「9. 適切な情報収集の手段」「10. 個人情報の収集と保護」「11. 研究成果公表時の個人情報の保護」「12. 研究データの管理」「13. 研究終了後の情報開示と問い合わせへの対応」「14. 研究資金の適切な運用」。

研究の方法論ごとにも項目があげられている。

実験研究では,「1. 倫理委員会等の承認」「2. 実験参加者の心身の安全」「3. インフォームド・コンセント」「4. 代諾者が必要なインフォームド・コンセント」「5. 虚偽の説明」「6. 事後説明」「7. 個人情報の収集と保護」「8. 実験データの管理」である。

調査研究では,「1. 調査計画と内容の倫理性」「2. 倫理委員会等の承認」「3. 調査対象者のプライバシーへの配慮と不利益の回避」「4. 調査対象者の選択と調査の依頼」「5. 質問紙調査におけるインフォームド・コンセント」「6. 調査責任者・調査実施者の明記」「7. 調査データの管理」「8. 調査結果の報告」「9. 調査対象者の個人情報の保護」「10. 面接調査における質問項目の表現」「11. 面接調査におけるインフォームド・コンセント」「12. 面接調査における代諾者が必要なインフォームド・コンセント」「13. 面接調査の記録における個人情報の管理」である。

臨床研究では,「1. 臨床研究の実施者の条件」「2. 臨床研究計画上の注意」「3. チームで行われる研究」「4. リスクの継続的な査定」「5. 倫理委員会等の承認」「6. 継続的な情報収集」「7. 統制群の設定についての注意」「8. インフォームド・コンセント」「9. 代諾者が必要なインフォームド・コンセント」「10. 障害名・疾患名使用における注意」「11. 多重関係の禁止」「12. 研究対象者の個人情報の守秘義務」「13. 研究の場を提供した機関に関する情報の管理」「14. データの保管」「15. データの廃棄」「16. 否定的な結果の隠匿の禁止」「17. 研究成果公表時の個人情報の保護」「18. 研究成果公表時における承認」である。

このほかにフィールド研究として16項目,動物を対象とした研究として8項目があげられているが略する。このように多方面について点検項目があげられている。

倫理行為規則は,価値システムの色彩が濃い。したがって,文化やこれまでの慣習に大きく依存する面を残している。研究倫理の問題はわが国では古くは福来友吉の千里眼研究（鈴木, 1997）にまでさかのぼることができるかもしれない。おそらくは,心理学研究法の技術的改善とパーソナリティ研究に対する社会的合意・理解にともなって,絶えず研究倫理の内容が書きかえられていくものと考えられる。その場合にも,研究協力者が研究者よりも弱い立場にあることを軽減する保証などは研究倫理として一貫して変わらないだろう。

◆ 引用文献

秋田喜代美. (2001). 心理学研究における倫理の問題. 南風原朝和・市川伸一・下山晴彦（編）, 心理学研究法入門：調査・実験から実践まで (pp.244-247). 東京大学出版会.

安藤寿康. (2009). パーソナリティ心理学の倫理問題. 榎本博明・安藤寿康・堀毛一也（著）, パーソナリティ心理学 (pp.248-257). 有斐閣.

安藤寿康・安藤典明（編）, 日本パーソナリティ心理学会（企画）. (2005). 事例に学ぶ心理学者のための研究倫理. ナカニシヤ出版.

安藤寿康・安藤典明（編）, 日本パーソナリティ心理学会（企画）. (2011). 事例に学ぶ心理学者のための研究倫理（第2版）. ナカニシヤ出版.

Colman, A. M. (2004). 心理学事典（普及版）（藤永 保・仲真紀子，監訳）. 丸善.（Colman, A. M. (2003). *Dictionary of psychology*. Oxford：Oxford University Press.）

Joseph, H. (1998). Ethics in human science：An overview of basic ethical issues with focus on psychology（人

間科学における研究倫理について：特に心理学を中心に）．高橋順一・渡辺文夫・大淵憲一（編），人間科学研究法ハンドブック（pp.31-50）．ナカニシヤ出版．

海保博之．（2008）．研究倫理．海保博之・大野木裕明・岡市広成（編），新訂心理学研究法（pp.174-178）．放送大学教育振興会．

金沢吉展．（2008）．どのように研究すべきか：研究の倫理．下山晴彦・能智正博（編），心理学の実践研究を学ぶ（pp.31-45）．新曜社．

Kimmel, A. J. (1996). *Ethical issues in behavioural research*. Oxford : Blackwell.

公益社団法人日本心理学会．（2011）．公益社団法人日本心理学会倫理規程（第3版）．公益社団法人日本心理学会．

古澤頼雄・斉藤こずゑ・都筑　学（編），日本発達心理学会（監修）．（2000）．心理学・倫理ガイドブック：リサーチと臨床．有斐閣．

Milgram, S. (1995). 服従の心理：アイヒマン実験（改訂版）（岸田　秀，訳）．河出書房新社．(Milgram, S. (1974). *Obedience to authority : An experimental view*. New York : Harper & Row.)

Nagy, T. F. (2007). APA倫理規準による心理学倫理問題事例集（村本詔司，監訳，浦谷計子，訳）．創元社．(Nagy, T. F. (2005). *Ethics in plain English : An illustrative casebook for psychologist* (2nd ed.). Washington, DC : American Psychological Association.)

二宮克美．（2005）．パーソナリティ検査の条件と社会的・倫理的問題．中島義明・繁桝算男・箱田裕司（編），新・心理学の基礎知識（pp.290-291）．有斐閣．

二宮克美．（2006）．研究倫理．二宮克美・子安増生（編），キーワードコレクション　パーソナリティ心理学（pp.64-67）．新曜社．

酒井春樹．（1999）．ディセプション．中島義明・安藤清志・子安増生・坂野雄二・繁桝算男・立花政夫・箱田裕司（編），心理学辞典（p.605）．有斐閣．

社団法人日本心理学会．（2009）．社団法人日本心理学会倫理規程．社団法人日本心理学会．

杉森伸吉・安藤寿康・安藤典明・青柳　肇・黒沢　香・木島信彦・松岡陽子・小堀　修．（2004）．心理学研究者の倫理観：心理学研究者と学部学生の意見分布，心理学研究者間の差異．パーソナリティ研究, **12**, 90-125.

鈴木祐子．（1997）．心理学規範の明確化．佐藤達哉・溝口　元（編），通史日本の心理学（pp.137-155）．北大路書房．

詫摩武俊（監修），青木孝悦・杉山憲司・二宮克美・越川房子・佐藤達哉（編）．（1998）．性格心理学ハンドブック．福村出版．

若島孔文・狐塚貴博・宇佐美貴章・板倉憲政・松本宏明・野口修司．（2009）．日本における心理学諸学会の倫理規定の現状とその方向性．東北大学大学院教育学研究科研究年報, **58**(1), 123-147.

渡邊芳之．（2005）．不正行為と倫理．中島義明・繁桝算男・箱田裕司（編），新・心理学の基礎知識（pp.16-17）．有斐閣．

索 引

人名索引——724
事項索引——752

人名索引

A

Aaker, J. L. 645
Aarts, H. 127-129
阿部謙一 596
阿部輝夫 279
Abell, R. 466
Abramson, L. Y. 575
Achee, J. W. 530
安逹喜美子 587
安逹智子 262
Adler, A.（アドラー） 9,17,386, 387,389
Adler, J. M.（アドラー） 254
Adorno, T. W.（アドルノ） 409-411
Afamasaga, T.（アファマサガ） 617,618
上里一郎 380,689
Agraou, B. 482
Ahadi, S. A. 378
Ahmadi, N. 401
Ahrens, A. H. 462
相原次男 512
相川充 573,635-637,639
Aikawa, M. 482
Ainsworth, M. D. S.（エインズワース） 189,198,561,562,705
Aiono, F. Le Tagaloa 617
Ajzen, I. 469
秋田喜代美 716
秋山弘子 309
Akiyoshi, J. 88
安香宏 388
Aksan, N. 555
Albert, J. 142
Albert, S. M. 311
Albert, U. 350
Albino, A. 446
Albritton, S. C. 142
Alexopoulos, G. S. 331
Alick, M. D. 628
Allen, A. 102

Allen, N. B. 82
Allen, R. C.（アレン） 33
Alloy, L. B. 381
Allport, G. W.（オルポート） 3,6, 9,10,16-18,36,38,46,47,51,52,57, 62,78,98,119-121,123,124,133, 386,407,518,533
Almagor, M. 62
Alsaker, F. D.（アルサカー） 232
天貝由美子 236
天野秀紀 325
天野寛 612
天羽幸子 203,263
天谷祐子 232
尼崎光洋 468
Ambady, N. 127,644
Ames, L. B. 184
Amsterdam, B.（アムスターダム） 177,184
Andersen, P. A. 414
Anderson, C. A. 603
Anderson, E. R. 556
Anderson, J. C. 483
Anderson, N. B. 480
Anderson, R. W. 481
安藤寿康（Ando, J.） 3,33,59,75, 81,202,588,612,716,718
安藤延男 235
安藤典明 716,718
安藤玲子 604
Andrews, B. P. 345,467
Angleitner, A. 75,96,555
Ansell, E. B. 363
Anstey, K. J. 87
Antonovsky, A.（アントノフスキー） 476,487-491
Antonovsky, H. 489
Anyidoho, N. A. 134
青木孝悦 53,54
青木多寿子 206
青柳肇 716

Aoyama, S. 89
Appels, A. 476
Appleby, D. C. 574
Aquino, K. 584
新井宏朋 325
Arai, K. I. 482
新井一寿 584
新井邦二郎 240,415,416
Arai, N. 482
荒井保男 307
荒川歩 96,595,597
荒木剛 455,495,497
Archer, J. 423
Arcuri, L. 131
有光興記 161-163
Arinami, T. 24
Aristotle（アリストテレス） 3, 19,50,516,517,534
Aristuppus（アリスティッポス） 516
Armstrong, J. G.（アームストロング） 394
Armstrong, S. J. 144
Arnett, J.（アーネット） 227
Arnold, K. A. 584
Arnold, M. L. 134
Arseneault, L. 556
Arsenio, W. F. 449
Arthur, A. 311
Artistico, D. 102
浅井智久 337
浅井朋子 224
浅川潔司 206,239
朝倉聡 435
Asamen, J. 339
浅野智彦 133,135,570
浅野祐子 490
麻生武 403
Asarnow, R. F.（アサーノウ） 339
Ashby, J. S.（アシュビー） 387
Asher, S.（アッシャー） 191

Asher, S. R.　454
Ashton, M. C.（アシュットン）　61,62,64,66,67
Asseman, P.　482
Astington, J. W.　178
飛鳥井望（Asukai, N.）　396,401
Atkinson, J. W.（アトキンソン）　166,167
Attias, H.　666
Austin, N.（オースティン）　428,431
Avia, M. D.　555
Avis, M.　311
Axelsson, M.　311
Ayduk, O.　16,94,105,147
東　洋（Azuma, H.）　136,193,299,622

B

Baas, M.　530
馬場安希　460-462
馬場昌雄　580
馬場史津　414
Babbie, E.　651
Bagiella, E.　423
Bagwell, C. L.（バグウェル）　455,557
Bahnsen, J.（バーンゼン）　3
Bahrick, L. E.（バーリック）　183
Bakeman, R.　190
Baker, D. A.　420
Baker, J. P.　630
Baker, K. H.　529
Bakersmans-Kranburg, M. J.　175
Balcetis, E.　630
Ballestar, E.　27
Ballestar, M. L.　27
Baltes, M. M.（バルテス）　323
Baltes, P. B.（バルテス）　170,276,322,323,325
Banaji, M. R.（バナージ）　130,676,679,680
坂東奈緒子　337
Bandura, A.（バンデューラ）　94,170,219,469,476
Banspach, S.　469
坂西友秀　455

Bar-Tal, D.　239
Baracaia, S.　383
Barefoot, J. C.　423
Barelds, D. P. H.　64
Bargh, J. A.（バージ）　101,102,127-129
Barker, E. T.　234
Barlow, D. H.　375
Barnard, C. I.　580
Barndollar, K.　128
Barnhofer, T.　382
Baron, R. A.　528
Baron, R. M.（バロン）　100
Barrett, A.　82
Barrow, J. C.　351
Barry, D.　338
Bartels, S. J.　331
Bartholomew, K.　264,563
Bartmess, E. N.　494
Barton, R.　525
Basen-Engquist, K.　469
Bass, C.　474
Bateman, A.（ベイトマン）　359
Bates, G. W.　383
Bates, J. E.（ベイツ）　79,174,555,558
Battaglia, M.（バッタリア）　339
Bauer, J. J.　134
Bauer, M.　528
Baumeister, R. F.（バウマイスター）　106,108,109,366,448,586,628,630,632
Baumgarten, F.（バウムガルテン）　51
Baumrind, D.（バウムリンド）　554
Bauters, C.　482
Beck, A. T.（ベック）　348,351,575,696
Beck, J. G.　376
Beck, S. J.（ベック）　691
Becker, B.　495
Becker, H. S.　241
Beer, J. S.　524,525,632
Beers, S. E.　574
Beevers, C. G.　162
Belk, R.　418
Bell, A　31,30

Bell, S. M.　198
Bellak, L.（ベラック）　692
Bellodi, L.　339,350
Belmaker, R. H.　24,88
Bem, D. J.（ベム）　102,105,257
Bender, D. S.　349
Benedict, R.（ベネディクト）　615,619,704
Bengel, D.　498
Bengtson, V. I.（ベングッソン）　316
Benitez, J.　27
Benjamin, A. J.　420
Benjamin, J.　24,498
Benjamin, L. S.　337
Bennett, E. R.　24,88
Benson, P. L.（ベンソン）　512
Bentham, J.（ベンサム）　50,516
別府哲　196
Berger, T.　481
Bergman, A.　221
Berkman, E. T.（バークマン）　168
Berlin, K. S.　384
Bernardeschi, L.　339
Berndt, T. J.　548
Bernstein, D. P.　340
Bernstein, J. Y.（バーンスタイン）　454
Bernstein, M.　152
Berntsen, D.　134
Berry, D. S.　96,528
Berry, J.（ベリー）　638
Berstein, E. M.（バースタイン）　394,395
Bertland, R. M.　254,255
Best, K. M.　495
Bettencourt, B. A.　420,424
Betz, A. L.　127
Beutel, M.　356
Beyers, W.　382
Bianchi, I.　350
Bianchi, M. L..　350
Bidwell, L. D.（ビドウェル）　543
Bienvenu III, J. O.　349
Bienvenue, O.　349
Bieri, J.（ビエリ）　148
Binet, A.（ビネー）　6,8,152,154

Binswanger, L.（ビンスワンガー） 120
Birch, H. G. 195, 554
Birren, J. E.（ビレン） 258
Biswas-Diener, R. 511
Bizumic, B. 99
Black, D. W.（ブラック） 338
Blackman, S. 142
Blackwell, L. S. 213
Blaine, D. 24, 88
Blair, J. 449
Blair, K. 449
Blair, R. J. R.（ブレア） 346
Blake, R. R.（ブレーク） 581
Blas, L. D. 64
Blascovich, J.（ブラスコヴィッチ） 417
Blashfield, R. K. 337
Blehar, M. C. 189, 198, 561
Bleske-Rechek, A. 630
Blizinsky, K. D.（ブリジンスキー） 33
Block, J.（ブロック） 277, 448, 524
Block, J. H.（ブロック） 277, 448
Blos, P.（ブロス） 246, 568
Bluck, S. 134, 135, 291
Blumenthal, J. A. 481
Boas, F.（ボアズ） 615
Bocarnea, M. C. 468
Bochner, A. P. 637
Bockting, C. L. H. 382
Boden, C.（ボーデン） 319
Boden, J. M. 632
Bodenhausen, G. V. 127, 128, 680
Bogetto, F. 350
Bogg, T.（ボッグ） 475
Bohn, A. 134
Boix-Chornet, M. 27
Bollen, K. A.（ボーレン） 670, 672
Bommer, W. H. 584
Bonanno, G. A. 277, 497, 565
Bond, C. F. 99
Bond, C. F., Jr.（ボンド） 441
Bond, L. 455
Bond, M. 351
Bond M. H.（ボンド） 52

Boneva, B. 604
Boniwell, I.（ボニウェル） 510
Bono, J. E. 170
Boodoo, G. 154
Bootin, R. R. 402
Borkenau, P. 96
Borkovec, T. D. 374
Bosson, J. K. 366
Botwinick, J. 308
Bouchard, T. 154
Bouchard, T. J., Jr. 26, 34, 81
Boulton, M. J.（ボウルトン） 454
Bovbjerg, D. H. 529
Bowen, C. E. 254
Bowers, K. 512
Bowers, K. S.（バウアーズ） 98, 100
Bowers, L. 428
Bowlby, J.（ボウルビィ） 9, 178, 189, 198, 560-563, 565
Bowman, P. J. 135, 290
Boyd, R.（ボイド） 33
Boyle, M. E.（ボイル） 548
Bracken, B. A.（ブラッケン） 115, 233, 234
Bradburn, N. M.（ブラッドバーン） 517
Bradford, S. A. 564
Braiker, H. B.（ブレーカー） 428, 430, 431
Braithwaite, A. 498
Brand, R. J. 480
Branigan, C. 528, 529
Branje, S. 569
Branscombe, N. R. 99
Brazelton, T. B. 174
Breen, A. V. 134
Bregman, E. O. 152
Brendel, G. 356
Brendgen, M. 524
Brennan, K. A. 562, 564
Brennan, P. R. 565
Brent, D. A. 447
Brentano, F.（ブレンターノ） 121
Bresin, K. 102
Breuer, F. 87
Bridge, J. 447

Brink, E. 311
Brody, E. M. 311
Brody, N. 154
Broks, P. 337
Bromilow, I. M. 23
Bromley, D. B.（ブロムリー） 548
Brondolo, S. R. 423
Bronfenbrenner, U.（ブロンフェンブレンナー） 192, 257, 286, 556
Brook, J. S. 340
Brooks-Gunn, J. 184, 186
Brophy, J. E. 190
Brown, J. 340
Brown, J. B.（ブラウン） 607
Brown, J. D.（ブラウン） 116, 521, 523-525, 628, 630-632
Brown, T. A.（ブラウン） 375
Brown, W. J. 468
Brownlee, J. R. 190
Brunell, A. B. 630
Bruner, J. S.（ブルーナー） 12, 133, 135
Brunfaut, E. 382
Brutsaert, D. L. 482-484
Bryden, B. 319
Bub, K. 557
Buckingham, M 512
Buech, B. U. 329
Buehler, C. 558
Bühler, C.（ビューラー） 119, 289
Buhrmester, D.（バーメスター） 639
Bukowski, W. M. 455
Bull, R. 442
Bullmore, E. 588
Bullock, M. 184
Burgess, K. B. 176
Burrows, L. 127
Bursten, B.（バーステン） 428, 430, 431
Burton, C. M.（バートン） 528
Busch, A. M. 384
Bushman, B. J.（ブッシュマン） 366, 603
Bushnell, I. W. R. 178

人名索引

Buss, A. H.（バス）　79,210,423
Buss, D. M.（バス）　19,34,428,430
Butler, R. N.（バトラー）　319,323

C

Cacioppo, J. T.　149,484
Cain, N. M.　363-365
Calder, A. J.　588
Calhoun, L. G.（カルホーン）276
Call, J.　184
Calsyn, R. J.（キャルシン）117
Cambell, R.　186
Camden, C.（カムデン）441
Cameron, L.　478
Campbell, J. D.（キャンベル）117,576
Campbell, L.　564
Campbell, W. K.（キャンベル）234,364-366,630
Cannistraro, P. A.　349
Caprara, G. V.（カプララ）6
Capron, E.　134
Card, N. A.　424
Carey, M. P.　490
Carlin, J. B.　455
Carlson, E. B.　394,395
Carlsson, E.　27
Carnevale, P. J. D.　528
Carpenter, M.　128
Carroll, J. B.（キャロル）153
Carstensen, L. L.　291,325
Carter, E. A.（カーター）275
Carter-Saltzman, L.　76
Caruso, D. R.　163
Carver, C. S.（カーヴァー）59,81,87,108,421,477,504,586,588,642
Case, N. B.　481
Case, R. B.　481
Caspi, A.（カスピ）27,79,164,256,257,322,498,556
Cassidy, J.　562
Castelli, L.　127
Cate, R. A.　255
Cattell, R. B.（キャッテル）12,17,47,51,52,153,671
Caudill, W.（コウディル）192,646
Cavedini, P.　350
Cercek, B.　482
Cervone, D.（サーヴォーン）16,102
Chai, N. N.　482
Chaiken, S.　149
Chait, A.　482
Challaghan, T. C.　186
Chandler, M. J.（チャンドラー）199
Chang, E. C.　382
Chaplin, W.　525
Chapman, A. H.（チャップマン）568
Chapman, A. L.　349
Chapman, C. M. S.（チャップマン）568
Chapman, M.　170
Charles, S. T.　325
Charny, E. J.（チャーニー）544
Chee, M. A.　484
Cheema, I.　143
Chelminski, I.　349
Chen, J.　396
陳峻雯　435
Chen, M.　127
Chen, X.　554
Cherbuin, N.　87
Chesney, M.　503
Chess, S.（チェス）78,79,175,176,195,203,554
Chiao, J. Y.（チャオ）33
Chirkov, V. I.　645
Chiu, C.　95,633
Choen, S.　583
Choi, L.　624
Choo, P.　528
Chorpita, B. F.　375
Chou, S. P.　337
Christal, R. E.（クリスタル）52
Church, A. T.　64
Church, M. A.　167,168
Cicchetti, D.　495
Cicero, M. T.（キケロ）152
Cigudosa, J. C.　27
Clair, H. R.　430
Claridge, G.　337
Clark, C.M.　312
Clark, G.（クラーク）33
Clark, K.　337
Clark, L.　588
Clark, L. A.　58,160
Clark, R. A.　166
Clark, T.　88
Clark, W. R.　371
Clarke, J. C.（クラーク）435
Clarkin, J. F.（クラーキン）356,359
Clayton, R.　467
Cleckley, H.（クレックレー）345
Clifton, D. O.（クリフトン）512
Clinton, S. K.　482
Cloninger, C. R.（クロニンジャー）34,57-60,85,88,90,203,377,554,612,687
Coates, T. J.　503
Cobb, M.V.　152
Coffey, K. A.　529
Coffield, F.　142-144
Cohen, C.（コーエン）319
Cohen-Charash, Y.　415
Cohen, D.　626
Cohen, J.　631
Cohen, P.　340,447
Cohen, S.　476
Cohn, M. A.　529
Coid, J.　349
Coie, J. D.（コーイ）216,217,423,424
Cole, D. A.　524
Cole, M.　133
Coleman, J. C.（コールマン）248
Collins, R. L.　372,630
Collins, W. A.　563
Colman, A. M.　717
Colon, S.　466
Colvin, C. R.　524
Combs, A. W.（コムズ）121,122
Compton, W. C.　509
Condon, W.　177
Condon, W. S.（コンドン）544

Conn, S. R. 48
Connell, J. P.（コネル） 169
Connolly, J. 447
Connor, D. F.（コーナー） 447, 448
Conraads, V. M. 483,484
Constantine, D. 447
Contrada, R. J.（コントラーダ） 475,476,478
Convento, M. J. 403
Conway, B. E. 152
Cook, C. L. 129
Cook, K. E. 630
Cook, T. 558
Cooley, C. H.（クーリー） 114, 121
Cools, R. 588
Coon, H. M. 622
Cooper, M. L. 446
Coopersmith, S.（クーパースミス） 115,234
Copeland, L. A. 234
Corbin, J. 609
Corey, L. A. 76
Corr, P. 588
Corr, P. J. 80,162
Corruble, E.（コーラボー） 338
Cosgrove, E. M.（コズグローブ） 611
Cosmides L. 32
Cosson, A. 482
Costa, P. T., Jr.（コスタ） 58,65, 78,81,162,308,349,372,467,475, 555,664,686
Costigan, K. A. 176
Cousins, S. D.（カズンズ） 624
Coventry, W. L.（コヴェントリー） 76
Cowan, C. L. 574
Cowan, G. 100
Cowley, D. S. 337
Coyle, K. 469
Coyne, S. M. 423
Craig, G.（クレイグ） 548
Craig, I. W. 27,498
Crain, R. M.（クライン） 233
Crane, C. 382
Crane, S. L. 136

Craske, M. G. 382
Crawford, A. 604
Crépieux-Jamin, J.（クレピュー－ジャマン） 6
Cressy, D. R. 241
Crick, F, H. C.（クリック） 22
Crick, N. R.（クリック） 204,219, 424,448
Criger, B. 372
Crocker, J. 494
Crockett, J. L. 448
Cronbach, L. J.（クロンバック） 18,654
Cross, S.（クロス） 288,289
Cross, S. E.（クロス） 624
Crystal, D. 136
Csikszentmihalyi, M（チクセントミハイ） 508-511,533
Cullen, B. 349
Cumberland, A. 420
Cummings, J. 604
Cummings, J. L. 331
Cupp, P. S. 466
Curry, L. 141,143
Cuthbert, B. N. 346

D

Dahlstrom, W. G. 423
大坊郁夫（Daibo, I.） 528,530, 544,545,564,635,636,638,639
Dalgleish, T. 382
Damasio, A. R.（ダマシオ） 124
Damon, W. 188,212
Danckaerts, M. 76
団藤重光 595
Daniels, D.（ダニエルズ） 556
Danner, D. D. 529
Darwin, C. R.（ダーウィン） 8, 184,445
Daubman, K. A. 527
Davey, G. C. L.（デーヴィー） 374
Davidson, D. H. 193
Davidson, R. J. 519,644
Davidson, S. 375
Davis, D. D. 348
Davis, K. 90
Davis, K. E.（デーヴィス） 547

Davis, M. H.（デーヴィス） 206
Dawson, D. A. 337
Dawson, D. V. 312
Day, D. 142
Dearbone, W. F.（ディアボーン） 152
Deary, I. J. 153,154,371
Deater-Deckerd, K. 558
De Bolle, M. 446
Deci, E. L.（デシ） 168,169,516
De Clerck, L. S. 484
De Clercq, B. J. 446
Decuyper, M. 446
De Dreu, C. K. W.（デ・ドゥリュー） 530
Deeb, S. 482
Deffenbacher, J. L. 420
DeFries, J. C. 76
De Fruyt, F. 446
De Groot, E. V. 170
出口拓彦 573,576,577
Dekel, S. 565
Delay, J.（ドレイ） 608
Deliberto, T. L. 130
DeLoache, J. S. 186
DelPriore, D. J. 416
DelVecchio, W. F.（デルヴェッキオ） 81,256
DeMarree, K. G. 630
Dembmski, T. M. 481
Democritus（デモクリトス） 50
Demyttenaere, K. 382
傅田健三 202,435
Denes-Raj, V. 150
Denissen, J. 569
Denissen, J. J. A. 32
Denollet, J.（デノレット） 475, 483,484
Dent, J. 376
Denzin, N. 711
DePaulo, B. M.（デパウロ） 240, 441,442
De Pauw, S. 446
DePree, J. A. 374
Depue, R. A. 80
De Raad, B.（デ・ラード） 64,69
Derom, C. 76
Derom, R. 76

Derryberry, D.（デリーベリー） 79
de Silveira, C. 134
de St. Aubin, E. 291
DeVellis, R 476
Devers, E. E. 529
de Visser, R. O.（デヴィッサー） 468
Devos, P. 482
DeYoung, C. G.（デヤング） 61, 82, 88, 89, 372
Diaferia, G. 350
Diamond, A. 291
Dick, D. M. 75
Diehl, M. 289
Dielman, T. E. 234
Diener, E.（ディーナー） 99, 415, 511, 515, 516, 624
Digman, J. M.（ディグマン） 52, 61, 82
Dijksterhuis, A. 127-129
Dilon, K. M. 529
Dilthey, W.（ディルタイ） 120
DiMatteo, M. R. 636
Dimidjian, S. 384
DiPietro, J. A. 176
DiScipio, W. J. 380
Djikic, M. 372
Dodge, K. A.（ダッジ） 204, 219, 423, 424, 447, 448, 558
土肥伊都子 268
土居主尚 489
土居健郎 413, 425
Dolan, S. 233
Dolan-Sewll, R. 349
Dollard, J.（ダラード） 11, 17
Donahue, E. M. 549
Donaldson, S. I. 511
Dong, Q. 554
D'Onofrio, B. 76
堂野恵子 239
堂野佐俊 387, 388
Donohew, L.（ドノヒュー） 466, 467
Dörner, J. 288, 289, 292
窦貴旺 325
Dour, H. J. 130
Downs, D. L. 107

Doyle, A.C. 375
Dreher, H.（ドレイアー） 475
Dresler, T. 87
Driver, R. 443
Drye, R. 355
Dubo, E. D. 357
DuBois, C.（デュボア） 615
Duffy, M. K. 417, 584
Duguid, J. K. 23
Duncker, K.（ダンカー） 527
Dunn, J. R. 528
Dunner, D. L. 337
Dunning, D. 630, 631
Dunton, B. C. 130
Dupré, K. E. 584
Dutton, K. A. 630
Duval, S.（デュバル） 105
Dweck, C. S.（ドウェック） 95, 213, 643
Dyce, J. A. 349
Dyck, I. 349
D'Zurilla, T. J. 382, 383

E

Earl, N. L 312
Easterbrooks, M. A. 186
Eaton, W. W. 349
Eaves, L. J. 76
Ebben, M. R. 400, 401
Ebbinghaus, H.（エビングハウス） 693
Ebstein, R. P. 24, 88
Eccles, J. 558
Ecclestone, K. 142
Edens, J. F. 345
Eder, D.（エダー） 543
Edgley, C. 441
Edvardsen, J. 339
Edward, K.-l.（エドワード） 494
Eelen, P. 382
Ehlers, A. 381, 382
Ehlert-Lerche, S. 134
Ehlis, A. C. 87
Ehring, T. 381
Eisdorfer, C.（アイスドーファー） 319
Eisen, J. L. 350
Eisen, M.（アイゼン） 209, 210, 233

Eisenberg-Berg, N. 239
Eisenberg, N. 420
Eisenberger, R. 583
Eiswerth-Cox, L. 420
Ekman, P.（エクマン） 440, 443
Elder, G. H. 257
Elder, G. H., Jr. 558
Elkind, D. 386
Ellenberger, H. F. 473
Elliot, A. J.（エリオット） 82, 167, 168, 642, 645
Elliot, L. B. 289
Ellis, A. 575
Ellis, L. K. 589
Elmen, J. D. 554
Emery, G. 696
Emler, N. 242
Emmelkamp, P. M. G. 351
Emmons, R. A. 416, 515, 519
江村理奈 235
Endler, N. S.（エンドラー） 98-100
遠藤辰雄 235
遠藤由美 521-523
遠藤雄一郎 489
Engebretson, T. O. 481
Engel, G. L. 474
Ennis, E. 441
榎本博明 3, 112-114, 117, 133, 233, 308, 711, 712
榎本淳子 569, 570
Epicurus（エピキュロス） 50
Epstein, J. 356
Epstein, J. A. 441
Epstein, J. L.（エプスタイン） 215
Epstein, S.（エプスタイン） 117, 149, 150
Erber, R. 128
Erez, A. 170
Erickson, S. A. 423
Erikson, E. H.（エリクソン） 9, 17, 19, 201, 215, 227, 230, 235, 236, 246, 248, 249, 255, 256, 260, 262, 264, 275, 277, 282, 289-291, 302, 320, 322, 325, 326, 386, 390
Erikson, J. M.（エリクソン）

282,290,320,322,325,326
Erzegovesi, S.　350
Espinosa, R.　311
Esteller, M.　27
Estes, W. K.　156
越中康治　235
Evans, D. E.　378
Everly, G. S., Jr.　498
Everson, S. A.　481
Evertson, C. M.　190
Exner, J. E.（エクスナー）　691
Eysenck, H. J.（アイゼンク）　11,
　17,48,49,57-59,61,79,82,87,88,
　152,154,375,377,380,466,484
Eysenck, S. B. G.　58,466

F

Faccini, L.　382
Fadjukoff, L. P.　290
Falk, D.　186
Fallgatter, A. J.　87
Fan, J.　626
Fantz, R. L.　178,183
Farman, S.　441
Farmer, R. F.　349
Farrell, J.　375
Fazio, R. H.（ファジオ）　110,130,
　677
Fazzari, D. A.　565
Feather, N. T.（フェザー）　166
Feeney, J. A.　564
Feinberg, M.　556
Fejfar, M. C.　465
Feldman, R.　447
Feldt, T.　489,490
Feltman, R.（フェルトマン）
　377
Fenigstein., A.（フェニングスタ
　イン）　210,337
Ferguson, E.　81
Ferguson, M.　482
Fergusson, D. M.　494
Fernandez, L.　694
Ferster, C. B.　383,384
Field, D.（フィールド）　308,322
Field, T.　270
Fier, J.　524
Fillenbaum, G. G.　312

Filyer, R.　134
Finch-Wero, J. L.　96
Fine, L.　400,401
Finkel, S. M.　529
Finn, C. T.　130
First, M. B.　337
Fischer, K. W.　211
Fishbein, M.　469
Fishbein, M. C.　482
Fisher, S. R. A.　31
Fiske, A. P.　622,624
Fiske, D. W.（フィスク）　52
Fiske, S. T.　146,406
Fite, P. J.　424
Fitzmaurice, G.　360
Fitzpatrick, C. M.　346
Fitzsimons, G. M.　128
Fivush, R.　134
Fleeson, W.　99
Flick, S. N.（フリック）　337
Flint, J.　24,88
Flumerfelt, D. L.　338
Fogelson, D.　339
Folkman, S.（フォルクマン）
　298,477,503,504
Fonagy, P.（フォナギー）　359
Fong, G. T.　149
Foote, B.（フット）　396
Forgas, J. P.（フォーガス）　530
Formica, R.（フォーミカ）　543
Forner, F.　350
Fornito, A.　82
Fortún, M.　311
Foster, J. D.（フォスター）　365,
　366
Fowles, D. C.　80,346,589
Fox, C. L.（フォックス）　454
Fox, S.　584
Fraga, M. F.　27
Fraley, R. C.　565
Frampton, C. M. A.　349
Franchini, L.　339
Francis, L. M.（フランシス）
　377
Frank, L. K.（フランク）　11
Frank, S.　381
Frankenburg, F. R.（フランケン
　バーグ）　359,360

Frankl, V. E.（フランクル）　120,
　124
Franklin, B.（フランクリン）
　534
Franklin, K. M.　469
Frankowski, J. J.　490
Franz, C. E.（フランツ）　290
Fraser, E.　261
Fredrickson, B.　509
Fredrickson, B. L.（フレドリクソ
　ン）　497,527-529
Freeman, A.　348
Freeman, D.（フリーマン）　616,
　617
Freidson, E（フリードソン）
　609
Frenkel-Brunswik, E.　409
Freud, A.（フロイト）　246,247,
　502
Freud, S.（フロイト）　9,10,12,17,
　45,201,235,236,254,275,281,301,
　348,350,362,403,415,502,690
Frey, K. S.　212
Friborg, O.（フリボーク）　496
Fridlund, B.　489,490
Friedman, E. M.　519
Friedman, H. S.（フリードマン）
　636
Friedman, M.（フリードマン）
　474,475,480
Friend, R.（フレンド）　435
Friesen, W. V.　529
Frohm, K. D.　423
Fromm, E.（フロム）　119,120,
　124
Frost, R. O.（フロスト）　349,352
Frye, R. L.　482
Fu, J. H.　95
藤井義久　420,421
藤森立男　583
藤本未央　461
藤村一美　489
藤崎和彦　608
藤里紘子　489-492
Fujisawa, K. K.　75
藤瀬武彦　461
藤島寛　54,65,66
藤田幸司　325

藤田雅美 325
Fujita, K. 590
藤原健 528,530
藤原佳典 325
深田博己 263
深田順 490
深尾彰 325
深津亮 328,329
福家弘康 454
Fukuda, K. 400
Fukudo, S. 480
福原眞知子 160
福井至 435
福本理恵 239
福西勇夫 279
福西珠美 279
福来友吉 720
福重清 570
福島章 425
Fulton, J. J.（フルトン） 467
文野洋 710
Funder, D. C. 96,98,99,524
Furedy, J. J. 574
Furnham, W. 639
Furstenberg, F. F., Jr. 558
古市裕一 241,454
古川竹二 13
古澤有峰 490
古田裕清 36
Fyer, A. J. 349

G

Gabbard, G. O.（ギャバード） 362,571
Gable, S. L.（ゲイブル） 168
Gaertner, L. 632
Galambos, N. L.（ガランボス） 234
Galdi, S. 131
Galenos（ガレノス） 43,85,86
Gall, F. J.（ガル） 6,85
Gallagher, S.（ギャラガー） 119, 120,123,124
Gallo, J. J. 331
Gallo, L. C. 474
Gallucci, M. 416
Gallup, G. G., Jr.（ギャラップ） 184,186

Galton, F.（ゴールトン） 3,8,50
Gamm, B. K. 414
Ganiban, J. M.（ガニバン） 81
Ganz, R. L. 100
Garcia-Vera, M. P. 311
Gardner, H.（ガードナー） 157
Gardner, W. L. 645
Garmezy, N. 495
Garonzik, R. 416
Gates, A. I.（ゲーツ） 152
Gauguin, P.（ゴーギャン） 303
Gawronski, B. 131,676,677,680
Geen, R. G.（ジーン） 422,423
Gelder, B. 483
玄田有史 278
Gendlin, E. T.（ジェンドリン） 122,123
Genet, J. J. 497
Geng, Y. J. 482
Gentile, B.（ジェンタイル） 234
Gentile, D. 603
Gentry, W. A. 630
Gerard, J. M. 558
Gergen, K. J.（ガーゲン） 133, 711
Gergen, M. M.（ガーゲン） 711
Gershaw, N. J. 636
Gesell, A. L.（ゲゼル） 50,184
Geyer, S. 488
Gibbon, M. 337
Gibbons, F. X. 110
Gibson, J. J.（ギブソン） 182
Gilbert, D. T.（ギルバード） 547, 624
Gillebert, T. C. 483
Gillett, G. 713
Gilligan, C. 256
Gimpel, G. A.（ジンペル） 635
Ginestet, D. 338
Glaser, R. 484
Gleason, H. P. 323
Gleason, M. E. J. 604
Glick, P. 413
Glomset, J. A. 480
Gluck, J. 134
Goelzenleucher, B. 403
Goethals, G. R. 628
Gold, B. T.（ゴールド） 415,416

Goldberg, L.（ゴールドバーグ） 53
Goldberg, L. R. 62
Goldberg, S. 189
Goldsmith, H. H. 175
Goldstein, A. P.（ゴールドシュタイン） 636
Goldstein, I. B. 481
Goldstein, K.（ゴールドシュタイン） 119,122
Goldstein, K. M. 142
Goldstein, M. 356
Goldstein, S. E. 219
Goleman, D. P.（ゴールマン） 157
Gollwitzer, P. M. 128
Gomes, M. 430
Gomez, R.（ゴメス） 377
権藤恭之（Gondo, Y.） 65,311, 320,323,686
Goodenough, D. R. 142
Goossens, L. 558
Gordijn, E. 127
Gordon, D. 482
Goring, C.（ゴーリング） 445
Goronzy, J. J. 482
Gorsuch, R. L. 160,374
Gosling, S. D. 81,96
Goslinga, S. 416
Gottesman, I. 76
Gottfredson, M. R.（ゴットフレッドソン） 446
Gottfredson, L. S. 153
Gottlieb, G. L. 331
Gouaux, C. 528
Gough, H. G.（ゴフ） 53
Gouveia, V. V. 416
Goyal, T. M.（ゴヤル） 475,476, 478
Gozna, L.（ゴズナ） 442
Grabowski, B. L. 141
Gralinski, J. H. 185
Granhag, P. A. 442
Grant, B. F.（グラント） 337
Grant, J. E. 350
Gray, J. A.（グレイ） 57-59,61, 80,82,87,88,90,162,346,377,588, 642

Gray, J. R.　82, 88, 89, 129
Greco, S.　127
Green A. S.　604
Green, D. N.　403
Green, K. E.　494
Greenberg, B. D.　24, 498
Greenberg, J.　107
Greene, D.　576, 624
Greenwald, A. G.（グリーンワルド）　130, 150, 676, 677, 679, 680, 696
Greenwood, K. M.　400
Gregg, A. P.　632
Gregory, A. M.　337
Greulich, F.　212
Grich, J.　564
Griffen, S.　515
Griffith, J. W.　382
Grilo, C. M.　338, 349
Grinker, R. R.（グリンカー）　355
Gross, J. J.（グロス）　129, 163, 198, 377, 484
Grotevant, H. D.（グローテヴァント）　226
Gruenberg, A. M.　339
Grunstein, M.　371
Grunwald, M.（グリュンワルド）　694
Grusec, J. E.　189
Gubrium, J. F.（グブリアム）　710
Guelfi, J. D.　338
Guerra, N. G.　448
Guerrero, L. K.　414
Guidano, V.　351
Guilford, J. P.（ギルフォード）　152, 156, 683
Gunderson, J. G.　338, 349, 427, 431
Gunlicks, M.　565
Guzder, J.　447
刑部育子　190, 192

H

Haan, N.（ハーン）　308
Habermas, T.　134, 135, 291
Habra, M. E.（ハブラ）　483
Haeckel, E. H.（ヘッケル）　246
萩生田伸子　664

Hahn, T.　87
Haidt, J.　509
箱田裕司　439, 440
Hakomori, S.　23
Hale, W. W. III（ヘール）　376
Haley, A.　76
Hall, C. S.（ホール）　365
Hall, E.　142
Hall, E. T.　637
Hall, G. S.（ホール）　226, 227, 246
Hallinan, M. T.（ハリナン）　543
Halonen, J. S.　574
Halpain, M. C.　331
Halpern, D. F.（ハルパーン）　154, 574
濱口恵俊　287
濱口佳和　204
Hamamura, T.　628, 629, 631, 646
Hamanishi, S.　490
濱崎碧　403
Hamer, D. H.　498
Hampton, J.　375
Han, J. J.　136
Han, S.　626
花井洋子　673
花沢成一　689
Haney, T. L.　481
Hänninen, V.　713
Hansen, J. S.　528
繁多進　179, 601
原田知佳　448, 587-589, 591
Harada, J.　528
原田宗忠　234
原島雅之　96, 595, 597
Hare, R. D.（ヘア）　345
Harkness, A. R.　58
Harmon-Jones, E.　421
Harmon, R. J.　186
Harper, R. A.　575
Harré, R.　713
Harrington, H.　498
Harris, J. A.　556
Harris, J. R.（ハリス）　557
Harris, V. A.　96
Hart, D.　212
Hart, S. D.　345
Harter, S.（ハーター）　115, 205, 211, 212, 230

Hartka, E.　308
Hartl, T. L.（ハートル）　352
長谷川真里　206
Hasher, L.　372
Hashimoto, T.　482
Hasin, D. S.　337
Hastings, C. T.　289
Hastings, P. D.　176
秦一士　65, 692
秦政春　454
畑山奈津子　64
波多野誼余夫　622
畠瀬稔　119
畠瀬直子　122
Hathaway, S. R.（ハサウェイ）　11, 685
Hattie, J.（ハッティ）　115
服部環　662, 663, 674
服部芳明　666
Havighurst, R. J.（ハヴィガースト）　294, 303, 318
速水敏彦　251
林文俊　548
林純子　461
林勝造　692
林直樹　311, 336, 337
林智幸　549, 550
Haydon, K. C.　563
Hayes, C.（ヘイズ）　184
Hayes, K.（ヘイズ）　184
Hazan, C.（ハザン）　562, 563, 565
Hazlett, G.　396
Heath, A. C.　76
Heatherton, T. F.　586, 632
Heckhausen, J.　308
Hefferon, K（ヘフェロン）　510
Hegel, G. W. F.（ヘーゲル）　286
Heider, F.（ハイダー）　545, 547
Heier, H.　150
Heilbrun, A. B.（ハイルブラン）　53
Heils, A.　498
Heine-Suñer, D.　27
Heine, S. J.（ハイネ）　521, 522, 622, 624, 628, 629, 631, 645, 646
Heinonen, H.　338
Heinzel, S.　87

Helgeson, V. 604
Heller, K. A. 548
Heller, S. S. 481
Helmers, K. 394
Helson, R. 283
Helson, S.（ヘルソン） 255
Helwig, C. C. 218
Hendry, L. B. 248
Hennig, J. 588
Hepworth, W. 584
Herbst, J. H. 467
Herman, J. L. 357
Hermans, D. 382
Hermans, H. J. M. 133,713
Herrnstein, L. R.（ハーンスタイン） 153
Hershcovis, M. S. 584
Hershfield, L. 99
Hertz, M. R.（ヘルツ） 691
Hertzig, M. E. 554
Hertzog, C. 673
Hess, R. D.（ヘス） 193
Hespos, S. J.（ヘスポス） 177, 183,185
Hetherington, E. M. 556
Heym, N. 81
Heyns, R. W. 167
肥田野直 160
Higgins, D. M. 61,82
Higgins, D. S. 430
Higgins, E. T.（ヒギンズ） 82, 101,114,117,143,149,643,646
Hill, J. P.（ヒル） 228,229
Hill, S. E.（ヒル） 416,417
Hillmans, J. 331
Himanen, L. 338
Hinkka, S. 338
Hippocrates（ヒポクラテス） 43, 474
平井寛 325
平石界（Hiraishi, K.） 31,33,75
平野和子 461
Hirano, M. 202
平野真理 495
平野龍一 595
平岡清志 60
平山順子 268,269
廣岡秀一 574,576

広沢年宗 268
Hirschi, T.（ハーシ） 242,446
Hirsh, J. B. 82,88
Hirt, E. R.（ハート） 527,529
冷川昭子 235
Hjemdal, O. 496
Hobbes, T.（ホッブズ） 516
Hoch, P.（ホック） 355
Hodgson, D. M. 176
Hoehn-Saric, R. 349
Hofer, P. 430
Hoffman, B. J. 630
Hoffman, K. B. 524
Hogan, T. P. 18
Hollingworth, L. S. 226
Holmes, D. R. 482
Holstein, J. A.（ホルスタイン） 710
Holt, R. R.（ホルト） 422
Homans, J. G.（ホーマンズ） 541
本田真大 240
Hong, Y.-y 646
本城秀次 221,223
本間昭 330
本間恵美子 454
Hood, J. 358
Hood, R. 110
Hoogduin, K. 396
堀洋道 639
堀口雅子 469
堀口貞夫 469
堀井俊章 436
堀毛裕子 472-474,476,477
堀毛一也 3,6,15,99,508-510,513, 519,635,636,638
堀内健太郎 241
堀内由樹子 206
Horney, K.（ホーナイ） 9
Hornung, M. 190
Horowitz, H. A.（ホロヴィッツ） 340
Horowitz, L. M. 264,563
Horton, C. P. 574
Horton, J. S. 574
Horvath, S. 630
Hörz, S.（ヘルツ） 360
星野命 123,388
星野周弘 454

星野崇弘 31
House, P. 576
Houser, D. 32
Howard, K. I. 115,233
Howard, S. 483
Howe, G. 556
Hoyer, P. O. 666
Hoyle, R. H.（ホイル） 415,465-467
Hoyt, T. 134,291
Hřebičková, M. 64,555
Hsu, F. C. 349
Hsu, F. L. K.（スー） 615
Huang, B. 337
Huang, C.（ホワン） 83
Huber, J. J. 233
Hubner, J. J. 112
Hudziak, J. J. 375
Huesmann, L. R.（ヒューズマン） 219,448,603
Hug, R. 481
Hughes, B. M. 483
Hughes, J.（ヒューズ） 430
Hummelen, B. 349
Hunt, E. D.（ハント） 152
Hunt, J. M. 100
Huppert, F.（ヒューパート） 511
Hur, Y. M. 76
Hurrell, J. J., Jr. 583
Husserl, E.（フッサール） 121
Hwang, K. K. 639
日向野智子 582
Hyvärinen, A. 665,666

I
Iacono, W. G. 80
伊部規子 549
市原学 522
市原靖士 141
市橋秀夫 363
市川雅教 665,666,669
Ide, E. 631,645
井出久里恵 603
五十嵐清 594
五十嵐哲也 454
井隼経子（Ihaya, K.） 496,497
Ihori, N. 603

飯島雄大　337
池田千代子　461
池田央　652,655
池田一夫　296
池田謙一　604
池上知子　677
池見陽　535
Ilg, F.　184
Imai, M.　482
今尾真弓　265
Imbens-Bailey, A.　185
Impett, E.　168
藺牟田洋美　321,325
稲垣宏樹（Inagaki, H.）　311, 323
Inness, M.　584
井上信子　388
井上誠士郎　435
井上祥治　235
井上猛　435
井上哲次郎　37
Insko, C. A.（インスコウ）　408
Inugami, M.　400
Ironson, G.　503
Irwing, P.（アーウィング）　82
Isaacowitz, D.　325
Isaka, H.　66
Isen, A. M.（アイセン）　527-529
石田英一郎　619
石田正浩　324
石垣琢磨　337
石毛みどり　499
Ishiguro, H.　24
Ishihara, K.　400
Ishihara, S.　482
石川ひろの　489
石川利江　435
石川信一　241
石隈利紀　240
石本雄真　241
石山宏央　372
Isogawa, K.　88
Isoniemi, H.　338
板倉憲政　716
板倉昭二　184
伊藤順一郎　241
伊藤順子　188,205,587
伊藤弘一　296

伊藤ますみ　435
伊藤悟　469
伊藤忠弘　521,630
伊藤裕子　462
岩井圭司　393
岩熊史朗　693
岩永誠　437
岩野雅子　512
岩佐一（Iwasa, H.）　311,323
岩下豊彦　548
岩脇三良　160
Iyengar, S. S.（アイエンガー）　624
Izard, C. E.　421
井澤修平　423

J

Jackson, J. R.　130
Jacobs, C.　556
Jacobs, G. A.　160
Jacobs, N.　76
Jacobson, N. S.　384
Jaffari-Bimmel, N.　175
Jahoda, M.（ヤホダ）　518
Jakob, P. M.　87
James, J. E.　483
James, W.（ジェームズ）　81,105, 112,114,121,123,182,183,235
Jamner, L. D.　481
Janet, P.（ジャネ）　386,392
Jang, K. L.（ジャン）　75,76,556
Janzarik, W.（ジャンザリク）　330
Jaskir, J.　186
Jenkins, D.　480
Jenkins, J. M.　189,420,494
Jensen, A. R.（ジェンセン）　153
Jeste, D. V.　331
Jetten, J.　128
Jew, C. L.（ジュー）　494,497
Jin, Y.（キン）　264
John, O. P.　81,163
Johnson, B. A.　447
Johnson, D. S.　503
Johnson, J. C.　30,31
Johnson, J. G.（ジョンソン）　340, 447
Johnson, M. M. S.　527

Johnson, T. R. B.　176
Jonassen, D. H.　140
Jones, C. J.（ジョーンズ）　308
Jones, E. E.（ジョーンズ）　96, 547
Joormann, J.　497
Jordan, C. H.　366
Jöreskog, K. G.（ヨレスコック）　669-671
Jorgensen, R. S.　490
Joseph, H（ジョーゼフ）　716
Josselson, R.（ジョッセルソン）　113,261
Jovinge, S.　482
Joy, M. E.　555
Joyce, L. R. M.　349
Joyce, P. R.　349
Jude, B.　482
Judge, T. A.　170
Juffer, F.　175
Jung, C. G.（ユング）　9,10,17,45, 142,274,281,282,285,289,301
Jussim, L. J.　127
徐広孝　204

K

Kagamimori, S.　490
Kagan, J.（ケイガン）　142,175, 203
影山任佐　596
Kahn, B. E.　528
Kahn, R. L.　323
Kahneman, D.（カーネマン）　516,519
海保博之　662,716
海塚敏郎　436
柿島有子　489
加来和典　310
Kaltiala-Heino, R.　455
神村栄一　454
Kamin, L.　152,154
神谷俊次　143
Kammrath, L.　213
Kanagawa, C.　624
金井麻子　241
金井篤子　263
Kanai, R.　85
金井嘉宏　435,437

金山元春　191,589
金山範明　371,449
金沢吉展　716
神戸美香　263
Kanda, S.　202
Kane, R.　384
金子一史　495
金政祐司　564,565,569
Kanner, L.（カナー）　223
狩野裕（Kano, Y.）　666,670,674
鹿野伸二　597
Kant, I.（カント）　594
Kanter, J. W.　384
Kaplan, E. B.　312
Kaplan, M.　396
Kaplan, N.　562
Kaprio, J.　75
唐澤真弓（Karasawa., M.）　523,625
Kardes, F. R.　130,677
Kardiner, A.（カーディナー）　615
Karhunen, J.　665
Kärnä, A.　453
Karterud, S.　349
笠原嘉　433
笠井仁　394
Kasen, S.（カセン）　340,447
Kashdan, T. B.　372
樫淵めぐみ　604
柏木惠子　189,193,209,268-271,586-588,622
柏木繁男　54
Kashy, D. A.（キャシー）　441,442
Kasser, T.　289
春日喬　404
片口安史　691
片岡美菜子　191
片山美智代　454
Katigbak, M. S.　64
Kato, H.　401
加藤弘通　240-243
加藤和生　495
加藤美和　263
加藤元一郎　59,203,687
加藤礼子　489
加藤敏　277

加藤隆勝　227
加藤孝士　265
加藤司（Kato, T.）　502,505
加藤容子　263
香取早苗　455
勝間理沙　205
桂留以　604
Katsuragi, S.　88
Katz, M.　24,88
Kaul, S.　482
河合千恵子（Kawaai, C.）　310,311,317,321,323
川畑佳奈子　388
川邊浩史　436
Kawabe, T.　497
Kawachi, I.　528
川口朋子　235
Kawahashi, I.　75
川井栄治　574,575
河合隼雄　387
河合幹雄　239
河村圭子　325
川崎直樹　365,436
川﨑友嗣　262
川島大輔　326
川島武宜　593
榧場真知子　414
風祭元　596
Kazdin, A. E.　635
数井みゆき　265
Keenan, J. P.　186
Kehrberg, L. L. D.　338
Keith, L. K.（キース）　233,234
Keller, M. B.　349
Keller, M. C.（ケラー）　32,76
Kelley, A. E.　108
Kelley, H. H.（ケリー）　547,576
Kelly, C. W.　637
Kelly, G. A.（ケリー）　12,17,92,94,95,148,547
Kelly, S.　346
Kemmelmeier, M.　622
Kempen, H. J. G.　133,713
Kemper, S.　134
Kendall, P. C.（ケンドール）　100
Kendell, R. E.　380
Kendler, K. S.（ケンドラー）　76,339

Kendon, A.（ケンドン）　544
Kennedy, M. A.　349
Kenny, D. A.（ケニー）　117
Kenny, G. A.（ケニー）　96
Kenrick, D. T.　98
Kerminen, A. J.　666
Kernberg, O. F.（カーンバーグ）　12,355,356,359,362,363
Kernis, M. H.　366
Kerton, J. L.　152
Kessler, R. C.　76,562
Keyes, B. B.　396
Keyes, C. L. M.　490,515
Keyes, S.　448
Khoo, A.　603
Kiecolt-Glaser, J. K.　484
Kiehl, K. A.　346
Kiesler, S.　604
木口信之　597
木島伸彦（Kijima, N.）　59,75,81,203,588,589,687,716
菊池章夫　206,635-637
Kim-Cohen, J.　556
Kim, H.　311
Kim, M. S.　625
Kim, S. H.　413-415,418
金外淑　610
Kim, Y.（キム）　633,645
Kimmel, A. J.（キンメル）　719
Kimmel, D. C.（キンメル）　317,567,568
木村知香子　489
木村文香　603
King, G. A.　149
King, L. A.（キング）　135,519,528
Kinnunen, U.　489
木野和代　421,422
木下雅仁　573
Kirby, D.　469
Kirkendol, S. E.　441
岸本惣吉　13
岸本陽一　60,160
北川信樹　435
北村晴朗　121
北村典子　278
北村俊則　59,176,203,454,555,687
北山忍（Kitayama, S.）　263,521,

523,622,624,625,631,632,645
木内亜紀 625
Kivnick, H. Q. 290,322
清永賢二 452,453
Klages, L.（クラーゲス） 6
Klauer, K. C. 680
Kleban, M. H. 311
Kleim, B. 382
Klein, D. N. 447
Klein, P. 636
Kleinman, A. 473
Klimstra, T. A. 376
Klinnert, M. D. 175
Klopfer, B.（クロッパー） 691
Kluft, R. P.（クラフト） 397
Knight, R. P.（ナイト） 355
Knowles, J. A. 349
Ko, S. J. 96
Kobasa, S. C.（コバサ） 488,582
小林晃 587
Kobayashi, C. 630
小林久美子 603
小林正幸 240,573
小林ポオル 693
小林清香 241
小林哲郎 603,604
小堀修 716
Koch, J.（コッホ） 343
Koch, K.（コッホ） 693,694
Kochanska, G.（コチャンスカ） 555
児玉真樹子 263
小玉正博 429,430,436,472,490-492
Koestner, R. 443
Koeter, M. W. J. 382
古賀愛人 160
古川雅文 190,239
Kohlberg, L.（コールバーグ） 216-218,271
Kohut, H.（コフート） 362,363,424
小石寛文 201
小島弥生 461
Kokko, K. 290
Kom, S. 554
小松正富 595,597
児美川孝一郎 570

Komin, S.（コーミン） 618
紺田広明 673
近藤克則 325
近藤直司 241
今野裕之 415,639
河野公一 325
河野荘子 448
河野哲也 20
Koopman, C. 468
Kopecky, S. L. 482
Koponen, S. 338
Kopp, C. B. 185
高良武久 6,13,387
Korn, S. J. 175
小坂千秋 268
古澤頼雄 716
髙坂康雅 386,388,389
孔子 281,282,534
越川房子 235
Kosson, D. S. 346
小杉礼子 278
小谷英文 12
Kothe, M.（コーテ） 402,403
小鳥居湛 400
Kottman, T.（コットマン） 387
Kowalski, R. M. 452
小山司 435
神山潤 399
子安増生 3
Kozhevnikov, M 142,144
狐塚貴博 716
Kraepelin, E.（クレペリン） 12,13,343
Krages, L.（クラーゲス） 50
Krahé, B. 41,98,540
Krahn, H. J. 234
Krakow, B.（クレイコウ） 404
Krasner, S. S. 481
Kraut, R. 604
Kretschmer, E.（クレッチマー） 9,13,43,44
Kringlen, E. 339
Kroger, J.（クロガー） 232,288,494
Krosnick, J. A. 127
Krueger, J. 308
Krueger, R. F. 81
久保恭子 270

Kubzansky, L. 528
Kuczaj, S. A. 549
工藤恵理子 146
久戸瀬敦子 454
Kuhnert, K. W. 630
熊谷修 325
熊崎あゆち 604
Kunisato, Y. 89
國吉真弥 242
Kunugi, H. 88
椙本知子 423
Kupper, N. 482
Kuppinger, H. 339
倉掛正弘 573
倉持清美 270
呉田陽一 321
栗原洋子 461
Kurokawa, B. 625
黒沢香 716
Kurzban, R. 32
Kusdil, M. E. 555
楠正 651,653,654
桑原礼子 461
Kuyk, J. 396
Kwan, M. 375

L

Labouvie, E. 338
Labouvie, G. V. 329
La Bruyère, J. de（ラ・ブリュイエール） 3
Lachman, M. E.（ラクマン） 254,255,308
Ladd, G. W. 170,191
Ladee, G. A.（ラディ） 329
Lae, L. 489,490
Lahti, I. 339
Laired, J. D.（レアード） 115
Lakey, C. E. 366
Läksy, K. 339
Lance, C. E. 671
Landau, K. R. 186
Lane, J. D. 480
Lane, K. A.（レーン） 680
Lang, P. J. 346
Langenbucher, J. 338
Larson, R. J. 515
Latané, B.（ラタネ） 543

Lau, M. A. 376
Lauterbach, K. 430
Lavater, J. K.（ラファーター） 3
Lavery, B. J. 383
Lawrence, A. D. 588
Lawrence, C. 81
Lay, C.（レイ） 99
Lazarus, R. S.（ラザルス） 298, 305, 477, 502-504
Leach, C. W. 416
Leary, M. R.（リアリー） 106-109, 433, 435
Leavitt, F.（リーヴィット） 394
LeBlanc, M. M. 584
Lebowitz, B. D. 331
Leclerc, J. 483
Lee, A. Y. 645
Lee, C. L.（リー） 555
Lee-Chai, A. Y. 128
Lee, F. 482
Lee, J. W. 127
Lee, K.（リー） 61, 62, 64, 66, 67
Lee, L. L. 311
Lee, R. T. 482
Leekam, S.（リーカム） 196
Legatt, M. 396
Leggett, E. L. 95
Lehman, D. R.（リーマン） 521, 522, 631, 645
Leichtman, M. D. 136
Leigh, H.（リー） 610
Lemerise, E. A. 449
Lemery, K. S. 175
Lengua, L. J. 589
Lenzenweger, M. F. 356
Leonard, A. 346
Lepelley, P. 482
Lepper, M. R.（レッパー） 624
Lerner, R. M.（ラーナー） 226-228
Lesch, K. P. 87, 498
Leuenberger, A. 631
Leukefeld, C. 446, 467
Leung, T. 625
Levenson, M. R. 346
Levenson, R. W. 484
Levenstein, J.（レーヴェンスタイン） 607

Leventhal, E. A. 478
Leventhal, H.（レーヴェンサール） 477, 478
Levert, E. 64
Levin-Sagi, M. 590
Levine, D.（レヴァイン） 358
Levine, T. R.（レヴィン） 443
Levinson, D. J.（レヴィンソン） 254-256, 282, 283, 302, 319, 320, 323, 409
Levy, K. N. 356
Lewin, K.（レヴィン） 13, 14, 226, 261, 286, 581
Lewinsohn, P. M. 447, 525
Lewis, M. 135, 184-186, 256, 290
Lewis, R. E. 357
Liang, K-Y. 349
Liau, A. K. 603
Libby, P. 482
Liberman, N. 590
Libero, D. Z. 394
Liebowitz, M. R.（リーボウィッツ） 435
Light, K. 349
Lilienfeld, S. O. 345, 467
Limber, S. P. 452
Lincoln, Y. 711
Linden, W. 483
Linehan, M. M.（リネハン） 359
Ling, C. 27
Linton, R.（リントン） 615
Linville, P. W.（リンヴィル） 117
Liotti, G. 351
Lippitt, R. 581
Lipschitz, D. 396
Lipsett, L. P. 276
Little, T. D. 171, 424, 672
Litvin, S. J. 311
Litwin, G. H. 166
Liuzzo, G. 482
Livesley, W. J.（ライブスリー） 75, 548, 556
Lochman, J. E. 448
Locke, J. 593
Loeber, R. 424
Loehlin, J. C. 34, 81, 154
Loevinger, J.（レヴィンジャー） 17, 19

Logan, T. K. 467
Lombroso, C.（ロンブローゾ） 445, 594
Lopez, S. J. 508
Lötvall, J. 311
Lovallo, W. R. 481
Love, G. D. 519
Loveland, K. A. 184
Low, C. M. 414
Lowell, E. L. 166
Lowet, K. 558
Lubman, D. I. 82
Lucas, R. E. 515
Luce, R. D.（ルース） 660
Luchene, R. E. 160, 374
Ludwig, A. M.（ラドウィグ） 392
Lueng, C. 631, 645
Lundberg, O.（ランドバーグ） 489
Lundgren, J. 311
Lundmark, V. 604
Luria, A. R. 586
Luthar, S. S. 495
Lütkenhaus, P. 184
Luty, S. E. 349
Lygren, S. 339
Lykken, D. 519
Lykken, D. T.（リッケン） 26, 346
Lynam, D. 446, 467
Lynch, R. S. 420
Lynn, A. R. 127
Lynskey, M. T. 494
Lyubomirsky, S.（リュボミアスキー） 380, 511, 519

M

Macchi, C. V. 178
Maccoby, E. E.（マコービー） 554
MacDougall, J. M. 481
Mach, F. 482
Machado, M. A. 134
Macrae, C. N. 127, 128
前田健一 161, 216, 217, 235
前田雅英 597

前田素子　400
前田典子　454
前川眞一　669
Maes, H. H. M.（マエズ）　76
眞榮城和美　203,205,263,454
Magán, I.　311
曲沼美恵　278
Magnusson, D.（マグヌセン）　98
　-100
Magrino-Failla, K.　134
Mahler, M. S.（マーラー）　221
Maier, S. F.　498
Main, M.（メイン）　189,199,562,
　565
Maina, G.　350
Maioni, T. L.　190
牧野英一　595
槇田仁　693
Makita, S.　482
Malarkey, W. B.　484
Malinowski, B.（マリノフスキー）
　704
Maller, J. J.　87
Malone, P. S.　624
Malouff, J. M.　371
Mancebo, M. C.　350
萬代優子　489
Mandler, G.　166
Mann, S.　441,442
Mannarelli, T.　96
Mansfield, E.　291
Mansour, E.（マンソール）　291
Mao, H.　484
毛新華（Mao, X. H.）　638,639
Mapes, R. R.　168
Marcia, J. E.（マーシャ）　236,
　260,261,290
Marcus, D. K.　345,467
Mares, M. L.　603
Markon, K. E.（マーコン）　81
Markus, H.（マーカス）　114,149,
　288,289
Markus, H. R.（マーカス）　107,
　149,263,521,523,622,624,625,
　631,632,645
Marsh, A. A.　346
Marsh, H. W.（マーシュ）　115,
　233

Martagh, D. R.　400
Martell, C. R.　384
Martens, E. J.　483
Martin, J.　27,498
Martin, J. A.（マーティン）　554
Martin, J. M.　524
Martin, L. L.（マーティン）　530
Martin, N. G.　76
Martinez, M. P.（マルティネス）
　402
Martinussen, M.　496
丸井英二　666
丸野俊一　495
丸山（山本）愛子　587
Marvin, G. H.　149
Marx, R. W.（マルクス）　116
Marziali, E.　358
正木正　6
Mascie-Taylor, C. G. N.　32
Maselco, J.　528
Maslow, A. H.（マズロー）　17,
　119,122,123,518
Mâsse, L. C.　469
Masten, A. S.　495,497
Masters, H. L. III　467
舛田博之　584
益田圭　324
舛田亮太　393-395,397
増田貴彦（Masuda, T.）　622-
　624,626
増井幸恵（Masui, Y.）　311,320,
　323
桝本妙子　489,490
益谷真　636
Matarazzo, J. D.（マタラッゾ）
　544
的場智子　609
松原良次　435
松田英子　399,403,404
松田伯彦　454
Matsuda, K.　657
松井愛奈　191
松井純子　461
松井豊　234,241,568
松見淳子　573
Matsumoto, D.　625
Matsumoto, H.　523,631,632,645
松本宏明　716

松岡弥玲　235,263
松岡砂織　206
松岡陽子　716
松島公望　326
松下正明　330
松浦素子　263
松浦尊呂　325
Matta, J.　447
Matthews, G.（マシューズ）　371,
　372
Matthews, K. A.　481
Mattia, J. I.（マティア）　348
Mattick, R. P.（マティック）　435
Matza, D.　242
Mauer, N.　96
Mauno, S.　489
Mauss, I. B.　129
Mavor, K. I.　99
May, R.（ロロ・メイ）　119-122,
　124
Maydeu-Olivares, A.　382
Mayer, J. D.（メイヤー）　157,
　163,164
Mazzucchelli, T.　384
McAdams, D. P.（マクアダムズ）
　16-19,110,113,133-136,167,254,
　290-292,711
McArdle, J. J.　672,673
McCabe, A.　134
McCandiss, B. D.　589
McCarthy, J. M.　556
McCartney, K.　557
McCaulley, M. H.　142
McClay, J.　27,498
McClearn, G. E.　76
McClelland, D. C.（マクレランド）
　166
McCracken, J. T.　349
McCrae, R. R.（マックレー）　58,
　65,78,81,162,308,467,472,475,
　513,555,664,686
McCrea, S. M.　529
McCullough, M. E.　416,519
McDonald, M.　100
McDowell, D. J.　557
McFadden, E. P.　482
McFall, R. M.　636
McFarlin, D. B.（マクファーリン）

417
McGee, L.（マギー）446
McGhee, D. E.　150,677,696
McGlashan, T. H.（マックグラシャン）338,349
McGoldrick, M.（マックゴールドリック）275
McGue, M.　26
McGuffin, P.　76
McGuire, J.　445
McGuire, L.　484
McGuire, M.　339
McKenna, K. Y. A.　604
McKey, B. S.　481
McKinley, J. C.（マッキンレー）685
McKinley, P.　423
McKusick, L.　503
McLaney, M. A.　583
McLean, K. C.　134
McLuhan, M.（マクルーハン）600
McNaughton, N.（マクノウトン）80,87,162
McNeill, P. D.　23
Mead, G. H.（ミード）121,540
Mead, M.（ミード）249,616
Means, B.　527
Mednick, E. V.　527
Mednick, M .T.（メドニック）527
Mednick, S. A.　527
Meehl, P. E.（メール）18
Meesters, C.（メースターズ）378
Meeus, W.　569
Meeus, W. H.　376
Mehrabian, A.（メーラビアン）167
Mehrotra, P.　466,467
Meisel, S.　482
目久田純一　235
Meltzoff, A. N.（メルツォフ）177,185
Mendel, G. J.（メンデル）25
Meredith, W.（メレディス）308,670-672
Merrell. K. W.（メリル）635

Mertz, E.　527
Meslin, C.　87
Mesquita, B.　625
Messick, S.　140,141
Metzger, R. L.　374
Meyer, B.　162
Meyer, J. M.　76
Meyer, T. J.　374
Michelson, L.　635
Michon, J. H.（ミション）6
Mickelson, K. D.　562,564,565
Mickler, C.　288
三保紀裕　673
Mikulincer, M.　564,565
Milfont, T. L.　416
Milgram, S.（ミルグラム）146,715
Mill, J.　27,498
Miller, A. L.　349
Miller, D.　99
Miller, G.　32
Miller, G. F.　32
Miller, G. R.　440
Miller, J. D.（ミラー）364,365,446,465,467,468
Miller, K. J.　338
Miller, M. L.　374
Miller, N. E.（ミラー）11,17
Miller, R. L.　630
Millon, T.　337
Millsap, R. E.（ミルサップ）308,322
Milne, A. B.　127,128
Minagawa, K.　401
皆川邦直　431,568
Minarik, M. L.　462
Minchoff, B.　529
Mineka, S.　382
Ming, L. K.　603
Minkowska, F.（ミンコフスカ）44
箕浦康子　704
Miro, E.（ミロ）402
Mischel, W（ミシェル）7,12,16,17,19,40,41,94,95,98-102,105,140,146-148,525,586,643,706
三枝奈穂　264
三隅二不二　581

Mitchell, D.　449
Mitchell, D. G. V.　346
三藤佳子　388
三浦麻子　670
宮川剛　86
宮城音弥　6,386
宮城重二　461
Miyajima, A.　482
Miyake, Y.　401
宮元博章　573-577
Miyamoto, Y.　624,625
宮下彰夫　399,400
宮下一博　236
宮田敬　453
Miyatake, S.　482
Mize, J.　191
水野治久　240
水野ひとみ　387
水野雅文　498
Mlacic, B.　64
Moeller, S. K.（メラー）102
Moene, F.　396
Moffitt, T. E.　27,498,555,556
Momose, T.　202
Montemayor, R.（モンテメイヤー）209,210,233
Mooijart, A.　175
Moore, C.（ムーア）196
Moore, C. A.　351
Moore, M. K.（ムーア）177,185
Moore, N. V.（ムーア）190
Morey, L. C.　337,338,349
Morf, C. C.（モルフ）365,367,630
Morgan, C. A. third（モーガン）396
Morgan, C. D.（モーガン）691
Morgan, J.　556
Morgenstern, J.（モーガンスターン）338
森敏明　698
森俊夫　241
森津太子　139
森ゆき絵　263
毛利伊吹　337
森村進　593,594
Moring, J.　339
森岡茂　597

森下正康　589
森下葉子　270
Morita, K.　311
森田光子　461
森田正馬　13,69,433,434
森田義宏　64,65
森田洋司　452-454
森津誠　387
守谷順　437
守屋國光　315
森山潤　141
守山正　242
Morling, B.　625
Morris, K. A.　564
Morris, M. E.　96
Morrissey, T. W.　557
Morrow, J.　380
Moseley, D.　142
Moss, A. J.　481
Motley, M. T.　441
元良勇次郎　13
Moulds, M. L.　381,383
Mounts, N. S.　554
Mouton, J. S.（ムートン）　581
Mowrer, O. H.（マウラー）　11
Mrazek, D. A.　175
Mroczek, D. K.　254,672
向井隆代　176,454,555
Mukaida, K.　136
向山泰代　65
Mukopadhyay, T.　604
Mulaik, S. A.　670
Mulder, R. T.　349
Mulick, P. S.　384
Mullener, N.（マレナー）　115
Müller, C. R.　498
Muller, D.　519
Mullin, J. T.　178
Munafò, M. R.　24,88
Munich, R. L.（ミュニク）　350
村井潤一郎　439-441
村井敏邦　596
村井雪恵　549
村上千恵子　64,655,659
村上宣寛　54,55,64,655,657,659
村中泰子　435
村瀬聡美　394
村瀬孝雄　246,247

村田昇　665
Muraven, M.　109
Murdock, G. P.（マードック）　614
Muris, P.（ムリス）　378
Murphy, D. L.　24,349,498
Murray, C.（マレー）　153
Murray, D. R.（ムレイ）　33
Murray, H. A.（マレー）　11,16,17,166,691
Murray, N.　527
Musek, J.（ムゼク）　82
Mussen, P.　239
Muthén, B.　673
無藤清子　236,431
無藤隆　499
Myers, I. B.　142
明翫光宜　490

N

永井撤　435,436
長峰伸治　495
長尾仁美　589
長阪由利子　490
Nagy, T. F.（ネイギー）　716
内藤まゆみ　150
内藤俊史　205
中台佐喜子　191,589
中川敦子　176
中川威　321
中川武隆　597
中井義勝　461
中嶋康之　320,326
中村千賀子　608
中村陽吉　105,106
Nakamura, J.　509,511
中村亮介　311
中村真　406,636
中村俊哉　393,397
中村知靖（Nakamura, T.）　496,497
中根千枝　704
中西信男　235
中田栄　587
中谷素之　365,495
中山留美子　365
中里浩明　52
中里克治　65,310,317,330,686

中沢洋一　400
中島誠　588
中島美那子　265
並木博　19
難波宏　595
Nankai, M.　24
Nanko, S.　88
Nansel, T. R.　455
Narens, L.（ナレンズ）　660
Nasermoaddeli, A.　490
夏野良司　65
Neale, M. C.（ニール）　76
Nebes, R. D.　318
Neiderhiser, J. M.　81
Neisser, U.（ナイサー）　154,182
Nelligan, J. S.　564
Nelson, K.　134
Nelson, L. D.　127
Nelson, N. M.　109
Nemanov, L.　24,88
Nemiah, J. G.（ネヘミア）　350
Nesselroade, J. R.　673
Nestadt, G.　349
Neter, E.　530
Nettle, D.（ネトル）　20,373
Newcomb, A. F.（ニューカム）　455,557
Newcomb, M. D.（ニューカム）　446
Newcomb, T. M.（ニューカム）　545
Newman, B. M.（ニューマン）　303
Newman, C.　346
Newman, J. P.（ニューマン）　346
Newman, P. R.（ニューマン）　303
Newton, T.　484
Nezu, A. M.（ネズ）　382
Nezu, C. M.　382
Nieminen, P.　339
Nieweg, M.　416
仁平義明　439,440,495,497
新見直子　235
新村順子　241
Niiya, Y.（ニイヤ）　494
Nijenhuis, E.　396

人名索引

Nijstad, B. A. 530
二宮克美 3,206,217-219,239,611,716
Nisbett, R. E. 99,150,622,624,626
西信雄 161
西田保 251
西田裕紀子 264
西出隆紀 223
西平直喜 248,567
西川由紀子 177
西村春夫 242
西村陽一 604
西村由貴 596
Nishiyama, A. 401
Nishiyama, Y. 89
丹羽洋子 241
庭山英雄 597
Noar, S. M. 466
Nocera, C. C. 129
能智正博 135,712,713
Nock, M. K. 130
野田俊作 387
Nodora, J. 469
Noftle, E. E.（ノフトル） 99,512
野上芳美 690
野口博文 241
野口修司 716
Nohara, R. 482
野井真吾 204
Nolen-Hoeksema, S.（ノーレン-ホエクセマ） 380,381
野村晴夫 318
野村忍 423,437
野中陽子 387
Norasakkunkit, V. 523,632
Nordahl, H. M. 351
Norman, W. T.（ノーマン） 52,53,62
Normansell, L. 90
野呂芳子 597
Norris, J. E. 134
Norton, M. I. 127
野瀬出 440
野瀬早織 263
Nosek, B. A. 130,676,679,680
Nottingham, E. J. 382
Novak, S. 466
Novick, O. 24,88

Nowicki, G. P. 527
Nowlis, H. H.（ノウリス） 159
Nowlis, V. H.（ノウリス） 159
Nucci, L.（ヌッチ） 218,220
Nuechterlein, K. H. 339
Nurius, P.（ニューリアス） 114
Nurmi, J.（ヌルミ） 289
Nykl'ček, I. 483

O

小花和Wright尚子 494
小幡景憲 13
O'Brien, K. D. 482
大渕憲一 422,423,446,448
O'Carroll, R. E. 483
落合良行 388,389
O'Connor, B. P. 349
O'Connor, R. C. 483
小田麻美 393
小田利勝 310,320,326
Odbert, H. S.（オドバード） 51,52,57,62,78
Ode, S. 377
Oden, S.（オーデン） 191
大江千束 469
Oetting, E. R. 420
Offer, D.（オファー） 115,233
小川捷之 436
小川まどか 323
小川葉子 469
荻原久子 454
Ogston, W. D.（オグストン） 544
小口孝司 582
O'Hare, A. 339
Ohayon, M. M. 401
大日向雅美 268
大平英樹 371,449
Øien, P. A. 339
及川昌典 128
及川裕子 270
大石繁宏（Oishi, S.） 511,515,624
Oja, E. 665
岡 隆 408,547
岡林秀樹 258,672
Okada, G. 89
Okada, M. 75
岡田努 436,568-571,576

岡堂哲雄 608,609
岡本秀明 324
岡本英生 448
岡本夏木 177
岡本依子 179
岡本祐子 260,261,290,455
Okamoto, Y. 89
岡村公恵 454
岡野憲一郎 397
大勝裕子 337
大川一郎 317
岡安孝弘 241
起塚孝子 454
小此木啓吾 249,278
大久保智生 242,243,574
Okuyama, Y. 24
Oldham, J. M. 447
Olmstead, G. 441
Olson, B. D. 291
Olson, D. 186
Olweus, D.（オルウェウス） 452,455
尾見康博 706
大本美千恵 625
大村政男 14,689
Onda, K. 89
大西将史 437
大野祥子 268,269
大野裕（Ono, Y.） 59,75,81,202,203,588,589,687
Onoda, N. 202
小野島右左雄 6
小野寺敦子 270
Onstad, S. 339
大貫隆 413
大内晶子 589
Orcutt, H. K. 446
折出健二 452
Orina, M. M. 564
Orlans, M. 179
Orom, H. 102
長田久雄 323,472
Osgood, C. E.（オズグッド） 547,549,550
Osher, Y. 24,88
小塩真司 365,369,370,387,388,495-497,569
Ostendorf, F. 64,75,555

Ostrov, E. 115,233
大隅尚広 371,449
Ota, H. 638
小田部貴子 495
大竹恵子（Otake, K.） 476,535, 537
大多和直樹 603
大対香奈子 573
Ouwerkerk, J. W. 416
Over, H. 128
Overpeck, M. 455
Oyserman, D. 622
尾崎幸謙 263
Ozaki, K. 75
小澤恵美 489
小澤治夫 204
小澤俊夫 136
尾関美喜 588
Ozer, D. J. 99

P

Pacini, R. 149,150
Pagano, M. 349
Pajares, F. 170
Pallant, J. F. 489,490
Palmer, B. W. 331
Palmgreen, P. 466
Palmore, E. B. 309
Pals, J. L.（パルズ） 16-18,110, 134-136
Pan, B. A. 185
Pan, H. 356
Panksepp, J. 90
Pantelis, C. 82
Papademetris, X. 82,88
Parcel, G. 469
Pardini, D. A. 424
Pargament, K. I. 519
Parham, I. A. 308
Paris, J.（パリス） 356,357,447
Park, D. C.（パーク） 83
Park, J. L. 130
Park, N.（パーク） 511,515,534, 535
Parke, R. D. 557
Parker, J. D. A. 99,100
Parker, J. G. 414,454
Parrott, W. G.（パロット） 414,

415
Parsons, T.（パーソンズ） 609
Parten, M. B.（パーテン） 178, 189,190
Partridge, G. E.（パートリッジ） 50,344
Pasupathi, M.（パスパティ） 134,291
Patrick, C. J. 346
Patten, A. H. 135,290
Patterson, C. M. 346
Patterson, M. 604
Patterson, T. L. 331
Patton, G. 455
Paul, I. 61
Paulhus, D. L.（ポーラス） 366, 427,676
Pauls, D. L. 349
Pavlov, I. P.（パヴロフ） 85,86
Pavony, M. T. 356
Payne, B. K. 676,677
Payne, D. A. 339
Payne, K. T. 467
Paz, M. F. 27
Peake, P. K. 586,643
Pearl, J. 674
Pearman, R. R. 142
Peck, R. C.（ペック） 322
Peden, B. F. 574
Pedersen, G. 349
Pedersen, S. S. 475,483
Peeke, L. A. 524
Pek, J. 529
Penke, L.（ペンケ） 20,32
Peplau, L. A. 168
Perilloux, H. K. 186
Perkins, M.L.（パーキンス） 50
Perloff, R. 154
Perner, J. 186
Perri, M. G. 382
Perry, J. C. 351,357
Perry, M. 423
Pertersen, A. C.（ペーターセン） 227
Perugini, M. 64
Perunovic, W. Q. E. 127
Pervin, L. A（パーヴィン） 16
Peterson, B. L. 423

Peterson, C.（ピーターソン） 134,509-512,515,533-538
Peterson, E. 175,203
Peterson, E. R. 144
Peterson, J. B. 61,82,372
Petri, S. 498
Petry, N. M.（ペトリー） 338
Pettit, G. S. 558
Petty, R. 527,529
Petty, R. E. 149
Phelps, S.（フェルプス） 428,431
Philippe, J. R. 61
Philips, M. J. 483
Phillips, D. A. 557
Phillips, W. 142
Piacentini, J. 349
Piaget, J.（ピアジェ） 190,205, 218,227,291
Picano, J. 283
Picchioni, D.（ピッチオーニ） 403
Pichot, P.（ピショー） 608
Pickering, A. D. 80
Piedmont, R. L. 664
Pieters, G. 382
Pieters, R. 414,417,418
Pietromonaco, P. R. 565
Pietrowsky, R.（ピエトロスキー） 402,403
Pietrzak, R. H. 338
Pike, K. L. 620
Pilla, R. S. 455
Pincus, A. L. 363
Pine, F. 221
Pinel, P.（ピネル） 12,343
Pintner, R.（ピントナー） 152
Pinto, A. 349
Pintrich, P. R. 170
Piotrowski, Z. A.（ピオトロフスキー） 691
Pipp, S. 186
Pittenger, D. J. 574
Pittinsky, T. L. 127,644
Plass, C. 27
Platon（プラトン） 50,474,534
Plichta, M. M. 87
Plomin, R.（プロミン） 76,79,556
Plummer, K.（プラマー） 135,

136
Poehlman, T. A. 680
Polak, T. 87
Polatin, P.（ポラティン） 355
Polkinghorne, D. E. 133,136
Pollak, J. 351
Polo-Tomas, M. 556
Pomerantz, E. M. 212
Portin, R. 338
Poskiparta, E. 453
Posner, M. I. 79,356,589
Potter, J. 81
Potter, N. N. 428
Poulin, F. 524
Poulsen, P. 27
Poulton, R. 27,498
Povinelli, D.J.（ポヴィネリ） 186
Powell, M. C. 130,677
Powers, S. 565
Poythress, N. G., Jr. 345
Pratt, M. W. 134
Preston, J. 129
Preyer, W.（プライヤー） 6,184
Prichard, J. C.（プリチャード） 12,343
Priel, B. 24,88
Prince, L. M. 636
Protagoras（プロタゴラス） 50
Pruzinsky, T. 374
Pryor, J. B.（プライア） 110
Przybeck, T. R. 59,88,554,687
Pulkkinen, L. 290
Purcell, S. 75
Putnam, F. W.（パトナム） 393-396
Putnam, R. D.（パットナム） 602
Pyszczynski, T. 107
Pythagoras（ピタゴラス） 50

Q

Quay, H. C. 589

R

Radloff, C. E. 628
Raes, F. 382
Raffaelli, M. 448
Raine, A. 337,424

Rajavashisth, T. B. 482
Rajeevan, N. 82,88
Ralevski, E. 349
Ramsey, C. 135
Rantanen, P. 455
Rapaport, D.（ラパポート） 691
Raskin, R.（ラスキン） 365
Rasmussen, S. A. 349,350
Raspin, C. 135
Ratelle, C. F. 170
Rather, C. 447
Rathunde, K. 509
Rauch, S. L. 349
Rayner, S. 141,143
Rayner, S. G. 144
Reardon, K. 637
Rees, C. 384
Rees, G. 85
Reese, H. W. 276
Reich, D. B. 360
Reich, W.（ライヒ） 12,362,363
Reicher, S. 242
Reid, H. 468
Reis, H. T. 441,639
Reiser, M. F.（ライザー） 610
Reiss, D. 81,556
Reissman, C. K. 713
Rekart, K. N. 382
Remiker, M. W. 630
Rentfrow, P. J. 96
Reti, I. 349
Rettew, D. C.（レチュー） 375
Reuter, M. 588
Revy, T. M. 179
Reyes, J. A. S. 625
Reynolds, C. F., III 331
Reynolds, J. 135,290
Reynolds, K. J. 99,100
Rhoades, L. 583
Rhodewalt, F.（ロードワルト） 365-367
Rholes, W. S. 548,564
Richard, F. 99
Richardson, E. G., Jr. 396
Richell, R. A. 346
Richerson, P.（リチャーソン） 33
Richman, L. S. 528

Rickman, J.（リックマン） 355
Riddle, M. A. 349
Ridgeway, D. 549
Ridgeway, V. A. 376
Riding, R. J. 141,143
Rieke, M. L. 48
Riemann, R. 75,96
Rieppi, R. 423
Riggio, R. E.（リッギオ） 636,638
Rimpela, A. 455
Rimpela, M. 455
Ringel, N. 481
Robbins, T. W. 588
Roberts, A. 349
Roberts, B. W.（ロバーツ） 81,164,254,256,257,322,475
Robins, R. W. 322,512,524,525,632
Robinson, E. 374
Robinson, G. F. 527
Robinson, M. D.（ロビンソン） 102,377
Robinson, M. S. 381
Robles, T. F. 484
Roby, T. B. 166
Rochat, P.（ロシャ） 177,183,185,186
Rodriguez, M. S. 476
Roelofs, K. 396
Roeyers, H. 589
Rogers, C. R.（ロジャーズ） 17,112,117,119,121-123,518
Rohde, P. 447
Rombouts, H. 483
Ronningstam, E. F.（ロニングスタム） 363,364
Root, C. A. 420
Ropero, S. 27
Rorschach, H.（ロールシャッハ） 11,690
Rose, R. J.（ローズ） 75
Rosenberg, M.（ローゼンバーグ） 115,234,235
Rosenkranz, M. A. 519
Rosenman, R. H.（ローゼンマン） 474,475,480
Rosenstein, D. S.（ローゼンシュ

タイン) 340
Rosenstock, I. M. 469
Rosenthal, R. 442
Rosenvinge, J. H. 496
老子 534
Rosman, B. L. 142
Ross, C. A. 392,396,397
Ross, L. 99,576,624
Ross, L. D. (ロス) 547
Ross, R. 480
Rothbart, M. K. (ロスバート) 79,82,174,378,586,588,589
Rothschild, L. 349
Rothstein, H. R. 603
Rotter, J. B. (ロッター) 17,93-95,475,643
Rousseau, J.-J. 226
Rowe, J. W. 323
Roy-Byrne, P. P. 337
Roy, C. 351
Rozenzweig, S. (ローゼンツァイク) 692
Ruan, W. J. 337,455
Rubin, D. C. (ルービン) 318
Rubin, K. 455
Rubin, K. H. 176,190
Ruble, D. N. 212,548
Rueda, M. R. 586,588,589
Rusbult, C. E. 628
Rush, A. J. 696
Rushton, J. P. (ラシュトン) 82,99
Russell, A. T. 339
Russell, J. A. 530
Rutter, M. 494,556
Ryan, R. M. (ライアン) 168,169,516
Rychen, D. S. 15
Rychlak, J. F. (ライクラック) 19
Ryff, C. D. (リフ) 490,511,515,517-519
龍庸之助 498

S

Sabbe, B. 382
Sabini, J. 413
Sabol, S. Z. 498
Saccomanno, L. 589
Sachdev, P. S. 87
佐渡真紀子 206,603
Sagy, S. 489
Sai, F. 178
佐伯千侭 597
佐伯胖 190,192
斎藤和志 574,576
斉藤こずゑ 716
齋藤路子 415
斎藤令衣 59,203,687
Sakaeda, A. R. 134
坂上裕子 270
坂井明子 161
酒井厚 203,205,263,454
酒井春樹 717
酒井順哉 612
酒井久実代 574
境泉洋 241
酒井俊彰 612
坂元章 (Sakamoto, A.) 20,150,206,549,603,604
阪本健二 567
坂野純子 476
坂野雄二 435,461
坂田徳男 6
坂柳恒夫 251
佐古純一郎 36
佐久間啓 498
桜(櫻)井茂男 210,453,521,522,524,525,589,632
桜井徹 593
Saleem, M. 603
Saleh, P. 401
Salganik, L. H. 15
Salmivalli, C. 453
Salovey, P. (サロヴェイ) 157,163,416
Sameroff, A. J. (サメロフ) 199,558
Samuels, J. F. 349
Sanbonmatsu, D. M. 130,677
Sanchez-Aguilera, A. 27
Sánchez-Bernardos, M. L. 555
Sande, G. N. 628
Sander, L. 177
Sandler, I. N. 589
Sanford, R. N. 409
Sangsue, J. 160
Sanislow, C. A. 349
Sano, A. 88
Sanz, J. 311,555
Sarason, I. G. 99
Sarason, S. B. 166
Sarbin, T. R. (サービン) 112
笹川智子 435,437
Sasaki, A. 311
佐々木史 435
佐々木淳 337,437
佐々木和義 435
佐々木晶子 437
佐々木掌子 263
佐々木幸哉 435
Sato, A. 129
Sato, E. 657
佐藤郁哉 702
佐藤幸治 6
佐藤誠 689
佐藤益子 461
佐藤眞一 308,310
佐藤正二 635
佐藤達哉 41,65,176,547,555,706
佐藤俊哉 666
佐藤容子 635
佐藤裕子 454
佐藤有耕 264,388,389
Saudino, K. J. 81
Saunders, P. R. 555
Savitz, L. D. 445
澤田英三 708,713
澤田匡人 206,413,415,416,418
澤田瑞也 197
沢宮容子 400,461
澤本陽子 263
Sayer, A. 290,565
Scales, P. C. 512
Scarr, S. 76
Schachner, D. A. 564
Schacter, S. (シャクター) 543
Schaefer, E. S. (シェイファー) 553
Schafer, R. (シェイファー) 691
Schaffer, H. R. 209
Schaie, K. W. (シャイエ) 255,308,316,329
Schaller, M. (シャラー) 33

Schaubroeck, J. M. 417
Scheibe, K. E. 133
Scheidt, P. 455
Scheier, M. F. 210,481,504,586,642
Schene, A. H. 382
Scherer, K. R.（シャーラー）160
Scherer, U. 160
Scherlis, W. 604
Schiffer, A. A. 483
Schimmel, S. 413
Schkade, D. 511
Schloerscheidt, A. M. 127
Schlossberg, N. K.（シュロスバーグ）304,305
Schlosser, S. S. 338
Schmeichel, B. J. 109
Schmidt, G. W. 630
Schmitz, A. 588
Schneider, K.（シュナイダー）343,344
Schnitker, S. A. 512
Schnurr, P. 396
Schoeck, H. 413
Schoenbeck, U. 482
Schonert, K. A. 115
Schunk, D. H. 170
Schutte, N. S. 371
Schwartz, J. L. K. 150,677,696
Schwarz, N. 94,516
Schweitzer, M. E. 528
Scollon, C. K. 135
Scott, K. L. 584
Scott, S. K. 346
Sedikides, C.（セディキデス）628,632
Seeley, J. R. 447
Segal, Z. V. 376
Segura, J. 311
Seidlitz, L. 331
清家美紀 625
生和秀敏 374,437
関計夫 386,387
関由起子 490
関根秀雄 3
Sekine, M. 490
Selfhout, M.（セルフォート）569
Seligman, M. E. P.（セリグマン）508-512,533-537,575
Sell, A. 32
Selman, R. L. 192
妹尾香織 240
Seroczynski, A. D. 524
Serota, K. B. 443
Setien, F. 27
Shadel, W. G. 102
Shah, P. K. 482
Shane, M. S. 82,88
Shapiro, C. M. 401
Shapiro, D. 481
Shapiro, P. A. 423
Sharan, S. 574
Sharifi, B. 482
Shavelson, R. J.（シャヴェルソン）112,113,115,116,233
Shaver, P. R.（シェイヴァー）562-565
Shaw, B. F. 696
Shaw, J. D. 417,584
Shea, M. T. 338,349
Shearer, S. L. 358
Sheehy, G.（シーヒィ）282,283
Sheier, M. F.（シェイヤー）108,477
Sheldon, K. 509
Sheldon, K. M. 289,511,519,645
Sheldon, W. H.（シェルドン）44
Sherman, D. 631
Sherman, D. K. 476
Sherman, J. W. 680
芝祐順 664
柴田秀樹 597
柴田利男 635
Shibuya, A. 603
Shibuya, H. 24
繁桝算男（Shigemasu, K.）59,81,588,589,664,669
Shih, M. 127,644
Shikishima, C. 33,75
島 悟 555,176
嶋田洋徳 241,435
嶋田博行 696
島井哲志（Shimai, S.）472,476,509,535-537
清水準一 489
清水和秋 654,660,671-674
清水健司 436
志水宏吉 704
清水紀子 290
Shimizu, S. 666
清水安夫 468
清水由紀 548-550
清水裕 234
下村英雄 262
下仲順子 65,307,309,310,317,328,330,686
下斗米淳 570
Shiner, R. L. 164,256
新開省二 325
塩見邦雄 60,587
Shipley, T. E.（シプレイ）167
白井利明 261,262
白石大介 52
白川修一郎 400
城月健太郎 437
Shmotkin, D. 490
Shoda, Y.（ショウダ）16,94,95,101,105,147,586,643
荘島幸子 135
Shope, J. T. 234
Shores, M. M. 337
Shugart, Y. Y. 349
Shulman, H. C. 443
首藤敏元 206,218,219,239,587
Shweder, R. A.（シュウェーダー）615
Siegler, I. C.（シーグラー）312
Siegman, A. W. 481
Siemer, M. 497
Sifneos, P. E.（シフネオス）428,430
Sih, A 30,31
Silva, P. A.（シルヴァ）79,555
Silver, C. B.（シルヴァー）310
Silver, M. 413
Silversweig, D.（シルヴァースヴァイグ）356
Simion, F. 178
Simmonds, S. F. 528,529
Simmons, J. 82
Simon, T.（シモン）154
Simons-Morton, B. 455

Simpson, J. A.　563,564
Singelis, T. M.　625
Singer, B.　519
Singer, J. A.　135
Sivanathan, N.　584
Skinner, E. A.（スキナー）　170,171
Skodol, A. E.　338,340,349,447
Skre, I.　339
Sloan, R. P.　423
Smailes, E. M.　340,447
Smart, L.　632
Smart, S. A.　630,631
Smeraldi, E.　339
Smetana, J. G.　549
Smilansky, S.　190
Smith, A. M. A.（スミス）　468
Smith, G. T.　311
Smith, J.　322,325
Smith, J. L.　257
Smith, M. A.　494
Smith, O. R.　483
Smith, P. B.　555
Smith, P. K.　190
Smith, R. E.　99
Smith, R. H.（スミス）　413-416,418
Smith, R. S.（スミス）　494
Smith, P. K.（スミス）　452
Smith, S. R.　394
Smith, S. W.　474
Smith, T. W.　423
Smits, I.　558
Smolin, Y.　396
Sneed, J. R.　290,291
Snidman, N.　175,203
Snowdon, D. A.　529
Snyder, C. R.　508
Snygg, D.（スニッグ）　121,122
So, T.（ソ）　511
添田久美子　452
Soenens, B.　558
祖父江孝男　619
曽(曾)我祥子　64,160,204,205,549
荘厳舜哉　287
Solomon, E. P.　481
Solomon, J.（ソロモン）　189,199,565
Solomon, S.（ソロモン）　107
Solon（ソロン）　281
Song, I. S.（ソン）　115
園田茂人　639
Sörbom, D.（セルボーン）　671
返田健　386
Sorri, A.　339
Soto, C. J.　255
Soulsby, J. M.　376
Southwick, S. M.　396
曽山和彦　454
Spearman, C. E.（スピアマン）　8,51,153
Spears, R.　127
Spector, P. E.　584
Spector, T. D.　27
Spellman, M.　339
Sperry, L.（スペリー）　348
Spielberger, C. D.（スピルバーガー）　160,161,374,422,481
Spillane, N. S.　311
Spinath, F. M.　75,96
Spinhoven, P.（スピンホーヴェン）　382,396
Spinrad, T. L.　420
Spitzer, R. L.　337
Sprafkin, R. P.　636
Spranger, E.（シュプランガー）　120,226,235
Srivastava, S.（スリヴァスタヴァ）　81
Stagner, R.　121
Stanger, C.　185,375
Stanley, M. A.　376
Stanton, G. C.　112,233
Stanton, J. M.　289
Stanton, W.　555
Stapel, D. A.　127
Stark, R. S.　420
Staudinger, U. M.　254,288
Steinberg, L.（ステインバーグ）　226-229,231,554
Steketee, G.　349
Stephan, Z.　27
Stephen, J.（ステファン）　261
Steptoe, A.　476
Stern, D.（スターン）　182
Stern, E.　356
Stern, W.（シュテルン）　8,10,152,154,235
Sternberg, R. J.（スタンバーグ）　140-143,152,154,156
Stevens, S. S.（スティーブンス）　44,663
Stevens, W. J.　484
Stewart, A. J.（スチュワート）　289,290
Stewart, M.（スチュワート）　607
Stiff, J. B.　440
Stiles, T. C.　351
Stinson, F. S.　337
Stipek, D. J.　185
Stogdill, R. M.　581
Stokes-Zoota, J. J.　99
Stolorow, R. D.（ストロロウ）　362
Stone, S. V.　472
Storr, A.（ストー）　424,425
Stout, R. L.　338,349
Stouthamer-Loeber, M.　424
Straus, R.　480
Strauss, A.（ストラウス）　609
Striano, T.（ストリアーノ）　183
Stroebe, W.（ストレーベ）　408
Stroobant, N.　483
Suarez, E. C.　481
Subašic, E.　99
Subotnik, K. L.　339
須藤春佳　568
菅原康二　66
Sugai, D. P.　635
菅野真智子　263
菅原健介　203,205,278,454,460-462
菅原ますみ　38,176,179,203,205,263,454,555,703
Sugden, K.　498
杉原一昭　453,454
杉森伸吉　407,716
Sugimoto, Y.　75
杉村和美　235,261
杉村伸一郎　188
杉浦まり子　461
杉浦義典　337,371,375,377,449

杉山憲司　2,15,239
杉山登志郎　224
Suh, E. M.（スー）　616
Sujan, H.　527
Sujan, M.　527
Sukhova, G. K.　482
鋤柄増根　176
Sullivan, H. S.（サリヴァン）　9,17,567,568,706
Sullivan, M. W.　185
住川陽子　489
Sumner, J. A.　382
須永醇　594
Susen, S.　482
Sutherland, E. H.　241
Suzuki, A.　75
鈴木淳子　713
鈴木治太郎　154
鈴木佳苗　150,206,549,550,603,604
鈴木康平　452
鈴木麻里子　574
鈴木幹子　462
鈴木乙史　278
鈴木伸一　435,608,609
Suzuki, T.　311
鈴木隆雄　323
鈴木公啓　3,458,461
Suzuki, Y.　75
鈴木祐子　720
Svenson, O.　628
Svrakic, D. M.　59,88,554,687
Swain, J.　452
Swing, E. L.　603
Symonds, P. M.（サイモンズ）　553
Sys, S. U.　482,483
Szarota, P.　64
Szirmak, Z.　64

T

田原直美　580
田垣正晋　712
田上不二夫　400
田頭穂積　388
Taiminen, T.　338
泰羅雅登　440
多鹿秀継　141

田島信元　587
高田三郎　517
高木秀明　251
高木廣文　666
高木浩人　324
高城和義　609
高木修　239,240
高橋惠子　622
Takahashi, M.　326
高橋龍太郎　321
高橋幸枝　490
髙橋雄介（Takahashi, Y.）　31,59,75,81,588,589
高井次郎（Takai, J.）　637-639
高根芳雄　666
高野慶輔　337
高田利武（Takata, T.）　264,386,623,625,626,631,645
高塚雄介　241
高山巌　635
髙山緑　65,321,686
高山智子　490
Takemoto-Chock, N. K.（タケモト-チョック）　52
竹村和久　528
Takemura, R.　75
竹中星郎　311,331
竹中晃二　574
竹内美香　59,203,687
Takeuchi, T.　400
滝充　454
詫間里嘉子　263
詫摩武俊　3,6,9,14,203,263,453,454
Talley, A.　420
玉置賢　387
Tambor, E. S.　107
Tambs, K.　339
田村和子　461
田村麻紀　489
田村理奈　241
田村毅　270
田辺肇　392-396
田中秀樹　400
田中寛一　154
田中健吾　637
田中國夫　268
田中麻未　263

田中洋子　251
Tangney, J. P.（タグニー）　106,109
谷冬彦　261,263,437
谷口清　454
丹野義彦　337,375,377,437
田上美千佳　241
Tanuma, T.　311
田尾雅夫　324
鑪幹八郎　236
辰沼利彦　596
Tayler, A.　498,27,556
Taylor, P. D.　337
Taylor, S. E.（テイラー）　146,476,521,523-525,628,632
Taylor, S. F.　497
Teasdale, J.　575
Teasdale, J. D.　376,376
Tedechi, R. G.（テデシ）　276
Teige-Mocigemba, S.　680
Tellegen, A.（テリゲン）　26,62,159,160,519
Temoshok, L.（テモショック）　475
Tenovuo, O.　338
Tepper, B. J.　584
寺崎正治　60,160
寺島瞳　429,430
Terdal, S. T.　107
Terman, L. M.（ターマン）　152,154
Terraciano, A.　371
Tesch, S. A.（テッシュ）　567
Tesser, A.（テッサー）　110
Thacker, R. S.　420
Theophrastos（テオフラストス）　3
Thiery, E.　76
Thomas, A.（トマス）　78,79,175,176,195,196,203,554
Thomas, K. M.　356
Thomas, L.　455
Thompson, R. A.（トンプソン）　189,198
Thoresen, C. E.　519
Thoresen, C. J.　170
Thorndike, E. L.（ソーンダイク）　152,227

Thorsteinsson, E. B. 371
Thrash, T. M.（スラッシュ）82, 168
Thurman, Q. C. 469
Thurston, L.L.（サーストン）10, 51,52,153
Thwaites, G. A. 420
Tice, D. M.（タイス）108,109, 586
Tienari, P.（ティーナーリ）339
Tinbergen, N.（ティンバーゲン）34
Tisak, J. 219,672
Tisak, M. S.（ティサック）219
登張真稲 206
Tobin, J. J.（トービン）193
戸田まり 176,555
戸田正直 421,528
Toda, T. 75
戸田有一 455
戸ヶ里泰典 476,491
戸川行男 6,388
東儀瑞穂 311
徳永由紀 251
Tomasello, M. 184
富永真己 489
富重健一 388
富田真紀子 263
Tomkins, S. S.（トムキンズ）133
Tomlin, A. M. 448
友田貴子 574
Tompson, S. C.（トンプソン）513
藤内栄太 360
Tong, J. Y. 95
Tooby, J. 32
Torchetti, L. 630
Torgersen, S.（トーガーセン）339,356
Tornstam, L.（トルンスタム）320,325
Towler, A. 584
遠矢幸子 567
外山みどり 547
外山美樹 206,521-525,632
豊田秀樹 77,656,666
豊嶋秋彦 236

Tram, J. 524
Tran, S. 563,564
Tran, T. B. 497
Tran, V. 160
Triandis, H. C.（トリアンデス）616,637
Trickett, P. K. 394
Trobst, K. K.（トロスト）467
Troetschel, R. 128
Trope, Y.（トロープ）149,530, 547,548,590
Trower, P. 635
Trzesniewski, K. H. 213
Trzesniewski, K. 322
Tsang, J. A. 416
坪田雄二 415
坪内順子 691
土屋基規 452
辻平治郎 54,64-66,548
辻 斉 65
辻野尚久 498
辻岡美延 683
筒井健雄 387
Tsutsumi, T. 88
都筑学 716
Tucker, W. B. 44
Tuescher, O. 356
Tugade, M. M.（ツゲイド）529
Tully, L. 556
Tupes, E. C.（テュペス）52
Turati, C. 178
Turgeon, L. 524
Turiel, E.（チュリエル）217-219
Turkheimer, E.（タークハイマー）76
Turner, J. C. 99
Turner, N. 584
Turner, R. E.（ターナー）441
Turner, T. 416
Twenge, J. M. 109,234
Tyrer, P. 349

U

内田匡輔 204
Uchida, Y. 625
内田勇三郎 13
内野勝 372

鵜殿篤 36
上村佳世子 38
植村立郎 597
上野千鶴子 261,264
上野真弓 337
上之園哲也 141
上杉喬 414
Uhlmann, E. L. 680
氏原寛 692
氏家達夫 587
Ulbricht, J. 81
Ullrich, S. 349
Umansky, R. 24,88
梅原宣子 603
梅棹忠夫 620
Ungar, M. 497
浦上昌則 267
浦上涼子 461
Urbina, S. 154
Urch-Druskat, V. 416
Urioste, M. 27
Urry, H. L. 519
宇佐美貴章 716
牛島義友 388
宇津木成介 535
内海新佑 414

V

Vaag, A. 27
Vaes, J. 482
Vagg, P. R. 160
Vaillant, G. E.（ヴェイラント）256
Valdimarsdottir, H. B. 529
Valentine, J. 420
Valenza, E. 178
Vallejo, A. N. 482
Vallerand, R. J. 170
Van de Ven, N.（ヴァン・デ・ヴェン）414,416-418
Vanable, P. A. 337
Vandenberg, R. J. 671
Vandenberg, S. G. 32
van den Boom, D. C. 189
VandenBos, G. R. 141
Vandewater, E. A.（ヴァンデワーター）289,290
van der Kolk, B. A. 357

Van Dijk, W. W. 416
van Dyck, R. 396
Van Gestel, S. 76
Vanhaesbroucke, C. 482
Van Heck, G. L.（ヴァン・ヘック） 6
Van Ijzedoorn, M. H. 175
van Knippenberg, A. 127
Van Lange, P. A. M. 628
van Os, J. 76
van Rooijen, B. 378
Vansteenkiste, M. 558
Vaughan, P. W. 416
Vemon, P. A. 556
Vernon, P. 76
Vernon, P. A. 556
Veroff, J.（ヴェロフ） 167
Vetter, C. J., Jr. 372
Vevea, J. L. 632
Viechtbauer, W. 322
Viken, R. J. 75
Vitaro, F. 524
Vlietinck, R. 76
Voeten, M. 453
Vohs, K. D.（ボウス） 109, 448, 633
von Bothmer, M. I. K. 489, 490
Vrij, A.（ヴレイ） 440-443
Vrints, C. J. 483, 484

W

和田実 635, 637
和田さゆり 53, 64
Wagner, J. A. 338
Wagnild, G. M.（ワグニルド） 494-496
Wahl, H. 311
Wahlberg, K. E. 339
若林明雄 40, 80, 98, 99, 547
若林慎一郎 223
若井彌一 454
若松素子 189, 270, 271
若松養亮 262
若島孔文 716, 719
脇屋素子 387
Waldron, M. 76
Walker, A. R. 414
Wall, S. 189, 198, 561

Wallace, H. M. 630
Waller, N. 62
Waller, N. G.（ウォーラー） 394
Wallon, H.（ワロン） 195
Walls, T. A. 171
Wallston, B. S. 476
Wallston, K. A. 476
Walsh, D. 339
Walton, K. E. 322
Wang, Q. 136
Wang, S. 396
Wang, Z. 396
Wanner, B. 524
Ward, D. W. 530
Warren, R. 349
Watamura, S. E. 557
Watanabe, A. 24
渡部麻美 241
渡辺美鈴 325
渡部昇一 413
渡辺丈眞 325
渡邊徹 13
渡辺弥生 188, 191
渡邊芳之 37-41, 65, 133, 706, 712, 716,
Waterman, A. S.（ウォーターマン） 289, 517
Waters, E. 189, 198, 549, 561
Watkins, E. 381-383
Watkins, L. R. 498
Watson, D.（ワトソン） 58, 81, 159, 160, 435
Watson, J. B.（ワトソン） 120
Watson, J. D.（ワトソン） 22
Watson, J. S.（ワトソン） 183
Watson, M. W.（ワトソン） 454
Waugh, C. E. 528, 529
Waugh, C. F. 497
Waugh, M. H. 337
Wechsler, D.（ウェクスラー） 155, 156
Weeks, J. D. 310
Wegener, D. 527, 529
Wegner, D. M.（ウェグナー） 128, 129
Weinberg, J. 483
Weiner, B.（ワイナー） 163
Weiner, I. B.（ワイナー） 567,

568
Weinstein, H.（ウェインステイン） 192, 646
Weinstein, N. D. 630
Weintraub, J. K. 504
Weiss, M. 185
Weissman, M. 331
Wekking, E. M. 382
Welsh, K. A. 312
Weltfish, G.（ウェルトフィッシュ） 619
Wentzel, K. R.（ウェンツェル） 215
Werble, B. 355
Werner, E. E.（ワーナー） 494
Wert, S. R. 416
West, S. G. 589
Weston, C. M. 416
Weston, D. R. 218
Weston, W. W.（ウェストン） 607
Wetzler, S. E. 318
Weyand, C. M. 482
Wheeler, L. 441
Wheeler, V. A. 170
Whitbourne, S. K.（ウィットボーン） 289-291
White, B. 126
White, K. M.（ホワイト） 290
White, K. W. 134
White, R. K. 581
White, T. 447
White, T. L.（ホワイト） 59, 81, 87, 588
Whiteman, M. C. 371
Whittle, S.（ホイットル） 82
Whyte, F. W.（ホワイト） 704
Wichers, M. C. 76
Wicklund, R. A.（ウイックランド） 105, 110
Widdershoven, J. W. 483
Widiger, T. A. 331, 364
Wieneke, K. 126
Wiens, A. N.（ウィンズ） 544
Wiersema, J. R. 589
Wiggins, J. S. 467
Wilberg, T. 349
Wilkinson, L.（ウィルキンソン）

650
Williams, A. A.　357
Williams, C. J.　130
Williams, J. B. W.　337
Williams, J. M. G.　376,382,384
Williams, K. M.　427
Williams, L.（ウイリアムズ）　483
Williams, L. E.　129
Williams, L. F.　349
Williams, R. B.　481
Williams, R. B., Jr.　423,480,481
Williams, T.　135
Willis-Owen, S. A.　24,88
Willis, S. L.（ウィリス）　255,316
Willour, V. L.　349
Wills, T. A.　583
Wilson, A.　441
Wilson, C. L.　564
Wilson, A.（ウィルソン）　512
Windelband, W.　705
Windsor, T. D.　87
Wink, P.（ウィンク）　365
Winne, P. H.（ワイン）　116
Wisco, B. E.　380
Witkin, H. A.　142
Wittengerg, M. T.　639
Witting, B. A.　705
Wolf, E.　425
Wong, R. Y.-m.　646
Wood, D.　257
Wood, J. M.　402
Wood, J. V.　127
Wood, P. K.　446
Wood, R. P.　635
Wood, S. J.　82
Woodard, E.　603
Woodfield, R.　555
Woodruff, D. S.（ウッドラフ）　258
Woodworth, R. S.（ウッドワース）　10
Woodyard, E.　152
Wranik, T.　160
Wright, J. C.（ライト）　95,100,101
Wu, D. Y.　193
Wu, Y. Z.　27

Wundt, W.（ヴント）　121,614
Wurm, M.　480
Wyer, M. M.　441
Wyer, R. S.　530
Wynne, L. C.　339

X

Xiao, Z.（シャオ）　396
Xu, X. O.　482
Xu, X. P.　482
Xu, Y.　396

Y

八木剛平　277
Yalcin, B.　24,88
山田香　584
山田尚子　54,65,66
Yamada, Y.　497
やまだようこ　133-135,711
山田ゆかり　233
山形伸二（Yamagata, S.）　31,33,59,75,76,81,588,589
山岸明子　205,243
山岸俊男　33,622-624,626
山口真美　178
山口智子　134
山口哲男　489
山本麻子　380
Yamamoto, F.　23
Yamamoto, M.　23
山本眞理子　234
山本理恵　673,674
山本奬　452
山本登志哉　178
山本力　236,403
Yamamoto, Y.　400
山本由華吏　400
山中一英　574
山成由紀子　234
山崎勝之　161,205,423,527,573
山下大輔　204
山下達久　392
山内星子　420
山内佳子　612
Yamawaki, S.　89
山崎晃　587
山崎勝男　400
山崎喜比古　476,488-490

Yan, H.　396
柳井晴夫　666,669
簗瀬竜太　469
Yang, M.　349
安田裕子　135
安井知己　66-69
安村誠司　325
安塚俊行　387
矢田部達郎　683
矢冨直美　241
Yen, S.　349
Yeomans, E. F.　359
依田新　6
余公俊春　454
Yokota, T.　482
米山正明　595,596
Yoshida, H.　311
吉田裕人　325
吉田圭吾　202
吉田正通　3
吉田光爾　241
吉田直子　267
吉田琢哉　588
吉田俊和　448,449,573,574,576,577,587-589,591
吉田寿夫　574,576,698
Yoshida, Y.　311
吉田由美　476
吉井清子　490
Yoshimura, K.　75,202
吉野相英　59,203,687
吉野亨　489
吉澤寛之　448,449,573,574,577,587-589
吉住隆弘　394
Young, H. M.（ヤング）　494-496
Yucel, M.　82
湯川進太郎　421,422
Yukawa, S.　603
行本美香　454
幸田有史　397
百合草禎二　261

Z

Zahavi, D.（ザハヴィ）　119,120,124
Zanakos, S.　128
Zanarini, M. C.（ザナリーニ）

338,349,357,359,360
Zanni, G.（ザニ）349
Zebb, B. J. 376
Zebrowitz, L. A. 126
Zeelenberg, M. 414,417,418
Zeigler-Hill, V. 366
Zelkowitz, P. 447
Zelli, A. 447
Zentner, M. 175,203
Zhang, H. 396
Zhang, L. 626
Zhou, H. 554
Zhu, Y. 626
Ziegler, M. 99
Ziemba, R. E. 30,31
Zilboorg, G. 473
Zimbardo, P. G.（ジンバルドー）543
Zimmerman, M.（ツィマーマン）348,349
Zimmerman, M. A.（ツィマーマン）234
Zimmerman, R. S. 466,467
Zinbarg, R. E. 382
Zou, Z. 396,633
Zuckerman, M.（ツッカーマン）57,58,60,61,78,79,442,443,446,466
Zumwalt, R. L. 615
Zuschlag, M. K. 289
Zweig-Frank, H.（ツヴァイク-フランク）356,357
Zweig, R. A.（ツヴァイク）331

事項索引

アルファベット

A
α式（A式） 155
AAS（Audience Anxiousness Scale） 435
ACT（Affective Communication Test） 636
ADL（activity of daily living） 323
AIDS 465
AIDS CBCI（AIDS-Related Concern, Beliefs, and Communication Behavior Inventory） 468
AMT（Autobiographical Memory Test） 381

B
β式（B式） 155
BAS（behavioral activation system） 59,80,87,162,346,588,643
BIS（behavioral inhibition system） 59,80,87,162,346,588,643
BIS/BAS尺度 59,81,87,588
BMI（Body Mass Index） 338,459

C
CAMI（Control, Agency, Means-Ends Interview） 171
CAPS（cognitive-affective personality system） 17,95,101
CAT（Children's Apperception Test） 692
CAU（cognitive-affective unit） 95
CDC（Child Dissociation Checklist） 394
CEST（cognitive-experiential self theory） 149
ChUSSI（Chinese Univesity-students Social Skill Inventory） 639
CMI 690
COPE 504
CPT 690

D
DES（Dispotional Envy Scale） 415
DES（Dissociative Experiences Scale） 394
DNA 22
DRD4 24
DSM（Diagnostic and statistical manual of mental disorders） 336,343,362,374,375,533
DSM-Ⅲ 355,434
DSM-Ⅳ 328,332,337,427,446
DSM-Ⅳ-TR 221,222,336,344,348,352,357,362,370,392,434
DSM-5 328,332,356,428,429,431

E
EC（effortful control） 79,588
EFT（Embedded Figures Test） 142
ENDE（ENCODE-DECODE） 636
ENDE2 636
EPPS性格検査 690
EPQ（Eysenck Personality Questionnaire） 58
ERP（event-related potentials） 697
eudaimonic 511
eudaimonism 516

F
FFFS（fight-flight-freeze system） 80,87,162
FFPQ 65
FFS（fight-flight system） 80
fMRI（functional magnetic resonance imaging） 85,440,588,697
FNE（Fear of Negative Evaluation Scale） 435

G
GFP（general factor of personality） 82

H
hedonism 516
hedonistic 511
HEXACOモデル 61,67
HIV 465
HRAF（Human Relations Area Files） 614
HTP法（家・木・人描画法） 690

I
IAS（Interaction Anxiousness Scale） 435
IAT（Implicit Association Test） 130,150,676,677,696
ICD-10 344,348,402
I-E尺度 94
if...then...モデル 19
if...then...プロフィール 101
IQ（intelligence quotient） 163
IRI（Interpersonal Reactivity Index） 206

J
JICS（Japanese Interpersonal Competence Scale） 638

K
k平均法 667
KiSS-18（Kikuchi's Social Skills Scale 18 items） 636

L
LOT（Life Orientation Test） 688
LSAS（Liebowitz Social Anxiety Scale） 435
LSAS-J 435

M
Mama（moratorium-achievement-moratorium-achievement） 261
MAOA 27
MAS 690
MBTI（Myers-Briggs Type Indicator） 142
MCMI-Ⅱ（Millon Clinical Multiaxial Inventory） 337
MEPS（Means-Ends Problem-Solving Test） 383
MFFT（Matching Familiar Figure Test） 142
MMPI（Minnesota Multiphasic Personality Inbentory） 11, 685, 690
MMPI-PD（Minnesota Multiphasic Personality Inventory-Personality Disorder） 337
MPI（Maudsley Personality Inventory） 11, 690
MSPS（Multidimensional Self-oriented Perfectionism Scale） 688

N
NEO-FFI（NEO Five Factor Inventory） 311, 686
NEO-PI-R（Revised NEO Personality Inventory） 65, 78, 162, 446, 512, 686
NICHD（National Institute of Child Health and Human Development） 557
NIOSH（National Institute for Occupational Safety and Health）職業性ストレスモデル 582
NPI（Narcissistic Personality Inventory） 365, 687
NPI-S（Narcissistic Personality Inventory-Short version） 387

P
PEQ（Problem Elaboration Questionnaire） 383
PET（positron emission tomography） 85
P-Fスタディ 690, 692
PM理論 581
PPI（Psychopathic Personality Inventory） 467
PS（Paranoia Scale） 337
PSWQ（Penn State Worry Questionnaire） 374
PTSD（post traumatic stress disorder） 447, 565

Q
QOL（quality of life） 258, 282, 474, 610

R
RAT（Remote Associates Test） 417
Repテスト 93
RFT（Rod and Frame Test） 141
RRS（Ruminative Responses Scale） 380

S
SAD（Social Avoidance and Distress Scale） 435
SCID-Ⅱ（Structured Clinical Interview for DSM-Ⅳ Axis Ⅱ Personality Disorders） 337, 350
SCT（Sentence Completion Test） 690, 693
SDQ（Self-description Questionnaire） 233
SIAS（Social Interaction Anxiety Scale） 435
SIDE（Sibling Inventory of Differential Experience） 556
SNPs 23
social anxiety 433
SPQ（Schizotypal Personality Questionnaire） 337
SPS（Social Phobia Scale） 435
SPSI-R（Social Problem-Solving Inventory-Revised） 382
SRA（the Society for Research on Adolescence） 227
SRBBS（Sexual Risk Behavior Beliefs and Self-Efficacy Scales） 469
SRQ（Self-Regulation Questionnaire） 169
STA（Oxford Schizotypal Personality Scale） 337
STAI（State-Trait Anxiety Inventory） 374, 687
STAXI（State-Trait Anger eXpression Inventory） 481
STRP（short tandem repeat polymorphism） 24
SWB（subjective well-being） 511

T
TAT（Thematic Apperception Test） 11, 166, 690, 691
TCI（Temperament and Character Inventory） 59, 207, 687
TCI-R（Temperament and Character Inventory Revised） 687
TEG 690
TNF-α 483
TPQ（Tridimensional Personality Questionnaire） 59

V
VIA-IS（Value in Action Inventory of Strengths） 512, 535
VNTR（variable number of tandem repeat） 24

W
WAIS 155
Ways of Coping Questionnaire 504
WISC 155

WPPSI　155
well-being　15, 264, 290, 490, 509, 515, 533
WHO（World Health Organization）　44, 323, 402, 472

Y

YES（York Enviousness Scale）　415
YG性格検査　372, 387, 436, 637, 683, 690

五十音

あ

哀願　108
アイゼンクの3因子モデル　57
愛他性　424
愛着（アタッチメント）　178, 186, 189, 198, 222, 229, 264, 340, 454, 560, 569
愛着スタイル　340, 442, 563
愛着性　65, 548
愛着対象　178
愛着の2次元　564
愛着パターン　569
愛着理論　189, 351, 560
相手の面子　639
アイデンティティ（〔自我〕同一性）　288, 644, 711
アイデンティティ（〔自我〕同一性）拡散　260
アイデンティティ（〔自我〕同一性）・ステイタス　260, 290
アイデンティティ（〔自我〕同一性）達成　260
アイデンティティ（〔自我〕同一性）の確立　124, 281, 290
アイデンティティ・プロセス理論　291
アイヒマン実験　715
曖昧さに対する耐性　142
曖昧さへの耐性　411, 638
青い鳥症候群　261
アカデミックハラスメント　719
悪性格証拠（排斥）法則　597
悪性妬み　413
アクセシビリティ　148

アクセシビリティ効果　677
アクティブ・インタビュー　710
アクティブ・エイジング　323
アクマル宣言　508, 509
悪夢　402
アグレッションの型　692
アグレッションの方向　692
憧れ　417
朝型　399
アサーション　428
アスペルガー症候群　224
遊び　178, 189
遊びの伝染　178
遊びの流れ　190
アタッチメント（愛着）　222
アタッチメント（愛着）理論　9, 17
新しいモラトリアム心理　249
アダルト・アタッチメント・インタビュー　562
扱いにくい（気質）　79, 175, 554
扱いにくい子ども　195
扱いやすい（気質）　79, 175, 554
アトモキセチン　225
アドレナリン　480
甘え　425
アームチェア人類学者　619
アメリカ心理学会　508, 650, 715
アメリカ精神医学会　336, 343, 355, 362, 374, 428, 446
アメリカ子ども人間発達研究所（NICHD）　557
アメリカ陸軍式（U.S. Army）知能検査　155
アルコール依存　331, 338
アルツハイマー型認知症　330
アルマ・アタ宣言　472
安心感　560
安全基地　178, 189, 198, 560
安全な避難所　560
安定化機能　568
安定型　199, 561, 563
安定性　48, 54, 372, 548, 652, 672
アンビバレント型（両価型）　199, 340, 561, 563
安眠型　400
暗黙裡のパーソナリティ理論　547

い

威嚇　108
怒り　159, 358, 420, 481
怒り感情　420
怒り特性　420
怒りの制御　422
怒りの表出　422
怒りの表出抑制　481
怒りの抑制　422
怒り表出行動　421
憤り　416
イクメン　299
移行　255
移行期　274, 281
いじめ　202, 413, 416, 452
いじめの4層構造論　453
依存性　425, 454
依存性パーソナリティ障害　337
一塩基多型　23
一次的制度　615
一時的なコンストラクト・アクセスビリティ　149
一卵性双生児　72, 339, 555
一貫性　653
一貫性のパラドックス　41
一貫性の理解　548
一貫性論争　40
一神教　286
逸脱行動　371, 448, 577
逸脱行為　577, 589
一般因子（GFP）　82
一般化　696
一般化可能性　700
一般化可能性理論　655
一般攻撃性モデル　603
一般身体疾患によるパーソナリティ変化　371
一般知能　153
一方的尊敬　205
遺伝×環境交互作用　75
遺伝子　22, 371, 399, 555, 687
遺伝子型　78
遺伝子×環境交互作用　27
遺伝子多型　86
遺伝子発現　26
遺伝的多型　23
遺伝的分散　31
遺伝的変異　22

遺伝と環境　202
遺伝要因　81,553,588
遺伝率　72,78,339
イド　9
意図的回避　416
居場所　241
イーミック　616,620,638
イメージリハーサル・セラピー　404
因果関係　674,695
因果性の理解　548
因子軸の回転　664
因子的妥当性　660
因子的不変性　670
因子得点　664
因子の回転　664
因子負荷量　664
因子分析　46,51,58,64,66,153,654,664,669
因子分析的アプローチ　156
因子分析モデル　669
印象管理　107,442,461
インターネット　601,604,619,710
インフォーマル集団　581
インフォームド・コンセント　715,717

う

ウェルビーイング　168,264,290,490,509,515,533
ウォームアップの遅い　554
ウォームアップの（が）遅い気質　79,175
嘘　62,439
嘘発見　440
内側前頭前野　626
内田クレペリン精神検査　13,690
うつ病　162,202,285,328,375,376,380,401,447,573,610

え

エイジズム　309,328
英知　320,322
エクソシステム　192,286,557
エゴグラム（TEG）　690
エゴ・コントロール　277
エゴ・レジリエンシー　277
エティック　616,620,638
エピジェネティクス　27
エフォートフル・コントロール（EC：実行注意制御）　79
遠隔連想検査（RAT）　417
演技性　337
演技性パーソナリティ障害　337,427
援助行動　15,239,528
援助要請行動　239

お

老いの意識　316
老いのイメージ　315
横断（的）研究　217,307
嘔吐　463
応答性　554
置き換え　502
汚染の連鎖　292
オタワ憲章　472
おとなしい子　221
親子関係　201,255,270,299,454
親になること　270
音楽的知能　157

か

絵画欲求不満検査（P-Fスタディ）　692
外見へのこだわり　462
外向型　38,45
外向性　54,57,58,64,65,73,80,87,88,162,205,307,322,373,377,402,442,467,533,548,565,686
外向性－内向性次元　11
解釈レベル理論　590
外傷後ストレス障害（PTSD）　375,447
外生潜在変数　671
回想　318
外的基準　657,663
外的調整　169
外的適応　524
解読　636
概念的自己　182
外発的動機づけ　169
回避型　198,340,447,561,563
回避行動　383
回避性パーソナリティ障害　279,337,349

開放性　54,64,89,205,307,322,373,402,467,550,686
外面的な定義　37
快楽的随伴性仮説　529
解離　392
解離性健忘　392
解離性障害　223,392
解離性症状　358
解離性体験尺度（DES）　394
解離性同一性障害　392,396
解離性遁走　392
顔認識の生得性　178
過覚醒　400
学業的自己概念　115
学習スタイル　141
学習する能力　152
学習性無力感　575
学習理論　351
覚醒　530
覚醒水準　399,530
拡張－形成理論　529
確認的因子分析　669
過食　463
仮説　697
仮説検証実験　697
家族システム　189
家族のライフサイクルの経年変化　284
家族ライフサイクル論　275
可塑性　31,33
学校適応感　573
活性化　677
活動性　79
葛藤理論　408
活動理論　170
κ（カッパ）係数　654
可能自己　114
過敏型　363
可変理論　213
カラー・ピラミッド・テスト（CPT）　690
空の巣症候群　255,294,298,316
ガルの骨相学　85
ガレノスの体液説　85
ガレノスの4気質説　43
川崎縦断研究　555
環境資源　495
環境の統制　518

環境要因　81,553,588
関係性攻撃　423
関係性におけるポジティブ・イリュージョン　523
関係の希薄さ　570
関係不安　563
観察　696,702
感謝傾向　416
患者タイプ　610
患者中心医療　607
患者役割　609
慣習の違反　219
感情　159,197,530
感情価　530
感情会話　420
感情状態　159
感情性　79
感情制御　128,163,449
感情成分　407
感情知能（EI）　157,163
感情的攻撃　423
感情的ネグレクト　351
冠状動脈性心疾患　161,421,423,474,480
感情特性　159
感情表出　564,636
感情不安定性　358
感情プライミング　497
間接的攻撃　423
完全主義　348,387,462
観測変数　669
冠動脈硬化　482

き
機械論的相互作用　99
危機　236,248
危機管理ブリーフィング　498
記号化　636
気質　38,60,78,174,195,202,203,221,256,554,608
気質と性格の7次元モデル　687
気質のビッグスリーモデル　87
基準関連妥当性　659,680,706
基準の汚染　659
偽神経症性統合失調症　355
機能的（核）磁気共鳴画像（法）（fMRI）　85,697
規範意識の欠如　243

規範的信念　448
気分　159
気分障害　329,337,401,447,596
気分変調症　337
基本的帰属のエラー（誤り）　96,624
基本的信頼感　282
基本的知能　153
基本的パーソナリティ構造　615
欺瞞　439
義務自己　114
規約説　50
客体的自覚理論　105
キャラクター・ストレングス　534
キャリア自立　262
キャリア転機　304
キャリア発達　262,267,304
ギャング・エイジ　215
級内相関係数　653
教育心理学の四本柱　14
鏡映自己　114,121
鏡映像認知　184
境界症候群　355
境界状態　355
境界性パーソナリティ構造　355
境界性パーソナリティ障害　223,338,349,355,358,427,571
境界例　355
強化感受性理論　80,87,162,346
強化子　616
共感　331
共感性　206,346,371,436
競争主義　387
競争心　389
競争的攻撃性　424
鏡像理解　177
京大NX知能検査　155
協調　60,88,203,687
協調行動　528
協調性　54,64,205,420,446,528
共通因子　153
共通特性　46
共同性　365
共同注意　196
強迫観念　350
強迫行為　350
強迫性　332

強迫性障害　223,349,350
強迫性パーソナリティ障害　348
強迫的パーソナリティ　400
強迫パーソナリティ　223
恐怖管理理論　107
共分散構造分析　339,670,699
共有環境　72,555
虚偽検出　440
虚血性心臓疾患　583
許容誤差　657
許容的　554
均衡　544
筋骨型　44
近接性の探索　560
勤勉性　201,215,371,390,446
勤勉誠実性　64

く
空間的知能　157
空虚感　358,366,388
偶然誤差　658
クライエント（来談者）中心療法　122
クラスターA　336,339,340
クラスターB　336,339,344
クラスターC　336,339,349
クラスター分析　667
繰り返しの嫌悪　60
グルタミン　60
グレイの2因子モデル　59,80
クロニンジャーの7因子モデル　59
クロンバックα係数　654
群因子　153

け
経験への開放性　521
経済的自立　274
形質人類学　615
継時的安定性　40,98,504
傾性　98
軽躁病　401
系統誤差　657
ゲシュタルト心理学　286
ゲシュタルト療法　404
血圧　480
血液型　407
血液型気質相関説論争　13

結果期待 170, 476
結晶性知能 153
決定係数 663
欠乏感情 413
ゲノム 22
ゲノム科学 86
権威主義 554
権威的 554
権威主義的パーソナリティ 408, 409
原因帰属 163, 381
限界吟味段階 691
限界設定 359
研究協力者 716
研究対象者 716
研究倫理 715
健康 472, 515, 528
健康維持機能 492
健康信念モデル 469
健康心理学 509
健康生成論 487
言語性検査 155
言語性知能 447
言語性得点 155
言語的自己感 182
言語的知能 157
言語連想検査 693
顕在性不安検査（MAS） 690
顕在的態度 130
現実自己 114, 263, 436
現実の葛藤理論 408
言説心理学 713
建設的解決 416
現存在分析 120
現場実験 700

こ

コア自己 124
語彙アプローチ 50, 57, 64, 66, 68
語彙研究 52, 64, 549
5因子性格検査（FFPQ） 65, 205, 207
5因子モデル 49, 57, 64, 78
5因子理論 12
行為者信念 170
行為障害 340, 424, 447, 589
行為責任論 594
公益社団法人日本心理学会倫理規程 716, 719
効果性 637
効果量 679
高機能広汎性発達障害 224
高機能自閉症 224
合計特殊出生率 298
攻撃行動 161, 204, 242, 420, 422, 524, 584
攻撃性 199, 204, 242, 358, 409, 422, 447, 474, 481, 528, 584, 589, 603
攻撃本能 422
後件肯定の誤り 700
高コンテキスト文化 637
公差 657
交差妥当化法 667
向社会性 206, 239, 534, 603
向社会的行動 205, 239, 587, 632
向性 11
構成概念 669, 697
構成概念妥当性 17, 349, 660, 674, 697
構造化された観察 703
構造化されていない観察 703
構造化面接法 708
構造係数 667
構造方程式モデリング 669, 683
構造方程式モデル 553
構造モデル 671
公的自己意識 210, 442
後天性免疫不全症候群（AIDS） 465
行動遺伝学 15, 27, 71, 81, 553, 555, 588, 674
行動学 34
行動活性化 384
行動始発 586
行動指紋 101
行動生態学 20, 34
行動的回避 352
行動統制 441
行動の非制御 371
行動賦活（活性化）系（システム）（BAS） 59, 80, 87, 162, 346, 588, 643
行動抑制 346, 586
行動抑制系（システム）（BIS） 59, 80, 87, 162, 346, 588, 643
行動抑制性 203
行動予測パラダイム 548
行動論的アプローチ研究 581
更年期障害 298
広汎性発達障害 223
幸福感 511, 515, 625, 632
興奮探求性 467
傲慢型 362
項目反応理論 656, 673
『甲陽軍鑑末書結要本』 13
功利主義 639
合理性／非情緒性 484
効率性 658
合理的行為の理論 469
効力感 290
効力期待 170, 476
高齢期の人格（パーソナリティ）障害 311
凍りついた凝視 222
ゴーギャン・コンプレックス 303
互恵的報酬 428
心の教育 574
心の理論 439
誤差範囲 657
固執 60, 88, 203, 687
個人差 19, 30, 38, 46, 96, 147, 160, 276, 301, 315, 316, 378, 407, 411, 475, 513, 567, 590, 596, 643, 676, 696
個人差変数 147, 166
個人史の質的研究 283
個人主義文化 637
個人的仮説構成理論 547
個人的コントロール感 513
個人的神話 113
個人的成長 518
個人的要因 583
個人内均衡 545
個人内資源 495
個人の権利 206
個人の個別性 542
個性化 188, 230, 289, 301
個性記述的アプローチ 705
個性定立的アプローチ 308
個性的事象界 692
固定的知能観 643
固定理論 213
古典的テスト理論 652, 658, 669, 706

古典的モラトリアム心理 249
孤独感 310, 388, 436, 455
コドン 22
コーネル・メディカル・インデックス（CMI）690
コピー数多型CNV 24
コーピング 417, 477, 494, 501
コーピングのグッドネス・オブ・フィット仮説 505
コーピングの柔軟性 505
コーピングの柔軟性仮説 505
コーピングの知覚スタイル 502
コーピングのバリエーション・アプローチ 505
コーピングのフィットネス・アプローチ 505
コーピングのプロセス理論 502
コーピングのレパートリー・アプローチ 505
個別式知能検査 155
個別性 249, 436
個別特性 46
コホート 234, 257
コホート研究 258, 283, 312
コミットメント 236
コミュニケーション能力の低下 243
雇用不安 296
孤立 255, 260, 264
コルチコステロン 484
コレスキー分解 74
根源特性 47
混合型 224
混合係数 666
混合モデル 674
コンストラクト・アクセシビリティ 148
コンストラクト・システム 148
コントロール感 513
コントロール理論 642

さ

罪悪感 159, 161, 371, 430, 437
猜疑心 330
裁決質問法 440
再検査法 652
再現性 652
サイコパシー 345, 363, 427, 467

サイコパシー特性 371
サイコパス 343, 449
細長型 44
再テスト法 680
サイトカイン 483
作業仮説 697
作業検査法 690
サクセスフル・エイジング 309, 323
察知能力 638
作動自己概念 116
作動性 365
作動性モデル 365
差別 406, 604
『サモアの思春期』 616
三項関係 196
3歳児神話 268
参与観察 704

し

死 319
ジェネラティビティ 135
ジェンダー 262, 267, 283
ジェンダー・アイデンティティ尺度 263
自我 9, 121, 201, 235, 288, 502
自我感の喪失 124
自我強度 402
自我形成の危機 281
自我体験 232
自我同一性（アイデンティティ） 235, 277, 318, 437
自我同一性（アイデンティティ）拡散 236
自我同一性（アイデンティティ）拡散症候群 277
自我同一性（アイデンティティ）ステイタス 236
自我同一性（アイデンティティ）達成 236
自我同一性（アイデンティティ）理論 9
自我の統合 282
自我の発見 226
自我発達 17
自我本位性脅威モデル 366
自我理想 568
時間的（継時的）安定性 98

時間的拡張自己 182
時間的展望 261, 389
刺激希求尺度 60
刺激欲求 38
刺激欲求特性 446
資源 495
次元縮約 665
資源の活用 496
資源の認知 496
自己 106, 112, 121, 182, 288, 523, 622
自己愛 362, 370, 415, 427, 434, 569
自己愛人格目録（NPI） 365
自己愛人格目録短縮版（NPI-S） 387
自己愛性パーソナリティ障害 278, 338, 362, 415, 427
自己愛的パーソナリティ 369, 630
自己愛パラドックス 367
自己意識 161, 176, 182, 207, 209
自己意識的感情 161
自己意識的感情の特性 161
自己意識的情動 185
自己一致 122
思考スタイル 140, 141
自己開示 107, 115, 564
自己概念 106, 112, 209, 230, 232, 289, 317, 436, 628
自己概念の次元 113
自己概念の多面性 114
自己概念の能動的機能 117
自己概念の明確性 117
自己語り 712
自己過程 106
自己感情 106
自己記述質問紙（SDQ） 233
自己帰属 106
自己鏡映像 184, 209
事後記録 703
自己決定理論 17, 168
自己嫌悪感 388
自己肯定感 430
自己高揚 106, 628, 629
自己高揚の動機 521
自己高揚動機 628
自己高揚モデル 117
自己効力感 170, 205, 290, 311, 381,

469, 476, 534
自己効力期待　94
自己コントロール　534, 537
自己志向　60, 88, 203, 263, 687
自己志向的完全主義　388
自己実現　122, 247, 316
自己実現志向　262
自己主張　193, 387, 569, 587, 612
自己受容　518
自己受容感覚　183
自己心理学　424
自己スキーマ　143, 149
自己制御　108, 373, 424, 448, 586, 642
自己制御機能　204
自己制御理論　477
自己宣伝　108
自己像　209
自己像の認知　184
自己－他者バイアス　628
自己知覚　205
自己知覚理論　105
自己知識　106
自己注目　106
自己超越　60, 88, 203, 687
自己調整理論　17
自己呈示　107, 630
自己同一性　37
自己陶酔　260
自己統制　446
自己認知　209
自己認知の文化差　624
自己の発達理論　211
自己卑下　428, 521, 632
自己批判　521
自己評価　108, 205, 209, 281, 389, 436, 525, 569, 628, 630, 639
自己表象　209, 211
自己不一致理論　114
自己複雑性モデル　117
自己閉鎖　577
自己蔑視　415
自己への信念や期待　561
自己防衛　421, 577
自己報告法　676
自己物語　19, 110, 113, 711
自己抑制　193, 587, 636
自己抑制能力　638

自己理論　213
自殺　295, 303, 358, 428, 604
自殺率　295
自称　177
事象関連電位（ERP）　697
自傷行為　358
自然性　548
自然淘汰　30
持続的幸福感モデル　511
自尊感情　107, 115, 209, 230, 232, 234, 263, 318, 462, 568, 583, 631
自尊心　127, 162, 280, 290, 366, 416, 430, 436, 442, 455, 511, 543, 564, 584, 630
自尊心制御　363
7因子モデル　62, 203
シチズンシップ　271
質疑段階　691
実験　696, 703, 705
実験計画法　697
実験参加者　716
実験室実験　700
実行過程　108
実行機能　106
実行注意制御（EC）　588
質的研究　395, 609, 706
質的研究法　15
嫉妬　414
失敗回避動機　166
疾風怒濤　226, 246, 254
疾病構造の変化　473
疾病生成論　487
疾病や疾患　473
質問紙調査　703
質問紙調査法　705
質問紙法　682, 690
私的自己　182
私的自己意識　210
自伝的記憶　134, 318, 381
自伝的記憶テスト（AMT）　381
自伝的自己　124
自伝的推論　291
児童解離チェックリスト（CDC）　394
児童虐待　222, 396
自動的処理　677
自動的プロセス　149
示範　108

自閉性障害　223
自民族中心主義（Eスケール）　410
シャイネス　603
社会化　188
社会関係資本　602
社会恐怖　433
社会志向性　576
社会情動的選択理論　291, 325
社会性　79, 219, 239, 267, 294, 322, 557, 573, 601
社会的アイデンティティ理論　408
社会的学習理論　217, 408, 469, 476, 603
社会的活力　322
社会的絆理論　242
社会的機能　543
社会的規範意識　205
社会的器用　442
社会的交換理論　541
社会的攻撃　423
社会的コンピテンス　557, 576, 635
社会的参照　177, 196
社会的自己　114, 115
社会的自己概念　115
社会的自己制御　587
社会的自己制御尺度　587
社会的情報処理　191, 448, 573, 577
社会的情報処理モデル　204
社会的情報処理理論　219
社会的スキル（ソーシャルスキル）　191, 635
社会的スキル訓練（ソーシャルスキル・トレーニング）　217
社会的スキルの学習機能　568
社会的相互作用　204, 441
社会的妥当性　660
社会的地位　190, 216
社会的適応　216, 554
社会的適応能力　152
社会的投入　257
社会的な時計　257
社会的認知　139, 146, 447, 699
社会的認知アプローチ　92, 101
社会的認知理論　170, 219
社会的望ましさ　676

社会的比較　207,428
社会的微笑　188
社会的迷惑行為　589
社会的問題解決　382
社会的問題解決尺度改訂版（SPSI-R）　382
社会的抑制　475,482
社会的領域理論　218
社会と文化　192
社会認知的アプローチ　95
社会認知的個人差変数　140,147
社会認知的個人変数　94
社会不安　433
釈明　108
斜交回転　664
社交恐怖　433
社交性　442,521,528,632,639
社交不安　433
社交不安障害　337,375,433
シャーデンフロイデ　206,416
シャヴェルソン・モデル　115,116
重回帰分析　663
習慣的反応　48,57
自由記述パラダイム　548
集合的無意識　124
囚人のジレンマ　576
修正感情体験　567
重相関係数　663
収束的妥当性　680
従属変数　697
集団極性化　576
縦断（的）研究　74,135,175,179,217,255,265,270,309,312,467,513,553,557,563
集団式知能検査　155
集団社会化理論　557
集団主義文化　637
縦断（的）調査　376,455,588
縦断的データ　307
集団の義務　206
自由反応段階　691
周辺人　226
終末低下　328
重要な他者　288
16PF　47,52
16PF人格検査　690
主観的well-being（SWB）　490,511,515
主観的現実　710
主観的幸福感　135,264,524,633
主観的自己感　182
主観的な現実　710
主観的不公平感　416
熟知図形一致判断検査（MFFT）　142
熟年離婚　294,297
熟慮型－衝動型　142
主成分得点　665
主成分負荷量　665
主成分分析　665
主体感の錯覚　129
主題統覚検査（TAT）　11,166,690,691
手段－目的の信念　170
手段－目的問題解決テスト（MEPS）　383
出現する成人期　227
受動的非行少年　242
首尾一貫感覚　476
首尾一貫性　101
樹木画テスト　693
主要5因子性格検査　690
小1プロブレム　215
生涯発達の漸成図式　282
状況主義　98
状況・文脈説　256
状況論　98
状況論的パーソナリティ論　706
上下関係への調整能力　638
条件統制　700
賞賛獲得欲求　461
少子化　298
状態不安　159
象徴的相互作用論　540
情緒性　205
情緒不安定性　446
焦点理論　248
衝動　350
情動　159,197
情動焦点型対処　506
衝動性　59,79,89,358,371,446,466,612
情動性　65,548
情動的自己概念　115
衝動的な性行動　338
情動統制　197
承認欲求　461
情報処理（的）アプローチ　139,146,156,603
情報処理課題　527
情報処理能力　152
情報処理の障害　352
情報処理パラダイム　696
情報処理モデル　156
情報ハイウェイ　619
剰余変数　697
剰余変数の統制　697
職業社会化　267
職業倫理　718
食行動異常　463
女性解放思想　298
処理可能感　488
処理水準理論　698
自律性　229,425,518,570
事例研究法　19
『事例に学ぶ心理学者のための研究倫理』　718
仁　639
進化　20,22,30,107
人格（概念）　36
人格責任論　594
進化心理学　19,29
進化論　8
心気傾向　329
新奇性追求　24,60,88,203,612,687
新規な経験　60
神経症傾向　48,57,58,64,73,80,87,88,162,307,371,373,377,380,400,402,416,420,467,533,584,686
神経症傾向次元　11
神経症性障害　328
神経性過食症　463
神経性食欲不振症　463
神経伝達物質　60,80,88,554,687
親権　298
信仰　326
『人国記』　13
心誌（サイコグラフ）　46
新・新性別役割分業　269
新生自己感　182
新生児微笑　188
新生児模倣　178
人生の午後　289,301

人生の正午 289,301
人生の目的 518
新性別役割分業 269
人生満足度 515
新相互作用 100
身体運動的知能 157
身体的健康度 490
身体的自己 115
身体的自己概念 115
身体的魅力 521
身体不満 460,461
心的エネルギー 422
心的外傷 396
心的外傷後ストレス障害 401,565
心的外傷体験 392
心的構造論 9
心的脆弱性 498
人徳 534
心配 374,454
心拍数 480
身辺的自立 274
親密性 229,255,260,264,270,274,331,518
親密性回避 264,563,569
親密動機 167
親友関係 567
信頼感 203,488
信頼性 62,65,144,435,468,516,626,650,657,680,685,708
信頼性係数 652,655,658
心理学教育 574
心理学的人類学 615
心理学的ストレス理論 477
心理学的類型論 9
心理教育 359
心理検査 657,689
心理社会的危機 201,260
心理社会的漸成発達モデル 289
心理社会的モラトリアム 230,249
心理尺度 135,536,654,657
心理尺度研究 394
心理生理学 476
心理力学的アプローチ 408,409
心理的介入 449
心理的反復説 246
心理的防衛 421

心理的離乳 226
心理療法 359,395,403
親和行動 543
親和性 543
親和動機 166,389

す

睡眠障害 399
スキーマ 143,351,382,448,603
スクリプト 603
スクリプト理論 17
スケープゴート理論 409
スタンフォード・ビネー検査 154
ステレオタイプ 127,128,316,406,441,576,644,680,707
ストレス 58,303,403,494,501,524,582,608,637
ストレスコーピング 305,400,477,496
ストレスに対する脆弱性 400
ストレッサー 401,487,489,497,583
ストレンジ・シチュエーション法 198,561,705
スピリチュアリティ 325
スプライシング 22
スペクトラム 449
スリルと冒険 60

せ

性格（概念） 36,203
性格検査（パーソナリティ検査） 39
性格責任論 594
性格表現用語 55
生活習慣 204
生活習慣病 303,474
生活年齢（CA） 154,155
生活の質（QOL） 258,282,474
性感染症 465
制御焦点 513
制御焦点理論 643
制御不足 109
制御ミス 109
制御モデル 363
生産性 201,260
誠実性 89,307,373,467,475,521,

533,632,686
政治的経済的保守主義（PECスケール） 410
正準判別分析 667
正常老化 328
生殖家族 275
生殖性 282,302
精神健康調査票 490
精神疾患 311
精神神経免疫学 476,481
精神的回復力尺度 496
精神的健康 416,430,497,518,523,564,568,632
精神的自己 115
精神的疾患 371
精神的自立 274
精神的不健康 371,416,494
精神年齢（MA） 154,155
成人の愛着理論 562
精神病質 424,442,447
精神病質傾向 48,57,58,80,87
精神病質性 402
精神病性 332
精神病性障害 447
精神分析 348
精神分析学の理論 217
精神分析学理論 356
精神分析的自我心理学 246
精神分析理論 284,409
生態学的アプローチ 182
生態学的自己 182
生態学的システム論 553
生態学的妥当性 441,700
生態学的な地位 557
成長促進機能 492
性的逸脱 446
性的虐待 357
性的発達 229
性的リスク行動 448,466
青年期延長 260
青年期危機説 246
青年期における劣等感の規定因モデル 388
青年期平穏説 246
青年研究学会（SRA） 227
青年性 248
青年のポジティブな発達 228
セイファーセックス 469

生物・心理・社会モデル　474
性役割　263,268,317
生来性犯罪者説　445,594
生理的早産　560
世界保健機関（WHO）　402,472
セクシャルハラスメント　719
世代継承性　255
世代性　135,248,260,289,302
接近－回避達成動機づけの階層モデル　167
接近型　446
接近動機づけ　421
摂取カロリーの低下　460
摂食障害　463,589
窃盗　446
折半法　653
絶望　282,320,322
説明スタイル　142
セルフ・エスティーム　574
セルフ・スキーマ　107
セルフモニタリング　442
セロトニン　60,88,356
セロトニン・トランスポータ遺伝子　33,498
全緘黙　222
専業主婦　298
選好注視法　183
潜在期　215
潜在記憶テスト　698
潜在曲線分析　308
潜在曲線モデル　672
潜在成長モデル　672
潜在的　676
潜在的個人差　676,679
潜在的自尊心　366
潜在的社会的認知　676
潜在的測定法　102
潜在的態度　129,130,677
潜在的・非意識的なプロセス　126
潜在連合テスト（IAT）　130,150,497,676,677,696
染色体　23
全人的人間　16,18
センス・オブ・コヒアランス　487
漸成発達理論　390
戦争神経症　10

前帯状皮質　626
選択化　571
選択緘黙　222
前頭前野　356,377
全般性不安障害　337,375,377
潜伏　201
前部島皮質　498

そ

躁うつ気質　44
躁うつ病　401,596
相応性　418
相加的遺伝　72
相加的遺伝効果　24,72
相加的遺伝相関係数　74
相関行列　669
相関係数　98,652,659,667
相関の希薄化　655
双極性障害　337,401
相互依存的自己観　522
相互協調的自己観　263,437,523,622,623,631,645
相互作用　41,99,123,191,218,230,270,411,488,540,561,637,643
相互作用主義　99
相互作用論　15,99
相互的尊敬　205
相互同期性　178
相互独立的自己観　263,622,623,631,645
操作性　428,442
喪失体験　318
相乗的相互作用的モデル　199
痩身（体型）　458
痩身願望　460,461
痩身希求行動　458
双生児研究　356
双生児法　71,81
増大的知能観　643
躁病　337
総末梢抵抗　483
即時記録　703
測定　651
測定誤差　658
測定の信頼性　697
測定モデル　669
ソシオパス　344
ソシオメータ理論　107

ソシオメトリック・テスト　216
組織におけるコミュニケーション　580
組織における人間関係　580
ソーシャルサポート　403,489,496,558,583,637
ソーシャルスキル　635
ソーシャルスキル・トレーニング　573
ソーシャルネットワーキングサービス（SNS）　604
素朴理論　213
損害回避　60,88,203,375,612,687
存在脅威管理理論　107
ソンディ・テスト　690

た

ダイエット　458
代替検査法　653
『体格と性格』　10,43
退行　502
第3年代　325
対象関係論　351,706
対象恒常性　221
対人葛藤　582
対人関係　170,201,215,331,357,366,387,420,433,541,569,628,635
対人感受性　638
対人恐怖　433
対人恐怖的心性　433
対人恐怖的心性尺度　435
対人相互作用　423
対人的均衡　545
対人的コンピテンス　635
対人的自己　182
対人的存在　106,107
対人的知能　157
タイ人のパーソナリティ価値体系　618
対人不安　433,442
第二の誕生　226
タイプA　399,475,483
タイプA行動　474,480,583
タイプC　475,480,484
タイプD　475,480,482
対面コミュニケーション　602
第4年代　325
ダウニー意志気質検査　690

事項索引

多次元自我同一性尺度　261
多次元的反応性指標（IRI）　206
他者志向性　442
他者嫉視　415
他者（の）操作　371,427
他者の利用　427
他者（養育者）への信念や期待　561
多重共線性　663
多重知能理論　157
多重役割　268
多神教　287
達成　229
達成志向性　402
達成動機　166
達成目標　167
達成目標理論　642
妥当性　65,144,435,468,516,536,626,651,657,680,685,706
妥当性係数　658
多動性－衝動性優勢型　224
田中B式知能検査　155
ダニーディン子どもの健康と発達に関する学際的研究　555
多発梗塞性認知症　330
ダブルタッチ　177
多変量遺伝分析　73
多変量解析　662,670
溜め込み行動　348,352
多面的感情状態尺度　160
段階説　255
探索行動　198
探索実験　697
短時間睡眠者　399
単純構造　664
単純接触効果　126
タンパク質　22
単変量遺伝分析　73

ち
知性　64,548
知的適応能力　152
知能検査　10,154,689
知能指数（IQ）　153,155,163
チャムシップ　567
注意欠陥多動性障害（ADHD）　224,339,447,589
注意のコントロール　378

中核自己感　182
中国人大学生社会的スキル尺度（ChUSSI）　639
抽象的思考能力　152
中年（期の）危機　254,303
注目・賞賛欲求　569
超高齢社会　310
調査の面接法　708
超自我　9,568
長時間睡眠者　399
調和性　54,62,88,307,322,371,373,467,521,565,632,686
直交回転　664

つ
通状況的一貫性　40,98,146,504
ツッカーマンの4因子モデル　60

て
低コンテキスト文化　637
低自己統制　446
低出生体重児　463
ディセプション　715,717
停滞　255,260
停滞・世話　282
定年　294
低年齢層のダイエット　462
ディブリーフィング　715,717
ディホークシング　717
鼎立理論　156
敵意　416,428,474,481
敵意的攻撃　423
敵意的な意図　448
適応　30,310,454,523,632
適応的機能　421
適合のよさ　196
適合のよさ・わるさ　176
適性検査　689
適切性　637
敵対感情　413
敵対心　332
テストバッテリー　693
テレビゲーム　601,603
転移焦点型心理療法　359
転機　305
伝統性　62

と
同一化　424
同一化的調整　169
同一性　229
同一性障害　357
同一性保持　224
投影　502
投影法　690
東京都老人総合研究所　309
動機論的アプローチ　529
道具的攻撃　423
統合　320,322
統合失調型（失調型）パーソナリティ障害　336
統合失調質（ジゾイド）パーソナリティ障害　337
統合失調症　32,330,337,401,596
統合的調整　169
動作性検査　155
動作性得点　155
投射　424
統制　521,554,636
統制条件　697
統制信念　170
統制性　65,205,548
統制的処理　677
統制的プロセス　149
統制の所在（ローカス・オブ・コントロール）　94
闘争－逃走系（FFS）　80
闘争－逃走－凍結系（FFFS）　80,87,162
同調傾向　544
道徳性　205,217,271,449
道徳的逸脱行為　218
道徳的価値　206
道徳的判断　271
同類婚　32
独自性　664
独自特性　47
特殊因子　153
特性アプローチ研究　581
特性怒り　161
特性共感　206
特性5因子モデル　686
特性説　256
特性的アプローチ　446
特性妬み尺度　415

特性不安　159,160
特性論　11,38,46,98,254,309,657
特性論的アプローチ　288,503,581
特定的反応　48,57
特定不能の解離性障害　392
特定不能の摂食障害　463
独立因子分析　666
独立性　230
独立成分分析　665
独立の法則　25
独立変数　697
閉じこもり　324
突然変異　22
トップダウン・モデル　116
徒党集団　215
ドーパミン　60,88
ドーパミン作動性神経　588
友達への奉仕　639
トラウマティックな出来事　276
取り入れ　108
取り入れ的調整　169
ドリフト理論　242

な

内向型　38,39,45
内向性　387,442,548
内向的　399,454
内省意識　106
内省　389,519
内生潜在変数　671
内省的知能　157
内的一貫性　680
内的作業モデル　264
内的適応　524
内的ワーキング（作業）モデル　179,199,561,569
内発的動機づけ　168,624
内部一貫性・内的整合性　654
内面的な定義　37
内容的妥当性　659,706
仲間関係　178,190,201,215,557,567
ナチュラルキラー細胞の活性化　529
ナラティブ　113
ナラティブ・アイデンティティ　134

ナラティブ・アプローチ　113,133,135,291,611
ナラティブ分析　713

に

2カ月革命　185
二過程モデル　149
二次因子　12
20答法　233
日常生活動作（ADL）　323
日常的解離　393
ニート　275,278
日本教育心理学会倫理綱領　716
日本社会心理学会倫理綱領　716
日本性格心理学会　14,15,37
日本人間性心理学会　120
日本パーソナリティ心理学会　14,38
ニューヨーク縦断研究　203
ニュールック心理学　12
ニュルンベルグ綱領　715
二卵性双生児　72,339,555
人間学的心理学　119
人間関係　609,632,645,699
人間行動遺伝学　71
人間－状況（人か状況か）論争　40,99
人間性心理学　509
人間の強み（ヒューマン・ストレングス）　512,534
人称の倒錯　223
認知革命　146
認知感情システム理論　17
認知－感情パーソナリティシステム（CAPS）　17,95,101,147
認知－感情ユニット（CAU）　95
認知－経験的自己理論（CEST）　149
認知行動療法　351,400,699
認知次元　547
認知症　312,319,328
認知スタイル　140,381,408
認知スタイル分析　143
認知成分　407
認知的アプローチ　408,409
認知的スキーマ　448
認知的なコントロール　212
認知的能力の3層モデル　153

認知的発達理論　217,227,243
認知的評価　420,505
認知（的）負荷　442,698
認知的複雑性　148,411
認知評価モデル　305
認知欲求　149
認知療法　575
認知論的アプローチ　529
妊婦のダイエット　463

ね

ネガティブ・イリュージョン　521
ネガティブ感情　475,482,517,529,564
ネガティブ情動傾向　375,378
ネガティブ情動性　62
ネガティブ誘発性　62
ネガティブ・ライフイベント　494
ネグレクト　340
寝たきり　324
妬み　206,413
妬み傾向尺度（DES）　415
粘着気質　44
年齢差別　328

の

脳機能画像研究　85
脳機能画像法　186
能動的攻撃　423
能動的攻撃性　447
能動的非行少年　242
能力　213
ノルアドレナリン　60,88,480

は

把握可能感　488
バイアス　660
場依存型－場独立型　141
バウム・テスト　690,693
破壊的関与　416
破壊的行動障害　447
派遣社員　297
恥　161,169
パーソナリティ概念　36
パーソナリティ関連行動　39
パーソナリティ機能　331

パーソナリティ係数　98
パーソナリティ検査　683,689,706
パーソナリティ構成概念の3レベル　18
パーソナリティ障害　12,311,328,331,336,376,447,596
パーソナリティ障害の全般的診断基準　370,371
パーソナリティ神経科学　82
パーソナリティ特性　38,46,57,98,135,202,207,254,277,288,309,310,365,372,387,409,423,436,448,468,503,542,547,612,624,684
パーソナリティ特性領域　331,332
パーソナリティとパーソナリティ障害の次元－カテゴリー混合モデル　331
パーソナリティに関する悩み（青年の）　251
パーソナリティの性質的理解　548
パーソナリティの内容的理解　549
パーソナリティ理論　39
パーソナリティ類型　38
パーソナル・コンストラクト（個人的構成概念）理論　12,92,148
パーソンセンタードアプローチ　122
発達課題　255,282,294,303,319
発達検査　689
発達資産　512
発達障害　196
発達の生態学理論　257
発達の道筋　254
ハーディネス　488
パニック　350
パニック障害　383
パラメータの推定　669
ハンドリガード　177
反響言語　223
半構造化面接法　708
反抗挑戦性障害　447
犯罪　413,424,445
犯罪心理学　445
反社会性　241,445

反社会性パーソナリティ障害　337,344,358,427,446
反社会的行動　203,216,241,343,445,555,589
反社会的性格　595
反すう　380
反すう型反応尺度（RRS）　380
ハンチントン病　371
反応調整仮説　346
反応的攻撃　423
反応的攻撃性　447
晩発性統合失調症　330
反復説　227,246
判別係数　658
判別分析　666
反ユダヤ主義的態度（A-Sスケール）　410

ひ

ピアマネージメント　558
非意識的感情調整　128
比較文化研究　136
ひきこもり　241,275,278
非協調的　454
非共有環境　72,556
非言語的行動　440
非行　424,445,589
非構造化面接法　708
非指示療法　122
非社会性　240
非社会的行動　240,589
ヒストン修飾　27
非相加的遺伝　72
非相加的遺伝効果　24,72
ピーターパン・シンドローム　261
非知性　548
ビッグファイブ　16,49,51,57,64,78,85,133,162,256,307,373,374,395,446,467,475,512,533,548,555,565,584,664,672,705
ビッグファイブの高次2因子モデルと1因子モデル　61
ビッグファイブの生物学的モデル　88
非定型うつ病　279
否定的感情　332
人あたりの良さ　638

人あたりの良さ尺度（HIT-44）　638
非動機づけ　169
人か状況か（人間－状況）論争　12,40
美徳　534
ヒトゲノム　23
人指向性　178
人見知り　178
ヒト免疫不全ウィルス（HIV）　465
ひとりしゃべり　223
肥満型　44
ヒューマニスティック心理学　119
ヒューマン・ストレングス（人間の強み）　512,534
評価者間信頼性　653
評価者内信頼性　653
評価的条件づけ　126
評価プライミング効果　130
評価プライミング・パラダイム　677
評価プライミング法　130
病気　473
表現型　71
病者役割　609
表出特性　46
病前性格　44,337
病的解離　393,396
病的老化　328
表面的妥当性　660
非抑制型　222
非抑制性　332
広場恐怖のあるパニック障害　337
品格　36
品性　36
頻度依存淘汰　32

ふ

ファシズム尺度（Fスケール）　410
不安　38,59,69,87,159,167,169,328,349,374,400,414,424,430,442,454,455,519,582,589,608
不安傾向　38
不安障害　161,337,375,383,401,

424, 434
不安の相互作用モデル　100
フィールドワーク　616, 702, 704, 709
風景構成法　690
フェミニズム　283, 298
フォーカシング　122
フォークロージャー　236
フォーマル集団　580
複雑系　286
腹内側前頭皮質　498
不健康状態　369
不信感　282
不注意優勢型　224
物質依存　338
物質使用障害　447
物質的自己　115
不定愁訴　298
不適応機能　421
不適応・精神的不健康の指標　388
不適解　664
不登校　202, 240, 452, 574
部分症候　262
不眠型　400
不眠症　400
プライミング　127
プライミング効果　698
ブラゼルトン新生児行動評価尺度　174
フラリッシュ（活力感）　511
フリーター　262, 272, 275
ブルドン末梢検査　690
フロー体験　511
プロダクティブ・エイジング　323
プロダクティブな活動　324
プロフェッショナリズム　608, 611
文化　33, 75, 135, 164, 193, 256, 286, 553, 614, 622, 645
文化共通的な尺度　638
文化差　82, 316, 631, 645
文化心理学　263, 616, 622
文化人類学　615, 704
文化人類学者　616, 704
文化的自己観　622, 645
文化的自己観尺度　625

分化的接触理論　241
文化とパーソナリティ　615
文化の諸形態　615
分散拡大係数　664
文章完成法検査（SCT）　690, 693
分離苦悩　560
分離個体化　436
分離性　548
分離の法則　25
分離不安　608
分離不安障害　221
分裂（統合失調症）気質　44

へ

ペアレント・トレーニング　225
平均以上効果　628
平均人標準説　597
平均変動　672
閉経期　298
並行検査法　653
平衡淘汰　32
併存的妥当性　659
ベネフィット　632
『ベル・カーブ』　153
ヘルシンキ宣言　715
ヘルス・ローカス・オブ・コントロール　476
偏回帰係数　663
偏見　128, 406, 413, 604, 680
偏差知能指数（dIQ）　156
弁証法的行動療法　359
ベンダーゲシュタルト検査　690
扁桃核　377
扁桃体　356
弁別的妥当性　680

ほ

防衛機制　502
包括システム　691
包括的自己概念　115
報酬依存　60, 88, 203, 687
法則定立的な研究　19
法的人格　593
暴力　424
暴力行為　202
保護-拒否　553
誇り　159
母子相互作用　189

ポジティブ・イリュージョン　512, 521
ポジティブ（な）感情　490, 511, 517, 527, 533, 564, 625
ポジティブ情動傾向　375, 378
ポジティブ情動性　62
ポジティブ心理学　15, 476, 508, 515, 533
ポジティブな対人関係　518
ポジティブ誘発性　62
補償の連鎖　291
補償モデル　116
補償をともなう選択的最適化理論（SOC理論）　323
母性剝奪症候群　222
ホーソン研究　581
ボランティア活動　239
ポリグラフ　440
ポリジーン　24, 25
本性説　50
本来の妬み　413

ま

マイクロシステム　192, 556
埋没図形検査（EFT）　142
マイヤーズ-ブリッグス・タイプ指標（MBTI）　142
マインドフルネス　529
マインドフルネス瞑想　376
『マーガレット・ミードとサモア』　617
マキャベリアニズム　427, 442
マークテスト　184
マクロシステム　286, 557
マクロファージ　482
マスク・モデル　366
マスメディア　600
マタイ　617
マッカーサー研究　309
マネジリアル・グリッド　581
慢性的なコンストラクト・アクセスビリティ　149
満足遅延　586, 643

み

ミクロシステム　286
見捨てられ恐怖　357
見捨てられ不安　264, 563

ミスへの過度のとらわれ 462
3つの暗黒側面 427
ミネソタ多面人格目録（MMPI） 11, 685, 690
『民族心理学』 615

む
無我 124
無関心 332
むずかしい子 221
無秩序・無方向型 199
群れ 570, 577

め
メゾシステム 192, 286, 556
メタ認知 229, 251
メタ認知的自己意識 186
メタ分析 234, 366, 400, 466, 475, 557, 584, 603, 661, 680
メチル化 27
メチルフェニデート 224
メディア 600, 689
メディア依存 605
面接法 708
メンタライゼーションにもとづく治療 359
メンタリング 263
メンデルの3法則 25

も
妄想性疾患 330
妄想性障害 329
妄想性パーソナリティ障害 336
妄想様観念 358
燃えつき症候群 303
モーズレイ人格目録（MPI） 11, 690
モーダルパーソナリティ 615
モデル機能 568
モーニング・ワーク 265
物語法 710
モラトリアム 236, 249, 260
森田神経質学説 13
問題行動 199, 446, 555, 574, 584, 589
問題焦点型対処 506
問題の精緻化テスト（PEQ） 383

や
夜驚症 403
役者性 442
約束概念 205
薬物乱用 448
薬物利用 446
薬物療法 359
役割構成レパートリーテスト（Repテスト） 93
優しい（性格） 547
優しさ 570
矢田部・ギルフォード（YG）性格検査 637, 683, 690
病い 473

ゆ
有意味感 488
優越感 388, 430
遊戯性 65
遊戯療法 222
友人関係 567, 576
優性の法則 25
有能感 201, 388, 430
夢解釈 403

よ
養育態度 164, 195, 204, 240, 554
養護性 270
抑圧 502
抑うつ 68, 87, 162, 202, 329, 375, 380, 416, 421, 423, 455, 462, 482, 519, 584, 589, 696
抑制 349, 529
抑制型 222
抑制の解放 60
ヨーク妬みやすさ尺度（YES） 415
予測妥当 657
予測的妥当性 657, 659, 680
欲求−圧力理論 691
欲求不満耐性 446, 454
夜型 399
4体液説 43

ら
ライフイベント 403
ライフコース 257, 285
ライフコース論 281
ライフサイクル 255
ライフサイクル・モデル 282, 285
ライフサイクル論 281
ライフストーリー 113, 133, 134, 291, 711
ライフレビュー 318
ラセン式自我同一性発達仮説 261
楽観主義 142, 522
楽観性 402, 476
ラベリング 343
ラベリング理論 241, 609
ランダム変動 661

り
リーダーシップ 581
リーダーシップ・スタイル研究 581
力動的精神療法 351
力動的相互作用 100
離婚 297, 303
離人性障害 392
離人体験 395
リストラ 275, 285, 295
理想自己 114, 263, 386, 387, 436
利他行動 15
離脱理論 326
利他的行動 99
リビドー 9
流動性知能 153
領域一般的 30
領域調整 218
領域理論 219
両価型（アンビバレント型） 340
良性妬み 413
量的遺伝学 24
臨床行動分析 383
臨床的妥当性 660
臨床的面接法 708

る
類型論 11, 38, 43
類似性 570
ルージュテスト 184
ルーティン反射 183

れ

レジリエンス　277,395,403,494,511
劣等感　9,201,215,386,390,400,416,454
劣等コンプレックス　387
レミニセンス・バンプ　318
連鎖　25

ろ

老性自覚　315
老年期幻覚妄想症　330
老年的超越　325
老年的超越理論　320
ローカス・オブ・コントロール　94,142,475,643
6因子モデル（HEXACOモデル）　61
ロゴセラピー　120
ロッターの期待-価値理論　93
ロッド・アンド・フレーム・テスト（RFT）　141
ロールシャッハ・テスト　690
論理数学的知能　157
論理療法　575

わ

和　639
ワーカホリック　399,583
ワーキングメモリ　124
ワーク・ファミリー・コンフリクト　262
ワーク・ライフ・バランス　262
和集合　706
和集合的人間理解　706

パーソナリティ心理学ハンドブック

2013年3月20日　初版第1刷発行

編集　　二宮克美
　　　　浮谷秀一
　　　　堀毛一也
　　　　安藤寿康
　　　　藤田主一
　　　　小塩真司
　　　　渡邊芳之

編集協力　安藤典明
発行者　　石井昭男
発行所　　福村出版株式会社
　　　　　〒113-0034　東京都文京区湯島2-14-11
　　　　　電話　03-5812-9702　FAX　03-5812-9705
　　　　　http://www.fukumura.co.jp
組版　　　有限会社閏月社
印刷・製本　シナノ印刷株式会社

Ⓒ K. Ninomiya, S. Ukiya, K. Horike, J. Ando, S. Fujita, A. Oshio, Y. Watanabe　2013
Printed in Japan
ISBN 978-4-571-24049-2　C3511
乱丁本・落丁本はお取替え致します。

JCOPY　〈(社)出版者著作権管理機構　委託出版物〉

本書の無断複写は著作権法上での例外を除き禁じられています。複写される場合は，そのつど事前に，(社)出版者著作権管理機構(電話 03-3513-6969, FAX 03-3513-6979, e-mail: info@jcopy.or.jp)の許諾を得てください。